Wolfgang Schrage · Der erste Brief an die Korinther

EKK
Evangelisch-Katholischer Kommentar
zum Neuen Testament

Begründet von
Eduard Schweizer und Rudolf Schnackenburg

Herausgegeben von
Norbert Brox, Joachim Gnilka, Ulrich Luz und Jürgen Roloff

in Verbindung mit
Otto Böcher, François Bovon, Gerhard Dautzenberg, Jörg Frey,
Erich Gräßer, Paul Hoffmann, Traugott Holtz, Martin Karrer,
Hans-Josef Klauck, Karl Wilhelm Niebuhr, Rudolf Pesch,
Wolfgang Schrage, Thomas Söding, Peter Stuhlmacher,
Wolfgang Trilling †, Anton Vögtle †, Samuel Vollenweider,
Alfons Weiser und Ulrich Wilkens

Band VII/4
Wolfgang Schrage
Der erste Brief an die Korinther
1Kor 15,1-16,24

Benziger Verlag
Neukirchener Verlag

Wolfgang Schrage

Der erste Brief an die Korinther

4. Teilband
1Kor 15,1-16,24

Benziger Verlag
Neukirchener Verlag

Die Deutsche Bibliothek – CIP-Einheitsaufnahme

Schrage, Wolfgang:
Der erste Brief an die Korinther / Wolfgang Schrage. – Zürich; Düsseldorf: Benziger; Neukirchen-Vluyn: Neukirchener Verl.
  (EKK; Bd. 7)
Teilbd. 4. 1 Kor 15,1-16,24. – 2001
   ISBN 3-7887-1822-6
   ISBN 3-545-23132-1

© 2001
Benziger Verlag AG, Düsseldorf und
Neukirchener Verlag, Verlagsgesellschaft des Erziehungsvereins mbH,
Neukirchen-Vluyn
Alle Rechte vorbehalten
Umschlaggestaltung: Atelier Blumenstein + Plancherel, Zürich
Gesamtherstellung: Breklumer Druckerei Manfred Siegel KG
Printed in Germany
ISBN 3-545-23132-1 (Benziger Verlag)
ISBN 3-7887-1822-6 (Neukirchener Verlag)

Vorwort

Fast zehn Jahre nach Veröffentlichung des ersten Bandes kann nun endlich auch der Schlußband dieses auf vier Bände angewachsenen Kommentars erscheinen. Über die Gründe für diese Erweiterung, die im wesentlichen auf das Konto der Einarbeitung von Auslegungs- und Wirkungsgeschichte geht, ist im Vorwort zu Band 3 das Nötige gesagt. Um den Umfang auch dieses Schlußbandes nicht vollends zu überschreiten, habe ich darauf verzichtet, noch einen ursprünglich geplanten Nachtrag über die seit Abschluß des ersten Bandes erschienene Literatur zu Kap. 1-14 anzufügen. Doch Kommentare bleiben ohnehin immer offen und unabgeschlossen, denn, um das zu 1Kor 13,8 zitierte Diktum Lavaters zu wiederholen: Auch »unser Commentieren und Auslegen ist Stückwerk«. Das gilt auch für diesen Band, der mit Kap. 15 den unvergleichlichen Höhepunkt und die perspektivische Mitte des ganzen Briefes auszulegen versucht.

Den Schluß kann nur ein Wort des Dankes an alle diejenigen bilden, die in den langen Jahren am Zustandekommen dieses Kommentars mitgearbeitet haben. Zu den in früheren Bänden Genannten ist noch Frau Maren Grzibiela hinzugekommen. Herr Dr. Volker Hampel hat die Drucklegung wiederum vorbildlich betreut, und neben meinem bewährten »Kopiloten« Gerhard Dautzenberg hat diesen Band als einer der Hauptherausgeber auch Jürgen Roloff kritisch durchgesehen. Ihnen allen gilt mein Dank!

Bad Honnef, den 16. Dezember 1999   Wolfgang Schrage

Inhalt

Literatur-Ergänzungen

1. Kommentare

Crell, J. (Johannes Crellius Francus), Opera omnia exegetica, Eleutheropolis (Freistadt) 1656, 247-371

Hays, R.B., First Corinthians (Interpretation. A Bible Commentary for Teaching and Preaching), Louisville 1997

2. Übrige Literatur

Berger, K., Theologiegeschichte des Urchristentums, Tübingen/Basel ²1995

Dunn, J.D.G., The Theology of Paul the Apostle, Grand Rapids / Cambridge 1998

Cullmann, O., Christus und die Zeit. Die urchristliche Zeit- und Geschichtsauffassung, Zürich ³1962

Furnish, V.P., The Theology of the First Letter to the Corinthians, Cambridge 1999

Grant, R.M., Miracle and Natural Law in Graeco-Roman and Early Christian Thought, Amsterdam 1952

Horsley, R.A., 1 Corinthians: A Case Study of Paul's Assembly as an Alternative Society, in: *ders.* (Hg.), Paul and Empire. Religion and Power in Roman Imperial Society, Harrisbur 1997, 242-252

Hotze, G., Paradoxien bei Paulus. Untersuchungen zu einer elementaren Denkform in seiner Theologie, 1997 (NTA 33)

Eriksson, A., Traditions as Rhetorical Proof. Pauline Argumentation in 1 Corinthians, 1998 (CB.NT 29)

Koenig, J., Christ and the Hierarchies in First Corinthians, in: FS R.H. Fuller, 1990 (AThR.SS 11), 99-113

Macky, P.W, St. Paul's Cosmic War Myth. A Military Version of the Gospel, New York u.a. 1998 (The Westminster College Library of Biblical Symbolism 2)

Merklein, H., Studien zu Jesus und Paulus II, 1998 (WUNT 105)

Riesner, R., Die Frühzeit des Apostels Paulus. Studien zur Chronologie, Missionsstrategie und Theologie, 1994 (WUNT 71)

Schweitzer, A., Straßburger Vorlesungen, hg. v. E. Gräßer / J. Zürcher, München 1998

Scriba, A., Die Geschichte des Motivkomplexes Theophanie, 1995 (FRLANT 167)

Strecker, Ch., Die liminale Theologie des Paulus, 1999 (FRLANT 185); anstelle der in EKK VII 3 zitierten Dissertationsfassung

Strecker, G., Theologie des Neuen Testaments, bearbeitet, ergänzt und hg. v. F.W. Horn, Berlin / New York1996

Terry, R.B., Patterns of Discourse Structure in I Corinthians, JOTT 7 (1996) 1-32

Tomlin, G., Christians and Epicureans in 1 Corinthians, JSNT 68 (1997) 51-72

Tuckett, Ch.M., Jewish Christian Wisdom in 1 Corinth?, in: FS M.D. Goulder, Leiden 1994 (Biblical Interpretation Series 8), 201-219

3. Zur Auslegungs- und Wirkungsgeschichte
      (vgl. auch unten S. 72f Anm. 285)

Althaus, P., Die letzten Dinge, Gütersloh ⁶1956

Beißer, F., Hoffnung und Vollendung, 1993 (HST 15)

Brunner, E., Das Ewige als Zukunft und Gegenwart, 1965 (Siebenstern-Taschenbuch 32)

Dalferth, I.U., Der auferweckte Gekreuzigte. Zur Grammatik der Christologie, Tübingen 1994

Essen, G., Historische Vernunft und Auferweckung Jesu. Theologie und Historik im Streit um den Begriff geschichtlicher Wirklichkeit, 1995 (TSTP 9)

Hahn, A., Bibliothek der Symbole und Glaubensregeln der Alten Kirche, bearbeitet v. G.L. Hahn; Breslau ³1897

Hedinger, U., Hoffnung zwischen Kreuz und Reich, 1968 (BSHST 11)

Kehl, M., Eschatologie, Würzburg 1986

Kreck, W., Die Zukunft des Gekommenen. Grundprobleme der Eschatologie, München 1961

Küng, H., Ewiges Leben?, München/Zürich ³1983

Marquardt, F.-W., Was dürfen wir hoffen, wenn wir hoffen dürfen? Eine Eschatotologie, Bd. 2-3, Gütersloh 1994/96

Neues Glaubensbuch. Der gemeinsame christliche Glaube, hg. v. J. Feiner / L. Vischer, Freiburg u.a. ⁵1973

Noormann, R., Irenaeus als Paulusinterpret, 1994 (WUNT II 66)

Novatian, De Trinitate. Über den dreifaltigen Gott, Text und Übersetzung mit Einleitung und Kommentar hg. v. H. Weyer, Darmstadt 1962

Pannenberg, W., Das Glaubensbekenntnis ausgelegt und verantwortet vor den Fragen der Gegenwart, Gütersloh ⁵1990

Pfammatter, J. / Christen, E. (Hg.), Hoffnung über den Tod hinaus, 1990 (ThBer 19)

Ruprecht, E. / Ruprecht, A., Tod und Unsterblichkeit. Texte aus Philosophie, Theologie und Dichtung vom Mittelalter bis zur Gegenwart, Bd. 1-3, Stuttgart 1992/93

Sauter, G., Einführung in die Eschatologie, Darmstadt 1995

Solowjew, W., Die geistlichen Grundlagen des Lebens, Freiburg u.a. 1957

Staehelin, E., Die Verkündigung des Reiches Gottes in der Kirche Jesu Christi. Zeugnisse aus allen Jahrhunderten und allen Konfessionen, Bd. 1-7, Basel 1951/64

Vorgrimler, H., Hoffnung auf Vollendung. Aufriß der Eschatologie, 1980 (QD 90)

Wiederkehr, D., Perspektiven der Eschatologie, Zürich u.a. 1974

VI Die Auferweckung Jesu Christi und der Toten 15,1-58

Literatur: Allison, D.C., The End of the Ages has Come, Philadelphia 1985; *Bailey*, K.E., The Structure of 1 Corinthians and Paul's Theological Method with Special Reference to 4,17, NT 25 (1983) 152-181; *Bartsch*, H.-W., Der Ursprung des Osterglaubens, ThZ 31 (1975) 16-31; *ders.*, Inhalt und Funktion des urchristlichen Osterglaubens, ANRW II 25.1 (1982) 794-890; *Becker*, J., Auferstehung der Toten im Urchristentum, 1976 (SBS 82) 66-105; *ders.*, Erwägungen zur apokalyptischen Tradition in der paulinischen Theologie, EvTh 30 (1970) 593-609; *ders.*, Das Gottesbild Jesu und die älteste Auslegung von Ostern, in: FS H. Conzelmann, Tübingen 1975, 105-126; *Beker*, Paul; *ders.*, Sieg; *ders.*, Paul's Apocalyptic Gospel. The Coming Triumph of God, Philadelphia 1982; *Berger*, K., Die Auferstehung des Propheten und die Erhöhung des Menschensohnes, 1976 (StUNT 13); *ders.*, Ist mit dem Tod alles aus?, 1999 (GTB 1451); *Betz*, H.D., Zum Problem der Auferstehung Jesu im Lichte der griechischen magischen Papyri, in: *ders.*, Hellenismus und Urchristentum. Ges. Aufs. I, Tübingen 1990, 230-261; *Boer*, M.C. de, The Defeat of Death. Apocalyptic Eschatology in 1 Corinthians 15 and Romans 5, 1988 (JSNT.S 22); *Boers*, H.W., Apocalyptic Eschatology in I Corinthians 15. An Essay in Contemporary Interpretation, Interp. 21 (1967) 50-65; *Borchert*, G.L., The Resurrection: 1 Corinthians 15, RExp 80 (1983) 401-415; *Bornhäuser*, K., Die Gebeine der Toten. Ein Beitrag zum Verständnis der Anschauungen von der Totenauferstehung zur Zeit des Neuen Testaments, 1921 (BFChTh 26,3); *Brakemeier*, G., Die Auseinandersetzung des Paulus mit den Auferstehungsleugnern in Korinth, Diss. masch. Göttingen 1968; *Brandenburger*, E., Die Auferstehung der Glaubenden als historisches und theologisches Problem, WuD 9 (1967) 16-33; *Branick*, V.P., Apocalyptic Paul?, CBQ 47 (1985) 664-675; *Broer*, I. / *Werbick*, J. (Hg.), »Der Herr ist wahrhaft auferstanden« (Lk 24,34). Biblische und systematische Beiträge zur Entstehung des Osterglaubens, 1988 (SBT 134); *Bünker*, Briefformular 59-76; *Bultmann*, R., Karl Barth, »Die Auferstehung der Toten«, Glauben I 38-64; *ders.*, Neues Testament und Mythologie, in: Kerygma und Mythos I, 1951 (ThF 1), 15-48; *Campenhausen*, H. v., Der Ablauf der Osterereignisse und das leere Grab, 1952 (SHAW 1952, 4); *Carnley*, P., The Structure of Resurrection Belief; Oxford 1987; *Carrez*, M., L'herméneutique paulinienne de la résurrection, LeDiv 50 (1969) 55-73; *Cavallin*, H.C.C., Life After Death. Paul's Argument for the Resurrection of the Dead in I Cor 15. Part I: An Enquiry into the Jewish Background, 1974 (CB.NT 7.1); *ders.*, Leben nach dem Tode im Spätjudentum und im frühen Christentum, ANRW II 19.1 (1970) 240-345; *Cobb*, J.B., The Resurrection of the Soul, HThR 80 (1987) 213-227; *Cullmann*, O., Unsterblichkeit der Seele oder Auferstehung der Toten?, Stuttgart 1962; *Dahl*, M.E., The Resurrection of the Body. A Study of I Cor 15, 1962 (SBT

36); *Deißner*, Auferstehungshoffnung 16-54; *Delling, G.*, Die Bedeutung der Auferstehung Jesu für den Glauben an Jesus Christus, in: *ders.*, Studien 347-370; *Dhanis, É.* (Hg.), Resurrexit. Actes du Symposium International sur la Résurrection de Jésus, Rom 1974; *Dobschütz, E. v.*, Ostern und Pfingsten. Eine Studie zu I. Korinther 15, Leipzig 1903; *Eriksson*, Traditions 232-278; *Evans, C.F.*, Resurrection and the New Testament, 1970 (SBT 2. Ser. 12); *Fascher, E.*, Anastasis – Resurrectio – Auferstehung. Eine programmatische Studie zum Thema »Sprache und Offenbarung«, ZNW 40 (1941) 166-229; *Fischer, K.M.*, Das Ostergeschehen, 1978 (AVTRW 71); *Foulkes, F.*, Some Aspects of St. Paul's Treatment of the Resurrection of Christ in 1. Corinthians XV, ABR 16 (1968) 15-30; *Freeborn, J.C.K.*, The Eschatology of I Corinthians 15, StudEv II (TU 87) 1964, 557-568; *Freudenberg, W.*, Ist er wirklich auferstanden? Eine Untersuchung der biblischen Auferstehungsberichte, Wuppertal 1977; *Friedrich, G.*, Die Bedeutung der Auferwekkung Jesu nach Aussagen des Neuen Testaments, ThZ 27 (1971) 305-324; *Froitzheim*, Christologie; *Frutiger, S.*, La mort, et puis ... avant? (Etude sur 1 Corinthiens 15), ETR 55 (1980) 199-229; *Fuchs, E. / Künneth, W.*, Die Auferstehung Jesu Christi von den Toten. Dokument eines Streitgesprächs, hg. v. Ch. Möller, Neukirchen-Vluyn 1973; *Fuller, R.E.*, The Formation of the Resurrection Narratives, Philadelphia 1980; *Gaffin, R.B.*, The Centrality of the Resurrection. A Study in Paul's Soteriology, Grand Rapids 1978; *Geense, A.*, Auferstehung und Offenbarung. Über den Ort der Auferstehung Jesu Christi in der heutigen deutschen evangelischen Theologie, 1971 (FSÖTh 27); *Gillespie*, Theologians 199-235; *Gordo, A.P.*, Es 1 Co 15 una homilia?, Burg. 27 (1986) 9-98; *Graß, H.*, Ostergeschehen und Osterberichte, Göttingen ²1962; *Greshake, G. / Kremer, J.*, Resurrectio Mortuorum. Zum theologischen Verständnis der leiblichen Auferstehung, Darmstadt ²1992; *Greshake, G. / Lohfink, G.*, Naherwartung – Auferstehung – Unsterblichkeit, ³1978 (QD 71); *Grundmann, W.*, Überlieferung und Eigenaussage im eschatologischen Denken des Apostels Paulus, NTS 8 (1961/62) 12-26; *Hahn*, Hoheitstitel 197-211; *Harris, M.J.*, Raised Immortal: Resurrection and Immortality in the New Testament, Grand Rapids 1986; *Hasenfratz, H.P.*, Die Rede von der Auferstehung Jesu Christi. Ein methodologischer Versuch, 1975 (FThL 10); *Hasler, V.*, Credo und Auferstehung in Korinth. Erwägungen zu I Kor 15, ThZ 40 (1984) 12-33; *Hempelmann, H.-P.*, Die Auferstehung Jesu Christi – eine historische Tatsache?, Wuppertal 1982; *ders.*, Einige exegetische Bemerkungen zu 1. Korinther 15, in: Zukunftserwartung in biblischer Sicht, hg. v. G. Maier, Wuppertal 1984, 98-113; *Hengel, M.*, Ist der Osterglaube noch zu retten?, ThQ 153 (1973) 252-269; *Hirsch, E.*, Die Auferstehungsgeschichten und der christliche Glaube, Tübingen 1940; *Hoffmann, P.*, Die Toten in Christus. Eine religionsgeschichtliche Studie zur paulinischen Eschatologie, ³1978 (NTA 2); *ders.* (Hg.), Zur neutestamentlichen Überlieferung von der Auferstehung Jesu, 1988 (WdF 522); *ders.*, Einführung, in: ebd. 1-14; *ders.*, Die historisch-kritische Osterdiskussion von H.S. Reimarus bis zu Beginn des 20. Jahrhunderts, in: ebd. 15-67; *ders.*, Der Glaube an die Auferweckung Jesu in der neutestamentlichen Überlieferung, in: *ders.*, Studien zur Frühgeschichte der Jesus-Bewegung, 1994 (SBAB 17), 188-256; *Holleman, J.*, Resurrection and Parousia. A Traditio-Historical Study of Paul's Eschatology in 1 Corinthians 15, 1996 (NT.S 84); *Hübner*, Theologie, Bd. 2, 197-208; *ders.*, Kreuz und Auferstehung im Neuen Testament, ThR 54 (1989) 262-306; *Hunzinger, C.-H.*, Die Hoffnung angesichts des Todes im Wandel der paulinischen Aussagen, in: FS H. Thielicke, Tübingen 1968, 69-88; *Jeremias, J.*, Die älteste Schicht der Osterüberlieferungen, in: Dhanis, Resurrexit 185-197; *Kabisch, R.*, Die Eschatologie des Paulus in ihren Zusammenhängen, Göttingen 1893; *Karrer, M.*, Ist Größeres nicht als Leben und Tod? Zur Auferstehung, EvErz 47 (1995) 126-141; *Kegel, G.*, Auferstehung Jesu – Auferstehung der Toten. Eine traditionsgeschichtliche Untersuchung zum Neuen Testament, Gütersloh 1970; *Kessler, H.*, Sucht den Lebenden nicht bei den Toten. Die Auferstehung Jesu Christi in biblischer, fundamentaltheologischer und systematischer Sicht, Düsseldorf 1985; *Kieffer, R.*, Résurrection du Christ et résurrection générale. Essai de structuration de la pensée paulinienne, NRTh 103 (1981) 330-344; *Kittel, G.*, Befreit aus dem Rachen des Todes. Tod und Todüberwindung im Alten und Neuen Testament, Göttingen 1999 (BTSP 17); *Klappert, B.*, Die Auferweckung des Gekreuzigten. Der Ansatz der Christologie Karl Barths im Zusammenhang der Christologie der Gegenwart, Neukirchen-Vluyn, ²1974; *Koch, G.*, Die Auferstehung Jesu Christi, 1965 (BHTh 27); *Kreitzer*, Jesus; *Kremer, J.*, Auferstehung der Toten in bibeltheologischer Sicht, in: Greshake/Kremer, Resurrectio 7-161; *Künneth, W.*, vgl. Fuchs; *ders.*, Theologie der Auferstehung, München ⁴1951; *Kwiran, M.*, The Resurrection of the Dead. Exegesis of 1 Cor. 15 in German Protestant Theology from F.C. Baur to W. Künneth, Basel 1972; *Ladd, G.E.*, Die Auferstehung Jesu Christi von den Toten, Neuhausen-Stuttgart 1978; *Lapide, P.*, Auferstehung. Ein jüdisches Glaubenserlebnis, Stuttgart/München ⁴1983; *Lindars, B.*, The Sound of the Trumpet: Paul and Eschatology, BJRL 67 (1985) 766-782; *Lindemann, A.*, Paulus und die korinthische Eschatologie. Zur These von einer ›Entwicklung‹ im paulinischen Denken, NTS 37 (1991) 373-399; *ders.*, Paulus als Zeuge der Auferstehung Jesu Christi, in: FS G. Klein, Tübingen 1998, 55-64; *ders.*, Die Auferstehung der Toten. Adam und Christus nach 1. Kor 15, in: FS E. Gräßer, 1997 (BZNW 89) 155-167; *Lohfink, G.*, Der Ablauf der Osterereignisse und die Anfänge der Urgemeinde, in: *ders.*, Studien zum Neuen Testament, 1989 (SBAB, Neues Testament 9), 149-167; *Lüdemann, G.*, Die Auferstehung Jesu. Historie – Erfahrung – Theologie, Göttingen 1994; *ders.*, Zwischen Karfreitag und Ostern, in: Verweyen, Osterglaube 13-46; *Luz*, Geschichtsverständnis 332-358; *Mack, B.L.*, Rhetoric and the New Testament, Minneapolis 1990, 56-59; *März, C.-P.*, Hoffnung auf Leben. Die biblische Botschaft von der Auferstehung, Stuttgart 1995; *Martin, D.D.*, Body 104-136; *Martin, R.P.* (Lit. zu Kap. 12-14; Spirit) 89-142; *Marxsen, W.*, Die Auferstehung Jesu als historisches und als theologisches Problem, Gütersloh ²1965; *ders.*, Die Auferstehung Jesu von Nazareth, Gütersloh 1968; *Mason, J.P.*, The Resurrection according to Paul, New York 1993; *Mearns, C.L.*, Early Eschatological Development in Paul: The Evidence of I Corinthians, JSNT 22 (1984) 19-35; *Michaelis, W.*, Die Erscheinungen des Auferstandenen, Basel 1944; *Mitchell*, Paul 283-291; *Moiser, J.*, 1 Corinthians 15, Irish Biblical Studies (1992) 10-30; *Molitor, H.*, Die Auferstehung der Christen und Nichtchristen nach dem Apostel Paulus, 1933 (NTA 16,1); *Moule, C.F.D.*, St Paul and Dualism: The Pauline Conception of Resurrection, NTS 12 (1965/66) 106-123; *Müller, D.*, Geisterfahrung und Totenauferweckung. Untersuchungen zur Totenauferweckung bei Paulus und in den ihm vorgegebenen Überlieferungen, Diss. Kiel 1980; *Müller, K.*, Das Weltbild der jüdischen Apokalyptik und die Rede von Jesu Auferstehung, BiKi 52 (1997) 8-18; *Müller, U.B.*, Die Entstehung des Glaubens an die Auferstehung Jesu, 1998 (SBS 172); *Mußner, F.*, Die Auferstehung

Jesu, 1969 (BiH 7); *ders.*, »Schichten« in der paulinischen Theologie, dargetan an 1 Kor 15, BZ 9 (1965) 59-70; *Nickelsburg, G.W.E.*, Resurrection, Immortality, and Eternal Life in Intertestamental Judaism, 1972 (HThS 26); *Nikolainen, A.T.*, Der Auferstehungsglauben in der Bibel und ihrer Umwelt I.II, 1944/46 (AASF 49,3 und 59,3); *Oberlinner, L.* (Hg.), Auferstehung Jesu – Auferstehung der Christen. Deutungen des Osterglaubens, 1986 (QD 105); *Oegema, G.S.*, Zwischen Hoffnung und Gericht. Untersuchungen zur Rezeption der Apokalyptik im frühen Christentum und Judentum, 1999 (WMANT 82); *Pagels, E.H.*, ›The Mystery of the Resurrection‹: A Gnostic Reading of 1 Corinthians 15, JBL 93 (1974) 276-288; *Patterson, St.J.*, Why Did Christians Say: »God Raised Jesus from the Dead«?, Foundations & Facets Forum 10 (1994) 135-160; *Perkins, Ph.*, Resurrection: New Testament Witness and Contemporary Reflection, London 1984; *Pesch, R.*, Zur Entstehung des Glaubens an die Auferstehung Jesu, ThQ 153 (1973) 201-228; *ders.*, Materialien und Bemerkungen zur Entstehung und Sinn des Osterglaubens, in: Vögtle, A. / Pesch, R. Wie kam es zum Osterglauben?, Düsseldorf 1975, 135-184; *Plank, K.A.*, Resurrection Theology: The Corinthian Controversy Reexamined, PRSt 8 (1981) 41-54; *Plevnik, J.*, Paul and the Parousia. An Exegetical and Theological Investigation, Peabody/Mass., 1997; *Pokorný, P.*, Die Hoffnung auf das ewige Leben im Spätjudentum und Urchristentum, 1978 (AVTRW 70); *ders.*, Die Zukunft des Glaubens, 1992 (AzTh 72); *Reinmuth, E.*, Historik und Exegese – zum Streit um die Auferstehung Jesu nach der Moderne, in: St. Alkier / R. Brucker (Hg.), Exegese und Methodendiskussion, 1998 (TANZ 23), 1-20; *Rengstorf, K.H.*, Die Auferstehung Jesu, Witten ⁴1960; *Robinson, J.M.*, Jesus from Easter to Valentinus (or to the Apostles' Creed), JBL 101 (1982) 5-37; *Roetzel, C.J.*, »As Dying, and Behold We Live«. Death and Resurrection in Paul's Theology, Interp. 46 (1992) 5-18; *Ross, J.M.*, Does 1 Corinthians 15 Hold Water?, Irish Biblical Studies 11 (1989) 69-72; *Sandelin*, Auseinandersetzung; *Saw, I.*, Paul's Rhetoric in 1 Corinthians 15. An Analysis Utilizing the Theories of Classical Rhetoric, New York u.a. 1995; *Schade*, Christologie 191-210; *Schille, G.*, Osterglaube, 1973 (AzTh 51); *Schlier, H.*, Über die Auferstehung Jesu Christi, 1968 (Kriterien 10); *Schmitt, J.*, Le »Milieu« littéraire de la »Tradition« citée dans I Cor., XV, 3b-5, in: Dhanis, Resurrexit 169-181; *Schnackenburg, R.*, Zur Aussageweise »Jesus ist (von den Toten) auferstanden«, BZ 13 (1969) 1-17; *Schniewind, J.*, Die Leugner der Auferstehung in Korinth, in: *ders.*, Reden 110-139; *Schottroff*, Glaubende 115-169; *Schrage, W.*, Der gekreuzigte und auferweckte Herr. Zur *theologia crucis* und *theologia resurrectionis* bei Paulus, ZThK 94 (1997) 25-38; *Schubert, K.*, ›Auferstehung Jesu‹ im Lichte der Religionsgeschichte des Judentums, in: Dhanis, Resurrexit 207-224; *Schütz, J.H.*, Apostolic Authority and the Control of Tradition: 1 Cor. XV, NTS 15 (1968/69) 439-457; *ders.*, Paul 84-113; *Schwantes, H.*, Schöpfung der Endzeit. Ein Beitrag zum Verständnis der Auferweckung bei Paulus, 1963 (AzTh I 12); *Schweitzer, E.*, Auferstehung – Wirklichkeit oder Illusion, EvTh 41 (1981) 2-19; *Segal, A.F.*, Paul's Thinking about Resurrection in its Jewish Context, NTS 44 (1998) 400-419; *Sellin*, Streit; *Siber, P.*, Mit Christus; *Sloan, R.*, Resurrection in I Corinthians, SWJT 26 (1983) 69-91; *Söding, Th.*, Hoffnung für Lebende und Tote. Perspektiven paulinischer Eschatologie, in: FS J.B. Metz, Düsseldorf 1993, 38-49; *Spörlein*, Leugnung 38-181; *Stanley, D.M.*, Christ's Resurrection in Pauline Soteriology, 1961 (AnBib 13); *Stemberger, G.*, Der Leib der Auferstehung. Studien zur Anthropologie und

Eschatologie des palästinischen Judentums im neutestamentlichen Zeitalter, 1972 (AnBib 56); *Stenger, W.*, Beobachtungen zur Argumentationsstruktur von 1 Kor 15, LingBibl 45 (1979) 71-128; *Stürmer, K.*, Auferstehung und Erwählung. Die doppelte Ausrichtung der Paulinischen Verkündigung, 1953 (BFChTh.M 53); *Theißen, G. / Merz, A.*, Der historische Jesus, Göttingen 1996, 415-446; *Thiede, W.*, Auferstehung der Toten – Hoffnung ohne Attraktivität?, 1991 (FSÖTh 65); *Trummer, P.*, Anastasis. Beitrag zur Auslegung und Auslegungsgeschichte von I Kor. 15 in der griechischen Kirche bis Theodoret, Wien 1970; *Tuckett, C.M.*, The Corinthians Who Say »There is no Resurrection of the Dead« (I Cor 15,12), in: Bieringer, Correspondence 247-275; *Venetz, H.J.*, Der Glaube weiss um die Zeit. Zum paulinischen Verständnis der »Letzten Dinge«, 1975 (BiBe 11); *Verburg, W.*, Endzeit und Entschlafene. Syntaktisch-sigmatische, semantische und prag-matische Analyse von 1. Kor 15, 1996 (fzb 78); *Verweyen, H. (Hg.)*, Osterglaube ohne Auferstehung? Diskussion mit Gerd Lüdemann, 1995 (QD 155); *Vielhauer, Ph.*, Ein Weg zur neutestamentlichen Christologie?, in: *ders.*, Aufsätze zum Neu-en Testament, 1965 (BEvTh 31) 141-198; *Vögtle, A.*, Biblischer Osterglaube. Hintergründe – Deutungen – Herausforderungen, hg. v. R. Hoppe, Neukirchen-Vluyn 1999; *ders.*, Wie kam es zum Osterglauben?, in: *ders. / Pesch, R.*, Wie kam es zum Osterglauben?, Düsseldorf 1975, 11-131; *Vollenweider, S.*, Ostern – der denkwürdige Ausgang einer Krisenerfahrung, ThZ 49 (1993) 34-53; *Vorster, J.N.*, Resurrection Faith in 1 Corinthians 15, Neotestamentica 23 (1989) 287-307; *Wat-son, D.F.*, Paul's Rhetorical Strategy in 1 Corinthians 15, in: Rhetoric and the New Testament. Essays from the 1992 Heidelberg Conference, hg. v. St.F. Porter, 1993 (JSNT.S 90), 231-249; *Wedderburn*, Baptism; *Wengst, K.*, Ostern – Ein wirkliches Gleichnis, eine wahre Geschichte, 1991 (KT 97); *Wiefel, W.*, Die Hauptrichtung des Wandels im eschatologischen Denken des Paulus, ThZ 30 (1974) 65-81; *Wilckens, U.*, Auferstehung, 1970 (ThTh 4); *Wire*, Women 159-176; *Witherington*, Conflict 291-312; *ders.*, Jesus, Paul and the End of the World, Downers Grove, Ill. 1992, 183-222; *Zeller, D.*, Hellenistische Vorgaben für den Glauben an die Auferstehung Jesu?, in: FS P. Hoffmann, Berlin u.a. 1998, 71-91.

Die zentrale Stellung von Kap. 15 für das Gesamtverständnis des Briefes ist ebenso unbestritten wie seine unvergleichliche Bedeutung für die ge-samte paulinische Theologie. Wechselt Paulus doch mit Kap. 15 nicht ein-fach zu einem neuen Kapitel und Thema, das den anderen Briefthemen gleichgewichtig an die Seite zu stellen wäre, etwa gar einem solchen wie dem über die richtige Haartracht der Frauen in Kap. 11. Vielmehr greift er nun das mit der Auferweckung Jesu aufs engste zusammenhängende Thema der Zukunftsverheißung auf, das schon im Proömium anvisiert worden ist (1,7f) und im Verlauf des Briefes immer wieder in die Diskus-sion eingeführt wurde, meist als unaufgebbares Korrektiv der realized eschatology[1]. Ja, Kap. 15, das schon seinem Umfang nach aus dem Rah-men fällt, beleuchtet als perspektivischer Horizont den ganzen Brief, han-delt also von dem, was allem anderen als Voraussetzung und Basis zu-

---

[1] Vgl. 3,13-15; 4,5; 5,5; 6,2f.14; 7,29-31;   10,11; 11,12; 13,8-13.

grunde liegt, und von dem, worauf alles unweigerlich zuläuft. Eschatologie ist hier nicht ein angehängtes letztes Kapitel *de novissimis*, sondern der beherrschende Grundzug der paulinischen Theologie. Es ist vor allem das Verdienst Barths, diese Einsicht entschlossen auf die Exegese des ganzen Briefes angewendet zu haben, und seine Erkenntnis, daß 1Kor 15 nicht isoliert dasteht und »nicht von diesem und jenem Besondern, sondern vom Sinn und Nerv ihres Ganzen« handelt, ist denn auch bei aller fälligen Kritik bestimmend geblieben[2]. Zwar wird im einzelnen manches heute anders akzentuiert, doch die Grundeinsicht wird dadurch kaum berührt. So ist gewiß die auch in anderen Schriften zu beobachtende Plazierung eschatologischer Abschnitte am Ende stärker zu berücksichtigen, die vor einer Überbewertung der bloßen Schlußstellung des Kapitels warnt, doch kann die gewichtige Endstellung als *firmissimum* (Quintilian, Inst. Orat. 7,1,10) auch nicht als bloß formale Traditionsbedingtheit relativiert werden[3]. Ebenso zu beachten ist gewiß die aktuelle Veranlassung und Situationsbezogenheit, d.h. Paulus bietet auch hier keine zeitlos-systematische Entfaltung seiner Eschatologie[4], sondern setzt sich primär mit einer

---

[2]   62; vgl. auch 64f; zum Verhältnis zu Kap. 13 vgl. EKK VII 3, 319 und weiter die Diskussion bei Fuchs/Künneth* 42-45; Geense* 13-30. Barths Kritik an einer »Schlußgeschichte«, die von einer zu jeder Zeit aktuellen und als Krisis alles Gegenwärtigen zu verstehenden »Endgeschichte« abgehoben wird (61), ist aber mit Recht nicht ohne Widerspruch geblieben; vgl. schon die Kritik Bultmanns* 51f, wobei dieser freilich seinerseits daraufhin zu befragen wäre, ob Paulus tatsächlich »in Wahrheit nicht von ihr (sc. einer »Schlußgeschichte«) reden kann und will«. Vgl. auch Beker* (Paul) 142f u.ö. und unten Anm. 194.
[3]   Vgl. Mk 13; Mt 7,24-27; der Q-Schluß in Lk 17 / Mt 24f bzw. Lk 22,28-30 / Mt 19,28; 1Thess 4,17-5,11; Gal 6,7-9; Jak 5,7-11; Did 16; vgl. auch schon Tob 14; Dan 7 im aram. Dan u.a.; vgl. z.B. Conzelmann 27 Anm. 80 und Schmeller, Diatribe 336. Nach Calvin 448 haben manche auf die Frage, »warum Paulus diesen überaus wichtigen Gegenstand bis zum Schlusse des Briefes aufgespart hat«, geantwortet, »er habe ihn dem Gedächtnis seiner Leser besonders fest einprägen wollen« (vgl. auch Tertullian, Res. 48,2 [CCh 2, 987]), während Calvin selbst die Meinung vertritt, Paulus habe »zuerst sein apostolisches Ansehen« befestigen wollen. K. Müller (bei Lorenzo, Résurrection 96) fragt, ob Paulus die in Kap. 15 adressierten Auferstehungsgegner »für besonders gefährdet hielt«. Standaert (ebd.

46) verweist auf das *cavendum ne decrescat oratio* bei Quintilian, Inst. Orat. 9,4,23 (vgl. dazu Lausberg, Handbuch I 246 mit Verweis auf 7,1,10 zur »Schlußstellung des stärksten Gliedes«, und zwar für die Gesamtrede als auch für deren Teile [Zitat im Original gesperrt]); vgl. auch Hays 252: »Paul has saved the weightiest matter for last – as any good preacher would do«. Zum Verhältnis zu Kap. 1-2 vgl. unten Anm. 96.
[4]   Anders früher z.B. Thomas 405 (*tractatus de resurrectione*); Rückert 386 (»die Verteidigung und Entwickelung der Auferstehungslehre«); Robertson/Plummer 329 (»the earliest Christian doctrinal essay«). Selbst Conzelmann 302 findet »eine in sich geschlossene Abhandlung über die Auferstehung der Toten«. Im übrigen ist bei aller Abgrenzung von einer Systematisierung die von reinen Ad-hoc-Variationen abstechende Konsistenz der zugrundeliegenden Gedanken des Apostels (vgl. z.B. Gaffin* 19-30; Beker* [Paul] passim) nicht gut zu übersehen. Ob man das ganze Kapitel als »prophetic discourse« anzusprechen hat (so Gillespie* 199f.218 u.ö.), ist eine Definitionsfrage, angesichts fehlender Analogien und der argumentativen Ausrichtung aber eher mit Skepsis aufzunehmen; prophetische Elemente dagegen sind durchaus erkennbar (vgl. z.B. zu V 51f), vor allem aber seine apokalyptischen Motive und Denkstrukturen (vgl. z.B. Lewis [Lit. zu 15,12ff] 125-161 und vor allem zu V 20-28).

bestimmten Position der Korinther auseinander, auch wenn diese erst in V 12 zur Sprache kommt und dort zu behandeln ist. Aber auch dieser aktuelle Anlaß nimmt dem in seiner Korrektur sichtbar werdenden paulinischen Konzept der Eschatologie nichts von seinem Gewicht.

Daß der neue Abschnitt nicht mit περὶ δέ beginnt wie 12,1 und später wieder 16,1, ist kein Grund, das Kapitel aus seinem jetzigen literarischen Zusammenhang herauszulösen und einem Vor- oder Antwortbrief zuzuweisen. Auch daß Paulus die Auferstehungsleugnung als Bestreitung jeder Jenseitshoffnung mißverstehe und er sich nach Kap. 9 nicht gut als »geringster der Apostel« (V 9) bezeichnen könne, kann diese literarkritische These kaum hieb- und stichfest machen[5]. Der Brief ist vielmehr schon vom Proömium (1,7f) her auf eine Behandlung der Zukunftshoffnung angelegt, und gerade nach dem die Charismen behandelnden Block, der die Überbewertung des Pneumatisch-Enthusiastischen auch von der Eschatologie her relativiert (vgl. zuletzt 13,8-13), aber zugleich eine Brücke zu dem durch die Auferweckung zum »lebendigmachenden Geist« gewordenen Christus und zur Erwartung eines pneumatischen Leibes schlägt (V 44f), ist Kap. 15 an seinem Ort im Briefganzen durchaus sinnvoll.

Als sachliche Gliederung des Kapitels bietet sich am ehesten die folgende Disposition an: V 1-11 legen den Grund der Gewißheit des Auferstehungsglaubens durch Rückgriff auf die Tradition, nach der eine Kette von Erscheinungen die Auferweckung Jesu von den Toten verbürgt. V 12-19 belegen die Zusammengehörigkeit der Auferweckung Jesu mit der Auferweckung der Toten. V 20-28 reihen die Auferweckung Jesu ein in einen eschatologischen Prozeß, der zur Alleinherrschaft Gottes führt. V 29-34 benennen noch einmal praktische Konsequenzen des Glaubens oder Unglaubens an eine zukünftige Auferweckung[6]. Der zweite Teil behandelt nach dem Daß das Wie der Totenauferweckung und beharrt auf ihrer Leiblichkeit. V 35-49 veranschaulichen zunächst anhand der Schöpfung und ihrer unendlichen Vielfalt die Schöpfermacht Gottes zur Schaffung eines neuen Leibes und stellt dann antithetisch den natürlichen Leib und den geistlichen Leib in ihrer Korrelation zu Adam und Christus gegenüber. V 50-58 endlich thematisieren die Verwandlung von Lebenden und Toten bei der Parusie und verheißen triumphierend den endgültigen Sieg über den Tod.

---

[5] Vgl. Wolff 349f; Merklein, Studien I 369-371; Saw* 177-183; Mitchell* 284-286; Verburg* 15-17 u.a.; anders Schmithals, Gnosis 85f; Schenk, Briefsammlung 224f; in anderer Weise schon Weiß 343f; vgl. die Übersicht über die verschiedenen literarkritischen Versuche bei Spörlein* 20-27 und Sellin, Hauptprobleme 2965-2968. Hier nur kurz: Zum Charakter von Kap. 9 als *exemplum*, für die die ἀπολογία in V 1-3 nur die Voraussetzung bildet, vgl. EKK VII 2, 283, zu 6,14 vgl. ebd. 9f und zu V 12.

[6] Sellin* 231 findet in diesen vier ersten Teilen »eine Art Argumentationspyramide, wobei jeder Argumentationsgang den Sockel für den nächsten bildet«. Das ist jedenfalls einleuchtender als die angebliche Ringkomposition bei Sandelin* 11-13; vgl. die Kritik bei Sellin* 231 Anm. 3.

Rhetorisch wird das ganze Kapitel überwiegend mit Recht dem *genus deliberativum* zugeordnet, das aber zugleich von einigen Elementen des forensischen Genus der Argumentation durchzogen ist[7]. Es dominieren aber eindeutig die symbuleutischen Merkmale, die Paulus zur Überzeugung der Korinther einsetzt: der Topos des »Nutzens« bzw. des Gegenteils (εἰκῇ V 2; κενός bzw. κενή V 10.14; ματαία V 17; ἐλεεινότεροι V 19; ὄφελος V 32), die Beispiele (V 9f.14f.30-32.36-38.39-41.42-44), die vorherrschende Ausrichtung auf die Zukunft (V 2.12f.15f.22.26.49.51). Die rhetorische Struktur und Funktion der einzelnen Abschnitte wird allerdings verschieden bestimmt (vgl. zu den einzelnen Abschnitten)[8].

1 Das Zeugnis von der Auferweckung Jesu Christi 15,1-11

Literatur (auch auf die Lit. zu Kap. 15 wird im folgenden Abschnitt nur mit * verwiesen): *Allen, E.L.*, The Lost Kerygma, NTS 3 (1956/57) 349-353; *Baird, W.*,

---

[7] Mack* 56 verweist darauf, daß jeder Abschnitt mit Ausnahme der *conclusio* auch der *refutatio* von Einwänden gilt; Bünker* bevorzugt überhaupt eine Anlehnung an das *genus iudiciale*, wobei aber noch einmal daran zu erinnern ist, daß sich bestimmte Gattungsmerkmale nicht auf ein einzelnes *genus* der Rede zu beschränken brauchen (EKK VII 1, 77), weshalb auch epideiktische Züge nicht geleugnet zu werden brauchen (vgl. Lewis [Lit. zu 15,12ff] 25). An der symbuleutischen Gesamtausrichtung ändert das darum nichts (vgl. die Kritik von Mitchell* 285 Anm. 557 und Witherington* [Conflict] 290f an einer Bestimmung von Kap. 15 als »Verteidigungsrede«). Schon Heinrici 442 verwies auf die Analogien in der antiken Rhetorik, »die Ueberzeugung wecken wollen«, und unterschied bei den πίστεις die ἄτεχνοι wie Tatsachen und *testimonia divina*, wozu er V 1-11.20-28.50.58 rechnet (vgl. die Tradition in V 3-5, die Zeugenliste V 6-8, die atl. Zitate V 45.54, aber auch V 25.27.32, die Beispiele und Analogien V 29-32.36-41 und das Menanderzitat V 33), und die ἔντεχνοι, »die durch Induction, durch Schlüsse oder Analogien gefunden werden und sich an Kopf, Herz und das sittliche Bewusstsein wenden«, wozu er V 12-19.29f.36f zählt (vgl. besonders die Enthymeme in V 12-19); vgl. jetzt die differenzierteren Einzelnachweise bei Saw* 183-223 und Eriksson* 234-251, die darin differieren, ob es um »a simple case« (so Saw* 202) oder eine *qaestio coniuncta* – nach Quintilian (Inst. Orat. 3,6,7)

eine Streitfrage mit mehreren *quaestiones* – geht (so Eriksson* 242), wobei für die letztere Annahme schon die beiden Argumentationsrunden in V 1-34 und 35-58 sprechen, auch wenn diese miteinander verbunden sind.

[8] Vorster* 296 wendet gegen die vorgeschlagenen Bestimmungen aber überhaupt ein, daß damit die Einbettung des Kapitels in den gesamten Brief und seine Schlußstellung ignoriert werde. Auch Mitchell* 285 Anm. 557 bestreitet zwar zu Recht die Selbständigkeit von Kap. 15 als »Auferstehungsbrief«, will das Kapitel andererseits aber nur als Teil einer größeren rhetorischen Disposition gelten lassen, wobei dann (ebd. 290) V 58 zur *conclusio* des ganzen Briefes statt von Kap. 15 wird (dagegen mit Recht Witherington* [Conflict] 291f). So notwendig die Beachtung des Makrokontextes des ganzen Briefes in der Tat ist, bleibt auch hier nicht einzusehen, warum nicht u.U., natürlich nicht in jedem Fall, auch einzelne Teile rhetorische Strukturen erkennen lassen können (vgl. unten Anm. 21 sowie EKK VII 1, 78 Anm. 274; Witherington* 292 [»a speech in min(i)ature«] und jetzt Terry, Patterns 1 u.ö.). Noch kritischer allerdings R.D. Anderson, Ancient Rhetorical Theory and Paul, Kampen 1996, 238: Der 1Kor könne nicht durch rhetorische Analysen in seiner Argumentation erschlossen werden, weil er wenig Ähnlichkeit mit einer Rede habe (vgl. auch ebd. 255-257). Die Analysen von Saw* und Eriksson* beweisen m.E. das Gegenteil.

What is the Kerygma? A Study of I Cor 15,3-8 and Gal 1,11-17, JBL 76 (1957) 181-191; *Bammel, E.,* Herkunft und Funktion der Traditionselemente in 1. Kor. 15, 1-11, ThZ 11 (1955) 401-419; *Bartsch, H.-W.,* Die Argumentation des Paulus in I Cor 15,3-11, ZNW 55 (1964) 261-274; *Bauer, J.B.,* Drei Tage, Bib. 39 (1958) 354-358; *Berlendis, A.,* Risurrezione di Gesu' in Paolo (1 Cor 15,1-8), RBR 8 (1973) 19-58; *Biser, E.,* Die älteste Ostergeschichte. Zur Jesusmystik des Apostels Paulus, GuL 55 (1982) 139-148; *Bishop, E.F.F.,* The Risen Christ and the Five Hundred Brethren (1 Cor 15,6), CBQ 18 (1956) 341-344; *Björck, G.,* Nochmals Paulus abortivus, CNT 3 (1938) 3-8; *Blank, J.,* Paulus 133-197; *Boman, T.,* Paulus abortivus (1. Kor. 15,8), StTh 18 (1964) 46-50; *Broer, I.,* »Seid stets bereit, jedem Rede und Antwort zu stehen, der nach der Hoffnung fragt, die euch erfüllt« (1Petr 3,15). Das leere Grab und die Erscheinungen Jesu im Lichte der historischen Kritik, in: Broer/Werbick 31-61; *ders.,* Der Glaube an die Auferstehung Jesu und das geschichtliche Verständnis des Glaubens in der Neuzeit, in: Verweyen, Osterglaube 47-64); *Bussmann,* Themen 81-107; *Cambier, J.-M.,* Le Christ est ressuscité. 1 Co 15,1-11, ASeign 36 (1974) 57-62; *Cangh, J.M. v.,* Mort pour nos péchés selon l'Écritures (I Co 15,3b), RTL 1 (1970) 191-199; *Christensen, J.,* »And that He Rose on the Third Day According to the Scriptures«, Scandinavian Journal of the Old Testament 2 (1990) 101-113; *Claudel, G.,* La confession de Pierre. Trajectoire d'une péricope évangelique, Paris 1988; *Conzelmann, H.,* Zur Analyse der Bekenntnisformel I. Kor. 15,3-5, EvTh 25 (1965) 1-11; *Craig, W.L.,* The Historicity of the Empty Tomb of Jesus, NTS 31 (1985) 39-67; *Dunn,* Jesus 95-134; *Dupont, J.,* Ressuscité »le troisième jour«, Bibl. 40 (1959) 742-761; *Ehrman, B.D.,* Cephas and Peter, JBL 109 (1990) 463-474; *Fuchs, E.,* Muß man an Jesus glauben, wenn man an Gott glauben will? Vorerwägungen zur Auslegung von 1. Kor 15,1-11, ZThK 58 (1961) 45-67; *Gangel, K.O.,* According to the Scriptures, BS 498 (1968) 123-128; *Giesen, H.,* Zu Entstehung und Inhalt des Osterglaubens, TGA 27 (1984) 41-46; *Giesriegl,* Sprengkraft 262-269; *Gilmour, S.M.,* Die Christophanie vor mehr als fünfhundert Brüdern, in: Hoffmann, Überlieferung 133-138 (= The Christophany to More Than Five Hundred Brethren, JBL 80 [1961] 248-252; *ders.,* Easter and Pentecost, JBL 81 (1962) 62-66; *Gils, F.,* Pierre et la foi au Christ ressuscité, EThL 38 (1962) 5-43; *Glombitza, O.,* Gnade – das entscheidende Wort. Erwägungen zu I. Kor. XV,1-11. Eine exegetische Studie, NT 2 (1958) 281-290; *Graß, H.,* Ostergeschehen und Osterberichte, Göttingen ²1962, bes. 94-112.186-232; *Güttgemanns, E.,* Apostel 53-94; *ders.,* Χριστός in 1. Kor. 15,3b – Titel oder Eigenname? EvTh 28 (1986) 533-554; *ders.,* Artikelloses masiah? Antwort an Ina Plein, EvTh 29 (1969) 675-676; *Harder, G.,* Die bleibenden Zeugen, ThViat 11 (1966-1972) 83-90; *Harnack, A. v.,* Die Verklärungsgeschichte Jesu, der Bericht des Paulus (I.Kor. 15,3ff.) und die beiden Christusvisionen des Petrus, SPAW.PH 1922, 62-80 (zitiert nach Hoffmann, Überlieferung 89-117); *Heininger, B.,* Paulus als Visionär. Eine religionsgeschichtliche Studie, 1996 (Herders Biblische Studien 9), 182-201; *Hill, D.,* On the Third Day, ET 78 (1966/67) 266-267; *Hofius, O.,* Das vierte Gottesknechtslied in den Briefen des Neuen Testamentes, NTS 39 (1993) 414-437; *Holl,* Kirchenbegriff; *Hollander, H.W. / van der Hout, G.E.,* The Apostle Paul Calling himself an Abortion: 1. Cor. 15:8 within the Context of 1 Cor. 15:8-10, NT 28 (1996) 224-236; *Jeremias, J.,* Artikelloses Χριστός. Zur Ursprache von I Cor 15,3b-5, ZNW 57 (1966) 211-215; *Jocz, J.,* Tertia Die, Secundum Scripturas, CJT 9 (1963) 174-184; *Jones, P.R.,* 1 Corinthians 15:8: Paul the Last Apostle, TynB 36 (1985) 3-34; *Käsemann, E.,* Konsequente Traditionsgeschichte?, ZThK 62 (1965) 137-152; *Kearney, P.J.*, He Appeared to 500 Brothers (1 Cor. XV 6), NT 22 (1980) 264-284; *Kelly, G.B.*, »He Appeared to me«: 1 Cor 15:8 as Paul's Religious Experience of the »End Time«, in: Critical History and Biblical Faith. New Testament Perspectives, hg. v. Th. J. Ryan, Villanova/Pennsylvania 1979, 108-135; *Kertelge, K.*, »Durch die Gnade Gottes bin ich, was ich bin« (1. Kor. 15,10). Die Bekehrung des Apostels Paulus und der Heilsweg der Christen, BiKi 23 (1968) 1-5; *Kienzler, K.*, Logik der Auferstehung. Eine Untersuchung zu R. Bultmann, G. Ebeling und W. Pannenberg, 1976 (FThSt 100), 144-169; *Kittel, G.*, Die Auferstehung Jesu, DTh 4 (1937) 133-168; *Klappert, B.*, Zur Frage des semitischen oder griechischen Urtextes von I. Kor. XV.3-5, NTS 13 (1966/67) 168-173; *ders.*, Legitimationsformel und Erscheinungsüberlieferung. Zur Formkritik der neutestamentlichen Auferstehungstraditionen. Eine Anfrage an U. Wilckens, ThBeitr 5 (1974) 67-81; *Klein*, Apostel 38-43; *Kloppenborg, J.*, An Analysis of the Pre-Pauline Formula 1 Cor 15:3b-5 in Light of Some Recent Literature, CBQ 40 (1978) 351-367; *Kramer*, Christos 15-32; *Kremer, J.*, Das älteste Zeugnis von der Auferstehung Christi. Eine bibeltheologische Studie zur Aussage und Bedeutung von 1Kor 15,1-11, ³1970 (SBS 17); *ders.*, Die Deutung der Osterbotschaft des Neuen Testamentes durch R. Bultmann und W. Marxsen im Lichte des Auferstehungszeugnisses 1 Kor 15,3-8, BiKi 22 (1967) 7-14; *Lambrecht, J.*, Line of Thought in 1 Cor 15,1-11, in: *ders.*, Studies 109-124; *Lehmann, K.*, Auferweckt am dritten Tag nach der Schrift. Früheste Christologie, Bekenntnisbildung und Schriftauslegung im Lichte von 1 Kor. 15,3-5, 1968 (QD 38); *Léon-Dufour, X.*, L'apparition du Ressuscité à Paul, in: Dhanis, Resurrexit 266-291; *Lichtenstein, E.*, Die älteste christliche Glaubensformel, ZKG 63 (1950/51) 1-74; *Lindblom* (Lit. zu Kap. 12-14); *Mackay, C.*, The Third Day, CQR 164 (1963) 289-299; *Mánek, J.*, The Apostle Paul and the Empty Tomb, NT 2 (1958) 276-280; *Margerie, B. de*, Le troisième jour, selon les Écritures, il est ressuscité. Importance théologique d'une recherche exégétique, RevSR 60 (1986) 158-188; *McArthur, H.K.*, »Am dritten Tag«. 1 Kor 15,4b und die rabbinische Interpretation von Hos 6,2, in: Hoffmann, Überlieferung 194-202 (= On the Third Day, NTS 18 [1971] 81-86); *McCasland, S.V.*, The Scripture Basis of »On the Third Day«, JBL 48 (1929) 124-137; *Metzger, B.M.*, Ein Vorschlag zur Bedeutung von 1 Kor 15,4b, in: Hoffmann, Überlieferung 126-132 (= A Suggestion concerning the Meaning of I Cor XV.4b, JThS 8 [1957] 118-123; *Mildenberger, F.*, »Auferstanden am dritten Tage nach den Schriften«, EvTh 23 (1963) 265-280; *van der Minde*, Schrift 173-186; *Munck, J.*, Paulus tanquam abortivus (I Cor 15:8), in: FS T.W. Manson, hg. v. A.J.B. Higgins, Manchester 1959, 180-193; *Murphy-O'Connor, J.*, Tradition and Redaction in 1 Cor 15:3-7, CBQ 43 (1981) 582-589; *Mußner, F.*, Zur stilistischen und semantischen Struktur der Formel von 1 Kor 15,3-5, in: FS H. Schürmann, 1977 (EThSt 38) 405-416; *Nickelsburg, G.W.E.*, An ἔκτρωμα, though Appointed from the Womb: Paul's Apostolic Self-Description in 1 Corinthians 15 and Galatians 1, HThR 79 (1986) 198-205; *Oberlinner, L.*, Zwischen Kreuz und Parusie. Die eschatologische Qualität des Osterglaubens, in: Oberlinner, Auferstehung 63-96; *ders.*, »Gott [aber] hat ihn auferweckt« – Der Anspruch eines frühchristlichen Gottesbekenntnisses, in: Verweyen, Osterglaube 65-79; *O'Collins, G.*, The Resurrection of Christ, Valley Forge 1973, 3-17; *Osten-Sacken, P. v.d.*, Die Apologie des paulinischen Apostolats in 1 Kor 15,1-11, ZNW 64 (1973) 245-262; *Pastor-Ramos, F.*, »Murio por nuestros pecados« (1 Cor 15,3; Gal 1,4). Observaciones sobre el origen de esta formula en Is 53, EE 61

(1986) 385-393; *Patte,* Faith 221-231; *Pfammatter, J.,* Das Auferstehungszeugnis des Paulus 1Kor 15,1-11, in: Die Auferstehung Jesu Christi. Heilsgeschichtliche Tatsache und Brennpunkt des Glaubens, hg. v. E. Ruckstuhl / J. Pfammatter, Luzern 1968, 9-29; *Pilch, J.J.,* Appearances of the Risen Jesus in Cultural Context: Experiences of Alternate Reality, BTB 28 (1998) 52-60; *Plein, I.,* Zu E. Güttgemanns, Χριστός in 1 Kor 15,3b – Titel oder Eigenname? EvTh 29 (1969) 222-223; *Plevnik, J.,* Paul's Appeals to His Damascus Experience and I Cor. 15:5-7: Are They Legitimations?, TJT 4 (1988) 101-111; *Pratscher,W.,* Der Herrenbruder Jakobus und die Jakobustradition, 1987 (FRLANT 139), 29-48; *Price, R.M.,* Apocryphal Apparitions: 1 Corinthians 15.3-11 as a Post-Pauline Interpolation, The Journal of Higher Criticism 2 (1995) 69-99; *Ridderbos, H.,* The Earliest Confession of the Atonement in Paul, in: FS L.L. Morris, Grand Rapids 1974, 76-89; *Roloff,* Apostolat 45-60; *Ruckstuhl, E.,* Das Heilsereignis der Auferstehung Jesu und die Erscheinungen des Auferstandenen, in: Die Auferstehung Jesu Christi. Heilsgeschichtliche Tatsache und Brennpunkt des Glaubens, hg. v. E. Ruckstuhl u.a., Luzern 1968, 61-111; *Sabugal, S.,* La manifestacion del resucitado a Pablo: 1 Cor 15,8-11, RAE 16 (1975) 87-101; *Satake, A.,* 1Kor 15,3 und das Verhalten von Paulus den Jerusalemern gegenüber, AJBI 16 (1990) 100-111; *Schaefer, M.,* Paulus, »Fehlgeburt« oder »unvernünftiges Kind«? Ein Interpretationsvorschlag zu 1Kor 15,8, ZNW 85 (1994) 207-217; *Schenk, W.,* Textlinguistische Aspekte der Strukturanalyse, dargestellt am Beispiel von 1 Kor XV.1-11, NTS 23 (1976/77) 469-477; *Schmithals,* Apostelamt 64-69; *Schrage, W.,* 1. Korinther 15,1-11, in: de Lorenzi, Résurrection 21-45; *Seidensticker, Ph.,* Das Antiochenische Glaubensbekenntnis 1. Kor 15,3-7 im Lichte seiner Traditionsgeschichte, ThGl 57 (1967) 286-323; *Sider, R.J.,* St. Paul's Understanding of the Nature and Significance of the Resurrection in I Corinthians XV 1-19, NT 19 (1977) 124-141; *Sisti, A.,* La Risurrezione di Cristo nella catechesi apostolica (1 Cor. 15,1-11) ED 28 (1975/76) 187-203; *Sleeper, C.F.,* Pentecost and Resurrection, JBL 84 (1965) 389-399; *Spörlein,* Leugnung 38-63; *Strecker, Ch.,* Theologie 147-155; *Stuhlmacher,* Evangelium 266-282; *ders.,* »Kritischer müßten mir die Historisch-Kritischen sein!«, ThQ 153 (1973) 244-251; *ders.,* Das Bekenntnis zur Auferweckung Jesu von den Toten und die Biblische Theologie, in: *ders.,* Schriftauslegung auf dem Wege zur biblischen Theologie, Göttingen 1975, 128-166; *ders.,* Die Auferweckung Jesu und die Auferweckung der Toten, PTh 84 (1995) 72-88; *ders.,* Theologie 162-179; *Toit, A.B. du,* Primitive Christian Belief in the Resurrection of Jesus in the Light of Pauline Resurrection and Appearance Terminology, Neotestamentica 23 (1989) 309-330; *Walker, W.O.,* Postcrucifixion Appearances and Christian Origins, JBL 88 (1969) 157-165; *Watt, R.J.G.,* On the Third Day, ET 88 (1977) 276; *Webber, R.C.,* A Note on 1 Corinthians 15:3-5, JETS 26 (1983) 265-269; *Wegenast,* Verständnis 52-70; *Wengst,* Formeln 92-105; *Wenz, H.,* ›Fatale Argumentation des Paulus‹?, ELKZ 15 (1961) 304-306; *Wilckens, U.,* Der Ursprung der Überlieferung der Erscheinungen des Auferstandenen. Zur traditionsgeschichtlichen Analyse von 1. Kor. 15,1-11, in: FS E. Schlink, Göttingen 1963, 56-95; *Winden, H.-W.,* Wie kam und wie kommt es zum Osterglauben?, Frankfurt a.M. 1982 (DiTh 12), 47-128; *Winter, P.,* I Corinthians XV 3b-7, NT 2 (1958) 142-150; *Zager, W.,* Jesu Auferstehung – Heilstat Gottes oder Vision? Das Ostergeschehen in historisch-kritischer und psychologischer Perspektive, DtPfrBl 96 (1996) 120-123.

1 Ich tue euch aber, Brüder, das Evangelium kund, das ich euch verkündigt habe, das ihr auch übernommen habt, in dem ihr auch steht, 2 durch welches ihr auch das Heil gewinnt, wenn ihr festhaltet an dem Wort, das ich euch verkündigt habe, es sei denn, ihr wäret vergeblich zum Glauben gekommen. 3 Denn ich habe euch in erster Linie überliefert, was ich auch übernommen habe, daß Christus gestorben ist für unsere Sünden nach den Schriften 4 und daß er begraben wurde und daß er auferweckt worden ist am dritten Tage nach den Schriften, 5 und daß er erschienen ist dem Kephas, dann den Zwölfen. 6 Dann ist er mehr als fünfhundert Brüdern auf einmal erschienen, von denen die meisten bis jetzt noch leben, einige aber sind entschlafen. 7 Dann ist er dem Jakobus erschienen, dann allen Aposteln. 8 Zuletzt von allen aber ist er auch mir, gleichsam als der Fehlgeburt, erschienen. 9 Denn ich bin der letzte der Apostel, der ich nicht wert bin, Apostel genannt zu werden, weil ich die Gemeinde Gottes verfolgt habe. 10 Durch Gottes Gnade aber bin ich, was ich bin, und seine Gnade ist bei mir nicht ohne Wirkung gewesen, denn ich habe mehr gearbeitet als sie alle, doch nicht ich, sondern die Gnade Gottes mit mir. 11 Ob nun ich oder jene: So verkündigen wir, und so seid ihr zum Glauben gekommen.

Analyse   Der erste Abschnitt V 1-11 soll die Auseinandersetzung um die Auferweckung der Toten in der Auferweckung Jesu als deren verläßliches Argumentationsfundament festmachen. Weil beides unlöslich zusammenhängt (vgl. schon 6,14), muß zunächst die christologische Basis und Prämisse über jeden Zweifel erhaben sein, d.h. die Funktion der ersten 11 Verse kann kaum anders begriffen werden als so, daß die aneinandergereihten verschiedenen Zeugen einer Christophanie die Glaubwürdigkeit der Auferweckung Jesu erhärten sollen[9]. Gewiß kommt es Paulus dabei auch auf die Übereinstimmung seines Evangeliums mit den anderen Auferstehungszeugen an[10], aber der Grund dafür ist primär der, das Gewicht dieses Zeugnisses zu verstärken. Das illustrieren zumal V 6f (vgl. z.St.), wo Paulus über die festgeprägte urchristliche Paradosis von V 3b-5 hinaus auf weitere Überlieferungen zurückgreift. Die Ausführlichkeit dieses kumulativen

---

[9] Vgl. z.B. Kittel* (Auferstehung) 135, der mit Recht anmerkt, Paulus halte es nicht für »ein Gebot besonderer Frömmigkeit«, »auf solche Beglaubigung zu verzichten«.

[10] So Wolff 352 im Anschluß an v.d. Osten-Sacken* 247: V 1f und 11 sollen zu erkennen geben, daß es Paulus »um die Übereinstimmung seiner Missionsverkündigung ... mit der gesamten urchristlichen

Verkündigung, insbesondere mit der der anerkannten Autoritäten« gehe. Nun trifft solche Funktionsbestimmung durchaus ein erkennbares Moment, wenn auch eher in dem Sinne, daß Paulus keine »Privatmeinung« vorträgt (ebd. 151), aber das ist kaum das Entscheidende und gibt V 11 ein zu starkes Gewicht; vgl. weiter unten Anm. 195 und 250 speziell zu V 9-11.

Zeugennachweises für die Auferweckung Jesu mit Hilfe der Tradition bietet nur dann ein Problem, wenn das christologische Credo in Korinth für Paulus tatsächlich als so unbestritten in Geltung steht, wie das meist vorausgesetzt wird[11]. Man kann zugunsten dieser Behauptung zwar darauf hinweisen, daß in V 12ff der Glaube an die Auferweckung Jesu als Basis der Argumentation vorausgesetzt wird, doch heißt es in V 12 nicht εἰ δὲ πιστεύετε, sondern εἰ δὲ κηρύσσεται, was nicht dasselbe ist, und die dort aufgezählten desaströsen Konsequenzen werden stets mit dem Ausfall der Auferweckung Christi begründet. Jedenfalls ist es alles andere als sicher, daß die korinthische Position der Auferstehungsleugnung nicht auch Konsequenzen für die Christologie und ihr Verständnis der Auferweckung *Christi* gehabt hat[12], wie immer die ausgesehen haben. Vermutlich hat man sie nicht prinzipiell bestritten, weil Paulus dann wohl ganz anders reagieren würde. Aber man hat sie offenbar doch so spiritualisiert und sich so einseitig an die ekstatisch, visionär, kultisch oder mystisch erfahrbare Epiphanie des erhöhten Christus im Geist gehalten[13], daß Paulus, für den der Glaube an ein leibloses Weiterleben jenseits des Todes kein Auferstehungsglaube ist, auch die Christologie von der These in V 12 mitbetroffen bzw. in Gefahr sieht. Auch V 12-20 weisen kaum in eine andere Richtung.

---

11   Vgl. z.B. Heinrici 447; Schlatter 391; Conzelmann 304f (»gemeinsame Basis der Argumentation«); Braun, Randglossen 198; Trummer* 5; Lang 207f; Schütz* (Authority) 440; Sellin* 234; vgl. aber die Vorbehalte bei den Autoren der nächsten Anm.; bezeichnenderweise fragt sich auch Conzelmann 313 selbst, wozu der ganze Aufwand des Paulus dienen soll, wenn die Auferweckung Jesu in Korinth gar nicht bezweifelt wurde.
12   Vgl. Käsemann, Ruf 83 (Es sehe so aus, »als hätten die korinthischen Enthusiasten die Auferstehung Jesu und die eigene und allgemeine Auferstehung geleugnet«); Schmithals, Gnosis 334; Sider* 130-132; Schade* 196; Sandelin* 13-20; Lambrecht* 124; Heininger* 190. Mindestens wird man mit Wolff 355 davon zu sprechen haben, daß Paulus »Anlaß zu der Befürchtung« hat, »daß die Gemeinde nicht mehr auf dem Fundament der Anfangsunterweisung steht«; vgl. auch D.B. Martin, Body 125 (»questioning the possibility of a bodily resurrection undermines the possibility that Christ has been raised«) und schon Meyer 412; Godet II 182, aber auch unten Anm. 22 zu Aletti. Zeller* 82 vertritt die Meinung, die Auferstehungsleugner hätten als griechische und römische Hörer die Auferstehung Jesu »als Erhöhung zu gottgleichem Status« verstanden und dabei »die leiblichen Implikationen« überhört. M.E. ist am wahrscheinlichsten, daß die Auferstehung Jesu als Auffahrt des Pneuma-Christus begriffen wurde (vgl. Bauer, Leiblichkeit 90), was auch zur ständigen Wiederholung des ὤφθη als Hinweis auf den somatischen Charakter des auferweckten Gekreuzigten passen würde.
13   Vgl. Wilckens* (Ursprung) 61 Anm. 11: Die Auferstehung Jesu sei »die Zentralvorstellung« gewesen, aber in einem ganz anderen »Vorstellungszusammenhang« verstanden worden (vgl. auch Martin* 94f; Plank [Lit. zu Kap. 15] 45 [Die Korinther glauben nicht zu wenig, sondern zu viel] u.a.). Daß das dann eigentlich in V 4 zu erwartende anders als in V 12 fehlt, könnte mit der Anlehnung an die Tradition zusammenhängen (vgl. unten Anm. 119). Immerhin ist dieses Moment auch durch V 3b-4a angedeutet (vgl. z.St.). Daß man in Korinth nichts mit der Auferweckung Jesu anfangen kann, hat dann vermutlich auch damit zu tun, daß man kein Verständnis für sein Kreuz hat und von einer *christologia gloriae* ausgeht (vgl. z.B: Söding* 41f). *Sub cruce* denkt man anders von der Auferweckung. Eine rechte *theologia resurrectionis* ist keine *theologia gloriae*; vgl. Schrage* (Herr) passim.

Oder ist ab V 12 nur eine besondere Gruppe im Blick[14]? Dafür könnte das Menanderzitat in V 33 sprechen, womit Paulus offenbar eine Ausbreitung der Auferstehungsleugner einzudämmen versucht. Aber eine solche Differenzierung zwischen den τινές, die nirgends direkt angesprochen werden (vgl. ἐν ὑμῖν τινες), und der Gemeinde ist dem Text sonst nicht zu entnehmen[15], so daß man allenfalls von »Exponenten« der Gemeinde sprechen kann[16] oder von deren Wortführern, da Paulus nicht zufällig immer die Gemeinde als ganze im Blick behält (vgl. zu 5,6)[17] und sie durchgehend als ganze anspricht (V 14.17.33.50.58). Jedenfalls gibt er sonst nirgends klar zu erkennen, daß sich die τινές von anderen unterscheiden und nicht die Gemeinde als ganze oder deren Mehrheit repräsentieren. Wie groß oder klein die Zahl der Vertreter der Auferstehungsleugnung ist, läßt sich von dem vermutlich auch polemisch gefärbten τινές (vgl. Gal 1,7) her nicht ausmachen, doch zu ihrer Marginalisierung besteht ebensowenig Anlaß wie für den Versuch, zwischen den τινές in V 12 und denen, die nach V 29 die Vikariatstaufe praktizieren, zu differenzieren (vgl. zu V 29). Das würde den von Paulus beabsichtigten Aufweis der korinthischen Inkonsequenz gerade beseitigen, und der Hinweis auf die Praxis anderer für die Auferstehungsleugner wäre viel weniger überzeugend[18]. Möglich, aber unbeweisbar ist, daß auch hier soziologische Faktoren mit im Spiel sind[19]. Geht es sachlich in den ersten elf Versen vor allem um den vom Tod auferweckten Christus als ἀπαρχή (V 20), dessen Auferweckung durch seine Bezeugung so fest verbürgt wie nur möglich neu begründet

---

[14] Vgl. Schlatter 393 (»nur eine kleine Minderheit«) und Fascher, Korintherbriefe 281 (»nur eine kleine, radikale Minderheit«); vgl. τινες (V 12.34). Eine Differenzierung ist auch früher schon angenommen worden; vgl. Atto 396: *Quoniam nonnulli eorum Christum resurrexisse credebant, de aliorum resurrectione dubitabant;* Haymo 593 unterscheidet *perfecti et imperfecti.*

[15] Vgl. die Anrede ἀδελφοί (V 1.50.58) und die 2. Pers. Plur. (V 1.2.3.12.14.17.34. 51.59). Nach Heinrici 484 Anm. * stellt Paulus »die τινες zu den Lesern nicht in ... scharfen Gegensatz«; auch Wolff 377f schließt daraus zu Recht, »daß es sich bei der Auferstehungsleugnung um eine für die korinthische Gemeinde typische Grundhaltung handelte, bei der einige freilich die Wortführer waren«; vgl. auch Fee 713: »Nothing in Paul's response suggests that the Corinthians are divided among themselves on this matter«; nach Martin, Body 107 soll die Gemeinde aber auch hier »along social status lines« getrennt gewe-

sen sein (vgl. EKK VII 1, 32f und weiter unten Anm. 19).

[16] So z.B. Barth 65; Stürmer* 173 Anm. 76; Becker* (Auferstehung) 74; Fee 713: die τινές »have influenced the whole«; vgl. auch z.St.

[17] Vgl. Schlatter 392: »Auch für diesen Angriff auf seine Botschaft machte Paulus nicht einzelne, sondern alle verantwortlich«.

[18] Vgl. unten Anm. 1131.

[19] Nach Robinson, Body 104-136 sollen die Christen mit einem höheren Sozialstatus eine negativere Sicht der Leiblichkeit gehabt haben als die mit einem niedrigeren Standard; vgl. auch Witherington* (Conflict) 292f.295.305f, der die realized eschatology auf die wohlhabenderen Gemeindeglieder zurückführt, die angeblich durch die präsentische römisch-imperiale Eschatologie bestimmt werden, wobei für Korinth ebd. 296f unter anderem angeführt werden: die Kalenderinschrift von Priene mit εὐαγγέλια für die Geburt des Kaisers (vgl. Schniewind, ThWNT II 721f), römische

werden soll[20], so ist doch die Zielsetzung von V 9f nicht ganz so eindeutig. Allerdings werden auch diese beiden Verse über eine apologetische Funktion hinaus dem genannten Hauptzweck der christologischen Grundlegung dienen, was ebenso für V 11 gilt (vgl. unten Anm. 24 und z.St.).

Rhetorisch wird der gesamte Abschnitt V 1-11 bisweilen als ein *exordium* bestimmt[21], doch liegt es näher, das *exordium* auf V 1-2 bzw. 3à zu begrenzen und V 3b-11 als *narratio*[22] davon abzuheben[23]. Die Aufzählung der Zeugen entspricht am ehesten den χρίσεις bzw. *iudicia aut iudicationes*[24].

Statuen (z.B. von Augustus), Tempel, Münzen und Inschriften (u.a. mit *pontifex maximus* und *p[ater] p[atriae]* für den Kaiser; vgl. Kent, Inscriptions Nr. 77). Doch deren Bedeutung für 1Kor bleibt weitgehend spekulativ, z.T. abwegig, etwa für παρουσία in V 23 (»as opposed to the appearing of Caesar«, 297) oder die Betonung der Vaterschaft in V 28 (»because in the imperial propaganda the emperor was portrayed as not only divine but also as ›father of the fatherland‹«, 304f). Allein in der Vernichtung der Mächte (V 24) wird man auch den römischen Herrscher mitbetroffen sehen (297), allerdings nicht allein sie; vgl. z.St.

[20] Fee 714 spricht zwar mit Recht von »reestablishing their commonly held ground« (vgl. auch ebd. 718), teilt dann aber doch die übliche Ansicht und hält V 2d sogar für »surely irony« (721). Erst recht unwahrscheinlich ist, daß man sich gerade in Korinth für die Bestreitung des paulinischen Apostolats auf die Glaubensformel berufen haben sollte, wie v.d. Osten-Sakken* 255 vermutet; ähnlich Lambrecht* 120; richtig Sellin* 243.

[21] So schon Bullinger 238: *Exordio excitat auditores, exponens euangelicae praedicationis uim & emolumentum* (Wirkung) *atque ita etiam beneuolos & attentos auditores reddens*; vgl. auch Maior 208r: *Ita hoc exordium est tanquam basis & fundamentum reliquorum omnium quae sequuntur;* Crell 311; Estius 712; Verburg* 257-260. Watson* 235f macht mit Recht darauf aufmerksam, daß *exordium* wie *narratio* auch in jedem Teil eines Werkes stehen können, in deliberativer Rhetorik aber das *exordium* nicht mehr als eine Überschrift sein braucht; vgl. im übrigen schon Melanchton 78: *Sine propositione expressa statim incipit argumentari.*

[22] Vgl. zur Funktion der *narratio* EKK VII 1, 134f, zu der des *exordium* ebd. 111. Danach aber wird in der *narratio* der Hörer gerade »darüber unterrichtet, was strittig ist« (Quintilian, Inst. Orat. 4,2,31; vgl. Lausberg, Handbuch I 164); das aber spricht gegen die These von J.-N. Aletti, La *dispositio* rhétorique dans les épîtres pauliniens: proposition de méthode, NTS 38 (1992) 385-401, hier 396, der von der *narratio*-Funktion her, die angeblich die gemeinsame Plattform für die übrige Argumentation bildet, die Bestreitung der Auferweckung Jesu in Korinth (vgl. oben Anm. 12) bezweifelt. Von daher könnte schon eher Verburgs* 260f Vorschlag einleuchten, V 12 als *narratio* zu bestimmen, doch die von ihm (ebd. 258f) genannten Momente für das *exordium* gerade in V 3-11 (!) wie Tadel des Gegners und Lob des Publikums (das paßt eher zu V 1-3a) sind kaum auszumachen.

[23] Vgl. Bünker* 62-64; Mack* 56; Probst, Paulus 335; Saw* 227; Lewis (Lit. zu 15,12ff) 28, der wie Bünker* 62 V 3a als *transitus* zwischen *exordium* und *narratio* einschiebt.

[24] Nach Quintilian (Inst. Orat. 5,11,36) die Urteile oder Beurteilungen weiser Männer, berühmter Mitbürger u.a.; zur Bedeutung von *testes* bzw. *testimonia* (allerdings im *genus iudiciale*) vgl. Lausberg, Handbuch I 192 und Martin, Rhetorik 99f. Watson* 237f schreibt auch V 8-11 von daher mit Recht primär keine apologetische Funktion zu, sondern die, »to increase the credibility of the *narratio* ... by building up the ethos of the person of the messenger« (238; vgl. auch Eriksson* 253f); eine Abweisung des Apologiecharakters auch bei Mitchell* 285, die ihrerseits hier ein erneutes *exemplum* für »humility and conciliatory self-sacrifice« findet.

Traditionsgeschichte: Daß Paulus in V 3b-5 eine Paradosis aufgreift, ist heute unbestritten, von wem immer und wo immer er sie übernommen hat. Für die Formelhaftigkeit dieses Stückes spricht: die ausdrückliche Erwähnung der Traditionsterminologie παρέδωκα ... παρέλαβον (vgl. zur Parallele in 11,23), der streng parallele Aufbau eines synthetischen *parallelismus membrorum* in V 3b-5 sowie die folgenden für Paulus ungewöhnlichen Elemente: der Plural ἁμαρτίαι[25], κατὰ τὰς γραφάς[26], ὤφθη[27], οἱ δώδεκα[28], ἐγήγερται[29], die Zeitangabe bei der Auferweckung, zudem mit Nachstellung der Ordinalzahl. Über die nähere Charakterisierung dieser Paradosis und ihren »Sitz im Leben« (Bekenntnisformel, Homologie, Credo, Pistisformel, Praesymbolum, katechetisches Summarium; zur rein pragmatischen Funktion als Legitimationsformel vgl. unten) ließe sich zumal angesichts der dabei auftauchenden Definitionsfragen nur durch umfassendere Untersuchungen urteilen, wobei es aber schwer fällt, den Sitz im Leben präzise zu bestimmen bzw. ein primär katechetisches, kerygmatisches oder anderes Interesse zu ermitteln[30]. Jedenfalls handelt es sich um ein christologisches Traditionsstück, also weder um solche Sätze, die die Existenz der Glaubenden auslegen[31], noch um ein Referat über historische Fakten, sondern um soteriologisch interpretierte Ereignisse, ja eigentlich um einen einzigen eschatologischen Geschehenszusammenhang[32].

Ob man mit einer von vornherein *einheitlichen* Formel zu rechnen hat, ist umstritten. Verschiedentlich ist angenommen worden, daß ursprüngliche Einzelformeln und -überlieferungen hier allererst von Paulus selbst zusammengestellt werden. Als Begründung wird z.B. angeführt, daß das wiederholte ὅτι nicht zu einer einheitlichen Formel passe, sondern eine Komposition signalisiere[33]. Richtig an dieser These ist, daß V 3b-5 nicht am Anfang der traditionsgeschichtlichen

---

[25] Sonst fast nur in atl. Zitaten (Röm 4,7; 11,27) oder übernommenen Formeln (Gal 1,4); anders außer in V 17 nur Röm 7,5; 2Kor 11,7; vgl. Stählin, ThWNT I 297.

[26] Sonst z.B. καθὼς γέγραπται (vgl. z.B. 1,31; 2,9 u.ö.), γέγραπται γάρ (vgl. 1,19; 3,19 u.ö.), ὥσπερ γέγραπται (vgl. 10,7).

[27] Vgl. Lk 24,34; Apg 13,31; 26,16 und weiter unten S. 25.

[28] Sie sind nicht mit οἱ ἀπόστολοι (Gal 1,19; 2Kor 11,5; 12,11) zu verwechseln oder zu identifizieren.

[29] Sonst nur 2Tim 2,8 und als Echo in 1Kor 15,12ff.

[30] Vgl. die Übersichten bei Lehmann* 43-60.154-157; Hasenfratz* 163f und Wolff 357.

[31] So freilich Conzelmann 302f; aber die existentiale Interpretation ist weder Basis noch Grenze der Bekenntnisformel, noch

ist Theologie hier allein »Auslegung des Credo«, auch wenn diese Auslegung »auf ständige Aktualisierung angelegt« sein soll; vgl. z.B. Lewis (Lit. zu 15,12ff) 11f und unten Anm. 91.

[32] Vgl. Blank* 143f.

[33] Nach Wilckens* (Ursprung) 73 soll das vierfache ὅτι ein »untrügliches Anzeichen« seiner These sein; vgl. auch Fuller* 13f; Schille* 17 und Hahn* 209f, der fragt, ob das mehrfache ὅτι nicht ein Zeichen für die Verschmelzung ursprünglich selbständiger Bekenntnisformeln ist, aber schon darauf aufmerksam macht, daß nur Tod und Auferweckung in Kurzformeln vorkommen; vgl. einerseits Röm 5,6.8; 8,32; 14,15; 1Kor 8,11 u.ö. und andererseits Röm 6,4.9; 7,4; 8,11; 10,9 u.ö.; zu Belegen für die Zweigliedrigkeit vgl. die nächste Anm. Doch so sehr es selbständige Sterbens- und Auferwek-

Entwicklung stehen, die anderen ein- oder zweigliedrigen Glaubensformeln[34] also nicht als Fragmente der ausgebildeten Formel von V 3b-5[35], sondern als die ältesten Aussagen über die Auferweckung Jesu zu gelten haben, wobei speziell die eingliedrige Aussage, daß Gott Jesus von den Toten auferweckte (vgl. unten S. 37f) der älteste Kristallisationspunkt des Auferweckungszeugnisses sein wird. Schon die gewichtige Einleitung in V 1 spricht gleichwohl eindeutig für die Zitation einer einheitlichen Formel in V 3b-5 (vgl. vor allem τίνι λόγῳ und ἐν πρώτοις). Vor allem kann das viermalige ὅτι kein ὅτι-rezitativum, also Einführung direkter Rede, sein, denn dann bestünde das zweite Glied aus dem einzigen Wort ἐτάφη, was höchst unwahrscheinlich ist. Zudem sollen die beiden schon aus den zweigliedrigen Formeln bekannten und hier jeweils als gewichtiger voranstehenden Glieder durch die jeweils folgenden bestätigt werden, und endlich wäre es im Zusammenhang des Kapitels allein auf die die ganze Argumentation tragende Auferweckungsaussage angekommen (vgl. aber unten z.St.).

Der *Umfang der Paradosis* wird wegen traditioneller Elemente auch in V 6f[36] zwar immer noch unterschiedlich bestimmt, doch schon wegen

kungsformeln gegeben hat und 1Kor 15,3f nicht am Anfang der Bekenntnisbildung steht, ist V 3f keine Kombination von Einzelelementen, ob das vierfache ὅτι nun schon zur Tradition gehört oder nicht; vgl. Kramer* 15 Anm. 9, nach dem das ὅτι von Paulus »ad hoc eingefügt« sein soll, »um die einzelnen Aussagen reihenartig zu betonen«; wahrscheinlicher aber wird man es mit Wengst* (Formeln) 93 schon zur Formel zu rechnen haben; vgl. weiter Lehmann* 76f; Murphy-O'Connor* 583f (mit Hinweis auf 1Kor 8,4, wo das ὅτι in einem Zitat wiederholt wird); Froitzheim* 93-95; Kloppenborg* 360f (mit Recht gegen die Heranziehung des dreifachen ὅτι in 1Thess 4,14-16 als Analogie); Schmitt* 178; Wolff 358 sowie die übernächste Anm.

[34] Vgl. z.B. die zweigliedrigen Formeln in Röm 4,25; 8,34; 14,9; 2Kor 5,14f; 1Thess 4,14 und dazu Wengst* (Formeln) 92-104; Schmitt* 171-177. Es bedarf allerdings nicht der Annahme, daß die Zweigliedrigkeit der Petruspredigten der Apg in 1Kor 15 sekundär zur Viergliedrigkeit erweitert worden ist (so Seidensticker* 294; vgl. zu den Unterschieden im Anschluß an Wilkens etwa Bussmann* 105). Wenn hinter V 3b-5 Jes 53 stünde, könnte von diesem Hintergrund her auch die Zweigliedrigkeit (Niedrigkeit/Erhöhung) vorgegeben sein (vgl. Blank* 142), doch ist sie auch sonst bezeugt; vgl. Hasenfratz* 145 mit Verweis auf 2Makk 7,9; 4Makk 16,25 und die beliebte Zitation von Dtn 32,39 bzw. 1Sam

2,6 in 4Makk 18,18; Weish 16,13; Tob 13,2; LibAnt 51,5. Daß V 3b-5 die zweigliedrigen Formeln voraussetzt, wird auch sonst oft mit Recht angenommen (vgl. z.B. Lambrecht* 116f) und durch die genannten Belege bestätigt.

[35] V 3b-5 ist jedenfalls nicht das älteste Osterzeugnis (so noch Graß* 94 u.a.) und nicht die Wurzel aller späteren Deutungen, sondern »bereits Ergebnis eines Abstraktions- und Reflexionsprozesses« (J. Roloff, Anfänge der soteriologischen Deutung des Todes Jesu [Mk.X.45 und Lk.XXII.27], in: ders., Verantwortung 117-143, hier 125; vgl. auch Hoffmann, TRE 4, 482; Kessler* 110.116.146 [»eine bereits recht komplexe, theologisch hoch reflektierte Bildung« (116)]; Kloppenborg* 361). Erst recht ist die Formel nicht »als geraffte Zusammenfassung der Passionsgeschichte Jesu« zu erweisen (so aber Wilckens* [Auferstehung] 20; ähnlich z.B. Snyder 197: »a summary of early narratives«). Gewiß ist »eine rudimentäre narrative Anordnung gegeben«, doch sichern diese eher »den Nukleus für die erzählerische Ausgestaltung des Credos in den Passions- und Ostererzählungen bilden« als umgekehrt die Credosätze eine »Komprimierung der entsprechenden evangeliaren Erzählungen« (Klauck 108; vgl. auch Patterson* 141).

[36] Vgl. für V 6a das singuläre ἐπάνω und die von Röm 6,10 abweichende Bedeutung von ἐφάπαξ und dazu unten Anm. 204. Nach Klein* 40 Anm. 160 dagegen soll »das

des Bruches in der Satzkonstruktion meist mit Recht auf V 3b-5 einge-
grenzt[37]: Bis dahin reichen nämlich die ὅτι-Sätze, während danach
Hauptsätze einsetzen. Vor allem der parallele Aufbau der zweigliedrigen
Formel (vgl. das doppelte κατὰ τὰς γραφάς) ist ein unverkennbares Indiz für diese Begrenzung, denn bei Zugehörigkeit auch von V 6f zur Formel ginge die Gleichgewichtigkeit des Parallelismus mit seiner paarwei-
sen Zuordnung der zwei Doppelglieder verloren. Die beiden jeweils an
zweiter Stelle stehenden Aussagen sind Verstärkungen der ersten, d.h.
ἐτάφη sichert das wirkliche Gestorben- und ὤφθη das wirkliche Aufer-
wecktsein. Andere Rekonstruktionen rechnen allerdings damit, daß die
Formel mit ὤφθη, also ohne Kephas und die Zwölf, geschlossen hat[38],
doch ist das wenig wahrscheinlich. Rein formale Gründe einer dann
exakten Korrespondenz beider Formelteile liefern dafür ebensowenig eine zureichende Begründung wie die aramäische Namensform Kephas,
die außer Joh 1,42 nur Paulus gebraucht[39]. Zudem ist οἱ δώδεκα Hapaxlegomenon bei Paulus. Vor allem aber läßt der Gebrauch von ὤφθη in
der LXX sowie die sonst übliche Dativerweiterung bei den Auferste-
hungserscheinungen auch hier eine Angabe von Personen im Dativ erwarten, denen eine Erscheinung widerfuhr[40]. Daß V 3b-5 umgekehrt
schon vorpaulinisch erweitert worden sind, läßt sich zwar nicht sicher
ausschließen, doch spricht mehr dafür, daß Paulus wegen seines Argumentationszieles, das ganze Gewicht auf die glaubwürdige Bezeugung
der Erscheinungen zu legen, die zusätzliche Tradition an die Formel anschließt. Mit Sicherheit beginnt er nach der Einleitung erst in V 8 wieder selbst zu formulieren, doch ist auch V 6b.c kein Inhalt der Überlieferung gewesen, während die Erscheinung vor den 500 Brüdern in V 6a

pedantische und zugleich ganz unpräzise
ἐπάνω πεντακοσίοις ... in einer formelhaften Bildung kaum denkbar« sein, wobei
Formel und Tradition jedoch auseinanderzuhalten sind; Murphy-O'Connor* 585f
will V 6 insgesamt Paulus zuschreiben.
[37] Vgl. v. Harnack*90f; Kümmel, Kirchenbegriff 3f; Conzelmann 306; Graß* 95;
Wegenast* 54f; Klein* 39; Wengst* (Formeln) 92-95; Spörlein* 44; Hoffmann, TRE
4, 482.491; Pratscher* 31f; Kloppenborg*
357-359 u.a.
[38] So Michaelis* 12; Bammel* 402f mit
Verweis auf die genaue Zahl der dann
übrigbleibenden Worte und das Homoioteleuton ἐτάφη/ὤφθη. Nach Winter* 142-
150 soll die Formel sogar nur bis V 4 reichen (ähnlich Héring 135 Anm. 4 und Fuller* 12-14). Eine strenge formale Symme-
trie ist aber das einzige, was zugunsten dieses Vorschlags angeführt werden kann,
denn das angeblich mangelnde Interesse der

frühen Gemeinde an Erscheinungszeugen
bleibt ein Postulat. Graß* 94 Anm. 2 nennt
solche »Kupierung des Textes« mit Recht
willkürlich (das gilt erst recht für die noch
weiterreichende Annahme Haslers* 14f,
der nur Tod und Auferstehung als »Keryg-
mafragment« übrigläßt); kritisch zu solchen Abtrennungen mit Recht auch Gils*
9-11; Hahn* 198f; Spörlein* 52; Pratscher*
29f; Kloppenborg* 358; Evans* 44f; Wolff
357f und Verburg* 29, der durch das »Achtergewicht« zudem »die wesentliche Bedeutung der Erscheinung zum Ausdruck«
kommen sieht.
[39] Vgl. Gal 1,18; 2,9ff; 1Kor 1,12; 3,22;
nur in Gal 2,7f erscheint Petrus. Fee 729
hält es für möglich, daß Paulus den Namen
der Tradition (vgl. z.B. Lk 24,34: Simon)
durch die von ihm bevorzugte Namensform
verändert hat.
[40] Vgl. auch Lk 24,34 und die Beispiele
unten Anm. 159.

und die vor Jakobus in V 7 zwar der Tradition zuzurechnen ist, aber nicht der Formel[41].

Ganz anders Seidensticker, für den am Anfang der Entwicklung gerade V 6 stehen soll (mit Ausnahme von »einige sind entschlafen«). Hauptargument ist, daß durch ἐφάπαξ sonst die Einmaligkeit und Endgültigkeit des Todes Jesu und seines Erlösungswirkens ausgedrückt werde[42]; entsprechend sei auch hier die Endgültigkeit des Ostergeschehens gemeint und die übliche Übersetzung (»auf einmal, zusammen«) singulär[43]. Die drei profanen Belege für ἐφάπαξ sind aber keineswegs so eindeutig[44]. Vor allem aber ist es ganz unwahrscheinlich, daß eine Erscheinung vor einem so großen Kreis am Anfang gestanden hat und die ursprüngliche Formel geheißen haben sollte: »Und er ist auferweckt worden am dritten Tage gemäß den Schriften und sichtbar geworden mehr als 500 Brüdern ein für allemal«[45]. Dagegen spricht schon die einfache Überlegung, was zu einer solchen Massenversammlung zusammengeführt haben soll[46].

Woher Paulus die traditionellen Elemente in V 6f kennt und übernimmt, läßt sich noch weniger eindeutig sagen als bei V 3b-5. Seit v. Harnack* ist öfter die These vertreten worden, es handle sich in V 3b-5 und V 6-7 um rivalisierende Traditionen über den Erscheinungsprimat und damit begründete Führungsansprüche in der Gemeinde, wobei die Erscheinungen

---

41 Nach Stuhlmacher* (Evangelium) 268f (ebs. Lang 209; vgl. auch Kremer* [Zeugnis] 28; Gillespie* 224; Giesriegl* 266) sollen V 3b-5 schon in vorpaulinischer Zeit zu einem »katechetischen Summarium« durch V 6 und 7 erweitert worden sein, wobei V 6b als paulinisch gilt (anders Stuhlmacher* [Bekenntnis] 141 Anm. 26: Die Nachrichten in 6ff seien von Paulus angefügt; vgl. auch ders., Theologie 169). Man kann allenfalls fragen, ob nicht V 6a schon zur Formel gehört hat, etwa in der Form εἶτα πεντακοσίοις ἀδελφοῖς ἐφάπαξ (so Bartsch* [Argumentation] 264; vgl. zu beiden Vorschlägen Pratscher* 30f). Gänzlich spekulativ und unhaltbar ist die Hypothese, Paulus habe bei seinem Jerusalembesuch eine Liste empfangen, »auf der sein eigener Name stand« bzw. eingetragen wurde, wie Satake* 104f glauben machen will.
42 Vgl. Hebr 7,27; Röm 6,9f; 1Petr 3,18.
43 Seidensticker* 310f; vgl. auch Kearney* 267, der die 500 mit Verweis auf Philo (VitCont 65 u.ö. gilt die 50 als heiligste Zahl) und durch Gematrie (500 sei der Zahlenwert von מקודשים = die Geheiligten) noch als »symbolism of holiness« empfehlen möchte (gegen ähnliche Deutungen schon

Meyer 416f). Zu solchen Kunststücken zählt im Rahmen eines angeblich kultischen Sitzes im Leben auch das Wiederaufwärmen des lokalen Sinns von ἐπάνω (»oben«) bei Kearney* 269 (»sacred place«), den einige nach Chrysostomus 326 und Theophylakt 756 im Sinne von »vom Himmel«, über ihren Häuptern« befürworten (ἄνω καὶ ὑπὲρ κεφαλῆς αὐτοῖς ὤφθη und ἄνωθεν ἐκ τῶν οὐρανῶν) und auch Semler (unten Anm. 419) vertritt, während schon Severian 271 mit Recht im Sinne von »mehr als« (ἀντὶ τοῦ πλέον) interpretiert.
44 Vgl. Bauer/Aland 666; Stählin, ThWNT I 382 sowie schon Theodoret 349 (οὐ καθ᾽ ἕνα, ἀλλ᾽ ὁμοῦ πᾶσιν) und die Vulgata (simul).
45 So Seidensticker* 312. Im übrigen müßte schon Paulus das mißverstanden haben, denn ἐφάπαξ ist ja nicht als Abschluß stehen geblieben (vgl. weiter die Kritik bei Pfammatter* 56-58 Anm. 4; Wolff 357f u.a.); vgl. weiter unten Anm. 204.
46 Recht willkürlich ist auch die Annahme Hérings 134, V 3b-4 seien als εὐαγγέλιον (»la Mischna en quelque sorte«) und V 5-8 als paulinischer λόγος (»la Gémara«) zu verstehen.

vor den Zwölf und vor allen Aposteln als identisch gelten[47]. Solche auf
verschiedene Personen und Gruppen zurückgehende Entstehung der einzelnen Zeugnisse ist – abgesehen von der fragwürdigen Identifizierung
der Zwölf mit allen Aposteln und der angeblichen Protophanierivalität –
keineswegs *a limine* auszuschließen. Dafür könnte die Parallelität von V 7
zu V 5 (zunächst ὤφθη bei der Einzelerscheinung, dann εἶτα bei der
Gruppenerscheinung) sprechen, wenn sie bereits vorpaulinisch ist und V
7 nicht als Nachbildung von V 5 auf das Konto des Paulus geht, was keineswegs sicher zu entscheiden ist. Immerhin ist es vorstellbar, daß der in
Gal 2,9 erkennbare Wechsel in der Leitung der Gemeinde von Petrus zu
Jakobus (vgl. auch die Willfährigkeit des Petrus gegenüber Jakobus Gal
2,11f) zur Bildung einer analogen Formel zu V 5 geführt hat. Doch wenigstens in der jetzigen ganz unpolemischen Aufreihung, die von einem
Nacheinander ausgeht und in keiner Weise einen Konkurrenz- oder Aus-
schließlichkeitsanspruch andeutet, ja überhaupt nicht primär auf Legitimation oder Status aus ist[48], dienen die Erscheinungen nicht der Legiti-
mierung von Autoritätsansprüchen, sondern der Realität der Bezeugung
des Auferstandenen. Auch historisch bleibt es bei aller möglichen Rivalität ganz hypothetisch, daß Jakobus je die *Proto*phanie für sich beansprucht haben und gegen Petrus ausgespielt haben sollte oder eine solche
von Jakobusanhängern reklamiert worden wäre[49]. Zudem sollte die Un-

---

[47] Vgl. außer v. Harnack* z.B. auch die
z.T. modifizierten Ansätze von Bammel*
408; Winter* 147-149; Lüdemann* (Auferstehung) 55f (»*Konkurrenzverhältnis*«
[56]); Wilckens* (Ursprung) 70-72 (der
aber ohne das Moment der Rivalität »eine
allmähliche Einflußverschiebung von Petrus zu Jakobus« annimmt [72]); Sellin*
240 (»Reflex einer geschichtlichen Entwicklung«); auch Pratscher* 35-45 geht
nicht von zwei rivalisierenden Gruppen aus
und schreibt nur V 7, und zwar ohne den
Anspruch auf eine Protophanie, polemischen Charakter zu.
[48] Vgl. die kritischen Bemerkungen bei
Kümmel, Kirchenbegriff 4f; v. Campenhausen* 10 Anm. 8; Conzelmann 306; Schmithals* 65f; Hempelmann* (Bemerkungen)
102 und vor allem Plevnik* (Parousia) 103-
109; zur funktionalen Bestimmung im Sinne von Legitimationsformeln vgl. unten S.
50f.
[49] Historisch wäre eher eine andere Frage
zu stellen, die sich aber von 1Kor 15 her
nicht beantworten läßt, wie es nämlich um
die mindestens mögliche Ersterscheinung
vor Maria Magdalena steht; vgl. dazu z.B.
Jeremias* (Schicht) 190f; M. Hengel, Maria
Magdalena und die Frauen als Zeugen, in:

FS O. Michel, 1963 (AGSU 5), 243-256;
Georgi (Lit. zu 16,1ff) 108-111; F. Bovon,
Le privilège pascal de Marie-Madeleine,
NTS 30 (1984) 50-62; Vollenweider* 38;
U.B. Müller* 21; Theißen/Merz* 433-435.
Jedenfalls ist es kaum eine Lösung, die
Nichterwähnung von Maria Magdalena
hier in 1Kor 15 wie Weiß 349 damit zu erklären, Paulus habe »das Erlebnis der Frau-
en nicht für einen maßgebenden Beweis gehalten, sonst hätte er es erwähnt«; vgl. auch
Robertson/Plummer 336 (»not being offici-
al«); Michaelis* 14; Bammel* 403 u.a.; Wire* 162 will den Grund der Auslassung bei
Paulus sogar darin sehen, »to discourage
women's speech« (vgl. dazu die kritischen
Bemerkungen von Witherington* [Con-
flict] 302 Anm. 44). Eher könnte es so stehen, daß man Frauen am Entstehungsort
der Formel nicht für zeugnisfähig hielt (so
Nikolainen* II 86; Vögtle* [Osterglaube]
41 u.a.). Paulus selbst wird in die 500 jedenfalls auch Frauen eingeschlossen haben
(vgl. z.St. und unten Anm. 205). Anders
Stuhlmacher* (Theologie) 174, nach dem
Frauen nicht zu denen gezählt haben sollen,
»die eine Erscheinung Jesu vom Himmel
her in göttlicher Herrlichkeit erfahren haben«, sondern wie Joh 20,11-18 nur eine

gleichgewichtigkeit nicht übersehen werden, da die traditionellen Elemente in V 6f im Unterschied zu V 3-5 nur eine Aufzählung von Erscheinungsempfängern enthalten, die kaum je für sich existiert haben dürften. Der Ursprung der Formel läßt sich nicht mit Sicherheit ausmachen. Jedenfalls verdankt Paulus sie einer judenchristlichen Gemeinde, entweder der in Damaskus, Antiochien oder schon Jerusalem (das muß sich nicht ausschließen), wie der Hinweis auf die Schriften, Kephas und die Zwölf nahelegen[50]. Manche wollen Anzeichen eines semitischen Urtextes entdecken und die Formel entsprechend aus der aramäisch redenden ältesten Gemeinde herleiten[51], doch die dafür genannten Argumente verfangen nicht, und Conzelmann hat überzeugend gezeigt, daß die Formel genauso gut und z.T. sogar besser vom griechischen Sprachgebrauch her erklärt werden kann[52]. Κατὰ τὰς γραφάς ist zudem ohne ein eigentlich semitisches Äquivalent, wenn auch Formeln wie כתן ביא u.a. verwandt sind[53]. Besonders umstritten ist, ob das artikellose Χριστός hier Eigenname oder

---

solche »des noch nicht zu seinem Vater ›aufgestiegenen‹ Jesus«, was eine für Paulus und seine Paradosis ganz fremde Unterscheidung einträgt.

[50] So z.B. Büchsel, ThWNT II 175 und IV 343 Anm. 16; vgl. die Lit. bei Riesenfeld, ThWNT VIII 515 Anm. 24.

[51] So Jeremias, Abendmahlsworte 95-97 sowie ders., ThWNT V 703 Anm. 393; Klappert* (Frage) passim und (Legitimationsformel) 69-71; Hahn* 197-200; Roloff* 46f. Als Argumente dafür werden angeführt: a) der *parallelismus membrorum*, b) die Unabhängigkeit von Jes 53 in der LXX-Fassung, wo ὑπέρ fehlt, c) adversatives καί, d) die Umschreibung des Gottesnamens durch das Passiv ἐγήγερται, e) die Nachstellung des Zahlwortes, f) ὤφθη statt ἐφάνη, weil hebräisches נראה bzw. aramäisches אִ-חֲמֵי die Doppelbedeutung »er wurde gesehen« und »er erschien« habe u.a.

[52] Seine Gegenargumente: zu a): Das beweise nur jüdische Stiltradition, zumal der Parallelismus nicht streng formal und poetisch, sondern prosaisch und sachlich von Tod und Auferstehung her zu erklären sei; zu b): Das περί der LXX stehe dem damit austauschbaren ὑπέρ des Paulus näher als das hebräische מן; zu c): Dieses καί sei nicht anders aufzufassen als die übrigen, nämlich aufreihend (das ist freilich nicht sicher; vgl. z.St. und Lehmann* 70f.97; allerdings ist das καί adversativum auch griechisch zu belegen); zu d): Das passivum divinum sei

im griechischen Bereich oft belegt (vgl. auch Lehmann* 97); zu e): Das sei ebenfalls griechisch belegt, zumal in christlichen Texten (Lk 18,32) und habe zudem sein Vorbild in Hos 6,2; allerdings ist diese Stellung griechisch ungewöhnlich und in christlichen Texten vielleicht gerade unter Einfluß unserer Stelle entstanden (Lehmann* 99); sie begegnet jedoch durchgehend in der LXX; zu f): Vgl. die LXX und Philo, Abr 77.80 (unten Anm. 159f). Vgl. die Einzelnachweise bei Conzelmann 307-309; Vielhauer* 180-182; Stuhlmacher* (Evangelium) 269-272; Kloppenborg* 352-357. Jeremias* (Χριστός) 213f hat später selbst eingeräumt, daß Semitismen nicht notwendig auf ein Original in semitischer Sprache zurückgehen, doch spreche das hohe Alter sowie der Verweis auf die »Urapostel« für aramäische oder hebräische Ursprache.

[53] Damit, daß Jeremias später das κατὰ τὰς γραφάς wegen einer fehlenden Entsprechung nicht zum ältesten Überlieferungsbestand zählt (Die Abendmahlsworte Jesu, Göttingen ⁴1967, 178-180; vgl. auch ders.* [Χριστός] 214), zumal ähnliche Hinweise in den anderen paulinischen Formeln fehlen, soll er nach Lehmann* 93 wegen des Postulats der Wortwörtlichkeit bzw. der direkten Übersetzung freilich eher zuviel geopfert haben; vgl. aber Wengst* (Formeln) 98.

aber Titel ist[54], doch ist eine Zuspitzung zur Alternative zu vermeiden. Der Titel wird auch hier durch seinen Träger verändert, erst recht durch sein der traditionellen jüdischen Messiaserwartung widersprechendes Leiden und Sterben. Das Geschick Jesu Christi strukturiert den Titel so stark, daß er zwar immer mehr zum Eigennamen wird, doch schimmert das Titulare auch sonst bei Paulus bisweilen durchaus noch durch (vgl. Röm 9,5 und zu 1Kor 1,24)[55]. Kurzum, da die meisten Semitismen eher Septuagintismen sind, läßt sich die Frage nach einem semitischen Urtext schwerlich mit Sicherheit entscheiden, was sachlich im übrigen dadurch relativiert wird, daß schon zur ältesten Gemeinde vermutlich ebenso aramäisch- wie griechischsprechende Glieder zu zählen sind.

Umstritten und letztlich nicht zu entscheiden ist endlich der Bezug der Formel auf Jes 53. Dafür werden üblicherweise aus der LXX-Fassung Jes 53,4 (περὶ ἡμῶν) und Jes 53,12 (διὰ τὰς ἁμαρτίας αὐτῶν παρεδόθη) angeführt[56], aber auch die Tatsache, daß Gott sich auch dort nach dem Tod des *äbäd* zu ihm bekennt und man das »wiederherstellende Handeln Gottes am Knecht ... nach dessen Tod und jenseits von dessen Tod« durchaus im Sinne der Auferstehung interpretieren konnte[57]. Das entscheidende ὑπέρ fehlt aber gerade und kann auch durch die Annahme eines Einflusses des Targums zu Jes 53 nicht supponiert werden[58]. Vor allem bleibt je-

---

[54] Vgl. die kurze Diskussion und umfangreiche Lit. bei van der Woude, ThWNT IX 500 Anm. 71; Wengst (Formeln) 98f; Hahn, EWNT III 1157f und Kloppenborg* 355-357.

[55] Die Artikellosigkeit ist also kaum das entscheidende Problem (vgl. Kramer, Christos 206-211), denn es ist wohl nicht zu leugnen, daß zumal im Zusammenhang mit κατὰ τὰς γραφάς »der Gedanke der erfüllten Messiaserwartung« mit anklingen kann (Kremer* [Zeugnis] 32; vgl. auch EKK VII 1, 185 und die Lit. ebd. Anm. 495 sowie Hahn* 207f; Blank* 144 Anm. 24; Stuhlmacher* (Evangelium) 272f; Wilckens [Auferstehung] 23; Lang 210; Kittel* (Befreit) 108 und Conzelmann 309 (»der titulare Sinn« sei nicht vergessen, wohl aber liege bereits der christliche Sinn der Orientierung an der Person Jesu vor); vgl. auch M. Karrer, Der Gesalbte. Die Grundlagen des Christustitels, 1990 (FRLANT 151), 370-373, der freilich 371 Anm. 53 hier »die Linie des gesalbten Opfers ins Spiel« kommen sehen will. Anders Strobel 229 (»zum artikellosen Eigennamen erstarrt«). Artikelloses Χριστός steht auch sonst zu Beginn von kerygmatischen Sätzen (vgl. Röm 5,6; 6,4.9; 14,9; vgl. aber auch 1Kor 5,7; 8,11).

[56] Vgl. etwa Weiß 348; Lietzmann 77; Jeremias, ThWNT V 703f.707; Cullmann, Christologie 75f.79; Lohse, Märtyrer 114; Klappert* (Frage) 168-173; Hofius* 427f; kritisch urteilen trotz z.T. zugestandener Anlehnung an Jes 53 Conzelmann* 5f; Héring 134; Hahn* 55-57.201-203; Kramer* 26f; Vielhauer* 179-183; Koch, Schrift 238; Hasenfratz* 136-140, der ebd. 139 wie andere auch auf das stellvertretende Leiden der Gerechten in 2Makk 7,30-42; 4Makk 6,27-29; 17,20-22 und Dan 12,3 MT verweist, die z.T. auch mit Auferstehungsaussagen verbunden sind (vgl. auch unten z.St.). Im übrigen zitiert Paulus selbst Jes 53 nie.

[57] Westermann, zitiert bei Blank* 146f Anm. 27; vgl. aber oben Anm. 34.

[58] Anders Jeremias, Abba 200.206 und Klappert* (Frage) 168-173, bes. 170, der sich speziell auf אתמסר בעיי־חנא (»preisgegeben um unserer Sünden«) bezieht. Eine formale Berührung ist unbestreitbar, aber es ist doch wenig wahrscheinlich, daß ein Targumtext, der sich nicht auf das *äbäd*, sondern auf das Heiligtum bezieht (»er wird das Heiligtum erbauen, preisgegeben durch unsere Sünden«) für eine urchristliche Bekenntnisformel herangezogen wurde, also ein Text, der gar nicht von einem

doch fraglich, ob die pluralische Wendung κατὰ τὰς γραφάς überhaupt eine spezielle Bezugnahme auf einen einzelnen alttestamentlichen Text zuläßt bzw. fordert. In dieser pauschalen Reklamation der »Schriften« wird sich vielmehr das früheste Stadium des Rückgriffes auf das Alte Testament reflektieren, wo noch ohne einzelne »Schriftbeweise« argumentiert worden ist und die Schriftgemäßheit mehr der Glaubensgewißheit entspringt bzw. ein theologisches Postulat bildet[59], wie neben dem Plural γραφαί auch die Wiederholung von κατὰ τὰς γραφάς bei der Auferweckung bestätigt.

Gliederung: V 1 beginnt mit γνωρίζω, der Anrede ἀδελφοί und dem Akk.-Obj. τὸ εὐαγγέλιον, das in mehreren Relativsätzen weitergeführt wird, zunächst mit ὅ und der 1. Pers. Sing. des Aor. und einem Dat.-Obj.; dann folgen drei Relativsätze in der 2. Pers. Plur. mit καί, der erste mit ὅ im Aor. (V 1c), der zweite mit ἐν ᾧ im Perf. (V 1d) und der dritte mit δι' οὗ im pass. Präs. (V 2a). Der letzte Relativsatz wird durch einen Konditionalsatz mit εἰ an eine Bedingung geknüpft, dessen Prädikat (εὐηγγελισάμην) dieselbe Form hat wie in V 1b und dessen Obj. mit Nachdruck vorangestellt ist. Der mit ἐκτὸς εἰ μή (vgl. dazu Bauer/Aland 496) angeschlossene Schlußsatz im ingressiven Aor. benennt eine Ausnahme und damit die Möglichkeit eines εἰκῇ. V 3 führt Paulus wie in 11,23 mit der 1. Pers. Sing. Aor. eine Tradition ein, deren Weitergabe an die Adressaten als ἐν πρώτοις charakterisiert wird und nach dem anschließenden Relativsatz im Aor. der 1. Pers. Sing. von παραλαμβάνω von Paulus selbst übernommen worden ist. Mit vierfachem ὅτι gegliedert wird dann das voranstehende artikellose Χριστός durch vier Prädikate bestimmt (V 3b-5). Die erste, zweite und vierte Aussage stehen im Aor., die dritte im Perf., wobei die erste und dritte mit κατὰ τὰς γραφάς erweitert werden, die erste durch ὑπὲρ τῶν ἁμαρτιῶν ἡμῶν interpretiert und die vierte durch einen doppelten Dat. (getrennt durch εἶτα) bestätigt wird. Auch der mit ἔπειτα eingeleitete V 6 (nun mit veränderter Konstruktion ohne ὅτι) ist vom Subj. Χριστός bestimmt und benutzt dasselbe ὤφθη wie V 5a (+ ἐφάπαξ) und nennt im Dat. eine mit vulgärem ἐπάνω (vgl. Bl-Debr-Rehkopf § 185 Anm. 7) noch gesteigerte Zahl von Erscheinungszeugen, die in zwei Sätzen mit ἐξ ὧν aufgeteilt werden: Deren Mehrzahl charakterisiert V 6b im Präs. von μένω mit ἕως

---

stellvertretenden Sühnetod spricht; vgl. Wengst* (Formeln) 100f; H. Patsch, Zum atl. Hintergrund von Römer 4,25 und I. Petrus 2,24, ZNW 60 (1969) 273-279, hier 275f; Hasenfratz* 138; vgl. auch Kloppenborg* 354f zum Argument, daß die generelle Tendenz zur Ersetzung des ὑπέρ durch περί gehe (vgl. aber bei Paulus Röm 5,6.8; 8,32; 14,15 u.ö.). Lehmann* 103 moniert zwar, daß Conzelmann keine Gründe nenne, warum der Targumtext nicht in Frage komme, da Mk 4,12 einwandfrei der Targumparaphrase von Jes 6,9f folge und in Röm 4,25 bis in die Wortstellung hinein Targumeinfluß zu konstatieren sei (vgl. da-

zu aber Patsch 275f), doch was besagt das für 1Kor 15,3? Vgl. Wolff 359, der seinerseits im Anschluß an Patsch (ebd. 277f) eher einen Verweis auf 1QJes[a.b] für erwägenswert hält.

[59] Vgl. außer dem vorpaulinischen Beleg in Röm 1,2 auch Mk 14,21.49; Lk 24,25.27.44f; Apg 26,22f; Joh 20,9; 1Petr 1,11 sowie Barrett 339 und zu Paulus selbst unten Anm. 98. Conzelmann 309 sieht das frühe Traditionsstadium auch darin gegeben, daß »die bestimmende Autorität noch unmittelbar die Zeugen« seien und der »Traditionsgedanke« »noch nicht durch einen Kirchengedanken gesichert« sei.

ἄρτι, während von den τινές ein κοιμᾶσθαι im Aor. ausgesagt wird. V 7 folgt
wiederum mit reihendem ἔπειτα ein ὤφθη mit doppeltem Dat.-Obj., zunächst
im Sing. Jakobus, dann angeschlossen mit εἶτα im Plur. alle Apostel. V 8 endlich
nennt am Schluß der Reihe (ἔσχατον πάντων) mit einer dem Dat.-Obj. κἀμοί
vorangestellten hyperbolischen Apposition τῷ ἐκτρώματι das letzte ὤφθη. V 9
begründet (γάρ) diese Hyperbel, wobei Paulus sich mit betontem ἐγώ und εἰμί
superlativisch als ἐλάχιστος der Apostel nennt und das in einem Relativsatz
wiederum mit εἰμί und negiertem Prädikatadjektiv ἱκανός expliziert. Das wird
mit διότι und Aor. der 1. Pers. Sing. von διώκειν begründet, dessen Obj. die
ἐκκλησία τοῦ θεοῦ gewesen ist. V 10 wird dem dann mit betont vorangestelltem
χάριτι θεοῦ ein anderes εἰμι kontrastiert, das im Relativsatz ὅ εἰμί wiederholt
wird. In V 10b wird die χάρις aus V 10a als Subj. aufgegriffen, als ἡ εἰς ἐμέ präzisiert und ihr im Aor. ein γενέσθαι zugeschrieben, das mit einem negierten prädikativen Adj. (οὐ κενή) bestimmt wird. Mit einem ἀλλά-Satz setzt Paulus in V
10c in der 1. Pers. Sing. des Aor. dem sein Wirken entgegen, das mit einem Akk.
Neutrum und anschließendem Gen. komparativisch von allen abgesetzt wird. V
10d korrigiert das Subj. von V 10c prädikatlos durch οὐκ ἐγὼ δέ und nennt wie V
10b noch einmal die χάρις τοῦ θεοῦ als eigentliches Subj., wobei durch (ἡ) σὺν
ἐμοί entweder das Verb oder das Subj. eine Näherbestimmung erfährt. Mit folgerndem οὖν werden in V 11a durch das korrelative εἴτε ... εἴτε (vgl. Bl-Debr-
Rehkopf § 454,3) zwei Subjekte (ἐγώ – ἐκεῖνοι) ohne Präd. verknüpft, was in V
11b durch die 1. Pers. Plur. Präs. οὕτως κηρύσσομεν fortgeführt und durch ein
weiteres οὕτως am Ende in Inklusion mit V 12 in der 2. Pers. Plur. Aor.
(ἐπιστεύσατε) abgeschlossen wird.

**Erklärung
1**

Auffallend ist der Einsatz des neuen Kapitels, der sich von den Einleitungen anderer Briefabschnitte unterscheidet[60]. Erst in V 12 wird der Anlaß
der Behandlung des neuen Themas deutlich. Schon das erste Wort gewinnt nur dann das ihm zukommende Gewicht, wenn man bedenkt, daß
Paulus de facto an Elementares und den Korinthern schon längst Überliefertes erinnert[61]. Γνωρίζειν (eröffnen, bekanntmachen, kundtun) hat in
der LXX oft einen »pathetischen Klang«[62]. Obwohl unsere Stelle auch zu

---

[60] Ob man daraus die Folgerung ziehen
darf, daß die Auferstehungsthematik nicht
zu den brieflichen Anfragen zählt? Meist
wird wegen des fehlenden περί auf mündli-
che Information etwa durch die korinthische Delegation geschlossen (so z.B. Barrett
335; Conzelmann 302 spricht von zugetra-
genen Gerüchten); anders Lietzmann 76,
der den verlorenen Brief als Veranlassung
vermutet; vgl. das Referat bei Hurd, Origin
91f. Zum Fehlen von περὶ δέ vgl. EKK VII
1, 91.

[61] Meyer 411 hält die Interpretation bei
Oecumenius 860 (ὑπομμιμνῄσκω) und Theophylakt 752 (ἐπαναμμιμνῄσκω) zwar für
eine Abschwächung, gesteht sie aber in der
Sache dann doch zu, nur sei der Ausdruck

»nachdrücklicher, anregender, für einen
Theil der Leser beschämend und der funda-
mentalen Wichtigkeit des jetzt zur Sprache
zu Bringenden entsprechend«; ebs. Heinrici
445; vgl. auch Weiß 345; de Wette 140
(Paulus muß gleichsam von neuem anfangen); Godet II 181f (Der Ausdruck solle die
Leser beschämen) und Robertson/Plummer
331 (»There is a gentle reproach in the
word. He has to begin again and teach them
an elementary fact, which they had already
accepted«); für die Bedeutung »erinnern«
auch Schenk* 470; Sellin* 232 (gegen
»Feierlichkeit« bei Conzelmann 304) u.a.

[62] Bultmann, ThWNT I 718; vgl. Jer
16,21; Ps 15,11; 76,15; 97,2 LXX; im apokalyptischen Kontext Dan 2,23.28f Θ. Subjekt

den »profanen« bzw. briefstilistischen Belegen des Wortes gerechnet werden könnte[63], ist hier vermutlich eher eine offizielle, ja proklamatorische oder revelatorische Konnotation herauszuhören[64]. Dabei kann es freilich nicht um inhaltlich neue Sachverhalte gehen (anders 2Kor 8,1), wie klar aus dem καὶ παρελάβετε hervorgeht[65]. Aber auch die Heilsbedeutung des Evangeliums wird den Korinthern gewiß nicht zum ersten Mal vor Augen gestellt. Ruft Paulus den Adressaten somit faktisch längst Bekanntes in Erinnerung, dann ist trotz Phil 3,1 schon V 1 ein erster Hinweis darauf, daß es mit der »Bekenntnistreue« der Korinther bzw. ihrer Wortführer nicht ganz so weit her sein kann, wie oft angenommen wird. Zwar kann der Nachdruck bei παραλαμβάνειν statt auf der Annahme, Zustimmung und Billigung auch auf dem bloßen In-Empfang-Nehmen oder Übernehmen liegen[66]. Da das zuerst genannte Moment der Akzeptanz aber durch εἰ κατέχετε konditioniert wird (vgl. zu V 2), könnte auch hier ein bloßes Empfangen gemeint sein, auch wenn das parallele ἑστήκατε dieser Annahme eher widerrät. Ob die Korinther tatsächlich an der Überlieferung

im NT ist auch Gott selbst (Lk 2,15; Röm 9,22f). Entsprechend kann als dessen Reflex auch »die Kundmachung des Tuns Gottes durch Menschen« (ebd. 718) damit bezeichnet werden (Lk 2,17; Röm 16,26); vgl. auch Bauer/Aland 326: »1Kor 15,1, wo es sich um schon Bekanntes zu handeln scheint, ist γ. am Platze wegen der, offenbar als etwas Neues sich einführenden, theoret. Belehrung«. W. Radl, Der Sinn von γνωρίζω in 1Kor 15,1, BZ 28 (1984) 243-245 plädiert dafür, daß das Wort sich hier nicht auf den Inhalt bezieht und statt dessen ein Doppelpunkt zu setzen sei; er findet einen einzigen Bogen von V 1 bis V 11 und nimmt dafür »nicht nur eine überladene Konstruktion, sondern ein riesiges Anakoluth in Kauf« (245). Verburg* 97 tritt aufgrund eines Papyrusbelegs (Preisigke, Wörterbuch 302) für die Bedeutung »bestätigen« ein, die aber sonst bei Paulus fehlt und auch kaum der eigentlichen Intention des Paulus (er wolle »die Identität seiner damaligen Botschaft mit dem Evangelium, das alle verkündigen«, deutlich machen) entspricht.

[63] So Bultmann, ThWNT I 718; die Belege für eine Brieferöffnungsformel aus den Papyrusbriefen bei J.L. White, Introductory Formulae in the Body of the Pauline Letter, JBL 90 (1971) 91-97, hier 94 Anm. a helfen hier allerdings ebensowenig wie zu 12,3 (anders Gal 1,13).

[64] Vgl. auch zu 12,3; später Kol 4,7; Eph 1,9; vgl. schon Meyer 411; Heinrici 445

(vgl. ders. Sendschreiben 471: = φανεροποιῆσαι nach Hesychius); Stuhlmacher* (Evangelium) 69 (»die Kundgabe eines eschatologischen Tatbestandes«); Knoch, EWNT I 617; Frutiger* 204 und 206 (»intervention solennelle et passionée«); Gillespie* 221.

[65] Das dreifache καί erweckt bei Weiß 346 »den Eindruck der unveränderlichen Identität«, wofür vor allem 11,23 spricht, aber auch der Steigerung des jeweils Vorhergehenden (das Letztere auch bei Meyer 412; Heinrici 446; Robertson/Plummer 331 [»a climax«] u.a.); Barrett 338 versteht alle drei καί parataktisch.

[66] So interpretieren hier z.B. Olshausen 734; Rückert 387f; Schmiedel 186 (mit Hinweis auf das καί); Lietzmann 76 (»das ›aktive‹ annehmen«, weil sonst eine Tautologie zum Vorangehenden entstünde und καί »eine Weiterführung des Gedankens« verlange; dagegen Conzelmann 304 Anm. 19: »zu fein«); Kremer 320 (»sich zu eigen gemacht«); auch Bauer/Aland 1252 rechnen zu den Belegen für Zustimmung anders als V 3 auch V 1 und Phil 4,9. Immerhin steht es gerade im Zusammenhang mit παράδοσις nicht nur in V 3 anders, sondern auch in 1Thess 4,1 (παρελάβετε παρ᾽ ἡμῶν τὸ πῶς δεῖ ὑμᾶς περιπατεῖν) und Gal 1,12 (parallel zu ἐδιδάχθην); vgl. auch Wegenast* 57 Anm. 3: »Eine willentliche Annahme umschreibt Paulus mit δέχεσθαι (vgl. 1. Thess. 2,13)«.

festhalten, ist jedenfalls so oder so noch nicht heraus, wie V 2 bestätigt. Zunächst aber wird positiv festgestellt, daß sie im übernommenen Evangelium (ἐν ᾧ, d.h. durch das Evangelium und auf ihm[67]) einen Stand gefunden haben (ἐστήκατε). Daß ein »Stehen« immer ein angefochtenes und gefährdetes ist, darf zwar aus 10,12 nicht sofort eingelesen werden, doch heißt es immerhin auch 15,58 ἑδραῖοι γίνεσθε (vgl. auch 16,13 στήκετε ἐν τῇ πίστει), was einen leichten Vorbehalt andeuten könnte, ob die Korinther wirklich »stehen«[68] (vgl. weiter zu V 2). Doch zunächst wird einfach die Basis alles folgenden benannt[69]. Diese aber ist das Evangelium, in dem hier durch V 2 über γνωρίζειν (V 1), εὐαγγελίζεσθαι (V 1) oder καταγγέλλειν (9,14; vgl. auch κηρύσσειν 1Thess 2,9; Gal 2,2) hinaus das Moment des Überliefers mitgegeben ist (vgl. Gal 1,12). Es gibt das Evangelium nicht ohne Tradition, und gerade unsere Stelle verbindet durch die *figura etymologica* mit εὐαγγέλιον einen bestimmten Inhalt und ist so etwas wie sein Summarium[70]. Noch zwei andere Punkte in V 1 verdienen Beachtung: Zum einen kommt in der 1. Pers. Sing. deutlich die Korrelation von Apostolat und Evangelium zum Ausdruck (vgl. 1,17; Röm 1,1 u.ö. und die Possessivpronomina der 1. Pers. in 2,4; Röm 2,16). Die Korinther haben die Heilsbotschaft des Evangeliums nicht »senkrecht von oben« oder von einem x-beliebigen, sondern vom Apostel erhalten (vgl. z.B. das ὑπ᾽ ἐμοῦ Gal 2,2 u.ä.), dessen Inhalt freilich auch ihm vorgeordnet bleibt (vgl. zu 3,10f). Zum anderen wird im Blick auf das folgende Auferweckungszeugnis die Angewiesenheit aller Nichtaugenzeugen auf das εὐαγγελίζεσθαι (V 1) und κηρύσσειν (V 11) deutlich. Zugang zum Auferstandenen und Begegnung mit ihm gibt es (ähnlich wie beim Gekreuzigten; vgl. *λόγος τοῦ σταυροῦ*) zumal nach Abschluß der Erscheinungen (vgl. V 8) nur über das heilsmächtig wirksame Wort, das auf Glauben zielt (V 2.11).

2 Auffallend an der Formulierung von V 2a, daß die Korinther durch das Evangelium auch »gerettet werden«, ist zunächst das präsentische Tem-

---

[67] ᾽Εν ist vermutlich sowohl instrumental als auch lokal zu verstehen (Grundmann, ThWNT VII 651 Anm. 36).

[68] Von daher klingt das, was Weiß 346 schreibt, doch etwas zu vollmundig: »Sie sind fortan nicht mehr ἀκατάστατοι, nicht περιφερόμενοι, sondern ἑδραῖοι, ἀμετακίνητοι (v. 58)«. Anders dagegen Lietzmann 76: ἑστήκατε sei »nicht zu pressen: in Wirklichkeit läßt das ›Feststehen‹ der Korinther, wie der bisherige Wortlaut des Briefes selbst zeigt, recht viel zu wünschen übrig«; vgl. auch Schade* 196 und schon Crell 311 (*tanto magis Corinthios urget, ut ... persistere velint*). Sonst spricht Paulus übrigens vom »Stehen im Herrn« (1Thess

3,8), »in der Gnade« (Röm 5,2) und »im Glauben« (1Kor 16,13); vgl. Wolter, EWNT II 506, der eine Nähe zum johanneischen μένειν konstatiert.

[69] Die neuerliche Anrede ἀδελφοί erinnert am ehesten an den Zusammenhang mit der »Bekanntgabe-Formel« in 10,1 und 12,1; vgl. Schäfer, Gemeinde 339 (vgl. ebd. 290-296 auch zum inklusiven Sprachgebrauch); nach Chrysostomus 322 soll sie beschwichtigen und zu gewinnen suchen (Trummer* 23).

[70] Vgl. Friedrich, ThWNT II 727f; zum Verhältnis von εὐαγγέλιον als dynamischem Akt und als Inhalt vgl. Baird* 184 u.ö.; Beker* (Paul) 122f; Schütz* (Paul)

pus, denn Paulus spricht sonst von σωτηρία meist im Futur[71]. Das Präsens läßt sich verschieden erklären, entweder aus der eschatologischen Dialektik (Röm 8,24 bietet sogar den Aorist) oder als *praesens exactum* bzw. *apodicticum*[72]. Für das rechte Verständnis entscheidend ist, daß die drei καί-Sätze zusammengehören und gemeinsam durch εἰ κατέχετε konditoniert werden[73]. Alle drei Aussagen stehen unter der Bedingung des κατέχειν. Dabei fällt im Vergleich mit 11,2, wo Paulus den Korinthern uneingeschränkt ein κατέχειν der Überlieferungen bescheinigt, die stärker hypothetische Formulierung in V 2 um so mehr auf. Die Korinther erlangen das Heil nur dann, wenn sie im Bereich des Evangeliums bleiben[74]. So wie es möglich ist, daß die Korinther vergeblich zum Glauben gekommen sind (V 2c), wenn sie an dem vom Apostel verkündigten Logos nicht festhalten[75], so bleiben auch das Stehen auf dem Fundament des Evangeliums und das eschatologische Heil unter diesem Vorbehalt. Die Konstruktion von V 2b ist allerdings nicht eindeutig[76].

Klar ist zunächst, daß V 2a (δι' οὗ καί σῴζεσθε) ein weiterer Relativsatz neben ἐν ᾧ καί ἑστήκατε ist. Das Evangelium ist also eine Kraft und ein Ort und wirkt als δύναμις εἰς σωτηρίαν (Röm 1,16). Soweit ist die Sache klar. Die Schwierigkeiten beginnen mit τίνι λόγῳ. Manche setzen hinter σῴζεσθε einen Punkt und

---

42f, der auch hier beides findet und darüber hinaus noch als drittes Moment »an on-going entity ›in‹ which one can ›be‹ or ›stand‹« [43]; vgl. auch Gillespie* 221). Zu εὐαγγέλιον vgl. zu 4,15; 9,12.14.18.23, zu εὐαγγελίζεσθαι vgl. zu 1,17; 9,16.18; τὸ εὐαγγέλιον εὐαγγελίζεσθαι auch 2Kor 11,7; Gal 1,11.
[71] Vgl. EKK VII 1, 173.
[72] So z.B. Barrett 336. Nach Meyer 412 »vergegenwärtigt« σῴζεσθε die »künftige, ganz gewisse Messianische Heilsrettung« (ebs. Heinrici 446). Foerster, ThWNT VII 994 dagegen entnimmt dem Präs., daß sich die σωτηρία »auch in die Gegenwart erstreckt«; vgl. schon Rückert 388 und Estius 713 (*incipit in hac vita, perficitur autem in futura*). Anders z.B. Robertson/Plummer 331: Παρελάβετε blicke auf die Vergangenheit, ἑστήκατε auf die Gegenwart, σῴζεσθε auf die Zukunft; ähnlich Strobel 227; Fee 720.
[73] Die Beziehung von εἰ κατέχετε ist zwar unsicher, doch wird man sie am ehesten mit σῴζεσθε verbinden (Meyer 412; Godet II 182; Holsten, Evangelium 410 Anm. *; Weiß 346 mit Anm. 2 gegenüber Heinrici 446). Wegen der Zusammengehörigkeit des dreifachen καί ist damit indirekt aber auch eine Verbindung mit den anderen Relativsätzen gegeben.

[74] Maior 209r spricht von *tacita obiurgatio* (Schelte) *inclusa* und 210v von *reprehensio*. Es genügt kaum, an »une certaine exagération ironique« (so Allo 388) oder an eine *captatio benevolentiae* bzw. an die ermutigende Strategie eines guten Lehrers oder Pfarrers zu erinnern, der immer nur das Beste annimmt und schreibt (so Barrett 336, der immerhin zu Recht den Zweifel des Paulus und den Ernst der Gefahr des εἰκῇ ἐπιστεύσατε herausstellt; vgl. auch unten Anm. 83). Nach Chrysostomus 323 soll Paulus sich »aus psychologischen Gründen ›unwissend‹« stellen (Trummer* 24). Die Besorgnis des Paulus ist jedenfalls unverkennbar.
[75] Λόγος ist durch die Verbindung mit εὐηγγελισάμην gleichbedeutend mit εὐαγγέλιον bzw. dessen Inhalt oder Wortlaut, der im folgenden zitiert wird (so die meisten von Meyer 413 über Wegenast* 57 Anm. 5; Eichholz, Theologie 121 und Kremer* [Zeugnis] 20 bis Gillespie* 222-224, der das zugleich mit Kerygma identifiziert; vgl. schon Beza 157: *quo sermone*); andere unten Anm. 82.
[76] Das deutet auch die Lesart ὀφείλετε κατέχειν statt εἰ κατέχετε in D*ᶜ F G a b t vgᵐˢ Ambst an.

verstehen V 2a als beginnenden Fragesatz [77]. Nach anderen dagegen setzt τίνι λόγῳ die Reihe der Relativsätze fort (hellenistische Verwendung von τις als Relativum = ᾧ λόγῳ)[78]. Verbindet man mit γνωρίζω (V 1), ergibt sich der Sinn: »Ich tue euch das Evangelium kund, ... in welcher Weise bzw. mit welchem Wortlaut ich es euch verkündigt habe«[79]. Aber τίνι λόγῳ ist kaum ohne Absicht emphatisch vorangestellt[80]. Es geht nicht um irgendeinen etwa beliebig veränderbaren Logos, sondern um den im folgenden verbindlich zitierten[81]. Es wird also eine Inversion vorliegen und τίνι λόγῳ εὐηγγελισάμην ὑμῖν »vorausgestelltes Objekt (indir. Fragesatz) zu κατέχετε« sein[82]. Jedenfalls liegt eine Bedingung vor: »Ihr werdet errettet werden, wenn ihr festhaltet, mit welchem Wort ich verkündigt habe«. Alles kommt darauf an, daß die Korinther den Logos des Evangeliums in der überlieferten Form unverkürzt festhalten (vgl. Gal 1,9), in dem – das ist hier noch stillschweigend vorausgesetzt – die Auferweckung der Toten enthalten ist. Paulus sieht also offenbar die Gefahr, daß man in Korinth zusammen mit der Leugnung der Totenauferweckung das christologische Fundament preisgibt, wenn nach V 12 einige die Auferweckung der Toten leugnen, während beides doch nur zusammen festgehalten oder aufgegeben werden kann.

Nur so, d.h. angesichts des ungewissen Fundaments, ist die Einschränkung des σῴζεσθε sinnvoll. Alles hängt darum am κατέχειν[83], was auch

---

[77]   So Lietzmann 76: »Mit was für Rede habe ich's euch verkündigt ...?«; Weiß 346 Anm. 2 nennt das eine »krampfhafte rednerische Aufbauschung«.
[78]   Bl-Debr-Rehkopf § 298 Anm. 8; Kümmel 191 z.B. übersetzt: »mit welchem Wortlaut ich euch das Evangelium gepredigt habe«.
[79]   So mit Modifikationen im einzelnen Billroth 205; Bachmann 427.429; Heinrici 447; Gutjahr 409; Fee 720; Conzelmann 301 Anm. 4, der aber selbst notiert, daß dagegen eingewandt werden kann, »daß der Bedingungssatz keinen einleuchtenden Sinn ergebe«, wie schon Schmiedel 186f mit Recht bemerkt.
[80]   Vgl. de Wette 140: »des Nachdrucks wegen vorangestellt«; Godet II 182; Robertson/Plummer 332; Kremer* (Zeugnis) 18 Anm. 23 u.a.
[81]   In diese Richtung weist neben der Inversion mit der betonten Voranstellung von τίνι λόγῳ auch das οὕτως in V 11. Verbindlichkeit heißt allerdings nicht sofort eine buchstabengetreue Konservierung eines unveränderbar normativen dogmatischen Satzes.
[82]   Weiß 346; vgl. auch Rückert 388; de Wette 140; Schmiedel 186; Godet II 182; Wolff 355; allerdings bezeichnet λόγος nicht die Begründung (so Weiß 346 und Rückert 388; ebs. schon die Vulgata: *qua ratione*;

weiter Lietzmann 76; Kremer 321; Verburg* 103 u.a.; vgl. aber oben Anm. 75). Conzelmann 301 Anm. 2 nennt das eine harte Konstruktion; sie hat aber Analogien (Weiß 346 Anm. 2 verweist auf 6,4; 11,14; 14,7.9 und Godet II 182 auf 3,5; 7,17; 14,12).
[83]   Bei Verbindung des Ausnahmesatzes von V 2d mit σῴζεσθε meint das nicht einfach einen »dem christlichen Bewusstsein undenkbaren« Fall (so Meyer 413 im Anschluß an Beza 157: *argumentatur ab absurdo*; vgl. dagegen de Wette 140), eher eine unmögliche Möglichkeit. Gewiß handelt es sich (εἰ) um einen Realis, was vor allem Gundry Volf, Paul 273 (ähnlich Sellin* 234) im Anschluß an Bl-Debr-Rehkopf § 373 betont (Paulus drücke damit die Erwartung aus, »that the condition is in fact fulfilled«), doch daß der Realis die Wirklichkeit der Annahme benenne, ist keineswegs unumstritten; vgl. Hoffmann / v. Siebenthal, Grammatik 551f: Die Schlußfolgerung werde als notwendig dargestellt, dagegen »das Verhältnis der Protasis zur Wirklichkeit unbestimmt« gelassen; vgl. auch Schwyzer, Grammatik II 684 (»die Voraussetzung wird als reine Annahme hingestellt, ohne Andeutung ihres Verhältnisses zur Wirklichkeit«); vgl. nur das Beispiel V 13. Vgl. auch Verburg* 104: Paulus ist sich »dieses Verhaltens der Korinther nicht sicher«.

hier (vgl. 11,2) ein existentielles Festhalten und Ernstnehmen meint[84], kein bloß kognitives Nichtvergessen[85]. Wo das nicht geschieht, ist man »vergeblich« zum Glauben gekommen[86]. Dieser Sinn von εἰκῇ ist allerdings nicht gesichert. Manche umschreiben mit »ins Blaue hinein, ziellos, vage«[87], doch Gal 3,3f und 4,11 weisen eher in eine andere Richtung, daß die Korinther nämlich dann zu einem bloß illusionären und nicht zum gewissen und wirksamen Glauben an die Auferweckung gekommen sind[88]. Das soll den Ernst der Lage einschärfen [89]. Zu beachten ist auch die auffällige Häufigkeit verwandter Begriffe wie κενός (V 10.14.58) und μάταιος (V 17), wobei alle drei mit Ausnahme des letzten (in 3,20 in einem Zitat) nur in Kap. 15 vorkommen.

Während V 1 von einem παραλαμβάνειν der Korinther die Rede war, 3 führt Paulus die von ihm vermittelte παράδοσις, die hier anders als in 11,23 nicht als ἀπὸ τοῦ κυρίου qualifiziert wird[90], nun auf ein eigenes παραλαμβάνειν zurück[91]. Diese schon übernommene und nicht erst von ihm selbst geschaffene Überlieferung hat Paulus ἐν πρώτοις an die Ko-

---

[84] Vgl. Meyer 413 und Heinrici 447: »Es ist das *gläubige* Festhalten, welches die empfangene Lehre nicht fahren lässt«. Rückert 388 tendiert in die gleiche Richtung, merkt aber an, daß »vom Ap. eine strenge Scheidung nicht gemacht« werde.

[85] Anders z.B. Billroth 205: »wenn Ihr sie (sc. die Verkündigung) anders noch in der Erinnerung habt«; richtig schon Olshausen 734.

[86] Ἐπιστεύσατε ist ingressiver Aor. und bezieht sich auf den Zeitpunkt des Bekehrung.

[87] So Weiß 346; Robertson/Plummer 332: »»without consideration‹, ›heedlessly‹, ›rashly‹; *temere* rather than *frustra*«; ähnlich Findlay 919; Schlatter 394 (»ohne Grund«); Bauer/Aland 447: »unüberlegt, kopflos, ins Blaue hinein«; vgl. schon Origenes 43 (unüberlegt, zufällig, ungeprüft; vgl. dazu Trummer* 24f und Severian 271 (μάταιαν καὶ ἀνόητον); nach Rückert 389 soll Paulus das »nicht ohne Bitterkeit« anfügen.

[88] Vgl. Heinrici 447 (»ohne dass ihr zu einer gesicherten Ueberzeugung gekommen seid«); Schmiedel 187: fruchtlos, d.h. »ohne den Auferstehungsglauben zu gewinnen«. Nach Godet II 183 sollen beide Auffassungen (»ohne hinreichenden Grund« bzw. »ohne Wirkung«) auf dasselbe hinauslaufen; zu εἰκῇ = umsonst bzw. vergeblich vgl. Büchsel, ThWNT II 377. Von Ironie in V 2d (so Fee 721) ist nichts zu entdecken.

[89] Nichts spricht dafür, mit Heinrici 447

»eine später eingekommene Randglosse« zu erwägen. Wohl kann man fragen, ob Paulus nicht letztlich doch »das geschichtliche und eschatologische Zum-Ziel-Kommen der Erwählung Gottes, deren Gestalt die Gemeinde ist«, voraussetzt (vgl. E. Reinmuth, »Nicht vergeblich« bei Paulus und Pseudo-Philo, Liber Antiquitatum Biblicarum, NT 33 [1991] 97-123, hier 123), doch darf der Erwählungsgedanke auch hier die Warnung nicht abschwächen (vgl. zu 10,1ff u.ö.).

[90] Vgl. Weiß 347 (»nicht ›offenbart‹, sondern ›erzählt‹«); Lietzmann 77 u.a.; Robertson/Plummer 333 dagegen halten an Quelle der Tradition eine spezielle Offenbarung durch Christus für möglich; so eindeutig auch Gutjahr 411f; Grosheide 349 (»from Jesus Himself«) und früher schon Theophylakt 753 sowie Cyrill 893, der Gal 1,12 zitiert, während Hieronymus 763 und Pelagius 213 beides nebeneinanderstellen (*vel a prioribus sive per revelationem Christi*); ebs. Gangel* 124 (»both human tradition and divine teaching«); vgl. auch Grotius 820 (*ab Anania primum, deinde & ab apostolis, accedente forte & speciali revelatione*); v. Flatt 354 führt V 3f auf Christus, V 5-7 auf andere Apostel und Christen zurück; noch ausgefallener Severian 271 (παρέλαβον ἐκ τῶν γραφῶν).

[91] Zu dieser Traditionsterminologie vgl. zu 11,23. Der Sinn dieses Hinweises: »nichts Neues oder Selbsterfundenes« (Meyer 414; Heinrici 448); ähnlich Barrett

rinther weitergegeben[92]. Schon wegen des Kontextes, dem alles an der konstitutiven Bedeutung des Zitierten und nicht an einer zeitlichen Bestimmung liegt (vgl. das τίνι λόγῳ begründende γάρ), ist damit nicht ein zeitlicher Vorrang, sondern die Hauptsache und das Kernstück des Evangeliums gemeint, dem fundamentale Bedeutung und Sachpriorität zukommt[93]. Da es sich um einen sehr komprimierten Text handelt, der über das Wie, Wann (zum 3. Tag vgl. z.St.) und Wo nichts verlauten läßt, hat auch bei der Auslegung das theologische Gewicht im Vordergrund zu stehen. Im Unterschied zu den Formeln der Apg (vgl. 2,23f u.ö.), aber auch zu vorpaulinischen Dahingabe- (vgl. Röm 8,32) und Auferweckungsformeln (vgl. unten Anm. 112), wo Christus als Objekt des Handelns Gottes erscheint, ist hier, wenngleich z.T. im Passiv, durchgängig Christus das grammatikalische Subjekt der vier mit καί verbundenen Aussagen[94]. Als erstes erwähnt Paulus das Sterben des Christus, dem Heilsbedeutung zu-

337; »nicht die Erfindung des Paulus« (Schlatter 394). Solche Traditionsgebundenheit impliziert gewiß keine Distanz, wohl aber, daß er sich der Tradition nicht als einer sakrosankten Formel unterwirft, wie schon die Erweiterung in V 6f, aber erst recht seine eigene reflexive Interpretation zeigt; vgl. E. Käsemann, Konsequente Traditionsgeschichte?, ZThK 62 (1965) 137-152, vor allem 139f; Eichholz, Tradition 30; Wegenast* 58 Anm. 1; Lehmann* 33-35.56f; Rese, VF 15 (1970) 93f; Brakemeier* 22f; Boers* 59; Bornkamm, Paulus 125f; K. Wengst, Der Apostel und die Tradition. Zur theologischen Bedeutung urchristlicher Formeln bei Paulus, ZThK 69 (1972) 145-162; kritisch zur Sicht Schliers (»Praesymbolon« und »Dogma«) und anderer Autoren, die von einer *regula fidei* sprechen, mit Recht Rese, VF 15 (1970) 83f; v. Bendemann, Schlier 257-263.266f mit weiterer Lit.
[92] Heinrici 448 sieht hier zugleich einen Hinweis, daß Paulus »noch weiteres aus der evangelischen Geschichte mitgetheilt hat«, was Weiß 347 ähnlich in εὐαγγέλιον findet (nicht »ohne ein gewisses Maß von geschichtlichen Tatsachen und Gedankenzusammenhängen, ohne eine Art Begründung und Beweisführung aus Geschichte und Schrift«). Dabei bleibt aber das oben Anm. 35 Genannte zu beachten.
[93] Vgl. die Belege bei Bauer/Aland 1453 und Weiß 347 Anm. 2 sowie weiter schon z.B. Severian 271 (ἀντὶ τοῦ πρὸ πάντων) und Theophylakt 753 (οἱονεὶ γὰρ θεμέλιός ἐστι πάσης τῆς πίστεως); Meyer 414 (»Lehrpunkte ersten Ranges«; ebs. Heinrici

448); Robertson/Plummer 332 (»primary and cardinal, central and indispensable«); Schlatter 394; Barth 76 (»Hauptpunkt ... Mittelpunkt ... Evangelium κατ' ἐξοχήν«); Findlay 919 nennt die 1. und 3. Aussage der Formel die πρώτιστα unter den πρῶτα. Anders z.B. Sellin* 233 (»rein zeitlich«) und schon Chrysostomus 324 (ἐξ ἀρχῆς), der allerdings auch die Deutung auf das Wichtigste und Vorrangige nicht ausschließt, wie sie auch die anderen Kirchenväter vertreten. »Das Wichtigste« kann natürlich auch »zuerst« mitgeteilt worden sein. Ausgeschlossen und zudem historisch unzutreffend ist eine maskuline Fassung (»euch unter den ersten«) bei Rückert 11.389.
[94] Mußner* (Struktur) 406f spricht von der Stilfigur »enumerativer Redeweise«, »mit deren Hilfe die Etappen eines sukzessiven Geschehens nacheinander genannt werden«, geht aber m.E. irrigerweise davon aus, daß diese Stilfigur die des *parallelismus membrorum* »überlagert« (407), also die vier Glieder »gleichwertig aneinandergereiht« sein sollen (408; ebs. Kittel* [Befreit] 104f.112); die atl. Beispiele mit parataktischem καί (408f) unterscheiden sich jedoch dadurch, daß sie ganz überwiegend in Erzähltexten stehen (anders Dtn 11,3-6; 26,8f) und keinen *parallelismus membrorum* bieten, einerlei, ob man ihn als synonymen oder antithetischen versteht, also das καί vor ἐγήγερται tatsächlich adversativ aufzufassen ist (so Lehmann* 72 u.a.; anders Mußner* [Struktur] 408 Anm. 10; vgl. oben Anm. 51f).

kommt. Er starb »für unsere Sünden« (sonst nur Gal 1,4, doch ist das ὑπέϱ dort textkritisch umstritten), was im Sinne der stellvertretenden Sühne und/oder Beseitigung der Sünden zu interpretieren sein wird[95]. Paulus übernimmt die Sterbensaussage auch im Auferweckungskapitel nicht einfach aus formaler Bindung an die Tradition oder dogmatischer Korrektheit, erst recht nicht darum, um den Kreuzestod Jesu duch die folgende Auferweckungaussage als überholt zu charakterisieren. Zwar kann er durchaus auch Auferweckungsaussagen ohne Erwähnung des Todes Jesu anführen (vgl. 6,14 und die Beispiele oben in Anm. 33), aber gerade hier im Kontext des Auferweckungskapitels soll vermutlich nicht allein angedeutet werden, daß der Auferweckung Jesu nur in ihrer Zuordnung zu seinem Tod soteriologische Bedeutung zukommt[96], sondern zugleich, daß der Christus »von den *Toten*« erweckt worden ist und auch christliche Existenz im Zeichen der Hoffnung noch im Schatten des Kreuzes gelebt wird und den Tod noch nicht hinter sich hat (vgl. V 30f), der Tod also weder bei Christus noch bei den Christen spiritualistisch überspielt oder

---

[95] Ὑπέϱ steht sonst mit personalen Ausdrücken; vgl. ὑπὲϱ ἀσεβῶν Röm 5,6; ὑπὲϱ ἡμῶν (ὑμῶν) Röm 5,8; 1Kor 1,13; 11,24; 2Kor 5,21; Gal 3,13; ὑπὲϱ πάντων Röm 8,32; 2Kor 5,14f. Nach Riesenfeld, ThWNT VIII 512 Anm. 12 sind diese Aussagen darum von V 3 abzusetzen; vgl. auch W. Schenk, »Kreuzestheologie« bei Paulus?, in: FS W. Schrage, Neukirchen-Vluyn 1998, 93-109, hier 95 Anm. 12. In der Tat findet sich nur hier und in Gal 1,4 ein Abstraktum, so daß ὑπέϱ nicht = *loco* steht und die *satisfactio vicaria* »in der Sache, nicht in der Präposition« liegen würde (Meyer 414; Heinrici 448); vgl. auch Bengel 430: *pro peccatis nostris abolendis*; ebs. Robertson/Plummer 333; Barrett 338 (»on our behalf, that is, to deal with our sins«); Kremer 323 (Befreiung oder Tilgung). Jedenfalls ist der Unterschied zwischen ὑπέϱ und πεϱί ntl. vermischt (vgl. Bl-Debr-Rehkopf § 231 und Weiß 347), und ὑπέϱ kann auch mit »wegen« wiedergegeben werden (vgl. διά Röm 4,25). Zum griechischen »sterben für« vgl. Conzelmann 309f, Wengst* (Formeln) 67f.82 und Hasenfratz* 136-140 mit Belegen und Lit. Viele denken an einen Einfluß von Jes 53 (vgl. oben Anm. 56.58 und weiter z.B. Ridderbos* 79-81; M. Hengel, The Atonement, London 1981, 36f.51), doch fehlt dort gerade das Sterben ὑπέϱ (so aber 2Makk 7,9; 8,21; 4Makk 1,8; 6,28; anders beim Sterben wegen eigener Sünden

wie 3Βασ 16,18f u.ö.); zum biblischen und paulinischen Sühnegedanken vgl. außer Hengel ebd. Wilckens, EKK VI 1, 233-243; C. Breytenbach, Versöhnung, Stellvertretung und Sühne. Semantische und traditionsgeschichtliche Bemerkungen am Beispiel der paulinischen Briefe, NTS 39 (1993) 59-79, hier 67-71; Stuhlmacher* (Theologie) 192-196.295-299; Hofius, Paulusstudien 33-49; Merklein, Studien II 42-55.74-81.294-300.342-344; W. Kraus, Der Tod Jesu als Sühnetod bei Paulus. Überlegungen zur neueren Diskussion, ZNT 2 (1999) 20-30.
[96] Zu den scheinbar unabhängig voneinander konzipierten und doch zusammengehörigen Aussagen über das Kreuz in Kap. 1-2 und über die Auferweckung in Kap. 15 vgl. Beker* (Paul) 174-176.180.194-198; ders.*, Gospel 72, der gegen das *crux sola est nostra theologia* (vgl. EKK VII 1, 196) mit einem bestimmten Recht einwendet: »*the larger context in which the cross functions in Paul is overlooked. This proposal errs not because of its focus on the cross, but because of its inability to locate the cross within the embrace of the future apocalyptic structure of Paul's thought*«; vgl. auch v.d. Osten-Sacken (Lit. zu 15,20ff) 488. Zu Zusammenhang und Differenz von Kreuz und Auferstehung vgl. z.B. auch Bussmann* 87-89.

marginalisiert werden darf[97]. Die soteriologische Deutung entspricht den »Schriften«, die auch hier nicht als Quelle, Maßstab oder Beweis, sondern zur Interpretation, Bestätigung und Vergewisserung dienen. Der Plural γραφαί ist, wie oben S. 25 erwähnt, nicht auf Jes 53 zu begrenzen[98], auch wenn diese einzige Schriftstelle, die vom Sterben für andere bzw. um der Sünden anderer willen spricht (vgl. aber oben Anm. 95 zum griechischen Text der LXX), davon gewiß nicht auszunehmen ist. Doch sind solche Einzelstellen allenfalls exemplarisch und repräsentativ zu verstehen. Im Vordergrund steht die Gewißheit, daß das eschatologische Heilsereignis in Christus dem in den »Schriften« erkennbaren Heilswillen Gottes entspricht[99], also nicht auf eine arbiträre Willensänderung Gottes zurückzuführen ist, erst recht aber trotz 2,8 nicht einfach das Werk von bösen Mächten ist oder auf bloßem Zufall oder tragischem Schicksal beruht. Wie in V 4 wird sich die Notiz über die Schriftgemäßheit auch hier auf den ganzen ὅτι-Satz, also weder allein auf das Sterben noch die ὑπέρ-Wendung beziehen[100].

---

[97] Insofern ist die Zitierung der gesamten Tradition in der Tat »gegen die Überbewertung eines Teils unter Abwertung und Vernachlässigung eines anderen« gerichtet ist (Bartsch* [Argumentation] 271). »Man kann die Verkündigung der Auferstehung nicht haben ohne die Verkündigung des Todes« (Conzelmann* 11); vgl. auch Käsemann, Perspektiven 102; ebs. Giesriegl* 267, der freilich im Anschluß an Seidensticker (unter Ausblendung des 3. Tages; vgl. dort) zu Unrecht sogar den »Akzent auf den Tod verlegt« sieht, weil angeblich nur die Todesaussage »eine heilstheologische Deutung« erfahre (mit der dann ebd. 268 Anm. 65 konstatierten Konsequenz einer angeblichen »Diskrepanz« zu der Reihe der Auferweckungszeugen); Söding* 47. Kommt der Auferweckung hier »die Bedeutung einer göttlichen Bestätigung der Sühnetodes Jesu« zu (so Wengst* 97), dann jedenfalls nicht so, daß die Auferweckung damit ihr soteriologisches Eigengewicht verlieren würde; vgl. auch Schrage* (Herr) passim und die dortige Lit.

[98] Das gilt auch für Paulus selbst; richtig Schrenk, ThWNT I 752: Alle vier paulinischen Stellen (außer V 3f noch Röm 15,4; 16,26; vgl. auch Röm 1,2) »wollen nichts anderes, als die Heilstat im Christus ... an die gesamten at.lichen Schriften binden, die prophetisch davon zeugen«; vgl. auch Röm 1,2; 3,21. Daß auch einzelne Belege genannt

werden (Schlatter 395 verweist auf Gal 3,10; Röm 3,20 und Röm 15,3), ändert daran nichts; gewiß müssen sich der Hinweis auf die Schriften und auf bestimmte Schriftstellen nicht ausschließen (Hübner* [Theologie] 198), doch in der Formel geht es um eine summarische Reklamation; richtig Barth 82; Barrett 339; Héring 134; Delling* 349; Conzelmann 310 (»Die Schrift wird als Einheit gesehen«); Christensen* 102; Fee 725; Vögtle* (Osterglaube) 62 (»die früheste Art des Schriftbeweises, der zunächst nur ein im Osterglauben wurzelndes Postulat war«). Anders z.B. Cullmann, Christologie 75f; Hofius* 427; vgl. weiter die Diskussion bei Lehmann* 205-221.

[99] De facto ist das in dieser Pauschalität (Plural!) eher theologisches Postulat oder Glaubensüberzeugung als »Exegese« der Schriften und läßt die Anstößigkeit des Todes Jesu kaum noch erkennen (anders Strobel 230, der »ein elementares Ringen mit dem Sinn der Sendung Jesu« finden will). »It was the *facts* that opened their eyes to the meaning of the Scriptures concerned« (Findlay 919); vgl. auch Lichtenstein* 45. Damit soll eine Zirkelstruktur nicht in Abrede gestellt werden. Kremer 323 sieht eine »apologetische Funktion« gegenüber dem Einwand, daß Jesu schmachvoller Tod seine Messianität widerlege.

[100] Vgl. unten Anm. 141-143.

Der Hinweis auf das Begräbnis Jesu dient weder der Explikation des 4
ἐγήγερται (ἐκ νεκρῶν) noch einer antidoketischen Frontstellung.

Viele Exegeten sehen hier allerdings einen Hinweis auf die Auferweckung aus
dem Grabe bzw. auf das leere Grab[101]. Das ist zwar zu unterscheiden von der Frage, ob Paulus die Tradition von der Grablegung Jesu und der Auffindung des leeren Grabes kennt und voraussetzt oder nicht[102], doch nimmt er hier keinen Bezug
darauf, ja verrät, abgesehen von der Analogiebildung in Röm 6,4, wie das übrige
frühe Formelgut auch kein sonderliches Interesse am Begrabenwerden Jesu. Erst
recht macht er das *leere* Grab nirgendwo zum Verkündigungsinhalt, wie das
außerhalb der Evangelien auch sonst nirgends der Fall ist. Schwierig bei einer Beziehung auf das leere Grab ist vor allem die Zuordnung des ἐτάφη zu ἀπέθανεν
statt zu ἐγήγερται[103]. Zwar steht vor ἐτάφη ein zweites ὅτι, was ihm auch ein eigenes Gewicht verleiht[104], doch ändert das nichts an der engeren Zusammengehörigkeit des 1. und 2. Gliedes der Formel, d.h. die Viergliedrigkeit kann die überge-
ordnete Zweiteiligkeit nicht überholen. Aber auch sachlich bleibt zu beachten,
daß zwar für die meisten Juden und so vermutlich auch für Paulus eine Auferweckung von den Toten nicht ohne die Voraussetzung eines leeren Grabes zu
denken ist (was im übrigen noch nichts über dessen historische Realität aussagt)
und auch der Makrokontext eher dafür spricht[105], doch *resurrectio mortuorum*

---

[101]   So z.B. Godet II 184; Robertson/Plum-
mer 334 (»The burial was evidence of a bodily resurrection. The body was laid in the
tomb, and the tomb was afterwards found
to be empty«); Kittel* (Auferstehung) 140f;
Lichtenstein* 32f; Wilckens* (Auferstehung) 20-22; Hempelmann* (Bemerkungen) 102f; Hasenfratz* 140 (die Begräbnisaussage der Formel sei »wohl der formali-
sierte Niederschlag der vormk Grable-
gungsgeschichte«) u.a.; anders Moffat 237;
Hirsch* 27f; Bousset 150: »Was er nicht
sagt, darf man hier auch nicht zwischen den
Zeilen lesen wollen«.
[102]   Vgl. die Lit. bei Senft 188 Anm. 5 und
die kurze Diskussion bei Barrett 339f. Die
Frage ist angesichts der spärlichen Spuren
von Details aus der Passionsgeschichte bei
Paulus (allenfalls 11,23 läßt sich hier anführen) eher negativ zu beantworten; vgl.
Graß* 146-173; Conzelmann 310; Trummer* 31; Perkins* 90; Kremer 324 (von
Apg 2,29ff her liege »sogar die Vermutung
nahe, daß Jesu Grab unbekannt war«; vgl.
auch Lüdemann* (Auferstehung) 67; Winden* 40-42); anders Wilckens* (Auferstehung) 20-22; Sider* 134-136; Fee 725f;
Wolff 362f Anm. 74 mit Lit.; zu Apg 13,29
und Joh 19,31-37 vgl. Broer* (Glaube) 60f.
[103]   Vgl. auch Röm 6,4: συνετάφημεν εἰς
τὸν θάνατον. Hier ist das Begrabenwerden
und Sterben als eine Aussage verstanden;

vgl. Delling* 361: »Das Begräbnis voll-
streckt sozusagen das Totsein«. Graß* 146
verweist wie andere (vgl. unten Anm. 110)
auf die idiomatische Zusammenstellung
von »gestorben und begraben« in Lk 16,22;
Apg 2,29 und oft im AT (vgl. Ri 12,10;
2Chr 35,24; 1Makk 2,70, allerdings jeweils
mit Hinweis auf den Begräbnisort).
[104]   Nach Schweizer, Erniedrigung 89
Anm. 353 soll das 2. Glied wegen des
Unterschiedes zu den in der vorigen Anm.
genannten Beispielen darum nachhinken;
Conzelmann 310 Anm. 65. Craig* 40 findet
in der Sequenz der 4 Glieder eo ipso impliziert, daß der Auferstandene das Grab leer
zurückgelassen hat, und nach Hempelmann* (Auferstehung) 22 sollen durch das
3. und 4. Glied die im 1. und 2. Glied benannten Tatsachen *»aufgehoben«* werden,
doch kann das mitnichten das paulinische
Desinteresse am leeren Grab in Frage stellen.
[105]   So Kremer* (Zeugnis) 38; Schubert*
217f; Craig* 41 u.a.; vgl. auch Oepke,
ThWNT II 334; v. Campenhausen* 19
(Paulus rechne zweifellos »mit einer realen
Verwandlung und Verklärung des gestorbenen Leibes und insofern auch mit einem
›Leer‹-werden des Grabes«, auch ohne sich
auf bestimmte Nachrichten stützen zu
müssen); Sellin* 238 Anm. 27 und 253f;
ähnlich schon Weiß 349, nach dem Paulus

und *creatio ex nihilo* (Röm 4,17) dürften auch hier ebenso spannungsvoll zusammengehören wie Kontinuität und Diskontinuität. Gewiß wird Paulus seiner
ganzheitlichen Sicht des Menschen und der Analogie zwischen Christus und den
Seinen (vgl. unten Anm. 153) entsprechend auch hier nicht vom σῶμα abstrahieren und ebensowenig an zwei Leiber denken wie in V 35ff. Doch gerade von den
Aussagen über die pneumatische Leiblichkeit der Christen her liegt der Akzent
auf der radikalen Andersartigkeit und nicht auf der Reanimation eines Leichnams
oder gar der Rückkehr in das Gefüge dieser Todeswelt (vgl. Röm 6,9)[106].
Ἐτάφη soll aber auch kaum dem Verdacht vorbeugen, daß Jesus nicht wirklich gestorben sei, »also auch nicht wirklich ἐκ νεκρῶν, sondern nur aus einem todten-
gleichen Zustande in's Leben zur{ue}ckgekehrt« sei[107]. Ἐτάφη hat endlich kaum
apologetisches Interesse[108], das sich gegen die Behauptung richtet, die Auferwek-

zwar »auf die Entdeckung des leeren Grabes
kaum Gewicht gelegt«, aber nicht »geglaubt habe, der Leichnam Jesu ... sei im
Grabe geblieben« (in V 52 sei an eine schon
im Grabe stattgefundene Verwandlung zu
denken). Richtig ist, daß Paulus sich die
Auferweckung Christi nur als leibliche vorstellen kann (vgl. Phil 3,21f und weiter
Wolff 216; Gillespie* 234; Schade* 200.206,
der sich mit der Gegenposition von Güttgemanns* 268f auseinandersetzt); zur Heranziehung von Mk 6,14-16 im Zusammenhang mit 6,29 bei Pesch* (Entstehung) 208
vgl. Hengel* 258f.262f; ferner Karrer* 135.
Immerhin zeigt Mk 12,26f, daß eine Auferweckung der Patriarchen vertreten werden
kann, obwohl z.B. das Grab Abrahams in
Hebron verehrt wurde (Theißen/Merz*
436).
[106]   Graß* 171 erklärt, daß keine paulinische Aussage zur Annahme nötige, »daß
die alte im Grabe liegende Leiblichkeit zur
Bildung der neuen Leiblichkeit dient«, sondern daß Paulus sie radikal als neue Leiblichkeit faßt (vgl. auch Marxsen* [1968] 73;
Fischer* 65; Freudenberg* 120; Kessler*
334; Carnley* 52f; vgl. auch ebd. 53.58 dessen Auseinandersetzung mit Dunn* 119f,
wonach die Auferstehungsbotschaft nicht
ohne leeres Grab aussagbar gewesen sei
und auch das Fehlen einer urchristlichen
Verehrung des Grabes Jesu für das leere
Grab spreche, wie auch andere behaupten
(vgl. weiter auch Harris* 40f). Aus der Abwehr eines Spiritualismus darf jedenfalls
nicht die Konsequenz gezogen werden, Apg
2,31 liefere die angemessene Deutung für
Paulus (so aber Foulkes* 26); vgl. weiter
Conzelmann 310; Lüdemann* (Auferstehung) 68f und (Karfreitag) 24; Vollenweider* 36f und umgekehrt Stuhlmacher*
(Auferweckung) 74-77 sowie ferner die

vorsichtigen Überlegungen bei Lehmann*
80.82; Vögtle* (Osterglauben)* 85-98;
Wolff 364 und Theißen/Merz* 435-439 sowie weiter zu V 35ff.
[107]   So Rückert 390; Héring 135; vgl. schon
Oecumenius 861 (οὐ φαντασία, ὡς τισι
δοκεῖ τῶν αἱρετικῶν); Schniewind* 122
(»Kein Scheintod, kein Abschied des ἄνω
Χριστός vom κάτω Ἰησοῦς vor dem Leiden oder im Leiden«); etwas anders Weiß
348: Es solle die »vielleicht naheliegende
Annahme einer unmittelbaren Entrückung
in den Himmel abgeschnitten« werden;
ähnlich Fischer* 58; nach Glombitza* 283
soll in hellenistischer Umgebung das wahre
Menschsein gegenüber einem θεῖος ἀνήρ
herausgestellt werden .
[108]   Anders aber Seidensticker* 297f: Das
traditionelle Recht konzedierte Hingerichteten kein Grab, denn das Verbrechen »galt
erst dann als völlig gesühnt, wenn der Verbrecher durch Verwesung gleichsam vernichtet worden war«, mit Hinweis auf Jes
14,13-20; Tob 1,20f; Digesten 48,24
(»Heutzutage werden die Leichen der Be-
straften nur bestattet, wenn es verlangt und
erlaubt worden ist, und so manches Mal
wird dies nicht erlaubt, besonders bei Verurteilten wegen Majestätsverbrechen ...«)
und Tacitus, Ann. 6,29. Freilich konnte
durch administrativen Gnadenakt eine
Freigabe gewährt werden. J. Blinzler, Der
Prozess Jesu, Regensburg ³1960, 289f
nimmt z.B. an, daß auch Jesus ins Verbre-
chergrab gekommen wäre, aber wegen des
Zeitdrucks (Sabbatanbruch und Verunrei-
nigungsgefahr) Josef von Arimatia die Bestattung in einem nahen Grab vornahm.
Vgl. weiter Vögtle* (Osterglaube) 104 (gegen die These einer Verdrängung der angeblich älteren Tradition einer unehrenhaf-
ten Bestattung in Apg 13,29 durch die Josef

kung eines Hingerichteten, dem normalerweise eine Bestattung verweigert wurde, lasse sich leicht behaupten, während ein ordnungsgemäßes Begräbnis auch die Auferweckung als geschichtliches Faktum sichern würde. Aber auf die Art des Begräbnisses wird nicht angespielt oder abgehoben. Zumal in einer Bekenntnisformel ist das kaum zu erwarten. Eine Bezugnahme auf Jes 53,9 (»Man gab ihm bei Übeltätern sein Grab«) oder andere Stellen[109] bleibt ebenfalls hypothetisch.

Das Hauptinteresse der Begräbnisaussage besteht ohne Zweifel darin, die Realität und den definitiven und nicht wieder rückgängig zu machenden Charakter des Todes Jesu zu unterstreichen[110]: *Sepultura mortem ratam facit*[111].
Die dritte Aussage des Bekenntnisses nennt die Auferweckung Jesu (ἐγήγερται).

Ἐγείρειν, das im nicht übertragenen Gebrauch transitiv das Aufwecken aus dem Schlaf (Mk 4,38 u.ö.) oder Aufrichten eines Liegenden (Mk 1,31 u.ö.) bzw. intransitiv im Passiv das Aufstehen (Lk 13,25 u.ö.) bezeichnet, begegnet oft im Zusammenhang der Auferweckungsaussagen, vor allem im Formelgut[112], und

---

v. Arimatia-Tradition) und die Diskussion bei Fischer* 64-68; Lüdemann* (Auferstehung) 59-67; Vollenweider* 36f sowie oben Anm. 102. Immerhin ist jetzt der archäologische Nachweis erbracht, daß auch Gekreuzigte bestattet werden konnten (vgl. H.-W. Kuhn, Der Gekreuzigte von Giv'at ha-Mivtar. Bilanz einer Entdeckung, in: FS E. Dinkler, Tübingen 1979, 303-334).

[109] Zur Anspielung auf Jes 53,9 vgl. Lohse, Märtyrer 115 und Fischer* 64-68; vgl. schon Theodoret 349 (καὶ τοῦτο οἱ προφῆται προεῖπον) und Petrus Lombardus 1674 mit Zitat von Jes 57,2. Auch nach de Wette 141 soll sich κατὰ τὰς γραφάς auch auf ἐτάφη beziehen; ähnlich andere; z.T. wird auch auf Ps 16,10 und Jes 11,10 in der Fassung der Vulgata verwiesen (*Erit sepulcrum ejus gloriosum*). Gegen solche Beziehungen spricht die Wiederholung des ὅτι (Meyer 415; Heinrici 449). Erst recht führt Ps 79,2f (vgl. 1Makk 7,17) nicht weiter.

[110] Vgl. auch Mk 15,44; im AT ist »gestorben und begraben« eine feste Formel (Rengstorf* 52 mit Hinweis auf Gen 35,8; Num 20,1; Ri 8,32 u.ö.); vgl. auch Apg 2,29. Verburg* 112 will aus der semantischen Opposition von ὤφθη zu ἐτάφη zudem erschließen, daß der Gegensatz »in der Wahrnehmbarkeit Christi durch Menschen« liegt, was freilich voraussetzen würde, daß ὤφθη tatsächlich die »Erfahrbarkeit Christi für menschliche Sinne« (so ebd. 113) akzentuiert.

[111] So Bengel 361 zu Röm 6,4; ebs. Foul-

kes* 18. Richtig schon Oecumenius 861 (βεβαίωσις γὰρ ἡ ταφὴ τοῦ θανάτου); Rückert 390; Olshausen 734 (»entschiedene Vollendung des Todes«); Nikolainen* II 60; Blank* 148 (»die endgültige Auslieferung an die Todesmacht«); Grundmann, ThWNT VII 790 Anm. 114 mit Verweis auf Stommel (»Erst das Begräbnis trennt einen Toten endgültig von den Lebenden ab«); O'Collins* 6 (»the reality and apparent finality of death itself« werde betont); ähnlich andere. Indirekt ist damit auch »die Gleichartigkeit« des Todesgeschicks mit dem der gestorbenen und auf die Auferweckung wartenden Christen gegeben, was Bachmann 432 hervorhebt.

[112] Vgl. Kramer* 16-24; Wengst* (Formeln) 27-48; Hoffmann, TRE 4, 478-489 und ders.* (Glaube) 191-202; Kessler* 110-113; du Toit* 311-315; zu Formparallen in der atl.-jüd. Tradition vgl. Wengst* 43; Hoffmann, TRE 4, 486 und U.B. Müller* 12f (z.B. Ps 115,15; Ex 16,6; die 2. Benediktion des Achtzehngebetes [Billerbeck IV 211]; tBer 7,5 [ebd. 1193]); zum außerchristlichen Sprachgebrauch (vor allem zu ἐγείρω, das aber in der Bedeutung Totenerweckung sehr selten vorkommt) vgl. Oepke, ThWNT II 332f; Hoffmann, TRE 4, 480 und Klaiber, TBLNT ²I 92; ebd. 90 auch zu dem im Unterschied zu ἀνάστασις in 1Kor fehlenden, aber in der Profangräzität bevorzugten (Fascher* 182-187) ἀνίστημι für die Auferstehung.

wird entweder aktivisch in finiter (ὃν ἤγειρεν ἐκ νεκρῶν 1Thess 1,10; 1Kor 6,14; 15,15; Röm 4,24; 10,9 u.ö.) bzw. partizipialer Form (ὁ ἐγείρας Χριστὸν ἐκ νεκρῶν Röm 8,11; 2Kor 1,9; 4,14; Gal 1,1) oder wie hier passivisch von Gottes Handeln an Christus gebraucht, mit ἠγέρθη (Röm 4,25; 6,4), ἐγερθείς (Röm 6,9; 8,34; 2Kor 5,15) oder ἐγήγερται (1Kor 15,4.12-14.16f.20), wobei Paulus dasselbe Wort neben ζῳοποιεῖν (Röm 4,17; 8,11; 1Kor 15,22) auch für die Auferweckung der Toten gebraucht (1Kor 6,14; 15,29.32.35; 2Kor 1,9; 4,14). Zwar läßt die Passivform ἐγήγερται in V 4 im hellenistischen Griechisch auch den medialen Sinn von »auferstehen« zu[113], doch die vielen Aktivformen des Formelgutes legen gleichwohl an unserer Stelle ein entsprechendes Passiv nahe[114], zumal auch die vom Hellenismus abweichende Bevorzugung von ἐγείρειν und ἐγείρεσθαι gegenüber ἀνιστάναι und ἀνίστασθαι in diese Richtung weist[115]. Es wird darum im folgenden meist von Auferweckung statt von Auferstehung gesprochen, auch wenn man wegen ἀνάστασις (V 12 u.ö.) nicht puristisch zu verfahren braucht. Im übrigen ist aus der Verwendung desselben Lexems ἐγείρειν bei den Totenerweckungen (Mk 5,41 u.ö.) selbstverständlich nicht zu entnehmen, daß es sich bei der Auferweckung Jesu um eine Wiederbelebung eines Leichnams mit Rückkehr in das irdische Leben handelt.

Paulus selbst wird ἐγήγερται jedenfalls passivisch im Sinne der durch Gott geschehenen Auferweckung verstanden haben, wie V 14f und V 20 bestätigen[116]. Auffälliger ist das im Unterschied zum Aorist ἀπέθανεν hier erscheinende Perfekt, während Paulus selbst sonst in Auferweckungsaussagen den Aorist gebraucht[117]. Die Bekenntnisformel hebt also besonders hervor, daß die Auferweckung Jesu nicht der Vergangenheit angehört, sondern als abgeschlossenes Ereignis seine fortdauernde Bedeutung für die Gegenwart behält[118]. Auch der Unterschied zu dem aori-

---

[113] Bauer/Aland 433 nennen überhaupt nur »auferstehen«; vgl. auch Kremer, EWNT I 906 und ders.* (Zeugnis) 42f, doch die angeführten Stellen beziehen sich mit einer Ausnahme (Lk 24,34) nicht auf Christus; vgl. weiter Moule, Idiom Book 26; Hoffmann, TRE 4, 481; Klaiber, TBLNT ²I 93 (der zu V 4 aber auch »er ist auferstanden« bevorzugt) und Gaffin* 62-66.

[114] Anders steht es bei den Bildungen mit intransitivem ἀνιστάναι (1Thess 4,14) und mit ζῆν (Röm 6,10; 14,9; 2Kor 13,4), aber auch bei der Bevorzugung von ἀνάστασις gegenüber ἔγερσις; vgl. aber die Synonymität von ἐγείρεσθαι und ἀνάστασις z.B. im Nebeneinander in V 12a.b und V 13a.b.

[115] Vgl. Oepke, ThWNT II 334; Fascher* 197; du Toit* 317 (anders aber ebd. 326f mit Verweis auf den überwiegend deponentialen LXX-Sprachgebrauch).

[116] Man sollte der schillernden Bedeutung (Medium/Passiv) nicht einen Hinweis auf

das Ostergeheimnis entnehmen, das sowohl als Handeln Gottes als auch als Handeln Christi zu verstehen sei und sich exakter Sprache entziehe (anders Kremer* [Zeugnis] 44). Richtig aber ist (Kremer 325) der Hinweis, daß ein der »Alltagswelt entlehnter Begriff« aufgenommen wird, »um etwas zu benennen, für das uns eine adäquate Sprache fehlt«, also metaphorisch und gleichnishaft von Auferweckung die Rede ist (ähnlich auch Pfammatter* 19; K. Müller* 11; Wengst* [Ostern] 40; Pokorny* [Zukunft] 58f; Kittel* [Befreit] 187), auch wenn das längst vor Paulus geschehen ist.

[117] Vgl. Röm 4,24f; 6,4.9; 7,4; 8,11.34; 10,9; 1Kor 6,14; 2Kor 4,14; 5,15; Gal 1,1.

[118] Bl-Debr-Rehkopf § 343 mit Anm. 1 zählt aber z.B. das ἐγήγερται in Ps Clem Hom. 2,53 zu den vereinzelten »Spuren des späten erzählenden Gebrauchs des Perfekts«. Treffend Barrett 340: »Christ died,

stisch-punktuellen und nach V 8 denn auch abgeschlossenen ὤφθη ist
darin schon angedeutet. Anders als in den sonstigen Auferweckungsaussagen fehlt ein ἐκ νεκρῶν, das vor allem im Zusammenhang mit christologischen Sätzen sonst die Regel ist[119]. Konstitutiv für Paulus aber dürfte
sein, daß die erste und die zweite Hälfte der Formel aufeinander bezogen
werden, der Auferweckte also als personhaft identisch mit dem Getöteten
erkannt wurde. Ostern heißt von daher primär nicht, daß es ein Leben
nach dem Tod gibt oder darüber Informationen zu erhalten wären, sondern Ostern wird zurückbezogen auf das ἀπέθανεν desselben Christus.
Kein anderer als der für uns gestorbene und begrabene Jesus von Nazareth ist von Gott erweckt und von den Erscheinungszeugen gesehen worden, als derselbe, und doch als ein anderer.
Die Datumsangabe »*am dritten Tag*« ist verschiedener Interpretation zugänglich. Man hat es a) historisch-chronologisch als Angabe über den
Zeitpunkt der Auferweckung, der Entdeckung des leeren Grabes oder der
Erscheinungen verstanden, b) in verschiedener Weise religionsgeschicht-
lich erklärt, c) als unbestimmte kleine Zahlangabe gewertet und d) aus der
Schriftauslegung abgeleitet.

Ad a): Ein Bezug auf die Auffindung des leeren Grabes muß schon wegen des zu
ἐτάφη Gesagten ausscheiden, jedenfalls im Sinne des Paulus. Zudem spricht die
ursprüngliche Grabesgeschichte vom »ersten Tag der Woche« u.ä. (Mk 16,2). In
den Leidensweissagungen begegnet die Datumsangabe zwar mit Bezug auf die
Auferweckung, doch bietet Markus hier μετὰ τρεῖς ἡμέρας (8,31; 9,31; 10,34),
nicht τῇ ἡμέρᾳ τῇ τρίτῃ (so erst Matthäus/Lukas; in Hos 6,2 LXX steht diese Angabe übrigens parallel zu μετὰ δύο ἡμέρας), und in Mk 14,58 und 15,29 findet
sich διὰ τριῶν ἡμερῶν bzw. ἐν τρισὶν ἡμέραις (vgl. auch Joh 2,19). Zwar sind
mit alledem, auch wenn die verschiedene Ausdrucksweise eine genauere chronologische Fixierung nicht gerade nahelegt, sachlich kaum große Unterschiede gemeint, und erstaunlich ist die Breite der Bezeugung, so daß viele für historische
Erinnerung plädieren[120], wenigstens an die ersten Auferweckungserscheinun-

---

but he is not dead; he was buried, but he is
not in the grave; he was raised, and he is
alive now«. Vgl. auch Holleman* 45: Das
Resultat der Auferweckung Jesu in der Vergangenheit sei die kommende Auferwekkung der Toten.
[119] Vgl. Röm 1,4 und weiter Hoffmann*
(Toten) 180-185, nach dem das ἐκ νεκρῶν
hier mehr aus stilistischen Gründen ausgelassen ist (182f), sonst aber »weitgehend
schematisch und stereotyp angewendet«
wird (180f); zu den wenigen Entsprechungen in der Profangräzität und LXX vgl.
Hoffmann, TRE 4, 480.

[120] So z.B. v. Campenhausen* 10 (Entdk-
ckung des leeren Grabes); ähnlich Stuhlmacher* (Theologie) 172; Kremer* (Zeugnis)
49 (entweder Entdeckung des leeren Grabes
oder die ersten Erscheinungen); Sider* 136-
139; Wolff 367; Fee 726; Hempelmann*
(Bemerkungen) 104, nach dem damit »die
Auferweckung Jesu zu einem in unserer
Zeit und Geschichte datierbaren Ereignis«
wird (vgl. auch Héring 135 u.a.). Richtig
z.B. Conzelmann 311: »Das Datum ist älter
als die Grabeslegenden« (gegenüber v.
Campenhausen* 38); Hoffmann, TRE 4,
482.

gen[121]. Gleichwohl besagt das für die älteste Zeit wenig[122], von der Schwierigkeit einzelner jener Datierungen ganz abgesehen[123]. Schon *a priori* ist eine Datumsangabe in einer Bekenntnisformel, die sonst ganz theologisch ausgerichtet ist und ohne alle historischen Details bleibt (nicht einmal die Todesart wird erwähnt), nicht gerade wahrscheinlich. Vor allem aber spricht die Parallelität zur Interpretation der Sterbensaussage auch hier eindeutig eher für eine soteriologische als für eine chronologische Deutung[124], zumal diese bei einer Lokalisierung der Erscheinungen in Galiläa ohnehin wenig plausibel wäre[125].

Ad b): Hier wird angeführt, daß sich nach dem Volksglauben die Seele noch drei Tage in der Nähe des toten Körpers aufhält, um sich erst dann endgültig von ihm zu scheiden und aufzusteigen[126]. Eigentlich wäre aber dann, wenn erst am vierten Tag die Trennung von Leib und Seele eintritt, vorausgesetzt, daß Jesus gar nicht

---

[121] So z.B. Weiß 349; Schlatter 397; Lichtenstein* 41; Hahn* 205f. Mindestens bei Paulus bezieht sich der 3. Tag aber gerade nicht auf ὤφθη (vgl. auch Apg 10,40); anders darum Fischer* 68; Harris* 11f; vgl. auch Hoffmann, TRE 4, 482. Nach Craig* 43 soll allerdings sogar beides, die Entdeckung des leeren Grabes und die Erscheinungen, für die Datierung verantwortlich sein, was reine Spekulation bleibt.

[122] Nach Bousset 151 bleibt es durchaus möglich, »daß man zunächst von einem bestimmten Zeitpunkt der Auferstehung Jesu in den Kreisen der Urgemeinde gar nichts gewußt hat. Nur das wußte man, daß die Jünger den Herrn bald nach seinem Tod – kaum schon am dritten Tage – in Galiläa gesehen hatten«; vgl. auch Graß* 129; Conzelmann 311.

[123] Wenn Jesus am Freitag gekreuzigt wurde, wäre der 3. Tag eigentlich der Montag; vgl. Jocz* 175f, der selbst ebd. 179f vom »1. Tag der Woche« (Joh 20,1) und dem dazwischenliegenden Sabbat ausgeht, mit dem der alte Äon ende, worauf der zum Eschaton offene Sabbat als neuer Äon erscheine. Zu den Spannungen in den ntl. Datierungen der Auferweckung Jesu vgl. weiter McCasland* 124-127. Meist wird zur Behebung der Schwierigkeit wie bei Delling (ThWNT II 953 im Anschluß an Billerbeck I 649; vgl. auch bNaz 5a-6b) darauf verwiesen, daß auch Teile des Tages als ganzer Tag gelten. Immerhin wird später zumal bei Mt 12,40 auch die künstliche Annahme bemüht, daß die Finsternis bei der Kreuzigung als eine Nacht anzusehen sei (Cyrill, Cat. 13,24 [PG 33, 801]; zitiert bei Metzger* 126f Anm. 1); nach der Didasc sollen die drei Stunden, in denen Jeus am Kreuz hing, als ein Tag, die dreistündige Finster-

nis als eine Nacht und die drei Stunden von der 9. Stunde bis zum Abend als eine Nacht anzusehen sein (zitiert bei McCasland* 127).

[124] Anders z.B. Schlatter 397, der das Datum sogar ausdrücklich auch auf das ὤφθη bezieht und darum auch die Erscheinungen nicht in Galiläa lokalisiert (ähnlich Nikolainen* II 79), weil Paulus sonst, z.B. angesichts der Entfernung und des Sabbats, »die Begegnung Jesu mit Petrus frühestens auf den siebten Tag nach seinem Tode verlegt« hätte! Künstlich ist der Ausgleichsversuch von Lapide* 68, wonach »›Galil‹ und die weibliche Form ›Galilah‹ auf hebräisch nichts anderes als: Landstrich, Umkreis bedeuten«.

[125] Vgl. aber die Diskussion dieser Frage bei B. Steinseifer*, Der Ort der Erscheinungen des Auferstandenen. Zur Frage alter galiläischer Ostertraditionen, ZNW 62 (1971) 232-265 und kritisch dazu z.B. Th. Lorenzen, Ist der Auferstandene in Galiläa erschienen? Bemerkungen zu einem Aufsatz von B. Steinseifer, ZNW 64 (1973) 209-221; vgl. auch Fischer* 53-55; Graß* 113-127; Lohfink* 149-151, der allerdings 162 annimmt, daß nicht alle Jünger nach Galiläa geflohen waren; Lüdemann* (Auferstehung) 48f.

[126] BerR zu Gen 50,10 (Wünsche, Bibliotheca I 2, 504; vgl. Billerbeck II 544f); Bousset, Kyrios 22-26; Bousset-Greßmann, Religion 297 Anm. 1; McCasland* 135; Hill* 266f; Berger* 412; weitere Lit. bei v. Campenhausen* 11 Anm. 10; Conzelmann 311 Anm. 70. Weiß 349 will damit belegen, daß sich eine Wiederbelebung »binnen 3 Tagen vollziehen« muß, weil dann die Verwesung einsetze; ähnlich Godet II 185.

wirklich tot war. Zudem bliebe das theologische Gewicht auch hier unberücksichtigt. Auch der Hinweis auf die apokalyptische Zahl dreieinhalb (Dan 7,25; 12,7f.13; Offb 11,9.11; 12,14) bringt wenig, denn einerseits ist dreieinhalb nicht gleich drei, und außerdem sind die Belege zu spärlich und wahrscheinlich auch metaphorisch. Erst recht ein Einfluß der Mysterienkulte mit ihren Mythen sterbender und auferstehender Götter (Adonis, Isis) ist für die frühe Zeit der Formel wenig wahrscheinlich[127], wobei nur anhangsweise erwähnt sei, daß Entsprechendes auch für den christlichen Kult gilt[128].

Ad c): Daß »nach drei Tagen« in semitischen Sprachen einen unbestimmten Zeitraum in ähnlicher Funktion wie in unserer Sprache »ein paar« bzw. »einige« bezeichnen kann[129], ist gleichfalls kaum des Rätsels Lösung, denn es geht gerade nicht um eine unbestimmte Zeitangabe, sondern analog dem »für unsere Sünden« (vgl. den nächsten Abschnitt) um eine bestimmte und theologisch gefüllte Aussage des Osterkerygmas[130].

Ad d): Eine Entstehung und Deutung des dritten Tages aus der Schrifterklärung legt sich schon von κατὰ τὰς γραφάς her nahe, auch wenn diese Wendung auf den gesamten Satz zu beziehen ist (vgl. unten Anm. 141). Sie liegt eindeutig in der Perikope vom Jonazeichen in Mt 12,39f vor, wo im Anschluß an Jona 2,1 LXX von drei Tagen und drei Nächten gesprochen wird. Aber das ist eine späte sekundäre Schriftausdeutung[131]. Meist wird für den Schriftbezug der Formel auf Hos 6,2 LXX verwiesen (ὑγιάσει ἡμᾶς μετὰ δύο ἡμέρας, ἐν τῇ ἡμέρᾳ τῇ τρίτῃ ἀναστησόμεθα), was in der Tat unserer Stelle bis in den Wortlaut hinein nahesteht, so daß der Rekurs darauf von vielen favorisiert wird[132], auch wenn z.T. noch andere Schriftstellen angeführt werden[133]. Auch die rabbinische Exegese hat dieser Stelle entnommen, »daß die Auferstehung der Toten am dritten Tage nach dem Weltende erfolgen soll«[134]. Gegen eine Bezugnahme auf Hos 6,2 läßt sich anführen, daß diese Stelle im Neuen Testament sonst

---

[127]   Vgl. etwa Blank* 153f Anm. 40; Fischer* 71f; Craig* 43f; anders Bousset, Kyrios 24f u.a.; auch Hoffmann, TRE 4, 484 will freilich hier »eine diskutable Alternative« erkennen.

[128]   Vgl. die Kritik einer liturgischen Ableitung aus der christlichen Sonntagsfeier (so z.B. L. Schenke, Auferstehungsverkündigung und leeres Grab, ²1969 [SBS], 87f) bei W. Rordorf, Der Sonntag, 1963 (AThANT 43), 174-233; Fischer* 71; Graß* 131f; Craig* 43.

[129]   So J. Leipoldt, Sterbende und auferstehende Götter, Leipzig/Erlangen 1923, 79 nach Delling, ThWNT II 951; Mehrlein, RAC 4, 302; Bauer* 354-358; Trummer* 33f.

[130]   Vgl. auch Graß* 130 und Wolff 365.

[131]   Vgl. Jeremias, ThWNT III 413 und

Metzger* 126f. Grosheide 350 will diese Deutung allerdings auch hinter 1Kor 15,4 entdecken; vgl. auch Olshausen 734, der zudem Ps 16,10 und Hos 6,1f nennt.

[132]   Vgl. z.B. Bousset 150f; Moffat 237f; Conzelmann 311; Fischer* 72f; Stuhlmacher* (Evangelium) 270f; Wengst* (Formeln) 96; Lüdemann* (Auferstehung) 70; Evans* 48f; Delling, ThWNT VII 219 mit der Lit. ebd. Anm. 29 und bei Dupont* 746 Anm. 1.

[133]   Fee 727, Kistemaker 531 und Hays 256 z.B. verweisen zusätzlich auf Ps 16,8-11 (Apg 2,25ff), doch fehlt dort der 3. Tag.

[134]   Billerbeck I 747; vgl. McArthur* passim; vgl. zur Änderung bzw. Vermeidung der Dreizahl in den Targumen Delling, ThWNT II 952 und Lehmann* 278f, was auf bewußte Korrektur zurückgehen könnte.

nie zitiert wird[135] und der Plural γραφαί die Inblicknahme einer bestimmten Stelle auch hier erschwert[136]. Außerdem gibt es eine außerordentlich große Fülle weiterer Belege, in denen der Dreitageszeitraum im Alten Testament eine bedeutsame Rolle spielt[137]. Das erlaubt in der Tat den Schluß, daß der dritte Tag »*die Wendung zum Neuen und Besseren*« sowie »*eine Sache von Entscheidung durch Gottes Heilstat zur endgültigen und Geschichte schaffenden Lösung*« bringt[138]. Auch im Judentum ist die Tradition vom dritten Tag breit bezeugt[139], d.h. der neutestamentliche Rekurs auf die Schriften nimmt gleichsam auch deren jüdische Auslegung auf[140].

[135] Vgl. Kremer* (Zeugnis) 50; Fee 727 Anm. 67; erst bei Tertullian wird Hos 6 im Zusammenhang mit der Auferstehung zitiert (Adv. Iud. 13,23 [CChr 2, 1389]). Vgl. immerhin auch die bei Blank* 154f referierte Deutung von B. Lindars (New Testament Apologetic, London 1961, 59-72) zu Lk 13,32f von Hos 6,2 her. J. Jeremias, Die Drei-Tage-Worte der Evangelien, in: FS K.G. Kuhn, Göttingen 1971, 221-229 interpretiert auch Mk 9,31b von Hos 6,2 her im Sinne der Erhöhung und Vollendung (228), wobei er im übrigen auf dem vorösterlichen Ursprung dieser Worte beharrt (229); vgl. auch Klaiber, TBLNT ²I 97; U.B. Müller* 36f. C.C. Newman, Paul's Glory Christology. Tradition und Rhetoric, 1992 (NT.S 69), 191f schlägt einen Bezug auf die atl. Berichte (Ex 16,10; Num 14,10; 20,6 u.ö.) eines Erscheinens der δόξα κυρίου vor.

[136] Nach Lehmann* 218 soll aber die Auseinandersetzung mit dem Judentum zur baldigen Konkretion gezwungen und Einzelstellen das programmatische Postulat erhärtet haben (vgl. ebd. 258).

[137] Am dritten Tag soll Isaak von Abraham geopfert werden und entkommt dem Tod (Gen 22,4); am dritten Tag entläßt Josef seine Brüder aus der Gefangenschaft (Gen 42,18f); nach dreitägiger Wartezeit schließt Gott den Bund und gibt das Gesetz (Ex 19,11.16) u.a.; Heinrici 449 Anm.* verweist auch auf 2Kön 20,5f (ebs. Dupont* 745; Foulkes* 22; Harris* 11); Jes 38,5f; vgl. weitere Belege bei Lehmann* 176-181.

[138] So Lehmann* 181; Ch. Barth, Theophanie, Bundesschließen und neuer Anfang am dritten Tage, EvTh 28 (1968) 521-533 verweist neben Hos 6,2 auf Ex 19 und Am 4,4, die eine Bundeserneuerung am dritten Tag bezeugen sollen, auf den im NT als auf einen damals noch gefeierten liturgischen Brauch angespielt werde. Das bleibt zwar

mehr als hypothetisch, ändert aber nichts an der breiten Bezeugung einer Heilswende am 3. Tag, die auch V 4 voraussetzt; ähnlich auch Fischer* 72f; Hasenfratz* 151f; Hoffmann, TRE 4, 483; Feneberg, EWNT III 887; Bussmann* 90-92; Margerie* 158-177 (Auseinandersetzung mit den Deutungen von Dhanis, Rigaux und Schmitt, aber 177-188 auch sehr spekulative eigene Interpretationen); Klauck 109; Sellin* 238f; Kittel* (Befreit) 114-116 u.a.

[139] Vgl. die von Lehmann* 262-281 angeführten Belege, wobei vor allem die Nebeneinanderstellung von Ex 19,6 und Gen 22,4 in Verbindung mit Hos 6,2 und Jon 2,1 als besonders bedeutsam gilt. Hier seien nur wenige Texte genannt: Nach BerR 91 zu Gen 42,17 läßt Gott die Gerechten niemals länger als drei Tage in Not (Billerbeck I 747); BerR 56 zu Gen 22,4 heißt es: »Am 3. Tage, da erhob Abraham seine Augen Gn 22,4. Es steht geschrieben Hos 6,2: Er wird uns lebendig machen in zwei Tagen; am 3. Tage wird er uns auferwecken, daß wir ihm leben« (Billerbeck I 760); im selben Zusammenhang werden auch Ex 19,16; Jos 2,16 und Jona 2,1 zitiert. Nach Christensen* 112 u.ö. soll dagegen an Gen 1,11-13 und dessen jüdische Auslegung gedacht sein, wonach am 3. Schöpfungstag der Garten Eden mit dem Lebensbaum erschaffen wurde, was auf die neue Schöpfung übertragen worden sei (vgl. auch Mackay* 293-298), was weit hergeholt erscheint, denn die Entsprechung von Anfang und Ende kann den 3. Tag als Beginn der neuen Schöpfung kaum erklären.

[140] So Lehmann* 281f; allerdings hat man sich auch hier der späten zeitlichen Ansetzung dieser Texte bewußt zu bleiben, d.h. es ist alles andere als sicher, daß die Belege aus Talmud und Midrasch in die ntl. Zeit zurückreichen; vgl. etwa Wengst* (For-

Kurzum: Die Zeitangabe »am dritten Tag« ist in Analogie zu »für unsere Sünden« als soteriologisches Interpretament der entscheidenden Heilswende zu fassen und als der Tag zu bestimmen, der durch Gottes eschatologisches Eingreifen der Welt Heil, Leben und endgültige Erlösung bringt, die mit der Auferweckung Jesu von den Toten begonnen haben. Daß damit zugleich ein Datum *nach* Tod und Begräbnis Jesu genannt wird, was ein Zusammenfallen von Tod und Auferweckung verwehrt, versteht sich von selbst (vgl. z.B. μᾶλλον δέ Röm 8,34). Dabei bezieht sich κατὰ τὰς γραφάς weder allein auf die Auferweckung noch allein auf den dritten Tag, sondern auf den gesamten dritten ὅτι-Satz[141], denn bezöge sich κατὰ τὰς γραφάς bloß auf die Auferweckung und nicht ebenfalls auf den dritten Tag[142], entspräche das einer Deutung, die dieselbe Wendung in V 3 nur auf den Tod und nicht zugleich auf das ὑπὲρ τῶν ἁμαρτιῶν ἡμῶν ausdehnte. Das aber ist wenig wahrscheinlich [143].

So wie der Tod Jesu durch das Begräbnis bestätigt wird, so seine Auferweckung durch die Christophanien[144]. Anders als im alten Formelgut (vgl. oben Anm. 112) ist ὤφθη also mit der Auferweckungsaussage verbunden und als Ausweis und Bestätigung des ἐγήγερται zu verstehen, nicht als dessen Grund[145]. Gewiß läßt sich der Formel »eine einsichtige Auskunft über Grund und Entstehung des Osterglaubens nicht abgewinnen«[146], doch ist es gleichwohl kaum im Sinne von 1Kor 15, von einem neutralen und unqualifizierten »Sehen« auszugehen, dessen Bedeutung erst sekundär durch Reflexion erschlossen werden konnte, so daß Auferstehung als Reflexionspostulat eines Sehwiderfahrnisses anzusprechen wäre[147]. Auch

5

---

meln) 96 Anm. 16 und Craig* 46f, der zudem auf das Fehlen von Belegen in den Apokryphen und Pseudepigraphen aufmerksam macht, wo bei eschatologischen Ereignissen eher die Zahl Sieben eine Rolle spielt (vgl. äthHen 91,1; 4Esr 7,30), allerdings nicht der 7. Tag; vgl. auch die Relativierung der Datierungsfrage bei Margerie* 175, denn immerhin sind in Qumran Fragmente der Targume zu Lev und Hi gefunden worden (4Q156 und 157 und vor allem 11Q10); vgl. auch Hengel, Paulus 248-251.

[141] Vgl. Meyer 415 Anm. **; Heinrici 449 Anm. *; Kloppenborg* 364; Moiser* 27; Klauck 109; Fee 727; Perkins* 89.

[142] Bei Weiß 348 aber als Möglichkeit, bei Metzger* 129-131 (mit Verweis auf 1Makk 7,16f) dann als eindeutige Lösung; ähnlich Lohse, ThWNT VII 29 Anm. 226; Fisher 237; Hays 256; Kremer* (Zeugnis) 52 (aber in Anm. 77 mit Kritik an der Beziehung auf 1Makk 7 und ebd. 53 mit Verweis auf Ps 16,10 sowie Apg 2,27; 13,35).

[143] Vgl. Dupont* 749f; Delling* 349; Conzelmann 311 Anm. 72 und 73.

[144] Gegen die These Kochs* 26f.179, daß zwischen Auferstehen und Erscheinen nicht geschieden werden dürfe, weil sie identisch seien, mit Recht Schlier* 31.

[145] Barth 77 verweist darauf, daß ὤφθη mit καί und nicht mit γάρ an das vorhergehende ἐγήγερται angeschlossen ist.

[146] So Vögtle* (Osterglauben) 99f; vgl. auch Karrer* 134 (»Kein alter Auferstehungshinweis führt vor die Erscheinungen zurück, so daß das ›er erschien‹ den Schlüssel zur Faktizitätsfrage bildet«) und U.B. Müller* 15f.

[147] So Marxsen* (1965) 14.19.24f; Kegel* 20.22. Pesch* (Entstehung) 214 Anm. 49 bestreitet darum mit Recht, daß hier ein »Rückschlußverfahren insinuiert« werde, will aber seinerseits den Glauben zur Voraussetzung des ὤφθη machen (217). Nun ist gewiß auch das ὤφθη schon ein Interpretament des Glaubens in einem bestimmten Deutungszusammenhang (vgl. z.B. U.B. Müller* 14f.45f.64 und unten Anm. 150) und nicht einfach eine historische Angabe, erst recht aber ist zumindest auf der Ebene

wenn das Widerfahrnis des mit ὤφθη Bezeichneten existentiell und noe-
tisch am Anfang der Ostererfahrung steht, ja als solches sich selbst schon
einer zeitbedingten Deutungskategorie etwa nach dem Theophaniemodell
bedient, so eignet diesem alles weitere auslösenden Ereignis, in dem sich
nach der Sicht der Zeugen der Auferstandene als solcher eschatologisch
zu erkennen gibt, der ihren Glauben begründet, ihr Bekenntnis bewirkt
und ihr Leben verändert, offenbar Erschließungskraft, ja Evidenz und Of-
fenbarungsqualität. Es ermöglicht also bei aller vorauszusetzenden Tradition und Reflexion im Horizont bestimmter Sprach- und Deutungsmuster
sowie psychischer Strukturen nicht jedes beliebige Interpretament[148].
Wenngleich ein reales Sichtbarwerden des vom Tod Erweckten im Sinne
der Augenzeugen nicht zu leugnen ist (vgl. 9,1), akzentuiert das letztlich
in seinem konkreten Modus unzugänglich bleibende ὤφθη doch kaum
ein rein optisch-visuelles Sehen als sinnliche Wahrnehmung oder gar als
distanziert konstatierende Beobachtung, freilich nach deren eigenem Verständnis gewiß ebensowenig einen rein mentalen oder innerseelischen
Vorgang[149], der auch ohne einen transsubjektiven Impuls zu begreifen

der Paradosis und der darin genannten Zeugen der Glaube nicht die Quelle dessen, was
mit der Erfahrung des ὤφθη zum Ausdruck gebracht wird (vgl. die nächste
Anm.). Widerfahrnis und Deutung lassen
sich kaum trennen (Vollenweider* 43f);
vgl. weiter zu den hier aufbrechenden Problemen Vögtle* (Osterglauben) 57-59, der
es als offene Frage bezeichnet, »worauf der
Osterglaube eigentlich gründete« (59). Im
übrigen bleibt zu beachten, daß Erscheinungen im Umkreis des frühen Christentums kaum je (vgl. aber die gewisse Relativierung bei U.B. Müller* 62f) mit Auferstehungsaussagen zusammengebracht werden, obwohl dort Erscheinungen von Verstorbenen oder entrückten Heroen durchaus bekannt sind (Karrer* 137 mit Hinweis
z.B. auf 1Sam 28; weitere Beispiele bei Goppelt, Theologie 290 Anm. 27; Broer* [Grab]
53-54; Betz* 235 und Alsup, a.a.O. (Anm.
559), so daß Auferweckung in der Tat
»nicht als nächstliegendes Interpretament«
von Erscheinungen anzusprechen ist (Karrer* 138). Um so eindrücklicher ist die
Konstanz der Auferweckungsaussage.
[148] Vgl. G. Friedrich, Die Auferstehung
Jesu, eine Tat Gottes oder ein Interpretament der Jünger?, KuD 17 (1971) 153-187,
der 158f auch mit einem Reden des Auferstandenen rechnet (vgl. dazu auch unten
Anm. 168); vgl. auch Schlier* 41f; Mußner* (Auferstehung) 74-80; Pfammatter*
75-81; Kessler* 149. Broer* (Grab) 46

spricht darum von einer vom Auferstandenen zuteil gewordenen »Erschließungser-
fahrung«, auch wenn das nicht ausschließt,
daß die Zeugen »das Phänomen des sich Se-
henlassens in ihr Weltbild einordnen«
(ders., Glaube 54). Im übrigen ist die Auferweckung eines einzelnen als Prolepse und
Auftakt der eschatologischen Totenauferweckung religionsgeschichtlich in keiner
Weise präfiguriert (vgl. Goppelt, Theologie
285; Vögtle* [Osterglauben] 111f; Hoffmann, TRE 4, 487; Giesen* 41f; Kessler*
112.210), und vereinzelte Zeugnisse für die
Auferweckung eschatologischer Propheten
(vgl. J.M. Nützel, Zum Schicksal der eschatologischen Propheten, BZ 20 [1976] 59-92)
tragen hier ebensowenig etwas aus (vgl.
Winden* 165-176 und zu Mk 6,14-16 oben
Anm. 105 und zu V 20) wie die rabbinischen Zeugnisse für die Belohnung eines
ṣaddîk oder *ḥassîd* in Form »of a continued
life in an alternate reality« bei Pilch* 54
u.ö.; vgl. aber auch unten Anm. 556.567f.
[149] Meist wird hier sofort mit modernen
Kriterien geurteilt. So etwa Bousset 153
und ders., Kyrios 17 (Man sei »auf kritischer Seite darin weithin einverstanden,
daß es sich hier um einen rein geistigen
Vorgang in den Seelen der Jünger handle«;
vgl. auch Hirsch* 33.37-39 und schon
Rückert 391f); ähnliche Stimmen bei Hoffmann* (Überlieferung) 46-62, z.B. Holsten
(»nicht ein sinnliches Schauen eines Objektiven, sondern nur das geistige Schauen ei-

wäre. Die Erscheinungen sind eher in Analogie zu alttestamentlichen Theophanieschilderungen zu verstehen, in denen Jahwe in göttlicher Souveränität in Erscheinung tritt und sich offenbart[150], in jedem Fall aber »Offenbarungsgeschehen«, in dem Gott den sich als solchen offenbarenden Auferstandenen begegnen läßt[151], der die Zeugen radikal verwandelt

nes Subjektiven« [48]). Bereits Weiß 349 stellt dagegen heraus, daß ὤφθη für Paulus »nicht eine subjektive ›Vision‹ im modern-psychologischen Sinne bedeutet, sondern ein wirkliches Sehen des Verklärten«; vgl. auch Lang 212 und z.B. Wilckens* (Ursprung) 83f Anm. 67 (gegen einen oft oberflächlichen Begriff sog. subjektiver Visionen, der davon ausgeht, »daß ›Visionen‹ in verschiedenen Zeiten und Kulturkreisen in sich identische Phänomene seien«); kritisch zur schillernden Kategorie »Vision« z.B. Blank* 160-162 und Mußner* (Auferstehung) 73 (weil es primär nicht um den »psychologischen Vorgang«, sondern um »den *Gegenstand* der Erscheinungen« gehe) sowie vor allem Kessler* 148.221-229, allerdings »im Sinne primärer oder gar bloßer Produktivität menschlicher Imagination« (227); vgl. auch die Abgrenzungen von Halluzinationen u.ä. bei Winden* 115f; Vollenweider* 39. Damit ist nicht bestritten, daß z.B. nach Philo »das Auge der Seele« die göttliche Erscheinung wahrnimmt (Mut 3); vgl. weiter Heininger* 195, der ebd. 200 auch bei ἐν ἐμοί (Gal 1,16) trotz der festgehaltenen und von den meisten favorisierten Möglichkeit eines bloßen Dativs (so z.B. Wilckens* [Ursprung] 83 Anm. 66; Ladd* 92f im Anschluß an Oepke, ThWNT II 535 in Abgrenzung von einem bloß innerlichen Geschehen) für die Übersetzung mit »*in* mir« plädiert (ebs. Vögtle* [Osterglaube] 59; ähnlich Schoeps, Paulus 46: »in seinem Inneren«), sowie ebd. 201-204 zu 2Kor 4,6 (vgl. auch Hoffmann* [Glaube] 218 zusätzlich mit Hinweis auf Phil 3,8.10). Nur sollte man hier für Paulus keine falschen Alternativen konstruieren (Segal [Lit. zu Kap. 15] 405 nennt die Vision »both mystical and apocalyptic«). Bedenkenswert ist trotz seines Verdikts der Kategorie Vision immer noch Barth 80, der sich weigert, aus dem ὤφθη »entweder mit den Liberalen sogenannte *Visionen* zu machen (mit dem außerordentlich sinnreichen Unterschied von ›objektiven‹ und ›subjektiven‹ Visionen) oder mit den Positiven ebenso brutal ›historische Tatsachen‹, über die man an Hand von ›Quellen‹ referieren

kann wie über alle anderen Tatsachen, nur mit dem Unterschied, daß es dabei unerhört wunderbar zugeht und daß man beständig in Gefahr steht, entweder der Skylla einer krassen Mythologie oder der Charybdis eines groben oder feineren Spiritismus in die Arme zu laufen« (kursiv im Original gesperrt; zitiert auch bei Blank* 160 Anm. 52); vgl. auch Graß* 242-244. Ausschlaggebend ist die Überzeugung: »God's action produces the encounters« (O'Collins* 9), m.a.W.: Der Osterglaube beruht »auf einem Geschehen, das nicht aus den Jüngern erklärt werden kann, sondern das selbst ihren Glauben erst verstehen läßt« (so Vögtle* [Osterglaube] 27 im Anschluß an Bornkamm).

[150] Vgl. Vögtle* (Osterglauben) 100, der von einer »Gotteserscheinungsformel« spricht und daraus den Schluß zieht, »das Widerfahrnis sei als Offenbarung im strikten Sinn dieses Wortes verstanden worden«, ohne freilich ὤφθη auf den Offenbarungsempfang zu reduzieren und das Moment der »Sichtbarmachung« auszuschließen (ebd. 43); vgl. auch ders.* (Osterglaube) 51f.74f und die nächste Anm.; zudem gibt es auch Stellen, wo Subjekt des ὤφθη die δόξα κυρίου ist (Ex 16,10; Lev 9,23 u.ö.). Daß aber auch ein ἄγγελος κυρίου Subjekt sein kann (Ex 3,2; Ri 6,12 u.ö.), warnt davor, das ὤφθη allzu eindeutig den Theophanien zuzuordnen oder aus dem ὤφθη einen gottgleichen Status des Erscheinenden zu folgern.

[151] Vgl. Michaelis, ThWNT V 359, der den Sehakt selbst allerdings zu stark abwertet (ὤφθη sei »*nicht als Sichtbarmachung, sondern als Offenbarwerden*« zu bestimmen, 360; vgl. auch ders.* 104); anders Kittel, ThWNT I 221, der gerade vom Schauen aus auf den eschatologischen Charakter von Ostern schließt; vgl. weiter zur Bedeutung des Sehens Delling* 353; Rengstorf* 48-62.117-125; Wilckens* (Ursprung) 82; Hahn* 206f; Blank* 158f mit Anm. 50; O'Collins* 8f; Kelly* 112.115f; Hoffmann, TRE 4, 493; Dunn* 104-106; Vögtle* (Osterglauben) 26-68.

und die Wirklichkeit einer neuen Welt erschließt und erfahren läßt (vgl.
V 10). Das legt auch der LXX-Sprachgebrauch von ὤφθη nahe, das wie
im Urtext dort gebraucht wird, wo Jahwe bei seinem Erscheinen vor Abraham, Isaak, Jakob u.a. aus seiner Verborgenheit hervortritt und sich,
wenngleich nicht in neutral-objektiver Weise, aber doch ebensowenig ohne visuelle Momente, zu erkennen gibt[152]. Eine Differenzierung zwischen
subjektiv-internem bzw. visionärem ὤφθη einerseits und objektiv-exter-
nem bzw. visuellem andererseits ist zwar von Paulus her schwerlich möglich, weil anachronistisch[153], doch alles Interesse liegt beim Wahrgenom-
menen und der Selbstauslegung des Auferstandenen, nicht beim Subjekt
der Wahrnehmung und dessen Kreativität oder gar produktiver Phantasie. Christus selbst ist als der von Gott eschatologisch vom Tod Auferweckte das die Erscheinung inaugurierende Subjekt. Diese Interpretation
wird auch durch die den Zeugen ergreifende und beteiligende aktive Form
des Sehens in 9,1 (ἑόρακα) nicht in Frage gestellt, zumal auch dort das
Sehen keine eigenständige oder gar die Initiative und Aktivität betonende
Bedeutung hat, sondern funktional im Zusammenhang mit Berufung und
Sendung steht[154]. Darf man Gal 1 mit heranziehen, wäre erst recht der
Offenbarungscharakter (Gal 1,12.16) und die eschatologische Dimension
dieses österlichen In-Erscheinung-Tretens des vom Tod Erweckten zu betonen, wobei das dort auch inhaltlich präzisiert wird (Enthüllung des Soh-
nes V 16)[155].

---

[152] Es steht dort für נראה (Niphal): sich sehen lassen, sich zeigen, sichtbar werden, erscheinen. Vgl. die Beispiele unten Anm.
159 sowie Michaelis* 104-108 und ders.,
ThWNT V 324-335, der u.a. darauf hinweist, daß die Formel meist eine Gottesrede
einleitet, z.B. Gen 12,7; 17,1 u.ö.; vgl. auch
Bussmann* 97-101; Carnley* 223-233;
Vögtle* (Osterglaube) 74. Nach A. Pelletier, Les apparitions du Ressuscité en ter-
mes de la Septante, Bib. 51 (1970) 76-79
soll das visuelle Moment bei den Theophanien Jahwes im Unterschied zu den Christophanien zwar fehlen (»essentiellement
invisible«, 79; vgl. auch Michaelis, ThWNT
V 331), doch schon im hebräischen Text
wird bei der genannten Niphalbildung von
ראה in der Regel eine »tatsächliche oder als
tatsächlich vorgestellte Wahrnehmbarkeit«
vorausgesetzt (so H. Mölle, Das »Erscheinen« Gottes im Pentateuch, 1973 [EHS.T
18], 264f; zitiert bei Hoffmann, TRE 4, 492
mit Verweis auf Ri 6,22; 13,22; Num 12,8;
14,14 u.ö.), und die LXX hat das »eher verstärkt empfunden« (ebd. 493; vgl. auch
Rengstorf* 117-125; Dautzenberg, Prophetie 200-202; Winden* 111-115 mit Verweis

auch auf F. Ellermeier, Prophetie in Mari
und Israel, Herzberg 1968 und H.F. Fuhs,
Sehen und Schauen, 1978 [fzb 32]: keine
Unterordnung der Vision unter die Audi-
tion).
[153] Oft wird aber von V 35ff.49 und von
Phil 3,21 her auf eine analoge pneumatisch-
himmlische Leiblichkeit des Auferstandenen (vgl. Kittel* [Auferstehung] 139; Wilckens* [Ursprung] 74 verweist auf 6,14 sowie Röm 8,11.29) und von daher auf ein
»eigentliches Sehen« geschlossen (so z.B.
Delling* 353f). Das erste dürfte bei aller
Differenz (vgl. V 45) zutreffen (vgl. Schade* 200; Hoffmann* [Glaube] 217f), doch
wie eine nicht aus »Fleisch und Blut« (V 50)
bestehende pneumatische Leiblichkeit mit
den Augen dieser Welt zu »sehen« sein
soll, ist eine andere Frage. Letztlich läßt
sich historisch über das Wie des Erscheinenden kaum etwas Hieb- und Stichfestes
ausmachen.
[154] Vgl. EKK VII 2, 288; Kelly* 110f; Heininger* 189.
[155] Vgl. dazu Heininger* 196-201, der
aber auch bei ἀποκαλύπτειν eine Reduktion des Offenbarungsgeschehens auf den

Grammatisch kann ὤφθη in verschiedener Weise bestimmt werden. Das Normale wäre der Aorist Passiv von ὁράω (»er wurde gesehen«). Κηφᾷ würde dann die Person bezeichnen, von der der Auferweckte gesehen wurde (vgl. die aktive Form in 9,1). Es gibt aber im Neuen Testament nur ein einziges Beispiel für den Dativ im Sinne des ὑπό + Gen. (Lk 23,15)[156], während sonst z.B. ἐθεάθη ὑπ᾽ αὐτῆς (Mk 16,11) begegnet. Man kann weiter an ein *passivum divinum* denken, also an eine Umschreibung des Gotteshandelns, und übersetzen: »Gott hat Christus sichtbar werden lassen«[157]. Diese Übersetzung kann sich durch die Parallelität zu der Passivform ἐγήγερται und durch Apg 10,40 (ὁ θεὸς ... ἔδωκεν αὐτὸν ἐμφανῆ γενέσθαι) empfehlen, und selbstverständlich ist es auch für Paulus letztlich Gott selbst, der das Erscheinen Christi bewirkt[158]. Schwierig dabei ist aber, daß das Subjekt der Formel Χριστός ist und im Alten Testament Jahwe selbst mehrfach als Subjekt einer mit ὤφθη bezeichneten Theophanie genannt wird[159]. Am verbreitetsten ist darum eine Auflösung von ὤφθη im Sinne einer deponentialen bzw. medialen Form (»er erschien« bzw. »er ließ sich sehen«)[160]. Die Parallelität zu ἐγήγερται scheint diese

»Wortempfang« ablehnt und darauf insistiert, »daß die im weiteren Sinn visionären Schattierungen des Wortfeldes nur selten völlig ausgeblendet werden« (198). Im übrigen ist es durchaus möglich, daß ἀποκαλύπτειν mit seiner »deutliche(n) Nähe zur apokalyptischen Vorstellungswelt« »die ursprüngliche Umschreibung der Ostererfahrung« benennt (so Hoffmann* [Überlieferung] 8; vgl. auch unten Anm. 159 und zu ἀποκαλύπτειν ders., TRE 4, 495).

156 Vgl. Bl-Debr-Rehkopf § 191, aber auch § 313; vgl. immerhin die antiken Beispiele bei Heininger* 193 Anm. 55.

157 Rengstorf* 56f.117-125; Friedrich, a.a.O. (Anm. 123) 156f; vgl. auch Pfammatter* 21f, der verschiedene Nuancen kombiniert findet.

158 Vgl. auch Röm 10,20 (= Jes 65,1 LXX).

159 Vgl. etwa Gen 12,7 (καὶ ὤφθη κύριος τῷ Αβρααμ); 17,1; 26,2.24; 35,9 u.ö. und das atl. Zitat in Apg 7,2 sowie Vögtle* (Osterglauben) 42f und Bartsch* (Inhalt) 820-827. Manche lassen von ὤφθη her die Auferstehung ursprünglich mit der Parusie und dem Weltende zusammenfallen; vgl. Jeremias* 194-196; nach Bartsch* (Ursprung) 24f soll es bei ὤφθη um die Erfüllung von äthHen 69,29 gehen: »Jener Mannessohn ist erschienen und hat sich auf den Thron seiner Herrlichkeit gesetzt«; zudem wird auf Jes 40,5; Jer 38 [31],3; 4Esr 6,26; syrBar 39,7 und 2Makk 2,8 verwiesen; vgl. auch

ders.* (Argumentation) 269 (Ursprünglich seien die Ostererscheinungen »als Beginn der Parusie« angesehen worden, was »im Grunde niemals aufgegeben worden« sei) und (Inhalt) 831-834, wo die LXX-Versionen von 3Βασ 11,9 für die Beendigung der Theophanien in der Väterzeit und Ps 83,8; 101,17; Jes 33,10f; Hab 3,10 u.a. Stellen für die Verheißung der endzeitlichen Heilsgegenwart Gottes mit ὀφθήσεται u.ä. herangezogen werden (vgl. auch Kessler* 150f mit Anm. 35; Oberlinner* [Kreuz] 70). Davon wäre Paulus jedenfalls insofern abzurücken, als er ὤφθη gerade nicht mit der Parusie identifiziert (vgl. unten Anm. 225); zudem werden die Erscheinungen kaum mit Bildern der eschatologischen Erwartung gefüllt (vgl. Allison* 167); anders etwa Mt 27,51-53, wo von den auferweckten Toten im Kontext apokalyptischer Bilder gesagt wird: ἐφανίσθησαν.

160 Vgl. Bl-Debr-Rehkopf § 313,2 und weiter Findlay 920; Godet II 185; Kremer* (Zeugnis) 55; Senft 188; Blank* 159; Vögtle* (Osterglauben) 39; Wolff 368f; Klauck 109; Lang 212; Lüdemann* (Auferstehung) 71; du Toit* 319; Heininger* 193f (vgl. auch die Vorbehalte ebd. 194 gegenüber der häufigen Ergänzung »vom Himmel her«; noch viel stärkere Vorbehalte sind gegenüber einer Verbindung des ὤφθη mit Ez 1 angebracht, die J.M. Vincent für möglich hält: Some Reflections on ὤφθη [I Cor 15:5] on the Background of Ezek 1, in: FS G. Wagner,

beliebte Lösung zwar zu erschweren, doch kann man umgekehrt einen Chiasmus zwischen aktiven und passiven Gliedern vermuten: a) er starb, b) er wurde begraben, b) er wurde auferweckt, a) er erschien. Vor allem für Paulus ist auch diese Bedeutung im Anschluß an den Sprachgebrauch für alttestamentliche Theophanien nicht auszuschließen (vgl. einerseits in Gal 1,16 und andererseits Gal 1,12 den *gen. subj.* ἀποκάλυψις Ἰησοῦ Χριστοῦ). In der Unterstreichung der göttlichen Initiative und Aktivität stimmen die beiden letzten Deutungen überein. Der getötete und begrabene, nun aber auferweckte und erhöhte Christus erscheint und bezeugt sich in göttlicher δόξα als lebendig.

Aus den ntl. Analogien für ὤφθη ergibt sich: In der Apostelgeschichte werden sowohl die Erscheinungen des Auferstandenen vor den Aposteln damit umschrieben (13,11) als auch die Christusbegegnung des Paulus vor Damaskus (9,17; 26,16), womit am ehesten V 8 (ὤφθη κἀμοί) verglichen werden kann. Allerdings ist im NT wie schon im AT auch bei einer Fülle von anderen Offenbarungen, Visionen, Traumgesichten, Engelerscheinungen und ekstatischen Phänomenen von einem ὤφθη die Rede[161], selbst bei Christusvisionen[162]. Daraus ist zweifellos eine gewisse Vergleichbarkeit zu schließen. Es nützt wenig, für die Ostererscheinungen einfach eine Kategorie *sui generis* zu postulieren oder zu erklären, die Religion Israels sei eine Religion des Hörens und nicht des Sehens[163]. Eine Verwandtschaft mit den genannten Phänomenen läßt sich nicht wegdisputieren. In dem reklamierten realen Sehen besteht kaum ein Unterschied. Zöge man die Erscheinungsberichte der Evangelien mit heran, würde sich erst recht bestätigen, daß wegen der reichlichen Verwendung von ὁρᾶν, ἰδεῖν, θεωρεῖν u.ä. »das entscheidende Erlebnis primär in den Bereich des ›Sehens‹, des ›Sichtbarwerdens‹ gehört«[164], wenngleich die z.T. massiv materiellen Züge (vgl. Lk 24,30.39.42f u.ä.) von Paulus deutlich abstechen[165].

Bern u.a. 1994, 191-202). Pelletier, a.a.O. (Anm. 152) 76 und Conzelmann 308 Anm. 45 verweisen besonders auf Philo, Abr 77.80 (ὤφθη ὁ θεὸς τῷ Ἀβραάμ) διὸ λέγεται, οὐχ ὅτι ὁ σοφὸς εἶδε θεόν, ἀλλ᾿ ὅτι ›ὁ θεὸς ὤφθη‹ τῷ σοφῷ.

[161] Mk 9,4 par; Lk 1,11; 22,43; Apg 2,3; 7,30; 16,9 u.ö.; vgl. etwa Graß* 189-207. Schon darum bleibt es ganz unwahrscheinlich, daß ὤφθη apologetisch die Bestreitung des objektiven Charakters der Ostererscheinungen abwehre (so aber Rengstorf* 58). Interessanterweise werden zwar in der LXX die mit ὤφθη bezeichneten Theophanien (vgl. die vorvorige Anm.) von prophetischen Gesichten beim Wortempfang (ὅρασις, ὅραμα) abgehoben (Num 24,3f; Jes 1,1; 13,1; Ez 1,1.28 u.ö. und Bartsch* [Inhalt] 828-833), doch ist das eben im NT anders.

[162] Vgl. Apg 7,56 (θεωρῶ); 18,9 (δι᾿ ὁράματος); 22,17f (ἐν ἐκστάσει).

[163] So etwa Kremer* (Zeugnis) 56; vgl. aber oben Anm. 152. Auch Schlatters 400 Unterscheidung zwischen der Schau des leibhaftig Auferstandenen und Visionen ist kaum der Weisheit letzter Schluß, auch wenn das oben Anm. 149 Gesagte richtig bleibt und zu fragen ist, ob man alle Phänomene unter »ecstatic revelatory experiences« (Patterson* 159) subsumieren kann. Lohfink* 154 will die österlichen »Visionsphänomene« nicht zu früh von anderen pneumatischen Phänomenen absetzen, weil diesen »im allgemeinen eine viel größere Streubreite und Randunschärfe« eigne, gibt aber zu, daß das Neue Testament teilweise schon selbst solche Abgrenzungen vornimmt.

[164] So Graß* 188 gegen Michaelis, ThWNT V 359f.

[165] Vgl. zu den Unterschieden z.B. Michaelis, ThWNT V 355-357; Künneth* (Theologie) 71-74; Dunn* 114-122.

Trotz dieser Analogien ist an der qualitativen Sonderstellung der Ostererscheinungen festzuhalten, jedenfalls nach Meinung des Apostels[166], auch
wenn man das Fehlen jeden Hinweises auf Träume, Tag- oder Nachtge-
sichte, ekstatisch-visionäre Erlebnisse u.ä. in 1Kor 15, zumal in der Formel, nicht überbewerten wird. Bedeutsamer ist das Folgende: Während
die genannten pneumatischen Phänomene ekstatisch-visionärer Art in
der Urchristenheit offenbar weit verbreitet waren, sind die Auferste-
hungserscheinungen nach Paulus nur den in V 5-8 Genannten zuteil geworden (nach Apg 10,41 nur »den von Gott vorerwählten Zeugen« widerfahren). Zudem hat auch Paulus nach seiner Bekehrungserscheinung weitere Offenbarungen gehabt (vgl. Gal 2,2), doch die österliche Selbstoffen-
barung Jesu Christi bleibt davon auch bei ihm unterschieden und un-
wiederholbar. Paulus sagt nirgendwo, daß er in den verflossenen zwei
Jahrzehnten seit seiner Christuserscheinung den Herrn noch einmal gesehen habe. Anders steht es bei Petrus, der auch unter den Zwölfen und »allen Aposteln« (V 5.7) zu suchen sein wird, und vermutlich wird Paulus
die Zwölf auch bei den 500 wiederfinden. Das darf aber nicht einfach verallgemeinert und vor allem nicht zeitlich beliebig verlängert werden. Im
übrigen ist diese Einmaligkeit und Unwiederholbarkeit der Ostererscheinungen auch kirchengeschichtlich von kaum zu überschätzender Bedeutung[167].

Mit der Auferstehungserscheinung wird weiter im Unterschied zu anderen Visionen eine Wortoffenbarung mit einem bestimmten Auftrag verbunden gewesen sein (vgl. Apg 26,16 und die Sendungsworte in den Er-
scheinungsberichten der Evangelien), weshalb wohl auch bei Paulus von
ihr nur im Zusammenhang seines Kerygmas und Apostolats die Rede ist
(vgl. 1Kor 9,1f; 15,8ff; Gal 1,12.16[168]). Hier hören denn auch manche die

---

[166] Vgl. z.B. Weiß 351: »Wenn dies (sc. V
8) die letzte Erscheinung ist, so gehören alle spätern Christus-Visionen ... für P. in eine andre Kategorie«; ähnlich Kittel* 141-
143; Nikolainen* II 94.115-118; Graß* 226-
232; Wilckens* (Ursprung) 85f; Kessler*
155f. Anders Walker* 162, der aus 2Kor
12,1 zu Unrecht schließt, daß mindestens
bei Paulus die Erscheinung des Auferstandenen nicht auf eine einzige Situation beschränkt war; vgl. auch Lüdemann* (Auferstehung) 105 (»zur gleichen Erlebnisform«
gehörig). Doch handelt es sich in 2Kor 12,1
gerade nicht um eine Christophanie, denn
der Genitiv κυρίου bei ὀπτασίαι und
ἀποκαλύψεις ist kaum ein objectivus; vgl.
auch Michaelis* 99f; Sleeper* 396f u.a.
[167] Graß* 227 hat noch einmal die These
von Holl* 50f wiederholt, daß in der
Sonderstellung und Abgeschlossenheit der

Ostererscheinungen der Autoritäts- und
Überlieferungsgedanke sowie die einzigar-
tige Bedeutung des Apostolischen wurzelt
(bei Holl* 51aber mit der mindestens miß-
verständlichen Formulierung, daß dieser
Überlieferungsgedanke sich sofort über das
Charisma erhebe). Vgl. auch Blank*
159f.189 und G. Delling, Die bleibende Bedeutsamkeit der Verkündigung des An-
fangs im Urchristentum, ThLZ 95 (1970)
801-809. Allerdings glaubt die Kirche nicht
den Osterzeugen, sondern dem von ihnen
Bezeugten.
[168] Vgl. z.B. Dunn* 110-114. Andere finden auditive Momente impliziert. Vgl.
Schlatter 396: Paulus sage mit dem ὤφθη
»nicht, daß die Jünger eine stumme Erscheinung sahen«; Nikolainen II 119; Wolff
368: »Nirgends erscheint der Auferstandene wortlos, sondern er beruft bzw. sendet

Glocken läuten und kommen zur Hypothese, daß man 1Kor 15,3b-5 als eine reine Legitimationsformel anzusprechen hat, die gar nicht auf ein davor- und dahinterliegendes Ostergeschehen befragt werden darf. Das geschieht z.T. recht massiv und alternativ[169]. Voraussetzung dieser Interpretation ist freilich, daß isolierte Erscheinungs- als Legitimationsformeln umliefen, für die man allenfalls Lk 24,34 anführen könnte (dort aber gerade wie auch Apg 10,40 und 13,30f im Zusammenhang mit ἠγέρθη, während die eingliedrigen Erscheinungsformeln in Apg 9,17 und 26,16 wohl eher als LXX-Sprachgebrauch anzusehen sind). Im Zusammenhang mit der Todesaussage ist solche Interpretation ebensowenig sinnvoll wie im Kontext von Kap. 15, wo die Erscheinungen als Inhalt des εὐαγγέλιον fungieren. Ihre völlige Funktionalisierung scheitert aber vor allem daran, daß sich sofort die Frage stellt, wozu die 500 Brüder legitimiert worden sein sollen[170]. Zudem sind nur Kephas und die Zwölf so etwas wie »Amtsbezeichnungen«[171], doch schon die Zwölf haben keine Leitungsfunktion gehabt, zu der sie legitimiert werden müßten, sondern sind schon vorösterlich Repräsentanten des eschatologischen Gottesvolks (vgl. unten Anm. 185). Weiter ist eine sakralrechtliche Autorisierung von Leitungsämtern in so früher Zeit alles andere als wahrscheinlich[172]; und auch,

aus« (mit Verweis auf Mt 28,10.19; Lk 24,48f; Joh 20,17.22f sowie 1Kor 9,1); vgl. auch Graß* 249-256; Hoffmann, TRE 4, 496 (von ἀποκαλύπτειν in Gal 1,16 her: Das schließe den Empfang von Offenbarungsinhalten ein); Vögtle* (Osterglauben) 122f sowie oben Anm. 148 und 152. Umgekehrt darf das Moment des Sehens allerdings »nicht zugunsten eines reinen Wortempfangs abgeschwächt werden« (Kessler* 149; vgl. oben Anm. 151).

[169] Vgl. Wilckens* (Ursprung) 75 und (Auferstehung) 147, der zwar bei Petrus auch von einer Begründung des Glaubens spricht, aber bei der »*Überlieferung* der Erscheinungen« die Autorisierung im Vordergrund sieht; verschärfend dann Pesch* (Entstehung) 213 (»Nicht eigentlich also als *Auferstehungszeugnisse*, sondern vielmehr als *Legitimationsnachweise* ... sind die Erscheinungen überliefert worden«) und Bussmann* 104 (»im strengen Sinn nicht Aussagen über Christus, sondern über die Zeugen«). Nach Walker* 163 sollen die Erscheinungen überhaupt erst in innerkirchlichen Machtkämpfen entstanden sein, »to legitimize the leadership of particular individuals and groups within the church«.

[170] Nach Wilckens* (Auferstehung) 146 sollen denn auch Visionen vor Gruppen

keine historische Realität haben, zumal in jüdischer Überlieferung Visionen nur von einzelnen erfahren werden. Damit wird der Gemeinschaftscharakter der Ostererfahrung (vgl. dazu etwa Winden* 291) durch ein Postulat unzulässig abgeblendet. Die These von Pesch* (Entstehung) 210, daß dann, wenn die Erscheinungen den Osterglauben begründen würden, diese auf die Protophanie des Petrus reduziert werden müßten, weil alle anderen diese nur noch »bestätigen« könnten, ist eine *petitio principii* (vgl. unten Anm. 179f).

[171] Nach Ehrman* 471 fällt auch, wenn denn Kephas und Jakobus wegen ihrer Bedeutung für die Urgemeinde genannt werden sollten, das Fehlen des Johannes als 3. der στῦλοι auf. Wenn allerdings die Leitung der Urgemeinde von Petrus auf Jakobus übergegangen ist, wird man das nicht zu hoch veranschlagen. Patterson* 153 verweist auf die drei Zeugen der Verklärungsgeschichte Mk 9,2, wo freilich ein anderer Jakobus im Blick ist.

[172] Vgl. Bartsch* (Ursprung) 18-21 und im Anschluß daran Wolff 357, wo zudem geltend gemacht wird, daß Paulus dort, wo er seinen Apostolat tatsächlich legitimieren will, gerade nicht das Vokabular der vermeintlichen Legitimationsformeln verwendet (9,1; Gal 1,15); vgl. auch Lk 1,11; 22,43

wenn auf der historischen Ebene wegen der grundlegenden Bedeutung der Osterzeugen deren Legitimation im Sinne der Bevollmächtigung und Beauftragung impliziert sein mag, darf man das nicht sofort im Sinne der Legitimation eines bestimmten Amtes oder Führungsanspruches interpretieren, und das gilt auch für die literarische Ebene[173]. Selbst wenn es eine Konkurrenz um Ersterscheinungen gegeben hätte, die sich in den beiden Traditionen niedergeschlagen hat, würde mindestens Paulus mit seiner auf Konsens angelegten Argumentation diesem Eigengewicht der Formeln entgegensteuern. Endlich ist auch nicht zutreffend, daß die ὤφθη-Formel im Alten Testament stets diese legitimierende Bedeutung gehabt hat[174]. Kein Zweifel aber kann daran bestehen, daß auch bei einem mitschwingenden Legitimationsinteresse der sich selbst bezeugende auferweckte Herr und nicht die durch ihn legitimierten Zeugen im Vordergrund stehen.

Es ist zwar umstritten, ob die *Reihenfolge* der Zeugen in 1Kor 15 eine zeitliche Abfolge meint[175], doch hat mindestens Paulus bei εἶτα und ἔπειτα in V 6f an ein zeitliches Nacheinander gedacht[176] und damit den Duktus der sukzessiven Ereignisfolge von V 3b-5 aufgenommen. Daß

---

u.ä. Stellen im NT. Auch umgekehrt ist zu beachten, daß Paulus z.B. an die ihm unbekannte Gemeinde in Rom nirgendwo solche Legitimation in Anspruch nimmt. Vgl. auch die Kritik bei Conzelmann 306 Anm. 31 mit Lit.; Delling* 350f; du Toit* 319f; Hengel* 264f; Vögtle* (Osterglauben) 44-46; Hoffmann, TRE 4, 492; Klauck 110; Kessler* 148; Lang 213; Strobel 236; Plevnik* (Paul's Appeals) 104-107 und Winden* 82f.

[173] Zu dieser Unterscheidung beider Ebenen vgl. Oberlinner* (Kreuz) 68f. Selbst wenn nur sozusagen offizielle Zeugen benannt werden sollten (so Robertson/Plummer 343; Allo 392; Gutjahr 413; Grosheide 350; Kuß 185; Cambier* 60; Witherington* [Conflict] 300 u.a.), was immer offiziell dabei heißt und schon an den 500 scheitert, entspringt das nicht einem besonderen Legitimationsinteresse. Klappert* (Legitimationsformel) 79 spricht darum mit mehr Recht von »Auferweckungs-Erscheinungs-Formeln, in denen die Erscheinung des Auferstandenen als Unterstreichung und Konkretion der Auferweckung ausgesagt wurde, aus der die Berufung in die Sendung erfolgte«.

[174] Bussmann, Missionspredigt 97-101 selbst weist darauf hin (vgl. auch Bartsch* [Inhalt] 826). Vgl. Gen 12,7 = Apg 7,2; Gen 17,1; 18,1; 26,2 u.ö. Außerdem wird ὤφθη z.T. selbst wieder begründet, z.B. durch die Verleihung von Wunderkraft (Ex 4,1ff; vgl. Berger* 215f).

[175] Barth 76 meint z.B., die Reihe der Zeugen sei für Paulus gleichgültig (»keineswegs chronikartig hinter- oder nebeneinander«); ebs. Bartsch* (Argumentation) 264 Anm. 10, der ein zeitliches Verständnis geradezu willkürlich nennt; Mildenberger* 267; Bammel* 414 (εἶτα sei assoziierend). Conzelmann 314 differenziert: »Im Innern der Aufzählung« scheine »die Reihenfolge nicht wesentlich zu sein« (ähnlich Schenk* 474). Anders de Wette 141 (»unstreitig die Zeitfolge«); Heinrici 449f (mit Verweis auch auf V 23f.46); Lietzmann 77; Kümmel 191; Nikolainen II 69; Wegenast* 56; Güttgemanns* 82; Dunn* 101; Heininger* 191 Anm. 44. Zuzugeben ist nur, daß wir nicht wissen, wie genau die Kenntnis des Paulus über die Reihenfolge der Erscheinungen ist (Rückert 390) und ob sie der historischen Wirklichkeit entspricht.

[176] Zu εἶτα in Sinne zeitlicher Sequenz vgl. auch V 24; es ist praktisch synonym mit ἔπειτα (so auch V 23); vgl. aber auch unten Anm. 757. Man sollte aus der zeitlichen Abfolge nicht *eo ipso* eine »strict hierarchic order« machen wie Winter* 145, der denn auch ganz willkürlich vermutet, aus einem ursprünglichen εἶτα τοῖς ἀπόστολοις καὶ πᾶσιν τοῖς ἀδελφοῖς könnten die letzten 4 Worte ausgefallen sein (147). Auch Trummer* 50 lädt das εἶτα

nicht eine beliebige Aufzählung vorliegt, bestätigt das ἔσχατον πάντων (V 8), was zwar nicht eo ipso zeitlich verstanden werden muß, sondern auch den Rang bezeichnen könnte, hier aber die Reihe zugleich abschließen soll (vgl. auch V 23f).

Als erster Auferweckungszeuge wird *Kephas* genannt[177], der in Korinth kein Unbekannter ist (1,12; 3,22; 9,5). Seine Protophanie wird im Neuen Testament zwar sonst nur am Rande und ohne Herausstellung von deren grundlegender Bedeutung erwähnt (Lk 23,34), sie wird aber mehrfach vorausgesetzt[178], auch hier in der Paradosis[179]. Die danach[180] genannte Er-

theologisch unangebracht auf und findet darin »einen dogmatisch relevanten Abstand« ausgedrückt, und Roloff* 49 sieht Petrus und Paulus »in zeitlicher und sachlicher Hinsicht (V. 8) einander gegenübergestellt« (vgl. unten Anm. 222). Eine rangmäßige Anordnung der Reihe ist aber mehr als fragwürdig, denn sie könnte z.B. das Erscheinen des Jakobus nach den 500 nicht erklären (Michaelis* 26; Pratscher* 34 Anm. 30).

[177] Zu Kephas vgl. EKK VII 1, 145. Der Versuch von Ehrman*, im Anschluß an EpApost 2 (Schneemelcher, Apokryphen ⁶I 207) und andere Zeugnisse, Kephas vom Jesusjünger und Zwölferkreismitglied Petrus abzuheben, kann weder zu unserer Stelle (471) noch sonst überzeugen.

[178] Vermutlich erinnert auch Mk 16,7 daran (vgl. auch Mt 16,17-19; Lk 5,1-11; Joh 20,6; 21,4-14). Die führende Rolle des Petrus in der Urgemeinde basiert zweifellos auf der hier erwähnten Ersterscheinung (vgl. πρῶτος Mt 10,2 u.ö.) und weiter v. Campenhausen* 13-16; O. Cullmann, Art. πέτρα, ThWNT VI 94-112; Blank* 163 Anm. 56; Hoffmann, TRE 4, 491; Evans* 53. Andererseits zeigt sich hier die ganze Lückenhaftigkeit der Evangelienberichte (vgl. Bousset 151; Käsemann, Versuche, Bd. 1,225; Evans* 54; vgl. zu ihrem Verhältnis zu Paulus Graß* 106-112). Eine Identifizierung des 2. Emmausjüngers neben Kleopas mit Petrus (so R. Annand, »He Was Seen of Cephas«. A Suggestion about the First Resurrection Appearance to Peter, SJTh 11 (1958) 180-187) ist weder durch altkirchliche Zeugnisse wie Origenes (Cels. 2,62 [BKV 52, 181]) noch ntl. zu begründen. Oft wird die Verleugnung des Petrus als Grund der Erscheinung genannt: »He needed to be absolved and restored« (Robertson/Plummer 335), doch bleibt das spekulativ, was erst recht für die rein psychologischen Er-

klärungen gilt, z.B. bei Lüdemann* (Auferstehung) 126 (»*Petri Ostervision – ein Stück Trauerarbeit*«). Vgl. oben Anm. 149 und unten Anm. 377 zur Auslegungs- und Wirkungsgeschichte.

[179] Vgl. Cullmann, ThWNT VI 104 und Anm. 22; Gils* 37.39 u.ö.; anders Robertson/Plummer 335 Anm. *: Paulus sage nicht, daß der Herr dem Petrus *zuerst* erschienen sei; ähnlich schon verschiedene Kirchenväter (vgl. unten Anm. 395-397); v. Flatt will sogar Rücksicht auf die Kephaspartei finden. Nichts deutet im übrigen in unserem Text darauf hin, daß die Protophanie ansteckenden Charakter gehabt habe und die Erscheinung vor Kephas so etwas wie eine Initialzündung gewesen sei, die alle anderen Erscheinungen wie eine Kettenreaktion ausgelöst hätte (so z.B. Sellin* 241; vgl. auch Lüdemann* [Auferstehung] 138; zu ähnlichen früheren Deutungen, nach denen Petrus suggestiv andere visionär veranlagte Jünger mitgerissen habe, vgl. z.B: Nikolainen II 111) oder diese nur noch »bestätigen« konnten (so Pesch* [Entstehung] 210); vgl. aber Graß* 240f; Stuhlmacher* [Kritischer] 248f). Eher kann man voraussetzen, daß Petrus aufgrund seiner Erscheinung den Zwölferkreis wieder versammelt hat (Vögtle* [Osterglaube] 86. Gegen die rein individualistische Deutung, nur Petrus und Paulus hätten eine »originale« Offenbarung erlebt (so Lüdemann* [Auferstehung] 124), wendet sich mit Recht U.B. Müller* 20f.

[180] Da ἔπειτα in V 6 und 7 unbestritten ist, dürfte das umstrittene εἶτα in V 5 (so 𝔓⁴⁶ B D² Ψ 2243 1739 1881 𝔐) und V 7 (so ℵ² B D Ψ 𝔐) Urtext sein und ἔπειτα beidemal Kontextangleichung, auch wenn die Reihenfolge in V 5f anders als in V 7 dagegen sprechen könnte, doch wird andererseits die Ursprünglichkeit durch die chiastische Struktur εἶτα – ἔπειτα – ἔπειτα – εἶτα

scheinung vor den »Zwölf«[181], die bei Paulus nur hier erwähnt werden, läßt sich am ehesten in den Evangelienberichten wiederfinden und mit ihnen vereinbaren[182], auch wenn dort wegen des Ausfalls des Judas nur Elf genannt werden[183]. Die Breite der Bezeugung läßt dabei erkennen, daß diese Erscheinung von besonderer Bedeutung gewesen sein wird. Man hat aus dem Auftauchen der δώδεκα in V 5 geschlossen, daß der Zwölferkreis erst durch den Auferstandenen konstituiert worden ist[184], doch dürften die Zwölf schon in die Zeit Jesu zurückreichen, dort allerdings kein Leitungsgremium bilden, sondern das eschatologische Israel repräsentieren[185].

Nach der zitierten Formel folgen nun von V 6 an mit veränderter Satz-   6 struktur (kein weiterlaufendes ὅτι) Hauptsätze, die zwar ebenfalls traditionelles Material enthalten[186], aber kaum Formelcharakter haben[187], so daß auch unsicher bleibt, ob es in Korinth schon bekannt war[188].

Die Frage ist, warum Paulus die Reihe der Auferweckungszeugen über die Formel

verstärkt (Stenger* 77f; Verburg* 29). Man sollte aus εἶτα im übrigen keine spekulativen Konsequenzen ziehen. Eine Reflexion etwa darüber, ob nicht die Zwölf anders als Petrus schon Glaubende waren und eine Erscheinung für die Begründung des Glaubens überhaupt noch nötig war (so Marxsen* [1968] 93; nach Wilckens*[Auferstehung] 148 sollen die Erscheinungen überhaupt »nicht den ausgelöschten Glauben neu entfacht, sondern den durchgehaltenen Glauben bestätigt« haben), geht am Text vorbei, erst recht die These, daß der Glaube der Zwölf »ausschließlich in der Erscheinung vor Petrus« gründe (so Marxsen* [1968] 97; vgl. auch oben Anm. 170.
[181] Zweifellos ist δώδεκα und nicht ἕνδεκα Urtext, da diese Lesart von D* F G latt sy^hmg in Anlehnung an Mt 28,16 bzw. Lk 24,33 geändert worden ist; vgl. auch Apg 1,16.
[182] Allerdings taucht die Zwölfzahl weder in Lk 24,36f noch Joh 20,19f auf, und Mt 28,16 hat eindeutig ἕνδεκα; vgl. aber die nächste Anm.
[183] Vgl. Lk 24,36-53; Mt 28,16-20; sekundär auch Mk 16,14ff; Joh 20,19-29 fehlt zudem Thomas.
[184] Vgl. z.B. Klein* 23-38; Conzelmann 312; anders z.B. Barrett 341f; Blank* 163f und Holtz in der nächsten Anm.; nach Allison* 148 setzt δώδεκα das Zusammenbleiben der Zwölf auch vor Ostern voraus.
[185] Vgl. z.B. T. Holtz, Art. δώδεκα, EWNT

I 874-880 mit Lit. und die Lit. bei Wolff 369 Anm. 111; Lang 212; Lohfink* 160f; Berger, Theologiegeschichte 146-152. Daß auch nach dem Ausscheiden des Judas, der nicht zufällig als εἷς τῶν δώδεκα bezeichnet wird (Mk 14,20 u.ö.), von »Zwölfen« die Rede ist, besagt wenig, denn auch bei den Decemviri, Centumviri, viginti quattuor usw. behielt man diesen Sprachgebrauch bei, wenn nicht alle präsent waren bzw. die Zahl nicht immer voll war (Glassius, Philologiae III 10; de Wette 141; Meyer 415; Heinrici 449; Robertson/Plummer 336); Rückert 390f verweist außerdem auf οἱ τριάκοντα nach dem Tod des Kritias bei Xenophon (Ag. 1,7), Fascher 11 auf Xenophon, Hellenica 2,4,23. Andere wie z.B. Origenes 44; Chrysostomus 326; Theophylakt 756 zählen dagegen Matthias hinzu, und auch Evans* 50 hält die Berücksichtigung der Nachwahl von Apg 1,15ff für möglich.
[186] So Meyer 416; nach Heinrici 450 soll Paulus die folgenden Erscheinungen, die nicht zum παρέδωκα zu zählen seien, »jetzt den Lesern neu« mitteilen.
[187] So schon v. Hofmann 336. Klein* 40 Anm. 160 erklärt z.B., daß »das pedantische und zugleich ganz unpräzise ἐπάνω πεντακοσίοις in einer formelhaften Bildung kaum denkbar« ist. G. Strecker, Theologie 81 rechnet zu Recht mit einer Übernahme aus mündlicher Tradition.
[188] Anders Meyer 416; richtig Heinrici 450.

hinaus fortführt. Darauf sind verschiedene Antworten gegeben worden[189]. Einerlei, ob Paulus mit diesen Überlieferungselementen auf rivalisierende Protophanienansprüche zurückgeht (vgl. oben) oder – wahrscheinlicher – nicht, jedenfalls ist es nicht seine Absicht, konkurrierende Bekenntnistraditionen zu harmonisieren[190]. Zudem würde Paulus selbst diese Konkurrenz jedenfalls nicht bemerkt haben, denn sie wäre seiner auf Konsens angelegten Argumentation kaum besonders dienlich gewesen. Erst recht ergänzt Paulus die Formel nicht, um den Christophanien vor Petrus und den Zwölfen den Endgültigkeitsanspruch zu bestreiten[191], aber auch nicht, um die Auferstehung »in der zeitlichen Distanz von der Gegenwart zu halten und dadurch eine direkte Aneignung derselben unmöglich zu machen«[192]. Ἕως ἄρτι (V 6) soll gerade eine Brücke schlagen, um die Zeugen an die Gegenwart heranzurücken und sie als Gewährsleute für seine Argumentationsbasis aufzubieten. Da vor der Gruppenerscheinung jeweils εἶτα steht (V 5b.7b), was wohl vorpaulinisch ist, weil das weitaus häufiger zu belegende ἔπειτα Reihungspartikel des Paulus ist[193], könnten Einzel- und Gruppenerscheinungen wie in V 5 auch in V 7 schon vor Paulus zusammengefügt worden sein, was für V 5 ohnehin anzunehmen ist.

Da die Formel nur in ihrem zweiten Teil erweitert wird, soll die Verlängerung der Zeugenreihe offenbar die Wirklichkeit der Auferweckung Jesu Christi auf ein möglichst breites Fundament stellen[194]. Die Ergänzung der Augenzeugenliste wird zwar auch eine willkommene Bestätigung der Übereinstimmung des Paulus mit den anderen Augenzeugen implizieren[195], ist aber trotz V 11 nicht das eigentliche Anliegen und der Haupt-

---

[189] Vgl. z.B. Wengst* (Formeln) 87; Barth* 87f u.a.

[190] Die Kombination rivalisierender Überlieferungen ist die Sache von Leuten der zweiten Generation (so mit Recht Graß* 97; vgl. Schmithals* 65f). Daraus ist allerdings nicht mit Price* 93 geradezu abenteuerlich zu schließen, es handle sich um eine frühkatholische Interpolation, die dann, und hier überschlägt sich die Kritik, auch noch V 8-11 umfassen soll (93f), so daß ursprünglich V 12 unmittelbar auf V 1f gefolgt wäre (95).

[191] So aber Lichtenstein* 46-50; vgl. Barth* 802.

[192] So aber Conzelmann 313.

[193] Fuller* 27f; vgl. außer V 23 auch Gal 1,18.21; 1Thess 4,17 (im nichtzeitlichen Sinn 12,28); aber auch εἶτα ist paulinisch (vgl. V 24). Kloppenborg* 352 will dagegen alle Reihungspartikeln auf Paulus zurückführen (ebs. Kearney* 279). Nicht auszuschließen ist aber auch, daß Paulus εἶτα schon in V 5 »im Hinblick auf die weiteren Erscheinungen, die er anzuführen beabsichtigte«, hinzugefügt hat (so Seeberg, Katechismus 57).

[194] Hier behält Bultmann* (Barth) 54 (vgl. ders., Theologie 295.305 sowie Graß* 96 Anm. 1; Klein* 43; Schmithals* 64; Schade* 200f; Spörlein* 62) Recht gegenüber Barth u.a. (vgl. die Autoren bei Sellin* 234 Anm. 16), wenn er Paulus hier den – von Bultmann allerdings fatal genannten – Versuch unternehmen sieht, »die Auferstehung Christi als ein objektives historisches Faktum glaubhaft zu machen«, wobei die Rede von einer verifizierbaren sog. historischen Objektivität und der angebliche Selbstwiderspruch des Paulus allerdings als zu modern gedacht der Korrektur bedürften. Vgl. weiter auch Barrett 341; Senft 190f; Blank* 160f Anm. 52 und 174f; Schade* 199-202; Sider* 124-130; Geense* 13-49; Carnley* 108-145; Hengel* 265f; Reinmuth* passim u.a.

[195] So z.B. Luz* 333 Anm. 61. Dieses Moment wird in V 9-11 durchaus mitschwingen, d.h. Paulus will zeigen, daß er kein Außenseiter ist, sondern auf demselben Boden wie die anderen Auferweckungszeugen steht, doch soll auch damit vor allem die christologische Argumentationsbasis verstärkt werden (vgl. weiter zu V 9-11).

zweck der Erweiterung der Zeugen über die der Formel hinaus. Letztlich geht es Paulus also schon hier um die untrüglich verbürgte Realität der Auferweckung des Christus als ἀπαρχή (V 20), auf der die weitere Argumentation beruht.

Die Ostererscheinung vor den mehr als[196] *500 Brüdern,* die man wegen der Größenordnung zeitlich gewiß von den ersten Anfängen abzurücken hat und die einen ersten Beleg für einen längeren Zeitraum der Ostererscheinungen darstellt (vgl. weiter zur noch später anzusetzenden Damaskuserscheinung des Paulus), ist völlig singulär und gibt viele Rätsel auf, speziell die große Zahl. Ihr Zusammenkommen läßt sich wohl nur als Reaktion auf die Berichte anderer verstehen, kaum als Indiz einer auch nach dem Karfreitag zusammengebliebenen vorösterlichen Jüngerschar (in dieser Menge!). Man hat diese Erscheinung zuweilen mit Mt 28 in Verbindung gebracht[197], was sehr unwahrscheinlich ist, oder mit dem Pfingstereignis von Apg 2 identifiziert[198]. Für die letzte Vermutung wird die große Zahl (vgl. Apg 1,15 vor Pfingsten: 120; vgl. aber 2,41) und die Tatsache angeführt, daß auch in Joh 20,22f die Geistverleihung mit der Ostererscheinung verbunden ist (vgl. auch Apg 2,33). Dagegen kann man zwar einwenden, daß Apg 2 eine Christophanie nicht erwähnt[199] und Paulus die Geistverleihung an die Taufe und nicht an eine Ostererscheinung bindet

---

[196] Zu ἐπάνω vgl. Bl-Debr-Rehkopf § 185 Anm. 7 und oben Anm. 36. Schon das ἐπάνω zeigt, daß es sich bei 500 um eine abgerundete Zahl handelt, die denn auch oft genug vorkommt, allerdings weniger bei Menschengruppen (z.B. bei Soldaten 1Chr 4,42; 1Makk 6,35; 2Makk 14,39; besiegte Gegner Est 9,6.12; 1Makk 7,32) als bei Sachen (z.B. bei Geldmengen 1Makk 15,31; Lk 7,41 u.ä.). In der Profangräzität erscheint 500 unzählige Male, meist in Verbindung mit Entfernungen, Geldmengen, Truppenstärken u.ä.; nur die 500 Richter (Isaeus, Or. 5,20), Gesetzgeber (Andocides, Myst. 84,2) und die athenische βουλή der 500 (Demosthenes, Or. 19,179; 24,149 u.ö.) könnten von ferne an die 500 Zeugen erinnern. Die Zahlen werden auch dabei z.T. durch ὡς u.ä. als ungefähre bestimmt (Xenophon, An. 1,2,3.5 u.ö.).
[197] So Robertson/Plummer 337; Nikolainen* II 82f. Es ist aber nicht einmal sicher, ob es sich überhaupt um »die ganze galiläische Jüngergemeinde« (II 83) bzw. um »Anhänger Jesu« (so Wilckens* [Auferstehung] 29) oder nicht auch um solche handelt, »die vor Ostern z.T. noch gar nicht mit Jesus in Berührung gekommen waren« (so Stuhlmacher, Theologie I 173).
[198] So im Anschluß an Weiße (vgl. dazu

Hoffmann* [Überlieferung] 34); v. Dobschütz* 33f; Bousset 152f; v. Harnack* 94; Holl* 47; Hirsch* 34f; Barrett 342f; Hasenfratz* 156-158; Gilmour* (Christophanie) 133-138; Lüdemann, Christentum 48f; dagegen z.B. Weiß 350; Schlatter 398f; Michaelis* 38f; Oepke, ThWNT II 455 Anm. 43; Lohse, ThWNT VI 51f Anm. 51; Kümmel 191; Graß* 99-101; Sleeper passim; J. Kremer, Pfingstbericht und Pfingstgeschehen, 1973 (SBS 63-64), 232-238; Wolff 370.
[199] Das könnte freilich mit dem heilsgeschichtlichen Denken des Lukas zusammenhängen, der ja auch als einziger die Himmelfahrt als Abschluß der Ostererscheinungen berichtet. Man sollte darum nicht die heilsgeschichtlichen Daten des Lukas (»nach seiner Himmelfahrt«) hier ins Feld führen wie Schlatter 398; Hempelmann* (Bemerkungen) 104 u.a.; Barrett 342 z.B. hält »a Lucan rewriting (sc. von Apg 2) of what originally was a resurrection appearance« für möglich, aber unbeweisbar. Gewiß wird auch in der ältesten Schicht von Apg 2 mit ihren ekstatisch-glossolalischen Ereignissen keine Ostertradition erkennbar (vgl. dazu Sleeper* 390-392 und die Lit. in EKK VII 3, 159 Anm. 250), doch bleibt es durchaus möglich, daß sich die Überlieferung vom »Aufbrechen

(vgl. immerhin die wohl vorpaulinische Verbindung von Taufe und Auferstehung in Röm 6,3f; Kol 2,12; Eph 2,5). Doch wird man nicht ganz ausschließen können[200], daß trotz mancher Widersprüche (vgl. die divergierenden Zahlenangaben oder die Lokalbestimmung »im Haus« Apg 2,2!) ein heute nicht mehr erkennbarer traditionsgeschichtlicher Zusammenhang zwischen Ostern und der Geistausgießung besteht. Daß die Erscheinung vor den 500 auch einen Ortswechsel impliziert, ist eine Rechnung mit mehreren Unbekannten, doch gehen manche davon aus, daß die ersten Osterzeugen von Galiläa nach Jerusalem gezogen sind, etwa zum Wallfahrtsfest, und die Erscheinung vor den 500 dort stattgefunden hat[201]. Ob ἐφάπαξ die Objektivität und »Unabhängigkeit vom eigenen inwendigen Zustand« verstärken soll, weil 500 Zeugen auf einmal nicht gut einer Sinnes- bzw. Selbsttäuschung verfallen sein können[202], scheint zwar zu modern gedacht, doch würde Paulus durch unser Wissen von Massensuggestionen[203], wenn man es denn überhaupt methodisch gesi-

der Glossolalie bei einer Christophanie« früh gabelte und »einseitig bald die Erscheinung des Herrn, bald die Ankunft des Geistes in den Vordergrund stellte« (so Jeremias* [Schicht] 193).

[200] Daß Paulus mit keinem Wort andeutet, daß diese Erscheinung vor den 500 ein kirchengründendes Ereignis war (so Graß* 100), wird man dagegen kaum sonderlich gewichten, da bei Paulus auch sonst nirgendwo gesagt ist, daß es eines besonderen Ereignisses wie Pfingsten dazu bedurfte.

[201] Vgl. z.B. schon Hieronymus (Ep. 120,7 [PL 22, 993]) und weiter etwa Lohfink* 150f.164; Roloff, Kirche 62, der selbst allerdings Pfingsten im Sinne des Festes der Bundeserneuerung interpretiert (65), an dem der Zwölferkreis »erstmals vor eine breitere jüdische Öffentlichkeit« getreten sein und die Gewißheit der Gegenwart des endzeitlichen Gottesgeistes erfahren haben soll (67; vgl. auch Wilckens* [Auferstehung] 29). Ob das Datum in Apg 2,1 überhaupt ursprünglich ist (kritisch z.B. Lüdemann, Christentum 48), muß ohnehin offenbleiben. Meyer 416 rechnet zwar damit, daß z.Zt. dieser Erscheinung »noch viele Osterfestpilger als in Jerusalem anwesend zu denken sind«, doch könne die Erscheinung vor den 500 auch in Galiläa erfolgt sein; ähnlich Heinrici 450; Godet II 186; noch eindeutiger v. Campenhausen* 12 (diese Erscheinung lasse sich »in Jerusalem kaum unterbringen«; ähnlich Nikolainen* II 81). Anders Holl* 46f: »Wo man sie alle kennt und jederzeit leicht wiederfinden

kann«, sei allein Jerusalem; ähnlich Jeremias* (Schicht) 193: Die Möglichkeit der Nachprüfbarkeit setze Seßhaftigkeit voraus, und das passe nur zu Jerusalem; noch weiter geht Weiß 350, der die Flucht der Jünger nach Galiläa für eine »wissenschaftliche Legende« hält; auch Conzelmann 312 plädiert im Anschluß an Steinseifer wieder für Jerusalem als Ort der Erscheinungen (vgl. dazu aber oben Anm. 125), auch bei den von Paulus hinzugefügten. Sind die Jünger aber geflohen, werden sie irgendwann zurückgekehrt sein; zum Zusammenhang dieser Rückkehr nach Jerusalem mit der eschatologischen Erwartung vgl. Georgi (Lit. zu 16,1ff) 25f.

[202] So Schlatter 397; Gutjahr 414; Murphy-O'Connor* 586; Fee 730. Vgl. schon Theodoret 349 (ἀνύποπτος [unverdächtig] δὲ τῶν τοσούτων ἡ μαρτυρία); v. Mosheim unten S. 96. Meyer 417 will sogar »den Gedanken an ein visionäres oder ekstatisches Schauen« ausschließen (gegen »a purely internal experience« der 500 auch Kelly* 117 und 131 Anm. 23), was aber nach Heinrici 450 nicht durchschlägt, zumal historische Kritik nur feststellen könne, daß die Erscheinungen von den Betroffenen selbst als »thatsächliche objective Vorgänge« angesehen worden sind.

[203] Zahlreiche Beispiele für übereinstimmende Visionen einer Menge bei Schmiedel 188f mit weiterer Lit.; Bousset 152; Lüdemann* (Auferstehung) 137f (»Massenekstase« [138]). Nach Kittel* (Auferstehung) 162 soll der Verlauf solcher »Mas-

chert für Vergleiche mit der damaligen Zeit heranziehen darf, kaum irritiert worden sein. Neben dem geschichtlichen Berichtsinteresse, u.U. mit apologetischer Abzweckung, gibt es aber kaum andere überzeugende Erklärungen für die meistens mit Stillschweigen übergangene Wendung ἐφάπαξ[204]. Außerdem entspräche eine Bekräftigung der Objektivität durch eine Kollektiverfahrung der erwähnten paulinischen Intention, die Realität der Auferweckung Christi zu untermauern.

Das scheint auch die kurze Notiz in V 6b zu bestätigen, wonach die Mehrzahl dieser 500 Brüder[205] »bis jetzt« noch am Leben ist[206], einige aber entschlafen sind[207], was zweifelsohne von Paulus selbst hinzugefügt worden ist[208]. Um so bedeutsamer ist die Ergänzung darum für die Bestimmung des paulinischen Argumentationszieles. Dabei akzentuieren die einen das Gestorbensein einiger Auferweckungszeugen, andere dagegen das μένειν der Mehrzahl, wobei das Letztere eher einleuchtet. Wer das Gestorbensein einiger Auferweckungszeugen betont findet, erklärt meist, das richte

senpsychosen« allerdings stets so sein, daß sie allmählich aufhören, während er für die Ostererscheinungen »das *plötzliche, unvermittelte* Aufhören« meint feststellen zu können (kursiv im Original gesperrt).

[204] Keine plausible Alternative ist es, der Interpretation zu folgen, die ἐφάπαξ im Sinne von Röm 6,10 eschatologisch versteht (so etwa Beza 158: *semel*; Findlay 920; Glombitza* 285); vgl. auch oben Anm. 43f. Eine andere Erklärungsmöglichkeit des ἐφάπαξ könnte allenfalls sein, daß Paulus sporadische bzw. individuell gestreute Erscheinungen abwehren will. Das ist aber etwas anderes als der Reflex einer Art von »›democratizing‹ tendency ... in reaction against the exclusive claims of various would-be leaders«, die Walker* 165 hier ganz hypothetisch ausmacht.

[205] Kremer* (Zeugnis) 71, Fee 730 u.a. betonen mit Recht, daß hierin auch Frauen einzuschließen sind; vgl. auch unten Anm. 221.

[206] Zu μένειν in diesem Sinn vgl. Bauer/Aland 1021. Anders Harder* 86, der an das joh μένειν erinnert (es bedeute dort »etwas, was an die Zeit nicht mehr gebunden ist. Der Jünger bleibt, auch wenn er stirbt«) und 89 von der bleibenden Rolle der Zeugen als Fundament des Wortes der Kirche spricht; ferner Glombitza* 285f und Trummer* 53 (»ausharren«); ἕως ἄρτι kann aber nicht gut noch zusätzlich zeitlich durch »bis zur Parusie« ergänzt werden (so aber Hasler* 16 Anm. 7).

[207] Zum auch außerhalb des NT und AT

bezeugten Euphemismus bzw. einer sachgemäßen Doppeldeutigkeit von κοιμᾶσθαι vgl. Bauer/Aland 889f; Bultmann, ThWNT III 13 Anm. 60; vor allem Hoffmann* (Toten) 186-206; R.E. Bailey, Is ›Sleep‹ the proper Biblical Term for the Intermediate State?, ZNW 55 (1964) 161-167; Baumgarten, Paulus 112-116; Völkel, EWNT II 745f. Zwar ist aus dem Term nicht eo ipso auf eine Befristung des Todes zu schließen, zumal sich ganz unterschiedliche Vorstellungen damit verbinden konnten und es auch Stellen gibt, die von einem *ewigen* Schlaf sprechen (Jer 51,39.57; Hi 14,12; TestIss 7,9; 4Q549 Frgm. 2), doch werden seit Dan 12,2 viele κοιμᾶσθαι-Stellen mit der Auferweckung verknüpft (äthHen 91,10; 92,3; 4Esr 7,39; syrBar 30,1), so daß es möglich ist, daß mit κοιμᾶσθαι im Kontext der Auferweckungshoffnung (im Unterschied zu ἀποθνῄσκειν z.B. in V 22) auch bei Paulus die Endgültigkeit des Todes bestritten werden soll; vgl. etwa Witherington* (Jesus) 195 (»no more permanent nor potent than a sleep«); Harris* 135.260. Für einen sog. Zwischenzustand ist daraus aber nichts Genaueres zu entnehmen. Zur Verschiebung in der Zahl und Bedeutung der Todesfälle gegenüber 1Thess vgl. Schade* 208, aber auch Sellin* 64 und Lindemann* (Paulus) 377f.388f sowie unten Anm. 522.

[208] Versuche, V 6b als unpaulinisch zu erweisen (Glombitza* 285 rechnet ihn zur Tradition), sind als gescheitert anzusehen. Zu μένειν vgl. Phil 1,25, zu ἕως ἄρτι 1Kor 4,13; 8,7 und weiter Spörlein* 43f.49.

sich gegen die korinthische These, daß der, der den Herrn gesehen hat, Unsterblichkeit erlangt[209]. Vom Kontext und seiner Intention her ist der Sinn dieser Notiz aber viel eher der, daß man sich die Wirklichkeit der Auferweckung Jesu Christi bei den zahlreichen noch lebenden Zeugen seiner Erscheinung bestätigen lassen kann[210]. Vielleicht spielt aber auch mit, daß im Vorblick auf V 12ff mit κοιμᾶσθαι bereits die zu erwartende Auferweckung der entschlafenen Christen angedeutet werden soll (vgl. V 18)[211], die nach V 51 zwar nicht für alle den Tod, wohl aber die eschatologische Verwandlung voraussetzt. Dafür könnte das Achtergewicht sprechen, obwohl der Hinweis auf die inzwischen Verstorbenen auch eher beiläufig der Vollständigkeit oder Genauigkeit halber hinzugesetzt worden sein kann.

7   Als weiteren einzelnen Auferweckungszeugen nennt Paulus, formal V 5 genau entsprechend, *Jakobus*. Damit kann wegen seiner Sonderstellung trotz zahlreicher Träger dieses Namens im frühen Christentum nur der Herrenbruder gemeint sein[212], der möglicherweise seine ablehnende Haltung gegenüber seinem Bruder in der Zeit des Erdenlebens Jesu erst durch eine Ostererscheinung aufgegeben hat[213]. Wie in Galatien (vgl. Gal 1,19;

---

[209]   So z.B. Bartsch* (Argumentation) 264f.272f und (Inhalt) 802; vgl. auch Conzelmann 313; Brakemeier* 35 mit Anm. 148; Trummer* 8; Schütz* (Paul) 85; Schenk* 472f; Klauck 110; vgl. aber die Einwände von Senft 189; Murphy-O'Connor* 586. Ganz unwahrscheinlich ist die These von Glombitza* 285f, daß hier darauf angespielt werde, daß einige ihren apostolischen Auftrag aufgegeben haben; vgl. Barrett 342.

[210]   So die meisten, z.B. schon in der Alten Kirche (vgl. unten Anm. 415). Meyer 417 geht noch weiter: Die Notiz soll verraten, »wie angelegentlich sich die apostolische Kirche um die noch lebenden Zeugen für die Auferstehung Jesu bekümmerte und sie kannte«; ebs. Heinrici 451; richtig Weiß 350 (»der Relativsatz soll eine Kontrolle ermöglichen durch Nachfragen bei einem der Überlebenden«); ähnlich Kümmel, Kirchenbegriff 4; Blank* 165; Wilckens* (Ursprung) 63 Anm. 13; Murphy-O'Connor* 586; Schade* 197; Sider* 128; Kremer 331; Hays 257. Daß Paulus den Korinthern damit eine Jerusalem- oder Galiläareise zumute (so Grosheide 351; ähnlich Walker* 163), kann dagegen kaum aufkommen. Daß die 500 »einzeln bekannt sind« (Wolff 371; ebs. Wilckens* [Auferstehung] 29), dürfte allerdings übertrieben sein und nur für bestimmte Zeugen gelten.

[211]   So Barth 84; Conzelmann 313; Schenk* 473; Kearney* 278; Hoffmann* (Toten) 186-206; Sellin* 241f; Eriksson* 253f.

[212]   Auch in Gal 2,9.12 fehlt die ausdrückliche Kennzeichnung als Herrenbruder. Früher wurde er öfter mit Jakobus dem Jüngeren identifiziert. Auffallend ist immerhin der Apostelkatalog in Mk 3,17, wo Jakobus *der Zebedaide* unmittelbar auf Petrus folgt, während z.B. in 1,16ff die Brüderpaare Petrus und Andreas sowie Jakobus und Johannes nebeneinanderstehen. Mt 10,2 hat das wieder geändert, ebenso Lk 6,14 (anders auch Apg 1,13, wo freilich auch Johannes und Jakobus auf Petrus folgen; anders in der *varia lectio*). Paulus selbst wird Jakobus zu den Aposteln zählen; obwohl das von Gal 1,19 her nicht eindeutig ist (vgl. auch zu 9,5), spricht an unserer Stelle das folgende τοῖς ἀποστόλοις πᾶσιν eher dafür (vgl. Roloff, Apostolat 62-64; Pratscher* 35 Anm. 32). Ob die Erscheinung in Jerusalem oder in Galiläa erfolgte, muß auch hier offenbleiben (Evans* 51).

[213]   Skeptischer Graß* 101, nach Conzelmann 314 Anm. 91 mit Recht; vgl. dagegen differenzierter Pratscher* 32-34; vgl. auch zu 9,5 EKK VII 2, 294 Anm. 91. Es besteht jedenfalls kein Grund, wegen der beliebten apologetischen Verwendung der Jakobuserscheinung, daß nämlich der Auferstandene

2,2 u.ä.) kann Paulus auch in Korinth als bekannt voraussetzen, daß dieser Jakobus nicht irgendwer, sondern der Mann an der Spitze in Jerusalem ist[214]. Auch über diese Erscheinung erfahren wir aus den Evangelien nichts[215].

Wer ursprünglich mit »allen Aposteln« gemeint ist, muß offenbleiben, weil das vom vorausgesetzten Apostelbegriff abhängt, der im frühen Christentum nicht einheitlich konzipiert war[216]. Man kann allenfalls fragen, wen Paulus selbst darunter verstanden haben könnte. Meist wird aber nicht differenziert und eine Identifizierung mit dem Zwölferkreis + weiteren Personen wie Jakobus und Barnabas[217] vorgeschlagen oder ein »eng begrenzter Kreis persönlicher Jünger Jesu« angenommen[218]. Im Sinne des Paulus ist das wegen der dann vorliegenden Verdoppelung aber

nicht nur früheren Anhängern und Gläubigen erschienen ist (so z.B. Nikolainen* II 93 Anm. 3; Hempelmann* [Auferstehung] 64; Stuhlmacher* [Auferweckung] 78), die Vermutung einer durch die Erscheinung ausgelösten Wende einfach als Phantom zu verdächtigen, wie das bei Price* 86f geschieht. Im übrigen trifft die These für Paulus durchaus zu. Beide zusammen warnen damit zugleich davor, die Bedeutung der Jesusgeschichte für die Entstehung des Osterglaubens zu überschätzen.

[214] Sicher ist es nicht ohne Bedeutung, daß er zu den »Säulen« zählt (Gal 2,9), aber daß diese Erscheinung als eine etwa mit Petrus konkurrierende Protophanie verstanden worden wäre, ist wiederum durch nichts angezeigt.

[215] Die Erscheinung vor Jakobus wird außer in V 7 nur im apokryphen Hebräer-Evangelium erwähnt, dort allerdings als erste: »Als aber der Herr das Leintuch dem Knecht des Priesters gegeben hatte, ging er zu Jakobus und erschien ihm ...« (Hieronymus, De Vir. 3,2); vgl. Vielhauer/Strecker in: Schneemelcher, Apokryphen ⁶I 147 sowie Pratscher* 46-48 und M. Hengel, Jakobus der Herrenbruder – der erste »Papst«?, in: FS W.G. Kümmel, Tübingen 1985, 71-104, hier 82f. Nach Conzelmann 314 Anm. 91 soll sich die Erscheinung auch in Ev-Thom 12 (NHC II 2/34,25-30) spiegeln.

[216] Die Tradition mag z.B. zwischen Jakobus und »allen Aposteln« durchaus ein »Autoritätsverhältnis« gesehen haben (so Wilckens* [Ursprung] 67; vgl. schon Holl* 48-50, nach dem diese Erscheinung die führende Stellung des Jakobus bestätigen soll), doch ist fraglich, ob das für Paulus ebenso gilt. Richtig aber wird sein, daß es sich um

»einen Berufungs- und Sendungsakt« gehandelt haben wird (v. Campenhausen* 17).

[217] Meyer 417 und Heinrici 451: im weiteren Sinne als die Zwölf, diese aber einschließend; ähnlich auch Holl* 48f; Nikolainen* II 90; Bammel* 405; Fee 732 u.a.; vgl. dagegen Barrett 343 (Dann würde Paulus »simply reduplicate the earlier reference«); Schmithals* 66 Anm. 95 und Wolff 372f. Zur Kritik an der Identifizierung nur mit den δώδεκα bei Harnack* 95 (ebs. Winter* 145; Kistemaker 533, der das noch fragwürdiger auf Apg 1,11-16 bezieht, u.a.) vgl. Kümmel, Kirchenbegriff 4. Price* 90f will im Anschluß an Winter* 148f Petrus ein- und Jakobus ausgeschlossen wissen: Christus sei zuerst Jakobus und dann allen Aposteln inklusive Petrus erschienen, was allenfalls bei der Annahme rivalisierender Formeln Sinn machen könnte, im jetzigen Kontext aber ebenso unwahrscheinlich ist wie vom übrigen ntl. Zeugnis her.

[218] So aber Lietzmann 78. Noch willkürlicher ist die Identifizierung mit den »am Tag der Himmelfahrt« versammelten Aposteln bei Godet II 187 und Gutjahr 415 (Die Himmelfahrt ist bekanntlich erst ein Produkt des Lukas, dessen 40-Tage-Zeitraum für die Erscheinungen durch Paulus denn auch ad absurdum geführt wird) oder die Annahme einer nun vorausgesetzten Präsenz des Thomas bei Robertson/Plummer 338 (vgl. auch Murphy-O'Connor* 587-589; Fee 732; anders mit Recht Barrett 343; Evans* 51 Lang 213). In der Alten Kirche wurde auf die 72 (Ephraem 78) bzw. 70 (Theophylakt 756) von Lk 10,1 verwiesen, aber auch auf Mt 28,16 (Ambrosiaster 166 u.a.; so neuerdings auch Kuß 185).

wenig wahrscheinlich. Vermutlich sind auch nicht alle diejenigen im Blick, die über die bisher schon genannten Zeugen hinausgehen, aber auch nicht die Gemeindeapostel (Phil 2,25; 2Kor 8,23), sondern eher diejenigen, die durch den Auferstandenen zu Aposteln berufen worden und in der Mission tätig sind. Zwar ist der Ausdruck Paulus vermutlich schon vorgegeben, da er in einer gewissen Spannung zu seiner Intention steht, sich selbst, der sich doch ebenfalls zu den Aposteln zählt, in den Kreis der Auferweckungszeugen einzubeziehen[219]. Gleichwohl ist das Auftauchen von ἀπόστολοι nach ἀδελφοί in V 6 nicht ganz zufällig (erstmalig nach 12,28f), sondern ein Indiz für den für Paulus bestehenden Zusammenhang von Erscheinung und Apostolat[220]. Alle Apostel, deren Kreis offensichtlich nicht mehr erweiterungsfähig zu sein scheint, ohne daß wir sagen könnten, wer dazu gehört und seit wann er als geschlossen gilt, sind Auferweckungszeugen, nicht aber alle Auferweckungszeugen Apostel. Am ehesten wird man an die Apostel von 9,5f oder Gal 1,17.19 u.ä. Stellen denken, und darin werden nach Röm 16,7 auch Frauen eingeschlossen sein[221].

8   V 8 ist so etwas wie ein Scharnier und verbindet die Zeugenreihe mit den paulinischen Aussagen über seine Erscheinung und seinen Apostolat, ist also nicht mit anderen Visionen und ekstatischen Phänomenen, die Paulus erfahren hat (vgl. 2Kor 12,1f), zusammenzubringen, sondern mit seiner einmaligen Christophanie bei Damaskus (vgl. zu 9,1). Κἀμοί[222] wie

---

[219]   So Klein* 40f; ähnlich Kearney* 273f Anm. 37; vgl. auch Vögtle* (Osterglauben) 125-127 u.a. Richtig ist wohl auch, daß schon die Tradition »einen geschlossenen Kreis« voraussetzt (Holl* 40; Graß* 193; Hoffmann, TRE 4, 491) bzw.von »einem festen Personenkreis« ausgeht, den Paulus wieder aufbricht, um den Apostolat für sich zu reklamieren (so Roloff* 51, der den bestimmten Artikel betont; vgl. auch ebd. 58). Kümmel, Kirchenbegriff 7 plädiert dagegen für eine freie Formulierung des Paulus (vgl. auch Wengst* [Formeln] 94), und Murphy-O'Connor* 587-589 will πάντες für einen paulinischen Zusatz halten, der den Apostelbegriff ausweiten soll (vgl. dagegen schon Klein* 41; Schütz* [Authority] 450f). Nicht ganz sicher ist, ob virtuell auch hier ein ἐφάπαξ mitzudenken, also eine einzige Christophanie oder aber eine für jeden der Apostel gemeint ist. Wegen der Analogie der anderen Erscheinungen optiert Fee 731 wie Graß* 102f für »a collective appearance« (vgl. schon Holl* 48). Andererseits bleibt es schwer vorstellbar, daß alle Apostel je an einem Ort zusammengekommen sein sollten (Schmithals* 68; vgl.

auch Klein* 42, der im Anschluß an v. Dobschütz, a.a.O. [Anm. 198] 35f als plausiblere Alternative »viele einzelne Christusvisionen« nennt).

[220]   Vgl. Wilckens* (Ursprung) 65: »Hier sind ›die Apostel‹ als geschlossener Kreis konstituiert worden«; vgl. auch Graß* 103; Blank* 169; Perkins* 88; Heininger* 192; Vögtle* (Osterglaube) 79f (zur Rede von einer Erscheinung vor allen Aposteln sei es »wahrscheinlich dadurch gekommen, daß im palästinischen Christentum [Jerusalem] der Empfang einer Christophanie als eine den Verkündiger qualifizierende und legitimierende Voraussetzung angesehen« worden sei, so daß die Angabe »nicht auf der konkreten Überlieferung von einer vorpaulinischen, ›allen Aposteln‹ gemeinsam zuteil gewordenen Erscheinung« beruhe) u.a.

[221]   Vgl. Röm 16,7 und (Gerstenberger/) Schrage, Frau 133f; vgl. schon Wyclif, Sermones III 387 (*potest intelligi mixtim de viris et feminis*).

[222]   Daß damit eine Antitypik gegenüber Kephas als dem Erstberufenen beabsichtigt sei (vgl. Roloff* 49 oben in Anm. 176), ist mit Eichholz, Theologie 30 eher zu bestrei-

ὤφθη stellen die paulinische Christophanie gleichgewichtig in eine Reihe und auf eine Ebene mit den Erscheinungen der anderen Auferweckungs- zeugen[223]. Ein gewisser Formzwang beim Gebrauch desselben ὤφθη wird vorliegen, doch besteht angesichts des variablen Sprachgebrauchs kein Anlaß zu der Annahme, daß Paulus seine Beschreibung der Christopha- nie damit als unangemessen oder die mit ἀποκαλύψαι (Gal 1,16) als adä- quater verstünde und sich hier nur aus stilistischen, apologetischen oder anderen Gründen an die Terminologie des Formelgutes angeglichen ha- be[224]. Bedeutsamer ist, daß er mit kaum überbietbarem Anspruch die Rei- he der Auferweckungszeugen mit sich offenbar definitiv beendet sein läßt[225], denn ἔσχατον δὲ πάντων[226] kann nach den zahlreichen Rei- hungspartikeln kaum anders als zeitlich verstanden werden[227]. Ἔσχατον

ten. Erst recht unwahrscheinlich ist die An- nahme von Wire* 160, daß die Korinther wie Lukas nur Erscheinungen in den ersten Wochen nach Ostern anerkennen und Pau- lus darum nicht als Auferweckungszeugen akzeptieren.

[223] Nach Heininger* 192 ist die »Kombi- nation von *Fremd-* (ὤφθη) und *Eigenper- spektive* (κἀμοί) singulärer, als es zunächst den Anschein hat«, weil in der Regel Vi- sionstermini in der 1. Pers. gebraucht wer- den (εἶδον, ἐθεώρουν o.ä.), wie auch ἑώρακα in 9,1 bestätigt. Er schließt daraus ebd. 192f, daß man wegen der »Traditions- vorgabe« des ὤφθη die Erscheinung des Paulus »nach ihrer Erfahrungsseite hin nicht so ohne weiteres mit den vorher ge- nannten Erscheinungen vergleichen kann«. Nur wissen wir angesichts des bei Paulus singulären ὤφθη ebensowenig Genaueres darüber, wie er es selbst noch wie es die an- deren Zeugen in V 5-7 erfahren haben, und es bleibt weitgehend der Phantasie überlas- sen, worin die prinzipiell mögliche und et- wa bei den 500 auch wahrscheinliche, aber hier durch nichts angedeutete Ungleichheit bestehen soll; vgl. auch Lüdemann* (Aufer- stehung) 47.
[224] Das ist unabhängig von der Frage, ob ἀποκαλύψαι die ursprüngliche Osterer- fahrung bezeichnet und ὤφθη als »Gräzi- sierung einer ursprünglich apokalyptischen Aussage« zu verstehen ist (so Hoffmann, TRE 4, 494; vgl. oben Anm. 155) oder nicht (so du Toit* 320.324f); vgl. auch Lüde- mann* (Auferstehung) 75. Zu psychologi- schen u.ä. Erklärungen der Christusvision des Paulus vgl. unten Anm. 269.377.
[225] Das gibt freilich kein Recht zu der Aussage, daß »seine Christusvision ... für

ihn persönlich die Parusie« vorausnimmt (so aber Cerfaux, Christus 55) oder die Pa- rusie Christi »nichts *anderes*, zweites ne- ben seiner Auferstehung« ist (so aber Barth 99 [kursiv im Original gesperrt]); vgl. dage- gen Michaelis, ThWNT V 361.
[226] Nicht ganz sicher ist, ob πάντων von allen Aposteln zu verstehen ist (so Meyer 418; Heinrici 452; Gutjahr 416; Wilckens* [Ursprung] 66 Anm. 23; Schille* 20) oder von allen vorher aufgezählten Auferwek- kungszeugen (so Godet II 188; Schmiedel 187; nach v. Hofmann 338 würde sonst πάντων αὐτῶν zu erwarten sein; vgl. auch Blank* 186 Anm. 2; Roloff* 51; Verburg* 114 Anm. 84 und Schmithals* 67f, auch zu dem Einwand, daß dann das vorhergehende τοῖς ἀποστόλοις πᾶσιν Schwierigkeiten macht). Nun erwartet man gewiß am Schluß der Aufzählung eher ein die ganze Reihe der Zeugen abschließendes πάντων ohne Einschränkung auf die Apostel. Gleichwohl bleibt im Blick auf V 9 auch »alle Apostel außer mir« möglich (Barrett 343). Schon de Wette 141 fragt, ob πάντων nicht als Neutrum mit ἔσχατον »als *aller- letzt* zusammengefasst« werden muß (vgl. Bauer/Aland 636: adverbiell im Sinne von »*zu allerletzt*« wie Mk 12,22); vgl. auch Glombitza* 286 (vgl. auch Güttgemanns* 87 Anm. 185; Wolff 373; Jones* 17) legt entsprechend Wert darauf, daß es nicht ἐσχάτῳ heißt (»als letztem von allen«), also das ὤφθη und nicht der Apostel dadurch bestimmt wird, doch ist der Unterschied nicht sonder- lich groß (wenn man temporal und nicht im Sinne von »als geringstem« erklärt).
[227] So die meisten wie Lietzmann 77; Bornkamm, Paulus 229 (Die Reihe lasse sich »nicht ad infinitum beliebig fortset-

läßt zudem die faktische Abgeschlossenheit und Unwiederholbarkeit der österlichen Erscheinungen erkennen[228], möglicherweise auch die eschatologische Qualität seines Apostolats[229]. Das verleiht dem apostolischen Zeugnis seinen einzigartigen und unüberholbaren Wahrheitsvorsprung, schließt aber keine bloß defizienten Glaubenserfahrungen aller Nichtosterzeugen mit dem gegenwärtigen Auferstandenen ein. Zu beachten bleibt, daß der letzte der Erscheinungszeugen gleichzeitig der einzige ist, aus dessen Munde wir auf Grund eigener Erfahrung unbezweifelbar Authentisches über die Begegnung mit dem Auferstandenen kennen.

Ein großes Fragezeichen ist hinter die Bedeutung von ἔκτρωμα zu setzen, was meist mit Früh- oder Fehl- bzw. Mißgeburt übersetzt wird[230]. Ob überhaupt eines der oft genannten Motive des Plötzlichen, Unnatürlichen, Unzeitigen, Gewaltsamen, Mißratenen, Lebensunfähigen, Irregulären usw. bei dieser Metapher im Vordergrund steht, ist seit langem umstritten und unsicher.

Ἔκτρωμα, von ἐκτιτρώσκω (abtreiben), begegnet zunächst im medizinischen Kontext bei Ärzten, wo es die lebensunfähige Fehlgeburt bzw. Frühgeburt, meist als Totgeburt bezeichnet[231]. In der LXX kommt es dreimal vor, in Num 12,12 als

---

zen«) und zuletzt Baumgarten, EWNT II 156 und Verburg* 113. Ἔσχατον ist *zeitliches* Adverb (vgl. die vorige Anm.). Kittel, ThWNT II 694 will aber auch den »Ton der Geringheit des Letzten« mitklingen hören (ähnlich Michaelis* 24; vgl. später EpAp 31: »der Letzte der Letzten« [Müller bei Schneemelcher, Apokryphen ⁶I 223]); eindeutig im nichtzeitlichen Sinn Schütz* (Paul) 104-106 (mit Verweis auf 4,9), doch näher liegt fraglos eine Verbindung mit dem temporal-eschatologischen ἔσχατος im unmittelbaren Kontext (V 26.45.52, *notabene* die einzigen Belege außer 4,9 bei Paulus), zumal ein qualitativer Sinn das ἐλάχιστος nur verdoppeln würde; vgl. zu Recht Jones* 7-11 u.ö.; Fee 732 Anm. 98; Wolff 373; Ch. Strecker* 150 Anm. 339.

[228] Es ist allerdings kontrovers, ob Paulus hier *prinzipiell* einen definitiven Abschluß der Erscheinungen im Blick hat; vgl. z.B. Schlatter 400 (»Nach seinem Urteil war die Ostergeschichte mit dem, was er erlebt hat, zu Ende«); Holl* 50f; Graß* 105; Conzelmann 315; Güttgemanns* 85; Wegenast* 62f (der Verweis auf die letzte Erscheinung sei gegen Leute gerichtet, »die behaupteten, Christus erscheine ihnen täglich, ja sei dauernd im Geist, der in ihnen rede, da«; ähnlich Wire* 161); anders Mildenberger* 267 Anm. 10; Luz, Geschichtsverständnis 388f (»ein Erfahrungsurteil« [389], aber woher

weiß Paulus das so sicher?); Spörlein* 54; v.d. Minde* 175 Anm. 82. Reflexionen darüber, ob Paulus noch Kenntnis von anderen Erscheinungen hatte (so z.B. Robertson/ Plummer 343; anders Jones* 20), führen jedenfalls ins Reich der Spekulationen; vgl. Michaelis, ThWNT V 360 Anm. 212. Daß Jesus auch »in der Folgezeit immer wieder erschien« (so Lüdemann* [Auferstehung] 211), kann sich allenfalls auf spätere Texte der Gnosis u.ä. beziehen.
[229] Vgl. Fridrichsen, Apostle 3f.16; Saß, Apostelamt 27-34; Schmithals, Apostelamt 34f; erheblich weiter geht Jones* 20-28, der – vorabgebildet in der Abfolge von Jes 49,6 – wie in Apg 13,46f eine heilsgeschichtliche Folge und Vollendung finden will.
[230] Vgl. Schneider, ThWNT II 463f.
[231] Vgl. die Belege bei Wettstein 165f; Schneider, ThWNT II 463 (»die vorzeitige Geburt, die Fehlgeburt, der [uU gewaltsam herbeigeführte] Abgang der Leibesfrucht [Abortus]« (vgl. dazu aber unten), »die unausgetragene, unreife Leibesfrucht, die lebendig oder tot zur Welt gebracht wird«); Bauer/Aland 497; Hollander / v.d. Hout* 228f; Munck* 184-188, der ebd. 187f wie Boman* 48 mit Recht die Auffassung von Fridrichsen* und Björck* kritisiert, ein solches Kind sei als dämonisches Scheusal oder Monstrum angesehen worden (dagegen auch Nickelsburg* [ἔκτρωμα] 199). Allge-

Übersetzung von מות für ein totgeborenes Kind, Hi 3,16 und Koh 6,3 für נפל, das auch im Hebräischen die unzeitige Geburt bzw. Fehlgeburt bezeichnet (an allen Stellen in der LXX wie bei Paulus mit ὡσεί, ὥσπερ oder ὡς eingeführt, während ἔκτρωμα sonst durchweg nichtmetaphorisch gebraucht wird), was auch die Belege in den anderen griechischen Übersetzungen des AT in Ps 58(57),9(8), Jes 14,19 und Hi 21,10 bestätigen. Fast durchgängig wird damit die Ohnmacht, Nichtigkeit und Erbärmlichkeit des Menschen versinnbildlicht[232]. Philo bezeugt das Wort ebenfalls bildhaft in All 1,76, wo es im Anschluß an Num 12,12 parallel zu ὡς ἴσον θανάτῳ steht und allegorisch den bezeichnet, der nach Sinnenlust strebt und dessen Seele darum keine reife Frucht gebiert[233]. Nirgendwo aber hat ἔκτρωμα die Bedeutung Spätgeburt[234], so daß eine Erklärung etwa im Sinne der späten Berufung des Apostels, sosehr man sie auch vom Kontext her (vgl. ἔσχατον) erwarten könnte, als sprachwidrig auszuscheiden hat[235]. Umgekehrt kann aber auch die Bedeutung Frühgeburt[236] nicht befriedigen, weil sie dem ἔσχατον nicht gerecht wird[237], auch wenn nicht dieses, sondern das ἐλάχιστος-Sein damit begründet wird (vgl. zu V 9). So könnte man eher erwägen, im Anschluß an die atl. Belege und Philo den vor der »Wiedergeburt« geistlich Toten

meiner Bengel 430: *Ut abortus non est dignus humano nomine, sic apostolus negat se dignum apostoli appellatione*; ähnlich Meyer 419; Senft 189. Jedenfalls greift Paulus hier »Geburtsmetaphorik« auf, die »zum klassischen Inventar der Initiationsmotivik gehört«, auch wenn er sich nicht mit einer »normalen« Geburt vergleicht (Ch. Strecker* 149); vgl. auch die Geburtsmetapher in Gal 4,19.

[232] Vgl. Hollander / v.d. Hout* 231: »It refers to people who are in a deplorable position and whose lives are miserable and worthless«.

[233] Vgl. Schaefer* 211f; Sellin* 246f (Die Metapher gehöre »in den Kontext der weisheitlichen Tradition vom lebendigmachenden Pneuma« [247]); Munck* 185f.

[234] So aber z.B. Ambrosiaster 167 und einige bei Theophylakt 756: τὸ ὕστερον γέννημα; vgl. dagegen de Wette 142; Meyer 418f; Heinrici 452; Weiß 351.

[235] Obwohl Schneider (ThWNT II 464) das selbst sieht, soll Paulus sich doch »in einem ganz allgemeinen Sinn« als den bezeichnen, »der ›geistlich geurteilt‹ nicht zur rechten Zeit geboren wurde, weil er nicht schon zu Lebzeiten Jesu ein Jünger des Herrn war« (auch früher ist ἔκτρωμα auf die Art und Weise seiner Berufung bezogen worden, so von Calvin 450f; Grotius 820; Godet II 188; Bousset 154; Gutjahr 416; Robertson/Plummer 339 u.a.). Auch das zum »Unzeitigen und Außerordent-

lichen seiner Christusschau« hinzukommende Moment des »Gewaltsamen« (so Schneider, ThWNT II 464; vgl. auch de Wette 141) ist wenig wahrscheinlich, da ἔκτρωμα das Resultat und nicht den Modus bezeichnet (Fridrichsen* 82; Munck* 181; Dunn* 101).

[236] Vgl. dazu auch die rabbinische Parallele in bSot 22a Bar: R. Abba (um 290) deutet »ein Kind, dessen Monate nicht voll sind (das nicht ausgetragen ist)«, als »Talmid, der noch nicht bis zum Lehren (Entscheiden) gelangt ist u. (gleichwohl) lehrt (Entscheidungen trifft)« (Billerbeck I 496; vgl. auch III 471).

[237] IgnRom 9,2 parallelisiert ἔσχατος αὐτῶν (sc. der syrischen Christen) καὶ ἔκτρωμα; vgl. weiter v.d. Osten-Sacken, EWNT I 1031; Ch. Strecker* 150 und die dort Anm. 339 Genannten. Anders Güttgemanns* (Apostel) 90 Anm. 196; Dunn* 102 (»Instead of becoming a Christian by gradual development, ... his coming to faith in Jesus was unexpectedly premature, when he was hardly ready for it«); Verburg* 115 (Paulus werde die Erscheinung zuteil, »bevor er an Christus glaubt«), der aber zugleich von Hi 3,16 her, wo Hiob seine Geburt verflucht und lieber eine Fehlgeburt wäre, die nie das Licht gesehen hat, eine Opposition zu ὤφθη erwägt. Jedenfalls geht es nicht allein um das Christ-, sondern vor allem um das Apostelwerden, was jedoch auch Boman* 48f voneinander abhebt.

mit ἔκτρωμα beschrieben zu finden[238]. Aber nicht eine schon geschehene geistliche Auferweckung des Auferweckungszeugen ist der Skopus, zumal das nur Wasser auf die Mühlen der pneumabestimmten Korinther sein würde, und außerdem gehörte dann das ἔκτρωμα-Sein der Vergangenheit an (vgl. dazu unten Anm. 247). So ist eher im Sinne der atl. Stellen und von sonstigen Berufungstexten her eine bleibende Insuffizienz und Disqualifikation des Apostels zu erwägen, die ihn vielleicht zugleich auch (wie V 31) als bleibend »Todgeweihten« stigmatisiert[239]. Andere denken, m.E. weniger überzeugend, eher an das Embryohafte und Rudimentäre, das dann entwickelt oder überwunden werden kann[240]. Da ἔκτρωμα später vereinzelt auch »Ausdruck der Verachtung« ist, wird daraus z.T. auch geschlossen, daß Paulus hier »vielleicht ein Schimpfwort ... der Gegner« aufnimmt[241] und von ihm selbst positiv gewendet wird. Aber wer sollten diese z.Zt. unseres Briefes sein?[242] Vergleichbar ist am ehesten ὡς περίψημα (4,13),

---

[238] So z.B. Sellin* 250, der von Num 12,12 (ὡσεὶ ἴσον θανάτῳ, ὡσεὶ ἔκτρωμα) her erklärt: »*In der Person des Paulus, in seiner Bekehrung und Berufung, hat Gott durch seine Gnade einen Toten lebendig gemacht*« (ähnlich schon Schlatter 400 und auch Lang 214); vgl. auch Bachmann 433f und jetzt Ch. Strecker* 151 (bestimmend sei »der Gedanke des Todes bzw. der Lebensunfähigkeit«), nach dem aber 154 wegen der Beziehung auf die Gegenwart (vgl. unten Anm. 247) nicht auszuschließen sein soll, daß der Gedanke der Konformität mit dem Todesgeschick Jesu »zumindest latent mitschwingt« (mit Verweis auch auf 4,9ff) und ἔκτρωμα »ein vorzügliches Symbol für ›permanente Liminalität‹« bilde.
[239] Vgl. Hollander / v.d. Hout* 231f, die 234f denn auch Ex 3,11; Ri 6,15; 1Sam 9,21; Jer 1,6; AssMos 12,6f vergleichen, wo z.T. mit den auch von Paulus im Kontext gebrauchten Worten wie οὐχ ἱκανός (Ex 3,11) und ἐλάχιστος (1Sam 9,21) die Berufenen auf ihre mangelnde Qualifikation verweisen, deren Hinderungsgrund nicht beseitigt wird, aber nicht mehr zählt (»sufficiency in spite of insufficiency« [235 Anm. 41]); vgl. auch Schütz* (Authority) 454; Hafemann, Paul 60.
[240] Vgl. Munck* 190 (»something embryonic, that needs to be formed«; vgl. auch Boman* 48: »im höchsten Grade unreif, unentwickelt, infantil«; vgl. auch die Auslegungs- und Wirkungsgeschichte), was dann konkret als Anspielung auf die jüdische Vergangenheit unter Gottes Erwählung verstanden (so Munck* 191) bzw. von Gal 1,15 her gedeutet wird wie bei Nickelsburg* (ἔκτρωμα) 204: »He was an *ektroma* with respect to the purpose for which he

was appointed from the womb«, doch sehe Paulus seine Verfolgungstätigkeit als Durchkreuzung dieser Absicht Gottes an (»God's purpose has miscarried or been aborted«); ähnlich die Erklärung von Schaefer* 215f, der von Hos 13,13, wo ἔκτρωμα aber fehlt (Ephraim gilt dort als unverständiges Kind, das trotz einsetzender Wehen den Mutterleib nicht verlassen will) her und im Zusammenhang mit Gal 1,15 Paulus als einen solchen versteht, der sich der Erwählung von Mutterleib an durch seine Verfolgertätigkeit entzieht; kritisch dazu Hollander / v.d. Hout* 226f.
[241] So Bauer/Aland 497 im Anschluß an Wettstein 166 (*Pseudapostoli videntur Paulo staturam exiguam objecisse, 2. Cor. 10,10*); Weiß 352 (»ein ihm entgegengeschleudertes Schimpfwort«); Bousset 154; Schmiedel 187 (»Schimpfwort der Judaisten«; ebs. Findlay 921; Moffat 238); anders Güttgemanns* (Apostel) 89 (»Schimpfwort der Gnostiker«, die die paulinische Christologie als die eines Außenseiters abwerten; ähnlich Schottroff* 159f) und Schneider, ThWNT II 464. Barrett 344 hält von 2Kor 10,10 her auch eine Anspielung auf körperliche Gebrechen für möglich, Fridrichsen* eine solche auf den Namen Paulus »der Kleine« (»der Zwerg«), was auch Boman* 50 und Martin* 92f befürworten. Das γάρ in V 9 spricht eher dagegen, und die Erklärung bei Weiß 352 (Paulus müsse zugeben, daß im Vorwurf des ἔκτρωμα »ein Korn Wahrheit« liege), schwächt das unzulässig ab.
[242] Barrett 344 verweist zwar auf 2Kor 10,10, um zu belegen, »that his adversaries were not above mocking his physical appearance«. Aber das ist eben eine andere Situation (vgl. EKK VII 1, 39); vgl. auch Hasler* 18.

das ebenfalls kaum korinthisches Schimpfwort, sondern Selbstbezeichnung sein dürfte[243]. Der Artikel ist durch den Vergleich mit den anderen Auferweckungszeugen zu verstehen, aus deren Reihe er herausfällt[244]; die Vergleichspartikel ὡσπερεί (nur hier im NT) mildert den starken Ausdruck ab (gewissermaßen, gleichsam)[245].

Besonderer Beachtung bedarf das γάρ in V 9, d.h. das in V 9 stehende ἐλάχιστος- und οὐκ ἱκανός-Sein des Paulus begründet oder expliziert das ἔκτρωμα-Sein. Dann aber muß ein Defizit oder Manko damit bezeichnet sein, das dieses Gering-, Unwürdig- und Untauglichsein des Apostels erklären kann. Denkt man nur an das Unnormale des Christ- und Apostelwerdens des Paulus[246], daß also aus dem Verfolger ein Apostel geworden ist, bleibt die Schwierigkeit, daß Paulus zugleich von seiner Gegenwart redet[247]. Da die mangelnde Eignung in V 9c aber mit der Verfolgertätigkeit begründet wird (διότι)[248], ist diese als Paradigma, Symptom und Erkenntnisgrund seiner mangelnden ἱκανότης zu bewerten (vgl. 2Kor 3,5): Ein Gegner und Verfolger der Gemeinde bringt keinerlei Voraussetzungen für einen tauglichen Apostel mit. Paulus ist also von sich aus als Apostel »gleichsam wie eine Mißgeburt«, ohnmächtig, schwach, unvollkommen ausgebildet und nicht lebensfähig, wie seine Verfolgung der Gemeinde illustriert, und dieses Stigma ist mit der durch die Auferweckungserfahrung ausgelösten Lebenswende bei Damaskus nicht einfach von ihm abgefallen. Eben so aber bleibt er als ἔκτρωμα von Anfang bis Ende ausschließlich auf die göttliche Gnade angewiesen.

---

[243] Vgl. Conzelmann 314: »Selbstbezeichnung des Paulus (vgl. σκύβαλα im Phil)«; v.d. Osten-Sacken* 253; Schütz*(Authority) 455; Strobel 235; Gillespie* 225f; Wolff 374; Ch. Strecker* 155 und schon Locke 167 Anm. 8.

[244] Vgl. u.a. Bachmann 433 (der Artikel benenne Paulus »als den, der im Verhältnis zu den vorher genannten *das* ἔκτρωμα ist« [kursiv im Original gesperrt]); Moule, Idiom Book 111; v.d. Osten-Sacken* 252 und EWNT I 1031; Wolff 374 Anm. 147; Strobel 237; Heininger* 191. Hollander / v.d. Hout* 232 Anm. 31 verstehen den Artikel generisch (»one of the species of ›miscarriage‹«).

[245] Vgl. Godet II 189: »Das εἰ am Schluß ist eigentlich eine Konjunktion, welche zu einem zu ergänzenden Verb. gehört (›wie *wenn* es wäre‹)« (kursiv im Original gesperrt).

[246] So außer Schneider, ThWNT II 464 auch Windisch, Paulus 144 Anm. 1, der wie Schlatter 401 an Anknüpfung an Num 12,12 denkt.

[247] Noch weiter geht Meyer 419 (ähnlich Heinrici 452 Anm. *): ὥσπερ τῷ ἐκτρώματι bezeichne nicht, »was P. *damals*, als ihm Christus erschien, *war*, sondern was er seitdem *ist*« (anders aber die meisten wie z.B. Bachmann 434; Schlatter 400; Wolff 372; Sellin* 244: »Bezug auf sein vorchristliches Dasein«; Verburg*14f). Im Blick auf V 9 (γάρ!, doppeltes εἰμί!) ist die Beziehung auf die Gegenwart des Apostels durchaus zutreffend, doch sollte es besser heißen: Es bezeichnet *nicht nur* die Zeit der Vergangenheit vor Damaskus. Richtig schon Bengel 430: *pro statu apparitionis, et pro tempore praesenti scriptionis*; vgl. auch Schütz* (Authority) 454 und Ch. Strecker* 151-154, nach dem der »Hauptakzent« auf der Gegenwart liegen soll.

[248] Das ist das Berechtigte an der Deutung von Fridrichsen* und Björck*, doch ist damit die Bedeutung »Scheusal« mit Bezug auf eine »dämonische« oder »monströse« Verfolgung noch nicht gerechtfertigt; zur Kritik vgl. Conzelmann 315 Anm. 95 und Nickelsburg* (ἔκτρωμα) 199.

9 Welche Funktion aber haben die beiden folgenden Verse 9-10, wonach Paulus wegen seiner Verfolgertätigkeit des Apostelamtes unwürdig ist und allein die als Gnade erfahrene Auferweckungsmacht aus dem Verfolger einen Verkündiger des Evangeliums gemacht hat? Wenn man sich nicht einfach mit dem formalen Hinweis auf eine gewisse Digression oder einen Exkurs begnügen will[249], scheint sich die Annahme einer Apologie des paulinischen Apostolats nahezulegen, die die Rechtmäßigkeit des paulinischen Apostelseins begründen soll[250]. Nun ist in V 10b (ähnlich wie in 9,1ff) ein apologetischer Ton unüberhörbar, doch liegt der Akzent dabei eher auf der Ebenbürtigkeit als auf dem apostolischen Status der Erscheinungszeugen, d.h. Paulus will seinem Zeugnis den gleichen Rang wie dem der anderen zuweisen[251]. Im ganzen aber scheint eine Stärkung der eigenen Autorität im Kontext von Kap. 15 nicht der springende oder doch jedenfalls nicht der einzige Punkt zu sein[252], auf den es Paulus hier ankommt. Sein vorrangiges und zentrales Interesse ist vielmehr die Wahrheit und Wirklichkeit des Zeugnisses von der Auferweckung Jesu[253]. Damit ist dann, wenn man sein ἔργον als Siegel des Apostolats (9,1f) und sein apostolisches κοπιᾶν (V 10) einbezieht, auch sein Apostolat begründet. Im übrigen aber insistiert Paulus mehr auf der Gleichwertigkeit der *Erscheinungen* als auf der Gleichrangigkeit der *Zeugen*[254].

Ebenso unwahrscheinlich wie eine rein apologetische oder gar polemische ist auch hier (vgl. oben zu V 6) eine distanzierende Funktionsbestimmung, als ob Paulus

---

[249] So z.B. Weiß 353; Meyer 420; Heinrici 453 (»nicht eine grammatische, wohl aber eine logische Parenthese«); de Wette 142 (»eine Abschweifung zur Erklärung des Ausdrucks ›Fehlgeburt‹«); Bünker* 66; Lambrecht* 120.

[250] So v.d. Osten-Sacken* 259 und passim; vgl. schon Weiß 352 (»Schutz gegen die Bestreiter seines Apostolats«); Olshausen 735 (»um die Widersacher seiner Auctoritåt niederzuhalten«) und Calvin 450 (die Verse dienten »der dringend nötigen Empfehlung seiner Autorität bei den Korinthern«, und nach ebd. 451 soll Paulus V 9 schreiben, »um Angriffen der Gegner zu begegnen«); Lambrecht* 122 (»a self-defense«); nach Martin* 92f soll Paulus nicht nur den Vorwurf kontern, kein wahrer Apostel zu sein, sondern auch den, »only an individualistic message« zu predigen; vgl. auch oben Anm. 10.

[251] Nach Stauffer, ThWNT II 354 soll das ἐγώ sogar auf »seine Sonderstellung im Zwölferkreise« weisen, die freilich durch V 11 wieder relativiert werde.

[252] Kloppenborg* 359 Anm. 45 spricht mit

Recht von »a secondary motive«. Vgl. auch Brakemeier* 36 (bei einer Apologie fehle eine sinnvolle Beziehung zum Kontext); Vögtle* (Osterglauben) 66; Schade* 198f; Sellin* 233 (das εἴτε – εἴτε nehme »Bezug auf die Erscheinungen, nicht aber auf die Anerkennung des Kerygmas von verschiedenen christlichen Autoritäten«) und 243; Mitchell* 288; Plevnik* (Paul's Appeals) 106; Lewis (Lit. zu 15,12ff) 31.36; vgl. auch oben Anm. 10. Auf keinen Fall aber liegt hier eine wenn auch verborgene Polemik gegen andere Apostel vor: »not an intra-apostolic defense, but rather an apostolic paradigm« (Schütz* [Authority] 453).

[253] Vgl. z.B. Vögtle* (Osterglauben) 48; Carnley* 140.

[254] Man könnte geradezu eine gewisse Relativierung von Legitimation und Position der Auferweckungsverkündiger im Sinne von Phil 1,18 konstatieren. Barrett 337 schließt schon aus dem Fehlen von ἀπὸ τοῦ κυρίου im Unterschied zu 11,23 vielleicht nicht zu Unrecht: »Here the content rather than the origin of his teaching bears the stress«.

gegenüber den Korinthern betonen wolle, daß ein »direkter Zugang zum Auferstandenen« in der Gegenwart nicht möglich ist und also die Auferstehung »als *vergangenes* Ereignis« festgehalten werden solle[255]. Aber ein Anspruch der Korinther auf gegenwärtige Ostererscheinungen ist allenfalls aus ἔσχατον (vgl. oben Anm. 228) zu entnehmen, aber nicht in V 9f zu erkennen, und der Verweis auf die Auferweckungszeugen soll diese nicht von der Gegenwart abrücken. Zudem redet Paulus nicht allgemein anthropologisch vom Zugang zum Auferstandenen *sub contrario*, sondern von seiner eigenen durch die Gnade bestimmten apostolischen Existenz, die nicht einfach als Modellfall für Auferweckungserfahrungen zu verstehen ist[256]. Richtig ist, daß Paulus nun am Beispiel seiner Person verdeutlicht, was das Auferweckungsgeschehen in Rückbindung an die *theologia crucis* (1,26ff) bewirkt und bedeutet[257] und daß vor allem V 10a gut in den Kontext seiner Lehre von der Rechtfertigung paßt, die auch sonst (vgl. Röm 4,17) mit der *resurrectio mortuorum* parallelisiert wird[258]. Doch will Paulus hier nicht auf die soteriologische Funktion des Kerygmas oder gar auf die Auferweckung der Auferweckungszeugen vom Tod hinaus, sondern auf die Wirklichkeit der Auferweckung Jesu Christi bzw. auf das apostolische Werk (κοπιᾶν), das diese Auferweckung Jesu bezeugt.

Letztlich ist die Wirklichkeit und Verbürgtheit der Auferweckung Jesu Christi hier ebenso das Leitmotiv wie bei der Erweiterung der Zeugenliste. Nur ändert sich der Modus des »Beweis«ganges, insofern nach dem »Traditionsbeweis«[259] und dem Hinweis auf den Selbsterweis des Auferstandenen bei seiner eigenen Ostererscheinung nun noch ein »Beweis des Geistes und der Kraft« (2,4) folgt, in dem sich die österliche δύναμις und χάρις des auferweckten Christus auch nach seinen Erscheinungen in konkret erfahrbarer Gestalt bekunden, d.h. Paulus bedient sich hier offenbar des *argumentum ab effectis*[260]. Beides aber stellt auch die paulinische

---

[255] So Conzelmann 316 und Güttgemanns* (Apostel) 73-81, nach dem »die zeitliche Distanz zwischen dem irdischen Jesus und den Christen« überhaupt die »Pointe« von 1Kor 15 sein soll; vgl. dagegen Schade* 197f.

[256] Anders Patte* 229: Paulus beschreibe seine eigene Existenz, insofern sie »a ›type‹ for the believers« sein könne, und der Beweis für die Auferstehung Jesu sei in »the Corinthians' experience« zu finden (230).

[257] Vgl. vor allem Sellin* 245.250; so kann man V 10a gut mit 4,8 in Beziehung setzen.

[258] Das würde verstärkt, wenn ἔκτρωμα in den korinthischen Kontext weisheitlicher Tradition vom lebendig machenden Pneuma gehörte und von Philo her als Totgeburt zu verstehen wäre, wonach ein nur biologisch Lebender geistlich doch tot sein kann; vgl. oben Anm. 238.

[259] Schmithals, Gnosis 150.

[260] Vgl. dazu Lausberg, Handbuch I 210 (vgl. auch 80 zur *probatio ex effectis*); angesichts auch des Effektes von Pseudoaposteln (vgl. 2Kor 11,4 u.ä.) bleibt das freilich ein ambivalentes Argument (vgl. auch unten Anm. 596), doch vgl. auch zu 9,2. Zur Sache vgl. Lewis (Lit. zu 15,12ff) 31 Anm. 28 und 36 (»further proof for the reliability of his witness to the resurrection«). Nach Roloff* 54, der stärker auf »die weiterwirkende Kraft seiner (sc. des Paulus) Christusbegegnung« abhebt, hat sich »die Gewalt des Berufungswortes aus dem Munde des Auferstandenen ... an Paulus und seinem apostolischen Werk weithin sichtbar exemplifiziert«. Dafür sprechen die Aoriste, doch die Präsensformen gehen darüber hinaus; vgl. auch das Coccejuszitat unten Anm. 498. Lapide* 76 verweist im übrigen darauf, daß es »in keinem der Fälle«, wo in der rabbinischen Literatur von Visionen die Rede ist,

Osterbotschaft als gültiges Zeugnis neben die der anderen Auferwek-
kungszeugen[261]. Gerade weil Paulus als ὁ ἐλάχιστος[262] der Apostel ist, der
es nicht wert ist, Apostel genannt zu werden, ist die Überwindung seiner
mangelnden ἱκανότης[263] als Apostel ebenfalls ein sprechender Selbsterweis des Gottes, der Jesus Christus von den Toten erweckt hat und ihn als
lebenschaffenden Geist (V 45) gegenwärtig sein läßt[264]. Zugleich wird damit angedeutet, daß der Auferweckte nicht nur aus der Wirklichkeit dieser Welt herausruft (hier aus der schuldhaften Vergangenheit), sondern
immer zugleich in sie hineinstellt, um ihn dort mit Wort und Tat in seinem Mitsein (σὺν ἐμοί) zu bezeugen. Die hier nur kurz erwähnte Verfolgertätigkeit des Paulus wird in Gal 1,13f etwas genauer erklärt[265]; doch

»zu einer wesentlichen Änderung im Le-
benslauf der Wiederbelebten oder derer, die
Gesichte erlebt hatten«, gekommen ist: »Es
blieb bei der Vision, die in gläubiger Verwunderung nacherzählt und manchmal
auch aufgebauscht wurde; sie hatte aber
keine feststellbaren Folgen«.
[261] Das heißt nicht, daß Paulus die bloße
Zeugenkette als defizitär und in ihrer
Glaubwürdigkeit unbefriedigend empfinden oder als Inhalt der Tradition von vornherein »nur die innere Lebendigkeit des
Glaubens« ins Auge fassen würde, »die diesen als bloß historischen grundsätzlich an-
zweifelbaren Bericht zur religiösen Gewißheit erhebt« (so Delling, ThWNT IV 15;
vgl. Blank* 137 Anm. 6). Dann hätte sich
Paulus die Zitierung der Paradosis ersparen
können.
[262] Vgl. Michel, ThWNT IV 651f.659f;
vgl. Weiß 352: »Ἐλάχιστος ist aus dem
Munde des Ap. durchaus verständlich, namentlich im Vergleich mit den sinnlosen
Übertreibungen auf seine Kosten« (Eph 3,8;
1Tim 1,15, wo nach Dassmann, Stachel 168
»Spuren einer beginnenden *Paulushagio-
graphie*« vorliegen (kursiv im Original ge-
sperrt]).
[263] Ἱκανός ist nicht »Ausdruck sittlicher
Werthe« (so aber Heinrici 453 [anders
ders., Sendschreiben 481 Anm. 2]; ähnlich
Godet II 189: »*moralisch* fähig«), sondern
wie 2Kor 2,16 und 3,5f Ausdruck mangelnder Eignung. Das οὐχ ἀφ᾽ ἑαυτῶν ἱκανοί
ἐσμεν (2Kor 3,5) zeigt aber, daß die apostolische ἱκανότης grundsätzlich nicht auf
menschlicher Qualifikation oder Kompe-
tenz beruht; vgl. zu ἱκανός Spicq, Notes III
345-350. Ob καλεῖθαι hier im Sinne von
κλητός (1,2) auf die göttliche Berufung
verweisen soll (vgl. z.B. 1Kor 1,9), wie z.B.
Findlay 921 will, oder im Sinne von »ge-

nannt werden« bzw. »sein« gemeint ist
(vgl. Mt 5,9.19 u.ö. und Bauer/Aland 810),
ist eher im letzteren Sinne zu entscheiden
(vgl. Heinrici, Sendschreiben 481 Anm. 3).
Natürlich wird Paulus damit nicht zu einem
bloßen Titularapostel.
[264] Zum Verständnis des Geistes als »Vergegenwärtigung, Bekanntmachung und Er-
schließung des Auferstandenen« vgl. Winden* 286. Darin steckt implizit auch »die
Ermächtigung zur gültigen Auslegung der
überlieferten Botschaft« (so v.d. Osten-Sacken* 260; vgl. aber die kritischen Vorbehalte bei Schade* 198f), doch Paulus liegt
an der Selbigkeit (vgl. οὕτως V 11), nicht
an einer neuen Auslegung, und wenn, dann
ist diese Auslegung primär eine praktische
und auf die Auswirkung abhebende. Unabhängig von der Frage, ob sich V 20-28 vom
traditionellen Kerygma her begründen läßt
(vgl. Froitzheim* 145 mit Anm. 298), ist zu
erwägen, ob mit V 10 nicht schon die eschatologische Herrschaft ins Auge gefaßt ist,
die durch die Auferweckung Jesu Christi
inauguriert wird (vgl. auch Röm 14,9).
[265] Das dort genannte καθ᾽ ὑπερβολήν erweist ebenso wie das doppelte Imperfekt,
daß dieses διώκειν nicht nur eine kurzfristi-
ge Aktion war oder auf eine momentane
Kurzschlußhandlung zurückgeht (vgl. auch
κατὰ ζῆλος in Phil 3,6); vgl. weiter A.J.
Hultgren, Paul's Pre-Christian Persecutions:
Their Purpose, Locale, and Nature, JBL 95
(1976) 97-111; M. Hengel, Der vorchristliche Paulus, ThBeitr 21 (1990) 174-195, hier
189-193; ders., Paulus 265-291; Becker; Paulus 70-73; K.-W. Niebuhr, Heidenapostel
aus Israel, 1992 (WUNT 62), 35-43.57-65;
K. Haacker, ANRW II 26.2 (1995) 877-895;
B. Wander, Trennungsprozesse zwischen
Frühem Christentum und Judentum im 1.
Jh. n. Chr., 1994 (TANZ 18), 146-167; J.

während Paulus dort darauf abhebt, daß er als Verfolger nicht von den Verfolgten abhängig gewesen sein kann und keinen Kontakt mit der apostolischen Tradition hatte, wird hier vor allem verdeutlicht, daß aus einem Verfolger der »Gemeinde Gottes«[266] nur der machtvolle Eingriff Gottes einen die Auferweckung bezeugenden Apostel machen kann[267]. Verfolgertätigkeit kann nur disqualifizieren, also begründen, daß Paulus ὁ ἐλάχιστος der Apostel ist, der es nicht wert ist, Apostel genannt zu werden.

Der eigenen Untauglichkeit korrespondiert antithetisch (δέ) die Gnade 10 Gottes, der Paulus allein verdankt, was sein jetziges Sein als Christ und Apostel ausmacht[268]. Allein diese Gnade, auf die Paulus auch sonst seine Lebenswende[269] und sein Wirken als Apostel zurückführt[270], ist es, die sich eschatologisch durchsetzt – so wie dereinst gegen den Tod (vgl. Röm 5,21), so jetzt im Apostel und in der Gemeinde[271]. Sie hat Paulus mehr,

---

Taylor, Why did Paul Persecute the Church?, in: Tolerance and Intolerance in Early Judaism and Christianity, hg. v. G.N. Stanton u.a., Cambridge 1998, 99-120.

[266] Zu ἐκκλησία τοῦ θεοῦ vgl. zu 1,2 und weiter 10,32; 11,22.

[267] Man sollte die Unwürdigkeit aber nicht allein psychologisch dadurch erklären, daß das Glücksgefühl über die Würdigung einer Erscheinung des Auferstandenen beim Apostel »tiefe Demuth« angeregt habe, die »von dem schmerzlichen Bewusstsein, einst die Gemeinde verfolgt zu haben, genährt wurde« (so Meyer 418; Heinrici 452). Das ἐλάχιστος ist zudem auch rhetorisch-hyperbolisch auf Wirkung angelegt (so Meyer 418; Heinrici 452); vgl. Conzelmann 316 mit Anm. 100 und 102 sowie Strobel 237f: »Was sich darstellt wie der unüberbrückbare psychologische Gegensatz einer in sich zerrissenen Persönlichkeit, die zwischen Selbstdemütigung und Selbsthochschätzung hin und her schwankt, ist ein Beweis der Rechtfertigung und Erwählung gerade des Sünders«.

[268] Vgl. zu solcher rhetorischen *correctio* außer Weish 8,19f weiter Lausberg, Handbuch I 386-389 und Siegert, Argumentation 226. In der Sache ist ein Rekurs auf »Tauferfahrungen und Tauftraditionen« (so Hasler* 22) ebenso eingetragen wie ein Echo auf Ex 3,14, das Glombitza* 288 hier hören will; richtiger ist sein Hinweis auf 2Kor 12,7 (289).

[269] Darin eingeschlossen ist vielleicht (ausdrücklich gesagt wird das nirgends) die Vergebung seiner Verfolgung. Allerdings sollte man nicht versuchen, seine Christophanie aus Schuldgefühlen abzuleiten,

denn Paulus ist kein an seiner vorchristlichen Vergangenheit, etwa wegen mangelnder Toraerfüllung Gescheiterter; vgl. Phil 3,6 und z.B. Fischer* 75; Stendahl, Jude 24f; Hengel, Paulus 283; anders mit tiefenpsychologischer Erklärung Lüdemann* (Auferstehung) 108-112 (unbewußter »Christuskomplex« [111]) und (Karfreitag) 33f.39 (mit Verweis auf Röm 7,7-25 als Reflex eines unbewußten Konflikts) sowie ders., Psychologische Exegese oder: Die Bekehrung des Paulus und die Wende des Petrus in tiefenpsychologischer Perspektive, in: F.W. Horn (Hg.), Bilanz und Perspektiven gegenwärtiger Auslegung des Neuen Testaments, 1995 (BZNW 75), 91-111, z.B. 106: »Diese Zerrissenheit des Paulus zwischen seinen als Scheitern empfundenen eigenen Bemühungen und den ihm so offen vor Augen stehenden, seine eigene Sehnsucht verkörpernden Anhängern Jesu entlud sich schließlich im sog. Damaskusereignis«; vergleichbar vorher schon D.F. Strauß (vgl. unten Anm. 362), nach dem sich bei Paulus »ein sich immer mehr potenzierender Konflikt aufgebaut« haben soll, »der sich in einer Vision entlud« (Zager* 121, der 122 auch auf das Schriftstudium als Auslöser der Visionen nach Strauß verweist); vgl. schon Meyer bei Hoffmann* (Osterdiskussion) 66f sowie unten Anm. 377.

[270] Vgl. schon 3,10 und Gal 1,15.

[271] Vgl. zu χάρις als Befähigung zum apostolischen Wirken zu 3,10; ähnlich Gal 2,9; vgl. sachlich auch 7,25 und 2Kor 4,1. Nach Berger* (Auferstehung) 219 ist Gnade hier »die Kraft zur Verkündigung des in der Berufungsvision Empfangenen«.

d.h. wohl nicht nur härter und entbehrungsreicher (vgl. 4,12), sondern auch effektiver und weiträumiger arbeiten lassen als alle anderen. Die neben ἡ χάρις αὐτοῦ ἡ εἰς ἐμέ stehende »synergistisch klingende Formel«[272] ἡ χάρις τοῦ θεοῦ σὺν ἐμοί läßt zwar keinen Zweifel daran, daß Paulus nicht einfach ein passives Objekt ist, aber das eigentliche Subjekt seines κοπιᾶν ist die Gnade Gottes, nicht er selbst (οὐκ ἐγώ). Und diese Gnade ist nicht ohne Wirkung und positives Ergebnis geblieben[273]. Jedenfalls bezeugt die paulinische Missionstätigkeit ebenfalls die Wirklichkeit und Wirksamkeit der ihm bei der Erscheinung Christi widerfahrenen Gnade und damit zugleich die der Auferweckung Jesu Christi[274]. Gewiß erweist sich die δύναμις τῆς ἀναστάσεως αὐτοῦ (Phil 3,10) auch in anderen Zeichen, vor allem in Leiden und Peristasen (vgl. 2Kor 4,10f). Doch auch nach 9,1 manifestiert sich die Auferweckungsmacht Jesu Christi ebensosehr im ἔργον des Apostels, und sein gemeindegründendes κηρύσσειν und κοπιᾶν[275], mit dem er alle anderen übertrifft[276], ist noch

[272] Schlatter 403. Das ist durchaus sachgemäß, auch wenn die übliche Deutung des plerophorisch oder als Selbstkorrektur verstandenen οὐκ ἐγώ, nicht Paulus selbst wirke in seiner Arbeit, sondern »nur Gottes Gnade« (so z.B. Bultmann, ThWNT III 650f) richtig ist; nur hebt das das ἐκοπίασα nicht einfach auf; vgl. auch zu 3,9. Da der von 𝔓⁴⁶ ℵ² A D¹ Ψ 33 1881 𝔐 bezeugte Artikel vor σὺν ἐμοί vermutlich sekundär ist (vgl. Metzger, Commentary 567: »an assimilation to the expression in the first part of the verse«), spricht sich Paulus einerseits in der Tat »den selbstthätigen Antheil an der Herbeiführung des Erfolgs nicht ab«, weiß aber andererseits, daß die göttliche Gnade »die eigene Thätigkeit so *überwiegt*, dass er auf die Alternative: ob Er, oder ob die Gnade so Grosses gewirkt habe, nur antworten kann, wie er gethan« (Meyer 421; vgl. auch de Wette 142, nach dem durch »die Unterordnung der menschlichen Thätigkeit unter die göttliche, nicht die Aufhebung der erstern ausgesprochen« wird). Doch auch dann, wenn man die textkritische Entscheidung offenhält, scheint die Beziehung auf das Verbum, das auch in V 11a noch regiert und virtuell noch präsent ist, näherliegend; vgl. auch Rückert 393: ἡ σὺν ἐμοί = ἡ συνεργοῦσά μοι. Richtig ist allerdings, daß das nicht »ein auf Spitzen gestellter Ausdruck für den ›concursus‹ göttlicher Gnade und menschlichen Willens« ist (Weiß 352f). Oft zitiert wird Augustin: *Nec gratia Dei sola, nec ipse solus, sed gratia cum illo* (Olshausen 435; Robertson/Plummer 342 u.a.). Vgl. auch die

Auslegungs- und Wirkungsgeschichte.
[273] Zu οὐ κενή vgl. außer V 58 auch Gal 2,2; Phil 2,16; 1Thess 2,1; 3,5; Theodor v. Mopsuestia 194 (οὐ κενὴ καὶ ἄπρακτος) oder Severian 272 (οὐ μάτην), während die Lateiner *vacua* (Vulgata) oder *otiosa* (z.B. Thomas 408) oder *inanis, otiosa, sine opere & fructu* (Cornelius a Lapide 336) bevorzugen; vgl. weiter Oepke, ThWNT III 660. Zur Lesart πτωχή vgl. Bammel, ThWNT VI 909 Anm. 229, der sie für ursprünglich hält, was nicht auszuschließen ist.
[274] Vgl. Blank* 194-197; Fischer* 74 zu 9,1: »Nicht was Paulus ›erlebt‹ hat, gibt ihm Freiheit und Recht, sondern allein die Frucht«.
[275] Κοπιᾶν ist oft die spezifisch apostolische Tätigkeit (vgl. außer zu 4,12 vor allem Gal 4,11; Phil 2,16) und weiter A. v. Harnack, Κόπος (κοπιᾶν, Οἱ κοπιῶντες) im frühchristlichen Sprachgebrauch, ZNW 27 (1928) 1-10 sowie Hauck, ThWNT III 828f. Nach Calvin 541 steht *labor pro fructu laboris*. Zu περισσότερον vgl. 2Kor 11,23 ἐν κόποις περισσοτέρως. Dabei ist die dort zu erkennende Ironie bzw. Rede ἐν ἀφροσύνῃ (11,21) im Auge zu behalten; vgl. z.B. Schlatter 402f.
[276] Meyer 420 und Heinrici 453 plädieren bei der Auslegung von περισσότερον αὐτῶν πάντων für »mehr als alle zusammengenommen« statt für »mehr als jeder von ihnen«, weil das dem τοῖς ἀποστόλοις πᾶσιν in V 7b entspreche und auch geschichtlich stimme; auch Godet II 189 findet darin »keinerlei Übertreibung«. Doch auch der Hinweis auf Röm 15,19 gibt

in einer anderen Weise Zeugnis und Zeichen als der in Konsequenz der Auferweckungshoffnung zu verstehende κόπος aller Christen (V 58). Was in V 14 dem Kerygma des Apostels zugeschrieben wird, das nur im Fall, daß Christus nicht auferweckt worden wäre, ohne Wahrheit, ohne Kraft, ohne Wirkung (κενή) bleibt, wird hier positiv auf die χάρις τοῦ θεοῦ zurückgeführt, die sich real im Glauben und Leben auswirkt[277]. Die abschließende Präzisierung οὐκ ἐγὼ δὲ κτλ. wehrt vor allem einem Mißverständnis im Sinne der Ruhmredigkeit und Selbstüberschätzung[278].

Das κηρύσσειν verbindet Paulus mit den anderen Zeugen der Liste   11 (ἐκεῖνοι bezieht sich auf V 5-8) und dokumentiert so deren Einheit und Gleichgewichtigkeit[279], relativiert mit εἴτε … εἴτε aber zugleich deren Profil und Eigengewicht. V 11 ist keine gewaltsame Rücklenkung zum Thema[280], und οὕτως verweist auch nicht allein auf das Credo und seine Auslegung[281], sondern zieht das Fazit aus dem ganzen Abschnitt (vgl. das resümierende οὖν)[282]. »So«, d.h. aufgrund der genannten Begründung, verkündigen wir das Evangelium. Dabei ist nicht die Übereinstimmung im Sehwiderfahrnis oder im Credobezug, sondern im κηρύσσειν (V 11) bzw. εὐαγγελίζεσθαι (V 1f) des Auferstandenen im Blick. Wichtiger als die Einheit des Verkündigungsinhalts und Glaubensgrundes ist dabei die Tatsache, daß durch das vom Auferweckungszeugnis bestimmte Kerygma der Glaube der Korinther bewirkt worden ist[283]. Gleichwohl ist das christologische Fundament keine Privatmeinung des Paulus, sondern die gemeinsame Basis der Urchristenheit[284].

---

[277] das nicht her; vgl. dagegen 14,18. Richtig de Wette 142: Diese Erklärung sei »nicht sicher und nothwendig«; ähnlich Weiß 352 (»»Mehr als sie alle zusammen‹ wäre etwas viel gesagt«) und Conzelmann 317; vgl. schon Cajetan 82r (*non collectiue sed singulorum*) und Estius 724.

[277] Ein mögliches »umsonst« ist hier im Unterschied zu Gal 4,11 (vgl. auch 2,2) gerade nicht im Blick, so daß ein Bezug auf Jes 49,4 (κενῶς ἐκοπίασα καὶ εἰς μάταιον), der Paulus als »missionarischen Gottesknecht« verstehen lassen soll (so W. Radl, Alle Mühe umsonst? Paulus und der Gottesknecht, in: Vanhoye, L'apôtre 144-149, hier 148; Verburg* 118), hier trotz sonstiger Reflexe von Jes 49 (Gal 1,15) doch wenig wahrscheinlich ist.

[278] Vgl. de Wette 142.

[279] Man kann auch hier einen gewissen apologetischen Ton nicht überhören (so Meyer 421; Heinrici 454). Daß V 11 aber mit 1,12 zu verbinden wäre (so Bammel* 412f), bleibt reine Spekulation.

[280] Anders Weiß 353.

[281] So aber Conzelmann 318; Verburg* 119; vgl. auch Brakemeier* 40: οὕτως beziehe sich »nicht nur auf den Wortlaut des Credos«, sondern »ebenso auf den von Paulus herausgestellten Sinn«.

[282] Vgl. Meyer 421 und Heinrici 454 (οὕτως = »so wie oben angegeben«); das zweite οὕτως wird aber auch von beiden Exegeten mit »in Folge dessen nämlich« umschrieben.

[283] Vgl. schon Theophylakt 757: Οὐκ εἶπε δὲ, ὅτι Νῦν πιστεύετε, διότι ἐσαλεύοντο. Auch Wolff 375 beachtet mit Recht den Unterschied des Aor. ἐπιστεύσατε zum Präs. κηρύσσομεν und sieht darin wie in V 2 einen Vorbehalt. Paulus vermeide es »anscheinend, ihnen einen derzeitigen Glauben an den Auferweckten zuzusprechen«.

[284] Natürlich ist das kein Argument gegen die theologische Pluralität und Disparatheit der frühen Kirche (so aber Jones* 32), nur sieht Paulus anders als z.B. Gal 2,11ff solche Differenzen hier nicht gegeben.

<table>
<tr><td>

Zusammen-
fassung

</td><td>

Mit Kap. 15 ist der Höhepunkt des Briefes erreicht. Daß Paulus auch hier in der Auseinandersetzung mit Enthusiasten steht, die eine perfektionistische Heilsvollendung für sich reklamieren und gleichzeitig eine spiritualisierende Aversion gegen alles Leibliche bekunden, bleibt im ersten Abschnitt noch verborgen. Paulus beginnt vielmehr unter Rückgriff auf eine geformte Überlieferung mit der erneuten Kundgabe des Evangeliums, das in Tod und Auferweckung Jesu seine Mitte hat. Der 2. Teil der alten Formel V 3b-5 (Auferweckung/Erscheinungen) bildet dabei die Basis der folgenden Argumentation und soll weniger Autorität und Status der Zeugen als vielmehr das christologische Fundament der Totenauferweckung sicherstellen. Paulus erweitert darum die beiden schon der Formel zugehörigen Erscheinungen vor Petrus und den Zwölfen um eine Liste weiterer Zeugen, um die Auferweckung Jesu den Korinthern so verbürgt wie nur möglich vor Augen zu stellen. Er versteht diese Erscheinungen dabei als Begegnungen mit dem vom Tod erweckten Christus, der sich darin als solcher zu erkennen gibt und offenbart. Für die Argumentation besonders gewichtig ist V 6, nach dem noch lebende Zeugen die Zuverlässigkeit der Osterbotschaft bestätigen können. Als letzten reiht Paulus sich selbst gleichgewichtig in die Reihe derer ein, denen der Auferstandene erschienen ist. Er ist auch hier »der Apostel der Ausnahme« (Peterson), insofern der Auferstandene ihn als Widersacher und Verfolger der Gemeinde zum Apostel bestellt hat. In V 9-11 schwingen zwar auch apologetische Motive mit, doch zielen die Verse nicht allein oder primär auf die Gleichstellung mit anderen Aposteln, sondern auf die Gleichrangigkeit seines Auferweckungszeugnisses. Zugleich wird erkennbar, daß die Macht der Gnade des Auferstandenen ihre Energie im außergewöhnlichen Missionswerk des Apostels erwiesen hat.

</td></tr>
<tr><td>

Auslegungs-
und
Wirkungs-
geschichte

</td><td>

Erstaunlicherweise haben V 9f den weitaus meisten Nachhall gefunden, wenngleich die fundamentale Bedeutung der Auferweckung Jesu und der Toten schon in diesem ersten Abschnitt immer wieder zur Sprache kommt. Diese soll 1. kurz belegt werden (S. 73-75), dann 2. die Aussagen zur Tradition in V 3f (S. 75-80), 2.1. zu Tod und Begräbnis (S. 81-83), 2.2. zur Auferweckung und vor allem zu den Erscheinungen (S. 83-92) und 2.3 zum »Schriftbeweis« (S. 92-94), 3. zu den einzelnen Christophanien (S. 94-97), 4. zu den verschiedenen Deutungen von V 9f (S. 98-107) und 5. zur Deutung von V 11 (S. 107f)[285].

</td></tr>
</table>

---

[285] Literatur (in Auswahl; vgl. zur Auslegungs- und Wirkungsgeschichte auch das Lit.-Verzeichnis oben S. 10-13): M. Alfeche, The Use of Some Verses in 1 Cor. 15 in Augustine's Theology of Resurrection, Aug(L) 37 (1987) 122-186; L. Atzberger, Geschichte der christlichen Eschatologie innerhalb der vornicänischen Zeit, Freiburg 1896 (Nachdruck Graz 1970); H. Becker / H. Ühlein, Liturgie im Angesicht des To-

des. Judentum und Ostkirchen I.II, 1997 (Pietas Liturgica 9 und 10); C.W. Bynum, The Resurrection of the Body in Western Christianity, 200-1336, New York 1995; B. Daley, Eschatologie in der Schrift und Patristik 1986 (HDG IV 2), 84-248; P. Carnley, The Structure of Resurrection Belief, Oxford 1987; B. Dreher, Die Osterpredigt von der Reformation bis zur Gegenwart, 1951 (UTS 3); Geense*; H.-G. Geyer, Die

1.   In den alten Kommentaren wird mit oder ohne Anlehnung an das ἐν
πρώτοις oft gleich zu Anfang die unvergleichliche und unüberbietbare
Bedeutung der Auferstehung herausgestellt, die als ἐπὶ τὸ πάντων
ἀναγκαιότατον bzw. τὸ κεφάλαιον τῶν ἄλλων charakterisiert wird[286],
womit alles steht und fällt. Dabei wird vor allem wegen des unlöslichen
Zusammenhangs der Auferstehung Jesu mit der der Toten zwar zu Recht
betont, daß die Auferstehung Jesu διὰ τὴν κοινὴν ἀνάστασιν als Fundament feststehen muß (Theodoret 348), im übrigen aber findet neben der
Bedeutung von Christus als ἀπαρχή die Auferstehung Jesu kein sonderlich großes Interesse[287]. Vielmehr ist schon hier wie im Anschluß an V 19

Auferstehung Jesu Christi. Ein Überblick
über die Diskussion in der gegenwärtigen
Theologie, in: F. Viering (Hg.), Die Bedeutung der Auferstehungsbotschaft für den
Glauben an Jesus Christus, Gütersloh
³1966, 91-117; G. Greshake, Theologiegeschichtliche und systematische Untersuchungen zum Verständnis der Auferstehung, in: Greshake/Kremer* 165-371; R.
Guardini, Die letzten Dinge, Mainz 1989;
M.L. Gubler, Nun aber ist Christus von den
Toten auferweckt worden, als Erster der
Entschlafenen (1.Kor 15,20), Diak. 22
(1991) 1-6; dies., Auferweckt als Erstling
der Entschlafenen, BiKi 52 (1997) 2-7;
Heidler, F., Die biblische Lehre von der Unsterblichkeit der Seele. Sterben, Tod, ewiges Leben im Kontext lutherischer Anthropologie, 1983 (FSÖTh 45); Heim, K., Welt-
schöpfung und Weltende. Das Ende des jetzigen Weltzeitalters und die Weltzukunft
im Lichte des biblischen Osterglaubens,
Hamburg ²1958; M. Josuttis, Erwägungen
zur Osterpredigt, in: H. Breit / K.-D. Nörenberg (Hg.), Festtage, München 1975,
100-117; Kessler*; ders., Die Auferstehung
Jesu Christi und unsere Auferstehung, in:
Pfammatter/Christen, Hoffnung 65-94; B.
Klappert, Diskussion um Kreuz und Auferstehung, Wuppertal 1967; Th. Kliefoth,
Christliche Eschatologie, Leipzig 1886; K.
Koschorke, Paulus in den Nag-Hammadi-
Texten, ZThK 78 (1981) 177-205, hier 191-
200; H. Ohlig, in: Verweyen, Osterglaube
80-104; T. Schreiber, Die soteriologische
Bedeutung der Auferweckung Jesu Christi
in gegenwärtiger systematischer Theologie,
1998 (EHS.T 627); W. Thiede, Auferstehung der Toten – Hoffnung ohne Attraktivität? Grundstrukturen christlicher Heils-
erwartung und ihre verkannte religionspä-
dagogische Relevanz, 1991 (FSÖTh 65); H.
Verweyen, Die Sache mit den Ostererschei-

nungen, in: Broer/Werbick* 65-80; ders.,
»Auferstehung«: ein Wort verstellt die Sache, in: ders., Osterglaube (Lit. zu Kap. 15)
105-144; B. Weyel, Ostern als Thema der
Göttinger Predigtmeditationen, 1999
(APTh 35).
[286]   Chrysostomus 321; vgl. auch Theophylakt 752 (τὸ κεφάλαιον τῆς ἡμετέρας
πίστεως) und 753 (θεμέλιός ἐστι πάσης
τῆς πίστεως und τὸ γὰρ πᾶν τοῦ
Χριστιανισμοῦ ἐν τῷ τῆς ἀναστάσεως
κεῖται δόγματι). Nach Glossa 57r handelt
es sich bei den von Paulus zitierten *articuli
fidei* um *principia ex quibus alia credenda
deducunt.*
[287]   Vgl. Staats, TRE 4, 467; nach 514 finden sich Aussagen über die Auferstehung
Jesu »vorrangig jeweils im Kontext von
Ausführungen zum Sonntagsgottesdienst,
zur Beendigung des Fastens im Ostergot-
tesdienst und zur Eucharistie«. Vor allem
aber ist »nicht die Auferstehung Jesu an
sich, sondern die aus ihr begründete Auferstehung des Menschen vom Tode ... das die
altkirchliche Theologie bewegende Thema«
(517). Als möglicher Grund für die spärli-
che Rezeption der paulinischen Auferstehungstheologie wird 523f die Verabsolutie-
rung der Auferstehung in der Gnosis vermutet, wo z.B. in EvPh 20 (NHC II 3/56,15-
18) erklärt wird, der Herr sei zuerst auferstanden und dann gestorben. Es gibt auch
»keine Auferstehungspredigt, sondern das
gesamte *Christusmysterium* wird verkündet« bzw. »die Gnade, wie sie in den Kult-
mysterien der Osternacht gewonnen wird«
(Dreher, a.a.O. [Anm. 285] 4 [kursiv im
Original gesperrt]); daneben dominieren
moralische und dogmatische Belehrungen
(8f.17). Apokalyptische Vorstellungen werden dabei zunehmend spiritualisiert und in-
dividualisiert (vgl. Lewis [Lit. zu 15,12ff]
187f u.ö.). Im übrigen tritt nach Kessler*

immer wieder zu lesen, daß ohne die Auferstehungshoffnung alle Arbeit und alles Leiden dieses Lebens, alles Beten und Fasten vergeblich sind, aber auch alle Predigt umsonst ist[288]. Nach Luther verkündigt Paulus das Evangelium, *quasi nihil aliud sit quam resurrectio Christi*, also dringt er die predig gar auff den *articulum et nullum articulum sic urserunt ... Si articulum resurrectionis Christi non* helt, wie man yhn halten sol, *tum omnes articuli perduntur*[289]. In einer anderen Predigt heißt es: »Wo dieser Artikel hinweg ist, da sind auch alle ander hinweg und der Heubtartikel und gantze Christus verloren ...«[290]. Ebenso ist für Bullinger »diser artickel der allerhöchst ... unsers gloubens«[291], und auch hier wird die Zusammengehörigkeit mit der Auferstehung der Toten betont: Wenn unser Fleisch nicht aufersteht, gibt es auch keine Inkarnation und Auferstehung Christi, dann ist vielmehr seit Beginn der Welt alles eitel[292]. Oft wird das Kap. 15 als ganzes genannt, ohne daß einzelne Verse angeführt werden, vor allem in Katechismen, meist für die Auferstehungsthematik[293] oder für die Überwindung von Sünde, Tod und Teufel[294]. Daß dieses Kapitel nie zu überholen ist, sondern immer neuer Erinnerung und Aktualisierung bedarf, steht überall fest[295].

21f auch in Scholastik und Neuscholastik »die Auferstehung Jesu merklich zurück zugunsten einer spekulativen Ausarbeitung der Lehre von der gottmenschlichen Einheit Jesu Christi und seinem satisfaktorischen Tod« (21); vgl. auch Schreiber, a.a.O. (Anm. 285) 46.

[288] Hieronymus 763; Pelagius 213; Theodoret 349 u.a. Wie zentral die Auferstehungshoffnung ist, bezeugen auch die alten Bekenntnisse (vgl. zum Apostolikum Adam, RGG ³I 511f und Vokes, TRE 3, 533.538) und die ältesten Taufkatechesen, in denen die Auferstehung »an zentraler, nämlich alles zusammenfassender Stelle (vgl. schon Did 14-16)« stehen (Staats, TRE 4, 470).

[289] WA 29, 324f. Für V 1-11 wird das Bild vom Fundament gebraucht, auf dem das ganze Gebäude errichtet wird, so von Coccejus 329, der daraus die Folgerung zieht, daß ohne Destruktion dieses Fundaments der Bau nicht zerstört werden kann; auch für Maior 212r und Semler 396 ist in V 3f die Summe des ganzen Evangeliums enthalten und das, was notwendiger ist als die *disputationes Nicaenae, Ephesinae, Chalcedonenses*.

[290] WA 36, 483; vgl. auch 499.

[291] Schriften, Bd. 1, 41; vgl. auch ders., Summa 102 und im Kommentar 239. Anders allerdings Zinzendorf, der zu V 3 ausführt: »Daß Er auferstanden und wieder gen himmel gefahren, ist freilich ein stůk der historie, aber nicht just das allerinteressanteste stůk fůr uns. Der Heiland lasse uns nur gewiß wissen, daß Er fůr uns gestorben ist: wie Er sich aus dem tode, aus dem grabe wieder heraus gefunden, ... das ist eine unnôthige sorge ...« (Hauptschriften V [Londoner Predigten 1] 85f).

[292] Bullinger 238; vgl. außerdem ebd.: *Propter eius excellentiam* schreibe Paulus *accuratius, diligentius & doctius* über diese Sache, *clarissimis & firmissinis argumentis*; vgl. auch v. Mosheim 672: Weil die Auferstehung Christi der Grund ist, muß diese zunächst »außer Zweifel gesetzet und von allem Widerspruch befreyet werden«.

[293] Vgl. Reu, Katechismen I 1, 636.716.805.828f; II 1, 11.139.272 u.ö. Nicht zufällig gehört 1Kor 15 neben Joh 14-17, Lk 15 und Röm 5-8 auch zu denjenigen Texten, die bei Krankenbesuchen »fürnemlich zum trost der krancken dienstlich« sind (EKO, Bd. 14, 403). Die Herborner Generalsynode von 1586 empfiehlt 1Kor 15 neben Joh 12, 1Thess 4, Ez 37, Hi 19 und Ps 39 für Begräbnisermahnungen (Jacobs, Bekenntnisschriften 277).

[294] Reu, Katechismen I 1, 767.799.825f u.ö.

[295] Vgl. z.B. Luther, WA 36, 487: »Ich sehe wol, das es wil not sein, das man jmer anhalte, euch zuuermanen des, das ich euch

Der oft zitierte Satz Bengels (429) zu V 1 wird kaum irgendwo Widerspruch gefunden haben: *Aeternam haec acceptatio obligationem involvit*[296].

Auch heute ist bei allen bestehenden Interpretationsdifferenzen ökumenisch unumstritten, daß 1Kor 15 eine Schlüsselfunktion eignet, die Auferstehung Jesu »das Fundament und zusammen mit der Botschaft vom Kreuz das Zentrum des christlichen Glaubens« bildet[297] und daran unbedingt festzuhalten ist. So kommt für Ebeling die Auferstehung Jesu nicht »als ein Gegenstand neben anderen« in Betracht, weil sich »im Glauben an den Auferstandenen der Glaube an Jesus schlechthin« ausspreche[298], und Moltmann erklärt wie viele andere: »Das Christentum steht und fällt mit der Wirklichkeit der Auferweckung Jesu von den Toten«[299]. Darum wird auch des öfteren angemerkt, daß die vorgeschlagene Zuordnung von V 1-11 als Predigttext zum 11. Sonntag nach Trinitatis statt zur Osterzeit daran erinnern kann, daß die Auferstehung Jesu unabhängig vom Festkalender das ganze christliche Leben prägt und jeder Sonntag »neue Vergegenwärtigung von Ostern« ist[300], ja »jeder Tag, den wir als Christen leben, und gerade der Arbeitstag, ... ganz von der Auferstehung des Herrn bestimmt sein« sollte[301].

2.   V 3f wird von vielen alten Kommentaren nicht auf menschliche *Überlieferung*, sondern in Analogie zu 11,23 auf Christus selbst zurück-

---

erstlich gepredigt habe, das jr euch nicht lasset dasselbe aus den augen setzen noch aus dem hertzen nemen durch ander predigt und lere, Denn wo man solchs nicht stets treibet und erinnert und das hertz damit umbgehet, da ist schon thür und fenster offen und rawm gnug gelassen, das allerley verführung hinein gehe und die reine lere auslesche und wegneme«.

[296]   Die Kritik des Paulus an den Korinthern wird entsprechend meist im Vergessen dieser Verpflichtung gegenüber dem »Hauptstück« gesehen (so z.B. Calvin 449, der noch »Schläfrigkeit und Leichtfertigkeit« hinzufügt); nach Luther gibt Paulus den Korinthern »einen heimlichen stich« (WA 36, 487), nach ebd. 491 sind es »harte und scharffe wort und doch freundlich und süsse gered«.

[297]   Vgl. die Belege für diese u.ä. Formulierungen bei Schütte, Glaube 86f; vgl. auch oben Anm. 2 und Barth, KD IV 3, 47; Rahner, SM (D) I 420.

[298]   Das Wesen des christlichen Glaubens, Tübingen 1959, 72; Geense* 15 erklärt im Anschluß an Barth, 1Kor 15 stehe nicht iso-

liert da, sondern sei der perspektivische Horizont, in dessen Licht das Ganze stehe; ähnlich andere wie Glen, Problems 189, nach dem der ganze Brief mit seinen »pastoral complexities« nicht ohne Beziehung zur Auferstehung verstanden werden kann, ja »the various problems throughout the letter have similarly anticipated the resurrection, because for the most part they have been essentially eschatological problems«.

[299]   Theologie 150; vgl. auch Koch* 1 (die Frage nach der Auferstehung Jesu habe sich in der gegenwärtigen Theologie »zu der alle anderen theologischen Aussagen bedingenden Schicksalsfrage« gestaltet); Küng, Christ 371 (»Ohne Ostern in der Christenheit kein Glaube, keine Verkündigung, keine Kirche, kein Gottesdienst, keine Mission!«); Kessler* 17, nach dem »das Bekenntnis zur Auferstehung des Gekreuzigten den Nerv und das Zentrum des christlichen Glaubens bildet« (vgl. auch 23).

[300]   So M. Doerne, Furcht ist nicht in der Liebe, Berlin 1950, 189.

[301]   So A. Schönherr, Rede, Herr, dein Knecht hört, Berlin 1955, 219.

geführt, weshalb Subjekt von παρέδωκα für Didymus (6) der σωτήρ ist, Paulus nach Cyrill (893) als θεοδίδακτος gilt[302] und Chrysostomus (323) umgekehrt Wert darauf legt, daß es παρέδωκα und nicht ἐδίδαξα heißt, was zeigen soll, daß οὐδὲν τούτων τῶν δογμάτων menschlichen Ursprungs ist. Crell (312) merkt an, daß das *tradidisse viva voce, sine scripto* geschah.

Die Angewiesenheit der Kirche und ihrer Verkündigung auf die Tradition wird erst später ein Problem, was ebenso wie das Lessing-Kierkegaardsche Problem der »Jünger erster und zweiter Hand« hier nicht diskutiert werden kann (vgl. aber oben Anm. 91.167). Nur ein heutiges Beispiel: Nach Voigt haftet der Überlieferung zwar der Verdacht an, »nie die Lebendigkeit des Selbstentdeckten oder gar Selbsterfundenen« haben zu können und den Glauben »von geborgter Erfahrung und Gewißheit« leben zu lassen; seine Antwort darauf: »Abhängig sollen wir in der Tat nicht von fremdem Glauben sein, wohl aber von der Selbstbezeugung Gottes in Jesus Christus. Nicht an der Gläubigkeit anderer Menschen entzündet sich unser Glaube, wohl aber an dem, was Gott selbst durch sie und ihr Zeugnis uns zu wissen gibt und anbietet«[303].

Inhaltlich wird V 3f oft in den größeren Kontext von Inkarnation und Trinitätslehre gestellt[304], und zumal das erste Doppelglied wird gern im

[302] Vgl. auch Severian 271, der von einer dem Apostel anvertrauten αὐτοψία spricht, daß Christus starb, auferstand und ihn vom Himmel berief. Später heißt es z.B. bei Spener 477: *non saltem ab Anania ..., sed & a Christo ipso.* In 3Kor 3,4 (Schneemelcher, Apokryphen [6]II 232) wird das Überlieferte dagegen (allerdings ohne Anspielung auf unsere Stelle) auf die Apostel vor Paulus zurückgeführt, »die allezeit mit dem Herrn Jesus zusammengewesen waren«; vgl. Aleith, Paulusverständnis 31: »So erscheint Paulus als der getreue Zeuge und Fortsetzer der Tradition, die auf das Wirken Jesu zurückgreift«.

[303] G. Voigt, Das heilige Volk, Göttingen 1970, 211. Kritisch I. Baldermann, Auferstehung sehen lernen. Entdeckendes Lernen an biblischen Hoffnungstexten, 1999 (WdL 10), hier z.B. 8, wonach alle Versuche zum Scheitern verurteilt sind, »den Osterglauben auf Autoritäten zu gründen, weil ich damit genötigt werde, in dieser Frage auf Leben und Tod alles auf die Glaubwürdigkeit von Zeugen zu setzen, von denen ich keinen kenne, deren Zeugnis mir nur aus zweiter oder dritter Hand überhaupt zugänglich ist und deren Glaubwürdigkeit zwar behauptet wird, für mich aber in keiner Weise mehr überprüfbar ist«. Nun darf

der Auferstehungsglaube gewiß nicht blinder und erfahrungsloser Glaube sein (108) und sich nicht autoritärer Vermittlung oder bloßer Behauptung verdanken, doch ist unsere Angewiesenheit auf den Wahrheitsvorsprung des Bekenntnisses der Osterzeugen nicht mit eigenen Erfahrungen zu überspielen. Daß das Auferstehungszeugnis des Paulus nicht auf dem Zeugnis der anderen Zeugen von V 3ff gründet, sondern »auf seiner ganz eigenen Wahrnehmung« (7), kann, so gewiß es auch bei uns um »eigene Wahrnehmung des lebendigen und gegenwärtigen Christus geht« (108) und moderne Erfahrungsdefizite gerade hier nicht zu leugnen sind, die bleibende Differenz zwischen unserer und der paulinischen »Wahrnehmung« als »letzter von allen« (V 8) kaum einebnen, zumal diese als Widerfahrnis bekanntermaßen nicht zu inszenieren war. Zum Erfahrungsbezug des Osterglaubens vgl. auch Ebeling, Dogmatik II 315; Weyel, a.a.O. (Anm. 285) 24f.34f. 80.237-244.250-252.

[304] Vgl. außer Irenaeus, Dem. 39 (SC 62, 93) und Theodoret 348 z.B. Fulgentius, der das Verhältnis von göttlicher und menschlicher Natur im Tod und Begräbnis diskutiert und zwar von der *unitas personalis* spricht, doch hinzufügt, daß die *proprietas*

Sinne der wahren Menschheit Jesu ausgewertet, so daß die Menschwerdung als das entscheidende Datum der Soteriologie vor die Auferweckung
rückt[305]. Wäre Christus bloß σκιά und δόκησις, könnte er nach Cyrill
nicht sterben und auferstehen[306]; an anderer Stelle erklärt er mit ausführ-
lichen Zitaten aus 1Kor 15: »Ein Schatten kann doch wohl nicht leiden ...
Wie hätte nun, sag' mir doch, der Schatten sterben sollen? Wie konnte
der Vater Christus auferwecken, wenn er Schatten und Schein war und
den Banden des Todes nicht unterworfen?«[307]. Auch nach v. Mosheim
(676) erwähnt Paulus Tod und Begräbnis nur, um damit deutlich zu machen, daß die Auferstehung »eine wahrhaftige Auferstehung« ist, weil
vielleicht schon damals einige meinten, daß »nur ein Scheintod und eine
Scheinauferstehung« vorlägen, »die etwas Geistliches anzeigen sollen«.
Zwar können andererseits V 3-5 auch auf Gott selbst übertragen werden[308], doch heißt es meist, daß kein bloßer Mensch, sondern der fleisch-
gewordene Logos bzw. eingeborene Sohn Gottes starb und auferstand[309].
Vor allem aber wird im Zuge christozentrischen und dabei die Gottheit
Christi hervorhebenden Denkens zunehmend Christus selbst zum Sub-
jekt der Auferstehung[310] oder erklärt, daß Christus, »da er Gott und
Mensch war«, »aus eigener Kraft« wieder auferstand[311]. Coccejus (330)

---

beider Naturen *fecit solam carnem Christi
passioni et morti naturaliter subiacere, permanente impassibilitate atque immortali-
tate diuinae incommutabilisque substantiae.* Nach Zitat von V 3 heißt es dann: *Quae
omnia, secundum personae unitatem totus
Christus pertulit, secundum naturalem
proprietatem, ad solam carnis pertinent ue-
ritatem* (Contra Fastid. 20,2 [CChr 91,
305f]); vgl. auch ders., Ad Trasam. 3,16,3f
(ebd. 160f) und 3,26,1 (ebd. 170f).
[305] Vgl. Irenaeus, Haer. 3,18,3 (SC 34,
314); ferner Trummer* 29f, der aber auch
darauf verweist, daß sich Chrysostomus
334 gegen solche Überbewertung der Inkarnation stellt: Nicht das σαρκωθῆναι, sondern das Sterben Christi habe den Tod zerstört.
[306] Cyrill, De Incarn. 682a (SC 97, 200);
Didymus v. Alexandrien 6 (περὶ τοῦ σώματος αὐτοῦ ..., οὐ τῆς ψυχῆς).
[307] De Recta Fide 8 (BKV 2. R. 12, 33f);
vgl. auch seinen Kommentar 896: Ὅλη
γὰρ ἦν ἡ ἀνθρώπου φύσις ἐν αὐτῷ
παθοῦσα τὸν θάνατον; Severian 273:
Wenn der Tod Schein war, ist auch der
Glaube Schein; Epiphanius, Haer. 42,12,3
(GCS 31, 172): οὐ κατὰ μῦθον; Hus (Opera VII 425): Paulus predige *non ludicra, non
fabulas.*
[308] Nach Tertullian, De Carne Christi 5,1-

3 (CChr 2, 880) ist es Gott selbst, der geboren wird, starb und auferstand; vgl. auch
Hilarius, De Trin. 10,67 (BKV 2. R. 6, 222f).
[309] Von Joh 1,14 her wird z.B. zu belegen
versucht, daß wie für Melchisedek (Hebr
7,3) so auch für Christus gilt, daß er weder
Anfang noch Ende des Lebens hat (Marcus
Eremita, Opusc. 10 [BGrLit 19, 307]); vgl.
auch 11 (ebd. 327.331): Der starb und auferstand, war kein bloßer Mensch.
[310] Vgl. Ignatius, Smyrn 2 (ἀληθῶς
ἀνέστησεν ἑαυτόν); Athanasius, De Incarn. 31 (PG 25, 149); nach Cyrill hat
Christus »in unaussprechlicher Macht den
Tod mit Füßen« getreten (Ep. ad Nest.
[COD 42 bzw. BKV 2. R. 12, 93]); vgl. auch
ders., Ep. Fest. 5 (SC 372, 284) und Gregor
v. Nyssa, De Perf. (Opera VIII 1, 202). Nach
Hieronymus ist Christus auferstanden *hora qua ipse voluit* (Ep. 120,6 [PL 22, 991]).
Trummer* 38 macht auch darauf aufmerksam, daß nach Severian der Engel »nicht
einmal mehr den Stein vom Grab wälzen
darf, um nicht die Macht der Auferstehung
Christi zu schmälern« (Gregor v. Nyssa
[PG 46, 629]). Die Synode v. Toledo erklärt
675 *virtute propria sua suscitatus e sepulchro surrexit* (Denzinger/Hünermann,
Enchiridion, Nr. 539, S. 249).
[311] So z.B. Nikolaus v. Cues, De Non Aliud, hg. v. P. Wilpert, Hamburg 1952, 57.

legt später den Christustitel der Formel im Sinne des dreifachen Amtes
Christi als Hoherpriester, König und Prophet aus und versucht, Auf*erstehung* und Auf*erweckung* Jesu zu verbinden[312]. Zumal in manchen Kirchenliedern des 16. und 17. Jh.s wird Christus immer mehr selbst zum
Triumphator: »Heut triumphieret Gottes Sohn ...« (EG 109,1); »Er ist aus
des Todes Banden als ein Siegsfürst auferstanden« (EG 561,1)[313]. Nach
Schleiermacher aber bleibt es immer schwierig zu behaupten, die Auferstehung Christi sei »ein Werk des göttlichen in ihm selbst«, da es »der
durchgängige Gebrauch der Schrift ist, die Auferweckung Christi Gott
schlechthin zuzuschreiben«[314].

In neuerer Zeit wird in derselben Richtung etwa von Barth betont, daß
das Osterereignis »die *eigentliche, ursprüngliche, exemplarische* Offenbarungstat und von daher als Gottestat *sui generis*« zu verstehen ist[315].
Weitaus stärker aber ist das Interesse daran, die unlösliche Zusammengehörigkeit von Tod und Auferstehung Jesu als theologisch konstitutiv herauszustellen. Gewiß hat man nie vergessen, daß der Tod des Auferstandenen und die Auferweckung des Gekreuzigten verkündigt werden[316], ei-

---

Die befreiende Wirkung von Tod und Auferstehung Jesu wird freilich auch so festgehalten wie in dem Osterlied von Petrus Damiani: »... Der Sklavenfesseln trägt, macht frei / Der Getötete schafft neu, / Und da das Leben unterliegt, / Stirbt der Tod und ist besiegt / ... Nun sind wir von der Tyrannei, / Die uns einst bedrückte, frei. / Durch Christus, der vom Tod erstand, / Sind zerstört der Sünde Band' ...« (Aufgestanden gegen den Tod. Eine ökumenische Osteranthologie, hg. v. B. Kahl / V. Kahl, Berlin 1984, 30f).
[312] Er schreibt Christus das zu, *quod se ipsum vivificaveret*, dem Vater aber, *quod ipsum resuscitaverit*, was er gegen die Sozianer wendet, die der Meinung sind, daß Christus im Tod *corporis vitam & potentiam divinam* gehabt habe, *qua excitantur mortui* (331). Vgl. auch etwa die reformierten Dogmatiker, die lehren, daß Christus *propria sua deitatis virtute* auferstanden ist (Heppe, Dogmatik 362). Vgl. neuerdings etwa das Zitat von T.F. Torrance bei G. Goldsworthy, »With Flesh and Bones«: A Biblical Theology of the Bodily Resurrection of Christ, RTR 57 (1998) 121-125, hier 131: »The hypostatic union survived the descent into hell and Christ arose still in unbroken communion with the Father«.
[313] Vgl. auch EG 108,2 (»Er ist der Erst, der stark und fest / all unsre Feind hat bezwungen / und durch den Tod als wahrer Gott / zum neuen Leben gedrungen ...«;

EG 111,3 (»am dritten Tag durchs Grab er dringt, / mit Ehr sein Siegesfähnlein schwingt«. Friedrich (Lit. zu Kap. 15) 306 zitiert in Anm. 3 auch Prätorius: »Triumph, Triumph! Er kommt mit Pracht, der Siegesfürst heut aus der Schlacht«. In der bildenden Kunst ist auf die Darstellungen des Auferstandenen mit der Siegesfahne zu verweisen; vgl. zu Christus als Triumphator in der Kunst Wichelhaus, RGG ⁴I 926-928 (mit Abbildungen).
[314] Gesamtausgabe VII 2, 64.
[315] KD IV 1, 336 (die drei ersten kursiven Worte im Original gesperrt). Vgl. dagegen den Katholischen Katechismus von 1955: »Welches Wunder hat Jesus am dritten Tag nach seinem Tode gewirkt? Am dritten Tag nach seinem Tode vereinigte Jesus seine Seele wieder mit dem Leibe und stand glorreich von den Toten auf« (zitiert bei Verweyen, a.a.O. [Anm. 285; Sache] 67.
[316] Vgl. z.B. Calvin, Inst. 2,16,13, nach dem uns erst durch die Auferstehung Christi die *vis* und *efficacia* seines Todes zukommt (mit Verweis auf Röm 1,4; 2Kor 13,4; Phil 3,10); wo allein vom Tode die Rede sei, da sei doch immer zugleich das *proprium resurrectionis* einbegriffen, und umgekehrt gelte dieselbe *synekdoche*. Vgl. auch Luther WA 17.1, 184f (»Christus ist gestorben umb unser sünd unnd wiederumb aufferweckt umb unserer gerechtigkay ... und ist der nutz der aufersteeung darynn begriffen«); ferner Osterlieder wie

ne besondere Akzentuierung des untrennbaren Zusammenhangs von Tod und Auferweckung Jesu begegnet aber vor allem in neuerer Zeit. Dabei gilt der Tod Jesu nicht einfach als überholt oder gar bedeutungslos revidiert, sondern die Auferweckung wird als Inkraftsetzung und Offenbarwerden der Heilsbedeutung des Todes verstanden[317]. Doch sowenig die *theologia resurrectionis* die *theologia crucis* resorbieren dürfe, sowenig dürfe das Umgekehrte geschehen[318]. Bringe die Auferstehung nur die Heilsbedeutung des Todes Jesu ans Licht, führe das zur »Enthistorisierung« und zum Verlust des eschatologischen Charakters als Zukunftsgeschehen, auf das hin Paulus die Linien des Auferstehungskerygmas ausziehe[319]. Vor allem V 20-28 bestätigen in der Tat, daß die Auferstehung Jesu den Anfang und Durchbruch der endzeitlichen Herrschaft Jesu Christi und der Überwindung des Todes signalisiert[320]. Neuerdings wird

EG 100,2 (»Es ist erstanden Jesus Christ, der an dem Kreuz gestorben ist«); EG 101,1 integriert das Dahingegebenwerden in die Osterbotschaft (»Christ lag in Todesbanden, für unsre Sünd gegeben, der ist wieder erstanden und hat uns bracht das Leben«) u.ä.

[317] Vgl. z.B. Friedrich (Lit. zu Kap. 15) 311; Klappert* und ders., a.a.O. (Anm. 285); Barth 59.115 und ders., KD IV 1, 340f.373; vgl. zu Barths und Bultmanns Sicht der Einheit von Kreuz und Auferstehung Geyer, a.a.O. (Anm. 285) 93-105. Vgl. ferner Ratschow, Glaube 175, nach dem Paulus aufgrund seiner und anderer Ostererscheinungen nicht einfach die Auferstehung verkündigt, sondern die Auferstehung des am Kreuz Getöteten; Kraus, a.a.O. (EKK VII 1, 199 Anm. 581) 299-303; Doerne, a.a.O. (Anm. 300) 189 (zu Ostern habe Gott »sein Ja gesprochen zu dem am Kreuz bewähren unbedingten Liebeswillen Jesu und uns damit das Leben geschenkt«); Koch* 70f; Dembowski, Christologie 130; Schillebeeckx, Auferstehung; 54; Wiederkehr, Perspektiven 62f; Dalferth, Gekreuzigte 32-48.52-54 u.ö.; Jüngel, Tod 123 (die Auferstehung sei nicht »eine Art Rückgängigmachung seines Todes«, sondern mache den Tod »unendlich wichtig«). Zur Zusammengehörigkeit von Eschaton und *theologia crucis* vgl. Moltmann, Gott 174-183; Ebeling, Dogmatik III 450f; Wiederkehr, Perspektiven 51f.169-171.

[318] Barth, KD IV 1, 335f. Das bedeutet, daß auch »eine vereinseitigte Karfreitagsfrömmigkeit«, die dem Protestantismus bisweilen vorgeworfen wird, abzulehnen ist (Doerne, a.a.O. [Anm. 300] 189 mit Hin-

weis darauf, daß die »›Theologie der Auferstehung‹ noch vor der Theologie des Kreuzes« da war und nicht nur Paulus »alles auf die Osterwirklichkeit stellt«). Glen, Problems 190 illustriert das am Bild einer »ellipse with its two foci«.

[319] Moltmann, Weg 253f; vgl. auch ebd. 255f zu Bultmanns Deutung von Ostern als »Ausdruck für die Bedeutsamkeit des Kreuzes« (vgl. dazu auch Kreck, Zukunft 158f u.ö.; Kessler* 173-178.269; Geyer, a.a.O. [Anm. 285] 96; Schreiber, a.a.O. [Anm. 285] 70-76); nach ebd. 236 gehört im Credo vor das »am dritten Tag auferstanden von den Toten« kein nahtloses »und«, sondern »eine Pause, denn es beginnt eine qualitativ ganz andere, nämlich die eschatologische Aussage über Christus«; ebd. 208 wird von einem »Mehrwert« und »Verheißungsüberschuß« der Auferstehung gesprochen; vgl. auch ders., Theologie 146.148; Neues Glaubensbuch 179 (»*ein neuer Tatbestand*«); Hedinger, Hoffnung 212f und Schreiber, a.a.O. (Anm. 285) passim.

[320] Vgl. Fürst, GPM 40 (1985/86) 231: V 1-11 sind »nur Auftakt und Anmarsch ... hin zu der Aussage, der das Interesse des Apostels gilt, daß nämlich der Glaube an die Auferstehung Christi ... den Glauben an die Auferstehung der Toten impliziert ...: ein Christus, der nur für sich auferstanden wäre, ist nicht der Christus, sondern eine ganz uninteressante Figur; ein Gott, der nur ihn auferweckt hätte, aber uns im Tod läßt, ist nicht wahrhaft Gott, nicht der Gott, der alles um des Menschen willen tut (ein solcher Gottesglaube wäre nach V. 34 Atheismus)«.

darüber hinaus die provokative, auch sozial und politisch verändernde Kraft der auf das Kreuz bezogenen Auferstehungsbotschaft hervorgehoben[321]. Das durch die Auferstehung zum »Hoffnungszeichen« gewordene Kreuz werde »trotz des jahrhundertelangen Mißbrauchs als Unterdrückungswerkzeug und Triumphzeichen der Mächtigen« heute »in Gruppen und Basisgemeinden lateinamerikanischer, afrikanischer und asiatischer Kirchen als Protest gegen repressive Diktaturen und brutale Unterdrückung verstanden«[322]. Allerdings wird auch in unseren Breiten darauf bestanden, daß die Auferstehungsbotschaft zum »Streit gegen die Handlanger des Todes« ermutigt und Christen der Resignation widerstehen, »die in diesem Streit der gefährlichste Verbündete des Todes ist«[323].

Rahner entnimmt der »Kurzformel« von V 3f die Empfehlung, darüber nachzudenken, »wie man einem Menschen von heute ganz *kurz*, aber verständlich *und* zugleich in einer Formel, die dynamisch weitertreibt in die ganze Fülle des Glaubens, sagen kann, was das Christentum verkündigt und vermittelt«, damit man nicht »vor lauter Bäumen keinen Wald mehr sieht«[324].

---

[321]   G. Girardet, Der Glaube an den auferstandenen Gekreuzigten – eine stille Revolution. Überlegungen im Anschluß an 1.Kor 15,3-5, in: Bibel und Befreiung. Beiträge zu einer nichtidealistischen Bibellektüre, hg. v. G. Casalis u.a., Freiburg/Münster 1985, 27-61: Der Ausgangspunkt sei »nicht in der Auslegung der Worte und Konzepte« der ntl. Autoren und »nicht in erster Linie in den Deutungen ... oder in der Theologie« zu finden, sondern »in der Analyse der geschichtlichen Wirksamkeit des Auferstehungsereignisses« (in seiner Beziehung zum Verbrechertod des gekreuzigten δοῦλος), »in ihrer konkreten Fähigkeit, zu befreien und einen neuen Menschen zu schaffen« (47f), wobei dann die Linien bis in die Herrschaftsverhältnisse und Verfügungsrechte einer »Sklavenhaltergesellschaft« ausgezogen werden; vgl. auch das Glaubensbekenntnis von C. Banana aus Simbabwe: »... am dritten Tage ist er aufgestanden und hat ist zur Wehr gesetzt; / er stürmt die Hohen Häuser der Menschen; / trägt den Umsturz in das Reich der Ungerechtigkeit ...« (in: Kahl, Aufgestanden [Anm. 311] 175).
[322]   Gubler, a.a.O. (Anm. 285; Auferweckt) 4. Vgl. zur befreiungstheologischen Lektüre auch Schmeller, Recht 206f: »Die Auferstehung Christi garantiert die Erwählung der Schwachen und ›gibt den Armen, den Landarbeitern, den Bewohnern der Peripherien der Städte, den indianischen Gemeinschaften und überhaupt allen Kleinen

Recht, die Jesus Christus als Sohn Gottes wiederentdecken, der einer von ihnen geworden ist und geopfert wurde‹« (206, Zitat aus »Campanha da fraternitate« von 1986). Vgl. weiter die Auslegungs- und Wirkungsgeschichte zu 15,58. Ein anderes Beispiel bei I.-G. Cheong, Die Auferstehung Jesu. Ein Vergleich zwischen Osterpredigten aus Korea und Deutschland, Diss. Bonn 1994, wo 139 eine Predigt von B.M. Ahn, einem Vertreter der Minjungtheologie, einer koreanischen Befreiungstheologie, zitiert wird, für den der Auferstehungsglaube »Revolutionsglaube« ist; allerdings neigen die anderen koreanischen Predigten dazu, »den Sinn der Auferstehung Jesu allein auf die persönliche Frömmigkeit bzw. das persönliche Heil eingeschränkt zu interpretieren« (253).
[323]   R. Wischnath, Predigt über 1.Korinther 15,1-11.14, in: FS H. Reiffen, Bonn 1974, 151-157, hier 156f. Vgl. auch das unten Anm. 2161 genannte Gedicht von M.L. Kaschnitz.
[324]   Schriften VIII 34. Vgl. auch Bückmann, in: Herr, tue meine Lippen auf«, Bd. 2, Wuppertal 1942, 273: »Was ist Evangelium? Auf einen kleinen Zettel kann es geschrieben werden, ein Kind kann es behalten«. Vgl. schon Cassiodor 1338 (*Breviter notum facit Evangelium*) und Luther, WA 36, 507 (»Da hastu es auffs aller k{ue}rtzest und doch rein gefasset, das du darnach urteilen kanst über alle lere und leben«).

2.1. Mit der Sterbens- und Begräbnisaussage wird zunächst wie schon zur gesamten Formel[325] vor allem die wahre Menschheit Jesu erwiesen. Nach Athanasius z.B. sollen diejenigen angesichts von V 3 schweigen, die behaupten, daß Jesu σάρξ des Todes nicht fähig sei[326]. Unumstritten ist, daß Jesu Sterben für unsere Sünden geschah und er selbst sündlos (Theophylakt 753 u.a.), aber auch nicht *ex necessitate*, sondern *propria sponte et voluntate* starb[327]. Thomas (406) findet zwei Mißverständnisse beseitigt, daß nämlich Christus für seine eigenen Sünden starb und daß er zufällig *violentia Judaeorum* gestorben sei. Das ὑπέρ ist zwar verschiedener Auslegungen fähig, doch typisch sind etwa die folgenden: ἵν' ἐξέλῃ τοῦ κόσμου τὴν ἁμαρτίαν (Cyrill 893), *iniquitates nostras portauit* (Pelagius 213), ἐτραυμίσθη διὰ τὰς ἀνομίας ἡμῶν (Theodoret 349), *Mors Christi est satisfactio et victima pro peccatis nostris et operatur in nobis mortem vetustatis nostrae* (Melanchthon 78)[328]. Auch im Katechismus dient der Hinweis auf unsere Stelle als Beleg, daß Christus Gottes Zorn und Gericht sowie des Teufels, des Todes und der Hölle Gewalt »für vns vnd an vnser statt erlitten vnd die selben alle durch sein Göttliche macht vberwunden« hat[329]. Diese Doppelung findet sich auch später immer wieder, z.B. bei Spener (477): *Ut pro illis (sc. peccatis) satisfaceret, & remissionem illorum nobis promereretur, illaque in nobis extingueret, ut per ejus mortem peccata in nobis morerentur & abolerentur, ne illis amplius serviremus*[330]. Ähnlich wird bis in die Neuzeit hinein geurteilt: Christi Tod soll unsere Sünden »sühnen und aus der Welt schaffen«[331]. Aber es meh-

---

[325] Vgl. oben Anm. 304f.

[326] Ep. ad Epict. (PG 26, 1064); Adamantius, Rect. Fid. (GCS 4, 186): Christus hat Leid und Not erfahren und ist nicht ein πνεῦμα φαντασίαν ἀνθρώπου ἔχων, erst recht wäre ein bloßes ταφῆναι πνεύματι unsinnig. Der Tod Jesu ist keine φαντασία (Oecumenius 861). Cassian verbindet mit Gal 4,4 (Coll. 1,14,8 [SC 54, 192]); vgl. aus neuerer Zeit etwa Schmaus, Dogmatik II 2, 184, wonach das Begräbnis »aus allem Legendären und Mythologischen heraus in den Raum der geschichtlichen Wirklichkeit« führe; vgl. auch II 1, 320 und IV 2, 52: gegenüber Mythen mit ihrer »Symbolisierung von Naturvorgängen«.

[327] Robert v. Melun 223; ähnlich Herveus 942f; Hugo 538. Manche sehen in der Aussage des Sterbens Jesu für die Sünden eine Widerlegung der Manichäer, nach denen der Tod nichts anderes als die Sünde ist und die Auferstehung die Befreiung von der Sünde; so z.B. Chrysostomus 324; Theophylakt 753; Oecumenius 861.

[328] Vgl. etwa auch Coccejus 330: Ὑπέρ sei im Sinne von *propter* auszulegen und nen-

ne die *causa moriendi*; während die Sozinianer ὑπέρ im Sinne von ἕνεκα (= *peccatorum expiandorum & tollendorum causa*) fassen sollen, sieht Coccejus den Zweck darin, *ut deleret peccatum* (mit Verweis auf Gal 4,4f; Röm 8,2f; 5,16.18f).

[329] Reu, Katechismen I 1, 725.

[330] Vgl. auch 478: *Ut per mortem ejus liberemur a peccatis, per eorum remissionem & extinctionem in nobis*; vgl. auch Semler 396, nach dem ὑπέρ zum Ausdruck bringe, daß die Sünden vergeben seien und wir uns vor neuen hüten; er stimmt Bengel zu (*pro abolendis*), weil man die *iustificatio per imputationem* nicht von der *disciplina in vsu et praxi* trennen könne.

[331] Barth, KD III 2, 254; vgl. vor allem auch IV 1, 325 und IV 4, 18; vgl. weiter zum Sterben für unsere Sünden Pannenberg, Theologie II 469 u.ö.; Ebeling, Dogmatik II 158.188 und III 65; Merklein, Studien II 186-189; Dalferth, Gekreuzigte 237-300; Kraus, a.a.O. (Anm. 95) 26-28; E. Jüngel, Das Evangelium von der Rechtfertigung des Gottlosen als Zentrum des christlichen Glaubens, Tübingen ²1999, 131-146.

ren sich auch kritische Stimmen[332], und erst recht Leute wie Nietzsche sehen das natürlich anders: »Eines Tages steigt ihnen (sc. den Christen) eine sublime Möglichkeit in den Kopf, ›es *könnte* dieser Tod das und das bedeuten‹, und sofort *ist* er das!«[333].

Das *Begräbnis* gilt allgemein als eine alle Spiritualisierung des Sterbens ausschließende βεβαίωσις τοῦ θανάτου (Oecumenius 861 u.a.), soll also die *veritas mortis* bestätigen[334]. Für Tertullian schließen Sterben und Begrabenwerden auch ein, daß Christus drei Tage in der Unterwelt zugebracht hat[335]. Chrysostomus sieht durch das Grab eine Auferstehung der Leiber angezeigt[336]. Während Paulus nach Chrysostomus (325) hier keinen Schriftbeweis hinzufügt, weil das Begräbnis allen bekannt war[337], zitiert Theodoret (349) Jes 57,2 (ἐν εἰρήνῃ ἡ ταφὴ αὐτοῦ)[338]. Für Bullinger (239) ist das Grab *euidentissima resurrectionis demonstratio*, obwohl ausdrückliche Reflexionen auf das leere Grab dabei offenbar nicht notwendig sind, weil sich das von selbst zu verstehen scheint. Immerhin soll es nicht um *bruta facta* gehen. So ist es nach Luther »nit gnůg, das wir wissen, das Christus aufferstanden ist, das das grab unversert ist bliben«, sondern: »du můst weyter kommen unnd den nutz und frucht der auf-

---

[332] Kritisch zum »Referenzsystem« der stellvertretenden Sühne z.B. Jörns, GPM 52 (1997/98) 219f (das Grundmodell sei »Lebensrettung durch Lebensverbrauch«); vgl. auch die bei Kraus, a.a.O. (Anm. 95) 20 genannten Autoren und L.C. Camp, The Cross in Christendom: Constantinism and the Doctrine of Atonement, or, Understanding Jesus Cross when »Everybody's Doing it«, RestQ 40 (1998) 91-108.

[333] Studienausgabe, Bd. 13, 244; vgl. auch Bd. 5, 89: »Schon Paulus meinte, ein Opfer sei nöthig, damit die tiefe Verstimmung Gottes über die Sünde aufgehoben werde«. Vgl. weiter Verweyen, a.a.O. (Anm. 285; Sache) 71 im Anschluß an einen anderen Einspruch bei Camus: »Selbst wenn im Tode Jesu Gott den geschundenen Gerechten durch einen Hoheitsakt inthronisiert; im Marionettentheater der Weltgeschichte gibt es damit doch nur ein unschuldiges Opfer mehr ... Als alles darauf ankam, an jenem furchtbaren Balken, war nichts von Gott wahrzunehmen. Wie will er uns dann klarmachen, daß es *seine Liebe* ist, die alles wendet – nicht bloß seine souveräne österliche Geste, die menschliche Liebe belohnt?«

[334] Glossa 57r; vgl. auch Thomas 407; Wyclif, Sermones III 386; Calvin 449: »ein deutliches Zeichen für die Wahrheit seines

Todes, der unserem Tod völlig gleicht«. Nach Baumgarten 515 soll auch die Datumsangabe die Gewißheit des Todes bestätigen.

[335] De Anima 55,2f (CChr 2, 862); vgl. auch Gregor v. Nazianz, Carm. Theol. (PG 37, 513f): Christus habe die Pforten der Unterwelt zerschmolzen.

[336] Hom. 2 in Apg (PG 60, 34); zitiert bei Trummer* 30, der auch den dialektischen Satz des Athanasius anführt: »Sein Grab – unsere Auferstehung« (De Incarn. 5 [PG 26, 992]).

[337] Vgl. auch Estius 714: Es mache keine Schwierigkeiten und sei auch von Ungläubigen nicht bestritten worden, doch lasse sich Jes 11,10 und 53,9 sowie Jon 2,1 nennen.

[338] Auch nach Cyrill erfüllt sich Jes 57,2, denn in seinem Grabe machte Christus Friede zwischen Himmel und Erde, indem er die Sünder Gott zuführte« (Cat. 14,3 [BKV 41, 236]). Vgl. auch Euseb, Exeget. (PG 22, 1052), der ebenfalls Jes 57,2 zitiert; ebs. ders., Comm. in Ps (PG 23, 1057). Im übrigen scheint das Begräbnis Jesu auch zur Begründung der Erdbestattung von Christen gedient zu haben (Merkel, TRE 5, 743f); zu den christlichen Begräbnisriten (und Reliquien) vgl. Bynum, a.a.O. (Anm. 285) 51-58.201-214.

fersteeung lernen in dich fassen und daran hangen, das es dein sey«[339]. In moderneren Veröffentlichungen dagegen ist dann häufiger zu lesen, daß sich der paulinische Auferstehungsglaube nicht auf das leere Grab stützt und »nicht das leere Grab, sondern der Erweis Jesu als eines Lebendigen« für die paulinische Verkündigung entscheidend ist[340]. Barth (78) erklärt denn auch: »Dieses Grab mag bewiesen werden, als endgültig verschlossenes *oder* als offenes Grab, es bleibt sich wirklich *gleich*. Was hilft das so oder so bewiesene *Grab* bei Jerusalem im Jahre 30?«, wenn denn der Tod Jesu für unsere Sünden und seine Auferweckung am 3. Tage »die Hauptsache« ist (kursiv im Original gesperrt).

2.2. Weniger die Auferweckung Jesu als die Christophanien werden in der Alten Kirche diskutiert. Nur im apokryphen Petrus-Evangelium (9,35-45) wird der Vorgang der Auferweckung selbst geschildert und von römischen Soldaten als unmittelbaren Zeugen als objektives Faktum konstatiert. Immerhin muß man sich schon früh dem Einwand des Celsus stellen, daß Tod und Begräbnis Jesu glaubhaft, seine Auferstehung und Erscheinung aber erdichtet seien[341]. Vereinzelt hat man sich wegen der divergierenden Zeitangaben auch über das Datum der Auferstehung Jesu geäußert, und wenn man sich nicht damit begnügt, daß niemand die Stunde der Auferstehung kennt, hat man die Auferstehung wegen der aufgehenden Sonne in den Frühling datiert[342]. Viel mehr Gedanken aber

[339] WA 17.1, 183; vgl. auch 184; »Es ist nit gnůg, das du es hŏrest, sehest und dich verwunderst als ob aim schŏnen gemål, das der maler malt, es get dich an, es gilt dir«.

[340] So z.B. Küng, Christ 353; vgl. weiter Brunner, Dogmatik II 437; Essen, Vernunft 369-379; Niebergall, GPM 22 (1967/68) 353; vgl. jetzt vor allem I.U. Dalferth, Volles Grab, leerer Glaube? Zum Streit um die Auferweckung des Gekreuzigten, ZThK 95 (1998) 379-409 und ders., Gekreuzigte 66; anders z.B. Geense* 61-65; auch für Schlink, Dogmatik 358 ist das leere Grab »eine wichtige Bestätigung der Identität des irdischen und des nach seinem Tod erschienenen Jesus. Die Ganzheit dieses irdischen Menschen ist in die neue Existenz des von Gott Verherrlichten verwandelt worden«. Vgl. zur Vorstellbarkeit einer Auferstehung ohne leeres Grab, über die unterschiedlich geurteilt wird, die Diskussion bei Pannenberg, Theologie II 399-402; Winden* 44-47.

[341] Origenes, Cels. 3,43 (SC 136, 104). Celsus weist auch bereits darauf hin, daß Jesus nur Anhängern erschienen ist (vgl. unten Anm. 393), scheut aber auch nicht vor dem Vorwurf des Betrugs und der Halluzination bei den Auferstehungszeugen zurück: »Ein halbrasendes Weib, wie ihr sagt, und vielleicht noch ein anderer von derselben Gaunerbande, der entweder die Anlage zu solchen Träumen in sich trug und, ein Opfer irregeleiteter Phantasie, sich nach Belieben ein solches Trugbild schuf, wie dies schon Tausenden begegnet ist, oder der, was lieber glauben möchte, die andern Menschen mit dieser Gaukelei in Erstaunen setzen und durch solche Lüge andern Schwindlern einen Anhalt geben wollte« (Cels. 2,55 [BKV 52, 173f]; im Original gesperrt). Auch der neuplatonische Philosoph Porphyrius bläst in dasselbe Horn, wenn er die Erscheinungen Jesu Ungereimtheiten und Mythen nennt (vgl. Kessler* 159f). Im übrigen behaupten auch PsClem Hom 17,16,6 in ihrer Polemik gegen Paulus, daß Visionen von bösen Dämonen verursacht werden (GCS 42, 238; vgl. Schneemelcher, Apokryphen ⁶II 485 und weiter Lindemann, Paulus 106).

[342] Vgl. etwa Makarios, Hom. 5,9 (BKV 10, 56-58) und weiter Trummer* 34; zu Tertullian, Cyprian und Laktanz vgl. McCasland* 132-134.

hat man sich darüber gemacht, wem, wo und vor allem wie der Auferstandene den Zeugen erschienen ist[343]. Tertullian fragt, wie Christus auferstanden ist und antwortet: Ohne Zweifel nicht anders als er gestorben
ist und begraben wurde, nämlich *in carne*, wobei aber nicht so sehr der
Christus im Fleisch, sondern das Fleisch in Christus zu betonen sei[344].
Nach Origenes dagegen wird durch 1Kor 15,3-8 erwiesen, daß Christus
nach Ostern nicht in gleicher Weise erschienen ist wie in der Zeit vorher,
weil er nicht öffentlich und ständig erschienen sei und seine Göttlichkeit
in hellerem Glanze geleuchtet habe[345]. Erst recht haben die Gnostiker eine
leibliche Auferstehung und Erscheinung bestritten[346]. Methodius wiederum verteidigt gegenüber dem Spiritualismus des Origenes die Identität
des Auferstehungsleibes mit dem seines irdischen Leibes[347]. Thomas erklärt später, es nehme Christus nichts von seiner Würde, wenn er »bisweilen leiblich auf die Erde herabsteigt«, wie z.B. V 8 voraussetze, denn
diese *visio* beweise die Wirklichkeit der Auferstehung nur dann, wenn
Paulus *ipsum verum corpus* sah[348]. Mehrfach wird angemerkt, daß nicht
alle Erscheinungen aufgeschrieben worden sind, sondern nur diejenigen,
quae sufficerent ad fidem[349]. Die Knappheit der paulinischen Aufzählung
und die Spannungen zu den Evangelien verlocken bald zur historisieren-
den Ausmalung und Harmonisierung. Eine gewisse Rekonstruktion der
historischen Reihenfolge der Erscheinungen in Kombination mit denen
der Evangelienberichte versucht z.B. Euseb[350].

---

[343] Zum Ort und zur Dauer der Erscheinungen vgl. etwa die Belege bei W. Bauer,
Das Leben Jesu im Zeitalter der neutestamentlichen Apokryphen, Tübingen 1909,
265-267.
[344] Res. 48,7 (CChr 2, 988); während
Gott unsichtbar sei, eigne *Christus mor-
talitas* und *accessibilitas*, wie sein Tod
und seine Erscheinungen zeigen sollen
(Adv. Prax. 15,8 [CChr 2, 1180]); vgl.
auch 29,1f (ebd. 1202). Gegen eine Doke-
tisierung und Spiritualisierung der Auferstehung Christi wenden sich auch Severian 273 u.a.; nach Theodoret 352 ist die
Gottheit zwar ἀπαθής, am Leibe aber lei-
densfähig, denn Christus habe sich leiblich ans Kreuz begeben und sei aus dem
Grabe auferweckt.
[345] Cels. 2,63 (SC 132, 432); vgl. auch ebd.
2,65 (ebd. 438). Im Kommentar 44f polemisiert er aber gegen eine häretische Allegori-
sierung der Auferstehung Christi im
Fleisch.
[346] Vgl. die Belege zu V 12 und zu V 35ff.
Im übrigen haben sie auch die Zeit der Erscheinungen verlängert; vgl. Irenaeus,

Haer. 1,3,2 und 1,30,14 (BKV 3, 9 bzw. 90);
Pistis Sophia 1 (GCS 45, 1).
[347] Res. 3,14,1 (GCS 27, 410): Der Leib der
Herrlichkeit ist kein anderer als der Leib
der Niedrigkeit.
[348] Summa, Bd. 28, 292.
[349] Hieronymus 763; Pelagius 214; Atto
397 schließt aus den 500 Erscheinungszeugen, daß noch viele andere Erscheinungen
vorgekommen sind, als sie in den Evangelien beschrieben werden, also nur die genannt werden, die *ad instructionem, et omnium salutem* genügen; zur Nichterwähnung der Frauen vgl. unten zu 3.1.
[350] Suppl. Quaest. 72 (PG 22, 1005); vgl.
auch Albertus Magnus, Res. 2,8,6 (Opera
26, 284f), der ebenso wie Euseb die Protophanie der Maria Magdalena zuweist, die
Erscheinung vor den Frauen als zweite und
die Erscheinung vor Petrus als dritte ein-
stuft. Joachim v. Fiore nennt erstens Maria,
zweitens Simon und drittens die Jünger,
was er dann noch allegorisch auf die Zister-
zienser, Dominikaner und Franziskaner
deutet (Staehelin, Verkündigung, Bd. 3,
253).

Im übrigen will man noch von manchen anderen Erscheinungen wissen, z.B. Albertus Magnus[351] oder Wyclif, nach dem Jesus 1. dem Josef von Arimathia im Kerker erschienen sein soll, 2. seiner Mutter, 3. der Maria Magdalena, 4. den Frauen am Grabe, 5. dem Jakobus, während Petrus sich mit dem 6. Platz begnügen muß[352]. Typischer ist die folgende Reihenfolge: 1. Maria Magdalena, 2. Frauen, 3. Emmausjünger, 4. Petrus[353], doch begegnen auch mannigfache andere Reihenfolgen[354]. Nach v. Mosheim (677) führt Paulus die Erscheinung »nicht in der Ordnung an, wie der Herr sich offenbaret hatte, sondern wie ihm (sc. Paulus) sein Gedächtniß diese Sache darstellete«, und Semler (392) weist darauf hin, daß die Evangelien z.Zt. des Paulus noch nicht geschrieben waren, weil Paulus sie nicht heranzieht[355].

Zwingli legt gegenüber der Annahme einer Ubiquität Wert darauf, daß Christus nicht *simul in diversis locis* erschienen ist, sondern *succedente tempore*[356]. Calvin antwortet auf die Frage, warum Christus sich nicht im Tempel, auf dem Markt, vor Pilatus, den Priestern oder ganz Jerusalem als lebendig erwiesen hat, u.a. mit dem Hinweis auf die *admirabilis Dei providentia*, die schwache und verzagte Menschen zu Augenzeugen mache[357]. Der Verweis auf 1Kor 15 kann auch als Beleg für die Abendmahlslehre dienen, daß Christi Fleisch und Blut »geistlich und warhafftig« ist[358], was aber nicht daran hindert, die z.T. massiven Berichte der Evangelien auch zur Interpretation der von Paulus genannten Erscheinungen heranzuziehen[359]. Nach Coccejus (333) ist Christus nicht allen erschienen, die an ihn glaubten oder ihn zu sehen wünschten, wohl aber auch seinen Feinden wie Paulus, ja in Paulus *nulla fuit praeparatio & dispositio ad fidem.* Luther betont, daß es gegenüber allen Einreden der Vernunft vor allem auf das Hören des Wortes ankommt und Paulus »von allem disputiren und meistern der vernunfft allein auff das wort« führen will[360].

---

[351] Vgl. z.B. Albertus Magnus an der in der vorigen Anm. genannten Stelle, wo er im Anschluß an Ambrosius (De Virg. 3,14 [PL 16, 283]) von einer Erscheinung vor der Mutter Jesu berichtet: *Unde primo apparuit matri, inter non-credentes autem primo Maria Magdalenae* (285); ähnlich schon Tatians Diatessaron (Bauer, a.a.O. [Anm. 343] 263) und Acta Thaddaei 6: ὤφθη πρῶτον τῇ μητρὶ αὐτοῦ. Καὶ ἄλλαις γυναιξίν, καὶ Πέτρῳ ...
[352] De Veritate I 78; die Erscheinung nach dem EvHebr gilt dagegen als *non utilis, ideo est tacenda* (Serm. III 387).
[353] So z.B. Bullinger 239; Maior 213r.
[354] Im Sächsisch-Thüringischen Katechismus von 1541 werden zehn Erscheinungen in folgender Reihenfolge aufgezählt: 1. Maria Magdalena, 2. die Frauen, 3. Petrus, 4. die Emmausjünger, 5. alle Jünger, 6. die Zwölf außer Thomas, 7. die Erscheinung am Meer Tiberias, 8. Jakobus, 9. die 500 und 10. die Erscheinung bei der Himmelfahrt (Reu, Katechismen I 1, 318). Vgl. auch Spener III 1.1, 472f, wo Petrus als dritter, die Emmausjünger als vierte und die Zwölf als fünfte genannt werden, woraus zu ersehen sein soll, daß »unser Heyland habe sich gleich den ersten tag biß in die nacht zu fünffmalen unterschiedlich geoffenbaret / und damit selbs bezeuget«; vgl. auch III 1.2 (Sciagraphia) 51.
[355] Heute wird meist so geurteilt, daß »der legendäre Charakter der evangelischen Erscheinungsgeschichten« dazu nötigt, sich historisch mit den Erscheinungen von 1Kor 15,3ff zu begnügen (Graß* 112; vgl. auch Koch* 34 u.a.). Barth 79f dagegen geht sehr leichtfüßig über diese Differenzen hinweg.
[356] CR 92, 697; vgl. auch Bullinger, Haußbuch 439v: Der Leib des Herrn ist »nit vnsichtbar oder allenthalben«.
[357] Instit. 3,25,3.
[358] Reu, Katechismen I 1, 237; vgl. auch 817: »ain gaistlicher leib worden«.
[359] Vgl. z.B. Zinzendorf, Hauptschriften V (Londoner Predigten II) 142, der vom »Betasten« spricht.
[360] WA 36, 492; der Glaube solle »schlecht nichts denn das Wort fur sich haben« und

In der Neuzeit[361] werden die *Christuserscheinungen,* über deren zeitliche Begrenzung im Anschluß an den Text kein Zweifel gelassen wird, immer mehr zum eigentlichen Kontroverspunkt in der Osterdebatte. Sie werden dabei zunehmend als innere Bewußtseinsvorgänge und auf natürliche und rationale Weise erklärbare Erfahrungen verstanden[362], wobei als »der treibende Faktor« meist »der mit nichts zu vergleichende, gewaltige und unzerstörbare Eindruck, den Jesu Persönlichkeit in den Seelen der Jünger hinterlassen hatte«, gilt[363] (zu den reflexiven Deutungsversuchen eines »Sehwiderfahrnisses« vgl. oben Anm. 147). Umgekehrt wird gegen solche ausschließlich durch Kausalität und Analogie bestimmten Erklärungen

»nur kein klügeln noch gedancken leiden«, denn »menschen weisheit und vernunfft kan nicht hoher noch weiter komen denn richten und schliessen, wie sie fur augen sihet und fület odder mit sinnen begreiffet, Aber der glaube mus uber und wider solch fülen und verstehen schliessen und hafften an dem, das jm fürgetragen wird durchs Wort« (492f).

361   Der Rationalismus mit seinen Erklärungsversuchen (Scheintodhypothese, Leichendiebstahl u.ä.) braucht hier nicht berücksichtigt werden; vgl. die diversen Auferstehungs- und Erscheinungsdeutungen bei A. Schweitzer, Geschichte der Leben-Jesu-Forschung, Tübingen ²1913, 43.47.54-56; Kittel* (Auferstehung) 154-158; Hoffmann* (Überlieferung) 22-36. Einzelne dieser Einsprüche sind schon der Alten Kirche entgegengehalten worden, wenn etwa Reimarus ein ähnliches Argument vorbringt wie Celsus (vgl. oben Anm. 341), daß Jesus sich nämlich nach seiner Auferstehung nicht »im Tempel vor dem Volke und vor dem Hohen Rate zu Jerusalem, sichtbar, hörbar, tastbar gemacht« hat (Lessing, Werke, Bd. 7, 812).

362   Nach D.F. Strauß hat sich der Glaube an Jesus als Messias, »der durch seinen gewaltsamen Tod einen scheinbar tödtlichen Stoß erlitten hatte, von ihnen heraus, auf dem Wege des Gemüths, der Einbildungskraft und des aufgeregten Nervenlebens, wiederhergestellt« (Das Leben Jesu für das deutsche Volk bearbeitet I, Leipzig ¹⁹o.J., 164). »Es war nichts von frommem Betrug, freilich desto mehr Selbsttäuschung im Spiele« (Der alte und der neue Glaube, Bonn ¹⁵1903, 47); vgl. weiter zu Strauß z.B. Kwiran* 45-65; Kessler* 143f.161-173; Werbick, a.a.O. (Anm. 376) 93-95; Essen, Vernunft 29-35. Diese Sichtweise ist so oder ähnlich bis heute verbreitet; vgl. oben

Anm. 149.269 u.ö. Schon Heinrici 455 hat gegenüber der These von Holsten (»Für die Selbstgewißheit des modernen Bewusstseins ist ein Eingriff einer transzendenten Macht in das individuelle Geistesleben ein Widerspruch mit dem Wesen desselben«) trocken bemerkt: *De principiis non est disputandum,* denn auch ein eindimensionaler absoluter Immanentismus ist ein solches Prinzip oder Axiom, ob ein angemessenes, bleibe dahingestellt; vgl. weiter z.B. Essen, Vernunft 156-160.295-385.

363   So z.B. Bousset, Kyrios 17; vgl. dagegen Blank* 160 Anm. 52. Anders und plausibler als bei Strauß und in der liberalen Theologie wird die Nachwirkung Jesu und seines heilschaffenden eschatologischen Wirkens heute z.B. von U.B. Müller* 46 bedacht und etwa vom »Überschußcharakter der Reichgottesverkündigung« Jesu gesprochen, die die Jünger am Glauben an Gottes eschatologischen Herrschaftsantritt festhalten ließ und sie »die dieser Konzeption innewohnende frühjüdische Möglichkeit, die Auferstehung der Toten als einen Aspekt der Realisierung von Gottes Herrschaft anzusehen (Jes 25,8; 26,19[?]; 4Q521[?]; Dan 12,2; TestBenj 10,6-10), auf den getöteten Jesus« anwenden ließ; vgl. auch 24.79 u.ö. sowie Hoffmann* (Einführung) 11-15 und (Glaube) 248-251; Broer* 61. Zur Begründung und Vermittlung des Osterglaubens durch den irdischen Jesus bei Pesch u.a. vgl. die Diskussion bei Hengel* 256f.260-262; Oberlinner* (Kreuz) 71-95; Winden* 128-181; Giesen* 41-43. Damit ist die Frage, ob vor Ostern »bereits all das vorhanden« war, was »nach Ostern endgültig erkannt wurde« (so Lüdemann [Auferstehung] 200; anders mit Recht Fischer* 82; Oberlinner* [Gott] 75), und ob es zum Osterglauben nicht eines von außen kommenden Neuanstoßes bedurfte, der

auch vehement polemisiert[364] und für eine *a limine* unhinterfragbare Wirklichkeit plädiert, die die Erscheinungen zwar in der raumzeitlichen Welt und Geschichte geschehen, aber prinzipiell nicht an deren Bedingungen und Grenzen gebunden sein lassen, sondern diese mit ihren Kausalzusammenhängen und Vorstellungskategorien transzendieren läßt[365]. Doch werden hier auch ganz paradoxe Erklärungen gegeben, nach denen einerseits das Geschehen von V 3-8 »historischer Erforschung und Darstellung unzugänglich« bleiben, aber der Auferstandene andererseits den Zeugen doch »leiblich, sichtbar, hörbar, greifbar, in demselben konkreten Sinn, in dem er gestorben ist«, begegnet sein soll[366]. Die Diskussion dreht

nicht monokausal aus vorösterlichen Erfahrungen abzuleiten ist, aber noch nicht mitentschieden (vgl. Oberlinner* [Kreuz] 70 und [Gott] 71: Gott als handelndes Subjekt sei »unverzichtbar«; Kessler* 211-219.241f; März* 69; Essen, Vernunft 307-309).

[364] Vgl. z.B. das Lehrschreiben der Deutschen Bischofskonferenz von 1967: Das widerspreche 1Kor 15; das Bekenntnis zur Auferstehung Jesu »als einem wirklichen Ereignis« gehöre »notwendig zum christlichen Glauben« und könne »nicht als zeitbedingte, zu anderen Zeiten auch anders aussagbare Ausdeutung einer innergeschichtlichen, innerweltlichen oder innermenschlichen Erfahrung verstanden werden« (Aland, Quellen 522); zur »Bestreitung des geschichtswissenschaftlichen Alleingeltungsanspruchs« bei Kolping, Scheffczyk und Kessler vgl. die kritische Darstellung bei Essen, Vernunft 321-336, der selbst 336-352 einen *duplex ordo cognitionis* u.ä. Theorien nicht für adäquat hält und für einen metakritischen Dialog mit der Geschichtswissenschaft plädiert.

[365] Vgl. K. Lehmann, Das »Wesen« der Erscheinungen, in: Dhanis, Resurrexit 297-315, hier 299 u.ö.; vgl. auch Schmaus, Dogmatik II 2, 431 (es sei nicht von einem geschichtlichen Ereignis »im Sinne anderer geschichtlicher Ereignisse« zu reden, da Christus »Raum und Zeit durchbrochen« habe, so daß »gewissermaßen ein Ereignis am Rande der Geschichte« vorliege; Christus sei »wirklich, aber nicht welthaft körperlich auferstanden«); Kremer* (Zeugnis) 132f; Kessler* 138f; Essen, Vernunft 379f u.ö.; Kittel* (Befreit) 184f (»per definitionem analogielos« [185]). Oft begegnen doppelte Abgrenzungen: gegen Geschichtsimmanenz und -transzendenz u.ä., z.B. bei Künneth* (Auferstehung) 24f; gegen »Empirismus« und »Fideismus« bei Schillebeeckx (zitiert bei Essen, Vernunft 20f);

Bauer, Leiblichkeit 91 Anm. 12 spricht zutreffender von einem »Schnittpunkt von Geschichte und Eschatologie«; vgl. auch unten Anm. 378.

[366] So Barth einerseits in KD III 2, 542, andererseits in KD IV 1, 389; vgl. auch: Die in der Auferstehung geschehene »Durchbrechung« sei »die offenbarte Ordnung, diese Ausnahme die offenbarte Regel«, die »gegen die Lüge der ganzen geschichtlichen Analogie in Streit getreten« sei (ZdZ 5 [1927] 202; zitiert bei Steck, GPM 10 [1955/56] 199; zum Analogieprinzip vgl. auch Hempelmann* (Auferstehung) 45-49; Essen, Vernunft 394-403. Fürst rät, der neuzeitlichen Problematik nicht mit Apologetik zu begegnen, sondern »nur mit dem in V. 55 enthaltenen Osterlachen« (GPM 40 [1985/86] 233). Zur Überforderung der Vernunft und der historisch-kritischen Forschung bei Pannenberg, für den die historische Verifizierbarkeit der Erscheinungen (und des leeren Grabes) konstitutiv ist (Lüdemann* [Karfreitag] 20 schließt sich dem in bestimmter Weise an), vgl. die Kritik von Güttgemanns* 53f (vgl. weiter zur Interpretation Pannenbergs Geense* 121f. 189-206; G. Wenz, Ostern als Urdatum des Christentums. Zu Wolfhart Pannenbergs Theologie der Auferweckung Jesu, in: Broer/Werbick* 135-157; Essen, Vernunft 99-134). Auch Ladd* 10 sieht mit Fuller als Alternative zu »einer historischen Nachprüfung« nur einen »Sprung ins Nichts« (vgl. auch ebd. 13 u.ö.), Lüdemann* (Karfreitag) 17 Anm. 17 nur die, entweder kein »rätselhaft bzw. übernatürliches oder wunderhaft begründetes ›Etwas‹ hinter den ›Osterereignissen‹« anzunehmen oder »eine fundamentalistische Position« zu beziehen; gegen ein sich Festklammern »an einem letzten Quentchen von Supranaturalität« auch Verweyen, a.a.O. (Anm. 285; Auferstehung) 130 u.a.

sich vor allem um den psychogenen Charakter der Erscheinungen bzw. ihren »Realitätsgehalt«, den man durch Rückgang hinter die der histori- schen Forschung allein zugänglichen Texte der Glaubens- und Bekennt- nisaussagen zu eruieren versucht. Zwar werden Glaube, der dem Handeln Gottes an Jesus und den Osterzeugen eine Wirklichkeit zuordnet, und Historie, die bei ihrer Erforschung der Osterereignisse immer nur wahr- scheinlich, zweideutig und korrekturbedürftig bleibt und zur Historisie- rung tendiert, in ihrer Bewertung auseinandergehen[367], weil es um Ge- schehnisse geht, die sich, wenn man sie nicht als mirakelhafte Kuriositä- ten fundamentalistisch mißversteht, in ihrer Wahrheit als analogieloses Handeln Gottes dem mit historisch-kritischem Instrumentarium Fest- stellbaren, ja letztlich der angemessenen Beschreibbarkeit überhaupt ent- ziehen. Eine gewisse Übereinstimmung scheint darin zu bestehen, daß auch kritische Historiker nicht bestreiten werden, daß bestimmte Men- schen Erlebnisse hatten, »die sie jedenfalls als Selbstbekundungen des auferstandenen Jesus«[368] verstanden, als »überraschende und überwälti- gende Begegnung«[369] von bezwingender Realität erfuhren und nicht in den Horizont ihrer sonstigen Welterfahrungen einzuordnen vermochten. Nicht zu vergessen ist darum nach anderen, daß das, was gesehen wird, ein Bild ist, »ein in ihre Augen hineinfallendes Bild von einem Geschehen, einer res, die eigentlich unsagbar, undenkbar, die nur in ihrer Fakti- zität konstatierbar ist«[370]. Bei aller Vielfalt der Sprachformen ist jeden- falls deutlich, daß »*keine unparteiischen Berichte* von unbeteiligten Beob- achtern« vorliegen, »nicht Protokolle oder Chroniken, sondern Glaubens- zeugnisse«[371]. Diese aber werden als »bildhaft-anschauliche Ausdrücke«

---

[367] Vgl. z.B. R. Bultmann, Die Auferste- hungsgeschichten und der christliche Glau- be, in: Hoffmann, Überlieferung 118-125, hier 121: »für den Historiker Visionen, für den Glauben die Selbstbekundung des Auf- erstandenen«. Nach Althaus darf daraus freilich kein Dualismus werden (vgl. seinen Briefwechsel mit Bultmann in: M. Meiser, Paul Althaus als Neutestamentler, 1993 [CThM 15], 355-360 und auch 369 Anm. 168); zu den katholischen Anfragen an Bultmann vgl. v. Bendemann, Schlier 140f; zu Bultmanns Verständnis der Auferste- hung als mythischem Ereignis vgl. z.B. Es- sen, Vernunft 35-47.300f.
[368] Joest, Dogmatik I 261. Die Zeugen ver- kündigen jedoch »nicht ihre Erlebnisse, sondern den Auferstandenen – diesen frei- lich als den, der ihnen erschienen ist« (We- ber, Grundlagen II 87); vgl. auch unten Anm. 380.
[369] Schillebeeckx, Auferstehung 19; vgl. auch ebd.: »Das war nicht eigene Initiative

gewesen, es war ihnen widerfahren«; vgl. auch ders., Christus 13; Schlink, Dogmatik 355 (»souveräne Akte des Auferstande- nen«) und Kessler* 139f u.ö.
[370] Iwand, Werke, Bd. 1, 37; vgl. auch ebd. (»Was ist etwa die Auferstehung, was das berühmte oophte aus 1Kor 15, wenn nicht dies, daß auf unserer menschlichen, irdi- schen Seite ein paar aufgerissene Augen da sind, ein paar Menschen, die ohne ihren Willen dazu ausgesucht und auserlesen sind, Zeugen, Augenzeugen zu sein, daß dieser ins Grab gelegte Jesus – sich lebendig zeigt«) und das Iwand-Zitat bei Kreck, Zu- kunft 163 (»ein ›Zeichen‹, ein Wunder, das man bezeugen, das man aber nicht halten, fassen, in den großen Tatsachenkasten für Historiker und Naturforscher zwecks Untersuchung, Einordnung, Vergleichung und was dieser Methoden mehr sind, ein- sperren kann«).
[371] Küng, Christ 335; vgl. auch 338f: Nicht ein »im strengen Sinn *historisches*,

angesprochen, als »Bilder, Metaphern, Symbole, die den Denkformen jener Zeit entsprachen«[372], ja grundsätzlich die Kategorien dieser Welt diesseits der Todesgrenze aufbrechen und übersteigen. Diese metaphorische Sprache nimmt ihnen nichts von ihrem Realitätsgehalt, verwehrt aber eine Fixierung auf bestimmte Metaphern, Ausdrucksformen und Vorstellungen. Es wird also in Abgrenzung von einer historischen Kontrollierbarkeit und empirischen Verifizierbarkeit des Handelns Gottes in der Begegnung mit dem Auferstandenen weder eine Idee, Fiktion oder bloße Einbildung behauptet[373] noch aber umgekehrt die religionsphänomenologische Kategorie Vision für obsolet erklärt. Nur muß man sich »vor einem psychologistisch verflachten Visionsverständnis« hüten und beachten, daß dieser Begriff auf etwas tendiert, »was man nicht aus sich selbst hervorbringt, sondern was einem widerfährt«[374]. In der Tat bedeutet es ei-

das heißt von der historischen Wissenschaft mit historischer Methode feststellbares Geschehen ... Zu photografieren und registrieren gab es nichts«; ähnlich Leben 138. Vgl. auch Ebeling, Dogmatik II 299 (»nicht neutral zu beobachten und nicht objektivierbar«); Kreck, Zukunft 157-164; Friedrich, GPM 5 (1950/51) 178. Zum Begriff des Historischen in diesem Zusammenhang vgl. Weber, Grundlagen II 82-84; Evans* 170-183; Essen, Vernunft 29-31.295-352 u.ö.; auch Verweyen, a.a.O. (Anm. 285; Auferstehung) 122-127; zum »historischen Rand« Klappert, a.a.O. (Anm. 285) 18 Anm. 29 (kritisch dazu Geense* 107); zur Kategorie der Tatsache Steck, GPM 34 (1979/80) 193f.
[372] Küng, Christ 338f.339f (Zitat 340); vgl. auch oben Anm. 116 und unten Anm. 1128 sowie Hirsch* 219; Koch* 18; Weyel, a.a.O. (Anm. 285) 248f; Kessler* 276-283; Dalferth, Gekreuzigte 70-76; Kittel* (Befreit) 186f.205f; Wengst* (Ostern) 16.48.55 (ein wirklichkeitshaltiges bzw. »wirkliches Gleichnis«); Jörns, GPM 54 (1997/98) 222. Stark akzentuiert wird der Metapherncharakter von Ohlig, a.a.O. (Anm. 285) 83.99 und Verweyen, a.a.O. (Anm. 285; Auferstehung) 114f, der die Auferweckung freilich »eine gefährliche Metapher« nennt und vor ihrem »Monopolanspruch« warnt. Es bleibt aber das z.B. von Josuttis, a.a.O. (Anm. 285) 103 angesprochene Problem: »Unsere Sprache rechnet in allen ihren Begriffen und Urteilen mit dem Tod. Alles, was wir in dieser Sprache gegen den Tod zu sagen versuchen, muß in dieser Sprache unwahrscheinlich klingen. Die paradoxe Aufgabe der Osterpredigt besteht also dar-

in, etwas in Worten sagen zu müssen, was man in Worten schlechterdings nicht ausdrücken kann«; vgl. aber auch unten Anm. 1561. Auch metaphorische Sprache ist freilich soziokulturell bedingt, kann darum nicht nur den Geheimnischarakter herausstellen, sondern fordert den Auferstehungsglauben heraus, sich soweit wie möglich im Horizont des jeweiligen Weltbildes um Verständlichkeit und Plausibilität zu bemühen (vgl. Greshake* [Resurrectio] 277-324 zur »Resurrectio im Spannungsfeld von Glaube und Vernunft« sowie Thiede, a.a.O. [Anm. 285] 15-24; Essen, Vernunft 403-412).
[373] Nach Klaiber, TBLNT [2]I 105 durchdringen und interpretieren sich »realistische und metaphorische Elemente«. Zum »Zusammenspiel von *res fictae* und *res factae*« in Geschichtsdarstellungen vgl. Reinmuth* 9, zur falschen Alternative subjektiv – objektiv vgl. Conzelmann, Grundriß 87; Evans* 64f und Mußner* (Auferstehung) 66 Anm. 19; doch vgl. auch Koch* 7 und Geense* 67-75. Mildenberger* 269 Anm. 19 sieht im Begriff der objektiven Vision (so Graß* 247 u.ö.) einen »widersprüchlichen Begriff«: entweder Visionen, dann »eben ›subjektiv‹, d.h. psychisch bedingt« oder »Wahrnehmung eines »Objektiven«; vgl. auch Klaiber, TBLNT [2]I 106.
[374] Ebeling, Dogmatik II 299 (anders Vollenweider* 39); vgl. auch Dalferth, a.a.O. (Anm. 340) 392 (»Warum sollte Gott nicht durch Visionen sich und seine Gegenwart zur Geltung bringen?«); Pannenberg, Theologie II 396: Die Klassifizierung als visionäre Erlebnisse entscheide nicht über deren »Realitätsgehalt«; »die Unterstellung, daß

ne grundsätzliche Verkehrung des urchristlichen Osterglaubens, wenn dieser als das gilt, was, aus welchen durchaus erwägenswerten und nicht auszuschließenden psychologischen o.a. Gründen auch immer, die Erscheinungen hervorbringt, und nicht als das, was durch sie hervorgerufen wird[375]. Ob diese *allein* auf der historisch-genetisch beschreibbaren Ebene menschlicher Erfahrung und Reflexion der Erscheinungszeugen zu verorten sind oder sich nicht eher einer Initiative und eines Impulses *ab extra* verdanken haben, wie immer diese näher zu bestimmen sind, wird umstritten bleiben. Zweifellos aber ist Ostern nach Ansicht des Paulus selbst kein Produkt des Glaubens, sondern der Osterglaube die Reaktion auf die Ostererscheinungen[376]. Über damalige psychologische Gesetze und ihre bei manchen beliebte Anwendung auf die innere Disposition der Jünger bei der Entstehung der Osterereignisse[377] läßt sich angesichts unserer

visionäre Erlebnisse in jedem Falle als psychische Projektion ohne gegenständlichen Bezug beurteilt werden müßten, kann als nicht hinreichend begründetes weltanschauliches Postulat abgewiesen werden«; vgl. auch Ladd* 92.103f; Broer* (Glaube) 63. Nach Steck beseitigt die heute weithin übliche Verlegung der Begegnung mit dem Auferstandenen in eine Erlebnisinnerlichkeit die wirkliche Schwierigkeit nicht, wenn man nicht überhaupt den wirklichen Widerfahrnischarakter leugnet, sich dann aber »nicht mehr auf das Zeugnis der Evangelisten und Apostel berufen« könne (GPM 10 [1955/56] 202).

[375] Vgl. Kittel* (Auferstehung) 158f. Zur tiefenpsychologischen Herleitung der »Auferstehungsidee« aus dem »inneren homo« vgl. C.G. Jung, Über die Auferstehung, in: ders., Gesammelte Werke 18.2, Zürich/Olten 1981, 742-747. Neuerdings wird für das Zustandekommen von Visionen bzw. visuellen und akustischen Halluzinationen auf Streßsituationen, Trauer, Isolation u.ä. verwiesen; vgl. Zager* 123 mit Beispielen für die Erscheinung von Verstorbenen in der Antike (vgl. dazu auch Broer* 54f und oben Anm. 147) und später, z.B. die Erscheinungen T. Beckets und H. Savonarolas; vgl. auch das kurze Referat über Trauerprozesse und »Kontingenzbewältigungsstrategien« in Krisenerfahrungen bei Vollenweider* 41-43 und U.B. Müller* 45.67-69.

[376] Vor allem Künneth* (Auferstehung) 25.50.63.67f u.ö. betont immer wieder das *extra nos*; vgl. dazu aber auch Fuchs* 37.64f.70f; ferner Koch* 2 (»Christlicher Glaube kann sich nicht selbst begründen. Er

ist bezogen auf Wirklichkeit außer ihm«) und Graß* 243, nach dem eine theologische Betrachtung trotz fehlender Kontrollierbarkeit und Konstatierbarkeit darauf insistieren wird, daß wir es bei den »Erlebnissen der Jünger ... mit einem Handeln Gottes an ihnen zu tun haben und nicht bloß mit den Produkten ihrer eigenen Phantasie oder Reflexion«; vgl. 246); Dalferth, Gekreuzigte 65. Nicht daß man die Visionen »zum nicht hinterfragbaren Urdatum mit Spezialqualität eines unmittelbaren und absolut wunderhaften Eingriffs Gottes in die Geschichte aufwerten« dürfte (so richtig Bekker* [Gottesbild] 106; ebs. Broer* 57 Anm. 46) oder ein Rückgang auf subjektive Faktoren und »natürliche« Erklärungen der Erscheinungen die Rede vom Handeln Gottes obsolet machte (vgl. J. Werbick, Die Auferweckung Jesu: Gottes »eschatologische Tat«?, in: Broer/Werbick, 83-131; Hoffmann* [Glaube] 250; nach Lohfink* 167 sollen die Visionen »ganz und gar das Werk des Menschen« und zugleich »ganz und gar das Werk Gottes« sein). Wohl aber fragt sich, ob der österliche Realitätsgehalt reduktionistisch allein in der Subjektivität oder Einbildungskraft gründet (vgl. Essen, Vernunft 18 u.ö.). Schon die »Denkmöglichkeit« der Auferstehung setzt eine andere »Wirklichkeit« voraus als »die Gegenständlichkeit, die das neuzeitliche Denken voraussetzt« (Mildenberger, TRE 4, 563).

[377] Vgl. außer den schon in der Exegese genannten Beispielen etwa die bei Hoffmann* (Überlieferung) 46-67 aufgeführten Zitate, z.B. 52 von Holsten (der »rätselhafte Widerspruch des einst lebenden mit dem nun toten Messias war der letzte und zu-

spärlichen Quellen ohnehin fast nur noch spekulieren, zumal der Text selbst keinerlei Interesse an den Erlebnissen der Auferstehungszeugen zu erkennen gibt. So gilt denn auch die »Frage nach dem Wie« auch der Erscheinungen – für die Auferstehung selbst wird ohnehin nirgendwo daran gezweifelt, daß sie sich jeder Augenzeugenschaft und Erfahrung entzieht und aus unserer Wirklichkeit nicht extrapolierbar ist –, wenn man sie nicht irrigerweise als die einer bloßen Idee oder Wunschprojektion versteht, als »nicht beantwortbar und die Präsenz Jesu Christi nicht zu verrechnen, weder mit Kategorien der Welt, noch solchen der Über- oder Nicht-Welt, noch solchen der Geschichte, noch mit solchen der Übergeschichte«[378]. Entscheidend ist nach Ebeling, daß es auch bei den Erscheinungen um »Identifikationen Jesu« geht, »so daß denjenigen, die das erfahren, erst aufgeht, wer er war und ist«[379], und zwar durch ihn selbst[380],

letzt entscheidende Anlaß zur Vision des Petrus. Denn das Rätsel dieses Widerspruchs mußte den Petrus in ein reines Innenleben hineindrängen. Nur innen im Geiste konnte er gelöst werden«) oder 57 von Meyer (»Paulus ist aufgrund seiner körperlichen Verfassung für die Vision disponiert; sie entsteht aus einem ihm damals ›unbewußten‹ Gesetzeskonflikt und der Herausforderung durch das Zeugnis der Christen«); Ladd* 101 nennt Beispiele für die Erklärung durch einen epileptischen Anfall, Hitzschlag u.ä.; vgl. neuerdings Lüdemann* (Auferstehung) zu Petrus (oben Anm. 178) und Paulus (oben Anm. 269). Betz* 237 verweist auf M. Smith, nach dem »die Erscheinungen Jesu das Ergebnis magischer Suggestion« sind, »die von Jesus bewußt zu seinen Lebzeiten initiiert wurde«. Am ehesten leuchtet bei psychologischer Erklärung noch eine gelungene »Kontingenzbewältigungsstrategie« ein, die eine durch Visionen ausgelöste Überzeugung von einem neuen, eschatologischen Handeln Gottes am gekreuzigten Jesus bewirkt (Vollenweider* 41f). Vgl. aber die Kritik an den psychologischen Erklärungen bei Graß* 233-244; Kessler* 161-173.
[378] Dembowski, Grundfragen 144. Auch für Koch* 155 u.ö. erschließt sich die Wirklichkeit der Auferstehung Christi nur in der Begegnung und Beziehung, nicht jenseits davon; vgl. auch Mußner* 73f; Geense* 151-159; Mildenberger, TRE 4, 567f. Zum Versuch von Hirsch* 103 u.ö., die Differenz zwischen den Osterzeugen, die den lebendigen Herrn »gesehen« haben, und uns, die wir ihn »erfahren«, dadurch zu überwinden, daß »das wahre Ostern« als »ein

ewiges Heute« und Ewigkeitsglaube bestimmt wird, vgl. Bultmann, a.a.O. (Anm. 367) 120f.
[379] Ebeling, Dogmatik II 300 (kritisch zu solcher Identifikationsmöglichkeit bei Paulus Verweyen, a.a.O. [Anm. 285; Sache] 77f). Jedenfalls zielt vor allem die eingliedrige Auferweckungsaussage (vgl. oben S. 37f) darauf, daß »sowohl Jesu Gottesinterpretation als auch sein Anspruch durch Gott bestätigt und ... erneut in Kraft gesetzt wurde« (Hoffmann, TRE 4, 486f; Becker* [Gottesbild] 119f). Dabei ist aber die Personalidentität zu betonen, vor allem gegenüber der Osterdeutung, nach der die »Sache Jesu« weitergeht (so Marxsen*[1965] 25 und [1968] 129); vgl. z.B. Joest, Dogmatik I 267 (für den ntl. Glauben sei es »unvorstellbar, die von Gott bestätigte Sache Jesu von seiner Person zu abstrahieren. An ihm selbst hat Gott bestätigt, was Jesus in seinem Namen vertreten hatte, indem er *ihn* nicht im Tod ließ ...«); Geense* 75-87; Geyer, a.a.O. (Anm. 285) 106-109; Schnackenburg* 3-5; Kessler* 178-181; Mildenberger, TRE 4, 565f; Schreiber, a.a.O. (Anm. 285) 77-80; Essen, Vernunft 313f Anm. 64; Voigt, a.a.O. (Anm. 303) 213 (»Wir haben es nicht bloß mit den *Nachwirkungen* seines irdischen Werkes zu tun ...; sondern wir haben es mit *ihm* selbst zu tun ... Wir leben nicht von Jesuserinnerungen. Wir erfahren im Wort und in den Sakramenten Jesusbegegnungen«). Nach Berger/Burkhardt, GPM 46 (1991/92) 194 müssen Deutungen, »Christus sei auferstanden in seine Werke oder in den Glauben der Gemeinde«, »bodenlose Versuche bleiben, so, als könnte man reiten ohne Pferd, laufen ohne Beine,

denn zu den Erscheinungen gehöre, »daß Jesus nicht nur als anwesend, sondern auch als sprechend und in Anspruch nehmend erfahren wird«[381], wenn auch nicht in der den Himmelsboten oft eigenen Redseligkeit. Trotz dieser Identität mit dem irdischen Jesus aber gilt als ausgemacht, daß Paulus sich den Auferweckten in der Gestalt des σῶμα τῆς δόξης (Phil 3,21) vorgestellt haben wird[382].

2.3.   Beläßt man es nicht bei allgemeinen Hinweisen auf die *Schriften*[383], sondern führt einzelne Belege an, und das ist regelmäßig der Fall, werden mit Vorrang verschiedene Verse aus Jes 53 sowie Hos 6,2 genannt[384], wobei zuweilen aber hinzugefügt wird: *inter caetera Isaias dicit* (Hieronymus 763) oder gar von einer Bezeugung διὰ καὶ μυρίων ἄλλων τύπων die Rede ist (Theophylakt 753). Daneben wird für den Tod aber auch auf Ps 22,17 und Sach 12,10, für die Auferstehung auf Ps 16,10 und Jes 11,10 zurückgegriffen[385]. Nach Estius (714) ist der Schriftverweis bei der Aufer-

---

fliegen ohne Flügel«. Andererseits ist aber ebenso deutlich, daß das Auferstehungskerygma der Rückbindung an den irdischen Jesus bedarf, »da sonst ein Mythos von einem neuen Himmelswesen an die Stelle Jesu von Nazareth zu treten droht« (Moltmann, Theologie 276); vgl. auch Neues Glaubensbuch 195f und oben Anm. 363.

[380]   Vgl. Niebergall, GPM 22 (1967/68) 361: »Nicht die Jünger, sondern der Herr, nicht, was die Jünger erlebt haben, sondern was ihnen widerfahren ist, ist das Entscheidende«. Vgl. als Kontrast L. Zenettis »Lieber Apostel Paulus«: »Lieber Apostel Paulus / wenn ich mal so sagen darf / nicht wahr, du hast doch / ich meine, was Jesus angeht / genauer seine Auferstehung / das nicht so wörtlich gemeint / eins Korinther fünfzehn / du weißt schon / nur in dem Sinne wohl / daß er sozusagen geistig / sinnbildlich gemeint / in uns allen weiterlebt / daß wir neuen Mut fassen / den Blick erheben wie / die Natur neu aufblüht / so ähnlich eben / es geht schon, die Sache / geht schon weiter, man muß / sie vorantreiben, die gute Sache / an die wir doch alle irgendwie / glauben, den Fortschritt, mein' ich / Mitmenschlichkeit und so / Friede, nicht wahr / das wolltest du doch sagen« (zitiert bei G. Ruddat, Predigtstudien IV [1976] 9).

[381]   Ebeling, Dogmatik II 300, der 303 darauf verweist, daß die an sich zweideutigen Erscheinungen auch sprachlos hätten machen können, das Auferstehungsgeschehen aber »öffentlich und eindeutig ... erst in dem durch die Erscheinungen inaugurierten Verkündigungsgeschehen« werde; vgl.

auch Moltmann, Theologie 180: »Ohne vernommene Rede wäre es unwahrscheinlich und doch auch unmöglich gewesen, den Erscheinenden mit dem gekreuzigten Jesus zu identifizieren. Ohne gehörte Rede wären die Ostererscheinungen gespentisch geblieben«. Andere betonen mit Recht, daß es nicht um »Information« geht, »die man zur Kenntnis nimmt und an die man gegebenenfalls wieder erinnert werden muß, sondern um Proklamation, welche immer neu kundgegeben und zugesprochen sein will« (Hahn, huf 2 [1979] 150).

[382]   Graß* 232; Weber, Grundlagen II 88; Moltmann, Weg 243 (die Erscheinungen seien »als Vorschein kommender Herrlichkeit Gottes aufgefaßt«).

[383]   So z.B. Didymus 6, der im übrigen als auffallende Begründung für den Schriftbeweis des Paulus nennt, daß die Einfältigeren nicht verwirrt werden sollen. Hilarius schließt an das »gemäß der Schrift« (sic!) unserer Stelle an: »Wir sollten eben nicht durch das Umtreiben unnützer Erörterungen umhergejagt oder durch nutzlose Spitzfindigkeiten trügerischer Fragereien behindert und dadurch geschwächt werden« (De Trin. 10,67 [BKV 2. R. 6, 222]); vgl. zur Anführung von »Schriftbeweisen« auch aus der profanen Literatur und aus der Natur Trummer* 38f.

[384]   Vgl. Ambrosiaster 164f; Pelagius 213; Theodoret 349; Haymo 594; Petrus Lombardus 1674; Herveus 973; Glossa 57r.

[385]   Irenaeus, Haer. 4,33,12f (BKV 4, 112-114) zitiert u.a. Jes 37,12; 53,7; 65,2; Ps 62,22 bzw. Jes 2,17; 50,8f; Ps 16,7. Chrysostomus 325 allegorisiert den brennen-

stehung besonders wichtig und darum auch ins Symbolum Constantino-politanum aufgenommen worden, weil diese *creditu perdifficilis* sei und *sensui humano et philosophiae naturali* so vehement widerstreite[386]. Es begegnen im Zusammenhang mit unserer Stelle aber auch grundsätzliche Äußerungen zum Schriftverständnis. So heißt es in einer Predigt Luthers über unseren Text: »*Ubi in ea* (sc. der Schrift) *non haereo,* furt mich *ratio et Rottenses* davon ... *Quando non sum* inn der rustung *scripturae,* sol ich wol verlieren Christum, *deum et omnia*«[387]. Für Maior (211r) ist der erste der zwei von Paulus angeführten Gründe für die Auferstehung sogar die *auctoritas scripturae,* während den zweiten (211v) die glaubwürdigen Zeugen bilden[388].

Auch in der Neuzeit wird nicht bezweifelt, daß die Deutung von Tod und Auferstehung Jesu mit Hilfe der Schriftauslegung geschieht[389], also auch die Deutung des Osterwiderfahrnisses »im *alttestamentlich-jüdischen Erfahrungshorizont* mit Hilfe gängiger und zum Teil alter Begrifflichkeit« erfolgt[390]. Allerdings wird die Zirkelstruktur nicht immer so deutlich herausgestellt wie bei Ebeling: Von der Schrift her gewann man »eine erhellende deutende Sprache«, die das durch und mit Jesus Geschehene erschloß, doch wurde dieses »zugleich auch umgekehrt zum Schlüssel der

---

Dornbusch, der nicht verbrennt (Ex 3,2). Theophylakt 753 nennt den Typos des Jona und den des Isaak, der am 3. Tag (vgl. Gen 22,4) seiner Mutter lebend erhalten blieb; ebs. Cornelius a Lapide 335 (*Isaac enim fuit figura Christi*). Bullinger 239 nennt für den Tod Ex 12; Jes 53; Ps 22; Dan 9; Sach 3.13, v. Mosheim 677 Ps 27; 16,10; Jes 53,9.

[386] Vgl. auch Scheeben, Schriften VI 2, 128.

[387] WA 36, 504. Vgl. aber auch z.B. Schwenckfeld, wonach Christus »die summa vnd innhalt der gantzen heiligen Schrifft« ist (Corpus II 477). Vgl. neuerdings z.B. das Zitat von Barth 82 (unten S. 94) und Hahn, huf 2 (1979) 147 (Die Schrift werde »in ihrer Gesamtheit gesehen und auf ihren Verheißungscharakter befragt«).

[388] Vgl. auch Maior 212v: Paulus zeige, daß man niemandes Lehre glauben soll, *nisi auctoritatem scripturae habeat, qua confirmetur;* Paulus sage gleichsam: *Ego non mihi soli credi uolo,* daß Christus für unsere Sünden gestorben und am dritten Tage auferstanden ist, *sed consulite scripturas propheticas.* Vgl. auch Luther, WA 36, 499f und später Spener 477: Man könne sagen, Paulus *studio allegasse* (sich berufen) *scripturam, ut Corinthiis suis ostenderet.* Nach v. Mosheim 677 muß das, was in der Schrift

steht, »für unstreitig wahr gehalten werden«; vgl. auch Reimarus, Apologie 525, der V 3f u.ä. Stellen als Beweis dafür angibt, daß die Apostel die Schriften »für den eintzigen göttlichen *Canonem*« genommen haben.

[389] Vgl. Barth, KD I 2, 542, der aber deutlich ebenso erklärt, »ein von der Offenbarung des auferstandenen Christus abstrahierendes religionsgeschichtliches Verständnis des Alten Testamentes« würde »die Preisgabe des Neuen Testamentes und damit des Raumes der Kirche zugunsten des Raumes des Synagoge ...« sein; vgl. auch KD III 2, 577f.

[390] So Küng, Christ 363; vgl. auch C.H. Ratschow, Leben im Glauben, Stuttgart 1978, 90, der von einem »tiefen, tiefreichenden, in die Geschichte Israels hineingehenden Grund« des Evangeliums spricht; Schlink, Dogmatik 271f sieht das »nach den Schriften« an unserer Stelle »in einer Zusammenschau von Aussagen begründet«; Hahn, huf 2 (1979) 148f (speziell zum 3. Tage); Moltmann, Weg 241.243; Sauter, Einführung 45: Im Lichte von Karfreitag und Ostern bedeute das Lesen der heiligen Schriften, »daß neu *gelernt* wird, was Gott bereits gesagt und getan hat«.

Schrift selbst«[391]. Treffend Barth (82): »Die Wahrheit muß sich selbst beweisen, aber um uns die Augen zu öffnen für diesen Selbstbeweis, ist der Konsensus der Stimmen, die die Wahrheit verkünden, keine Kleinigkeit. Paulus weiß sich in Übereinstimmung mit den ›Schriften‹, wenn er auf Grund der Offenbarung bezeugt: Christus starb für unsere Sünden und wurde auferweckt am dritten Tage. Er sieht die Väter des Alten Testaments alle im weiten Kreis um diesen einen Punkt herumstehen ... Paulus hat sicher gerade hier, wo es schlechterdings ums Ganze geht, mit gutem Grund keine Stelle zitiert«. Ökumenisch unumstritten ist jedenfalls, daß die Urkirche im Lichte der Auferweckung Jesu durch Gott »im Weg Jesu durch Leiden und Tod ein göttliches ›Muß‹« erkannte, »das bereits im Alten Testament vorgezeichnet ist«[392].

3.   Die einzelnen Christophanien finden ein unterschiedliches, aber kein nachhaltiges Echo. Generell gilt, daß der Auferstandene οὐ(δὲ) πᾶσιν ἐφαίνετο ἀλλ᾽ οἷς ἤθελεν[393] und seine Erscheinungen nicht *omnibus communiter*, sondern *aliquibus specialibus personis* geschahen, wobei die Nichterwähnung der Frauen darauf beruhen soll, daß Paulus nur *testimonia authentica* anführen will[394].

3.1.   Oft wird durchaus berücksichtigt, daß nach den Evangelien der Herr der Maria Magdalena als erster erschienen ist[395], und das dadurch entstehende Problem im Blick auf V 5 wird so zu lösen versucht, daß in 1Kor 15 davon die Rede sei, wem der Herr *unter den Männern* als erster erschien[396]. Nach verschiedenen Autoren sagt Paulus ausdrücklich nicht

---

[391]   Dogmatik II 303. Dezidierter in der einen Richtung Dembowski, Christologie 140: Das »gemäß den Schriften« habe »keinen konstitutiven, sondern allenfalls einen nachträglichen bestätigenden Sinn«; von dem feststehenden Glauben an den Auferstandenen her werde das AT »mit Beschlag belegt und diese Beschlagnahme bedeutet eindeutig eine Vergewaltigung. Für das Recht dieser Usurpation steht allein Jesus Christus in Person und nicht der sogenannte Schriftbeweis ein«.

[392]   Schütte, Glaube 79.

[393]   Didymus 6. Nach Origenes ist zudem die jeweilige Fassungskraft zu berücksichtigen, was er als Einwand gegen Celsus vorbringt, daß Christus gerade seinen Widersachern hätte erscheinen müssen, wobei er selbst den nichtöffentlichen Charakter der Erscheinungen verteidigt (Cels. 2,63f [BKV 52, 182f]) und vom Geheimnis der Auferstehung spricht (Cels. 1,7 [BKV 52, 13]); vgl. Trummer* 47f, der auch Chrysostomus anführt (Hom. in Apg 1,4 [PG 60, 19]),

nach dem die Erscheinungen nur für den Glauben kein φάντασμα sind.

[394]   So Thomas 407 u.a.

[395]   Vgl. oben Anm. 350.

[396]   Theophylakt 756; Oecumenius 864; Petrus Lombardus 1674 (*priusquam aliis viris*); auch nach Cajetan 81v läßt Paulus die Erscheinungen vor den Frauen aus, weil Frauen keine *idoneae testes* der Auferstehung sind, und Estius 715 fügt noch hinzu, daß Paulus sich sonst selbst mit 14,34f widersprechen würde; vgl. auch Calvin 450 u.a.; ders., Predigten 110f erklärt, daß das erste Erscheinen vor den Frauen die Jünger in ihrer Demut prüfen und für ihre Flucht strafen solle, während Paulus »nicht nur die Frauen« anführe. Semler 399 weist auf Justinian, nach dem die Nichterwähnung der Frauen darauf zurückzuführen sei, daß deren Zeugnis bei den Heiden nichts gelte, und wendet dagegen ein, daß Paulus doch zu Christen spreche, weshalb der wahre Grund der sei, daß Paulus auf die Übereinstimmung mit anderen *Aposteln* aus sei.

primo, damit er nicht in Widerspruch mit den Evangelien gerate[397]. *Petrus*
aber, der als πάντων ἀξιοπιστότερος gilt, soll darum als erster einer Erscheinung gewürdigt worden sein, weil er derjenige gewesen sei, der den
Herrn am meisten ersehnte, und weil der Herr den, der ihn verleugnet
hatte, trösten wollte[398]. Ähnlich urteilen später auch andere: Der Herr
wollte am ersten von dem gesehen werden, der wegen seiner Verleugnung *maxima tristitia affectus* war, um ihn sofort trösten zu können[399].
Nach einer anderen Auffassung dagegen soll Petrus von Paulus als erster
genannt werden, »weil er bey vielen der Corinther ... in einem besondern
Ansehen stand«[400]. M.W. erst spät wird die Stelle auch als eine der biblischen Begründungen für den Petrusprimat in Anspruch genommen[401].
Übereinstimmung besteht über die herausragende Bedeutung des Petrus
hinaus heute zwar darin, daß es dem Willen Christi entspricht, »die Kirche auf Zeugnis und Vollmacht des Apostels zu gründen«[402], nicht aber
über den päpstlichen Primat, was hier nicht zu erörtern ist[403].
3.2.   Schwerer hat man sich mit den *Zwölfen* getan[404], wie schon die
textkritische Variante ἕνδεκα ausweist (vgl. oben Anm. 181), ja nach
manchen sollen überhaupt nur zehn anwesend gewesen sein, da Thomas
abwesend, Matthias noch nicht nachgewählt und Judas gestorben sei[405],
was dann verschiedene Kombinationen ermöglicht[406]. Meist gilt bei Festhalten an δώδεκα wie bei Origenes (44) Matthias als der für Judas eintre-
tende zwölfte Zeuge. Da aber Matthias erst nach der Himmelfahrt hinzu-
gewählt worden ist, nimmt man entweder an, hier sei nicht der καιρός
der Erscheinung genannt, sondern es werde unbestimmt geredet, oder es

Untypisch anders dagegen Geiler v. Kay-
sersberg, nach dem der Herr darum den
Frauen zuerst erschien, »um die Frauen-
würde vor der Knechtung durch den Mann
zu retten und dieselben durch die Überbringung der Osterbotschaft an die Menschen
als Evastöchter zu rehabilitieren« (Dreher,
a.a.O. [Anm. 285] 27).
[397]   Atto 396; Hrabanus Maurus 138, Cornelius a Lapide 335.
[398]   Chrysostomus 326, der 327 zudem
darauf verweist, daß Petrus *vor* den Erscheinungen der anderen den Glauben verkündigen sollte, weil das Wort das Schauen
vorbereiten sollte (vgl. Trummer* 48f); vgl.
auch Theophylakt 756; nach Estius 715
wird Petrus darum als erster genannt, *quia
Petri tamquam Apostolorum principis prima erat autoritas*. Im Unterschied zu Pon-
tius Pilatus wird Petrus im Nicänum aber
nicht erwähnt.
[399]   So Coccejus 332; ähnlich Crell 314 (*so-
latio inprimis indigebat*); Heidegger 151.
[400]   So v. Mosheim 677; ähnlich Baumgarten 516.

[401]   So z.B. bei Ott, Dogmatik 338; vgl.
auch Küng, Christ 338: Gerade als »Erst-
zeuge des Auferweckten« dürfe Petrus auch
als »der Felsenmann«, »Bestärker der Brüder« und »Hirte der Schafe« gelten.
[402]   Dokumente I 178; vgl. auch 261.352.
[403]   Vgl. zur »Nachfolge des Petrus« z.B.
Schütte, Amt 233-235.
[404]   Zu deren Funktion heißt es weniger
kontrovers: »Willst du nicht *einem* Zeugen
glauben, gut, du hast deren zwölf« (Cyprian, Cat. 14,21 [BKV 41, 251] [kursiv im
Original gesperrt]).
[405]   Beza 158 erwägt später sogar als Konjektur, δέκα statt δώδεκα und ἕνδεκα zu
lesen.
[406]   Vgl. Johannes Damascenus 689; Atto
397; Primasius 543; Thomas 407 u.a. In den
bildlichen Darstellungen ist oft »nicht klar,
auf welche Bibelstelle sich eine Darst(el-
lung) bezieht. Die Zahl der Ap(ostel) kann
3-12 betragen« (Medding, LCI I 671; vgl.
auch 665, wonach eine seltene Darstellung
von 6 auf einem Elfenbeinbuchdeckel des
Aachener Domschatzes zu sehen ist).

liege ein Schreibfehler vor[407]. Andere gehen von einer Redeweise *per* συνεκδοχήν aus[408] bzw. erklären, δώδεκα sei hier nicht *nomen numeris*, sondern *nomen ordinis apostolici*[409]. Wieder andere nehmen an, daß Christus Matthias schon voraussehend dazu gerechnet bzw. dazu bestimmt habe und er deshalb mitgemeint sei[410]. Nach Luther sind die Zwölf »etwas mher denn apostel«[411]. Heute gelten die Zwölf wie in der Exegese weithin als in die Zeit Jesu zurückreichende Repräsentanten des eschatologischen Gottesvolks[412].

3.3.   Etwas ausführlicher, z.T. aber auch phantasievoller, hat man sich mit den mehr als *500* Auferstehungszeugen beschäftigt[413]. In die 500 werden meist die 70 bzw. 72 Jünger von Lk 10,1 eingeschlossen[414]. Als entscheidend gilt, daß Paulus μάρτυρας ἔτι ζῶντας aufbietet[415], doch wird als zusätzliches Motiv genannt, daß Paulus sie hinzufüge, damit die Apostel nicht für Lügner gehalten werden[416]. Überwiegend aber wird angenommen, was v. Mosheim (678) so formuliert: »Wer kann es glauben, daß eine solche Menge von Leuten auf einmal betrogen oder geblendet worden?«, was durch ἐφάπαξ bestätigt werde, denn »eine kleine Anzahl kann leichter betrogen werden als eine große Menge, die mit einmal siehet, und alle Freyheit hat, das, was sie siehet, zu untersuchen«[417]. Nach

---

[407]   Theophylakt 756; Oecumenius 864.
[408]   Augustin, De Gen ad Litt. 1, 117 [CSEL 28.3.3, 59f]); hier wird die Elfzahl für eine »Verbesserung« Verwirrter gehalten; vgl. weiter Petrus Lombardus 1675; Herveus 973; Glossa 57v; Erasmus 734. Zur συνεκδοχή vgl. Lausberg, Handbuch I 295-298.
[409]   Cajetan 81v; Estius 716 verweist für die synekdochische Redeweise auf das Beispiel der *decemviri*; vgl. auch Grotius 820 (*Non quod tot essent, mortuo Iuda & Thoma absente, sed quia eo numero institutum erat eorum collegium*) und Coccejus 332.
[410]   Oecumenius 864; Erasmus 734. Jedenfalls kann nach Cornelius a Lapide (335) Matthias nicht mit gezählt sein, da alle Erscheinungen vor der Himmelfahrt erfolgt seien.
[411]   WA 36, 497.
[412]   Vgl. z.B. Küng, Kirche 413-415.
[413]   Amphilochius v. Ikonium will z.B. davon wissen, daß Jesus über 500 Brüder aus ihren Gräbern vom Tod erweckt hat (Or. 6,14 [CChr 3, 151]); nach Augustin sollen die 500 vorher an den Herrn geglaubt haben (Joh-Ev. 109,2 [BKV 19, 277]); nach Coccejus 332 sollen sie von den Engeln zu Christus zusammengeführt worden sein.
[414]   Chrysostomus 326; Origenes, Cels. 2,65 (SC 132, 438) u.a.; Bullinger 270; v. Mosheim 679; Beza 158 erwägt auch hier

eine Konjektur in πεντάκοντα; Crell 316 betont, daß es sich nicht um Apostel *inferioris ordinis* handele.
[415]   Chrysostomus 326; Oecumenius 864; vgl. Haymo 594 (*quos si vultis interrogare potestis*); Herveus 973; Bruno 205 (*quaerite ab eis*); Wyclif, Sermones III 387 (*testante viva voce*). Nach Bullinger 240 nennt Paulus die lebenden Zeugen, *ut grauius pondus habeat probatio.*
[416]   Hieronymus 763; Pelagius 214; vgl. auch Haymo 594: *Facilius poterunt suscitari a Christo de somno mortis, quam quis a socio suo de somno lectuli* (Schlafstelle). Cyrill erklärt: »Glaubt man den Zwölfen nicht, dann halte man sich an die fünfhundert« (Cat. 14,21 [BKV 41, 251]); vgl. auch Cajetan 81v; Estius 717 merkt an, daß von niemandem später behauptet worden sei, es habe sich um eine *vana et phantastica apparitio* gehandelt.
[417]   Vgl. auch Spener 479 (Einer kann sich täuschen, aber nicht eine so große Zahl); Baumgarten 518 und Neander 240. Brenz, Predigten 188 fragt immerhin, »was sein 500 gegen soviel tausendmal tausend Jüden und Heiden?«, wo der Herr doch auf dem Sinai 600 000 versammelt habe, und er beruft sich auf Joh 14,18f und darauf, daß es sinnlos ist, sich vor der Welt zu offenbaren, wenn sie ihn nicht liebe (188).

den meisten kann nicht die Erscheinung bei der Himmelfahrt gemeint sein, da noch Erscheinungen folgen, vielmehr sei an Mt 28 zu denken[418]. Auch der Öffentlichkeitscharakter wird betont, daß es sich also um eine *visio quodammodo publica* gehandelt habe[419]. Für Eck ist die Erwähnung der 500 zusammen mit dem Wort Jesu in Apg 20,35 ein Argument gegen die Reformatoren, daß vieles in den Evangelien ausgelassen und also nicht nur das zu glauben und zu halten sei, was *in divinis literis* festgehalten ist[420]. In der heutigen Zeit wird die Funktion von V 6b im Anschluß an Barth (84) oft so gesehen, »daß selbst solche, denen der Auferstandene erschienen ist, sterben mußten ... Wer den Tod ausblendet, wie wir es immer wieder tun, hat kein Ohr für den Triumph über den Sieg, in den der Tod verschlungen ist (V. 55 und 57)«[421].

3.4.   *Jakobus* gilt allgemein als Herrenbruder[422], den der Herr zum ersten Bischof von Jerusalem eingesetzt habe[423] und der z.B. nach Theodoret (349) nicht nur wegen seiner Verwandtschaft, sondern auch wegen seiner οἰκεῖα ἀρετή bekannt sei und Δίκαιος geheißen werde. Viele berufen sich hier auch auf das Hebräer-Evangelium (vgl. oben Anm. 215), wonach Jakobus geschworen hatte, nicht eher vom Mahl des Herrn zu essen und zu trinken, bis er ihn von den Toten auferweckt sähe[424].

3.5.   Zu den Erscheinungen vor *allen Aposteln* wird üblicherweise auf Mt 28,16[425] oder auf die Erscheinung bei der Himmelfahrt verwiesen[426]. Als bedeutungsvoll gilt heute allgemein die Angewiesenheit der späteren Kirche auf das apostolische Zeugnis dieser zugleich als bevollmächtigte Gesandte fungierenden Auferstehungszeugen[427], doch braucht die Problematik der Notwendigkeit und Verbindlichkeit apostolischer Tradition nicht noch einmal angesprochen zu werden[428].

---

[418] So z.B. Estius 716; vgl. ähnlich auch Calvin 450; Grotius 820; Coccejus 332; Crell 315 u.a.

[419] So Coccejus 332; ähnlich Heidegger 151; vgl. Spener 479: *clarissima apparitio*. Semler 400 schließt dagegen aus dem nach ihm lokal zu verstehenden ἐπάνω, daß die 500 den Herrn im Himmel und nicht *super terram adhoc ingredientem* gesehen haben.

[420] Ench. 4 (CCat 34, 78f).

[421] So z.B. Fürst, GPM 40 (1985/86) 232f; vgl. auch Forck, GPM 34 (1979/80) 187. Schlink, Dogmatik 591 hebt hervor, daß die 500 nicht alle Apostel waren, wozu »vielmehr grundlegend die Sendung durch den Auferstandenen« hinzugehöre.

[422] Chrysostomus 326; Theodoret 349; Euseb, Hist. Eccl. 1,12 (BKV 2. R. 1, 52f); Cajetan 81v u.a.

[423] Chrysostomus 326; Cyrill, Cat. 14,21 (BKV 41, 251); Theophylakt 756; Cornelius a Lapide 335 u.a.; Bullinger 240; v. Mosheim

678 (er sei vom Herrn unterwiesen worden, wie er sich zu verhalten habe, da Jerusalem für alle Gemeinden »das Muster ihrer Verfassung und Einrichtung« gewesen sei). Nach Estius (717) sollen ihn einige für den Gefährten des Kleopas aus Lk 24 halten, was aber schon der *ordo temporum* ausschließe, denn der Herr sei dem Jakobus nach der Himmelfahrt erschienen; Semler 401 erwähnt auch eine Identifikation mit Thomas.

[424] Haymo 594; Herveus 973; Sedulius Scotus 158 u.a.; zur heutigen Sicht vgl. oben Anm. 213; Dalferth, Gekreuzigte 65 rechnet Jakobus zu den Skeptikern.

[425] Ambrosiaster 166; Ambrosius 276; Hrabanus Maurus 138.

[426] Bruno 205; Wyclif, Sermones III 387; Cajetan 81v; Cornelius a Lapide 335 u.a.

[427] Vgl. oben Anm. 91.167; Küng, Kirche 416f; Steck, GPM 10 (1955/56) 200; Hahn, huf 2 (1979) 146 u.a.

[428] Vgl. oben Anm. 303.

4.   Größtes Interesse haben die Christophanie des *Paulus* und vor allem die damit zusammenhängenden Aussagen in V 8-10 gefunden. Die paulinische Christuserscheinung wird naturgemäß mit Apg 9 identifiziert, doch auch mit Apg 22, so daß es z.B. bei Ambrosiaster (167) heißt: *Apparuit illi primum in caelo* (Apg 9,4), *post oranti in templo* (Apg 22,17-26)[429]. Das Sehen aber wird als ein *corporaliter videre* bestimmt[430]. Coccejus (332) nennt zwei Möglichkeiten[431]: wie Stephanus (Apg 7,56) oder wie die Israeliten auf dem Sinai (Dtn 4,35f). Semler (402) erklärt, daß Paulus den Herrn *non oculis suis corporis* gesehen habe, sondern *oculis animi*[432], während Spener (480) darauf beharrt, Paulus habe den Herrn *non in imagine aut Spirituali modo*, sondern *vere & corporaliter & ipsum corpus Christi oculis suis* gesehen, denn auch wenn Christus im Himmel sei, könne er doch auf Erden mit seinem Leib erscheinen. Daß Paulus »keinesfalls von einer visionären, sondern von einer objectiven, realen« Erscheinung spricht, war lange die übliche Deutung[433]. Doch was oben generell zu den verschiedenen Deutungen der Erscheinungen in der Moderne ausgeführt wurde, gilt entsprechend auch für Paulus. Darum hier nur wenige Beispiele: Einerseits werden auch hier psychologische Erklärungen versucht[434]. Andererseits heißt es überwiegend, Paulus führe die religiöse Wende, die keiner bisher historisch noch psychologisch erklären könne, »nicht auf eine menschliche Belehrung, ein neues Selbstverständnis, eine heroische Anstrengung oder eine selbstvollzogene Bekehrung zurück«,

---

[429]   Ähnlich Ambrosius 276; Hrabanus Maurus 138; Lanfrank 206; Atto 397; Herveus 974; Faber Stapulensis 129v; Cajetan 81v; Cornelius a Lapide 336; Sedulius Scotus 158 (*in via, vel in templo Hierusalem*); Maior 213v (*in templo Ierosolimae cum oraret*). In Ps-Clementinen, Hom 17,19,3 (TU ²42, 240) wird Paulus freilich gefragt: »Wie sollen wir glauben, daß er dir überhaupt erschienen ist?«; vgl. Schoeps, Paulus 79f und EKK VII 2, 288 Anm. 57.

[430]   Ähnlich Heidegger 152; Bonaventura, Collationes in Hexameron 9,14, hg. v. W. Nyssen, Darmstadt 1964, 324.

[431]   Im Zusammenhang von V 8 wird aber auch die Entrückung in den dritten Himmel erwähnt (vgl. Wyclif, Serm. 3, 384); vgl. auch Beza 158: *In via, & in ecstasi in tertium vsque caelum abrepto, aut in somnis, non corporali sed spirituali, visione* wie Apg 27,23. Gegen eine Deutung von 2Kor 12,4 her Crell 216f (Paulus habe dort nur unaussprechliche Worte gehört und keine *apparitio Christi* erfahren, und zudem liege das später).

[432]   Vgl. auch Semler 403: Es gebe nur wenige, die die Erscheinung im ersten Jahr nach Jesu Tod ansetzen, auch wenn die anderen Erscheinungen in V 5-7 dahin gehörten. Barth, KD III 2, 565 will die Erscheinung dagegen erstaunlicherweise in den 40 Tagen vor der Himmelfahrt unterbringen; anders aber IV 1, 369 (»lange nach den 40 Tagen«).

[433]   So z.B. Neander 241, nach dem Paulus »gar nicht darauf reflektirt, ob der Auferstandene noch auf Erden gewandelt oder vom Himmel herab gewirkt habe, sondern davon ausgeht, daß Christus in einer verklärten, den irdischen Naturbedingungen enthobenen Form des Daseins schon auferstanden sei«.

[434]   Vgl. oben Anm. 149.377 und z.B. Bousset 153, nach dem Paulus seine Bekehrung »als eine rein innere, geistige – nicht sinnenfällige Erfahrung« auffaßt, und auch wenn man nicht von Einbildung und Illusion sprechen könne, sei es »ein von visionären Sinneserregungen begleiteter seelischer Vorgang« gewesen; der Glaube lasse sich niemals die Überzeugung nehmen, daß Gott in der Seele »eine ewige Wahrheit hat aufleuchten lassen«.

sondern auf »Offenbarung«[435]. Auch hier komme es Paulus »nicht auf sein persönliches Erlebnis« an, sondern darauf, »daß er bei seiner Bekehrung die ›Wahrheit des Evangeliums‹ (Gal 2,5.14) erkannt hat und nun für sie eintreten kann«[436]. Da schon Paulus selbst aber seine Begegnung mit dem Auferstandenen den Korinthern im Wort vermittelt und »weder der Vorgang der Auferstehung noch der Vorgang der Begegnung von Menschen mit dem Auferstandenen ... heute direkt erfaßbar oder objektiv zu verifizieren« sei, begegne und vergegenwärtige sich auch heute »wirklich Jesus Christus als der Lebendige in Person, in der Wirklichkeit seines Wirkens« im Wort[437].

4.1. Umstritten ist von Anfang an der Sinn von ἔκτρωμα, was konkret als Fehlgeburt und τὸ ἀτελὲς ἔμβρυον, τὸ ἄμορφον bestimmt[438], meist aber im Sinne der Spätgeburt interpretiert wird. Sachlich wird dieser Bezeichnung, ganz abgesehen von ausgefallenen Deutungen wie in der Gnosis[439], dann ein recht verschiedener Sinn zugeschrieben. Nach der häufigsten Deutung ist damit gesagt, daß Paulus das Apostolat als *extra tempus* in Christus Geborener empfing bzw. der Herr ihm erst nach seiner Himmelfahrt erschien[440], Paulus zur Zeit des irdischen Jesus nicht geglaubt habe[441] oder *coactus* bekehrt wurde[442].

Andere sehen in ἔκτρωμα eine Demutsäußerung (Chrysostomus 327 u.ö.) oder eine Kennzeichnung dessen, der an seinem Leben verzweifelt[443]. Beliebt ist auch eine antijudaistische Deutung des Mutterleibes auf die Synagoge wie bei Faber Stapulensis (129v): Wie Benjamins Mutter bei seiner Geburt starb (Gen 35,18), *ita ultimus Apostolorum moriente synagoga quasi abortivus factus est Paulus apostolus*[444]. Oft werden die verschiedenen Deutungen auch kombiniert, wie etwa

---

[435] Küng, Christ 394; vgl. auch ders., Kirche 417: An Paulus komme heraus, daß auch ein Apostel »nicht ein Held oder ein Genie, sondern ein gerechtfertigter Sünder unter anderen Sündern« ist.

[436] So Hahn, huf 2 (1979) 150.

[437] Dembowski, Christologie 143.

[438] Oecumenius 864; in der lateinischen Version 863: *sive imperfectus embryo ac fetus in utero nondum formatus*. Ähnlich Theophylakt 755 u.a.; vgl. auch Severian 272: ὃ καὶ ζῆν οὐ δύναται.

[439] Die Valentinianer z.B sehen darin ein Symbol für die pneumatische Offenbarung des Erlösers an die Sophia bzw. Achamoth außerhalb des Pleroma (Irenaeus, Haer. 1,8,2 [BKV 3, 24]); vgl. weiter Basilides (nach Irenaeus, Ref. 7,4) und Exc. ex Theod. 68,1-3 bei Pagels (Lit. zu Kap. 15) 280f.

[440] Ambrosiaster 167; Ambrosius 276; Hrabanus Maurus 138; Didymus 6; Lanfrank 206; vgl. auch Cajetan 81v *extra legitimum tempus* bzw. *extra tempus quo*

Apostoli instituti sunt, & tanquam violentia intercedente vocatus ac institutus est; ähnlich Glossa 57v.

[441] Haymo 594; Atto 397.

[442] Petrus Lombardus 1675, der allerdings auch die andere Deutung (*extra tempus natus*) bezeugt; vgl. Herveus 974: *Quadam naturae violentia ante tempus compellitur nasci*.

[443] Hieronymus 764; Pelagius 214. Vgl. auch Theodoret 352, nach dem ein solcher Mensch nicht zur Liste der Menschen zu rechnen ist; ähnlich später Bengel 430: *non est dignus humano nomine*.

[444] Vgl. auch Herveus 974: *Exire de caeco synagogae utero*; etwas anders bei Severian 272: Οὐ μορφούμενος ἐν νόμῳ εἰς τὸ τέλειον. Vgl. auch Origenes, Hom. in Num 7,3 (GCS 30, 43: *Non enim potuit populus ille ›ad perfectum‹ formare*), Primasius 543 (*qui mortua matre vivus educitur*) und später Luther, WA 36, 509: Paulus sage: Ich »bin als ein rechte unreiffe odder unzeitige

bei Thomas (408): *Nascitur extra tempus debitum, vel cum violentia educitur, vel quia non perducitur ad debitam quantitatem*[445].

Am nächsten kommt dem ursprünglichen Sinn vermutlich Origenes, wenn er in ἔκτρωμα dasselbe ausgedrückt findet wie in ἐλαχιστότερος[446], was auch Ignatius (Röm 9,2) nahelegt (ἔσχατος αὐτῶν καὶ ἔκτρωμα).

Auch später begegnen mannigfache Deutungen, von denen hier wieder nur wenige erwähnt werden sollen, zumal sich die gegebenen Erklärungen oft wiederholen[447]. Calvin (450f) interpretiert im Sinne der plötzlichen Bekehrung und Berufung: »Wie ein Kind erst nach einer bestimmten Zeit, während der es im Mutterleib gebildet wird, geboren wird, so hat der Herr auch insgemein eine bestimmte Zeit innegehalten, als er sich seine Apostel schuf, bildete und formte. Paulus jedoch wurde kaum vom lebendigmachenden Geist empfangen, als er auch schon ›zum Apostel geboren wurde‹. Andere denken bei der unzeitigen Geburt an eine Spätgeburt. Aber die Vorstellung, daß der Apostel in einem Augenblick zugleich gezeugt, geboren und zu einem vollkommenen Manne gemacht wurde, entspricht viel besser dem Zusammenhang«. Sachgemäßer urteilt v. Mosheim (679): Paulus wolle »seine Niedrigkeit, seine Unwürdigkeit anzeigen«[448].

verworffene frucht von der mutter komen, welches war die Synagoga odder das Jůdenthumb ... Aber es ward ein unreiff und tod kind draus, das Christum verfolget und seine Christenheit«.

[445] Ganz ähnlich Wyclif, Sermones III 387; Cornelius a Lapide 335 zählt 6 Deutungen auf: *Abiectitio, extra tempus, coactus, caecus, ad gentes missus, extra numerum duodecim*. Hus, Opera VII 426f läßt alle drei Deutungen gelten, die er nennt (*extra tempus debitum nascitur, cum violencia educatur ... de utero synagoge, non secundum debitam quantitatem*). Für Estius 720 scheidet die Deutung auf das Wiedergeborenwerden nach der Ankunft des Geistes darum aus, weil das auch für andere gelten würde, die nicht ἔκτρωμα genannt werden. Auch die Deutung auf *violenter* bzw. *compulsus* der Wiedergeburt würde seiner Meinung weder bildlich noch sachlich passen; es beziehe sich vielmehr auf sein Apostelsein, so daß einige im Sinne von *supernumerarius* deuten.

[446] Cels. 2,65 (SC 132, 438). Nach Origenes sollen wir wie Abraham sagen: »Ich aber bin Erde und Staub« (Gen 18,27), wie David: »Ich aber bin ein Wurm und kein Mensch« (Ps 22,7) und wie Paulus in V 8

(Komm. zu Hi 37,7 [PTS 35, 180]); ähnlich Mt-Komm 72,4 (BKV 27, 10f); vgl. auch die Anwendung auf sich selbst bei Hieronymus, Ep. 47,3 (BKV 2. R. 16, 53f).

[447] Vgl. Bullinger 240, der Theophylakt und Ambrosius zitiert und im Deutschen »vßwürffling / vßschindling« und »zefrů geboren« nennt; vgl. auch Coccejus 333: *Qui nec videt, nec judicat, imo ut mortuus*, was auf die Vision bezogen wird (*ita ego talis non eram, ut quaererer, & ut offerretur mihi visio; deinde nec volebam videre. Plane enim id erat animo meo contrarium*). Vgl. weiter Crell 317 (*quemadmodum abortivus foetus plane ineptus est, ut perfectus homo evadat, ac vitam producat; ita se propter summam indignitatem plane ineptum fuisse ad id, ut fieret apostolus*) und Spener 480 (*Non debito tempore, sed justo maturius, imperfecte etiam aut informiter ... non ordinario modo per praedicationem Evangelii, sed fulminis violentia & voce coelesti primum vocatum & postea ab Anania instructum*).

[448] Die anderen Ausleger, die ἔκτρωμα »gleichsam zergliedern, scheinen nicht daran gedacht zu haben, daß der heilige Apostel sein eigener Ausleger hier sey« (ebd.). Nach Voigt, a.a.O. (Anm. 303) 212f

Manche beziehen ἔκτρωμα auch auf andere Personen. Bucer rühmt Luther, durch den Christus auch »uns armen, verlassenen Teütschen, die wir als ein unzeitige geburt mögen geacht werden«, das Evangelium hat verkündigen lassen[449]. Hamann wendet das Wort auf sich selbst an: »Ich bin eine unzeitige Frucht in allem mein[em] Thun und Handlung[en] ...«[450]. Nach Iwand soll sogar die Theologie »zwischen den anderen Wissenschaften als ein ektroma, eine ›unzeitige Geburt‹ (1Kor 15,8)« stehen, »die mit ihrer Arbeit immer wieder Hinweis ist auf diese Regelwidrigkeit im Ganzen des universalen Systems. Sie paßt nicht hinein – und doch wäre ohne sie das System nicht vollständig«[451].

4.2. Ἐλάχιστος wird normalerweise auf die Zeit, nicht die *dignitas*, Arbeit und Predigt des Apostels bezogen[452] und soll *causa humilitatis*[453] oder bzw. in Kombination *non labore, sed ordine* gesagt sein[454]. Nach Hugo (538) soll Paulus zwar *secundum priorem statum, non secundum praesentem* reden, doch macht er sich selbst den Einwand (539), daß es *sum* und nicht *fui* heißt[455]. Nach Luther war Paulus nicht *summus Apostolorum aut Pontifex maximus*, weshalb er sich so wie in V 9 nenne: *tantum abest, ut sanctissimum se iactet*[456]. Bucer gibt zu bedenken, wie Paulus »sein irren in der religion so kläglich beklaget und für so ein schwere sünd bekennet, I. Corinth. 15.[8-10] und I. Timoth. 1[12-14], der doch freilich so unschuldig geirret hat als je ein mann uff erden«[457].

4.3. Die Verfolgungstätigkeit des Paulus wird oft in Kombination mit 1Tim 1,13 zur Sprache gebracht, aber weniger durch das dortige ἀγνοῶν relativiert als durch die anderen Bezeichnungen gesteigert[458]: Aus dem

---

weiß Paulus, daß er »als das ›Siebenmonatskind‹ im Kreis der Apostel als Mensch und Person untenan steht, als Beauftragter aber voll im Amt und Dienst ist: von mehr als ›Gnade‹ lebt kein Apostel, und die Gnade hat sich in seinem Leben als effektiv erwiesen«.
[449] Schriften, Bd. 2, 48; vgl. auch 187, wo er die Deutschen ebenfalls so charakterisiert, »so vil die erkantnis der warheit belanget«.
[450] Londoner Schriften 330.
[451] Werke, Bd. 1, 229.
[452] Haymo 595; vgl. Pelagius 214 (*Minimus tempore, non labore*); Hieronymus 764; Primasius 543.
[453] Haymo 594; Petrus Lombardus 1675; Walafrid 546; nach Hus, Opera VII 427 dagegen wäre nur dann von einer *causa humilitatis* zu reden, wenn Paulus nicht Sünder wäre, doch habe er die Gemeinde verfolgt (mit Bezug auf Augustin); vgl. auch v. Mosheim 680: »nicht dem Amte, nicht den Gaben, nicht dem Rufe nach«, sondern wegen seines falschen Eifers und der Verfolgung der Gemeinde.

[454] Primasius 543; Herveus 974: *Minimus tempore, non dignitate. Minimus humilitate, non operatione. Minimus in me, magnus in Domino.* Vgl. auch Walafrid 546 (*vel tempore et vocatione, non dignitate, labore et praedicatione*) und Wyclif, De Veritate II 87 (nicht *minimus mole nec virtute*).
[455] Ähnlich deutet aber auch Estius 722f: *Respicit enim ad statum vitae suae praeteritae, quando persecutus fuit.*
[456] WA 2, 446; vgl. auch WA 22, 195: Obwohl Paulus mehr gearbeitet habe als alle, »rhümet er nicht sein eigen werck wie der hoffertige Phariseer, sondern gleicht dem armen Zölner, bekennet seine sünde und unwirdigkeit, Und was er ist, allein zuschreibet Gottes gnaden«.
[457] Schriften, Bd. 7, 372; vgl. auch Spener 481.
[458] Vgl. Bernhard v. Clairvaux, Schriften, Bd. 3, 97. Das soll dazu dienen, daß frühere Sünden nicht allzu sehr ängstigen, sondern demütig machen. Spener 481 zitiert 1Tim 1,15. Origenes findet eher entschuldigende Worte: Es sei Paulus gestattet worden, »daß er anfänglich in der Jugend infolge seines

Verfolger wird auch ein βλάσφημος und ὑβριστής[459]. Isaak v. Antiochien
zählt Paulus als Verfolger neben Abraham als Götzendiener, Mose als
Mörder, Rahab als Hure, der großen Sünderin und Zachäus als Zöllner zu
denen, die nach ihrer Rechtfertigung nicht länger im Stande der Sünde
blieben[460]. Auch für Ambrosius war Paulus ein Sünder nur *vor* der Annahme des Glaubens, während wir auch *danach* noch weiter sündigen;
wer aber ein Sünder ist, soll über sich weinen und sich anklagen, um gerecht zu werden[461]. Chrysostomus (329) zieht eine doppelte Konsequenz:
weder Verzweiflung des Sünders noch Sorglosigkeit oder Nachlässigkeit.
Allerdings soll gelten: *Prima est memoria peccatorum*[462]. Ein modernes
Beispiel: »Was waren Simon Petrus und selbst der Zöllner Levi neben einem so qualifizierten Sünder?«[463].

4.4. Die größte Aufmerksamkeit ist V 10 zuteil geworden, wobei die
Theologen vor allem das Verhältnis von Gnade und freiem Willen immer
wieder beschäftigt hat. Man könnte die Gesamttendenz aller Aussagen
mit Glossa (57v) so zusammenfassen: *Primum sola gratia ... sed post per
gratias incipiunt merita.*

Unproblematisch ist von allem Anfang an, was Didymus (7) als Wandlung ἐκ δωρεᾶς umschreibt und Anselm später so formuliert: *In nostra
mutatione divinae bonitatis apparet gratia*[464]. Cyrill fügt an V 10 an:
»Denn was jemanden nicht von Natur aus zukommt, sondern von außen
herbeigeholt und zugetragen und von anderer Hand gegeben wird, das ist

---

mit Unkenntnis verbundenen Eifers unter
dem Vorwand der Gottesfurcht« die Glaubenden verfolgte, damit er sich später nicht
rühme (De Orat. 1,5 [BKV 48, 31]). Auch
Cyrill läßt Paulus sagen: »Ich habe sie (sc.
die Kirche Gottes) verfolgt aus Unwissenheit. Denn ich meinte, die christliche Predigt bedeute Aufhebung des Gesetzes«
(Cat. 10,18 [BKV 41, 157f]); der Sinn dieser
Erwähnung aber sei: »Wie kann aber ein
Zeugnis bezweifelt werden, das sogar ein
Feind verkündet« (14,21 [252]).
[459] Gregor v. Nyssa, In Illud (Opera III 2,
24); vgl. auch Augustin, Conf. 8,4: »Umso
größer ist die Niederlage des Feindes, je
fester er den umstrickt hielt, der ihn besiegte und je mehr er durch ihn andere um-
strickte« (BKV 18, 167).
[460] Gedicht über die Buße (BKV 6, 60). In
einem Gebet für die Toten werden u.a. auch
der Zöllner und der Schächer am Kreuz genannt (Becker/Ühlein, a.a.O. [Anm. 285] II
897).
[461] Lk-Komm. 5,55 (BKV 21, 234); 6,22
(ebd. 279) wird Paulus neben die große
Sünderin als Beispiel gestellt, denn auch
von ihm gelte: »Es wurden ihm viele Sün-

den nachgelassen, weil er auch viel geliebt
hat«. Angemessener sind die Beispiele Jakob und David, die Newman heranzieht:
»Ein darbender Wanderer war unerwartet
ein Patriarch geworden; ein Hirtenknabe
ein König; ein Verfolger ein Apostel: Jeder
ist nach Gottes unerforschlichem Wohlgefallen auserwählt worden, eine große Aufgabe zu erfüllen ...« (Predigten, Bd. 5, 93).
[462] Hus, Opera VII 82; ebd. XIII 511 heißt
es einerseits: *Paulus ignorans peccavit;*
nach Tractatus 125 wäre andererseits auch
für den Papst eine *dignitas humiliter sine
pompa* angebracht.
[463] Barth, KD IV 3, 678. Nach Häring
(Frei I 428) soll Paulus gerade »die Zer-
knirschtheit ... im Blick auf die Verwüstun-
gen, die die Sünde im Weinberg Gottes an-
gerichtet hat, zu eifrigem Apostolat« an-
treiben.
[464] Opera II 237. Vgl. später etwa Luther,
WA 36, 517: »*Non natura sum, non meritis,* sed es ist lauter unmeslich barmherzigkeit, das ich bekert bin und absolvirt vom
lestern ... und begabt *gratia, donis Christi
et ultra hoc factus Apostolus,* Das vermag
nichts«.

nicht sowohl Eigentum dessen, der es empfangen, als vielmehr dessen, der es zugewiesen und geschenkt hat«[465]. Daß Paulus auch seine Arbeit nicht sich, sondern der Gnade zuschreibt, wird V 10 immer wieder entnommen[466]. Nach Augustin soll aus V 10 erhellen, »es sei auch dies der Gnade Gottes zuzuschreiben, daß er geistig und körperlich ... mehr als alle übrigen arbeiten konnte«[467]. Nach Hus gilt von V 10 her: *Nemo sibi bonum opus debet ascribere, sed gracie Dei tantum*[468]. Johannes v. Frankfurt stellt V 10 neben 4,7[469]. Nach Bernhard v. Clairvaux kann man ohne Gnade nicht einmal einen guten Gedanken fassen, doch soll man darauf achten, daß das Wort Gottes nicht leer zurückkehrt, sondern sich durchsetzt und den Zweck seiner Sendung erfüllt[470].

Viel wichtiger aber wird oft, daß Paulus nach dem Empfang der Gnade »das Seine« (τὰ παρ' ἑαυτοῦ) beiträgt[471]. Zwar wird unsere Stelle auch gegen den pelagianischen Irrtum ins Feld geführt[472], daß das *liberum arbi*-

[465] Quod Unus Sit Christus (BKV 2. R. 12, 157).
[466] Origenes, In Rom. 1 (PG 14, 1087); vgl. weiter etwa Primasius 544: *Deus in nobis operatur, et ipse nos ut laboremus inspirat, et ipse adjuvat laborantes, ipse opus bonum consumor*, und er zitiert dann wie andere Joh 15,5: »Ohne mich könnt ihr nichts tun«; vgl. auch Fulgentius, De Verit. Praed. 2,26 (CChr 91A, 506). Bei Basilius v. Caesarea heißt es: »Gott gibt seine Kraft zu den Arbeiten« (Über die Demut 3 [BKV 47, 335]); vgl. auch ders., Hom. de Humil. (PG 31, 532): θεὸς δὲ τὴν ἐν πόνοις δίδωσι δύναμιν. Auch Johannes Cassian fügt zu V 10 Joh 15,5 und Phil 2,8 an (Instit. 12,8,9 [SC 109, 462]); Origenes zitiert Phil 4,13 (Princ. 3,2,5 [TzF 24, 578-580]); vgl. auch Bernhard v. Clairvaux, Schriften, Bd. 4, 267. Auch Mt 10,20 wird zur Verdeutlichung herangezogen (Laborantis Cardinalis Opuscula [Flor. Patr. 32, 35]). Für Didymus d. Blinden gilt V 10 für alle wohlgelungenen Taten (In Sach 1,65 [SC 83, 226]).
[467] Joh-Evang. 122,3 (BKV 19, 361); vgl. auch 73,2 (ebd. 87) sowie 23,3 (BKV 8, 242). In der Regel Benedikts heißt es im Prolog: »Was an ihnen Gutes ist, schreiben sie ... nicht ihrem eigenen Vermögen, sondern dem Herrn zu« (BKV 20.2, 15).
[468] Opera III 75.
[469] Opuscula, hg. v. M. L. Bulst-Thiele, Heidelberg 1986, 26.
[470] Schriften, Bd. 5, 283; vgl. auch Bd. 6, 65, wo er auch 2Kor 6,1 und 1Tim 4,14 zitiert (»daß du die Gnade Gottes nicht verschlampst«). Vgl. auch Isaak v. Stella: Zur gleichen Zeit, da Gott außen etwas anord-

net, *nobiscum intus ut faciamus facit* gemäß V 10 (Serm. 34,21 [SC 207, 246]).
[471] Chrysostomus, Taufkatech. 3,3,11 (Fontes 6.2, 366). Origenes sieht bei der Auslegung von Mt 20,1ff in Paulus einen derjenigen, der *eine* Stunde gearbeitet hat, aber stark und mehr als die, die vorher gearbeitet haben (In Mt 20,1-16 [GCS 40, 456]), und im Kommentar 44 erklärt er: οὐχ ἡ χάρις δὲ κοπιᾷ, ἀλλ' οὕτως νοητέον· Οὐκ ἐγὼ τάδε πεποίηκα, ἀλλ' ἡ χάρις ἡ σὺν ἐμοί. Ambrosius erkennt in der rechten Amtsführung des Apostels eine Art Gegenleistung, so daß Paulus V 10 schreiben könne (De Off. 1,165 [BKV 32, 90]).
[472] Vgl. den antipelagianischen Judiculus (zwischen 435 und 442), wo in Kap. 6 erklärt wird, Gott wirke »so in den Herzen der Menschen und im freien Willen selbst, daß ein heiliger Gedanke, ein frommer Entschluß und jede Regung des guten Willens aus Gott ist«, wozu z.B. Joh 15,5 und 1Kor 15,10 zitiert werden (Denzinger/Hünermann, Enchiridion, Nr. 244, S. 116f); vgl. auch die 2. Synode v. Orange (Nr. 376 S. 178). Schon Augustin hält V 10 neben Röm 9,16 und Ps 126,1 Pelagius vor (Ep. 186,10,35f [BKV 30, 173]). Auch Gelasius führt die Stelle gegen das »pelagianische Gift« an, als könne »die Gnade Gottes ... nach den Verdiensten der Menschen verliehen werden«; Paulus sei dem Geschenk der Gnade »nicht vorausgegangen, sondern nachgefolgt«, »und um zu beweisen, daß er ein Mitwirker mit der Gnade sei, indem er ihr folgt«, sage er nicht, »ich und die Gnade Gottes mit mir«, sondern er setze »die vor-

trium zum Erlangen des Heiles genüge, während es doch nötig sei, daß die Gnade uns zuvorkommt, allerdings wird hinzugefügt: *Oportet enim hominem gratia praevenire: deinde liberum arbitrium*[473]. Schon früh heißt es: *Nec se sine gratia ... nec gratiam sine se, ut liberum servaret arbitrium*[474], was dann immer wieder in ähnlichen Formulierungen wiederholt wird[475]. Es verwundert von da aus nicht, daß auch von *merita* die Rede ist. Für Hieronymus ist Paulus »dem Range nach der Jüngste, aber an Verdiensten der Erste, weil er, obwohl zuletzt erwählt, mehr als alle gearbeitet hat«[476].

Ähnlich wird von katholischen Autoren auch während und nach der Reformationszeit geurteilt, etwa von Cajetan (82r), nach dem Paulus sage *mecum* und nicht *in me*, damit wir verstehen, *gratiam dei tunc opera efficere quum homo cooperatur gratiae*. Nach Erasmus (736) weist Laurentius hier ein Verständnis der Gnade als *cooperans* zurück, doch sei das nicht einzusehen: *Auxilium autem non excludit operam ejus, qui juvatur:* ἡ σὺν ἐμοί, *id est, quae est mecum, seu potius quae mihi auxilio est*[477]. Cornelius a Lapide (336) wendet V 10 gegen Luther und Calvin, da manifest sei, daß bei Paulus vom freien Willen geredet werde und nicht Gott allein alles in uns wirke, sondern der freie Wille mit ihm kooperiere, *etiam in operibus supernaturalibus*[478]. Estius (724f) spricht ebenfalls von *cooperatio*, doch genügt nach ihm nicht der von vielen gesehene Sinn (*non ego solus, sed gratia Dei mecum*), sondern es heiße: *Non gratia Dei, sed et ego; quia nec*

---

ausgehende Gnade voran und setzte sich nach« (Brief an die picenischen Bischöfe [BKV¹, Briefe der Päpste, Bd. 7, 89]).
[473] Hugo 539; vgl. auch Robert v. Melun 224 und Atto 398: *Nec gratia sine libero arbitrio, nec liberum arbitrium sine gratia hominis salutem operatur. Attamen operatur gratia sine libero arbitrio, praeveniendo, quemadmodum istum de coelo vocando.*
[474] Hieronymus 764; Pelagius 215.
[475] Vgl. z.B. Hrabanus Maurus 140; Herveus 975; Petrus Lombardus 1676 (*Primum enim sola gratia dat Deus, cum non praecedent nisi mala merita, sed post, per gratiam incipiunt bona merita ... ut ostenderet liberum arbitrium*) und Haymo 595 (*Per liberum arbitrium cooperatus est gratiae Dei*). Hus, Opera II 220 spricht von *gratia cooperans vel concomitans & consummans;* vgl. auch II 311 (*Non potest homo per sola naturalia sine gracia Dei coadiuvante bonum meritorie operari*) und VII 122 (*Prima gracia datur sine meritis ... secunda vero cum tercia gracia sunt cum meritis*).
[476] Ep. 58,1 (BKV 2. R. 16, 172); vgl. auch Bonaventura, Opera III 566; Cornelius a Lapide 336 beruft sich auf Hieronymus: *nouissimus in ordine, primus in meritis est.* Der »größere Ruhm« kann aber auch auf die Bescheidenheit des Paulus zurückge-

führt werden, so z.B. bei Gregor v. Nyssa, Encom. Ephr. (BKV¹, 2. Bd., 464).
[477] Vgl. auch ders., Schriften, Bd. 4, 147: »Zweifellos geht die Berichtigung dahin, nicht daß man erkenne, daß er nichts getan habe, sondern daß er nicht seinen eigenen Kräften zuzuschreiben scheine, was er mit Hilfe der Gnade Gottes getan hatte. Daher schließt diese Berichtigung den Verdacht der Überhebung, nicht aber der Gemeinsamkeit des Wirkens aus«; vgl. auch 155: Mit V 10a anerkenne Paulus den »Urheber«, aber durch V 10b »muß man den menschlichen Willen, der sich zusammen mit der Hilfe Gottes anstrengt, anerkennen«; vgl. auch 319: »Scheint es etwa unvernünftig, daß derselbe Wille in verschiedener Hinsicht zugleich tue und leide?«
[478] Zu ergänzen sei nicht *est*, sondern *laborauit*; es liege eine *enallage* (vgl. dazu Lausberg, Handbuch I 270) vor: *Non ego solus, sed gratia Dei est, quae mecum laborauit.* Er zitiert dann Bernhard: *Non ego, sed gratia Dei mecum, praesumens se non solum operis esse ministrum per effectum, sed & operantis quodammodo socium per consensum;* vgl. auch Eck, Ench. 31 (CCath 34, 315): *Simul ergo operantur liberum arbitrium et gratia.*

gratia sola facit; es werde nach Art der Schrift negiert, was *minus* ist, und statt-
dessen empfohlen, was *maius* oder *principaliter* gilt wie Hos 6,6.

In den Enzyklika »Mystici Corporis« von 1943 wird V 10 gegen »einen
ungesunden sogenannten *Quietismus*« angeführt, in dem »das geistliche
Leben aller Christen und ihr Fortschreiten zur Tugend einzig dem Wirken des Göttlichen Geistes zugeschrieben« werde, »wobei das (Wirken)
ausgeschlossen und hintangesetzt wird, das diesem von unserer Seite aus
durch gemeinsames und gleichsam helfendes Handeln entsprechen
muß«[479]. Allerdings kann auch bei katholischen Autoren ganz unverklau-
suliert davon gesprochen werden, daß das über menschliches Vermögen
hinausgehende Maß an Arbeit und Leiden »nicht sein eigenes Tun« war,
»nicht aus seiner eigenen Kraft« stammte, sondern »ihr (sc. der Gnade)
Sieg in ihm« war[480].

Die Reformatoren gehen in ihren Auslegungen unserer Stelle kaum auf
das Problem des *liberum arbitrium* ein. Nur Beza (158) besteht darauf,
daß hier von keinem *liberum arbitrium* die Rede ist und Paulus alles der
Gnade zuschreibt[481]. Das Letztere wird auch sonst nachdrücklich in den
Vordergrund gestellt. Calvin wendet sich gegen eine Verdrehung von V
10, als ob der Mensch sich neben der Gnade Gottes noch ein eigenes Werk
zuschreiben könne; wenn Paulus sich einen Mitarbeiter der Gnade nenne
(*gratiae cooperarium*), geschehe das nicht, um sich zu einem Mithelfer
(*consortem*) der Arbeit zu machen, sondern um das Lob der Arbeit der
Gnade zuzuschreiben[482]. Auch Zwingli erklärt: »Paulus gibt das werck der

[479] Denzinger/Hünermann, Enchiridion, Nr. 3817, S. 1055f. Vgl. auch Schmaus, Dogmatik III 2, 423, der hier bei Paulus ein Beispiel für die »Einheit von Gnade und menschlicher Freiheit« findet: »Das Heilswirken des Menschen ist von Gott gewirkt. Aber trotzdem ist es der Mensch, welcher, von Gott gesetzt, sein Tun in eigener Entscheidung setzt ... Der Mensch muß immer in Sorge sein, daß er sich dem Wirken Gottes widersetzt, daß er es nicht mit der erforderlichen Entschlossenheit und Bereitschaft in sein Handeln aufnimmt«; allerdings sei Gott der »Haupttätige«; der Niedere reise mit dem Höheren und nicht umgekehrt (306); vgl. auch ebd. die Unterscheidung von *gratia praeveniens, concomitans* und *subsequens.* Für Diekamp belegt V 10 die Schriftgemäßheit der Auffassung der Gnade »als eines *complementum* und einer *perfectio naturae*« (Dogmatik II 50).

[480] Newman, Predigten, Bd. 5, 205; vgl. auch Bd. 8, 220: Die Vorstellung, daß Paulus »eine so große Gnade hätte verdienen können«, »wäre töricht und frivol zu

gleich«; in Bd. 9, 26f zitiert er 2Kor 3,5. Nach Scheeben, Schriften VII 197 kann von der Gnade »im eigentlichen Sinne« nicht gesagt werden, »daß sie selbst sich bemühe«, weshalb es »naturgemäßer« sei, »die Stelle dahin zu fassen, daß die mit dem Apostel seiende oder ihm beistehende Gnade in ihm und durch ihn die Arbeit tue, d.h. sein Arbeiten bewirke«, statt zu sagen, die Gnade habe »zugleich mit ihm gearbeitet, wo dann ›mitarbeiten‹ in den Sinn von mit*wirken* umgedeutet werden müßte«.

[481] Bullinger wehrt aber eine Abschiebung der Verantwortung für das Böse ab: »Merk hier, daß er sagt: Nicht ich, sondern die Gnade Gottes etc. Das Böse aber thun wir ... nicht gedrungen oder gezwungen, sondern freiwillig aus unserer angebornen bösen Natur« (LASKR 5, 1858, 540).

[482] Inst. 4,1,6; die Mehrdeutigkeit des Ausdrucks und die Übertragung ins Lateinische, die den Artikel außer acht gelassen hat, habe dazu geführt, daß man die Gnade als *cooperatrix* statt als *omnium effectrix* angesehen habe.

gnad gottes. Kurtz: Sobald der mensch im selbs zůschrybt, das gottes allein ist, so ist er ein gewüsser glychßner, und ob er glych sust nie nüt gsündet hette, so wer das sünd gnug, das er nit gloubt got alle ding würcken«[483]. Spener (481) gibt zwar zu bedenken, es könne durchaus sein, daß die Gnade *vacua sive frustranea* bleibe, wenn man die *efficacia* und *operatio* in sich behindere und zugrunde richte[484], doch der Grundtenor seiner Aussagen ist ähnlich wie in den vorhergehenden Äußerungen (482): *Nulla mihi gloria ob hunc laborem, ... quia illa omnia ex virtute & operatione Dei fiunt.* Kierkegaard stellt nebeneinander, daß Paulus demütig ist und sich selbst erniedrigt, aber auch »kräftig in Worten und vollmächtig in der Rede« ist[485]. Althaus bezieht in einer Predigt über V 10 das »von Gottes Gnaden« auf alle 3 Glaubensartikel, so daß überall gelte: »Mit unserer Macht ist nichts getan«, fügt aber ebenfalls hinzu, daß die Gnade, »daß Gott uns würdigt, seine Mitarbeiter, seine Diener zu sein an anderen Menschen, in so vielfacher Weise, an Leib und Seele«, nicht vergeblich empfangen sein will[486]. Doerne belegt mit V 10, daß das durch die Ostererfahrung begonnene neue Leben »unter der Losung der ›Gnade‹« ein Leben in der Freiheit ist[487]. Heute wird die Dialektik oft so umschrieben wie bei Bornkamm: »Weil Gott *alles* wirkt, darum habt ihr *alles* zu tun«[488]. Allgemein wird als Konsens formuliert: »Irrig ist die Auffassung, der Mensch sei ursächlich Faktor *neben* der Gnade (Pelagianismus). Irrig ist die Auffassung des ›Determinismus, der die Personalität des Menschen aufhebt‹ und meint, alles sei vorherbestimmt«[489].

Die Art der Mehrarbeit wird verschieden bestimmt, meist aber auf die paulinische Heidenmission und das damit verbundene Durchwandern der ganzen Erde

[483] CR 89, 239; vgl. auch Bullinger 248 (*Deus enim homine utitur ut instrumento, sed omnis interim gloria & laus rei bene gestae deo ascribenda est*) und Maior 214r (*Non suis uiribus sapientiae aut industriae, sed soli gratiae Dei, quae in eo efficax fuit, tribuit*); ähnlich Coccejus 333: *Gratia significat hic voluntatem sive dilectionem nullis meritis nullaque adeo causa provocatam*, und das beziehe sich nicht nur *singulariter* auf Paulus, sondern es gelte für alle, *quod nihil sumus ex nobis ipsis*; vgl. auch Crell 317f.
[484] Ähnlich Baumgarten 522: Paulus setze voraus, daß »durch Widersetzlichkeit und Untreue der Menschen« die Wirkung von Gottes Gnade »unterbleiben und gehindert werden kŏnne«.
[485] Erbauliche Reden, 7.-9. Abt., 77.
[486] P. Althaus, Gott ist gegenwärtig, Gütersloh 1968, 41f. Hedinger, Hoffnung 165-168 unterscheidet im Anschluß an Barth ei-

nen soteriologischen und eschatologischen von einem »viatorischen Synergismus«: »Der Christ darf ›unterwegs‹ zwischen Versöhnung und Erlösung Gottes Mitarbeiter und Mitstreiter sein« (166 mit Hinweis auf 3,9 und Kol 4,11).
[487] Doerne, a.a.O. (Anm. 300) 190; vgl. auch: »... das Wort von Ostern ist das Wort der *Freiheit*« und: »Das Wort von der Auferstehung ist die Scheidelinie zwischen einer Frömmigkeit, die vom Menschen zu Gott aufsteigen will, und einem Glauben, der sich Gott als das Wunder aller Wunder von oben her schenken läßt«.
[488] Studien 91; zustimmend zitiert auch bei Schütte, Glaube 98.
[489] Schütte, Glaube 98; vgl. auch den Verweis auf Joest, Art. Synergismus, RGG ³VI 562, »daß der Mensch *durch* das Gnadenwirken Gottes und *in* ihm zu einer eigenen Glaubenszustimmung und dann auch zu ei-

und/oder die schwierigere Art der Mission unter den Heiden bezogen[490], doch werden z.T. auch die Peristasenkataloge als Illustration zitiert[491], oder es wird auf die eigene Erarbeitung des Lebensunterhalts (Walafrid 546) und die Ausdauer bei seiner Arbeit verwiesen[492]. Es begegnen auch mancherlei Kombinationen[493] und ganz andere Auslegungen der Mehrarbeit des Paulus. Origenes zieht Mt 7,13f heran und hebt auf die *differentia inter paucos et multos* ab, ja auf die *perfectiores* unter den Erwählten, die mehr arbeiten als alle und überhaupt nichts an *terrena hereditas* annehmen, wenn sie *digni sacerdotes et ministri Dei* sind[494]. Nach Luther läßt sich von Paulus sagen, »das er viel weiter leufft mit seinem Predigampt, viel mehr Leute bekeret, mehr wunder thut und frucht schaffet denn ander Apostel«[495]. Bullinger erklärt, daß Paulus »umb Gottes Willen und umb der nechsten Willen je me gethon und gelitten« hat (mit Verweis auf 1Kor 9,12.15.19-23; 2Kor 11,23-12,10)[496]. Bucer zitiert V 10 im Zusammenhang der These, daß das Amt aus den Aposteln keine Häupter und Herren macht, sondern Diener, und Paulus darum ein Haupt vor anderen ist, weil er mehr gearbeitet hat[497]. Wichtiger ist freilich, daß auch die Mehrarbeit nur als *gratia* zu verstehen ist, denn Paulus sage das nicht sosehr *modestiae causa, & humilitatis, sed quia illa potens gratia est demonstratio resurrectionis Domini*[498].

In neuerer Zeit wird das paulinische Beispiel auch auf die Aufgaben der Christen übertragen, deren Auferstehungsglaube wie bei Paulus von bloßen Gedanken und Lehrsätzen abgehoben wird, weil die Auferstehungsbotschaft in Bewegung setze: »Ich habe mehr gearbeitet als sie alle« bedeutet dann z.B.: »Da gibt es keinen Unterschied mehr zwischen Gedanken und Leben, zwischen Weltanschauung und Tun, zwischen Fest und Alltag«[499].

5. Die Auslegung von V 11 zielt einheitlich auf ὁμόνοια (Chrysostomus 332)[500] bzw. *concordia praedicantium* (Thomas 409). An dieser Aus-

nem eigenen Glaubenswirken bewegt wird«; vgl. auch Schütte, Kirche 136f.

[490] Vgl. schon τινές bei Chrysostomus 329 und weiter Irenaeus, Haer. 4,24,1-3 (SC 100, 698-701), nach dem die Arbeit der übrigen Apostel leichter war, weil sie unter den Juden geschah, die die *ostensiones* der Schriften hatten, während die Heiden als Götzendiener schwieriger zu bekehren waren; ähnlich Herveus 974: *Illi enim praedicaverunt Judaeis, qui per legem et prophetas erant instructi ... ego autem graviori labore gentibus quae nihil de Deo audierant*; vgl. weiter Haymo 595 (*pene universum mundum perambulans*) und Estius 724, der viele Länder und Molesten erwähnt (mit Verweis auf Röm 15 und 2Kor 11) und *labores* und nicht *merita* verglichen sieht (*sciens, merita non semper aestimari secundum labores*).
[491] Vgl. Origenes, In Rom. 1 (PG 14, 845), der 2Kor 11,26f zitiert; auch Bernhard v. Clairvaux, Schriften, Bd. 4, 20 verweist auf die Leiden, die »ein gar geringer Tauschwert für die Herrlichkeit« sein sollen.

[492] Ambrosius 276 (*constantia*); Pelagius 215 und Hieronymus 764 (*diutius*).
[493] Vgl. Thomas 408, der auf Röm 15,19; 2Kor 11,23 und 2Thess 3,8 verweist.
[494] Hom. in Num 21,1f (GCS 30, 201f).
[495] WA 22, 183.
[496] Schriften, Bd. 1, 31; ebd. 241 führt er die Provinzen auf, in denen Paulus das Evangelium verkündet hat (ebs. Maior 214r). In EKO, Bd. 7, 205 wird allerdings ein Vorbehalt angemeldet: Paulus sei »nit in alle welt hyn zogen, hatt auch nit stettigs gereyset« (mit Verweis auf Apg 18,11 und 19,10).
[497] Schriften, Bd. 4, 53.
[498] So Coccejus 334; ähnlich Heidegger 154.
[499] So Schönherr, a.a.O. (Anm. 301) 220.
[500] Chrysostomus 332 zieht daraus die Konsequenz, daß es keinen Unterschied macht, von wem man lernen will. Vgl. auch Irenaeus, Haer. 3,13,1 (BKV 3, 264: Alle verkündigen ein und dasselbe) sowie Theophylakt 757 und Oecumenius 865: Συμφωνοῦμεν bzw. ὁμοφωνοῦμεν ἅπαντες.

legung ändert sich auch später nichts, wie z.B. Maior (214v) zeigt: *Praedi-camus ... unanimi consensu omnes*. Auffallend ist, daß der Vers in der ökumenischen Debatte m.W. keine Rolle spielt, obwohl gerade hier Einheit in der Vielfalt sichtbar wird, weil die im Text genannten Zeugen und Paulus bei allem gemeinsamen Auferstehungsglauben nun wahrlich nicht ein und dieselbe Theologie vertreten.

2 Die Auferweckung Jesu und die Auferweckung der Toten 15,12-34

2.1 Der Zusammenhang der Auferweckung der Toten mit der Jesu Christi 15,12-19

Literatur: Aletti, J.-N., L'argumentation de Paul et la position des Corinthiens, in: de Lorenzi, Résurrection 63-81; *Bachmann, M.*, Zur Gedankenführung in 1. Kor. 15,12ff, ThZ 34 (1978) 265-276; *ders.*, Rezeption von 1. Kor. 15 (V. 12ff.) unter logischem und unter philologischem Aspekt, LingBibl 51 (1982) 79-103; *ders.*, Noch einmal: 1 Kor 15,12ff und Logik, LingBibl 59 (1987) 100-104; *ders.*, Zum »argumentum resurrectionis« nach Christoph Zimmer, Augustin und Luther, LingBibl 67 (1992) 29-39; *Barth, G.*, Zur Frage nach der in 1Korinther 15 bekämpften Auferstehungsleugnung, ZNW 83 (1992) 187-201; *Bazán, F.G.*, La doctrina de la resurrección en S. Pablo y entre los gnósticos, RevBib 37 (1975) 341-352; *Becker* (Lit. zu Kap. 15); *Binder, H.*, Zum geschichtlichen Hintergrund von I Kor 15,12, ThZ 46 (1990) 193-201; *de Boer* (Lit. zu Kap. 15); *Brakemeier* (Lit. zu Kap. 15); *Braun*, Glossen 198-201; *Bucher, Th.G.*, Die logische Argumentation in 1. Korinther 15,12-20, Bib. 55 (1974) 465-486; *ders.*, Auferstehung Christi und Auferstehung der Toten, MThZ 27 (1976) 1-32; *ders.*, Nochmals zur Beweisführung in 1.Korinther 15,12-20, ThZ 36 (1980) 129-152; *ders.*, Allgemeine Überlegungen zur Logik im Zusammenhang mit 1 Kor 15,12-20, LingBibl 53 (1983) 70-98; *Dahl* (Lit. zu Kap. 15); *Eriksson*, Traditions 255-261; *Etcheverria, R.T.*, Los que dicen que no hay resurreccion (1 Cor 15,12), Salm. 33 (1986) 275-302; *Fuchs, E.*, Die Auferstehungsgewißheit nach 1Kor 15, in: *ders.*, Gesammelte Aufsätze I, Tübingen 1965, 197-210; *Gillespie* (Lit. zu Kap. 15); *Hoffmann* (Lit. zu Kap. 15); *Holleman* (Lit. zu Kap. 15); *Horsley, R.A.*, ›How Can Some of You Say that there is no Resurrection of the Dead?‹ Spiritual Elitism in Corinth, NT 20 (1978) 203-231; *Jacobs, R.*, »Als Christus niet es verrezen, is uw geloof waardeloos (1 Kor. 15,17), Bijdr. 28 (1967) 260-277; *Klumbies*, Paulus 153-163; *Lewis, S.M.*, »So That God May Be All in All«. The Apocalyptic Message of 1 Corinthians 15,12-34, 1998 (Tesi Gregoriana, Serie Teologia 42); *Martin, R.P.* (Lit. zu Kap. 15) 107-118; *Martin, D.B.* (Lit. zu Kap. 15); *Pearson*, Pneumatikos; *Peel, M.L.*, Gnostic Eschatology and the New Testament, NT 12 (1970) 141-165; *Sandelin* (Lit. zu Kap. 15); *Schniewind* (Lit. zu Kap. 15); *Schottroff* (Lit. zu Kap. 15); *Sellin* (Lit. zu Kap. 15) 15-37.255-260; *Spörlein*, Leugnung 63-70; *Tuckett* (Lit. zu Kap. 15); *Ulrichsen, J.H.*, Die Auferstehungsleugner in Korinth: Was leugneten sie eigentlich?, in: FS L. Hartman, Oslo u.a. 1995, 781-799; *Verburg* (Lit. zu Kap. 15) 120-139.280-286; *J.S. Vos*, Die Logik des Paulus in 1Kor 15,12-20, ZNW 90 (1999) 78-97; *Wedderburn, A.J.M.*, The Problem of the Denial of the Resurrection in I Corinthians XV, NT 23 (1981) 229-241; *ders.*, Baptism 6-37; *Wilson, J.H.*, Corinthians; *Zimmer, Ch.*, Das argumentum resurrectionis 1 Kor 15,12-20, LingBibl 65 (1991) 25-36.

12 Wenn aber verkündigt wird, daß Christus von den Toten auferweckt worden ist, wieso sagen einige unter euch, es gebe keine Totenauferweckung? 13 Wenn es aber keine Totenauferweckung gibt, ist auch Christus nicht auferweckt worden. 14 Wenn aber Christus nicht auferweckt worden ist, dann ist auch unsere Verkündigung ohne Grund, ohne Grund auch unser (oder: euer) Glaube. 15 Wir aber erweisen uns auch als falsche Zeugen Gottes, weil wir gegen Gott mit dem Zeugnis aufgetreten sind, daß er Christus auferweckt hat, den er nicht auferweckt hat, wenn denn Tote nicht auferweckt werden. 16 Denn wenn die Toten nicht auferweckt werden, ist auch Christus nicht auferweckt worden. 17 Wenn aber Christus nicht auferweckt worden ist, ist euer Glaube nichtig, seid ihr noch in euren Sünden. 18 Dann sind auch die in Christus Entschlafenen verloren. 19 Wenn wir allein in diesem Leben auf Christus hoffen, sind wir bemitleidenswerter als alle Menschen.

Nachdem Paulus die Diskussionsbasis für seine weiteren Erörterungen geschaffen hat, folgt in V 12-34 die Explikation der Zusammengehörigkeit der Auferweckung Christi mit der der Toten[501]. Allgemein wird der Abschnitt mit Recht in drei Abschnitte unterteilt: V 12-19.20-28.29-34[502]. Zunächst läßt Paulus in V 12-19 eine Serie von Argumenten *a negativo* folgen, die in Form einer *deductio ad absurdum* aufzeigen soll, was an fatalen Konsequenzen folgt, wenn die in V 12 zitierte korinthische These ἀνάστασιν νεκρῶν οὐκ ἔστιν stimmen würde. Die zahlreichen Konditionalsätze sind dabei nicht als bloße Gedankenspiele aufzufassen, sondern benennen reale Gefahren. Paulus geht dabei gewiß rhetorisch, und zwar mit unverkennbarem Pathos, auf die in V 12 zitierte These ein, erörtert aber nur deren desaströse Folgen und Rückwirkungen, nicht deren Begründungen und Hintergründe. Grundvoraussetzung des Argumentationsganges ist die unlösliche Zusammengehörigkeit der Auferweckung Jesu und der der Toten, daß also die Behauptung, es gebe keine Aufer-

Analyse

---

[501] Zur Kohärenz des Abschnitts V 12-34 und zu seiner konzentrischen Struktur (V12-19 Negation; V 20-28 Affirmation; V 29-34 Negation) vgl. besonders Aletti* 63-66, der auf syntaktische, semantische u.a. Indizien für die Einheitlichkeit verweist, z.B auf die Konditionalsätze (V 12.13.14. 16.17.19.29.32a.b) und Fragen (V 12.29a.c. 30.32), das »Leitmotiv« einer Leugnung der Totenauferweckung (V 12. 13. 15. 29. 32) u.a., die von Sandelin* 12 (vgl. auch Wolff

376) behauptete *inclusio* (τινές in V 12 und 34) aber nicht gelten läßt, weil diese auch semantisch determiniert sein müsse (64 Anm. 4).
[502] Andere Vorschläge bei Sandelin* 11, der selbst wenig überzeugend für V 12-21.22-28.29-34 plädiert (13). V 20 beginnt fraglos ein neuer Abschnitt; anders z.B. Wolff 380; richtig Aletti* 71 Anm. 19 und 87f z.B. mit Verweis auf das νυνὶ δέ in Röm 3,21.

weckung der Toten, mit dem Bekenntnis zur Auferweckung Jesu unvereinbar ist. Darum folgert V 13 aus der korinthischen These zunächst die Unwahrheit des Zeugnisses von der Auferweckung Jesu von den Toten sowie die prekären Folgen vor allem im Blick auf den Apostel: Kerygma und Glaube wären nichtig, und er selbst erwiese sich als falscher Zeuge. Nach Wiederholung von V 13 in V 16 schließen V 17b-18 noch einmal auf die Nutzlosigkeit des Glaubens, dieses Mal primär im Blick auf die Gemeinde: Sündenfreiheit und Hoffnung wären dann ausgeschlossen[503]. Auffallend ist, daß die negativen Folgen (V 14b-15 und V 17b-18) jeweils aus der hypothetisch unterstellten Nichtauferweckung Christi abgeleitet werden (anders nur V 19), d.h. Paulus will seine Adressaten vor allem durch den Aufweis der verhängnisvollen Konsequenzen der Nichtauferweckung Christi zur Besinnung bringen, während aus der Bestreitung der Totenauferweckung immer die der Auferweckung Christi gefolgert wird (V 13.16). Die angesprochenen anthropologischen und ekklesiologischen Konsequenzen ergeben sich auch hier aus der Christologie und deren Implikat der Totenauferweckung.

Rhetorisch wird der Abschnitt V 12-34 am ehesten als *argumentatio* anzusprechen sein, der als »der zentrale, ausschlaggebende Teil der Rede« gilt[504], wobei vor der *confirmatio* oder *probatio*, dem positiv beweisenden Teil der *argumentatio*, V 12-19 zunächst als *refutatio* zu gelten hat[505], die nach Cicero (Inv. 1,42,78) die Argumente der Gegenseite schwächen und entkräften soll[506]. Zu den Beweismitteln zählen bei induktiver Beweis-

---

[503] Nach Heinrici 456 behandeln V 13-15 die Folgen der Auferweckungsleugnung »mit besonderer Rücksicht auf die Verkündiger des Evg.«, V 16-18 »auf die Gläubigen« (beides könnte sich aber je nach der Ursprünglichkeit von ἡμῶν oder ὑμῶν in V 14c überschneiden; vgl. z.St.), nach Findlay 922 V 13-15 »the falsity of faith«, V 16-18 »the unreality of the effects«. Berger, Exegese 58 findet in V 13-15 und V 16-18 zwei Kettenschlüsse, »aufgebaut nach dem Prinzip der Steigerung«, Stenger* 88 eine »Ringkomposition«, die das Moment der *amplificatio* (»steigernde Wiederholung«) einschließt; auch Bünker* 68 bestimmt V 16-18 als *amplificatio*. Saw* 232 weist auf die Steigerung von κενός (V 14) zu ἐλεεινότεροι (V 19).

[504] Lausberg, Handbuch I 190. V 12 läßt sich dabei als *propositio* verstehen (Bünker* 68; Eriksson* 256 u.a.), während Verburg* 260f ihn als *narratio* bestimmt und dabei speziell auf den *modus per convictivum* verweist, bei dem »die Erzählung in vorwurfsvolle Fragen gekleidet« ist und für die *argumentatio* und besonders die *refuta-*

tio als geeignet gilt. Das ist zwar nicht ganz auszuschließen, doch näher liegt es, da man V 12b kaum von V 12a trennen kann, V 12 als *propositio* anzusprechen (nach Lausberg, Handbuch I 164 »die kurze Zusammenfassung des zu beweisenden Sachverhalts«).

[505] Vgl. Watson (Lit. zu Kap. 15) 239f; Bünker* 68; Lewis* 28 bestimmt V 12-28 als *probatio*. Nach Martin, Rhetorik 125 hat die *refutatio* ihren Platz zwar »gewöhnlich nach der *argumentatio*«, kann aber »ein schwieriges Hindernis schon vor der *argumentatio* entkräften«; vgl. Aristoteles, Rhet. 3,17,15 (1418b), wonach bei einer Erwiderung zuerst Gegenargumente und Antisyllogismen gegen die Gegenseite vorgebracht werden sollten (zitiert bei Eriksson* 256).

[506] Die *modi* der *refutatio* sind nach Lausberg (Handbuch I 541) Argumente *ab incerto*, *ab incredibili*, *ab impossibili*, *ab inconsequente*, *ab incommodo*. In unserem Abschnitt geht es vor allem um die beiden letzten, um Inkonsequenz und Schädliches.

führung die Enthymeme, die als weniger pedantisch gelten als die logisch vollkommeneren Syllogismen[507] und hier auch von Paulus mit Vorrang verwendet werden[508]. Dabei geht es Paulus allerdings weniger um logische Gesetze und Beweise als um persuasive Argumente *ad hominem*, wobei er auch affektische Mittel einsetzt[509].

Zunächst stellt sich die Frage nach den *Auferstehungsleugnern*[510], deren Losung Paulus mehrmals anführt (V 12.13.15.16.21.29.32), in V 12 mit ὅτι-recitativum als Zitat gekennzeichnet, leider aber ohne nähere Hinweise auf dessen Motive und Hintergründe. Woher er die korinthische Antithese zur Auferstehungshoffnung kennt, bleibt im Dunkel[511], was sie besagt, ist trotz intensiver Diskussion der Exegeten bis heute strittig[512], zumal ihr Sinn nur aus der paulinischen Sicht zu rekonstruieren ist und die Versuche ihrer religionsgeschichtlichen Einordnungen sehr bald an ihre Grenzen stoßen. Hauptkriterium muß die Zuordnung zu anderen Zügen der korinthischen Position bleiben.

Eine gewisse Übereinstimmung besteht heute nur darin, daß wir es bei den τινές nicht mit zum Christentum konvertierten Sadduzäern zu tun haben[513], während immer noch mit aufklärerischen Skeptikern oder Epikureern gerechnet wird[514]

[507] Vgl. Martin, Rhetorik 102; Bünker* 141 Anm. 124; EKK VII 1, 79 Anm. 280 und oben Anm. 7.

[508] Vgl. besonders Eriksson* 256-261.

[509] Vgl. schon Weiß 354 und Godet II 191 (Paulus hätte sonst in V 13 οὐκ ἔστιν »dem Subjekt vorangestellt; denn auf diesen Begriff würde ja sein ganzer Beweis ruhen«) sowie weiter Kremer (Lit. zu Kap. 15) 24; Dykstra (Lit. zu 15,20ff) 207f; Bünker* 68 und 142 Anm. 126; Spörlein* 69; Stenger* 89f; Sellin* 257; nach Lewis* 43 soll Paulus in V 16-19 mit der Betonung der existentiellen Implikationen der Auferweckungsleugnung an die Emotionen appellieren.

[510] Zur Frage, wie stark die Auferstehungsleugnung in der korinthischen Gemeinde verbreitet war, vgl. oben Anm. 14-18.

[511] Vgl. oben Anm. 60.

[512] Vgl. die Lit. in EKK VII 1, 58 Anm. 165 und vor allem die Diskussion bei Sellin* 17-37; Barth* 187-193; de Boer* 96-105; Gillespie* 205-218; D.W. Kuck, Judgment and Community. Paul's Use of Apocalyptic Judgment Language in 1 Corinthians 3:5-4:5, 1992 (NT.S 66), 16-31; Tuckett* 187-193.

[513] So früher v. Flatt 549 und die Beispiele unten Anm. 617f.624. Inwiefern umgekehrt das von den Jüngern aus der Jesusbe-

wegung und dem Judentum mitgebrachte Erbe bei der Entstehung einer realisierten oder inaugurierten Eschatologie eine Rolle gespielt hat (vgl. dazu Allison [Lit. zu Kap. 15] 148-152 u.ö.), ist eine andere Frage, die sich m.E. aber für Korinth nicht stellt.

[514] Solche Frontstellung ist in der einen oder anderen Weise vor allem früher oft behauptet worden. Robertson/Plummer 346 z.B. hielten sie für Leute, die analog modernen Skeptikern erklären »Miracles don't happen« (ähnlich Findlay 923) oder von »a popular form of Epicurean materialism« beeinflußt sind; Deißner (Lit. zu Kap. 15) 16 (»Skeptizismus«). Bachmann 327 Anm. 1 hat sogar den Eindruck, »daß eine gewisse oberflächliche Gedankenlosigkeit mit jener skeptischen Anschauung spielte, ohne sich auf ihre Konsequenzen zu besinnen« (richtiger Heinrici, Sendschreiben 464: nicht »frivole Zweifelsucht«, sondern »ehrliche, wenn auch kurzsichtige und das christliche Leben gefährdende Bedenken«); vgl. neuerdings wieder Strobel, der z.B. Seneca, Ep. 19,5 zitiert, der vom Tod sagt, *quod ipsum nihil est et omnia in nihil redigit, nulli nos fortunae tradit.* Doch Skepsis und Pessimismus sind in Korinth gerade nicht anzutreffen. Das ist auch gegenüber der neuerdings wieder vertretenen These von Tomlin, Christians passim festzuhal-

bzw. mit Leuten, die grundsätzlich an einer postmortalen Existenz oder Jenseitshoffnung zweifeln[515], doch ist das m.E. ebensowenig begründet wie eine Auseinandersetzung mit platonisierenden Idealisten, die an die Unsterblichkeit der Seele glauben[516]. Zuzugeben ist, daß neben V 19 auch V 32 *prima facie* den Eindruck erweckt, als ob für die Korinther mit dem Tod alles aus sei, und angesichts der Praxis der Vikariatstaufe für Tote (V 29) möchte man das am ehesten für ein paulinisches Mißverständnis halten. Allerdings bleibt die Hypothese, daß Paulus aufgrund von Informationslücken die Korinther mißverstanden habe[517], im ganzen auch hier eher eine Verlegenheitslösung, zumal Paulus sich in V 35 durchaus informiert zeigt. V 13-19 (+ 30-34) dürfen schon darum nicht im Sinne völligen Jenseitszweifels ausgewertet werden, weil Paulus hier nicht korinthische Positionen diskutiert[518], sondern selbst Konsequenzen in Richtung auf die Heillosigkeit

ten, der eine besondere Nähe zum Epikureismus finden will, was hier nur im Blick auf 1Kor 15 zu diskutieren ist (56-62). Gewiß vergleichgültigt Epikur den Tod (vgl. Diogenes Laertius 10,124f), und nach Lukrez (De Rer. Nat. 3,754-760) wird die unsterbliche Seele von der Auflösung des Leibes nicht mitbetroffen, doch damit wird z.B. aus V 35 noch kein epikureischer Einwand, aus dem Gebrauch von *semina* (3,857) in V 36 noch kein epikureisches Bild u.a.; die Vikariatstaufe bleibt denn auch ganz unerwähnt. Umsichtiger urteilt D.B. Martin* 105-117, der vor allem den in philosophischen Kreisen weit verbreiteten Leib-Seele-Dualismus herausstellt (115f; vgl. auch unten Anm. 559); fragwürdig aber bleibt seine Abweisung einer realized eschatology, möglich, wenn auch hypothetisch, die Verbindung der Auferstehungsleugnung mit den angeblich von der Popularphilosophie beeinflußten »Starken« (107f; daß diese die Auferstehung von ihren Voraussetzungen her als »the crass resuscitation of a corpse« verstanden haben (123), bleibt zwar durchaus möglich, dürfte aber mit der anders motivierten Abwertung des Somatischen zusammenhängen (vgl. auch unten Anm. 1333).
[515] Conzelmann 319 denkt an Beeinflussung durch Mysterien, die angeblich bloß diesseitige Wirkungen versprechen, und verweist auf das Schweigen der übergroßen Zahl der Grabinschriften über jede Jenseitshoffnung, macht aber selbst zugleich auf Zeugnisse für Unsterblichkeitshoffnung in ihnen aufmerksam (319 Anm. 3); vgl. auch Doughty, Presence 76 Anm. 61, jeweils mit Verweis auf Rohde, Psyche II 379f und Nilsson, Geschichte II 231-242; vgl. aber die kritischen Rückfragen bei Sellin* 21-23.

Barth* meint vor allem V 19 und V 30-32 nur so verstehen zu können, daß Paulus einer verbreiteten Skepsis gegenüber »die Auferstehung überhaupt« einschärfen und verteidigen will.
[516] Anders etwa Bachmann 439 Anm. 3; Schlatter 392f; Moffat 258; Bousset 155 und Lietzmann 79, die z.B. vom Gegensatz von hellenistischer Unsterblichkeit der Seele und pharisäischer Auferstehungshoffnung ausgehen; neuerdings plädiert für eine von Paulus angeblich mißverstandene Unsterblichkeit der Seele wieder Ulrichsen* 794; dagegen mit Recht z.B. Schniewind* 110-113 (vgl. unten Anm. 541); Gutbrod, Anthropologie 33; Kümmel 192f; Güttgemanns (Lit. zu Kap. 15) 59f; Wedderburn* (Baptism) 17.
[517] So Bultmann, Theologie 172 (bestritten werde in Korinth »nur die realistische Auferstehungslehre der jüdisch-urchristlichen Tradition«); Schmithals, Gnosis 71.147; Luz, Geschichtsverständnis 337f; Marxsen, Einleitung 91f; Ulrichsen* 790. Damit verbunden ist oft auch die Hypothese, Kap. 15 gehöre zu einem Vorbrief, wo Paulus noch nicht genügend informiert war, doch vgl. oben Anm. 5; kritisch gegenüber der Mißverständnistheorie mit Recht Kümmel 192f; Hurd, Origin 196f; Hoffmann* 245-247; Wolff 349f.380; Sellin* 17-20; Tuckett* 252. Vgl. umgekehrt zur These eines Mißverstehens auf Seiten der Korinther unten Anm. 526.
[518] Es scheint mir ganz ausgeschlossen, daß hinter V 13-19 die korinthische Position zu hören sein und Paulus korinthische Argumente aufnehmen sollte (so aber Schütz [Lit. zu Kap. 15; Authority] 446 und Paul 91f; vgl. auch Gillespie* 213 und Tuckett* 265f; anders zu Recht Eriksson* 257).

zieht[519]. Vor allem die Vikariatstaufe (V 29) spricht jedenfalls eindeutig gegen die These einer völligen Hoffnungslosigkeit über den Tod hinaus, und zwischen den Auferstehungsleugnern und den Totentäufern zu differenzieren, ist ebenfalls keine einleuchtende Lösung[520].

Nicht durchgesetzt hat sich mit Recht auch die Annahme, daß die hinter 1Kor 15 steckende Fragestellung mit der von 1Thess 4,13ff zu identifizieren und wie die Ängste der Thessalonicher durch eine »ultrakonservative« Eschatologie zu erklären seien, nach der nur die bei der Parusie Überlebenden am messianischen Reich teilnehmen können[521]. Aber fehlende Naherwartung und die Praxis der Totentaufe (V 29) passen schlechterdings nicht zu dieser Annahme. Wenn die Korinther tatsächlich alles Heil von der Parusie erwartet hätten, wäre ihr Enthusiasmus (vgl. 4,8) nicht zu erklären. Eine realized eschatology ist doch etwas anderes als das in 1Thess 4,13 erwähnte »Trauern«, auf das Paulus denn auch ganz anders, nämlich mit seelsorgerlichem Trost reagiert. V 6.51 setzen zudem den Tod nicht mehr nur einzelner voraus[522], und außerdem ist der 1. Thessalonicherbrief während des paulinischen Aufenthaltes in Korinth geschrieben worden, so daß die Gemeinde das Problem längst gekannt haben wird.

M.E. bleibt bei aller Unsicherheit und Unterschiedlichkeit auch der folgenden Hypothesen und trotz gewichtiger Einwände gegen alle Rekonstruktionen die schon in EKK VII 1, 58f kurz referierte Lösung (mit einer bestimmten Selbstkorrektur in bezug auf das Verhältnis zu 2Tim 2,18) am plausibelsten, daß sich bei der Auferstehungsleugnung die Negation einer futurischen und einer somatischen Dimension der Eschatologie verbinden. So kann man zunächst vermuten, daß es für die Auferstehungsleugner darum keine Auferweckung der Toten (mehr) gibt, weil diese als schon geschehen gilt, und zwar darum, weil sie spiritualisiert worden ist.

---

[519] Vgl. schon Rückert 394-397 sowie Schade* 193 und Sellin* 19.21. Auch V 32, wo Paulus selbst Jes 22,13 zitiert, darf also nicht als Meinung der Korinther ausgegeben und etwa als Indiz für epikureischen Leichtsinn (so de Wette 139) gewertet werden.

[520] Vgl. unten Anm. 1131.

[521] So Schweitzer, Mystik 92f-94 (vgl. schon Billroth 210f); neuerdings modifiziert wieder aufgenommen bei Conzelmann 320, z.B. durch die Annahme eines paulinischen Mißverständnisses: Paulus wende sich gegen Leute, die – nach seiner Meinung – »nur an eine Verwandlung der Lebenden bei der Parusie glauben, nicht aber an eine Auferweckung der Toten«. Auch nach Spörlein* 190f sollen die Auferstehungsleugner keine Hoffnung für die Verstorbenen, sondern nur für die bei der Parusie noch Lebenden haben; vgl. auch

Orr/Walther 319.340 und Verburg*; dagegen mit Recht schon Olshausen 737f; Lietzmann 79; neuerdings Schade* 191f; Sellin* 23; Klauck 112; Wedderburn* (Baptism) 14f; Wolff 421f u.a.

[522] Becker* (Auferstehung) 72.98 will freilich den Tod bereits als eine Art »Normalität« verstehen, was übertrieben ist (τινές!). Andere bestreiten denn auch, daß der Tod inzwischen seit 1Thess 4 zum »Regelfall« geworden ist (z.B. Schade* 207; vgl. auch Burchard [Lit. zu 15,35ff] 250 Anm. 65 und oben Anm. 20). Klein, TRE 10, 279 spricht allgemeiner von einer »Verschiebung im Proporz der Gruppen« (vgl. auch Bornkamm, Paulus 228; Sellin* 46f zu V 51f). Nach Eriksson* 237 soll die Betonung des Todes im ganzen Kapitel aber überhaupt durch die Todesfälle (11,30; dort ἱκανοί!) dringlich geworden sein.

Das entspräche der in neuerer Zeit weitverbreiteten Annahme[523], die korinthischen Auferstehungsleugner seien in die Nähe der Irrlehrerthese von 2Tim 2,18 zu rücken, wonach Hymenaeus und Philetus behaupten, ἀνάστασιν ἤδη γεγονέναι[524]. Die Korinther leugnen dann nicht die Auferweckung der Toten, sondern deren Zukünftigkeit, weil sie der Meinung sind, schon in der Taufe bzw. beim Empfang des Geistes (kaum in der γνῶσις) auferstanden zu sein.

Religionsgeschichtlich ist das durchaus vorstellbar, wie außer den Nag-Hamadi-Texten (vgl. die Belege EKK VII 1, 58f) auch die Referate der Kirchenväter bezeugen. Nach Irenaeus bewirkt bei den Gnostikern des Menander schon die Taufe die Auferstehung[525]. Der Hinweis auf die relativ späte Entstehung dieser Texte und ihre Abhängigkeit von Paulus besagt wenig, wenn man sieht, daß schon im NT selbst auch ohne den mythologischen Hintergrund der Gnosis ganz ähnliche Tendenzen erkennbar werden, wenn spiritualisierend und die Heilsgegenwart einseitig akzentuierend von einer schon geschehenen Auferstehung und einer schon gegenwärtigen Teilhabe am ewigen Leben der Christen die Rede ist[526].

[523]   Sie ist schon von Chrysostomus 321 (allerdings in der vorsichtigen Form, manchmal leugne der Teufel die Auferstehung ganz und gar, manchmal lehre er, sie sei schon geschehen), Thomas (vgl. unten Anm. 622), Luther (vgl. unten Anm. 623), Grotius 819 sowie Olshausen 730 u.a. vertreten worden.

[524]   Schniewind* 114 u.ö.; Bultmann, ThWNT III 19 (»in gewisser Weise«) und Theologie 172; v. Soden, Studien 259f Anm. 28; Bartsch (Lit. zu 15,1-11) 265f; Käsemann, Versuche, Bd. 2, 120; Barrett 347f; Kümmel 192; Eichholz, Theologie 106; Brandenburger, Adam 70f; Freeborn (Lit. zu Kap. 15) 561; Wilson* 97-99; Borchert (Lit. zu Kap. 15) 406; Schillebeeckx, Jesus 383f.478; Klauck 112 (eine ähnliche Konzeption sei »anscheinend in Korinth im Entstehen begriffen«); Tuckett* 257-275 (z.T. mit anderer Begründung) u.a.; kritisch dazu vor allem Wedderburn* (Problem) 231f; de Boer* 104f; Sellin* 24-30.

[525]   Haer. 1,23,5 (SC 264, 320); ähnlich Tertullian, De Anima 50,2 (CChr 2, 856): *Ut immortales et incorruptibiles et statim resurrectionis compotes fiant, qui baptisma eius induerint* (über Menander). Bei Irenaeus, Haer. 2,31,2 (SC 294, 330) heißt es über die Simonianer und Karpokratianer: *Esse autem resurrectionem a mortuis agnitionem eius quae ab eis dicitur ueritatis.* Auch nach Origenes sollen einige die Auferstehung in Zweifel gezogen und erörtert haben, ob sie schon geschehen sei (Cels.

3,11 [SC 136, 32]). Zu den Nag-Hamadi-Texten vgl. außer der Lit. in EKK VII 1, 59 Anm. 171 weiter Robinson (Lit. zu Kap. 15) 17-20 und Koschorke, a.a.O. (Anm. 285), der aber 198 vor dem Mißverständnis bei den Kirchenvätern warnt (vgl. Justin, Ap. 1,26, wonach Menander seine Anhänger dazu gebracht haben soll, daß sie glauben, nicht zu sterben), daß damit »das Problem des leiblichen Todes übersprungen werde. Nur kann der leibliche Tod ... eben keine wirkliche Änderung mehr bringen«.

[526]   Öfter verglichen wird vor allem Joh 5,24; Kol 2,12; 3,1; Eph 2,5f; 5,14, worauf sich später auch die Gnostiker mit Vorliebe beziehen (Koschorke, a.a.O. [Anm. 285] 197f). So könnte eine vorpaulinische Taufinterpretation nicht nur den korinthischen Sakramentalismus (vgl. EKK VII 2, 385f), sondern auch ihren eschatologischen Triumphalismus mit ausgelöst haben (vgl. dazu EKK VII 1, 59 Anm. 174; Käsemann, Versuche, Bd. 1, 137 und 2, 120; Brandenburger [Lit. zu Kap. 15] 21; Becker* [Auferstehung] 74f; Klein, TRE 10, 278; de Boer* 104; Gillespie* 216; Tuckett* 259). Die Annahme eines bloßen Mißverständnisses der paulinischen Verkündigung in Korinth (vgl. etwa Schniewind* 116f: Es schien nur ein kleiner Schritt vom paulinischen zum gnostischen ἤδη) ist allerdings immer mißlich, denn Paulus war immerhin anderthalb Jahre in Korinth (vgl. Thiselton, Eschatology 511; Towner, Gnosis 99), und daß Paulus sich von einer ursprünglich auch von ihm selbst vertretenen enthu-

Schwierig bei solcher Annahme bleibt aber, daß die τινές nach V 12 die Auferstehung der Toten *leugnen* und nicht in Analogie zu 4,8 behaupten: »Wir sind schon von den Toten auferstanden«[527]. Zwar ist die These von 2Tim 2,18 in ihrer Tendenz durchaus mit der korinthischen Losung verwandt, doch liegt es näher, daß mit V 12 die Vorstellung der Auferstehung überhaupt verworfen wird. Die Korinther deuten dann nicht die Auferstehungshoffnung in eine schon realisierte Gegenwartserfüllung um, sondern bedürfen in Konsequenz ihres enthusiastischen Vollendungspathos' solcher Auferstehung der Toten nicht mehr[528].

Für diese Annahme lassen sich über die Andeutungen in EKK VII 1, 58 hinaus *mutatis mutandis* durchaus auch im 1. Korintherbrief Anhaltspunkte finden. So kann man auf mancherlei sonstige Indizien für ein einseitig präsentisches Heilsverständnis und eine schwärmerische Vorwegnahme der Heilsvollendung verweisen, die auch in der Auferstehungsfrage zu einer Umdeutung oder besser Verwerfung der Zukunftserwartung zugunsten einer Gegenwartserfüllung geführt haben könnten[529]. Das wird auch dort anerkannt, wo man nicht auf die genannten

---

siastischeren Auffassung absetze, bleibt hypothetisch (vgl. EKK VII 1, 49f), wenngleich in diesem Fall bei der Taufinterpretation (»Mitsterben und Mitauferstehen«) auch nicht ganz auszuschließen (vgl. z.B. Mearns [Lit. zu Kap. 15] 25), denn die Korrektur, die Paulus in Röm 6 an einer enthusiastischen Tauftheologie vornimmt (vgl. außer der Lit. in EKK VII 1, 59 Anm. 174 z.B. Schillebeeckx, Jesus 383; Klumbies* 158 Anm. 19 und die Traditionsgeschichte zu 15,20ff), könnte eine spätere Reaktion sein. Manche rechnen auch mit dem Einfluß jüdischer Bekehrungsvorstellungen: Brandenburger (Lit. zu Kap. 15) 23f verweist im Anschluß an Kuhn, Enderwartung auf die in Qumran (vgl. z.B. 1QS 3,19f; 11,12) bezeugte Vorstellung einer »beim Eintritt in die Heilsgemeinde geschehenden Auferstehung«, ebd. 24f auch auf analoge Vorstellungen im hellenistischen Judentum (z.B. JosAs 8,9; 15,4 u.ö.; vgl. weiter auch Hoffmann, TRE 4, 484f; Sellin* 26f, aber kritisch dazu auch Wedderburn, Baptism 211f.218-230); vgl. auch zu den Therapeuten unten Anm. 529 sowie Philo, Migr 122f; Lk 15, 24.32.
[527] Vgl. Schottroff* 156: Auch wenn Ablehnung und Umdeutung der Auferstehung sachlich zusammengehören, sei es nicht wahrscheinlich, daß dieselben Leute sich zu V 12 und zu 2Tim 2,18 bekennen; vgl. schon de Wette 139; Heinrici 440f und weiter Thiselton, Eschatology 523 (nach 18monatiger Unterweisung durch Paulus

sei es schwer vorstellbar, daß die Korinther ernsthaft geglaubt haben sollten, schon von den Toten auferstanden zu sein; Paulus spreche vielmehr zu solchen, »who made too little of the future in their Christian outlook«; Wedderburn* (Problem) 231; Doughty, Presence 74f; Sellin* 29 Anm. 53; de Boer* 105; Ulrichsen* 791f u.a.
[528] Vgl. z.B. Marxsen (Lit. zu Kap. 15; Glaube) 65: »Man sprach von Erlösung, oder man sagte: Ich bin vollendet, ich habe das Ziel schon erreicht oder ähnlich«; vgl. auch Binder* 197; Allison (Lit. zu Kap. 15) 81 (»no room for future fulfillment«); Thiselton, Eschatology 524; Schillebeeckx, Auferstehung 156: »Diese begeisterten Christen behaupten, die Auferstehung nicht mehr nötig zu haben«. Auch Wedderburn* (Problem 234; vgl. auch Baptism 32) konzediert, daß V 23-28 »makes good sense against such a background«.
[529] Vgl. zu 4,8f; 8,2; 11,36; 13,9. Der Versuch, vor allem 4,8 als Beleg für eine realized eschatology zu entkräften und statt dessen als Reflex populärphilosophischen Glaubens hinzustellen (so Wedderburn* [Problem] 233f; vgl. auch Horsley* 203; Kuck, a.a.O. [Anm. 512] 23.29), kann schwerlich überzeugen; vgl. EKK VII 1, 338-340. Eher zu bedenken ist der Hinweis von Wedderburn* (Problem) 235 auf die Therapeuten, die das vergängliche Leben schon (ἤδη) beendet zu haben glauben (Philo, VitCont 13).

religionsgeschichtlichen Analogien rekurriert[530]. Von diesem für die Gegenwart reklamierten ἤδη (4,8) her lassen sich auch in Kap. 15 manche Sätze als kritisches Korrektiv verstehen, vielleicht schon V 6, weiter V 19 und ἀπαρχή in V 23, vor allem aber die aufschlußreichen Futura in V 22b und 24ff, die kaum einfach als unpolemisch zu relativieren sind (vgl. unten Anm 739). So erwartet man V 22b eigentlich das Präs. Auch V 23 mit seinem betonten τάγμα, V 24f mit der noch nicht vollendeten Unterwerfung der kosmischen Mächte, V 26 mit der erst in Zukunft zu erwartenden Überwindung des letzten Feindes sowie die Futura in V 49 (φορέσομεν) und V 51 (ἀλλαγησόμεθα) könnten in diese Richtung weisen (vgl. auch τότε γενήσεται in V 54)[531]. Auch die immer neue Markierung der radikalen Diskontinuität zwischen dem jetzigen und dem kommenden Leben in V 35ff (vgl. das den Bruch markierende ἐὰν μὴ ἀποθάνῃ in V 36) könnte polemisch gegen eine vorweggenommene Auferstehungswirklichkeit oder besser gegen eine schon hier erfahrbare Präsenz des Heils ohne Auferstehungshoffnung gerichtet sein[532]. Endlich könnte auch das gegenüber der Paradosis (V 4) durchgängig zusätzliche ἐκ νεκρῶν trotz seines geläufigen formelhaften Charakters (vgl. unten Anm. 574) eine Erinnerung daran sein, daß Christus aus und nach dem Tod erweckt worden (vgl. zu V 3) und auch für die Christen das Heil noch nicht vollendet ist, weil der Tod als letzter Feind noch nicht endgültig ausgespielt und seinen Feindschaftscharakter noch nicht verloren hat[533].

Nicht zu leugnen ist allerdings, daß der antienthusiastische Charakter in 1Kor 15 nicht durchgängig, ja nicht einmal besonders prononciert und prägnant hervortritt. Aus den meisten Versen vor allem in V 1-19.29-34 ist wenig für eine Frontstellung gegen eine realized eschatology zu entnehmen. Auch scheint die Praxis der Totentaufe (V 29) zu belegen, daß für die korinthische Position die Präsenz des Heils auch im Tod nicht endet, doch ist auch damit das sonstige Vollendungspathos und die Relativierung des Todes nicht widerlegt. Trotz fehlender Eindeutigkeit wird man daran festhalten, daß der auch sonst im Brief zu beobachtende Enthusiasmus einen Verzicht auf künftige Heilsvollendung plausibel macht und auch bei der Auferstehungsleugnung mit in Rechnung zu stellen ist.

---

[530] Vgl. z.B. Schlatter 393: »Der stolze Genuß der empfangenen Gnade und das Machtbewußtsein, das sich zutraut, die natürlichen Dinge zu meistern, trieben dazu, den Gegensatz zwischen dem Verheißenen und dem Gegenwärtigen zu verkürzen und sich ein Zukunftsbild auszudenken, das sich an das jetzt schon Erreichte anschloß«.

[531] Vgl. zu V 6 die Autoren oben Anm. 211 und die zu V 20ff unten Anm. 684-686.

[532] Vgl. z.B. Tuckett* 261, der eine Tendenz zur Kontinuität attackiert findet, während nach Brakemeier* 12f das Auftauchen der Oppositionen das Vokabular der Korinther reflektieren soll, was sich nicht ausschließen muß, wenn diese Oppositionen bei den Korinthern auf die Gegenwart bezogen werden.

[533] Das meint allerdings etwas anderes als die These von Güttgemanns* 67 (ähnlich Klumbies* 156f), wonach die Korinther eine Auferstehung *der Toten* bestritten und statt dessen eine solche der Lebenden angenommen haben sollen, wie das etwa in EvPhil 90 (NHC II 3/73,1-4) der Fall ist: »Diejenigen, die behaupten, man wird zuerst sterben und (dann) auferstehen, irren. Wenn man nicht zuerst die Auferstehung empfängt bei Lebzeiten, wird man, wenn man stirbt, nichts empfangen«; vgl. auch EvThom 11 (NHC II 2/34,16-19). Aber eine Auferstehung der Toten liegt offenbar überhaupt nicht im Horizont der Korinther, weder in der Zukunft noch in der Gegenwart; vgl. oben und die Kritik bei Kegel (Lit. zu Kap. 15) 39f Anm. 22 und Sellin* 28f.

Solcher Verzicht in Form einer Vergegenwärtigung der Auferstehung
oder doch eher ihrer Verwerfung als Konsequenz einer realized eschatology ist aber im ersteren Fall einer Antizipation nur vorstellbar bei einer
gleichzeitigen Spiritualisierung der vorweggenommenen Auferstehung,
im zweiten Fall einer Ablehnung nur bei einer obsolet gewordenen leiblichen Auferstehung überhaupt. Solche Leugnung der Auferstehung im
Sinne einer Auferweckung »der sterblichen Leiber« (Röm 8,11) bzw. einer »Erlösung des Leibes« (Röm 8,23) paßt nun aber zweifellos aufs beste
in den Rahmen der radikalen Degradierung alles Leiblichen, die auch
sonst in Korinth zu beobachten ist (vgl. die in der korinthischen These
von 6,13 erkennbar werdende Identifizierung von κοιλία und σῶμα sowie vielleicht auch dessen Vergänglichkeit sowie weiter zu 6,12ff und zur
Motivation der Askese in Kap. 7)[534].

Auch solche Spiritualisierung und dualistische Abwertung der Leiblichkeit ist religionsgeschichtlich gut vorstellbar und bezeugt, und zwar zunächst im Sinne einer geistigen Auferstehung[535], aber auch – und das liegt auch hier näher – im Sinne einer individualistisch-spiritualistischen Jenseitshoffnung *ohne* Auferstehung[536]. Für eine solche Frontstellung gegenüber einer negativ beurteilten somatischen Auferstehung kann man vor allem die starke Betonung der Leiblichkeit in
V 35ff anführen. Aber auch die Praxis der Vikariatstaufe scheint zu bestätigen,
daß die »Jenseitshoffnung« der Korinther Leiblosigkeit impliziert. Diese ist allerdings nicht mit der Unsterblichkeit der Seele zu verwechseln (vgl. unten Anm.
541f). Von V 44b-49 her wird man zudem alexandrinisch-jüdische Weisheitstradition, genauer Philos Lehre von den beiden Urmenschen in Rechnung zu stellen
haben, die die Erlösung als eine solche des Pneuma mit bewußt radikaler Trennung von allem Somatischen versteht[537].

[534] Vgl. EKK VII 2, 15f und z.B. Bultmann,
ThWNT I 709; Wedderburn* (Baptism) 27-
32.35; Sellin* 30-37; Wolff 422f. Das ist allerdings nicht als ein Anstoß am »Materialismus der jüdischen Erwartung« zu verstehen, den Oepke (ThWNT I 372) u.a. hier
finden wollen (Weiß 345 nahm geradezu einen Zweifrontenkampf gegen die »rein spiritualistische Lehre von der körperlosen
Fortexistenz der Seele« und gegen »die materialistische der Auferstehung der begrabenen Leiber« an; vgl. zu ähnlichen Thesen
Dykstra [Lit. zu 15,20ff] 201f), aber auch anderes als ein platonischer Leib-Seele-Dualismus (vgl. die Vertreter solcher Anschauung
bei Sellin* 30 Anm. 61 und die Kritik daran
30f) bzw. die Annahme einer Unsterblichkeit der Seele (so aber wieder Strobel 243;
Kistemaker 540; vgl. dagegen Sellin* 274
Anm. 171; 290 sowie unten Anm. 541f).
[535] Vgl. schon die ntl. Texte oben Anm.
526 oder Eph 5,14, aber auch die Rede von
einer ἀνάστασις πνευματική in Rheg

(NHC I 4/45,40).
[536] Vgl. Irenaeus, Haer. 1,24,5 (SC 264,
329f), wonach sich die Erlösung nach Sa-
turninus und Basilides nur auf die Seele erstreckt, der Leib aber seiner Natur nach nur
zerfallen kann; vgl. aber auch das Justinzi-
tat unten Anm. 541 und weiter Schmithals,
Gnosis 146-154; Schottroff* 154f.
[537] Vgl. unten Anm. 1332. Nach Sandelin* 150 (mit Verweis auf alexandrinische
Weisheitstraditionen) sollen die Leugner in
Christus dagegen »einen getöteten Gerechten und Weisen« gesehen haben, »dessen
Seele in den Himmel aufgenommen worden« sei. Angemessener ist es, auf die dualistische Anthropologie der jüdisch-hellenis-
stischen Weisheit zu verweisen (vgl. unten
Anm. 541). Allerdings ist es kaum adäquat,
V 44-49 bzw. V 35ff die gesamte Interpretation der Auferstehungsleugner bestimmen zu lassen und alles in das Prokrustes-
bett der Weisheitstheologie zu zwängen (so
mit Recht Plank [Lit. zu Kap. 15] 46).

Zwar drängt sich auch solche Polemik gegen Leiblosigkeit beim Durchgang durch das ganze Kap. 15 nicht gerade auf[538] und ist speziell in V 1-34 eher implizit mitgegeben. Selbst die Beantwortung der Frage nach dem »Wie« der Auferstehung in V 35ff zielt vor allem auf ihren Charakter als Neuschöpfung, nicht auf den Beweis ihres somatischen Charakters. Dieser wird vielmehr fast selbstverständlich vorausgesetzt, weil Paulus von seinen Denkvoraussetzungen her eine leiblose Zukunft der Seele oder des Pneuma nur als Ablehnung der Auferstehungserwartung und als Preisgabe jeder Hoffnung verstehen kann[539]. Auch ἐκ νεκρῶν wird eher von der üblichen Annahme einer somatischen Auferstehung ausgehen[540] als eine Abgrenzung gegenüber der Leiblosigkeit implizieren, eher schon eine solche gegen eine realized eschatology (vgl. oben). Immerhin ist später auch in 2Kor 5 eine Polemik gegen die Erwartung der Leiblosigkeit (»Nacktheit«) zu finden. Manche setzen z.B. eine Anschauung voraus, die an eine von Justin bekämpfte erinnert. Danach sagen Christen, es gebe keine Auferstehung der Toten, sondern ihre Seelen würden schon beim Tod in den Himmel aufgenommen[541]. Jedenfalls aber wird eine dualistische Abwertung der Leiblichkeit und des Todes auch in der Auferstehungsfrage bei den Korinthern eine zentrale Rolle gespielt haben (vgl. weiter zu V 35ff).

Bei aller bleibenden Unsicherheit wird darum hier davon ausgegangen, daß die Korinther einerseits geglaubt haben, bereits ins τέλειον gelangt zu sein und keiner zukünftigen Auferweckung mehr zu bedürfen. Andererseits aber werden sie aus ihrer Leibfeindlichkeit heraus eine spiritualistische Jenseitshoffnung vertreten und allenfalls das Abfallen der Materie, aber keine somatische Auferstehung erwartet haben[542]. Über Hypo-

---

[538] Vgl. etwa Schniewind*, der z.B. erklärt, daß ein Hinweis darauf fehlt, daß Unsterblichkeit nicht genügt; Bartsch (Lit. zu 15,1-11) 265; Spörlein* 98f; Tuckett* 254 u.a.; nach Dahl* 26 soll Paulus sogar »unaware of any body-depreciating ideas among his converts« scheinen.

[539] Nach Hoffmann* 245 und Wolff 380 mußte Paulus die Korinther mißverstehen, weil für ihn eine Jenseitshoffnung ohne Leiblichkeit nicht vorstellbar bzw. »keine echte Heilshoffnung« ist.

[540] Vgl. Robertson/Plummer 347; Wilcke* 63 Anm. 232.

[541] Dial. 80; vgl. Lietzmann 79; Moffat 241; Barrett 347; Hoffmann* 142; Hays 259 u.a. Die korinthischen Enthusiasten werden allerdings eher von der Auffahrt des Pneuma gesprochen haben (Wolff 423 nimmt z.B. an, daß »die vom göttlichen Pneuma erfüllte Seele endgültig in die himmlische Welt« eingeht; ähnlich auch Giesriegl* 264), da ψυχή bzw. ψυχικός für sie negativ besetzt ist (vgl. 2,14; 15,44-46), auch wenn nicht ganz sicher ist, ob Paulus hier ko-

rinthischen Sprachgebrauch aufnimmt (vgl. z.St.). Die stärker ontologische Prägung des anthropologischen Dualismus und die ungriechische Bedeutung von ψυχή in 1Kor 15, in V 49 zudem als Oppositum zu πνεῦμα, läßt Sellin* 30.174 eher den Einfluß einer dualistisch geprägten jüdisch-hellenistischen Weisheitstheologie mit einer dualistischen Anthropologie in Anschlag bringen, wie sie vor allem Philo bezeugt; vgl. auch Pearson* 24; Horsley* 203.229; Wedderburn* (Problem) 239; de Boer* 98f; Holleman* 40.

[542] Vgl. v. Soden, Sakrament 259f Anm. 28; Wilson, Corinthians 105 (»The Corinthians were offended both by the bodily and the future nature of the resurrection«); Käsemann, Versuche I 137 (sie bestreiten die Notwendigkeit der leiblichen Auferstehung in der Zukunft); Brandenburger, Adam 71; Schütz (Lit. zu Kap. 15; Auhority) 441; Lang 219 (»Die Vertreter der These V. 12b haben m.E. die zukünftige Totenauferstehung bestritten, weil es für sie eine leibliche Auferstehung überhaupt nicht

thesen ist hier nicht hinauszukommen. Im ganzen ist Kap. 15 ohnehin nicht primär polemisch orientiert und weder an einem speziellen Nachweis der Zukünftigkeit noch an einem solchen der Leiblichkeit der Auferweckung gelegen, sondern an der die Zukünftigkeit und Leiblichkeit einschließenden Gewißheit der Totenauferstehung aufgrund der Auferstehung Jesu[543].

Religionsgeschichte[544]: Die Erwartung einer endzeitlichen Auferstehung der Toten hat Paulus aus der alttestamentlich-jüdischen Tradition übernommen, und sie wird ihm speziell aus seiner apokalyptisch-pharisäischen Vergangenheit vertraut gewesen sein. Im Alten Testament findet sich diese Hoffnung allerdings erst spät und nur am Rande, was nicht heißt, daß sie dem alttestamentlichen Glauben von außen als Fremdkörper aufgepfropft und nicht vielmehr auch aus ihm selbst als Konsequenz und Explikation erwachsen sei[545].

gibt«); Beker (Lit. zu Kap. 15; Sieg) 68 (eine Auferstehung toter Leiber sei »nicht nur ekelhaft, weil der Leib das Heil behindert, sondern auch überflüssig und unnötig«); Gillespie* 217f; Harris (Lit. zu Kap. 15) 116; Tuckett* 274; Söding (Lit. zu Kap. 15) 41; Witherington (Lit. zu Kap. 15; Jesus) 190; Eriksson* 241.

[543] Vgl. Luz, Geschichtsverständnis 336 und de Boer* 112f, aber auch Barth (Lit. zu 15,20ff) 521 Anm. 30: Gerade weil es um die Wirklichkeit der Auferstehung geht, muß Paulus deren Zukünftigkeit verteidigen. Dieses zukünftige Moment ist darum festzuhalten (gegen Barth 126, der ausgerechnet von V 52 vom »*futurum resurrectionis* oder *aeternum*« spricht; vgl. Bultmann, Glauben I 63).

[544] Vgl. G. Barth, Umstrittener Auferstehungsglaube, in: FS D. Georgi, Leiden u.a. 1994, 117-132; Billerbeck IV 1166-1198; de Boer* 39-91; Bousset/Greßmann, Religion 269-274; Cavallin (Lit. zu Kap. 15); U. Fischer, Eschatologie und Jenseitserwartung im hellenistischen Diasporajudentum, 1978 (BZNW 44); U. Kellermann, Überwindung des Todesgeschicks in der alttestamentlichen Frömmigkeit vor und neben dem Auferstehungsglauben, ZThK 73 (1976) 259-282; ders., Auferstanden in den Himmel. 2 Makkabäer 7 und die Auferstehung der Märtyrer, 1979 (SBS 95); Kittel (Lit. zu Kap. 15; Befreit) 11-102; Ladd (Lit. zu Kap. 15) 44-70; Lewis* 75-124; H. Lichtenberger, Auferweckung in der zwischentestamentlichen Literatur und rabbinischen

Theologie, Conc (D) 29 (1993) 417-422; März (Lit. zu Kap. 15) 14-56; Mason (Lit. zu Kap. 15) 11-60; K. Müller (Lit. zu Kap. 15); Nickelsburg (Lit. zu Kap. 15); Nikolainen (Lit. zu Kap. 15) I 96-206; Perkins (Lit. zu Kap. 15) 37-69; K. Schubert, Die Entwicklung der Auferstehungslehre von der nachexilischen bis zur frührabbinischen Zeit, BZ 6 (1962) 177-214; Stemberger (Lit. zu Kap. 15); ders., Das Problem der Auferstehung im AT, Kairos 14 (1972) 273-290; ders., TRE 4, 443-449; Stuhlmacher (Lit. zu Kap. 15; Schriftauslegung) 146-150 und (Theologie) 166-168; Volz, Eschatologie 229-256; Wedderburn, Baptism 167-180; Wilckens (Lit. zu Kap 15; Auferstehung) 103-144; Zeller (Lit. zu Kap. 15).

[545] Vgl. Kraus, RGG ³I 692f; Schweizer (Lit. zu Kap. 15) 3-7; Kessler* 41f u.ö.; Stemberger (Lit. zu Kap. 15) 290; W.H. Schmidt, Alttestamentlicher Glaube, Neukirchen-Vluyn ⁸1996, 417-427; Waschke, RGG ⁴I 915; Kittel (Lit. zu Kap. 15; Befreit) 7 spricht von einem »Lern- und Erkenntnisprozeß«; vgl. auch 26-44.98f. Eine ganz andere Frage ist, ob man tatsächlich sagen darf, daß im christlichen Auferweckungsbekenntnis »der israelitische Gottesglaube an sein Ziel und zur Vollendung« kommt (so Stuhlmacher* [Lit zu 15,1ff; Schriftauslegung] 151); vgl. dagegen z.B. Schmidt, Alttestamentlicher Glaube 421 und K. Müller (Lit. zu Kap. 15) 13, nach dem vom AT »kein direkter Weg« zum Glauben an eine Auferstehung der Toten führt.

Unbestreitbar sieht man im Alten Israel den Tod als absolutes und definitives Ende an, denn wer ins Totenreich hinabstieg, steigt nicht (wieder) herauf (Hi 7,9; 14,12; 2Sam 12,23), was die Hinnahme dieses »Weges aller Welt« (1Kön 2,2 u.ö.), aber auch bewegende Klagen über die Vergänglichkeit menschlichen Lebens auslöst (vgl. Ps 90,10; 102,4; Jes 38,10-12). Die Toten existieren nur als Schatten in der Scheol (Gen 37,35; Spr 9,18 u.ö.), d.h. an dem Ort, an dem Gott nicht gelobt wird (Ps 115,17; vgl. auch Ps 6,6; 88,11f; Jes 38,18), aber an dem er auch selbst der Abgeschiedenen nicht gedenkt (Ps 88,5; vgl. aber immerhin Ps 139,8; Am 9,2). Daß Jahwe als Herr über Leben und Tod (Num 27,16) tötet und lebendig macht (Dtn 32,39; ähnlich 1Sam 2,6), meint nicht eine Erweckung vom physischen Tod, sondern die Errettung aus Krankheit, Gefangenschaft und ähnlichen Lebensgefahren und Beeinträchtigungen des Lebens, in denen man nach atl. Auffassung in den Machtbereich des Todes gerät (vgl. Ps 30,3f; 88,5f; Jes 5,13f)[546]. Nicht viel anders steht die Sache Hos 6,2f, wo auf ein Aufstehenlassen vom Krankenlager[547] oder vielleicht auf eine Kulttradition der Bundeserneuerung angespielt wird[548]. Die berühmte Vision vom Leichenfeld in Ez 37 (vgl. V 12: »Siehe, nun öffne ich eure Gräber und führe euch heraus aus euren Gräbern und bringe euch ins Land Israels«) ist Gleichnis für die politische Restitution Israels (vgl. V 11)[549]. Immerhin deutet sich in dieser metaphorischen Sprachform einer kollektiven Auferstehungsvorstellung die Gewißheit an, daß selbst der Tod für Jahwe keine unübersteigbare Grenze bildet, wie das auch die Erhöhung des Gottesknechts (Jes 52,13; vgl. oben Anm. 57) bzw. des leidenden Gerechten (Weish 5,5) und vor allem einzelne Vertrauensäußerungen nahelegen, die ohne Totenauferstehung auf eine unzerstörbare Gemeinschaft mit Gott setzen (Hi 19,25f; Ps 73,23f).

Ein wirklicher Auferstehungsglaube findet sich vermutlich (freilich wird auch hier z.T. metaphorisch interpretiert) in der sehr unterschiedlich datierten Jesaja-Apokalypse Jes 24-27 (vgl. 26,19: »Deine Toten werden leben, (meine Leichen) werden auferstehen; aufwachen und jubeln werden die Bewohner des Staubes«; vgl. auch 25,8: »Vernichten wird er den Tod für immer«), wobei der Kontext auf die Durchsetzung von Gottes universaler Herrschaft über alle widergöttlichen Mächte und irdischen Herrscher (24,21-24) sowie auf die eschatologische Ver-

---

[546] Vgl. Ch. Barth, Die Errettung vom Tode in den individuellen Klage- und Dankliedern des AT, Zürich ²1987; nach O. Keel, Die Welt der altorientalischen Bildsymbolik und das Alte Testament, Am Beispiel der Psalmen, Göttingen ⁵1996, 47 findet aber »eine ständige Osmose zwischen Tatsächlichem und Symbolischem, und umgekehrt auch zwischen Symbolischem und Tatsächlichem statt«; ebs. Kittel (Lit. zu Kap. 15; Befreit) 14f; vgl. auch 18.

[547] So H.W. Wolff, Dodekapropheton 1 (Hosea), ²1965 (BK XIV 1), 148; nach Waschke, RGG ⁴I 915 soll »die Vorstellung vom Wiederaufleben der Natur« im Hintergrund stehen.

[548] Vgl. J. Wijngaards, Death and Resurrection in Conventual Context (Hos. VI 2), VT 17 (1967) 226-239. Zu Hos 13,14 vgl. unten Anm. 1820f.

[549] Vgl. W. Zimmerli, Ezechiel 2, 1969 (BK XIII 2), 901f; Kessler* 50f; Kittel (Lit. zu Kap. 15; Befreit) 69-72; zur rabbinischen Diskussion über Ez 37 vgl. Wengst (Lit. zu Kap. 15; Ostern) 11-19; R. Bartelmus, Ez 37,1-14, die Verbform wᵉqatal und die Anfänge der Auferstehungshoffnung, ZAW 97 (1985) 366-389, nach dem die irdische Restitution Israels nur für den ursprünglichen Text zutrifft, während der Einschub von V 7a.8b-10a aus der Makkabäerzeit die Auferstehung der Gerechten vertreten soll (388f).

heißung für die angefochtenen Gerechten verweist (25,8ff)[550]. Der eschatologische Horizont und die Beschränkung auf Israel verbindet diese Hoffnung mit Dan 12,1f, wo im Rahmen der in 10,1 beginnenden Offenbarung über die Ereignisse, die Israel »am Ende der Tage« widerfahren werden (10,14; vgl. 12,13)), als Antwort auf die Religionsverfolgung und viele Martyrien unter Antiochus Epiphanes IV. sowie die dadurch verschärft aufbrechende Frage nach Gottes Gerechtigkeit nun ganz unzweifelhaft von Auferstehung geredet und von einem doppelten Los ausgegangen wird: Die einen werden zum ewigen Leben, die anderen zur ewigen Schmach erwachen, d.h. nur die Gerechten werden in die himmlische Welt versetzt (vgl. V 3: »Die Weisen werden leuchten wie der Glanz der Himmelsfeste«)[551]. Daneben bleibt aber eine scharfe Kritik an jedem Leben nach dem Tod bestehen (Koh 3,19-21; 9,2-12; vgl. auch die Stimmen der Sünder und Gottlosen, die in äthHen 102-103 oder in Weish 2,1f.5 laut werden).

Die endzeitlichen Hoffnungen und postmortalen Vorstellungen des antiken Judentums knüpfen zwar oft an die genannten Texte an[552], sind aber in ihren Bildern, Konzepten und Funktionen sehr vielfältig und unausgeglichen, jedenfalls nur schwer zusammenzufassen, auch was die Hoffnung auf eine Auferstehung der Toten betrifft, zumal manche Apokalypsen mehr als Sammelwerke zu bezeichnen sind[553]. Viele Texte schweigen

---

[550] Vgl. z.B. H. Wildberger, Jesaja, 1976 (BK X 2), 892-896; Kessler* 56-58.62f; de Boer* 44-47; Mason* 17; Kittel (Lit. zu Kap. 15; Befreit) 73-82.85-89; weitere Lit. bei Cavallin (Lit. zu Kap. 15; Life) 109 Anm. 22. O. Kaiser hat m.E. Recht, wenn er das Hinauskommen über den »skeptischen Realismus« in 26,19 »weniger auf äußere Einflüsse als vielmehr das Durchbuchstabieren des Glaubens an Gottes Gerechtigkeit bis zu seinem Ende verantwortlich« macht (Der Prophet Jesaja. Kapitel 13-39, 1973 [NTD 18] 176); vgl. den Rückgriff auf prophetische Verheißungen und heilsgeschichtliche Erfahrungen in 25,1ff.6ff. Die Auferstehung ist dabei nicht transzendentalisierend als Weiterleben der Seele gefaßt, sondern impliziert die Leiblichkeit und ein Leben in Schalom (26,12) und uneingeschränkter Freude (25,6ff). Vgl. auch unten Anm. 1815.

[551] Vgl. O. Plöger, Das Buch Daniel (KAT XVIII), 171f; Cavallin (Lit. zu Kap. 15; Leben) 249-252; Kessler* 63-66; K. Müller (Lit. zu Kap. 15) 14-17; de Boer* 47-50. Zu beachten ist, daß Auferstehung hier keine Privatveranstaltung für fromme Individuen, sondern Teil der Restitution Israels und der Herrschaft Gottes ist (vgl. 12,1 und 7,27 sowie Nickelsburg [Lit. zu Kap. 15] 23).

[552] Vgl. z.B. zu Dan 12, 2 etwa TestBenj 10,8; PsSal 3,12, zu Dan 12,3 etwa äthHen 104,2; AssMos 10,9; LibAnt 33,5; 4Esr 7,97.125; syrBar 51,10 (vgl. unten Anm. 1421), zu Jes 26,19 etwa 4Q 521 Frgm. 2 II u.ä.

[553] Vgl. z.B. zu äthHen Hoffmann 104f; zu syrBar ebd. 150f, zu TestXII Mason* 22; ferner Cavallin (Lit. zu Kap. 15; Leben) 243.260.269.271.295 und Nickelsburg passim, der ein Nebeneinander verschiedener Auferstehungs- und Zwischenzustandsvorstellungen, Anthropologien, Bilder u.a. konstatiert. Daneben spielt die schon atl. Vorstellung einer Entrückung (Gen 5,24; 2Kön 2,11; vgl. Sir 48,9; 1Makk 2,58) weiterhin eine Rolle (TestHi 39,12f; LibAnt 48,1f u.ö.), wobei in TestHi die Auferstehungserwartung (4,9; 40,4) neben der direkten Aufnahme in den Himmel (39,12f) steht, ja nach 52,10f der Leib Hiobs begraben wird, während seine Seele offenbar auf einem Himmelswagen emporgehoben wird. Im übrigen ist auch die unsterbliche Seele »nicht völlig unleiblich« gedacht worden (Stemberger [Lit. zu Kap. 15] 445), was eine allzu scharfe Abgrenzung in der Anthropologie der verschiedenen Hoffnungskonzepte verwehrt.

sich darüber ganz aus[554], andere sind mehrdeutig wie die aus Qumran (diskutiert werden vor allem 1QH 3,19-23; 6,29f; 11,10-14; 1QS 4,6f; eindeutig scheinen nur 4Q521 und 385f zu sein; vgl. auch oben Anm. 526, auch zu JosAs) oder z.B. Jub 23,31 (die Gebeine der Knechte Gottes werden in der Erde ruhen, aber ihr Geist wird viel Freude haben). Zudem sind viele der einschlägigen Texte erst nachchristlich anzusetzen. Generell aber läßt sich sagen, daß die Auferstehungserwartung mit der Frage nach Gottes Gerechtigkeit und Treue bzw. mit der Theodizee zu tun hat und es überall »um die endgültige Durchsetzung der Sache Gottes mit seinen Erwählten« geht[555]. Vieles aber bleibt vage oder spannungsvoll nebeneinander.

So stehen Texte mit der Erwartung einer Auferstehung aller Toten neben solchen, die sie (wahrscheinlich ist das die ältere Vorstellung) nur für die Gerechten erwarten, und zwar z.T. in ein und derselben Schrift. Im ersten Fall ist sie am Gerichtsgedanken orientiert (vgl. z.B. äthHen 51f; nach TestBenj 10,8 z.B. stehen die einen zur Herrlichkeit auf, die anderen zur Schande; vgl. auch 4Esr 7,29-38), im zweiten eine reine Heilsvorstellung (vgl. äthHen 22,13; 91,10; 92,3f; LibAnt 19,12; PsSal 3,12). Wo die Hoffnung auf die Totenauferstehung lebendig wird, verbindet sie sich meist mit dem Weltende und einer grundstürzenden Neuordnung aller Dinge (vgl. LibAnt 3,10; Sib 4,178-190; 4Esr 7,113f; 8,52-54). Doch auch beim Fehlen des eschatologischen Horizonts und der kosmischen Umgestaltung kann wie in 2Makk 7 zur Rehabilitierung der einzelnen Märtyrer unmittelbar nach deren Tod von einer leiblichen Auferstehung in den Himmel zum ewigen Leben die Rede sein (vgl. V 9), hier z.B. in Analogie zur *creatio ex nihilo* (V 23.28)[556]. Oft wird für den Zwischenzustand zwischen Tod und dem Ende eine Aufbewahrung der Seelen bzw. Geister an verschiedenen Orten der Unterwelt (äthHen 22) oder der Gerechten in himmlischen Wohnungen (äthHen 39,5; 61,12 u.ö.) oder eine Scheidung von Paradies und Scheol vorausgesetzt (vgl. auch Lk 16,19-31; 23,43) u.ä. In LibAnt z.B steht die postmortale Aufbewahrung der Seelen im Frieden nach dem Tod als Trennung von Leib und Seele (LibAnt 4,10; vgl. auch 4Esr 7,88.100) bis zur Erfüllung der Weltzeit (23,13; vgl. auch 28,10 u.ö.)

[554] Cavallin (Lit. zu Kap. 15; Leben) nennt als Texte ohne jede Jenseitshoffnung z.B. Sir, Jdt, Tob, Arist u.a.; vgl. auch Barth, a.a.O. (Anm. 546) passim und die jüdischen Grabinschriften ohne postmortale Hoffnung bei Fischer, a.a.O. (Anm. 544) 219f.
[555] So Wilckens (Lit. zu Kap. 15; Auferstehung) 115; Hoffmann* 79.
[556] Vgl. Kellermann, a.a.O. (Anm. 544); diese Vorstellung wird auch öfter für die ursprüngliche Deutung der Auferstehung Jesu in Anspruch genommen; vgl. Holleman (Lit. zu Kap. 15) 8-15.139-157; U.B. Müller (Lit. zu Kap. 15) 31f.48-55, der wie andere (vgl. etwa E. Schweizer, Erniedrigung und Erhöhung bei Jesus und seinen Nachfolgern, ²1962 [AThANT 28]) auch

auf die damit verwandte Kategorie des leidenden, aber erhöhten Gerechten verweist (Weish 3,1-6; 4,7-19). Die Märtyrerhoffnung habe die Möglichkeit geboten, den Tod Jesu »ansatzweise zu bewältigen«, doch habe solches Deutungsmuster »sicher nicht ausgereicht, den Glauben an die eschatologische Auferstehung Jesu von den Toten zu stimulieren« (Jesus ist z.B. nicht *ein* Sohn Gottes wie Weish 2,18 u.ö., sondern nach Röm 1,3f; 1Thess 1,10 *der* Sohn Gottes), weshalb darüber hinaus vor allem »der Überschußcharakter von Jesu Gottes-Reich-Verkündigung« in Anschlag gebracht wird (53; vgl. zu Müller auch oben Anm. 363); vgl. auch unten Anm. 567.

neben der Lebendigmachung der Toten mit einem neuen Himmel und einer neuen Erde (3,10; vgl. auch 19,12; äthHen 51f; 45, 2-6; 4Esr 7,32). Auch apokalyptische Texte können sich mit der Aussage begnügen, daß die Geister derer, die in Gerechtigkeit sterben, leben und sich freuen werden (äthHen 103,4; vgl. auch 102,5), während die sog. Bilderreden ein Leben der Gerechten auf der Erde verheißen (äthHen 51,5; vgl. auch Sib 4,186). Selbst ein engelgleicher Status (vgl. äthHen 51,4; syrBar 51,5; Mk 12,25) schließt aber eine Ausmalung des Auferstehungslebens im kommenden Äon mit sehr irdischen Farben nicht aus (vgl. syrBar 29,5; 73,7). Vor allem in jüdisch-hellenistische Texte dringt auch die Erwartung einer Unsterblichkeit der Seele ein (Weish 3,1; 4Makk 14,6; Josephus, Bell 7,347f und Ant 17,354; Philo, Aet 119.135; Migr 53; Her 2276 u.ö.; Ps-Phokyl 115, hier z.B. neben der Auferstehungshoffnung in 103f[557]). Näher bei den neutestamentlichen Texten steht aber wie schon in Dan 12,2 und Jes 26,19 die die Leiblichkeit einschließende Erwartung, daß Gott nämlich die Gebeine und den Staub der Menschen wieder neugestalten und die Sterblichen wieder aufrichten wird, wie sie früher waren (Sib 4, 180f; vgl. LibAnt 3,10; ApkMos 13,3-5; syrBar 42,7; vgl. auch äthHen 91,10; PsSal 3,12; TestHi 4,9). Auferstehung impliziert dabei die Negation aller früheren Negativitäten, zumal im Kontrast zu den Leidenserfahrungen: »Die in Traurigkeit sterben, werden in Freude auferstehen ...« (TestJud 25,4). In späteren Dokumenten wird dann stärker systematisiert und das Wie näher konkretisiert, doch bleibt es überwiegend dabei, daß die Seelen bis zur Auferstehung ruhen (4Esr 7,91) und unter dem Schutz von Engeln in tiefem Frieden sind (7,95), im neuen Äon aber die Erde die darin Ruhenden wieder hergeben muß (7,21; 4,41f; ähnlich schon äthHen 51,1f; 61,5 und später syrBar 50,2). Nach syrBar 49-51 stehen die Toten zunächst in ihrer früheren Leiblichkeit auf und werden dann verwandelt (vgl. weiter bSan 91b und zu 1Kor 15,35ff). Zu beachten bleibt, daß eine Verbindung mit der Messianologie erst in 4Esr 7,28ff erfolgt und eine vorweggenommene Erweckung eines einzelnen Toten als Beginn der eschatologischen Auferstehung überhaupt fehlt (vgl. oben Anm. 148). Bekannteste Zeugnisse für die Totenauferstehung im pharisäisch-rabbinischen Judentum sind mSanh 10,13 und die 2. Benediktion des 18-Gebetes (»der die Toten lebendig macht«)[558]. Weil die Totenauferstehung nicht aus der Tora abzuleiten ist, wird sie von den Sadduzäern abgelehnt (vgl. Apg 23,8), ein weiteres Beispiel dafür, daß von einem einheitlichen Bild eschatologischer Vorstellungen in der zwischentestamentlichen Zeit keine Rede sein kann. Im übrigen bestehen auch außerhalb des jüdischen Bereiches neben einem deutlich erkennbaren Fatalismus die verschiedensten Erwartungen[559].

---

557 Zu Philo vgl. Hoffmann* 81-84 und Cavallin (Lit. zu Kap. 15; Leben) 288-293; vgl. auch Josephus, Bell 2,154-156 (die Leiber seien φθαρτά, die Seelen aber ἀθάνατοι); in 2,163 gibt er als Meinung der Essener aus, die Seele sei ἄφθαρτος, gehe aber nur bei den Guten in ein ἕτερον σῶμα über; vgl. auch 3,374.
558 Billerbeck IV 211; zu den Anschauungen der Rabbinen vgl. Billerbeck IV 1166-1198, hier 1173 gerade zur älteren tannaitischen Zeit; Hoffmann* 156-172; Cavallin

(Lit. zu Kap. 15; Leben) 312-321 und unten Anm. 1375f. Im übrigen können auch die Rabbinen über die zukünftige Welt sagen, daß sie außer Gott kein Auge geschaut hat (bBer 34b).
559 Vgl. die kurze Skizze bei Pokorný (Lit. zu Kap. 15) 28-34 und Wedderburn, Baptism 181-190 und weiter z.B. zur Apotheose von Heroen und »göttlichen Menschen« durch Entrückung in die Götterwelt Rohde, Psyche II 371-378; J.E. Alsup, The Post-Resurrection Appearance Stories of the Gos-

Gliederung: Der Abschnitt ist beherrscht von realen Konditionalsätzen mit εἰ. Der erste in V 12 steht in Frageform und hat in der Protasis artikelloses Χριστός als Subj., das an V 11 anknüpfende κηρύσσεται als Präd. und einen davon abhängigen ὅτι-Satz mit dem Perf. Pass. ἐγήγερται. Die Apodosis beginnt mit dem Fragepronomen πῶς, hat als Subj. ἐν ὑμῖν τινές und als Präd. λέγουσιν, dessen Inhalt durch einen im folgenden mehrfach aufgenommenen und hier durch ὅτι-recitativum eingeleiteten Satz dann zitiert wird (ἀνάστασις νεκρῶν οὐκ ἔστιν). V 13a wiederholt dieses Zitat chiastisch als Protasis mit εἰ und einem dem vorangehenden Zitat kontrastierenden δέ, während V 13b als Apodosis mit οὐδέ den Inhalt des κηρύσσειν von V 12a bringt (Χριστὸς ἠγέγερται). V 14 nimmt diese Apodosis als Protasis mit weiterführendem δέ auf und nennt als Apodosis, daß dann (ἄρα) das das κηρύσσειν von V 11 aufnehmende κήρυγμα (+ Possessivpronomen der 1. Pers. Plur.) und die das ἐπιστεύσατε von V 11 aufnehmende πίστις (+ Possessivpronomen der 2. Pers. Plur.) als κενόν bzw. κενή zu qualifizieren sind, wobei diese prädikativen Adjektive jeweils mit Nachdruck an den Anfang gestellt werden. V 15 wechselt Paulus in die 1. Pers. Plur. und bezieht sich selbst in die Konsequenz von V 14a ein, und zwar zunächst mit passivischem εὑρισκόμεθα und ψευδομάρτυρες τοῦ θεοῦ als Prädikatsnomen, was im anschließenden ὅτι-Satz expliziert wird: Das μαρτυρεῖν (Aor.) richtete sich gegen (κατά) Gott, was inhaltlich nochmals in einem ὅτι-Satz unter Aufnahme des Kerygmas umschrieben wird; dabei erscheint nun aber statt der pass. Formulierung Gott selbst als Subj. der Auferweckung (Aor.) Jesu; diese wird in dem mit ὅν eingeleiteten Relativsatz unter der Bedingung (εἴπερ ἄρα) wieder negiert, daß das nun mit den gleichen Worten wie bei der Auferstehung Jesu (ἐγείρειν) umschriebene Zitat von V 12b zutrifft. V 16 wiederholt mit etwas anderen Worten in der Sache V 13. V 17 reiht sich an V 16 wie V 14f an V 13, doch wird nun die πίστις (wieder mit Possessivpronomen der 2. Pers. Plur. und betont vorangestelltem prädikativen Adjektiv) als ματαία charakterisiert, und dann wird eine weitere Konsequenz benannt, in der die Leser direkt in der 2. Pers. Plur. (ἐστέ) angesprochen werden: Ihr »Sein« wäre dann durch das Adverb ἔτι und die Ortsbestimmung ἐν ταῖς ἁμαρτίαις ὑμῶν zu qualifizieren. V 18 zieht aus der Protasis von V 17a (nicht aus V 17c!) mit ἄρα eine weitere Folgerung, und zwar in der 3. Pers. Plur. mit substantiviertem Part. Aor. von κοιμᾶσθαι + Artikel als Subj., präzisiert durch ἐν Χριστῷ, und den Aor. ἀπώλοντο als Präd. V 19 schließt die Reihe der Konditionalsätze in der 1. Pers. Plur. asyndetisch ab, doch wird nun in der Protasis nicht mehr die Auferweckung genannt, sondern, »scheinbar periphrastisch« (Bl-Debr-Rehkopf § 352 Anm. 1), eine mit Part. Perf. + ἐσμέν beschriebene Form des Hoffens, wobei die Beziehung des μόνον auf die am Anfang stehende Zeitbestimmung ἐν τῇ ζωῇ ταύτῃ, auf das Prädikat oder auf den ganzen Satz umstritten ist. Nach der Apodosis aber sind dann die in der 1. Pers. Plur. ἐσμέν und einem komparativischen Prädikatsadjektiv genannten Subjekte bemitleidenswerter als alle anderen Menschen (*gen. comp.*).

pel-Tradition, 1975 (CThM 5), 215-238; zum Sterben und Wiederaufleben von Mysteriengottheiten vgl. G. Wagner, Das religionsgeschichtliche Problem von Röm 6,1-11, 1962 (AThANT 39), 69-280; Sellin* 21-23; Zeller, TRE 23, 503-525 und Wedderburn, Baptism 190-208; zu den Jenseitsvorstellungen vgl. Hoffmann* 26-57, zur verbreiteten Trauer und Skepsis, aber auch zum *carpe diem* etwa W. Peek (Hg.), Grie-

Mit Χριστὸς κηρύσσεται schließt Paulus resümierend an V 1-11 an[560] **Erklärung**
und fügt sogleich präzisierend zum ἐγήγερται der Formel von V 4 das **12**
stets wiederholte ἐκ νεκρῶν hinzu[561], womit das ἀπέθανεν von V 3 aufgenommen und unterstrichen wird, daß Jesus tatsächlich tot war und von
den Toten auferweckt worden ist. Auferweckung ist Auferweckung von
den Toten[562], und diese wird hier nicht als historisches Faktum konstatiert, sondern verkündigt und so als Macht und Wirklichkeit im Wort erfahren (V 11). Dem wird in einer rhetorischen Frage die These der τινές
konfrontiert, die da sagen, es gebe keine Auferstehung der Toten[563].
Grundlegend für das Verständnis der paulinischen Argumentation in V
12 ist die Voraussetzung, daß ein wie immer motivierter Einspruch gegen
die Auferstehung der Toten für Paulus zugleich ein Einspruch gegen die
Wahrheit der Auferweckung Jesu Christi ist, beides also nur zusammen
geglaubt und gedacht werden kann. Mit dem einen ist das andere *eo ipso*
mitgegeben, so daß eins mit dem anderen steht und fällt[564]. Nur von da-

chische Grabgedichte (SQAW 7), 1960 (vgl.
die Beispiele unten Anm. 1196), die auch
den typischen Leib-Seele-Dualismus bezeugen: Der Äther hat die Seelen aufgenommen, die Erde die Leiber (Nr. 12, S. 51; vgl.
auch Nr. 74, S. 74; Nr. 250, S 157); »Deinen
Leib, Dionysios, deckt hier die Erde, doch
deine unsterbliche Seele ist bei dem, der unser aller Gebieter ist« (Nr. 441, S. 257: vgl.
auch Nr. 465, S. 279); zu den mehr philoso-
phisch-skeptischen Aussagen, die weniger
ein postmortales Weiterleben als vielmehr
eine Einbeziehung des Leibes bezweifeln,
vgl. D.B. Martin* 108-120; typisch ist etwa
Plutarch, der die Rückkehr des Romulus in
den Himmel und die Aufnahme unter die
Götter für einen Mythos hält, weil nur von
der dorthin gelangenden Seele gilt γίνεσθαι
καθαρὸν παντάπασι καὶ ἄσαρκον καὶ
ἁγνόν (Romulus 28); oder Cicero: Entweder
geht der Mensch als ganzer zugrunde, oder
es ist möglich, daß die Seelen, wenn sie aus
den Leibern herausgetreten sind, in den
Himmel und so gewissermaßen in ihre Heimat gelangen (Tusc. 1,24).
[560] Rhetorisch kann man V 12 als *propositio* bezeichnen (vgl. die Autoren oben
Anm. 504).
[561] Ἐκ νεκρῶν fehlt in der LXX, ist aber
nach de Boer* 107 analog zu ἐκ θανάτου
und ἐκ ᾅδου (Sir 48,5; Hos 13,14) und könne »without reference to the mythological
idea of an underworld as ›from among all
those who are dead and buried‹« übersetzt
werden; vgl. zu νεκρός Bultmann, ThWNT
IV 897f und unten Anm. 574.

[562] Ἀνάστασις ist bereits fester Terminus (Hoffmann* 180-185); vgl. Mk
12,18.23; Apg 23,8; mit (τῶν) νεκρῶν
bzw. ἐκ νεκρῶν Mt 22,31; Lk 20,35; Apg
4,2; 23,6; Hebr 6,2; 1Petr 1,3 (vgl. oben
Anm. 119). Paulus gebraucht außer im Zitat von V 12 ἀνάστασις νεκρῶν (V 13.21;
Röm 1,4) bzw. τῶν νεκρῶν (V 42) bzw.
αὐτοῦ (Phil 3,10) bzw. ohne Genitiv
(Röm 6,5) und ἐξανάστασις νεκρῶν (Phil
3,21). Vgl. auch oben Anm. 114 und unten
574.
[563] Stenger (Lit. zu Kap. 15) 86 stellt eine
doppelte Opposition heraus: Einerseits
wohl zu Recht eine solche von κηρύσσειν
und λέγειν (»ein bloßes ›Sagen‹«, »Gerede«), andererseits die von »Wir-Kreis« und
»›einigen‹ abseits stehenden Neuerern«
(vgl. auch Verburg* 34), wobei aber »die
offizielle, apostolische, gültige Lehre« und
»Apostolizität« selbst von V 11 her schwerlich besonders zu akzentuieren ist.
[564] Robertson/Plummer 346 halten es für
möglich, daß die τινές erklärt haben: »His
(sc. Christi) case was unique, and proved
nothing as to the rest of mankind«. Auch
andere gehen zu selbstverständlich davon
aus, daß die Korinther der Auferstehung
Jesu zugestimmt haben und Paulus sie darum nur auf die Inkonsequenz verweist, das
eine zu akzeptieren, das andere aber nicht
(so z.B. Grosheide 356 und die meisten von
Rückert 394 und Olshausen 737 bis Conzelmann 323 u.a.). Noch einmal aber ist an das
κηρύσσεται statt πιστεύετε u.ä. zu erinnern.

her versteht sich die Ausführlichkeit der Beweisführung in V 1-11, weil die Auferstehung der Toten, die durch die Auferstehung Jesu Christi begründet ist, als tragfähiges Fundament dafür feststehen muß[565]. Schwieriger scheint die Umkehrung dieses Satzes, daß ohne die Auferstehung der Toten auch die Auferstehung Jesu zu bezweifeln ist. Das ist jedoch nicht »ein Spiel mit dem logischen Gesetz, daß ein allgemeiner negativer Satz nicht aufrecht erhalten werden kann, wenn *eine* positive Ausnahme nachgewiesen ist«[566]. Die unlösbare Zusammengehörigkeit versteht sich vielmehr primär vom genannten Vorstellungszusammenhang und Deutungsrahmen der Apokalyptik her, der Paulus bereits vorgegeben sein wird (vgl. schon 6,14 und später 2Kor 4,14 und Röm 8,11[567]) und den die

[565] Nach Heinrici 457 gibt es keinen ersichtlichen Grund, daß dem Apostel nicht bereits hier »der Gedanke, Christus sei ἀπαρχή der Auferstehung (V. 20)«, »vorschwebt«, wie schon Chrysostomus 334 und Theophylakt 760 angenommen haben (vgl. auch Gaffin [Lit. zu Kap. 15] 39f); nach Heinrici 457 liegt denn auch »hier überhaupt kein Schluss vor, sondern der heilsgeschichtliche Zusammenhang zweier Thatsachen nach ihrer gegenseitigen Bedingung wird behauptet« (vgl. auch ders., Sendschreiben 486); ähnlich de Wette 143; vgl. auch Robertson/Plummer 347f (»The Resurrection of Christ is not viewed by the Apostle as *one particular case* of a general law, but as the source of Divine Power which *effects* the Resurrection in store for His members«); Godet II 191; Brakemeier* 42f; Luz, Geschichtsverständnis 333 Anm. 61 (»in Wirklichkeit argumentiert er [sc. Paulus] – vielleicht pseudologisch – von der Auferstehung Christi her«); Sellin* 256; Wolff 377. Vos* 91 hält dagegen die These, V 12 habe schon den Gedanken von V 20 vor Augen, für anfechtbar (vgl. auch Schade* 300 Anm. 567). Nun wird diese Basis der Argumentation in der Tat erst im nächsten Abschnitt explizit angesprochen, m.E. aber schon hier implizit vorausgesetzt; zur anderen Sicht auch bei v.d. Osten-Sacken (Lit. zu 15,1-11) 247-249 vgl. Mitchell, Paul 288 Anm. 574: »We cannot responsibly interpret parts of it in isolation from the whole«, zumal in 1Kor 15, »*because the premise is itself restated* in the syllogisms in 15:12 and 20«.
[566] So Weiß 353; vgl. schon Grotius 821 mit dem *modus tollens* des Syllogismus: *Sublato genere tollitur & species* (vgl. auch Crell 319: *Posito enim certo singulari, speciem aut genus poni omnino necesse est*);

ebs. Meyer 422; Findlay 923; Schmiedel 192 (»Ist Christus auferstanden, so ist Auferstehung nichts *Undenkbares*« [kursiv im Original gesperrt]); Dahl* 24; Marxsen* 13 (Paulus meine, »wenn es grundsätzlich keine Totenauferstehung gibt, dann natürlich auch nicht den Sonderfall der Auferstehung Jesu«); ähnlich Spörlein* 67; Sandelin* 18; Kegel* 40f. Das aber ist schon darum fraglich, weil es bekanntlich keine Regel ohne Ausnahme gibt (vgl. auch Godet II 191; Conzelmann 323 Anm. 18) und schon das AT einzelne Totenerweckungen kennt (Barth [Lit. zu 15,20ff] 519); vgl. auch Schütz (Lit. zu Kap. 15; Authority) 443: »Nowhere is it hinted that the positive particular instance (›Christ is raised‹) itself negates the negative general proposition (›the dead are not raised‹)«. Vor allem der Zusammenhang zwischen V 1-11 und 12ff spricht dagegen. Nicht in sich schlüssige Denkrichtigkeiten und weltanschauliche Möglichkeiten stehen im Zentrum der Debatte, sondern die Christologie und ihre universalen und eschatologischen Dimensionen, was durch eine *argumentatio ad absurdum* oder *probatio per absurdum* zur Sprache gebracht wird (vgl. dazu vor allem Vos* 89: Paulus will zeigen, »zu welchen Ungereimtheiten diese Kontraposition führt«; zur Unterscheidung von der *deductio ad absurdum* vgl. ebd. 82 Anm. 33; vgl. auch Berger, Formgeschichte 103; Siegert, Argumentation 241). Vgl. weiter unten Anm. 569.
[567] Allerdings wird auch angenommen, daß die Auferweckung Jesu ursprünglich aus der Tradition der himmlischen Rehabilitation des Märtyrers unmittelbar nach dessen Tod (2Makk 7) zu verstehen und ihre Deutung als Beginn der allgemeinen Auferstehung erst Paulus selbst zuzu-

Adam-Christus-Analogie verstärkt[568]. Gewiß sind Enthymeme mit Prämissen und Konklusionen erkennbar (V 13.16), mit denen Paulus auf Inkonsequenzen aufmerksam macht. Das Entscheidende aber ist nicht, daß dann, wenn die Auferstehung Jesu feststeht, eine prinzipielle Leugnung der Totenauferstehung *logisch* unhaltbar ist[569]. Entscheidend ist vielmehr, daß die Wirklichkeit der Auferweckung Jesu als Anbruch der neuen Welt und als eschatologischer Beginn und Grund der Totenauferstehung zu verstehen ist, so daß von daher eine Isolation der Auferweckung

schreiben sei (so z.B. Holleman* 43.131-164), so daß erst für ihn gelte: »one and the same event; they are intrinsically connected« [7]); vgl. aber Holleman* 44 selbst zu dem (vorpaulinischen!) Perfekt in V 4 und 12ff oben Anm. 118 sowie Anm. 556, ferner den vorpaulinischen eschatologischen Begründungszusammenhang an den oben genannten Stellen 6,14; Röm 8,11 und 2Kor 4,14 (vgl. Wengst* [Formeln] 44 u.ö.) sowie die nächste Anm. und unten Anm. 711. Daß die meisten vorpaulinischen Formeln eine Verbindung mit der Auferstehung der Toten vermissen lassen, schließt im übrigen einen apokalyptischen Vorstellungszusammenhang nicht aus (vgl. Hoffmann, TRE 4, 487 gegenüber Becker* [Auferstehung] 119), der bei Paulus selbst ohnehin vorauszusetzen ist (vgl. die nächste Anm.). Unnötig ist es m.E., 6,14 einem früheren Brief zuzuweisen und 15,12 als Reaktion auf die These von 6,14 zu verstehen (so Sellin* 49). Gewiß setzt Paulus schon dort voraus, was er erst in Kap. 15 expliziert, doch geht es in 6,14 vor allem um die leibliche Dimension der Auferstehung der Christen (vgl. EKK VII 2, 24f), deren Zusammengehörigkeit mit der Auferstehung Jesu Paulus dort offenbar nicht zugleich begründen wollte.

568 Vgl. Käsemann: »Paulus hat von der Auferweckung Christi nur im Zusammenhang der allgemeinen Totenauferweckung und als deren Anfang gesprochen« (Die Heilsbedeutung des Todes Jesu nach Paulus, in: Zur Bedeutung des Todes Jesu, hg. v. F. Viering, Gütersloh 1967, 11-34, Zitat 30); vgl. schon Meyer (unten Anm. 743) und weiter Bultmann, Theologie 349; Schweitzer, Vorlesungen 583; Braun* 198f; Conzelmann 305; Senft 192 (»l' unité indissoluble«); Beker, Sieg 69; Vollenweider (Lit. zu Kap. 15) 47f (»eine zunächst fast selbstverständliche Implikation« gegenüber Rekursen auf 1Thess 4,16f, die das als sekundär erweisen wollen); K. Müller (Lit. zu

Kap. 15) 12 erschließt schon aus ἐκ νεκρῶν der Auferweckungsformel, daß diese von vornherein »auf eine Mehrheit bezogen« ist. Die Argumentation von Berger (Lit. zu Kap. 15; Auferstehung) 15f.250f vermag dagegen nicht überzeugend anzukommen (vgl. dazu oben Anm. 148 und Hengel oben Anm. 105).
569 Insofern sind die scharfsinnigen formallogischen Distinktionen auf der Basis der antiken Prädikaten- oder Aussagenlogik von Bucher* und Bachmann* m.E. nur mit Vorbehalt hilfreich. Für Bucher* (Argumentation) 468-471 z.B. soll es gerade nicht um Argumente *ad absurdum* oder *ad hominem* gehen, sondern um den *modus tollens* (vgl. oben Anm. 566): 1. Prämisse: »Wenn es keine Auferstehung der Toten gibt, dann ist auch Christus nicht auferweckt worden«; 2. Prämisse: »Nun aber ist Christus auferweckt worden«; Conclusio: »Also gibt es auch eine Auferstehung der Toten« (470). Auf Einsprüche von Bachmann* hin formt Bucher* die aussagenlogische Argumentation prädikatenlogisch um (Überlegungen 97): 1. »Wenn kein Toter auferstanden ist, dann ist Christus nicht auferstanden«; 2. »Nun ist Christus auferstanden«; folglich sind 3. »(mindestens) einige Tote auferstanden«. Aber auch dieser Schluß ist gar nicht im Blick; so mit Recht Sellin* 257 Anm. 107: Gewiß will Paulus letztlich zeigen, daß aus der Auferweckung Christi die Auferweckung der Christen folgen wird, aber: »Keine Logik allein bringt solchen Schluß zustande«; vgl. auch die Kritik von Bünker*142 Anm. 126; Haßler (Lit. zu Kap. 15) 24; Aletti* 71f; Gillespie (Lit. zu Kap. 15) 230; Eriksson* 258; Holleman* 41-44 (»quasi-logical« [41]; Paulus appelliere an den common sense [42]). Vos* 89 geht unter Einbeziehung von V 12 vom *modus ponens* aus: »Wenn A, dann B / nun aber A, also B« (78 Anm. 3). Auch dabei aber ist die Logik nicht ausreichend, um das paulinische Argumentationsziel, daß wenn

Jesu als singulärer Einzelfall ganz unvorstellbar ist[570]. Die damit für Paulus von seinen Prämissen her offenbar auch denknotwendige Zusammengehörigkeit von Christusschicksal und Christenschicksal bringt er weniger logisch stringent als vielmehr rhetorisch-persuasiv in die Argumentation ein[571]. Prämisse[572] und Ziel seiner Argumentation ist V 20, der die Eingangsthese von V 12a wiederholt und daraus folgert, daß die Toten auferstehen. Von daher wird man dann möglicherweise auch den Leib-Christi-Gedanken mit ins Spiel bringen können, wie das seit den Tagen der Alten Kirche geschehen ist[573]. Nur darum aber, weil die Leugnung der Auferstehung der Toten[574] unmittelbar auch die Leugnung der Auferstehung Jesu impliziert, fragt Paulus, wie Christus verkündigt werden kann[575], wenn gleichzeitig die Auferstehung der Toten geleugnet wird[576].

A gilt, auch B nicht zu leugnen ist (V 12), wenn aber B negiert wird, auch A fällt (V 13), inhaltlich einleuchtend zu begründen.

[570] In dieser universalen und eschatologischen Dimension zeigen sich die Unterschiede zur Erhöhung (Jes 52,13) und Entrückung (Gen 5,24; 2Kön 2,1ff). Vgl. auch oben Anm. 148.

[571] Daß das kein Widerspruch sein muß, zeigt Vos* 96f u.ö.; vgl. auch oben Anm. 507.

[572] Vgl. oben Anm. 565.

[573] Vgl. die Auslegungs- und Wirkungsgeschichte, neuerdings etwa Barth (Lit. zu 15,20ff) 519: »Deshalb, weil die Christen im σῶμα Χριστοῦ mitgesetzt sind, muß die Auferstehung Christi bestritten werden, wenn die Glieder nicht auferstehen werden«; ähnlich Allo 401; anders aber Gutjahr 422: Solche Argumentation sei »durch nichts angedeutet«.

[574] Zwischen νεϰϱοί bzw. νεϰϱῶν (V 12f.15f.20f.29.32) und οἱ νεϰϱοί bzw. τῶν νεϰϱῶν (V 29.35.42.52) besteht kaum ein klar erkennbarer Unterschied. Daß artikelloser Gebrauch auf Tote allgemein verweise und νεϰϱοί mit Artikel auf Christen (so Jeremias, Abba 303f; Moiser [Lit. zu Kap. 15] 21f), läßt sich m.E. trotz der dafür sprechenden Belege (z.B. V 29b) kaum durchgängig halten (vgl. V 29a und V 32 mit V 35). Auch Bachmann* (Gedankenführung) 270 will mit dem definitiven Artikel die »Auferstehung einer Gesamtheit von Toten« ausgedrückt sehen; ἀνάστασις νεϰϱῶν dagegen sei »als Heraustreten aus dem Kreis der Toten, nicht aber als Auferstehung der Toten oder als allgemeine Totenauferstehung zu verstehen« (269; ebs. Haßler [Lit. zu Kap. 15] 24; vgl. auch Ver-

burg* 120f, der das aber 126 als sicher nur für die artikellosen νεϰϱοί = Tote allgemein annimmt), wobei für Röm 1,4 (ἐξ ἀναστάσεως νεϰϱῶν) freilich konzediert wird, daß dort global von der Totenauferstehung die Rede sein könnte. Nach Bl-Debr-Rehkopf § 254,4 muß in V 15.16.29. 32 der Artikel fehlen, »weil es auf den Begriff, nicht auf die Vollzahl« ankomme; vgl. auch Conzelmann 322 Anm. 14 und 16; Spörlein* 33 Anm. 1 (»keine Bedeutungsnuancen«); K. Müller (Lit. zu 15,35ff) 206 Anm. 120. Entsprechendes gilt auch für ἀνάστασις mit (V 42; vgl. Röm 6,5; Phil 3,20) und ohne Artikel (V 12f.13.21; vgl. Röm 1,4), was Binder* 200 für den Schlüssel des Verständnisses hält. Aber auch das ist m.E. nicht eindeutig; der Unterschied ist vermutlich vielmehr der, daß der Artikel vor Substantiven im Genitiv fehlt, wenn diese von einem artikellosen Substantiv abhängen (Hoffmann / v. Siebenthal, Grammatik 181); darum ἀνάστασις νεϰϱῶν (V 21 u.ö.) und ἡ ἀνάστασις τῶν νεϰϱῶν (V 49); vgl. auch zu V 20 und zur Frage einer universalen Auferstehung auch zu V 23. Jedenfalls ist die in dieser Hinsicht strapazierte Artikellosigkeit bei νεϰϱοί kein Präjudiz.

[575] Zu ϰηϱύσσειν vgl. zu 1,23; 9,27; vgl. ϰήϱυγμα V 14.

[576] Πῶς steht wie Gal 2,34 (4,9) und deutet Überraschung oder Widersinnigkeit an; vgl. Robertson/Plummer 347; Bauer/Aland 1464 rechnen es hier zu den »*Fragen d. Mißbilligung* u. d. Abweisung *mit welchem Recht?*«, doch kann man es ebensogut zu den »*Fragen d. Verwunderung*« rechnen, »wie ist es möglich, daß? *ich begreife nicht, wie?*« (so z.B. de Wette 142).

Darum kann man nicht die Auferstehung der Toten bestreiten, die Aufer- 13
stehung Jesu aber übrigbehalten. Erstaunlich trotz der hypothetischen
Redeweise ist, daß die Auferstehung Jesu Christi, die doch von einer langen Zeugenkette bestätigt worden ist und auch nach Wegfall der Totenauferstehung als unbezweifelbares Ereignis und Restbestand erhalten
bleiben müßte, von Paulus in Frage gestellt wird. Eine Beweisbarkeit der
Auferstehung Jesu als objektives historisches Faktum kann auch darum
bei aller Gewichtung ihrer Glaubwürdigkeit nicht die eigentliche Intention des ersten Abschnitts V 1-11 gewesen sein. Selbst eine Bekenntnisformel besagt offenbar wenig, wenn sie nicht in ihren theologischen Implikationen und anthropologischen Konsequenzen bedacht und akzeptiert
wird. Wenn das konstitutive Implikat der Totenauferstehung ausfällt, hat
auch das Credo von der Auferstehung Jesu seinen Sinn verloren, und die
Präsenz des Auferweckten (ἐγήγερται ist wie in der Formel von V 4 Perfekt) wäre eine Illusion.

Welche verhängnisvollen Konsequenzen es hätte, wenn Christus nicht 14
auferweckt worden wäre, führt Paulus nun im folgenden seinen Adressaten eindrucksvoll vor Augen, wobei durch einen Umkehrschluß zugleich
indirekt zu erkennen ist, was die Auferstehung Christi positiv bewirkt.
Fiele sie aber dahin, dann wäre das Kerygma (vgl. κηρύσσομεν V 11) in-
halt- und sinnlos. Κενός meint hier eitel, leer, kraft- und inhaltsleer und
wohl noch nicht wie ματαία in V 17 wirkungslos[577]. Dadurch entsteht eine schreiende Diskrepanz. Κήρυγμα – für Paulus alles andere als eine
Leerformel – ist ja die Verkündigung, durch die Gott sein wirksames
Schöpferwort als hellen Schein in die Herzen fallen und wie in der Urzeit
aus Chaos Schöpfung werden läßt[578]. Eben von diesem Kerygma, das über
die Auferweckung Jesu hinaus das ganze Heilsgeschehen zum Inhalt
hat[579], gilt insgesamt: κενός. Seine Realität ist nichts ohne seine Zukunft[580]. Auf diesem Kerygma, und nur auf ihm, gründet auch der Glaube (V 1f; Röm 10,17)[581]. Ist dieses Fundament und diese Ursache aber

[577] Vgl. κενὴ ἐλπὶς αὐτῶν (Weish 3,11) oder κενὴ ἀπάτη (Kol 2,8) und κενοὶ λόγοι (Eph 5,6) sowie Oepke, ThWNT III 660, der jedoch κενός in V 14 und ματαία in V 17 für identisch hält (vgl. Jes 59,4: πεποιθέναι ἐπὶ ματαίοις καὶ λαλεῖν κενά oder die Parallelität von κενή und ἀργή in Jak 2,20); vgl. auch Conzelmann 325; Verburg* 137 Anm. 158 und schon Semler 408 (κενόν *sine re et veritate, ergo et sine fructu*); vgl. aber schon Rückert 401 und Robertson/Plummer 349: »κενή is ›wanting in reality‹, ματαία ›wanting in result‹«; ähnlich Heinrici 459; Trench, Synonyma 112; vgl. auch Bauernfeind, ThWNT IV 525.

[578] Vgl. 2Kor 4,5f; 6,2 sowie zu 1,21 und 2,4 und zu κηρύσσειν V 11f.
[579] Inhalt des Kerygmas ist nach 1,23 der Gekreuzigte, nach unserem Kapitel (V 11f) der Auferstandene, nach Röm 10,8 das »Wort des Glaubens«, nach 2Kor 4,5 Christus als Herr und nach Gal 2,2 das Evangelium.
[580] Etwas anders Schlatter 405: »Geschieht sie (sc. die Botschaft) im Auftrag eines Toten, so verliert sie ihren Sinn und ihre Kraft ... Von einem Toten kann er (sc. der Mensch) nichts erwarten und nichts empfangen« (ähnlich Barrett 348).
[581] Es ist m.E. nicht ganz sicher, ob ὑμῶν Urtext ist; so Metzger, Commentary 567f,

κενός, dann gilt Entsprechendes auch vom Glauben selbst, der davon gewirkt wird und sich darauf bezieht. Πίστις (vgl. ἐπιστεύσατε V 11) meint
dabei nicht ein bloß theoretisches Fürwahrhalten oder eine weltanschauliche Überzeugung, sondern das, was die christliche Existenz grundlegend
neu werden läßt und sie im Gehorsam auf den gegenwärtigen und
zukünftigen Herrn ausrichtet, ihr Halt und Hoffnung verleiht und die
σωτηρία verheißt[582]. Glaube ist demnach für Paulus immer zugleich und
konstitutiv Glaube an den auferweckten Christus, oder er ist eine Farce
und ein Nichts. Es gibt keinen christlichen Glauben ohne diesen österlichen Inhalt[583].

15   Als weitere Konsequenz einer Nichtauferstehung Jesu Christi nennt Paulus, daß er selbst ein Gott lästernder ψευδομάρτυς τοῦ θεοῦ wäre[584], einer, der falsches Zeugnis von Gott ablegt[585] und sich eines gotteslästerli-
chen μαρτυρεῖν gegen ihn schuldig macht[586]. Dabei geht es darum, daß
der Inhalt des Zeugnisses ein von Menschen erdichteter und darum
falscher wäre, nicht aber darum, daß mit dem Pseudozeugnis der Apostel
als Zeuge in ein trübes Licht geraten würde (vgl. schon 1,6, wonach das
μαρτύριον τοῦ Χριστοῦ fest werden soll). Nicht subjektive Zwielichtig-
keit, Unaufrichtigkeit oder Selbsttäuschung ist im Blick[587], erst recht

---

der für das von B D* 0243 0270* 6 33 81
1241ˢ 1739 1881 al a vgᵐˢˢ saᵐˢˢ Epiph bezeugte ἡμῶν Itazismus oder Angleichung
an das vorhergehende ἡμῶν annimmt.
Aber das in V 17 unbestrittene πίστις
ὑμῶν läßt keine Tendenz zur Ersetzung
eines ursprünglichen ὑμῶν erkennen, so
daß auch ἡμῶν ursprünglich sein könnte.
Πίστις wäre auch dann nicht im Sinne der
fides quae creditur zu fassen, wie die Abfolge in V 11 verdeutlicht, doch wäre auf
den Glauben der Verkündiger selbst abgehoben.
[582]   Vgl. Röm 4,5.17; Gal 3,25 und weiter
Bultmann, ThWNT.
[583]   Vgl. Melanchthon 79: *Credere resurrectionem Christi est credere regnantem
Christum. Credere autem regnantem Christum est credere nec morte nec peccato nec
ulla creatura laedi posse aut a gratia Dei
evelli posse.*
[584]   Zu εὑρίσκεσθαι vgl. Bauer/Aland
658: »Wie נמצא *sich zeigen, erscheinen, erkennbar werden, sich erweisen, erfunden
werden als«*; vgl. auch Preisker, ThWNT II
767f und Pedersen, EWNT II 212. Das
Falschzeugnis κατὰ τοῦ θεοῦ legt auch für
εὑρίσκεσθαι die auch sonst belegbare
Sprache des Gerichts *coram deo* nahe (vgl.
Dan 6,22).

[585]   Ψευδομάρτυρες τοῦ θεοῦ (V 15a)
sind solche, die ein ψευδομαρτυρεῖν κατὰ
τοῦ θεοῦ praktizieren (V 15b); V 15b ist
Epexegese (Olshausen 731). Es handelt sich
bei τοῦ θεοῦ also um einen *gen. obj.*:
Falsches gegen Gott bzw. im Widerspruch
zu Gott (Bauer/Aland 824) aussagen, nicht
falsche Zeugen Gottes (vgl. de Wette 143
und unten Anm. 588). Daß »nicht Gott bezeugt« werde (Schmiedel 192), verkennt
das *passivum divinum* in V 12 u.ö., aber
auch V 34 (ἀγνωσία θεοῦ). Rechtes christliches Zeugnis ist konstitutiv Zeugnis von
dem Gott, der die Toten lebendig macht
und Jesus auferweckt hat (Röm 4,17.24).
[586]   Μαρτυρεῖν κατὰ τοῦ θεοῦ; vgl. Mt
26,59 und die Vulgata: *adversus Deum* (so
die meisten); anders z.B. Erasmus 736 und
Beza 159: *de* bzw. *a Deo*; de Wette 144.
[587]   Vgl. Rückert 400 (»Falsche Zeugen,
nicht etwa Getäuschte, sondern Lügner, die
gesehn zu haben bezeugen, was sie nicht
gesehn«); Heinrici, Sendschreiben 487
Anm. 4 (»nicht ein Urtheil über den
Charakter der Zeugen sondern über den
Gehalt des Zeugnisses«); Findlay 924 (»The
suspicion of *hallucination*, on his own part
or that of the other witnesses, was foreign
to his mind«); ähnlich Allo 401 u.a.; vgl.
auch Fee 743 Anm. 24.

nicht ein fälschlich reklamierter Autoritätsanspruch oder Status[588], sondern die mit dem Pseudo-Osterzeugnis bekundete objektive Unwahrheit und Verblendung von Zeugen, die statt einer zutreffenden μαρτυρία ein Phantom oder eine Fiktion bieten würden, wenn sie eine Gottestat bezeugen, die es gar nicht gegeben hat[589]. Anders als in der Passivform von V 12b ist hier Gott selbst Subjekt des ἐγείρειν, und entsprechend wird statt von ἀνάστασις νεκρῶν nun von νεκροὶ ἐγείρεσθαι gesprochen, was für Paulus offenbar adäquater ist[590]. Die Konsequenz einer Leugnung der Totenerweckung (»wenn denn die Toten nicht auferweckt werden«[591]) ist auch hier, daß dann auch Christus nicht auferweckt worden wäre.

V 16 ist sachlich eine Wiederholung von V 13, nur daß in der Protasis wie in V 15 statt ἀνάστασις νεκρῶν hier νεκροὶ ἐγείρονται erscheint. Der Wechsel von δέ zu γάρ markiert den Rückbezug auf V 13. **16**

Auch V 17 wiederholt zunächst in den beiden ersten Satzteilen die Konsequenz aus V 14, doch wird der Glaube jetzt, wenn Christus im Tod geblieben und seine Auferstehung nur eine eingebildete ist, statt als κενή als ματαία (nutz-, erfolg- und wirkungslos) charakterisiert[592]. V 17c zieht eine weitere Konsequenz aus einer Nichtauferstehung Christi: Die Korinther wären trotz des Kreuzestodes Jesu »noch in ihren Sünden«, wie Paulus vermutlich in Anlehnung an V 3 formuliert. Wer aber noch »in seinen Sünden« ist, der ist doppelt gefangen: ohne Freispruch von der *Schuld* der Sünde[593] und ohne Freiheit von der *Macht* der Sünde[594], die sich konkret in Taten der Sünde manifestiert[595]. Die Korinther wären also noch dem alten Äon und seinen Unheilsmächten unterworfen. Ohne die Auferweckung Jesu hätte auch der Tod Jesu, der die Rechtfertigung be- **17**

---

[588] Es geht also nicht um eine zweifelhafte Inanspruchnahme des μάρτυς-Titels (Strathmann, ThWNT IV 520; anders K. Holl, Ψευδόμαρτυς. Gesammelte Aufsätze zur Kirchengeschichte, Tübingen 1928, 110-114). Von hier aus fällt auch noch einmal Licht auf die angebliche Debatte in V 9-11; vgl. Carnley (Lit. zu Kap. 15) 140f.

[589] Vgl. ψευδαπόστολοι (2Kor 11,13); Strathmann, ThWNT IV 519f und Conzelmann 324 mit Anm. 25.

[590] Vgl. Klumbies* 160f.

[591] Zu εἴπερ ἄρα vgl. Bl-Debr-Rehkopf § 454,2.

[592] Vgl. oben Anm. 577 und die Parallelität von ἀνωφελεῖς und μάταιοι in Tit 3,9 sowie Bauernfeind, ThWNT IV 528; Schmiedel 193: »nicht etwa: für die Sittlichkeit, sondern: für die Seligkeit wirkungslos«.

[593] Oft wird dieses Moment der Sündenvergebung zu einseitig in den Vordergrund gerückt, obwohl es »allenfalls Nebenmotiv«

ist; so v. Dobbeler, Glaube 91, der von μάταιος her, das im hellenistisch-jüdischen Griechisch oft den Götzenglauben charakterisiert (vgl. auch Apg 14,15; Jak 1,26; 1Petr 1,18), ähnlich wie 1Petr 1,18-21 den »Schritt vom Götzenglauben zum Glauben an den totenerweckenden Gott« herausgestellt findet.

[594] Sonst wird das meist mit ὑφ' ἁμαρτίαν umschrieben (Röm 3,9; Gal 3,22) oder mit δοῦλοι τῆς ἁμαρτίας (Röm 6,17) und κυριεύειν bzw. βασιλεύειν der Sünde (Röm 6,14 bzw. Röm 5,17). Jedenfalls genügt es nicht, »nur die Sühnung und Erlassung der Schuld« (so Bachmann 438) angesprochen zu sehen; richtig Findlay 924 (»unforgiven, unrenewed«); Senft 194 (mit Verweis auf das ἐν, z.B. Röm 8,9: ἐν σαρκί).

[595] Vgl. Schrage, Einzelgebote 64f und weiter zu V 3. Auch Röm 7,5 bezieht sich der Plural auf die vorchristliche Zeit ἐν τῇ σαρκί.

wirkt und die Herrschaft der Sünde bricht, aber allererst durch seine Auferweckung rechtsgültig und wirksam wird, keine Heilsbedeutung (vgl.
Röm 4,25). Nur bei Überwindung des Todes ist für Paulus auch die Überwindung der Sünde denkbar und effektiv. Ohne die mit der Auferweckung Jesu eröffnete Zukunftshoffnung auf die Auferstehung der Toten aber ist und bleibt auch die christliche Gegenwart bodenlos, sind
Rechtfertigung und Vergebung ebenso illusionär wie Freiheit und Neu-
heit christlicher Existenz. Fundament dieses Arguments ist dabei das
Kerygma von der Auferweckung Christi (V 14) und weniger der Appell
an die Glaubenserfahrung der Korinther.

Weiß meint dagegen, die Absicht dieser Verse sei es, gegen die von Paulus genannten Einwände an die Realität der Erlösungserfahrung der Adressaten zu appellieren und von der unbezweifelbaren Erfahrung aus auf einen Protest der Leser
gegen die Voraussetzung solchen Schlußverfahrens zu spekulieren[596]. Wenn Paulus hier aber tatsächlich primär auf den Einspruch der Erfahrung reflektieren sollte, könnte daraus leicht ein Schuß nach hinten werden, denn die Korinther könnten ebensogut seine Schlußfolgerung und nicht deren Voraussetzung in Frage
stellen: »In der Tat, unsere Erfahrung gegenwärtigen Heils ist eben, daß wir
schon reich sind (4,8) und keiner Auferstehung mehr bedürfen«[597]. Paulus hat
denn auch die Absicht, die Korinther aufzurufen, sich kritisch auf die Voraussetzungen ihres Glaubens zu besinnen: »Stellt dieser Glaube nur eine Erfahrung,
nur einen seelischen Besitz dar (cf. 4,8), so ist er Selbsttäuschung; allein sein im
eschatologischen Christusgeschehen begründetes Wesen macht ihn zu dem, was
als reine Erfahrung zu sein er vergeblich vorgibt«[598]. Zwar kann nicht zweifelhaft
sein, daß Paulus durchaus an die Erfahrung der Gemeinde appellieren kann, doch
ist er sich durchaus der Ambivalenz aller Erfahrung bewußt. Der Glaube macht
Erfahrungen, aber die Erfahrungen machen nicht den Glauben. Richtig ist, daß

---

[596] »P. rechnet darauf, daß die Gem. sagen
wird: das ist unmöglich; zu gewiß, zu real
sind diese Erfahrungen einer neuen, beselig-
genden Lebensfreudigkeit und Kraft, als
daß sie Illusion sein könnten« (Weiß 354f);
vgl. auch Robertson/Plummer 350 (»a more telling argument than the other, because
it is based on what the Corinthians could
not help knowing«); R.P. Martin* 102f sowie schon Atto 399 (*Quis enim libenter au-
diat se esse in peccatis?*) und Maior 217r.
Bünker* 70 verweist zu V 12-19 und 28-34
auf die *argumentatio ex efficientibus* (vgl.
Quintilian, Inst. Orat. 5,10,80, wonach man
aus dem, was wirkt, auf das zu schließen
pflegt, was bewirkt wird, und umgekehrt;
vgl. Lausberg, Handbuch I 210), nur weiß
Paulus eben um die Zweideutigkeit des Bewirkten.
[597] Nach Brakemeier* 47 ist auch darum
zu bezweifeln, daß Paulus mit einem Appell

an Sünden- und Vergebungserfahrung weit
gekommen wäre, weil sich die Korinther
»von der Frage nach Sündenschuld und
Vergebung nicht sonderlich bedrückt ge-
fühlt zu haben scheinen«; vgl. auch Luz,
Geschichtsverständnis 336.
[598] Braun* 204; ähnlich Bornkamm, Paulus 229; Boers (Lit. zu Kap. 15) 60f, der betont, daß πίστις hier die Antwort auf das
Kerygma und nicht das Erlebnis der Sündenvergebung ist (61); richtig auch Schniewind* 120: Die πίστις παρ' ἐλπίδα ἐπ'
ἐλπίδι (Röm 4,18) sei das Gegenteil von allem Erfahrbaren. In der Tat weiß Paulus,
daß selbst der Satan sich in einen Lichten-
gel verwandeln kann (2Kor 11,14), pneumatische Erlebnisse nie eindeutig auf den
Heiligen Geist zurückweisen (vgl. 12,2) und
auch Liebeswerke ambivalent bleiben (vgl.
13,1-3) usw.

Paulus die Gemeinde durch seine hypothetischen Folgerungen zur Besinnung und zur Bewertung seiner Argumente bringen will, doch zeigen gerade V 18f, daß das weniger von den gegenwärtigen Heilserfahrungen abhängt.

Gäbe es keine Auferstehung, wären auch die Entschlafenen[599] verloren, 18 weil in einer Illusion dahingegangen und so dem ewigen Verderben ausgeliefert[600]. Ist ἐν Χριστῷ mit κοιμηθέντες zu verbinden, läßt sich das verschieden interpretieren. Wenig wahrscheinlich ist aber, daß hier einfach im Sinne eines abgeschliffenen formelhaften Gebrauchs von ἐν Χριστῷ eine bloße Charakterisierung der Verstorbenen als Christen vorliegt. Nicht auszuschließen ist dagegen, daß der Gedanke der Christusgemeinschaft auch über den Tod hinaus anklingt (vgl. Phil 1,23). Das heißt aber weder, daß man ἐν kausal im Sinne von *propter* verstehen dürfte, als ob hier nur Märtyrer im Blicke wären[601], noch daß hier eine Reflexion auf einen sog. Zwischenzustand auftauchte[602]. Wohl aber kann Paulus meinen, daß bei Voraussetzung der Auferweckung die gestorbenen Christen trotz ihres Todes »in Christus« sind[603]. Ist Christus doch gestorben und auferstanden, daß er über Tote und Lebende Herr sei (Röm 14,9). Weni-

---

[599] Zum Euphemismus κοιμᾶσθαι vgl. oben Anm. 207 zu V 6. Auch hier ist primär nicht gemeint, daß die Verheißungen des Evangeliums »turned death into sleep«, wie Findlay 925 u.a. wollen, doch eine »Doppeldeutigkeit« auch nicht ganz auszuschließen (Völkel, EWNT II 746). Ein »Rückbezug auf die entschlafenen Auferstehungszeugen in Vers 6« (Verburg* 137) erscheint dagegen konstruiert.

[600] Zu ἀπώλοντο vgl. zu 1,18 und 8,11. Das nicht die Konsequenz aus ἔτι ἐστὲ ἐν ταῖς ἁμαρτίαις ὑμῶν in V 17c (so aber Meyer 425: »weil sie in ihrem Tode dem Strafzustand im Hades verfallen«; ähnlich Bachmann 438; Rückert 401; Grosheide 359), sondern aus V 17a; vgl. Heinrici 549: ἀπώλουντο weist nicht auf einen »Strafzustand«, sondern »sie sind zu Grunde gegangen«; vgl. auch Senft 195 (»une autre [καί] conséquence«); Fee 744f. Gutjahr 425f spiritualisiert: »Ihre Seelen sind dem ewigen Verderben anheimgefallen«. Daß die Argumentation des Paulus ins Leere liefe, wenn die Korinther von einer spiritualistischen Jenseitshoffnung ausgehen (so z.B. Lindemann [Lit. zu 15,20ff] 107 Anm. 97), ist nicht ganz von der Hand zu weisen, doch gibt es eben für Paulus ohne Einbeziehung der Leiblichkeit nur Verlorensein.

[601] So aber Chrysostomus 335; Theodoret 353; Theophylakt 759; Pelagius 216 (*maxi-* *me*); Grotius 821 (ἐν = *propter* mit Hinweis auf das Stephanusmartyrium) u.a. Anders mit Recht die meisten Exegeten.

[602] Vgl. Hoffmann* 249 (»Die durch die Formel zum Ausdruck gebrachte Christusbeziehung meint nur den Moment des Sterbens, nicht aber den Zwischenzustand«) und Wolff 379; vgl. den Aorist und schon Meyer 425: »Sie starben so, dass sie während ihres Sterbens nicht *ausser* Christo, sondern durch den Glauben an ihn in seiner Lebensgemeinschaft waren« (ebs. Heinrici 459). Vom Himmel als Aufenthaltsort der Auserwählten und Gerechten (so z.B. äthHen 40,5; 70,4; 103,2-4; 104,2-4; TestAbr 7,16f u.ä.) ist denn auch nichts angedeutet; vgl. zum Schicksal der Seelen zwischen Tod und Auferstehung Volz, Eschatologie 256-272; vgl. auch Hoffmann* 330-338.

[603] Vgl. Bultmann, ThWNT III 21: »Die Glaubenden, die sterben, sind νεκροὶ ἐν Χριστῷ (1Thess 4,16, vgl. V 14; 1K 15,18)«; sie sind »noch im Machtbereich Christi« (Schade, Christologie 148); vgl. auch Offb 14,13. Orr/Walther 332 wollen aus der Tatsache, daß Paulus in V 18 »the idea of nonexistence« verabscheue, andererseits aber kein Überleben der Person ohne einen Leib kenne, sogar schließen, daß die zu Christus Gehörenden »are raised when they die«; vgl. auch 334.

ger wahrscheinlich ist, daß ἐν Χριστῷ gar nicht auf das Partizip, sondern auf das Verb zu beziehen ist[604].

19 Besonders zugespitzt klingt V 19, nach Bullinger (243) eine *pathetica sententia*, doch ist auch dessen Interpretation nicht ganz eindeutig und von der Beziehung des μόνον abhängig. Sind die Christen im Fall der Nichtauferstehung in diesem Leben *nur Hoffende* gewesen, oder sind sie dann *nur in diesem Leben* Hoffende? Im ersteren Fall wird μόνον auf ἠλπικότες ἐσμέν[605] bezogen[606]. Diese Deutung, wonach »dieses Leben« allein von Hoffnung bestimmt ist, würde aber bei den Korinthern, die sich hier und jetzt keineswegs nur als Hoffende verstanden, nur Unverständnis hervorrufen und eher kontraproduktiv wirken. Wohl aber trifft es sie schon eher, daß sie in ihrem illusionären Überschwang im Horizont gegenwärtigen Lebens Heil und Hoffnung nur ἐν τῇ ζωῇ ταύτῃ finden können, von der Zukunft dagegen nicht mehr viel erwarten, dabei aber die harte Wirklichkeit des Elends dieser Welt spiritualistisch überspringen oder ignorieren. Die meisten beziehen μόνον darum seit der Alten Kirche mit Recht auf ἐν τῇ ζωῇ ταύτῃ[607]. Diese Interpretation liegt vor allem

[604] Lindemann (Lit. zu Kap. 15; Eschatologie) 382 und Verburg* 138 ziehen ἐν Χριστῷ zu ἀπώλοντο: »in bzw. durch Christus zugrundegegangen«. Nun könnte ἐν durchaus instrumentale Bedeutung haben, doch wird ἐν Χριστῷ auch dann stets in positivem Sinn gebraucht.
[605] Ob das Perfekt ἠλπικότες mit ἐσμέν eine *conjugatio periphrastica* bildet, ist umstritten (vgl. z.B. Bl-Debr-Rehkopf § 352 Anm. 1: »scheinbar periphrastisch«, weil das Partizip adjektivisch sei); vgl. Schmiedel 193: »Das Perf. versetzt an's Lebensende, das Ptc. drückt das Zuständliche aus«; anders Bachmann 439: Das Perf. bezeichne »das Hoffen als ein gegenwärtiges, aber auf Grund einer abgeschlossenen Willensbewegung zu dauerndem Stand gelangtes«.
[606] So z.B. Weiß 355: »›nur hoffen‹, d.h. ohne Erfüllung hoffen, genarrte Hoffende«; auch nach Schmiedel 193 ist der Sinn: »Haben wir nur gehofft, nicht nach 32 genossen, so sind wir elender als alle Heiden, weil einerseits die Hoffnung fehlschlägt, andrerseits unser Leben ein so mühseliges gewesen ist«; vgl. weiter Findlay 925; Spörlein* 69 Anm. 1; Bl-Debr-Rehkopf § 352 Anm. 1: »wenn wir nur Hoffende (= Genarrte) sind« (vgl. dazu Conzelmann in der nächsten Anm.); Kegel (Lit. zu Kap. 15) 41 Anm. 24; nach Schütz (Lit. zu Kap. 15; Authority) 445 soll merkwürdigerweise gerade so zwischen der korinthischen Position (»far more than mere hope, ... a radically

collapsed eschatology«) eine Übereinstimmung mit Paulus herausgestellt werden; Luz, Geschichtsverständnis 336 nimmt ein paulinisches Mißverständnis an, weil der Fehler der Korinther doch nicht darin bestand, »daß sie *nur* gehofft hätten«. Noch anders Rückert 402, der μόνον auf ἐν Χριστῷ bezieht (»wenn wir im Laufe dieses Lebens unser ganzes Vertrauen auf Christum allein gesetzt«); ähnlich R.P. Martin* 104.
[607] So z.B. Grotius 821; Kabisch (Lit. zu Kap. 15) 13-19 in Auseinandersetzung mit anderen Deutungen, vor allem mit derjenigen, daß es um eine falsche Hoffnung statt um eine Beschränkung der Hoffnung auf dieses Erdenleben gehe (»wenn unsere Hoffnung in diesem Leben ihre Grenzen findet, dann ist unser Elend grösser als das aller Menschen« [14]); Conzelmann 325, der dafür anführt, daß ἐλπίς für Paulus »ein *positiver* Begriff« ist (kursiv im Original gesperrt); ebs. Héring 138. Vgl. weiter Kümmel 193; Moule, Idiom Book 170; Brakemeier* 47f (Hoffnung habe bei den Korinthern »eine ungebührliche Einschränkung« erfahren); Senft 195; Aletti* 69 Anm. 10; Wolff 380, nach dem ἐν τῇ ζωῇ ταύτῃ und μόνον die Aussage ringförmig umschließen und deshalb zusammengehören. Meyer 426 bezieht μόνον auf ἐν τῇ ζωῇ ταύτῃ als Oppositum zu κοιμηθέντες; vgl. dazu kritisch de Wette 144 und Heinrici 460, der es selbst auf den ganzen Satz be-

vom Kontext und seinem Duktus her näher. Sie setzt zwar voraus, daß von Hoffnung sowohl in diesem Leben[608] als auch jenseits »dieses Lebens« gesprochen werden kann, was aber durchaus berechtigt ist (vgl. zu 13,13)[609]. Zudem schimmert wieder das Zwei-Äonen-Schema der Apokalyptik durch[610]. Gibt es nichts, was über die Erfahrung ἐν τῇ ζωῇ ταύτῃ inmitten des Schemas dieser vergehenden Welt (7,31) hinausreicht, sind Christen trotz ihrer gegenwärtigen Heilserfahrung wegen der bleibenden Diskrepanz zwischen ihrer Hoffnung und der brutalen Realität ἐλεεινότεροι πάντων ἀνθρώπων[611]. Hier kommt die ganze Radikalität der paulinischen Lebensperspektive und -einstellung heraus. Der Ausfall der Auferstehungsbotschaft ist nach Paulus durch nichts zu kompensieren[612]. Daß das vielen anstößig und peinlich ist, erweisen schon die Kommentare[613]. Man muß sich, selbst wenn man eine rhetorische Zuspitzung

zieht (ebs. Bachmann 438; Barrett 350; Plank [Lit. zu Kap. 15] 49); nach de Wette 144 soll es »für den Sinn in der Hauptsache gleichgültig« sein, wenn auf »ἐν τ. ζωῇ τ. der Nachdruck gelegt wird«.

[608] Man sollte aus dieser Hoffnung auch die »kleinen« Hoffnungen auf innerweltliche Bewahrungen u.ä. nicht ganz ausschließen (vgl. Röm 15,24; 1Kor 16,7; Phil 2,19.23); vgl. auch zu 13,7.

[609] Zur bei Paulus singulären Konstruktion von ἐλπίζειν mit ἐν (Χριστῷ) vgl. die atl. Parallelen bei Bauer/Aland 510 sowie Bl-Debr-Rehkopf § 187 Anm. 2. Möglich ist aber auch, daß ἐν Χριστῷ den Raum der Hoffnung umschreibt. Nebe, Hoffnung 45 versteht es als Formel (vgl. auch Neugebauer, In Christus 101: »als Christen«); Verburg*38f faßt ἐν τῇ ζωῇ ταύτῃ als Objekt von ἐλπίζειν.

[610] Oft zitiert wird syrBar 21,13 (Klijn, JSHRZ V 137): »Gäbe es nur dieses Leben, das jedermann hier hat – nichts könnte bitterer sein« (zu den Unterschieden zu Paulus vgl. Hays 261f); vgl. auch syrBar 15,8; 48,50; 4Esr 7,14-16; Röm 8,18; 2Kor 4,17.

[611] Ἐλεεινός sonst im NT nur Offb 3,17 neben ταλαίπωρος. Robertson/Plummer 350f: »›We are more to be pitied than all men‹; not ›more miserable‹, ›more wretched‹, but ›more deserving of compassion‹«.

[612] Daran ändert auch nichts, daß V 19 wie andere eschatologische Sätze auch zur Sanktionierung diesseitigen Elends und zur Vertröstung der Leidenden und Gequälten ἐν τῇ ζωῇ ταύτῃ mißbraucht werden kann; vgl. Orr/Walther 327 und unten Anm. 1277. Auch ein ausschließliches Interesse

an »jenem bzw. ewigem Leben« ist der Stelle nicht zu entnehmen (vgl. Fee 745; Lang 221), und ebensowenig eine Abwertung der jetzigen Freude: *Praesentissimum in Deo gaudium habent fideles, et ideo jam sunt beati: sed si non est resurrectio, gaudium illud magnopere debilitatur* (Bengel 431).

[613] Vgl. z.B. Bousset 155, der der Meinung ist, Paulus verstteige sich hier »in seiner Erregung sogar zu einer Behauptung, die wir nicht gutheißen und mitmachen werden. Wir sind vielmehr, so fest wir an der Hoffnung auf ewiges Leben halten, der Meinung, daß selbst, wenn es keine Hoffnung auf ein jenseitiges Leben gäbe, ein Leben, in Treue gegen den Geist Jesu und in Aufopferung verbracht, höher stände und auch glücklicher wäre als ein Leben in ungestörter Sinnlichkeit«; ähnlich Schmiedel 193: Auch wenn Paulus »die Auferstehungshoffnung hätte fallen lassen müssen«, habe er in der »einzig wahrhaft religiösen Idee, wie sie z.B. Ps 73,25f formulirt ist«, doch etwas gefunden, was ihn »über jene Trostlosigkeit hinausgehoben« hätte, »die er nur deshalb so grell« male, »weil er überzeugt ist, dass sie nicht eintritt«. Weiß 366 erklärt zu dem ähnlich strukturierten V 32, daß dem »gewöhnlichen Menschen« die Folgerung des *carpe diem* zwar naheliegen möge, wenn die Toten nicht auferstehen, daß aber »nicht jeder, der die Hoffnung auf ein ewiges Leben aufgegeben hat«, so denken wird: »Es ist auch die andre Konsequenz denkbar – und sie ist von Männern wie Gottfr. Keller gezogen worden –, daß das Leben doppelt ernst genommen werden muß, wenn es mit dem Tode definitiv zu Ende ist«; vgl. auch unten Anm. 681. Ka-

einräumt[614], in der Tat klarmachen, wie weit Paulus hier geht und welche radikalen Konsequenzen seine Sicht hat. Sie impliziert, daß auch eine von der Auferstehung isolierte *theologia crucis*, auch eine konsequente Jesusnachfolge oder die Praxis einer idealen Mitmenschlichkeit (moderner: auch ein Kulturprotestantismus oder Reformkatholizismus) die Leere nicht ausfüllen können, die durch das Vakuum der Auferstehung entstehen würde. Auch die größten Worte und Taten Jesu, auch die tiefgründigsten theologischen Gedanken und bewundernswertesten karitativen Aktionen blieben vergebliche Liebesmühe, wenn dem Tod nicht einst endgültig die Macht genommen wird. Für Paulus besteht hier ein unausweichliches und bis heute provokatives Entweder-Oder, wie vor allem Barth (87) herausgestellt hat: Entweder Totenauferstehung oder »der Abgrund einer völligen radikalen Skepsis allem Göttlichen, ja auch allem Höhermenschlichen gegenüber«; aller vermeintliche Sinn wäre dann in der Tat Unsinn (88). Der christliche Glaube bräche wie ein Kartenhaus in sich zusammen[615]. Ein gewisser Idealismus oder eine bestimmte Religiosität ließe sich durchaus festhalten, aber das »tägliche Sterben« (V 31) z.B. wäre für Paulus ohne Auferstehungshoffnung sinnlos, die christliche Existenz ein elendes bzw. das elendeste Los. Umgekehrt kann der, der von der Gewißheit der Totenauferstehung ausgeht, auch das Elend und Leid dieser Weltzeit realitätsnah und unverstellt ins Auge fassen, ohne es weltflüchtig zu verharmlosen oder daran zu zerbrechen.

Zusammen-
fassung   Paulus führt den Korinthern in lebhafter Aufeinanderfolge von überwiegenden Konditionalsätzen in Form einer *deductio ad absurdum* die Konsequenzen der Losung »einiger« Korinther vor Augen, die die Auferstehung der Toten leugnen. Was immer sie von ihrer realized eschatology her damit bestreiten, ob sie eine zukünftige und/oder leibliche Auferstehung negieren oder sie in eine gegenwärtige Erfahrung umdeuten, die Rückwirkungen der These »Es gibt keine Auferstehung der Toten« wären verheerend. Die entscheidende Grundvoraussetzung der paulinischen Argumentation ist dabei, daß die Auferstehung Jesu nicht als von der Auferstehung der Toten zu trennendes singuläres Faktum zu isolieren ist, sondern beides unlösbar zusammenhängt. Wer das eine bestreitet, bestreitet damit *eo ipso* das andere. Dann aber wären die christliche Botschaft eben-

bisch (Lit. zu Kap. 15) 22 wendet sich mit mehr Recht dagegen, Paulus von der »eisige(n) Höhe einer philosophischen Ethik« her zu beurteilen, »die den Seligkeitstrieb auch in seiner edelsten Form als Eudämonismus brandmarkt«; »gegenüber dem kalten kategorischen Imperativ in seiner feindseligen Übertreibung« verwahre sich auch das ironische Dichterwort: »Gerne dien' ich den Freunden, doch thu' ich es leider mit

Neigung, / Und so wurmt es mich oft, dass ich nicht tugendhaft bin«.
[614] Vgl. Barrett 350, der dann aber doch mit Recht erklärt: »It is mere probable however, that Paul means exactly what he says«.
[615] Die paulinische Aussage wird aber nach Schlatter 408 »entstellt, wenn sie beweisen soll, daß Paulus zu den Verzweifelten gehört habe; er habe in der Verzweif-

so wie der christliche Glaube ohne Realität und Wirkung, die Apostel Falschzeugen, die Adressaten dem alten Äon und seinen Mächten verhaftet, die Toten in Christus verloren, ja die Christen wären bemitleidenswerter als alle anderen. Kurzum: Die gesamte christliche Lebenswirklichkeit und Lebenshoffnung wären null und nichtig.

Aufmerksamkeit und Widerhall haben 1. die These der Korinther (S. 137-139) und 2. die Zusammengehörigkeit der Auferweckung Christi mit der der Toten gefunden (S. 139-142), 3. weniger die von Paulus genannten Konsequenzen in V 14b und 16c.d (S. 142-144); das größte Interesse aber konzentriert sich 4. auf die V 18f (S. 144-149). **Auslegungs- und Wirkungsgeschichte**

1. Nähere Bestimmungen der Auferstehungsleugner erfolgen meist nicht aus historischem Interesse. Wo nicht die schon in der Exegese genannte Möglichkeit einer Nähe zu 2Tim 2,18 vertreten wird[616], begegnet in der Alten Kirche meist die Annahme sadduzäischen Einflusses. Schon Tertullian läßt die *dubitatores resurrectionis* die *opinio propria Sadducaeorum* vertreten[617]. Nach Origenes sollen die Korinther wie die Sadduzäer auch die διαμονὴ τῆς ψυχῆς leugnen[618], nach Didymus (6) neben der Auferstehung des Leibes auch die Unsterblichkeit der Seele. Nach anderen Autoren wollen dagegen bestimmte Häretiker zwar die *resurrectio animae* zugeben, aber nicht die des Fleisches[619]. Darüber hinaus werden die Auferstehungsleugner auch zu solchen, die die Fleischwerdung und Passion Christi leugnen[620]. Auf die Problematik der τινές wird selten genauer eingegangen[621]. Die am Anfang genannte Deutung im Sinne von

---

lung den Antrieb zum Glauben gesucht und darum aus der Enthüllung des menschlichen Jammers das Mittel zur Evangelisation gemacht«.
[616] Vgl. als Beispiel auch Augustin (dazu Alfeche, a.a.O. [Anm. 285] 130-133.139) und die apokryphen Paulusakten, nach denen Simon und Cleobius nach Korinth kommen und erklären, es gebe keine Auferstehung des Fleisches, sondern allein eine solche des Geistes, da der Leib kein Werk Gottes sei (L. Vouaux, Les Actes de Paul et ses Lettres Apocryphes, Paris 1913, 247). In ActPlThecl 14 belehren Demas und Hermogenes mit Zitat von 2Tim 2,18 darüber, »daß die Auferstehung, von der dieser (sc. Paulus) sagt, daß sie geschehe, schon in den Kindern geschehen ist, die wir haben, und wir auferstanden sind, indem wir den wahren Gott erkannt haben« (Schneemelcher, Apokryphen ⁶II 218).
[617] Praescr. Haer. 33,3 (CChr 1, 213). Nach Marc. 5,10 (CChr 1, 692) bestreitet Marcion die *resurrectio carnis*, verspricht

aber die *salus animae*, während Augustin z.B. für die *resurrectio mentis* und *carnis* eintritt (In Joh 19,14 [CChr 36, 19]); vgl. weiter zu V 35ff.
[618] In Mt 22,23ff (GCS 40, 666). Aber Paulus soll sich auch gegen solche wenden, die die Leiblichkeit der Auferstehung bestreiten (vgl. Spörlein* 1), wie das auch andere Autoren annehmen, z.B. Theodoret 253.
[619] Pelagius 215; Hieronymus 762.
[620] Ambrosiaster 168; Ambrosius 277; Hrabanus Maurus 148; Petrus Lombardus 1676f.
[621] Nach Chrysostomus (333) soll Paulus darum nicht πῶς λέγετε ὑμεῖς sagen, um nicht alle anzuklagen; er führe die Betreffenden auch nicht namentlich an, setze sie aber in Schrecken. Nach Augustin dagegen deute Paulus zwar an, »daß nicht alle dieser Meinung« der Auferstehungsleugner sind, sage aber doch, »daß die Anhänger dieser Lehre nicht von ihnen getrennt, sondern bei ihnen seien« (Ep. 42 [93], 32 [BKV 29, 365] mit Verweis auf V 33f).

2Tim 2,18 wird auch später öfter vertreten, z.B von Thomas[622], aber auch von Luther. Nach ihm geben etliche vor, »sie (sc. die Auferstehung) were lengest geschehen ... und deutetens dahin, das wir durch die Tauffe aufferstanden weren von sunden und jnn ein new geistlich leben getretten«[623]. Maior (204v) sieht eine Frontstellung *contra Pseudoapostolos, Sadducaeos & Epicuraeos*[624]. Semler (322) dagegen hält sadduzäischen Einfluß außerhalb Palästinas für unwahrscheinlich und zitiert Apg 17,17: So seien auch die Korinther *inter philosophos* zu suchen oder deren Schüler.

Neuerdings wird auch außerhalb der Exegese die These bevorzugt, daß die korinthischen Auferstehungsleugner in der Nähe der Gegner von 2Tim 2,18 anzusiedeln sind und »die totale Gegenwärtigkeit des Jenseits, das Wunder der schon vollkommenen Existenz des Glaubens als Vorwegnahme und so als Beseitigung jeder Hoffnung auf künftige Vollendung« vertreten[625]. Andere ergänzen diese Frontstellung von heute her dadurch, daß Paulus sich nicht nur gegen »Illusionisten« (»Wir leben schon jenseits des Todes«) wehrt, sondern auch gegen »Idealisten« (ihre These: Der Mensch habe eine unsterbliche Seele, »als vernünftiges Wesen Anteil am göttlichen Geist« und brauche deshalb keine Auferstehung) und »Realisten« (ihre These: Der Tod gehöre »zum natürlichen Ende jedes Menschen«; »es gibt kein Leben ohne den Tod«)[626]. Paulus aber insistiere mit Fug und Recht auf der Auferstehung *der Toten*: »Hier liegt der Anstoß!

---

[622]   Nach Contra Gentiles 4,79 (zitiert bei Spörlein* 3) verstehen einige so, daß sie keine *resurrectio corporum futura* glauben, sondern *ad spiritualem resurrectionem* deuten, wozu dann 2Tim 2,18 zitiert wird.

[623]   WA 36,481 (vgl. auch Schwenckfeld, Corpus XVI 812). Nach WA 49, 398 verlachten »wie der Heide Plinius« auch die Korinther die Auferstehung und sprachen: »Was werden wir für Leibe haben nach der Aufferstehung von den todten? Wo werden wir alle raum haben? Wo wöllen wir alle essen, trincken, haus, hoff, Weiber nemen?«; nach WA.TR 5, 418 soll Paulus von Epikureern sprechen (wegen V 32).

[624]   205r wird ebenfalls die Meinung Luthers angeführt, *resurrectionem mortuorum iam esset facta & hic fieret ... per fidem in Christum* (mit Bezug auf 2Tim 2,18).

[625]   So Fürst, GPM 20 (1965/66) 185; vgl. auch 184, wonach die Korinther die Totenauferstehung als in der pneumatischen Existenz schon geschehen proklamierten, sich »der Gewalt der Mächte, der Sünde und des Todes prinzipiell enthoben und überhoben« wußten, die Frage nach dem leiblichen Gehorsam für überflüssig erklärten und die Realität des Todes überspielten. Vgl. auch Schweitzer, GPM 14 (1959/60) 144 (»Bereits jenseits der Todesgrenze«) und Küng, Christ 273f. Schlier sieht Analogien auch in der neueren evangelischen Theologie: »Ich frage mich, ob nicht die eigentümliche ›Eliminierung‹ konkreter Eschatologie, bei der die letzte Zukunft und mit ihr die Zukunft überhaupt *im Glauben* nicht nur eröffnet und im Modus des Glaubens antizipiert, sondern eingefangen und aufgehoben wird, weil sie nur *jeweils im Glauben* als Zukunft überhaupt existent ist, ich frage mich, ob nicht jenes damit gegebene Versinken von Zeit und Leiblichkeit, jenes Verschlungenwerden von Erstreckung und Ausdehnung, jenes – sit venia verbo – Verwehen von Entfernung im punktuellen, eigentlich ideal-punktuellen Ereignis des Glaubens doch eine sehr nahe Analogie zu jener Überzeugung der korinthischen Pneumatiker ist, die sie den Satz prägen ließ: ›Es gibt keine Auferstehung von den Toten‹« (Zeit 149; kursiv im Original gesperrt); vgl. auch Kreck, Zukunft 148.

[626]   M. Josuttis, Träume, Fragen und Wünsche, München 1974, 154-156.

Die Korinther träumen von einem bruchlosen Übergang ins Ewige, wenn nicht sogar von einem ungetrübten Zuhausesein im Ewigen, ohne Übergang. Sie können sagen: Christus lebt, aber nicht: er ›ist von den Toten auferstanden‹. Ihre Christusverbundenheit verstehen sie als eine rein geistige«[627].

2. Einige begnügen sich bei der Diskussion der Zusammengehörigkeit von Auferstehung Christi und der der Toten mit der einfachen Feststellung, daß beide voneinander abhängen: *Alterum ex altero pendet: Aut utrumque negare aut utrumque necesse est confiteri*[628]. Das erste Argument von V 14, daß aus der Auferstehung Christi als Konsequenz auch die Auferstehung der Toten folgt, gilt meist als unproblematisch, erst recht in seiner negativen Form. Chrysostomus (334) z.B. hält den Schluß, daß dann, wenn Christus nicht auferstanden ist, auch die anderen nicht auferstehen, für bündig, fragt aber, wieso auch das Umgekehrte gilt, während Theodoret (352) offenbar auch dies für zwingend hält, so daß er zu V 13 erklärt: Εἰ γὰρ τοῦτο οὐ δύνατον, οὐδὲ ἐκεῖνο γεγένηται. Für Augustin ist V 12ff Beleg dafür, daß es »auch richtige Schlußfolgerungen des Syllogismus« gibt, »die gleichwohl falsche Ansichten enthalten«; so können V 13a wie 13b inhaltlich falsch sein, der Konditionalsatz aber wahr[629]. Thomas (409) betrachtet aber schon das erste Argument als nicht schlüssig: Weil es Christus zusteht, *specialiter ex virtute divinitatis suae* aufzuerstehen, folge daraus nicht, daß auch andere Menschen auferstehen, doch sollen einige sagen, *quod non est locus a maiori, sed a simili* (410). Thomas läßt aber auch Vorbehalte gegenüber der logischen Beweisführung überhaupt erkennen, wofür er sich auf Ambrosius beruft (*tolle argumenta, ubi fides queritur*)[630], um zu belegen, daß die *doctrina*

---

[627] Voigt, Gemeinsam 138; vgl. auch ders., Das heilige Volk, Göttingen 1979, 216: »Wir modernen ›Realisten‹ verdrängen ihn (sc. den Tod) durch Nicht-dran-Denken und durch Morphin; die Gnostiker verdrängen ihn durch pneumatische Überheblichkeit und ekstatische Himmelsreisen«.

[628] Hieronymus 764; Pelagius 215; Sedulius Scotus 158; vgl. auch Theophylakt 760. Ähnlich urteilt Atto 398f und fügt hinzu: *Iste enim syllogismus non est dialecticorum, sed rhetorum, et dicitur imperfectus, quia constat ex propositione, assumptione et conclusione. Perfectus syllogismus constat ex propositione et conclusione.*

[629] De Doctr. Christ. 1,31,49 (BKV 49, 93). Augustin fährt dann fort: »Sind aber einmal jene Sätze als falsch erwiesen, dann ergibt sich anderseits als folgerichtiger Schluß auch die Auferstehung der Toten; denn umgekehrt wären sie ja, falls es eine Auferste-

hung der Toten nicht gäbe, auch wahr gewesen. Da also nicht bloß die logische Verbindung wahrer, sondern auch falscher Sätze richtig sein kann, so kann man die Wahrheit dieser Verbindungen auch in jenen Schulen lernen, die außerhalb der Kirche stehen. Die Wahrheit dieser Sätze selbst aber muß in den heiligen Büchern der Kirche gesucht werden« (94); vgl. dazu Bachmann* (argumentum) 33-38; Vos* 80f.

[630] Auch nach Estius 725 sehen einige hier ein *argumentum a simili* wie dieses: Die Seele des Petrus ist unsterblich, also sind alle Seelen unsterblich, was schon Thomas mit Recht zurückgewiesen habe; andere sollen an ein *argumentum a causa meritoria* denken, daß Christus die Auferstehung aller verdient habe, was er ebenfalls nicht gelten läßt, sondern wie viele Kirchenväter an ein *argumentum de causa exemplari* denkt.

non est argumentativa[631]. Sachlich kann der Zusammenhang zum einen so bestimmt sein wie bei Petrus Lombardus (1676): Christus ist *efficiens causa resurrectionis mortuorum*[632]. Darüber hinaus aber wird schon früher der Zusammenhang von Haupt und Gliedern als Begründung für die Zusammengehörigkeit bemüht. So verbindet bereits Augustin die Qualifizierung Christi als *primitiae dormientium* mit derjenigen als *caput ecclesiae*, dem die Kirche als sein Leib bei der Auferstehung folgen wird[633], und Theophylakt (760) erklärt: ὡς ἐπιμένου τῇ κεφαλῇ καὶ τοῦ λοιποῦ σώματος. Diese Interpretation wird immer mehr favorisiert[634], auch bei den Reformatoren, z.B. bei Luther: »Christus ist unser aller Heubt, und wir sind sein Leib und Gliedmassen seines Leibes. Nun kan ein Heubt nicht on seinen Leib und seines Leibes Gliedmassen sein«[635]. Auch Calvin benennt den Zusammenhang von Haupt und Gliedern: *ut totum corpus capiti conforme reddatur* bzw. *ut nos haberet socios futurae vitae*[636]. Nach v. Mosheim (685) werden die Glaubenden »in allen St{ue}cken ihrem Haupte, Jesu Christo, åhnlich. Sie leiden mit ihm, sie sterben mit ihm: Sie stehen mit ihm auf«[637]. Manche Osterlieder besingen

---

[631] Summa, Bd. 1, 22f. Während die anderen Wissenschaften ihre Prinzipien nicht zu rechtfertigen brauchen, sondern höchstens daraus Schlußfolgerungen ableiten, bedürfe die christliche Lehre keiner Begründung ihrer Prinzipien, leite aber durchaus neue Wahrheiten ab wie Paulus aus der Auferstehung Christi die allgemeine Auferstehung (ebd.). Vgl. auch Biel, Collect. III 433f, wonach die Schrift nicht zur *scientia demonstrativa* gegeben ist, *ut ex principiis evidentibus deducantur conclusiones*; auch wenn Paulus in 1Kor 15,12-20 aus der Auferstehung Christi die Auferstehung der Toten zu konkludieren scheine, liege kein *processus demonstrativus* vor, denn die *principia non sunt evidentia, sed tantum credita*; vgl. auch Duns Scotus, Synthesis Theologicus, hg. v. R.P. Marie, Le Havre 1911, 104 und ders., Philosophical Writings, hg. v. A. Wolter, Nelson 1962, 156f.
[632] Vgl. auch Thomas, Summa, Bd. 28, 215: *Exemplar et causa nostrae resurrectionis*; vgl. auch 260.
[633] Adnotat. in Hi 38 (CSEL 28.2, 603).
[634] Vgl. z.B. Sedulius Scotus 158 (*Si vero caput resurrexit, quo modo membra non resurgunt?*) und Hus, Opera XIII 176 (*Resurrectionem ... nobis promisit, quia sui capitis gloriam membra sequntur*).
[635] WA 49, 397; vgl. auch 395 (»Aber die Aufferstehung wird nicht volkommen, wir seien denn auch aufferstanden«) und 396

(»Drumb mus man neben der aufferstehung Christi auch unser aufferstehung treybenn, Denn sie gehoren zusamen, es mus ein volckomen aufferstehung werden«); vgl. auch WA 17.1, 208 und WA.TR 5, 447 (*Christi et nostra resurrectio necessario essent conglutinanda* [zusammengeleimt]).
[636] Inst. 3,25,3; vgl. auch 3,25,7, wo Calvin sich für den Zusammenhang auch auf das *praeludium*, ja Unterpfand in Mt 27,52 beruft; vgl. Quistorp, a.a.O. (Anm. 285) 130f. Vgl. auch Bullinger 241 (*Quoniam membra sumus corporis Christi ex carne eius & ex ossibus eius Ephes. 5*) und Crell 322, der aber 319 die Argumentation des Paulus nicht wenig ins Wanken gebracht sieht, wenn man von einer göttlichen Natur Christi ausgehe.
[637] Vgl. auch v. Mosheim 685f: »Auf diese Gleichheit Christi und seiner Glåubigen berufet sich der Apostel an sehr vielen Oertern. Was also Jesu Christo widerfahren, das widerfåhret auch seinen Heiligen«; nach ebd. 686 kann man sich aber als Möglichkeit vorstellen: »Die Auferstehung Jesu ist das Pfand, der Beweis, daß er die göttliche Gerechtigkeit versöhnet, daß er die verdienten Strafen der Sünden getilget, daß er das Leben und die Seligkeit des Menschen erworben. Sie ist das Zeichen seines Sieges über die Hölle, über den Satan, über den Tod«.

dasselbe Thema, wenngleich meist individualistisch[638]. Andere meinen, Voraussetzung der paulinischen Argumentation sei die »Wesensgleichheit« zwischen Christus und den Glaubenden[639].

Auch heute deuten manche, wie in der Exegese gezeigt, immer noch im Sinne einer logischen Konsequenz, daß ein allgemein gehaltener negativer Satz nicht aufrechterhalten werden kann, wenn eine einzige positive Ausnahme angeführt werden kann[640]. Die meisten erklären aber wie Weber, daß der unlösbare Zusammenhang sicher nicht dadurch bestimmt wird, daß die Auferstehung Christi »als singuläre Bestätigung der ›allgemeinen‹ Auferstehung erscheint«, als ob Paulus »von dem allgemeinen Dogma von der Auferstehung ausgeht und daraus die Auferstehung Christi folgert«, sondern umgekehrt: Christus sei ἀπαρχή, was überall »stillschweigend vorausgesetzt« sei; der logische Sinn von V 12ff sei also nicht: »Wenn es allgemein keine Totenauferstehung gibt, so entfällt auch als Einzelfall die Auferstehung Christi«[641]. Auch für Fürst ist die Auferstehung Christi nicht Sonderfall der allgemeinen Möglichkeit einer Totenauferstehung überhaupt, sondern diese ist »die Folge und das Implikat der Auferstehung Christi«, und »ein nur für sich auferweckter, wäre es auch Jesus, wäre eine völlig uninteressante Figur«[642]. Ebeling räumt zwar

---

[638] Vgl. EG 112,6 (»Ich hang und bleib auch hangen / an Christus als ein Glied; / wo mein Haupt durch ist gangen, / da nimmt er mich auch mit ...«); 113,5 (»Weil nun das Haupt erstanden ist, / stehn wir auch auf, die Glieder ...«); 526,2 (»... Lässet auch ein Haupt sein Glied, / welches er nicht nach sich zieht?«); der Zusammenhang wird aber auch ohne diese Vorstellung ausgesprochen, z.B. EG 115,1: »Jesus lebt mit ihm auch ich! ... Er, er lebt und wird auch mich von den Toten auferwecken«.

[639] Billroth 213; vgl. 212: »Hätte der menschliche Geist (in seiner Identität mit göttlichem) nicht die Macht, durch den körperlichen Tod hindurchzugehen und sich ein neues Organ zu schaffen, so würde auch Christus dies nicht gekonnt haben: denn damit wäre die Ohnmacht des Geistes an sich, über die Kategorien der Endlichkeit und Vergänglichkeit hinweg zu sein, behauptet«.

[640] Baumgartner, GPM 40 (1985/86) 237 im Anschluß an Spörlein* 67. Ch. Schrempf, Religion ohne Religion, hg. v. O. Engel, Bd. 3, Stuttgart 1947, 150 findet die paulinische Logik im übrigen nicht überzeugend: »Die Art, wie der Apostel Paulus aus der Auferstehung Jesu die Auferstehung der Toten beweist, erweckt eher Zweifel an der Auferstehung Jesu als Glau-

ben an die Auferstehung der Toten«; vgl. auch 151: Wer daraus, daß die Toten nicht auferstehen, schließe, daß Jesus nicht auferstanden sei, »der kennt die Auferstehung Jesu nicht als geschichtliche Tatsache, nur als Tatsache des Glaubens. Oder: nicht als Tatsache, nur als Dogma«.

[641] GPM 2 (1947/48) 29. Nach Schweizer ist die Auferstehung Christi »nicht die einmalige Durchbrechung eines Naturgesetzes« (»supranaturalistisches Denken!«), sondern »im Sinne von V. 20 der Anfang eines überwältigenden neuen Geschehens, des Einbruchs des neuen Äons«, jedenfalls »nicht nur die Anwendung des logischen Satzes, daß wer die allgemeine Regel leugnet, auch den besonderen Einzelfall leugnen muß« (GPM 14 [1959/60] 144). Vgl. auch Sauter, Freiheit 78: »›Wir werden auferstehen‹ ist keine Verallgemeinerung des singulären Sachverhaltes ›Jesus ist auferstanden‹, sondern sie muß als Folgerung gewonnen werden. Sie nennt die Beziehung, in der wir zu Gott stehen, der Jesus auferweckt hat: die eschatologische Herrschaft Gottes«.

[642] GPM 20 (1965/66) 185; vgl. auch 186: Paulus predige nicht nur den Christus *pro nobis*, was die Korinther auf ihre Weise auch getan hätten, sondern zugleich den Christus *extra nos*, »der nicht in der glaubenden Existenz aufgeht«.

ein, daß »die allgemeine Überzeugung von einer Totenauferstehung ... die Voraussetzung des Glaubens an die Auferstehung Jesu« darstelle und mit der Moderne dahingefallen zu sein scheine, wendet aber ein, daß es für Paulus »nicht um eine weltanschauliche Vorstellungsprämisse« geht, »mit deren Fortfall der Vorstellung von der Auferstehung Jesu der Boden entzogen werde, sondern um eine Konsequenz des Glaubens an die Auferstehung Jesu«, was freilich nicht als »eine christologische Untermauerung der allgemeinen Totenauferstehung« zu verstehen sei[643].

3.   Die Konsequenzen, die Paulus daraus zieht, wenn Christus nicht auferweckt worden wäre, sind in Kirche und Theologie weitgehend unstrittig. Ein toter Christus kann weder Kerygma und Glauben begründen noch Sünden vergeben. Daß das Kerygma gehaltlos, der Glaube eitel und die Christen noch in ihren Sünden sind, wird denn auch als Konsequenz überall gefolgert, was im einzelnen nicht ausführlicher belegt zu werden braucht[644]. Viele Autoren formulieren die Sache im Sinne des Paulus auch mit eigenen Worten, z.B. folgendermaßen: Wäre Christus nicht für uns gestorben und auferstanden, »so ist der Glaube entwertet und das Kreuz, das Heil und Leben der Welt, fällt dahin, und die Hoffnung der im Glauben Entschlafenen ist gänzlich zunichte geworden«[645]. Ein modernes Beispiel: »Wer jetzt noch (sc. ohne die Auferstehungshoffnung) Kerygma, Christus, Vergebung der Sünde, Taufe, Zeugnis sagt, der soll wenigstens wissen, daß er nur noch Attrappen in der Hand hat«[646]. Selbstverständlich wird aus den Versen im einzelnen Verschiedenes ausgewählt und akzentuiert. Luther z.B. ordnet V 14 in seine Rechtfertigungslehre ein[647]. Selte-

---

[643]   Ebeling, Dogmatik II 312f. Weil bei den Gegnern des Paulus »aus der Auferstehung die Beseitigung des Kreuzes« geworden sei, garantiere »die weltanschauliche Offenheit für die Vorstellung der Totenauferstehung« nicht das rechte Verständnis der Auferstehung Jesu« (313). Da »die apokalyptischen Vorstellungselemente ihre Eigenevidenz verloren haben«, könne durch kritischen Umgang mit ihren »mythischen oder symbolischen Sprachelementen«, die als »verschlüsselte Begriffe des Unbegreiflichen« fungieren sollen, »eine neue Weise der Naivität entstehen« (314); jedenfalls werde »die Frage nach dem Erfahrungsbezug des Osterglaubens in viel stärkerem Maße brennend, als es für eine Zeit der Fall war, in welcher der Umgang mit der apokalyptischen Sprache noch unproblematisch war, oder richtiger: unproblematisch schien« (315).
[644]   Vgl. außer den Kommentaren etwa Gregor v. Tours, Libri II 357; Calvin 453;

Schwenckfeldt, Corpus XVI 892f; Küng, Kirche 99; Bonhoeffer, Schriften, Bd. 3, 180; Pannenberg, Dogmatik II 385; Ebeling, Dogmatik II 128; Schütte, Glaube 87 u.a.; öfter wird dabei auch auf Röm 4,25 verwiesen (so z.B. bei Sedulius Scotus 158).
[645]   Cyrill, Cat. de Recta Fide 9 (BKV 2. R. 12, 33); vgl. auch die Verallgemeinerung bei Cassiodor 1338: *Omnis doctrina sancta destruitur, si de cordibus humanis credulitas ista (sc. resurrectio mortuorum) tollatur.* J. Turrecremata (1388-1468) kann von V 14f her folgende Gründe für die Notwendigkeit der Auferstehung nennen: »Bestätigung der Gerechtigkeit Gottes«, »Bestärkung im Glauben«, »Sicherung der Hoffnung«, »Lebenserneuerung der Christen«, »Vollendung der Erlösung« (Dreher, a.a.O. [Anm. 285] 34).
[646]   Iwand, in: Herr, tue meine Lippen auf, Bd. 4, Wuppertal 1955, 251.
[647]   Es sagten zwar viele, sie glaubten an die Auferstehung, wollen aber durch ihre

ner wird wie bei Bullinger[648] ausgeführt, daß dann, wenn man V 12-19 aus ihrer »negativen Klammer« löst, »in ihnen die umfassendste Darlegung« dessen vorliegt, »was der Auferstandene für seine Gemeinde ist«, nämlich »kein Mirakel zum verblüfften Anstaunen«, »sondern Anbruch und Durchbruch der neuen Welt«[649]: Er gewährt Glauben, bricht die Herrschaft der Sünde, begründet Hoffnung u.a., was hier wiederum im einzelnen nicht aufgeführt zu werden braucht (das erstere wird schon durch V 5 und 11, das zweite durch V 1 und 11, das dritte durch das ganze Kapitel belegt). Vor allem, daß Christi Auferweckung die Macht der Sünde und Hoffnungslosigkeit durchbricht, wird einhellig festgehalten[650].

Während nähere Angaben über die Sünde und das Kerygma im Kontext der Perikope oft auch ganz unterbleiben[651], wird auf die in V 15 erwähnte Konsequenz, ein Falschzeuge zu sein, etwas näher eingegangen. Nach Basilius ist ein *falsus testis Dei aut sacrilegus* derjenige, der über den Willen Gottes und über das in den heiligen Schriften evident Gebotene hinaus etwas sagt oder gebietet und irgendetwas von der Sache des Herrn Abweichendes anführt[652]. Für Augustin ist die Stelle ein Beleg dafür, daß sich in der Heiligen Schrift keine Lüge findet: Wenn jemand zu Paulus gesagt hätte, »Was verabscheust du die Lüge, da sie zwar falsch ist, aber dennoch in hohem Grade Gott zur Ehre gereicht?«, »würde der Apostel nicht die Torheit eines solchen Menschen zurückweisen ... und laut erklären: auf Grund einer Lüge Gott zu loben, sei kein geringeres, sondern vielleicht ein noch größeres Verbrechen, als ihn auf Grund der Wahrheit zu lästern?«[653] Im Blick auf den konkreten Text aber kann es wie bei Atto (399) heißen, bei einem falschen Zeugnis über die Auferstehung werde auch Gott zum falschen Gott: *Nos quidem falsi, quia et ipse falsus: quia tertia promisit die resurrecturum.*

Werke fromm werden, indem sie ins Kloster gehen oder dieses und das tun; nach Zitat von V 14 fragt Luther nach dessen Konsequenz: »Dann ist Christus nit vom tod aufferstanden, so haben in die sünd und tod verschlunden und erwürget; seytemal wir uns selber von unser sünd nit erlösen künnen, darumb nam sy Jesus Christus auf sich, auff das er sünd, tod und hell mit füssen tråte und jr herr wurd. Ist er aber nit aufferstanden, so hat er die sünd nit überwunden, sonder er ist von der sündt überwunden. Ist er aber von der sünd überwunden, so ist er nit aufferstanden« (WA 10.3, 137).
[648] *Ex hisce uerbis claret quis sit fructus resurrectionis* (243).
[649] Weber, GPM 2 (1947/48) 31; vgl. auch Kittel (Lit. zu Kap. 15; Befreit) 161.
[650] Vgl. z.B. Schweizer, GPM 14 (1959/60) 149. Vgl. auch F. Mauriac: »Wenn Christus nicht auferstanden ist und wenn unsere Hoffnung eitel ist, dann wird jeder

Mensch buchstäblich ein Zwangsarbeiter; und die wenigen Privilegierten, denen das Zwangsarbeiterlager erspart bleibt, werden vielleicht die Opfer einer noch schlimmeren Fron, denn es gibt Sklaven der Lust und Automaten des Lasters« (Vinçon, Spuren 338).
[651] Vgl. zur Bedeutung der Predigt aber z.B. Niebergall, in: Worte am Sonntag – heute gesagt, hg. v. H. Nitzschke, Gütersloh 1974, 49, nach dem sich die Auferstehung Jesu in der Predigt fortsetzt bzw. sich in der Predigt der Auferstandene selbst zu Wort meldet.
[652] Reg. 15,1f (CSEL 86, 64).
[653] Ep. 15 (27) 3,4 (BKV 29, 73); vgl. auch Wyclif, De Verit. II 11. Thomas ist der Meinung, daß derjenige eine Todsünde begeht, der etwas Falsches bei der Verkündigung sagt (Summa, Bd. 32, 125); im Kommentar 410 nennt Thomas ein Falschzeugnis ein Sakrileg gegen Gott; ähnlich auch Herveus 947.

Zu einem rechten Zeugen gehört auch, sich von der Auferstehung her zu Wort zu melden und z.B. zu den Lehren korinthischer Christen nicht zu schweigen oder sie zu verharmlosen: »Der Schweigende, Sich-Anpassende wäre *seinem Auftrag* ungehorsam; er wäre nicht ein Zeuge Jesu Christi, sondern ein Weisheitslehrer unter anderen oder ein religiöser Propagandist«[654].

4.   Die meisten beziehen das μόνον eindeutig auf dieses Leben und reden also von einer Hoffnung sowohl vor als auch nach dem Tod: *Manifestum est quia et in hac presenti vita et in futura speramus in Christo*[655], was auch die Begrenztheit dieses Lebens unterstreiche[656]. Zwar steht den Auslegungen die Unsterblichkeit der Seele ganz unabhängig von der Auferstehungshoffnung fest und wird fast ebenso oft wie in V 35ff erwähnt, gleichwohl aber wird die Auferstehung für notwendig gehalten. So erklärt Chrysostomus (335): Mag die Seele auch unsterblich sein, wie sie es ist, so kann man doch nicht ohne den Leib das unaussprechliche Glück genießen[657]. Nach Thomas (411) ist es nicht leicht, ja eigentlich unmöglich, bei Verneinung des Leibes die *immortalitas animae* aufrechtzuerhalten, weil klar sei, daß die Seele mit dem Leib vermischt sei und eine Trennung *contra naturam*; folglich sei die aus dem Leib ausziehende Seele allein *imperfecta*, weshalb auch die Platoniker eine *reincorporatio* angenommen hätten[658]. Ähnlich urteilen auch Cornelius a Lapide[659] und Calvin. Nach Calvin (453) sind die Seelen »in ihrem Wesen unsterblich«, aber daß die Seelen der Toten »wirklich leben und selige Ruhe genießen«, das hänge allein an der Auferstehung Christi[660]. V. Mosheim (689f) sieht, daß die

---

[654]   De Quervain, huf 6 (1971) 238.

[655]   Ambrosiaster 170; Ambrosius 278 u.a.; Estius 728 spricht von einer Hoffnung auch *ultra terminum hujus vitae mortalis;* ähnlich Crell 322. Wo das ἐν Χριστῷ Beachtung findet, kann V 19 entgegen den Akzenten bei der Auslegung von V 21 betont werden, daß Hoffnung auf Christus nur sinnvoll ist, wenn er nicht nur Mensch ist: »Wenn Christus nur Mensch ist, weshalb setzt man dann auf ihn seine Hoffnung, da es doch heißt, daß die Hoffnung auf einen Menschen verflucht ist?« (nach Jer 17,5); so Novatian, De Trin. 14,74 (Weyer 101).

[656]   Vgl. z.B. Gregor v. Nyssa, Contra Eun. 3,8,18 (Opera II 245); Didymus d. Blinde, In Sach 4,89 (SC 85, 846) u.a.

[657]   Vgl. auch 336: Denn wenn der Leib nicht aufersteht, bleibt die Seele unbekränzt, ohne die Seligkeit im Himmel. Origenes kann V 19 allerdings auch allein auf die Unsterblichkeit der Seele beziehen: *Ille ›in hac vita tantum sperat in Christo‹, qui animam victuram non credit post mortem* (In Mt 22,23f [GCS 40, 667]).

[658]   Vgl. auch Hugo 540: Es gehe um die *resurrectio mortuorum vel corporum,* nicht darum, daß die unsterbliche Seele *sola capax visionis Dei* ist und so allein die *beatitudo* haben kann, denn V 19 spreche vom *miserabiliores*-Sein *non secundum animam,* sondern *secundum corpus;* vgl. auch Robert v. Melun 225.

[659]   337: *Quia si corpus non resurgit, sed plane in morte interit, interibit & anima, quae in aeternum sine corpore esse nequit.* Estius 729 dagegen will auch bei Auslassung der *resurrectio corporum* an der *animarum aeterna felicitas* festhalten; er verweist auf Lk 16,22; Phil 1,23; 2Kor 5,8 u.a. Stellen. Deswegen hoffe nicht allein in diesem Leben auf Christus, wer wenigstens die *beatitudo secundum animas (quae nobilior nostri pars est, qua formaliter homines sumus)* erwarte.

[660]   Vgl. auch Zwingli 182: *Nam resurrectio mortuorum Hebraeis non solum ultimam illam corporum resuscitationem, sed etiam vitam ac subsistentiam animae immortalem post hanc vitam significat.*

Unsterblichkeit der Seele, »die niemand zu Corinthus laugnete«, überhaupt nicht zur Debatte steht, zumal Paulus sonst von den Auferstehungsleugnern eines falschen Schlusses hätte bezichtigt werden können und etwa folgende Antwort erhalten hätte: »Wir glauben an eine selige Ewigkeit ... Wir laugnen nur, daß dieser elende, unreine, zerbrechliche Leib werde wieder erwecket werden«; der wahre Sinn sei folglich: »Die Christen sind die elendesten unter allen Menschen, wenn sie vergeblich auf eine Auferstehung ihrer Leiber hoffen« (693)[661].

Von allem Anfang an wird V 19 – m.E. entgegen der Absicht des Paulus – vor allem als Beleg für die zu erwartenden Belohnungen im Jenseits verstanden. Ambrosiaster (170) fragt: Was wären Fasten und Wachen, reines Leben, aber auch Gerechtigkeit, Barmherzigkeit u.a., *si pro his nulla merces erit in futuro?*[662] Die Beispiele für solche verdienstvollen Taten oder Widerfahrnisse werden oft wiederholt und durch andere ergänzt, z.B. durch Verfolgungen (Ephraem 79), Hunger und ἐγκράτεια (Severian 273), Erfahrung von Hunger, Ungerechtigkeit, Kerker und Heimatlosigkeit (Theodoret 353), Ehelosigkeit (Haymo 596) u.a. Zudem leben die Ungläubigen in Saus und Braus und rühmen sich, während die Christen täglich Anfechtungen auszuhalten haben[663].

Die Reformatoren betonen stärker die uneingelöste Verheißung, stimmen den übrigen Auslegungen aber im wesentlichen zu: »Denn was hetten wir von jm (sc. Christus), wenn er uns nichts bessers würde geben denn dieses elende leben und umb sonst lassen auff jn trawen und alles leiden, was uns der Teuffel und welt anlegen kan, und mit seinen grossen verheissungen an uns ein Lügner solt werden«[664]. Die schon für die Al-

---

[661] Die Unsterblichkeit der Seele wird aber auch später mit V 14 kombiniert; vgl. Diekamp, Dogmatik II 108: »Die Unsterblichkeit der Seelen ist eine notwendige Voraussetzung *anderer Dogmen*. Wären nämlich die Seelen nicht unsterblich, so hätten, wie das fünfte allgemeine Laterankonzil erklärt, ›uns die Menschwerdung und die übrigen Geheimnisse Christi nicht den geringsten Nutzen gebracht; auch wäre keine Auferstehung zu erwarten, und die Heiligen und Gerechten wären nach dem Apostel beklagenswerter als alle Menschen (1Kor. 15,19)‹«.

[662] Ebs. Ambrosius 278; Hrabanus Maurus 143. Nach Cassian, Concl. Abbatis Theod. 2 (SC 42, 220) sind den Heiligen die Belohnungen für ihre Verdienste, die nicht in diesem Leben empfangen werden, *reposita in futurum*, ja nach V 19 gelte: *In hoc mundo nihil promissionum recipiuntur.* Nach Gregor v. Nyssa wird wegen der Hoffnung auf die Auferstehung die Tugend

gesucht und das Laster gehaßt (3. Rede auf das hl. Osterfest [BKV[1] 350]). Für Duns Scotus ist V 19 ein Beispiel für ein Argument *a posteriori*, da der *ratio naturalis* nicht klar ist, *quod unus est rector omnium hominum secundum leges justitiae retributivae et punitivae* (Philosophical Writings, hg. v. A. Wolter, Nelson 1962, 157).

[663] Haymo 596; Pelagius 216; Primasius 765.

[664] Luther, WA 36, 483; auch er vergleicht das mit dem Leben der Ungläubigen: *Quid enim opus est habere Deum pro hac tantum vita, quam illi habent optimam, qui nullum habent Deum?* (WA.B. 5, 418). WA 36, 535 heißt es: »Die heiden habens besser *quam nos. Isti edunt, bibunt, et melius sapit, et ditiores* [reicher] *nobis &. Multi quidem, qui credunt, quod nihil. Quidam dicunt:* Wens ein bescheißerey und teuscherey wer, *quod resurrectio mortuorum, et non esset, esset maxima«.*

te Kirche genannten Beispiele zur Charakterisierung der Anfechtungen, Kalamitäten und Leidenserfahrungen des jetzigen christlichen Lebens kehren auch hier wieder[665]. Calvin (454) weist zwar darauf hin, daß nach Koh 9,2 den Gerechten wie den Gottlosen dasselbe Los trifft, doch behaupte Paulus »nicht ohne Grund, daß die Christen aller Zeiten es noch schwerer hatten« (mit Hinweis auf Hebr 12,6; 1Petr 4,17 u.a.) und die Ungläubigen »in üppiger Pracht und stolzer Sicherheit« leben, so daß Paulus nicht ohne Grund behaupte, »daß die Christen die elendsten unter allen Menschen wären, wenn sie ihr Glauben nicht über diese Welt hinaustrüge«.

Vor allem Kierkegaard hat sich sehr oft auf diesen Vers bezogen und darin gefunden, »daß des Himmels Seligkeit ein ewiges Übergewicht hat«[666]: »Einer, der um Christi willen allen Gütern der Welt entsagt und alle ihre Übel erduldet – der ist – sofern es drüben keine Seligkeit gäbe – betrogen, entsetzlich betrogen«[667]. Damit sollen die gegenwärtigen Heilserfahrungen nicht abgeschwächt, wohl aber verifiziert und überboten werden: Nach Spener will Paulus mit V 19 »die geistliche g{ue}ter / die wir itzt schon geniessen / nicht gering machen, sondern allein anzeigen / wo wir nichts nach dieser zeit zu erwarten hätten / so wären wir warhafftig so elend / dann alles das / was wir von den geistlichen gütern schon haben und geniessen / hat seine absicht auch auff das künfftige und ewige / wo dann dieses nichts / und eine blosse einbildung ist / so sind auch jene geistliche güter nur träume und einbildung / und wären damit die Christen freylich am elendesten dran / die hie warhafftig viel elend litten / und hingegen mit nichts als mit einbildung sich trösteten: welches auff einmal unser gantzes Christenthum über einen hauffen würffe«[668].

---

[665] Calvin nennt in Inst. 3,25,3 das der Verfolgung und dem Haß Ausgesetztsein, das Stunde um Stunde In-Gefahr-Sein (Röm 8,36); in 3,18,4 erscheint die Stelle zum Thema der Lohnverheißung, mit der unserer Schwachheit, die sonst zusammenbrechen würde, aufgeholfen werde, da die Christen *sub crucis disciplina* erzogen würden, damit sie ihr Herz nicht an das Begehren nach zeitlichen Gütern hängen, ihr Vertrauen darauf setzen und in solcher Bedrängnis nicht ermatten; vgl. auch 3,9,6 und Bullinger 243; Crell 322.
[666] Drei Erbauliche Reden 1844, 7.-9. Abt., 173. Vgl. auch 16. Abt., 2. Hälfte, 95 Anm.*: »So habe ich entsagend meine Existenz umgebildet, daß ich, wenn ich allein für dieses Leben hoffte, der Elendeste von allen wäre, d.h. der am schrecklichsten Betrogene, von mir selbst dadurch betrogen, daß ich nicht zugriff. – Wie werden nicht die Geldleute alarmiert,

wenn die Zinsenzahlung plötzlich stockt, wie entsetzt würden die Seeleute nicht sein, wenn die Regierung die Häfen sperrte; doch angenommen (posito), ich setze den Fall, daß die ewige Seligkeit ausblieb, wie viele unter den Herrn Erwartenden ... würden dadurch in Verlegenheit kommen?«
[667] Erbauliche Reden, 18. Abt., 241; vgl. auch 27.-29. Abt., 232; 30. Abt., 99; 24. Abt., 293 u.ö.; vgl. auch Newman, Werke VI 289: Es gehöre zum Wesen des Glaubens, »das Unsichtbare gegenwärtig zu machen, ... etwas dafür einzusetzen, Bequemlichkeit, Glück oder sonstige Güter hienieden dranzugeben um der Erwartung«, weshalb Paulus V 19 schreibe; »werden die Toten nicht auferweckt, dann haben wir in der Tat eine höchst empfindliche Fehlkalkulation gemacht in der Wahl unseres Lebens und sind völlig im Irrtum«.
[668] Schriften III 1.2, 1145.

In der Richtung Speners und in der schon in Punkt 3 erwähnten positiven Umkehrung der Negationen des Textes wird heute z.T stärker herausgestellt, daß es V 19 nicht nur auf das Leben nach dem Tod ankommt, sondern auch auf die Hoffnung *in diesem Leben*: Die große eschatologische Hoffnung werde in Beziehung gesetzt »zu den kleinen Hoffnungen« hier und jetzt, »zu denen wir doch ermächtigt sind (das Thema von Evanston 1954)«[669]. Das erscheint um so dringlicher, als der Vers auch für die realistische und sensible Wahrnehmung des Elends dieser Welt in Anspruch genommen wird, daß man also z.B. »das materiell-weltliche Leben, in dem wir uns noch immer befinden, nicht ignorieren oder gar ent-wirklichen« darf[670]. Andererseits wird bei allem Dringen darauf, daß die Auferstehung »hier und heute als Impuls zur Welt- und Lebensverwandlung, zum Widerstand gegen Ungerechtigkeit und Gewalt, zum Aufstand gegen den Tod wirksam« wird, der »Kern des paulinischen Anliegens« mit Recht so bestimmt, daß der Auferstehungsglaube »nicht halbiert« werden darf: »Er ist nicht einschränkbar – weder auf Christus allein noch auf das ›Jenseits‹, aber auch nicht auf das Hier und heute«[671]. Hoffnung gegen den Tod wird in der Tat beides umgreifen[672], doch die eigentliche Spitze gegen eine einseitig präsentische Eschatologie sollte darüber nicht abgebrochen werden. Deshalb wird im Gefolge Barths (vgl. oben S. 136) an der Radikalität der paulinischen Konsequenzen meist festgehalten: Wenn die Auferstehung fällt, die »geradezu das Wort geworden ist, das das ganze Christentum in sich begreift«, »dann fällt alles hin. Dann wird aus dem

[669] So Schweitzer, GPM 14 (1959/60) 149; das stünde zu V 19 nur dann im Widerspruch, »wenn unsere kleinen Hoffnungen dasselbe wären wie ein oberflächlicher Optimismus, wie Schwärmerei«, ohne Annahme des Leidens; es bleibe »nichts als dies Leiden, wo die Klammer zwischen beiden Hoffnungen aufgelöst« werde, auf die es in V 19 ankomme; vgl. auch Wilm, GPM 7 (1952/53) 98: Die Erwartung der Totenauferstehung bewahre davor, »sich von der Leiblichkeit unseres Lebens zurückzuziehen in eine ›rein geistige Atmosphäre‹ oder philosophische Träumerei«. Vgl. auch den Abschnitt »Aufwertung der innergeschichtlichen Zukunft durch ihre Teilhabe an der absoluten Zukunft« bei Wiederkehr, Perspektiven 98-101; ferner Hedinger, Hoffnung 217 (»Die Zeitigung der ›kleinen Hoffnung‹ und ihr Sinn für die ›große Hoffnung‹«) und die vielzitierten Verse von K. Marti, Leichenreden, Neuwied/Berlin 1969, 25: »ihr fragt / wie ist / die auferstehung der toten? / ich weiß es nicht ... ich weiß / nur / wonach ihr nicht fragt: / die auferstehung derer die leben / ich weiß /

nur / wozu Er uns ruft: / zur auferstehung heute und jetzt«.
[670] Voigt, Gemeinsam 139.
[671] So Baumgartner, GPM 40 (1985/86) 239; Ebeling, Dogmatik III 435f findet dagegen in V 19 scharf das »Nein zur Umdeutung der Ewigkeitshoffnung in ein innergeschichtliches Hoffnungsziel« ausgesprochen. Nach Brunner jedenfalls soll der Verlust der »Ewigkeitshoffnung« folgende Konsequenzen haben: »Die ›Torschlußpanik«, »Die Tendenz zum Nihilismus«, »Die Verhüllung des Todes«, »Die Absolutsetzung der natürlichen Vitalität« (Ewige 101-106).
[672] Nach J. Scharfenberg, Christliche Identität, Göttingen 1977, 79 neigen wir heute dazu, die Frage des Paulus »umzukehren und zu sagen: wären wir nicht schlimmer dran als alle anderen Menschen, wenn wir nur für's Jenseits etwas zu erwarten hätten und wenn dieser Osterglaube nicht in diesem unserem Leben eine Bedeutung haben könnte? Ich hielte es für sehr verhängnisvoll, diese beiden Fragen gegeneinander auszuspielen«.

Christentum eine Religion wie andere, ein schönes Gedankensystem, eine Gelegenheit zu frommer Erhebung des Gemütes, aber das, was es eigentlich sein will, kann es dann nicht mehr sein«[673]. Andere formulieren ähnlich: »Den Korinthern wird hier der Boden unter den Füßen weggezogen; es bleibt da wirklich nichts mehr, auch kein letzter Rest für den Glauben, mit dem man notfalls noch auskommen könnte; gar nichts mehr«[674]. Vor allem Iwand sieht mit großem Ernst und Nachdruck »das *Ganze* der Verkündigung *und* das Leben der Gemeinde bedroht«; »wenn wir die Totenauferstehung streichen und das Christentum sich nur noch nach seinem innerweltlichen, vielleicht sittlich-persönlichen oder auch sittlich-kulturellen Werte bemessen lassen muß, dann bilden wir Christen wirklich die seltsamsten und nutzlosesten Figuren auf der an solchen Erscheinungen nicht gerade armen Bühne dieser Welt. Zu den Träumern und Spekulanten, den Mystagogen und Weltanschauungsaposteln, Rhetoren und Advokaten, zu den großen und kleinen Tagedieben kämen dann auch wir noch hinzu«[675]. Man sollte gewiß nicht den Anschein erwecken, als ob es ohne Auferstehungshoffnung keine Solidarität und Verantwortung geben könnte, doch bei den Christen steht und fällt damit »wirklich alles, nicht nur unser Glaube, sondern mit ihm auch die Basis für das, was wir tun und lassen können. Es würde sich *alles* ändern: ins hoffnungslos Unabänderliche hinein«[676]. Der Grund für das Elender-als-alle-Menschen-

[673]   E. Thurneysen, Die neue Zeit. Predigten, Neukirchen-Vluyn 1982, 164f. Nach Zitat von V 14 fährt er fort: »Paulus will sagen: Es wird dann wohl auch weiter von Gott die Rede sein, über Gott nachgedacht werden, es wird Gottesgefühle, Gottesstimmungen in den Menschen geben, aber so lange nur das geschieht, ist Gott verdunkelt. Die Welt Gottes mit ihren Lichtern und Kräften hilft uns nichts, so lange sie nur beschrieben und gedacht und von ferne erahnt und erfühlt wird. Sie muß *selber* kommen«.
[674]   Wilm, GPM 7 (1952/53) 97; vgl. auch Kreck, Zukunft 168f; Guardini, a.a.O. (Anm. 285) 28.58; Weber, GPM 2 (1947/48) 32 (»Es bleibt rein nichts«; »alle ergreifenden Bewegungen christlicher Frömmigkeit sind doch bloß ›Religion‹, ja vielleicht doch bloß ein gefährliches Betäubungsmittel ..., wenn es keine andere als die todverfallene Wirklichkeit gibt!«) und K. Heim, In den Händen des Meisters, Metzingen 1950, 47 (»Nur weil Christus auferstanden ist, haben wir einen ›Punkt außerhalb‹, von dem aus diese ganze Todeswelt aus den Angeln gehoben werden kann. Wenn dieser unerschütterliche Punkt nicht da wäre, wären wir die Bemitleidenswertesten unter allen Menschen«).

[675]   Iwand, in: Herr, tue meine Lippen auf, Bd. 4, Wuppertal 1955, 248. Sehr drastisch äußert sich auch Josuttis: »Wenn wir mit unseren Illusionen, mit unseren Zweifeln und Fragen recht hätten, dann sollten wir schleunigst diese Kirche verlassen und unsere Gottesdienste abbrechen. Dann sollten wir morgen zum Amtsgericht laufen und uns jeden weiteren Pfennig Kirchensteuer ersparen. Dann sind zweitausend Jahre Kirchengeschichte Pfaffenbetrug und frommes Geschwätz gewesen« (a.a.O. [Anm. 626] 156). Allerdings sollte man auch die Gefahr nicht übersehen, Gott »zur Funktion zu einer für den Menschen glücklich ausgehenden Eschatologie zu machen« (so Breuning, MySal V 804), weil nur eine »Schwerpunktverlagerung« auf »das Ja zum Herrn« ein Urteil wie V 19 ermöglicht (805).
[676]   Sauter, CPH 6 (1983) 257. Die eigentliche Anfechtung von unserer »*Welterfahrung* und unserem *Umgang* mit der Welt« her wird hier mit den Worten R. Schneiders zum Ausdruck gebracht: »Was kann Christi Sieg über den Tod Menschen und Völkern bedeuten, die sich dem Tod ergeben haben, nach Ewigkeit gar nicht verlangen?«; die Antwort: »Hier hilft kein lautstarkes Beharren auf einer Glaubensformel,

Sein wird zu Recht primär mit der christlichen Existenz *sub cruce* in Verbindung gebracht: »Weil uns unterm Kreuz manche Illusion zerbrochen ist, mit der dieser oder jener sich über Wasser hält, und weil die Zugehörigkeit zu Christus uns erst recht ins ›Kreuz‹ hineinzieht«[677]. Wer den Gekreuzigten aus dem Auge verliert, verliert auch die Verheißung, denn »das Elend einer Hoffnung läßt sich nur ermessen im Blick auf das, was ihr verheißen ist«[678]. Aber V 19 kann auch mit der »Tatsache der Endlichkeit« konfrontieren, und dabei kann es vom Text her in der Tat nicht darum gehen, »die Menschen mit dem gegenwärtigen Zustand der Welt auszusöhnen, sie zu einer größeren Akzeptanzbereitschaft zu überreden oder das Bedürfnis nach einer heilen Welt zu hofieren«, wohl aber darum, die »Todeswirklichkeit« ernst zu nehmen, »ohne Dramatisierung, Besserwisserei und Vertröstungstendenzen«, und dabei auf den Gott zu setzen, »›der den Vorfindlichkeiten und Gegebenheiten des eigenen Lebens immer noch etwas hinzuzufügen in der Lage ist‹«[679].

Natürlich fehlt es nicht an Gegenstimmen, die die paulinischen Konsequenzen ganz anders beurteilen, wie schon die Beispiele in der Exegese gezeigt haben (vgl. oben Anm. 613). Bloch sieht hier nichts als den »Dualismus zwischen Welt und Gott« und wie in 13,12 »statt Erwartung Warten gesetzt«[680]. Ein anderes Beispiel: »Wie fürchterlich setzt man der Menschheit z.B. zu, wenn man ihr den Glauben an die Auferstehung Christi einreden will: Wenn Christus nicht auferstanden ist, sagt man uns mit einer drohenden Wendung, so sterbt ihr wie das Vieh — eine notwendige Wendung im Munde derjenigen, denen die wahre Menschlichkeit des Lebens unbekannt geblieben ist, die alle Interessen des Lebens verachten oder herabsetzen möchten und die nichts davon wissen, daß der Mensch auch in der Todesstunde seine Freiheit beweisen kann und beweisen muß«[681].

die solange nicht zum Bekenntnis werden kann, wie der Zusammenhang zwischen Ostern und unserem Geschick im Unklaren bleibt ... Nur in der Hoffnung auf die Auferstehung der Toten gehören Gott, das Leben und der Nächste zusammen«.
[677] Voigt, a.a.O. (Anm. 303) 220; vgl. auch ders., Gemeinsam 140: »Wer den Überschritt über die Todeslinie ... nicht vor sich weiß, muß, wie die Korinther, alles Heil im Leben dieser Welt erwarten und sich damit begnügen, im illusionär-spiritualistischen Überschwang die harten Realitäten dieser Sünden- und Todeswelt zu ignorieren, zu überspielen, zu verdrängen«. Vgl. Ziemer, GPM 50 (1995/96) 194: »Für die Adressaten des Paulus und für ihn selber bedeutet Glauben eben auch Leben mit Verzicht und Unsicherheit, mit Opfern und Entbehrungen«.
[678] Sauter, Einführung 42.
[679] Schoenborn, GPM 52 (1997/98) 231

(das Zitat im Zitat stammt von D. Gerts [NCP 1991, 240]); vgl. auch 232: »Auferstehungshoffnung initiiert Widerspruch, fördert den Einspruch des Lebens gegen die Macht des Todes, die Mächte des Verstummens und der Beziehungslosigkeit«.
[680] Atheismus 189; vgl. auch 225, wo an das Zitat von V 19-22 angeschlossen wird: »Das half zwar keinem Mühseligen und Beladenen gegen das Elend seines Lebens und vor allem nicht gegen diejenigen, die nicht nur als Adams daran schuld waren. Doch es versuchte ein Unerfaßtes in den Menschen aufzurufen, für das die Kiefer des Todes (indem er ihnen exterritorial ist) gleichsam nicht zuständig wären«.
[681] B. Bauer; zitiert bei Steck, GPM 34 (1979/80) 190; vgl. auch 191 das Schopenhauer-Zitat über das Sterben als den »Augenblick jener Befreiung von der Einseitigkeit einer Individualität, welche nicht den innersten Kern unseres Wesens ausmacht«.

2.2   Die Auferweckung Jesu Christi als Anbruch der universalen Gottes-herrschaft 15,20-28

Literatur: Aono, T., Die Entwicklung des paulinischen Gerichtsgedankens bei den Apostolischen Vätern, 1979 (EHS.T 137, 26-28; *Arzt,* Christsein 151-154; *Barth, G.,* Erwägungen zu 1.Korinther 15,20-28, EvTh 30 (1970) 515-527; *Barrett, Ch.K.,* From First Adam to Last. A Study in Pauline Theology, London 1962; *ders.,* The Significance of the Adam-Christ Typology for the Resurrection of the Dead: 1Co 15,20-22.45-49, in: de Lorenzi, Résurrection 100-122; *Baumgarten,* Paulus 99-106; *Becker* (Lit. zu Kap. 15) 79-86; *Beilner, W.,* Weltgericht und Weltvollendung bei Paulus, 1994 (QD 150), 85-105; *Berghe, P. van den,* ›Il faut qu'il regne‹. 1 Co 15,20-26.28, ASeign 65 (1973) 10-16; *Bietenhard, H.,* Das tausendjährige Reich. Eine biblisch-theologische Studie, Zürich 1955; *Black, M.,* The Pauline Doctrine of the Second Adam, SJTh 7 (1954) 170-179; *de Boer* (Lit. zu Kap. 15); *Borchert, G.L.,* The Resurrection: I Corinthians 15, RExp 80 (1983) 401-415; *Boring, M.E.,* The Language of Universal Salvation in Paul, JBL 105 (1986) 269-292; *Bowmer, C.J.,* A Note on ἀποθνῄσκω and κοιμάω in I Corinthians XV. 20,22, ET 53 (1942/43) 355-356; *Brandenburger,* Adam; *Carrez, M.,* Résurrection et Seigneurie du Christ, 1Co 15,23-28, in: de Lorenzi, Résurrection 127-140; *Crockett, W.V.,* The Ultimate Restoration of all Mankind: 1 Corinthians 15,22, Studia Biblica III, JSNT Suppl. Ser. 3 (1980) 83-87; *Cullmann, O.,* Königsherrschaft Christi und Kirche im Neuen Testament, 1941 (ThSt [B] 41); *Culver, R.D.,* A Neglected Millennial Passage, BS 113 (1956) 141-152; *Dahl* (Lit. zu Kap. 15); *Dahms, J.V.,* The Subordination of the Son, JETS 37 (1994) 351-364; *Deißner* (Lit. zu Kap. 15); *Doughty,* Presence 74-85; *Dupont, J.,* »Assis à la droite de Dieu«. L'interprétation du Ps. 110,1 dans le Nouveau Testament, in: Dhanis (Lit. zu Kap. 15) 340-436, bes. 385-392; *Dykstra, W.,* I Corinthians 15:20-28, an Essential Part of Paul's Argument Against Those Who Deny the Resurrection, CTJ 4 (1969) 195-211; *Eichholz,* Theologie 172-188; *Eriksson,* Traditions 261-267; *Froitzheim,* Christologie 144-157; *Gourgues, M.,* A la droite de dieu. Résurrection de Jésus et actualisation du Psaume 110:1 dans le Nouveau Testament, Paris 1978; *Güttgemanns,* Apostel 73-77; *Hay, D.L.,* Glory at the Right Hand, Psalm 110 in Early Christianity, 1973 (SBL. MS 18); *Heil, U.,* Theo-logische Interpretation von 1Kor 15,23-28, ZNW 84 (1993) 27-35; *Hengel, M.,* Psalm 110 und die Erhöhung des Auferstandenen zur Rechten Gottes, in: FS F. Hahn, Göttingen 1991, 43-73; *Héring, J.,* Saint Paul a-t-il enseigné deux résurrections? RHPhR 12 (1932) 300-320; *Hill, C.E.,* Paul's Understanding of Christ's Kingdom in I Corinthians 15:20-28, NT 30 (1988) 297-320; *Holleman* (Lit. zu Kap. 15); *Hwang,* Verwendung 141-149; *Jansen, J.F.,* 1 Cor. 15.24-28 and the Future of Jesus Christ, SJTh 40 (1987) 543-570; *Johnson, A.,* Firstfruits and Death's Defeat: Metaphor in Paul's Rhetorical Strategy in 1 Cor 15:20-28; Word & World 16 (1996) 456-464; *Kabisch* (Lit. zu Kap. 15) 254-266; *Käsemann, E.,* Für und wider eine Theologie der Auferstehung, in: *ders.,* Ruf 79-114; *Klein, H.,* Zur Wirkungsgeschichte von Psalm 8, in: FS K. Baltzer, Göttingen / Freiburg (Schweiz) 1993, 183-198; *Klein, G.,* »Reich Gottes« als biblischer Zentralbegriff, EvTh 30 (1970) 642-670; *ders.,* »Über das Weltregiment Gottes«. Zum exegetischen Anhalt eines dogmatischen Lehrstücks, ZThK 90 (1993) 251-283; *Klumbies,* Rede 163-177; *Koch,* Schrift 19f.244f; *Kreitzer,* Jesus 131-164; *Lambrecht, J.,* Paul's Christological Use of

Scripture in 1 Cor. 15.20-28, in: *ders.*, Studies 125-149; *ders.*, Structure and Line of Thought in 1 Cor. 15:23-28, in: ebd. 151-160; *Leal, J.*, »Deinde finis« (1 Cor. 15,24a), VD 37 (1959) 225-231; *Lee, J.Y.*, Interpreting the Demonic Powers in Pauline Thought, NT 12 (1970) 54-69; *Lengsfeld, P.*, Adam und Christus. Die Adam-Christus-Typologie im Neuen Testament und ihre dogmatische Verwendung bei M.J. Scheeben und K. Barth, 1965 (Koin. 9); *Lewis* (Lit. zu 15,12ff); *Lienhard, J.T.*, The Exegesis of 1 Cor 15,24-28 from Marcellus of Ancyra to Theodoret of Cyrus, VigChr 37 (1983) 340-359; *Lindemann, A.*, Parusie Christi und Herrschaft Gottes. Zur Exegese von 1Kor 15,23-28, WuD 19 (1987) 87-107; *Loest, J.*, »Gericht nach den Werken« oder »Vollendung Christi«, in: FS E. Güttgemanns, Hamburg 1999 (Theos. Studienreihe Theologischer Forschungsergebnisse 31), 66-107, hier 90-94; *Loader, W.R.G.*, Christ at the Right Hand – Ps. CX.1 in the New Testament, NTS 24 (1978) 199-217; *Luz*, Geschichtsverständnis 332-358; *MacGregor, G.H.C.*, Principalities and Powers: The Cosmic Background of Paul's Thought, NTS 1 (1954/55) 17-28; *Maier, F.W.*, Ps 110,1 (LXX 109,1) im Zusammenhang von 1Kor 15,24-26, BZ 20 (1932) 139-156; *Martin, R.P.* (Lit. zu Kap. 12-14); *McCaughey, J.D.*, The Death of Death (I Corinthians 15:26), in: FS L.L. Morris, Grand Rapids 1974, 246-261; *Meeks, W.A.*, The Temporary Reign of the Son: 1 Cor 15.23-28, in: FS L. Hartman, Oslo u.a. 1995, 801-811; *Michaelis, W.*, Versöhnung des Alls. Die frohe Botschaft von der Gnade Gottes, Gümligen 1950; *Molitor* (Lit. zu Kap. 15); *Moloney, F.J.*, The Targum on Ps. 8 and the New Testament, Sal. 37 (1975) 326-336; *Morissette, R.*, La citation du Psaume VIII, 7b dans I Corinthiens XV,27a, ScE 24 (1972) 313-342; *Müller, K.*, Die kosmische Relevanz des Christusglaubens, in: W. Strolz (Hg.), Kosmische Dimensionen religiöser Erfahrung, Freiburg u.a. 1978, 213-249; *Murray, R.*, New Wine in Old Wineskins XII. Firstfruits, ET 86 (1975) 164-168; *Mußner, F.*, Das Reich Christi. Bemerkungen zur Eschatologie des Corpus Paulinum, in: FS W. Breuning, Düsseldorf 1985, 141-155; *O'Brien, J.M.*, I Corinthians 15:19-26, Int. 49 (1995) 182-185; *Osten-Sacken, P. v.d.*, Die paulinische theologia crucis als Form apokalyptischer Theologie, EvTh39 (1979) 477-496; *Plevnik* (Lit. zu Kap. 15) 122-144.244-265; *Schade*, Christologie 34-37.95-98; *Schendel, E.*, Herrschaft und Unterwerfung Christi: 1. Korinther 15,24-28 in Exegese und Theologie der Väter bis zum Ausgang des 4. Jahrhunderts, 1971 (BGBE 12); *Schmithals, W.*, Theologiegeschichte des Urchristentums: eine problemgeschichtliche Darstellung, Stuttgart 1994, 52-69; *Schnackenburg, R.*, Gottes Herrschaft und Reich, Freiburg u.a. 1959, 182-185; *Schottroff*, Glaubende 115-136.160-162; *Schrage, W.*, Das messianische Zwischenreich bei Paulus, in: FS E. Gräßer, 1993 (BZNW 89), 343-354; *Schweizer, E.*, 1. Korinther 15,20-28 als Zeugnis paulinischer Eschatologie und ihrer Verwandtschaft mit der Verkündigung Jesu, in: FS W.G. Kümmel, Göttingen 1975, 301-314; *ders.*, »Pour que Dieu soit tout en tous« (I Cor., XV.28). Contribution à la notion de l'image de Dieu dans les perspectives eschatologiques de Jésus et de Paul, BEThL 41 (1976) 275-291; *Scroggs*, Adam; *Sellin*, Lit zu Kap. 15, 261-276; *Spörlein*, Leugnung 70-78; *Stenger* (Lit. zu Kap. 15) 90-95; *Templeton, D.A.*, Paul the Parasite: Notes on the Imagery of 1 Corinthians 15:20-28, HeyJ 26 (1985) 1-4; *Thüsing*, Per Christum 239-254; *Verburg* (Lit. zu Kap. 15) 35-43.139-149; *Vögtle, A.*, Das Neue Testament und die Zukunft des Kosmos, Düsseldorf 1970; *ders.*, Die Adam-Christus-Typologie und »der Menschensohn«, TThZ 60 (1951) 309-328; *ders.*, »Der Menschensohn« und die paulinische Christologie,

SPCIC 1 (1963), 199-218; *Wallis, W.B.*, The Problem of an Intermediate Kingdom in 1 Corinthians 15:20-28, JETS 18 (1975) 229-242; *Wilcke, H.-A.*, Das Problem eines messianischen Zwischenreichs bei Paulus, 1967 (AThANT 51) 52.56-
108.

**20 Nun aber ist Christus auferweckt worden von den Toten, als
Erstling der Entschlafenen. 21 Denn da durch einen Menschen der
Tod (gekommen ist), (kommt) auch durch einen Menschen die
Auferstehung der Toten. 22 Denn wie in Adam alle sterben, so
werden auch in Christus alle lebendig gemacht werden. 23 Jeder
aber in seiner eigenen Ordnung: als Erstling Christus, dann die zu
Christus Gehörenden bei seiner Ankunft. 24 Dann (wird) das Ende
(sein), wenn er die Herrschaft Gott (und) dem Vater übergibt,
nachdem er alle Herrschaft und alle Macht und Gewalt zunichte
gemacht hat. 25 Denn er muß herrschen, bis er »alle Feinde unter
seine Füße legt«. 26 Als letzter Feind wird der Tod zunichte gemacht. 27 Denn alles »hat er unter seine Füße unterworfen«.
Wenn es aber heißen wird, daß (ihm) alles unterworfen worden ist,
ist klar, daß der ausgenommen ist, der ihm alles unterworfen hat.
28 Wenn ihm aber alles unterworfen worden ist, dann wird sich
auch der Sohn selbst dem unterwerfen, der ihm alles unterworfen
hat, damit Gott alles in allem sei.**

Analyse   Mit V 20 kehrt Paulus von den hypothetischen Konstruktionen zum Bekenntnis von V 4 in der Formulierung von V 12a zurück[682]. Auch wenn
die folgenden VV 29-35 die Thematik von V 12-19 erneut aufgreifen, ist
der dazwischenstehende Abschnitt V 20-28 alles andere als ein sachlich
peripheres Einsprengsel oder eine bloße Abschweifung[683]. Er erschließt
und begründet vielmehr die universale Perspektive und das endzeitliche
Ziel der Auferstehung Christi, die die ganze Geschichte und Welt betrifft
und in die umfassende Herrschaft Gottes und Heilsvollendung einbezieht. Wie weit Paulus dabei auf korinthische Positionen eingeht, ist zwar

---

[682]   Vgl. v. Mosheim 693: »In dem folgenden kehret der Apostel die Sache um. Er hat
bisher die Folgen, die ungereimten Folgen,
erzåhlet, die man zugeben muß, wenn man
die Auferstehung der Todten låugnen will.
Jetzt zeiget er, was man für eine Folge annehmen müsse, wenn man die Auferstehung Christi für wahr und unstreitig annimmt«.
[683]   Richtig z.B. Meyer 427 und Heinrici
461 (»keine Episode«, sondern »die noth-
wendige Ergänzung der vorhergehenden Betrachtung); auch V 24 bzw. V 25-28 bilden
keineswegs einen »kleinen apokalyptischen
Exkurs«, »ohne nähere Beziehung zum

Hauptthema« (so aber Lietzmann 81); ähnlich Freeborn* (Lit. zu Kap. 15) 558 (»an ap-
parently irrelevant digression«); Spörlein*
76; Bünker* 68; vgl. schon Crell 330 (*digres-
sio* bzw. *in parenthesi*); anders mit Recht z.B.
Dykstra* 209; Sellin* 272; Schmithals* 56.
Noch weiter gehen Barth* 516 (»Höhepunkt
der Argumentation des ganzen Kapitels«)
und Carrez* 128 (»le § central de 1 Co 15«).
Spricht man formal von einer Digression,
darf jedenfalls nicht übersehen werden, daß
Paulus »sein *Argumentationsziel* keineswegs aus den Augen verloren«, sondern »seine Argumentation in einen weiteren Rahmen einbezogen« hat (Stenger* 95).

nicht eindeutig zu klären, doch findet die oben S. 115f skizzierte Frontstellung gegenüber einem korinthischen Enthusiasmus hier nicht zufällig ihre stärksten Argumente, und antienthusiastische Momente gegenüber einem Pneumatikertum, das sich über die todverfallene Welt hinaus bereits in himmlische Gefilde aufzuschwingen vermag, sind denn auch unverkennbar[684]. Dabei wird die Hervorhebung des auch während des *regnum Christi* noch nicht entmächtigten Todes (V 26) wiederum darauf zurückweisen, daß die Korinther den Tod und seine kosmische Macht relativieren oder neutralisieren[685]. Das mindestens implizit mitgegebene »Noch nicht« ergibt sich sowohl aus der zeitlichen Reihenfolge in V 23-24a[686] als auch aus der unabgeschlossenen Unterwerfung der Mächte. Die Funktion dieser Verse ist jedoch nicht, demgegenüber ein apokalyptisches Drama zu skizzieren, etwa entsprechend 2Thess 2,1-12, aus dem hervorgeht, was alles noch passieren muß, bevor das Ende eintritt[687]. Zwar dient die von Paulus rezipierte apokalyptische Tradition implizit auch der Einschärfung des eschatologischen Vorbehalts gegenüber denen, die von der Zukunft nichts erwarten, primär aber der Explikation der paulinischen Hoffnung, die die Auferweckung Christi unabtrennbar mit der Unterwerfung der Mächte und der endgültigen Depotenzierung des Todes verbindet[688]. Erst

---

[684] Nach Schniewind (Lit. zu 15,12ff) 124f denken die Korinther, »sie seien in der βασιλεία τοῦ Χριστοῦ schon mitten drin«; vgl. auch Käsemann, Versuche, Bd. 2, 127; Brandenburger* 71f; Güttgemanns* 71f; Freeborn (Lit. zu Kap. 15) 561; Wilcke* 61; Dykstra* 209; Barth* 521f; Jansen* 544; McCaughey* 248; Söding (Lit. zu Kap. 15) 43; Lindemann* 93 hält es für vorstellbar, »daß der Gedanke einer gegenwärtigen βασιλεία Christi bei den korinthischen Christen präsent war«, wofür ebd. Anm. 33 die deuteropaulinische Verwendung in Kol und Eph angeführt wird, da die korinthische der deuteropaulinischen Christologie »relativ ähnlich« gewesen sei. Brakemeier (Lit. zu Kap. 15) 65 meint, daß die Korinther mit der Unterordnung der Mächte das eigene συμβασιλεύειν (4,8) rechtfertigen konnten.
[685] Möglicherweise haben die Korinther den Tod als schon überwundenen Feind charakterisiert; vgl. Brandenburger* 71 und Brakemeyer (Lit. zu Kap. 15) 60ff; kritisch Barth* 523 Anm. 42. Vgl. aber z.B. Sellin* 268 gegenüber Doughty* 82f. Sellin selbst geht davon aus, daß die Korinther *»eine individualistische Hoffnung auf Unsterblichkeit«* hatten (274; vgl. auch Lindemann* 107 Anm. 97). Klumbies* 169 hält auch eine »in Korinth herrschende enthu-

siastische Hochschätzung Christi« für möglich (vgl. auch ebd. 171, wo vom »Hintergrund einer übersteigerten Christusfrömmigkeit« die Rede ist).
[686] Vgl. die gehäuften Zeitbestimmungen wie ἀπαρχή (V 23), τέλος (V 24), ἔσχατος (V 26), aber auch ἔπειτα (V 23), εἶτα (V 24), ὅταν (V 24.27.28), ἄχρι οὗ (V 25), τότε (V 28); sie sollen zusammen mit den Futura nach Wolff 382 »eine enthusiastische Vorwegnahme der Auferstehung« korrigieren; vgl. auch Brandenburger* 71; Schottroff* 161; Martin* 112f; Güttgemanns 70-77; Barth* 521; zurückhaltend Fee 747 Anm. 6; anders Spörlein* 78; Sellin* 261-270; Schmithals* 57. Nach Luz* 350 ist die Apokalyptik für Paulus hier *»nicht die Bremse«* gegenüber dem Enthusiasmus (besser m.E.: nicht *nur*), sondern »Zeugnismittel angesichts eines die Zukunft preisgebenden Unglaubens«.
[687] Vgl. Barth* 522; Wolff 382; Sellin* 264.
[688] Vgl. Luz* 341f, der ebd. 348 in V 26 Schlüssel und Zentrum des Abschnitts findet; ähnlich v.d. Osten-Sacken* 479 Anm. 8; Froitzheim* 147; Sellin* 273; Verburg* 148 und schon Maier* 146, der aber mit Recht hervorhebt, daß der Sieg über den Tod »keine isolierte Einzelaktion für sich darstellt, sondern im Rahmen einer größe-

recht will Paulus die kosmische Eschatologie nicht existential interpretieren[689]. Es geht ihm vielmehr gerade um die kosmische und universale Dimension der Auferweckung Jesu Christi (vgl. das nicht weniger als 12mal auftauchende Schlüsselwort πᾶς), also nicht nur um das individuelle transmortale Schicksal[690]. Während sich die Auferstehungsleugner ihrer anthropologisch-individualistischen Perspektive gemäß augenscheinlich an der eigenen Teilhabe am himmlischen Heil genug sein lassen[691], dringt Paulus darauf, daß Gott sich durch den auferstandenen Christus in der gesamten Schöpfung mit seinem Heilswillen und seiner Lebensmacht gegen alle gottfeindlichen Mächte und Gewalten durchsetzen und am Ende auch der Tod definitiv entmachtet sein wird. Auch wenn die Unterwerfung der destruktiven Mächte durch Christus noch nicht abgeschlossen ist, erweist sich sein mit der Erweckung vom Tod begonnenes universales βασιλεύειν schon als eschatologische Wirklichkeit. Zugleich aber drängt sich damit die sich schon in V 15 abzeichnende und in V 34b erneut auftauchende Gottesfrage auf, d.h. hier speziell das Verhältnis von Christus- und Gottesherrschaft.

Rhetorisch folgt in V 20-28 auf die *refutatio* von V 12-19 nun der positiv beweisende Teil der *argumentatio*, d.h. die *probatio* bzw. *confirmatio*[692], die denn jetzt auch keine Enthymeme mehr enthält[693].

Traditionsgeschichte: Paulus greift zur Interpretation dieser Skizze des eschatologischen Geschehens sowohl auf die apokalyptische Tradition von einem messianischen Zwischenreich zurück[694] als auch auf die Adam-

---

ren, allumfassenden, nichts unbesiegt und unvernichtet übrig lassenden Generalaktion wider *alle* gottfeindlichen Weltherrschaftsmächte erfolgt« (kursiv im Original gesperrt).

[689] So aber Dinkler (Lit. zu 6,1ff) 225f; vgl. dazu und zu Doughty* 62-66 die Diskussion bei Sellin* 266 Anm. 137; vgl. auch Froitzheim* 154 Anm. 338 zu Conzelmanns existentialer Deutung.

[690] Vgl. z.B. Luz* 342f; Jansen* 544; vgl. weiter zu V 25.

[691] Vgl. oben Anm. 685.

[692] Vgl. Bünker (Lit. zu Kap. 15) 69 (»ruhiger und weniger affektisch« als die *refutatio*); Watson (Lit. zu Kap. 15) 240f, der freilich noch weiter unterteilt, in V 20 eine *propositio* (ebs. Eriksson* 261), in 21-22 eine *ratio* (nach Lausberg, Handbuch I 254 soll sie »die Sprachrichtigkeit auf logischer Folgerichtigkeit begründen«, wobei die »Argumente für die Sprachrichtigkeit in der Analogie und in der Etymologie« gesucht werden) und in V 25-28 eine *exorna-*

tio (nach Lausberg, ebd. 278 ein »gedanklicher« oder »sprachlicher Ornatus«) finden will; Eriksson* 261 will die *confirmatio* auf V 20-34 ausdehnen, Verburg* 262 die *refutatio* auf V 13-32.

[693] Saw (Lit. zu Kap. 15) 234 rechnet V 20-22 zu den ἔντεχναι πίστεις, die nach Lausberg (Handbuch I 194) z.B. »eine logische Verbindung zwischen zwei verschiedenen Sachen« herstellen (vgl. aber oben Anm. 7). Lausberg, ebd. 394 führt V 21 als Beispiel für eine *comparatio* an (»eine nachträgliche Vereindringlichung« [393]); vgl. zu solcher σύγκρισις auch Berger, Formgeschichte 222f.

[694] Vgl. bei aller unterschiedlichen Zielsetzung und Datierung äthHen 93,1-14; 91,12f; Sib 3,652; 4Esr 7,26ff; 12,34; syrBar 29,3; 30,1; 40,3; 74,2; Offb 20,2f und Bauer, RAC 2, 1074f; Lohse, ThWNT IX 459; Bietenhard* 33-52; Wilcke* 21-49; Kreitzer* 29-91; rabbinische Parallelen bei Billerbeck III 823-827 und jetzt bei G. Bodendorfer, Abraham zur Rechten Gottes. Der Ps 110 in

Christus-Typologie (vgl. dazu zu V 45), vor allem aber auf zwei alttestamentliche Psalmtexte. V 25 ist in Anlehnung an die LXX-Fassung von Ps 110,1 formuliert, wo Gott als derjenige erscheint, der die Feinde des Königs als Schemel für dessen Füße hinstellt (κάθου ἐκ δεξιῶν μου, ἕως ἂν θῶ τοὺς ἐχθρούς σου ὑποπόδιον τῶν ποδῶν σου)[695]. Ob der Psalm schon im Judentum messianisch gedeutet worden ist oder nicht, jedenfalls hat das Psalmwort im Urchristentum eine hervorragende Rolle gespielt, ja auf keine Stelle des Alten Testamentes wird so oft Bezug genommen wie auf diese. Dabei ist das Spezifische der Bezugnahme an unserer Stelle im Blick zu behalten. Denn während es sonst immer um Aussagen über den Erhöhten und seine himmlische Würde zur Rechten Gottes geht[696] oder der ganze Vers angeführt wird, hat Paulus, der auf den Psalmvers nur hier rekurriert (vgl. aber Röm 8,34), statt dessen das βασιλεύειν akzentuiert. Von der breiten Bezeugung im Neuen Testament her stellt sich dabei die Frage, ob Paulus nicht eher auf urchristliche Tradition als direkt auf den Psalm selbst zurückgreift[697]. Dafür könnte die Veränderung von

der rabbinischen Tradition, EvTh 59 (1999) 252-266; vgl. zur Rezeption bei Paulus Cullmann* 12ff; Käsemann, Versuche, Bd. 2, 127; Conzelmann 329f; Thüsing* 240; Martin* 114; de Boer* 133f; Strobel 251. Kritisch zu solcher Rezeption Wilcke 99f Anm. 468a (wegen der traditionellen Terminologie im Sinne eines mit der Parusie beginnenden Reiches auf Erden) und Luz* 346 (vgl. auch Hill* 311f u.ö.), doch ist nicht einzusehen, warum neben der unbestreitbaren Umprägung des Χριστός-Titels nicht auch die βασιλεία des Christus ihre Festlegung auf den traditionellen Sinn verlieren kann (vgl. G. Klein [Reich] 660 Anm. 78). Vgl. weiter unten Anm. 758f.

[695] Zum atl. Psalm und den zahlreichen Hypothesen dazu vgl. H.-J. Kraus, Psalmen (BK XV 2), 754-764; Hay* 19-21; bei H.W. Bateman, Psalm 110:1 and the New Testament, BS 149 (1992) 438-453 wird entgegen dem Titel das NT nur als wenig stichhaltiges Argument dafür herangezogen, daß der Psalm als vorexilischer von David gesprochen worden ist und das Kommen des Messias ansagt. In Wahrheit dürfte es sich um ein prophetisches Orakel bei der Inthronisation des Königs handeln (Kraus 765), das nach dem Exil auf irdische Gestalten wie Abraham und David oder eine messianisch-eschatologische Gestalt übertragen wurde; so Hengel* 57-61, der besonders auf die Verbindung des Psalms mit Dan 7,9-14 verweist (zur Kombination dieser Texte in Mk 14,62 vgl. auch Hill* 316 Anm. 51;

Kreitzer* 151); vgl. auch Lambrecht* 142 Anm. 64. Zur vorchristlichen und späteren rabbinischen Deutung vgl. weiter Schoeps, Paulus 167 Anm. 3 und Hay* 21-33, der ebd. 30 ebenfalls eine vorchristlich-messianische Deutung vermutet (zum Unterschied zur christlichen Deutung vgl. auch unten Anm. 789). Nach Billerbeck IV 458-460 soll eine solche Deutung im Judentum später unterdrückt worden sein; kritisch dazu Conzelmann 333 Anm. 87.

[696] So Kol 3,1; Eph 1,20f; Hebr 1,3; 8,1; 10,12; 1Petr 3,22; Mk 14,62 par; Apg 7,56 bzw. Hebr 1,13; Mk 12,36 par; Apg 2,34f, wobei jeweils Auferstehung bzw. Erhöhung im Blick sind; vgl. weiter Hahn, Hoheitstitel 126-132, der freilich von der Annahme ausgeht, der Psalmvers habe die Erhöhungsvorstellung nach sich gezogen statt als nachträgliche Bestätigung zu dienen (vgl. dagegen Vielhauer, Aufsätze 168f; Conzelmann 333 Anm. 88; Dupont* 343-347; Gourgues* 197-199; Loader* 201, der aber wie andere mit Recht an der Endzeitorientierung festhält). Schmithals* 56 verdunkelt die paulinische Besonderheit, indem er auch hier einfach das Sitzen zur Rechten Gottes einfügt; ähnlich Stuhlmacher* (Theologie) 306. Zur Frage der Kontinuität zwischen dem Königspsalm und den christologischen Aussagen vgl. Hübner [Lit. zu Kap. 15] 201f.

[697] Koch* 19f will nicht ganz ausschließen, daß Paulus allein LXX-Sprache und traditionelle Motive aufnimmt und V 25

ὑποπόδιον τῶν ποδῶν der LXX (so z.B. nach LXX auch Hebr 1,13 und
Lk 20,43) in ὑπὸ τοὺς πόδας sprechen, was an Mk 12,36 / Mt 22,44
(ὑποκάτω τῶν ποδῶν) erinnert. Vermutlich liegt schon hier Einfluß von
Ps 8,7 vor, wonach Gott dem Menschen »alles unter seine Füße« getan
hat (πάντα ὑπέταξας ὑποκάτω τῶν ποδῶν αὐτοῦ), was in V 27 aber
wiederum in ὑπὸ τοὺς πόδας αὐτοῦ verändert ist[698]. Beide alttestament-
lichen Psalmworte, deren sachliche Thematik der Herrschaft eine gewisse
Verwandtschaft verrät, stehen auch in Eph 1,20-22 nebeneinander und
bieten übereinstimmend die 3. Pers. gegenüber κάθου. Auch das könnte
für eine vorgegebene Verbindung sprechen, die sich zusätzlich durch
Hebr 1,13 + 2,6 und 1Petr 3,22 bestätigen läßt[699].
V 27 ist Zitat aus Ps 8,7, das im Alten Testament von der Herrschaft des
Menschen über die Werke Gottes handelt[700] und hier auf die Herrschaft
Christi übertragen ist. Ob für diese problemlose christologische Deutung
von ἄνθρωπος der υἱὸς ἀνθρώπου in Ps 8,5 (vgl. das Zitat in Hebr 2,6)
mitverantwortlich ist und durch die Menschensohnbezeichnung veranlaßt wurde, wird unterschiedlich beantwortet[701], auch wenn die apokalyp-

ohne Rückgriff auf Ps 110,1b »völlig als
paulinische Formulierung verständlich« ist;
vgl. auch Lambrecht* 138: »Free use, and
deliberate, subtle allusion are here better
terms than strict quotation« (vgl. auch
141); anders z.B. Luz* 340 Anm. 148 (keine
freie Wiedergabe von Ps 110,1a); Lindemann* 96f; Klumbies* 163 Anm. 1 und vor
allem Maier* 139, der V 25 und 27 als »re-
gelrechte *Schriftbeweise*« bewertet (kursiv
im Original gesperrt), wobei Paulus voraussetze (ebd. 140), daß die Gemeinde solche bekannten Schriftworte als solche erkenne.
[698]   Vgl. Hay* 36, nach dem Paulus bewußt beide Psalmstellen ändert, »to make
them coincide at this point and so to em-
phasize that they are matching prophecies
of Christ's reign«.
[699]   So Luz* 344; Dupont* 390f; A. Lindemann, Die Aufhebung der Zeit, 1975 (StNT
12), 82f. Solche vorpaulinische Zitaten-
kombination wird aber von Lambrecht*
134f und Sellin* 265 Anm. 132 bezweifelt,
da Eph 1,20ff von 1Kor 15 abhängig und die
Differenz zu 1Petr 3,22 groß sei; vgl. auch
unten Anm. 704. Stuhlmacher, Theologie
306 sieht in der Kombination von Ps 110,1
mit Ps 8,7 »Elemente aus Jesu eigener Lehre« aufgenommen (mit Verweis auf Mk
12,37f par).
[700]   Vgl. Kraus, BK XV 1, 65-73; zur Frage
einer messianischen Interpretation vgl. die
kritischen Voten von Koch* 245; H. Klein*

183; Gräßer, EKK XVII 1, 117 Anm. 29;
anders Moloney* 336, der zum Schluß
kommt, daß die aramäische Übersetzung
von Ps 8 »an individual, messianic interpretation« bezeuge, die den Menschensohn
(vgl. dazu die nächste Anm.) als »some sort
of messianic figure« präsentiere.
[701]   Vgl. einerseits die Vorbehalte bei Conzelmann 336; Dupont 390 Anm. 170; Luz*
394 Anm. 98; Lang 227; Schade* 34f; Kreitzer* 151f; H. Klein* 191; andererseits Weiß
360; Jeremias, ThWNT I 367; Barth, KD III
2, 53; Black (Lit. zu 15,20ff) 173f; Colpe,
ThWNT VIII 475; Klappert, huf 4.1 (1975)
230f; E. Schweizer, Menschensohn und eschatologischer Mensch im Frühjudentum,
in: FS A. Vögtle, Freiburg u.a. 1975, 100-
116, hier 113; Hay* 60f; Wilckens (Lit. zu
15,35ff) 388 u.ö.; weitere bei Morissette*
330 Anm. 29. Treffend noch immer Vögtle* (Menschensohn) 217, der es für »möglich, aber keineswegs beweisbar« hält, »dass
die *bar-nascha*-Bezeichnung die christologische Verwendung von Ps 8 auslöste«. Eine Verbindung der Adam-Christus-Typologie mit den Menschensohntraditionen
(vgl. Hay* 60f; Hengel* 54; Hill* 304f
Anm. 16: Morissette* 331f) läßt sich dagegen kaum wahrscheinlich machen: »Das
doppelte, sich entsprechende *di' anthropou*
besagt lediglich, daß Adam und Christus
Vertreter des Menschengeschlechtes sind«
(so Vögtle* [Adam-Christus-Typologie]
312; vgl. auch ebd. 318 [Es fehle beim Men-

tische Menschensohntradition durchaus von Einfluß auf unseren Abschnitt gewesen sein kann[702]. Daß wegen des Kontextes die 2. in die 3. Pers. verändert, aus dem Partizip eine finite Form und aus ὑποκάτω + Gen. ὑπό + Akk. geworden ist, ist sachlich ohne Belang. Anders steht es dagegen um die Tatsache, daß im Unterschied zu 1Petr 3,22 und Eph 1,20-22, wo im Anschluß an das ὑπέταξεν die Unterwerfung der Mächte als schon geschehen gilt, Paulus mit Hilfe der Zitate durch die zeitlich gegliederte Abfolge von V 23-24a und durch die Einbeziehung des Todes (V 26) die Zukünftigkeit akzentuiert[703]. Ob man über die beiden Psalmstellen hinaus mit einem traditionellen vorpaulinischen Vorstellungskomplex rechnen darf, in dem Χριστός-Titel, (Tod und) Auferweckung bzw. Erhöhung und Unterwerfung der Mächte (aufgeführt in einem Mächtekatalog) ihren möglicherweise liturgischen oder katechetischen Ort haben[704], ist möglich, aber ungewiß. Entsprechendes gilt auch für die Zuordnung der bei Paulus singulären Gedanken der Herrschaftsübergabe Christi an Gott (V 24), der βασιλεία Christi (V 25) und des absoluten Sohnestitels (V 28) zu einer Tradition oder gar eine genauere Differenzierung zwischen verschiedenen Traditionen oder zwischen traditionellen und redak-

schensohn die entscheidende Beziehung auf Adam] und passim sowie [Menschensohn] 203.207; vgl. auch zu V 45-49 unten Anm. 1360.

[702] Vgl. die entscheidenden, aber bei Paulus seltenen Worte βασιλεύειν und ὑποτάσσεσθαι z.B. mit βασιλεῦσαι (Dan 7,27 LXX) und πᾶσαι αἱ ἐξουσίαι αὐτῷ ὑποταγήσονται (Dan 7,27 LXX), ferner den Mächtekatalog in V 24 mit αὐτῷ ἐδόθη ἡ ἀρχὴ καὶ ἡ τιμὴ καὶ ἡ βασιλεία (Dan 7,14 Θ; die LXX hat ἐξουσία), das häufige πᾶς z.B. mit πάντα τὰ ἔθνη (Dan 7,14 LXX), καταργεῖν mit der Aussage von Dan 7,12, daß den Tieren die Macht genommen und ihre Dauer auf Zeit und Stunde begrenzt ist (vgl. auch 7,26). Allerdings ist in Dan 7,14 (vgl. auch 2,44: 11,19) von einer Machtverleihung *durch* Gott an den Menschensohn bzw. an die Heiligen des Höchsten (7,18.27) die Rede, zudem für immer und ewig (vgl. auch 1QSb 5,21), nicht aber wie hier in V 24b und 28 von einer Begrenzung und Übergabe der Herrschaft *an* Gott. Auch eine Verbindung des absoluten υἱός-Titels mit dem Menschensohn (vgl. Klappert, a.a.O. [Anm. 701] 226f; Schweizer, ThWNT VIII 372) bleibt problematisch, da die Relation Sohn – Vater als typisch frühchristlich anzusprechen ist (vgl. Mt 11,25-27; 28,18f), auch die Unterstellung unter den Vater (Mk 13,32); vgl. die Voten bei de Lorenzi, Résurrection 159

und zum absoluten Gebrauch von υἱός weiter unten Anm. 837. Luz* 346 läßt die Frage, ob der Übergabe der Herrschaft an den Vater bei Paulus eine Tradition zugrunde liegt, mit Recht offen. Zu anderen apokalyptischen Traditionen vgl. auch zu τέλος (unten Anm. 755), δεῖ (unten Anm. 786) u.a., z.B. unten Anm. 791.807.836.

[703] Vgl. Luz* 348: »in gewissem Sinn apokalyptisiert«.

[704] Vgl. Loader* 199-217 unter Berufung auf Röm 8,34ff; 1Petr 3,18ff; Eph 1,20ff; Kol 2,10; 3,1 (nach ebd. 212 »a catechetical chain or loose confessional affirmation«); Hengel* 52f vermutet ebenfalls »eine ältere hymnische Verwendung der zusammengehörenden Motive der Erhöhung und der Unterwerfung der Mächte«; vgl. auch Hill* 312f; de Boer* 117-119, nach dem auch die Korinther diese Tradition kennen sollen; vgl. auch ders., Paul's Use of a Resurrection Tradition in 1Cor 15,20-28. in: Bieringer, Correspondence 639-651. Luz* 344f will den Unterschied zu Paulus darin sehen, daß bei ihm die Unterwerfung der Mächte anders als Phil 2,9-11; Eph 1,20ff und 1Petr 3,22 im Zusammenhang mit der Parusie steht. Doch die Parusie ist bei Paulus eben das Ende des Unterwerfungsprozesses, nicht dessen Anfang (vgl. unten Anm. 759); richtig wird aber Paulus von einer »eher präsentisch orientierte(n) Tradition von der Unterwerfung der Mächte« abgehoben (348). Bedeutsam

tionellen Aussagen[705]. Mehr als Motive einer vorgegebenen Tradition lassen sich kaum sicher ausmachen. Alle detaillierteren Rekonstruktionen von Traditionsstücken bleiben darum hypothetisch[706].

Gliederung: Mit adversativem νυνὶ δέ zitiert Paulus wie in V 12 das ἐγήγερται von V 4 mit Zusatz von ἐκ νεκρῶν und fügt zum Subj. Χριστός als prädikative Näherbestimmung ἀπαρχή und den *gen. partitivus* τῶν κεκοιμημένων hinzu. V 21 erläutert (oder begründet) V 20 (ἐπειδὴ γάρ) in einem prädikatlosen Satz, in dem sich die beiden artikellosen Substantive (vgl. Bl-Debr-Rehkopf § 247 Anm. 2) θάνατος und ἀνάστασις mit dem jeweils nachdrücklich vorangestellten δι' ἀνθρώπου kontrastierend gegenüberstehen. V 22 expliziert (γάρ) das in einem Vergleichssatz, in dem jetzt jeweils mit ἐν statt διά und anaphorischem Artikel Adam und Christus Antipoden sind, das Subj. πάντες zwar beidemal übereinstimmt, die kontrastierenden Prädikate sich dagegen durch Präs. und Fut. unterscheiden. V 23 beginnt mit dem Subj. ἔκαστος, dessen fehlendes Präd. aus V 22b zu ergänzen ist, und einer Modalbestimmung, die dann zeitlich dreifach näher bestimmt wird: zunächst aus V 20a ἀπαρχή (aber anders als in V 20 ohne zusätzlichen Gen.) und prädikatives Χριστός, dann nach dem Zeitadverb ἔπειτα die mit Artikel und adnominalem Gen. bezeichneten Christen. V 24 bleibt zwar in der zeitlichen Aufzählung, fügt aber mit εἶτα jetzt τὸ τέλος an (zu ergänzen ist ἔσται), das in einem dazu gleichzeitigen ὅταν-Satz im Präs. Konj. der 3. Pers. expliziert wird, dessen Subj. Χριστός aus dem Vordersatz zu erschließen ist. In einem diesem gegenüber vorzeitigen zweiten ὅταν-Satz im Konj. Aor. von καταργεῖν mit demselben Subj. werden dann drei Mächte, die beiden ersten durch πᾶσαν erweitert, als Obj. genannt. V 25 begründet das mit dem unpersönlichen δεῖ und a.c.i.: αὐτόν (nach dem vorherigen Satz auf Χριστός zu beziehen) und βασιλεύειν (Aufnahme von βασιλεία aus V 24). Es schließt sich in Anlehnung an Ps 110,1 ein mit ἄχρι οὗ beginnender Temporalsatz zur Bestimmung des *terminus ad quem* der Herrschaft Christi an: Dessen Subj. θῇ bleibt ebenso unbestimmt (wahrscheinlich dasselbe wie in V 25a) wie der bei der Präpositionalbestimmung ὑπὸ τοὺς πόδας stehende Gen. αὐτοῦ, während das Obj. πάντας τοὺς ἐχθρούς die Mächte von V 24 zusammenfaßt. V 26 folgt asyndetisch ein kurzer futurischer Satz mit Präs. Pass. (*passivum divinum*) von καταργεῖν und Subj. ὁ θάνατος, der mit einem nachdrücklich vorangestellten attributiven Adj. als letzter Feind bestimmt wird. V 27a bringt zur Begründung ein nicht markiertes LXX-Zitat, dessen Subj. wiederum nicht eindeutig ist und zum ersten Mal das

ist weiter, daß der Zusammenhang von Auferstehung und Herrschaft Christi Paulus schon vorgegeben sein dürfte (vgl. auch Offb 1,5: ὁ πρωτότοκος ἐκ νεκρῶν καὶ ὁ ἄρχων τῶν βασιλέων τῆς γῆς).
[705] Luz* 343 z.B. versucht, zwei Traditionen voneinander abzuheben, eine apokalyptische mit der Übergabe des Reiches an Gott und eine mit der Unterwerfung der Mächte als Inhalt, die Paulus verbinde; vgl. weiter Conzelmann 332 Anm. 81; Lang 225; Lindemann* 105; Wolff 383 (dort auch zu Becker* 84-86).

[706] Wie immer noch viel wagemutiger und spekulativer rekonstruiert Schmithals* 66 folgende Tradition, die als »Lehrtext« bestimmt wird: »Wir glauben an den, der Jesus von den Toten auferweckt hat / und zu seiner Rechten setzte / über alle Macht und Gewalt und Kraft. / Er muß herrschen, / bis er die Feinde unter seine Füße gelegt hat. / Wenn ihm aber alles untertan ist, / dann wird auch der Sohn selbst untertan sein, / damit Gott sei alles in allen« (vgl. auch ebd. 61).

Verb ὑποτάσσεσθαι gebraucht, und zwar im Aor. mit vorangestelltem πάντα und Wiederholung des Schlusses von V 25 ὑπὸ τοὺς πόδας αὐτοῦ. Der darauf folgende ὅταν-Satz in V 27b läßt in der Protasis das Subj. von εἴπῃ (wahrscheinlich ist dieser Aor. als *futurum exactum* zu verstehen) wieder unbestimmt, während der Inhalt von εἴπῃ in einem kurzen, mit ὅτι-rezitativum eingeleiteten Perfektsatz besteht, der πάντα und ὑποτάσσεσθαι von V 27a aufnimmt. Die Apodosis bietet nur ein δῆλον ohne Kopula, von dem ein weiterer prädikatloser Satz abhängt, nach dem (das Gesagte) unter der mit ἐκτός und einem Part. des Aor. Akt. von ὑποτάσσεσθαι beschriebenen Ausnahme gilt, wobei als Obj. zu ὑποτάξαντος wieder der Akk. τὰ πάντα und der Dat. αὐτῷ erscheinen. V 28 ist ein neuer ὅταν-Satz mit ὑποτάσσω in der Protasis, dieses Mal im Aor. Konj. Pass., wieder mit τὰ πάντα und αὐτῷ. Die mit τότε beginnende Apodosis hat als Subjekt καὶ αὐτὸς ὁ υἱός, als Präd. ein mediales Fut. von ὑποτάσσω und als Dat.-Obj. wieder ein Part. Aor. von ὑποτάσσω. Von ὑποταγήσεται abhängig ist der abschließende Finalsatz mit Gott als Subj., dem Konj. ᾖ als Präd. und der Formel πάντα ἐν πᾶσιν, deren Dat. vermutlich neutrisch und nicht maskulinisch aufzulösen ist.

Mit adversativem νυνὶ δέ[707] wird gegenüber allen im vorigen Abschnitt erwähnten spekulativen Eventualitäten und ihren fatalen Folgen mit Rückbezug auf V 4 die Gewißheit der Auferstehungsbotschaft proklamiert und triumphierend festgestellt, wie es sich wirklich verhält[708]. Zunächst charakterisiert Paulus den auferweckten Christus als ἀπαρχή τῶν κεκοιμημένων[709]. Das ist keine rein zeitliche Qualifizierung, als ob

---

[707] Vgl. Bauer/Aland 1105 (»nach dem Irrealis die Wirklichkeit einführend«); Stählin, ThWNT IV 1102f mit Anm. 33; Stenger* 90; Verburg* 35f und die nächste Anm. Zur Zugehörigkeit von V 20 zu dem nun beginnenden Abschnitt vgl. oben Anm. 502. Vgl. zu νυνὶ δέ auch Röm 3,21; 6,22; 7,6; 1Kor 5,11; 12,18; 13,13 u.ö.

[708] Treffend Weiß 356: »›Nun aber‹ ist ja, Gott sei Dank!, das alles nur rein akademische Dialektik, und in Wahrheit ›ist Christus auferstanden‹«; vgl. auch den Verweis 355 Anm. 4 auf Marc Aurel 2,11, daß dann, wenn die Götter nicht existieren und in einem Leben in einer gottlosen Welt liegt, aber: »sie existieren und kümmern sich um die Dinge, die den Menschen betreffen«; ähnlich Godet II 194 (der Leser komme sich »wie von einem Alpdruck befreit« vor, wenn nun dem Abgrund und absoluten Nichts »die unzweifelhafte Gewißheit« entgegengestellt werde); Robertson/Plummer 351 (»a joyous outburst in contrast to the dreary pictures which he has been drawing«); vgl. die Übersetzungsvorschläge bei Wilcke* 62 Anm. 226.

[709] In der Profangräzität wie in der LXX (dort als Übersetzung von רֵאשִׁית) ist ἀπαρχή vor allem in der Opfersprache das Erstlingsopfer von Bodenerträgen, aber auch von Tieren und Menschen, die für das Ganze stehen (vgl. Ex 23,19; 25,2f; Lev 2,12; 23,10; Num 15,20f; 18,12; Dtn 12,6.17; 18,4; 26,2.10 u.ö.); vgl. Delling, ThWNT I 483f. Paulus übernimmt diese Terminologie für die Erstlingsfrucht im prägnanten Sinne im Zitat von Röm 11,16. In 1Kor 16,15 werden wie in Röm 16,5 die Erstbekehrten damit bezeichnet, und Röm 8,23 qualifiziert damit die Erstlingsgabe des Geistes, wobei dort ähnlich wie hier aus einer Opfergabe an Gott eine Gabe Gottes wird, die die Christen empfangen. Gott selbst verbürgt als der Herr der Ernte nach der Auferweckung Christi auch die Totenauferstehung. Auch darum ist es wenig wahrscheinlich, daß Paulus durch die konkrete Folie der Gaben des Passafestes (Lev 23,10f) zu dieser Kennzeichnung gekommen sein sollte, weil Lev 23,11 den ersten Tag nach dem Sabbat bzw. den 16. Nisan nennt, der für Christen der

Christus nur als *primus inter pares* oder als Modell- und Präzedenzfall für andere erweckt worden wäre. Erst recht aber kann es keine Aussage über ein isoliertes Geschehen sein, als ob die Auferweckung Christi nur die göttliche Korrektur seines eigenen individuellen Geschicks wäre. Mit ἀπαρχή wird die Auferweckung Jesu vielmehr als Auftakt, Grund und Versprechen der allgemeinen Totenauferstehung charakterisiert, die darum, von jener unabtrennbar, in Kürze notwendig folgen wird[710]. Sachliche Parallelen zu dieser Qualifizierung Christi sind Röm 8,29 (πρωτότοκος ἐν πολλοῖς ἀδελφοῖς) und Kol 1,18 (πρωτότοκος ἐκ τῶν νεκρῶν, ἵνα γένηται ἐν πᾶσιν αὐτὸς πρωτεύων)[711], denn auch dort ist nicht nur die zeitliche Priorität, sondern der Rang und die Verheißung für die anderen Entschlafenen im Blick. Zwar ist ein temporales Moment bei der im folgenden skizzierten Realisierung des Auferstehungsgeschehens durchaus mitzuhören, aber hier im Unterschied zu V 23 (vgl. die dortige Verbindung mit τάγμα) nicht dominant[712]. Als Besonderheit fällt ge-

---

Tag der Auferstehung ist (so Bengel 431; Findlay 925; Godet II 195; Barrett* [Significance] 103; Strobel 246; Verburg* 140). Mehr als eine Assoziation kann das kaum sein. Erst recht sind keine »multiples connotations de Dt 26,1-11« zu entdecken, wie Carrez* 129 behauptet.

[710] Vgl. Oepke, ThWNT I 371; Michaelis, ThWNT VI 878f; Molitor* 35; Friedrich (Lit. zu Kap. 15) 322 (»der Bahnbrecher, der Initiator«); Barrett 355 (»a foretaste and pledge of the resurrection still to come«); Harris (Lit. zu Kap. 15) 110f; C. Spicq, ΑΠΑΡΧΗ. Note de lexicographie néo-testamentaire, in: FS B. Reicke II, Macon 1984, 493-502, hier 500 (»mis en relation avec la masse des autres morts«); Witherington (Lit. zu Kap. 15; Jesus) 194f; Holleman* 49-51; Hays 263. Zur Sache vgl. auch oben Anm. 568.

[711] Vgl. weiter außer Offb 1,5 auch Apg 3,15; K. Müller (Lit. zu Kap. 15) schließt daraus mit Recht, daß es sich »um eine im Urchristentum weit verbreitete Vorstellung« handelt; nach Stuhlmacher (Lit. zu Kap. 15; Auferweckung) 82 soll sich die Rede vom »Erstgeborenen von den Toten« der Urchristenheit von Ps 89,28 her nahegelegt haben (mit Verweis auf Hebr 1,6); anders Holleman* 2.5 u.ö., nach dem erst Paulus die Auferstehung Jesu mit der der Toten gewaltsam zusammengebunden haben soll (»a forced fabric« [145]); vgl. oben Anm. 567. Im übrigen markiert die Bezeichnung Christi als Erstling der Entschlafenen zwar den entscheidenden Unterschied, aber kei-

nen »radikalen Bruch mit der Apokalyptik« (so allerdings Baumgarten* 234; anders mit Recht v.d. Osten-Sacken* 480f); vgl. oben Anm. 702.

[712] Anders Hill* 299, der in ἀπαρχή auch hier einen Hinweis darauf findet, »that there is a divinely ordained order« und von einem »temporal hiatus« zwischen der Auferstehung Jesu und der Totenauferstehung spricht. Bauer/Aland 162 halten die ursprüngliche Bedeutung an unserer Stelle für »stark verblaßt« und »fast = πρῶτος« (so eher V 23); Delling, ThWNT I 484 sieht sogar die zeitliche Bedeutung in V 20.23 »ganz in den Vordergrund« treten (ebs. Wilcke* 63; ähnlich Eriksson* 262; so Apg 26,23: πρῶτος ἐξ ἀναστάσεως νεκρῶν). Andere unterstreichen dagegen mit Recht die kausale (Schlatter 410; Bachmann 440; Conzelmann 327 [»für die anderen konstitutiv«]; Luz* 335 Anm. 69; Dykstra* 208; Barth* 520; Stenger* 91f; Fee 749 [»The first of the harvest serving as a kind of guarantee for the full harvest«] u.a.) und »prototypische« (Schade* 203; Crell 323 spricht von *analogia seu proportio*) Bedeutung, die von der universalen und eschatologischen nicht zu trennen ist; für eine Verbindung beider Momente auch de Boer* 109 (»both priority and inclusiveness«), der ebd. 220 Anm. 74 die Deutung von Orr/Walther 332 (»the possibility of resurrection« für andere) mit Recht als verfehlt zurückweist. Die Ernte »muß« folgen (Weiß 356; Doughty* 77 Anm. 65; Gaffin [Lit. zu Kap. 15] 34f).

genüber den beiden genannten Stellen das κεκοιμημένων auf[713]. Warum nicht »der Erstling *der Auferweckten*«?[714] Gewiß hätte Paulus wie Offb 1,5 (πρωτότοκος [ἐκ] τῶν νεκρῶν) auch sagen können ἐκ νεκρῶν, denn Auferweckung geschieht durch den Tod hindurch, doch daß Gott aus dem Tod rettet, trägt hier nicht den Hauptakzent. Der liegt vielmehr darauf, daß die Auferweckung der entschlafenen Christen (vgl. V 6) der des Christus wie die Ernte der Erstlingsfrucht mit Sicherheit folgen wird[715], womit zugleich eine Brücke zum zweiten Teil des Kapitels geschlagen wird. Christus ist als ἀπαρχή der Anbruch der eschatologischen Neuschöpfung (vgl. auch Jak 1,18: ἀπαρχὴ ... τῶν αὐτοῦ κτισμάτων). So wie der Geist das »Angeld« der eschatologischen Vollendung ist (Röm 8,23), so ist Christus als Auferweckter der Erstling der eschatologischen Totenauferweckung[716]. Folglich ist hier bei aller zeitlichen Vorrangigkeit des Christusgeschehens nicht antienthusiastisch die Distanz[717], sondern die Zusammengehörigkeit der Christen mit Christus durch ἀπαρχή akzentuiert[718].

Das wird nun durch ἐπειδὴ γὰρ weiter begründet und expliziert. Vor allem die hier in V 21f erstmalig (vgl. weiter zu V 44-49) auftauchende Adam-Christus-Typologie gibt zu erkennen, daß die Auferstehung Jesu als epochales Geschehen die Auferstehung aller Toten verbürgt und gewährleistet, ja geradezu impliziert, wobei der thesenartige V 21 (vgl. die durchgängige Artikellosigkeit) durch V 22 konkretisiert wird: So wie Adam in kosmischer Weite den Tod in die Welt gebracht hat, so hat auch Christi Auferweckung vom Tod eine universale, die Menschheit einschließende Wirkung zur Lebendigmachung[719], und allein diese und nicht die von Adam geprägte Todverfallenheit wird am Ende stehen.

21-22

---

[713] Zu κομᾶσθαι vgl. oben Anm 207. Zur Frage, ob damit *alle* Entschlafenen inklusive der Nichtchristen gemeint sind (so von Lindemann [Lit. zu Kap. 15; Eschatologie] 391 erwogen) oder nicht (so die meisten wie Barrett* [Significance] 103f; Bowmer* 355; Wilcke* 64, nach dem sich κομᾶσθαι an allen Stellen auf Gläubige beziehen soll; in 7,39 ist das aber alles andere als sicher; auch Fee 748 Anm. 14 will mit V 18 eine Beschränkung von κεκοιμημένων auf die in Christus Entschlafenen erweisen), vgl. zu V 23.

[714] Conzelmann 327 vermutet einen »Wink in dieselbe Richtung, wie sie schon zu V 6 zu erkennen war«; vgl. auch Güttgemanns* 73 Anm. 111; Becker* 82 (eine Erinnerung daran, »daß Gott jeweils aus dem Tode errettet«); Doughty* 77 Anm. 65; Martin* 110 (»a tacit refutation of the Corinthians' claim to be ›raised‹ already«). Fee 748 Anm. 11 verweist demgegenüber auf V 18.

[715] Vgl. Theodoret 353: Τῇ ἀπαρχῇ δὲ πάντως ἀκολουθήσει τὸ φύραμα.
[716] Nach Cullmann, Christus 210 gehören von der Bezeichnung des auferweckten Christus und des Geistes als ἀπαρχή her beide »aufs engste« zusammen; vgl. V 45.
[717] So aber Conzelmann 327: Christus sei »bisher der einzige«; vgl. auch ebd. Anm. 44 (»antischwärmerische Spitze«); Güttgemanns* 74.
[718] Vgl. Luz* 335 Anm. 69 und 344; Sellin* 270f.
[719] Zu religionsgeschichtlichen Parallelen zu dieser Vorstellung vgl. zu V 45. Daß Adam nach Pirqe Maschiach (Billerbeck III 10) als erster aufersteht, kann den Übergang zur Adam-Christus-Typologie nicht begründen, zumal dort die Auferstehung Adams nur den zeitlichen Beginn der Auferstehung bildet (Schottroff* 119).

Daß Paulus hier einen vorgeprägten, vermutlich auch den Korinthern schon bekannten (vgl. ἐπειδή[720]) Gedanken aufnimmt, läßt sich daran erkennen, daß die Auferweckung der Toten hier »durch einen Menschen«[721] und nicht durch Gott erfolgt (vgl. dagegen das *passivum divinum* in V 26 oder Röm 4,17 u.ö.) und daß in Christus »alle« lebendig gemacht werden sollen, was zu sonstigen Aussagen des Paulus nicht zu passen scheint[722], da Paulus sonst nie ausdrücklich von einer Auferweckung der Nichtchristen spricht, nicht einmal zum Gericht[723]. Zunächst heißt es allgemein, Tod und Totenauferstehung seien durch einen Menschen verursacht. Die erste Aussage über den universalen Tod hat ihre Parallele in Röm 5,12, wo Paulus den Tod ebenfalls auf Adam zurückführt, dort aber ausdrücklich dessen Sünde als Ursache des Todes erwähnt[724], der dabei über das biologische Lebensende hinaus wie hier als ewiger aufgefaßt ist (vgl. das Oppositum ζωοποιεῖσθαι). Diese Universalität des Todesgeschicks wird in V 22a durch πάντες aufgenommen, aber der Todverfallenheit auffallenderweise kein die Verantwortlichkeit festhaltendes Pendant zur Seite gestellt, wie das in Röm 5,12d der Fall ist (ἐφ᾽ ᾧ πάντες ἥμαρτον). Weiter ist auch nirgends die Inkommensurabilität bzw. Überbietung der beiden Anthropoi (οὐχ ὡς ..., πολλῷ μᾶλλον Röm 5,15 usw.) angedeutet. Vielmehr wird allein der Entsprechungsgedanke herausgestellt (ὥσπερ/οὕτως), auch wenn die sachliche Antithetik auf der Hand liegt. Endlich ist im Unterschied zu Röm 5 auf der Gegenseite nicht von τὸ χάρισμα, ἡ χάρις τοῦ θεοῦ und ἡ δωρεὰ ἐν χάριτι die Rede, sondern von ἀνάστασις νεκρῶν, was sich vom Kontext her begreift, hier aber im Unterschied zu Röm 5 wiederum durch nichts konditioniert wird.

---

[720] Ἐπειδή hat kausale (Bauer/Aland 575f), nicht zeitliche Bedeutung (»nach-dem«), wie sie etwa Heinrici, Sendschreiben 494 Anm. 1 annimmt. Vgl. Weiß 356: »anerkannt ist«; ebs. Conzelmann 327 Anm. 45; noch anders Senft 197, nach dem ἐπειδή logischen Sinn enthält: Wenn man zugebe, daß durch Adams Fall das Geschick aller besiegelt ist, sei es folgerichtig, das auch für den Akt göttlicher Macht in der Auferweckung Jesu zuzugeben. Ähnliche Schlußfolgerungen auf die Bekanntschaft der Korinther mit einer dualistischen Auslegung von Gen 2,7 werden aus V 45 gezogen, z.B. von Sellin* 77 u.a. (vgl. z.St.), doch ist in V 21f davon nichts zu erkennen.

[721] Zur These, daß damit eine Beziehung zum Menschensohn und zu Dan 7 angedeutet werde, vgl. oben Anm. 701 und unten Anm. 1360. In der Adam-Christus-Typologie, die eben keine Adam-Menschensohn-Typologie ist, besteht die Analogie darin, daß *beide* »Urmenschen« sind (vgl. vor allem Brandenburger* 131-135). Vgl. zu ἄνθρωπος auch unten Anm. 740.

[722] Vgl. Wilcke* 72-75; anders Lindemann (Lit. zu Kap. 15; Eschatologie) 383.

[723] So aber Weiß 358 zu V 24; ähnlich Bultmann, ThWNT III 17: Röm 2,5-13.16 und 2Kor 5,10 sollen dafür sprechen; anders Schweizer, ThWNT VII 1060 und Lindemann (Lit. zu Kap. 15; Eschatologie) 379.

[724] Allerdings wird auch an unserer Stelle eine Anspielung auf Gen 2,17; 3,19 eingetragen (z.B. von Barrett* [Significance] 106; Fisher 243; Hübner [Lit. zu Kap. 15] 204f; Kistemaker 540; anders mit Recht Lindemann [Lit. zu Kap. 15; Auferstehung] 158), was vor allem jüdischer Anschauung entspricht, wo der Sündenfall als Ursprung und Ursache des Todes angesehen wird, vor allem in apokalyptischen (4Esr 3,7; 7,116-118; syrBar 17,3; 23,4; 54,15 u.ö.), aber auch in rabbinischen Texten (vgl. Billerbeck III 227). Da das aber wegen Ez 18,20 Schwierigkeiten macht (Billerbeck I 815), wird das adamitische Todesverhängnis später auf das innerzeitliche Lebensende beschränkt, der ewige Tod aber von der Entscheidung des einzelnen abhängig gemacht. Es gibt auch andere Erklärungen, die den Tod auf Eva (Sir 25,24) oder den Neid des Teufels (Weish 2,24) zurückführen oder einfach als natürliches Ende der Lebenstage ansehen (Sir 33,24 LXX); vgl. weiter Brandenburger* 158-180.

Gegenüber den Korinthern mag dabei durchaus der Nachdruck darauf liegen, daß alle, auch die Christen, noch im adamitischen Todesbereich leben (vgl. das Präsens) und der Tod darum nicht vorschnell relativiert werden darf. Das eigentliche Sachproblem aber steckt in dem πάντες von V 22b[725], wonach auch *alle* durch Christus die göttliche Schöpfer- und Lebensmacht erfahren werden. Dieses πάντες kann in Entsprechung zu V 22a ebenfalls nur universal verstanden werden, d.h. man kann nicht gut Adam eine Menschheitsbedeutung zu- und Christus absprechen, auch wenn meist mit Recht festgestellt wird, daß das Schicksal der Ungläubigen bei Paulus ganz im Hintergrund steht, wenn denn überhaupt daran gedacht ist[726]. Offenbar geraten die vorstellungsimmanenten Dimensionen der universal konzipierten Adam-Christus-Typologie hier mit sonstigen Aussagen des Paulus in Spannung[727], wie das zwar auch in Röm 5,12ff der Fall ist (εἰς πάντας ἀνθρώπους εἰς δικαιοσύνην ζωῆς V 18), dort aber durch λαμβάνοντες (V 17) aufgefangen wird. Anders aber hier, denn zweifellos ist es verfehlt, der Schwierigkeit des universalen πάντες damit Herr werden zu wollen, daß man ἐν τῷ Χριστῷ lokal im Sinne der Zugehörigkeit zum Leib Christi auffaßt[728]. Sosehr dem ἐν Χριστῷ sonst

---

[725] Allerdings ist auch πάντες in V 22a von V 51 her, wonach *nicht alle* sterben, nicht ganz unproblematisch. Perriman (Lit. zu 15,50ff) 513 schließt zu Unrecht daraus sogar, daß V 21f »do not allow for the possibility that some will be alive at the parousia«. An vom Tod verschonte Nachfahren Adams wie Henoch (Gen 5,24) und Elia (2Kön 2,11) – daran erinnert Severian 274 – wird Paulus erst recht kaum gedacht haben. Ebensowenig reflektiert er darüber, ob der Mensch ursprünglich zur Unsterblichkeit geschaffen worden ist.

[726] Moffat 245 verweist auf 4Esr 8,38f, wo das Geschick der Sünder ebenfalls nicht interessiert, sondern allein die Freude über die Erlösung der Gerechten; vgl. auch Lindemann* 91 (mit Hinweis auf jüdische Texte wie 2Makk 7,14, die nur von einer Auferstehung der Gerechten sprechen; vgl. auch ders., Auferstehung, 160f) und Lewis* 122.156 u.ö.

[727] Vgl. Brandenburger* 72; gegen solchen »Zwang eines vorpaulinischen Urmenschschemas« Sellin* 270, und zwar, weil es auch dort »keinen Universalismus auf beiden Seiten der Antithese« gäbe; nach Sanders, Paulus 448f scheint Paulus »von der Kraft seiner Analogie mitgerissen worden zu sein und hat mehr behauptet, als ihm vorschwebte«.

[728] So oder ähnlich allerdings Deißner* 24

(»im Zusammenschluß mit der Person Christi«) u.ö.; Nikolainen (Lit. zu Kap. 15) II 178 (»sog. *mystische* Begründung«); Wilcke* 74 (zwar »nicht als ein mystisches Sein im pneumatischen Christus«, wohl aber »ganz real als Zugehörigkeit zum σῶμα Χριστοῦ« zu verstehen); ähnlich Crockett* 85; Dykstra* 207f; Doughty* 79 Anm. 68; 82-84; Hill* 305-307; Hübner, Theologie, Bd. 2, 200; vgl. auch Lindemann, Auferstehung 160: Christus sei »der ›Ort‹«, »wo das künftige Leben schenkende Handeln Gottes geschieht«. Aber ἐν ist hier ebenso instrumental bzw. kausal wie das parallele διά in V 21 (vgl. schon Theophylakt 761 [ἐν τῷ Ἀδάμ, τουτέστι, διὰ τὸ τοῦ Ἀδάμ] und Erasmus 736 [*per Adam*] und neuerdings z.B. D. Müller [Lit. zu Kap. 15] I 148f und Wolff 384) oder allenfalls (so Weiß 356) repräsentativ bzw. komprehensiv, nicht aber lokal (so aber auch Brandenburger* 140; Schottroff* 115f; Lengsfeld* 36.58; Scroggs* 83f u.a.), und ἐν τῷ Χριστῷ kann grammatisch nur auf das Verb bezogen werden, nicht auf πάντες (Holleman* 53 Anm. 4). Es wird zwar durchaus zutreffen, daß Paulus mehr an der Parallelisierung der Folgerungen des Adam- und Christusgeschicks interessiert ist als an πάντες (Wilcke* 75; Conzelmann 328 Anm. 49), doch dieses Geschick hat eben beidemal *universale* Wirkung.

eine lokale Dimension eignet (vgl. zu 12,12), verbietet sich das hier von der Parallelität zu διά in V 21 und von der Opposition ἐν τῷ Ἀδάμ her. Auf Dan 12,2; Offb 20,5f u.ä. Stellen auszuweichen, wonach es eine Auferstehung zum Leben und eine solche zum Verderben gibt, Totenerweckung also vom Heil zu unterscheiden sei[729], bringt angesichts des eindeutig positiv-soteriologischen Gebrauchs von ζῳοποεῖσθαι[730] ebenfalls keine befriedigende Lösung. Ebensowenig darf man nur von einer *Bestimmung* aller zur Auferweckung reden oder eine Bedingung wie den Glauben hinzudenken, die für die Einbeziehung in das ζῳοποεῖσθαι bestehen soll[731], da das der Logik der Entsprechung zuwiderlaufen würde. Und endlich ist πάντες nicht mit den meisten Kommentatoren[732] von vornherein auf die Glaubenden einzuschränken und mit οἱ τοῦ Χριστοῦ (V 23) zu identifizieren[733]. Jedenfalls bleibt πάντες ohne jede Beschränkung und Bedingung[734], ja läßt gerade so die den ganzen Kosmos betref-

---

[729] So v. Hofmann 346; Findlay 926; Robertson/Plummer 353.

[730] Röm 4,17; 8,11; 1Kor 15,36.45; 2Kor 3,6; Subjekt des hier im futurischen Passiv gebrauchten ζῳοποιεῖν (vgl. auch V 36) ist im aktiven Sinn (außer Gal 3,21) Gott (Röm 4,17; 8,11) oder der Geist (2Kor 3,6), während in V 46 Christus selbst als πνεῦμα ζῳοποιοῦν bezeichnet wird. Aus dem Nebeneinander mit ἐγείρειν in Röm 8,11 und aus der Parallelität von Röm 4,17 zu 2Kor 1,9 wird oft eine Synonymität beider Worte erschlossen; vgl. Bultmann, ThWNT II 876f; Dahl* 34 Anm. 3 (mit Abweisung auch anderer Argumente von Findlay 926 zur Einschränkung des πάντες); Wilcke* 72f; Schendel* 9; Schwantes, Schöpfung 60; vgl. schon Bengel 431 (*non revivissent, sed vivificabuntur, virtute non sua*). De Boer* 113 u.a. erinnern an die 2. Benediktion des Achtzehngebetes (Billerbeck IV 212; vgl. auch 4Baσ 5,7; TestGad 4,6: ἡ ἀγάπη καὶ τοὺς νεκροὺς θέλει ζῳοποιήσει); schöpfungstheologische Belege (so etwa 2Esdr 19,6; Arist 16; JosAs 8,3) können immerhin andeuten, daß es der Schöpfer ist, der die Toten erweckt (vgl. JosAs 8,9; hier sind allerdings Tod und Leben auf die Gegenwart bezogen).

[731] So mit Recht schon Meyer 430 gegenüber anderen wie Godet II 196; v. Hofmann 345; nach Barrett* (Significance) 108 soll »an element of choice, of decision« eingeschlossen sein; vgl. auch ders.* (Adam) 73, wonach der Sieg Christi über die dämonischen Mächte als universal zu gelten habe, anthropologische Konsequenzen daraus aber nicht notwendig folgen sollen (vgl.

auch ebd. 89); auch Lewis* 153 spricht bei den universalen Stellen V 22.28 letztlich nur von »possibilities«. Molitor* 35 sieht schon durch das in ἀπαρχή mitgegebene »innere Verhältnis der Ähnlichkeit« die Vorentscheidung gefallen, doch diese »Ähnlichkeit« besteht nicht von Natur aus, sondern wird allererst ἐν τῷ Χριστῷ geschaffen, und zwar bei der Auferstehung, und tritt dort nicht nur »in sichtbare Erscheinung« (so aber ebd. 43).

[732] Vgl. z.B. Beza 160; v. Mosheim 695; Billroth 218; Rückert 405f; Bachmann 442 Anm. 1; Moffat 245; Conzelmann 329; Schottroff* 115 Anm. 1; Boring* 279f; Wolff 385; Lang 223; Fee 750f; Sellin* 270; Hays 264.

[733] Allerdings weniger wegen des ἕκαστος (V 23), das man auch hier nicht zu pressen braucht (vgl. zu 7,2; 14,26 u.ö.), zumal es sich einfach auf πάντες bezieht; anders Meyer 429 (an die Auferweckung *aller* zu denken, erfordere ἕκαστος); Culver* 146f (ἕκαστος sei »the distributive way of looking at the collective group«); Lindemann* 89 und ders. (Lit. zu Kap. 15; Paulus) 383 Anm. 38; Verburg* 142. Umgekehrt bleibt es ebenso problematisch, mit Wallis* 234 zu erklären: »Paul asserts the resurrection of believers as involved in resurrection of all the dead«.

[734] So mit Recht Schmiedel 195; Weiß 358; Michaelis* (Versöhnung) 81f; Bietenhard* 57; M. Rissi, Was ist und was geschehen soll danach, 1965 (AThANT 46), 128f; Wallis* 234; Beilner* 101f; Furnish, Theology 111; vgl. auch zu V 28. Hier ist zumal an Schlatters Einspruch zu erinnern, der

fende Dimension des Auferstehungsgeschehens sichtbar werden[735]. Da die πάντες in V 23f aber nicht unterzubringen sind, weil eine Deutung von τὸ τέλος auf den Rest der Menschheit nicht zu halten ist (vgl. z.St.), da weiter die Auferstehung im gesamten Kapitel eindeutig und ausschließlich als Heilsereignis verstanden ist (eine Unterscheidung zwischen ἀνάστασις ζωῆς und ἀνάστασις κρίσεως wie z.B. in Joh 5,29 fehlt gerade) und nirgendwo der Gerichtsgedanke auftaucht[736], bleibt nur folgende Alternative übrig: Entweder es ist mit einer von Paulus bewußt oder unbewußt offengehaltenen Spannung zu rechnen (vgl. auch V 28c) oder – m.E. weniger wahrscheinlich – doch mit einer *nachträglichen* Präzisierung, die das schwierige πάντες durch οἱ τοῦ Χριστοῦ in V 23 erfahren soll. Behält man das Ziel der Argumentation, nämlich die weltweite und alles bestimmende Reichweite der Auferweckung Christi im Auge, auf die Paulus auch im folgenden zusteuert, wird man jedenfalls eine Limitierung der πάντες bzw. eine Differenzierung in Glaubende und Nichtglaubende nicht so in den Vordergrund rücken dürfen, daß damit der Auferweckung Jesu von vornherein nur eine begrenzte Wirkung zukommt[737]. Das ist um so weniger wahrscheinlich, als Paulus an der vorgegebenen Typologie sonst durchaus Korrekturen anzubringen scheint: Zum einen

gegenüber den üblichen Aversionen bei Paulus »eine die Kirche übergreifende Verheißung« findet (414) und »die Vorstellung, das Werk des Christus beschränke sich auf die jetzt von dem Apostel gesammelte Gemeinde und jenseits derselben gebe es nur noch Untergang« abweist (415 mit Hinweis auf Röm 8,19-22; ebs. Hwang* 143); vgl. auch 412; anders zuletzt wieder Hübner, Theologie, Bd. 2, 201 (»Der Sieg Christi führt so zum Sieg der Kirche«). Auch wenn man das Stichwort Apokatastasis bzw. Wiederbringung aller (vgl. Olshausen 744.746; de Wette 146; Lietzmann 81f; Schniewind [Lit. zu Kap. 15] 125 Anm. 2; Michaelis* 122-124 und die Auslegungs- und Wirkungsgeschichte) mit einem Fragezeichen versieht, wird man festhalten müssen, was Beker* (Paul) 194 so formuliert: »The final apocalyptic triumph of God does not permit a permanent pocket of evil or resistance to God in his creation« (vgl. auch Lewis* 146f). Eine konsistente Erklärung für das Nebeneinander von universalistischen und partikularistischen Zügen (vgl. auch unten Anm. 857) fällt nicht leicht. Gewiß ist Paulus kein Systematiker, und gewiß kommt es auf die jeweilige Frontstellung und Funktion an, doch dürfte sich hier eher eine sachlich bedingte Spannung auftun. Zu beachten bleibt auch das Nebeneinander der erwarteten Auferstehung aller

und der der Gerechten im Judentum (vgl. oben S. 122f).

[735] Von diesem Kontext her ist es darum kaum überzeugend, wenn das πάντες abgeschwächt und statt dessen erklärt wird, der »Hauptton« der Typologie liege auf δι' ἀνθρώπου (so Molitor* 41; Deißner*20), wenn dabei unberücksichtigt bleibt, daß die beiden *Menschen* Repräsentanten der gesamten Menschheit sind; richtig Schmiedel: 195: »Sobald das 2. πάντες enger ist als das 1., ist ὥσπερ – οὕτως aufgehoben«.

[736] Vgl. Brandenburger (Lit. zu Kap. 15) 17; Froitzheim* 151f; Wilcke* 155.

[737] Vgl. Käsemann, Römer 138f: »Alternativ, exklusiv und ultimativ werden die Bereiche Adams und Christi, des Todes und Lebens geschieden, und zwar in universaler Weite«. Die ebd. 140 zu Röm 5 (vgl. das spannungsvolle Verhältnis von Röm 5,12a-c zu V 5.12d) im Blick auf Sünde und Tod festgestellte »Ambivalenz von Verhängnis und Schuld« wird man *mutatis mutandis* auch hier in dem Nebeneinander von V 22 und V 23 finden können und so Schicksal und Entscheidung nicht aus ihrer Dialektik herausnehmen. Wallis* 234 verweist auf die umfassende Weite des πάντα in V 27. Vgl. auch Culver* 144 und de Boer* 112, der freilich bei der universalen Auferstehung die der Erwählten von der der Verdammten abhebt (113; vgl. auch 222 Anm. 89).

ließe die antithetische Entsprechung in V 21 als Oppositum zu θάνατος eigentlich ζωή erwarten[738], und zum anderen erforderte die Logik der Entsprechung als Pendant zum präsentischen ἀποθνῄσκουσιν, das einen andauernden Vorgang in der Gegenwart bezeichnet, auch in V 22 eigentlich ein Präsens[739]. Hier hat Paulus offenbar bewußt umgeformt, nicht aber das πάντες. Hier wird keinerlei Restriktion oder Vorbehalt angedeutet. Alles kommt Paulus offensichtlich zunächst auf die geradezu schicksalhafte Zusammengehörigkeit von Christi Auferweckung und der Auferweckung der Toten an. Die ἀνάστασις νεκρῶν wird zwar »durch einen Menschen«[740] heraufgeführt, betrifft aber nicht allein und separat diesen einen einzelnen Menschen, sondern involviert ausnahmslos alle[741]. Dessen Auferweckung setzt als Anbruch der neuen Auferstehungswelt der adamitischen Todeswelt in eschatologisch-universaler Auswirkung und Weite ein Ende, auch wenn sich die Auferstehungsmacht (vgl. das Futur) erst in der Zukunft ganz und gar durchsetzen wird[742].

23 So sehr Paulus mit der Adam-Christus-Typologie zunächst Christus und

---

[738] Vgl. Röm 6,21f.23; 8,6.13 u.ö. sowie Brandenburger* 72; Conzelmann 327f; Schendel* 8; schon Chrysostomus 337 und Theodoret 353 sehen auch hier die allgemeine Totenauferstehung bezeugt; ebs. Meyer (vgl. unten Anm. 743); Culver* 146 u.a.

[739] Conzelmann 329; Becker* 81; Barrett* (Significance) 107f; Lang 233; anders freilich Spörlein 73.177: Es komme im Zusammenhang nicht darauf an, die gegenwärtige ζωή zu behaupten; aber so gewiß es darauf nicht ankommt, sie hätte sehr wohl nahegelegen. Sellin* 270 verweist wie Luz 336 Anm. 71 auf die unpolemischen Futura in Röm 5,17.19 (vgl. auch 6,5.8; Phil 3,12,20f u.ö.) und läßt den Einspruch von Barth* 521 Anm. 39, daß Röm 5 durch die korinthischen Erfahrungen mitgeprägt worden sein könne, m.E. zu Unrecht, nicht gelten. Richtig Hoffmann, TRE 4, 457, nach dem der in der Auseinandersetzung mit den Korinthern gewonnene »kritische Vorbehalt gegen ein enthusiastisches Heilsverständnis« bei Paulus »leitend« geworden ist und »stereotyp geltend« gemacht wird (allerdings mit Verweis auf die m.E. vorpaulinischen Formeln in 1Kor 6,14; 2Kor 4,14; Röm 8,11)

[740] Früher wurde bei ἄνθρωπος (vgl. dazu auch oben Anm. 701) hier die »Wesensgemeinschaft zwischen Christus und uns« akzeptiert; vgl. z.B. Godet II 195: Wegen des gegenüber Röm 5,12ff fehlenden εἰς ruhe der Nachdruck auf ἄνθρωπος, und es

werde »der wahrhaft *menschliche* Ursprung dieser zwei entgegengesetzten Phasen in der Geschichte der Menschheit hervorgehoben« (kursiv im Original gesperrt). Findlay 926 findet in ἄνθρωπος impliziert, daß der Tod nicht, »as philosophy supposed, a law of finite being or a necessity of fate« ist. Schlatter 410 betont den Schöpfungsgedanken: Daß ein Mensch »zum Empfänger und Mittler des den Tod aufhebenden Lebens geworden ist, ist im Anfang der Menschheit begründet; dadurch wird das, was durch die Schöpfung begonnen ist, weitergeführt«. Conzelmann 328 findet in δι' ἀνθρώπου »eine Distanzierung vom Mythos«, Wilcke* 66 eine Abgrenzung von der korinthischen Annahme, daß die Auferstehung »durch πνεῦμα oder γνῶσις erfolgt«, Wolff 384 eine Betonung des »volle(n) Menschsein(s) Christi« mit einer »Polemik gegen eine spiritualisierende Vollendungsvorstellung« – durchaus möglich; vgl. auch Fee 751; zu dogmatisch Fisher 243: »The incarnation is as essential to the gospel as the resurrection«.

[741] Vgl. Sellin* 272: »Ginge es, wie die Korinther meinen, nur um das individuelle Jenseitsschicksal, *dann bliebe der Tod ja ein ewiger Bestandteil der Welt, eine ungebrochene Macht*«.

[742] Dabei wird ζῳοποιηθήσονται über die Auferweckung hinaus auch die Verwandlung der bei der Parusie noch Lebenden (V 51) einschließen; vgl. Röm 4,17; 8,11.

die Seinen sachlich verbindet und nicht trennt, so sehr differenziert er im folgenden. Bei allem Wissen darum, daß es sich letztlich um *ein* zusammenhängendes Geschehen handelt[743], wird Christus nun sachlich wie zeitlich von den Seinen abgesetzt. Das war schon in ἀπαρχή aus V 20 mitzuhören, wird aber jetzt, und zwar nun mit Akzentuierung der zeitlichen Priorität[744], in der von Christus inaugurierten Sequenz eschatologischer Ereignisse wiederholt: Jedem kommt in diesem endzeitlichen Prozeß sein eigener Ort zu. Der Sinn von τάγμα ist allerdings umstritten. Viele Autoren fassen es im Sinne von »Abteilung, Gruppe« und machen dann hinter τάγμα einen Doppelpunkt, dem dann angeblich drei τάγματα = Gruppen folgen: 1. Christus, 2. die zu Christus Gehörenden und 3. τὸ τέλος[745]. Dabei wird τὸ τέλος dann im Sinne von »der Rest der Menschheit« verstanden[746]. Gegen diese Deutung spricht aber entscheidend, daß τέλος Ende und nicht Rest heißt[747], also ebensowenig wie erst recht Christus eine Gruppe sein kann, und endlich kann weder auf Christus noch auf τέλος das aus V 22 zu ergänzende ζωοποιηθήσονται bezogen werden[748]. Vor allem aber hat τάγμα nicht nur die Bedeutung »Gruppe, Ab-

---

[743] Vgl. schon Meyer 430f: »Paulus betrachtet die Auferstehung Aller, *mit Einschluss Christi selbst*, als *Einen* grossen zusammenhängenden Hergang, nur in mehreren Acten erfolgend, so dass also zwar der grösste Theil der Zukunft angehört, aber zur *Vollständigkeit* des Ganzen nicht blos, sondern zugleich zur *sichern Gewähr* des Künftigen auch die ἀπαρχή nicht unerwähnt bleiben darf« (ähnlich Heinrici 465); vgl. oben Anm. 568.

[744] Daß jetzt auf die zeitliche Abfolge gesehen wird, zeigt ἀπαρχή – ἔπειτα – εἶτα in V 23f deutlich genug (vgl. Luz* 341; Vorster [Lit. zu Kap. 15] 301), auch wenn die Zwischenräume nicht genau zu bestimmen sind und speziell εἶτα in seinem zeitlichen Sinn nicht eindeutig ist (vgl. unten Anm. 751.757).

[745] Da τάγμα öfter die militärische Abteilung bezeichnet (z.B. 2Βασ 23,13; Josephus, Bell 1,183; Xenophon, Mem. 3,1,11; IgnRöm 5,1), soll Paulus z.B. nach Meyer 430 »die verschiedenen Abtheilungen der Auferstehenden als verschiedene Heerhaufen« versinnbildlichen (vgl. ähnlich Heinrici 465, der sogar ein geordnetes Nebeneinander in den einzelnen Gemeinden bei der Auferstehung erwägt [Sendschreiben 497]); ohne diesen militärischen Sinn z.B. Bauer/Aland 1601: Die Auferstehung finde »gruppenweise« statt, wobei Paulus wahrscheinlich »drei Gruppen unterschieden« habe. Auch andere denken an das Nachein-

ander von drei Gruppen (vgl. die nächste Anm.). Wenig wahrscheinlich scheint die Vermutung, daß aus dem Kontext, in dem »the imagery of warfare« zu finden sei (so Johnson* 462) oder gar dominiere (so Hays 264f; Macky, War Myth passim), auch bei τάγμα militärische Konnotationen mitgegeben sein könnten.

[746] So z.B. Bauer/Aland 1601; vgl. auch Weiß 358, der eine Auferstehung der Nichtchristen zum Gericht annimmt; ähnlich Oepke, ThWNT I 371 (»Rest« der Toten«), der ebenfalls für V 23f eine doppelte Auferstehung voraussetzt (ähnlich Bietenhard* 61; Culver* 147.151 u.a.), die aber (anders als TestBenj 10,8; Offb 20,5f) bei Paulus nirgendwo bezeugt ist. Lietzmann 80 denkt dagegen an »die ungläubig gestorbenen Heiden und Juden, die nach Rm 11,32; 5,12-18 auch am Ende noch der göttlichen Erbarmung teilhaftig werden sollen«; ganz spekulativ bleibt erst recht seine These von einer Bekehrung des »Restes« im Jenseits (vgl. Wilcke* 92f). Aber auch eine Differenzierung zwischen den bereits gestorbenen Christen (V 23c) und den bei der Parusie noch lebenden (das sei = τὸ τέλος), wie sie Barrett 355 im Blick auf V 50-53 und 1Thess 4,15.17 vornimmt, ist unhaltbar (vgl. Lindemann* 91).

[747] Vgl. z.B. Wilcke* 87-81 und unten Anm. 755.

[748] Man kann dem ersten Gegenargument freilich entgehen und doch an der Gesamt-

teilung, Partei« u.ä., sondern auch »Ordnung, Stellung, Rang«[749]. Gemeint ist damit auch hier eine gottgewollte, dem unterschiedlichen Rang entsprechende zeitliche Ordnung und Reihenfolge. Für diese Deutung sprechen zudem die von Paulus geteilten apokalyptischen Denkvoraussetzungen, wonach es eine feste Ordnung der endzeitlichen Geschehnisse gibt, die von Gott vorhergeplant ist[750]. Nach Christus als ἀπαρχή wird also, mit dem bis zur Parusie reichenden ἔπειτα davon abgesetzt[751], nur eine »Gruppe« genannt: die, die zu Christus gehören[752], was hier keinerlei

deutung festhalten, wenn man τὸ τέλος nicht den Rest, sondern das Ende bzw. die Vollendung bedeuten läßt, so daß in V 22 von zwei τάγματα die Rede wäre, von Christus und den Christen (vgl. Lietzmann 80; Allo 408; Hill* 407f). Aber die anderen Argumente sind dadurch nicht entkräftet. Zudem kann Paulus kaum sagen: ἕκαστος ἐν τῷ ἰδίῳ τάγματι, wenn es sich überhaupt nur um zwei Gruppen handelt, von der zudem die erste, nämlich Christus, gar keine ist; V 26 als 3. τάγμα anzunehmen (so Wallis* 235), löst die Schwierigkeiten ebenfalls nicht.
[749] Vgl. Delling, ThWNT VIII 32 (»jeder in seiner *Stellung*, seinem *Stand*«) mit Hinweis auf die formale Entsprechung zu 1QS 6,8 (איש בתכנו); Weiß 357: »jeder an seiner Stelle«; vgl. auch Luz* 342; Schade* 36; Sellin* 271f; Carrez* 129 (»*rang de succession*«); Lindemann* 90; Molitor* 49 (zugleich »Zeit- und Rangordnung«); eindeutig im zeitlichen Sinn, wenn auch m.W. bisher nicht nachweisbar, de Wette 146 (= »die *Reihenfolge* [τάξις]«); Güttgemanns* 71 (»eine Staffelung und Differenzierung im Auferstehungsvorgang«) und Bergmeier, EWNT III 794: Τάγμα beziehe sich »auf die festgelegte Abfolge der Eschata«; dort und bei Sellin* 271 Anm. 154 erfolgt auch eine Auseinandersetzung mit Wilcke* 83-85 (übernommen von Schendel* 10f), nach dem sich V 23a auf V 22 beziehen soll (»Wie sie in Adam alle sterben, so werden auch in Christus alle lebendig gemacht – ein jeder aber gehört in seine [zu seiner] Gruppe«, und jeder gehöre zu Adam *oder* Christus; beiden zugleich anzugehören, sei ausgeschlossen). Πάντες in V 22a zeigt aber, daß alle Menschen von Adam bestimmt werden, also mindestens die Christen beiden Gruppen angehören. Auch die Christen sterben noch. Luz* 339 Anm. 78 wendet zudem ein, wenn man V 23a zu V 22 ziehe, werde aus V 23a »eine gänzlich unmotivierte Zwischenbemerkung« (vgl.

auch Wolff 385f Anm. 204 und Lindemann* 89 Anm. 11). Verburg* 143-145 will τάγμα als »Funktion« verstehen (mit Verweis auf einen Beleg bei Liddell/Scott, Lexicon 1752), wobei Paulus möglicherweise an die ἀπάντησις (1Thess 4,17) oder wie 6,2f auch an die »Mitwirkung der Christen beim Endgericht« denke; doch vgl. unten Anm. 793.
[750] Vgl. z.B. 1QpHab 7,13, wonach alle Zeiten nach der von Gott festgesetzten Ordnung kommen, und bei Paulus das δεῖ V 25.53 (dazu unten Anm. 786); Conzelmann 329 erklärt sogar, der »Grundgedanke«, daß der Weltlauf mit seinen Etappen »einem vorbestimmten Plan folgt«, sei vorgegeben, und Christus sei »nachträglich in das Schema hineingezeichnet« worden (vgl. auch Bultmann, Glauben I 55); gegen solche Einzeichnung der Christologie in ein vorgegebenes Koordinatensystem Barth* 515 (vgl. auch Fee 752f; Hill* 311 Anm. 37; Meeks* 801), der allerdings seinerseits ebd. 522 eine »apokalyptische Ordnung« offenbar nur als »apokalyptischen Fahrplan« und »autoritatives Dogma« verstehen kann, während das Fehlen von »timetables« gerade einen der Unterschiede zur Apokalyptik markiert (Beker, Paul 145). Vgl. vor allem die Nachweise bei Lewis* passim.
[751] »Im geraumen Abstand von ihm« (sc. Christus) ist allerdings im Blick auf V 51 eine Eintragung von Gutjahr 431; ähnlich auch schon Bengel 431: ἔπειτα *magis disjungit*: εἶτα *magis copulat*, was V 5-7 gerade nicht nahelegen; vgl. auch unten Anm. 757.
[752] Οἱ τοῦ Χριστοῦ ist primär von 1Kor 3,23 her zu interpretieren: die ihm Zugehörigen; von Röm 7,4; 8,9; Gal 3,27-29; 5,24 her wird man aber auch Geistbesitz, Taufe und Lebenswandel zu den Merkmalen der Christuszugehörigkeit rechnen. Die Formulierung von Holleman* 167 (»Because of and through their unity with Christ, Christians will participate in Jesus'

Beschränkung oder Ausweitung duldet[753], aber auch nicht wie 1Thess 4,16 durch πρῶτον zu ergänzen ist. Diese zu Christus Gehörenden werden bei seiner παρουσία auferweckt. Dieser Term für das endzeitliche »Kommen« des Herrn (4,5; 11,26; vgl. auch das Maranatha 16,22) erscheint im 1Kor nur hier (im profanen Sinn 16,17)[754], wird aber auch durch »Tag des Herrn« (1,8; 5,5) und »Offenbarung unseres Herrn Jesu Christi« (1,7) bezeichnet und schließt seine gegenwärtige Abwesenheit oder Untätigkeit keineswegs ein (vgl. die folgenden Verse). Die durch ἔπειτα markierte Zwischenzeit zwischen Auferweckung Jesu Christi und der der Toten bei der Parusie wird dann im folgenden näher erklärt: Die Auferweckung Jesu Christi ist der Beginn eines endgeschichtlichen Prozesses, der (wiederum im Rahmen apokalyptischer Denk- und Vorstellungsweise) nach Gottes Plan zur Überwindung des Todes und zur Alleinherrschaft Gottes führen wird.

Zu dieser Tradition der Apokalyptik gehört auch das mit εἶτα abgesetzte 24 τὸ τέλος, hier das eschatologische Ende dieser Weltzeit[755], dessen fehlen-

---

resurrection«) ist zu einseitig. Die von Christus initiierte Gemeinschaft läßt die von ihm Ergriffenen an seiner Auferstehung partizipieren. Basis ist seine Teilgabe, nicht unsere Anteilhabe (vgl. Röm 8,29 u.a.).

[753] Οἱ τοῦ Χριστοῦ sind also weder nur die wahren Christen, wie z.B. Chrysostomus 337 und Theophylakt 761 erklären (οἱ πιστοὶ καὶ οἱ εὐδοκιμηκότες), noch sind darin die alttestamentlichen Frommen einzuschließen, wie Theodoret 356 meint. Auch die Lesart der Vulgata (*deinde ii qui sunt Christi, qui in adventu eius crediderunt*) verfehlt die Sache, ebenso Orr/ Walther 232f, die an die bei der Parusie zu Christus Gehörenden denken, während die anderen schon nach ihrem Tod erweckt werden sollen. Es steht gerade nicht so, daß ἐν τῇ παρουσίᾳ αὐτοῦ mit οἱ τοῦ Χριστοῦ »zur Einheit des Begriffs zusammenschmilzt« (so richtig Heinrici 466 Anm. *; vgl. auch ders., Sendschreiben 498f und auch die Kritik bei Wolff 385 Anm. 203). Richtiger dürfte dagegen Barth 98f οἱ τοῦ Χριστοῦ von πάντες in V 22 her als »nicht exklusiv, sondern repräsentativ« verstehen; vgl. auch de Boer* 112.

[754] Παρουσία, im amtlichen oder sakralen Bereich die Ankunft oder Anwesenheit bei offiziellen Besuchen von Kaisern und hohen Amtsträgern oder die Epiphanie eines Gottes (Witherington* [Conflict] 297 will an unserer Stelle sogar eine Opposition »to the appearing of Caesar« finden), begegnet im eschatologischen Sinne sonst nur

1Thess 2,19; 3,13; 4,15; 5,23. Daraus ist aber kein Zurücktreten der Parusieerwartung zu erschließen, wenngleich der Term später nicht mehr begegnet und Paulus statt dessen etwa von »Tag Christi« spricht (Phil 1,6; 1,10; 2,16); zur Sache vgl. A. Oepke, Art. παρουσία κτλ., ThWNT V 856-869; W. Radl, Art. παρουσία, EWNT III 102-105 (mit Lit.). Dibelius findet schon in der Verwendung von παρουσία für die Zukunft, »daß das Wesentlichste des Heilsvollzuges noch ausstehe« (HNT 11, 15); vgl. auch Maier* 150 Anm. 1. Plevnik* 123 betont, daß die Parusie hier nicht um ihrer selbst willen genannt werde, sondern »as a referent for the resurrection; it anchors the latter in the end-time drama«; vgl. zur jüdischen und frühchristlichen Tradition der Parusieerwartung auch Holleman* 94f und 103-122, der freilich 123f auch hier trotz V 23, 1Thess 4,16f und Phil 3,20f von einer sekundären Verbindung der traditionsgeschichtlich angeblich älteren Auferstehungs- mit der angeblich jüngeren Parusieerwartung ausgeht.

[755] Schon bei Dan ist קץ ein eschatologischer *terminus technicus* (vgl. Delling, ThWNT VIII 53f), und zwar ebenfalls schon absolut (8,19; 11,27); vgl. weiter 1QS 4,18; CD 6,11; 4Esr 7,33 und bei Paulus zu 1Kor 1,8 und 10,11; ferner Robertson/ Plummer 354 (vergleichbar mit συντέλεια τοῦ αἰῶνος Mt 13,40 u.ö.); Deißner* 25 (»die schließliche Endvollendung, das Weltende«); Leal* 230; Delling, ThWNT VIII

des Prädikat nicht wie V 23a durch eine Form von ζῳοποιηθήσεσθαι zu ergänzen ist[756], sondern durch ἔσται. Welche Zeitspanne zwischen παρουσία und τέλος anzusetzen ist[757], kann aus V 23 und dem am Anfang stehenden εἶτα kaum sicher erschlossen werden, da εἶτα τὸ τέλος durch den folgenden ὅταν-Satz definiert wird. Die sonstigen Parusieaussagen sprechen aber dafür, τέλος unmittelbar mit oder nach der Parusie anzusetzen. So wie zwischen ἀπαρχή und ἔπειτα kein längerer Zeitraum vorgestellt sein wird, bleibt für ein messianisches Zwischenreich zwischen παρουσία und τέλος kaum Platz[758] (vgl. vor allem 1Thess 4,15-17). Man kann zwar durchaus von einem messianischen Zwischenreich sprechen, doch ist dieses *interregnum Christi* zwischen der Auferweckung Christi

56f; Davies, Paul 295; Conzelmann 331; Luz* 339 Anm. 381; Wolff 386; Verburg* 146 u.a. Eine teleologische Kraft im Sinne des Ziels (so Fee 754 Anm. 39; Fisher 245 und schon Heinrici, Sendschreiben 500: Die »Doppelbedeutung *Ende* und *Ziel*« mache τέλος besonders geeignet) kommt dem Wort hier neben der Angabe des Zeitpunktes kaum zu. Auch aus der Flexibilität von *finis* in 4Esr (Kreitzer* 60f verweist außer auf 7,33 auf 7,113; 12,34; 11,39-46; 6,25 und führt das gegen eine Identifizierung mit der Parusie an [139]) ist für eine komplexere Bedeutung bei Paulus nichts zu gewinnen. Zwar soll nach Schweitzer, Mystik 69 τέλος auch die allgemeine Totenauferstehung, das Endgericht u.ä. umfassen (vgl. auch Bietenhardt* 58), doch darf man aus Fragmenten kein Gesamtgemälde konstruieren, sondern wird zugeben müssen, daß bestimmte Teilaspekte nicht ganz zueinander passen. Loest* 93 plädiert neuerdings ausschließlich für τέλος = Vollendung, weil τέλος nicht als punktuelles Ende vorgestellt sei, sondern eine Handlung mit mehreren Phasen bezeichne, doch liegen diese eben *vor* dem Ende, auch wenn dieses die Unterwerfung der Mächte vollendet.

[756] So aber z.B. Theodoret 356: Ἀντὶ τοῦ ἡ κοινὴ πάντων ἀνάστασις. Anders z.B. Haymo 596 (*finis mundi*); Sedulius Scotus 158; Petrus Lombardus 1678 (*finis erit mundi, et consummatio omnium*); Beza 160 u.a. An das Ende von V 23 gehört darum keine Komma (vgl. N. Walter, Bloß ein Komma? Das »Wort« und die Interpunktion, in: FS W. Vogler, Leipzig 1999, 280-294, hier 293).

[757] Robertson/Plummer 354 z.B. fragen, ob ähnlich wie mit dem ἔπειτα in V 23 auch hier mit εἶτα »an interval« anzunehmen ist oder Parusie und Ende simultan er-

folgen, wobei eine Antwort darauf nicht für möglich gehalten wird, weil εἶτα »may introduce either what is subsequent or what immediately consequent«, doch neigen sie von V 5.7 und 1Tim 2,13; 3,10 her zur Annahme eines Intervalls. Dezidierter Godet II 198: Fielen Parusie und Ende zusammen, müsse es τότε heißen; vgl. auch Heinrici, Sendschreiben 499 (keine unmittelbare Aufeinanderfolge); Bachmann 443; Luz* 347 Anm. 114; Wallis* 230f; Culver* 149; Plevnik* 125f. Dagegen zitiert Davies, Paul 293 Beispiele, wonach εἶτα gerade kein Intervall von einiger Dauer impliziert: Neben den hier anders als oben z.St. interpretierten V 5.7 werden Joh 13,5; 19,27 genannt; sachlich wird man diese Lösung, wenn auch nicht eine völlige Koinzidenz, für wahrscheinlicher halten; vgl. weiter Barrett 356; Hill* 308; Baumgarten* 102 Anm. 220 (zu Gliederungspartikeln bei zeitlichen Etappen eines eschatologischen Geschehens; vgl. auch Luz* 342 Anm. 92); Voster (Lit. zu Kap. 15) 302 (V 24a sollte nicht »in a chronological sense« verstanden werden, sondern »in a transitional sense summarising the preceding and simultaneously introducing a digression«) und Bauer/Aland 471, wonach εἶτα »oftmals dem Zweck d. Nebeneinanderstellung unter Verflüchtigung des zeitl. Momentes« dient; ähnlich Fee 753 (»sequential in ... a more logical sense«).

[758] Manche Autoren wie Olshausen 742 wollen indes zwischen Parusie und τέλος das Messiasreich einschieben (vgl. Offb 20,4ff); ähnlich de Wette 146f; Billroth 219; Kabisch* 260.265; Weiß 358; Schweitzer, Mystik 69; Bousset 156f; Bauer, RAC 2, 1076; Cullmann* 14f. Diese Harmonisierung mit Offb 20 geht aber an 1Kor 15 vorbei (vgl. z.B. Schnackenburg* 208).

und dem mit der Parusie zusammenhängenden τέλος und nicht zwischen Parusie und τέλος anzusetzen[759]. Daß τέλος (vgl. 1,8) im Sinne des Endes aller Dinge und der Weltvollendung zu verstehen ist, also weder als Rest[760] noch auch als adverbialer Akkusativ[761], zeigt vor allem die Auslegung des Paulus selbst, der durch die beiden folgenden ὅταν-Sätze expliziert, was er unter τέλος versteht[762]. Sprachlich wirken die beiden Sätze nebeneinander etwas hart und schwerfällig. Der erste ist zudem textkritisch unsicher, doch wird die Präsensform gewiß ursprünglich[763] und also der Haupt- mit dem Nebensatz gleichzeitig sein[764]. Das Ende ist somit dann erreicht, wenn Christus die ihm übertragene Herrschaft an den Vater übergibt[765]. Von der hier und nur hier auftauchenden βασιλεία Christi[766] wird zwar nicht ausdrücklich festgestellt, daß Christus sie vorher

[759] So richtig Conzelmann 329; Senft 199; G. Klein* (Reich) 660; Schade* 95; Baumgarten* 103; Schrage* 345.
[760] Richtig Holsten, Evangelium 420 Anm. *; Heinrici 467; Kümmel 193 mit Verweis auf Héring* und Wilcke* 74f.85-100.148f, der wie schon Héring* 304 Anm. 3 (vgl. auch Moffat 248) die beiden bisher als Ausnahme geltenden Belege für τέλος aus Aristoteles und Jes 19,15 LXX als nicht stichhaltig entkräftet.
[761] So Barth 96f (»zuletzt, endlich«); vgl. dagegen Heinrici, Sendschreiben 499 Anm. 1; Molitor* 49; Senft 198 (»incompatible avec le style de Paul«); Leal* 228f; Wilcke* 86; Luz* 340 Anm. 83.
[762] Von daher ist es höchst unwahrscheinlich, τὸ τέλος mit dem Genitiv »der Auferstehung« zu ergänzen und damit gesagt zu finden, es werde »der letzte Act der Auferstehung« beschrieben, der die Nichtchristen betreffe, wobei nun das Gericht in den Blick trete (so Meyer 432; vgl. früher schon Theodoret 356; Cajetan 83r; Bengel 431 u.a.; dagegen schon Estius 735; zitiert auch bei Leal* 227; Wilcke* 92).
[763] Παραδιδῷ wird von 𝔓⁴⁶ ℵ A D Ψ 0243 0270 1505 1739 pc geboten, doch kann man auch die Lesart παραδιδοῖ von B F G mit hinzunehmen, weil es sich um die äquivalente Form des Konj. Präs. handelt (vgl. Bl-Debr-Rehkopf § 95,2). Der von 1881 𝔐 latt gebotene Aor. παραδῷ dürfte dagegen Angleichung an den Aor. des zweiten ὅταν-Satzes sein. Auch die bessere Bezeugung spricht klar für die Präsensform.
[764] Vgl. zu den beiden ὅταν-Sätzen im Präsens und Aorist Bauer/Aland 1190; Lambrecht* 154 Anm. 9.
[765] Zur Verbindung von Herrschaft und Vater vgl. Schrenk, ThWNT V 1011f. Ob

Gott hier als Vater Jesu Christi bestimmt werden soll (so Meyer 436 mit Hinweis auf Röm 15,6; 2Kor 1,3; 11,31; Gal 1,3 und andere ntl. Stellen; ähnlich Weiß 359 u.a.), ist angesichts des fehlenden τοῦ κυρίου ἡμῶν Ἰησοῦ zwar nicht sicher, doch andererseits fehlt ein ἡμῶν anders als 1Thess 3,11.13 auch in der salutatio der Briefeingänge (1,3 u.ö.); vgl. Grosheide 366 und weiter unten Anm. 837.
[766] Allerdings ist sehr strittig, ob im folgenden überhaupt von einer Herrschaft Christi die Rede ist, was mit der schwierigen Bestimmung der jeweiligen Subjekte und Personalpronomen zusammenhängt. Der weitestgehende Vorschlag für eine rein theozentrische Interpretation nimmt schon in V 24c (ὅταν καταργήσῃ) Gott als virtuelles Subjekt an (so Heil* 30 u.ö.; Aono* 26f). Daß am Schluß des vorhergehenden Satzes τῷ θεῷ καὶ πατρί steht, kann das freilich kaum erweisen. Von V 24b her liegt es zweifellos näher, daß die Subjekte der beiden ὅταν-Sätze identisch sind, und Subjekt von παραδιδῷ ist unbestritten Christus. Subjekt eines καταργεῖν ist zwar überwiegend Gott (vgl. V 26 und unten Anm. 810), aber keineswegs durchgängig (vgl. 13,11 und 2Kor 3,14 ἐν Χριστῷ καταργεῖται). Im übrigen klingt es auch wenig sinnvoll, daß Christus die Herrschaft innehat und an Gott übergibt, wenn dieser selbst zuvor alle Mächte entmachtet hat (vgl. Lindemann* 94; Verburg* 37f). Selbst Klumbies* 168 läßt bei seiner sonstigen theozentrischen Auslegung καταργήσῃ als »Aussage über das Handeln Christi« gelten, fügt dann aber merkwürdigerweise hinzu, vom Ende des Gedankengangs und durch V 25b interpretiere Paulus auch die Vernichtung der Mächte durch Christus »schon als

vom Vater empfangen hat[767] und seit wann er sie ausübt, doch wird der *terminus a quo* die im Kontext im Vordergrund stehende Auferstehung sein, die als Einsetzung in diese Machtstellung zu begreifen ist[768]. Noch erstaunlicher ist, daß die βασιλεία Christi einzig als eine zeitlich befristete charakterisiert wird und mit der Übergabe an den Vater endet[769], ein Satz, der der Kirche und Theologie zusammen mit V 28b viel Kopfzerbrechen bereitet hat, weil er, wie die Auslegungs- und Wirkungsgeschichte zeigt, vor allem nicht leicht mit Lk 1,33 und dem Nicänum (»dessen Reich kein Ende haben wird«) zu vereinbaren ist[770]. Für die Gegenwart aber können aus dem Satz keine Folgerungen über das Ausmaß der βασιλεία gezogen werden. Immerhin ergibt sich aus dem zweiten ὅταν-Satz, daß Christus vor der Übergabe der Herrschaft an Gott alle anderen Mächte, die seine Herrschaft bestreiten, bezwungen haben wird[771]. Dieses καταργεῖν des zweiten ὅταν-Satzes aber, das zwar syntaktisch dem βασιλεύειν des ersten ὅταν-Satzes folgt, wegen des Aorist aber vorzeitig dazu aufgefaßt werden muß[772], ist ebenfalls noch nicht zum Ziel gekommen, weil »der letzte Feind« nach V 26 noch nicht unterworfen ist. Ist die Herrschaft Christi also einerseits mit seiner Auferstehung angebrochen,

---

einen Akt Gottes«. Richtig daran ist natürlich, hier keine überspitzten Alternativen zu konstruieren, doch vgl. unten Anm. 828. Die meisten treten dann auch für Christus als Subjekt von V 24 ein, z.B. Barrett 357; Wilcke* 101; Luz* 340 Anm. 84; Baumgarten* 104; Wolff 387; Lindemann* 94; Lang 226; Fee 754 mit Anm. 40; Lambrecht* 135f.137.

[767] Schmidt, ThWNT I 582 setzt das aber mit Recht voraus; vgl. weiter unten Anm. 805 und zu V 27.

[768] Zur Auferstehung bzw. Erhöhung als Beginn universaler Herrschaft vgl. z.B. Thüsing* 240; Froitzheim* 146;Wilcke* 99; Schendel* 22, Dupont* 387; Lambrecht* 131; Plevnik* 128f. Das entspricht Röm 1,3f (Ostern als messianische Inthronisation des Sohnes) sowie Röm 14,9; Phil 2,9-11, dort allerdings mit κυριεύειν bzw. κύριος, doch sachlich ist das durchaus vergleichbar (vgl. auch das Nebeneinander von βασιλεύειν und κυριεύειν in Röm 6,12.14), wenngleich Phil 2 die schon realisierte Unterwerfung und Huldigung der Mächte preist, wobei allerdings offen ist, wann das geschieht und ob sich die Tradition und Paulus (vgl. Röm 14,11) hier nicht unterscheiden. Vgl. auch unten Anm. 782. Zum Motiv der Herrschaftsübertragung in der Menschensohntradition vgl. oben Anm. 702.

[769] Daß diese Übergabe »une attitude permanente« sei (so Carrez* 139), kann nur als

verfehlt angesehen werden (vgl. die Voten bei de Lorenzi, Résurrection 159.161).

[770] Entsprechend wird oft zu differenzieren versucht; vgl. Meyer 437 und Heinrici 470 (»Sein *Reich* bleibt, aber seine *Regentschaft* nicht«); Robertson/Plummer 355 (»We need not think of Christ losing anything or as ceasing to rule, but as bringing to a triumphant conclusion a special dispensation«). Barrett 357 (ebs. Martin*17) sieht eine Differenz nur im *status ad extra* (vgl. Phil 2,6 ἴσα θεῷ), Grosheide 369f nur den Auftrag des Mittlers, nicht dessen Sein betroffen (vgl. auch Hill* 311 Anm. 36), Wolff 387 nur die Aufhebung des besonderen Herrschaftsauftrags, »den Christus in der jetzigen, vergehenden Weltzeit hat«, während er »an der vollendeten Herrschaft Gottes« wie die Glaubenden durchaus beteiligt werde; ähnlich Kittel (Lit. zu Kap. 15; Befreit) 167. Nun soll Christi βασιλεύειν gewiß vor allem die widergöttlichen Mächte ausschalten, doch von einem anderen βασιλεύειν, etwa zusammen mit Gott wie Offb 22,1ff, ist nichts angedeutet; ein Ausgleich mit 4,8 und 6,2 findet gerade nicht statt.

[771] Zur bildlichen Wendung τιθέναι bzw. ὑποτάσσειν ὑπὸ τοὺς πόδας vgl. Bauer/Aland 1396; Weiß, ThWNT VI 629.

[772] Vgl. Meyer 436; Luz* 340 Anm. 82; Barth* 522 Anm. 38; Baumgarten* 102; anders v. Hofmann 348f.

andererseits aber noch nicht abgeschlossen, weil Christus noch nicht »alle« Feinde zu Füßen liegen, dann denkt Paulus offenbar an ein prozeßhaft-dynamisches Geschehen[773], in dem Christus seine Herrschaft in der Entmächtigung der Mächte durchsetzt[774]. In dieser Geschichte der sich durchsetzenden Herrschaft Jesu Christi gibt es freilich, auch wenn man sie nicht mit einem innergeschichtlich-organischen Entwicklungsprozeß verwechseln darf, kein Auf und Ab, sondern alles läuft auf das endgültige Ziel von V 28 zu, was zudem nach Röm 16,20 ἐν τάχει erreicht sein wird (dort ist allerdings Gott selbst Subjekt des συντρίβειν τὸν σατανᾶν). Schon das verwehrt es, βασιλεύειν nur »zum Schutze und zum Heile der Auserwählten« geschehen zu lassen[775] und die Mächte allein als für Christen bedrohliche aufzufassen, sosehr man diese Dimension einzuschließen hat. Die Mächte, die der Christus bezwingt, sind vielmehr zugleich als *christus-* und *gott*feindliche zu charakterisieren (vgl. V 25 ἐχθρούς)[776]. Dabei braucht wie in 2,6.8 (ἄρχοντες τοῦ αἰῶνος τούτου) zwischen überirdischen und geschichtlichen Mächten nicht alternativ unterschieden zu werden (vgl. schon das doppelte πᾶσαν)[777],

---

[773] Vgl. z.B. Barth 100: Paulus sehe »den Herrn von *Kampf* zu *Kampf* und schließlich dem unbegreiflich höchsten *Sieg* entgegenschreiten« (kursiv im Original gesperrt); Cullmann, Christus 73; Luz, EWNT I 491 (die Herrschaft Christi sei »eine Zeit des weitergehenden Kampfes gegen die Mächte, mit deren Besiegung sie endet«); v.d. Osten-Sacken* 493.496; Lewis* 134; Holleman* 62. Lindemann* 94 Anm. 40 schätzt wegen der Naherwartung die Differenz zwischen einer allmählichen und einer »in einem Zuge« erfolgenden Vernichtung der Mächte als »relativ gering« ein. Das mag sein, doch spricht wenig dafür, daß Paulus »a single action« (so Kistemaker 552) im Blick hat.

[774] Die beliebte Auskunft, die Entmachtung der Mächte sei schon geschehen und es erfolge bei der Wiederkunft nur noch ihre »öffentliche Entmachtung« (so z.B. Grundmann, ThWNT II 308), ist ein Harmonisierungsversuch mit den deuteropaulinischen Belegen und von unserer Stelle her nicht zu halten. Von einer Huldigung der Mächte ist anders als Phil 2,10 nicht die Rede.

[775] So Gutjahr 435; vgl. auch v. Mosheim 697f.

[776] Die Unterwerfung der (Geister-) Mächte und das Gericht über sie spielt vor allem im äthHen und in der synoptischen Tradition eine große Rolle (vgl. Kabisch* 255 und Plevnik* 246-250), in äthHen 55,4

geschieht sie durch den »Auserwählten«, in Mk 3,22ff durch den »Stärkeren«, in Offb 20,1f durch »himmlische Engel«, in 2Thess 2,8 durch »den Hauch seines Mundes« (vgl. auch 4Esr 13,4.9f). Jedenfalls ist die Besiegung des Todes auch in jüdischen Texten mit der der Mächte verbunden (vgl. de Boer* 54f.68f.85f; Plevnik* 256-259).

[777] Gemeint sind also vermutlich weder nur Geistermächte und Dämonen (so aber Chrysostomus 337; Semler 421 [*daemones et mali angeli*] und die meisten wie Bousset 157; Conzelmann 332; Senft 199; Fee 754 Anm. 41; de Boer* 136; Verburg* 147) noch umgekehrt irdische Mächte (so aber Grotius 822: *omnia imperia & regna mundi ac regimina minora*; W. Carr, Angels and Principalities, 1981 [MSSNTS 42], 91: »human authority of whatever sort and where ever located«). Vielmehr wird beides einzuschließen sein (vgl. Meyer 437; Heinrici 470; Schlatter 416; Schendel* 15; Arrington, Aeon 136 Anm. 51; Arzt* 151. 153; Macky, War Myth 89), und man sollte sich auch hier vor Spiritualisierung und einem Dualismus von Himmel und Erde hüten, also etwa die konkreten irdischen Mächte ausklammern (vgl. K. Wengst, Pax Romana. Anspruch und Wirklichkeit, München 1986, 100; 217 Anm. 53; Hays 265; Horsley, 1 Corinthians 244; Fisher 245; Witherington* [Conflict] 298 findet sogar eine Attacke gegen die Ideologie des römischen Imperiums). Nach Weiß 359 geht es

auch wenn die kosmisch-dämonischen im Vordergrund stehen mögen und πᾶσαν ἀρχὴν καὶ πᾶσαν ἐξουσίαν καὶ δύναμιν Parallelen vor allem in den Mächtekatalogen der deuteropaulinischen Texte hat[778]. *Wie* und zu welchem Ende sich das καταργεῖν vollzieht, das grundsätzlich auch hier eine »harte« und »weiche« Deutung zuläßt, aber eher eine Entmachtung als eine Vernichtung nahelegt[779], darüber sagt Paulus ebensowenig etwas wie über die Art und Weise des ὑποτάσσειν (V 27)[780]. Entsprechendes gilt auch für den Modus des βασιλεύειν, auch wenn apokalyptische Tradition das z.T. ausführlich dargestellt hat[781]. Jedenfalls qualifiziert die βασιλεία Christi bereits die Gegenwart (vgl. auch das Präs. Part. desselben Verbums καταργεῖν in 2,6), doch ist sie weder eine schon

---

um die Beseitigung von allem, »was außer Gott und etwa gegen Gott in der Welt Macht und Herrscherwillen hat«. Von diesen personifizierten bedrohlichen Mächten wird man auch Sünde und Tod nicht ausnehmen, aber auch nicht nur (so etwa Schweizer* 310; Kittel [Lit. zu Kap. 15; Befreit] 164) an Gesetz, Sünde und Tod denken.

[778]   Vgl. Kol 1,16; 2,10.15; Eph 1,21; 3,10; 6,12; vgl. auch 1Petr 3,22; zu Paulus selbst vgl. 2,6 (vgl. auch zu 6,3; 11,10) und 8,5 sowie Röm 8,38; Phil 2,10.8. Als Analogien wird auf apokalyptische und gnostisch-astrologische Belege verwiesen (so Lee* 56-63; vgl. auch Weiß, EWNT I 391), meist aber zu Recht auf apokalyptische (vgl. das Zitat von Dan 7,14 oben Anm. 702 und die Belege bei Billerbeck III 581-583 sowie Conzelmann 332; Lewis* 89-91 u.a.). Sandelin* 83 will dagegen wenig überzeugend die Mächte im Lichte der Angelologie der jüdischen Weisheit sehen und muß dann ihre Dämonisierung Paulus zuschreiben.

[779]   Vgl. zu dieser doppelten Möglichkeit Feneberg, a.a.O. (EKK VII 2, 20 Anm. 292). Vermutlich ist hier weniger an Annihilierung zu denken (Delling, ThWNT I 454 z.B. deutet καταργεῖν in V.24.26 allerdings im Sinne einer »*völligen Vernichtung*«; vgl. auch Conzelmann 332 Anm. 80; v.d. Osten-Sacken* 481; Froitzheim* 149 Anm. 319; de Boer* 121 und 223 Anm. 102; Plevnik* 246; Loest* 92 u.a.) als an Beendigung der Macht, wofür auch ὑπὸ τοὺς πόδας τιθέναι in V 25 spricht (nach Lindemann* 95 ist die Veränderung des Bildes vom Fußschemel eine Abschwächung); vgl. schon Bachmann 445.446 (zu Füßen werden die Feinde liegen »nicht als Tote, wohl aber als Bezwungene«); Barrett 358; Lee* 65f (ineffektiv machen, ausschalten, entthronen);

Sandelin* 71; Schmithals* 63; Verburg* 148; Lewis* 57f (»Ultimately, then, Christ struggles for the sake of the cosmic powers as well«); Beilner* 102 (da der Sohn sich dem Vater unterwirft, könne man nicht daran denken, daß Gott »»mit eiserner Faust« alles sich ›unterjocht‹«); Fisher 245; Macky, War Myth 206f. Anders steht es aber vermutlich in V 26, doch vgl. Söding (Lit. zu Kap. 15) 44: Der eschatologische Sieg bestehe »nicht schon darin, daß Gott den Tod tötet«, sondern darin, »daß Gott den Tod in Leben verwandelt«. Zu καταργεῖν vgl. weiter 1,28; 2,6; 6,13; 13,8.10f.

[780]   Zudem ist ὑποτάσσειν (V 27) nicht gleich ὑποτάσσεσθαι, wie V 28 zeigt, wo es ein freiwilliges ist.

[781]   Vgl. PsSal 17,22-46; äthHen 46,4-8; 4Esr 13,5-13; syrBar 39,7; im NT auch Offb 19,20f oder 2Thess 2,8. Das heißt nicht, daß auch Paulus hier an einen »eschatological war« (so aber de Boer* 134) oder im Gegenzug nur an ein καταργεῖν durch Wort und Sakrament zu denken wäre (so aber G. Klein* [Weltregiment] 263: Christi Herrschaft zeige sich »als reines Wortgeschehen«; allerdings wird ebd. ebenso vom »Niederbruch aller anderen Herren« gesprochen, die nach 8,6 »nach wie vor Himmel und Erde durchwalten«). Ob nach Paulus auch die Christen bei ihrer *militia Christiana* in diesen Kampf involviert sind (vgl. Eph 6,12), ist eine andere Frage; nach Beilner* 87 soll sich das Zunichtemachen der gottwidrigen Gewalten »offenbar im entsprechenden Verhalten der Gerechtfertigten« ereignen. Vgl. aber auch unten Anm. 793. Jedenfalls erstreckt sich die Herrschaft Christi nicht nur auf die Kirche, wie sich aus V 25 deutlich genug ergibt, auch wenn diese die Kirche übergreifende Herrschaft noch nicht an ihr Ziel gekommen ist.

schlechthin realisierte[782] noch eine nur ausstehende[783]. Sie hat zwar mit der Auferweckung begonnen, ist aber noch nicht universal und noch nicht vollendet, sondern im Werden begriffen, was zugleich einen dialektischen Schwebezustand *ad infinitum* ausschließt. Mindestens herrscht Christus über seine Gemeinde (vgl. den Kyriostitel), was aber nicht heißt, daß sich seine Herrschaft nur auf die Kirche oder gar auf den Bereich der christlichen Innerlichkeit erstreckt und nicht auch die Welt durchdringe[784]. Mit V 24b aber rückt das Ende dieser Herrschaft und die Unterordnung des Sohnes unter den Vater bereits in Sicht, so daß V 24b auf V 28 vorausverweist und beide Aussagen den Abschnitt umrahmen[785].

V 25 begründet die noch notwendige völlige Ausschaltung aller Mächte während der Herrschaft Christi mit einem der eschatologischen Sprache entstammenden δεῖ, das auf Gottes Heilsplan und -willen hindeutet[786]. Die Ausübung und Vollendung der Herrschaft Christi ist nicht angemaßt und nicht autonom, sondern geht auf den Heilswillen und das Mandat

[782] So allerdings Wilcke* 98f unter Heranziehung der deuteropaulinischen Belege, vor allem des Aor. μετέστησεν in Kol 1,13; ähnlich Morissette* 320; G. Klein* (Weltregiment) 261 (»uneingeschränkt gegenwärtige Realität«); auch Loader* 208 erklärt, »that substantially the powers are already subject to him«. Doch hierin unterscheidet sich Paulus gerade von bestimmten hymnischen Aussagen, nach denen mit der Auferstehung bzw. Erhöhung Christi die Überwindung der Mächte schon geschehen ist (vgl. Eph 1,20f; 4,8ff; 1Petr 3,22), wenngleich man auch die Deuteropaulinen selbst vermutlich vom Triumphalismus abzurücken hat (vgl. z.B. Mußner* 148). Jedenfalls setzt Paulus eindeutig keine schon definitive Herrschaft Christi voraus.

[783] So aber Hay* 61 (»primarily or exclusively future«); auch andere sehen die Herrschaft Christi erst mit der Parusie beginnen (Lietzmann 81; Maier* 150 u.a.). Nach Luz* 347 soll sich nicht sagen lassen, ob die Herrschaft Christi, die er zwischen Parusie und Ende plaziert, schon vorher beginnt, wobei er die Stellen zur κυριότης nicht mitheranziehen zu dürfen meint; anders Schendel* 21-23.

[784] Schon gar nicht ist βασιλεία einfach »die Gesamtheit aller Auserwählten und Erlösten« (gegen Gutjahr 432 und viele Kirchenväter) bzw. *cum stadio terreno Ecclesiae* koinzident (gegen Leal* 228); vgl. Bachmann 444: Βασιλεία ist hier »der Begriff nicht des Gemeinwesens, das beherrscht wird, sondern der königlichen

Herrschaftsausübung«, und die ist nicht auf die Kirche beschränkt, sondern zielt auf die kosmischen Mächte (vgl. auch Schnackenburg* 208; Lindemann* 98 Anm. 60 und oben Anm. 777). Nach Wilcke* 99 Anm. 464 soll die Deutung der βασιλεία auf die *ecclesia fidelium et congregatio electorum* die Schwierigkeit umgehen, daß Christi Herrschaft nach Paulus ein Ende hat.

[785] Diese *inclusio* ist neben der Herausstellung der zentralen Bedeutung von V 26 das Berechtigte an dem Versuch von Hill* 200 u.ö., im ganzen Abschnitt eine chiastische Struktur zu entdecken (vgl. auch Verburg* 39; Lewis* 45f), was sonst aber z.T. konstruiert wirkt; vgl. Lambrecht* 147; Barth* 522.

[786] Vgl. außer V 53 und 11,19 (EKK VII 3, 21) auch 2Kor 5,10. Vgl. die Belege aus der apokalyptischen Sprache, z.B. Dan 2,28; Offb 1,1; 4,1; 22,6; Mk 13,7.10.14 par.; äthHen 92,2; AssMos 12,4f; 4Esr 4,36; Sib 3,571f u.ä.; mit Bezug auf die Auferstehung vgl. TestBenj 10,6-8. Man sollte δεῖ auch hier nicht sofort mit dem »Schriftbeweis«, der faktisch gar nicht als solcher markiert ist, verbinden wie z.B. Weiß 359; Moffat 249; Dupont* 388; Lindemann* 95; Lambrecht* 132 (»He must reign«, because God revealed it in scripture«), auch wenn gewiß kein Gegensatz dazu vorliegt und der Heilsplan in der Schrift seine Bestätigung findet; so deutlicher als hier in V 53. Erst recht ist δεῖ nicht als »moral obligation« zu interpretieren wie bei Grosheide 367.

Gottes zurück. Das ist im Sinne des Paulus trotz der jesuanischen Verkündigung der βασιλεία τοῦ θεοῦ nicht einfach als Fortsetzung und Wiederaufnahme der Botschaft Jesu zu deuten[787], auch wenn eine gewisse sachliche Übereinstimmung nicht bestritten zu werden braucht[788]. Anstelle der sonst meist zitierten Inthronisation und des »Sitzens zur Rechten« (Ps 110,1a) hebt Paulus in seiner Anlehnung an den Psalmvers auf das βασιλεύειν Christi ab[789], das alles andere als ein abwartendes tatenloses Thronen im Himmel ist[790]. Wieder tritt wie in V 24 als zentraler Punkt in der Auferstehungshoffnung des Paulus ans Licht, daß es dabei vor allem auf das βασιλεύειν des auferweckten Christus ankommt[791] (vgl. auch Röm 14,9), wobei nicht eine anthropologische oder gar individualgeschichtliche, sondern eine christologische und universalgeschichtliche Orientierung vorherrschen[792]. Menschen werden in V 24-28 direkt gar nicht erwähnt[793], wenngleich die »Feinde« nicht nur »Geistermächte« sind, wie meist angenommen wird[794]. Paulus expliziert das βασιλεύειν Christi mit Ps 110,1b[795], was hier aber ohne *formula quotationis* ge-

---

[787] Anders etwa Heinrici, Sendschreiben 507: »die Kehrseite der siegreichen Entwicklung des Gottesreichs, wie sie der Herr während seines irdischen Wandels in der Freude über die Erfolge seiner Jünger vorher verkündigte (Luc. 10,18)«.

[788] Vgl. Schweizer* 313 und auch Lindemann* 107, nach dem die Parusieerwartung die Reich-Gottes-Erwartung nicht einfach abgelöst hat. Nur ist die Herrschaft Christi für Paulus »gleichsam ein schon vorhandener, repräsentierender ›Vorläufer‹ der βασιλεία τοῦ θεοῦ und wird vom erhöhten Christus ausgeübt« (Wilcke* 99).

[789] Nach Hay* 30.33 intendiert der jüdische Gebrauch von Ps 110,1 dagegen eher »a symbol of passivity« und »inactivity«; er sieht ebd. 36 durch die Einfügung von τὸ λοιπὸν ἐκδεχόμενος auch in Hebr 10,13 »inactive waiting« konnotiert.

[790] Vgl. H.-J. Kraus, Theologie der Psalmen, Neukirchen-Vluyn 1979, 237: »Die Herrschaft des erhöhten Christus ist also nicht ein in statischer Weltüberlegenheit zu feierndes Regiment, sondern geschichtliche Bewegung, Kampf und Sieg Gottes«; vgl. auch G. Klein* (Reich) 661.

[791] So vor allem Käsemann* 91 und Versuche II 129: »Weil Christus herrschen muß, darum kann er die Seinen nicht dem Tode lassen ... Die apokalyptische Frage, wem die Weltherrschaft gehört, steht hinter der Auferstehungstheologie des Apostels«. Das ist gegenüber jeder anthropologischen Engführung berechtigt, allerdings nur zusam-

men mit der Begrenzung und Übergabe dieser Herrschaft Christi an Gott in V 27f zutreffend. Vor allem Beker (Lit. zu Kap. 15; Paul) 154f u.ö. macht nachdrücklich auf die Gefahren einer Christologisierung aufmerksam; vgl. auch Lewis* 15f u.ö. Noch anders Brakemeier (Lit. zu Kap. 15) 65: V 25a habe kein Eigengewicht, sondern die Pointe sei V 25b, d.h. der eschatologische Vorbehalt (vgl. auch Käsemann unten Anm. 815), doch relativiert das nicht das βασιλεύειν Christi, das Paulus im folgenden expliziert und limitiert, nicht aber in seiner Gegenwart und Wirklichkeit einschränkt.

[792] Vgl. Luz* 342f. Allerdings will er V 23-24a davon unterschieden wissen; vgl. aber auch ebd. 349: Die beiden Linien stehen nicht beziehungslos nebeneinander, sondern die von V 24b-28 umfaßt die von V 23-24a.

[793] Lindemann* 98; vgl. aber Schweitzer, Vorlesungen 430 zu V 23 (»Genosse[n] des kämpfenden und herrschenden Messias«); vgl. auch oben Anm. 781. Daß der Sturz der widergöttlichen Weltmächte in der Apokalyptik »ohne Zutun von Menschenhand« geschieht (Dan 2,34.45; vgl. 7,26f; 8,25), kann die Frage nach einer Beteiligung der Christen bei Paulus jedenfalls allein nicht entscheiden; vgl. weiter zu V 58.

[794] Vgl. oben Anm. 777f zu den »Mächten«. Wie dort sind auch hier geschichtliche ἐχθροί wie »die Feinde des Kreuzes Christi« (Phil 3, 18) einzuschließen.

[795] Zu seiner Rolle im Frühchristentum vgl. oben Anm. 695 und 789.

schieht[796]. Dabei wird der Psalmvers so ausgelegt, daß die Unterwerfung der Mächte noch nicht abgeschlossen ist (vgl. auch Röm 14,11), womit Paulus sich zugleich wieder vom Perfektionismus der Korinther unterscheidet, die bereits an der Herrschaft Jesu Christi zu partizipieren meinen (4,8). Wie das zum Schriftwort hinzugefügte πάντας zeigt, kommt es Paulus wie schon im vorhergehenden V 24 (πᾶσαν ἀρχήν, πᾶσαν ἐξουσίαν) und dann im folgenden V 27 (πάντα und τὰ πάντα) aber vor allem auf die alles umfassende universale Dimension der Herrschaft Christi an[797], und die eben ist noch bestritten und noch nicht erreicht. Eine Antwort auf die umstrittene Frage, ob γάρ nur den zweiten ὅταν-Satz bestätigt und erläutert oder nicht doch beide ὅταν-Sätze bzw. den ganzen V 24[798], darf jedenfalls das Schwergewicht kaum einseitig darauf legen, daß alles auf die zeitliche Begrenzung der Herrschaft Christi ankomme. Denn gewiß benennt ἄχρις οὗ κτλ. den *terminus ad quem* der Herrschaft Christi[799], doch wird damit weniger eine Befristung als mit Gewißheit das Ziel ins Auge gefaßt, daß nämlich »alle« Feinde dem universalen Aktionsradius des βασιλεύειν Christi zuzurechnen sind (nicht zufällig ist das πάντας eingefügt), dessen Vollendung aber noch aussteht[800].

Allerdings bleiben bei diesem Rückgriff auf Ps 110,1 manche Details unbestimmt. So ist nicht ganz eindeutig, wer das Subjekt von θῇ ist (fast alle anderen Zitate dieses Psalmwortes im Neuen Testament bleiben bei θῷ), doch da Christus im V 24 begründenden V 25a das Subjekt des βασιλεύειν ist, dürfte das auch für den im Anklang an Ps 110,1 LXX formulierten Satz in V 25b, also für θῇ, gelten, zumal mit ἐχθρούς noch einmal die Mächte von V 24 zusammengefaßt, das καταργήσῃ von V 24 aufgenommen und Gott vorher nicht genannt wird[801]. Schwieriger ist die

---

[796] Auch sonst werden öfter atl. Sätze und Wendungen nicht als solche markiert: vgl. außer V 27 auch Röm 9,7; Gal 3,11.
[797] Vgl. etwa Beza 160: In der *particula vniuersalis* liege *tota vis argumenti*, denn wenn alle Feinde beseitigt werden, gelte das auch für den Tod; vgl. vor allem Barth* 525; Wallis* 233; Lewis* 50.
[798] Vgl. das Referat bei Conzelmann 333f.
[799] Vgl. Meyer 437; Heinrici 470 (das »bis« habe »den Nachdruck«); Weiß 359; Godet II 200; Conzelmann 334 Anm. 92 (das ἕως ἄν im Psalm weise auf den »Endzustand des Sieges«, und Paulus mache daraus »eine zeitliche Grenze«; vgl. aber auch die nächste Anm.); Wilcke* 102 (das V 24 Begründende liege »hauptsächlich in den Worten ἄχρι οὗ«); Dupont* 388.
[800] Vgl. auch Maier* 147; Lietzmann 81; Bachmann 445; Conzelmann 333 (»Tenor ist nicht die zeitliche Schranke der Königsherrschaft Christi, sondern die Feststel-

lung, daß sie die göttliche Garantie hat und zum Ziel führt«; ebs. G. Klein [Reich] 661); Sellin* 273. Daß sich das πάντας »perhaps against exclusive positions proffered by those who themselves held to the general resurrection« richte (so Mitchell, Paul 288), ist kaum wahrscheinlich.
[801] Vgl. Chrysostomus 337; Rückert 408; de Wette 148; Meyer 437; Heinrici 470; Bachmann 445 Anm. 1; Lietzmann 81; Weiß 359; Héring 141; Conzelmann 334; Luz* 340 Anm. 84; Senft 199; Wilcke* 101; Lambrecht* 132; Wolff 387f (von V 27c her werde aber deutlich, »daß letztlich Gott selbst der Handelnde ist«); Plevnik* 132. Für das Subjekt θεός plädieren dagegen Beza 160; Grotius 822; Bengel 432; Godet II 200 (»Gott ist mit ihm [sc. Christus] und durch ihn thätig«); Barrett 358; Schweizer* 304; Thüsing* 240; Lindemann* 95-97; Heil* 30f (u.a. mit Hinweis auf die Tradition in Eph 1,10-22 mit Gott als Subjekt);

Entscheidung darüber, wer in dem αὐτοῦ bei πόδας steckt[802]. Unter wessen Füße legt Christus die bzw. seine Feinde[803]? Aber auch hier wird Christus selbst gemeint sein[804], denn auch in V 27 ist mit πόδας αὐτοῦ auf Christus abgehoben. Christus muß also zuvor alles unter seine Füße unterworfen haben, bevor er die Herrschaft dem Vater übergibt. Auch wenn man kein sonderliches Interesse des Paulus an allzu scharfer Differenzierung voraussetzen darf (vgl. zu V 27b), ist anzunehmen, daß Christus derjenige ist, der sich wie Phil 3,21 alles unterwirft, auch wenn aus ὑποτάξαντος in V 27 (vgl. auch ὑποτάξαντι V 28) deutlich hervorgeht, daß Christus nur darum seinen Siegeszug antreten kann, weil Gott selbst ihm die Macht dazu verliehen hat[805], er also nie aus eigener Machtfülle und -vollkommenheit regiert, sondern in Gottes Auftrag die Mächte unterwirft.

26   Letztlich kann nur Gott selbst den Feind aller Feinde, nämlich den Tod, besiegen. Das scheint auch V 26 zu zeigen und wird durch V 54-57 bestätigt. Paulus sieht vor allem noch in der seit Adam bestehenden (V 21f) Herrschaft der Unheilsmacht des Todes die Universalität der Herrschaft des Christus bestritten, was nach V 23c besonders auffällt[806]. Dieser Tod

---

Holleman* 59; Maurer, ThWNT VIII 156, der den nicht gekennzeichneten Subjektwechsel damit erklären will, daß Paulus in der Gemeinde die Bekanntschaft mit dem Psalm voraussetze.

[802]   Vgl. auch Röm 14,9 (Christus ist gestorben und auferweckt worden, damit er über Tote und Lebende herrsche) und Phil 3,21: κατὰ τὴν ἐνέργειαν τοῦ δύνασθαι αὐτὸν καὶ ὑποτάξαι αὐτῷ [sc. Χριστῷ] τὰ πάντα.

[803]   Die sekundäre Lesart mit αὐτοῦ bei ἐχθρούς in A F G 33 104 629 pc a r vg^mss sy^p hat sachlich nicht ganz unzutreffend ergänzt; Lindemann* 95 sieht dagegen im Fehlen des Possessivpronomens schlechthin alle Feinde betroffen.

[804]   Die von Weiß 359 als »eigentlich« notwendig erachtete Reflexivform αὐτοῦ (so F G) ist nicht notwendig; vgl. schon Heinrici, Sendschreiben 506; Wilcke* 101f und Bl-Debr-Rehkopf § 283 Anm. 6; vgl. weiter Schlatter 416; Lambrecht* 137. Die Lateiner bieten meist *sub pedibus eius*, doch haben Tertullian, Hilarius u.a. auch *sub pedibus suis*; vgl. J. Doignon, Les implications théologiques d'une variante du texte latin de I Corinthiens 15,25 chez Hilaire de Poitiers, Aug. 19 (1979) 245-258.

[805]   Vgl. Delling, ThWNT VIII 42 Anm. 11; Bertram, ebd. 607; Plevnik* 134.

[806]   Eine Identifizierung der Besiegung des

Todes mit der *allgemeinen* Totenauferstehung *nach* der Auferstehung der Christen (V 23c), wie sie von Ambrosiaster 173 (*Destructio mortis est resurrectio mortuorum*) über Olshausen 744 bis Lietzmann 81 und Bachmann 446 angenommen wird (da nach V 23 weder die Christen noch Ungläubige gemeint sein könnten, denke Paulus an die ohne Kenntnis Christi Entschlafenen wie z.B. »die Frommen des Alten Bundes«), muß mit der Schwierigkeit fertig werden, daß Paulus von einer doppelten Auferstehung sonst nichts verlauten läßt. Andere verbinden V 26 darum mit V 23c, also mit der Auferweckung der zu Christus Gehörenden; so z.B. Grosheide 368 (»The coming of Christ is the complete victory over death«) und Thüsing* 240, was aber aus V 26 eine Verdoppelung von V 23c macht. Ganz ausschließen kann man aber wie in V 22 auch die Erweiterung auf alle Toten nicht. Jedenfalls ist der Tod »nicht schon dadurch völlig zunichte gemacht, daß ihm seine Beute entrissen wird, sondern erst dadurch, daß ihm auch keine Beute mehr zufallen kann« (Gutjahr 436; ähnlich Molitor* 55f; vgl. auch Luz* 348f mit Anm. 118; Sellin* 274; Plevnik* 138). Gewiß ist über das Schicksal der Ungläubigen wiederum nichts gesagt, doch läßt sich durchaus fragen: »Does He (sc. God) will that in certain cases that power (sc. death) should con-

bleibt Feind[807], weil Christus das Leben bringt (V 22b). In diesem Festhalten am Feindschaftscharakter des Todes bestätigt sich der nüchterne Realitätssinn des Apostels, der markant von allen Versuchen absticht, den Tod als bloßen Schein zu relativieren (Weish 3,2) oder ihn als »Freund der Seele« versöhnlich oder dialektisch in das Leben einzubeziehen und damit beschönigend umzufälschen[808]. Der θάνατος in all seinen Gestalten und Erscheinungsformen gehört vielmehr in die Reihe der gottfeindlichen kosmischen Mächte, die innerhalb der bis V 25 reichenden Zeitspanne vernichtet werden und die Herrschaft Christi noch bestreiten[809]. Die Überwindung dieses lebenszerstörerischen letzten Feindes aber scheint nicht der letzte Akt des herrscherlichen Waltens Jesu Christi zu sein, sondern ist, wie das *passivum divinum* (ähnlich V 28a) indirekt zu erkennen gibt, letztlich Gott selbst und Gott allein zuzuschreiben[810]. Der plötzliche und kaum erkennbare Subjektwechsel ist gewiß im Blick auf das Verstehen der Adressaten nicht unproblematisch, doch würde sich dasselbe Pro-

tinue for ever?« (Robertson/Plummer 356). Deutlich ist immerhin, daß es um die endgültige Überwindung der Todesmacht und Todeswelt geht.

[807] Die Personifizierung des Todes begegnet auch im atl.-jüdischen Schrifttum, vor allem in der Apokalyptik (Jes 25,8; Hos 13,14; PsSal 7,4; LibAnt 3,10; 4Esr 8,53; syr Bar 21,23); im NT Offb 6,8; 20,13f; Hebr 2,14; vgl. auch 1Kor 15,54f und weiter de Boer* 36.83-91; Plevnik*139f; Lewis* 89-92. Nach Conzelmann 324f soll Paulus das mythologische Element dadurch reduzieren, daß nicht der Teufel (vgl. TestSim 6,6; TestLev 18,12), sondern der Tod zum letzten Feind erklärt wird; die Vorstellung sei kaum noch realistisch. Man darf das freilich schwerlich so stark ausdeuten, wie das bei Conzelmann geschieht, zumal auch die genannten Belege und Röm 16,20 vor einer Strapazierung warnen. Die Ausdrucksweise hier kommt aus V 25 (τοὺς ἐχθρούς). Eine Beziehung von Tod und Teufel (so Weish 2,24) ist von Paulus weder Röm 5,12f noch hier »auch nur angedeutet« (Heinrici, Sendschreiben 507f Anm. 3); ganz anders deutet von einem mythologischen Konstrukt her Macky, War Myth: Der Tod sei eine Maske des nicht erwähnten Satans (110) bzw. Satan sei der Engel des Todes (68).

[808] Vgl. Barth 100; Schniewind (Lit. zu 15,12ff) 125; Cullmann, Christus 208: Der Tod werde »in seiner ganzen Grauenhaftigkeit als das radikal Widergöttliche« ernstgenommen; vgl. etwa den Unterschied zur positiven Bewertung des Todes bei Philo, der zwar auch den Tod als Feind der Unver-

gänglichkeit bezeichnen kann (Abr 55), für den er aber entscheidend nur »endgültige Befreiung der unsterblichen Seele vom wertlosen Körper« ist (Sellin* 135; vgl. auch 172). Schlatter 417 überzieht, wenn er erklärt, der Mensch habe nicht »das Recht, den Tod seinen Feind zu heißen«. Ist Gottes Feind auch des Glaubenden Feind? Richtig ist eher umgekehrt, daß nicht nur der Tod der Feind Gottes, sondern auch Gott *der* Feind des Todes ist.

[809] Vgl. Käsemann* 91: »Auch der erhöhte Christus ist nicht am Ziel. Seiner Herrschaft wird durch die Macht des Todes noch widersprochen, sie ist also bis ans Ende der Zeit umstritten und insofern sogar fragwürdig«; ähnlich Dupont* 382.

[810] Anders z.B. Lambrecht* 139 und Lindemann* 99 (das Passiv sei keine Vorbereitung des Subjektwechsels, sondern erkläre sich durch die Betonung des letzten Feindes). Aber diese Betonung hätte in Analogie zu V 24 auch durch den Akkusativ und ein aktives καταργεῖν ausgedrückt werden können. Warum also das plötzliche Passiv? Daß das Vorliegen eines *passivum divinum* (vgl. dazu J. Jeremias, Ntl. Theologie I, Gütersloh 1971, 24) dazu zwinge, wie bei Aono* 26 auch für das καταργεῖν in V 24c Gott als Subjekt anzunehmen (so Schmithals* 63), ist nicht einzusehen. Dasselbe *passivum divinum* mit καταργεῖν findet sich zudem auch 2,6; 13,8.10, und Gott als Subjekt von καταργεῖν auch 1,28; 6,13; eine Ausnahme freilich bleibt gerade im Kontext V 24c. Dasselbe Problem stellt sich bei ὑποταγῇ V 28.

blem nur in anderer Form stellen, wenn dieser Subjektwechsel später angesetzt wird, denn in V 27c ist Subjekt des Unterordnens auf jeden Fall Gott[811]. Auch V 28a bestätigt durch das den Tod einschließende πάντα, daß Gott selbst es ist, der Christus alles unterordnet[812]. Der Umschlag in V 26 erklärt sich vermutlich daraus, daß Paulus der alttestamentlich-jüdischen Tradition Tribut zollt, nach der Gott selbst den Tod auf ewig vernichten wird (Jes 25,8; vgl. auch V 54 κατεπόθη und Röm 4,17; 8,11 u.ö.)[813]. Daß der Tod als letzter der Feinde bezeichnet wird, geschieht vermutlich nicht nur zur zeitlichen Bestimmung seiner Überwindung[814], sondern zugleich darum, weil er der mächtigste und darum gefährlichste ist[815] bzw. der »Gipfel des Gottwidrigen«[816], und zwar umfassend als zeitlicher und ewiger Tod. Erneut steht nicht eigentlich die Bewältigung des individuellen Todesschicksals durch die Hoffnung auf ein transmortales Heil des einzelnen zur Debatte, sondern der definitive Triumph über die kosmischen Macht des Todes[817]. Zwar ist die destruktive Herrschaft des

---

[811]   Klumbies* 164f will in V 27bc-28 die Fortsetzung des Gedankengangs von V 25-27a sehen, was aber nur für V 27a zutrifft, der in der Tat von V 27b-28 her zu verstehen ist. Daß das Ziel aber schon in V 25-27a vorbereitet werde, verkennt den Duktus von der universalen Auswirkung der Auferweckung Christi in dessen Herrschaft hin zu deren Verhältnisbestimmung zur Herrschaft Gottes.

[812]   Anders Becker* 86, nach dem hier »»erstmals in der urchristlichen Theologiegeschichte ... nun Christus selbst Macht über den Tod« haben soll; auch Holleman* 64 will den Unterschied zu Hebr 1,13-2,9 und 10,12f darin sehen, daß Paulus »makes the defeat of death the climax of Jesus' activity as ruler on behalf of God«. Richtig Burchard (Lit. zu 15,35ff) 254: »Der Auferstandene hat Macht und Auftrag, τὰ πάντα zu unterwerfen ...; die Toten auferwecken kann er anscheinend nicht«.

[813]   Zu Jes 25,8 in der rabbinischen Tradition vgl. Billerbeck III 481-483; vgl. auch Ez 37,12; 4Esr 8,53; syrBar 85,15; Offb 20,14 u.ä.; zur Totenauferstehung als Gottes Prärogative vgl. auch Volz, Eschatologie 255; zu den Rabbinen vgl. Billerbeck I 523 und ebd. 523f auch zu den Aussagen über die Totenauferweckung durch Gerechte und den Messias; vgl. dazu und zur frühchristlichen und paulinischen Auffassung auch D. Müller (Lit. zu Kap. 15) 151-159.

[814]   Nach Wilcke* 103 soll die Bezeichnung ἔσχατος aus der Tatsache resultieren, daß alle anderen Mächte schon vor der Parusie besiegt worden sind.

[815]   So z.B. Olshausen 744 Anm.* und Luz* 348, während Meyer 438 die Größe des Widerstandes für eingetragen hält. Vgl. aber auch Röm 5,14.17; 6,9, wo Paulus vom βασιλεύειν und κυριεύειν des Todes spricht, dessen Mächtigkeit und Herrschaft alle in seinen Bann zieht; in Röm 8,38 steht er an der Spitze des Mächtekataloges. Damit ist die eschatologische Dimension von ἔσχατος (vgl. Kittel, ThWNT II 695) nicht in Abrede gestellt; Käsemann, Versuche II 128 deutet im Sinne des eschatologischen Vorbehaltes; vgl. auch Martin* 115 (»suggesting an enemy whose power will be with us until the end time«); anders de Boer* 123f, der selbst »the conclusion of a series of events« markiert findet (125). Godet II 201 dagegen will wie schon die Alte Kirche (vgl. auch Bengel 432: *post Satanam et post peccatum*) den Tod darum als letzten qualifiziert finden, »weil die Macht des Todes auf tiefgreifenden Ursachen ethischer Natur« beruhe, die »zuerst beseitigt werden müssen«, d.h. Satan, Sünde und Gesetz, wie V 56 zeige.

[816]   So umschreiben Barth 100 und Bultmann, Glauben I 56 den Tod; vgl. auch Thomas 415 (*maxime contrariatur vitae*); Maier* 146 spricht vom Tod als »der mächtigsten, unheimlichsten und bis in die letzte Stunde des alten Aeons an der Macht bleibenden Feindgestalt«).

[817]   Vgl. z.B. McCaughey* 251 (»not merely a threat to personal survival«) und vor allem de Boer* 35.121 u.ö. Das Präsens kann hier nur als *praesens apodicticum* mit futurischer Bedeutung (Bl-Debr-Rehkopf §

Todes auch vor seiner endgültigen Entmächtigung keine unbegrenzte, denn nach Röm 8,38 und 1Kor 3,22 wird der Tod von der Christusliebe und Christenfreiheit her so relativiert[818], daß er in einem letzten Sinn den Christen nichts mehr anhaben kann, weil sie nach Röm 14,7-9 dem Herrn gehören, als Lebende wie als Tote (vgl. auch Phil 1,21). Gleichwohl hat der Tod seine lebensfeindliche Macht noch nicht vollends eingebüßt, und auch Christen bleiben nach wie vor in der Sphäre des Sterblichen (vgl. zu V 42ff.53f), so daß ihr σῶμα θνητόν (Röm 8,11) noch der Auferweckung bedarf.

Die am Ende auch den Tod einschließende universale Reichweite der 27 βασιλεία aber ist dem Christus vom Vater verliehen worden, wie V 27 mit einem weiteren Psalmwort begründet. Dabei trägt wieder das am Anfang stehende πάντα den Akzent, womit die Gewißheit fundiert werden soll, daß kein Feind unbesiegt bleibt, auch nicht der Tod[819]. Auch bei diesem zweiten alttestamentlichen Schriftwort[820], in dem wiederum ohne jede Kenntlichmachung[821] Ps 8,7 aufgegriffen wird, kann man schwanken, wer das Subjekt des Unterwerfens ist, Gott oder Christus. Für eine Beziehung von ὑπέταξεν auf Gott spricht außer der Parallelität zu V 28a das ὑποτάξαντος (V 27c) und ὑποτάξαντι (V 28b), das angeführte Psalmwort[822] und vor allem der Aorist, was sachlich auch das begründende γάρ bestätigt. Daß *Gott* Christus alles zu Füßen gelegt hat[823], ist dann der Grund, daß dieser alle Feinde besiegen kann. Wo Christus dagegen als

323; Morissette* 324: »présent prophétique«; Dykstra* 206; Lambrecht* 157) verstanden werden oder im Sinne von Robertson/Plummer 356 (»present time of what is certain«; ebs. de Boer* 122), jedenfalls nicht als Indikator, »that death is gradually or periodically losing its sting even in the time prior to τέλος« (so aber Koenig, Christ 104), und auch nicht als Indiz, daß der Tod beim Sterben jedes einzelnen durch eine Auferstehung überwunden wird (so aber Orr/Walther 334).
818 Vgl. zu 1Kor 3,22 und weiter Röm 14,7-9; Phil 1,21.
819 Barth 94; vgl. auch Maier* 154f (»In diesem einen Wörtchen konzentriert sich ... die ganze Beweiskraft von Ps 8,7 zugunsten von V. 26«); Barth* 523; Sellin* 273; anders Lindemann* 99f: V 26 bedürfe keiner Begründung, verstärke aber πάντας von V 25, wobei das Letztere zutreffen wird.
820 Nach Barrett 358 liegt gezerah shawah vor; ähnlich Morissette* 322 Anm. 7; vgl. dazu G. Stemberger, Einleitung in Talmud und Midrasch, München ⁸1992, 28f.
821 Vgl. dazu oben Anm. 796. Nach Hüb-

ner, Theologie, Bd. 2, 202 soll γάρ »im Sinne einer hier nicht ausgesprochenen formula quotationis stehen«. Zu ὑποτάσσεσθαι vgl. Delling, ThWNT VIII 40-46; Thüsing* 241-243; Spicq, Notes II 913-916; Morissette* 328f. Paulus gebraucht das Verb hier 6mal im Aktiv oder Passiv, mit Ausnahme von V 28 immer mit (τὰ) πάντα zur Bezeichnung einer Aktion Gottes zugunsten des Sohnes (V 27a.b.c.28a.b) und nur in V 28b als Medium für die Selbstunterordnung des Sohnes.
822 So z.B. Meyer 438: Das Subjekt Gott habe »sich dem Leser aus der ihm bewussten Psalmstelle von selbst« ergeben (ebs. Heinrici 471; Weiß 360; vgl. auch Senft 200; Luz* 340 Anm. 86; Lindemann* 100; Hübner [Lit. zu Kap. 15] 202f). Ὑπέταξεν wird dann auf »den göttlichen Ratschluß« bezogen, »kraft dessen Christus zum Herrn der Welt eingesetzt worden ist« (Godet II 202; ähnlich Robertson/Plummer 356f; Bachmann 446f).
823 Αὐτοῦ bei πόδας bezieht sich wie in V 25 auf Christus und entspricht dem αὐτῷ in V 27a und 28a.

Subjekt des ὑπέταξεν gilt, wird damit argumentiert, daß alttestamentliche Worte mit Gott als Subjekt auch sonst oft genug auf Christus übertragen werden (vgl. V 25), der Aorist sich notfalls aus der Übernahme aus dem Zitat erklären ließe[824], kein Subjektwechsel angedeutet ist, ja, wenn V 25b auf Christus bezogen wird, eine formale Parallele zu V 27a (θῇ κτλ. zu ὑπέταξεν κτλ.) vorliege[825] und die in V 27c folgende Abwehr eines Mißverständnisses so besseren Sinn mache, weil Gott sonst nicht ausdrücklich ausgenommen zu werden brauchte[826]. Der Hinweis auf das ursprüngliche Subjekt des Zitats bleibt ambivalent, der Aorist ebenso. Zum Subjektwechsel läßt sich immerhin auf das *passivum divinum* in V 26 verweisen, eine sachliche Analogie zu V 25a beruht auf einer formal bleibenden *petitio principii*, und die Ausnahme Gottes vom πάντα läßt sich auch bei Gott als Subjekt des ὑπέταξεν verstehen (vgl. unten). Manche vertreten die Meinung, daß Paulus hier auf Präzision bewußt keinen Wert legt und absichtlich keine scharfen Grenzen zwischen Gott und Christus zieht[827], doch kann man nicht gut übersehen, daß gerade an unserer Stelle auch deutlich differenziert wird[828]. Sachlich aber trifft es durchaus zu, daß Gott und Christus in ihrem Wirken hier sehr eng aneinandergerückt und nicht gegeneinander ausgespielt werden können, so daß z.B. das ὑποτάσσειν hier auf Gott, in Phil 3,21 aber auf Christus zurückgeführt werden kann. Da Subjekt des ὑποτάξαντος in V 27b in jedem Falle Gott ist, fungiert Christus als der von Gott delegierte Statthalter und Repräsentant, dessen unbegrenzte Machtfülle sich allein Gott selbst verdankt (vgl. 11,3). Damit erklärt sich auch der sachliche Parallelismus zu V 25, der von Christus handelt.

Der Anfang von V 27b wird meist entweder umschrieben mit: »Wenn er aber gesagt hat (sc. Gott durch den Psalmisten)« oder: »Wenn es aber

---

[824] So z.B. Wilcke* 105. Im Sinne des hebräischen Perf. zu verstehen (vgl. den Hymnenstil in der LXX oder Lk 1,46ff und etwa Lambrecht* 157: »a prophetic aorist«), bleibt dagegen schwierig.

[825] So Maier* 156; umgekehrt Lindemann* 100 und Heil* 29f, die beidemal Gott annehmen. Doch die Parallelität besteht nur in ὑπὸ τοὺς πόδας αὐτοῦ, was jeweils auf Christus zu beziehen ist, aber keine solche auch für das jeweilige Prädikat θῇ bzw. ὑπέταξεν erzwingt.

[826] Für ein virtuelles Subjekt Christus von ὑπέταξεν plädieren denn auch viele wie z.B. Lietzmann 81; Schlatter 412f; Conzelmann 336; Dupont* 391; Becker* 86 Anm. 33; Wilcke* 105; Arzt* 152; Fee 75 Anm. 48; Lang 227; Wolff 389; Lambrecht* 133.138.158. Anders aber die oben Anm. 822 Genannten sowie Robertson/Plummer 356; Godet II 202; Senft 200; Thüsing* 240

Anm. 4; Schendel* 18; Morissette* 326; Lang 227; Lindemann* 100f; Heil* 29-33; Klumbies* 164f.

[827] »Gott und Christus werden – logisch nicht ausgleichbar – ineinander gedacht« (Wilcke* 105 Anm. 502); vgl. auch Luz* 340 Anm. 86: Es zeige sich, wie wenig am Ende das Handeln Christi und Gottes geschieden werden könne und wie wenig es Paulus an diesem Punkt auf eine Präzisierung ankomme; ähnlich Baumgarten* 104. Zur Bestätigung kann man darauf verweisen, daß nach Paulus z.B. auch einmal Gott (Röm 14,10), ein andermal Christus als Richter vorgestellt wird (2Kor 5,10), ferner in Phil 3,21 auch Christus als Subjekt des ὑποτάξαι erscheint und sich von daher auch die präsentischen Belege mit βασιλεία τοῦ θεοῦ verstehen lassen.

[828] Vgl. Heil* 35 und Lindemann* 97.

heißt«[829]. Aber das mit ὅτι *recitativum* Eingeleitete kann schon wegen des Tempuswechsels schwerlich den Inhalt des Schriftzitats von V 27a rekapitulieren. Sehr viel näher liegt es, daß ein *futurum exactum* vorliegt und der ὅταν-Satz so wiederzugeben ist: »Wenn (dereinst) gesagt werden wird« (oder: »Wenn Gott [oder: Christus] gesagt haben wird«, sozusagen der vollständige Vollzug des ὑποτάσσειν von Gott konstatiert oder von Christus gemeldet wird)[830]. Ὅταν bezieht sich dann wie V 24.28 auf den zukünftigen Zeitpunkt, wenn das jetzt noch unrealisierte πάντα ὑπέταξεν Wirklichkeit geworden sein wird, und das mit ὅτι Eingeleitete (vgl. das Perf.) nennt den Inhalt der zukünftigen Proklamation[831]. Also: »Wenn es aber heißen wird« oder: »Wenn er aber (sc. Christus) gesagt haben wird: ›Alles ist unterworfen worden‹, dann ist evident[832], daß das mit Ausnahme dessen gilt, der ihm alles untergeordnet hat«. Die scheinbar keine Ausnahme duldende Universalität des dem Christus untergeordneten πάντα verlangt offenbar nach der Einschränkung, daß Gott selbst dem Sohn nicht untergeordnet ist[833], womit die Selbstunterord-

---

[829] So z.B. Schmiedel 194f; Weiß 360 (»exegetische Bemerkung«; ebs. Luz* 340 Anm. 87); Conzelmann 336 wie Lietzmann 80: »unpersönlich«, wobei als Subjekt ὁ θεός, ἡ γραφή o.a. vorschwebe. Auch von anderen wird für ἡ γραφή plädiert (de Wette 148; Barrett 359; Klumbies* 165; zu der Wendung εἴπῃ als Schrifteinleitung vgl. Koch, Schrift 25-28; dagegen z.B. Senft 200 Anm. 21: Die Schrift könne nicht selbst die Vollendung proklamieren, zumal diese, so wird man hinzufügen, gar nicht direkt apostrophiert wird). Besser ist es, als Subjekt Christus (v. Hofmann 355f; Heinrici 472; Gutjahr 436f; Bachmann 447; Wolff 389; Lambrecht* 139f.158; Morissette* 323 Anm. 8) oder aber Gott anzunehmen.

[830] Vgl. z.B. Meyer 439; Heinrici 472; Robertson/Plummer 357; Bachmann 447; Barth 100f; Wilcke* 104f Anm. 505; Lambrecht* 139 Anm. 52; Wolff 389. Weiß 360 Anm. 3 hat dagegen eingewandt, ὅταν εἴπῃ könne »ohne nachträgliches Futurum ... kein fut. exact. sein, sondern eine laxe Wendung für ὅταν λέγῃ«, läßt aber das Perfekt außer acht; vgl. Morissette* 323 Anm. 8. Entgegen denen, die Christus als Objekt von εἴπῃ voraussetzen, ist ein schon wieder anzunehmender Subjektwechsel, wenn Gott Subjekt von ὑπέταξεν ist, nicht gerade wahrscheinlich (so Robertson/Plummer 357).

[831] Robertson/Plummer 357: »The change from ὑπέταξεν to ὑποτέτακται is in fa-

vour of the reference to a future declaration rather than to what is said in the Psalm«; Findlay 929. Jedenfalls wird man das Perfekt mit »Die Unterwerfung aller Dinge ist vollendet« übersetzen (Gutjahr 437; vgl. auch Bachmann 447). Lang 227 meint, daß bei dieser Deutung nicht genügend zur Geltung komme, »daß Paulus mit dem Schriftwort argumentiert«, doch wird das gar nicht als solches herausgestellt. Zudem bleibt im anderen Fall das aus den sonstigen Aoristformen herausfallende Perfekt unberücksichtigt.

[832] Δῆλον ὅτι auch Gal 3,11; 1Tim 6,7 (*varia lectio*), eine »in Argumentationen häufige Wendung« (Bultmann, ThWNT II 60); vgl. auch Bl-Debr-Rehkopf § 127 Anm. 2.

[833] Man kann fragen, warum Paulus das mit solchem Nachdruck betont, doch tut man sich hier mit einer plausiblen Antwort schwer. In der Alten Kirche erinnert man wie Theophylakt 765 daran, daß Paulus an Griechen schreibt, die wußten, daß Juppiter sich gegen seinen Vater Saturnus erhoben hatte, während zwischen Christus und dem Vater völlige ὁμόνοια herrsche; vgl. auch Didymus 8 (πρός τε τὴν Ἑλλήνων μυθολογίαν τε καὶ ἀπάτην); Ökumenius 442; vgl. auch Theophrasts Bericht über abwechselnde Herrschaft der Götter und ihren Kampf in der iranischen Eschatologie bei Plutarch, Is. et Os. 47 (Berger/Colpe, Textbuch 252; vgl. auch Neuer Wettstein 391) und weiter unten Anm. 837. Aber das

nung des Sohnes in V 28 vorbereitet wird. Gott als Ursprung der verliehenen Macht ist selbstverständlich vom ὑποτάσσεσθαι ausgenommen und kann nicht zu dem gehören, was er dem Christus unterwirft.

28 Da ὑποταγῇ Aor. Konj. des Passivs ist (*passivum divinum*), wird in V 28a nochmals angedeutet, daß letztlich Gott selbst im Handeln und Herrschen des Christus der Handelnde und Herrschende ist, was ὑποτάξαντι in V 28b bestätigt. Nach V 28b wird Christus am Ende aber nicht nur die Herrschaft an Gott übergeben (so V 24), sondern sich auch selbst Gott unterordnen. Diese Unterordnung ist eine freiwillige und entbehrt aller entwürdigenden, aber auch patriarchalisch-hierarchischen Töne[834]. Die Übergabe der Herrschaft oder gar die Unterordnung des Sohnes sind nicht einfach traditionsgeschichtlich damit zu erklären, daß in der Apokalyptik die Zeit der Herrschaft des Messias eine befristete ist[835] und auch

bleibt pure Spekulation. Entsprechendes gilt auch für Godets II 202 Frage, ob sich jemand »unter dem Einfluß der in Korinth herrschenden Aufgeregtheit« zu der Behauptung verstiegen habe, »Gott, als die das Universum beseelende, unpersönliche Kraft, werde einst dem Messias, als dem höchsten Repräsentanten der Welt, ganz und gar unterworfen sein«. Barrett 360 erwägt ebenso hypothetisch, daß die Korinther der Meinung waren, »that at his exaltation Christ became the one supreme God«. Moffat 250 denkt an einen Einfluß der Mysterienreligionen, durch den es zu einer einseitigen Verehrung Christi und »concentrating interest upon some inward, semi-mystical experience of Christ« kommen konnte (251); vgl. Brakemeier (Lit. zu Kap. 15) 63 (gegen die Annahme, Gott gehe im *regnum Christi* auf) und Conzelmann 336 (es solle das Mißverständnis abgewehrt werden, »Christus sei der endgültige βασιλεύς«); Klumbies* 171 spricht sogar von einer »Ideologisierung der Christusbeziehung«. Aber δῆλον ὅτι verweist auf etwas ganz und gar Selbstverständliches (Maier* 154) und zeigt also, »daß Paulus an dieser Stelle gerade keinen Widerspruch der Korinther erwartet« (Barth* 523, der von daher erklärt, daß zuvor dem Christus so nachdrücklich *alles* unterworfen gilt; vgl. auch Lindemann* 101: »Hinweis auf einen selbstverständlichen Tatbestand«). Weiß 360 denkt eher an einen grammatischen Schluß: Daraus, daß Gott dem Christus alles untergeordnet hat, folge, daß das πάντα ὑποτέτακται eine Einschränkung erleide und Gott über Christus stehe.

[834] Vgl. Kähler (Lit. zu Kap. 7) 196; Del-

ling, ThWNT VIII 43 (ὑποταγήσεται ist Medium und bezeichnet »das freiwillige *Sichunterordnen*«); Thüsing* 241-243, der die Unterordnung des Sohnes zu Recht vom ὑποτάσσειν in V 27a abhebt, aber den Subordinatianismus zu Unrecht leugnet (vgl. Luz* 351 Anm. 124) und zudem ebd. 247 in die Unterordnung des Sohnes auch die der Seinen einliest (ähnlich in der Auslegungs- und Wirkungsgeschichte). Das von B D* F G 0243 33 1175 1719 pc b vg[st] sy[p] sa bo[ms] ausgelassene, aber wohl ursprüngliche καί (anders Kümmel 194) ist auch kaum als »une leçon d'obéissance« in Opposition zum Ungehorsam Adams zu verstehen (so aber Morissette* 334f mit Anm. 40), sondern steigert (»selbst, sogar«) τὰ πάντα.
[835] In 4Esr 7,28 vierhundert Jahre, in Offb 20,6 tausend Jahre; in PesR 1,6 begegnen die verschiedensten Jahresangaben: 40, 400, 600, 1000, 2000, 7000, 365000 (zitiert bei J.U. Kalms, Apokalyptisches im rabbinischen Judentum, in: Münsteraner Judaistische Studien 4 [1999] 307-320, hier 316). Nach PRE 11 (6[c]) haben von Gott als erstem König an sieben Weltherrscher geherrscht, der neunte ist »der König, der Messias; denn er wird als König herrschen von dem einen Ende der Welt bis zum andren«, und dann »kehrt die Königsherrschaft zu ihrem Herrn zurück. Der der erste König war, der ist der letzte König, wie es heißt Jes 44,6: ›Ich bin der Erste u. ich der Letzte, u. außer mir gibt es keinen Gott‹« (Billerbeck III 472; vgl. auch oben Anm. 694). Im übrigen wird auch in PsSal 17,32 der Passus über das βασιλεύειν des Messias abgeschlossen durch die Aussage, daß Gott selbst immer und ewig Herr ist (17,46).

die Apokalyptik theozentrisch denkt[836], sondern beides hat für Paulus dezidiert theologische Gründe. Es geht ihm bei dieser am Ende geschehenden Unterordnung »des Sohnes«[837] unter Gott vordringlich und wesentlich um die Einzigkeit und Gottheit Gottes[838], also darum, daß Gott alles in allem sei, wie es am Schluß des Verses heißt. Nicht ganz sicher ist, wovon man diesen ἵνα-Satz in V 28c abhängig machen soll[839]. Einige Exegeten beziehen den Satz auf τῷ ὑποτάξαντι, also auf Gott, so daß betont wäre, daß Zweck und Ziel der von Gott verliehenen βασιλεία des Christus die allumfassende Herrschaft Gottes ist[840]. Daß Gott dem Christus alles

---

[836] Zum theozentrischen Zug in der Apokalyptik vgl. syrBar 48,8; Sib 5,428; PsSal 17,30.34 und weiter Volz, Eschatologie 165-173.223-225.

[837] Ὑιός ist zwar Pendant zu πατρί (V 24), doch das absolute »der Sohn« bei Paulus ist einmalig. Dieser absolute Gebrauch von υἱός ist auch sonst außer bei Joh selten (Mt 11,27 par; Mk 13,32 par; Mt 28,19; Hebr 1,2.8; 3,6; 5,8; 7,28). Das Prädikat »Sohn Gottes« ist traditionsgeschichtlich ursprünglich mit der Erhöhung bzw. Auferstehung Jesu Christi verbunden (vgl. Röm 1,3f). Von der eschatologischen Rolle des Gottessohnes in 1Thess 1,10 und dem apokalyptischen Kontext unserer Stelle her ist eine Verbindung zum »Menschensohn« nicht auszuschließen; so Schweizer, ThWNT VIII 372f, nach dem ὁ υἱός in dieser »ausgesprochen subordinatianischen Aussage ... unwillkürlich den Gegenbegriff ›der Vater‹« hervorruft; seine Folgerung (die Formulierung dürfte »in Abwehr einer schwärmerischen Erhöhungschristologie« geprägt worden sein, »in der die noch ausstehende Vollendung vergessen und der zeitlos zur Rechten Gottes Thronende fast zum zweiten Gott wurde«) mag in ihrer antienthusiastischen Stoßrichtung durchaus zutreffen, ihre Näherbestimmung aber bleibt hypothetisch. Noch hypothetischer sind die Annahmen, Paulus wolle vielleicht deutlich machen, Christus sei kein »dieu révolutionnaire« nach Art der antiken Götter, die die alten Götter entthronen wie Saturn den Uranus und Juppiter den Saturn (so Héring 141; vgl. oben Anm. 833), oder Paulus ziele auf »the competition for status and distinction, which seems to have plagued the Corinthian household congregations« (Meeks* 807), so daß aus Christus quasi ein Modell für das ὑποτάσσεσθαι wird.

[838] So Luz* 351: »Von der Auferstehung Jesu war letztlich um der Gottheit Gottes

willen die Rede«; vgl. auch ebd. 352 (»So zeigt die paulinische Eschatologie einen tief theozentrischen Grundzug«); Barth* 524f; L.W. Hurtardo, One God, One Lord. Early Christian Devotion and Ancient Jewish Monotheism, London 1988, 96; vgl. schon Schweitzer, Vorlesungen 430 (»die reine Theokratie« löse das messianische Reich ab). Nur darf man daraus keine Alternative zum sonstigen christozentrischen Denken des Paulus konstruieren bzw. wie Borchert (Lit. zu Kap. 15) 408 erklären, die paulinische Theologie sei theozentrisch, nicht christozentrisch (vgl. Lindemann* 106). Noch unverständlicher freilich Schmithals* 59, der die Erklärung von Luz einfach als erbauliche Feststellung abtut und sich selbst mit der Annahme eines fest formulierten Traditionsstückes begnügt (vgl. oben Anm. 706).

[839] Zur theologischen Bedeutung von ἵνα vgl. E. Stauffer, Ἵνα und das Problem des teleologischen Denkens bei Paulus, ThStKr 102 (1930) 232-257: ἵνα diene »zur Kenntlichmachung der *Absichten*, der Wege und Ziele *Gottes*, der über aller Welt, der hinter aller Geschichte und am Ende aller Eschatologie steht« (258); zustimmend zitiert bei Lambrecht* 133 Anm. 28. Von daher erscheint es unwahrscheinlich, daß ἵνα hier explikativ zu deuten ist, so daß V 28c »eine präzise Explikation der Unterordnung des Sohnes unter Gott« wäre, wie Lindemann* 102 annimmt; de Boer*222 Anm. 96 votiert für finale oder konsekutive Bedeutung, was in der Tat oft nicht auseinanderzuhalten ist (vgl. Bl-Debr-Rehkopf § 391 Anm. 10).

[840] So z.B. v. Hofmann 357f; Schmiedel 195; Heinrici 473 (Zweck des göttlichen ὑποτάσσειν sei »die absolute Gottesherrschaft«); Käsemann, Versuche II 127: Die Herrschaft Christi »dient einzig dem Zwecke, der Alleinherrschaft Gottes Platz zu schaffen. Christus ist der Platzhalter Gottes gegenüber einer Welt, welche Gott

unterworfen hat, zielt dann letztlich auf seine eigene universale Herrschaft. Trotz dieses einleuchtenden Gedankens ist es aber wahrscheinlicher, daß V 28c sich auf die Hauptaussage (ὑποταγήσεται) bezieht[841]. Auch die Unterordnung des Sohnes ist dann auf die Alleinherrschaft Gottes ausgerichtet. Gottes Alleinherrschaft soll am Ziel des ganzen eschatologischen Geschehens stehen[842], womit in gewisser Weise zum Ausgang von V 24 zurückgekehrt wird[843]. Auch andere Stellen unseres Briefes belegen die Unterordnung Christi (3,23; 11,3 u.ö.)[844]. Sachlich liegt wie in Dtn 6,4 (vgl. auch Jes 43,11 u.ö.) alles Gewicht darauf, daß Gott der Eine ist, was hier wie Sach 14,9; Ps 22,28f u.ö. sowie in jüdischen Texten[845] sein universales Königtum für immer und ewig einschließt und eschatologische Verheißung ist. Damit sind alle metaphysischen und ähnliche Gottesgedanken ausgeschlossen[846]. Mit dem πάντα ἐν πᾶσιν[847] kann demnach kein Pantheismus gemeint sein[848], auch kein mystisches Aufge-

noch nicht völlig unterworfen ist, obgleich ihre eschatologische Unterwerfung seit Ostern in Gang gekommen und ihr Ende abzusehen ist«; v.d. Osten-Sacken* 485.

[841] So z.B. Meyer 440; Godet II 205 (»Er tritt selbst zurück, um Gott an seine Stelle treten zu lassen«); Robertson/Plummer 358; Bachmann 448; Wilcke* 106f; Schendel* 19.

[842] Möglicherweise ist der Schlußsatz aber auch mit keinem der beiden Verben zu verbinden (so Weiß 361). Dann wäre der Sinn, daß alles, was vorher gesagt war, geschieht, damit schließlich Gott alles in allem sei; die Weltgeschichte wäre sozusagen von vornherein darauf angelegt (vgl. z.B. Billroth 220f).

[843] Vgl. oben Anm. 785.

[844] Man sollte daraus bei aller Polysemie von ὑποτάσσεσθαι nicht abschwächend »une idée de dependance mutuelle« machen, die Carrez* 135 hier neben »disponibilité« und »obéissance« finden will.

[845] Vgl. Sib 3,47f.717f; 4Q174 [4QFlor] 1,3; 4Q246 [4QApocalypse ar] II 5 und die rabbinischen Belege im Anschluß an Sach 14,9 bei Billerbeck III 472, z.B. bPes 50a oder TargSach 14,9: »Und offenbaren wird sich die Königsherrschaft Jahves über alle Bewohner der Erde. In jener Zeit werden sie (vor) Jahve dienen mit *einer* Schulter, weil sein Name in der Welt gilt, u. es gibt keinen außer ihm«. Sellin* 276 vermutet eine »Reaktion auf einen impliziten Dualismus der korinthischen Pneumatiker«.

[846] Schlatter 412 sieht »die unvergleichliche Einzigkeit Gottes« als Grund, »warum es keine Gewalt geben kann, die für immer

neben ihm bestünde. Jede von ihm erteilte Vollmacht, auch die, die den Christus zum Herrscher über alles macht, ist begrenzt«. Es ist dogmatisch bedingter Anachronismus, in θεός hier den dreieinigen Gott, den »Vater in Einheit mit dem Sohne und dem Heiligen Geist« einzutragen, wie das bei Gutjahr 438 geschieht. Ähnliche Ein- und Umdeutungen begegnen auch sonst, so daß es sogar heißen kann: »The apostle does not imply that the Son will be subjected to the Father« (Grosheide 369), obwohl das genaue Gegenteil dasteht.

[847] Der von A B D* O243 6 33 81 1241ˢ 1739 pc gebotene Artikel vor dem zweiten πάντα ist vermutlich auf Kontextangleichung zurückzuführen; anders Lindemann 102 Anm. 85, der vom Kontext (V 27c.28) her gerade für die Ursprünglichkeit des Artikels plädiert, dabei aber nicht fragt, was den Abschreibern, sondern was Paulus am ehesten zuzutrauen ist. Zur Frage, ob ein Nominativ oder *accusativus graecus* vorliegt, vgl. Thüsing* 244; im letzteren Fall ist ἦ primär dynamisch und nicht statisch zu verstehen, daß Gott der werde, der alles beherrscht (ebd.; ähnlich Wolff 390; Hwang*148; Kremer 346; Kittel [Lit. zu Kap. 15; Befreit] 168 Anm. 361).

[848] Vgl. z.B. Olshausen 745 (»Von einem Verschlungenwerden des Einzelnen in das Meer des Alls ist hier nicht die Rede«); Orr/Walther 330; vgl. auch Wilcke* 108 gegenüber Héring 141; allerdings ist das Insistieren auf der Bewahrung der »Individualitäten« (Olshausen 745) ebenso eingelesen.

hen in Gott[849], nicht einmal eine Einwohnung Gottes[850]. Im Blick ist vielmehr Gottes unverkürzte Souveränität, daß zuletzt nur sein Wille gilt[851], seine Herrlichkeit und seine Macht unbestritten sind, er ungeschmälert der Pantokrator ist (vgl. Röm 11,36 εἰς αὐτὸν τὰ πάντα) und seine Herrschaft in der ganzen Schöpfung anerkannt ist. Eine andere Frage ist, ob ἐν πᾶσιν als Maskulinum aufzulösen und dann auch noch auf »die Genossen des bis dahin von Christo regierten Reiches« zu beschränken ist[852]. Gerade vom neutrischen (τὰ) πάντα in V 27 und V 28b her ist das alles andere als sicher, und auch πάντα in V 28c spricht eher für eine neutrische Fassung, wobei man etwa im Sinne von Röm 8,19ff die Schöpfung als ganze im Blick zu sehen hat[853]. Jedenfalls zeigt sich hier neben dem chri-

---

[849] Richtig Wendland 149; Thüsing* 243; Kremer 346 u.a. Die Formel πάντα ἐν πᾶσιν selbst kann freilich aus dem Bereich solchen Denkens stammen; vgl. außer den in EKK VII 2, 222 Anm. 52 und 53 genannten Belegen z.B. CH 12,12 (τοῦτό ἐστιν ὁ θεός, τὸ πᾶν) und 5,9f; 6,2; 11,18; 12, 14.20; zu CH 13,2 (τὸ πᾶν ἐν παντί) vgl. Berger/Colpe, Textbuch 252f, ferner die Belege bei Lietzmann 82; Reicke, ThWNT V 891 und vor allem Dupont, Gnosis 454-468 (z.St. 475f). Andere vermuten einen Ursprung in kosmologisch-stoischer Weltsicht (vgl. Schweizer, EKK IX 150 zu Kol 3,11). Schon das hellenistische Judentum konnte die πάντα-Formeln in den Schöpfungsglauben integrieren; vgl. außer EKK VII 2, 222 Anm. 53 etwa Sir 43,26f (ἐν λόγῳ αὐτοῦ σύγκειται τὰ πάντα ... τὸ πᾶν ἐστιν αὐτός), was dort wie in V 28 von allem Pantheismus abgesetzt wird (αὐτὸς γὰρ ὁ μέγας παρὰ πάντα τὰ ἔργα αὐτοῦ [vgl. dazu Hengel, Judentum 266f]); Philo, Sacr 67; All 1,44 u.ö.; Stuhlmacher, Theologie 310 verweist auf Allprädikationen in hellenistisch-jüdischen Gebeten und Hymnen (1Chr 29,11f.14.16; 2Esr 19,6 [= Neh 9,6]; grHen 5,5f; das [τὰ] πάντα ἐν πᾶσιν fehlt hier aber) und will von daher auch unsere Stelle »in hymnischem Sinne« verstehen.
[850] So Godet II 206: Das *in* bezeichne »ein wirkliches Einwohnen«; der lebendige Gott denke, wolle und handele durch seine Kinder und trage durch sie als zugleich freie und abhängige Werkzeuge »den Ruhm seiner Weisheit in den weiten, unbegrenzten Raum, in die zahllosen Welten des Universums«.
[851] Richtig Heinrici 473: »nicht im Sinne einer pantheistischen Absorption, sondern im Sinne der absoluten Durchsetzung der

Gottesherrschaft«. Vgl. Weiß 361: »Daß jemand *in einem Lebenskreise* alles ist, besagt, daß nur sein Wille gilt« (mit Hinweis auf Appian 2,730: πάντα ἦν ἐν Ῥώμῃ τότε Πομπήϊος u.ä.). Wettstein 167f und de Wette 149 verweisen auf weitere Parallelen, z.B. auf Herodot 3,157: πάντα ἦν ἐν τοῖσι Βαβυλωνίοισι Ζώπυρος. Ob man tatsächlich von einem »καταπαύειν Gottes selbst« sprechen sollte (so Bauernfeind, ThWNT III 629), bleibe dahingestellt.
[852] So z.B. Meyer 441, nach dem das die Korrelation zu αὐτὸς ὁ υἱός verlangen soll; ebenso Heinrici 474, der sich damit zugleich gegen die ἀποκατάστασις πάντων wendet, wie sie an unserer Stelle auch von Olshausen 746 vertreten wird; vgl. auch Rückert 410 (»der Urzustand tritt wieder ein«) und de Wette 149 (»Denn wenn es Verdammte giebt, in denen Gott nur nach seiner Strafgerechtigkeit, nicht auch nach seiner Liebe u.s.w. sich geltend macht, so ist er nicht Alles in Allen«); Godet II 206 (»alles in einem jeden«); Lietzmann 81f; Michaelis, Versöhnung 122-124. Für maskulines Verständnis (ohne Apokatastasis) auch de Boer* 126 (»all things among all people«): »God in His sovereignty will constitute the new universe for human beings, not death and the other powers«. Moule, Idiom Book 160 läßt offen, ob πάντα ἐν πᾶσιν ein adverbialer Elativ (»*wholly and entirely, absolutely*« so wird Eph 1,23 verstanden) oder ἐν πᾶσιν separat zu übersetzen ist (»*everything in all things*«).
[853] Schlatter 419f; vgl. auch de Wette 149 (»*in allen Weisen* [des Daseyns]«); Bachmann 448; Deißner* 27f, der das gegen eine »Wiederbelebung Aller« anführt; Héring 141 (im ganzen Universum); Cullmann, Christus 106; Martin*118; Wolff 390; Robertson/Plummer 358: »Πᾶσιν is probab-

stologischen Interesse am *regnum Christi* ein anderes Zentralmotiv der paulinischen Eschatologie und Auferstehungshoffnung, das man als theozentrisch charakterisieren kann[854]. Zum paulinischen Gottesbegriff aber gehört *per definitionem*, daß er die Toten erweckt und das Nichtseiende ins Sein ruft (Röm 4,17; vgl. weiter zu V 34).

Man hat, ausgehend von unserem Text, eine Zweilinigkeit in der paulinischen Eschatologie finden wollen[855], wobei freilich die erste Linie normalerweise nur in traditionellen Wendungen erscheint[856]. Man kommt wohl in der Tat nicht um das Eingeständnis herum, daß einzelne Aussagen nicht ganz ausgeglichen nebeneinander stehen. Gleichwohl kann kein Zweifel daran bestehen, daß bei Paulus dort, wo er das Ziel seiner Hoffnung nicht in traditioneller Sprache ausdrückt, die zweite Linie dominiert[857]. Allein in 1Kor 15 ist beides miteinander verbunden.

Zusammen-
fassung   Blickt man auf den wichtigen Abschnitt zurück, ergeben sich drei zentrale Linien. Erstens wird die Auferweckung Jesu als Anbruch und Unterpfand des eschatologischen Heilshandeln Gottes interpretiert, das alle übrigen Endereignisse inauguriert, also auch die Auferweckung der Toten, ja diese streng genommen in sich schließt. Die erwartete Auferweckung der Toten ist demnach ein Implikat der Christologie, die deren eschatologische und durch die Adam-Christus-Typologie auch deren uni-

ly neuter, but the comprehensive neuter, including both persons and things«; ähnlich Thüsing* 245f; Harris (Lit. zu Kap. 15) 168; kritisch zur Einbeziehung der gesamten Schöpfung Vögtle* (Das Neue Testament) 171f. Morissette* 336 erinnert an Jes 11,9 und 1QpHab 10,14 in Opposition zu Gen 6,11 u.ö., doch geht es Paulus nicht primär um die Korrektur der durch Adams Sünde verderbten Erde bzw. die Wiederkehr des Paradieses wie syrBar 73 u.ä., sosehr solche Erwartungen mitspielen können (vgl. Röm 8,19-22).

[854]   Vgl. oben Anm. 838.845.

[855]   So Weiß 362, der »zwei Vorstellungsreihen« unterscheiden will: 1. »die der Verkündigung Jesu entsprechende, wonach die Herrschaft Gottes *das einzige* Ziel der Hoffnung« sei und 2. »die messianische, wonach zunächst mit der Erhöhung Christi die βασιλεία τοῦ Χριστοῦ beginnt ..., die mit seiner Parusie auf Erden in aller Form aufgerichtet wird« (kursiv im Original gesperrt). Zutreffender Schweizer, ThWNT VIII 373: einerseits Abgrenzung »gegen einen unitarisch verstandenen Gottesbegriff, andererseits gegen eine Zweigötterlehre«.

[856]   Vgl. 1Kor 6,9; 15,50; Gal 5,21; 1Thess 2,12; etwas anders steht es an den Stellen,

wo die Herrschaft Gottes als Heilsziel genannt wird (1Kor 4,20; Röm 14,17), wo man in der Tat von einem »Hereinragen« des Reiches Gottes in das Leben der Gemeinde reden kann (so Weiß 362).

[857]   Vgl. 1Thess 4,17; 5,10; Phil 1,23; 2Kor 5,8 und insbesondere das πάντοτε 1Thess 4,17, wodurch es ausgeschlossen ist, das σὺν κυρίῳ bzw. Χριστῷ εἶναι als ein vorläufiges und begrenztes aufzufassen. Boring* verweist auf eine andere Doppellinigkeit: Paulus vertrete »both limited and universal salvation«, was sich lehrsatzmäßig widerspreche, nicht aber, wenn man beides als Bilder nehme (292). So sei das universale τὰ πάντα ἐν πᾶσιν in V 28 kein Widerspruch zum limitiert verstandenen πάντες in V 22 (vgl. oben Anm. 732.734), weil in V 28 »another encompassing image became operative« (280), konkret: »The juridical image, though statistically more frequent, does not thereby dominate. There is something more fundamental. Within another encompassing image where it is not necessary, it drops out« (281); vgl. auch Lewis* 154f. Vgl. zur Metaphorik in der paulinischen Soteriologie G. Theißen, Soteriologische Symbolik in den paulinischen Schriften. Ein strukturalistischer Beitrag, KuD 20 (1974) 282-304.

versale Dimension illustriert. Zweitens wird die Zeit zwischen der Auferweckung Jesu und der der Toten bei der Parusie als ein Herrschen Christi im Auftrag Gottes expliziert, das in einem dynamisch-eschatologischen Prozeß am Ende zur Überwindung aller gottfeindlichen Mächte führt. Diese Herrschaft des Christus aber ist drittens eine begrenzte und vorläufige und wird nach Ausschaltung aller widergöttlichen Mächte einschließlich des Todes als »letztem Feind« der dann unbestrittenen Alleinherrschaft Gottes Platz machen, wo Gott »alles in allem« sein wird.

Obwohl sich die auslegungs- und wirkungsgeschichtlichen Beobachtungen auch hier z.T. mit denen zu anderen Teilen von Kap. 15 überschneiden, werden folgende Schwerpunkte gesetzt: 1. Christus als Erstling (V 20.23b) (S. 189-193), 2. Adam und Christus (V 21f) (S. 194-199), 3. die Herrschaft Jesu Christi und die Unterwerfung der Mächte sowie deren Reichweite (V 24b-25.27-28a) (S. 200-208), 4. die Besiegung des letzten Feindes (V 26) (S. 208-212), 5. die Übergabe der Herrschaft an den Vater und die Unterordnung des Sohnes (V 24c + 28b) (S. 213-220), und 6. Gott »alles in allem« (V 28c) (S. 220-231)[858].

Auslegungs- und Wirkungs- geschichte

1.   Die Charakterisierung Christi als »Erstling der Entschlafenen« wird verständlicherweise oft mit Kol 1,18 (»Erstgeborener von den Toten«)[859] oder mit Röm 8,29 (»Erstgeborener unter vielen Brüdern«) verknüpft[860]. Die parallelen Aussagen über den Geist als ἀπαρχή (Röm 8,23) und ἀρραβών (2Kor 1,22; 5,5) führen verschiedene Autoren ferner dazu, Christus auch als ἀρραβών τῆς ἀναστάσεως zu bezeichnen[861]. Abgesehen von diesen Kombinationen wird sachlich aus der ἀπαρχή-Qualifizierung erschlossen, daß sich daraus mit Notwendigkeit (δεῖ) ergibt, daß auch die Toten auferstehen[862]. Vorzugsweise wird das aber weniger am Bild von ἀπαρχή und φύραμα (wie in Röm 11,16)[863] als am Zusammen-

---

[858] An Lit. vgl. außer oben Anm. 285 Crouzel, H., »Quand le Fils transmet le Royaume à Dieu son Père«: L'interpretation d'Origène, StMiss 33 (1984) 359-384; Jansen* 546-570; Lewis* 163-212; J.L. Lienhard, The Exegesis of 1 Cor 15, 24-28 from Marcellus of Ancyra to Theodoret of Cyrus, VigChr 37 (1983) 340-359; G. Pelland, Un passage difficile de Novatien sur I Cor 15:27-28, Gr. 66 (1985) 25-52; ders., La théologie et l'exégèse de Marcel d'Ancyra sur I Cor 15:24-28, Gr. 71 (1990) 679-695; Schendel (Lit. zu Kap. 15) passim; Ware, K., Dare we Hope for the Salvation of All? Origen, Gregor of Nyssa, Isaac of Niniveh, ThD 45 (1998) 303-317.

[859] Origenes 46; Cyrill 896; Epiphanius, Haer. 64,18,2 (GCS 31, 429); Methodius, De Res. 1,26,1 (GCS 27, 253); vgl. aus neuerer Zeit etwa Barth, KD II 2, 106 und III 2, 564 u.ö.

[860] Gregor v. Nyssa, De Perf. (Opera VIII 1, 176); ders. zitiert in In Illud (Opera III 2, 15) auch 2Tim 1,10 und Hebr 2,14.

[861] Epiphanius, Ancor. 68 (GCS 25, 84), wo verschiedene Aussagen über Christus und den Geist nebeneinander gestellt werden und ἀρραβών als ὅμοιον zu der Kennzeichnung als Erstling gilt (ebs. Haer. 74,5,13 [GCS 37, 320]); vgl. auch Const. Ap. 5,7,12 und 5,19,7 (SC 329, 226.274; nach 6,30,9 hat Christus uns in sich den ἀρραβών der Auferstehung gegeben (ebd. 392).

[862] So Chrysostomus 336; vgl. Pelagius 216 (*Quod aput omnes est certum, quia in primis probatum est*) und Herveus 978 (*Primus resurgens a mortuis, et causa resuscitans mortuos*).

[863] Vgl. z.B. Theodoret 354 (Τῇ ἀπαρχῇ δὲ πάντως ἀκολουθήσει τὸ φύραμα) und

hang von Haupt und Gliedern veranschaulicht, der auch hier (vgl. zu V 21f) bei der Interpretation im Vordergrund steht: *Si ergo caput resurrexit, necesse est etiam ut caetera membra sequantur*[864]. Allerdings ist die Begrenzung der vom »Erstling« Christus Betroffenen auf den Christusleib nicht einhellig[865], zumal wenn Schöpfung und Menschheitsgeschichte heilsgeschichtlich auf die Vollendung angelegt gesehen werden[866]. Vor allem aber wird die Auferstehung des »Erstlings« in Zusammenhang mit der Inkarnation gebracht, d.h. besonderer Wert wird ähnlich wie bei V 21f auf die *menschliche* Natur Christi gelegt, weil Christus als »Erstling« nur dann Hoffnung auf Auferstehung verbürgen könne, wenn er nicht nur in göttlicher Natur stirbt und aufersteht[867], sondern »ein Sproß *unserer* Natur« sei[868]. Daß die menschliche Natur in Christus Unsterblichkeit angezogen hat, wird auch später mit V 20 begründet, z.B. bei Nikolaus von Cues[869]. Gegenüber der Meinung, daß der Leib Christi wegen der Jung-

---

Gregor v. Nyssa, Contra Eun. 3,2 (Opera II 70): Christus ist die ἀπαρχή, damit er über Tote und Lebende herrsche und ὅλον διὰ τῆς ἐν ἑαυτῷ ἀπαρχῆς συναγιάσῃ τὸ φύραμα (vgl. auch Opera II 346f; Athanasius, De Incarn. 1,12[PG 26, 1004]). Nach Thomas 412 verhält sich die Auferstehung Christi zu der der anderen *sicut primitiae fructuum ad sequentes fructus, quae excedunt alios fructus tempore et melioritate, seu dignitate*; vgl. auch Cornelius a Lapide 338: *Quasi primitiuus fructus e terra, in quam quasi granum frumenti ceciderat*; ähnlich Estius 731.

[864] Hieronymus 765; Pelagius 217; Sedulius Scotus 158; Haymo 597; ähnlich Augustin, Adnot. in Iob (CSEL 28,3.3, 603); Leo d. Gr., Tract. 65,4 (CChr 138A, 399): *Quod est in capite inchoatum, in membris quoque esse complendum*. Der Valentinianer Theodot identifiziert sogar den auferstandenen Leib Christi mit dem in den Himmel erhöhten Leib der Kirche (Exc ex Theod 58 [GCS 17, 126]).

[865] So kann es bei Hippolyt heißen: ἀπαρχὴ ἀναστάσεως πάντων (Antichr. 46 [GCS 1.2, 29]). Gregor v. Nyssa charakterisiert das ἀπαρχή-Sein als ὁδοποιεῖν πάσῃ σαρκὶ τὴν ἀνάστασιν (De Perf. [Opera VIII 1, 202]). Estius 731 widerspricht später Ambrosius und folgt Thomas, daß mit den Toten nicht alle, sondern allein die Gerechten und Erwählten gemeint seien, *qui membra sunt Christi*.

[866] Dieses heilsgeschichtliche Konzept wird allerdings z.B. von Irenaeus vor allem mit der 2. Belegstelle in V 45f verbunden; vgl. aber zu V 21 Haer. 3,18,3 (BKV 3,

287f); vgl. weiter Haer. 3,16,6 (ebd. 278f); 3,23,1 (ebd. 310f); 4,38,4 (BKV 4, 141f); 5,9,3 (ebd. 172f) u.ö.; zu unserer Stelle vgl. Noormann, Irenaeus 152f.268-270.

[867] Leo d. Gr., Sermo 28,5 (BKV 54, 129); vgl. auch Origenes 46 zu πρωτότοκος: Dieser kann nicht ἑτερογενῶς bzw. ἄλλης φύσεως sein, so daß auch hier gilt: Ὁμογενῆ εἶναι τὴν ἀνάστασιν τῶν ἀνισταμένων, und wenn Christus ein σῶμα gehabt habe, gelte das auch für die Auferweckten; vgl. auch Johannes Damascenus (Orth. Fid. 3,28 [BKV 44, 186). Nach Chrysostomus 336 fügt Paulus beständig »von den Toten« hinzu, um den Häretikern den Mund zu stopfen (vgl. auch Theophylakt 761, der damit die Manichäer *ad absurdum* geführt sieht, und Adamantius, Dial. 5,9 [GCS 4, 192.194]).

[868] Leo d. Gr., Sermo 65,4 (BKV 55, 157); vgl. auch 66,3 (161): »der erste unseres Geschlechtes«, »der zum Leben zurückkehrte«; ähnlich Theodoret 354: Οὕτως ἅπασα τῶν ἀνθρώπων ἡ φύσις ἀκολουθήσει τῷ Δεσπότῃ Χριστῷ, καὶ κοινωνήσει τῆς ἀναστάσεως. Auch nach Gregor v. Nyssa ist die Auferstehung Christi »für das sterbliche Geschlecht der Beginn der Auferstehung zu einem neuen Leben« (Or. Cat. 25,2; zitiert bei Staats, TRE 4, 476).

[869] »Niemand konnte vor ihm auferstehen, solange als die menschliche Natur in der Zeit noch nicht zum Größten gelangt und so mit der Unvergänglichkeit und Unsterblichkeit vereint war, wie in Christus«; weil es nur »ein unteilbares Menschsein und eine Artwesenheit aller Menschen« gibt, gilt die Folgerung, daß alle Menschen

frauengeburt besonders bevorzugt gewesen sei und nicht derselbe Leib auferweckt werde, zitiert Epiphanius V 20 und schließt daraus, daß ein und derselbe Leib auch bei den Christen auferweckt wird[870]. Im Unterschied zu Lazarus u.a., die nach ihrer Auferweckung wieder gestorben sind, gilt Christus darum als der »Erstling«, weil er nach Röm 6,9 nicht mehr stirbt[871], so daß von daher eine doppelte Auferstehung gefolgert wird, eine *ad vitam mortalem* und eine *ad vitam immortalem*[872]. In allem aber wird Christus immer mehr vom Objekt zum Subjekt, der durch seine Auferstehung ein ὁδοποιεῖν τῇ ἀνθρώπου φύσει τὴν εἰς ἀφθαρσίαν ἀναδρομήν bewirkt[873]. Vereinzelt kann die ἀπαρχή-Qualität, die nach Bruno (207) *et secundum tempus et secundum dignitatem* gilt, aber auch, wenig textgemäß, auf bestimmte Christen übertragen werden: Wie Christus der »Erstling der Entschlafenen« ist, »so werden alsdann die Heiligen seiner Kirche die Erstlinge der Auferstehenden sein«[874].

In der Reformation und danach wird über den Zusammenhang von Auferstehung Christi und der der Toten nicht viel anders gedacht. Auch hier heißt es: »Das wer ein schlechter trost, *quod articulus resurrectionis mortuorum* sol nicht weiter ghen *quam Christi personam ... Sed* das ists, *quod sua resurrectio a mortuis* gilt *mihi et tibi ... Si est ›primitiae‹, tum habet hauffen, qui sequitur*«[875]. Bei Calvin (455) lautet die Auslegung: »Wie auf den Erstling die Ernte folgt, so werden Christus, dem Erstling unter den Verstorbenen, die übrigen Toten nachfolgen«[876], wobei der große zeitliche Abstand zu Christus nicht sonderlich beunruhigt[877]. Die Tatsache,

---

auferstehen werden, als schlüssig (Die belehrte Unwissenheit III, hg. v. H.G. Senger, Hamburg 1977, 55).

[870] Ancor. 92,1f (GCS 25, 113); vgl. auch ders., Haer. 64,10 (GCS 31, 504) und 64,18 (ebd. 429).

[871] Ancor. 92,4f; vgl. auch Atto 400: Auch wenn andere vor Christus auferweckt worden sind, sind sie doch *ad corruptionem* bzw. (so Cajetan 82v) *ad vitam mortalem* zurückgekehrt; Faber Stapulensis 130v spricht von Elia und Lazarus her davon, daß es eine doppelte Auferstehung gibt: *hanc: perfectam. illam: imperfectam. hanc: veritatem. illam: vmbram. hanc: cum imutatione. illam: sine imutatione*; vgl. auch Cornelius a Lapide 337, der das auch an Elisa exemplifiziert, während Christus *ad vitam beatam, gloriosam & aeternam* erweckt, wie das schon Chrysostomus, Theodoret, Theophylakt u.a. gesagt haben.

[872] So Thomas 412, der Mt 27,52 als *anticipatio* versteht; ähnlich Cajetan 82v: Die von Mt erwähnten Toten seien nicht *ante Christum* erweckt worden, sondern der Auferstehung Christi gefolgt; ebs. Cornelius a Lapide 338 und Estius 731.

[873] Cyrill, Ep. ad Nest. (COD 42); vgl. weiter oben Anm. 310.

[874] Ambrosius, Lk-Komm. 8,26 (BKV 21, 477).

[875] Luther, WA 36, 546f; vgl. auch WA 49, 396: »Drumb mus man neben der auferstehung Christi auch unser aufferstehung treybenn, Denn sie gehoren zusamen ... Also wird auch seine Aufferstehung nicht volkomen noch gantz, wir komen denn auch hernach und stehen von den todten auff«.

[876] Vgl. den Genfer Katechismus 74: Die Auferstehung Christi ist »ein Pfand dafür, daß wir einmal in herrlicher Unsterblichkeit auferstehen werden« (Jacobs, Bekenntnisschriften 23).

[877] Nach Inst. 3,25,3 sollen wir uns durch den langen Abstand zwischen dem Erstling und uns nicht widerwillig und verdrießlich machen lassen, da es nicht unserem Urteil zustehe, die Zeiträume auszumessen. Vgl. auch Luther, WA 36, 566f: *Nostra hora* ist bestimpt, *quando redit: tum* werden wir *in nostro ordine* herghen *ut sit discrimen inter eius et nostram resurrectionem. Ipse* lang zu vor, *iam 15. centum*. Crell 326 versucht,

daß schon vor Christus »Enoch, Elias, Mariam weggenomen« worden seien, erklärt Luther damit, daß Paulus im Unterschied dazu nicht *de privatis resurrectionibus* spreche[878]. Neben der Interpretation durch Haupt und Glieder[879] begegnen aber auch darüber hinausgehende Ausdeutungen der »Erstlingsfrucht« im Sinne von Heiligung[880] und Opfer[881].

Andere wie v. Mosheim (694) dagegen wenden sich gegen eine zu weite Ausdehnung des Bildes und sehen im Erstling nur »eine Garbe, die statt eines Zeichens dienet, daß eine Erndte vorhanden sey«, d.h. die Auferstehung Christi werde »als eine bevorstehende Erndte betrachtet«, und die Auferstehung Christi sei »das Pfand, das eine Erndte gewiß folgen« werde. Einzelne betonen stärker den Prozeßcharakter: »Paulus sagt IKor 15: Der Erstling Christus, darnach die ihm angehörenden Brautglieder, darnach erst das Ende. Es hat seine Ordnungen und Stufen, daher sind die Ersten Erstlinge. Es sind nicht alle Menschen auf Einen Tag von und aus Adam gekommen ... Sie sterben auch nicht alle auf Einmal, obschon samentlich alle in Adam auf Einmal gewesen und gestorben sind. So ist es auch in Christo. Alle sind samentlich auf Einmal lebendig gemacht, alle in's himmlische Wesen versetzt, und werden doch persönlich nach und nach durch Vermehrung des Vaters der Ewigkeiten geistlich lebendig und herrlich«[882]. Typischer ist, was Kutter in einem Beileidsbrief schreibt: »Nun heißt's, umgeben von den Schatten des Todes, vom Feinde bedrängt, tapfer für das Leben sich wehren! Wir wehren uns ja nicht, weil wir Helden sind, aber wir wehren uns, weil der Erstgeborene

die Zeitdifferenz durch den Hinweis auf den *certus ordo* zu relativieren..

[878] WA 36, 565; vgl. auch Maior 221v: Auch wenn Henoch und Elia lebend in das ewige Leben versetzt worden seien, bleibe Christus immer der Erstling der von den Toten Auferweckten. Weitere Beispiele nach Christus werden geradezu als dem Glauben wenig dienlich angesehen, ja sie würden den Glauben »auch den Widerwilligen auspressen oder vielmehr seine Kraft zunichte machen. Was nämlich wäre noch für ein Raum für Ungewißheit übrig? Wo aber kein Raum mehr ist für Ungewißheit und Zweifel, geht die Kraft des Glaubens zugrunde ...« (Crell bei Staehelin, Verkündigung, Bd. 5, 449). Kliefoth, a.a.O. (Anm. 285) 251 schließt später aus ἀπαρχή wie manche andere sogar, »daß es vor Christo Todtenauferstehungen nicht gegeben hat«; die atl. Beispiele von Elia und Elisa hätten »nichts mit der Auferstehung zu thun, da es sich bei jenen um Wiederherstellung bloß in das irdische Leben« gehandelt habe.

[879] Vgl. Maior 221r: Wir sind *membra eiusdem corporis, caro de carne eius, & os de oßibus eius* (Eph 5); nach Spener, Schriften II 2, 908 kann man sagen, »wir seyen nach

unserm grösten theil schon aufgestanden / weil unser haupt längsten auferstanden ist / dessen glieder wir sind«.

[880] Vgl. Calvin 455: »Wie dort (sc. im AT) durch die Erstlingsopfer die Ernte des ganzen Jahres geheiligt wurde, so geht die Kraft der Auferstehung Christi auf uns alle über«; vgl. Beza 159: *Primitiae oblatae reliquorum fructuum cumulum sanctificabant.*

[881] Crell 324 (*Christus per resurrectionem penitus Deo oblatus ac consecratus est*); Spener 489 verweist auf Ex 23,19; Lev 23,10f und Dtn 26,2 und erklärt dann, so sei auch Christus *eodem post Sabbathum paschale die sive Dominica nostra* von den Toten als Erstling auferstanden, *sive donum primitiarum Patri suo coelesti oblatum*; vgl. auch Tersteegen, Werke, Bd. 1, 170: »Wie nun die Garbe der Erstlinge durch priesterliche Hände dem HErrn in seinem Hause geopfert werden mußte, ehe etwas von den Früchten des Feldes genossen werden durfte, also mußte auch Christus, als der Erstling aus den Todten, sich erst dem himmlischen Vater durch seine Auferstehung von den Todten darstellen, und uns den Weg bahnen«.

[882] So Ph.M. Hahn (zitiert bei Benz, a.a.O. [Anm. 1085] 186).

von den Toten dem Tod die Macht genommen hat! Wir müssen uns wehren und Lebenskräfte anziehen, grad weil es gar nicht auf unsere eigenen frommen Künste ankommt, sondern auf die Tatsache des schon erfochtenen Sieges«[883].

Auch in neuerer Zeit bleibt der entscheidende Gedanke, daß die Auferstehung Christi, »kein isoliertes Ereignis, sondern der *Beginn der allgemeinen Totenauferstehung*« ist[884] und den Anbruch des Eschaton signalisiert[885]. »Mit Christus, dem ›Ersten‹, kommt die neue Schöpfung zum Vorschein«[886].

Der Euphemismus bzw. doppeldeutige Term »Entschlafene« wird in Analogie zu Luthers Lied (»Der Tod ist mein Schlaf worden« [EG 519,1]) z.T. so ausgelegt, daß der Tod für Christen nicht sosehr Tod als vielmehr Schlaf und Ruhe bedeutet[887]. Außerdem soll an Christus abzulesen sein, auf welche Weise wir *integri utique anima & corpore* auferstehen werden[888]. Vor allem die Deutung des Schlafens als Metapher wird bis heute geschätzt: Nach Voigt werden wir durch das Evangelium aufgerufen und berechtigt, »uns, wenn unsere Stunde kommt, getrost in die Hand Gottes fallen zu lassen, so beruhigt, wie man abends nach einem anstrengenden Tag sich in den Schlaf fallen läßt. Denn nach dem Schlaf kommt das fröhliche Erwachen«[889].

---

[883] H. Kutter in seinen Briefen 1883-1931, hg. v. M. Geiger u.a., München 1983, 582; vgl. auch Hamann, Londoner Schriften 375: »In diesem Gevollmächtigten, in diesem Erstlinge grüst Gott unser ganzes Geschlecht, und in unserm Geschlecht die Rettung seiner Gerechtigkeit und die Offenbarung seiner Liebe«.
[884] Schütte, Glaube 87; vgl. weiter z.B. Küng, Christ 346; Bieritz, GPM 38 (1983/84) 202.
[885] Vgl. Moltmann, Weg 243: Wenn Erstling, »dann sind ›die letzten Tage‹ vor dem Zeitende angebrochen«, und »die allgemeine Totenauferstehung hat mit Christus schon begonnen«; vgl. auch ders., Kommen 172.221 und Theologie 178: »Die Auferstehung Christi ist promissio inquieta so lange, bis sie Ruhe findet in der Auferstehung der Toten und einer Totalität des neuen Seins«; vgl. dazu auch Vorgrimler, Hoffnung 118f; Kehl, Eschatologie 153; Dalferth, Gekreuzigte 75f.
[886] So Sauter, CPM 6 (1983) 254. Ein anderer Akzent ähnlich wie bei Barth 98 bei G. Voigt, Die lebendigen Steine, Göttingen 1983, 198: »Gehört die ›Erstlingsgabe‹ aus der soeben eingebrachten Ernte Gott, dann gehört ihm auch der übrige Teil der Ernte«.
[887] Vgl. zu Luther Althaus, Theologie 347 und Beißer, Hoffnung 67, aber auch 63 (mit

Zitat von WA.TR 1, 177, Nr. 408, wonach aus dem Tod als Schlaf nicht zu folgern ist, daß Christen gern sterben: »Ich sihe die *exempla* vngern, daß man gern stirbt, *sed* die zagen, zittern, erplassen fur dem tod vnd gehn dennoch hindurch, die sihe ich gern«) sowie unten Anm. 1592; ferner Maior 218v: *Non mortuos, sed in Domino abdormisse dicit*; Osiander, Schriften, Bd. 6, 497: Die Schrift bezeuge, daß der Tod »nur ein schlaff vnd sterben ein entschlaffen« sei; Crell 325 verweist auf Mt 9,24 und Joh 11,11f. In der bildenden Kunst, wo der Schlaf auch als »negatives Kontrastbild«, z.B. zu den wachenden Jungfrauen, erscheint, begegnet er, besonders »im abendld. Auferstehungsbild, in Antithese zu Christus selbst, bisw. betont durch dessen auf ihn gesetzten Fußtritt, Verbildlichung der im Ostersieg bezwungenen Todesmacht« (Dinkler / v. Schubert, LCI IV 74).
[888] Bullinger 245; anders Zwingli, CR 89, 431: Wenn wir wie Christus auferstehen, »so wirt ouch unser seel nit entschlaffen; denn Christus seel ist ouch nit entschlaffen«, wie Cant 5,2 zeige.
[889] A.a.O. (Anm. 886) 199. Vgl. weiter Heidler, a.a.O. (Anm. 285) 171-176. Die Spannung zwischen einem sog. Zwischenzustand und der Auferstehung bleibt

2.   Wie schon zu V 20 interessiert auch bei V 21f vor allem, daß Tod wie Auferstehung »durch einen Menschen« geschehen sind[890], weshalb bei der *Adam-Christus-Typologie* speziell die Inkarnation besonders akzentuiert wird. Immer wieder heißt es wie etwa bei Tertullian: *Per hominem mors, et per hominem resurrectio*[891], oder wie bei Augustin: »Mensch und Mensch, der eine zum Tod, der andere zum Leben«[892]. Ausdrücklich wird darum bei Christus gegen alle Verminderung seiner Menschheit hinzugefügt: οὐχ ἡμίσεως ἀνθρώπου οὐδὲ μικρόν τι ὑπὲρ τὸ ἥμισυ[893], und V 21 wird gegen Pseudopropheten gerichtet, die die Menschwerdung und Auferstehung des Fleisches leugnen[894], auch wenn bisweilen umgekehrt unterstrichen wird, daß der Erstling »nicht ein einfacher Mensch« war, sondern als Herr der Herrlichkeit gekreuzigt wurde[895].

Der Zusammenhang zwischen V 21a und 22a auf der einen und V 21b und 22b auf der anderen Seite wird von Johannes Damascenus so gesehen: »Ist das erste wahr, dann auch das zweite«[896]. Er kann aber auch so bestimmt werden, daß darum, weil der Tod durch das Fleisch regiert, auch die Befreiung durch Vermittlung des Fleisches geschieht[897]. Der Unterschied aber wird von Leo d. Gr. so definiert: *Adam primus et Adam secundus unum erant carne, non opere*; durch den ersten sind alle dem Tod geweiht, durch den zweiten sollen sie zu neuem Leben erstehen[898]. Konkret bedeutet das: Wie Adam als Sünder den Tod verursacht, so überwin-

---

meist unausgeglichen; vgl. z.B. Beißer, Hoffnung 195 (»Wir wissen die Toten geborgen bei Gott – und: Wir warten mit ihnen auf Gottes Erlösungstat«) und 316.

[890]   Chrysostomus 336; Oecumenius 869; Adamantius, Dial. 5,11 (GCS 4, 194) u.a.

[891]   Marc. 5,9,5 (CChr 1, 689; vgl. auch ebd. die Betonung der Leiblichkeit: *Quando in Adam corpore mortificemur, sic necesse est et in Christo [corpore] vivificemur*); Origenes, In Rom 5,2 (PG 14, 1023); Athanasius, De Incarn. 1,25 (PG 26, 1280; vgl. auch ebd. 1272 und PG 25, 113 u.ö.); Ambrosius, Über die Unsterblichkeit (BKV¹, Ambrosius, Bd. 1, 401): Da Gott nicht sterben kann, aber auch nicht auferstehen kann, was nicht gestorben ist, mußte er Fleisch annehmen und durch einen Menschen die Auferstehung kommen; Cajetan 82v.

[892]   Joh-Ev. 3,12 (BKV 49, 42). Für Augustin ist dabei klar, daß sich der von Adam bewirkte Tod nur auf den leiblichen Tod bezieht (De Pecc. Merit. et Remiss. 1,8,8 [CSEL 60, 9]); vgl. Alfeche, a.a.O. (Anm. 285) 154f.

[893]   Gregor v. Nyssa, Adv. Apol. (Opera III 1, 215); vgl. auch Fulgentius, Ad Trasam.

3,33,3 (CChr 91, 179) und Victorin (Opera [CSEL 49, 65]: *Accepit [sc. Christus] possessionem substantiae morientis, id est membrorum humanorum, ut sicut per unum corpus omnes homines debito mortis succiderant, per unum corpus uniuersi uita resurgerent*).

[894]   Ambrosiaster 170; ebs. Ambrosius 278.

[895]   Cyrill, Quod Christus unus (BKV 2. R. 12, 184f); vgl. auch Petrus Lombardus 1678: *Homo ad vitam, homo ad mortem; et ille nonnisi homo, iste Deus et homo*.

[896]   De Orth. Fid. 3,12 (BKV 44, 141).

[897]   Irenaeus, Demonstr. de Praed. Apost. 31 (SC 62, 81).

[898]   Tract. 69,3 (CChr 138A, 422). Ganz unpaulinisch wird aber in Epistula Apostolorum 39 (50) eine (zudem positiv ergriffene) Wahlfreiheit für Adam und seine Nachkommen vorausgesetzt: »Adam ist die Macht gegeben worden, daß er von den Zweien, was er wollte, erwähle, und er wählte das Licht ... Ebenso ist jeder Mensch ermächtigt, zu glauben an das Licht« (Müller bei Schneemelcher, Apokryphen ⁶I 227); vgl. Dassmann, Stachel 262f.

det Christus als Nichtsünder den Tod, weil der Tod aus der Sünde kommt [899]. Dabei ist Adam aber nach Origenes nicht sosehr von einem einzelnen Menschen als vom ganzen Menschengeschlecht (περὶ ὅλου τοῦ γένους) zu verstehen[900], und auch nach Johannes Scotus ist V 22 nicht von einem einzigen und ersten Menschen aufzufassen, sondern *nomine Adam omnem generaliter naturam humanam significari accipimus*[901]. Augustin sieht dagegen die Tatsache, daß wir nach V 22 in Adam alle sterben, durch die von Adam herkommende Erbsünde bewirkt[902].

Umgekehrt wird auch der Auferweckung Christi universale Wirkung zugeschrieben, schließt also auch die Ungläubigen ein: Wie in Adam alle, *sive iusti sive iniusti*, sterben, so werden auch *in Christo omnes, tam credentes quam diffidentes*, auferstehen, die Ungläubigen freilich *ad poenam*[903]. Diese vor allem von Origenes (48) vertretene universale Sicht (Paulus sage nicht, daß nur die Gerechten auferstehen) wird zwar von vielen geteilt[904], doch wird andererseits ausdrücklich abgelehnt, daß Paulus eine ζωοποίησις κοινή und eine Rettung der Sünder im Sinn habe[905]. So soll das πάντες »im Hinblick auf so viele, die mit dem ewigen Tod bestraft werden«, nur alle die betreffen, die das ewige Leben in Christus erlangen[906], z.B. im Mitsterben und Mitauferstehen mit Christus[907]. Die übli-

---

[899] Ambrosiaster 171; ebs. Ambrosius 278. Vgl. auch Atto 400 (*Primus Adam suo peccato invenit mortem; secundus Adam, id est, Christus, sua justitia resurrectionem*) und Hrabanus Maurus 145.
[900] Cels. 4,40 (SC 136, 288) mit Verweis auch auf Röm 5,14; Origenes sieht überhaupt keinen großen Unterschied zwischen unserer Stelle und Röm 5, d.h. er setzt auch hier die Sünde Adams voraus, die den Tod im Gefolge hatte, was für Christus bedeutet: *Ita per unum hominem justitia introivit in hunc mundum, et per justitiam vita, et sic in omnes homines vita pertransiit, in qua omnes vivificati sunt* (In Rom 5 [PG 14, 1005]). Thomas 413 verweist auf den Widerspruch zu Sir 25,33, wonach Eva den Tod verschuldet hat, doch erklärt er, wenn Eva allein gesündigt hätte, wäre die Sünde nicht weitergegeben worden.
[901] In Joh 1,29 (SC 180, 174).
[902] Conf. 5,9 (BKV 18, 95); vgl. auch Herveus 979 (*Sicut omnes homines per primam id est per carnalem generationem pertinent ad Adam; sic omnes homines per secundam, id est per spiritualem regenerationem ad Christum veniunt*) und Bruno 207 (*Si enim culpa solius Adae ad damnationem omnium sufficiens fuit, quare modo justitia solius Christi ad justificationem omnium non sufficeret*).
[903] Ambrosiaster 171, ebs. Ambrosius

278; Hrabanus Maurus 145. Nach Cajetan 82v gilt: Da nicht allein Adam gestorben ist, sondern alle wegen seiner Sünde starben, ist auch Christus nicht *sibi ipsi solum* auferweckt worden.
[904] Vgl. außer Origenes, In Rom 5 (PG 14, 1007: *Sicut per illum [sc. Adam] in omnes homines condemnatio, ita per Christum in omnes homines justificatio*) z.B. Severian 274 (οἱ τοῦ Χριστοῦ seien nicht nur die Glaubenden, weil Christus alle gehören); Nikolaus v. Cues, Opera VIII 112 (*Sua resurrectio est, per quam omnes homines resurgunt, qui eiusdem sunt secum humanae naturae*); Biel, Collect. III 79 (*In omnibus his [sc. Röm 5,12; 3,23; 1Kor 15,22] loquitur Apostolus universaliter sine exceptione*).
[905] So z.B. Chrysostomus 337; vgl. schon die Einschränkung bei Irenaeus, Haer. 5,12, 3 (BKV 4, 180): »so wir geistig sind«; vgl. aber zur *recapitulatio* bei Irenaeus Dassmann, Stachel 308f und die Lit. ebd. Anm. 51 und Noormann, Irenaeus 439-449.
[906] So Augustin, Ep. 217 VI 19 (BKV 30, 299). In Joh-Ev. 66,2 (BKV 19, 57) heißt es: »Wer den Menschen Christus leugnet, wird nicht auferstehen«, denn als Mensch ist Christus Haupt, und »wer das Haupt leugnet, wie ist der ein Glied?« (vgl. auch Joh-Ev 75,3 [ebd. 97] und Ep. 179 VI [BKV 30, 142]; Civ.D. 13,23 [BKV 16, 288])). Unge-

che Kombination findet sich z.B. bei Hieronymus (765): Zwar stehen alle auf, aber lebendig gemacht werden allein diejenigen, *qui Christi merebuntur copulari corpori*[908]. Nur für sie gilt auch, daß Christus die Dauer des Todes verkürzt, indem er aus einem ewigen einen zeitlichen Tod macht[909].

Die Diskussion bei Cornelius a Lapide (338) zeigt, daß die Frage, ob auch die *reprobi* durch Christus erweckt werden, auch später kontrovers blieb: Während sie von Augustin verneint werde, *quia horum resurrectio ad damnationem, non vita, sed mors potius dicenda est*, was auch Thomas bestätige, schließt sich Cornelius selbst Ambrosius und Cyrill an, daß Christus den Tod vom ganzen Menschengeschlecht wegnehmen wollte, wobei er hinzufügt, *vt gloria Christi hostium suorum aeterna poena celebraretur*. Allerdings sei dies alles *praeter mentem Apostoli*, da der Apostel nicht im eigentlichen Sinne vom Schicksal der *reprobi* handele.

Auch V 23a (ἕκαστος δὲ ἐν τῷ ἰδίῳ τάγματι), meist im Sinne von *in suo scilicet honore, vel ordine, tempore servato*[910] bzw. *in suo ordine, scilicet dignitatis* (so Thomas 413) verstanden, wird von Paulus nach Theophylakt (761) hinzugesetzt, damit nicht das Mißverständnis entstehe, daß *alle* lebendig gemacht werden, während es in Wahrheit doch nur οἱ πιστοὶ καὶ οἱ εὐδοκιμηκότες seien. Theodoret (356) zitiert Mt 25,33 und erklärt, die zu Christus Gehörenden seien nicht einfach die Glaubenden, sondern diejenigen, die fromm und tugendhaft ἐν νόμῳ καὶ πρὸ τοῦ νόμου gelebt haben. Nach Basilius v. Caesarea gibt es von V 23a her auch unter den Geretteten eine διαφορά, und zwar je nach der Teilhabe an den von Gott empfangenen Gütern[911]. Andere machen die Zugehörigkeit zu

taufte Kinder können darum nicht das ewige Leben besitzen (Ep. 186 IX 33 [BKV 30, 170]); vgl. zum letzteren später auch Eck (CCath 34, 305), der an V 22 anschließt: *Etiam parvuli! Hoc autem non nisi per baptismum.*

[907] Gregor v. Nazianz, Or. 38,4 (SC 358, 108.110); vgl. auch Cyrill, Quod Christus Unus (SC 97, 468), der vorher Röm 6,5 zitiert, und Atto 400; Estius 733. Petrus Lombardus 1678 führt den körperlichen Tod auf Adam zurück, um dann fortzufahren: *ita et omnes vivificabuntur in Christo, quia ejus filii sunt spirituali regeneratione.*

[908] Ebs. Pelagius 217; Theodoret 353; Cyrill 901 kann einerseits sagen, daß wie in Adam alle verdammt sind und den Tod erleiden, so auch die δικαιωθέντες ἐν Χριστῷ der Sünde und dem daraus erwachsenen Tod entrinnen werden, doch heißt es andererseits: Ἡ τῆς ἀναστάσεως δύναμις

komme εἰς ἅπαν τὸ ἀνθρώπινον γένος (Quod Christus unus [SC 97, 468]); vgl. auch Herveus 979 (*Haec enim vivificatio proprie ad electos pertinet. Generalem tamen faciet Christus resurrectionem*, weil in Christus Glaubende wie Unglaubende auferstehen, die letzten aber zur Strafe); Thomas 412f; Faber Stapulensis 130v. Sedulius Scotus (158) merkt dagegen an, daß hier *de resurrectione mortuorum iniquorum* geschwiegen werde, *quia non ad gloriosam vitam resurgent.*

[909] Leo d. Gr., Serm. 59,8 (BKV 55, 124). Vgl. auch Athanasius, De Incarn. 10 (BKV 31, 95): »Jetzt sterben wir nicht mehr, um gerichtet zu werden, sondern mit der Bestimmung zur Auferstehung harren wir auf die gemeinsame Auferstehung aller«.

[910] So Sedulius Scotus 158; vgl. Primasius 545: *In suo ordine: temporis vel honoris.*

[911] In Jes 136 (PG 30, 340).

Christus von Verdiensten abhängig[912] und bestimmen die »verschiedene Ordnung der Herrlichkeit und Glorie ... nach der Verschiedenheit der Verdienste«[913]. Zwar sollen alle in Christus lebendig gemacht werden, aber doch *differenter*, und zwar nicht nur wegen der Differenz zwischen Haupt und Gliedern sowie Guten und Bösen, sondern auch zwischen den Christen; bestehe zwischen ihnen auch kein Unterschied in der Zeit, so doch sehr wohl in der *dignitas*, so daß der Märtyrer als Märtyrer erweckt werde, der Apostel als Apostel usw.[914].

Luther hebt bei der Adam-Christus-Typologie die Externität des Heils heraus (»Wie fremd die schuld ist und unschuldig da zu kom, *sic* so fremd und unschuldig *est resurrectio*«[915]), und er kann dabei die Todverfallenheit aller Menschen wegen der Sünde Adams geradezu Unrecht heißen[916]. Für Calvin ist die Tatsache, daß alle ohne Ausnahme vom Ursprung her verderbt sind und die Sünde Adams nicht nur durch *imitatio* fortgepflanzt wird, darum von Bedeutung, weil auch die Gerechtigkeit und das Leben Christi nicht als *exemplum ad imitationem* vorgestellt werden[917]. Von da aus wird zwar vereinzelt beim Tod wie beim Leben der Verhängnisgedanke herausgestellt[918], meist aber wird einerseits an der Universalität von Adam und Christus festgehalten (nach Crell 327 kann Christus allerdings nicht selbst *sua virtute ac potentia* andere vom Tod erwecken), andererseits aber die Mitschuld am Adamsgeschick und der Glaube als

---

[912] So Origenes, Hom. in Num 1,3 (GCS 30, 6): *Erit unusquisque in eo ordine, quem sibi gestorum merita contulerint*; vgl. auch Irenaeus, Haer. 5,16,3 (BKV 4, 196).

[913] So Ambrosius, Vom Segen des Todes 48 (TKV 4, 580). Vgl. die Diskussion bei Cornelius a Lapide 338: *In suo ordine* werde in verschiedener Weise erklärt, zunächst so: *Si iustus sit, inter beatos; si impius, inter reprobos resurgat* (so Chrysostomus, Theodoret u.a.): zum anderen im Anschluß an Hieronymus: *Altior & beatior resurget, qui hic sanctior fuerit.* Cornelius selbst findet die Meinung von Oecumenius und Primasius *genuinus*, daß Christus der erste *tum tempore, tum dignitate* ist, dann die Gerechten auferweckt werden und die *consummatio mundi* folgt. Nach Estius 734 soll *in suo ordine* vom *ordo dignitatis ac meritorum*, nicht aber, wie Cajetan wolle, von der Zeit zu verstehen sein.

[914] Thomas 413; vgl. Herveus 979: *Martyr in ordine martyrum, virgo in ordine virginum, conjugatus in ordine conjugatorum, sacerdos in ordine sacerdotum. Vel in suo ordine, id est in suorum meritorum dignitate*; vgl. auch Lanfrank 208; Petrus Lombardus 1678.

[915] WA 36, 552; vgl. auch ebd.: »frembder schaden« und 563: »Adam ghet den berg hin ab und ziehet *omnes secum* in grund und verderben. *Econtra Christus ascendit*, das ist unser trotz«. Auch Luther ist dabei der Meinung, daß Paulus nur von Christen spricht (553).

[916] »Das ist unrecht von solcher hoher, barmherziger majestet. Es sey wie unrecht, *tamen verum*« (WA 36, 556). Crell 325 unterscheidet aber die *vitae humanae destructio* von der *mors aeterna*, da die Christen vom Verderben des letzteren ausgenommen sind, was offenbar auch für die vor Christus Gestorbenen gilt; zum Zusammenhang mit der Sünde vgl. 326f.

[917] Inst. 2,1,6.

[918] »Den Tod mußt du nicht glauben, er kommt über dich, glaub's oder glaub's nicht, er ist ein Naturgesetz, etwas, das dich macht, nicht du machst es – *also*, ganz ebenso übermächtig, überwilliglich, naturgesetzlich kommt auch das Leben über dich: Gibt es ein Todesverhängnis, so gibt es auch ein Lebensverhängnis« (H. Kutter, Aus der Werkstatt, Bern/Leipzig 1931, 190).

Voraussetzung der Teilnahme an der Totenauferstehung dagegen gestellt[919]: So sind nach Tersteegen Adam wie Christus »allgemeine Menschen, Haupt-Menschen; die stunden nicht nur so für sich selber, sie
stunden für alle, die aus ihnen solten geboren werden«[920]. Gleichwohl
sind alle Menschen mit Adam *lege communicationis eiusdem naturae
maledictioni subiectae* schuldig[921]. Am weitesten bei der Bestimmung der
universalen Reichweite geht wohl Lavater, der im Anschluß an Röm
8,19ff zu folgender Auslegung von V 22 kommt: »Wie in Adam Alle
(Menschen und Thiere und Pflanzen) sterben, so wird durch Christum
Alles lebendig gemacht werden«; Gottes Verheißungen seien »nie zu
hoch« zu verstehen, und Gott sei »lauter Leben und Liebe« und wolle
»ewig nichts als lauter Leben und Liebe«[922]. Schleiermacher sieht immerhin, daß Paulus eine »vorgängige allgemeine Scheidung der Guten und
Bösen« in V 21 »ganz zu übergehen« scheine[923]. Andere Stimmen, die V
21f positiv universal im Sinne einer allgemeinen Auferstehung werten
und z.B. von einer Apokatastasis ausgehen, werden zu V 26 und 28c zu
Worte kommen.

Meist aber wird die Auferstehung *aller* Menschen problematisiert. Nach
Bullinger (244) ist von der Auferstehung der *impii* darum kaum oder nirgends die Rede, weil *illorum resurrectio mors uerius quam uita esse uide-
atur*, denn sie sollen zwar ihre Körper zurückerhalten, damit aber ohne
Ende Strafe erleiden[924]. Ähnlich urteilt Spener: Die Auferstehung der
Glieder des Leibes Christi zum ewigen Leben komme aus der Auferstehung Christi und »gehöret also ihnen allein. Daß aber die gottlosen auf-
ferstehen / geschiehet auß dem gerechten gericht GOttes / damit sie zur
ewigen strafe gezogen werden«[925].

---

[919] Allerdings werden »Erbsünde« und
»Erbtod« nicht verselbständigt, wie sich
daraus ergibt, daß schon Adam und Eva
sich damit getröstet und auch ihre Kinder
darauf verwiesen haben sollen, »es werde
ein erlöser hernach kommen, der widerumb
soll zu recht bringen ... was sie mit irem fall
verderbt haben« (EKO, Bd. 11, 568). Sehr
viel weiter geht Schelling, der vom Idealismus her über den einheitlichen Ursprung
des Menschengeschlechts so urteilt: Es gebe
»Einen ersten Menschen, ›durch den der
Tod und die Sünde in die Welt gekommen‹,
aber von dem auch der göttliche Funke, der
Geist der Freiheit und Selbstbestimmung
auf alle Geschlechter, je nach ihrer Emp-
fänglichkeit, sich fortleitete« (Schriften, Bd.
5, 520).
[920] Werke, Bd. 1, 190.
[921] Heppe, Dogmatik, 229; vgl. auch ebd.
245 zum *peccatum imputatum* und *inhae-
rens*. Calixt, Werke, Bd. 2, 171 zitiert V 22,

um damit Bellarmin vorzuwerfen, die Mutter des Herrn von der Erbsünde auszunehmen, und Flacius Illyricus anzuklagen, *qui
peccatum originis substantiam esse asse-
ruit.*
[922] Werke, Bd. 1, 204f.
[923] Gesamtausgabe VII 2, 323. Nach v.
Flatt 365 z.B. aber soll πάντες »auf wahre
Christen und etwa wahre Verehrer Gottes«
zu beschränken sein.
[924] Auch nach Calixt soll *de corporibus
non omnibus, sed fidelium et cum gloria
resuscitandis* die Rede sein (Schriften, Bd.
4, 119); vgl. auch ebd. 212: *In Christo omnes, qui Christi sunt, vivificabuntur.*
[925] Schriften II 1, 577; vgl. auch ders. im
Kommentar 490: Einige denken zwar an die
allgemeine Auferstehung, aber *Christi be-
neficia & merita nemini prosunt, nisi cre-
dentibus, ut ex aliis scripturae locis percipi-
tur.*

Auch heute sieht man in Röm 5,12ff ebenso wie in 1Kor 15,21f begründet, daß der *status corruptionis* den Nachkommen Adams zum »unausweichlichen Schicksal« geworden ist und »sie doch zugleich seine Mitschuldigen sind«[926]. Richtig wird aber vor allem gesehen, daß Paulus vom Glauben an Christus her zurückschaut und von da aus »das wahre Antlitz der gottverlassenen Welt« erkennt, ihm aber »an einer spekulativen Beschäftigung mit den schwierigen Fragen, die sich stellen, wenn man in Einzelheiten weiterdenkt, und an die von der späteren Theologie viel Mühe und Scharfsinn gewandt wurde, ... nichts gelegen« ist[927]. Das ändert freilich nichts an der theologischen Problematik, daß durch einen einzigen Menschen »Entscheidungen von ewiger Tragweite für das ganze Menschengeschlecht fallen« sollen[928].

Weil »die Christologie die Adamologie ausgebildet« habe, soll die notwendige »Entmythologisierung der Adamsfigur als individualisierter Person« nach Ricœur »keinen entsprechenden Schluß auf die Christusfigur« einschließen; vielmehr sei gefordert, den zumal »durch die Vermengung dieses wie ein historischer Bericht behandelten Mythos mit der späteren und zwar vor allem mit der augustinischen Spekulation über die Erbsünde« entstandenen Schaden (*sacrificium intellectus*) in eine »durch Symbolik vertieften Einsicht« zu beheben[929]. Entsprechendes gilt dann für Eva, zumal aus unserer Stelle gelegentlich geschlossen worden ist, daß »der vrsprungk alles bösen vom mann / vnd gar nicht von weibern kompt«[930].

[926] Joest, Dogmatik, Bd. 2, 357; vgl. zum doppelten Todesbegriff zu V 26. Nach Schmaus soll in V 21 zwar deutlich »lediglich vom Erbtod, nicht von ›Erbsünde‹« die Rede sein (Dogmatik II 1, 511), doch das, was vom Tod gilt, gilt nach Rahner auch »von dessen innerem Wesen, der Erbschuld selbst« (Schriften I 305).
[927] Schmaus, Dogmatik II 1, 512. Auch Barth betont, daß der Adamsgestalt keine selbständige Bedeutung zukommt und allein um der Christologie wegen eingeführt wird, »daß wir also »Adam von Christus und nicht Christus von Adam her zu verstehen haben« (Christus und Adam nach Röm 5, 1962 [ThSt 35], 15); vgl. auch KD IV 1, 572: Von Christus her wird Adam als »vorlaufendes Schattenbild Jesu Christi« durchsichtig; vgl. zu Barths Sicht aber auch unten Anm. 1767-1771 zu V 45.
[928] Vgl. dazu Ebeling, Dogmatik II 104. Meist beschränkt man sich auf die Feststellung einer Dialektik: »Wie Sünde einerseits die allerpersönlichste Schuld, anderseits eine unteilbare Menschheitssünde ist, so ist die Christuserlösung die persönlichste Entscheidung, anderseits eine unteilbare

Menschheitserlösung« (Brunner, Ewige 41). Daß die Auferstehung nicht alle Adamskinder betrifft, sondern alle, die »›in Christus‹, also ihm zugehörig, weil ›eingeleibt‹ in ihn« sind, wird auch sonst oft angenommen (so z.B. Voigt, Gemeinsam 142).
[929] P. Ricœur, Symbolik des Bösen, München 1971, 272f.
[930] H.C. Agrippa v. Nettesheim, Vom Adel vnd Fürtreffen Weibliches geschlechts, in: E. Gössmann, Ob die Weiber Menschen seyn, oder nicht?, 1540 (Archiv für philosophie- und theologiegeschichtliche Frauenforschung, Bd. 4, München 1988, 78). Aus anderer Absicht betont Scheeben, daß hier nur von der Sünde eines Menschen, d.h. des Mannes die Rede sei; das soll dem korrespondieren, daß »nur der Mann als eigentliche Wurzel bezüglich der Fortpflanzung der Natur und zugleich als das natürliche Haupt des Weibes naturgemäß dazu berufen werden konnte und berufen worden ist, auch in der Ordnung der Gnade als Wurzel und Haupt des Geschlechtes sich geltend zu machen« (Schriften V 4, 695f); demgemäß hätten die Theologen gelehrt, wenn allein Eva gesündigt

3. Relativ unproblematisch scheint die paulinische Aussage über das Herrschen und Unterwerfen der Mächte durch Christus gewesen zu sein, obwohl bereits hier meist die Weichen auch für das Verständnis der Herrschaftsübergabe an den Vater gestellt werden. Als erster äußert sich Irenaeus dazu, der die heilsgeschichtliche Etappe des *regnum* des Sohnes mit dem Tausendjährigen Reich zwischen der ersten und zweiten Auferstehung verknüpft[931]. Tertullian illustriert an einer nicht ungefährlichen politischen Analogie, daß die Teilgabe königlicher Macht an einen Sohn keine Teilung der *monarchia* bzw. der Alleinherrschaft (*singulare et unicum imperium*) bedeute, und auch für das Verhältnis von Vater und Christus gelte: *Per opera* sind beide eins[932]. Auch für viele andere wie Chrysostomus (340) steht fest, daß Vater und Sohn κοινὰ ἄπαντα für uns vollbringen[933]. Als selbstverständlich wird vorausgesetzt, daß der Sohn die Herrschaft nicht geraubt, sondern freiwillig und auf natürliche Weise übernommen hat[934] und sich sein βασιλεύειν als συμβασιλεύειν τῷ θεῷ καὶ πατρί vollzieht[935]. Nach Marius Victorinus ist Christus nicht nur seit der Inkarnation des Logos »alles unterworfen«, sondern »schon vorher und auch nachher«[936].

Ausführlich äußert sich schon hier (vgl. auch Punkt 4 und 6) Origenes. Herrschen ist nach ihm kämpfen[937], und zwar gegen die gottfeindlichen

---

hätte, würde die Sünde nicht auf andere übergegangen sein, wohl aber, wenn Adam allein gesündigt hatte.

[931] Vgl. Haer. 5,36,2f (SC 153, 460); vgl. Noormann, Irenaeus 374f.

[932] Adv. Prax. 3,2f bzw. 22,13 (CChr 2, 1161f bzw. 1191); vgl. auch 24,5 (ebd. 1194), wonach der Sohn *uicarius Patris* ist, und 4,2 (ebd. 1163), wo in V 25 ausdrücklich *deus* als Subjekt eingefügt wird. Vgl. zu Tertullians Deutung weiter Schendel* 30-73, zum *monarchia*-Vergleich und seiner Vorgeschichte 41-45. Ambrosius erklärt: *Regnum Patris atque Filii unum esse ac indivisum* (De Fide 3,12 [PL 16, 633]); vgl. auch 5,12 (ebd. 706): *In regno Filii Pater regnat, et in regno Patris Filius regnat;* für die Zukunft gelte: *Regnat ex aequo tota Trinitas.*

[933] Vgl. etwa auch Novatian, De Trin. 31,191: Die Relation zwischen Vater und Sohn ist ohne *dissonantia aut inaequalitas* (ed. Weyer 202); vgl. auch 193 (ebd. 206) und Pelland, a.a.O. (Anm. 858; Passage) 36f. Immerhin kann Novatian sagen, daß der Sohn *totam divinitatis auctoritatem* an den Vater zurückgeben wird (Weyer 204f).

[934] Cyrill, Kat. 10,9 (BKV 41, 151). Nach Thomas, Summa, Bd. 36, 67 hat Christus

»auf Grund der Mitteilung der Gottheit auch in der menschlichen Natur unüberwindliche Gewalt, insofern ›alles Seinen Füßen unterworfen ist‹«.

[935] Euseb, Fragm. 117 des Marcell (GCS 14, 210); Severian 274. Für Zeno v. Verona, Tract. 2,6,3 (BKV 2. R. 10, 212) wäre es eine noch größere Geringschätzung, wenn der Vater eine Zeitlang ohne Reich ist, als wenn man vom Sohne denkt, daß »er das Reich dem Vater übergeben wird«.

[936] Gegen Arius 1,1 (Christlicher Platonismus. Die theologischen Schriften des Marius Victorinus [BAW.AC 1967] 173); vgl. auch ebd.: »Alles wird ohne Unterschied dem Vater oder dem Sohn zugeschrieben, seien es Akte oder Substanzen. Jeder der beiden ist wirklich im anderen«.

[937] In Joh 32,3 (GCS 10, 429f): πάλη. Gregor v. Nyssa versteht das βασιλεύειν Christi als ein ἀριστεύειν (sich auszeichnen, der Beste sein), und zwar geschieht das solange, bis es keine zu überwindenden Feinde mehr gibt und alles Gott widerstrebende Böse beseitigt ist (In Illud [Opera III 2, 27]); vgl. auch Oecumenius 873: Βασιλεύειν ... τουτέστι, πολεμεῖν τοὺς ἐχθρούς, συμμαχεῖν τοῖς ἰδίοις, τοὺς μὲν προπουᾶσθαι (in die Flucht schlagen), τοὺς δὲ

Mächte[938], wobei Christus die Feinde nicht auf einen Schlag zum Schemel seiner Füße mache[939]. Charakteristisch ist aber vor allem, daß die Unterwerfung durch Christus für Origenes Heil auch für die Unterworfenen bedeutet[940], indem sie Gott zugeführt werden[941]. Sie vollzieht sich nicht durch Zwang und Gewalt, sondern »durch Wort, Vernunft, Wissen, Aufmunterung der Besseren, gute Lehren, auch durch angemessene, der Sache entsprechende Strafandrohungen«[942]. Hier und anderswo meldet sich deutlich eine »Verinnerlichung und Individualisierung des Unterwerfungsgedankens in soteriologischer Richtung«[943], doch bleibt das individuelle Heil »verknüpft mit dem universellen; Soteriologie und Kosmologie, Schöpfung und Erlösung sind untrennbar miteinander verbunden«[944]. Wie Origenes[945] können auch andere vom Mitherrschen der

---

ῥύεσθαι (ebs. Photius 578; vgl. auch Primasius 545). Vgl. auch Hieronymus 766: *Alii voluntate, alii erunt necessitate subjecti* (ebs. Pelagius 218).

[938] In Mt 17,2 (GCS 40, 580).

[939] In Joh 6,57 (GCS 10, 166); nach Princ. 3,6,6 soll man sich das Ziel von V 28 »nicht als ein plötzliches Geschehen vorstellen, sondern als ein allmähliches, stufenweise im Laufe von unzähligen und unendlich langen Zeiträumen sich vollziehendes, wobei der Besserungsprozeß langsam einen nach dem anderen erfaßt« (TzF 24, 659); vgl. auch Orat. 25,2 (BKV 48, 88) und Irenaeus, Haer. 5,36,2 (SC 153, 460), wo von einem Fortschreiten der Apostelschüler auf Stufen die Rede ist: durch den Geist zum Sohn und durch den Sohn zum Vater, dem der Sohn dann sein Werk überläßt, mit folgendem Zitat von V 25f.

[940] Princ. 1,6,1 (TzF 24, 217); auch nach 3,5,7 (ebd. 638) schließt die Unterwerfung *salus et reparatio perditorum* ein; vgl. auch Hom in Num 18,4 : *Salutari ergo perditione ›perdet‹ Jesus* (GCS 30, 176) und Schendel* 81f.

[941] Vgl. Selecta in Jesum Nave (PG 12, 817): Πάντων γὰρ κρατεῖ, ὡς βασιλεὺς οὐρανοῦ καὶ γῆς. Ὡς βασιλεῖ παριστάμενοι, ὡς θεῷ λειτουργοῦντες, ὡς ποιητῇ προσκυνοῦντες. Etwas anders bei Clemens Alexandrinus, Strom. 1,159,6 (GCS 52, 100), der mit Phil 2,10f verbindet: Gott hat alles Christus übergeben und untertan gemacht, damit im Namen Jesu sich alle Knie beugen.

[942] Princ. 3,5,8 (TzF 24, 639); nach 1,2,10 (ebd. 151) geschieht das Herrschen durch das Wort.

[943] So Schendel* 89; vgl. die Belege, wo davon die Rede ist, daß sich »das Reich in uns« ununterbrochen ausbreiten und seine Höhe erreichen wird, sobald sich erfüllt, »daß Christus, wenn ihm alle Feinde unterworfen sind, das Reich Gottes dem Vater übergeben wird (Or. 26 [BKV 48, 86-89], ja es kann sogar heißen, daß uns der Herr allein mit Christus regiere, »der in uns ›zur Rechten‹ der geistigen ›Kraft‹ sitzt ..., ›bis alle seine Feinde‹ in uns ›zum Schemel seiner Füße‹ geworden sind und aus uns heraus ›alle Herrschaft, Gewalt und Macht vernichtet ist‹« (25,3 [ebd. 89]); vgl. Schendel* 97: Herrschen ist hier nicht zeitlich-soteriologisch, sondern »Ausdruck einer Relationalität zwischen ewigem Logos und den in die ewige Gottesschau erlösten Geistwesen«.

[944] Schendel* 91f; vgl. ebd. 193 auch zu Gregor v. Nyssa. Deutlich ist der Unterschied zu Marcion, der in V 24 den Weltschöpfer und in V 25 Christus als Subjekt der Unterwerfung versteht, wobei sich seit der Erscheinung Christi »die Zersetzung der Welt« vollziehe: »Der Weltschöpfer selbst zerstört sie, indem er alle seine Mächte und Herrschaften zerstört, um dann selbst mit ihnen zu zergehen und zu verschwinden. Durch Selbstvernichtung geht er mit der von ihm geschaffenen Welt zugrunde, so daß der gute Gott nun der einzige ist« (Harnack, Marcion 141; vgl. auch Dassmann, Stachel 190). Für die Kirche dagegen heißt Niederwerfung der Herrschaften und Mächte selbstverständlich nicht, daß »der Herr der Welt sich und seine Welt für Ewigkeit zerstört« (so z.B. Eznik v. Kolb, Wider die Irrlehren 4,10 [BKV 49, 166]).

[945] Vgl. Schendel* 89 mit Anm. 20: Hinweis auf Exhort. ad Mart. 28 (GCS 2, 24) und 37 (ebd. 34).

Christen sprechen[946], aber auch von heilvoller Unterwerfung, z.B. Hieronymus, nach dem *perditio hic non abolitionem sonat, sed salutem* und Christus als der gilt, der die Feinde zum Glauben bringt und zu Freunden macht[947]. Hinzugefügt wird aber oft, daß *omnes contrarii fidei* bestraft werden[948].

Heißt es bei Novatian, daß sich der Sohn mit *allem*, was ihm unterstellt ist, dem Vater unterstellt[949], so wird doch trotz V 25 immer eindeutiger die *Kirche* als der Machtbereich Christi genannt, und der durch unsere *imitatio Christi* sich vollziehende Prozeß der Unterwerfung soll dann vollendet sein, wenn unsere Seele ganz vom Bösen getrennt ist; so bei Gregor v. Nyssa, der V 24 z.B. so umschreibt: ὅταν δὲ παραδιδῷ τὴν βασιλείαν ἡμῶν τῷ θεῷ καὶ πατρί, σῶμα δὲ αὐτοῦ[950]. Oder es heißt: *Regnum quippe ejus hoc loco vocatur Ecclesia fidelium*[951]. Entsprechend wird das Herrschen bestimmt: Nach Rupert v. Deutz etwa handeln die hl. Schriften von nichts anderem als vom *bellum et certamen verbi dei ad destructionem peccati et mortis*[952]. Herveus (980) bezieht das Herrschen auf das Wirken Christi *dispensatione sacramenti sui per incarnationem atque passionem* bzw. *humilitate et patientia et infirmitate*. Allerdings wird vom *regnum Christi* ein anderes *regnum* abgehoben: Nach Chrysostomus (341) kennt die Schrift zwei βασιλεῖαι τοῦ θεοῦ, eine κατ᾽ οἰκείωσιν und eine κατὰ δημιουργίαν, wobei Gott im Reich der Schöpfung über alles herrscht, im Reich der Erlösung aber über die Glaubenden. Oder es heißt: *Aliter enim dicitur regnum ejus secundum potestatem divinitatis, quia ei omnis creatura subjecta est; et aliter regnum ejus dicitur Ecclesia secundum proprietatem fidei*[953]. Von der als bleibend geltenden Herrschaft Christi her kann auch folgendermaßen unterschieden werden: *Tunc* (sc. am Ende) *aperte regnabit, sed interim, oportet illum regnare occulte* (Petrus Lombardus 1680). Bei

---

[946]   Vgl. Athanasius, De Incarn. 20 (PG 26, 1021): Ἡμεῖς ἐσμεν οἱ ἐν αὐτῷ βασιλεύοντες, ἕως ἂν τεθῶσιν οἱ ἐχθροὶ ἡμῶν ὑπὸ τοὺς πόδας ἡμῶν. Ähnlich Zeno v. Verona, nach dem 1Kor 15 predigt, *Christum oportere regnare cum sanctis suis* (Tract. 2,6,3 [PL 11, 405]).

[947]   Tract. de Ps 82 (CChr 78, 9) bzw. Ps 91 (ebd. 138); zitiert bei Schendel* 174 Anm. 7 und 11, der darauf hinweist, daß nach Ambrosius und Hieronymus im Unterschied zu den *peccatores* nur die *impii, qui notitiam Dei non habent*, der ewigen Vernichtung anheimfallen.

[948]   So z.B. Atto 401.

[949]   De Trin. 31,191 (ed. Weyer 203), wobei alles = *omnes res* ist; vgl. auch 31,193 (ebd. 206): Christus ist vom Vater die Herrschaft *omnis creaturae* zu eigen gegeben, und er übergibt sie *per substantiae communionem* an den Vater (vgl. Lewis* 189; Schendel* 73-79).

[950]   In Illud (Opera III 2, 21); vgl. Lien-

hardt, a.a.O. (Anm. 858) 348f und Lewis* 204f; vgl. auch Epiphanius, Haer. 69,74 (GCS 37, 226) und Victorin, Opera (CSEL 49, 152): *In hoc regno dicturi sunt sancti.* Diese Deutung wird auch später immer wieder vertreten; vgl. etwa Calixt, Werke, Bd. 2, 521: ›Tunc et ipse Filius‹, quatenus cum Ecclesia sua unum corpus facit, ›subicietur ei‹.

[951]   Herveus 980; Hugo 540 u.a.; vgl. auch die Beispiele im übernächsten Abschnitt. Auch nach Cornelius a Lapide 338 ist *regnum = Ecclesia fidelium & congregatio electorum*, was aber nicht heiße, daß Gott nicht schon über jeden herrsche (mit Verweis auf Lk 17,21), wohl aber, daß in ihr noch *peccata, diabolus, mors & mortalium aerumnae* (Plackereien, Trübsale) herrschen.

[952]   De Victoria Verbi Divini 2,18, hg. v. R. Haacke, Weimar 1970, 66.

[953]   So Herveus 980; ähnlich Petrus Lombardus 1679.

aller anthropologischen Zuspitzung[954] wird jedoch daran festgehalten, daß alle Herrschaft *sive in coelis, sive in terris, ab illo esse*[955], ja am Ende alle Macht der Dämonen[956], aber auch der Engel und Menschen entmächtigt wird[957]. In der byzantinischen Apokalyptik wird die Entmächtigung der Mächte von V 24 her sogar vor allem politisch auf die letzten (römischen) Könige bezogen[958].

Doch auch während der Herrschaft Christi soll noch andere herrschaftliche Macht nötig sein, *angelici principatus et potestates et virtutes*, aber auch Menschen, die vorstehen wie Bischöfe, Presbyter und Diakonen und ebenso Könige und Konsuln (Herveus 981). Thomas (413f) verweist auf Gal 4,1f: In dieser Welt sind wir noch *sub angelis*, die uns leiten, wenn Christus aber die Herrschaft dem Vater übergibt, dann werden wir *immediate* unter Gott sein und *omnia alia dominia* aufhören[959]. Daß der Vater von der Unterordnung ausgeschlossen ist, versteht sich von selbst, wird allenfalls z.T. noch erweitert[960].

Auch nach den Reformatoren hat das Reich des Sohnes weder Anfang noch Ende[961], doch wird im Anschluß an 1Kor 15 zunächst zwischen *regnum gratiae* oder *regnum fidei* und *regnum gloriae* unterschieden: *Duplex regnum est: alterum gratiae, alterum gloriae. Regnum gratiae est Christi regnum* (Melanchthon 80). Zum ersten, das oft mit der Kirche identifiziert wird, soll vor allem die Wirksamkeit Christi durch Glaube,

---

[954] *Evacuatis peccatis, evacuabuntur a nobis omnes contrariae potestates: ab eo, quod nobis se sequentibus principantur potestate, qua nos vicerant* (Hieronymus 766); ähnlich Pelagius 218; vgl. auch Primasius 545.

[955] Atto 400; vgl. auch Primasius 546: *ut omnibus notum sit, nullum principum et potestatum, sive coelestium, sive terrestrium, per se habuisse aliquid principatus et potestatis: sed ab illo, ex quo sunt omnia.*

[956] Vgl. Lanfrank 209: *Evacuabit Christus in fine saeculi omnem daemonum principatum et potestatem, quia ultra non habebunt potestatum tentandi, et in tentationem inducendi servos Dei.* Nach Wyclif muß Christus herrschen, bis alle seine Feinde ihm zu Füßen liegen, denn bis zu jener Zeit ist »wegen der vereinigten Gewaltherrschaft von Teufel und Sünde und auch wegen des schwankenden Wesens der Söhne des Reiches das ganze Reich ... noch nicht vollkommen erworben« (Staehelin, Verkündigung, Bd. 3, 442).

[957] Nach Faber Stapulensis 131r handelt schon der Psalm *de subiectione / omnium / & coelestium / & terrestrium / & infernorum* (vgl. auch ebd.: *omnes inimicos / omnes rebelles & aduersantes*). Cajetan 83r: Das Abtun aller Herrschaft sei zu verstehen *siue de magistratibus angelicis, siue de ma-*

gistratibus ecclesiasticis seu humanis. Cornelius a Lapide 339 faßt die drei Begriffe von V 24 als *chororum Angelicorum nomina,* die den Gläubigen nicht mehr zusetzen können, zum anderen aber als gute Engelmächte, deren Leitung nicht mehr notwendig sei.

[958] Vgl. P.J. Alexander, The Byzantine Apocalyptic Tradition, London u.a. 1985, 43.138.165.170.181.

[959] Vgl. auch Bruno 208. Biel, Collect. II 256 zitiert Petrus Lombardus: *Quamdiu durat mundus, angeli angelis, daemones daemonibus praesunt. Sed in futuro omnis evacuabitur praelatio, ut docet Apostolus.*

[960] Vgl. Faber Stapulensis 131r: *Quicquid est consubstantiale patri excludit.*

[961] Calvin, Inst. 2,14,3; im Kommentar 457 betont er, daß die Stelle scheinbar dem Zeugnis der ganzen Schrift von der ewigen Dauer des Reiches Christi widerspreche, doch recht verstanden tue sie es nicht: Christus habe seine Macht nur als der im Fleisch Erschienene, wenn auch nicht als bloßer Mensch, denn er sei der Stellvertreter Gottes. Vgl. auch Bengel 431: Der Vater wird nicht ohne den Sohn regieren und der Sohn nicht ohne den Vater, denn *regnum divinum et Patris et Filii est ab aeterno et erit in aeternum.*

Wort und Sakrament zählen, während es im Reich Gottes bzw. im *regnum gloriae* solcher Mittel nicht mehr bedürfe, denn einst regiert er nicht mehr *ministerio Evangelii, sed immediate*[962]. Damit ist zugleich die Verborgenheit desjenigen Reiches gegeben, in dem Christus schon jetzt herrscht: *Iam regnum occultum et non manifestatum*, verborgen, zugedeckt, verhult *et in fidem et verbum* gefast. *Sic Christus iam regit*[963]. Das *regnare Christi* vollzieht sich dementsprechend als *iudicare sanctos, hoc est: tueri adversus iniuriam omnium creaturarum. Regnum autem gloriae nihil est nisi revelatio gloriae filiorum Dei*[964]. Die Feinde sind entsprechend »fleisch, blut, Welt, Teufel, gsetz *suo* marter und plag, die sind hin unter, *et mortem, quando sepulti*, horen die 5 auff ... Der 6. ist noch da«[965]. Nur vereinzelt wird Christus schon heute das »reich der macht« zugeschrieben, in dem er mit dem Vater alles regiert und wirkt und daher »auch seine feinde zum schemel seiner füsse wirfft / und mitten unter ihnen herrschet«[966]. Meist aber soll die Entmachtung der Mächte erst am Ende erfolgen: »›Alle herschaft‹, weltreich wird er zustoren, *et Christi cessabit*, prediger, *pater, mater, dominus, domina, baptismus, Sacramentum* & da das wird er auffheben«[967].

---

[962]   Melanchthon, Werke VI 273.

[963]   Luther, WA 36, 569; vgl. auch WA 9, 39 (*regnare in fide humanitatis suae et in velamento carnis*) und WA 57.2, 55 (*Hoc est regnum glorie, in quo Christus regnabit inquantum Deus, idem cum Patre; non quod sit aliud et aliud regnum, sed aliter et aliter, nunc in fide per humanitatem Christi, tunc in specie per revelationem essentie Dei*).

[964]   Melanchthon 80; vgl. auch Maior 221v und Semler 421f: *Hoc enim est Christi regnum, vt expugnet diabolica illa opera, superstitionem, caecitatem mentis, peccandi consuetudinem etc.*

[965]   WA 36, 585f. Auch nach Maior 223v sind die Feinde *diaboli & Tyranni, haeretici & sectarij*. Calvin spricht von Feinden der reinen Lehre und Religion, die Gott niederwerfen möge, woraus er schließt, »daß uns nicht vergebens befohlen ist, das tägliche Vorwärtsschreiten des Reiches Gottes sehnlichst zu wünschen; niemals nämlich steht es um die menschlichen Dinge so gut, daß aller Schmutz der Sünden abgetan und ausgefegt wäre und die Unversehrtheit voll in Blüte und Kraft stünde. Die Vollendung aber des Reiches dehnt sich aus bis zur letzten Ankunft Christi, durch die nach der Lehre des Paulus Gott Alles in Allem sein wird« (Inst. 3,20 bei Staehelin, Verkündigung, Bd. 4, 231).

[966]   So etwa Spener, Schriften III 1.1, 628; vgl. auch ebd. III 1.2 (Sciagraphia) 68. Anders aber v. Mosheim 697: »Von dem Reiche der Allmacht, das nie aufhören kann, das Christo als Gotte zustehet, kann die Rede nicht seyn«.

[967]   WA 36, 571; vgl. auch ebd. 568: Es »sol auffhoren das weltlich leben, der leidige Teufel *cum suo regimine* und als weltlich regiment und als geistliche empter«; auch nach Osiander, Schriften, Bd. 3, 672, sind die weltlichen Herrschaften »nur ein zeytlang dem reich Gottes zu dienen verordnet«. Maior 223r spricht vom *aboleri & imperia mundi & potentiam diabolorum, & ministeria Angelorum & Ecclesiae, imo & auxilia cibi, potus & aliarum creaturarum, quia tunc Deus ostendet se immediate.* Crell 335f verweist u.a. auf Jos 10 und Mt 25,41 und interpretiert im Sinne von *penitus delebitur* und *contumelia ac poena*, und er sieht 337 den Zweck der so lange noch erduldeten Mächte darin, daß die Christen bei ihrem Kampf gegen sie Glauben und Frömmigkeit bewähren. Nach Bengel 432 werden die *substantiae angelicae* nicht abgeschafft, wohl aber ihre Regierung, und zwar auch die der guten Engel, denn wenn die Feinde nach ihrer Überwindung die Waffen niederlegen, bedürfe es auch keiner Heere des Königs mehr. Im übrigen aber heiße das nicht, daß es keinen Satan, keine Hölle, keine Verfluchte mehr gebe, sondern daß sie nicht mehr Feinde seien, die sich widersetzen können. Vgl. auch Bullinger 245.

Neben der zunächst skizzierten Unterscheidung zwischen dem *regnum gratiae* und dem *regnum gloriae* wird aber zugleich eine andere Unterscheidung vorgenommen. Bis zum Ende der Welt sollen nämlich die Mächte der Welt nach Gottes Willen bestehen bleiben[968]. Nach Calvin (456) gehören zu den bei Paulus apostrophierten Herrschaften »auch die rechtmäßigen, von Gott eingesetzten Obrigkeiten«, doch wegen ihrer erst am Ende geschehenden Abschaffung heißt es auch hier: »Alle irdischen Herrschaften und Ehrenrechte sind zeitliche Mächte und dienen nur der Ordnung dieses zeitlichen Lebens. Wenn die Welt ein Ende nimmt, fallen auch Staat und Obrigkeit, Gesetze und Rangstufen«. Nach der Leidener Synopsis herrscht Christus in diesem *saeculum* auch durch Pastoren und politische Magistrate, im anderen Äon dann *immediate*[969]. Gewiß gibt es verschiedene Akzentuierungen[970], im ganzen aber hat das Modell einer Zweireichelehre, nach der Christus durch Wort und Sakrament regiert, die weltlichen Obrigkeiten aber bis zur Parusie unangetastet bleiben, eine bis heute andauernde immense Wirkung gehabt[971], und zwar auch außerhalb von Kirche und Theologie. Nach Hobbes z.B. wird alle Herrschaft, Gewalt und Macht erst am Jüngsten Tag aufgehoben, steht bis dahin aber den Fürsten zu[972].

Ähnlich urteilt man bis in unsere Zeit: Christus werde zwar »in der Vollendung seiner Herrschaft den Mächten dieser Welt ein Ende machen (1. Kor. 15,24), doch solange er den alten Aion noch erhält, sind die Gläubigen der fremden Obrigkeit Gehorsam schuldig«[973]. Andere wie Brunner

---

[968] Vgl. Luther, WA 36, 574.578.

[969] Heppe, Dogmatik 350; vgl. auch 351.365.520.

[970] Bengel 432 erklärt das fehlende αὐτοῦ bei ἐχθρούς z.B. so: Die Feinde Christi seien längst beseitigt, unsere Feinde aber würden erst noch beseitigt; vgl. auch Tersteegen, Werke, Bd. 1, 173, wonach Christus schon am Ostertag über alle seine Feinde gesiegt und sie alle unter seine Füße gebracht hat. Öfter aber heißt es zu V 24-26 ohne Beachtung der sich schon vollziehenden Unterwerfung wie bei Kliefoth, a.a.O. (Anm. 285) 240, daß Christus erst bei seiner Wiederkunft »alle gottfeindlichen Gewalten in Himmel und auf Erden, also den Teufel und seine Engel, den Antichrist und den Pseudopropheten bis hin zum Tod« zunichte machen wird.

[971] Spener 491f; v. Mosheim 697: Einerseits sind »alle Regierungen ... deswegen gestiftet, damit die Unterthanen ruhig und gl{ue}ckselig leben m{oe}gen«, andererseits sollen »die Unterthanen« des Reiches Christi als schwache, den Leiden und Verführungen ausgesetzte einen Hirten und Kö-

nig brauchen, »der sie in Ordnung halte, der sie regiere, der sie ermuntere, der sie beschütze, der ihren innerlichen und äußerlichen Widersachern theils durch seine Gnade, theils durch seine Macht widerstehe, damit sie ihre Glückseligkeit nicht verlieren«.

[972] Vom Menschen 278f; vgl. auch Leviathan 385.

[973] Kamlah, a.a.O. (EKK VII 2, 187 Anm. 776) 61; ebd. 41 wird von V 28 her von »Weltentmächtigung als Weltentheilligung« gesprochen (Luthers »weltliche« Obrigkeit), »die dann in der neuzeitlichen Aufklärung zur Profanisierung umgeschlagen sei; vgl. auch Voigt , a.a.O. (Anm. 886) 202: Gott herrsche »vorerst noch, auch vermittels seines Gesetzes, d.h. *gegen* uns«; das Reich Christi aber bestehe »im Ergehen des *Wortes* und im gläubigen Empfang seiner *Sakramente*«; vgl. auch ders., Gemeinsam 143f, wo sich der Kampf Christi gegen den »altbösen Feind« auf Wort und Sakrament beschränkt bzw. auf »den Kampf der geduldigen, um Menschenherzen werbenden Liebe«.

sprechen bei der Herrschaft Christi über alle und alles nur von potentiel-
ler, nicht aktueller Machtausübung: Zwar seien die Mächte »grundsätzlich entmächtigt«, doch »ihr faktischer Widerstand« dauere noch an;
Christi Herrschaft sei »universell *gültig* als Herrschafts*anspruch*, ... aber
nicht universell faktisch als Herrschafts*ausübung*«[974]. Doch sowenig die
Entmachtung der Mächte schon universal geschehen ist, sosehr herrscht
Christus nach Paulus schon in der Gegenwart, was erhebliche Konsequenzen für das christliche Verhalten auch zu den Mächten hat, deren
Entthronung nicht erst in einem Ereignis am Ende der Tage geschehen
wird.

In neuerer Zeit gibt es denn auch wieder gegenläufige Tendenzen und kritische Stimmen, die nicht nur auf den vorläufigen, sondern auch auf den
begrenzten Charakter menschlicher Herrschaftsausübung abheben[975].
Zugleich aber werden einerseits die Grenzen zwischen Reich Christi und
Kirche stärker als fließend angesehen, so daß es z.B. heißen kann, die
Herrschaft Christi habe »ihre Manifestation, aber nicht ihren Bereich in
der Kirche, in der Gemeinde«[976]. Andererseits aber wird die Reichweite
des Anspruchs der Herrschaft Christi über den Bereich der Spiritualität
oder Innerlichkeit ausgeweitet: Christus herrsche, bis er Herr von allem
sei, »also auch des Staates, des Besitzes, nicht bloß des Schicksals und des
Todes«[977]. Dabei tritt auch der Kampfcharakter der Herrschaft Christi, der
z.T. ganz zurückgetreten war[978], deutlicher zutage[979], wie es dem Proviso-

---

[974] Dogmatik II 356f; vgl. auch 360f.
[975] Vgl. z.B. Thielicke, Ethik II 2, 11.182.302; Bäumler, Predigtstudien IV 2, 1969/70, 25: »Den angeblichen Sachzwän-gen der technischen Entwicklung wird ihre fatale Faszination genommen. Weil allein Gott alles in allem sein wird, kann und muß jede Form menschlicher Totalitätsan-sprüche kritisiert werden«. Dieses Interesse wird grotesk verkannt, wenn »Unterwer-fung« schlicht und einfach als *ein Schlüs-selbegriff der patriarchalen Unterwer-fungskultur* hingestellt wird (so von Sor-ge, in: W. Jens, Assoziationen, Stuttgart 1983, 104).
[976] Weber, Grundlagen II 94; vgl. auch Schmaus, Dogmatik II 2, 506: Das Reich Christi sei weder mit der Kirche noch mit dem Reich Gottes ganz identisch; anders noch Bonhoeffer, Sanctorum Communio 105: »Kirche ist identisch mit Reich Christi, dieses aber das in der Geschichte seit Chri-stus verwirklichte Reich Gottes«.
[977] Ragaz, Bibel 101; vgl. weiter Cull-mann, Christus 188; Krusche, Predigtstudi-en IV 2 (1969/70) 31 (»Seine Verheißung hat öffentliche Relevanz und behaftet so-wohl die Kirche als auch die einzelnen

Christen bei ihrer gesellschaftspolitischen Verantwortung«); Snyder 211. Oft zitiert wird Marti, a.a.O. (Anm. 669) 63: »das könnte manchen herren so passen / wenn mit dem tode alles beglichen / die herr-schaft der herren / die knechtschaft der knechte / bestätigt wäre für immer ... aber es kommt eine auferstehung / die anders ganz anders wird als wir dachten / es kommt eine auferstehung die ist / der auf-stand gottes gegen die herren / und gegen den herrn aller herren: den tod«.
[978] Vgl. etwa Herder, Werke, Bd. 7, 452, wo nach einer Kette, in der auch V 24-28 genannt wird, folgende Summe gezogen wird: »Was geht da über die erhabne, stille Größe des schweigenden Gedankens Got-tes? Alles ist in Jesu Eins und Einfalt! die Schöpfung, Erlösung, Heiligung und Voll-endung«. Anders aber Jung-Stilling, Le-bensgeschichte 620: Danach steht Christus »mit allen seinen wahren Verehrern und treuen Dienern, nebst den heiligen Engeln, als das Reich des Lichts, dem Reich der Fin-sterniß gegen über; beyde kämpfen so lange gegen einander, bis das letzte ganz über-wunden, und so das Erlösungs-Geschäft vollendet ist«.

rium und den irdischen Konkretionen des »messianischen Zwischenreiches« entspricht[980]. Zudem rückt auch die Realität der kosmischen »Mächte« wieder stärker ins Bewußtsein.

Barth hat dabei die in den paulinischen »Machtbegriffen« mit enthaltene »(im *weiteren* Sinne des Wortes so zu nennende) *politische* Note und Tragweite« herausgestellt: »Es geht um die die menschliche *Geschichte* beherrschenden und gestaltenden Mächte«[981]. Auch Steck hat dieses Thema neu zur Debatte gestellt: »Christus und die Mächte! So sieht Paulus und die erste christliche Gemeinde den Kosmos, und zwar den Kosmos in seiner unterirdischen, irdischen und überirdischen, auch der geistigen Dimension. Er ist mit der in Christus heraufkommenden Gottesherrschaft unvereinbar. Die Mächte müssen und können vernichtet werden. Erst wenn sie niedergekämpft sind, ist das Ziel der Gottesherrschaft erreicht. So erstaunlich es sein mag – der Schöpfungsgedanke kommt hier nicht in Sicht. Auch eine so oder so gefaßte Zwei-Reiche-Lehre vermittelt nicht den Gegensatz«[982]. Für Bultmann sind Mächte allerdings Teil eines mythologischen Weltbildes, das nur in existentialer Interpretation für die Moderne noch er-

[979] Vgl. schon Barth 100 (»eine Periode des Übergangs und des Kampfes«) und weiter Steck, GPM 12 (1957/58) 110; Klappert, huf 4.1 (1975) 226; W. Huber, Unvollendete Auferstehung, 1992 (Kaiser-Taschenbücher 112), 21 (»Österliche Menschen sind Menschen, die im Kampf zwischen Adam und Christus nicht auf die Seite des alten Adam überlaufen«); Bieritz, GPM 38 (1983/84) 205 (die Herrschaft Christi sei eine Zeit des Kampfes und nicht des Friedens, und Schicksalsgemeinschaft mit Christus könne nur heißen, »in diesen Kampf verwickelt sein«). Auch nach Häring, Frei II 367 gibt es kein glaubendes Hoffen ohne eine »aktive Rolle« in der Geschichte, bis Christus alles dem Vater übergeben wird. Die Apostol. Konstit. Munificentissimus Deus von 1950 bezieht darin freilich ganz unpaulinisch auch Maria als neue Eva mit ein, die angeblich dem neuen Adam »aufs engste verbunden ist in jenem Kampfe wider den Feind aus der Hölle« (mit Verweis auf V 21-26 [Denzinger/Hünermann, Enchiridion, Nr. 3901, S. 1100]).
[980] Vgl. Ebeling, Dogmatik III 495: Der Vorstellungstyp eines messianischen Zwischenreiches klinge auch bei Paulus an, »nur daß hier die Zäsur, die das messianische Reich als künftige Größe absondert, eingeebnet« werde »zugunsten der durchgehenden Herrschaft des Auferstandenen bis hin zur vollen Unterwerfung aller Mächte und der Übergabe seines Reiches an den Vater«. Vogel merkt zu den »Wahrheitsmomenten« des messianischen Zwi-

schenreiches an, daß es die »Diesseits-Bezogenheit« des Heils unterstreicht: »Wir werden die Verheißung des kommenden Reiches nicht an eine reine Transzendenz preisgeben dürfen, sondern jenes ›Brüder‹, bleibt der Erde treu‹ Nietzsches als eine von der Christus-Botschaft beschlagnahmte und verwandelte Mahnung zu hören haben« (Werke, Bd. 2, 1055f); vgl. weiter zum Chiliasmus Moltmann, Kommen 202-219.
[981] KD III 3, 535 (kursiv im Original gesperrt); vgl. auch ebd.: Es seien dabei drei Bedeutungen (Staatsmächte, himmlische und dämonische Mächte) im Auge zu behalten; vgl. auch Moltmann, Kirche 201. 376: Es sei uns keine Einverleibung verheißen oder aufgetragen, wohl aber Zeugnis, Praxis der Bruderschaft u.a.
[982] GPM 12 (1957/58) 109. Scheidack verweist im Anschluß an Conzelmann darauf, daß Paulus »dämonologische Machtbegriffe mit Existenzbegriffen kombiniert (Röm 8,28)«, woraus er schließt, man dürfe die Geschichte als »eine Auseinandersetzung zwischen der Leben und Hoffnung repräsentierenden Sache Christi und allen das Leben gefährdenden und zerstörenden Gewalten ansehen« (GPM 30 [1975/76] 194).
[983] Vgl. Kerygma und Mythos, 1951 (ThF 1), 23; auch H. Schlier, Mächte und Gewalten im NT, 1958 (QD 3) interpretiert im Sinne von Tod, Angst, Sorge, Illusion u.ä., sieht aber die Mächte auch darin »wesen«, »daß sie sich der Welt im ganzen und im einzelnen, der Menschen, der Elemente, der politischen und gesellschaftlichen Institu-

schwinglich ist[983], während andere wie MacGregor auch heute nicht allein »man's own personal existence and experience« damit bezeichnet finden, sondern z.B. auch »national necessity, economic determination, military expediency, the strategy of defense«[984].

Kein Zweifel aber wird überall daran gelassen, daß das Ende der Mächte trotz der mit der Auferweckung Christi schon begonnenen universalen Herrschaft noch aussteht[985], also erst dann alle Feinde zu Christi Füßen liegen, »wenn nicht nur grundsätzlich, sondern auch empirisch-konkret aller Widerstand gebrochen und alles, was nicht freiwillig sich ihm als dem rechtmässigen Herrn unterworfen hat, ausgetilgt ist und der Gegensatz zwischen Fleisch und Geist, zwischen Gotteswille und Ichwille aufgehoben«[986]. Dabei wird das δεῖ seiner im notwendigen Zusammenhang mit der Auferweckung Christi stehenden Herrschaftsausübung als ein solches verstanden, »das die innere Zukunftsnotwendigkeit und Zukunftstendenz im Auferstehungsgeschehen Jesu aufdeckt«[987].

4.   Bei der Besiegung des »letzten Feindes« wird vor allem immer wieder die Nähe von Sünde und Tod herausgestellt: *Diabolus, qui in Apocalypsi peccatum et mors appellatur: quia auctor est peccati et mortis*[988]. Als letz-

tionen, der geschichtlichen Verhältnisse und Situationen, der geistigen und religiösen Strömungen bemächtigen« (63).
[984]   MacGregor* 27; vgl. auch H. Berkhof, Christ and the Powers, Scottdale 1962, 62, der bei Bultmann eher Heidegger als Paulus findet (zitiert bei Lee* 68, der auch M. Barth anführt: »the world of axioms and principles of politics and religion, of economics and society, of moral and biology, of history and culture«); Venetz (Lit. zu Kap. 15) 90 konkretisiert so: »Denken wir an das aufreibende Leistungsprinzip und die sozialen Benachteiligungen weiter Schichten. Denken wir an die Vereinsamung der Kranken und Betagten. An die Unwahrhaftigkeit und Bestechlichkeit in der Politik. Denken wir an die tausend Arten von Manipulation in Kirchen, Parteien, Gewerkschaften, Schulen ... Das alles sind ›Mächte und Gewalten‹, die das Feld noch weitgehend behaupten«; vgl. auch Plevnik* 300-307; Müller* 222-231; Wiederkehr, Perspektiven 152-154; Schlink, Dogmatik 181f.
[985]   Vgl. Hedinger, Hoffnung 118.128f u.ö.; zur Kritik und Würdigung der »realisierten Eschatologie« von Kol und Eph vgl. ebd. 136-140; vgl. auch Voigt, a.a.O. (Anm. 886) 202: Die Mächte der Entzweiung, der Auflehnung und Zerstörung »müssen, obwohl sie ... im Schach stehen, noch mattge-

setzt, also ausgeschaltet werden ... Sie können uns noch piesacken, aber unser heil gewordenes Verhältnis zu Gott können sie nicht mehr stören«.
[986]   Brunner, Dogmatik II 360f. K. Marti hat das im Anschluß an das Zitat von V 24 so konkretisiert: »zum Schrecken der Herrschenden und Privilegierten soll herrschaftsfreie, anarchische Liebe auf die Welt losgelassen werden. Liebe als Subversion also, als jetzt schon permanenter Unruheherd, von dem stets neue Impulse der Gerechtigkeit, der Befreiung ausgehen, mögen die Machthaber und die Kirchen des ›ora et collabora‹ (bete und kollaboriere) sich auch noch so sehr (und oft mit momentanem Erfolg) dagegen wehren« (Lachen, weinen, lieben, Stuttgart ³1987, 84f).
[987]   Moltmann, Theologie 147 Anm. 22a.
[988]   Hieronymus 766; Pelagius 218; Primasius 545. Atto 401 verweist auch auf Offb 20,14; vgl. auch Sedulius Scotus 159 (*Destruetur mors. Id est, diabolus, qui auctor est mortis*) und Faber Stapulensis 131r. Vgl. schon Origenes, In Rom 6,6 (PG 14, 1068): *Invidia diaboli mors haec introivit in orbem terrarum. Et iterum ipse auctor mortis hujus diabolus mors appellatur*; ebd. 1019 wird der Tod neben *inimicus novissimus* auch *tyrannus* genannt, bei Didymus 8 ὁ ἀρχίκακος. Vgl. auch Cornelius a Lapide

ter aller Feinde gilt er darum, weil vorher schon der Teufel besiegt worden ist, was dem Anfang entspreche, wo der Tod *nach* dem verführerischen Anschlag des Teufels erfolgt sei[989]. Auch nach Theodoret (356) wird der Tod erst vernichtet, nachdem Christus den Teufel und seine Helfershelfer in die äußerste Finsternis gestoßen hat[990]. Als innerer Grund für die Vernichtung des Todes gilt darum, daß die Menschen nun nicht mehr sündigen können. Gregor v. Nyssa ergänzt dementsprechend V 26 durch καὶ ἡ περὶ αὐτὸν (sc. τὸν θάνατον) τῆς ἁμαρτίας ἀρχή τε καὶ ἐξουσία καὶ δύναμις[991]. Feind aber ist der Tod, *quia vitam nobis invidet*[992]. Makarios kann das Besiegen des Todes auch für die Christen proklamieren, wenn sie den Kampf gegen die Sünde aufnehmen und nach Eph 4,13 zur vollen Mannesreife gelangen[993].

Umstritten ist, wie weit die Vernichtung des Todes reicht. Nach den meisten meint seine Besiegung nichts anderes als die Auferstehung von den Toten[994] oder als *mors mortis*[995]. Origenes geht am weitesten und erwartet eine Apokatastasis, »weil dann kein Feind mehr bleibt«[996].

339: *Primus enim inimicus Christi & christianorum est diabolus, qui a Christo in cruce victus est. Secundus est peccatum ... tertius est mors.* Vgl. auch unten Anm. 2122-2124 zu V 56.

[989] Chrysostomus 337f; vgl. auch Irenaeus, Haer. 3,23,7 (BKV 3, 315): »Als letzter Feind aber wird der Tod vernichtet, der zuerst vom Menschen Besitz ergriffen hatte«. Nach ebd. wird auch Adam selbst, über den der Tod zuerst herrschte, in den umfassenden Sieg einbezogen (vgl. Noormann, Irenaeus 166).

[990] Vgl. etwa auch Theophylakt 764 ('Ο γὰρ τὸν διάβολον ὑποτάξας, πρόδηλον ὅτι καὶ τὸ ἔργον αὐτοῦ, τὸν θάνατον ὑποτάξει) und Chrysostomus 339f: Wenn er den Teufel, der den Tod in die Welt gebracht hat, überwunden hat, um wieviel mehr wird er das Werk jenes vernichten? Cajetan 83r erklärt: *Reliqui inimici* seien *siue daemones siue homines, siue aegritudines, dolores tormenta, siue peccata*.

[991] In Illud (Opera III 2, 261); vgl. auch IX 285; Lanfrank 209; Bruno 208; Johannes Scotus: Wenn der Tod universal zerstört wird, muß notwendig auch seine Ursache, die Erbsünde gänzlich zerstört werden (In Joh 1,29 [SC 180, 190.192]).

[992] Herveus 982. Für Augustin schließt V 26 auch ein: *omnem mutabilitatem mortalitatis absumat* (Ep. 55,6,10 [CSEL 34.2, 198]). Der die Menschen tötende Tod erscheint in der Ikonographie in verschiedener Weise, »zunächst bekleidet, bei den roman. Völkern als Frauengestalt, später

meist in Gestalt seiner Opfer, also mit Leinentuch od. nackt, oft mit Augenbinde der Synagoge, aber jetzt als Zeichen der Unerbittlichkeit«, als Reiter mit Schwert (Offb 6,8), als Schnitter mit der Sense, als Totengräber mit Sarg und Totengräberschaufel, als zum letzten Tanz zwingender Spielmann u.a. (Rosenfeld, LCI IV 328-331).

[993] Hom. 3,5 (BKV 10, 18f); vgl. auch 15,9 (ebd. 125): »Denn die Gottesfürchtigen sind Herren über alles«. Nach den meisten aber wird wie bei Rupert v. Deutz, a.a.O. (Anm. 952) 13,15 (S. 420) der Tod durch den Herrn selbst vernichtet, und *illa destructio mortis consummatio erit victoriae verbi dei*.

[994] Vgl. z.B. Ambrosiaster 173; Hilarius, De Trin. 11,35 (BKV 2. R. 6, 264). Augustin, Ep. 33 VI 10 (BKV 29, 226f) verbindet V 26 mit V 53f; vgl. auch 33 XIV 26 (ebd. 240) und später Cajetan 83r.

[995] Johannes Scotus, Div. Praed. 18,5 (CChr Mediaevalis 50, 113); vgl. ders., In Joh 1,29: *uniuersaliter destruetur* (SC 180, 190).

[996] In Joh 1,16 (KThQ 1, 83); in Lib. Iesu 8,4-6 (GCS 30, 340) belegt er mit Zitat von V 26: *Tunc vere vincitur mors, cum mortale hoc absorbetur a vita.* Zum Zentralsatz der Apokatastasis bei Origenes, die auch bei der Auslegung anderer Verse unseres Abschnitts eine große Rolle spielt (vgl. unten Anm. 1084f), vgl. Atzberger, a.a.O. (Anm. 285) 410f; Köstlin, RE ³I 616f; Oepke, ThWNT I 391f; Benz, a.a.O. (Anm. 1085) 156f; Lenz, RAC I 514f.

Aus V 26 schließt er: »Es gibt also keine ›Traurigkeit‹ mehr, wo der Tod nicht ist (vgl. Offb 21,4), und keine Verschiedenheit, wo kein Feind ist«, wobei das *destruere* nicht »seine von Gott geschaffene Substanz«, sondern »seine feindliche Willensrichtung« betreffe, es jedenfalls auch für den Tod genannten »letzten Feind« eine Rettung gebe, »denn er (Gott) hat alles geschaffen, damit es sei, und was geschaffen ist, damit es sei, kann nicht nicht sein«[997]. Die meisten aber wenden sich wie Thomas (415) gegen Origenes, der wolle, *quod poenae damnatorum essent purgatoriae et non aeternae*[998].

Der Feindschaftscharakter des Todes wird auch später nicht verharmlost, aber doch aufgefangen. Calvin (456) fragt, warum der Tod »als ein noch zu überwindender Feind« erscheint, »da er durch Christi Tod und Auferstehung doch schon überwunden ist«; seine Antwort: »Der Tod ist noch nicht völlig überwunden; wohl kann er den Gläubigen nicht mehr schaden. Aber er ist ihnen noch eine Last. Der Geist Gottes in uns ist Leben; zugleich aber sind wir noch an unseren sterblichen Leib gebunden. Der Grund des Todes muß noch ausgeschieden werden, denn er steckt noch in uns«[999]. Luther hält es für die Fülle des Trostes, *quod Christus sit hostis mortis et quod suum regnum* da hin gerichtet, *quod ideo Rex, ut* sich schlagen, krigen *cum morte*[1000]. Brenz zitiert Weish 3,1 (»Die Seelen der Gerechten sind in Gottes Hand, und keine Qual wird sie anrühren«), wobei die zweite Zeile des Zitats bei ihm so lautet: »und der angel des tods wirt sie nimmer berieren«; er fährt fort: »Also auch in Gott leben die, so yetz noch im leyb und den feind, den tod, noch durch Christum nit yberwunden und zertreten«, und er endet mit Phil 1,21[1001]. Die Charakterisierung des Todes als »letzter Feind« wird ähnlich wie früher erklärt: *Post Satanam, Hebr 2,14, et post peccatum: V. 56 nam eodem ordine invaluerunt*[1002].

---

[997] Princ. 3,6,5 (TzF 24, 657); vgl. aber 1,8,4 (ebd. 261), wonach der Teufel zwar gerettet werden kann, aber nicht will; vgl. dazu ebd. 657 Anm. 16 und das dortige Zitat von Theophilus Alexandrinus. In Rom 5,3 (PG 14, 1028) heißt es über das *regnum mortis: Paulatim destruitur*. Origenes versteht im übrigen wie andere den biologischen Tod als Trennung des Leibes von der Seele, und das sei indifferent, den Seelen- oder Sündentod hingegen als Trennung der Seele von Gott (In Joh 13,24 [GCS 10, 247]), wobei sich V 26 vor allem auf den letzteren beziehe, doch werde »am Ende der Zeiten neben dem Seelentod auch dessen Schatten«, der körperliche Tod, vernichtet (Schendel* 83-85, Zitat 84f).
[998] Vgl. auch ebd.: »Er muß herrschen bis alle seine Feinde ...« werde dabei so verstanden, daß *tunc omnes damnati et qui*

sunt in inferno salvabuntur, inquantum scilicet convertentur ad ipsum, et servient ei.
[999] Vgl. auch Zwingli 184: Der letzte der Feinde heiße darum so, weil er die Menschen *post omnes inimicos debellat*, aber auch am Ende ausgelöscht werde; vgl. auch Bullinger 246: *Nemo inquit post iudicij diem morietur*. Zum Zusammenhang mit der Sünde vgl. auch hier zu V 56 unten Anm. 2126-2129.
[1000] WA 36, 580, wo er wenig später fortfährt: »*Pro sua persona* ists schon ausgericht, *cum eis, qui adhuc in sepulchro, nondum, sed* ghet an, *quia Christianus* ist bereits die helfft *ex morte, quia vita eius mors, quia quando baptizatus*, wird er gestossen in tod, werden da hin geurteilt, *quod mortui* sollen *resurgere ex morte*«.
[1001] Frühschriften, Bd. 1, 9f.

Gegenüber dem verbreiteten modernen Verständnis des Todes als rein natürlichem Ende wird auch heute meist an derjenigen Sicht festgehalten, die Bonhoeffer sentenzhaft so formuliert: »Der Tod ist nicht Naturgesetz, er ist der Feind«[1003]. Von daher werden z.B. von Iwand auch alle Verharmlosungen und Schönfärbereien, für die »alles Sterben nur ein Übergang, ein Wechsel, ein Gestaltwandel« ist, zurückgewiesen, was jedoch nur von der in der Auferweckung Jesu begründeten Verheißung einer Aufhebung des Todes Sinn mache, »denn so gewiß, als wir dem Tod gehören, gehört der Tod dem, der ihn besiegt hat[1004]. Nach Barth ist der Tod der Feind des Menschen, »den Gott im Tode Jesu auch als seinen Feind erklärt und behandelt« hat[1005]. Vogel kritisiert jede Unterscheidung zwischen einer »Befristung der kreatürlichen Zeit als solcher und dem durch die Sünde bestimmten Tod«, damit »der schneidende Gegensatz zwischen Leben und Tod« nicht verwischt werde[1006]. Zwischen Tod und

[1002] Bengel 432; vgl. Semler 422: *Praecedit bellum cum diabolo.* Nach Oetinger ist der Tod in der Schrift »eine schreckliche und Gott widerwärtige Macht (Ruprecht, Tod, Bd. 1, 344).

[1003] Schriften, Bd. 5, 581; ähnlich Steck, GPM 12 (1957/58) 110 (keine bloße »Naturgewalt«); Kreck, Zukunft 152-157; zur tiefen »Differenz zwischen der modernen Auffassung der Natürlichkeit des Todes« und der auf dieser Basis entwickelten theologischen Interpretation und der biblischen Auffassung des Zusammenhangs von Sünde und Tod vgl. Pannenberg, Theologie III 603, der selbst wie auch andere zwischen Endlichkeit und Sterblichkeit unterscheidet; zum »lebensfeindlichen Charakter« des Todes vgl. auch ders., Anthropologie 136; zur Zugehörigkeit des Todes als Endlichkeit zu Gottes Schöpfung bei Barth, Althaus und Tillich vgl. Beißer, Hoffnung 190, der das selbst 240.299.311 anders sieht. Zum Verhältnis von Tod und Sünde vgl. auch unten Anm. 2136-2140.

[1004] Predigt im Gespräch 20, Neukirchen-Vluyn 1968, 2-7 (Zitate 2.5). Auch Fürst verwahrt sich gegen jedes Zerfließen der Grenzen zwischen Tod und Leben (GPM 20 [1965/66] 187); vgl. die dort zitierten gegenläufigen Beispiele: »Der Tod kann zum Fest werden wie in Novalis' Hymne an die Nacht, oder zum Integral des Lebens, wenn etwa H. v. Hofmannsthal dem Leben huldigt und ihm sagt, ›daß es grenzenlos wundervoll, unerschöpflich und erhaben ist und wert, mit dem Tod bezahlt zu werden‹«. Vgl. auch Cullmann (Lit. zu Kap. 15) 31: »Der Tod ist wirklich der vom Verwesungs-

geruch umgebende Knochenmann«; vgl. auch 30: »Nur wer mit den ersten Christen das Grauen des Todes ernst nimmt, kann den Osterjubel der Urgemeinde begreifen und verstehen, daß das ganze Leben und Denken der ersten Christen durch die Auferstehung beherrscht ist«.

[1005] KD III 2, 730; vgl. auch 727; nach ebd. 772 soll der Tod freilich durch den göttlichen Gerichtsakt »den Charakter dieses ›letzten Feindes‹ erst *bekommen*« (kursiv im Original gesperrt). Anders mit Recht Sauter, Einführung 202: »Paulus schärft ein, daß der Tod der letzte Feind ist, der überwunden werden muß, aber von uns nicht überwunden werden kann. Er greift nach unserem Leben, und wir sind verloren, wenn wir ihm nicht entrissen werden«; vgl. auch Moltmann, Kommen 83: »Die unsterbliche Seele mag den Tod als ›Freund‹ begrüßen, weil sie ihn vom irdischen Körper erlöst; für die Auferstehungshoffnung ist der Tod der ›letzte Feind‹ (1Kor 15,26) des lebendigen Gottes und der Geschöpfe seiner Liebe«. Heidler, a.a.O. (Anm. 285) 104 nennt die Rede vom Tod als »gnädiger Begrenzung der Zeit des Menschen« wegen des Gerichtscharakters »eine oberflächliche und euphemistische Verbrämung, Verharmlosung und Verfälschung der Todverfallenheit des Menschen«.

[1006] Werke, Bd. 2, 508. Anders Barth, KD III 2, 777, wo z.B. mit Verweis auf 1Kor 3,22; Röm 8,38; 14,7f; Phil 1,20 der »natürliche« Tod als Lebensgrenze vom Tod als Feind unterschieden wird. Nach Brunner ist der Tod etwas der »ursprünglichen Schöpfungsbestimmung Fremdes, etwas Hinzu-

Sterben sowie ihrer Bewältigung wird aber durchaus differenziert: »So-
krates überwand das Sterben, Christus überwand den Tod als ἔσχατος
ἐχθρός ... Mit dem Sterben fertig werden bedeutet noch nicht mit [dem]
Tod fertig werden. Die Überwindung des Sterbens ist im Bereich menschlicher Möglichkeiten, die Überwindung des Todes heißt Auferstehung.
Nicht von der ars moriendi, sondern von der Auferstehung Christi her
kann ein neuer reinigender Wind in die gegenwärtige Welt wehen«[1007].
Das führt von V 26 her auch zur Wahrnehmung der Auferstehung Christi in ihrer Bedeutung für das *universale* Todesgeschick. So meint nach
Moltmann die Vernichtung des Todes »den Tod als eine kosmische Gewalt, also den Tod alles Lebendigen. Die Vernichtung des Todes ist die
kosmische Seite der Auferweckung der Toten, wie diese die personale Seite der kosmischen Vernichtung des Todes ist«[1008].

Nur vereinzelt wird in diese universale Vernichtung des Todes ausdrücklich auch
das Schicksal der Ungläubigen einbezogen. So findet Schleiermacher in V 26 neben V 55 eine »mildere Ansicht« der Schrift belegt (gegenüber einer ewigen Verlorenheit), sc. »durch die Kraft der Erlösung eine dereinstige allgemeine Wiederherstellung aller menschlichen Seelen«[1009]. Auch Ragaz sieht in 1Kor 15,20-28 einen Beleg für die Wiederherstellung aller Dinge, die Aufhebung des Todes und
die Überwindung alles Bösen[1010] (vgl. weiter Punkt 6 zu V 28c).

kommendes und Feindliches« (Mensch
486); Weber, Grundlagen I 692 bezeichnet
den Tod als »die Störung schlechthin« und
694 als »das schlechthin *Nichtseinsollen-
de*«, das aber nicht übermächtig sei; auch
nach Schmaus, Dogmatik II 2, 392 bleiben
Leiden und Tod Feinde, sind aber »keine
siegreichen und despotischen Feinde
mehr«. Anders Schweitzer, Straßburger Predigten, hg. v. U. Neuenschwander, München 1966, 73: »Wenn ihr schon einmal
bedacht habt, wie schwer wir am Leben tragen würden ohne die Gewißheit, daß ihm
ein Ziel gesetzt ist, so wißt ihr, daß der Tod
für alle, auch die Glücklichen, nicht ein
Feind, sondern eine Erlösung ist«.
[1007] Bonhoeffer, Widerstand und Erge-
bung, München 1970, 270. Auch andere
sehen in Ostern »Gottes große Revolution«, »die die letzte und größte Macht aus
den Angeln hebt, die es überhaupt auf der
Erde gibt, den Tod«, was dessen gewiß
mache, »daß die Welt einmal nicht mehr
nach der Pfeife des Todes tanzen soll« (K.
Reblin, in: Worte am Sonntag – heute gesagt, hg. v. H. Nitzschke, Gütersloh 1976,
35).
[1008] Weg 216; vgl. auch 309: »Die gott-
und lebensfeindlichen Mächte des Todes

werden nicht versöhnt und auch nicht in
die Friedensherrschaft Christi integriert,
sondern durch diese aus der Schöpfung ausgeschieden«, weil sonst die Auferstehung
von den Toten aufgehoben und die Bereitschaft zur Resignation entstehen würde;
vgl. auch ders., Kommen 86.102.
[1009] Gesamtausgabe VII 2, 337; vgl. Müller, a.a.O. (unten Anm. 1115) 3f sowie ebd.
5 das Zitat von Ch. Blumhardt: »Eine Hölle
statuieren, wo Gott in alle Ewigkeit nichts
mehr zu sagen hat, das heißt das ganze
Evangelium auflösen; wir müssen uns wehren bis auf den letzten Atemzug, bis auf den
letzten Blutstropfen, daß der ganze Himmel, die ganze Erde, die ganze Totenwelt in
die Hand Jesu kommt«.
[1010] Geschichte 108f; ebd. grenzt er sich
aber dagegen ab, das als Ergebnis einer au-
tomatischen, ja fatalistischen Entwicklung
zu verstehen und den Ernst des Bösen und
des Gerichtes zu verharmlosen. Vielmehr
sollen wir uns nach ebd. 110 dem Endziel
der Aufhebung des Todes »auf *Stufen*
nähern, durch den Kampf gegen die einzelnen Erscheinungsformen des Todes, als da
sind: Krieg, Krankheit, Laster und so fort«
(kursiv im Original gesperrt); vgl. auch
ders., Bibel 102f.

5. Das größte Sachproblem in unserem Abschnitt hat immer die am Ende erfolgende *Übergabe der Herrschaft an den Vater* und die Unterordnung des Sohnes unter ihn bereitet[1011], weil die kirchliche Trinitätslehre mit ihren christologischen Implikaten den paulinischen Aussagen entgegenstand und die Arianer sich für ihre These von der Inferiorität des Sohnes (*minorem esse Filium*) nicht zufällig darauf beriefen[1012]. Vor allem sieht man sich vom Text her vor die Frage gestellt, ob die Herrschaft Christi mit ihrer Übergabe an den Vater tatsächlich endet. Das wird allermeist verneint. Schon Origenes tritt für die Ewigkeit der Herrschaft Christi ein[1013], spiritualisiert sie aber[1014].

Marcell von Ancyra, der selbst den Arianern scharf widerspricht, versucht dagegen am paulinischen Text mit seiner Begrenzung der Christusherrschaft festzuhalten[1015]. Marcell unterscheidet aus Interesse am Monotheismus den ewigen Logos, der die Monas zur Trias erweitert und dessen Herrschaft ewig währt, vom inkarnierten Logos, dessen Herrschaft einen Anfang und bei der Übergabe an den Vater ein Ende hat[1016], so daß er danach wieder der Logos in Gott sein wird, wie es am Anfang gewesen ist[1017]. Seine Gegner aber werfen ihm die These vor, daß

[1011] Zunächst scheint das weniger problematisch gewesen zu sein (nach Wiles, Apostle 88f in der vornikäischen Zeit), als man die Zeit der Herrschaft Christi mit dem Millenium kombinierte (vgl. zu Irenaeus oben Anm. 931); vgl. Schendel* 27-29, nach dem Irenaeus die Göttlichkeit des Sohnes durch die Befristung seiner Herrschaft nicht gefährdet sieht. Tertullian erklärt die Begrenzung der Herrschaft im Sinne der *distinctio personarum*, die der *monarchia* nicht schadet (Prax. 4 [CChr 2, 1162f]), doch scheint er auch die ewige Herrschaft Christi zu vertreten (Marc. 4, 39,11 [CChr 1, 653] und Adv. Iud. 6,3 und 7,6 [CChr 2, 1353 bzw. 1355]); vgl. zu dieser Unausgeglichenheit Schendel* 69f.

[1012] Vgl. Hieronymus 765; Pelagius 217 u.a.; Estius 740 zitiert Ambrosius, De Fide 5,7 gegen Sabellianer und Marcioniten.

[1013] Vgl. auch ἀϊδίῳ μενοῦντι καὶ βασιλεύοντι (In Joh 13,16f [GCS 10, 233]); Hom. Num 16,5 (GCS 30, 15) mit Verweis auf Lk 1,33.

[1014] Nach Eckart (zitiert bei Schendel* 102 Anm. 50) kann bei Origenes nur insofern von einem Aufhören der Herrschaft Christi gesprochen werden, »als das κύριος-δοῦλος-Verhältnis von einem freundschaftlichen, brüderlichen und bräutlichen überboten wird«.

[1015] Die Auffassung Marcells ist freilich in der Forschung umstritten, was auch damit zusammenhängt, daß Marcell nur aufgrund der bei Euseb (GCS 14) erhaltenen Fragmente beurteilt worden ist, während ihm heute im Anschluß an Tetz z.T. die athanasianische Schrift De Incarnatione et contra Arianos zugeschrieben wird; vgl. Schendel* 111f; Jansen* 548; Lienhard, a.a.O. (Anm. 858) 341; Pelland, a.a.O (Anm. 858; Théologie) 680; G. Feige, Die Lehre Markells von Ankyra in der Darstellung seiner Gegner, 1991 (EThS 58), 108, nach dem später auch Origenes die Lehre eines Endes der Herschaft Christi unterstellt worden ist.

[1016] Vgl. βασιλεύσει ἐν τῇ ἀνθρωπίνῃ σαρκὶ γενόμενος, und da das Fleisch nach der Auffahrt Jesu nichts nütze ist (Joh 6,62f), kann es in den kommenden Weltzeiten nicht mit dem Logos verbunden sein, so daß ἡ κατὰ ἄνθρωπον αὐτοῦ οἰκονομία τε καὶ βασιλεία eine Grenze hat (Frgm. 113 bzw. 117 [GCS 14, 209 bzw. 210]). In Frgm. 129 (ebd. 214f), einem Brief an Bischof Julius, spricht er zwar von einer ewigen Herrschaft des Sohnes, den er aber offenbar mit dem Logos identifiziert (Jansen* 553); vgl. auch Feige, a.a.O. (Anm. 1015) 26.

[1017] Vgl. Frgm. 117 (GCS 14, 210f) und unten Anm. 1083. Auch Hippolyt (Contra Haer. Noet. 6 [PL 10, 811-813]) belegt auch mit V 23-28 (vor allem aber mit Joh 20,17 u.a. joh. Texten) gegenüber den Patripassianern seine subordinatianische Logoslehre,

Christus nach dem Ende der Welt nicht mehr regieren werde und sich der Sohn in den Vater auflöse[1018]. Auf dem 2. Konzil von Konstantinopel ist er dann als Häretiker verurteilt und das οὖ τῆς βασιλείας οὐκ ἔσται τέλος in das Constantinopolitanum aufgenommen worden[1019]. Entsprechend zweifelt nach dem Ambrosiaster (173) keiner daran, *filium semper regnaturum cum patre*[1020]. Nach Zeno v. Verona hat Christus die *principalis vis* weder vom Vater erhalten, noch wird er sie zurückgeben, denn *semper cum ipso regnavit*[1021].

Am einfachsten versucht man das sich vom paulinischen Text her stellende Problem mit der Auskunft zu lösen, daß Paulus hier nicht über die Trinität, sondern über die Auferstehung handele[1022]. Von allem Anfang an aber bemüht man sich auch darum, den paulinischen Worten durch Umdeutungen ihre Anstößigkeit zu nehmen, wobei man sich zusätzlich auf andere biblische Aussagen stützt, die, da sich die Schrift nicht widersprechen kann, dem paulinischen Text die Spitze abbrechen. Immer wieder beruft man sich auf solche Worte, die von einem ewigen Reich sprechen wie Dan 3,33 (»Sein Reich ist ein ewiges Reich«)[1023] und Dan 2,44[1024], aber auch auf Eph 5,5 (βασιλεία τοῦ Χριστοῦ καὶ θεοῦ)[1025] und bestimmte johanneische Stellen, die die Einheit von Vater und Sohn herausstellen[1026], vor allem aber auf Lk 1,33[1027].

nach der Vater und Sohn verschiedene Personen sind (Lewis* 190).

[1018] Vgl. Cyrill, Kat. 15,27 (BKV 41, 282); nach Euseb, Eccl. Theol. 3,15 (GCS 14, 172) versteht Marcell die Unterordnung des Sohnes unter den Vater als ἕνωσις des Logos mit Gott im Sinne einer Absorption in Gott, was »den Verlust der individuellen Existenz des Sohnes ... und des individuellen Lebens der Gerechten« bedeute (Schendel* 147; vgl. auch 151 und Pelland, a.a.O. [Anm. 858; Théologie] 688). Schon hier werden die auch später vielzitierten Stellen Mt 28,20; Lk 1,33; Joh 8,35; Dan 7,13f als Beleg angeführt.

[1019] Vgl. Schendel* 187f; Jansen* 546-548. Vgl. auch die Synode von Serdica, wonach der Sohn »ohne Anfang und Ende mit dem Vater herrscht und daß seine Herrschaft weder eine Dauer hat noch aufhört« (Symb. Serd. 6; zitiert bei Feige, a.a.O. [Anm. 1015] 140).

[1020] Ebs. Ambrosius 279. Auch nach Theodoret 356 ist der eingeborene Sohn συναΐδιος mit dem Vater und übt eine ewige Herrschaft aus.

[1021] Tract. 2,6,3 (PL 11, 405).

[1022] Hieronymus 765; Pelagius 217f; Primasius 545; Theodoret 357; Gregor v. Nyssa, In Illud. (Opera III 2, 10): πρὸς ἄλλον τινὰ σκοπὸν βλέπει ὁ λόγος.

[1023] Chrysostomus 337; Theodoret 356 zitiert Dan 7,14.

[1024] Ambrosiaster 173; Ambrosius 279; Hrabanus Maurus 146: Niemand könne darum bezweifeln, *Filium semper regnaturum cum Patre*.

[1025] So Zeno v. Verona, Tract. 2,6,3 (BKV 2. R., 10, 212), der damit erweisen will, daß das Reich des Vaters und des Sohnes eins ist.

[1026] Daß, wer den Sohn sieht, den Vater sieht, ist nach Origenes das Ziel, das erreicht wird, wenn der Sohn dem Vater das Reich übergeben wird (In Joh 20,7 zu 8,38 [GCS 10, 334]); Augustin zitiert wie viele andere Joh 10,30, was man bei der Übergabe des Reiches mitzuhören habe (De Trin. 1,9,18 [BKV 2. R. 13, 29]).

[1027] Ambrosiaster 173; Epiphanius, Haer. 69,77,4 (GCS 37, 225); Gregor v. Nazianz, Or. 30,4 (PL 36, 108); Augustin, De Div. Quaest. 83,69,3 (PL 40, 75); Zeno v. Verona, Tract. 2,6,3 (BKV 2. R. 10, 213), der außerdem 2,6,4 (ebd. 214f) auf Joh 16,15 und 17,10 verweist und erklärt, die Übergabe des Reiches sei nicht so zu verstehen, »daß damit der Vater etwas empfängt, was er nicht hat, der Sohn durch die Übergabe etwas verliert, was er bisher besaß« (214); Oecumenius 873; Estius 736 u.a.; Euseb versteht die ὑποταγή als ἕνωσις (Eccl.

Außerdem wird die limitative Bedeutung der temporalen Konjunktion ἄχρι οὗ bzw. *donec* (V 25) so umgedeutet, daß damit kein Endpunkt, sondern eine größere Intensität bezeichnet wird[1028] oder die Bedeutung ἀεί herauskommt[1029]. Ein öfter herangezogenes Paradigma dafür soll Mt 1,25 abgeben, wonach Josef Maria nicht erkannte, *bis* Jesus geboren war, was dann so gedeutet wird, daß das auch nach der Geburt der Fall gewesen sei[1030]. Andere machen sich die Doppelbedeutung von τέλος zunutze, das nach Hilarius nicht Aufhören, sondern ein Nichtüberschreiten der Grenze bedeute bzw. nicht *defectio*, sondern *consummata perfectio*; hier könne sowenig von Ende die Rede sein wie beim Gesetz, das Christus nicht aufzuheben, sondern zu erfüllen gekommen sei (Mt 5,17)[1031]. Manchen ist es einfach unvorstellbar, wie Christus dann, wenn die Feinde zu seinen Füßen liegen, aufhören soll zu herrschen, »während doch gerade dann seine Herrschaft so recht beginnt«[1032]. Typisch für die spätere Zeit ist die Äußerung von Faber Stapulensis (131r): *Patris & filii & spiritus sancti est vnicum & indiuisum regnum.* Entsprechendes gilt für die Übergabe des Reiches: *Tradet regnum Patri*, aber *non se inde separato, nec Patre, nec Spiritu sancto*[1033].

Die Differenzierung in der Bestimmung der Herrschaft Christi wurde bereits in Punkt 3 erwähnt, wobei im Zusammenhang der Übergabe die βασιλεία normalerweise als Herrschaft über die Beherrschten oder über die Kirche interpretiert wird. Schon bei Origenes steht es so, daß Christus bei der Vollendung der Welt alle in sich faßt (*in semet ipso complectens omnes*), die er dem Vater unterwirft und zum Heil führt, was Seligkeit,

---

Theol. 3,15 [GCS 14, 172f]) und fügt noch Joh 10,38 an (ebd. 174).
[1028] Euseb, De Eccl. 3,14 (GCS 14, 170) wendet sich gegen Marcell, der nicht verstanden habe, daß das ἕως bzw. ἄχρι in Apg 3,21; Ps 109,1 und 1Kor 15,25 gemäß der eigentümlichen Art der Schrift keine Begrenzung ausdrücke, sondern z.B. Mt 28,20 ein intensiveres (κρειττόνως) Zusammensein des Christus mit den Seinen bedeute (ähnlich noch v. Flatt 372f); vgl. Schendel* 144; Lienhard, a.a.O. (Anm. 858) 343; Feige, a.a.O (Anm. 1015) 51.108; vgl. auch ebd. 171f zu Cyrill.
[1029] Theodoret 356; Hieronymus 766; Severian v. Gabala 274 (οὐ προθεσμίας ... ἀλλ' ἐπιτάσεως = Ausdehnung); Petrus Lombardus 1680; Hugo 540 (*in locis similibus, donec ponitur pro in aeternum*).
[1030] Thomas 414 mit Verweis auf Hieronymus; Cornelius a Lapide 339. Augustin erklärt »bis« von Ps 111,8 her (»stark geworden ist sein Herz; es wird nicht erbeben, *bis* er auf seine Feinde herabschaut«): »Nicht etwa wird es dann, wenn er herabschaut, erbeben« (De Trin. 1,8,16 [BKV 2.R. 13, 23]); vgl. auch die Hinzuziehung

von Mt 5,26 (De Serm. Dom. in Monte 1,11,30 [CChr 35, 31f]) bei Alfeche, a.a.O. (Anm. 285) 173f.
[1031] De Trin. 11,28 (BKV 2. R. 6, 256f); nach 11,29 (ebd. 258f) geht dem Vater bei der Übergabe an den Sohn ebensowenig etwas verloren wie dem Sohn es an nichts mangelt, was er dem Vater übergibt, und nach 11,36 (265) ist die Unterordnung des Sohnes Teilhabe an der väterlichen Herrlichkeit.
[1032] Hieronymus, Adv. Helv. 6 (BKV 15, 266); vgl. auch Cyrill, Cat. 15,29: Es sei fälschlich zu sagen, daß er nicht mehr herrsche, denn wenn er herrsche, bevor er seine Feinde besiegte, wieviel mehr wird er es dann, wenn er sie besiegt hat? (BKV 41, 283).
[1033] Lanfrank 209. Nach Oecumenius 869 heißt παραδιδῷ nicht, daß Christus sich selbst der Herrschaft beraubt, sondern daß er dem Vater an seinem Werk teilgibt: κοινὰ γὰρ ἅπαντα τὰ τῆς Τριάδος (ähnlich Photius 577). Auch nach Augustin gilt es bei der Auslegung von V 27 zu beachten: *Inseparabilis ... est operatio patris et filii* (De Trin. 1,8,15 [CChr 50, 48f]).

Vollendung und *perfecta universae creaturae restitutio* bedeute[1034]. Nach Euseb wird der Menschensohn alle durch ihn Vollendeten wie ein anvertrautes Gut (παραθήκη) dem Vater zurückgeben[1035], und Didymus (8) erklärt: βασιλεύειν ὧδε λέγει τοὺς βασιλευομένους[1036], wobei das *regnum* später einfach mit der *ecclesia* identifiziert wird[1037]. Die Übergabe kann auch als Darbringung[1038], *manifestare*[1039] oder etwa mit κατορθοῖ und τελειοῖ (Theophylakt 764) umschrieben werden. Am häufigsten aber wird *tradere* im Sinne von *ad contemplationem cognitionemque Dei Patris perducere* gefaßt[1040].

Wie die Übergabe der Herrschaft, so wird auch die *Unterordnung des Sohnes* unter den Vater in V 28 meist entschärft. Bei Gregor v. Nazianz kann es sogar heißen: Ὑποτάσσει δὲ καὶ Ὑιὸς Πατρί, καὶ Ὑιῷ Πατήρ, der eine durch sein Wirken, der andere durch sein Wohlgefallen[1041]. Mit Recht aber wird festgehalten, daß die *subiectio* keine Inferiorität zum Ausdruck bringt[1042], oder es wird erklärt, daß sie sich nicht für alle Zeit *ad diminutionem honoris* bezieht, sondern auch *ad charitatis officium*[1043]. Die häufigste Erklärung aber lautet so, daß die Unterwerfung nur *secundum humanam naturam* Christi erfolge[1044]. Nach Augustin soll sie ver-

---

[1034]   Princ. 3,5,6 (TzF 24, 636f) bzw. 3,5,7 (639); vgl. auch Hom in Ps 36 (PG 14, 1329: *mystice intelligatur*) und Schendel* 94f. Bei Hilarius wird die Übergabe der Herrschaft so interpretiert, daß »wir« an Gott übergeben werden, »die wir durch die Verherrlichung seines Leibes sein Reich geworden sind« (Trin. 11,39 [BKV 2. R. 6, 267]), lateinisch: *quod nos conformes gloriae corporis sui facti regnum Dei erimus* (PL 10, 424); vgl. auch Hieronymus: *omnia = hi per Filium accessum habent ad Patrem* (Mt-Komm. 2,12 [PL 26, 77f]); Ambrosius: *nos sumus regnum* (De Fide 5,123 [PL 16, 706] mit Verweis z.B. auf Lk 17,21); vgl. auch 5,14 (ebd. 712).

[1035]   Eccl. Theol. 3,16 (GCS 14, 175); vgl. auch Gregor v. Nyssa, In Illud (Opera III 2, 21), der βασιλεία und σῶμα αὐτοῦ identifiziert, und Schendel* 145f sowie Feige, a.a.O. (Anm. 1015) 198: Gemeint seien die von Christus Beherrschten..

[1036]   Zu seiner anderen christologischen Interpretation im Sinne einer προκοπή des Christus vgl. Lienhard, a.a.O. (Anm. 858) 350f und Lewis* 206.

[1037]   Sedulius Scotus 158; Walafrid 540; Thomas 413; Cornelius a Lapide 338 (*ecclesia fidelium, & congregatio electorum*).

[1038]   Vgl. z.B. Augustin, Joh-Ev 19,18 (BKV 8, 337): Christus wird »den Leib mit sich führen, dessen Haupt er ist, und das Reich Gottes darbringen«; Albertus Ma-

gnus, De Res. 13 (Opera XXVI 303): *Dicimus cum Glossa, quod tradere regnum deo et patri est repraesentare electos patri.* Vgl. auch Origenes, In Rom 9,41 (PG 14, 1243): *Ubi vero tradiderit regnum Deo et Patri, id est conversos et emendatos omnes obtulerit Deo, et ad integrum mysterium mundi reconciliationis expleverit.*

[1039]   Atto 400: Der, der vorher *per fidem* geherrscht habe, werde dann *per apertam manifestationem* regieren; vgl. oben S. 202 das Zitat von Petrus Lombardus 1680.

[1040]   Haymo 596; ähnlich Herveus 980; Primasius 545; Hugo 540; Petrus Damianus, De Div. Omnipot. 3 (SC 191, 396); Thomas, Summa, Bd. 36, 125 (hier ist im Anschluß an Glossa das Wo der Übergabe die ewige Heimat, wo die *essentia Patris et Filii et Spiritus Sancti* geschaut werden wird); Estius 735 u.a.

[1041]   Serm. 30,5 (SC 250, 234).

[1042]   Origenes, In Rom 7,5 (PG 14, 1114); allerdings finden sich auch manch andere Äußerungen von Origenes; vgl. Crouzel, a.a.O. (Anm. 858) 370-374.

[1043]   Hieronymus 766; Pelagius 219; Atto 401; Primasius 545, oft mit Verweis auf 1Kor 14,32.

[1044]   Vgl. Theodoret 357; Ambrosius, De Fide 5,13.15 (PL 16, 707.714) und zu Ambrosius und Hieronymus Schendel*176f und ebd. 194 zu Gregor v. Nyssa sowie den berühmten Bildern, wonach sich z.B. die

hindern, eine Umwandlung des Geschöpfes bzw. eine Umbildung der menschlichen Natur Christi in die Göttlichkeit bzw. in das Wesen und die Substanz des Schöpfers anzunehmen[1045]. Vor allem im Mittelalter wird immer wieder gelehrt, daß Christus sich als Mensch (*secundum quod homo*) dem Vater unterwirft[1046] bzw. *secundum dispensationem carnis subiectus* sein wird, er aber *secundum autem diuinam hypostasim & dei formam* mit dem Vater über alles regiert[1047]. Schon Hieronymus zitiert neben der Meinung, daß sich die menschliche Natur in Christus der Gottheit unterordnet, auch die mit der Identifizierung von Herrschaft Christi und Kirche zusammenhängende Auslegung, daß Christus sich in seiner Kirche als seinem Leib dem Vater unterordnet[1048]. Diese Auslegung hält sich auch in der späteren Zeit[1049].

Auch die Reformatoren bleiben in den aufgezeigten Bahnen. Nach Calvin (455f) hat es »nichts Anstößiges«, »daß Christus nach seiner menschlichen Natur dem Vater unterworfen scheint«[1050]. V 24 und 28 sollen der Ewigkeit des *regnum Christi* in keiner Weise widersprechen, weil Paulus nur zeigen wolle, daß dann das Reich *in perfecta gloria* in seiner *administratio* ganz anders sein werde als jetzt; jetzt lenke, erquicke, erhalte, beschütze Christus uns als Gottes *legatus* mittelbar (*mediate*), dann aber werde Gott *per se unicum ecclesiae caput* sein[1051]. Kurzum: Christi Reich werde kein Ende nehmen, aber er werde es »aus der menschlichen Form

menschliche Natur Christi zur göttlichen verhält wie ein Essigtropfen zum Ozean, was zwar nicht im Sinne eines völligen Verschwindens der menschlichen Natur in der göttlichen zu deuten sei, aber doch so, daß die Menschheit mit hineingenommen werde in die Vereinigung mit Gott.
[1045] De Trin. 1,8,15 (BKV 2. R. 13, 21f). Vgl. auch die Bemerkung des Hilarius, daß die meisten die Unterwerfung so auffassen, daß Christus im Stande der Unterwerfung nicht im Besitze der Herrschaft sei, wo sie doch in Wahrheit zu keiner Minderung der *divinitas* führe (De Trin. 11,21 [BKV 2. R. 6, 252]); vgl. Schendel* 158f.
[1046] So Thomas, Summa, Bd. 26, 299; Cajetan 83v: *subiectus erit quatenus homo.*
[1047] Faber Stapulensis 131r; vgl. Petrus Lombardus 1681: *Tunc erit subiectus, ita tamen, ut secundum alteram naturam, scilicet divinam, sit Deus, unus cum Patre, et Spiritu sancto ens;* Estius 740: *Juxta dispensationem carnis assumtae ..., id est, secundum naturam ejus humanam,* wie Hieronymus, Adv. Pel. 1,6, das richtig sage. Nach Robert v. Melun 226 soll die Unterwerfung aber auch gut in bezug auf beide Naturen verstanden werden können; ähnlich Hugo 540f.

[1048] Hieronymus 766; ähnlich Pelagius 119; Atto 401.
[1049] Vgl. Herveus 983: *Caput cum corpore futurum Deo subjectum;* Estius 740 zitiert ebenfalls diese Auslegung: *Tunc totum corpus Christi mysticum erit Deo plane subjectum.*
[1050] Vgl. Inst. 1,13,26, wo Calvin nach Hinweis auf V 24 nichts absurder findet, als der *deitas Christi* ihre Dauer abzusprechen (vgl. auch 2,15,5); wie in 2,14,3 moniert Calvin die Einschätzung des Mittlers bei den Alten, weil das *mediatoris officium* weder einfach auf die göttliche noch die menschliche Natur bezogen werden dürfe. Christus werde herrschen, bis er sein Mittleramt vollendet habe und dann wieder die Herrlichkeit wie am Anfang besitzen. Vgl. zur sehr unterschiedlich bewerteten Christologie Calvins in bezug auf unseren Text Jansen* 555-561, nach dem strittig ist, ob nach Calvin auch die Menschheit Jesu erhalten bleibt; eine negative Antwort darauf gibt van Ruler (vgl. ebd. 562-569), während Jansen selbst ebd. 570 Wert darauf legt, daß das NT die Intervention Christi nie als Intermezzo betrachte; vgl. auch Quistorp, a.a.O. (Anm. 285) 166-175.
[1051] Inst. 2,15,5.

zur vollen Gestalt göttlicher Herrlichkeit hinführen« (Calvin 458). Luther erklärt nach Zitat von V 24b: *Scriptura tamen dicit, quod Rex in eternum Christus*[1052]. Nach Melanchthon (80) heißt Übergabe des Reiches an den Vater *reddere gloriam Patri et revelare eam electis, ut cognoscant electi Dei gloriam esse eam, quae Christi est*; besser sei aber vielleicht die Meinung, daß das *regnum Dei et in peregrinantibus et in beatis* dasselbe sei, nämlich Gerechtigkeit, Friede, Leben etc.[1053].

Ähnlich lauten, sieht man von Sozinianern wie Crell (332f.339f) ab, die Urteile bei anderen[1054]. Nach Spener streitet Paulus nicht wider »die ewige GOttheit des Sohnes GOttes«, wie das die Sozianer mißverständen; er übergebe nicht das Reich der Macht oder Herrlichkeit, sondern das der Gnade, das er bis dahin im Stand der Erniedrigung und Erhöhung mittels Wort und Sakrament durch Berufung, Erleuchtung, Heiligung usw. regiert habe; Übergabe bedeute nicht »ablegung alles reichs oder regirung / sondern nur einer gewissen art derselben«[1055]. Nach v. Mosheim (701) ist auch in V 28 nicht mehr gemeint als dies, daß Jesus seine Herrschaft aufgibt, was ihm aber nichts von »der persönlichen Majestät, Gewalt und Herrlichkeit« nehme. Nach Bengel (431) übergibt der Sohn nur das *regnum mediatorium*, ordnet sich aber *secundum utramque naturam* unter (433), was daraus zu ersehen sei, daß er hier Sohn genannt und in seinem Verhältnis zum Vater *respectu oeconomiae* betrachtet werde; vorausgesetzt sei dabei die *unitas essentiae*[1056]. Schelling interpretiert die Übergabe des Reiches folgendermaßen: »Das Sein wird am Ende der Welt wieder im Vater sein, als ein durch den Sohn zurückgebrachtes. Da es nun aber nie anders als durch den Sohn in Gott sein wird, so ist damit kein Aufgeben seiner Herrschaft verknüpft, sondern als ein fortwährend durch ihn Übergebenes kann es der Vater besitzen. *Beide übernehmen es also als ein gemeinschaftlich zu besitzendes, es wird also nur das Ende der ausschließlichen Herrschaft des Sohnes über die Welt damit ausgesprochen*«[1057].

[1052]   WA 36, 568.

[1053]   Vgl. auch Melanchthon 81: *Sed in beatis regnat Deus non per Christum, sed per se, id est: beati cognoscunt gloriam Dei non in signo tantum in Christo, sed in ipso patre.*

[1054]   Vgl. Bullinger 245f, nach dem es nach der Übergabe der *ecclesia* bzw. des *numerus electorum* an den Vater, wenn es *peccatum & morbus* nicht mehr geben wird, auch keiner *remissio & medicina* mehr bedarf (246); zur Interpretation im Sinne des Endes der Mittlerschaft Christi bei Bucer vgl. Staehelin, Verkündigung, Bd. 4, 186; nach Bayly heißt Übergabe des Reiches an den Vater: »Er wird aufhören, das Amt der Mittlerschaft, durch das er als König, Priester und Prophet und als oberstes Haupt der Kirche seine Feinde unterworfen und durch den Geist, das Wort und die Sakramente sein gläubiges Volk regiert hat, auszuüben« (Staehelin, Verkündigung, Bd. 4, 310).

[1055]   Schriften XV 1.1, 298f; vgl. auch den Kommentar von Spener 491: *Christum quia DEUS est, ejusdem cum Patre essentiae & potestatis, vere in aeternum cum Patre regnaturum esse*; vgl. 493: *Secundum suam humanam naturam minor est Patre*; vgl. auch v. Flatt 374f.

[1056]   Vgl. auch Oberlin, Lebensgeschichte, 4. Teil, 117, nach dem »die in gewisser Rücksicht abgesonderte Oekonomie des Sohnes auf Zion bis die bestimmte Zeit hindurch vigiret ..., bis nämlich alle Feinde aufgehoben sind, 1 Cor. 15, 24-28., und beide Oekonomien, die des Vaters und die des Sohnes, mit der des heiligen Geistes in Eines zusammen fließen in dem neuen Jerusalem« (mit Verweis auf Offb 22,3 und 21,22); vgl. auch ebd. 94: Wenn V 24-28 »erfüllt wird, so hört auch diese himmlische kriegerische Verfassung auf, und ein ewiger Friedensbund tritt ein«.

[1057]   Offenbarung 266.

Daß der Sohn »in einem nie mehr endigenden Akt die ganze verwandelte Schöpfung dem Vater« übergibt, ist auch die Meinung von Schmaus[1058].

Man wird gesamtbiblisch wohl nicht darum herumkommen, unsere Stelle zu anderen Aussagen kritisch in Beziehung zu setzen, doch sollte das nicht durch Umdeutungen geschehen, so daß etwa Lk 1,33 von vornherein die Richtung der Interpretation bestimmt und die paulinische Aussageabsicht darin auf- und untergeht[1059]. Schon Exegeten können m.E. nicht ganz angemessene Kategorien ins Spiel bringen und die These verfechten, vom Sohn zu sprechen habe »*Sinn nur im Hinblick auf das Offenbarungshandeln Gottes, nicht auf das Sein Gottes*«[1060]. Erst recht Dogmatiker wie Barth interpretieren im Sinne der Trinitätslehre: Danach kann der Vater durch den Sohn »so wenig begrenzt, konkurrenziert oder gar verdrängt werden, wie er ihn seinerseits begrenzen, konkurrenzieren oder verdrängen« könne[1061]. Brunner gibt immerhin zu, daß sich der paulinische Satz (»dieser heilsgeschichtliche Subordinatianismus«) mit der »orthodoxen Trinitätslehre« kaum vereinbaren läßt[1062], doch schließen sich andere enger auch an Paulus an[1063]. Der Ausgleich zwischen biblischem

[1058] Dogmatik I 398; vgl. auch Dogmatik IV 2, 321, wonach der Sohn »die ihm gehörige und ihm verbundene Welt Stück für Stück dem Vater übergeben« soll. Nach Diekamp, Dogmatik I 297 betrifft die Unterordnung Christi ihn »nur nach seiner Menschheit«; in diesem Sinne sei auch auf einer Synode zu Konstantinopel 1166 ein heftiger Streit über Joh 14,28 entschieden worden.

[1059] Vgl. auch Pannenberg, Theologie I 340 und III 654 Anm. 258. Pannenberg erklärt wie viele andere, die Herrschaft des Sohnes sei »nicht, wie der Chiliasmus der Montanisten u.a. meinte, als eine besondere heilsgeschichtliche Epoche zu verstehen, die anschließend durch die Herrschaft Gottes (des Vaters) selbst beendet und abgelöst wird«, die Herrschaft des Sohnes habe vielmehr »ihren Sinn von vornherein nur darin, alles der Herrschaft des Vaters zu unterwerfen«, wobei auch hier auf Lk 1,33 verwiesen wird (Theologie III 654 Anm. 258); vgl. auch Schlink, Dogmatik 410.

[1060] So Cullmann, Christologie 300; vgl. auch oben Anm. 770. Anders mit Recht Dahms* 352f (»Paul speaks of the subjection of the Son, not merely of the work or office of the Son«; 353), der dann freilich in anderer Weise systematisiert (363f) und im Anschluß an die Tradition von ewiger Zeugung des Sohnes spricht, vor allem aber betont, daß »indeed any kind of personal interaction requires some kind of dissimilarity« (364).

[1061] KD III 3, 512; vgl. auch Moltmann, Kommen 362. Noch erheblich schärfer Dembowski, Grundfragen 348, nach dem gegenüber 1Kor 15,25ff »scharfe Sachkritik geboten« sein soll: Es gebe »nicht vor oder neben oder nach dem Reich Christi noch ein von diesem zu unterscheidendes Gottesreich, denn Christus ist Gott selbst. In Christus – allein! – herrscht Gott«. Nun ist Christus für Paulus gewiß die εἰκὼν τοῦ θεοῦ (2Kor 4,4), aber nicht Gott.

[1062] Dogmatik III 495; es gehe »in der ganzen biblischen Botschaft um die Selbstverherrlichung und Selbstmitteilung Gottes«; an anderer Stelle hebt Brunner eine »Werksubordination« von einer »Wesenssubordination«, um die es nicht gehe, ab (Ewige 227).

[1063] Nach Moltmann, Kirche 47 ist die Herrschaft Christi »vorläufig und begrenzt« und soll (im Anschluß an Käsemann oben Anm. 840) »einzig dem Zwecke« dienen, »der Alleinherrschaft Gottes Platz zu schaffen« (ebs. Wainwright, GPM 44 [1989/90] 209); vgl. auch Moltmann, Theologie 182, wonach die Herrschaft Christi »der eschatologischen Offenbarung der Herschaft Gottes an allem, was ist und was nicht ist, subordiniert wird«, wie es V 28 andeutet. Auch nach Weber, Grundlagen II 94 endet die Herrschaft

Christuszeugnis und »formelhaft relativ einheitlichem Christusdogma« darf jedenfalls nach Steck »nicht auf mechanische Weise angestrebt werden, sondern in Erkenntnis der jeweiligen geschichtlichen Lage und der Gesamtintention: dann braucht hier Dogma und Evangelium nicht gegeneinander ausgespielt zu werden«[1064]. Wainwright hält es zwar für anachronistisch, Paulus zu befragen, ob hier eine »›Wesensverschiedenheit‹ zwischen dem Vater und dem Sohn« bestehe, findet »aber nichts, was der später entwickelten orthodoxen Trinitätslehre und Christologie widerspräche, oder umgekehrt«[1065].

6.   Daß Gott nach V 28c am Ende alles in allem sein wird, ist immer als zentraler Hoffnungsinhalt angesehen worden, hat aber auch die Spekulation und Phantasie stark beflügelt. In großer Nähe zu den exegetischen Feststellungen bleibt es zunächst, wenn etwa Pelagius (219) den Sinn von V 28c in folgendem kurzen Satz zusammenfaßt: *Solus regnabit in cunctis*[1066]. Das wird z.T. kritisch gegen die Annahme zweier ἀρχαί bzw. *principia* ausgespielt[1067]. Daß am Ende kein Feind und Widersacher mehr da ist, wird dabei auch mit der eigenen Vervollkommnung zusammengedacht, die zum vollkommenen Maß der Fülle Christi herangereift ist (Eph 4,13)[1068]. Überhaupt steht oft mehr das umfassende Heil der Menschen in der intensiven Gemeinschaft mit Gott als die Alleinherrschaft und Gottheit Gottes im Vordergrund. Augustin verbindet mit V 28 Leben, Gesundheit, Nahrung, Reichtum, Ruhm, Ehre, Friede und jegliches Gut, und nach Zitat von V 28c fährt er dann fort: »Der wird unseres Sehnens Ende sein, den man ohne Ende schaut, ohne Überdruß liebt, ohne Ermüdung preist«[1069]. Der Ton der Freude ist auch sonst unüberhörbar, z.B. bei Isaak

Christi im Eschaton und gehört »dem an, was wir interpretierend ›Geschichte‹ nennen«; vgl. auch ebd. 748.
[1064] Steck, GPM 12 (1957/58) 111. Breuning hält das Nicänum für schriftgemäß und mit V 28 vereinbar, wenn man in der Tat des Sohnes »nicht einen Augenblick sieht, der im Vollzug von irgendwelchen Eschata vorübergeht, sondern die Aktualität des bleibenden eschatologischen Augenblicks« (MySal V 797). Aber darf man tatsächlich so interpretieren?
[1065] Wainwright, GPM 44 (1989/90) 213. Vgl. auch Vogel, Werke, Bd. 2, 804.
[1066] Vgl. auch Epiphanius, Haer. 69,77,7: Μία ἐστὶν ἡ θεότης, μία ἡ κυριότης, μία δοξολογία πατρὸς υἱοῦ καὶ ἁγίου πνεύματος (GCS 37, 226); Petrus Chrysologus in seiner Erklärung zur 3. Bitte des Vaterunsers: »Das ist das Reich Gottes, wenn im Himmel sowohl als auch auf Erden nur besteht der Wille Gottes, wenn in

allen nur der eine Gott ist, Gott lebt, Gott handelt, Gott herrscht, Gott ganz ist nach dem Ausspruch des Apostels: ›Gott sei alles in allen‹« (BKV 43, 77f) und später etwa Cajetan 83v: *Hoc est regnum dei, hoc est regnare deum, hoc est esse assignatum regnum deo.*
[1067] Chrysostomus 341; Oecumenius 876; Theophylakt 768. Irenaeus lehrt am Ende seines Werkes, daß nicht Substanz und Wesen der Schöpfung vergehen wird, sondern (mit Zitat von 7,31) ihre Gestalt, d.h. die, worin Übertretung geschieht, wobei am Schluß auch V 27f zitiert wird (Haer. 5,36,1f [SC 153, 452]).
[1068] Didymus d. Blinde, In Sach 3,307f (SC 84, 776); vgl. auch 5,97 (SC 85, 1024).
[1069] Civ. D. 22,30 (BKV 28, 518); vgl. auch Joh-Ev 65,1 (BKV 19, 52): »Dann wird dem Verlangen nichts mangeln, wenn Gott alles in allem sein wird. Dieses Ziel hat kein Ende. Niemand stirbt dort, wo niemand hin-

v. Stella: Wir werden mit Freude in das Haus Gottes gehen, wo *omnis participatio in idipsum* sein wird, *quod erit omnia in omnibus*[1070]. Auch andere Heilsgüter werden zumal bei personalem Verständnis von ἐν πᾶσιν in Verbindung mit V 28c gebracht, z.B., daß alle als Glieder Christi zu Söhnen Gottes[1071], ja ganz gottähnlich (ὅλοι θεοειδεῖς / *similes*) und allein gottempfänglich (χωρητικοὶ θεοῦ / *Dei capaces*) werden[1072] oder, daß wir alle vereinigt werden, so daß wir nicht mehr viele, sondern alle eins sind, vereint durch seine Gottheit und die Herrlichkeit seiner Herrschaft[1073]. Generell kann es heißen: *Quidquid boni habemus est a Deo*[1074].

Vereinzelt wird V 28c auf die Schöpfung bezogen[1075], öfter auch auf gegenwärtige Erfahrungen, vor allem in mystischen Interpretationen[1076]. Gertrud d.Gr. erlebt bei einer Versenkung in das »Geheimnis der himmlischen Geburt«, daß sie das Kind plötzlich in sich hält und wie verwandelt ist, »dem Kinde gleich«; bei dieser Verwandlung geht ihr »das rechte Verständnis« von V 28c auf: »Mein Innerstes umschloß den Geliebten, und der himmlische Bräutigam erfreute meine Seele«[1077]. In neuplatonisch-mystischem Schrifttum wird der Text so gelesen, daß Gott weder begriffen noch erklärt noch genannt werden kann: »Er ist nichts des Seienden, aber er wird auch in keinem Seienden erkannt. Er ist ›alles in allem‹ [1Kor 15,28] und doch nichts irgendworin, er wird aus allem von allem erkannt

kommt, der nicht dieser Welt stirbt« (im Sinne von Kol 3,3); De Trin. 15,51 (TKV 1, 63) und 1,10,20 (CChr50, 57): *In illa igitur contemplatione deus erit omnia in omnibus quia nihil ab illo aliud requiretur, sed solo ipso inlustrari perfruique sufficiet*; ähnliche Aufzählungen bei Sedulius Scotus 159; Lanfrank 210; Faber Stapulensis 131r, der noch anfügt: *& haec omnia eminenter & supereminenter / finite & infinite. quippe qui in infinito finitus est: & infinitus in finito*. Herveus 983 und Petrus Lombardus 1681 fügen noch hinzu *et finis desideriorum nostrorum*; während Petrus Lombardus noch fortfährt: *Erit etiam indispari claritate par gaudium, ut quod habebunt singuli, commune sit omnibus, quia etiam gloria capitis, omnium erit per vinculum charitatis* (mit Verweis auf Ambrosius), endet Herveus 983 folgendermaßen: *Nihil enim amplius quaeremus, postquam ad hanc bonorum omnium plenitudinem perveniemus.*

[1070] Serm. 32,21 (SC 207, 218.220); vgl. auch 43,20 (SC 339, 78): *Tunc vero erit omnia in omnibus unus Deus, fons indeficiens caritatis, virtutis et veritatis*; vgl. auch 5,20 (SC 130, 158).

[1071] Athanasius, De Incarn. 1,20 (PG 26, 1020); Cassian spricht von vollkommener

Kommunikation mit dem Vater (Coll. 42 [Sc 42, 45]); nach Aphrahat wird Gott »alles in allem und in jedem Menschen sein« (Unterweisungen 6,12 [Fontes 5,1/2, 203]).

[1072] Gregor v. Nazianz, Serm. 30,6 (SC 250, 288); ebs. Theophylakt 768. Euseb, Eccl. Theol. (GCS 14, 174.181) zieht zur Deutung 2Kor 6,16 heran.

[1073] Euseb, Eccl. Theol. (GCS 14, 179); vgl. Schendel 150f, nach dem V 28c »im Sinne der vom Göttlichen trennenden Individualität der πάντες im Eins-Sein mit ihm verstanden« wird (151).

[1074] Thomas 416; Estius 741.

[1075] Vgl. Melito v. Sardes, Frgm. 15 (SC 123, 240): *Hic est creator [cum Patre], fictor hominis, qui ›in omnibus omnia‹ erat*, z.B. in den Patriarchen ein Patriarch, in den Priestern der erste der Priester, in Propheten ein Prophet usw.

[1076] Zu Gregor v. Nyssa (PG 44, 1316) vgl. Lienhard, a.a.O. (Anm. 858) 349 und zu Euseb im Sinne von »divine indwelling« (Eccl. Theol. 16 [GCS 14, 174]) ebd. 344.

[1077] Gertrud die Große von Helfta; Gesandter der göttlichen Liebe, hg. v. J. Lanczkowski, Heidelberg 1989, 25 (lateinisch SC 139, 258); vgl. auch 4,58 (SC 255, 468): *Cor meum tibi exhibeam, qui sum Deus in omnibus omnia.*

und doch wieder aus nichts von irgendwem«[1078]. Auch nach Bonaventura wird Gott »als alles in allem erschaut, wenn wir ihn in den Seelen betrachten, wo er durch die Gaben der überströmenden Liebe wohnt«[1079]. Für Nikolaus v. Cues ist Gott die absolute Einheit, die alles in sich schließt und aus sich entfaltet: *Ipsa absoluta unitas nullius speciei est, nullius nominis, nulliusque figurae, quamvis omnia sit in omnibus*[1080]. Der als Ketzer verurteilte Amalrich v. Bena kann sagen: »Alles ist eines und was ist, ist Gott«, womit er »die Identität von Schöpfer und Geschöpf« und Gott als »einheitliche Essenz aller Kreaturen« behauptet[1081]. Stärker mystisch-eschatologisch erklärt auch Weigel, daß Christus uns endlich in »die heilige, seelige Ehe« führe, »auß welcher wir gefallen sein. Denn wir sollen ja im Himmel also lebenn, daß sich Gott vnß geben könne vnd daß wir vnß ihme auch gentzlich geben mögen, auf daß er in vnß wohne vnd wir in ihme vnd er sei alles in allen, daran ewige Genügte vnd Seeligkeit liget«[1082].

Meist wird V 28c aber auf das Ende bezogen, und zwar in Entsprechung zur Urzeit: V 28c soll dann die Rückkehr zum Urzustand vor der Schöpfung beschreiben[1083]. Eine Sonderstellung nimmt auch hier Origenes ein[1084], nach dem die allmächtige Liebe Gottes zur Wiederherstellung des Alls führt, und zwar stufenweise im Verlauf einer Unzahl von Weltzeital-

---

[1078]   Ps-Dionysios Areopagita, Die Namen Gottes 7,3 (BGrLit 26, 80).
[1079]   Itinerarium 4, a.a.O. (EKK VII 3, 344 Anm. 426) 117; vgl. auch 134: *Quia perfectissimum et immensum, ideo est intra omnia, non inclusum, extra omnia, non exclusum, supra omnia, non elatum, infra omnia, non prostratum. Quia vero est summe unum et omnimodum, ideo est omnia in omnibus;* vgl. auch ders., Soliloquien 3, München 1958, 17: Gott wird dann alles in allem sein, »wenn aus dem Verstand aller Irrtum, aus dem Wollen jedes Leid und aus dem Gedächtnis jegliche Furcht gewichen, wenn jene wunderbare Ruhe, jene Freude in Gott, jene ewige Gesichertheit aufgefolgt sein werden, die wir erhoffen« (Zitat von Bernhard); vgl. auch Thomas, Summa, Bd. 36, 148f: »Wie Gott durch Sein Wesen im Verstande gegenwärtig ist, so wird Er auch in den Sinnen gegenwärtig sein; denn Er wird ›alles in allem sein‹ (1Kor. 15,28)«.
[1080]   Opera III 22; vgl. auch IV 82f: *Omnia sunt in patre paternaliter, in filio omnia filialiter, in spiritu sancto omnia perfectionaliter. In patre habent omnia essentiam, in filio potentiam, in spiritu sancto operationem. Deus pater est ›omnia in omnibus‹, deus filius potest omnia in omnibus, deus spiritus ›operatur omnia in omnibus‹* (vgl. 12,6). Vgl. auch Angelus Silesius 5,214 (S. 218): »Jn Christo ist GOtt GOtt / inn En-

geln Englisch Bild / Jnn Menschen Mensch / und alls in allen was du wilt«.
[1081]   Nigg, Buch der Ketzer 251.
[1082]   V. Weigel, Handschriftliche Predigtensammlung [1573-1574], hg. v. W. Zeller, Stuttgart 1977, 94. Individualistisch interpretiert auch Wesley: »Er (sc. Christus) dringt ein in die Seele ›erobernd und um zu erobern‹ (Offb 6,2), bis daß er ›alle Dinge unter seine Füße gelegt hat‹, bis daß ›jeder Gedanke unter den Gehorsam Christi gebracht ist‹« (Staehelin, Verkündigung, Bd. 6, 71).
[1083]   Das ist bei Marcell v. Ancyra auf die Christologie konzentriert; vgl. oben Anm. 1017 sowie Euseb, Eccl. Theol. 3,13 (Frgm. 104 [GCS 14, 170]) und Contra Marc.2,2,2 (Frgm. 108 [ebd. 192]): Ἵν᾽ οὕτως ᾖ ἐν τῷ θεῷ ὁ λόγος, ὥσπερ καὶ πρότερον ἦν πρὸ τοῦ τὸν κόσμον εἶναι. Οὐδενὸς γὰρ ὄντος πρότερον ἢ τοῦ θεοῦ μόνου. Vgl. auch den Bezug auf Joh 17,21-24 und dazu Feige, a.a.O. (Anm. 1015) 52. Bei Böhme heißt es später: »Und soll seyn GOtt alles in allem, wie es war vor den Zeiten der Welt« (Schriften, Bd. 5, 239).
[1084]   Vgl. auch oben Anm. 996f.1013f. Meist heißt es aber später ähnlich wie bei Augustin, daß am Ende die Schlechten von den Guten gesondert werden »und Gott in den Guten als in seinem Tempel ›alles in allem sein wird‹« (Civ. D. 18,49 [BKV 28, 178]).

tern[1085]. Dabei wird das Reich wie am Anfang – *semper enim similis est finis initiis* (Princ. 1,6,2) – wieder ganz das All Gottes einschließen[1086], was aber offenbar rein geistig zu verstehen ist[1087]. Auch für Gregor v. Nyssa ist die Universalität der Erlösung und die Apokatastasis ein zentraler Gedanke, der aus seinem Gottesverständnis folgt[1088]. Nach Bernhard v. Clairvaux wird Gott dort alles in allem sein, »wo das wundersam geordnete Weltall dem Schöpfer die Ehre, dem Geschöpf die Freude gibt«[1089]. Nur vereinzelt wird das Wort auch auf Christus bezogen[1090].

Die Reformatoren differieren kaum von den genannten Interpretationen von V 28c, zumal die einzelnen Autoren oft mehrere Erklärungen miteinander kombinieren. Auch hier überwiegen die Aussagen über die am Ende zu erwartende Heilsfülle: *Unusquisque* wird an Gott haben selbs, *quod*

[1085] Vgl. oben Anm. 939. Die Diskrepanz zum sonst behaupteten ewigen Nebeneinander eines Reiches der Seligkeit und eines solchen der Verdammnis mit seinen Qualen springt hier besonders in die Augen; vgl. die zahlreichen Belege bei E. Benz, Der Mensch und die Sympathie aller Dinge am Ende der Zeiten, ErJb 24 (1956) 133-197, der 135f für die folgenden u.ä. Aussagen die Dominanz des Rechtsdenkens verantwortlich macht: So wird nach Isidor v. Sevilla das Mitleid mit den Verdammten »das Herz des Gerechten nicht in seiner Freude stören, denn eine so große Freude bereitet der Anblick Gottes seinen Heiligen, daß die Trauer (bei ihnen) keinen Einlaß findet« (141), und Thomas erklärt sogar: »Die Heiligen werden sich an den Qualen der Verdammten erfreuen, allerdings nicht hinsichtlich ihrer (der Qualen) selbst, sondern hinsichtlich dessen, was damit verbunden ist, nämlich der Gerechtigkeit Gottes, und hinsichtlich dessen, daß sie selbst von solchen Qualen befreit sind« (146). Auch in reformatorischer Theologie urteilt man kaum anders (vgl. 146-148). Vgl. auch unten Anm. 1114.

[1086] In Joh 1,32 (GCS 10, 42).

[1087] Vgl. Princ. 3,6,1f (TzF 24, 644.648). Schendel* 108 spricht zwar auch von einer »Entmaterialisierung und Körperlosigkeit«, weist aber daraufhin, daß andere Stellen einen anderen Eindruck erwecken (vgl. ebd. 105-110); vgl. auch Lewis* 180-182. Bei Hilarius heißt es im Blick auf Christus: »In keiner Weise bleibt in ihm (sc. Christus) das Wesen des irdischen Körpers zurück ...; er wird nicht durch Aufgehen zum Verschwinden gebracht, sondern aus der Ver-

herrlichung heraus verändert‹« (De Trin 11,40 [BKV 2. R. 6, 269]).

[1088] Vgl. Lenz, RAC I 515 und BGrLit 1, 230, wo z.B. Inscr. Ps 2,16 zitiert wird: »Daraus erfahren wir, daß die Menschen selbst nicht vernichtet werden, damit nicht Gottes Werk dadurch unnütz sei, daß es ins Nichts zurückfällt«; vgl. zu V 28 bei Gregor auch Ware, a.a.O. (Anm. 858) 310, zu Didymus (»eine streng zyklische oder retrospektive Lehre der apokatastasis«) Daley, a.a.O. (Anm 285) 158 sowie die Spekulationen von Johannes Scotus über die verschiedenen Stufen der Rückkehr der menschlichen Natur in Gott, deren 5. sein soll, »wenn die Natur selbst mit ihren Urbildern in Gott verwandelt werden wird. Gott wird nämlich ›Alles in Allem‹ sein, wenn nichts außer Gott allein sein wird. Aber damit wollen wir nicht behaupten, daß die Substanz der Dinge untergehen, sondern ... daß sie durch die genannten Stufen in einen bessern Zustand zurückkehren werde« (Einteilung der Natur 5,8; zitiert bei Staehelin, Verkündigung, Bd. 2, 217).

[1089] Schriften, Bd. 4, 185; in Schriften, Bd. 5, 75 kombiniert er mit 1Kor 2,9 und Joh 6,45. Gregor v. Palamas erklärt dagegen, daß es im künftigen Weltzeitalter »keiner Luft, keines Lichtes, keines Ortes und anderer solcher Dinge mehr bedarf, sondern wo ... uns nach dem Wort des Apostels an Stelle aller Dinge Gott sein wird« (Staehelin, Verkündigung, Bd. 3, 408).

[1090] Ambrosius, Lk-Komm. 3,26 (BKV 21, 136); vgl. auch Athanasius, Contra Arian. 2,69 (BKV 13, 218); Makarios, Hom. 31,4 (BKV 10, 264). Auch in EpApost 6 (TU 43, 49) sagt der Auferstandene, er sei alles in allem.

alioqui extra deum in omnibus i.e. an leib und seel *satis habebimus et sal-vi*[1091]. Die Leiblichkeit als Ende aller Wege Gottes (vgl. zu V 35ff) bleibt bei dieser soteriologisch zentrierten Interpretation aber meist unberücksichtigt: *Deus communicat sapientiam, iusticiam et laeticiam suam et in qua ›sit Deus omnia in omnibus‹*[1092]. Dagegen wird der Vers oft mit 1Kor 13,12 verknüpft und die Unmittelbarkeit des Gottesverhältnisses hervorgehoben. Bucer z.B. erklärt: »Wir werden Gott von Aug' zů Aug' sehen und in daher so volkomlich lieben, das wir uns von im nimmer werden abwenden mögen«[1093]. Die entscheidenden Stichworte dabei lauten negativ *non per aenigma, per intermedia, per mysteria aut speculum amplius Deum uident* (Bullinger 246) oder positiv *immediate*, z.B. bei Maior (223r): *non per ministerium regens, sed immediate se ostendens, uiuificans*[1094]. Zur uneingeschränkten Zugehörigkeit zu Gott gehört auch der Wegfall der Anfechtung: Hier sind wir immer noch *medii inter bonitatem et malitiam, donec in futuro absorbeantur omnia mala et sit solus deus omnia in omnibus, ut iam nec nos nostri simus, sed dei et deus noster*[1095]. Damit ist eine Rückkehr zum Anfang der Schöpfung mitgegeben. Nach Calvin (458) sagt Paulus, »daß alle Kreaturen zu Gott als dem Ausgangs- und Zielpunkt ihres Lebens zurückkehren und an ihn gebunden werden sollen«. Bucer, der die ganze Schöpfung mitbetroffen sieht, verbindet unsere Stelle darüber hinaus mit Röm 8,21 und folgert daraus: »Also das wider die gantz creatur dem menschen zů allem gůten und seligkeit dyenen würt, und der mensch gott dem schöpfer zů eeren ir gebrauchen und über sye herrschen, *und würt gott sein alles in allen*. Und dann so nun die geschöpft wider in ir ersten ordenung ston, yedes dem andern zů nutz, freüd und seligkeit gerichtet, würt gott wider gnedigklich ansehen seine geschöpfd, die gantz creatur«[1096]. Die Einbeziehung der

---

[1091] WA 36, 593; vgl. auch 593f die Konkretionen.

[1092] Melanchthon, Werke VI 106; vgl. auch Luther, WA 57.3, 158 (*Tunc enim veniemus in requiem eius, quando nullo bono amplius indigere ceperimus*) und Bucer, Schriften, Bd. 6.3, 94 (»So ist nun Gott alles gůts und ist es on eynige [= irgendeine] enderung, darumb werden wir ja in im ewig und seligklich låben, frey und ledig wie der sünden, also auch des todts«).

[1093] Bucer, Schriften, Bd. 6.3, 94. Die Kombination mit 1Kor 13,12 ist auch sonst beliebt; vgl. Luther, WA 3, 105; Diekamp, Dogmatik III 437f, der zusätzlich 1Joh 3,2 und Offb 22,4 anführt; Schütte, Kirche 127, wo außerdem Jes 65,17 und Offb 21,1 genannt werden.

[1094] Vgl. auch Crell 340 (*Deus erit causa omnium, & causa quidem immediata, quae ipsamet disponat ac gubernat singula*);

Spener 493 (*Immediate sit omnia, ut nihil sit quo opus habeamus extra Deum*); v. Mosheim 701: Gott wirke jetzt »selbst unmittelbar in seinen Heiligen alles« bzw. 702: er teile sich selbst »ohne Mittel seinen Auserwåhlten« mit; zwar gelte auch jetzt Apg 17,28, aber »nur mittelbar«, dann aber werde Gott »ohne Mittel selbst unseren Verstand erleuchten, unser Herz regieren, unsern Willen zur Liebe gegen ihn anfeuren«.

[1095] Luther, WA 4, 336.

[1096] Schriften, Bd. 1, 50; zur kosmologischen Dimension der Auferstehung bei Luther vgl. Thiede, a.a.O. (Anm. 285) 97f; vgl. auch das die Schöpfung einbeziehende Lied P. Gerhardts, EG 449,7 (»Alles in allen / muß brechen und fallen, / Himmel und Erden, / die müssen das werden, / was sie vor ihrer Erschaffung gewest«); Semler 426f: *Nihil tum superest praeter Deum; omnia*

gesamten Schöpfung führt aber bei aller Bedeutung gegenüber einer individualistischen Jenseitseschatologie nicht dazu, den eigentlichen Skopus zu vergessen, daß hier alles auf die Gottheit Gottes ankommt, weshalb an V 28 angeschlossen wird: »Wo aber Gott und nichts denn Gott ist, da ist auch ja nichts denn leben und ewige freud«[1097]. Vor allem pietistische Autoren betonen immer wieder, *ut non solum res divinas sed Deum ipsum habeamus & possideamus*[1098]. In ähnlichem Sinne äußert sich auch Tersteegen: »Wir werden erfahren, daß alles außer. GOtt nichts, GOtt aber alles in allem sey«[1099].

Trotz der später hier und da erkennbaren Gefahr spekulativer Ausweitung[1100] wird heute meist mit Recht hervorgehoben, daß die Auferstehung Jesu »ein Ereignis von kosmischer Weite und Tiefe« ist[1101], der pau-

---

quasi Deo implentur; in omnibus rebus, κτισμασι, *Deus emicabit* (herausragen, sichtbar werden); *omnia ergo esse Deus dicitur;* vgl. auch Spener 494: *Ita ad originem redigemur & ad finem, ad quem creati sumus, nempe ut simus imago Dei & consortes naturae ejus arctissime* (eng, innig) *cum illi uniti.* Konkreter anthropologisch erklärt Ph.M. Hahn, Gott werde alles in allem sein, »wenn der zweite Wille aus der Menschheit ausgerottet, und uns die Liebe allein das lieblichste Gesetz und der lieblichste Zwang seyn wird, welches doch kein Gesetz und Zwang ist, sondern ein Treiben des Lebens, wie wir ohne Zwang Athem holen, wenn wir gesund sind und ohne Gesetz und Zwang unsre Glieder bewegen« (Die Kornwestheimer Tagebücher 1772-1777, 1979 [TGP VIII 1], 57).

[1097] EKO, Bd. 8, 135; vgl. auch Luther, WA 36, 579: *Omnis sol alles haben an Gott et in deo.*

[1098] Spener 494 mit Hinweis auch auf Joh 17,21f; vgl. auch ders., Schriften III 1.2 (Sciagraphia) 125: *ubi non vestigia sed ipsum intuebimur;* ferner ders., Schriften II 2, 337, wo als Summe folgendes genannt wird: »Das allerwertheste und beste in unserer seele / also daß wir nicht einen augenblick ohne Gott zu seyn begehren werden / Gott auch hinwider seine ewige lust und freude an uns / seinen lieben gnaden-kindern haben wird«.

[1099] Werke, Bd. 1, 49; nach ebd. 142 wird man dann die Wahrheit von Röm 11,36 erfahren. Vgl. auch ders., Bd. 8, 18, wo so interpretiert wird, daß wir in ihm und er in uns alles ist bzw. er alles in allem in uns ist (263). In seinem Lied »Gott ist gegenwärtig« (EG 165) heißt es nicht nur »Du allein / sollst es sein, / unser Gott und Herre, / dir

gebührt die Ehre«, sondern auch »Ich in dir, / du in mir, / laß mich ganz verschwinden, / dich nur sehn und finden«.

[1100] Vgl. z.B. Schelling, Offenbarung 266: »Zuerst ist ἓν τὸ πᾶν, am Ende ist umgekehrt πᾶν τὸ ἕν. Jedes ist Eines, ist Gott; jede Potenz ist als eigne, selbständige Persönlichkeit Gott. Dann ist Gott Alles in Allem ... *Dieser christliche Pantheismus ist ... der vollendeteste Monotheismus*«. Vgl. auch ders., Werke, Bd. 5, 116. Teilhard sieht später in V 28 »eine höhere Form von ›Pantheismus‹ ohne den vergifteten Zug von Vermischung und Zunichtemachung, die Erwartung einer vollkommenen Einheit, in der jedes Element, das mithineingetaucht ist, zugleich mit dem Universum seine Vollendung finden wird!« (Staehelin, Verkündigung, Bd. 7, 350); vgl. zu Teilhard auch Vorgrimler, Hoffnung 105-107, aber auch die Kritik an Teilhard bei Moltmann, Weg 316-321; Hedinger, Hoffnung 18-23; Vorgrimler, Hoffnung 108-111.

[1101] So Künneth (Lit. zu Kap. 15; Theologie) 250; vgl. ebd.: »Die *Vollendung* der Auferstehungswirklichkeit« schließe »notwendig die Auferstehung des *ganzen Kosmos* in sich. Die neue Welt umfaßt gleichzeitig die neue Leiblichkeit des Einzelnen, und das Neuwerden des Kosmos. Eine neue Leiblichkeit gibt es nur im Zusammenhang mit neuer Zeit, neuem Raum und erneuerter Natur«; vgl. auch unten Anm. 2067f und Wiederkehr, Perspektiven 60f (Auferweckung Christi als »Inauguration und Einleitung eines umfassenden Geschehens«); Hedinger, Hoffnung 38 (statt *annihilatio* Erneuerung); Kraus, a.a.O. (EKK VII 1, 199 Anm. 581) 416-418; Thiede, a.a.O. (Anm. 285) 77-79; Schlink, Dogmatik 382; Beißer, Hoffnung 276-279.327-

linische Satz aber, »daß Gott einmal Alles im All sein« werde, nicht heiße, »daß das All einmal nicht mehr sein, daß Gott dann wieder allein sein werde«, sondern daß er »mit seinem Geschöpf in Allem ... sichtbar zu seinem Ziel gekommen sein wird«[1102]. Daß Gott mit seiner universalen Herrschaft nicht eigentlich auf die Kirche, sondern auf eine neue Welt aus ist, bringt Metz sogar dazu, in V 28c das »*volle* Eigensein der Welt, ihre *voll* gewährte Weltlichkeit« zu finden: Die »endzeitlich vollendete Welt« werde »keineswegs eine in Gott hineingesaugte, im schlechten Sinn vergöttlichte Welt sein«, »sondern eine Welt, für die dadurch ›Gott alles in allem‹ (1Kor 15,28) ist, daß er alles ins Eigene und in höchste Selbständigkeit setzt durch seine ewige Liebe und seine neidlos gewährende Freiheit«[1103]. Sosehr hier mit Recht der Auffassung gewehrt wird, als werde die Schöpfung in der Vollendung verschwinden oder die Vollendung weltlos sein, ist die folgende Erklärung m.E. angemessener: »Gott ist alles in allem zu werden im Begriff (1Kor 15,28). Und alles ($\pi\acute{\alpha}\nu\tau\alpha$) ist nur, insofern Gott in allem ($\grave{\epsilon}\nu\ \pi\tilde{\alpha}\sigma\iota\nu$) ist. Insofern Gott in allem (Gott!) ist, unterscheidet er sich freilich von allem. Und obwohl Gott in allem ist, ist er noch nicht in allem *alles*. Aber in allem ist Gott der Ewige, und als der Ewige ist er in allem. Ist er auch noch nicht in allem *alles*, so ist er doch in allem *Gott*«[1104]. Nicht zufällig hat gerade ein jüdischer Denker wie Rosenzweig darauf aufmerksam gemacht, daß im Ausblick auf den Tag, wo Gott alles in allem sein wird, eine Gefahr steckt, nämlich »Weltvergötterung oder Gottverweltlichung, die über dem Alles in Allem den Einen über allem vergäße«[1105]. Sauter warnt von V 28c her vor Versuchen, »die Einheit, Einzigkeit und Allheit Gottes begrifflich-vorstellungsmäßig abzubilden«, weil die Theologie dann »totalitär« werde: »Wer Gott in irgendeiner Weise als Totalität, als All-Formel denken will, muß darüber die Hoffnung verleugnen, die sich darauf richtet, ›daß Gott alles in allem sei‹

329; für eine Zusammengehörigkeit von Auferstehung und Welterneuerung schon Kliefoth, a.a.O (Anm. 285) 32f.326, der sich 36 zugleich gegen eine mit Ostern »begonnene und seitdem fortgehende successive Auferstehung der Einzelnen« wendet.

[1102]   Barth, KD III 3, 98; anders 513f: »Gott ist schon darin Alles, daß der Vater dem Sohn Alles unterwirft. Gott ist dann freilich auch darin Alles, daß der Sohn selbst sich dem Vater unterwirft. Hier wie dort, im Tun des Vaters und in dem des Sohnes geht es um *Alles*«; beidemal sei er alles, »Anfang, Mitte und Ende, Ursprung und Ziel, Vollkommenheit und Grenze, Kraft und Wirkung«.

[1103]   Theologie 45; vgl. auch K. Marti, a.a.O. (Anm. 987) 84: Gott gehe nach V 28 darauf aus, »alles Endliche mit seiner Un-

endlichkeit, alles Begrenzte mit seiner Entgrenztheit zu erfüllen, ohne daß hierbei die geschöpflichen Grenzen aufgehoben oder verwischt werden«. Schlink betont von der bleibenden Unterschiedenheit von Gott und seinen Geschöpfen her, daß das zweimalige »alles« nicht dasselbe bedeutet: »Gott ist ›alles‹ in einem unendlichen Sinn. Das geschöpfliche ›alles‹ aber ist endlich« (Dogmatik 719).

[1104]   Jüngel, Gott 525 Anm. 6. Vgl. auch Pannenberg: »Wenn seine (sc. Gottes) Herrschaft und sein Sein zusammengehören, so ist Gottes Sein wie seine Herrschaft noch im Kommen« (Theologie und Reich Gottes, Gütersloh 1971, 11; zitiert bei Vorgrimler, Hoffnung 98).

[1105]   F. Rosenzweig, Der Stern der Erlösung (Gesammelte Schriften II), Den Haag 1976, 446.

(1Kor 15,28), und das ist ein ausgesprochen eschatologischer Satz. Wird er vorweggenommen, dann entstehen Totalitätsbegriffe«[1106]. Nach Moltmann soll die Herrschaft Gottes über alles »zugleich als seine *Einwohnung* in allem vorgestellt« sein[1107]. Vereinzelt wird das offenbar sogar schon für die Gegenwart reklamiert: Gott könne nicht alles in allem sein, »wenn Er nicht auch in unserem persönlichen Leben gegenwärtig ist«[1108]. Meist aber wird von 1Kor 15 her aufgenommen, daß gegenüber dem Irrtum der Korinther, die »das in Christo in der Welt Geschehene als etwas Fertiges und in sich Befriedigendes« verstanden, das Herrschen Christi »in vollem Gang« ist[1109], ja auch Gott noch »nicht fertig ist – weder mit uns noch mit der Welt«[1110]. Marquardt wagt sogar den Satz, daß auch Gott selbst noch nicht weiß, »was und wer er sein wird, wenn er ›Alles in Allem‹ sein wird«[1111]. Entscheidend bleibt jedoch, daß Christus die emp-

---

[1106] Sauter, Freiheit 189; als Beispiel wird »die *eine* Geschichte als Befreiungs- und insofern Heilsgeschichte« genannt. Vgl. auch ders., Einführung 107: »Gott alles in allem: dies ist nicht eine alles verschlingende Macht, sondern der, der alles durchdringt ... Gott wird in jedem Element seiner Schöpfung ganz Gott sein. Dieses Ganze ist weder Summe seiner Teilungen noch eine hierarchische Substitution untergeordneter Teile eines größeren Ganzen. Gott alles in allem ist die *Fülle der Gottesgemeinschaft*«.

[1107] Kirche 48. An anderer Stelle (Gott 249) wird gegenüber der Annahme einer *restitutio ad integrum* von V 28 gefragt: »Kann es wirklich schon bei der ersten Schöpfung heißen, daß ›Gott alles in allem‹ war?«

[1108] Solowjew, Grundlagen 49; vgl. auch 29: »Wir müssen wünschen, daß das Reich Gottes nicht nur *über* allem sei (das ist es schon), sondern auch *in allem*, daß Gott sei *alles in allen* und *alle eins seien in Ihm*«; nach ebd. 102 muß die Wahrheit »in der *ganzen* Wirklichkeit realisierbar sein«, und »nicht die Gottheit zu betrachten ist die Pflicht der Menschheit, sondern selbst göttlich zu werden« (vgl. Staehelin, Verkündigung Bd. 7, 22). H. Häcker, »... damit Gott alles in allem sei« (1 Kor 15,28). Wie Gott seine Schöpfung vollenden möchte, GuL 56 (1983) 178-184 sieht die Spitze von V 28 darin, »Christus in uns wachsen, Christus in uns leben lassen, ihm alles, was wir sind und haben, zu Füßen legen, unser ganzes Leben ihm übergeben, so daß nichts mehr übrig bleibt, was ihm nicht gehört, worüber er nicht verfügen kann ... Dann sind wir eine Welt, die ganz die Welt Gottes ist, in der er verfügen kann und darum auch verfügen

wird, wie es seinem Willen entspricht und wie es ihm Freude macht«.

[1109] So Barth 100; ebs. Klappert, huf 4.1 (1975) 229, der darauf verweist, daß Barth das 1926 »zugleich im Blick auf den Kulturprotestantismus und seine Etablierung als vollendete Religion der Gesellschaft« schreibt; vgl. auch ebd. 235: »Der Sohn befindet sich selber noch auf dem Wege zur Durchsetzung seiner universalen Herrschaft« (im Anschluß an Barth, KD IV 3).

[1110] Krusche, Predigtstudien IV 2 (1969/70) 31. Auch nach Rößler widerspricht Paulus »den vermeintlichen Realisten, die unsere Grenzen für unabänderlich halten« (Vergewisserung, Stuttgart 1979, 39). Aus der Hoffnung auf die Vollendung des Reiches »Kraft für die Gegenwart schöpfen« bedeutet nach Huber (a.a.O. [Anm. 979] 20f) gegenüber dem Trend der Zeit (»Nicht Utopien und Visionen sind gefragt, sondern nüchternes Kalkül«) auch: »Österliche Christen sind so mutig, nicht nur Visionen zu haben, sondern sie auch mit Phantasie und Beharrlichkeit auf die Realität zu beziehen. Sie sind Träumer mit ausgeprägtem Realitätssinn«.

[1111] Eschatologie, Bd. 2, 179; angemessener scheint mir Bd. 3, 206, daß bis dahin, wenn Gott »schlechthin und wirklich Gott« sein wird, das *vere deus* »eine *Kampf- und Streitbezeichnung, Benennung für einen offenen Streit Gottes um sein Gottsein* ist, »*darum, daß er ›alles in allem‹ werde* (1Kor 15,28), was er doch auch nach Paulus heute noch im Begriff ist zu *werden*« (vgl. von daher auch 230f.505 die Anfragen an die Trinitätslehre). Moltmann, Kirche 48 zitiert EG 111,8f: »Hier ist noch nicht ganz kundge-

fangene Basileia in die Hände des Vaters zurückgeben wird, damit Gottes alles in allem sei, »damit nichts mehr von Gott getrennt, dem Nichts preisgegeben und verloren sei«[1112].

Auch in Reformation und Neuzeit ist umstritten geblieben, ob von V 28c her eine *Apokatastasis-Lehre* zu vertreten ist. Die meisten Reformatoren schließen sie kategorisch aus[1113]. Calvin (458) zitiert solche, die aus V 28c folgern, »daß auch der Teufel und die Gottlosen noch einmal selig werden«, und er kommentiert das so: »Als ob Gottes Ehre sich nicht herrlicher in der Vernichtung des Teufels offenbarte als durch eine Verbindung oder Vereinigung mit ihm«. Ähnlich wendet sich auch Bullinger (246) gegen Wiedertäufer, von denen viele auch den Ungläubigen und dem Teufel Heil und Erlösung versprechen sollen[1114].

Anders aber steht es Ende des 17. und im 18. Jahrhundert, wo entgegen der orthodoxen Lehrmeinung die Apokatastasis-Lehre des Origenes (und der sog. »philadelphischen Societät« der J. Lease u.a.) von Lavater, Oetinger u.a. wieder aufgegriffen[1115] und neben Sonderoffenbarungen auch durch die Auslegung von Schriftstellen gestützt wird. So wird vor allem V 28 im Sinne der universalen göttlichen Liebe interpretiert. In der Schrift des Ehepaars Petersen mit dem Titel ΜΥΣΤΗΡΙΟΝ ΑΠΟΚΑΤΑΣΤΑΣΕΩΣ ΠΑΝΤΩΝ von 1701 wird das im Untertitel u.a. so erklärt: »Das ist: Das Geheimniß der Wiederbringung aller Dinge ... Wie das Böse und die Sünde / Die keine Ewige Wurzel hat / sondern in der Zeit geuhrständet ist / wiederum gäntzlich solle aufgehoben / und vernichtet ... werden / auff daß da bleibe Das Gute / Und Gott sey Alles in Allen«[1116].

macht, / was er aus seinem Grab gebracht, / der große Schatz, die reiche Beut, / drauf sich ein Christ so herzlich freut ... Der Jüngste Tag wird's zeigen an, / was er für Taten hat getan«.

[1112]   Sauter, CPM 6 (1983) 259.

[1113]   Anders Denck, der sich dafür neben 1Kor 15,22ff auch auf Röm 5,18; 11,32; Eph 1,10; Kol 1,20; 1Tim 2,4 und Ps 77,8ff beruft und »nur Lieben und Erbarmen das eigentliche Werk Gottes« nennt (Köstlin, RE ³I 618); vgl. Staehelin, Verkündigung, Bd. 4, 331, wo N. Thomae über ein Gespräch mit Denck berichtet: Für Denck sei es »offenkundig, daß die Lästerungen der Verdammten einmal aufhören müßten, daß, nach Vernichtung aller Fürstentümer und Gewalten der Finsternis, Gott allein in seiner Herrlichkeit herrsche, und daß alle Dinge ihn allein verherrlichen«.

[1114]   Vgl. auch CA 17, wonach die Wiedertäufer verworfen werden, die lehren, »daß die Teufel und verdammte Menschen nicht ewige Pein und Qual haben werden« (BSLK 72; nach ebd. Anm. 2 sind vor allem M.

Rinck, H. Denck und ihre Anhänger gemeint).

[1115]   Vgl. Andresen, RGG ³VI 1694; Köstlin, RE ³I 618f und vor allem F. Groth, Die »Wiederbringung aller Dinge« im württembergischen Pietismus, 1984 (AGP 21); G. Müller, Die Idee einer Apokatastasis panton in der europäischen Theologie von Schleiermacher bis Barth, ZRGG 16 (1964) 1-22.

[1116]   J.E. Petersen / J.W. Petersen, ΜΥΣΤΗΡΙΟΝ ΑΠΟΚΑΤΑΣΤΑΣΕΩΣ ΠΑΝΤΩΝ, Bd. I-III, Pamphylia (= Offenbach) 1701-1710; vgl. auch die Auszüge bei Staehelin, Verkündigung, Bd. 5, 246f.250f und weiter K. Lüthi, Die Erörterung der Allversöhnungslehre durch das pietistische Ehepaar W. und J.E. Petersen, ThZ 12 (1956) 362-377, z.B. 370 (»Die Allversöhnung ist nach 1.Kor. 15,24ff das Ende und umfaßt nun alle Mächte und Gewalten, auch den Teufel und die gefallenen Engel ... Gottes Erbarmen siegt!«) und das Zitat 375: Christus ist »nicht ein particularer, sondern ein universaler Heyland«).

Arnold bekennt sich ebenso dazu und erklärt am Ende seines Werkes, daß »alle creaturen in ihr ursprüngliches allerseligstes eins, durch die herwiederbringung aller dinge, als in ein unergründliches meer der ewigen liebe, die Gott selber wesentlich ist, hinein gezogen werden soll, auf daß Gott sey alles in allem«[1117]. Oberlin erhofft ebenfalls, daß das »Alles in Allem« in V 28 »nicht allein die kleine Herde von Christi ächten Nachfolgern, sondern zuletzt in einer unendlichen Zeit durch die unbegrenzte Gnade Gottes und das Blut Jesu, welches für die Sünden der ganzen Welt geflossen ist, das ganze Menschengeschlecht in sich fasse«[1118]. Unter dem Einfluß Bengels und Oetingers, der sich mit Vorrang gegen einen doppelten Ausgang der Heilsgeschichte auch auf 1Kor 15 beruft, hat sich die Lehre vor allem im württembergischen Pietismus verbreitet[1119]. Bei Bengel heißt es in einer seiner erbaulichen Reden: »Er ist das A und das O an sich selbs immer dar: es hat aber dazwischen durch den Abfall eines Theils der Geschöpfe ein Getöse von verstimten Buchstaben gegeben, nach dessen Zernichtung allein das A und O waltet, ... daß nichts widriges mehr dazwischen bleibt. Paulus drückt es so aus, Gott werde seyn alles in allen«[1120]. Auch Goethe ist von dem Gedanken der Apokatastasis nicht unberührt geblieben[1121], und auch Schelling kann sich das »sukzessive Regiment« des menschgewordenen Gottes, des Geistes und der Überantwortung von allem an den Vater nur so vorstellen: »In diese Perioden der Ewigkeit fällt also die Wiederbringung auch des Bösen noch, woran wir glauben müssen. Die Sünde ist nicht ewig, also auch ihre Folge nicht«[1122].

[1117] G. Arnold, Unpartheyische Kirchen- und Ketzer-Historie, Frankfurt a.M. 1729, 1202; vgl. auch das Register s.v. Herwiederbringung aller Dinge (u.a. zu Paracelsus und englischen Reformierten).

[1118] So der Herausgeber der Lebensgeschichte, 4. Teil, 222f, der in einer Anm. ebd. ebenfalls »in der *Wiederbringung aller Dinge* nur den höchsten Triumph des beseligenden Evangeliums und keine Schwärmerei finden« kann (kursiv im Original gesperrt).

[1119] Vgl. Groth, a.a.O. (Anm. 1115) 61-88 zu Bengel, 89-146 zu Oetinger und 173-251 zu M. Hahn; vgl. auch 86 und zu J.T. Beck Moltmann, Kommen 305.

[1120] Zit. bei Groth, a.a.O. (Anm. 1115) 83. Später ist 1Kor 15,20-28 auch für M. Hahn eine Kardinalstelle gegen einen doppelten Ausgang, und speziell V 28 gilt als Begründung der Apokatastasis: »Das ›Gott alles in allen‹ ist die Negation, die jene Negation, die im Jüngsten Gericht ausgesprochen ist, ihrerseits negiert und nach einem langen Prozeß zur Aufhebung gelangt« (ebd. 240).

[1121] Allerdings ist anders als im sog. Pastorbrief von 1772 (Bd. 23, 230.232; schon hier fehlt freilich das eschatologische Moment) die Interpretation der Schlußszene

Bergschluchten in Faust II umstritten; vgl. einerseits A. Henkel, Das Ärgernis Faust, in: FS E. Heller, Heidelberg 1976, 282-304 (»eine neue poetische Imagination der Apokatastasis panton«, 299) und A. Schöne, J.W. Goethe, Faust, Kommentare 7.2, Frankfurt a.M. 1994, 786-795, kritisch andererseits aber R.Ch. Zimmermann, Goethes »Faust« und die »Wiederbringung aller Dinge«, Goethe-Jahrbuch 111 (1994) 171-185, der es »ein eitles Bemühen« nennt, »Origenes mit seiner ›apokatastasis panton‹ als den metaphysischen Gewährsmann und fundierenden Grund« der Schlußszene überzeugend zu machen, da nicht einmal »das Minimum der origenistischen Lehre ..., die Universalität der allerbarmenden Liebe Gottes allen abgeschiedenen Menschenseelen gegenüber«, festgehalten sei (183f); jedenfalls fehlt jeder Bezug auf 1Kor 15. Ich verdanke diese Literaturhinweise Dr. K. Rahe (Bad Schwartau).

[1122] Zit. bei Staehelin, Verkündigung, Bd. 6, 304; vgl. auch oben Anm. 1009f zu Schleiermacher und Ragaz. Vgl. die eindrückliche Liste der Vertreter einer Apokatastasis bei Andresen, RGG ³VI 1693f sowie bei Weber, Grundlagen II 500f.

Angesichts des spannungsvollen Nebeneinanders verschiedener Linien bei Paulus und erst recht im gesamten Neuen Testament wird das Urteil heute eher offengelassen und erklärt, daß die Theologie die Wiederbringung aller »weder lehren noch ablehnen« dürfe[1123], was sich auch bei den Äußerungen zu V 28c auswirkt. Vogel nennt als Hauptgründe neben dem »Fingerzeig gewisser Schriftstellen« (außer 1Kor 15,24-28 auch Röm 11,32 und Kol 1,20, wo von »Allversöhnung« die Rede ist), daß eine Rache Gottes in keinem Verhältnis zur menschlichen Schuld stünde und sie Gottes unwürdig wäre, ferner daß eine »Seligkeit der Erlösten in Gleichzeitigkeit mit der ewigen Qual der Verstoßenen undenkbar wäre«[1124]. In Predigten über unseren Text wird heute eher die Gewißheit laut, »daß am Ende alles wiedergebracht wird, daß nichts, niemand verlorengeht, sondern daß alle – als neue Geschöpfe – ihren Platz im Angesicht Gottes haben werden«[1125]. Auch katholische Autoren können trotz der Verurteilung der Apokatastasis als häretisch auf dem 5. Ökumenischen Konzil von 553 erklären: »Inwiefern die nicht zur sichtbaren Kirche und zur sakramentalen Lebensgemeinschaft mit Christus gehörigen Menschen doch von der ›Ökonomie‹ Christi mit ergriffen sind, muß von der Theologie aus der Offenbarung trotz aller Vorarbeiten noch klarer erhoben werden (vgl. besonders 1Kor 15,20-49 ...)«[1126]. Es gibt aber auch protestantischerseits eindeutige Befürworter einer Apokatastasisinterpretation von V 28c wie Tillich, der V 28 damit umschreibt, »daß am Ende Gott alles für alle oder alles in allem sein wird und daß infolgedessen das Universum eingeschlossen ist und daß es wiedervereinigt ist mit dem Grund, aus dem es kam, und daß darum Persönlichkeit, Leiblichkeit, Gemeinschaft und Natur – alles Wirkliche – in dieser Einheit wieder zusammengefaßt ist«[1127]. Zu be-

---

[1123] Althaus, RGG ³VI 1695; vgl. auch Hedinger, Hoffnung 171 im Anschluß an Barth (KD IV 3, 550: Die Apokatastasis sei »nicht als Lehre, aber als Gebet und Hoffnung für alle Menschen anzuerkennen und zu vertreten«); Beißer, Hoffnung 292. Schon früher ist ähnlich geurteilt worden. Köstlin, RE ³I 619 führt die Äußerung (»Wer von der Apokat. Einsicht hat und sagt es aus, schwätzt aus der Schule«) auf einen Freund Bengels zurück; die Form »Wer sie nicht glaubt, ist ein Ochs, wer sie predigt, ein Esel«, geht offenbar auf Ch.G. Barth zurück; vgl. Ware, a.a.O. (Anm. 858) 315 mit 317 Anm. 41.
[1124] Werke, Bd. 2, 1017; Vogel selbst weist diese Argumente allerdings als »pseudologische Konsequenzen« zurück; vgl. auch Sauter, Einführung 183f; Thiede, a.a.O. (Anm. 285) 86f sowie das Referat über Althaus, Ebeling und Ratschow bei Groth, a.a.O. (Anm. 1115) 14-17; zu Barths Aussa-

ge, daß der Sohn der einzige wirklich verworfene Mensch ist, und zum Widerspruch Brunners vgl. Müller, a.a.O. (Anm. 1115) 8f. Vgl. weiter Moltmann, Kommen 262-284 mit Lit.; zu negativ urteilt Berger (Lit. zu Kap. 15; Tod) 199-202.
[1125] Reblin, a.a.O. (Anm. 1007) 38.
[1126] Scheeben, Schriften II 260 Anm. 1; vgl. auch andere Autoren wie v. Balthasar bei Müller, a.a.O. (Anm. 1115) 8 Anm. 22; vgl. auch ebd. 8-21 zu Stimmen aus anderen europäischen Ländern; eine orthodoxe Befürwortung bei Ware, a.a.O. (Anm. 858) passim, der als Hauptgegenargumente Stellen wie Mt 9,43.47f; 25,41; Lk 16,26 sowie den freien Willen nennt, sie aber zu entkräften versucht.
[1127] Der Widerstreit von Raum und Zeit, Gesammelte Werke VI, Stuttgart 1963, 190f; vgl. auch Ragaz, Geschichte 106f, der in der Revolution der Wissenschaft eine Sprengung des »deterministischen Pan-

denken bleibt ohnehin, daß Paulus hier an den äußersten Rand des Sagbaren vorstößt, weil in V 28c »alle Geschichte transzendiert« wird, weshalb sich nach Tillich über dieses »übergeschichtliche Geschehen« überhaupt nur »in poetischen Bildern« etwas sagen läßt[1128]. Bei aller Offenheit und Vielschichtigkeit sollte aber kein Zweifel am Skopus gelassen werden, daß die Auferweckung Jesu von den Toten auf die uneingeschränkte und unangefochtene Herrschaft Gottes über alle Menschen und Mächte zielt[1129].

2.3 Die Bedeutung der Auferweckungshoffnung für das Leben 15,29-34

Literatur: Byrne, B., Eschatologies of Resurrection and Destruction: The Ethical Significance of Paul's Dispute with the Corinthians, DR 104 (1986) 288-298; *Deer, D.S.,* Whose Pride/Rejoicing/Glory(ing) in I Corinthians 15.31?, BiTr 38 (1987) 126-128; *DeMaris, R.E.,* Corinthian Religion and Baptism for the Dead (1 Corinthians 15:29): Insights from Archaeology and Anthropology, JBL 114 (1995) 661-682; *Downey, J.,* I Cor 15:29 and the Theology of Baptism, ED 38 (1985) 23-25; *Ford, J.M.,* Rabbinic Humour behind Baptism for the Dead (I. Cor.

zers« und darin eine »vom Zentrum in die Peripherie hinein« wirkende Fortsetzung des Durchbruches Christi bei der Auferstehung sieht, weil sich »auch auf dieser innersten Linie der Sache Christi, der kosmischen Erlösung, die Theokratie, die Gottesherrschaft in freier Form, zum Teil in Weltform«, wiederherstelle, deren Losung heiße, »dass zuletzt Gott alles in allem sei«. Auch für Bonhoeffer ist die Wiederbringung aller Dinge (Eph 1,10) »ein großartiger und überaus tröstlicher Gedanke«, und er zitiert P. Gerhards Lied (EG 36,5) »Ich bring alles wieder« (Widerstand 190). Selbst ein Lutheraner wie Künneth (Lit. zu Kap. 15; Theologie) 253 findet die Apokatastasis bei allen Vorbehalten im »Geheimnis der οἰκονομία Gottes« enthalten und befürwortet von der »Allmacht der Liebe und der Gnade Gottes« her, daß Erlösung und Auferstehung Gültigkeit »auch für die Gottlosen, auch für den Kosmos, für τὰ πάντα« haben. Bloch, Prinzip 1330 sieht bei Paulus die Ewigkeit der Hölle in 1Kor 15,21f verneint, in Röm 6,23 dagegen bejaht.
[1128] A.a.O. (Anm. 1127) 134; vgl. zur metaphorischen und symbolischen Sprache auch oben Anm. 372 und Ebeling, Dogmatik III 426f, der darin mit Recht keine »sprachliche Defizienz« sieht, sondern eine Eigentümlichkeit der Sprache »in ihrer äußersten Möglichkeit«; Vorgrimler, Hoffnung 87 (die von konkreten Erfahrungen lebenden »Visionen eines gelungenen Lebens« der Apokalyptik könne man »nicht einfach wegrationalisieren und in Abstracta verwandeln«), der sich aber 87f zugleich in Anschluß an Moltmann gegen Extrapolationen aus gegenwärtigen Erfahrungen wendet. Ragaz (Geschichte 110) erklärt zur Unvorstellbarkeit der Aufhebung des Todes: »Diese Unvorstellbarkeit ist aber kein Gegengrund für den Glauben auch an diesen Sieg. Kann das Kind im Mutterleibe sich vorstellen, was das Leben ihm einst bringen wird?« (vgl. zu diesem Vergleich auch Schweizer [Lit. zu Kap 15] 2). Zu vgl. ist auch M.L. Kaschnitz, die auf die Frage nach dem Wie eines Lebens nach dem Tod keine Antwort geben kann, aber hinzufügt: »Ich wußte nur eines / Keine Hierarchie / Von Heiligen auf goldnen Stühlen sitzend / Kein Niedersturz / Verdammter Seelen / Nur / Liebe frei gewordene / Niemals aufgezehrte / Mich überflutend ...« (Ruprecht, Tod III 506f).
[1129] Vgl. etwa Häring, Frei III 173: Das letzte Ziel von Schöpfung und Erlösung sei, »daß Gott herrscht über alles und in allem«; Schmaus, Dogmatik II 1,186: Alle sollen von der im Leben, Sterben und Auferstehen Christi aufgerichteten Gottesherrschaft erfaßt werden, »bis Gott alles in allem ist und so die Gottesherrschaft ihre letzte Gestalt gewinnt (1Kor 15,28)«; vgl. auch Scheidack, GPM 30 (1975/76) 192, der das freilich auf die Herrschaft über die Menschen einengt.

XV,29), StEv IV (TU 102), 1968, 400-403; *Foschini, B.M.*, »Those who are Baptized for the Dead«, I Cor. 15:29, CBQ 12 (1950) 260-276.379-388; 13 (1951) 276-283; *Howard, J.K.*, Baptism for the Dead. A Study of I Corinthians 15:29, EvQ 37 (1965) 137-141; *Joyce, J.D.*, Baptism on Behalf of the Dead. An Interpretation of 1 Corinthians 15:29-34, Encounter 26 (1965) 269-277; *Kennedy, Ch.A.*, The Cult of the Dead in Corinth, in: FS M.H. Pope, Guilford/Conn. 1987, 227-236; *Kent, H.A.*, A Fresh Look at 1 Corinthians 15:34: An Appeal for Evangelism or a Call to Purity?, Grace Theological Journal 4 (1983) 3-14; *Lee, G.M.*, Philostratus and St. Paul, ZNW 62 (1971) 121; *Lewis* (Lit. zu 15,12ff); *Lövestam, E.*, Über die neutestamentliche Aufforderung zur Nüchternheit, StTh 12 (1958) 80-102; *MacDonald, D.R.*, A Conjectural Emendation of 1 Cor 15:31-32: Or the Case of the Misplaced Lion Fight, HThR 73 (1980) 265-276; *Malherbe, A.J.*, The Beasts at Ephesus, JBL 87 (1968) 71-80; *de Marie, R.E.*, Corinthian Religion and Baptism for the Dead (1Corinthians 15:29): Insights from Archaeology and Anthropology, JBL 114 (1995) 661-682; *Martin, R.P.* (Lit. zu Kap. 12-14) 118-125; *Murphy-O'Connor, J.*, »Baptized for the Dead« (I Cor., XV, 29). A Corinthian Slogan?, RB 88 (1981) 532-543; *O'Neill, J.C.*, 1 Corinthians 15,29, ET 91 (1979/80) 310-311; *Osborne, R.E.*, Paul and the Wild Beasts, JBL 85 (1966) 225-230; *Preisker, H.*, Die Vikariatstaufe I Cor 15,29 – ein eschatologischer, nicht sakramentaler Brauch, ZNW 23 (1924) 298-304; *Raeder, M.*, Vikariatstaufe in I Cor 15 29?, ZNW 46 (1955) 258-260; *Rissi, M.*, Die Taufe für die Toten, 1962 (AThANT 42); *Sandelin*, Auseinandersetzung 140-145; *Salvoni, F.*, Il battesimo per i morti, RBR 8 (1974) 7-17; *Schmeller*, Paulus 332-388; *Schottroff*, Glaubende 162-166; *Sellin*, Streit 276-289; *Spörlein*, Leugnung 78-95; *Staab, K.*, 1Kor 15,29 im Lichte der Exegese der griechischen Kirche, SPCIC 1 (1961) 443-450 (AnBib 17/18); *Stenger* (Lit. zu Kap. 15) 95-100; *Thompson, K.C.*, I Corinthians 15,29 and Baptism for the Dead, StEv II (TU 87) 1964, 647-659; *Verburg* (Lit. zu Kap. 15) 43-53.149-152; *White, J.R.*, »Baptized on account of the Dead«: The Meaning of I Corinthians 15:29 in its Context, JBL 116 (1997) 487-499.

29 Was werden denn sonst die bewirken, die sich für die Toten taufen lassen? Wenn die Toten überhaupt nicht auferweckt werden, wozu lassen sie sich noch für sie taufen? 30 Wozu auch sind wir jede Stunde in Gefahr? 31 Tag für Tag sterbe ich, bei meinem Ruhm, den ich in Christus Jesus, unserem Herrn, an euch habe. 32 Wenn ich nach Menschenweise in Ephesus mit wilden Tieren kämpfte, was nützt es mir? Wenn die Toten nicht auferweckt werden, »laßt uns essen und trinken, denn morgen sterben wir«. 33 Irrt euch nicht: »Schlechte Reden verderben gute Sitten«. 34 Werdet in rechter Weise nüchtern und sündigt nicht, denn einige haben keine Erkenntnis Gottes. Ich sage euch das zur Beschämung.

Analyse   Nachdem der Zusammenhang der Auferweckung Jesu mit der Totenauferweckung und der definitiven und universalen Unterwerfung der Mächte klargestellt ist, knüpft Paulus in der Sache wieder an V 12-19 an und bringt in V 29-35 weitere Argumente *ad hominem* für die Auferweckung der Toten[1130]. Dann zieht er daraus paränetische Konsequenzen, die die Position und den Einfluß der Auferstehungsleugner korrigieren sollen. Zunächst verweist V 29 auf die Praxis der korinthischen Totentaufe, die Paulus den Korinthern als Selbstwiderspruch vor Augen hält[1131]. In V 30-32 führt er seine eigene Lebenswirklichkeit mit ihren Gefahren und ihrem täglichen Sterben an, was ohne die Totenauferweckung sinnlos wäre. V 32b nennt als ethische Konsequenz der Annahme, daß die Toten nicht auferstehen, das *carpe diem*, V 33 warnt mit einem Zitat aus der profanen Literatur vor ὁμιλίαι κακαί, und V 34 mahnt zur Nüchternheit.

Rhetorisch wird der Abschnitt sehr unterschiedlich bestimmt. Da er sachlich und formal auf V 12-19 zurückgreift, könnte sich wiederum eine Bestimmung als *refutatio* nahelegen[1132], doch vom Abschluß des ersten Teils der *argumentaio* und auch von den Wiederholungen der rhetorischen

---

[1130] Vgl. Bullinger 246: *Iterum redit ad uiam & epicherematis* (= Syllogismen) *nonnullis resurrectionem mortuorum demonstrat.* Oft heißt es, Paulus kehre noch einmal zu einer *argumentatio ad hominem* zurück (Weiß 362; Fee 761; Klauck 115; Kremer 348 spricht von einem doppelgliedrigen *argumentum*). Die Parallelität zu V 12-19 (so auch Becker [Lit. zu Kap. 15] 86; Bünker, Briefformular 69) darf aber den Unterschied nicht übersehen lassen, daß nämlich nun V 20-28 vorausgesetzt werden, also Sätze mit »wenn Christus nicht auferweckt worden ist« fehlen (Sellin* 277; Verburg* 44 Anm. 71); Stenger* 96f macht auf weitere Unterschiede aufmerksam: Die Fragen beziehen sich nicht mehr auf die Verkündigung des Apostels und den Glauben der Adressaten, sondern auf beider Lebenspraxis (Vikariatstaufe bzw. missionarischer Lebenseinsatz); ebs. Schmeller* 354, der 355 V 29-35 überhaupt als praxisnah und 356 als »einen populären, emotional appellativen Abschnitt« charakterisiert, der freilich »im Dienst theologischer Argumentation« stehe. Noch weiter geht Gillespie (Lit. zu Kap. 15) 230 Anm. 117: V 29-34 sei nicht Argumentation *ad hominem*, sondern die Konsequenz, wenn Christus nicht die ἀπαρχή sei.

[1131] Obwohl Paulus die τινές von V 12 nicht näher spezifiziert, sind sie vermutlich mit den hier erwähnten Täufern identisch (Rückert 417 u.a.), weil sie so mit ihren eigenen Waffen geschlagen und der Inkonsequenz überführt werden können; so Weiß 363f; Schmithals, Gnosis 146.244; Hoffmann (Lit. zu Kap. 15; Toten) 240f;

Rissi* 91; Conzelmann 338; Wedderburn, Baptism 8; Ulrichsen 785 u.a. Anders Haymo 598; Billroth 227; Olshausen 752; Spörlein* 82f; Doughty, Presence 76 Anm. 63; Lindemann (Lit. zu Kap. 15; Eschatologie) 381.384 (hier wird von verschiedenen Gruppen ausgegangen, die einander tolerierten); Schmeller* 341 (»Eine derart eklatante Inkonsequenz« könne Paulus seinen Gegnern kaum zutrauen, weshalb die Totentäufer »am ehesten als eine neue, bisher nicht genannte Gruppe innerhalb der korinthischen Gemeinde« anzunehmen sei); Becker* 70 hält sogar »ein Beispiel aus der Urchristenheit« für möglich. Aber wirkliche Beweiskraft gewinnt die paulinische Argumentation nur bei Identität der apostrophierten τινές, die Paulus kaum mit dem Hinweis auf die Praxis anderer überzeugen kann (vgl. Sellin* 281; Wolff 190 u.a.); nach Brakemeier (Lit. zu Kap. 15) 74f will Paulus aber nicht auf einen korinthischen Selbstwiderspruch hinaus, sondern darauf, den Auferstehungsleugnern »die wahre von ihnen verkannte Tragweite ihrer Behauptung« klar zu machen. Jedenfalls ist die Gemeinde auch hier als ganze angeredet und die von den τινές ausgehende Gefahr in V 34 deutlich genug zu erkennen.

[1132] So Verburg* 262, der sogar V 13-32 als *refutatio* fassen will, 268 V 33f davon aber als *peroratio* mit Recht abhebt. Nach Eriksson, Traditions 261 ist der Abschnitt zusammen mit V 20-28 als *confirmatio* anzusprechen (vgl. auch Probst, Paulus 343), wofür vor allem V 29-32 sprechen könnte.

Fragen her dürfte sich seine Charakterisierung als *peroratio* oder *conclusio* eher empfehlen[1133].

Gliederung: V 29 setzt etwas abrupt mit einer Frage (τί) ein, die das Vorhergehende begründet (ἐπεί). Subj. ist das substantivierte Präs. Part. von βαπτίζεσθαι und Präd. die 3. Pers. Plur. des Fut. von ποιεῖν. Die mit einer präpositionalen Wendung (ὑπὲρ νεκρῶν) anschließende, als Konditionalsatz strukturierte Frage in V 24b nimmt in der Protasis (wieder εἰ, verstärkt durch ὅλως) die Formulierung von V 15d auf und in der mit Fragepronomen beginnenden Apodosis die Verbalform des Subj. von V 29a, wieder in der 3. Pers. Plur. + Präpositionalwendung mit ὑπέρ, aber dieses Mal mit dem Pers. Pronomen der 3. Pers. Plur. Die dritte Frage in V 30 wechselt in die 1. Pers. Plur. Präs. mit verstärkendem Personalpronomen ἡμεῖς und einer Zeitbestimmung. V 31 gebraucht Paulus dann die 1. Pers. Sing. Präs. mit einer chiastisch zu πᾶσαν ὥραν stehenden Zeitbestimmung καθ᾽ ἡμέραν, um dann mit der Beteuerungspartikel νή mit Akk. und possessivem Adj. der 2. Pers. Plur. seinen Ruhm zu benennen, der im Relativsatz durch eine gefüllte ἐν-Formel näher bestimmt wird. V 32 kehrt zur Frageform in einem Konditionalsatz mit εἰ zurück, der wie die anderen Konditionalsätze trotz der grammatischen Möglichkeit eines fehlenden ἄν ein Realis und kein Irrealis ist, wobei in der Protasis die 1. Pers. im Aor. steht, dessen Präd. durch eine Modalbestimmung mit κατά und einer Ortsbestimmung mit ἐν näher bestimmt wird; die Apodosis beginnt wie in V 29d mit einem Fragepronomen τί, wobei ἐστίν bei τὸ ὄφελος ausgelassen ist. V 32c beginnt ein neuer Konditionalsatz mit εἰ, der bis auf das fehlende ὅλως V 29c entspricht, in der Apodosis aber ein LXX-Zitat mit hortativem Konj. Aor. der 1. Pers. Plur. bietet, das in einem kurzen Satz mit fut. Gebrauch des Präs. (ebenfalls in der 1. Pers. Plur.) begründet wird. Am Anfang von V 33 steht ein negierter Imp. Präs., dem ein Zitat mit jambischem Trimeter (vgl. Bl-Debr-Rehkopf § 487 Anm. 4) folgt, mit präs. Präd. am Anfang und folgendem Subj. und Obj. im Plur., jeweils durch einen Artikel erweitert. Der zu Beginn des V 34 stehende Imp. steht im Aor. (+ Adverb), dem ein weiterer Imp. im Präs. folgt, was durch eine letzte Aussage über die τινές in der 2. Pers. Plur. Präs. begründet wird. Der Abschnitt schließt mit einem präsentischen Satz in der 1. Pers. Sing., der den Adressaten (ὑμῖν) das Gesagte πρὸς ἐντροπήν ins Stammbuch schreibt.

Erklärung Das am Anfang stehende ἐπεί soll die erste Frage begründen, wobei
29 man ἐπεί am ehesten auf das unmittelbar Vorhergehende oder auf V 20-28 insgesamt beziehen wird: Denn wenn dieses endgeschichtliche Ziel von

---

[1133] So Bünker (Lit. zu Kap. 15) 69; Watson (Lit. zu Kap. 15) 242; Lewis* 69. Nach Lausberg, Handbuch I 236 hat die *peroratio* die beiden Funktionen »Gedächtnisauffrischung« und »Affektbeeinflussung« (vgl. die rhetorischen Fragen und die Ironie unseres Abschnitts) und kommt »nicht nur als Abschluß der Gesamtrede« vor (240). Ihre »Haupt-*virtus*« ist ebd. *brevitas*, so daß man eigentlich nur V 33f so charakteri-sieren kann (vgl. die vorige Anm.), zumal »exhortation to morality and virtue« nach Cicero (De Part. Or. 16,56) ein typisches Moment der *peroratio* ist (Watson* 243, der umgekehrt, aber nicht zufällig V 29-32a als »a form of recapitulation« von V 12-19 faßt, die nach Aristoteles [Rhet. 36,1444b] die schwächsten Punkte der Opponenten aufgreift: »their hypocrisy in praxis«; 242). Verburg* 268 verweist auf die Begründun-

V 28 eine Illusion wäre[1134] bzw. wenn das vom ganzen Endgeschehen inklusive der Totenauferweckung (vgl. die Wiederaufnahme in V 29b[1135]) gelten würde, welchen Sinn hat dann das βαπτίζεσθαι ὑπὲϱ τῶν νεϰϱῶν? V 29a läßt sich verschieden interpretieren. Entweder ist zu umschreiben: »Was soll dann das Tun derer, die sich anstelle von Toten taufen lassen?«[1136]. Oder aber – und das empfiehlt sich vom Futur, vom sachlichen Rückgriff auf V 17f und von τί μοι τὸ ὄφελος in V 32 her eher: »Was wird deren Tun bewirken[1137]. In jedem Fall ist ihr βαπτίζεσθαι dann sinnlos. Der Sinn ihrer Taufpraxis ist allerdings äußerst umstritten und hat große Investitionen an Scharfsinn und Spitzfindigkeit provoziert[1138]. Vermutlich hat man diese Totentaufe in Analogie zu ähnlichen Praktiken in späteren gnostischen Sekten[1139] als Vikariatstaufe zu verste-

---

gen der Imperative in V 33 durch einen allgemeinen Weisheitsspruch (*auctoritas*; vgl. dazu Lausberg, Handbuch I 234) und »die negative Qualifizierung der Gegenpartei« in V 34 in Form einer *indignatio* (vgl. Lausberg 239) und *licentia* (vgl. Lausberg 376f: »ein freimütiger, nur auf die Wahrheit pochender brüskierender Vorwurf an das Publikum«, dem der Redner »die Verkraftung einer unangenehmen Wahrheit« zutraut »und hofft, damit erst recht an Sympathie zu gewinnen«).

[1134] Vgl. z.B. Meyer 442: »*Denn, wenn es mit dieser endgeschichtlichen Entwickelung bis zu dem Ziele, da Gott Alles in Allen sein wird, nichts ist, was werden diejenigen thun, d. i. wie ungereimt werden sonst diejenigen handeln, welche sich taufen lassen für die Todten?*« (ebs. Heinrici 475); beide wenden sich zugleich gegen solche, die ἐπεί auf V 20 beziehen, was aus dem Dazwischenstehenden eine Abschweifung werden ließe; vgl. Robertson/Plummer 358. Godet II 211 läßt ἐπεί auf V 20-28 zurückweisen. Nach Schmiedel 197 begründet ἐπεί »den Hauptgedanken von 12-19: νεϰϱοὶ ἐγείϱ., der aber auch 28c angedeutet ist«. In der Sache greift V 29-34 in der Tat auf V 17f zurück (vgl. Weiß 362). Vgl. zu ἐπεί Verburg* 43 Anm. 70.

[1135] Ὅλως bezieht sich dort nicht auf νεϰϱοί (so O'Neill* 310; Murphy-O'Connor* 540; White* 493 jeweils mit Berufung auf 6,7; vgl. dagegen Fee 763 Anm. 13: »too much confidence in too little evidence«), sondern auf ἐγείϱονται, denn ὅλως ist Adverb; vgl. die Beziehung auf das Verbum in 5,1 und Mt 5,34. Abwegig ist die These, Paulus setze bei den Korinthern voraus, daß sie die Auferstehung zurückweisen, weil sie nicht die Unsterblichkeit der Seele

konzedieren, wie Foschini* 263 annimmt.

[1136] Das Futur ist dann kein reales, sondern »das des allgemeinen Satzes« (so Meyer 443; Heinrici 475). Es ist jedenfalls nicht so zu paraphrasieren: »Was werden sie künftig tun, wenn sie meine Argumente gehört haben?«; vgl. die Kritik an Rissi* 91f bei Conzelmann 339, der wie Gutjahr 441 von einem sententiösen Futur spricht, wobei Gutjahr aber ein logisches Futur bevorzugt, was auch Fee 763 Anm 10 (»= when they realize what they are doing and that there is no real future for the dead, how will it affect them?«) und Ulrichsen (Lit. zu 15,12ff) 789 Anm. 26 wollen (»wenn sie sich auf ihren Mangel an Logik besinnen«).

[1137] *Quid efficient?* (so schon Grotius 822) bzw. »Was für einen Erfolg, was für einen Gewinn werden sie davon haben?« (Godet II 211; im Original gesperrt); so auch Holsten, Evangelium 423; Robertson/Plummer 359; Héring 143; Joyce* 271; Ford* 400; Wolff 396; vgl. auch Barrett 362. Dagegen läßt sich kaum einwenden, daß Paulus solcher Totentaufe keine Wirkung zuschreiben würde, wie oft zu lesen ist, was die Funktion des Satzes eher abschwächen würde. Wohl aber geht es primär um die Sinnlosigkeit, nicht die Erfolglosigkeit.

[1138] Vgl. die Forschungsüberblicke bei Foschini* 260-276.379-388; Rissi* 6-51 und Wolff 392-396.

[1139] Chrysostomus 347 berichtet über Marcioniten, bei denen sich jemand unter das Bett eines ungetauft verstorbenen Katechumenen legt, selbst auf die Tauffrage antwortet und dann anstelle des Verstorbenen auch getauft wird (vgl. auch Didymus 8 und Theophylakt 768). Epiphanius (Haer. 28,6,4 [GCS 25, 318]) weiß Ähnliches von den Anhängern des Kerinth zu berichten;

hen, wie schon Ambrosiaster (174f) annimmt[1140], d.h. bestimmte Korinther lassen sich *anstelle* ihrer Verstorbenen taufen, um auch diese noch nachträglich an den Verheißungen der Taufe partizipieren zu lassen[1141]. Das Vorliegen einer solchen Stellvertretungstaufe ist zwar – meist wegen ihres Gebrauchs bei den Häretikern und wegen einer fehlenden Distanzierung des Apostels von dieser als magisch und superstitiös geltenden Praxis (vgl. unten Anm. 1160) – oft bestritten, aber kaum widerlegt worden. Zudem gibt es neben den erwähnten gnostischen auch andere Analogien dafür, daß für Tote stellvertretend Fürbitten, Opfer, Weihen u.ä. religiöse Handlungen ausgeübt werden, im Judentum ebenso[1142] wie in den Mysterienreligionen[1143], und zumal in Korinth könnte auch der Einfluß anderer Faktoren mitgespielt haben, deren Bedeutung wir aber nicht abschätzen können[1144].

vgl. auch PS 128 (GCS 45, 211). Strobel 255 verweist auch auf die erhörte Bitte der Thekla für eine frühverstorbene Tochter der Tryphäna, daß sie in Ewigkeit lebe (ActPaulThecl 29f [Lipsius/Bonnet I 256f]), und auf die nachgeholte Taufe an dem mit 7 Jahren verstorbenen Bruder der Perpetua (Passio Perpetuae 7,2 [KlT 174, Nr. 13c, S. 15f]); zu Exc. ex Theod. 22,1-4 vgl. unten Anm. 1220. – Von einer Vikariatstaufe für Tote zu unterscheiden ist, daß man z.B. bei den Montanisten den Toten selbst Taufe und Abendmahl spendete; vgl. Heinrici 476; Weiß 363; Lietzmann 82 mit Verweis auf Philastrius, Haer. 49 (PL 12, 1166: *hi mortuos baptizant*) und das Verbot des Konzils von Karthago III Kan. 6 (*cavendum est, ne mortuos etiam baptizari posse fratrum infirmitas credat*).

[1140]   Man habe sich für Tote taufen lassen, wenn jemand plötzlich vom Tod ereilt wurde, aus Furcht, es möchte ihm gar keine oder eine schlimme Auferstehung zuteil werden; ebs. oder ähnlich Petrus Lombardus 1683 (*vice eorum qui mortui sunt*); Grotius 822 (bezogen auf Katechumenen); Rückert 411; Neander 254 u.a.

[1141]   Vgl. de Wette 150; Meyer 442f; Heinrici 476f; Lietzmann 82; Weiß 363; Oepke, ThWNT I 540f; Rissi* 57 u.ö.; Beasley-Murray, Taufe 246-250; Riesenfeld, ThWNT VIII 515f; Spörlein* 79f; Sellin* 279f; Howard* 272f.

[1142]   Üblicherweise wird auf die Sühnopfer und Fürbitte für Verstorbene in 2Makk 12,43-45 verwiesen, wo von Judas wegen der Auferstehungshoffnung für Tote gebetet und dann gesagt wird: Περὶ τῶν τεθνηκότων τὸν ἐξιλασμὸν ἐποιήσατο τῆς ἁμαρτίας (12,45); vgl. Stauffer bei

Bachmann 510f mit Hinweis auf A. Marmorstein, Paulus und die Rabbinen, ZNW 30 (1931) 271-285, bes. 277ff; vgl. auch Billerbeck III 261; Rissi* 60f; Hays 267f; Schmeller* 355 hält sogar »evtl. eine entfernte Anspielung auf 2Makk 12,43f« für möglich.

[1143]   Nach Heinrici 476 Anm.** sollen die Weihen der Mysterien, und zwar die stellvertretende Feier der Dionysosmysterien für ungeweiht Verstorbene (vgl. Rohde, Psyche II 128 Anm. 5), worauf auch Plato (Rep. 2,364b-365a; vgl. Neuer Wettstein 393, dort auch Verweis auf Orph. Fr. 232) schon anzuspielen scheint, den Anlaß geboten haben; vgl. Reitzenstein, Mysterienreligionen 233.347. J. Leipoldt, Die urchristliche Taufe im Lichte der Religionsgeschichte, Leipzig 1928, 50-53 verweist auf ägyptische Riten. Oepke, ThWNT I 540 zitiert eine orientalische Inschrift, nach der jemand Weihen (καταλούεσθαι) für seinen verstorbenen Bruder auf sich nimmt; vgl. auch Lietzmann 82; Schmithals, Gnosis 244f.375f; Rissi* 62-65; Schottroff* 164f; Wolff 396; Sellin* 284.

[1144]   Vgl. jetzt vor allem DeMaris*, der eine Fülle von Belegen aus der antiken Welt und vor allem aus Korinth für das zunehmende Interesse an der Welt der Toten, chthonischen Gottheiten, Begräbnis- und Trauerriten u.ä. erbringt und daraus schließt, daß die korinthischen Christen, »in order to survive and flourish, *had* to address that same orientation« (671). Das führt zu der These, die Vikariatstaufe »was one among several funerary rituals the Corinthian Christians used to help the deceased community member through the difficult transition between life and death«

Es kann und braucht hier nicht die Unzahl der unübersehbaren Lösungsvorschläge diskutiert zu werden. Einige repräsentative müssen genügen.

1. Νεϰϱῶν sei nicht Genitiv von νεϰϱοί, sondern vom neutrischen νεϰϱά und bezeichne die sonst toten Körper[1145], so daß die normale Taufe im Blick wäre und mit den Toten die Christen selbst bzw. ihre toten Leiber bezeichnet würden. Aber νεϰϱοί bezeichnet im ganzen Kontext die leiblich Toten (vgl. vor allem νεϰϱοί schon in V 29b), nicht nur die toten Leiber oder die geistlich Toten, die vor dem Tauftermin zu den Toten gerechnet werden, so daß die βαπτιζόμενοι mit den νεϰϱοί identisch wären[1146].

2. Βαπτίζεσθαι sei nicht die Wassertaufe, sondern die Bluttaufe bzw. das Martyrium wie Mk 10,39 und Lk 12,50, wodurch die Märtyrer in die Gemeinschaft der Toten aufgenommen werden oder deren Opfer etwas für die Toten bewirkt[1147]. Es ergibt sich so zwar ein guter Übergang zu V 30[1148], aber βαπτίζεσθαι

(675). Doch daß es sich bei den Toten um Gemeindeglieder handelt, deren Übergang von der Welt der Lebenden zu der der Toten unterstützt werden soll, bleibt hypothetisch, daß Paulus es in dem genannten Sinn versteht, erst recht. Ist die Taufe ein Passageritus, dann trotz des »Mitsterbens« für den Übergang vom Tod zum Leben und nicht umgekehrt; vgl. auch Downey* 24: Die Taufe sei als »a protection against and deliverance from the superior powers both in this world and the next« angesehen worden (vgl. auch 30).

[1145] Chrysostomus 348 (ὑπὲϱ τῶν νεϰϱῶν; τουτέστι, τῶν σωμάτων), denn man werde getauft (Erinnerung an das Taufbekenntnis zur Auferstehung der Toten), weil man glaubt, daß die toten Leiber auferstehen werden; ähnlich Oecumenius 877; Theophylakt 768 u.a. (Staab* 447f schließt sich dieser Deutung an: Tot wären die Leiber, wenn es keine Auferstehung gäbe; eine Taufe in Hoffnung auf Auferstehung der Toten postuliert auch Fisher 248); etwas anders auch Didymus 8; Theodoret 361; Hieronymus 767 (*carnem nostram mortuam appellat*). In sachlicher Nähe zu Chrysostomus neuerdings auch wieder R.A. Campbell, Baptism and Resurrection (1 Cor 15:29), ARB 47 (1999) 43-52 (mit Verweis z.B. auf Röm 7,24; 8,10f): Es handle sich um eine normale Taufe für normale korinthische Christen (51).

[1146] Bachmann 456 spricht von Breviloquenz »für sich als die künftig Toten«; vgl. schon Calvin 459: Christen lassen »sich ja gleichsam als Sterbende taufen«. Vergleichbar ist auch die Deutung von O'Neill* 311 (»Why then are they baptized for themselves as corpses?«), die von R.P.

Martin* 120f aufgenommen wird: Paulus wende sich damit gegen die Korinther und betone den Tod als Voraussetzung der Auferstehung: »Their bodies baptized in water as ›dying‹ ... will eventually become ›corpses‹« (121); vgl. dagegen White* 491.

[1147] So etwa Origenes (In Joh 6,49 [GCS 16, 116]); vgl. auch Cornelius a Lapide 340; Maldonat u.a. bei Foschini* 268; Godet II 215; Schlatter 420.425: »Ihr Sterben dient dem Heil der Toten«; die urchristliche Prophetie habe »mit dem, was Jesus selbst durch seinen Tod geschaffen hat, auch den Tod seiner Boten gedeutet« (421). Aber der Sühne- und Stellvertretungsgedanke bleibt bei Paulus auf die Christologie beschränkt und hat hier nichts verloren. Hauptargument gegen die Vikariatstaufe ist hier der Artikel vor νεϰϱῶν (422; ähnlich Grosheide 372 u.a.), doch der »vergegenwärtigt den bestimmten Fall« (Heinrici 476). Nach Billroth 224 soll der Artikel an bestimmte Tote, etwa Verwandte und Freunde denken lassen, was Olshausen 749 aber für »gezwungen« hält; vgl. aber auch unten Anm. 1158.

[1148] Das ist auch das Hauptargument von White* 494, der von metaphorischer Bedeutung der νεϰϱοί in V 29a.c ausgeht: »Otherwise what will those do who are being baptized on account of the dead (that is, the dead figuratively speaking; that is, the apostles)? For if truly dead persons are not raised, why at all are people being baptized on account of them (that is, the apostles)«. Unzweifelhaft entstünde so ein guter Übergang zu V 30, aber nirgendwo sonst gebraucht Paulus νεϰϱοί im übertragenen Sinn, und zumal das unmittelbare Nebeneinander von V 29a.c und V 29b (zu ὅλως vgl. oben Anm. 1135) bleibt schwierig (vgl.

hat bei Paulus nie metaphorischen Sinn, sondern meint den realen Taufakt, so daß der Sprachgebrauch völlig singulär wäre. Zudem wissen wir nichts von Verfolgungen der korinthischen Gemeinde.

3.   Man interpretiert im Sinne von »*über* den Toten«, d.h. über den Gräbern[1149]. Aber ὑπέρ hat im Neuen Testament nirgendwo lokale Bedeutung, und für eine solche Praxis, bei der die Taufe nicht an Gewässern (vgl. Apg 8,36.38 u.ö.) vollzogen worden sein sollte, fehlt jedes historische Zeugnis.

4.   Ὑπὲρ τῶν νεκρῶν sei im finalen Sinne von »um der Toten willen« zu deuten, d.h. heidnische Korinther sollen sich um ihrer verstorbenen christlichen Angehörigen willen taufen lassen, um bei der Auferstehung wieder mit ihnen vereinigt zu werden[1150]. Nun hat ὑπέρ + Genitiv bei Paulus zwar nicht nur stellvertretende Bedeutung (also »anstelle der Toten«), doch geschieht bei finaler Interpretation die Taufe dann eigentlich zugunsten der Lebenden und nicht der Toten, und eine Auferstehung erwarteten die Korinther gerade nicht[1151].

5.   Es handele sich um ein korinthisches Schlagwort gegen Paulus, d.h. ein Spottwort gegen seine Leiden: Alle seien tot, die wie Paulus den Nachdruck auf die Auferstehung des ganz irrelevanten Leibes statt wie die pneumatische Elite Korinths auf die göttliche Weisheit legen[1152]. Aber das ist Konstruktion.

Andere Erklärungen wie Taufe für Todsünden (Thomas 416 und Glossa 58v[1153]), Waschung zum Zweck des Begräbnisses wie Apg 9,37 oder die nach Num 19,11f gebotene Waschung nach Berührung einer Leiche (Beza 161f[1154]), Taufe an der

Rissi* 54f), ganz abgesehen davon, daß kein Leser auf die Identifizierung der νεκροί mit den Aposteln kommen konnte und Paulus nach 1,13-17 kaum konzedieren würde, daß man sich wegen der Apostel taufen läßt. Auch Murphy-O'Connor* 534 strapaziert den relativ lockeren Zusammenhang der Argumente, den er zudem durch die angebliche Parellelität der Mission des Sohnes (V24f) und der des Apostels gegeben sieht.

[1149]   So Luther, WA 36, 604; ebs. Maior 224r (*supra mortuorum sepulchra*) und Spener 495, der immerhin anmerkt, daß sich solche Praxis nirgendwo in der Kirchengeschichte wiederfindet; ähnlich aber auch W. Sigrist, KBRS 98 (1942) 18-20: Die Christen hätten »über den Toten« Versammlungen abgehalten, mit Verweis auf die Bestattung von Toten in Heiligtümern und Katakomben (19f); vgl. dagegen Meyer 445; Heinrici 478 Anm. ** sowie E. Vischer, KBRS 98 (1942) 43; Ch. Maurer, ebd. 57f und K.L. Schmidt, ebd. 70f.

[1150]   So etwa Findlay 931: »The death of Christians leads to the conversion of survivors, who in the first instance ›for the sake of the dead‹ (their beloved dead), and in the hope of reunion, turn to Christ – e.g., when a dying mother wins her son by the appeal, ›Meet me in heaven!‹«; vgl. auch Robertson/

Plummer 359f; Howard* 140f und vor allem Raeder* 260 (»die sich um der Toten willen taufen lassen«); Jeremias, Abba 303f.

[1151]   Vgl. Spörlein* 79 Anm. 1; Sellin* 378; zu ὑπέρ + Gen. vgl. zu 11,24.

[1152]   So Murphy-O'Connor* 536-540.543; vgl. dazu kritisch White* 492. Spottend verstand man es auch schon früher: Die Auferstehungsleugner wollten aus Lebenden Tote werden (bei Heinrici 478 Anm. **).

[1153]   Vgl. auch Sedulius Scotus 159 (*pro operibus quae generant mortem*) und eine Deutung bei Bruno 209 (*pro mortuis operibus, id est pro peccatis, quae mortem operantur*).

[1154]   Vgl. schon Ephraem 81 (*quid lucratur qui baptizat eum*). Auch Estius 743 verweist auf Num 19,11 und denkt an einen jüdischen Ritus (dort auch frühere Vertreter dieser Deutung); er selbst bevorzugt 744 aber dann doch die Erklärung *pro mortuis, id est, tamquam mortui*; vgl. neuerdings auch Ford*, nach der die jüdischen Reinigungsriten (400 z.B. mit Verweis auf Sir 31 [34] 25 βαπτιζόμενος ἀπὸ νεκροῦ) unrein machen sollen, weil der Leichnam zur Auferstehung bestimmt sei; vgl. dazu kritisch Wolff 394f und schon Foschini* 384f.

Schwelle des Todes (Calvin 459[1155]) bzw. mit dem Tod vor Augen (Bengel 433f), Taufe auf die Autorität Toter (sc. Johannes u.a.) hin (Semler 428), Auffüllung der durch Tod entstandenen Lücken in der Gemeinde (Olshausen 751), Taufe, um die vor dem Ende notwendige Zahl von Gerechten zu erreichen (Preisker*[1156]), seien nur noch kurz erwähnt[1157].

Es handelt sich also um ein stellvertretendes Taufenlassen, eine Vikariatstaufe, wobei vielleicht (!) an schon an Christus zum Glauben gekommene, aber noch ungetaufte Tote zu denken ist[1158]. Als Spiritualisten der Auferstehung ist ihnen solche sakramentalistische Auffassung durchaus zuzutrauen[1159], wobei als Effekt selbstverständlich nicht die Auferweckung, sondern ein transmortales Heil des Pneuma o.ä. angestrebt worden sein wird. Daß Paulus hier nicht protestiert, ja nicht einmal einen leisen Tadel andeutet[1160], überrascht zwar, da er sonst die Taufe an den Glauben bindet[1161], doch fragt es sich, ob man sich mit der Auskunft begnügen kann, Paulus beziehe zur korinthischen Totentaufe gar nicht Stellung und spreche weder eine ausdrückliche Ablehnung noch Billigung

---

[1155] Calvin 459 erinnert an Taufbewerber in der Alten Kirche, die bei gefährlicher Krankheit »um sofortigen Vollzug der Taufe« baten.

[1156] Preisker* 300 verweist z.B. auf äth Hen 47,4 und 4Esr 4,35f, wonach eine bestimmte Zahl von Gerechten für den Anbruch des Endes erforderlich ist. Doch daß die Korinther mit ihrer Totentaufe diesen herbeigesehnten Anbruch beschleunigen wollen (vgl. schon die Vertreter ähnlicher Thesen bei Foschini* 267), verkennt ihre realized eschatology (vgl. Wolff 393) und auch den *numerus praedestinatorum* der Apokalyptik, wo der Mensch die Erreichung der Vollzahl gerade nicht beschleunigen kann (vgl. Stauffer 510 bei Bachmann mit Verweis auf 4Esr 4,34ff und Offb 6,11 sowie Stuhlmann, Maß 44).

[1157] Eine Aufspaltung des Satzes in eine Serie von Fragen durch eine andere Interpunktion (vgl. die verschiedenen Versuche u.a. bei v. Hofmann 361-367; Foschini* 272-283; Thompson*), wobei dann z.B. hinter βαπτιζόμενοι und βαπτίζονται ein Fragezeichen zu setzen wäre, ist mit Recht als gekünstelt zurückgewiesen worden (Sellin* 277f; Wolff 395; Kremer 349).

[1158] So Meyer 443 und Heinrici 476, die sich aber 444 bzw. 477 Anm. ** gegen ein Verständnis im Sinne einer Taufe von Katechumenen auf dem Totenbett bei Epiphanius (Haer. 28,6,5 [GCS 25, 318]), Calvin 459 u.a. wenden, zumal wir von einem da-

maligen Katechumenat nichts wissen (vgl. Spörlein 80 Anm. 5). Auch nach Bousset 158 soll an Verstorbene zu denken sein, »die zu Lebzeiten in einer Beziehung zur christlichen Gemeinde standen, aber zur Taufe noch nicht gekommen waren«, für die sich Angehörige taufen ließen (vgl. auch Güttgemanns, Apostel 77; Barrett 364, der es für möglich hält [vgl. auch 7,14], daß es ungetaufte Christen gab, die als solche starben; so auch Preisker* 301). An Freunde und Bekannte denken auch (z.T. mit Verweis auf 7,14) Schweitzer, Mystik 277; Klauck 116; Strobel 254.

[1159] Vgl. zu 10,1ff. Gerade V 29 gilt denn auch neben 10,1ff als Indiz, daß die Korinther »die Taufe enthusiastisch überbewerteten und sie als magischen Ritus werteten« (Halter, Taufe 140); vgl. auch Whire, Women 166f.

[1160] Das wird üblicherweise gegen eine Vikariatstaufe eingewendet; vgl. außer unten Anm. 1221f Calvin 459; Olshausen 749; Godet II 212 (Paulus könne nicht »einen abergläubischen Gebrauch, welcher seiner spiritualistischen Denkweise schlechthin widersprach, zur Grundlage einer Argumentation gemacht haben«); auch Heinrici, Sendschreiben 516 weist die Befürchtung, Paulus könne hier »ein Beförderer des Aberglaubens« sein, mit dem Hinweis auf eine dann zu konstatierende »schwerwiegende Inconsequenz« zurück; vgl. auch O'Neill* 310.

[1161] Vgl. z.B. Gal 3,27 neben 3,26.

aus[1162]. Gewiß geht es Paulus darum, aus dieser Praxis ein weiteres Argument für die Sinnwidrigkeit einer Leugnung der Totenauferstehung zu gewinnen und einen korinthischen Selbstwiderspruch zu demonstrieren[1163], was er durch einen Einspruch nur selbst wieder abgeschwächt hätte. Es ist aber auch nicht ausgeschlossen, daß Paulus nicht nur auf die mangelnde Konsequenz der Korinther abhebt, sondern daß seinem Taufverständnis entsprechend selbst eine solche Taufe in Christus einverleibt und die Auferweckung verbürgt, damit aber auch die Auferweckung Christi voraussetzt[1164].

30-31   V 30-32a.b ruft Paulus die bei seinem missionarischen Wirken zu bestehenden Gefahren und Leiden ins Gedächtnis[1165], die ohne die Hoffnung auf die Totenauferweckung un- und widersinnig wären[1166]. Das leuchtet

---

[1162]   Vgl. Meyer 444; Heinrici 477: Paulus argumentiere *ex concesso* und lasse die Sache hier auf sich beruhen; ähnlich andere, wie zuletzt auch Stuhlmacher, Theologie 355 (keine ausdrückliche Ablehnung oder Anerkennung; jedenfalls habe die Vikariatstaufe »mit dem genuin paulinischen Taufverständnis nichts zu tun«). Nach Bousset 158 dagegen soll Paulus selbst »eine vollendet magische Auffassung des Sakraments« vertreten und deshalb hier nicht protestieren; vgl. auch Rückert 412; Harnack, Mission 399 Anm. 1; Wrede, Paulus 65; Schoeps, Paulus 113; Bultmann, Theologie 312 und Schweitzer, Vorlesungen 81f, der dagegen protestiert, hier von einem sinnbildlichen oder rationalistischen Verständnis her von einem faux pas des Apostels zu sprechen (vgl. auch 502.626f u.ö.). Jedenfalls ist die Taufe trotz der Reserve von 1,14-17 und des Skopus von 10,1ff nicht einfach »a powerful proclamation of death and resurrection« (so Barrett 364; ähnlich Rissi* 89: »Akt der Proklamation und des Bekenntnisses«); bissig dazu Conzelmann 339 Anm. 123: »Die signifikative Auffassung der Taufe« ist weder korinthisch noch paulinisch, sondern barthianisch«; vgl. auch R.P. Martin* 120 und die übernächste Anm.

[1163]   So Weiß 364; Conzelmann 338, nach dem Paulus sagen will: »Da komme ich nicht mehr mit«; Lang 229. Allerdings setzt Paulus dabei voraus, daß es ein postmortales Heil, das die Korinther also leugnen, ohne Totenauferstehung gar nicht gibt.

[1164]   Jedenfalls wird man die positive Interpretation von Schmidt unten Anm. 1235 nicht ausschließen können. Vgl. auch Sellin* 283f (»nachträgliches Hineinversetzt-

werden in Christus«). Vom eschatologischen Kontext her wird man zwar beim paulinischen Verständnis der Totentaufe weder an eine Vervollständigung der notwendigen Zahl der Gerechten noch an eine Beschleunigung der Parusie denken (vgl. oben Anm. 1156 zu Preisker), wohl aber daran, daß er die korinthische Praxis »unter dem Aspekt einer universalen Erlösung« sieht, »die auch die Toten am wenigsten ausschließt« (so Strobel 225 mit Verweis auch auf 1Petr 3,19; Eph 4,9); vgl. V 22.28.

[1165]   Manche verstehen die 1. Pers. Plur. in V 30 im Sinne von »*ich und meinesgleichen*, wir apostolischen Verkündiger« (so Meyer 448; Heinrici 479; ähnlich Godet II 216: Paulus, Silas und Timotheus, im weiteren auch die anderen; Robertson/Plummer 361; vgl. schon Theophylakt 768; Joh. Damascenus 693 [παραλαμβάνων πάντας τοὺς ἀποστόλους]; Grotius 823), wogegen Paulus dann in V 31 sein eigenes Schicksal »individualisirend als Beleg« anführe; vorsichtiger Weiß 364 Anm. 2: ἡμεῖς umfasse »auch seine Genossen im Amt«, aber »der leichte Wechsel mit dem Sing.« (sc. in V 31f) zeige, »daß Paulus an sich besonders« denke. Doch wird selbst diese Fassung unnötig und ἡμεῖς = ich sein (Lietzmann 82; Conzelmann 318 Anm. 4: »briefstilistischer Plural«); vgl. Stauffer, ThWNT II 354. Heinrici, Sendschreiben 517f läßt die Sache offen, da Paulus sich sowohl der kommunikativen wie der persönlichen 1. Pers. Plur. »mit grosser Freiheit« bediene (mit Verweis auf 4,8 neben 4,14f und 2Kor 1,12 neben 1,15). Vgl. auch die nächste Anm.

[1166]   Καὶ ἡμεῖς ist entweder so zu verstehen, daß zu den βαπτιζόμενοι noch andere

antiken Menschen allerdings nicht ohne weiteres ein[1167], und auch die Korinther mit ihrer spiritualistischen realized eschatology werden diese realistische Beurteilung der apostolischen Lebenserfahrungen wohl eher kritisch hören als sich durch den Hinweis des Apostels zur Besinnung auf den Grund seiner Bedrängnisse rufen lassen[1168]. In der Sache entspricht das vor allem V 19, daß ohne die Auferweckung die Christen bemitleidenswerter als alle anderen wären. Κινδυνεύομεν erinnert an die zahlreichen κίνδυνοι des Apostels von 2Kor 11,26, und das hyperbolische πᾶσαν ὥραν dieser Gefahren sowie das ebenso hyperbolische καθ᾽ ἡμέραν dieses »Sterbens«[1169] sind vergleichbar mit dem θανατούμεθα ὅλην τὴν ἡμέραν (Röm 8,36), mit dem ἐν θανάτοις πολλάκις (2Kor 11,23) und mit dem stetigen (πάντοτε) Herumtragen des Sterbens Jesu (2Kor 4,10f)[1170]. Das alles ist nicht mystisch zu verstehen oder als asketisch-meritorische Selbstkasteiung, sondern Konsequenz seines apostolischen Wirkens. Sosehr Paulus seine dabei erfahrenen Leiden dem Tod Jesu zuordnet und seine Aporien und Peristasen als Leben im Schatten des Kreuzes versteht (vgl. zu 4,9-13), so hoffnungs- und trostlos wäre das ohne den Horizont der Auferweckung Jesu und damit auch den der Toten (2Kor 4,14). Ohne Erwartung der Totenauferweckung wäre selbst die Er-

hinzutreten (so z.B. Barrett 364), oder es ist zum vorhergehenden Satz zu ziehen (so z.B. Schmiedel 198: »so ist es *auch* grundlos«; τί καί wie V 29c). Καί steigert jedenfalls nicht die Taufe, als ob ein engerer Zusammenhang zum vorigen Argument vorliegen würde (zu White und Murphy-O'-Connor vgl. oben Anm. 1148.1152), sondern führt ein neues Subjekt und Beispiel ein (Billroth 224f; Rückert 412; Weiß 364).

[1167] Cicero z.B. kann zwar ebenfalls fragen, wer so verrückt sein würde, *semper in laboribus et periculis* zu leben, wenn einem die Ahnung des Zukünftigen genommen würde (Tusc. 1,33), doch ist das die *spes immortalitatis* (1,32) und eben nicht die Auferstehung. Aber selbst das ist nicht für alle einleuchtend, denn für Epikur z.B. hat der Tod weder für die Lebenden noch die Verstorbenen eine Bedeutung, denn »solange wir noch da sind, ist der Tod nicht da; ist der Tod da, sind wir nicht mehr da« (Diogenes Laertius 10,125). Im übrigen ist meist nicht der Tod, sondern das Sterben das Problem; vgl. z.B. Cicero, Tusc. 1,15: *Emori nolo, sed me esse mortuum nihili aestimo.*

[1168] Vgl. 4,9-13 und Fee 768. V 30-32 bilden freilich einen gewissen Kontrapunkt zu 4,9-13, insofern hier nicht das Kreuz, sondern die Auferweckung die Perspektive bestimmt. Daß auch hier »his authentic claims as an apostolic man« eine zentrale Rolle spiele (so R.P. Martin* 121; vgl. auch 118), ist dagegen nicht zu erkennen.

[1169] Das heißt nicht, »he continually prepares himself for death« (so aber Grosheide 374), eher schon im Sinne der Bereitschaft zum Äußersten. Besser aber faßt man ἀποθνήσκω entweder im Sinne von »sich in Todesgefahr befinden« (so z.B. Bauer/Aland 183 und schon Thomas 417: *sum in periculis mortis*; Orr/Walther 337f), so wie auch θάνατος = Todesgefahr sein kann (2Kor 1,10; 11,23), oder noch angemessener als Sterben in der Nachfolge des Gekreuzigten (vgl. die nächste Anm.), was sich nicht ausschließt.

[1170] Vgl. Bultmann, ThWNT III 21 Anm. 83, der mit Recht die Aussagen der Peristasenkataloge zitiert, »also ganz anders als das *quotidie mori* des Seneca (Ep. 24,20), natürlich erst recht anders als Athenaeus 12,552b, wo vom täglichen Sterben (καθ᾽ ἑκάστην ἡμέραν ἀποθνήσκειν) derer die Rede ist, die sich versündigt haben, ohne das Leben beschließen zu können (Neuer Wettstein 394); vgl. auch Wolff 397; Lang 230; Bieder, EWNT II 322 (»tägliche Todeserfahrung«) u.a.; Sellin* 285 will ein »Mysterienschema« erkennen, nach dem der Apostel in das Schicksal Christi hineingezogen wird.

fahrung der δύναμις oder ζωὴ τοῦ Ἰησοῦ *in* den Leiden und Gefahren, auch wenn Paulus das hier nicht ausdrücklich in Beziehung zueinander rückt, ohne Grund und Sinn. Die paradoxe Struktur christlichen Lebens (vgl. 2Kor 6,9; 12,10) bleibt nicht für immer bestehen, sondern dringt auf Auflösung und gewinnt ihren Atem und ihre Perspektive vom Kommenden her. Paulus bekräftigt seine ständigen Gefahren und Leiden hier mit einer starken und im Neuen Testament singulären Beteuerungsformel (νή)[1171] und rechnet sie zu dem, was die Korinther selbst bezeugen können, d.h. er macht sich hier keiner Übertreibung schuldig: »So wahr ich mich eurer rühme, so wahr ihr mein Ruhm seid[1172], den ich in Christus Jesus, unserem Herrn habe«. Die Gemeinde ist der Gegenstand seines Ruhmes[1173], weil sie sein »Werk« und das »Siegel« seines Apostolats ist (9,1f). So wenig das abzustreiten ist, weil es »in Christus Jesus, unserem Herrn« und nicht auf eigener Leistung gründet, so wenig sein tägliches Sterben im Dienst an der Gemeinde[1174].

32 V 32 illustriert Paulus seine Lebensgefahren und Leidenserfahrungen an seinem überstandenen »Tierkampf« in Ephesus[1175]. Auch hier gehen die Auslegungen von Anfang an auseinander. Umstritten ist insbesondere, ob man das θηριομαχεῖν eigentlich oder aber bildlich zu fassen hat.

[1171] Vgl. Gen 42,15f und Bl-Debr-Rehkopf § 149 Anm. 3 sowie Schneider, ThWNT V 177.185 (der Satz nähere sich »einer echten Schwurformel«); G. Stählin, Zum Gebrauch von Beteuerungsformeln im Neuen Testament, NT 5 (1962) 115-143, hier 136: Paulus setze sein Leben »als Pfand für die Wahrung seines apostolischen καύχημα« ein. Origenes 48 fragt als erster, ob Paulus damit nicht dem Schwurverbot Jesu entgegenhandele (er läßt die Frage unbeantwortet); später erklären viele, nicht jeder Eid sei offenbar verboten (vgl. unten Anm. 1262f). Vgl. weiter 2Kor 1,23.
[1172] Zu καύχησις, καύχημα und καυχᾶσθαι vgl. zu 1,31; 4,7 und 9,16, in der Sache Röm 15,17; 2Kor 1,14; Phil 2,16 u.ö. Der Ruhm des Paulus ist also anders begründet als der der Korinther (vgl. 5,6).
[1173] Vgl. zum Gebrauch solcher possessiver Adjektive Bl-Debr-Rehkopf § 285 Anm. 3 (»so wahr ich mich euer rühmen darf«); als gen. obj. auch 11,25 (εἰς τὴν ἐμὴν ἀνάμνησιν) und weiter Phil 2,16; 1Thess 2,19; Röm 15,17; vgl. schon Grotius 823 (*causam designat efficientem*) und z.B. Heinrici 479 (»so wahr ihr der Gegenstand meines Rühmens seid«); ähnlich Neander 255; Bultmann, ThWNT III 651 Anm. 43 mit Verweis auf das folgende ἣν ἔχω: »bei dem Ruhm, den ich an euch [erworben] ha-

be«; Deer* 128. Andere fassen ὑμετέραν als *gen. subj.* im Sinne von: »so wahr ich der Gegenstand eures Rühmens bin« (so z.B. Holsten, Evangelium 423f Anm. ***); dagegen läßt sich einwenden, daß das Lob des Apostels bei den Korinthern doch nicht so sei, »daß es sich zur Grundlage einer feierlichen Versicherung« eigne (Bachmann 458). Vgl. zur Sache auch 2Kor 9,3 (ἵνα μὴ τὸ καύχημα ἡμῶν τὸ ὑπὲρ ὑμῶν κενωθῇ). Den Relativsatz ἣν κτλ. wegen der angeblich späteren Harmonisierung mit 2Tim 4,17 als Interpolation auszuscheiden (so MacDonald* 267), ist ein Gewaltstreich (vgl. Murphy-O'Connor, Interpolations 93; Fee 770 Anm. 49; Schmeller* 337f).
[1174] Vgl. Cornelius a Lapide 341: *Per gloriationem, qua glorior de vobis, quasi meis in Christo filijs, tamquam Apostolus, & pater vester, iuro* (ähnlich Estius 745); zitiert auch bei Gutjahr 444 Anm. 4, der 444 Paulus zugleich sagen läßt, daß solche Arbeit der Grund seiner Freude und seiner Hoffnung sei. Das ist eher Phil 4,1 (χαρὰ καὶ στέφανός μου) und 1Thess 2,19 der Fall.
[1175] Daß ἐν Ἐφέσῳ nicht aus einem Brief aus Ephesus (16,8) stammen könne (vgl. Weiß 366), ist alles andere als plausibel; vgl. Schmiedel 199: »Dort war er zwar noch immer (I 16 8); aber ›hierselbst‹ wäre zu prosaisch«. Vgl. auch Conzelmann 340.

Obwohl seit der Alten Kirche viele an einen wirklichen Tierkampf denken[1176], wird im allgemeinen bezweifelt, daß Paulus einen solchen Tierkampf in der Arena zu bestehen hatte. Dafür werden meist folgende Gründe angeführt: 1. der sehr ausführliche Peristasenkatalog in 2Kor 11,23ff erwähnt davon nichts, obwohl zu erwarten wäre, daß ein so grauenhaftes Erlebnis nicht mit Stillschweigen übergangen würde; 2. als *civis Romanus* hätte Paulus gar nicht *ad bestias* verurteilt werden können, ohne sein Bürgerrecht zu verlieren, auf das er sich später (Apg 22,25-29) bei seiner Appellation an den Kaiser berufen habe[1177]; 3. Lukas schweigt in der Apostelgeschichte ebenso wie 1Clem 5,6 darüber (»siebenmal in Ketten, vertrieben, gesteinigt ...«)[1178]; 4. einen Tierkampf hat kaum jemand überstanden[1179], allenfalls ein Apostel in den apokryphen Apostelakten[1180]. Wer darum an der wörtlichen Bedeutung von ϑηριομαχεῖν festhält, faßt den Konditionalsatz dann oft als einen Irrealis, was grammatisch möglich ist[1181], aber äußerst schlecht zu den anderen realen Aussagen paßt, für die V 32 ein Paradigma ist[1182], und auch »in Ephesus« machte so kaum Sinn.

[1176] So Ambrosiaster 176 (allerdings im Sinne von: *bestiis offerri non timui*, ähnlich wie Apg 21,13); Theodoret 361; Erasmus 738; Luther, WA 36, 612; Calvin 461; v. Mosheim 712f; Cajetan 83v; Godet II 217; Holsten, Evangelium 424.

[1177] Vgl. z.B. Meyer 451. Tierkämpfe gab es als Strafe nur bei Kapitalverbrechen und bei Menschen niedrigen Standes (vgl. Balz, EWNT II 367 mit Verweis auf Th. Mommsen, Römisches Strafrecht, Leipzig 1899, 925-928; vgl. weiter Kübler, PW 14.1, 553 und z.B. Artemidorus, On. 1,8 im Neuen Wettstein 395: nur für die zum Tod verurteilten Verbrecher); vgl. aber R. Strelan, Paul, Artemis and the Jews in Ephesus, 1996 (BZNW 80), 281 Anm. 271 mit Verweis z.B. auf Cicero, Fam. 10,32,3 und Seneca, Ep. 99,13. Ganz stichhaltig ist dieses Argument allerdings nicht, da das paulinische Bürgerrecht nicht unumstritten ist und nur durch die Apostelgeschichte bezeugt wird (vgl. auch zu 4,9 und weiter Wengst, a.a.O. [Anm. 777] 95 sowie 215 Anm. 32; W. Stegemann, War der Apostel Paulus ein römischer Bürger?, ZNW 78 [1987] 200-229; anders Hengel, Paulus 188-208; Riesner, Frühzeit 129-139). Wohl aber bleibt die Frage, ob es solche Verurteilung für das Bekenntnis zum christlichen Glauben damals überhaupt schon gab.

[1178] Hier ist allerdings die Lückenhaftigkeit der Tradition zu beachten; vgl. nur z.B. 2Kor 11,25, worüber Lk schweigt.

[1179] Vgl. Schmiedel 198, der außerdem darauf verweist, daß ein von den Tieren Verschonter nur dann nicht dem Henker verfiel, »wenn das Volk ihn gar zu stürmisch los-

bat«. Der Hinweis auf eine besondere göttliche Fügung (Godet II 217) bleibt Apologetik. Calvin 461 und Estius 746 erinnern daran, daß es zwei verschiedene Strafarten gab: den wilden Tieren vorgeworfen und sofort zerrissen zu werden oder mit ihnen in der Arena wie Gladiatoren bewaffnet zu kämpfen, so daß sie durch Kraft und Geschicklichkeit ihr Leben – selten – retten konnten, was Calvin auch für Paulus annimmt. Das Letztere, daß Paulus als geübter *bestiarius* gekämpft habe (so J.W. Hunkin, 1 Corinthians 15:32, ET 39 [1927/28] 281f), nennt MacDonald* 273 mit Recht phantastisch.

[1180] Vgl. den legendarischen Bericht in den ActPaul und dazu W. Schneemelcher, Der getaufte Löwe in den Acta Pauli, in: ders., Gesammelte Aufsätze zum NT und zur Patristik, Thessaloniki 1974, 223-239, ebd. 229 auch mit Verweis z.B. auf Hippolyt (Dan-Komm. 3,29 [GCS 1, 176]), wonach »der auf den zum Tierkampf verurteilten Paulus gehetzte Löwe sich zu seinen Füßen legte und ihn beleckte«; vgl. auch die Bewahrung der Thekla vor den Tieren ActPaul 29-38.

[1181] So Weiß 365; Bl-Debr-Rehkopf § 360,4; Suhl, Paulus 201f u.a.

[1182] Vgl. Lietzmann 83 (Man werde »den realen Beispielen kein fingiertes folgen lassen«); Conzelmann 340. Verburg* 49 wendet dagegen ein, daß ἐϑηριομάχησα im Unterschied etwa zu κινδυνεύομεν im εἰ-Satz steht, hält aber am Realis fest, weil Paulus sonst »ja seinen Gegnern ein Gegenargument geliefert« hätte: »Wenn Paulus an die Auferstehung geglaubt hätte, hätte er nicht gekämpft«.

So plädieren die meisten zu Recht für eine übertragene Bedeutung von θηριομαχεῖν[1183], wenngleich die dafür zitierten »Parallelbelege« auch nicht gerade zwingend sind[1184]. Die Frage ist dann, was mit der Metaphorik gemeint ist. Am ehesten wird man das »mit Tieren kämpfen« im Sinne von »um sein Leben kämpfen« verstehen[1185]. Es muß sich in jedem Fall um ein besonderes Ereignis handeln (vgl. etwa, ohne daß der »Tierkampf« damit identifiziert werden soll, Röm 16,3f, wonach Aquila und Prisca ihren Hals für sein Leben hingehalten haben; vgl. auch 4,9 und später 2Kor 1,8f[1186]). Κατὰ ἄνθρωπον kämpfen wird nicht heißen, es nach menschlichem Vermögen mit Aufbietung aller Kraft zu tun oder nach Art der Menschen im Interesse zeitlichen Ruhmes wie Gladiatoren[1187], son-

---

[1183] So schon Tertullian, Res. 48,12 (CChr 2, 989): *Asiaticae pressurae*; Theodor v. Mopsuestia 194 (ὑπὸ θηριώδων καὶ φονικῶν ἀρθρώπων ἀνηρέθη); Severian 275 (ἐπ᾽ ἀνθρώπῳ ἐθηριομάχησα); vgl. weiter unten Anm. 1253-1255 und Beza 162; Zwingli 185 (*sermo tropicus*); Grotius 823; Rückert 414f und die meisten neueren Kommentare, zuletzt Schmeller* 379f.
[1184] Meist wird auf IgnRöm 5,1 verwiesen (»Von Syrien bis nach Rom kämpfe ich mit Bestien, zu Wasser und zu Land, bei Tag und Nacht ...«); aber Paulus macht anders als Ignatius (vgl. »von Syrien bis Rom«) nicht auf den metaphorischen Charakter aufmerksam; ferner wird gern Tit 1,12 (»Die Kreter sind allezeit Lügner, böse Tiere«) und 2Tim 4,17 (»damit ich errettet würde aus dem Rachen des Löwen«) zitiert. Nach E. Kamlah, Wie beurteilt Paulus sein Leiden?, ZNW 54 (1963) 217-232, hier 218 soll die metaphorische Redeweise an Ps 22,13f anknüpfen, was Kremer 350 durch Hinweis auf die Bildersprache auch in Ps 17,12; 22,17.21f und 1Petr 5,8 ergänzt.
[1185] So Bauer/Aland 733 mit Hinweis auf Appian (Bell. Civ. 2,61,252, wo Pompeius ebenfalls in übertragener Weise sagt: οἴοις θηρίοις μαχόμεθα) und Philo (Mos 1,43f). Anders z.B. Osborne* 229f: In 1QpHab 12,4f zu Hab 2,17 wird בהמות interpretiert als »die Einfältigen Judas, die Täter des Gesetzes«; das passe vorzüglich zu den Widersachern des Paulus, also beziehe sich der Tierkampf auf den Kampf gegen die Judaisten. Aber die muß man für Korinth erst erfinden; zudem sind בהמות keine wilden Tiere (Brakemeyer [Lit. zu Kap. 15] Anm.-S. 42 Anm. 329). Mal-

herbe* 74.77 erklärt von der traditionellen antiepikureischen Polemik bei Plato und Epiktet her, gemeint sei der Kampf des Weisen gegen Leidenschaften und Hedonismus. Nun kennt Paulus zwar das Bild vom athletischen Kampf (9,24ff), daß er aber als Christ speziell an dieser Front leidenschaftlich gekämpft habe, ist nicht zu sehen. Die Peristasenkataloge weisen in eine andere Richtung.
[1186] An den Aufruhr des Demetrius (Apg 19) zu denken (vgl. unten Anm. 1254), wird allgemein abgelehnt (vgl. schon Cornelius a Lapide 341 [*contigit post hanc epistolam scriptam*] und z.B. Weiß 366). Manche erinnern wie schon Tertullian (Res. 48,12 [CChr 2, 989]) an 2Kor 1,8f (vgl. Beza 162; R.P. Martin* 123, der auch noch Phil 1,20-24; 2,17 anführt), was aber später liegen wird (vgl. Becker, Paulus 27; die von Verburg* 49f vorgeschlagene präsentische Fassung des Aor. bleibt Postulat), oder denken wie z.B. Fee 771 an die ἀντικείμενοι πολλοί in Ephesus in 16,9.
[1187] Oft wird allerdings in diesem Sinne erklärt: nach menschlichen Maßstäben und Bedingungen; so z.B. schon Ambrosiaster 176 (*secundum humanum sensum*); Oecumenius 877 (ὅσον ἦν μοι δυνατόν); Rückert 415; Beza 162 (*non diuina aliquo impulsu, neque in Deum respiciens*); vgl. auch Meyer 449 (»*nach Art gewöhnlicher Menschen, d.i. ... nur im Interesse zeitlichen Lohns, Gewinns, Ruhms u. dergl., wodurch der gemeine, unerleuchtete Mensch zur Uebernahme grosser Gefahren bewogen zu werden pflegt*«); ähnlich Heinrici 480; Barrett 365 (»a human standard of judgment«); vgl. auch Verburg* 50 und zu 3,3; 9,8.

dern ist allenfalls Hinweis auf die metaphorische Rede[1188], doch wird man vom Kontext her und als Korrelat zu V 32c am ehesten zu paraphrasieren haben: unter Absehen von der Auferweckung, also in der Weise eines Menschen kämpfen, der das ohne die Verheißung der Auferweckung tut[1189]. Wäre das tatsächlich so geschehen, dann stellte sich die Frage nach dem Nutzen (V 32b), der hier eschatologisch, konkret als die Teilnahme an der Auferweckung der Toten zu verstehen ist[1190], wie der chiastisch dazu stehende V 32c bestätigt[1191]. Die erwartete Antwort auf das τί μοι τὸ ὄφελος heißt: keinen.

V 32c.d nennt Paulus als Kontrast zu seinem Lebenseinsatz die gegenteilige Konsequenz: Wenn die Toten nicht auferstehen[1192], setzt man sich nicht dem Tod aus, sondern befolgt als Lebensmaxime das *carpe diem*[1193]. Paulus zitiert, und zwar wie in V 25.27 ohne eine Einführungsformel, wörtlich die LXX-Fassung von Jes 22,13[1194]. Er hätte *cum grano salis* auch

---

[1188] Nach Jeremias, ThWNT I 365 soll nach κατὰ ἄνθρωπον ein λέγω zu ergänzen sein; so schon Spener 496 (*humano more loqui*) und Estius 748 (*ut hominum more loquar*); Moffat 254 (Andeutung der metaphorischen Rede vom *bestiarius);* Orr/Walther 328 (»a clue that the language is figurative«); vgl. auch Sellin* 286 Anm. 215 und ders., Hauptprobleme 2992; Fisher 250 (Indiz hypothetischer Rede mit bloß menschlichem Standpunkt aus) und schon Chrysostomus 350 und Theophylakt 769 (ὅσον τὸ εἰς ἀνθρώπους). Ganz anders MacDonald* 269f: Paulus wolle andeuten, daß die von den Korinthern geglaubte »fantastic story« eines Tierkampfes nicht wahr sei (vgl. dazu mit Recht Fee 771 Anm. 56).

[1189] Vgl. Bengel 434; v. Flatt 381; Neander 255; Schmiedel 199; Schniewind (Lit. zu Kap. 15) 127; Héring 144; Lang 230; Fee 771.

[1190] Olshausen 752: »Man sieht, an die Möglichkeit eines rein geistigen Fortlebens denkt der Apostel gar nicht«; vgl. weiter Hoffmann (Lit. zu Kap. 15; Toten) 246.

[1191] Vgl. Jak 2,14.16: τί τὸ ὄφελος parallel zu δύναται σῶσαι. Nach Meyer 451 und Heinrici 481 ist damit die künftige Herrlichkeit gemeint (anders Sendschreiben 518 Anm. 4: ganz allgemein dasjenige, »was den Bedürfnissen, den Wünschen und Bestrebungen angemessen ist«, mit Verweis auf Hesychius: αὔξησις, ὄνησις, ἐπικούρημα, κέρδος). Weiß 366 spricht vom Lohn; ähnlich andere wie Spörlein* 89 Anm. 3. R.P. Martin* 123 will das von opportunistischer und weisheitlicher Überlegung so abheben: »It is ›gain‹ for the gospel of which

Paul is a servant«; vgl. auch Fee 772 (»He is once again putting his ministry, and in this sense his personal life, into perspective«) und Conzelmann 340, der vom ganzen Sachzusammenhang her interpretiert. Jedenfalls kann das bei Epiktet oft begegnende τί (σοι) ὄφελος (Diss. 1,6,3f.34 u.ö.) nicht über den Sinn entscheiden.

[1192] V 32c wird z.T. zu V 32a.b gezogen, doch vgl. dazu schon Meyer 451f. Nach dem εἰ in V 32c ist das οὖν oder γάρ nach Heinrici 482 »nicht gesetzt, weil das Asyndeton lebhafter und schlagender ist«.

[1193] Nach Goppelt, ThWNT VI 139 kennzeichnet Paulus damit »die Konsequenz einer gnostisch-dualistischen Weltanschauung, die das gering geachtete, dem Tode endgültig verfallenen Leiblichkeit doch noch ihre Erfüllung geben will (1Kor 6,13f)«. Die meisten denken an libertinistische Konsequenzen.

[1194] Nach O. Kaiser, Der Prophet Jesaja. Kap. 13-39, 1973 (ATD 18) 116 kann es sich in Jes 22,13 (im Kontext des Übermuts der Bewohner Jerusalems) um ein Zitat aus einem der Trinklieder handeln, wie sie aus ägyptischen Gräbern bekannt sind: »Feiere einen schönen Tag, Edler! / Übersieh alles Üble und gedenke der Freude, bis jener Tag kommt, (an dem Du landest / in dem Land, welches das Schweigen liebt)«; vgl. auch Wilk, Bedeutung 318-320, nach dem Paulus auch den Kontext von Jes 22,13 im Blick haben soll. Rhetorisch handelt es sich um eine *permissio* (Stenger* 97; vgl. auch Schmeller* 379), die nach Lausberg, Handbuch I 426 dem Gesprächspartner anheimstellt, »zu handeln, wie er will, also auch entgegen

Weish 2,5-9 oder Pred 8,15; 9,7-10; 11,9, vor allem aber mannigfache zeitgenössische Stimmen zitieren können, denn die Losung »Lasset uns essen und trinken, denn morgen sind wir tot« wurde in der damaligen Zeit kräftig praktiziert und propagiert. Eine Aufforderung zum Lebensgenuß angesichts der Kürze des Lebens ist bei Dichtern[1195] und in Inschriften immer wieder zu lesen, selbst auf Gräbern. In einer dieser Grabinschriften heißt es z.B.: »Gruß dir, Wanderer. Bedenkend, daß alle Sterblichen das gleiche Ende erwartet, genieße dein Leben, solange du lebst«[1196]. Zu beachten ist bei Paulus umgekehrt die implizite eschatologische Motivation für ein verantwortliches Leben[1197], d.h. ohne den Glauben an die Auferweckung der Toten fällt auch die Grundlage der Ethik aus[1198], auch

dem gutgemeinten Rat des Sprechenden«, und die »letztlich immer ironisch« ist; vgl. auch ders., Elemente 141f.

[1195]   Vgl. Horaz, Oden 1,11,8; 2,3,13; Euripides, Alc. 796ff; Petronius, Sat. 34; Athenaeus 7,280c zitiert Philetairos: »Was kann, wer sterblich ist, denn Bessres tun, als angenehm zu leben Tag für Tag, sofern er's hat?« (a.a.O. [EKK VII 2, 11f Anm. 242] 209). Vgl. auch Nicostrat bei Stobaeus 74,64 (τὸ ζῆν οὐδὲν ἄλλο ἐστὶν ἢ ὅστις ἂν φάγῃ); Diogenes Laertius 8,63; AnthGraec 11,19: »Jetzt mußt du trinken und lieben ... Komm wir salben den Leib und drücken ins Haar uns die Kränze, ehe die andern am Grab Blumen und Düfte uns weihn. Jetzt noch soll mein Gebein den Strom des Weines genießen: Ist es gestorben und tot, spül es, Deukalion (ein Held der Sintflutsage), weg« (Neuer Wettstein 399); andere Beispiele bei Grotius 823 und im Neuen Wettstein 397-400. Diese und ähnliche »Zeugnisse für das raffinirte, ironische Kokettiren mit dem Tode« sollen nach Heinrici 482 Anm. * »den Genuss des Augenblicks erhöhen«; vgl. auch die Belege ebd.

[1196]   Grabgedichte, a.a.O. (Anm. 559), Nr. 371, S. 213; vgl. auch Nr. 452, S. 265 (»Genieße alle Güter dieser Zeit, solange du noch Liebe und Verlangen in dir verspürst«) und Nr. 448, S. 263; Nr. 465, S. 279. Plutarch zitiert die Grabinschrift für König Sardanapal: ἔσθιε, πῖνε, ἀφροδισίαζε· τἄλλα δ' οὐδέν (De Alex. Fort. 2,3, 336C); ähnlich bei Athenaeus 8,335f-336d (Neuer Wettstein 397f). Deissmann, Licht vom Osten 251 bringt eine Grabinschrift, in der es heißt: πεῖνε, βλέπις τὸ τέλος (»Trinke! Du siehst ja den Tod!«). In einer Inschrift aus Aphrodisias heißt es: »Solange du lebst, sei fröhlich, iß, trink, schwelge, umarme. Denn dieses war das Ende« (Berger/Colpe, Textbuch 253).

[1197]   Vgl. Barrett 366f (»Take away the Christian hope, and not merely will a man loose the motive for indurance, his moral standards will collapse«; ebs. Byrne* 293f mit Verweis auf Röm 1,18-32 und Weish 13f, wo die ἀγνωσία θεοῦ bzw. der Götzendienst ebenfalls »is linked intrinsically with a corresponding lapse into all kinds of moral evil«); vgl. schon v. Flatt 382f (ohne ein Leben nach dem Tod kein verbindliches Sittengesetz); Meyer 452: Ohne »Glauben an die ewige Erlösung«, »mithin blos auf das abstracte Pflichtpostulat gestellt«, könne »das sittliche Leben ... in Wahrheit gar nicht vorhanden sein«; etwas anders Heinrici 482; ganz anders Weiß 366 und Bousset 158 (vgl. oben Anm. 613) oder auch Schmiedel 199 (Nur »für Naturen von geringer Tiefe« sei das »schlagend«, und Paulus selbst hätte V 32c »sicher ebenso wenig befolgt wie Spinoza, Schleiermacher oder Biedermann«); vgl. auch die übernächste Anm. Robertson/Plummer 360 halten den Lohngedanken zwar nicht für »the highest motive for virtue«, fügen aber hinzu: »Righteousness simply for righteousness' sake is not a sufficient motive for all of us at all times«. Das bedeutet keineswegs »einen starken Schein eines lohnsüchtigen Eudämonismus« (gegen Rückert 416). Richtiger Senft 203: Nicht opportunistisches Kalkül, sondern die Frage nach dem Sinn.

[1198]   Allerdings darf man aus V 32 kaum direkt schließen, daß die τινές infolge der Leugnung der Totenauferweckung diese Losung selbst angeführt hätten (so z.B. Cajetan 83v und Schniewind [Lit. zu Kap. 15] 128). Auch daß sie »schon zur frivolen Lebensrichtung hingerissen« worden seien (so Meyer 454; Heinrici 484 Anm. * und 483 schwächt das ab: »in einen gewissen Grad von sittlicher Unfreiheit [Berauscht-

wenn die Konsequenz einer *dolce vita* gewiß nicht allen damaligen Zeitgenossen eingeleuchtet haben wird[1199].

In V 33 zitiert Paulus eine mit μὴ πλανᾶσθε[1200] eingeleitete Warnung,   33
die aus einer schon von Tertullian und Hieronymus bemerkten Sentenz des Komikers Menander stammen soll, aber wohl eher auf Euripides zurückgeht[1201], daß schlechtes Reden oder schlechter Umgang gute Sitten verderben[1202]. Es ist dies das einzige nichtbiblische Zitat bei Paulus (abgesehen von 2,9, wo allerdings doch καθὼς γέγραπται steht)[1203], wobei offenbleiben muß, ob Paulus sie tatsächlich Menander oder Euripides verdankt oder daraus nicht inzwischen eine sprichwörtliche Redewendung geworden ist, die als geflügeltes Wort verbreitet war. Der Sinn hängt da-

---

heit] versetzt«) oder daß »their baptismal theology had bred moral laxity and a lapse into antinomism« (so R.P. Martin* 124), läßt sich der Stelle kaum sicher entnehmen. Daß in Korinth eine Tendenz zum Libertinismus naheliegt (vgl. zu 5,1ff; 6,12ff) und Paulus davor warnt (vgl. z.B. Rückert 416; Grosheide 377; Héring 144f; Fee 773), ist damit nicht bestritten. Billroth 226f und Olshausen 752 dagegen behaupten, daß die Auferstehungsgegner das φάγωμεν κτλ. gerade verabscheut haben (vgl. auch Spörlein* 93f; Sellin* 286). Richtig ist, daß Paulus nicht eigentlich vor Immoralität warnt und man die Auferstehungsleugner kaum der Vertretung epikureischer Auffassungen beschuldigen kann, wenngleich man sie auch nicht umgekehrt mit Barth 106 hier auf »ihre respektabelste Seite« angeredet sehen wird.

[1199] Schmeller* 374 nennt solche alternativlose Konsequenz denn auch eine »Simplifizierung«, die mehr auf eine emotionale Beeinflussung ziele und verweist auf Beispiele des AT, die keine Auferstehungshoffnung, sehr wohl aber »den Sinn entbehrungsreichen Einsatzes« kennen. Vgl. auch unten Anm. 1278, andererseits aber z.B. Calvin 461, nach dem solche epikureische Losung »unabweisbar« sein soll, »wenn mit dem Tode alles aus ist«.

[1200] Zur alternativen Übersetzung mit »Irret euch nicht« oder »Laßt euch nicht verführen« vgl. Braun, ThWNT VI 246. Verburg* 151 entscheidet sich von 6,9 und Gal 6,7 her für eine Deutung im Sinne der Selbsttäuschung (»Täuscht euch nicht!«) und gegen eine Täuschung durch Dritte (»Laßt euch nicht täuschen!«).

[1201] Menander, Thais Fr. 218 (CAF III 62); nach Socrates, Hist. Eccl. 3,16 (PG 67, 424) soll es Euripides entlehnt sein, was

eher zutreffen dürfte; vgl. Euripides, Fr. 1024 (TGF 687) und weiter Bauer, Studien 56f und das Referat über R. Renehan (Classical Greek Quotations in the New Testament, in: FS G.V. Florovsky, 1973 [OCA 195] 17-45) im Neuen Wettstein 401 Anm 2. Grotius 823 und Wettstein 170 verweisen außerdem auf Theognis 1,27-38; Diodorus Siculus 12,12,3; Epiktet, Ench. 33,6 u.a. (vgl. Neuer Wettstein 400-404); vgl. auch G.M. Lee, Philostratus and St. Paul, ZNW 62 (1971) 121 und Schmeller* 365f Anm. 120 sowie (mit weiterer Lit.) Koch, Schrift 42-45.

[1202] Vgl. Weiß, ThWNT IX 472f: ἤθη χρηστά sei »geläufiger Ausdruck für *sittliche Lebensführung* u *humane Gesinnung*, kurz für *einen guten Charakter* im vollen Sinn« (mit Belegen). Doch ob man von der sprichwörtlichen Wendung her ἤθη so fassen darf, bleibt fraglich. Richtig Schmiedel 199: »nicht buchstäblich, als ob das φαγεῖν καὶ πιεῖν beginnen würde, sondern übertragen auf Ansichten«, deren Verderbnis durch Ansteckung Paulus fürchtet (vgl. auch Verburg* 151). Auch Philo benutzt das »geflügelte Wort« (Det 38), wonach ἤθη χρηστά durch der Sophismen Kunst und Trug gewissermaßen verzaubert und verdorben werden (vgl. Sandelin* 142f, der daraus und aus der Verbindung von V 32 mit V 33 auf eine alexandrinische Weisheitstradition bei Paulus schließt).

[1203] Auch sonst sind solche Zitate im NT selten: nur Apg 17,28 (Aratus) und Tit 1,12 (Epimenides). Schon daraus ist zu schließen, daß Paulus die Sentenz (zur Bedeutung der *sententia* in der Rhetorik vgl. Lausberg, Handbuch I 431-434) kaum durch Lektüre oder Schauspielbesuch erworben, sondern sie als weitverbreitete Lebensweisheit aufgegriffen hat.

von ab, wen Paulus mit dieser Warnung im Visier hat, vor wem hier also konkret gewarnt wird[1204]. Das Zitat ist aber kaum eine Warnung vor einem Umgang mit Vertretern eines epikureischen Lebensgenusses oder eines moralischen Indifferentismus außerhalb der Gemeinde[1205], sondern eine innergemeindliche Abgrenzung und Warnung vor den Auferstehungsleugnern[1206]. Die Freigabe freundschaftlichen Verkehrs in 10,27 ist zwar kein Freibrief für ὁμιλίαι κακαί, doch ist das Zusammensein mit den Kindern dieser Welt nicht das, was Paulus eigentlich fürchtet, denn sonst müßte die Welt geräumt werden (5,10). Das ist zwar unabhängig davon, ob ὁμιλίαι – semantisch gleichberechtigt – Umgang oder Gespräche im Blick hat[1207], doch wird Paulus kaum einen völligen Beziehungsabbruch oder eine absolute Kontaktsperre verhängen wollen, vielmehr wird die Warnung vor den verführerischen, die Auferweckung bezweifelnden Reden der Auferstehungsleugner im Vordergrund stehen, evtl. aber zugleich deren mögliche libertinistische Konsequenzen ins Auge fassen.

34   Die erste Mahnung in V 34 (ἐκνήψατε), in rechter Weise (δικαίως[1208]) nüchtern zu werden, ist von besonderem Gewicht, weil hier noch einmal

---

[1204]   Conzelmann 341 fragt, ob Paulus mit dem Zitat »allgemein vor Konformität mit der Welt warnt (Röm 12,2) oder speziell vor dem Umgang mit den Auferstehungsleugnern«, wobei V 34 für das Letztere spreche, sich aber beides nicht ausschließe.

[1205]   Zu solchen Warnungen vor verderblichem Einfluß vgl. Philo, Virt 24; Xenophon, Mem. 1,2,20 und Arist 130f (an den beiden letzten Stellen mit ὁμιλία).

[1206]   So z.B. Grotius 823: *Significat Paulus periculosa maxime esse colloquia eorum qui spem tollunt vitae alterius.* Für solche Warnung *intra muros* spricht sowohl der Kontext (Spitze gegen die τινές V 34) als auch 5,6f.11 (vgl. später auch Röm 16,17; 2Thess 3,14); vgl. z.B. Kremer 350 (gegen den Einfluß enthusiastischer Kreise); Sellin* 287 verweist auf die Anhänger des Apollos. Weiß 367 meint dagegen, Paulus komme hier »auf die Versuchungen zurück, die den Christen aus allzu intimem Umgang mit ihren heidnischen Volksgenossen erwachsen könnten«; auch Godet II 218 denkt an Verführung durch heidnische Freunde (ähnlich Bachmann 461; vgl. auch Kuß 190), D.B. Martin 275 Anm 79 speziell durch skeptischen Epikureismus (ebs. Hays 268f), Wolff 400 an einen von außen kommenden Einfluß, Strobel 256 an eine Warnung vor »der Anpassung an die Welt und den Zeitgeist«.

[1207]   Vgl. die Vulgata: *colloquia* und weiter unten S. 262; Holsten, Evangelium 425

Anm. * verweist auf ὁμιλεῖν (Lk 24,14f; Apg 20,11; 24,26); Schmiedel 199; Heinrici 483 (in Sendschreiben 521f heißt es »thörichte Dispute«, die »etwas Berauschendes« hatten und z.B. »den Sinn für die Wahrheit abstumpften«); Schlatter 429 (»schlechtes Gerede«); Stenger* 99 stellt einen Bezug zu λέγουσιν V 12 her; vgl. die entsprechenden Belege für ὁμιλία bei Bauer/Aland 1146. Vgl. dagegen für den weiteren Sinn Weish 8,18; 3Makk 5,18; Arist 130 und die Belege bei Bauer/Aland 1146; in diesem Sinne z.B. Beza 163 (*commercia; das Wort bezeichne communem totius vitae vsum*); Meyer 453; Godet II 218; Conzelmann 341.

[1208]   So Kümmel 194 im Anschluß an Jeremias, ZNW 38 (1939) 122 (»wirklich«) und dessen Verweis auf grHen 106,18 und 107,2; vgl. Schrenk, ThWNT II 187; Bauer/Aland 398 (»richtig«); Heinrici, Sendschreiben 522 Anm. 1 (δικαίως solle »auf rechte Weise« limitieren, denn es gebe »auch eine falsche Ernüchterung«); Billroth 227f (nicht *moraliter*, sondern *modaliter*). Brakemeyer (Lit. zu Kap. 15) 79 will aus δικαίως schließen, daß sich die Korinther schon für nüchtern hielten und damit vielleicht wie in den unten Anm. 1212 genannten Belegen den »Zustand der durch die Gnosis Erleuchteten« bezeichneten; vgl. auch Lövestam* 83; Sellin* 287f; Verburg* 152.

ein Licht auf die Auferstehungsleugnung fällt. »Nüchternheit« ist hier trotz πίωμεν im vorangehenden Vers metaphorisch zu verstehen. Paulus sieht die Enthusiasten offenbar wie in einem bewußtlosen Rausch oder Schlaf[1209], aus dem es zu erwachen gilt (der Aor. macht auf den kategorischen Charakter aufmerksam[1210]), freilich kaum in einem Rausch von Weltlichkeit und Genußsucht[1211], sondern von pneumatischer Erkenntnis[1212] und eschatologischer Schwärmerei[1213]. Ἐκνήψατε heißt hier: Laßt den Enthusiasmus und Illusionismus dahinten. Auch der auf Dauer zielende präsentische Prohibitiv μὴ ἁμαρτάνετε hat nicht beliebige Sünden im Visier, da er im anschließenden Satz mit γάρ begründet wird und darum den Zweifel an Gottes totenerweckender Macht anspricht[1214]. Berechtigter als bei ἐκνήψατε ist die Frage, ob ἀγνωσίαν γὰρ θεοῦ τινας

[1209] Vgl. Chrysostomus 351: ὡς πρὸς μεθύοντας καὶ μαινομένους (ebs. Joh. Damascenus 696).
[1210] Vgl. Bl-Debr-Rehkopf § 337,3; Godet II 218 (»ein energisches, entschiedenes Handeln«).
[1211] So aber Grotius 823 (*Ne vos date voluptatibus, ut faciunt isti Epicurei*); Godet II 218 (die Korinther seien »nur halb« aus ihrem früheren Schlaf im fleischlichen Wesen aufgestanden); Weiß 367; auch nach Conzelmann 341 soll ἐκνήψατε auf das Zitat von Jes 22,13 zurückweisen; R.P. Martin* 124 hält es für möglich, daß der Ruf zur Nüchternheit auf das πίωμεν in V 32 und auf Unsitten beim Agapemahl (11,21: μεθύει) zurückblickt; vgl. auch Schmeller* 345; Fee 774; Kremer 350 (»gegen die Ausgelassenheit und ganz auf Genuß eingestellte Lebensweise derer, die in ihrem Enthusiasmus jede Nüchternheit und besonnene Lebensweise vermissen lassen und sich statt dessen einem Rausch der Selbstbefreiung und Enttabuisierung hingeben«).
[1212] Weiß 367 mit Anm. 3 verbindet das ἐκνήψατε mit der ἀγνωσία θεοῦ und verweist wie Reitzenstein, Mysterienreligionen 292 auf CH I 27: »Ihr Leute, erdgeborene Menschen, die ihr euch der Trunkenheit, dem Schlaf und der ἀγνωσία θεοῦ überlassen habt, werdet nüchtern« (vgl. auch CH VII 1 und weiter Jonas, Gnosis I 115-118; Lövestam* 84-87). Barrett 368 sieht »evidence for the existence of a Corinthian group claiming to have a special knowledge of God«. Sellin* 287 denkt speziell an den Einfluß jüdisch-hellenistischer Weisheitstheologie (vgl. H. Lewy, Sobria Ebrietas. Untersuchungen zur Geschichte der antiken Mystik, 1929 [BZNW 9]; Lövestam* 81-83); wenngleich ἀγνωσία bei Philo

selbst fehlt, ist der Zusammenhang von Trunkenheit und ἄγνοια breit bezeugt (vgl. nur Ebr 154). Zwar ist der Ruf zur Nüchternheit auch als »Stichwort der eschatologischen Paränese« (Conzelmann 341 mit Hinweis auf 1Thess 5,6ff) mitzuhören, doch die Verbindung mit ἀγνωσία θεοῦ könnte eher für eine Nähe zu den hermetischen und philonischen Belegen sprechen, auch wenn Paulus das in den Horizont der Auferweckungsleugnung rückt.
[1213] Schlatter 429 spricht vom Erwachen aus »Träumen und Schwärmen«, in denen der Erinnerung an den Tod ausgewichen wird. Bauernfeind, ThWNT IV 940 sieht V 34 »gegen Berauschung an eigenen Gedanken über Leben und Sterben gerichtet, die nicht Gottes Gedanken sind und darum letztlich ἀγνωσία θεοῦ«; ähnlich Kent* 6: Paulus warne vor »mental or spiritual intoxication from their own thoughts about life and death«. M.E. kann man mit dem Ruf zur Nüchternheit jedoch schwerlich »epikureische Jenseitsskepsis« treffen (so aber Schmeller 379).
[1214] Vgl. schon Chrysostomus 351 (er sieht darin die Keime der ἀπιστία, wie auch sonst ein verderbtes Leben schlechte Lehren hervorbringe) und Oecumenius 880; vgl. weiter Schmiedel 199: »*Sündigt nicht durch Zweifel an Gottes Allmacht (Mt 22 29)*«; Bachmann 461; Schlatter 430; nach v. Mosheim 715 soll ἁμαρτάνειν hier sogar »nichts als irren bedeuten«, eine Bedeutung, die Paulus aber nicht kennt; noch anders Godet II 219, der das vor allem auf »den Mangel an Gefühl für Gottes Heiligkeit« bezieht. Brakemeyer (Lit. zu Kap. 15) 79 fragt, ob es »korinthisches Dogma« war, »daß die Getauften nicht mehr sündigen können«.

ἔχουσιν nicht ironisch gegen die γνῶσιν ἔχοντες (8,1) zielt[1215]. Man darf das jedoch nicht formal im Sinne eines theoretischen oder auch praktischen Atheismus belassen, denn es geht nicht um irgendeine Unkenntnis Gottes oder einen Mangel an abstrakten Theorien über seine Existenz[1216], sondern die ἀγνωσία θεοῦ ist im Licht von V 20-28 zu sehen und wieder primär die Leugnung der Auferweckung[1217]. Dann kämpft Paulus, indem er für die Auferweckung der Toten ficht, zugleich gegen die ἀγνωσία θεοῦ im Sinne eines ahnungslosen Zweifels am totenerweckenden Gott. Gott ist – um Mk 12,27 zu zitieren – nicht ein Gott der Toten, sondern der Lebenden, mit Paulus selbst formuliert: Er ist der, der die Toten erweckt (Röm 4,17)[1218]. Die Größe der Gefahr, dies enthusiastisch zu verkennen, läßt den Apostel damit schließen, daß er das zu ihrer Beschämung sage[1219], damit sie dadurch zur Besinnung kommen.

Zusammen-   Paulus bietet erneut Argumente für die Auferweckung der Toten auf.
fassung   Zunächst verweist er seine Adressaten auf einen Selbstwiderspruch, daß sie sich nämlich stellvertretend für Tote taufen lassen, was nach seiner Meinung ohne Hoffnung auf Auferweckung sinnlos ist. Dann erinnert er daran, daß er sich jederzeit in Gefahr begibt und dem Tod aussetzt, was er mit einer Eidesformel bekräftigt und womit er sozusagen seinen Ruhm verpfändet. Endlich wäre eine solche Grenzsituation wie der »Tierkampf« in Ephesus ohne die Aussicht auf die Auferweckung der Toten töricht und ohne eschatologischen Nutzen. Umgekehrt wäre bei Ausfall der Aufer-

---

[1215] So Weiß 367 Anm. 3; auch Bousset 158 rechnet mit »einer ironischen Anspielung« (ebs. Fee 774). Lietzmann 83 paraphrasiert: »Die γνῶσις eurer Verführer ist in Wahrheit ἀγνωσία«. Vgl. zu ἀγνωσία Bultmann, ThWNT I 117-120, der in V 34 »gnostischen Sprachgebrauch« findet, »sofern er das Verhängnis der Gottesferne, das Verfallensein an die ›Welt‹ und die Angewiesenheit auf Offenbarung zum Ausdruck bringt«; Sandelin* 141f verweist auf die Beziehungen zu Weish (vgl. ἀγνωσία θεοῦ Weish 12,1 und das Oppositum in 13,1) und wie Sellin* 288 zu Philo.

[1216] Vgl. Bengel 435 (ἀγνωσίαν ἔχειν bzw. *ignorantiam esse gravior est phrasis, quam ignorare*) und etwa auch Robertson/Plummer 364: »Ἀγνωσία is not ἄγνοια, *ignorantia*, the absence of knowledge, but *ignoratio*, the failure or inability to take knowledge«. Vgl. auch Joyce* 277: »more than a lack of knowledge but stupidity and foolishness. These who were in error were the sophisticated who prided themselves on a knowledge of God«. Rückert 418 will die ἀγνωσία dagegen nicht darauf beziehen,

daß die Betreffenden nicht wissen, was Gott vermag, sondern darauf, daß sie nicht bedenken, daß Gott sich seiner nicht spotten läßt.

[1217] Vgl. z.B. Bullinger 249, der an Mk 12,24 erinnert (μὴ εἰδότες ... τὴν δύναμιν τοῦ θεοῦ). Nach Nikolainen (Lit. zu Kap. 15) II 140 (im Anschluß an Barth) ist »›Auferstehung der Toten‹ für Paulus nichts anderes als eine Umschreibung des Wortes ›Gott‹; ähnlich auch Kremer (Lit. zu Kap. 15; Resurrectio) 29; März (Lit. zu Kap. 15) 79.

[1218] Vgl. Moffat 256; Becker* (Lit. zu Kap. 15) 87; Lang 231; Friedrich (Lit. zu Kap. 15) 307f erinnert mit Recht daran, daß Gott bei Paulus nicht mit den üblichen Gottesprädikaten charakterisiert wird, sondern als der bestimmt wird, der Jesus von den Toten erweckt hat (Röm 4,24; 8,11; 10,9 u.ö.) und auch uns erwecken wird (Röm 8,11; 1Kor 6,14 u.ö.).

[1219] Vgl. 6,5 und umgekehrt 4,14. Berger, Formgeschichte 196 rechnet unsere Stellen wie 6,5 zur Scheltrede; Siegert, Argumentation 228 spricht von »einer derben Schelte«.

weckungshoffnung die Losung *carpe diem* im Anschluß an Jes 22,13 kon-
sequent. Paulus schließt diesen ersten großen Abschnitt von Kap. 15 mit
einer Warnung in Form eines Menanderwortes vor verführerischen Reden, mit einem Aufruf zur Nüchternheit gegenüber allem Enthusiasmus
und einem Rückruf von beschämendem Zweifel an Gottes totenerweckender Macht.

Verfolgt werden die Auslegung und Wirkung 1. der Taufe für die Toten (V 29)   Auslegungs-
(S. 251-253), 2.1. der Leidensaussage (V 30-31a) (S. 253-255) und 2.2. des Tier-   und
kampfes (V 32) (S. 255f), 3. der Eidesaussage (V 31b) (S. 256f), 4. des Jesaja-Zitats   Wirkungs-
(V 32c) (S. 257-260), 5. des außerordentlich wirksamen Menander-Zitats (V 33)   geschichte
(S. 260-265) und 6. des Verses 34 (S. 265f).

1.   Die Skala der schon in der Exegese genannten verschiedenen Deutungen der Vikariatstaufe soll hier nicht noch verbreitet, sondern an einigen
Beispielen verfolgt werden, vor allem auch der außerhalb der Kommentare verhältnismäßig seltene Rekurs auf V 29 und dessen Bewertung[1220]. In
den Kommentaren wird dort, wo an der Deutung als Vikariatstaufe festgehalten wird, fast regelmäßig betont, daß Paulus die Praxis der Korinther nicht billige: *Hoc exemplo non approbabat eorum factum, sed cer-
tam ostendit resurrectionem*[1221]. Öfter wird auf das Beispiel des Jephtha
in Ri 11 verwiesen und daraus die Folgerung gezogen, auch dort sei nicht
das Faktum zu billigen, sondern die *perseverantia fidei*[1222]. Thomas (416),
der neben der oben (S. 238) erwähnten Deutung auch eine Taufe *pro aliquo consanguineo suo defuncto* kennt, fragt immerhin, warum, wenn ein
Gebet einem anderen nützt, das nicht auch für die Taufe gelten soll, bleibt
aber eine klare Antwort schuldig und begnügt sich mit der Auskunft, daß
die Taufe ihre Kraft nicht *ex intentione nostra, sed ex intentione Christi*
habe[1223].
Auch die Reformatoren urteilen nicht anders. Calvin (459), für den eine
Vikariatstaufe »grober Aberglaube« ist, kann sich nicht vorstellen, daß
Paulus im Blick auf seine sonstigen Vorschriften im Brief solchen
Mißbrauch als »Zaubermittel« ohne ein Wort des Tadels habe stehen las-

---

[1220] Ein frühes Beispiel bietet Clemens
Alexandrinus, Exc. ex Theod. 22,1 (GCS 17,
113f), wo im Anschluß an V 29 von einer
stellvertretenden Taufe von Engeln für
Menschen die Rede (ὑπὲρ ἡμῶν γάρ,
φησίν, οἱ ἄγγελοι ἐβαπτίσαντο, ὧν ἐσμεν
μέρη; vgl. dazu Aleith, Paulusverständnis
48; Lindemann, Paulus 301). Ein spätes Beispiel etwa J. le Goff, Die Geburt des Fege-
feuers, Darmstadt 1984, 64: »nicht die
christliche Taufe, sondern eine Taufe, die
die zum Judaismus bekehrten griechischen
Proselyten empfingen«.

[1221] Atto 402; ähnlich Petrus Lombardus
1683; Hrabanus Maurus 148; Herveus 983;
Lanfrank 210; Bruno 209. Aus dem Wechsel in die 1. Pers. in V 30 schließt Atto 402,
daß die Totentäufer *non esse catholicos, nec
religiose agere*; vgl. auch Ambrosiaster 175.
[1222] Ambrosiaster 175; Ambrosius 280;
Hrabanus Maurus 148.
[1223] Vgl. Coccejus 340: *Nullus baptismus
externus potest praebere argumentum resurrectionis mortuorum, nisi qui a Deo institutus est.*

sen: »Was er ohne jeden tadelnden Zusatz erwähnt, muß das nicht jedermann für erlaubt halten? Es handelt sich hier nach meiner festen Überzeugung nicht um einen abergläubischen Mißbrauch, sondern um den
rechten Gebrauch der Taufe«, denn wer getauft wird, stehe »gewissermaßen schon an der Schwelle des Todes«[1224].

Eine gewisse Rolle hat die Stelle im Streit über Totenmesse u.ä. sowie über die
Kindertaufe gespielt. Bernhard v. Clairvaux will für einen Verstorbenen beten
und seine Seele »für einen Toten in einem ganzen Strom von Tränen taufen lassen (vgl. 1. Kor. 15,29)«, wenn er sehen sollte, »daß bei einem alle Weisheit
menschlicher Beschwörung, jeder noch so große Fleiß in Ermahnungen nichts
vermögen«[1225]. Auch Cornelius a Lapide (340) versteht die Totentaufe *metaphorice*, d.h. mit der Taufe seien *poenae, afflictiones, lacrymae, preces* gemeint, *vt
suffragentur mortuis, vt a baptismo ignis in Purgatorio liberentur*, und er verweist auch auf Mk 10,38, Lk 12,50 und Ps 31,6[1226]. Dagegen wird von den Reformatoren, allerdings meist ohne Erwähnung von V 29, die Lehre vom Fegefeuer
ebenso kritisiert[1227] wie meist auch der Brauch, für die Verstorbenen zu beten
oder Opfer zu bringen[1228]. Aber auch mit unserer Stelle ist entsprechend argumentiert worden: So wendet Schwenckfeldt V 29 gegen die These, »daß man den
Seelen (sc. der Verstorbenen) mit den Messen mồge helffen«, ein: Paulus »ge-
denckt ... gar keines Opffers in seinen Episteln für die todten / sagt wol / daß sich
etliche für sie haben tảuffen lassen [1. Cor. 15,29] / welchs aber ein Mißbrauch
war«[1229]. Grotius (823) nennt die Heranziehung der Stelle für das Gebet für Verstorbene eine Usurpation[1230].
Zwar hat man reformatorischerseits die Kindertaufe ähnlich wie mit 7,14 so auch
mit V 29 verteidigt, doch gilt sie u.a. den Täufern als *abusus*. Hoffmann z.B. schließt
aus V 29 auf die Legitimität der Kindertaufe: »Hat er (sc. Paulus) das zugelassen und
nit wyderfochten zur selben zeit für die, die doch todt waren, wie vyl mehr den lebendigen kyndelin«[1231]. Umgekehrt rechnet Simons V 29 zu den ersten Belegen, wo

---

[1224]   Auch sonst wird so getan, als ob von
normaler Taufe mit dem Bekenntnis zur
Auferweckung die Rede wäre: Wenn die
Toten im Tod bleiben, »*ergo non indigent
baptismo*, pfarrer, *praedicatore, sed* Mei-
ster Hans des henckers, das man der selbig
saw der knutel, den der knecht und hirt hat,
ut alios porcos non beissen i.e. weltlich regiment« (Luther, WA 36, 600f). Anders
Zwingli 184, nach dem die Taufe für die Toten zwar bezeugt, daß die Seelen nach dem
Tod leben, weil sie sonst sinnlos wäre, dieser Ritus von Paulus aber nicht gebilligt
werde, sondern der Apostel rede mit Spott
und Verachtung davon.
[1225]   Schriften, Bd. 2, 126.
[1226]   So auch Bellarmin, Petrus Venerabilis
u.a. nach Foschini* 265: Paulus spreche von
»the baptism of tears and penitence which
one receives by praying, fasting, and giving
alms etc.«.

[1227]   Vgl. z.B. Calvin, Inst. 3,5,6-9.
[1228]   Vgl. ebd. 3,5,10; Coccejus 341. Zurückhaltender ist Luther, WA 10.3, 409
(»daheim in seiner Kammer ... einmal
oder zwei«); vgl. zur kontroversen Stellung
zum Gebet für die Toten Merkel, TRE 5,
748.
[1229]   Corpus XI 1045; vgl. auch XVI 812:
Paulus habe ihre Taufen »nit bestetiget,
Sondern allein Irenn glauben der aufferstehung draus angetzaigt«.
[1230]   Vgl. auch die Kritik bei Coccejus 341
daran, daß die Seelen der Verstorbenen im
Purgatorium durch Opfer und Gebet befreit
werden können.
[1231]   QGT XV 339. Hobbes, Leviathan 481f
erklärt später, daß »vielleicht nach der Auferstehung noch Raum für die Reue einiger
Sünder« sei und er versteht V 29 so, daß es
z.Zt. des Paulus »üblich war, durch Empfangen der Taufe für Tote (so, wie Men-

die nur den Glaubenden gehörende Taufe ähnlich wie bei der Kindertaufe mißbraucht worden ist[1232]. Für Billroth (224) ist der Irrtum, nach dem sich ein Verwandter für verstorbene Katechumenen taufen ließ, »nicht schlimmer als der so lange von der spätern Kirche gehegte Mißbrauch mit der Nottaufe«.

Auch wenn offenbar die Praxis der Totentaufe nur bei den Mormonen überlebt hat[1233] und der Text außerhalb der Exegese kaum eine sonderliche Beachtung findet, ist er doch in neuerer Zeit auch positiv gewürdigt worden. So stellt Bonhoeffer darauf ab, der Blick richte sich hier »kaum auf den einzelnen Empfänger bzw. auf die persönlichen ›Bedingungen‹, die an den Empfänger der Taufe geknüpft sind«, sondern alles Gewicht falle »auf die dem Sakrament in seinem von Christus eingesetzten Vollzug innewohnende Gewalt«; er fragt von daher: »Warum sollte aus solcher Auffassung der Taufe nicht auch ein derartiger Brauch als extremer, von der Kirche zwar nicht akzeptierter, Ausdruck der Kraft des Sakraments entstehen können?«[1234]. Auch Weber findet hier immerhin belegt, daß »die Taufe ihrem *Grunde* nach stets über den Umkreis unseres bewußten Glaubens« hinausgreift und daher »im *Vollzuge* nicht notwendig von diesem abhängig gedacht werden kann«, auch wenn »eine sachliche *Trennung* von Taufe und Glauben, Glaube und Taufe«, ausgeschlossen wird[1235].

2.1. Die paulinischen *Leidensaussagen* werden verständlicherweise oft mit den Peristasenkatalogen illustriert[1236] oder mit 2Kor 4,10[1237], Gal

schen, die heute glauben, für den Glauben von Kindern, die noch nicht glauben können, Sicherheit leisten und bürgen) für die Person ihrer verstorbenen Freunde zu bürgen, daß diese bereit sein würden, zu gehorchen und unseren Heiland bei seiner Wiederkunft als ihren König anzuerkennen«; allerdings ist seiner Meinung nach in dieser Auslegung »viel Ungereimtes« enthalten, so daß er ihr nicht traut.

[1232] Writings 280.

[1233] Vgl. Eggenberger, RGG ³IV, 1140 und Staehelin, Verkündigung, Bd. 6, 431.

[1234] Schriften, Bd. 3, 437f; vgl. auch 441, wo als Parallele für solchen »Realismus« auf 1Kor 7,14 verwiesen wird. Voigt, Gemeinsam 145 nennt als springenden Punkt, daß »die Geschichte, die sich zwischen Gott und uns abspielt«, »mit dem Tod noch nicht ihr Ende« findet, und er hält uns Heutige von den Korinthern »nicht ganz ferne, wenn wir die Nottaufe üben«. Vgl. auch Claudel, Schwert 177 Anm. 2, wo V 29 zwar »ein einigermaßen rätselhafter Text« genannt, aber dann doch erklärt wird, Paulus fasse »hier die Taufe als Grundbild aller Sakramente auf, weil sie am deutlichsten die Eingießung

der Gnade« darstelle. Hays 267 findet hier einen weiteren Beweis dafür, daß die paulinische Soteriologie »is far less individualistic than Christians since the Reformation have usually supposed and that Paul is at least open to believing that the community can act meaningfully on behalf of those who are not able to act in their own behalf«.

[1235] Grundlagen II 676. Noch weiter geht K.L. Schmidt: »Nach Gottes gütigem Willen können auch und sogar Tote noch nachträglich zur Kirche, zum Gottesvolk, zum Christusleib hinzugezählt werden. So wird der paulinische Hinweis auf die Vikariatstaufe schließlich ein Hymnus auf die schier unbegreifliche Barmherzigkeit Gottes, der größer ist als unser Herz, der über alles Verstehen hinaus (ohne menschliche Entscheidung!) spricht und handelt« (a.a.O. [Anm. 1149] 71).

[1236] Vgl. als leicht zu vermehrende Beispiele Chrysostomus, De Sacerd. 4,6 (BKV 27.2, 200); Luther, WA 36, 611; Barth, KD IV 3, 725.

[1237] So z.B. Origenes, In Rom 5 (PG 14, 1039); Chrysostomus, Panegyr. 1,3 (SC 300, 116).

2,19[1238], Röm 8,36[1239] u.a. Stellen verknüpft[1240]. Das »tägliche Sterben« (V 31a) wird z.T. im Sinne der Bereitschaft zum Tod oder der Vorbereitung darauf verstanden, z.B. bei Athanasius[1241], aber auch später [1242]. Andere sprechen von Todesgefahren, denen Paulus sich aussetzt[1243]. Über die Motive wird weniger reflektiert. Hieronymus zitiert zunächst Plato (Phaed. 9,64a), nach dem das Leben für den wahren Philosophen eine fortgesetzte Betrachtung des Todes ist, und nach Zitat der seiner Meinung nach noch nachhaltiger wirkenden Worte von V 31 heißt es, es sei »nicht dasselbe, ob jemand lebt, um zu sterben, oder ob jemand stirbt, um zu leben. Der Philosoph hascht noch im Sterben nach Beifall; der Apostel stirbt ständig, um in die Herrlichkeit einzugehen«, weshalb auch wir uns mit der Frage beschäftigen sollen, »was aus uns einmal wird«[1244]. Athanasius zitiert V 31 auch zur Begründung der Askese: Um dabei nicht sorglos zu werden, soll man das Wort des Apostels beherzigen, denn wenn man so lebt, als ob man täglich sterben sollte, sündigt man nicht[1245]. Nach Primasius (550) geschehen die Leiden *pro aliis*, nach Cornelius a Lapide (341) setzt Paulus sich der Todesgefahr *pro Euangelio & Gentium conuersione* aus.

[1238] Theodor v. Cyrus, Über die Liebe 31,13 (SC 257, 292).
[1239] Luther, WA 3, 275.
[1240] Gregor v. Nyssa (Opera VI 307) verbindet mit 2Kor 1,9; vgl. auch V 381, wo noch Röm 8,36; 2Kor 4,10 und Gal 2,19f angeführt werden.
[1241] Vita Anton. 19 (BKV 31.2, 33). Vgl. auch Hieronymus, Ep. 60,19 (BKV 2. R. 18, 55: »Täglich sterben wir dahin, täglich ändern wir uns, und doch vermeinen wir, ewig zu leben«) und im Kommentar 767: *Semper paratus ad mortem* (ebs. Pelagius 220); Theophylakt 769 (τῇ προθυμίᾳ, καὶ τῷ πρὸς τοῦτο παρεσκευάσθαι); vgl. auch Euseb, Exeget. (PG 23, 388: Παρεσκεύασται ἐνστατικῶς (fest) μέχρι θανάτου ἀγωνίσασθαι); Basilius v. Caesarea, Ascet. 126 (CSEL 86, 156: *Secundum propositum ergo nostrum et animae praeparationem cotidie morimur, voluntate autem dei reservamur,* weshalb Paulus zuversichtlich sage, *ut morientes et ecce vivimus* 2Kor 6,9).
[1242] Grotius 823 (*Quotidie paratus sum mori*); Coccejus 341 (*Quotidie se ad mortem praeparabat, quotidie velut ante oculos mortem videbat*); Coccejus nennt mehrere Gründe, u.a. *castigatio, fidei probatio, demonstratio potentiae Spiritus sancti.*
[1243] Glossa 58v (*Periculis mortis me expono*); ähnlich Faber Stapulensis 131r; Thomas 417; Spener 496 (*Quotidie in mortis periculo versor, quotidie mortem ante*

oculos habeo ... Vita mea est mors quotidiana).
[1244] Ep. 60,14 (BKV 2. R. 18, 47); vgl. auch Markus Eremita, Opusc. 4 (BGrLit 19, 233): Die Glaubensfesten »sterben auf Grund der Liebe zu Christus täglich ..., d.h. sie lassen jeden Gedanken des hiesigen Lebens unbeachtet und bedenken nichts anderes als nur, wann sie zur vollkommenen Liebe Christi gelangen«. Vgl. auch Theodoret, Mönchsgeschichte 30 (BKV 50, 190), der sogar meint, wenn es möglich gewesen wäre und Paulus hätte »den Tod zehnmal und fünfzigmal zu erleiden, er hätte es mit aller Freude getan, von der Liebe entzündet« (auch mit Verweis auf Gal 2,19f).
[1245] Vit. Anton. 19 (PG 26, 872); vgl. auch Akten des Apollonius 26: καθ᾽ ἡμέραν ἀποθνῄσκουσι ἡδοναῖς (Ausgewählte Märtyrerakten [SQS NF 3, 33]) und Spener 498: Wenn Christus nichts anderes verlangen würde als die Tempel zu besuchen, Gebetsformulare zu rezitieren und äußerlich ehrbar zu leben, würden wir uns nicht von Heiden, Juden und Türken unterscheiden, aber Christen sollen sich und der Welt absterben, vom Genuß fernhalten. Vgl. auch Newman, Pfarr- und Volkspredigten, Bd. 7, 103: »Jeder Tag war ihm ein neues Sterben für die Welt; immer weniger Bande an die Erde, immer mehr Schätze für den Himmel«.

Die Reformatoren sehen es nicht anders. Nach Zwingli (185) ist das Leben, das hier gelebt wird, eher Tod zu nennen, wenn man es mit dem zukünftigen ewigen vergleicht. Eine ähnliche Ansicht findet sich bei Luther: Auch wenn wir das Leben, das wir hier leben, nicht Tod nennen wollen, ist es dennoch nichts anderes als *perpetuus cursus ad mortem*[1246], doch wird zugleich die Dialektik von Tod und Leben herausgestellt: »Der tod hengt yhm all tag am hals, *ut plus* fulet *mortem quam vitam. Et quanquam dicit se mori, tamen simul dicit vivere*«[1247]. Ganz konkret versteht v. Mosheim (711) das tägliche Sterben: »Die täglich den Tod fürchten müssen, die nie wissen, ob sie den Abend des Tages erleben werden, die können mit Wahrheit sagen, daß sie täglich sterben«. Barth nennt V 31 als Beispiel dafür, daß der »durchgehende Zug nach unten« im Leben des Apostels im Blick auf den Weg Jesu Christi begründet ist[1248]. Dabei geht es aber nach Weber »nicht um nur Geistiges, sondern um die Leiblichkeit (besonders 2. Kor. 4,10; auch 1. Kor. 15,31), um menschliches Dasein in seiner äußersten Konkretion«[1249].

2.2.   Wird der *Tierkampf* buchstäblich aufgefaßt, gilt er als weiteres Beispiel der tiefen Leidenserfahrung des Apostels[1250], gleichzeitig aber als Beispiel wunderbarer Errettung: »Menschlich gesprochen« wäre Paulus von den Bestien verschlungen worden, aber παραδόξως sei er gerettet worden[1251]. Auch Luther weiß, daß die Delinquenten üblicherweise von den Löwen zerrissen wurden, weshalb es heißt: *Quandoque deus fecit miraculum*[1252]. Wird der Tierkampf übertragen verstanden, werden die »Tiere« sehr verschieden gedeutet, entweder als dämonische Mächte[1253]

[1246]   WA 42, 146; vgl. auch 45, 505: »Das ist: ich stecke on unterlas im tod, wie jnn einem tieffen meer«. Vgl. weiter Calvin 460 und zu Calvins *meditatio futurae vitae* (nach Quistorp, a.a.O. [Anm. 285] 33 mehr als Meditation und Kontemplation, nämlich »*die Ausrichtung des ganzen Menschen und seines gesamten zeitlichen Lebens auf das zukünftige Ziel*« [kursiv im Original gesperrt]) Quistorp 46-49 und Beißer, Hoffnung 96-102. Crell 343 interpretiert das tägliche Sterben so: *pericula & afflictiones gravissimas, quae mortem mihi praesentem intentant, sustineo.*
[1247]   WA 36, 610.
[1248]   KD IV 1, 207; vgl. auch Brunner (Ewige 123): »Der Lebensakt, in dem das neue Leben sich vollzieht, ist zugleich und immer wieder eine *mortificatio*«; vgl. auch 162: V 31 sei »paradoxerweise das Lebensgesetz des Neuen. Gerade in diesem aktiven Sterben lebt das Neue, als Agape, als wahre Gegenwart«.
[1249]   Grundlagen II 575. Hays 267 empfiehlt dem Prediger »some analogous contemporary examples of activities in the life

of our congregations that make no sense if the dead are not raised; for example ›If the dead are not raised, why do we sacrifice our time and resources in running a soup kitchen for the homeless?‹«
[1250]   Vgl. Ambrosiaster 176 und Ambrosius 281: *Libenter bestiis offerri se passus est* wie Apg 21,13. Tertullian, Pud. 22,4 (CChr 2, 1328) zählt den Tierkampf des Paulus unter anderen Martyrien auf, um zu belegen, daß unsere Sünden auch durch Fürbitte der Märtyrer nicht vergeben werden können, da Paulus den Blutschänder schon nach erlittenem Martyrium aus der Gemeinde ausschloß.
[1251]   Theodoret 361; vgl. auch Cajetan 83v.
[1252]   WA 36, 612; vgl. auch 613: »Wild thier *ad me venerunt. Sed* sind *ut* lemmerichen und jung hundlin«. Crell 344 erinnert an Simson und David.
[1253]   Vgl. Hieronymus 767, der an *adversariae potestates* denkt; ebs. Pelagius 220; Primasius 550, jeweils mit Verweis auf Ps 73,19 der Vulgata (*Ne tradas bestiis animam meam confitentem tibi*).

oder meist als Menschen, z.B. als *homines bestiali more viventes*[1254] oder
als *haeretici et saevi homines*[1255]. Das Kämpfen wird entsprechend als
Disputieren gedeutet, so daß es bei Petrus Lombardus (1683) heißen
kann: *Disputavi contra bestialiter viventes in Epheso ... secundum hominem, id est rationabiliter*[1256]. Bisweilen gilt der Tierkampf auch als Beispiel der Furchtlosigkeit: »Warum sollte ich mich für der Löwen-Grube
fürchten, wenn der Engel des HErrn bei mir ist, welcher den Löwen den
Rachen zuhalten kann? Dan. 6,21. Warum sollt ich Bedenken tragen, oder
mich fürchten, in ein Basilisken-Loch // zu greifen, und mit grausamen
Tieren zu kämpfen, wenn es mein GOtt und meine Pflicht erfordert?«
(mit Verweis auf Jes. 11,8 und unsere Stelle)[1257].

3.   Die Beteuerungspartikel νή hat nicht überall Beachtung gefunden.
Chrysostomus (350) z.B. erklärt, Paulus wolle den Anschein vermeiden,
als beklage er sich, weshalb er sage: Ich klage nicht, sondern rühme mich,
euretwegen zu leiden[1258]. Die meisten Autoren aber gehen von einem
Schwur des Paulus aus. Die Lateiner schwanken zwar zwischen *per* und
propter in der Wiedergabe des νή[1259], doch meist wird von einem Schwur
ausgegangen[1260] und von daher die Frage nach dem Verhältnis zum
Schwurverbot Jesu (Mt 5,37; Jak 5,12) gestellt[1261]. Meist gilt dabei nur
Meineid und leichtfertiger Eid als verboten, nicht aber der Eid als solcher,
und als biblische Argumente dafür werden neben alttestamentlichen Stellen (Ex 22,10f; Dtn 6,13 u.ä.) auch die eidähnlichen Formeln bei Paulus
angeführt. Petrus Lombardus (1683) erklärt darum: *Apostolus juravit, ut*

[1254] Haymo 599, der dabei konkret wie auch Ökumenius 442, Theophylakt 769, Bengel 434 und Semler 432 an den Aufstand des Demetrius in Ephesus aus Apg 19 denkt, Theophylakt 769 an Juden und Demetrius; vgl. weiter oben Anm. 1186.
[1255] Sedulius Scotus 159; vgl. Glossa 58v: *homines resurrectionem negantes: et per consequens bestialiter viuentes*; ähnlich Bruno 209: *contra Ephesianos bestiales: quia resurrectionem negando*; Lanfrank 211: *bestiales homines*. Krenkel (nach Weiß 365) denkt wie Offb 13 an den römischen Staat.
[1256] Vgl. auch Thomas 417; Walafrid 547. Eck wendet später das Bild auch auf sich selbst an: Er habe schon oft mit Zähnen versehene Tiere bekämpfen müssen, in der Nähe (z.B. in Leipzig mit dem Haupt des Drachens, Luther und Karlstadt) und in der Ferne (in Deutschland und Italien mit Schriften) (Ench. Vorreden [CCath 34, 9]).
[1257] Comenius, Centrum Securitatis, hg. v. A. Macher, Heidelberg 1964, 140.

[1258] Vgl. auch Grotius 823: καυχᾶσθαι sei hier = *gaudere*. Theophylakt 769 interpretiert καύχησις als προκοπή der Korinther, deren Paulus sich rühmen kann, denn der Progreß der Schüler sei der Ruhm des Lehrers; vgl. auch Sedulius Scotus 159: *Bonus enim doctor particeps est gloriae discipulorum*.
[1259] Vgl. Thomas 417; Estius 745.
[1260] Anders Hieronymus 767: *Per* (= νή) *non semper significatio juramenti est* (ebs. Pelagius 220); vgl. auch Augustin, Ep. 157,40 (CSEL 44, 487): *non est iuratio* (vgl. aber auch die übernächste Anm.).
[1261] Wo dagegen *propter gloriam* gelesen wird, wird meist so wie bei Thomas 417 erklärt: *Id est ut ego acquiram gloriam, quam expecto ex vestra conversione ad fidem*; vgl. Cornelius a Lapide 341: *Propter gloriam vobis obuenturam in caelis ... vel potius ... per gloriationem, qua glorior de vobis*. Vgl. schon Hieronymus 767: *Ego habeo mercedem laborum in vobis: etiam si vos proficere nolueritis*; ähnlich Primasius 550; Pelagius 220.

sciamus quia verum jurare non est peccatum. Sed non ideo in dubiis jurandum est ... Falsum vero jurare gravissimum est peccatum[1262]. Auch nach Luther hat Christus nur *libidinem iurandi et vanitatem iurantium* verbannt, und so schwöre Paulus *per Ecclesiam*, wie es Sitte war, *per Ierusalem, civitatem magni regis* zu schwören[1263]. Spener (496) will Jak 5,12 und Mt 5,37 *de vita communi, & de negotiis inter homines usitatis* verstehen, wo eine bloße *affirmatio* oder *negatio* genüge, doch *divina gloria & salus hominum* treiben darüber hinaus, so daß hier der bloßen Affirmation oder Negation *asseverationes & juramenta ad gloriam Dei & testimonium veritatis* angefügt werden können. In neuerer Zeit werden die paulinischen Formeln mit Recht im Gesamtkontext der biblischen Sicht des Eides behandelt[1264].

4. Das Zitat von *Jes 22,13* in V 32 wird in zahlreichen Variationen und Kontexten aufgegriffen, meist zur Drohung und Abschreckung. Athenagoras droht denen mit dem Gericht Gottes, die das gegenwärtige Leben gleichbedeutend mit Essen und Trinken halten und den Tod »als einen tiefen Schlaf und als ein vollkommenes Vergessen auffassen«[1265]. Die Parole taucht denn auch von vornherein im Munde solcher Leute auf, die ein loses Leben führen[1266], oder solcher, deren Gott der Bauch ist (Phil 3,19)[1267]. Beliebt ist die Kombination mit Lk 12,19 und Pred 1,3[1268]. Die

[1262] Ähnlich Atto 402; Walafrid 547. Wyclif, Opus Evangelicum 178 beruft sich auf Augustin, wonach der Verstehende *non in bonis sed in necessariis iuracionem* heranzieht (vgl. Augustin, De Serm. Dom. 1, 17,51 [CChr 35, 58], nach dem νή *nonnisi a iurante* gesprochen werde, doch soll die *iuratio non in bonis sed in necessariis* bzw. *nonnisi necessitate* gebraucht werden); vgl. auch bei Wyclif ebd.: *Sicut enim falsum loqui non potest qui non loquitur, sic periurare non potest qui non iurat.* Erasmus 738 hält Schwören in Vermögens- und Geldangelegenheiten vielleicht nicht für genuin christlich, aber bei einem *negotium Christi* sei es kein Unrecht.
[1263] WA 44, 484 mit Hinweis auf Ps 63,12: »Alle, die bei ihm schwören, werden sich rühmen«. Beza 162 will *inter obtestationem & iusiurandum magna differentia* feststellen. Auch Coccejus 341 läßt sich durch Mt 5,37 und Jak 5,12 nicht irritieren und erklärt: *Non tamen peccari, si quis fidem in Deum per Christum testetur, & declaret, se in ea fide loqui. Quod hic Paulus facit.*
[1264] Vgl. Bonhoeffer, Nachfolge (Werke, Bd. 4, 130); Søe, Ethik 271; Trillhaas, Ethik 254; Honecker, Grundriß 613f.

[1265] Suppl. 12 (BKV 12, 287f); vgl. auch Res. 19 (ebd. 356): Wenn es kein Gericht Gottes gäbe, wäre es am besten, »wie das liebe Vieh dahinzuleben; die Tugend wäre ein leerer Wahn ...; der uneingeschränkte Genuß wäre der Güter höchstes; jener eine Satz, der allen Lebemännern und Genußmenschen so sehr behagt, würde allgemeines Dogma sein und oberstes Moralgesetz«.
[1266] Von ihnen wird darum in Veränderung des Zitates nicht gesagt, daß sie morgen sterben, sondern Gott schon gestorben sind; so Clemens Alexandrinus, Paed. 80,4-81,1 (GCS 12, 280); vgl. auch Ap. Const. 3,7,4 (SC 329, 136), wonach solche Leute irdische Dinge als bleibend und nicht vergehend ansehen.
[1267] Methodius v. Olymp, Res. 1,60 (GCS 27, 324f); er schließt 1Kor 6,12ff an. Vgl. auch Chrysostomus, Hom. zu Phil 14 (TKV 1, 547). Papst Anteros rechnet die Losung zu den Einflüsterungen der Diener des Satans, der Abstinenz haßt (ANCL VIII 626).
[1268] Vgl. z.B. Isaak v. Stella, Serm. 2,9 (SC 130, 104). Tertullian, Monog. 17,4f (CChr 2, 1252) wendet den Vers gegen Witwen, die wiederheiraten wollen und empfiehlt ihnen bissig, sich in ihrer *confusio carnis* vom Weltende wie Sodom und Gomorrha

Beispiele des Essens und Trinkens werden verständlicherweise auch erweitert und z.B. auf das Anziehen der schönsten Kleider, aber auch auf »Tugenden der Heiden« wie Streben nach Weisheit, strenges Leben u.a. angewendet[1269]. Auch nach v. Mosheim (713) wird Essen und Trinken hier »für alle Arten der fleischlichen und irdischen Wollust gesetzet«, doch sei klar, »daß von unmäßigem und überflüssigem Essen und Trinken die Rede sey«. Dabei ist es üblich, die Lebensweise von Epikureern anvisiert sein zu lassen, denn Epikur sage: *Cum mortuus fuero, jam non ero*, und er halte es für das höchste Gut, daß Menschen ihre *desideria* befriedigen[1270]. Auch Calvin (461) nennt das Jesajazitat »das Losungswort der Epikureer, die das höchste Glück des Menschen in den irdischen Freuden sahen«[1271], und solche Lebensansicht sei »unabweisbar, wenn mit dem Tode alles aus ist«.

Daß die Losung von Jes 22,13 eine Konsequenz der Auferstehungsleugnung ist, bleibt bei aller sonstigen Verwendung des Zitates das Entscheidende: »Gibt es keine Auferstehung, dann ›laßt uns essen und trinken‹, ein Freuden- und Genußleben führen ... Gibt es keine Auferstehung, dann laßt uns ›die Tiere des Feldes‹ selig preisen, die ein sorgenfreies Leben führen«[1272]. Nach Thomas (417) gilt: *Si non est alia vita, stulti sumus si affligimus nos, sed manducemus et bibamos*. Umgekehrt ist Gregor v. Nyssa der Meinung, wegen der Auferstehungshoffnung werde die Tugend gesucht und das Laster gehaßt[1273]. Dieser Grundtenor bleibt derselbe[1274].

---

vom Tag der Sintflut überraschen zu lassen und V 32 als dritten Grundsatz hinzuzufügen. Nach Bruno 209 soll das Wort aus der Anfechtungszeit der Babylonischen Gefangenschaft stammen, als man an der Macht Gottes verzweifelte.

[1269] Chrysostomus, Hom. zu Eph 12 (TKV 4, 423); nach Palladius, Vita de Joh. Chrys. (SC 341, 260) ist Chrysostomus selbst nach 1Kor 8,8 verfahren, während andere nach V 32 handeln (ἡ συνήθεια ἐθνικῶν) und die Tische mißbrauchen.

[1270] Atto 403; Cornelius a Lapide 342 zitiert Epikurs *Ede, lude, bibe, post mortem nulla voluptas*. V 32 wird auch anderweitig zur Polemik herangezogen, so wenn Athanasius den Arianern vorwirft, sich ganz zu sich selbst zu wenden, μηδὲν πλέον ἢ ἔξωθεν ἑαυτῶν zu denken und alle möglichen törichten Fragen zu stellen, z.B. wie eine Schöpfung sein kann, die einst nicht war, so daß ihnen als Konsequenz nur das im Zitat von Jes 22,13 genannte Verhalten übrig bleibe (Ep. 2 ad Serap. 1 [PG 26, 609]).

[1271] Vgl. auch Luther, WA.TR. 5, 418 (Paulus spreche von den Auferstehungsleugnern als solchen, *qui impii fiant et Epicurei*) und WA 36, 614 (»Ey so last uns mher so sagen, *ut alii*, samlen gelt, fressen, hurn, buben«).

[1272] Johannes Damascenus, De Orth. Fid. 27 (BKV 44, 261); vgl. auch Herveus 985: *Non amplius jam studeamus abstinentiae, sed luxuriae et ventri tantum simus dediti velut bruta animalia*.

[1273] Or. 3 in S. Passa (Opera IX 264f); ebd. wird gefragt, welchen Gewinn Gerechtigkeit und alles Gute, die Bezähmung der Gelüste des Bauches, die Verkürzung des Schlafes u.ä. bringen, wenn es keine Auferstehung gibt, denn dann werde man nach V 32 handeln, ja Mörder, Ehebrecher, Wucherer u.ä. gewähren lassen.

[1274] Oekolampad z.B. schließt an V 32 an, daß wir nicht allein *redemti et iustificati* sind, sondern auch *ab omnibus peccatis tam praeteritis quam futuris liberati*, so daß wir uns nicht müßig allen Genüssen ergeben (QFRG, Bd. 10, 555).

Kierkegaard dient der Vers dazu, den Tod und das Lebensziel vor Augen zu stellen und damit vor Zerstreuung und Verantwortungslosigkeit zu warnen: »Den sinnlichen Menschen bringt der Tod dahin zu sagen: ›Laßt uns essen und trinken, wir sterben doch morgen‹; aber dies ist die feige Lebenslust der Sinnlichkeit, jene verächtliche Ordnung der Dinge, da man lebt um zu essen und zu trinken, nicht ißt und trinkt um zu leben. Dem tieferen Menschen gedeiht die Vorstellung des Todes vielleicht zur Ohnmacht, so daß er schlaff in Stimmung versinkt; dem Ernsten jedoch gibt der Gedanke des Todes die rechte Fahrt ins Leben und das rechte Ziel, die Fahrt dahin zu richten«[1275]. Nach Solowjew ist dann, wenn Tod und Verwesung unbesiegbar sind, »das fleischliche Leben eben doch das wirkliche und wahre, und ein anderes gibt es dann nicht in der Wirklichkeit, sondern nur in der Einbildung und in den Gedanken der Menschen; dann gibt es wahrhaftig nur den Strom der Materie, und alles übrige sind leere Träume; aber wenn es so ist, dann lasset uns den Augenblick ergreifen, lasset uns heute essen und trinken und fröhlich sein: denn alles, was gestern war, ist tot und kehrt nicht wieder, und morgen sind auch wir tot«[1276].

Schon in der Exegese ist darauf aufmerksam gemacht worden, daß es auch ernst zu nehmende Gegenstimmen gibt, die bestreiten, daß der Ausfall der Auferweckungshoffnung notwendig zur amoralischen oder zynischen Lebenseinstellung führen müßte[1277]. Moffat (255) z.B. erinnert an Clifford, der das Ende physischen Lebens auf unserem Planeten ins Auge faßt und schließt, daß angesichts der Tatsache, daß die Welt »was to destroy life we must make the best of it«, und das heiße gerade nicht: »Lasset uns essen und trinken«, sondern im Gegenteil: »Let us take hands and help, for this day we are alive together«; Moffat nennt das »a noble stoical af-

---

[1275] Vier erbauliche Reden, 13./14. Abt., 185f. Gerade von denen, die nach dem Wahlspruch von V 32 leben, heißt es bei Oberlin (Lebensgeschichte, 4. Teil, 480): Sie »verlachen uns, wenn wir den gewissen Worten Jesu glauben, daß wir im Himmel wirklich essen und trinken werden« (sc. nach Offb 19,9 u.ö.).

[1276] A.a.O. (EKK VII 3, 182 Anm. 393) 100; vgl. auch Glen, Problems 208f: »What a man's conception of his death and destiny may be is therefore not a matter of indifference to present conduct. If he thinks he derives from nothingness and returns to nothingness, the inclination to assume that his life is another form of nothingness will be more difficult to resist«. Als Gegenbeispiel vgl. B. Brechts »Gegen Verführung«: »Laßt euch nicht verführen! / Es gibt keine Wiederkehr. / Der Tag steht in den Türen; / Ihr könnt schon Nachtwind spüren: / Es kommt kein Morgen mehr. // Laßt euch nicht betrügen! / Das Leben wenig ist. / Schlürft es in schnellen Zügen! / Es wird

euch nicht genügen / Wenn ihr es lassen müßt! // Laßt euch nicht vertrösten! / Ihr habt nicht zu viel Zeit! / Laßt Moder den Erlösten! / Das Leben ist am größten: / Es steht nicht mehr bereit. // Laßt euch nicht verführen / Zu Fron und Ausgezehr! / Was kann euch Angst noch rühren? / Ihr sterbt mit allen Tieren / Und es kommt nichts nachher« (zitiert bei Küng, Leben 63f; vgl. auch die dortige »theologische Umkehrung«).

[1277] Anders aber Orr/Walther 339: »There is no human experience to demonstrate that the struggle to establish a really redemptive society based on love rather than force or balance of power can be effectively carried out without the deep and living acceptance of the resurrection hope in Christian faith«. Richtig aber wird erklärt, daß solcher Glaube auch »as appeasement of victims of injustice and discrimination through assurance of a happier life in the future« verspottet, aber auch von der Kirche mißbraucht werden kann.

firmation«, die Paulus aber nicht verstehen würde, weil es für ihn keinen Wert und keine Hoffnung abgesehen von der Auferweckung der Toten gibt[1278].

5.   Den stärksten Widerhall dieses Abschnittes hat V 33 gefunden. In der Herkunft des außerbiblischen Zitates einerseits und der Intention des Wortes bei Paulus andererseits ist von vornherein eine Spannung angelegt, die sich auch in der Auslegungs-und Wirkungsgeschichte zeigt: positiv als Rezeption profaner Schriftsteller und Weisheiten, negativ in der Abgrenzung davon. Von allem Anfang an hat man bemerkt und gewürdigt, daß Paulus keine Bedenken trägt, sich hier eines griechischen Dichterwortes zu bedienen[1279]. Origenes will beim *verbum Dei* wie Paulus die *grammatica ars vel rhetorica vel etiam dialectica* in dezenter Weise gelten lassen, was aber nicht über die Funktion eines Fermentes hinausgehen dürfe[1280]. Nach Erasmus hat Paulus zwar das Zeugnis der Poeten aufgegriffen, doch suche man »vergeblich nach Hinweisen auf Aristoteles oder auf Averroes«[1281]. Calvin (461) erklärt: »Wir Christen dürfen Erkenntnisse annehmen, wo immer Gott sie uns gibt«, weil Gott es ist, der »auch den Heiden manche wahre und heilsame Lehre in den Mund legte«[1282]. Milton zitiert den Vers im Zusammenhang mit der Behandlung von Nütz-

---

[1278]   Vgl. auch Schopenhauer, Werke II 592, der die Ansicht von Sozialisten und Junghegelianern *edite, bibite, post mortem nulla voluptas* »Bestialismus« nennt. Auch nach Overbeck macht Paulus sich »die Sache allzu leicht bei dem was er sich 1Kor. 15,32 unter dem Materialismus und Epikuräismus als Gegensatz zur christlichen Todesbetrachtung denkt. Man kann über den Tod als Abschluß des menschlichen Lebens und die Bedeutung, die er als solcher Abschluß hat, sehr anders als libertinisch denken, ohne damit auch nur einen Schritt christlicher Denkweise näher zu rücken« (Christentum und Kultur, 1919 [Nachdruck Darmstadt 1963], 61). Vgl. auch die Frage von Verweyen, a.a.O. (Anm. 285; Auferstehung) 106: »Fällt mit dieser Kosten-Nutzen-Rechnung ebenjener Apostel, der aller Werkgerechtigkeit abgeschworen hat, schließlich doch in das menschlich-allzu-menschliche Lohndenken zurück?« (vgl. auch 134).
[1279]   Clemens Alexandrinus, Strom. 1,59,4 (GCS 52, 38); vgl. weiter die Belege auch für die Rezeption anderer Sentenzen und Lebensweisheiten speziell des Euripides in der Alten Kirche bei H. Funke, Euripides, JAC 8/9 (1965) 233-279, zu unserer Stelle 372f. Cyrill zitiert den Vers dagegen als

paulinisch und begründet damit die Tatsache, daß Julian einst die Taufe erhalten und die heiligen Bücher studiert hat, dann aber unter schlechtem Einfluß und mit Hilfe des Satans wieder zum heidnischen Ritus übergegangen ist (273).
[1280]   Hom. in Lev 5,7 (GCS 29, 347); vgl. auch Hom. in Lk 31 (Fontes 4.2, 314f), wonach Paulus *de saecularibus libris* Zeugnisse zum Nutzen der Hörer heranzieht. Vgl. auch Athanasius, Ep. de Synod. 39 (PG 26, 761; zitiert bei Funke 273: Paulus spreche durch seine fromme Gesinnung auch bei der Zitation profaner Schriftsteller Heiliges aus) und später Sedulius Scotus 159 (*Mos est apostolis de mundana sapientia accipere testimonia*).
[1281]   Schriften, Bd. 3, 55. Vgl. auch G. Heidegger, Mythoscopia Romantica, hg. v. W.E. Schäfer (Ars Poetica, Bd. 3), Bad Homburg u.a., 1969, 78: Paulus habe »die Heidnische Poeten gelesen«.
[1282]   Vgl. auch Bullinger 248: *Permultum enim possunt in rebus humanis conuersatio & colloquium*; auch nach J. Buůchstab (zitiert bei Bucer, Schriften, Bd. 4, 110) können auch Schriften, die nicht in der Bibel stehen, christlicher Ordnung und Lehre dienen; vgl. auch Calixt, Werke, Bd. 1, 102.

lichkeit oder Schaden von Zensur: Er verweist darauf, daß Paulus es
»nicht für eine Entweihung hielt, in der heiligen Schrift die Ansprüche
dreier griechischer Poeten einzuflechten« (sc. neben V 33 auch Tit 1,12;
Apg 17,28), und er erinnert daran, daß Julian, »der Apostat und schlaue-
ste Feind unseres Glaubens, ein Edikt erließ, welches den Christen verbot,
heidnische Gelehrsamkeit sich anzueignen; denn, sagte er, sie verwunden
uns mit unseren eigenen Waffen und schlagen uns mit unseren eigenen
Künsten und Wissenschaften«[1283]. Wie schon die bisherigen Aussagen
angedeutet haben, begegnen aber auch Vorbehalte, vor allem gegenüber
einer zu extensiven Heranziehung heidnischer Schriftsteller. Faber Stapulensis (131v) nennt z.B. Tibull, Catull und Terenz Kuppler für die Ohren und die zarten, unverdorbenen Seelen der Heranwachsenden und
schließt nach Erwähnung auch von Lucrez, Democrit und Epikur die Frage an: *Quid Aphrodyseum vnicum praedicabo?*[1284] Jedenfalls wird der, der
sein ganzes Leben mit heidnischen Büchern verbringt, nach Bullinger
(248) selbst zum Heiden werden. Auch nach Flacius muß man sich mit allem Eifer »sowohl vor dem Umgang mit den Gottlosen, als auch vor un-
frommen und sonstwie profanen und unreinen Schriften hüten«[1285]. Estius (749) schließt aus dem Menanderzitat, daß man Lehrern und Predigern
keinen Vorwurf machen darf, wenn sie aus profanen Autoritäten zitieren,
was aber nicht *passim et affectate* geschehen soll[1286]. Beliebt ist es, den
Menandervers durch andere Sprichworte und Lebensweisheiten[1287], vor
allem aber durch Bibelstellen zu verstärken und zu explizieren, wobei besonders 2Tim 2,14 gerne zitiert wird. Cyprian stellt mit V 33 als Schluß
eine ganze Kette von Zitaten zusammen, die belegen sollen: *Bonis convi-
vendum, malos autem vitandos*[1288]; er dringt darauf, die *uerba et collo-*

[1283] J. Milton und der Ursprung des neuzeitlichen Liberalismus. Studienausgabe der
politischen Hauptschriften J. Miltons in der
Zeit der englischen Revolution, hg. von E.W.
Tielsch, Hildesheim 1980, 88f. Vgl. auch
Zwingli, der seine eigenen Schriften »fry las-
send one allen gwalt für (= vor) ir kilchen
kummen« läßt, während die Widersacher
empfehlen, nur ihre eigenen Schriften zu lesen und über Zwingli schreien: »Man sol sy
nit hören; des ist schädlichere kätzery nie
uferstanden«; die Berufung auf V 33 ist aber
nach Zwingli kein Argument (CR 92, 484f).
[1284] Nach Cajetan 84r zitiert Paulus den
Menandervers, weil das Jesajazitat wie ein
Sprichwort im Umlauf war und er darum
verbieten will, solcherart Sprichworte zu
gebrauchen.
[1285] M. Flacius Illyricus, De Ratione Co-
gnoscendi Sacras Literas (Instrumenta phi-
losophica. Series hermeneutica 3), hg. v. L.
Geldsetzer, Düsseldorf 1968, 77.

[1286] Er verweist ebd. auf Hieronymus (Ep.
130,18 [CSEL 56, 198]), wonach der Apostel den *saecularem Menandri poetae uer-
sum ... fecit ecclesiasticum,* und Tertullian
(Ad Ux. 1,8 [CChr 1, 382f]), der vom *sanc-
tificari* des Spruches durch den Apostel
spricht.
[1287] Photius 579 zitiert Galen: »Steter
Tropfen höhlt den Stein«. Basilius schließt
an V 33 an: »Wie die in ungesunder Gegend
nach und nach eingeatmete Luft bei den Bewohnern verborgene Krankheiten verursacht, so bewirkt auch schlechter Umgang
in den Seelen große Übel, wenn man auch
das Schädliche nicht sofort merkt« (Serm.
15,9 [BKV 47, 386]); ähnlich auch Herveus
985: *Sic enim verba proximorum audiendo
quotidie sumimus in mente, sicut flando et
respirando aerem trahimus corpore.*
[1288] Ad Quir. 3,95 (CChr 3, 168): Spr
24,15; Sir 9,16 (22); 6,16; 9,13 (18); 25,9
(12); 28,24 (28); Ps 17,26f; vgl. auch Ep.

quia derer zu meiden und unbeachtet zu lassen, deren Rede wie ein Krebs um sich frißt (2Tim 2,17)[1289]. Auch Bucer erklärt: »Los geschwetz verstören gůte sitten«, die nach 2Tim 2,17 um sich wie ein Krebs fressen[1290].

Wie schon die bisherigen Zitate erweisen, schwankt die Auslegung von ὁμιλίαι zwischen Umgang und Gesprächen. Die Lateiner übersetzen entsprechend durch *colloquia* (Vulgata und die meisten), *confabulationes* = Schwatzereien (Haymo 599), *sermones* (Calvin 554), *conuersationes* (nach Beza 163, der selbst mit *commercia vel congressus* umschreibt und die Übersetzung mit *colloquia* für zu eng hält, denn das Wort bezeichne *communem totius vitae vsum*[1291]), *consortia* = Gemeinschaft (Atto 403), *congressus* (Tertullian)[1292]. Entsprechend wird mit Zitat von V 33 zum einen vor Klatsch[1293], losem Gerede[1294], Zotenreißen u.ä. gewarnt. Gregor d. Gr. zitiert V 33 als Beispiel für Frauenworte (z.B. die Evas und der Frau Hiobs) und Schmeichelreden (z.B. von Weltleuten), mit denen der Teufel, wenn er »ein starkes Herz nicht zu erstürmen vermag«, »sich ihm untergebene, schwache Personen« aussuche und mit Leitern an der Mauer heraufsteige[1295]. Luther umschreibt: »*Non audite* lose geschwetz, *quia tales sermones* verfuren gwis«[1296]. Crell (345) sieht die hier inkriminierten *colloqia* durch die *disputatio de resurrectione mortuorum* veranlaßt, bei der die Auferstehungsleugner *atheismum & Epicureismum* in die Germeinde bringen.

54,21 (ANCL V 346); Spener, Schriften II 1, 667 zitiert Spr 1,10.

[1289] Ep. 59,20 (CSEL 3.2, 689f), auch mit Verweis auf Tit 3,10f; Spr 16,27; Sir 28,24 und Spr 17,4. Augustin stellt V 33 mit 2Kor 6,14 zusammen, um nicht durch böse Beispiele zur Sünde verleitet zu werden (Ep. 39 [78] 5 [BKV 29, 284]); Chrysostomus 351 erinnert an Gal 5,10. Vgl. auch Papst Fabian, Ep. 1 (ANCL VIII 832).

[1290] Schriften, Bd. 5, 374. Vgl. auch Oekolampad, der das Zitat neben 5,6 zur Neuordnung der Kirchenzucht anführt (QFRG, Bd. 19, 449).

[1291] Vgl. auch Cornelius a Lapide 342: ὁμιλίαι *non tantum colloquia, sed & commercia, omnemque conuersationem significat.*

[1292] Ad Ux. 1,8,4f (CChr 1, 382f), wo er einerseits seine Frau zu *conuictus atque colloquia*, die Gottes würdig sind, ermahnt, andererseits aber vor Umgang mit klatschsüchtigen Schwätzerinnen etc. warnt und V 33 in folgender Form zitiert: *Bonos corrumpunt mores congressus mali*; vgl. zu Tertullian aber auch die nächste Anm.

[1293] Nach Tertullian, Ad Ux. 1,8,4f (CChr

1, 382f) finden durch Klatschsucht solche Worte Eingang, die der Scham entgegen sind.

[1294] Nach Palladius, Vit. de Chrys. 12 (SC 341, 260) interpretiert Chrysostomus ὁμιλίαι durch λέξεις, 18 (ebd. 354) steht es parallel zu ματαιολόγοι; Basilius v. Caesarea, Adv. Eun. (PG 29, 636) parallelisiert mit μετὰ δολίων σοφισμάτων. Vgl. auch Petrus Lombardus 1684 (*Assiduitas* [beständige Gegenwart] *praviloquii* verdirbt die *mens* und ist darum zu meiden) und Melanchthon, Werke IV 396: *Paulus admonuit conversatione improborum ac impiorum laedi mores atque animos bonorum;* vgl. auch ebd., wo vom *infici mentes profanis opinionibus per commercia impiorum* die Rede ist.

[1295] Ep. 9 (BKV 2. R. 4, 288f). Vgl. auch Hieronymus, Ep. 130,18 (BKV 2. R. 16, 270), wo vor der Meidung der Gesellschaft von verheirateten Frauen gewarnt wird, weil das, »was der Mann zur Frau und die Frau zum Manne spricht«, »immer vergiftet« sei und mit V 33 vom Apostel verurteilt werde.

[1296] WA 36, 619.

Ein Beispiel für die weitere Fassung der Warnung von V 33 bietet Hieronymus, der damit die Mahnung an den Priester Nepotian begründet, einen Geistlichen, »der auf Erwerb ausgeht und aus der Armut (sc. bei seinem Eintritt in den geistlichen Stand) zum Reichtum, aus einfachen Verhältnissen zu Ehrenstellen gelangt« ist, wie die Pest zu fliehen: »Du verachtest das Gold, er liebt es; ... Du erbaust dich am Stillschweigen, an der Sanftmut und Eingezogenheit, er hat Freude am Geschwätz, an der Wichtigtuerei, an den öffentlichen Straßen, Plätzen und an den Buden der Quacksalber. Wie ist eine Freundschaft da denkbar, wo die sittlichen Auffassungen so weit auseinandergehen«?[1297] Der Vers begegnet auch sonst immer wieder in Mahnungen zum frommen Leben[1298].

Als besonders wichtig gilt die Beachtung von V 33 für die Anfänge des Glaubens und bei der Erziehung. Nach Atto (403) sind die *consortia* böser Menschen zu meiden, *maxime in primordio fidei*[1299]. Nach Thomas (418) sollen sich vor allem die *infirmi* vorsehen, die leicht verführt werden können, während das von den *perfecti* so nicht gelte, doch wolle der Apostel, daß auch sie vorsichtig seien. Luther wendet den Spruch ebenfalls vor allem auf die Erziehung an, zumal auch der Spruch »*ex* weltlicher zucht genommen« sei; auch hier aber gelte: »*Sic lingua* auff ein augenblick, tantz verderben, daran *pater vel mater* gezogen 15 jar«[1300]. Ähnlich steht es bei Canisius: »Wenn ›böse Reden gute Sitten verderben‹, welches Verderben müssen dann nicht schlechte Sitten der Erwachsenen und schamlose Beispiele der Hausgenossen unter jungen Leuten anrichten!«[1301].

[1297] Ep. 52,5 (BKV 2. R. 16, 131f). Cajetan wendet das Menanderwort speziell auf das monastische Leben an (Inst. 10,20 [SC 109, 416]); vgl. auch Isaak v. Stella, Serm. 50,14 (SC 339, 190); Gunzo, Ep. ad Augienses (MGH QG 2), 1958, 31.
[1298] Vgl. z.B. Amphilochius v. Ikonium, Iambi ad Seleucum (PTS 9, 31) innerhalb von Mahnungen zur Vermeidung der Gemeinschaft mit Bösen zum Haß von Theatern, Hippodromen, unschicklichen Liedern o.ä.; vgl. auch Dun Scotus (CChr Mediaeualis 67, 107). Spener, Schriften III 1.2 (Sciagraphia) 34 zählt die Stelle zu den Belegen für *tentationes diabolicae*; nach Zinzendorf, Erg.-Bd. XII 887 belegt V 33 eine Überschreitung des »Tugend-Weges« durch »Zotenreissen«; vgl. auch Heidegger, a.a.O. (EKK VII 2, 187 Anm. 780) 111: Paulus habe befohlen, »auch den Schein (εἶδος) des bösen zu meiden«, »sonderlich aber böse Gespräche«, was dann durch eine ansehnliche Liste anderer Verbote biblischer und kirchlicher Schriftsteller ergänzt wird: Spötterbank

(David), Bücher und Schauspiele (Tertullian) u.a.
[1299] Vgl. Haymo 599, wonach die *confabulationes malorum hominum et lascivientium evertere posse bonum propositum*; vgl. auch Ambrosiaster 176f; Ambrosius 281.
[1300] WA 36, 619f; allerdings heißt es dann auch generell: »*Sed tu* wirst gewarnet *per Paulum, ut audiens* dich nicht dran kerst, last dir mher gelten *verbum dei quam omnium hominum* geschwetz« (621) bzw. »Halt dich an *Dei promissiones*« (622).
[1301] Bekenntnisse, a.a.O. (EKK VII 2, 164 Anm. 648) 13; vgl. aus neuerer Zeit auch Häring, Frei I 409f, wonach sich dieser Text mit der Tatsache befassen soll, »daß schon das Kind mit einer Welt zu tun hat, die nicht die so notwendige Anregung zum Guten und zu einem lebenswahren Glauben gibt, falls im Familienmilieu, in der Nachbarschaft, in der Gesellschaft die erlösenden Kräfte eines aufrufenden Zeugnisses für Gerechtigkeit, Frieden, Wahrhaftigkeit und Glaubensstärke fehlen«.

Andere verwenden das Wort gegen Schismatiker[1302] und im Rahmen der Erörterung von Kirchenzucht[1303], ja wollen Zuwiderhandlungen bestraft sehen. Die Württembergische Polizei- und Rügeordnung von 1588 nimmt sich etliche Personen vor, die »ein sonders gefallen tragen, wann sie in geschelschaften beyeinander, gantz untzüchtige und schantpare wort« treiben und damit auch Frauen und Kinder nicht verschonen, während doch nach V 33 »das untzüchtige und böße gesprech die gute sitten, zucht und erbarkait zerrütten und verderben«; deshalb seien in Zukunft 2 Gulden Strafe zu zahlen, während Frauen, die »schandlose redt und geberdt treiben, ... doppelt gestrafft werden« sollen[1304]. Während die Kommentare stärker die Verführung durch die Auferstehungsleugner beachten[1305], hören andere generell die Mahnung heraus, eine *corruptio sermonis*, d.h. *corrupta doctrina, sive errores in doctrina* eifrigst zu meiden[1306].

Bisweilen wird der Satz auch ins Positive erweitert[1307] und nach beiden Seiten hin formuliert: »Je nach den Gesprächen wird die Seele gut oder böse. ›Böse Reden‹, heißt es, ›verderben gute Sitten‹ [1Kor 15,33]. Gute Gespräche aber sind nützlich: sie machen den Menschen ernst und verständig. Die menschliche Seele gleicht dem Wachs: mit kalten, gleichgültigen Reden machst du sie hart wie Stein; mit feurigen Reden aber erweichst du sie ... Verstopfen wir also unsere Ohren gegen schlechte und unnütze Reden. Sie sind kein unbedeutendes Übel, denn alles mögliche Böse kann daraus entstehen«[1308]. Die Gefahr der Ansteckung durch Böses aber wird offenbar als größer angesehen, so von v. Mosheim (714): »Die Bösen stecken leicht die Guten an, weil unser Herz im Grunde unrein und verdorben ist«[1309]. Die Ambivalenz allen Redens tritt in der symbolisch-moralischen Interpretation antiker Tier- und Fabelwesen des Physiologus zutage, wo Menschen mit V 33 charakterisiert werden, die wie

---

[1302] Vgl. Cyprian, De Unit. 17 (BKV 34, 150f), der mit V 33 und Sir 28,28 vor dem Umgang mit Schismatikern warnt; vgl. auch ders., Ep. 54,21 (ANCL V 346).
[1303] So z.B. Osiander, Schriften, Bd. 4, 367, der dann auch 1Kor 5,6-8 zitiert.
[1304] EKO, Bd. 15, 586.
[1305] Vgl. z.B. Haymo 599 (*Nolite seduci, id est nolite decipi a pseudoapostolis, qui denegant resurrectionem: neque a diabolo, qui vos vult decipere*) und Glossa 58v (*Nolite seduci a negantibus resurrectionem*); allgemeiner Herveus 985 (*Nolite verbis stultorum a recto tramite* [Weg] *semoveri*); vgl. auch Cornelius a Lapide 342 (*Colloquia cum atheis & incredulis, qui negant resurrectionem*).
[1306] Coccejus 342; vgl. auch Zwingli 185; Melanchthon, Werke IV 396: *Vitemus congressus profanorum hominum, qui irridere doctrinam religionis solent.*

[1307] Vgl. Hieronymus 767: *Ita econtrario bona colloquia malos mores aedificant.* Auch nach Origenes kann eine gute erzieherische Rede eine Änderung zum Guten bewirken; vgl. Princ. 3,1,5 (TzF 24, 472f). Ähnlich auch Pelagius 221.
[1308] Chrysostomus, Hom. zu 2Thess (TKV 1, 450). Vgl. auch Origenes, Hom. in Ez 8,1 (GCS 33, 400f), wo mit V 33 belegt wird: *Homo hominem ›constituere‹ potest, malus in malo, bonus in bono*, wobei allerdings nur das zweite belegt wird, daß nämlich die Rede eines Häretikers zum Schlechteren bewegt und in der häretischen Verkehrtheit befestigt.
[1309] Vgl. auch Spener 499: Von Natur sind wir dem Bösen geneigter als dem Guten, weshalb *sermones perversi* mehr Schaden anrichten als man gewöhnlich annimmt.

Sirenen und Centauren »durch ihre rechtschaffenen (!) Reden verführen«[1310].

6. Wo die Wachsamkeit bzw. Nüchternheit näher bestimmt werden, geschieht das typischerweise in Abhebung von bloß leiblichen Verhaltensweisen: *Vigiliam scilicet, non tam corporis, quam mentis docet. Hoc enim monet, ut oculos mentis semper apertos habere studeamus ad evitandas daemonum insidias*[1311]. Auch nach Calvin (461) geht es Paulus gegenüber der schläfrigen Sorglosigkeit der Korinther um »die *rechte* nüchterne Wachsamkeit«, denn »für ihre irdischen Geschäfte hielten sie ohnedies die Augen klar und offen«. Zum rechten Wachen gehört nach Luther »*libenter audire, legere, loqui de verbo, aliis dicere. Quando hoc fit, et diabolus videt*, das man vleissig an helt *in domo, Templo* und singt und redt da von, *Tum est arx* (Burg) *bene munita, quam non potest expugnare*«[1312].

Δικαίως wird von den Lateinern z.T. nicht durch *juste*, sondern durch *justi* wiedergegeben, so daß es entweder heißt: *Iusti estote*[1313] oder wie in der Vulgata: *Evigilate iusti*. Haymo (599) hält die Lesart *iusti* statt *iuste* für falsch, weil Gerechte keine Mahnung zur Wachsamkeit nötig haben sollen, vom Schlaf der Ungläubigkeit aufzuwachen[1314]. Andere dagegen halten an *justi* fest, *id est qui fide justificati estis*[1315].

Während die einen die Sünde als *Wirkung* der Auferstehungsleugnung verstehen, sehen andere darin deren *Grund*[1316]. Keiner aber ist so vollkommen, daß er nicht der Mahnung bedürfte, sich vor Sünden zu hüten[1317], wobei auch die Sünde verschieden bestimmt wird[1318]. Crell (345) sieht darin die Auferstehungsleugnung. Nach Semler (435) ist es eine

---

[1310] Der Physiologus, hg. v. O. Seel, Zürich/Stuttgart 1960, Nr. 13, S. 15.
[1311] Atto 403; vgl. auch Herveus 985: *Torporis* (Betäubung) *et negligentiae somnum excutite* (abschütteln, vertreiben) *et mentis oculos ad aspectum veri luminis aperite*. Vgl. auch schon Didymus 9, der vom ὕπνος τῆς ἀμαθίας spricht.
[1312] WA 36, 628; vgl. auch Melanchthon 82: *Somnus est carnalis securitas nec timere Deum, nec credere ei ... Econtra vigilare est timere et fidere fervente spiritu*; Coccejus 342 spricht von *reditus animi ad sobrietatem* mit Verweis auf 2Tim 2,26; vgl. auch Beza 163; Semler 435 (*ad mentem deprauatam transfertur*).
[1313] Ambrosiaster 177; Ambrosius 281, wo dann fortgefahren wird: *Iustos esse praecepit, ut non solum terrenam iustitiam excolant, sed et coelestem.*

[1314] Ähnlich Hrabanus Maurus 149; Cajetan 84r: *ad differentiam eorum qui vigilant vtiliter ad lucra temporalia, aut vane ad ludos ad huiusmodi.*
[1315] Herveus 985; vgl. auch Petrus Lombardus 1684 (*Evigilate a torpore* [Betäubung, Lethargie], *et sic eritis justi*) und Thomas 418.
[1316] Vgl. Estius 750: *Quidam accipiunt peccare, velut effectum negatae resurrectionis ... Graeci vero peccare accipiunt ut causam negandae resurrectionis.*
[1317] Thomas 418; vgl. auch Petrus Lombardus 1684.
[1318] Vgl. Atto 404, der zwei Weisen nennt, nämlich Unerlaubtes tun und Befohlenes nicht erfüllen; Herveus denkt an das dem Bauch und den Gelüsten Dienen; ähnlich Grotius 823: *Ne vos date voluptatibus, ut faciunt isti Epicurei.*

weit schwerere Sünde, die *potentia Dei* zu bestreiten als Sünde *ex leuita-te, aut praeceps*. Nach Bengel (435) geschieht die Sünde *vel per errorem intellectus, vel per malos sermones, vel per corruptos mores*, weshalb es falsch sei, die Sünde *in voluntate sola, ac non in intellectu* zu suchen.

Die ἀγνωσία θεοῦ wird mit Recht durchgängig auf das *ignorare virtutem Dei, qui eum putant suscitare non posse* bezogen[1319]. Nach Bernhard v. Clairvaux sollen diejenigen Gott nicht kennen, »die sich nicht zum Herrn bekehren wollen. Denn ohne Zweifel sträuben sie sich aus keinem andern Grunde dagegen, als weil sie sich Gott als ernst und streng vorstellen, der doch so gütig ist«[1320]. Nach Luther tadelt Paulus hier »die klügling *iuxta rationis captum nescientes fidem: Credo in Deum omnipotentem etc.*«[1321], während Spener bei den Auferstehungsleugnern »nicht viel bessers als ein Heidenthum mit einer buchståblichen erkantnůs Christi« findet[1322]. Für Barth ist in V 34 »nicht entscheidend (obwohl das auch gemeint ist) eine bloße Unkenntnis Gottes, eine Unwissenheit hinsichtlich seines Wesens und seiner Existenz«, »auch nicht entscheidend so etwas wie ein bloßes Verkennen oder Mißverstehen Gottes, kurz: kein solcher Mangel an Erkenntnis, der als solcher entschuldbar und durch Aufklärung und passende Belehrung zu beseitigen wäre« (mit Verweis auf »zur Beschämung« am Schluß des Verses); gemeint sei vielmehr »eine in ihrer unerklärlichen Faktizität nur eben bestürzende, weil gänzlich unentschuldbare Unterdrückung der dem Menschen schon eröffneten und insofern schon im Anheben begriffenen Erkenntnis – das ›Darniederhalten‹ (κατέχειν) der Wahrheit in ἀδικία (Röm. 1,18)«[1323].

3   Die Leiblichkeit der Auferstehung 15,35-58

3.1   Die Erwartung des σῶμα πνευματικόν 15,35-49

Literatur: Ahern, B.M., The Risen Christ in the Light of Pauline Doctrine on the Risen Christian (1 Cor 15:35-57), in: Dhanis (Lit. zu Kap. 15) 423-436; *Altermath*, F., Du corps psychique au corps spirituel. Interprétation de 1 Cor. 15, 35-49 par les auteurs chrétiens des quatre premiers siècles, 1977 (BGBE 18); *Audet*, L., Avec quel corps les justes ressusicient-ils? Analyse de 1 Corinthiens 15,44, SR 1 (1971) 165-177; *Barrett* (Lit. zu 15,20ff); *Bauer*, Leiblichkeit 89-106; *Becker* (Lit.

[1319]   Hieronymus 768; Ambrosiaster 177; Ambrosius 282; Pelagius 221; Theodoret 361; Herveus 986; Sedulius Scotus 160. Haymo 599 bezieht die *ignorantia* auf die *verba Dei* im Evangelium.
[1320]   Schriften, Bd. 5, 326.
[1321]   WA.TR. 5, 447; etwas anders Melanchthon 82: *Ignoratio Dei contemptus sive neglectus Dei est.* Vgl. auch Crell 345: *non quae in simplici mentis errore consi-*

stat; sed quae ex voluntatis vitio potissimum trahat ortum, & impietatem ac contemptum divinae majestatis spiret.
[1322]   Schriften IV 192.
[1323]   KD IV 3, 214f; nach KD IV 2, 467 ist die menschliche ἀγνωσία θεοῦ »nicht erst sein theoretischer, sondern sein *praktischer* Atheismus. Zu jenem wird er sich selten – und selten sehr explizit und verbindlich – versteigen. Ihn kann er auch

zu Kap. 15) 88-96; *Black* (Lit. zu 15,20ff); *Bonneau, N.*, The Logic of Paul's Argument on the Resurrection Body in 1Cor 15:35-44a, ScEs 46 (1993) 79-92; *Brakemeier* (Lit. zu Kap. 15) 81-120; *Brandenburger*, Adam; *Braun, H.*, Das »Stirb und Werde« in der Antike und im Neuen Testament, in: *ders.*, Ges. Studien zum Neuen Testament und seiner Umwelt, Tübingen ³1971, 136-158; *Brodeur, S.*, The Holy Spirit's Agency in the Resurrection of the Dead. An Exegetico-Theological Study of 1 Corinthians 15,44b-49 and Romans 8,9-13, Rom 1996 (Testi Gregoriana. Serie Teologia 14); *Bulembat, J.-B.M.*, Noyau et enjeux de l'eschatologie paulinienne: De l'apocalyptique juive et de l'eschatologie hellénistique dans quelques argumentations de l'apôtre Paul. Etude rhétorico-exégétique de 1Co 15,35-58; 2Co 5,1-10 et Rm 8,18-30, 1997 (BZNW 84), 23-75; *Burchard, Ch.*, 1 Korinther 15,39-41, ZNW 75 (1984) 233-258; *Carrez, M.*, Mit was für einem Leibe stehen die Toten auf? Conc(D) 6 (1970) 713-718; *Clavier, H.*, Brèves remarques sur la notion de ΣΩΜΑ ΠΝΕΥΜΑΤΙΚΟΝ, in: FS C.H. Dodd, Cambridge 1956, 342-362; *Dahl* (Lit. zu Kap. 15); *Deißner* (Lit. zu Kap. 15) 28-45; *Dunn, J.D.G.*, I Corinthians 15:45 – Last Adam, Life-giving Spirit, in: FS C.F.D. Moule, Cambridge 1973, 127-141; *Eriksson*, Traditions 267-272; *Farina, C.*, Die Leiblichkeit der Auferstandenen. Ein Beitrag zur Analyse des paulinischen Gedankenganges in 1Kor 15,35-58, Diss. Würzburg 1971; *Fischer, K.M.*, Adam und Christus. Überlegungen zu einem religionsgeschichtlichen Problem, in: Altes Testament – Frühjudentum – Gnosis, hg. v. K.-W. Tröger, Gütersloh 1980, 283-298; *Froitzheim*, Christologie 235-245; *Gale*, Use 134-147; *Galley*, Heilsgeschehen 29-36; *v. Gemünden, P.*, Vegetationsmetaphorik im Neuen Testament und seiner Umwelt, 1993 (NTOA 18); *Gnilka, J.*, Die Auferstehung des Leibes in der modernen exegetischen Diskussion, Conc(D) 6 (1970) 732-738; *Gundry, D.W.*, The Ghost in the Machine and the Body of the Resurrection, SJTh 18 (1965) 164-169; *ders.*, Soma 159-183 u.ö.; *Hermann*, Kyrios 61-63.117-122; *Hoffmann* (Lit. zu Kap. 15); *Horn*, Angeld 188-198; *Jervell*, Imago 257-271 u.ö.; *Käsemann*, Leib, besonders 133-136; *Kaiser, H.*, Die Bedeutung des leiblichen Daseins in der paulinischen Eschatologie. Studien zum religions- und traditionsgeschichtlichen Hintergrund der Auseinandersetzung in 2.Kor 5,1-10 (und 1.Kor 15) im palästinensischen und hellenistischen Judentum I.II, Diss. Heidelberg 1974; *Kreitzer, L.*, Christ and Second Adam in Paul, CV 32 (1989) 55-101; *Koch*, Schrift 134-137; *Larsson, E.*, Christus als Vorbild. Eine Untersuchung zu den paulinischen Tauf- und Eikontexten, 1962 (ASNU 23), 307-323; *Lincoln*, Paradise 38-54; *Lohse, E.*, Imago Dei bei Paulus, in: FS F. Delekat, 1957 (BEvTh 26), 122-135; *Lona, H.E.*, Über die Auferstehung des Fleisches. Studien zur frühchristlichen Eschatologie,1993 (BZNW 66); *Martin, R.P.* (Lit. zu Kap. 12-14) 127-142; *D.B. Martin*, Body 123-136; *Meyer, B.F.*, Did Paul's View of the Resurrection of the Dead Undergo Development?, TS 47 (1986) 363-387; *Morissette, R.*, L'antithèse entre le ›psychique‹ et le

entbehren, ja verleugnen, ohne deshalb diesen seinen praktischen Atheismus weniger zu betätigen« (kursiv im Original gesperrt). Im Kommentar 108 heißt es, es sei »die Todkrankheit des Christentums, daß vielleicht alles da ist: korrekte Lehre, ein aufrichtiger Glaube, sittlicher Ernst – aber dabei und darunter die ἀγνωσία

θεοῦ, keine Ahnung von Gott zu haben«. März (Lit. zu Kap. 15) 79 verweist angesichts des heutigen Interesses am Postmortalen (Reinkarnation, Okkultismus, Parapsychologie) darauf, daß diese Erwartungen anders als bei Paulus »nicht mehr mit einem persönlichen Gott verbunden« sind.

›pneumatique‹ en I Corinthiens, XV,44 à 46, RScRel 46 (1972) 97-143; *ders.*, L'-expression ΣΩΜΑ en 1 Co 15 et dans la littérature paulinienne, RSPhTh 56 (1972) 223-239; *ders.*, La condition de ressuscité. 1 Corinthiens 15,35-49: structure littéraire de la péricope, Bib. 53 (1972) 208-228; *Moule, C.F.D.*, St. Paul and Dualism: The Pauline Conception of Resurrection, NTS 12 (1966) 106-123; *Muddiman, J.*, ›Adam, the Type of the One to Come‹, Theol. 87 (1984) 101-110; *Müller, D.* (Lit. zu Kap. 15); *Müller, K.*, Die Leiblichkeit des Heils. 1Kor 15,35-58, in: de Lorenzi, Résurrection 171-255; *Mußner* (Lit. zu Kap. 15) 106-112; *Nikolainen* (Lit. zu Kap. 15) II 181-206; *Pamment, M.*, Raised a Spiritual Body: Bodily Resurrection according to Paul, NBl 1985, 372-388; *Quek, S.H.*, Adam and Christ According to Paul, in: FS F.F. Bruce, Exeter 1980, 67-79; *Reyero, S.*, ›Estin kai (soma) pneumatikón‹, 1 Cr 15,44b, Studium 15 (1975) 151-187; *Riesenfeld, H.*, Das Bildwort vom Weizenkorn bei Paulus (Zu I Cor 15), in: FS E. Klostermann, 1961 (TU 77) 43-55; *ders.*, Paul's »Grain of Wheat«. Analogy and the Argument of 1 Corinthians 15, in: The Gospel Tradition, Philadelphia 1970, 171-186; *Robinson*, Body; *Sahlin, H.*, Adam-Christologie im Neuen Testament, StTh 41 (1987) 11-32; *Sandelin, K.-G.*, Spiritus Vivificans. Traditions of Interpreting Genesis 2:7,in: FS R. Gyllenberg, Åbo 1973 (AABo.H 45), 59-75; *Schade*, Christologie 69-87.204-206; *Schmeller*, Paulus 332-388; *Schneider, B.*, The Corporate Meaning and Background of 1Cor 15,45b – ʿO eschatos adam eis pneuma zoiopoioun, CBQ 29 (1967) 144-161; *Schottroff*, Glaubende 115-145; *Schweizer, E.*, Die Leiblichkeit des Menschen: Leben – Tod – Auferstehung, EvTh 29 (1969) 40-55; *Scroggs*, Adam; *Sellin* (Lit. zu Kap. 15) 72-223; *Sharpe, J.L.*, The Second Adam in the Apocalypse of Moses, CBQ 35 (1973) 35-46; *Sider, R.J.*, The Pauline Conception of the Resurrection Body in I Corinthians XV.35-54, NTS 21 (1974/75) 428-439; *Smith, M.*, Transformation by Burial (I Cor. 15.35-49; Rom 6.3-5 and 8.9-11), Er. 52 (1983) 87-112; *Spörlein*, Leugnung 95-121; *Stemberger, G.*, Zur Auferstehungslehre in der rabbinischen Literatur, Kairos 15 (1973) 238-266; *Stenger* (Lit. zu Kap. 15) 100-121; *Straub*, Bildersprache 70-72; *Tobin, T.H.*, The Creation of Man: Philo and the History of Interpretation, CBQ. MS 14 (1983); *Usami, K.*, »How are the Dead Raised?« (1 Cor 15,35-58), Bib. 57 (1976) 468-493; *Vaulx, J. de*, Notes brèves sur 1Co 15,35-56, in: Guénel, Corps 111-116; *Verburg* (Lit. zu Kap. 15) 53-76.153-218.266f; *Vögtle* (Lit. zu 15,20ff); *Walter, N.*, Leibliche Auferstehung? Zur Frage der Hellenisierung der Auferstehungshoffnung bei Paulus, in: FS G. Klein, Tübingen 1997, 109-127; *Wedderburn, A.J.M.*, Philo's ›Heavenly Man‹, NT 15 (1973) 301-326; *Wilckens, U.*, Christus, der »letzte Adam«, und der Menschensohn. Theologische Überlegungen zum überlieferungsgeschichtlichen Problem der paulinischen Adam-Christus-Antithese, in: FS A. Vögtle, Freiburg u.a 1975, 387-403; *Witherington* (Lit. zu Kap. 15).

35 Aber jemand wird sagen: Wie werden die Toten auferstehen? Mit was für einem Leib werden sie kommen? 36 Tor, was du säst, wird nicht lebendig gemacht, wenn es nicht stirbt, 37 und was du säst – du säst nicht den zukünftigen Leib, sondern ein nacktes Korn, etwa vom Weizen oder sonstigen (Samenarten). 38 Gott aber gibt ihm einen Leib, wie er beschlossen hat, und zwar jedem der Samenarten einen besonderen Leib. 39 Nicht alles Fleisch ist das-

selbe Fleisch, sondern ein anderes ist das der Menschen, ein anderes ist das Fleisch des Viehs, ein anderes das Fleisch der Vögel, ein anderes das Fleisch der Fische. 40 Und es gibt himmlische und irdische Leiber. Aber anders ist der Glanz der himmlischen und anders der irdischen. 41 Anders ist der Glanz der Sonne, und anders der Glanz des Mondes, und anders der Glanz der Sterne. Ein Stern unterscheidet sich freilich vom (anderen) durch den Glanz. 42 So verhält es sich auch mit der Auferstehung der Toten. Es wird gesät in Vergänglichkeit, auferweckt (aber) in Unvergänglichkeit. 43 Es wird gesät in Schmach, auferweckt in Herrlichkeit. Es wird gesät in Schwachheit, auferweckt in Kraft. 44 Es wird gesät ein seelischer (psychischer) Leib, auferweckt ein geistlicher (pneumatischer) Leib. Wenn es einen seelischen Leib gibt, gibt es auch einen geistlichen. 45 So steht auch geschrieben: Es wurde der erste Mensch, Adam, zur lebendigen Seele, der letzte Adam zum lebenschaffenden Geist. 46 Aber zuerst war nicht das Geistliche (oder: der geistliche Leib), sondern das Seelische (oder: der seelische Leib). 47 Der erste Mensch ist von der Erde (und somit) irdisch, der zweite Mensch vom Himmel. 48 Wie der irdische (Mensch) beschaffen ist, so sind auch die irdischen (Menschen), und wie der himmlische (Mensch), so auch die himmlischen (Menschen). 49 Und wie wir das Bild des irdischen (Menschen) getragen haben, werden wir auch das Bild des himmlischen (Menschen) tragen.

Während V 12-34 mehr das Ob und Daß (ὅτι) im Mittelpunkt stand, tritt nun die Frage nach dem Wie (πῶς[1324]) der Totenauferstehung in den Vordergrund, auch wenn die neue Thematik sachlich und auch religionsgeschichtlich nicht vom ersten Teil des Kapitels zu trennen ist[1325]. Dieses Wie ist freilich nicht beliebig ausweitbar, etwa im Sinne apokalyptischer Spekulation, sondern wird sofort im Sinne des ποίῳ δὲ σώματι präzisiert. Die Frage nach dem Wie ist die Frage nach der Leiblichkeit. Zunächst greift Paulus in V 36-41 auf zwei Analogien aus der Schöpfungswelt zurück[1326] und bringt dann in V 42-44 die Anwendung auf die Auferstehungsleiblichkeit. Mit V 45 beginnt der zweite Teil dieses Abschnitts, der die Argumentation mit einer Begründung durch die Schrift fortsetzt[1327].

Analyse (margin)

[1324] Vgl. dazu unten Anm. 1364.

[1325] Vgl. Schottroff* 136; K. Müller 172-174

[1326] Chrysostomus 355; Oecumenius 880 u.a. sprechen von παραδείγματα, Chrysostomus 355 zudem von Vernunftgründen (λογισμοί); nach Bullinger 249 antwortet Paulus *per argumentationem reciprocam, quod argumentandi genus alij uocant antistrephon in defensionem sui consilij*, nach

Zwingli 185 *per antypophoram* (nach Quintilian, Inst. Orat 9,3,87 ist ἀνθυποφορά für manche eine Figur, wenn man sagt »es ist unglaublich, was ich sage, aber wahr«).

[1327] Morissette* (Condition) 211-216 und (Antithèse) 87f will bei den Rabbinen (z.B. bSan 90b und PRE 33; vgl. dazu unten Anm. 1375f) ein dreistufiges Beweisverfahren für die Auferstehung *e ratione* finden

Korinthische Position: Da die Einleitungswendung ἀλλὰ ἐρεῖ τις in der Diatribe zur Einführung eines fingierten Diskussionspartners dient[1328], ist umstritten, ob die beiden Fragen in V 35 von Paulus im Blick auf die korinthischen Adressaten gestellt werden bzw. sie von ihnen selbst gestellt worden sind[1329] oder ob sie als rein hypothetisch zu bewerten sind. Manche bestreiten, daß aus dem vorliegenden Diatribenstil eine Position der Korinther zu erschließen sei[1330]. Richtig daran ist, daß die Fragen in der vorliegenden Formulierung von V 35 kaum von den Korinthern stammen werden, weil diese offensichtlich am ποίῳ σώματι gar nicht interessiert sind[1331]. Andererseits ist es ebenso unwahrscheinlich, daß beide Fragen

(Frage, Rekurs auf die alltägliche Erfahrung und *conclusio a fortiori*), was auch für Paulus reklamiert wird (ebd. 216-228). Allerdings wird dabei der Neueinsatz in V 45 nicht genügend beachtet und einbezogen. Michel, Paulus 101 findet mit mehr Recht, daß Paulus »gern den Schriftbeweis nach dem Beweis aus der Naturordnung« bringt (vgl. 9,8f) und das rabbinischer Beweisführung entspricht; vgl. auch Schmeller* 350f.
[1328] Vgl. Weiß 367 Anm. 4; Bultmann, Stil 66f. Robertson/Plummer 368 verweisen auf ἐρεῖς μοι οὖν und ἐρεῖς οὖν in Röm 9,19; 11,19; wie in Jak 2,18 handele es sich um »the writer's word, not the objector's«. Anders ebenfalls mit Verweis auf Jak 2,18 Mußner* 108 Anm. 22; gegen eine rein fiktive Frage auch die Autoren unten Anm. 1332. Rhetorisch liegt wohl nicht προσωποποῖα bzw. *fictio personae* vor (so Eriksson* 267, immerhin mit Verweis auf Quintilian, Instit. Orat. 9,2,30: Dadurch bringe man Gedanken der Gegner so zum Vorschein, als ob sie mit sich selbst sprächen; *fictio personae* ist aber eher 12,15f.21; vgl. Lausberg, Handbuch I 411), sondern *subiectio* (so Verburg* 266), nach Lausberg, ebd. I 381 ein »fingierter (also monologischer) Dialog mit Frage und Antwort (meist mit mehreren Fragen und Antworten) zur Belebung der Gedankenfolge. Der fingierte Dialogpartner ist meist die Gegenpartei«. Stenger* 101 spricht ähnlich von *subiectio* und Prokatalepse (vgl. zu solcher *anticipatio* Lausberg I 425: »die von vornherein abwehrende Vorwegnahme der gegnerischen Argumente«).
[1329] Unwahrscheinlich ist die Annahme zweier Gemeindegruppen, von denen die eine das Daß und die andere das Wie der Auferstehung in Frage stellt (so Barrett bei de Lorenzi [Lit. zu Kap. 15] 276). Ganz un-

glaubhaft ist endlich, daß Paulus wie syrBar 49,1-3 die Frage an Gott stelle, sei es im eigenen Namen oder im Namen des τις (so aber Freeborn [Lit. zu Kap. 15] 562f; dagegen zu Recht Morissette* [Condition] 217).
[1330] So Schmithals, Gnosis 147: »Daß man in Kor. die Fragen von V 35 gestellt hat, ist dagegen sehr zu bezweifeln« (noch dezidierter ders. [Lit. zu 15,20ff] 54: Man habe es in V 35ff »mit einem diatribenhaft eingeleiteten Lehrtext zu tun, dessen Gedanken ausnahmslos aus der hellenistischen Synagoge stammen«); vgl. auch Senft 204; Schottroff* 154 Anm. 1; Conzelmann 343. An einer rhetorischen und didaktischen Ausformung braucht man nicht zu zweifeln (vgl. Morissette [Condition] 208-211 mit Hinweis auf die Wiederholungen, Gleichnisse, Parallelismen, Antithesen), doch widerlegt das keine gezielte Opposition (vgl. 1,25ff u.ä.). Immerhin räumt Schmithals selbst ebd. 148 ein, »daß man sich in Kor. ernsthaft mit dieser Streitfrage beschäftigte«.
[1331] Man könnte allenfalls erwägen, ob die Fragen der Korinther ironisch und nicht ernst gemeint sind; vgl. Schniewind (Lit. zu Kap. 15) 130; Brandenburger* 73 Anm. 2; Mußner* 109; Morissette* (Condition) 218; Kistemaker 566 und Bauer* 91f, nach dem Paulus in V 35 die Fragen der Korinther einführt, »mit denen diese vermutlich ihrem überlegenen Spott über die ›Leiblichkeitseschatologie‹ des Apostels Ausdruck gaben«; nach Barrett* (Adam) 73 sollen die korinthischen Fragen auf einem Mißverständnis von σῶμα basieren. Von paulinischer Formulierung geht Spörlein* 97 aus. Ein Widerspruch zum sonstigen σῶμα-Verständnis des Paulus wäre nur dann gegeben, wenn σῶμα nur das Personsein und nicht auch die Leiblichkeit bezeichnen würde; vgl. Sider* 429f und die Diskussion bei Verburg* 155f.

nur auf das Konto einer paulinischen Selbstreflexion gehen, also rein fiktiv und ohne Hinblick auf die korinthische Leugnung einer Leiblichkeit in der Zukunftserwartung von Paulus gestellt und beantwortet werden. Schon die Ausführlichkeit der Beantwortung spricht dafür, daß die Fragen etwas mit der korinthischen Sicht der Dinge zu tun haben, Paulus also einen grundsätzlichen Einwand gegen die leibliche Auferstehung der Toten zurückweist[1332], zumal das dem auch sonst zu beobachtenden übersteigerten Spiritualismus mit seiner Abwertung der Leiblichkeit in Korinth entspricht[1333] und so auch das harte ἄφρων (V 36) besser paßt[1334]. Es ist darum kaum anzunehmen, daß die Präzisierung des πῶς durch das ποίῳ σώματι ganz unpolemisch sein sollte[1335]. Daß die Leiblichkeit der

[1332] Vgl. zu diesem zweiten (nach einigen sogar einzigen) kontroversen Punkt oben zu V 12 Anm. 534-540 und weiter Lietzmann 83: V 35 gehe auf den »Haupteinwand der Auferstehungsgegner« ein, »daß ein Leib nach dem Tode unvorstellbar sei«; daß hier der »Haupteinwand« vorliegt, erklären auch andere wie Deißner* 28 (»die eigentliche Zweifelsfrage der Korinther«); vor allem Sellin* 34.72 und ders., Hauptprobleme 3022: In Korinth vertrete man »eine dualistische Anthropologie mit Abwertung des Leibes zugunsten der pneumatisch inspirierten Seele«; D.B. Martin* 106 (nicht die futurische, sondern nur die leibliche Auferstehung werde bestritten, wobei Einfluß des skeptischen Epikureismus speziell bei den gebildeteren Gemeindeglieder als möglich gilt; ähnlich Hays 253); vgl. weiter zum Streitpunkt in V 35ff Schniewind (Lit. zu Kap. 15) 130; Héring 145; Brandenburger* 73 Anm. 2; Thiselton, Eschatology 525; Conzelmann 343; Kegel (Lit. zu Kap. 15) 42f.45; Mußner* 107f; Altermath* 4; Froitzheim* 245; Sandelin*19f; Schade* 204; Bünker* 70; Orr/Walther 342; Fee 775 Anm. 1; Wolff 402; Schmeller* 328 Anm. 129.380; Verburg* 58. Jedenfalls ist für Korinth der Dualismus von psychisch – pneumatisch vorauszusetzen, vermutlich auch eine Adam-Christus-Entsprechung (vgl. oben Anm. 720 und Brakemeier* 114f). Die Reserve von K. Müller* 177f gegen die Rekonstruktion von korinthischen Positionen hat m.E. auch hier nur darin Recht, als die Exegese nicht zum mirror-reading werden darf und rekonstruierte Positionen nicht die Explikation der paulinischen Gedankenführung beherrschen dürfen.
[1333] Zum negativen σῶμα-Verständnis vgl. EKK VII 2, 15. V 44 scheint überdies zu zeigen, daß die korinthischen Enthusiasten

kein σῶμα erwarteten. Schweizer, ThWNT VI 418 nimmt freilich an, daß das pneumatische σῶμα als »Urdatum« angenommen wurde, das schon unter dem psychischen Leib verborgen ist (vgl. auch unten Anm. 1506); dagegen mit Recht Jervell* 200; Brakemeier* 106 (man hielt in Korinth »die Rede von einem σῶμα πνευμαικόν überhaupt für absurd«; Brandenburger* 75 Anm. 1; Spörlein* 105. Die negative Bewertung der Leiblichkeit resultiert im übrigen nicht aus grobem Materialismus, sondern ist gerade spiritualistisch motiviert: Die somatische und materielle Welt mit ihrem Schwerefeld liegt bereits in wesenlosem Scheine zurück. Möglich ist aber, daß die Korinther die Auferstehung dabei in einem krass materialistischen Sinn der bloßen Restitution bzw. Reanimation von Leibern mißverstanden haben (so z.B. Grant, Law 226; Fee 776.779). Wolff 402 folgert übrigens, daß die Korinther auch die leibliche Auferstehung *Jesu* bestritten haben. Für diese christologische Zuordnung spricht V 45.49 (vgl. auch Phil 3,21 u.ö.).
[1334] Vgl. schon v. Mosheim 721: »Würde er ein so empfindliches Wort gebraucht haben, wenn er hier bloß mit einer Anfrage der zweifelnden Corinther zu thun hätte?«
[1335] Richtig Hoffmann* (Toten) 240; Güttgemanns* 79f; Sellin* 72; Lang 232; Eriksson* 267. Wenig wahrscheinlich ist allerdings, daß Paulus hier gegen das hellenistische Ideal der Unsterblichkeit der Seele opponiert (vgl. oben Anm. 516) oder umgekehrt pharisäische Vorstellungen im Blick hat, nach denen in der Auferstehung die frühere Leiblichkeit wieder hergestellt oder eine verbesserte Verlängerung des irdischen Lebens erwartet wird (anders Lietzmann 87 und Lang 232; vgl. Kümmel 192), oder auch sadduzäische »enge Vorstellun-

künftigen Existenz nicht die Pointe, sondern »deren selbstverständliche Voraussetzung« sei[1336], ist nur für Paulus selbst zutreffend, nicht für die spiritualistischen Korinther, d.h. Paulus dürfte wissen, daß in Korinth nicht nur der Modus, sondern die Tatsache der Leiblichkeit der zukünftigen Vollendung als anstößig empfunden und bestritten wird.

Rhetorik: V 35 eröffnet mit stilistischem und inhaltlichem Neueinsatz die zweite Runde der Argumentation, und vieles spricht dafür, daß auch dieser zweite Beweisgang ähnlich zu bestimmen ist wie V 12ff, d.h. daß Paulus auch hier vor der *probatio* wie in V 12-19 mit einer *refutatio* beginnt[1337]. V 35 ist wieder als *propositio* zu verstehen, wobei anstelle der τινές hier der τίς die oppositionelle Meinung vertritt[1338], und zwar in Form einer *subiectio* (vgl. z.St.). Die Argumentation erfolgt mit Hilfe zweier *similitudines*[1339] (V 36ff) und mit einer Begründung durch die Schrift (V 45ff).

Traditionsgeschichte: In V 45a zitiert Paulus die LXX-Fassung von Gen 2,7c, fügt aber πρῶτος und Ἀδάμ[1340] hinzu, vor allem aber den analogielosen V 45b, der offenbar ebenfalls als grundlegender Inhalt des Zitats zu verstehen ist und einen letzten Adam einführt, der zum lebendigmachenden Geist geworden ist[1341]. Gerade dieser hinzugefügte Teil ist für die Adam-Christus-Typologie mit ihrer dualistischen Entgegensetzung von erstem und letztem Adam sowie von ψυχὴ ζῶσα und πνεῦμα ζῳοποιοῦν konstitutiv[1342]. Im Vordergrund stehen dabei in 1Kor 15 fol-

---

gen von der Schöpferallmacht Gottes« im Visier hat (gegen de Wette 153).

[1336] So Conzelmann 343; vgl. auch K. Müller* 181 Anm. 35.

[1337] Eriksson* 267f; Watson (Lit. zu Kap. 15) 244; zu ihrer Funktion vgl. oben Anm. 505. Anders Bünker* 70, der V 35-49 als *argumentatio* bestimmt, und Verburg* 266, der von einer *probatio* ausgeht. Das kann man erwägen; Bünker selbst spricht aber von »Widerlegung gegnerischer Meinungen« (70). Unwahrscheinlich dagegen Probst, Paulus 343: V 35-39 sei *peroratio*.

[1338] Eriksson* 268; vgl. Watson (Lit. zu Kap. 15) 244; Bulembat* 36.42. Nach Verburg* 32 soll Paulus sich allerdings »mit der Meinung eines einzelnen (τις)« auseinandersetzen, was mehr als fraglich ist.

[1339] Zu deren Funktion vgl. Anm. 554 zu Kap. 12.

[1340] Allerdings bietet auch Aquila eine doppelte Übersetzung von אדם ὁ Ἀδάμ ἄνθρωπος; vgl. Koch* 135 Anm. 13. Die Einfügung von πρῶτος dagegen ist nur von der Bedeutung des ἔσχατος her zu erklären.

[1341] Vgl. Koch* 134f; ähnlich schon H. S. Reimarus, Vindicatio dictorum Veteris Testamenti in Novo allegatorum 1731, hg. v. P. Stemmer, Göttingen 1983, 157; Rückert 420f, Billroth 234f; Holsten, Evangelium 431; Jervell* 258 Anm. 303 (indirekter Schriftbeweis); Conzelmann 348 (wie ein Teil des Schriftwortes); Bünker* 71 (»gleichsam selbstverständliche Konsequenz«). De Wette 154 spricht von einem »midraschistischen Zusatze«; Weiß 373f Anm. 2 verweist als Beispiel »targumistischer Paraphrase« auf Gen 1,27 in TPsJ sowie auf Mt 5,43. vgl. auch Jeremias, ThWNT I 142 (»targumartige Paraphrase«); Scroggs* 86 (»haggadic exposition«); Fee 788: »a kind of midrashic pesher (= a quotation that is at once citation and interpretation)«. Vgl. zum Midrasch die Lit. in EKK VII 1, 132 Anm. 212.214 und Bulembat* 59 Anm. 84.

[1342] Es ist trotz seiner Meinung, mit der midraschartigen Erweiterung des Zitats von Gen 2,7 die Schrift auszulegen, m.E. aber kaum zweifelhaft, daß Paulus weder

gende Motive: 1. die Entsprechung und Gegensätzlichkeit zweier ἄνθρωποι, des ersten und des zweiten Adam, wobei als typisches Sprachmerkmal das ὥσ(περ) – οὕτως (V 22.48; vgl. Röm 5,12.15f.18f.21) oder dessen Negation erscheint; 2. ihre Universalität, d.h. ihre die ganze Menschheit einschließende Wirkung wie in dem εἷς – εἷς bzw. πάντες (V 21f; vgl. Röm 5,12 u.ö.); 3. die Zuordnung zu zwei Welten: ἀποθνῄσκειν – ζῳοποιεῖσθαι (V 20), θάνατος – ἀνάστασις νεκρῶν (V 21), ψυχὴ ζῶσα – πνεῦμα ζῳοποιοῦν (V 45), ψυχικός – πνευματικός (V 46), γῆ – οὐρανός (V 47), χοϊκός – ἐπουράνιος (V 47f), unverkennbar auch mit zeitlicher Komponente (πρῶτος – δεύτερος bzw. ἔσχατος V 46f).

Es ist wohl kein Zufall, daß der religionsgeschichtliche Hintergrund dieser Adam-Christus-Typologie und ihr Zusammenhang mit der Auslegung von Gen 2,7 bisher nicht ganz eindeutig und überzeugend geklärt werden konnte, jedenfalls nicht für das gesamte Ensemble der bei Paulus konstitutiven Züge, zumal es für die Typologie kaum wirkliche Parallelen gibt. Noch schwieriger ist die Frage zu beantworten, was Paulus in Korinth an Wissen voraussetzen kann. Vermutlich sind für Paulus selbst verschiedene Faktoren in Anschlag zu bringen, die erst von ihm in die Adam-Christus-Typologie integriert worden sind. Gnostische bzw. gnostisierende Adam-Anthropos-Spekulationen, die lange Zeit als bevorzugte Analogie herangezogen wurden und nicht als System, sondern nur fragmentarisch erhalten sind[1343], gelten heute eher als Weiterentwicklung

die hier vorliegende Bedeutung von ψυχικός aus ψυχὴ ζῶσα der Schrift gewonnen hat (allenfalls πνευματικός oder πνεῦμα ζῳοποιοῦν aus πνοὴ ζωῆς; nach Sellin* 79 sollen sich die beiden letzten Syntagmen entsprechen; vgl. die Parallelität von πνεῦμα und πνοή in Hi 33,4 und Jes 57,16, aber auch Brakemeier* 103f), noch erst recht die Antithese. In Gen 2,7 steht das an πνεῦμα ζῳοποιοῦν erinnernde πνοὴ ζωῆς fast parallel zu ψυχὴ ζῶσα, und beide sind durch ζωή verbunden (ἐνεφύσησεν ... πνοὴν ζωῆς, καὶ ἐγένετο ὁ ἄνθρωπος εἰς ψυχὴν ζῶσαν), während bei Paulus nicht nur eine umgekehrte Reihenfolge, sondern unübersehbar eine Antithese vorliegt und auch nicht erwähnt wird, daß die πνοὴ ζωῆς Adam durch Gottes Geist eingeblasen wurde. Sellin* 83 verweist auf Weish 15,11, wo ψυχὴν ἐνεργοῦσαν und πνεῦμα ζωτικόν Gen 2,7 interpretieren, also auch dort parallel stehen (anders Weish 7,7; 9,17; ebd. 84). Vgl. weiter Brandenburger* 73f; Jewett, Terms 344; Altermath* 40 Anm. 129 u.a.; anders K. Müller* 214f Anm. 153 und Morissette* (Antithèse) 121f. Daß der eingehauchte Lebensodem wie im hellenistischen Judentum als Mitteilung des göttlichen Geistes zu verstehen sei, trifft für Paulus jedenfalls gerade nicht zu (vgl. auch Nikolainen* 196).

[1343]   Vgl. die umfangreiche Literatur bei Conzelmann 349 Anm. 38 und die Skizze der Forschung bei Jewett, Terms 230-237, vor allem Brandenburger* 77-109; Schottroff* 115ff.124-136, die betont, daß zwar kein ausgeführter Mythos vom Urmenschen notwendig ist (122f), die dualistische Konzeption und Doppelung des Urmenschen aber auf vorgegebene Anthropos-Spekulationen weist (125.168); Brakemeier* 111 sieht nur die Terminologie von V 44ff in diesem Traditionsbereich beheimatet, lehnt aber 113f nach den Untersuchungen von Colpe, Schule und Schenke (vgl. die nächste Anm.) das Modell eines solchen Erlösermythos als Erklärung ab. Die meist zitierten Texte dafür sind CH 1,12-17, Zosimos, die Naassenerpredigt bei Hippolyt (Reitzenstein, Poimandres 83-89), Texte aus Nag Hamadi, aber auch aus der mandäischen Gnosis.

der bei Philo greifbaren Tradition[1344] oder gehen vom paulinischen Text aus, vor allem in den Nag Hammadi Texten. Zudem bilden sie für diese Vorstellungen ebensowenig eine genaue Parallele wie die von vielen favorisierte jüdische Konzeption eines alle Nachkommen umgreifenden Stammvaters bzw. die Vorstellung der *corporate personality*[1345], denen der universal-eschatologische Aspekt und vor allem der Dualismus etwa von ψυχή vs. πνεῦμα fehlt[1346]. Heute werden meist weisheitlich-dualistische Traditionen des alexandrinischen Judentums angeführt[1347], doch scheinen die mehr für die korinthische Position als für Paulus selbst von Belang zu sein. Zu dessen eigener Sicht finden bestimmte Komponenten auch anderswo ihre nächsten Parallelen, vor allem die den irdischen Adam und seinen Tod betreffenden des ersten Teils der Typologie[1348]. Immerhin scheint Paulus eine Auslegung von Gen 1 und 2 vorauszusetzen, die mit bestimmten Urmenschspekulationen verbunden ist und in weisheitlich-dualistischer Form vor allem bei Philo greifbar wird[1349], wenn auch nicht ganz konsistent und einheitlich[1350]. Stark verkürzt stellt sich der Befund so dar:

[1344] Das gilt vor allem für die Vorstellung vom Gott »Mensch«; vgl. Schenke, Gott »Mensch«; Fischer* 289-291; Sellin* 93.202-205; zur Auslegung von Gen 2,7 und ihren Traditionen in der Gnosis vgl. Pearson* 51-85, speziell zu der in den Nag-Hammadi-Texten Sahlin* passim und Lindemann, Paulus 297-343. Zu früheren Arbeiten von Murmelstein und Staerk vgl. Scroggs* X-XV: Es gibt keine Identifikation von Urmensch bzw. Adam und Messias.

[1345] Vgl. z.B. Schweizer, ThWNT VII 1069f; D. Müller* 139f; Holleman* 180f und dazu EKK VII 3, 213 sowie Jewett, Terms 237-245. Auch Farina* 186f tritt zwar für das Modell der *corporate personality* ein, räumt aber ein, daß eine zweite Generationenfolge so keine Erklärung findet und macht ebd. 187f Paulus für die Verbindung mit der Entsprechung von Protologie und Eschatologie verantwortlich; vgl. dazu auch unten Anm. 1357.

[1346] Brandenburger* 143 Anm. 2 (vgl. auch 149f) sowie Brakemeier* 108f vermissen die Konsubstantialität, doch bleibe dahingestellt, ob das mit dem in der Tat zentralen gegenwärtigen In-Sein mitgegeben ist, die denn auch Brakemeier in Spannung zum geschichtlichen Denken des Paulus sieht (vgl. das instrumentale ἐν V. 22); zutreffend Käsemann, Römer 134: Die Kategorie des Patriarchen bzw. »Anführers einer Generation« sei inadäquat, weil es auf die Einzigartigkeit der beiden Gestalten ankomme, die Anfang und Ende der Geschichte bewirken. Im übrigen ist Adam fast ausnahmslos der Stammvater Israels (Scroggs* 44-46).

[1347] Vgl. vor allem Pearson, Pneumatikos 82 u.ö.; Kaiser* und Sellin* passim; Verburg* 199-203.

[1348] Für Adam als Urheber des Todesverhängnisses z.B. lassen sich am ehesten Belege aus 4Esr und syrBar erbringen (vgl. oben Anm. 724 und Brandenburger* 15-67; Fischer* 284-288; Scroggs* 17-20.36f).

[1349] Vgl. etwa Lietzmann 85f; Weiß 375f; Conzelmann 349-353; Scroggs* 116-122; Barrett 374f; Brandenburger* 117-131; Schottroff* 4-41.140-145; Pearson, Pneumatikos 17-21; Kaiser* I 220-258; Wedderburn* passim; Altermath* 42-44 (Auseinandersetzung mit Wedderburn*); Sellin* 79-189.

[1350] Philo kennt verschiedene Anthroposmotive, »einmal die Spekulation zum doppelten Schöpfungsbericht, in der der οὐράνιος ἄνθρωπος dem γήινος gegenübersteht«, zum anderen »das Motiv des Logos-Anthropos, der die Züge von Logos und Sophia trägt« (Kaiser* I 233); vgl. auch 238f zur Frage, ob der himmlische Mensch »traditionsgeschichtlich primär mit einer Adamspekulation des doppelten Schöpfungsberichtes verbunden worden ist oder mit der Logos/Sophiagestalt«, wobei 239 zum letzteren neigt.

An der stärker dualistisch geprägten Stelle All 1,31f stehen sich eine himmlisch-unvergängliche Menschenart und eine sterblich-erdhafte gegenüber (διττὰ ἀνθρώπων γένη· ὁ μὲν γάρ ἐστιν οὐράνιος ἄνθρωπος, ὁ δὲ γήινος): Der himmlische Mensch ist der nach dem Ebenbild Gottes geschaffene, dem Logos und der Sophia entsprechende (Conf 146) und ohne Anteil an allem Vergänglichen und Erdhaften, der irdische dagegen aus Staub, dem Gott aber durch seinen göttlichen Odem die Fähigkeit wahren tugendhaften Lebens einhauchen kann, so daß er durch Inspiration zur Seele wird und Unsterblichkeit gewinnt. In Op 134 werden zwei Anthropoi unterschieden, und zwar in Anknüpfung an den doppelten Bericht von der Erschaffung des Menschen in Gen 1,27 und 2,7, was Philo aber ontologisch, nicht historisch-chronologisch versteht (vgl. Op 13.26-28.67): Der in Gen 1,27 erschaffene Mensch ist nach Philo als Idee, Idealmensch oder archetypischer Gattungsbegriff der ἄνθρωπος θεοῦ bzw. ὁ κατ᾽ εἰκόνα ἄνθρωπος, körperlos, mann-weiblich (vgl. auch Conf 41f, wo der unsterbliche Mensch Gottes zugleich als mit dem λόγος identisch und wie ein Stammvater der ihm zugehörigen Menschen erscheint). Der Mensch aber, von dessen Erschaffung im Anschluß an Gen 2,7 die Rede ist, ist zwar dem Archetyp entsprechend gebildet, gehört aber der Sinnenwelt an, ist Mann oder Frau, sterblich, und in seinem Leib aus Erdenstaub ist der Geist gefangen[1351].

Übereinstimmung mit Paulus besteht im Gegenüber zweier Anthropoi, in der Anknüpfung an Gen 2,7 und vor allem in der Charakterisierung der ihnen zugehörigen Menschen, freilich in umgekehrter ontologischer und bzw. heilsgeschichtlicher Zuordnung und Reihenfolge: auf der einen Seite der »vom Staube der Erde« (V 47) bzw. als »Erdgeborener« (Op 136; All 1,32) sowie als vergänglich (V 42 bzw. All 1,32) charakterisierte Mensch, auf der anderen Seite der »himmlische Mensch« (V 48 bzw. All 1,32) und die Anteilhabe am Geist (V 45 bzw. All 1,42)[1352].

Allerdings sind neben der genannten Umkehrung, daß die heilsvermittelnde Kraft allein dem letzten Adam zukommt (vgl. dazu zu V 46), auch andere oft dargestellte Unterschiede zu Paulus nicht zu übersehen[1353], die entweder auf paulinische Korrektur, auf eine andere Tradition oder einen eigenen Entwurf des Paulus deuten: a) der erste Schöpfungsbericht bzw. Gen 1,27 spielt hier bei Paulus, vielleicht mit Ausnahme von V 48, keine Rolle, jedenfalls findet er die Opposition der beiden Anthropoi schon in Gen 2,7, und vor allem kennt Paulus keinen himmlischen ersten Adam (zur anderen Reihenfolge der beiden Anthropoi vgl. zu V 45f); b) der himmlische Mensch ist kein platonisch-zeitloses Ideal, sondern eine geschichtliche Realität[1354]; c) ist bei Philo, der von zwei gegenwärtigen Menschenar-

---

[1351] Diese Differenzierung und die Gestalt des himmlischen Anthropos ist auch hier kaum allein aus Gen 1 und 2 herausgesponnen, sondern auch allegorisch hineingelesen und herangetragen, zumal der himmlische Anthropos in Conf 62f sogar als Schöpfungsmittler, ja in Quaest in Gen 2,62 als δεύτερος θεός auftritt.

[1352] So Kaiser I 234f; nach Jervell* 263 ist πνοὴ ζωῆς für Philo die Substanz der Seele des ersten Menschen und auch der Logos, und erst die Gnosis soll Gen 2,7 auf das Pneuma beziehen und es mit dem »inneren« oder pneumatischen Menschen verbinden (ebd. 142-147).

[1353] Vgl. z.B. Deißner* 37f; Vögtle* (Adam-Christus-Typologie) 321-326; Scroggs* 116 u.ö.; Lohse* 131f; K. Müller* 224 Anm. 176; Schade*76; Kaiser* 234.

[1354] Bachmann 467 Anm. 1; vgl. auch Findlay 938; Black* 171f (»Philo's ›heavenly Man‹ is a bloodless Idea; in St. Paul ›the heavenly One‹ is a historical individual, Jesus Christ ...«), doch komme Quaest in Gen

ten handelt, nicht vom ἔσχατος Ἀδάμ die Rede und ebensowenig von dessen an die Auferstehung gebundener lebenschaffender Funktion, d.h. die Eschatologie fällt bei Philo aus[1355]; d) fehlt im Zusammenhang der Auslegung von Gen 1 und 2 ψυχικός und πνευματικός, wie denn überhaupt bei Paulus die Antithese und nicht die Entsprechung im Vordergrund steht und ἰδέα u.ä. fehlt[1356]. Jedenfalls darf man nicht die gesamte »Weltanschauung« Philos bei Paulus oder auch in Korinth voraussetzen, in der gedacht oder die modifiziert worden ist.

Über Philo hinaus gibt es denn auch weitere Parallelen zu Adamspekulationen und die paulinische Ausdeutung von Gen 2,7, die darauf hinweisen, daß Paulus vorgeprägte Gedanken aufnimmt und sie in seine eigene Auslegung von Gen 2,7 einfließen läßt. Dabei wird vor allem das Urzeit-Endzeit-Schema eine wichtige Rolle gespielt haben[1357]. Da in den jüdischen Adamspekulationen üblicherweise kein zweiter oder letzter Adam auftaucht[1358] und auch die Restitution der prälapsarischen Herrlichkeit Adams durch den Messias weder im Judentum noch bei Paulus nachweisbar scheinen[1359], könnte Paulus selbst von seiner Christologie und Pneu-

---

2,56 (vgl. dazu unten Anm. 1358) Paulus darin sehr nahe, daß hier der zweite Adam zugleich οὐράνιος und eine historische Person sei); Barrett 375 und ders.* (Adam) 75.99 (»›Man‹ is a historical and individual term, ... Jesus of Nazareth ... But the same word is also an eschatological and collective term«); Jervell* 64-66.259; Brakemeier* 105.107; Klauck 119; Lincoln* 44.
[1355]   Vgl. Jeremias, ThWNT I 143; Wilckens, EKK VI 1, 308; Sellin* 90ff. Für Paulus sind πρῶτος und ἔσχατος in erster Linie nicht Werturteile, sondern heilsgeschichtliche Qualifikationen (vgl. πρῶτον-ἔπειτα in V 46 und Altermath* 42).
[1356]   Vgl. Kaiser* I 235f. Nach 241 soll bei Philo auch »eine direkte soteriologische Ausrichtung« fehlen. Zu ψυχικός vgl. Morissette* (Antithèse) 104 Anm. 11: Der Term erscheint bei Philo im seit Plato traditionell hellenistischen Sinn, nie dagegen als Opposition zu πνευματικός, z.B. mit Verweis auf Op 67 (vgl. auch 137); ähnlich Brakemeier* 107 zu ψυχή (keine »strikt negative Wertung« wie V 44ff) und πνεῦμα.
[1357]   Vgl. Käsemann, Römer 133.138; Michaelis, ThWNT VI 867f; Fischer* 291; Scroggs* 62f u.ö.; D. Müller* 141.148; Lindemann, Auferstehung 157; Farina* 158 findet auch in der Antithese von psychischem und pneumatischem Leib »die diametrale Gegensätzlichkeit des jüdisch-apokalyptischen Äonendualismus«; vgl. auch die Unterscheidung zwischen der Leiblichkeit der irdischen und der auferstandenen

Menschen in BerR 14 zu 2,7 (Wünsche, Bibliotheca I 2, 64; vgl. dazu Scroggs* 55f.86f; Farina* 180f; Schade* 79; allerdings dürfte dieser aus der Pleneschreibung mit den zwei Jod וייצר in Gen 2,7 im Unterschied zu ויצר in Gen 2,19 gezogene Schluß dem Apostel kaum bekannt sein; anders Scroggs* 86f: »The Apostle may thus be reworking this Jewish midrash for a Greek Christian audience«).
[1358]   Vgl die Übersicht über die verschiedenen Adamspekulationen im Judentum bei Brandenburger* 135-139; Scroggs* 16-58; Farina* 124-129; P. Schäfer, Art. Adam II, TRE 1, 424-427; J.R. Levison, Portraits of Adam in Early Judaism, From Sirach to 2Baruch, Sheffield 1988; vgl. auch die Belege bei Morissette (Antithèse) 120f Anm. 58. Jüdische Texte kennen mit der samaritanischen Ausnahme von Memar Marquah 4,4, wo im Rahmen von zwei Weltperioden Noah als zweiter Adam bezeichnet wird (vgl. dazu Schaller, EWNT I 66; Sellin* 174 Anm. 231; auch bei Philo, wo Quaest in Gen 2,56 Noah als *principium secundae quasi facturae hominum* erscheint, fehlt die eschatologische Dimension; ähnlich VitMos 2,65), keinen »zweiten« oder »letzten Adam«; vgl. Billerbeck III 477f; Usami* 484f.
[1359]   Daß jüdische Spekulationen über Adams Herrlichkeit vor dem Fall gemäß dem Urzeit-Endzeit-Schema zur Erwartung einer eschatologischen Wiederherstellung durch den Messias geführt haben (so z.B.

matologie her als erster das Urzeit-Endzeit-Schema auf die eschatologische Adamgestalt angewendet haben[1360]. Auch die in einigen jüdischen Texten aus Ez 37,1-14 (der Text wurde vom Judentum eschatologisch auf die zukünftige Totenauferstehung bezogen) aufgenommene Verknüpfung von Auferstehung und Geistverleihung[1361] könnte für die Erklärung des πνεῦμα ζῳοποιοῦν im Kontext des Auferstehungskapitels 15 von Bedeutung gewesen sein, zumal dieses, wenngleich spät und spärlich, mit Gen 2,7 verbunden worden ist[1362].

Gliederung: Der Abschnitt beginnt mit einem einen neuen Einwand einführenden ἀλλά (Bauer/Aland 74), konkret mit zwei Fragen, die mit einer statt im Po-

---

Jeremias, ThWNT I 143), ist alles andere als sicher (vgl. Schäfer, a.a.O. [Anm. 1358] 425; gegen eine Identifikation von Adam und Messias auch Scroggs* 56f. Wohl aber wurde erwartet, daß nicht durch den Messias, etwa als zweitem Adam, sondern in der messianischen Zeit das Paradies wieder geöffnet wird (4Esr 7,52; vgl. Scroggs* 23-31.54-58.68), die durch Adam herbeigeführte mangelhafte Ordnung wieder vollkommen wird (BerR 12 zu 2,4; Wünsche, Bibliotheca I 2, 53) oder Adam wie in VitAd 46f prototypisch in seinem »ἄνοδος zum Paradies ... auch die Rückkehr seiner Nachkommen ... zum himmlisch-göttlichen Ursprung verbürgt« (Brandenburger* 114; vgl. auch die den Himmelssöhnen gehörende אדם כבוד [Adam?, Mensch?] in 1QS 4,23; 1QH 17,15; CD 3,20 und Schweizer, Neotestamentica 279; Brakemeier*110; Schade* 74 sowie Lincoln* 48f mit weiteren Belegen).
[1360] So Usami* 484f; vgl. auch Davies, Paul 44; Morissette* (Antithèse) 110 und Farina oben Anm. 1345. Das schließt nicht ein, daß sich hinter dem himmlischen Adam der Menschensohn verbirgt; vgl. Wilckens* 388, der zu V 47 mit Recht keinen Zusammenhang »mit den spezifischen Motiven der Menschensohntradition« findet, ferner Brandenburger* 131-135; Brakemeier* 110; vgl. auch unten Anm. 1518. Für eine Ableitung des zweiten Adam von der Menschensohnvorstellung Jeremias, ThWNT I 143; Cullmann, Christologie 169-174; Wilckens, EKK VI 1, 313; Larsson* 312; Stuhlmacher, Theologie 355 (neben anderen Faktoren); vgl. auch Colpe, ThWNT VIII 475f und vor allem Farina* 141-144 sowie auch K. Müller* 222 Anm. 172.
[1361] Vgl. D. Müller* 108-110, der ebd. 111 auf TestGad 4,6f (vgl. auch Sib 4,186f) und

rabbinische Texte verweist: Nach bSot 9,15 führt die Frömmigkeit zum Heiligen Geist und dieser zur Auferstehung; in ShemR 48 (102d) läßt R. Pinᵉhas b. Jaïr (um 200) Gott sagen:»In dieser Welt hat mein Geist in euch Weisheit gegeben, aber in der Zukunft wird mein Geist euch wieder lebendig machen (euch auferwecken)« mit anschließendem Zitat von Ez 37,14 (Billerbeck III 341).
[1362] Schon Bachmann 468f verwies auf die atl. Aussagen über einen künftigen Geistbesitz (Jes 42,1; 48,16; Ez 39,29; Joel 3,1ff), die Paulus messianisch gedeutet und mit Gen 2,7 kombiniert habe, Morissette* (Antithèse) 124 Anm. 68f aber auch auf rabbinische (mit Bezug auf Billerbeck I 630f; vgl. auch II 134.615f; IV 915f und Volz, Eschatologie 221f) und apokalyptische Auslegungen wie äthHen 49,1-3; 62,2; TestJud 18,7; TestLev 24,2f u.a. (vgl. auch ebd. 123-134). K. Müller* 215 Anm. 153 vermutet wie Farina* 116-126 eine Verklammerung von Ez 37,14 mit Gen 2,7 wie in BerR 14,8 zu 2,7b (vgl. Wünsche, Bibliotheca I 2, 66), wo sich bei der Verheißung für die kommende Zeit im Gegenüber zum Einblasen des Lebensodems in die Seele, wodurch Adam sterblich bleibt, in חיים ein Pendant zum ζῳοποιοῦν des Geistes findet; vgl. auch Schade* 79, nach dem diese Stelle der paulinischen Auslegung zu Gen 2,7 »am nächsten« kommt, »da sie die Kontrastierung von Urzeit und Eschaton sowie den Gegensatz ›(lebendige) Seele‹ — ›Geist‹, der ›zu Leben bringt‹ enthält«; vgl. auch Bulembat* 62f, der aber vor allem die eigene midraschartige Exegese des Paulus hervorhebt (»une sorte de création d'un nouveau texte« [62]), die bis V 48 reiche (vgl. auch ebd. 68f u.ö.). Allerdings fehlt dort ein »letzter Adam« und seine Identifizierung mit dem Pneuma ebenso wie die Radikalität der Antithese von ψυχή und πνεῦμα (vgl. Sellin* 88f Anm. 40).

tentialis (vgl. Bl-Debr-Rehkopf § 385 Anm. 1) im Fut. formulierten Einleitung ἐρεῖ einem unbestimmten τίς in den Mund gelegt werden und beide im Präs. gehalten sind. Die erste fragt mit πῶς nach dem Wie der Totenerweckung, die zweite präzisiert mit einem instrumentalen Dat. ποίῳ σώματι und variiert das ἐγείρεσθαι νεκροί mit ἔρχονται. V 36 antwortet mit dem Vokativ ἄφρων und redet den Fragesteller mit einem betont vor das Relativum gestellten σύ an, wobei der Relativsatz in der 2. Pers. Sing. Präs. Akt. steht, der darauf folgende Hauptsatz, der das Obj. des Relativsatzes als Subj. hat, in der 3. Pers. Präs. des *passivum divinum*, während die negativ gehaltene Bedingung mit ἐὰν μή im Konj. Aor. nachsteht. V 37 nimmt im Anschluß an καί den Relativsatz von V 36 wörtlich auf und expliziert das ὅ im folgenden Satz, wiederum mit σπείρεις, dessen Obj. zunächst negativ mit τὸ σῶμα in einem seltenen Attribut im fut. Part. von γίνομαι und dann mit ἀλλά positiv als »nacktes Saatkorn« bestimmt wird, was das formelhafte εἰ τύχοι beispielhaft durch einen Gen. von σίτος und einem mit ἤ eingeleiteten Neutrum τῶν λοιπῶν (zu ergänzen etwa mit σπερμάτων; vgl. V 28) veranschaulicht. V 38 stellt dem σύ und seinem Säen von V 36f mit Nachdruck das Subj. ὁ θεός und dessen präsentisches Präd. von διδόναι entgegen (δέ), dessen Dat.-Obj. αὐτῷ sich auf κόκκος und dessen artikuliertes Akk.-Obj. σῶμα sich auf dasselbe Wort von V 37 bezieht. Dabei wird das διδόναι sowohl durch den kurzen καθώς-Satz im Aor. von θέλειν desselben Subj. als auch durch das mit καί *explicativum* angeschlossene Akk.-Obj. wie in V 38a (präzisiert durch ἴδιον) sowie das Dat.-Obj. ἑκάστῳ präzisiert und durch einen pluralischen *gen. part.* näher bestimmt. V 39 ist ein ohne Kopula beginnender, prädikatloser negierter Satz, dessen Subj. und nominales Prädikatsnomen identisch sind, wobei das Subj. durch πᾶσα und das Prädikatsnomen αὐτή bestimmt ist, dem dann durch ἀλλά vier mit ἄλλη beginnende, im dritten und vierten Glied durch nochmaliges σάρξ erweiterte Genitive folgen, wobei das dritte und vierte Glied eine Parechese (κτηνῶν/πτηνῶν) bilden. Auch V 40a fehlt ein Prädikat, und es werden nur mit καί ... καί verschieden bestimmte σώματα genannt und durch kontrastierende Adjektive näher bestimmt. In V 40b werden die beiden Begriffe, die in V 40a als Adjektive gebraucht wurden, zur Näherbestimmung der verschiedenen δόξα im Gen. aufgegriffen (vermutlich durch σωμάτων zu ergänzen). In V 41a-c werden wieder prädikatlos die himmlischen Leiber durch die traditionelle Dreiteilung in Sonne, Mond und Sterne im Gen., der sich jeweils auf das dreimalige ἄλλη δόξα bezieht, verdeutlicht. V 41d nimmt das letzte und einzige pluralische Beispiel auf, um auch das διαφέρειν der einzelnen Sterne an δόξα herauszustellen. V 42 beginnt mit οὕτως καί und wieder nur dem Subj. ἡ ἀνάστασις τῶν νεκρῶν, also ohne Kopula, die Anwendung, indem in V 42b-44a vier betont rhetorisch geformte, anaphorisch gegliederte (zum Isokolon vgl. Bl.-Debr.-Rehkopf § 485 und Lausberg, Handbuch I 359), sachlich aber parallele Antithesen jeweils mit σπείρεται und ἐγείρεται durch ἐν mit je einem Substantiv gegenübergestellt werden, wobei σῶμα zu ergänzen ist. V 44b nimmt in einem realen Konditionalsatz mit εἰ den ersten Teil der letzten Antithese in der Protasis mit betont vorangestelltem ἐστίν auf, um daraus in der Apodosis wieder mit vorangestelltem ἐστίν den zweiten Teil der Antithese zu folgern. V 45 beginnt mit der *formula quotationis* οὕτως καί γέγραπται und zitiert im ersten Teil Gen 2,7: vorangestelltes Verbum ἐγένετο, Subj. (+ zusätzlichem πρῶτος) ὁ ἄνθρωπος und die anstelle des Prädikatsnominativs (vgl. Bauer/Aland 463f) stehende Bestimmung mit εἰς. V 45b kontrastiert dem ohne nochmaliges Präd. das Subj. ὁ ἔσχατος Ἀδάμ und die Bestimmung εἰς πνεῦμα ζῳοποιοῦν. V 46 verneint mit ἀλλ᾽ οὐκ in einem prädikatlosen Satz die These, das Subj. τὸ πνευματικόν sei πρῶτον, und schließt mit ἀλλά die rechte Reihenfolge an: Das Erste ist τὸ ψυχικόν, dem mit ἔπειτα noch zusätzlich τὸ πνευματικόν nachgeordnet wird. V 47a nimmt als Subj. aus dem Zitat von V 45 ὁ πρῶτος ἄνθρωπος auf und bestimmt mit ἐκ und Gen. (ohne Präd.) dessen Herkunft, dem dann im zweiten Satzteil der δεύτερος ἄνθρωπος mit der kontrastierenden Herkunftsbezeichnung ἐκ τοῦ οὐρανοῦ gegenübergestellt wird. V 48 bezieht in Entsprechung dazu (οἷος/τοιοῦτοι) die Herkunftsbestimmungen der Subjekte von V 47 auf die ihnen zugeordneten Menschen, wobei χοϊκός aus V 47a (ohne ἐκ γῆς) im Plur. wiederholt wird, während statt ἐκ οὐρανοῦ jetzt ἐπουράνιος erscheint; als Präd. wäre analog V 49 im ersten Teil ein Aor. oder Präs., im zweiten ein Fut. (ἐσόμεθα) zu ergänzen. V 49 schließt mit καί einen dazu parallelen Satz mit der Korrelation καθὼς καί an, dessen beide Teile jeweils φορεῖν bieten, im ersten im Aor., im zweiten im Fut., wobei das jeweilige Obj. εἰκόνα durch Genitive der in V 48 gebrauchten Kontrastbegriffe näher bestimmt wird.

Die am Anfang des neuen Abschnitts von einem unbestimmten τις gestellte Doppelfrage ist sowohl im Blick auf Korinth als auch auf das paulinische Verständnis der Auferweckung von Gewicht. Dabei präzisiert und konkretisiert die zweite die erste Frage[1363], denn diese fragt mit πῶς nicht noch einmal nach der schon beantworteten grundsätzlichen Möglichkeit (»wie ist es möglich, daß«), sondern nach der Art und Weise einer leiblichen Totenauferstehung[1364]. Wer im Sinne des Paulus nach dem πῶς der Auferweckung der Toten fragt (V 35a), spekuliert nicht unangemessen über das Wie, sondern fragt damit *eo ipso* nach der Leiblichkeit (V 35b), ohne die eine Auferweckung der Toten unvorstellbar ist[1365]. Solche denk-

Erklärung 35

[1363] V 35a und 35b werden allerdings oft, im einzelnen aber unterschiedlich, als ganz verschiedene Fragen gefaßt; vgl. schon Didymus 9; Theodoret 364 u.a. (περὶ τοῦ τρόπου τῆς ἀναστάσεως καὶ περὶ τῆς ἐσομένης τοῦ σώματος ποιότητος); Godet II 221; Findlay 933f; Robertson/Plummer 368; Heinrici 486; Sider* 429; vgl. auch die nächste Anm.). Doch sind nicht verschiedene Aspekte der Auferstehung im Blick (so aber auch Jeremias, Abba 304f, der von daher eine chiastische Beantwortung beider Fragen in V 36-48 und 50-58 annimmt (vgl. schon Cajetan 84r: Die 2. Frage werde zuerst beantwortet; ähnlich Giesriegl, Sprengkraft 275 Anm. 15); richtig Weiß 367; Conzelmann 343; Brakemeier*82f; Wolff 402; Lang 232; Usami* 474; K. Müller* 179f Anm. 32 und 184; Fee 780; Kremer 274 (»Form eines synthetischen Parallelismus«). Die in der Übersetzung ausgelasse-

ne Partikel δέ ist weiterführend (Conzelmann 343 Anm. 5; Bauer/Aland 342: »häufig ist sie gar nicht zu übersetzen«; anders Verburg* 60).

[1364] Anders Robertson/Plummer 366 (»Is it possible ...?«); Neander 257; Allo 419. 421; Straub* 70 (Wie ist es überhaupt »denkmöglich«?); Sider* 429; Farina* 24f. 30f; auch Verburg* 60 sieht in der ersten Frage noch einmal den Zweifel am Daß der Auferstehung zum Ausdruck kommen; richtig z.B. Schmiedel 199; de Wette 152; Larsson* 307; Schade* 202; Becker* 88 Anm. 36; Gale* 134; vgl. Bauer/Aland 1464 (»Wie? auf welche Art und Weise?«).

[1365] Zur Bedeutung von σῶμα bei Paulus vgl. EKK VII 2, 22 und Schweizer, ThWNT VII 1059f; Jewett, Terms 267; K. Müller* 181 (vgl. auch in Anm. 38 die Kritik an Spörlein* 80f.99, daß Paulus sich eine leiblose Existenz durchaus vorstellen könne);

notwendig die Leiblichkeit einschließende Erwartung ist auch im Judentum, wo durchaus auch die Unsterblichkeit der Seele erhofft werden kann, nicht selbstverständlich[1366], wohl aber für Paulus. Die beiden Verben ἐγείρονται und ἔρχονται umschreiben denselben Vorgang, wobei die Präsensformen futurische Bedeutung haben[1367].

36   In V 36-38 gibt Paulus eine erste Antwort mit dem der Alltagserfahrung entnommenen Gleichnis vom Samenkorn[1368], eingeleitet mit der Anrede »Tor«[1369]. Ἄφρων ist der, der Gottes Weisheit und Macht nicht begreift (vgl. ἀγνωσία θεοῦ in V 34 und V 38, wo durch einen Subjektswechsel das göttliche dem menschlichen Tun gegenübergestellt wird[1370]). Es han-

Heinrici 485 verweist aber auch auf Zeno: πᾶν τὸ ποιοῦν σῶμά ἐστι (Diogenes Laertius 7,56) und Seneca (Ep. 106): *Quod facit corpus est.*

[1366] Vgl. z.B. oben Anm. 557, aber auch Aussagen wie Jub 23,31, daß die Gebeine der Knechte Gottes in der Erde ruhen, aber ihr Geist viel Freude haben wird. Anders z.B. Midr Ps 16 § 11 zu Ps 16,10: »Es soll sein Fleisch nicht hinschwinden wie Staub im Grabe« (Billerbeck II 618; vgl. auch Apg 2,25-28); zu syrBar vgl. unten Anm. 1375 und 1385. Brakemeier* 82 hebt im Blick auf rabbinische Diskussionen, ob Knochen und Knochen oder Haut und Haare zuerst wiederhergestellt werden (Billerbeck III 473f), die »Zurückhaltung« des Paulus hervor und wertet dies als Indiz dafür, daß »nicht so sehr Vorstellungen im Vordergrund stehen, sondern unaufgebbare theologische Anliegen«.

[1367] Vgl. Bl-Debr-Rehkopf § 323 und schon Erasmus 738 (*venient*); v. Mosheim 720f; neuerdings z.B. Conzelmann 343 Anm. 7 gegen Weiß 367f Anm. 5 (Präsens des Lehrsatzes; ebs. Bauer* 92 Anm. 16); für futurische Bedeutung auch K. Müller* 182; Verburg* 69. Orr/Walther 344 nennen das Präsens dagegen sogar den »emphatic point« und finden »a transitional eschatology«; nach ebd. 345 soll Paulus nur korrigieren, daß die Auferstehung »a visible, physical appearance« sein müsse, was aber die korinthische Position ebenso verfehlen dürfte wie die paulinische. Ἔρχονται ist im übrigen traditionelle Sprache (vgl. syrBar 50,3: »Sie kommen, wie sie gegangen«; BerR 95 [Billerbeck IV 945f]), impliziert aber nicht »a rather crude idea of the resurrection, as if they were seen coming out of their graves« (so aber Robertson/Plummer 368; Eriksson* 267f), denn die Toten »kommen« nicht als Tote, sondern als auferweckte Tote. Erst recht ist ἔρχονται nicht so zu umschreiben, daß die

Auferweckten »zu den bei der Parusie noch Lebenden« kommen (so aber Meyer 455; ähnlich Heinrici 486).

[1368] V 36-38 bilden eine Einheit, von der der asyndetisch beginnende V 39 abgesetzt ist, auch im Bildmaterial; ob auch im Ziel (so z.B. Bonneau* 85f), ist umstritten; vgl. z.St.

[1369] Nach Meyer 455 und Heinrici 486 soll der Nominativ, weil ohne Artikel, »nicht Anruf, ... sondern Ausruf« sein, wobei εἶ hinzuzudenken sei. Vgl. dagegen Weiß 368 Anm. 1; Bl-Debr-Rehkopf § 147,1: Nominativ statt Vokativ bei Adjektiven ohne Substantiv. Für Bertram, ThWNT IX 227 ist ἄφρων »ein rhetorischer Appell an die richtige Einsicht« (vgl. auch Bultmann, Stil 66). Zur rhetorischen *exclamatio* vgl. Lausberg, Handbuch I 399; Eriksson* 268, der im Zusammenhang mit der *propositio* und der Begründung nicht einen Ausbruch des Affekts, sondern »a logical conclusion« aus den paulinischen Prämissen findet. Andere wie Holsten, Evangelium 426 Anm. **; Schmiedel 200; K. Müller* 185 Anm. 51 und Verburg* 62 verbinden σύ mit ἄφρων, nicht mit σπείρεις. Anders z.B. Robertson/Plummer 369 (»The σύ is in marked antithesis to ὁ εός in v. 38«); ähnlich Findlay 934; Bl-Debr-Rehkopf § 475,1b; Stenger* 102 u.a.

[1370] Vgl. Conzelmann 344; Wolff 402f; Fee 780 Anm. 17 (ἄφρων habe keinen stärker pejorativen Sinn als μωρός in 3,18 und 4,10). Vgl. auch Schlatter 432 (»unwillig zum Denken und träg zum Begreifen«), der 432f einen guten Anschluß an V 34 findet: Im Rausch nehmen die Korinther nicht wahr, was sich ihnen zeigt (vgl. zu dieser Verbindung mit V 34 auch K. Müller* 185 Anm. 52). Moralische Kategorien (Gutjahr 450: Die gestellte Frage sei eine »unverstandene, nachgesprochene Phrase«) haben hier nichts zu suchen.

delt sich zwar nicht einfach um intellektuelle Defizite, sondern um Blindheit und Vorurteil gegenüber der Wundermacht Gottes[1371]. Gleichwohl liegt nach Paulus Gedankenlosigkeit vor, denn schon die für ihn gleichnisfähige Schöpfungswirklichkeit kann die Auferstehungsleugner seiner Meinung nach evident widerlegen, auch wenn die Anwendung schon damals keineswegs von allen als logisch zwingend empfunden worden sein dürfte[1372]. Paulus denkt dabei nicht wie wir an eine dem Samen selbst inhärente Potentialität und Entelechie oder an eine selbständig wirkende Natur, sondern an Gottes immer neues Schöpferwirken (vgl. zu δίδωσιν in V 38)[1373]. Angesichts dieser Gleichnisfähigkeit der Schöpfung, die ihr freilich wie bei den Gleichnissen Jesu nicht einfach inhärent ist, sondern zugesprochen wird, ist die Frage, ob bei der Ausgestaltung des Gleichnisses schon die Sache durchschlägt (vgl. ζῳοποιεῖται und ἀποθάνῃ V 36 sowie σῶμα τὸ γενησόμενον und γυμνός V 37) von untergeordneter Bedeutung[1374]. Jedenfalls leitet den Apostel die Sache, die sich ihr Gleichnis sucht. So versucht er, die Korinther im folgenden mit der Beweiskraft der *similitudo* zu überzeugen, zumal das von ihm gewählte Bild vom Samenkorn auch in vielen anderen antiken Texten als Analogie zur Auferstehung herangezogen wird.

Vor allem im Judentum dient das Bild vom Samenkorn mit einem Qal-wachomer-Schluß zur Apologie und Veranschaulichung der Auferstehung[1375], auch

[1371] Vgl. außer Mk 12,24 und V 34 auch Bertram, ThWNT IX 221.227; Billerbeck III 474f; Héring 145 (fast synonym mit »atheistisch« wie Ps 13,1 LXX; vgl. auch 52,2); Lang 232; anders Bauer/Aland 256.
[1372] Schmeller* 374 erkennt richtig, daß nicht eigentlich eine »Analogie zwischen Erfahrungswirklichkeit und Glaubenswirklichkeit« vorliegt, sondern eine solche »zwischen protologischen Glaubensinhalten und eschatologischen Glaubensinhalten, d.h. eine Analogie innerhalb des Glaubens bzw. der Theologie«; vgl. auch 375. Auch Heine* 192f betont die Bedeutung des Glaubens, was heiße, daß das »Natürlich-Gegenständliche« nicht zum Maßstab gemacht werde. Wendland 153 nennt die Schöpfungswirklichkeit »Gleichnis und Vorspiel der Erlösungswirklichkeit«. Dabei bleibt aber zu beachten, daß die Auferstehungsbotschaft den »Rahmen« des paulinischen Schöpferglaubens bildet (Schwantes [Lit. zu Kap. 15] 63). Zum Zusammenhang des Auferstehungs- mit dem Schöpferglauben vgl. z.B. auch Nikolainen (Lit. zu Kap. 15) II 139f; Brakemeier* 87f.
[1373] Ob man von einem »naturkundliche(n) Beweisgang« sprechen sollte (so Schottroff* 139; noch weiter geht Brodeur* 74, nach dem Paulus wissenschaftliche und philosophische Theorien der Antike erkennen lassen soll), ist von daher die Frage, ebenso, ob die »Natur« für Paulus tatsächlich »die Versichtbarung des göttlichen Wirkens« ist (Schlatter 433; kritisch dazu Bauer* 93 Anm. 21). Jedenfalls faßt Paulus »den Schöpfungsprozeß so auf, daß dem Samenkorn durch eine besondere Fügung seine Gestalt verliehen werde« und Gott das neue σῶμα verleiht (Weiß 369); vgl. auch Schniewind* 131 (gegen eine Eintragung unseres Gedankens vom »Kausalzusammenhang«); Wendland 152; Dahl* 52f; Conzelmann 344; Stenger* 110; Pamment* 383; K. Müller* 188 Anm. 67.
[1374] Die erste These vertreten z.B Weiß 368; Kuß 191; Brakemeier* 86; Hoffmann* (Toten) 249f; v. Gemünden* 303f (zu V 38); anders Conzelmann 344; Farina* 36; Stenger* 110; K. Müller* 191 (das Gleichnis verharre »von Anfang bis Ende streng innerhalb seiner Bildgegebenheiten«); Schmeller* 367.
[1375] Vor allem ist das die Meinung des Pharisäismus; vgl. PRE 33 (17c) bei Billerbeck III 475: »R. Eliʿezer (um 90) sagte: Alle

wenn Hilleliten und Schammaiten dabei nicht einer Meinung waren. Die Schule Schammais erklärt: »Nicht wie seine (des Menschen) Bildung in dieser Welt ist auch seine Bildung (bei der Auferstehung) in der zukünftigen Welt«. Die Schule Hillels dagegen vertritt die Meinung: »Wie seine Bildung in dieser Welt, ebenso ist auch seine Bildung in der zukünftigen Welt«[1376]. Aber auch außerhalb des Judentums gibt es vielfältige Parallelen, die vom Kreislauf des »Stirb und werde«, nicht von Keim und Entfaltung ausgehen[1377], z.B. im Parsismus. Ahura Mazda antwortet dem Zarathustra auf die Frage »Wie wird die Auferstehung geschehen?« u.a. auch mit folgenden Worten: »Wenn von mir das Getreide geschaffen ist, welches, nachdem es in die Erde gelegt ist, wieder hervorkommt und Wachstum erlangt«[1378]. Im Neuen Testament ist vor allem Joh 12,24 zu vergleichen.

Im Vergleich mit diesen Parallelen gebraucht Paulus das Bild aber in einem anderen Sinn. Während im Parsismus z.B. das Bild im Sinne der Restitution aufgefaßt wird, hebt Paulus durch ἐὰν μὴ ἀποθάνῃ ausdrücklich das Sterben des Samenkorns als den dem ζῳοποιεῖται (vgl. dazu zu V 22) unabdingbar vorangehenden Vorgang hervor, was in den sonstigen Parallelen bis auf Joh 12,24 fehlt[1379]. Der Übergang vom Samenkorn zur

Toten werden bei der Wiederbelebung der Toten auferstehn u. in ihren Kleidern heraufkommen. Woher lernst du das? Vom Samen der Erde durch einen Schluß vom Geringeren auf das Größere vom Weizenkorn aus«. Hier wird auf den Bestattungsbrauch angespielt, Tote in ihren Kleidern zu begraben (vgl. Farina* 54-56), was bei Paulus keine Rolle spielt. Nach Stemberger* 262 (vgl. auch Wolff 403 Anm. 321) wurde das Bild vom Weizenkorn ursprünglich für die leibliche Auferstehung gegen die Unsterblichkeit der Seele gebraucht und erst sekundär wörtlich auf die Auferstehung in denselben Kleidern bezogen, in denen man begraben worden war. Kleid ist bekanntlich auch Bild für die Leiblichkeit (vgl. unten Anm. 1528). Auch apokalyptische Texte wie syrBar 49-51 erklären, daß die Toten in ihrer früheren Leiblichkeit auferstehen und dann verwandelt werden.

[1376] Billerbeck III 473. R. Meir antwortete auf die Frage »Wenn sie auferstehen, werden sie nackt oder werden sie in ihren Kleidern auferstehn?« folgendermaßen: »Man kann vom Weizenkorn aus die Schlußfolgerung vom Leichteren auf das Schwerere ziehen: wenn das Weizenkorn, das nackt in die Erde gelegt wird, in wer weiß wie vielen Umkleidungen wieder hervorwächst, um wieviel mehr gilt das dann von den Gerechten, die in ihren Gewändern begraben werden« (bSan 90b; Billerbeck I 552.897 und III 475); vgl. weiter Michel, ThWNT III 812;

Braun* 141; Farina* 53-66; Cavallin (Lit. zu Kap. 15) 171-192; Morissette* (Condition) 211-216.224-228, der 226 u.ö. den Unterschied darin sieht, daß die rabbinischen Texte von Gottes Schöpfermacht her die *Möglichkeit* der Auferstehung aufzeigen, Paulus – allerdings erst V 44ff – deren *Wirklichkeit*. Interessant ist, daß R. Meir nach QohR 5,16 (Wünsche, Bibliotheca I 1, 76; Farina* 59) ausdrücklich erklärt, die Auferstehung nicht aus der Schrift und aus der Mischna beweisen zu können, sondern »aus dem alltäglichen Leben«.

[1377] Vgl. z.B. Braun* 140f; Conzelmann 344; v. Gemünden* 206f u.ö.

[1378] Zitiert bei Dibelius, Thessalonicher 37. Der Text fährt fort und nennt auch selbst das *tertium comparationis*: »Merke auf: Als diese (Dinge) nicht waren, sind sie geworden, und warum sollte, was gewesen ist, nicht wieder werden können«. In dem von Berger/Colpe, Textbuch 253f zitierten Text (Bundahišn 30) sagt Zarathustra, die Schöpfung der Leiber etc. sei »schwieriger als die Auferstehung zu machen, denn bei der Auferstehung kommt mir zu Hilfe, daß sie vorhanden sind, aber als sie gebildet wurden, da war nichts, aus dem es geworden wäre«.

[1379] Braun* 143; Deißner* 29 u.a.; Epiktet, Diss. 4,8,36 nennt z.B. nur vergraben werden, verborgen sein, nach und nach wachsen und reif werden. Anders aber z.B. 4Esr 9,34f wonach der Same zugrundegeht; zudem ver-

Pflanze geschieht nicht ohne eine tiefe Zäsur. Sterben ist die notwendige Voraussetzung für das neue Leben und den »zukünftigen Leib«[1380] – von dem πάντες οὐ κοιμηθησόμεθα (V 51) wird hier abgesehen –, was den organisch-biologischen Vergleich durchbricht[1381]. Es wird gerade nicht gesagt, daß nur die äußere Schale verwest, der innere Kern aber die unveränderliche Basis des neuen Lebens bildet, d.h. für Paulus sind Samenkorn und Pflanze nicht nur verschiedene Erscheinungsformen eines gleichbleibenden Organismus, bei dem sich in Wahrheit nur die Form ändert[1382]. Trotz des nicht unproblematischen Bildes aus dem Naturgesche-

weist Braun* 141 auf die »›naturwissenschaftliche‹ Theorie« bei Plutarch, daß das Samenkorn zugrunde geht, bevor es neu wächst (Frgm. 11, Comm. in Hesiod. 84). Nicht das Sterben, sondern seine Notwendigkeit ist also das Spezifische von V 36 (vgl. v. Gemünden* 206f). Ἀποθανεῖν beim Samen ist »das Analogon des Verwesens des begrabenen Leibes« (Meyer 456), doch ist damit nicht mitgegeben, daß »das Gesäetwerden nothwendig das *Begräbniss* abbildet«, wie Meyer 456 im breiten Konsens mit der Tradition behauptet (vgl. auch unten Anm. 1441; immerhin ist zuzugeben, daß hier anders als in V 42-44 mit dem σπείρειν »unmittelbar das Hineinsenken in die Erde verbunden ist«; so Deißner* 31); dagegen Heinrici 487: Das Samenkorn werde nicht mit dem Leichnam gleichgesetzt, sondern die Analogie beziehe sich auf »den ganzen Vorgang, das Säen, Ersterben und Belebtwerden«; sonst führe die Analogie »zur Vorstellung einer Seelenwanderung und nicht einer Auferstehung«, da »die Entwickelung des Samenkorns einen ewig sich erneuernden Kreislauf« darstelle; vgl. auch Dahl* 31 Anm. 1, der das Säen freilich auf den *Anfang* des Lebens bezieht; ebs. Brodeur 73f (vgl. auch unten Anm. 1391). Gale* 135 geht von V 44b-49 aus und sieht von daher schon hier den Auferstehungsleib nicht allein mit dem toten Leib kontrastiert.
[1380] Meist wird die Notwendigkeit des Sterbens oder (so z.B. Nikolainen* II 187f) des »*totalen Todes*« hervorgehoben. Käme es nur auf die Auferstehung an, wäre nach Brakemeier* 85 eine konzessive Formulierung zu erwarten: »obwohl es stirbt«. Barrett 370 dagegen erklärt, Paulus benutze das Bild nicht, um die Notwendigkeit des Todes, sondern um die Notwendigkeit der Verwandlung durch Tod und Lebendigmachung herauszustellen (vgl. auch Moffat 259: »To be sown is to be born, not to be burried; Paul does not consider that physi-

cal death was the necessary prelude to the resurrection«; Gale* 136.140f: Betont sei, daß der gesäte Same »is not restored to its original form« und »a different kind of body is raised«; doch damit wird V 36 relativiert). In V 51 ist das tatsächlich der Fall, hier aber kommt es auf die Auferstehung *der Toten* an; schon V 6 (τινες δὲ ἐκοιμήθησαν) war möglicherweise ein erstes Indiz, daß die Korinther den Tod bagatellisieren und spiritualisieren. Für Paulus aber gibt es Auferstehung (!), nicht Verwandlung (V 51), nur durch und aus dem Tod, jedenfalls keine Relativierung des Todes; vgl. weiter Riesenfeld* (Bildwort) 45; Conzelmann 344; Bauer* 93; Usami* 478f; K. Müller* 186.188; Wolff 403; Bulembat* 45f. Vom Kontext beider *similitudines* her könnte man freilich weniger den Tod als das Schöpfungswerk Gottes in seiner Vielfalt und Verschiedenheit stärker gewichten; vgl. Vouga (Lit. zu 15,50ff) 140.
[1381] Anders Bornhäuser (Lit. zu Kap. 15) 36: »Das Samenkorn wird aber nicht ganz zunichte, es bleibt vom Korn der Keim, – der Leib verwest nicht ganz, es bleiben als eine Art Leibeskern die Gebeine« (vgl. dazu unten Anm. 1473). Anders Braun* 141; Schottroff* 136: »Totale Nichtidentität im Sinne eines Dualismus zwischen Saat und Pflanze«; Käsemann* 134; ders., Perspektiven 19f; Michel, ThWNT III 812; Nicolainen* (Lit. zu Kap. 15) II 187; Bauer* 93; R.P. Martin*132f.
[1382] Vgl. z.B. Schmiedel 201; Neander 258 (»Aus jedem Samenkorn wird das Neue so, wie es der Potenz nach schon in ihm lag, einzig so und nie anders: das Wesen bleibt, die Form nur wechselt«); vgl. auch Findlay 934 (»Resurrection is an evolution«); Grosheide 382. Nach Sider* 431f soll der Gedanke organischen Wachstums, der auch Paulus und der Antike nicht fremd sei, von Paulus gewählt sein, um Kontinuität und Diskontinuität zugleich zu veranschaulichen.

hen, das an sich durchaus einen organisch-biologischen Entwicklungs-
und Reproduktionsprozeß nahelegen könnte, der unausweichlich und
selbsttätig abläuft und sich ohne Bruch vollzieht[1383], ist der Skopus also
nicht eine sich durchhaltende Kontinuität desselben Subjekts, notabene
auch nicht des pneumatisch bestimmten. Das »nackte Samenkorn« und
der »zukünftige Leib« stehen in Opposition zueinander (οὐ ... ἀλλά). Das
soll sachlich nicht so sehr das Sterben und Auferstehen von einem Naturvorgang abheben[1384], wohl aber das σῶμα der Auferstehung nicht einfach
als Verlängerung des irdischen σῶμα erscheinen lassen, als ob es sich hier
um eine bloße Wiederbelebung toter Leiber handele[1385]. Daß die Kontinuität zerbricht, kann freilich nicht übersehen lassen, daß trotz der genannten Opposition von »nacktem Samenkorn« und »zukünftigem Leib«
der zukünftige Leib selbstverständlich mit dem Samenkorn zusammenhängt, denn dieses Samenkorn wird lebendig gemacht, wenngleich radikal
verwandelt. Und ebenso selbstverständlich wird derselbe Tote erweckt,
der gestorben ist, und kein anderer tritt an seine Stelle. Insofern scheint,
auch wenn Paulus diese Problematik nicht reflektiert und für ihn das *novum* im Vordergrund steht, die Kategorie *totaliter aliter* für das Künftige
weniger adäquat zu sein als die des *aliter* oder die einer Dialektik von *nova creatura* und *renovatio*, von Neuschöpfung und Identität[1386], mit den

---

[1383]   Nach Olshausen 753 z.B. paßt das
Gleichnis nicht, weil die Pflanze »ja gerade
in der Frucht dasselbe Saamenkorn wieder
hervor(bringt), aus dem sie erwachsen ist«.
Vgl. auch Weiß 369 (»Das Wesentliche ist,
daß Gott das neue σῶμα nicht aus dem
Korn herauswachsen läßt, sondern ihm dies
σῶμα verleiht. Das ist von der Pflanze
überhaupt nicht zu denken, weder biologisch noch populär«); Bultmann; Barth 60
u.a. (»Die Analogie versagt gerade im entscheidenden Punkt: der Übergang des Sa-
mens zur Pflanze ist in keinem Sinne ein
Sterben«); Käsemann* 135 (»Wenn das geschichtliche Leben aus dem naturhaften
verstanden wird, ist der Entwicklungsgedanke am Platz«); Moffat 261.
[1384]   Schon in der Alten Kirche wird aber
mit Recht betont, daß es ζῳοποιεῖται und
nicht φύεται heißt (Theodoret 364; vgl.
auch Chrysostomus 355). Daran, daß »die
Pflanze zwar aus dem Korn entsteht, aber
ihre Bestandtheile doch der sie umgeben-
den Erde entnimt« (so Rückert 419), wird
Paulus kaum gedacht haben.
[1385]   Braun* 143 erklärt: »In der Auferstehung repariert Gott nicht, sondern setzt
ein Neues« und dann zugespitzt: »Die
Analogie von Samenkorn und Totenauferstehung bildet das totaliter-aliter, das Zer-

brechen jener Identität ab, welche im Parsismus und Judentum behauptet wird«;
vgl. auch Schottroff* 137; Jewett, Terms
267. Da nach syrBar 50,3f die Toten zur
Identifizierung zunächst in ihrer alten Gestalt auferweckt werden (zur Identität des
Auferstehungsleibes mit dem irdischen
Leib vgl. auch 2Makk 7,11; 14,46), auch
wenn schon Dan 12,2.13 und äthHen 62,15
die Auferstandenen durch *verwandelte*
Leiblichkeit bestimmt werden, kann man
immerhin fragen, ob nicht auch Paulus das
Problem der personalen Identität kennt, es
aber bewußt nicht thematisiert, um den
Korinthern nicht Anlaß zu falschen Konsequenzen zu geben; vgl. weiter Sellin*
194 und auch Usami* 479 Anm 42. Besser
spricht man vom Abbrechen der Kontinuität (anders z.B. Grant, Law 226: »complete continuity«) statt vom Zerbrechen
der Identität.
[1386]   So Robertson/Plummer 369: »Disso-
lution and continuity are not incompatible;
how they are combined is a mystery be-
yond our ken«. Nach Godet II 222 umgeht
Paulus zwei Klippen: die eine, daß man den
Auferstehungsleib mit dem jetzigen Leib
identifiziere, die andere, daß man allen Zusammenhang zwischen beiden aufhebe; vgl.
auch Nikolainen* 189 (»Aus dem Weizen-

Worten Barths (112): »Nicht aus dem Nichts wird hier Etwas, aber, ebenso befremdlich, aus Etwas etwas Anderes«[1387]. Doch wie immer man erklärt, jedenfalls markiert der Tod zunächst die Diskontinuität, auch wenn dieser radikale Abbruch von der Metapher her eher als Verwandlung erscheint. Es gibt kein über den Tod hinausreichendes anthropologisches oder ontologisches Kontinuum, etwa in Form eines pneumatischen Wesenskerns, in dem das Neue schon latent und immanent angelegt wäre, denn ζῳοποιεῖται verweist als *passivum divinum* von einem bloßen Naturprozeß weg auf Gottes Schöpfermacht[1388] und wird nicht zufällig auch für die Auferstehung verwendet (V 22; Röm 4,17; 8,11)[1389]. Spricht man von einer Identität des Ich oder der Person, und das ist von der Auferstehungsvorstellung und von der Auferweckung des Gekreuzigten her unausweichlich, dann ist diese jedenfalls nicht vom Ich selbst oder seinem σῶμα gewährleistet[1390].

samenkorn erwächst keine Gerste, sondern stets nur Weizen«); Dahl* 94; Barrett 370; Héring 148 (mit Verweis auf V 51); Wendland 154 (»Gegensatz und Entsprechung«); Clavier* 348; Graß* 154 (keine *creatio ex nihilo*, sondern, »was das Ich betrifft, eine *recreatio*«); Spörlein* 102.114; R.P. Martin* 134 (»what is *sown*, is not identical with what is *grown*, though it is related to it«); Pamment* 385; Ellis, Soma 142; Gillman [Lit. zu 15,50ff] 325f.329 (die beiden Aspekte der Kontinuität und Diskontinuität seien »in balanced tension« zu halten); Witherington [Lit. zu Kap. 15; Jesus] 196f; nach Fee 777 soll Paulus ebenfalls an beidem Interesse haben, doch sei es besser, von Kontinuität und Transformation zu sprechen; ähnlich Sider* 432. Das ist jedenfalls adäquater als der angebliche Kompromiß, den Smith* 93f reichlich phantasievoll auch auf widersprüchliche Züge der dem Apostel angeblich bekannten Ostergeschichten zurückführt. Käsemann* 133f hält die Frage nach der Kontinuität für unerlaubt; nun hat sich Paulus dazu gewiß nicht direkt geäußert (vgl. Sand, Begriff 130, der aber in Anm. 2 erklärt, die Kontinuität sei »insofern unterbrochen, als Paulus mit σάρξ nie den auferweckten Menschen bezeichnet«), »dennoch seht sie für ihn außer Frage« (Brakemeier* 100 mit Verweis auf das V 38b); vgl. die nächste Anm.

[1387] Vgl. auch ebd.: »Das Subjekt hat beharrt, die Prädikate sind andere geworden ... Wir bejahen selbstverständlich die Identität des Alten und Neuen, des Vergangenen und Gewordenen. Sie leugnen, hieße

die vor Augen liegende Wirklichkeit leugnen« (kritisch dazu Bultmann, Barth 60); treffend schon Schlatter 433: »Das Neue ist nicht die Wiederkehr des Alten; es entsteht aus dem Alten, stellt aber nicht den alten Leib wieder her«; Klauck 118 (»Es entsteht etwas *Neues*, aber nichts gänzlich *Fremdes*«). Bulembat* 48f will dagegen nur die Attribute, nicht das Sein als neu verstehen.

[1388] Manche vermuten, daß eine ursprünglich christologische Ausrichtung von Paulus auf die Christen bezogen worden ist (so Larsson* 308 und Wolff 403 im Anschluß an Riesenfeld* [Bildwort] 52f); danach soll das Bild von V 36 aufgrund der Multivalenz des Symbols aus einem katechetischen Zusammenhang anthropologisch und eschatologisch zugespitzt worden sein. Während Farina* 35 und K. Müller* 187 Anm. 61 eher eine umgekehrt ablaufende Übertragung der Metapher für möglich halten, erklärt Sellin* 211 mit Recht, daß zwar eine traditionelle Motivik vorliegt, daraus aber nicht auf traditionsgeschichtliche Beziehungen zu schließen ist; vgl. auch Brakemeier* Anm.-S. 46 Anm. 368; Altermath* 19f.

[1389] Auch das zeigt, daß hier die Sache die Formulierung bestimmt. Eigentlich erwartet man beim Samenkorn eher wie in Joh 12,24, daß es Frucht bringt, nicht aber, daß es lebendig gemacht wird (Weiß 368; der Einspruch von Conzelmann 344 leuchtet nicht ein).

[1390] Vgl. Röm 4,17 καλεῖν τὰ μὴ ὄντα als parallele Umschreibung für die Auferstehung.

37 Gleiches besagt auch der Satz, daß man nicht den zukünftigen Leib sät[1391], wobei die betonte Negation wohl wieder als Kritik an einer enthusiastischen Vorwegnahme des der Zukunft Vorbehaltenen verstanden werden kann. Das Samenkorn reproduziert nicht, wie es im Naturprozeß der Fall ist, dieselbe Pflanze, sondern bedarf nach seinem Sterben der Verwandlung in den zukünftigen Leib. Auch γυμνός paßt eigentlich nicht zum Saatkornbild und kann verschieden erklärt werden. Einmal so, daß Paulus das auch den Rabbinen bekannte Attribut (vgl. oben Anm. 1375f) der Tradition entnimmt, doch steht dort die Bekleidungsfrage im Hintergrund, die bei Paulus keine Rolle spielt. So könnte, wenn nicht einfach eine populäre Naturbetrachtung vorliegt[1392], wie bei φορεῖν in V 49 auch ein metaphorischer Gebrauch von γυμνός hereinspielen (vgl. das Bild vom »Anziehen«, das die »Nacktheit« verhindert, in 2Kor 5,2-4) und das Attribut ebenso wie das Syntagma σῶμα τὸ γενησόμενον wiederum andeuten, daß Paulus das Bild von der Sache her überformt. »Nackt« darf dabei paulinisch selbstverständlich nicht im Sinne einer platonisch-gnostisierenden Anthropologie mißverstanden werden[1393]. Für Paulus meint »Nacktheit« nicht einfach Leiblosigkeit, sondern bezeichnet das Sein ohne den künftigen *neuen* Auferstehungsleib, d.h. γυμνός ist Prädikat des gegenwärtigen irdischen σῶμα diesseits des Sterbens und Auferstehens[1394]. Ob damit zu

---

[1391] Zu σπείρειν vgl. oben Anm. 1379. Es meint auch hier nicht die Beerdigung (vgl. gegen diese Deutung z.B. Brakemeier* 87 [das Saatkorn werde, *bevor* es stirbt, in die Erde gelegt] und oben Anm. 1379), aber ebensowenig die Zeugung (so aber Brodeur* 71: »sexual intercourse«, was aber trotz der Bedeutung zeugen für σπείρειν [vgl. auch die Belege bei Schulz, ThWNT VII 538] hier kaum einleuchtet), vielmehr ist die Saat das gegenwärtige Leben.

[1392] Vgl Meyer 456 (»noch nicht mit einem Pflanzenkörper ... gleichsam bekleidet«); Bachmann 463 (»ein ohne Umhüllung durch eine es tragende Pflanze existierendes, also bloßes Korn, vielleicht auch mit dem Nebenbegriff der Armseligkeit«; gegen solche abschätzige Bedeutung Dahl* 28 Anm. 3); Straub* 70f Anm. 3 (»traditionelle Naturanschauung ..., nicht Einmischung eines 2. Bildes aus der Sachhälfte«); Burchard* 239 Anm. 24; Gale* 136 (»simply to heighten this contrast: seed is ›mere grain, not the plant itself‹«); Schmeller* 347f; auch nach v. Gemünden* 303 »scheint γυμνός zum Bildfeld ›Vegetation‹ zu gehören« (mit Verweis auf Poll 1,206: γυμνὸν δένδρον); vgl. auch 1Clem 24,5, wo die σπέρματα als ξηρὰ ϰαὶ γυμνά bezeichnet werden.

[1393] Vgl. Plato, Crat. 403b (ἡ ψυχὴ γυμνὴ τοῦ σώματος) und Philo, All 2,59 (γυμνὸς ϰαὶ ἀσώματος). Daß γυμνός nach Paulus die im Tod des Leibes entkleidete ψυχή oder das πνεῦμα bezeichne (so Holsten, Evangelium 426 Anm. ***; Lietzmann 84; Moffat 258), scheitert schon an ὃ σπείρεις (Meyer 456; Heinrici 488; vgl. auch Robertson/Plummer 369f; Bachmann 465 [dann müsse Paulus »auch die Vorstellung von einer ›verwesenden‹ Seele gehabt haben«]; Hoffmann* (Toten) 250f weist damit auch den Gedanken an einen Zwischenzustand ab; vgl. auch Usami* 480 Anm. 45f); zum Verhältnis zu 2Kor 5 vgl. Brakemeier* 88-93.

[1394] So richtig Deißner* 30f; Hoffmann* (Toten) 250-252 (in Auseinandersetzung mit Weiß 369f); Lang 233; Verburg* 63; auch nach Spörlein* 101f bezeichnet γυμνός nicht die Trennung des Verstorbenen von der Seele, sondern die fehlende Überkleidung mit dem pneumatischen Leib. Nach Oepke, ThWNT I 774 soll γυμνός bzw. das »nackte« Korn »einerseits den begrabenen Leib« (ähnlich Godet II 223: γυμνός erinnere »an die Nacktheit des menschlichen Leibes bei dessen Bestattung«), »anderseits den Träger der Individualität, die Seele im landläufigen, nicht im paulinischen Sinn« bezeichnen.

rechnen ist, daß Paulus hier eine korinthische Vorstellung vom »Nackt-sein« als Zustand der eschatologischen Vollendung korrigiert, in der das Pneuma vom Leib befreit ist[1395], läßt sich nicht mit Gewißheit sagen. Die aus dem »nackten Samenkorn« des exemplarisch genannten Weizens oder anderer Getreidesorten[1396] hervorwachsende neue Gestalt des Sa-mens in Form der Pflanze aber nennt Paulus τὸ σῶμα τὸ γενησόμενον. Schon hier wird damit klar, daß σῶμα im Gegenüber zur »Nacktheit«, die die irdische Existenz beschreibt, nicht nur die Form bezeichnet (vgl. unten Anm. 1411), sondern ganzheitlich zu verstehen ist.

Von besonderer Wichtigkeit ist V 38, in dem Gott nicht zufällig betont 38 voran- und dem σὺ σπείρεις mit adversativem δέ gegenübersteht. Allein sein souveräner Schöpferwille ist entscheidend und übersteigt alle menschlichen und natürlichen Potentiale[1397]. Die Möglichkeit neuen Le-bens steckt nicht im Samenkorn oder in einem von Gott unabhängigen Naturgesetz, sondern in Gottes schöpferischem Handeln, seinem διδόναι, das als präsentisch qualifiziertes seine *creatio continua* und kei-nen immanenten Entwicklungsprozeß in den Blick nimmt[1398] (vgl. 2Kor 9,10). Das Kontinuum liegt somit allein auf der Seite Gottes, dessen Schöpfermacht auch in der Totenauferstehung am Werke ist (vgl. die Par-allelität in Röm 4,17), auch wenn mit αὐτῷ, das sich wahrscheinlich auf γυμνὸν κόκκον bezieht[1399], die Selbigkeit des Objekts festgehalten wird,

---

[1395] Vgl. Brakemeier* 88; Wolff 404; auch Schulz, ThWNT VII 546 meint, daß Paulus hier gegen gnostische Leiblosigkeit und γυμνότης-Eschatologie argumentiert; vgl. weiter Schmithals, Gnosis 253; Sellin* 212; kritisch dazu K. Müller* 188 Anm. 65 und 190 Anm. 75, doch dürfte es kaum ausrei-chen, γυμνός nur »ein Plus an Anschau-lichkeit« zuzubilligen (so ebd. 189 Anm. 74).
[1396] Zu εἰ τύχοι vgl. zu 14,10; Erasmus 739 = *fere*; Semler 437 = *exempli gratia*. K. Müller* 189 sieht darin m.E. übertreibend einen »Hinweis auf die uneingeschränkte Breite der Erfahrungsbasis«.
[1397] Der Aor. ἠθέλησεν wird von Meyer 456 und Heinrici 488 auf »den (schon bei der Schöpfung) abgeschlossenen Act der göttlichen, in die Naturgesetze gelegten Willensbestimmung« bezogen (vgl. ähnlich Godet II 223; Robertson/Plummer 370; vgl. auch die nächste Anm.); die Beziehung auf den göttlichen Schöpferwillen ist sicher zu-treffend (so auch Schrenk, ThWNT III 47), die Deutung auf einen abgeschlossenen Schöpfungsakt aber ebenso eingetragen wie auf damit inaugurierte Naturgesetze (vgl. Bauer* 93 Anm. 23; K. Müller* 194 Anm. 65). Bei dem wohl komplexiv zu verstehen-

den Aor. (vgl. Bl.-Debr.-Rehkopf § 318,1: eine als Ganzes zurückliegende Handlung »ohne Rücksicht auf die Dauer«; vgl. auch 12,18) fällt der Unterschied zu der präsenti-schen Formulierung von 12,11 (καθὼς βούλεται des Geistes) auf. Die Deutung von Gottes Willen auf eine *aeterna et im-mutabilis Dei de unaquaque re dispositio* bei Estius 752 ist jedenfalls problematisch.
[1398] Kremer 355 verweist immerhin auf Mk 4,27f, doch vgl. andererseits z.B. Philo, Plant 31, der Gott nicht nur als den charak-terisiert, der die Pflanzen geschaffen *hat*, sondern als καὶ ποιῶν ἀεὶ καθ᾽ ἕκαστον τῶν γεννωμένων τὰ φυτὰ ταῦτα. Vgl. weiter zum Wachstum als Gotteswunder Stuhlmann, Maß 80 Anm. 29 mit weiterer Lit. sowie den Exkurs Ancient Greek Scien-ce bei Brodeur* 34-70.
[1399] Vgl. Rückert 419; K. Müller* 194; Fee 782 und vor allem Gale* 142 (»v. 38 stands between sentences that concern the ›seed – physical body‹ form of existence«). Καί ist dann epexegetisch »und zwar« (Meyer 456; Heinrici 488; Bachmann 463). Anders Ver-burg* 156f, der auf τὸ σῶμα τὸ γενησόμενον bezieht; der καί-Satz sei nicht Präzisierung der vorangehenden Aus-sage, sondern »eine neue eigenständige

an dem Gott handelt. Wie beim Passiv ζῳοποιεῖται in V 36 ist Gott das handelnde Subjekt, und zwar als der, der protologisch den Leib erschafft und eschatologisch die Toten erwecken wird[1400]. Mit ἴδιον σῶμα ist bereits ein Übergang zum Folgenden geschaffen[1401], wo die Gesamtheit der Schöpfung in ihrer Differenziertheit in den Blick tritt. Der Gott, der jedem Samenkorn – je nach seiner Art (vgl. Gen 1,11f: κατὰ γένος καὶ καθ᾽ ὁμοιότητα) oder eher dem einzelnen Exemplar (vgl. ἴδιον und V 41d διαφέρει)[1402] – einen von anderen verschiedenen eigenen »Leib« gibt, kann auch, so ist daraus zu schließen, jedem einen neuen Leib erschaffen[1403].

39 Die zweite *similitudo* in V 39-41 stellt in (bis auf V 41d) prädikatlosen Hauptsätzen[1404] die Unähnlichkeit und Mannigfaltigkeit der irdischen und kosmischen Organismen und Formen heraus, und zwar anhand der Verschiedenheit ihres Fleisches und ihrer Doxa. Daß damit Gottes vielfältiges Vermögen als Schöpfer veranschaulicht wird, erweist eindrücklich das betont voranstehende οὐ πᾶσα ... ἡ αὐτή, vor allem aber die Vielzahl der die Ungleichartigkeit betonenden Pronominaladjektive: viermaliges ἄλλη (V 39), zweimaliges ἑτέρα (V 40), dreimaliges ἄλλη (V 41) und das διαφέρει (V 41d)[1405]. Dieser Hinweis auf die differenzierte Fülle und Vielfalt und nicht Uniformität und Homogenität der Schöpfungswirklichkeit soll gegenüber dem Zweifel der Korinther an der Vorstellungsmög-

---

Aussage«; Harris (Lit. zu Kap. 15) 119 sieht diese Beziehung trotz der primären Applizierung auf das nackte Korn vom weiteren Kontext her jedenfalls mitgegeben.

[1400] Richtig Bauer* 94: »Nicht das Interesse an der sich durchhaltenden Kontinuität bestimmt den Apostel, sondern auf dem schöpferischen Handeln des eschatologischen Totenerweckers, welcher allein Kontinuität verbürgt und setzt, liegt der Akzent bei diesem Bild vom Samenkorn«; ähnlich schon Käsemann unten Anm. 1468; vgl. auch Thiselton, Eschatology 525.

[1401] Morissette* (Condition) 225 verbindet zu speziell mit der zeitlichen Ordnung in V 23a (ἕκαστος ἐν τῷ ἰδίῳ τάγματι) und V 46.

[1402] Individualisierend Conzelmann 345 (»je *mein* Leben« [kursiv im Original gesperrt]; ebs. Gillman [Lit. zu 15,50ff] 326). Burchard* 237 dagegen bezieht »auf Arten, nicht auf Einzelkörner« (ebs. 239; vgl. auch Deißner* 30). Farina* 49 kombiniert beides; vgl. weiter K. Müller* 195f. »Jedem nach seinen Verdiensten« (Gutjahr 452) ist dagegen nichts als Eintragung. Aber auch daß Paulus die falsche Vorstellung abwehren wolle, daß der verklärte Leib »von dem gegenwärtigen nicht derartig verschieden«

sein wird, »daß er gar nichts mehr von dessen Art beibehielte« (so Calvin 463), trägt ein unpaulinisches Motiv ein.

[1403] Vgl. Meyer 457 (ähnlich Heinrici 488): »Wie unverständig, zu denken, *derselbe* Leib, welcher begraben wird ..., müsse wieder hervorkommen ...! Jeder Waizenhalm u.s.w. widerlegt dich!«

[1404] Zum Fehlen der Kopula in allgemeinen Erfahrungssätzen hier und auch in V 40f vgl. Stenger* 104; K. Müller* 201 Anm. 111.

[1405] Diese sich durchhaltenden Personaladjektive machen es wenig wahrscheinlich, daß »the main point« in V 39-41 »the spatial distinction between below and above« sei, wie Bonneau* 86 will (ähnlich aber auch Stenger* 106; de Vaulx* 113). Gewiß werden in V 40 irdische und himmlische Leiber gegenübergestellt, und darin mag man durchaus einen »qualitativen Abstand zwischen Himmel und Erde« mit angedeutet finden (Schmeller* 349; vgl. auch 368; anders Dahl* 33: In V 43 sei nur »one entity« als gesät und auferweckt im Blick), doch primär dient das der Veranschaulichung des universalen Ausmaßes der Schöpfungsvariationen. Auch in V 47 verschränkt sich die räumliche Dimension mit der vorher herrschenden zeitlichen.

lichkeit einer neuen Leiblichkeit zum Ausdruck bringen, daß der Schöpfer die Macht hat, auch bei der Auferstehung der Toten in gänzlicher Verschiedenheit von den irdischen Leibern neue σώματα zu erschaffen bzw. ein ἀλλάσσεσθαι (V 51f) zu bewirken[1406].

Zunächst demonstriert Paulus die Verschiedenheit der σάρξ, was hier ganz neutral und undualistisch gebraucht wird: Σάρξ ist nicht gleich σάρξ. Die σάρξ der Menschen ist eine andere als die des Viehs, der Vögel und der Fische. Die offenbar antiklimaktische Aufzählung erinnert an verschiedene listenartige Reihen des Alten Testaments: an die der Schöpfungsgeschichte in Gen 1,20-27[1407], an diejenige von Ps 8,8f (Landtiere, Vögel, Fische)[1408] – an beiden Stellen fehlt aber σάρξ – oder an Gen 7,21, wo am Anfang ebenfalls πᾶσα σάρξ steht, worauf im Genitiv verschiedene Beispiele folgen, die im einzelnen gegenüber Paulus differieren, aber auch die Menschen erwähnen[1409]. Daß man σάρξ hier als physiologischen Stoff bzw. als Substanz von σῶμα als Form bzw. Gestalt abzuheben habe[1410], ist kaum anzunehmen[1411]. Die vermutlich alttestamentliche Aus-

---

[1406] V. Mosheim 723 vermutet, daß die Korinther einen »geistlichen Leib« akzeptiert haben würden, nicht aber einen Leib aus »Fleisch und Blut«, der doch nur dieselbe Beschaffenheit wie die jetzigen Leiber haben könnte. Deshalb wolle Paulus mit dem Hinweis auf die vielerlei Gattungen zeigen, daß Gott einen Leib »von einer anderen Art und von einer größern Vollkommenheit« schaffen könne (vgl. aber oben Anm. 1333). Ganz verfehlt aber ist die der Deutung der Alten Kirche ähnelnde These von Wire, Women 174, die Differenzierung zwischen den Leibern solle die Frage nach einer Retribution lösen, »arising from some people believing more firmly than others, working harder, suffering more« u.ä.

[1407] Diese Stelle wird oft angeführt (so von Sand, Begriff 128 Anm. 7; Becker* 90; Usami* 482; Verburg* 65.160f; Brodeur* 25), doch liegt dort die umgekehrte Reihenfolge vor (Robertson/Plummer 370: »an ascending scale«). Straub* 72 will auch der Reihenfolge bei Paulus »unausgesprochen« auch den Gedanken beteiligt sehen, »daß der Mensch für Gott wichtiger ist als die anderen Kreaturen«. D.B. Martin* 125 sieht gar »a hierarchy of bodies«, womit Paulus bei seinem Versuch einer Umdefinierung von σῶμα (vgl. 130 und oben Anm 514) »would strike the philosophically educated as familiar and completely acceptable«. – Bei κτῆνος ist nach Bauer/Aland 924 an Haus- und Herdentiere gedacht; vgl. Lk 10,34; Apg 23,24 und die Belege bei Bau-

er/Aland ebd.; Grotius 824: Κτηνῶν hic respondet Hebraeo בהמות, quo nomine omnia animantia muta super terram pedibus gradientia.

[1408] Vgl. Heinrici 489; Burchard* 237.

[1409] So Farina* 73-78 und K. Müller* 199f Anm. 107-109; kritisch dazu Verburg* 160f, weil die Anordnung in V 39-41 »dem Tagesschema des Schöpfungsberichtes in umgekehrter Reihenfolge« entspreche.

[1410] So aber z.B. Holsten, Evangelium 427 Anm. ** (σῶμα = »die form der substanz«); Bultmann, Theologie 193: 1Kor 15,35f verführe geradezu zum Verständnis, σῶμα als Körperform zu verstehen, die verschiedenem Stoff (fleischlich und pneumatisch) aufgeprägt sein könne. Allerdings fügt Bultmann hinzu, es sei methodisch falsch, von dieser Stelle her, wo Paulus sich dazu verleiten lasse, auf die Argumentationsweise seiner Gegner einzugehen, weitergehende Schlüsse zu ziehen. Auch Käsemann* 100.102.119 spricht vom Fleischesstoff im Gegensatz zu körperlicher Form, d.h. Paulus soll hier ausnahmsweise einmal in griechischer Weise σῶμα als Form des Fleischesstoffes bezeichnen; vgl. auch Lietzmann 84; Conzelmann 345.

[1411] Gegen einen solchen dem paulinischen Denken fremden Gegensatz von Substanz und Form schon Heinrici 487 Anm. *; vgl. auch Héring 146; Robinson* 13-15.17f.31 Anm. 1; Brakemeier* 95f; Bauer* 94f; Sider* 430f; Altermath* 21; Burchard* 238f; K. Müller* 198f Anm. 104 und 201 Anm. 110; Lang 233 (»Für jüdisches Den-

drucksweise πᾶσα σάρξ (כֹּל בָּשָׂר), die in alttestamentlichen Zitaten auch
im Neuen Testament begegnet (1Petr 1,24; ohne Zitat aber auch Röm
3,20), bezeichnet zwar auch Tiere[1412], vor allem aber den Menschen in seiner Lebendigkeit und Kreatürlichkeit, Schwachheit und Vergänglichkeit[1413]. Wäre σάρξ hier tatsächlich der Stoff des σῶμα, wäre in V 44
wohl auch eher σῶμα σαρκικόν als σῶμα ψυχικόν zu erwarten. Ausschlaggebend aber ist, daß mit σώματα ἐπίγεια in V 40 verschiedene Er-
scheinungsweisen der σάρξ zusammengefaßt werden[1414], was die weitge-
hende Synonymität eindrucksvoll bestätigt[1415]. Paulus hat also kein Interesse am Verhältnis von Form und Inhalt, zumal nicht in Abschottung
voneinander: Der Inhalt prägt auch die Form und die Form den Inhalt.

40-41 Die Konkretisierung und Ausdifferenzierung der verschiedenen Beschaffenheit des geschöpflichen Lebens wird in V 40f durch die Verschiedenheit der σώματα weitergeführt, doch erfolgt nun zugleich ein Übergang
von den irdischen[1416] zu den himmlischen Leibern, die dann ab V 40b
nicht durch ihre σάρξ, sondern durch ihre δόξα unterschieden werden[1417]. Das verbindende καί läßt V 40 als Fortsetzung von V 39 erkennen, soll also kaum ein drittes Beispiel einleiten. Σώματα ἐπίγεια sind die
Leiber der Menschen-, Tier- und Pflanzenwelt[1418]. Schwierig ist, daß hier
auch den irdischen Leibern eine δόξα zugeschrieben wird, was sich mit
Phil 3,20f zu stoßen scheint, wo das zu erwartende σῶμα τῆς δόξης gerade dem irdischen σῶμα τῆς ταπεινώσεως kontrastiert. Deshalb wird das
Verständnis von δόξα an unserer Stelle meist davon abgehoben oder un-

---

ken sind bei jedem Lebewesen Substanz
und Gestalt in einer lebendigen, organischen Einheit verbunden«).

[1412] Vgl. Gen 6,17; 9,16f; Num 18,15; Ps
136,25; Jes 40,6 (zitiert 1Petr 1,24); Dan
4,9; vgl. Baumgärtel, ThWNT VII 106.

[1413] Ob auch Schwachheit (vgl. Gal 4,13)
und Vergänglichkeit (vgl. θνητὴ σάρξ
2Kor 4,11) mitzuhören sind, ist aber umstritten; dagegen K. Müller* 198 Anm.
104 sowie 210 Anm. 110; im Blick auf V
43 ist das aber auch hier nicht auszuschließen; vgl. z.B. R.P. Martin* 135; Verburg* 159; Kremer 355 (»die hinfällige
Existenzweise«). Jedenfalls fehlen hier
noch alle dualistischen Konnotationen
(vgl. Schottroff* 138f), und der springende Punkt ist »nicht die Verschiedenheit
der Substanzen, sondern die Mannigfaltigkeit in der Schöpfung Gottes und
Fleisch die Bezeichnung irdischer Lebewesen« (Sand, Begriff 129).

[1414] Bauer* 95; anders freilich die oben
Anm. 1410 genannten Autoren wie Conzelmann 345, für den σάρξ der Stoff ist,
aus dem der Körper besteht. Richtig Küm-

mel 194f: V 37 und 40 sprechen von der
Verschiedenheit des σῶμα, V 39 von der
der σάρξ. Diese Argumentation habe nur
Sinn, »wenn Paulus σάρξ und σῶμα für irdische Lebewesen völlig gleichsinnig gebrauchen« könne.

[1415] Für Synonymität mit σῶμα auch Jewett, Terms 119, der auch auf 1Kor 6,16
verweist (vgl. auch 2Kor 4,10f), und K.
Müller* 202 Anm. 112, der σάρκες σώματος (Spr 5,11; Hi 41,15) anführt.

[1416] Man darf in ἐπίγεια hier trotz Phil
3,19 (τὰ ἐπίγεια φρονοῦντες) und Jak 3,15
(ἐπίγειος, ψυχική, δαιμονιώδης) keinen
pejorativen oder moralischen Nebensinn
eintragen.

[1417] Vgl. Kittel, ThWNT II 240; zur δόξα
ἄστρων vgl. Sir 43,9 (parallel zu κόσμος
φωτίζων). Eine Kontrastierung der Größe
dagegen (so Kistemaker 570: »It contrasts
the magnitude of heavenly objects and the
minuscule size of earthly things«) ist eingetragen.

[1418] Vgl. K. Müller* 202 Anm. 112: »identisch mit den Sorten der σάρξ ..., von denen
unmittelbar vorher die Rede ging«.

eigentlich interpretiert[1419], und in der Tat ist die hier in Erscheinung tretende δόξα von der in Phil 3,20f genannten zu unterscheiden. Zwar dürfte es kaum ganz zufällig sein, daß Paulus nach dem Aufweis der Verschiedenheit der Sarx auf der horizontalen Ebene nun bei der Differenzierung zwischen den σώματα im vertikalen Vergleich gerade dieses Unterscheidungsmerkmal herausgreift, d.h. δόξα dürfte trotz der auch den irdischen Leibern zugebilligten δόξα schon im Vorblick auf die Herrlichkeit der Auferstehungsleiber gewählt sein[1420], zumal auch die Apokalyptik erwartet, daß die Frommen in der eschatologischen Vollendung wie die Sterne und die Sonne aufstrahlen oder mit Lichtkleidern angetan werden[1421]. Doch ändert das nichts an der unterschiedlichen Bedeutung von δόξα hier und in V 43. Nur so wird wie in V 36f der organische Entwicklungsgedanke auch hier das Mißverständnis vermieden, die Rede von irdischen

---

[1419] Vgl. Beza 163, der mit *decor* übersetzt, obwohl *claritas* nicht inadäquat sei (wegen Mt 13,43), doch sei *generaliore & communiore nomine* zu bevorzugen; nach Erasmus 739 ist *gloria* hier eher *dignitas, majestas* als *claritas*. Weiß 370f versteht δόξα wie Grotius 824 (= εἶδος Lk 9,29 bzw. ἰδέα Mt 28,3 u.a.) im »schwächeren und neutraleren Sinne: ›Aussehen, Erscheinung‹«; Kittel, a.a.O. (EKK VII 2, 511 Anm. 136): »Herrlichkeit im Sinne von Pracht, Aussehen«. K. Müller* 203 Anm. 113 schließt sich der Bestimmung bei v. Rad (Theologie des AT I, München 1962, 252; vgl. auch Weinfeld, ThWAT IV 30) an: was »Völker und Menschen, ja sogar Gegenstände imponierend macht, und zwar als sinnenfällig Erfahrbares«; ähnlich Bauer* 96 (»Bedeutung der sinnenfälligen Pracht und des Glanzes«) und Morissette* (Expression) 229 (*gravitas*, Erscheinen, Glanz). Andere sprechen weniger überzeugend von »Lichtsubstanz« (Lietzmann 84; Conzelmann 346 Anm. 22; dagegen Kittel, ThWNT II 240; Kümmel 195) oder von »matière lumineuse« (Audet* 173). Schlatter 434 differenziert: Bei den irdischen Leibern sei »alles, was die Kraft und den Wert des Leibes ausmacht«, gemeint, bei den himmlischen »Leuchtkraft« (vgl. auch Hegermann, EWNT I 836; Wolff 404), was angesichts der Spezifizierung (ἄλλη) nicht auszuschließen ist; vgl. schon Heinrici 490 und auch Burchard 236 Anm. 9; Sellin* 220-222. Noch anders Verburg* 170, der eine Relation bezeichnet findet (vgl. auch 172: »sichtbares, positives Verhältnis zwischen Schöpfer und Geschöpf«), was zu formal bleibt.
[1420] Vgl. Scroggs* 85; Bauer* 96 Anm. 47;

Lincoln* 39. K. Müller* 203 Anm. 114 beharrt freilich mit Recht darauf, daß auch »eine derartige hintergründige Offenheit« nicht von der Frage nach dem konkreten Sinn von δόξα dispensiert. Morissette* (Condition) 221f sieht darüber hinaus im Gegenüber der der δόξα und der der σάρξ exponierten σώματα die Antithesen von V 47-50 vorbereitet und (Expression) 225 in der Unterscheidung von irdischen und himmlischen Leibern in V 40 schon V 47f; vgl. auch Stenger* 105, der darin auch die Opposition von σάρξ und δόξα »aufgenommen und interpretiert« findet und 106f gegenüber der temporalen »Achse« in V 37 auch die lokale Dimension herausstellt.
[1421] Vgl. außer Mt 13,43 (τότε οἱ δίκαιοι ἐκλάμψουσιν ὡς ὁ ἥλιος ἐν τῇ βασιλείᾳ τοῦ πατρὸς αὐτῶν) Dan 12,3 »Die Weisen aber werden leuchten wie der Glanz der Himmelfeste, und die viele zur Gerechtigkeit geführt, wie die Sterne immer und ewig«; 4Esr 7,97 (»Ihr Antlitz soll wie die Sonne leuchten, und sie sollen den Sternen gleichen«); syrBar 51,10 (»In den [Himmels-]Höhen jener Welt werden sie wohnen und den Engeln gleichen und den Sternen vergleichbar sein. Und sie werden verwandelt werden zu allen möglichen Gestalten ... von der Schönheit bis zur Pracht und von dem Lichte bis zum Glanz der Herrlichkeit« [APAT II 431]); äthHen 62,15 erwartet das Angetansein mit dem Kleid der Herrlichkeit; vgl. weiter die Belege oben Anm. 552 und unten Anm. 1528. Von einer eschatologisch restituierten δόξα Adams oder eines engelgleichen Status (vgl. dazu die jüdischen Belege bei Scroggs* 26-29.34-38.48f und Morissette* [Antithèse] 120 Anm. 58) ist jedenfalls nichts angedeutet.

und himmlischen Leibern in V 40 und irdischer und himmlischer δόξα in V 43 im Sinne einer Gleichheit und Kontinuität zwischen Irdischem und Himmlischem[1422] oder im Sinne einer Herrlichkeitsabstufung der Leiber der einzelnen Auferstandenen aufzufassen[1423], also an der Neuschöpfung und der Differenz zwischen irdischer und himmlischer Leiblichkeit vorbeizusehen[1424]. Paulus akzentuiert auch jetzt (vgl. ἄλλη V 39; ἑτέρα V 40a) und auch im folgenden (vgl. ἑτέρα, ἄλλη, διαφέρει V 40b-41) die Vielfalt und Unterschiedlichkeit[1425].

»Himmlische Leiber« sind die Gestirne[1426], denn die δόξα τῶν ἐπουρανίων (V 40b) wird in V 41 durch die δόξα von Sonne, Mond und Sternen expliziert[1427]. Also sind Himmelskörper mit ihrem Lichtglanz und ihrer Helligkeit gemeint. Da aber σώματα für Paulus nicht anorganische Dinge und Stoffe bilden[1428], hat man sie sich wohl als lebendige, belebte Wesen vorzustellen[1429].

1422   Vgl. Käsemann, Perspektiven 20: »So scheitert der Apostel nicht zufällig bei dem Versuch, den Zusammenhang von irdischer und himmlischer Leiblichkeit anschaulich werden zu lassen, und muß sich mit einigen zweifelhaften Analogien aus der Verlegenheit helfen«.

1423   Schon nach Calvin 464 will Paulus damit nicht, wie die meisten Kirchenväter meinten (vgl. z.B. Chrysostomus 358; Theodoret 364), auf »verschiedene Grade der Ehre und Herrlichkeit hinweisen, die die Heiligen nach der Auferstehung besitzen werden«, sondern auf »den Unterschied des jetzigen und zukünftigen Leibes«; vgl. auch Billroth 231f; Heinrici 490, während Godet II 225 wie Holsten, Evangelium 428 Anm. ** die Möglichkeit einräumt, daß Paulus »ganz nebenbei auch auf die verschiedenen Leiber« der Auferstandenen anspielt; vgl. auch Robertson/Plummer 371f und dagegen Gale* 147. Mit verschiedenen Herrlichkeitsgraden sind aber nicht zugleich auch Verschiedenheiten überhaupt ausgeschlossen (vgl. ἴδιον V 38), auch wenn darauf kein Akzent liegt.

1424   Nach de Wette 153 soll auf »die Möglichkeit neuer, unbekannter Bildungen hingewiesen« sein; ebenso auch Schlatter 435: »ungezählte neue Bildungen«.

1425   Vgl. Meyer 457; Heinrici 488; Lietzmann 84; Conzelmann 345; Bauer* 94f. Nach Burchard* 237f soll es dagegen auf die Fülle und Vollständigkeit ankommen, nach Bulembat* 40f u.ö. nicht um die Leiblichkeit gehen, sondern um deren »altérité«. Schmeller* 356 und 371 ist sogar

der Meinung, V 39-41 seien für die Argumentation geradezu verzichtbar.

1426   Gemeint sind also nicht wie äthHen 69,5 die im Himmel befindlichen Leiber der Engel (so Meyer 457f und de Wette 153; schon Theophylakt 773 erwähnt die Deutung auf Engel, hält sie aber für unzutreffend) oder diejenigen, die nach Phil 2,10 im Himmel die Knie beugen; Schlatter 434 denkt sowohl an die Leiber der Engel als auch an die, »die durch den Tod zum Herrn gegangen sind« (schon in der Alten Kirche deutet man meist auf die Leiber der Seligen), und nennt als Grund für diese Deutung, daß ihnen σῶμα statt σάρξ zugeschrieben wird. Daß Paulus bei den Himmelskörpern kaum von σάρξ sprechen konnte, weil zwischen irdischen und himmlischen Leibern ein Unterschied besteht, kann diese Deutung aber keineswegs beweisen. Die meisten denken mit Recht an die Gestirne (vgl. Heinrici 489 u.a.).

1427   Vgl. zu dieser Dreiteilung Gen 1,14-18; 37,9; Dtn 4,19; 17,3; Ps 148,3; Jer 8,2; Joel 2,10; Lk 21,25.

1428   Anders Bachmann 463f, der Belege für σῶμα = Stofflichkeit »ohne irgendwelche Rücksicht auf den Unterschied von Organischem und Unorganischem« anbietet (Plato, Pol. 288d u.a.); Morissette* (Expression) 225 Anm. 7 nennt weitere Belege wie Maximus v. Tyrus 21,8b (οὐρανὸς καὶ ἐν αὐτῷ σώματα = ἀστέρες). Doch das beweist für Paulus nichts, zumal V 40 das Vorhergehende resümiert.

1429   Vgl. Erasmus 739: *Ita sonat, quasi dicas, quae in coelo versantur.*

Schon im Alten Testament gelten die Gestirne als Boten Gottes, der sie alle mit Namen ruft, die seine Befehle ausführen, ihn loben usw.[1430], und auch das apokalyptische und hellenistische Judentum kennen die Vorstellung der Gestirne als beleibter, lebendiger Wesen[1431], ja auch das Neue Testament scheint sie wie personifizierte Engelmächte zu verstehen[1432].

Auch diese Aussagen über die verschiedene Strahlkraft der σώματα der Gestirne sind am ehesten als Kritik an einer Degradierung der Leiblichkeit und als Erinnerung daran zu verstehen, daß Gottes Schöpfung immer eine leibliche ist[1433]. Von hierher sind auch V 40b-41 auszulegen, also die Verschiedenheit irdischer und himmlischer Wesen an δόξα. Daß Paulus nicht nur die je verschiedene δόξα der »Gattungen« im Blick hat, zeigt der Plural ἀστέρων in V 41c und der Schlußsatz in V 41d, daß sich auch ein Stern vom anderen durch seinen Glanz unterscheidet[1434], woraus wiederum nicht auf verschiedene Herrlichkeitsgrade der Auferstandenen zu schließen ist[1435].

In V 42 kommt Paulus nun mit dem aus den synoptischen Metaphern   42-43
und Gleichnissen bekannten οὕτως καί (vgl. Mt 18,35; 23,28; 24,33 u.ö.) von der analogiehaften Erfahrungswelt der Schöpfung zur Auferweckung der Toten. Der Gott, der schon in der Schöpfung seine Schöpfermacht so unterschiedlich und vielfältig dokumentiert, wird auch jenseits des Todes gänzlich andersartige Leiber erschaffen. Sowohl der Vergleich mit dem Samenkorn als auch die Fülle unterschiedlichen göttlichen Schaffens illustrieren trotz des qualitativen Sprungs (vgl. V 44) und der bleibenden Un-

---

[1430] Jes 40,26; 45,12; Ps 19,2.6 u.ö.

[1431] Vgl. äthHen 18,13ff; 21,1ff; 75,3; slHen 29; syrBar 59,11 u.ö.; Philo erklärt, die Sterne würden als lebende und ganz vernünftige Wesen erklärt (ζῷα καί νοερὰ δι' ὅλων, Plant 12), sie seien Seelen und durch und durch rein und göttlich (ψυχαὶ ὅλαι δι' ὅλων ἀκήρατοί τε καί θεῖαι, Gig 8); vgl. weiter Heinrici 489 (»beseelte Himmelskörper«); Weiß 370 Anm. 2; Lietzmann 84; Foerster, ThWNT I 501f; Traub, ThWNT V 542; Clavier* 348; Bauer* 95f; Klauck 118 (»eine Art Himmelswesen mit astralem Lichtleib«); Ritz, EWNT I 418-420; Sellin* 218f. Dagegen kann man kaum die priesterschriftliche Abwertung der Himmelskörper als bloßer »Lampen« (Gen 1,14-19) anführen, wie K. Müller* 204f Anm. 115 will (ähnlich Verburg* 163 Anm. 280); kritisch aber auch Bachmann 463f Anm. 1 und Morissette* (Expression) 225f. Nach Sellin* 220 soll Paulus an die stoische Astralphysik anknüpfen; vgl. auch D.B. Martin* 117-120, der auf verschiedene antike Spekulationen über die Substanz der Gestirne verweist

(meist aus Feuer oder Äther), aus der auch die Seele besteht und zu denen sie nach dem Tod zurückkehrt; da diese Gestirne auch σώματα genannt werden konnten (Aristoteles, Meteor. 2,8,290a), wolle Paulus damit gegenüber gebildeten Gemeindegliedern die Auferstehung verteidigen (ebs. Hays 271), was mir angesichts der apokalyptischen Belege oben Anm. 1421 weit hergeholt zu sein scheint.

[1432] Vgl. Foerster, ThWNT I 501f; Traub, ThWNT V 542 und Wolff 405; vgl. Offb 8,10f; 9,1; 12,4.9. Nach Weiß 370 Anm. 2 stammt die Gleichsetzung der Gestirne mit Engeln aus der babylonischen Religion. Vgl. weiter die Lit. in ThWNT X 2, 996f.

[1433] Vgl. Brakemeier* 97 und Sellin* 220: »Für ihn hat auch das Dasein in der Aura Gottes die Dimension der Leiblichkeit«.

[1434] Vgl. K. Müller* 206 Anm. 117, der auch auf die Auslassung des Artikels vor ἀστήρ verweist. Zu γάρ im anknüpfenden und fortführenden Sinn vgl. Bauer/Aland 305 (»allerdings«, »freilich«), jedoch ohne Nennung unserer Stelle; Verburg* 67.

[1435] Vgl. oben Anm. 1423.

begreiflichkeit (vgl. 2,9 u.ä.) die Auferstehung. Die Applikation bezieht sich auf V 36-41, nicht nur auf V 39-41[1436], und sie reicht bis V 44[1437]. Wird so einerseits im Anschluß an das Vorhergehende Gottes Schöpfermacht erkennbar, so andererseits im Blick auf das Folgende noch zugespitzter als durch die Analogien auch der radikale Bruch und Neubeginn[1438]. Die Auferstehung der Toten ist keine Prolongation des irdischen *status quo* und seiner Leiblichkeit. Zunächst werden in Anknüpfung an das σπείρειν des ersten Bildes von V 36f[1439] und an das ἐγείρεσθαι von V 35[1440], aber auch unter Aufnahme von σῶμα und δόξα aus V 40f in vier formal anaphorischen und sachlich parallelen Antithesen der alte und der neue Leib kontrastiert. Diese werden jeweils dem »Gesätwerden« – damit wird auch hier nicht das Begrabenwerden[1441], sondern die gegenwärtige Zeit irdischer Leiblichkeit charakterisiert[1442] – und dem »Erwecktwerden«

[1436] Vgl. Meyer 459; Heinrici 490; Schniewind* 131; Héring 146; Becker* 90f; Burchard* 238; K. Müller* 184 Anm. 50 und 206 Anm. 119 gegen Versuche, V 42 nur auf V 36-38 zurückgreifen zu lassen. Straub* 70 will V 42f auf V 36-38 und V 44 auf V 39-41 zurückbeziehen, doch gehört V 42-44 zusammen.

[1437] Morissette* (Condition) 218.228 versteht V 42-49 aber offenbar als einheitliche Antwort, doch V 45 beginnt der V 44b begründende Schriftbeweis; vgl. Bonneau* 82.

[1438] Die Abstrakta der Antithesen sind kaum nur als Relationsbegriffe zu verstehen, in denen es allein um die Entfernung von Gott oder die Nähe zu ihm geht (so aber Morissette* (Expression) 231 und vor allem Verburg* 184.187 u.ö.). Gewiß sind für Paulus hier nicht psychologische, physiologische o.ä. Befindlichkeiten von Interesse, doch darf man keine falschen Alternativen konstruieren; zu ἀσθένεια z.B. (nach Verburg* 185 »Schwachheit des Menschen in Beziehung auf Gott hin«) vgl. unten Anm. 1457. Auch die Annahme einer bei den negativen Begriffen abnehmenden und bei den positiven zunehmenden Gottesbeziehung (ebd. 187) ist eine Überinterpretation. Wieso soll z.B. δύναμις näher bei Gott stehen als δόξα? Auch werden die negativen Gegebenheiten nicht als Folge der Sünde Adams dargestellt, wie das in jüd. Texten z.T. geschieht (vgl. Sir 40,1-11; 4Esr 7,11f; syrBar 56,6 u.ö.). Erst recht wird man nicht Sider* 433 folgen können, der den Grundkontrast ethisch bestimmen will.

[1439] Müller* 211 Anm. 141 sieht vom Passiv her hier aber nur Gott als logisches Subjekt in Frage kommen; vgl. auch Alter-

math* 26 (mit Verweis auf Jer 31[38],27); dafür spricht auch das ἐγένετο in V 45; anders Bl.-Debr.-Rehkopf § 130 Anm. 2 (unbestimmtes man) und Conzelmann 346 (»unpersönliche Ausdrucksweise«: »es‹ wird gesät«).

[1440] Eigentlich erwartet man als Korrelat wie Gal 6,7f und 2Kor 9,6 und in vielen synoptischen Belegen θερίζειν. Nach Farina* 102 liegt Paulus nicht an der damit zum Ausdruck kommenden Entsprechung.

[1441] Σπείρεται auf das Begräbnis zu beziehen, ist freilich auch hier (vgl. oben Anm. 1379) seit der Alte Kirche üblich; vgl. Chrysostomus 358 (οὐ τὴν γένεσιν ἡμῶν λέγει τὴν ἐν μήτρᾳ, ἀλλὰ τὴν ταφὴν τὴν ἐν τῇ γῇ); Ambrosiaster 180 (*Seminare est sepelire*) u.a.; ebs. auch Thomas 419; Beza 164; Grotius 824 (*cum posset dicere, sepelitur, maluit dicere, seritur, ut magis insisteret similitudini supra sumptae de grano*); Meyer 460 (nach ihm soll das erst beim vierten Beispiel in V 44 anders werden); de Wette 154; Meyer 459; Weiß 371; Bornhäuser [Lit. zu Kap. 15] 35; Nikolainen* 190 (σπείρεται versinnbildliche »den Tod des Menschen und noch mehr seine Bestattung«; modifiziert 191); Burchard* 242; Kremer 356).

[1442] Für diese Deutung auf die Zeit irdischer Leiblichkeit als Zeit der Aussaat, der die Zeit der Auferstehung als Zeit der Ernte folgen wird, treten ein Calvin 464; Zwingli 185; Godet II 226 (σπείρειν umfasse »alle Daseinsstufen des Leibes von seinem ersten Anfang an bis zu seinem Begrabenwerden«); Heinrici 491 (»das gegenwärtige Leben«); Lietzmann 84; Deißner* 31; Brakemeier* (»Existenz diesseits des Todes«); Schottroff* 137 (»der unerlöste Mensch«);

zugeordnet: Vergänglichkeit – Unvergänglichkeit, Schande – Ehre, Schwachheit – Kraft[1443]. Alle korrelaten *Opposita* aber sind an der Diskontinuität von irdischer und himmlischer Seinsweise orientiert[1444], nicht im Sinne eines metaphysischen Dualismus, wohl aber des Kontrastes von alter und neuer Welt, auch wenn die Begriffe z.T. eine sapientiale Herkunft aus dem hellenistischen Judentum zu verraten scheinen[1445]. Φθορά ist nicht nur die Verwesung der Leiber im Grabe[1446], erst recht nicht die Qualifizierung der Leiber als Leiber[1447], sondern Kennzeichen der gesamten Schöpfung und ihrer Vergänglichkeit[1448], inklusive der ihr zugeordneten und hier im Vordergrund stehenden Leiblichkeit. Dem kontrastiert

Wolff 406; Schmeller* 349; K. Müller* 209 Anm. 131. Jedenfalls aber ist auch hier aus dem Gegenüber von σπείρεται und ἐγείρεται nicht herauszulesen, »daß der neue Leib aus dem alten als seinem Samen hervorgehe« (so mit Recht Bachmann 465). Vgl. schon Oecumenius 884: Ἐγείρεται καὶ οὐ, φύεται.
[1443] Weiß 371 bestimmt das ἐν modal (»Erscheinungsform«), Farina* 103 (ebs. K. Müller* 208 Anm. 127) im Sinne des hebräischen ב *essentiae* (»in der Eigenschaft, nach der Norm«), die meisten als Bezeichnung des Zustands (de Wette 154; Deißner* 31 [»nicht eine einmalige Handlung«]; Bauer/Aland 522f; Fee 784) bzw. der Modalität (Morissette* [Expression] 239). Auch eine lokale Nuance ist nicht auszuschließen.
[1444] Larsson* 309 stellt auch hier (vgl. oben Anm. 1388) die Frage, ob wir es nicht »ursprünglich mit hymnisch-christologischen Elementen zu tun haben« (vgl. das Auftauchen des dritten Begriffspaares in 2Kor 13.4), zweifelt aber mit Recht selbst daran, daß die »negativen« Ausdrücke φθορά, ἀτιμία, ψυχικὸν σῶμα wirklich jemals für Christus gebraucht worden sind«, doch sollen hymnische Aussagen »mindestens eingewirkt haben« (310); das aber bleibt Postulat.
[1445] Nach Schmeller* 349 sollen die 1. und 3. Antithese weisheitlicher, die 2. apokalyptischer Tradition folgen; vgl. auch 363 Anm. 113 zur widersprüchlichen Herleitung der Antithesen bei Norden, Theos 356f und Die antike Kunstprosa, Darmstadt ⁵1958, 502f.
[1446] So z.B. Meyer 460: »*im Verwesungszustande* ist der Körper, wenn er begraben wird«. Senft 206 spricht mit mehr Recht von ontologischer Qualifizierung alles Innerweltlich-Diesseitigen, und auch nach K. Müller* 211 geht es »wenigstens tendenzi-

ell um Wesensbestimmungen«. Jedenfalls handelt es sich um eine umfassende Bezeichnung. Carrez* 714 nennt z.B. das »schleichende Sterben ... auf allen Ebenen, selbst auf der Ebene der Beziehungen unter den Menschen«.
[1447] Die Charakterisierung der σώματα als φθαρτά und der Seele als ἄφθαρτος ist dagegen typisch hellenistisch (vgl. die Parallelität von θνητόν, φθαρτόν und σῶμα auf der einen und ἀθάνατον, ἄφθαρτον und ἀσώματον auf der anderen Seite bei Plutarch, De Soll. Anim. 2,960B) und auch im hellenistischen Judentum bekannt (Josephus, Bell 2,154.163; vgl. auch Philo, Op 119, aber auch schon Weish 9,15: φθαρτὸν γὰρ σῶμα βαρύνει τὴν ψυχήν). Bei Paulus aber geht es um das *corruptum saeculum* (4Esr 4,11) bzw. die vergängliche Welt (syrBar 48,50); vgl. auch die nächste Anm.
[1448] Vgl. syrBar 44,9 (»Es vergeht alles, was verweslich ist«) und bei Paulus Röm 1,23, wo der Mensch im Gegenüber zum ἄφθαρτος θεός als φθαρτός bezeichnet wird, ferner vor allem Röm 8,21, wo von der δουλεία τῆς φθορᾶς der ganzen Schöpfung die Rede ist. Vgl. auch V 50, wo derselbe Gegensatz wieder auftaucht und die Antithese »Fleisch und Blut« / »Reich Gottes« synonym zu unserer Stelle steht, sowie V 53, wo der Gegensatz durch θνητός/ἀθανασία erweitert wird. Vgl. weiter Harder, ThWNT IX 104f; Altermath* 28-30; Morissette (Lit. zu 15,50ff; Chair) 58-66. Von der Vergänglichkeit als einer »Geschickfolge der Sünde« (so Wilckens* 401; Verburg* 181.184) ist hier gerade nicht die Rede (vgl. auch unten Anm. 1482), und daß der Sündengedanke implizit enthalten sei (Sellin* 227: »Adam ist schlecht von Natur, weshalb seine Sünde nicht erwähnt zu werden braucht«; Probst, Paulus 346), bleibt eher ein Postulat.

die ἀφθαρσία[1449], die erst bei der Parusie in Erscheinung tritt (vgl. die Parallelität von ἀφθαρσία und ἀθανασία in V 54) und wie das »ewige Leben«, das in Gal 6,8 als Oppositum von φθορά erscheint, eschatologische Qualität besitzt. Ἀτιμία – δόξα begegnen in derselben Opposition zwar auch 2Kor 6,8 (vgl. auch 4,11 ἔνδοξοι – ἄτιμοι) als Charakteristikum der innerweltlich-gegensätzlichen Erfahrungen apostolischer Existenz in den Urteilen und Reaktionen der Menschen, parallel zu schlechtem und gutem Ruf[1450]. Hier dagegen ist die δόξα das der Zukunft vorbehaltene endzeitliche Heilsgut, weshalb sie sonst parallel zum ewigen Leben (Röm 2,7.10), zum Reich Gottes (1Thess 2,12) und zum »Mitverherrlichtwerden« (Röm 8,17) stehen kann[1451]. Im Zusammenhang mit der Auferstehung(sleiblichkeit) ist δόξα entsprechend nicht mit Ehre, sondern mit Glanz oder Herrlichkeit wiederzugeben[1452], was der Erwartung der Apokalyptik entspricht[1453]. Schwieriger ist der dazu in Opposition stehende Begriff ἀτιμία zu bestimmen, der jedenfalls nicht die *foeditas cadaveris* im Auge hat[1454], wie denn überhaupt keine der Bestimmungen allein

---

[1449] Der Begriff (z.T. in derselben Opposition) wird aus dem hellenistischen Judentum stammen; vgl. 4Makk 9,22; 17,12; Weish 2,23; 6,19f; Philo, Op 119; Aet 46; Det 49 u.ö. (vgl. dazu Harder, ThWNT IX 102f; Sellin* 221); vgl. auch Eph 6,24; 1Petr 1,4; 3,4; die Opposition φθαρτός/ἄφθαρτος auch 1Petr 1,23; vgl. weiter Weiß 371 (»in gewisser Weise höchstes Sehnsuchtsziel griechisch-mystischer Religion«); Schweizer, ThWNT VI 418 und Harder, ebd. IX 106; vgl. z.B. die Opposition von φθορά und ἀθανασία in CH 1,28.

[1450] In dieser Opposition mit gesellschaftlich-sozialem Sinn auch Hos 4,7; Spr 3,35; Sir 3,10f; 5,13; TestAss 5,2. In griechischen Grabgedichten (a.a.O. [oben Anm. 559]) kann es heißen, daß eine Verstorbene nun die gleiche τιμή genießt wie im Leben (Nr. 380, S. 217).

[1451] Vgl. auch 2Kor 4,17f. Gewiß ist δόξα bei Paulus auch durch δικαιοσύνη τοῦ θεοῦ geprägt (vgl. Röm 3,23f; 8,30 u.ö.; Jervell* 82), doch Röm 5,1f *nach* δικαιωθέντες zeigt, daß die δόξα darüber hinausgeht und »das eschatologische Moment in Doxa stärker zum Ausdruck kommt« (82); übertrieben aber ist, daß »die Doxavorstellung immer mit dem Gedanken an die δικαιοσύνη τοῦ θεοῦ verbunden« sei (281; kritisch dazu auch Scroggs* 63 Anm. 9, der 64 auf jüd. Analogien zur Erwartung von δόξα verweist; vgl. auch 26f.48.55 sowie Newman, a.a.O [Anm. 135] 194-196 und die übernächste Anm.). Im übrigen kann

δόξα nach Röm 6,4 wie das parallel stehende δύναμις auch als das die Auferstehung Bewirkende bezeichnet werden.

[1452] Anders Conzelmann 346; richtig Senft 206; Schlier, Besinnung 317 übersetzt mit Glorie. Zur weitgehenden Synonymität von δόξα und δύναμις in der Auferstehungshoffnung vgl. Farina* 108f.

[1453] Vgl. zur Herrlichkeit als zentralem Hoffnungsinhalt der Apokalyptik die Belege EKK VII 1, 252 Anm. 170f, ferner außer den Belegen mit siderischen Konnotationen (oben Anm. 1421) auch TestBenj 10,8, wo von der Auferstehung der einen εἰς δόξαν, der anderen εἰς ἀτιμίαν die Rede ist; eschatologische Herrlichkeit (leuchten wie die Lichter des Himmels) steht auch äthHen 104,2 in Opposition zur Schande, in äthHen 50,1 im Zusammenhang mit der eschatologischen Verwandlung der Heiligen und Auserwählten.

[1454] So aber Chrysostomus 358; Theodoret 365; Theophylakt 776; Beza 164; Grotius 824; Meyer 460 u.a.; Orr/Walther 347 halten eine Anspielung auf die Unreinheit der Leichen für möglich. Richtig dagegen schon Erasmus 739; Calvin 464; Estius 755 (*Moritur corpus multis ante mortem miseriis et foeditatibus obnoxium* [unterworfen]); de Wette 154; Schlatter 435 (»Nicht erst am Leichnam, am zerstörten und verwesenden Leib, treten jene Merkmale hervor; sie sind vielmehr das Kennzeichen des lebenden Menschen«); Fisher 255 (»the state of man's life on earth ... subject to disease, disappointment, failure, heartache, and finally, death«);

auf den Leichnam zu beziehen ist, sondern sie alle das σῶμα ψυχικόν in der irdischen Welt des todverfallenen Lebens konstituieren. Am ehesten wird man von der Opposition ἔνδοξοι – ἄτιμοι in 4,13 her von mangelnder Herrlichkeit bzw. Schmach und Schande oder wie bei ἄτιμος in 12,23 von Unansehnlichkeit zu sprechen haben[1455]. Am aufschlußreichsten ist die Parallele in Phil 3,21, wo das σῶμα τῆς δόξης der Auferstehungsleiblichkeit, die der des Christus konform wird, dem σῶμα τῆς ταπεινώσεως, das von Vergänglichkeit und Todverfallenheit geprägt ist, antithetisch gegenübersteht[1456]. Die dritte Antithese (ἀσθένεια – δύναμις) erinnert zwar an die positive Wertung der ἀσθένεια (2Kor 12,9f u.ö.) im Schatten des Kreuzes in der Angewiesenheit auf Gottes δύναμις (vgl. zu 2,3), ist hier aber im Sinne der über diese gegenwärtige Dialektik hinausgehenden zeitlichen Opposition von 2Kor 13,4 aufzufassen, macht also darauf aufmerksam, daß die jetzige ἀσθένεια als Ort und Modus der göttlichen δύναμις nicht das Letzte ist[1457]. Entsprechend ist auch δύναμις hier nicht die Kraft, die paradoxerweise gerade inmitten der Schwachheit erfahren, sondern die totenerweckende Macht Gottes[1458], die die Zukunft bestimmen wird. Da δύναμις auch sonst oft parallel zu πνεῦμα steht (vgl. Röm 1,4), wird damit zugleich V 44f mit dem Kontrast von ψυχικός und πνευματικός vorbereitet.

Alles aber zielt auf die 4. Antithese als eine Art Zusammenfassung und Klimax, die sich schon äußerlich von den vorhergehenden unterscheidet (nicht mehr Dative mit ἐν, sondern Akk.-Objekte; nicht mehr Abstrakta, sondern σῶμα mit oppositionellen Adjektiven). Daß das sukzessiv zu verstehende Gegenüber von σῶμα ψυχικόν und σῶμα πνευματικόν Ziel und Zentrum ist, wird durch die Wiederaufnahme von V 44a in V 44b bestätigt, wieder unter Einbeziehung der Leiblichkeit. Während die ersten drei Antithesen *cum grano salis* der alttestamentlich-jüdische Gegensatz von Schwäche und Kraft verbindet[1459], ist von V 44 her der über den altte-

44

---

vgl. auch Heinrici 489f, der aber der ersteren Deutung insofern zustimmt, als damit der Höhepunkt bezeichnet werde (ähnlich Barrett 372: »part of the truth and the clearest expression of it«). Eine Beziehung auf »recht demütigende Funktionen, wie z.B. die Funktionen des vegetabilischen Lebens« (Gutjahr 456 im Anschluß an die Kirchenväter) ist schwerlich zutreffend.

[1455] Vgl. EKK VII 3, 226 Anm. 671 und VII 1, 344 sowie Bauer/Aland 241; vgl. Lang 234: »Unansehnlichkeit im Sinn von Jämmerlichkeit«; ähnlich Wolff 407. »In ihrem Fleische mit keiner Ehre gelohnt« erscheint als Merkmal der Frommen in dieser Welt (äthHen 108,11).

[1456] Vgl. dazu Schweizer, ThWNT VI 418; Bauer* 134f.

[1457] Worin die ἀσθένεια konkret besteht, läßt sich auch hier (vgl. EKK VII 1, 230) kaum genauer sagen. Jedenfalls besteht sie nicht nur in »Schwerfälligkeit und Trägheit der Glieder, Unvollkommenheit der Sinne«, die Gutjahr 457 anführt, sondern in Leiden, Krankheiten, Anfechtungen u.ä. Vgl. etwa 2Kor 12,10 und Stählin, ThWNT I 489; Altermath* 32; Lang 234. Auf keinen Fall bezieht sich ἀσθένεια auf den gestorbenen Leib, aus dem alles Vermögen entschwunden ist (so aber Meyer 460f; vgl. Heinrici 492: *variis morbis et periculis obnoxium.*

[1458] Vgl. Röm 1,4; 1Kor 2,4; 6,14; 2Kor 13,4; Phil 3,10; 1Thess 1,5.

[1459] Vgl. Schweizer, ThWNT VI 418; Bauer* 97; Usami* 482 Anm. 53; vgl. z.B. Jes

stamentlichen Gegensatz hinausgehende Antagonismus von ψυχικός und πνευματικός gebührend zu berücksichtigen, der die Distanz und Diskontinuität noch schärfer markiert[1460]. Folglich ist sachlich nicht nur vom Alten Testament her von Bedeutung, daß das Geschöpf auch bei seiner Erweckung auf Gottes Schöpfermacht und Schöpfertreue angewiesen ist und Gott also allein Unvergänglichkeit verleihen kann. Vielmehr ist vom eschatologischen Dualismus her[1461] ebenso zu betonen, daß es vom Vergänglichen zum Unvergänglichen keinen Übergang gibt, keine natürliche Entwicklung und keine Kontinuität[1462], als ob das σῶμα πνευματικόν schon keimhaft verborgen im σῶμα ψυχικόν zu entdecken wäre[1463]. Alte und neue Schöpfung stehen sich hier antithetisch, nicht komplementär oder wie in den vorangehenden Geichnissen analogiehaft gegenüber. Man darf somit auch nicht davon ausgehen, daß der Christ das πνεῦμα schon seit der Taufe besitzt und er »den Kern dieses pneumatischen Leibes bereits auf Erden in und unter seinem Fleischesleib« trägt[1464]. Das Verhältnis zum μεταμορφοῦσθαι ἀπὸ δόξης εἰς δόξαν

31,3 (»Denn die Ägypter sind Menschen und nicht Gott, und ihre Rosse sind Fleisch und nicht Geist«); 40,6-8.

[1460] Schweizer, ThWNT IX 662 Anm. 3 sieht freilich auch »das strenge Gegenüber des πνεῦμα Gottes zum Menschen« im alttestamentlich-jüdischen Denken bzw. in Spekulationen über Gen 2,7 verwurzelt, und er verweist darauf, daß der äth. Text zu 4Esr 7,116 aus Gen 2,7 z.B. erschließt, »daß der ›Staub‹ bloß einen toten Körper hervorbringen konnte 4Esr 3,4f«. Vgl. auch Gen 6,3; LibAnt 3,2; Jub 5,8, wonach Gottes Geist nicht für immer auf dem Menschen bleibt, weil sie Fleisch sind. Das dürfte den Gegensatz von ψυχικός und πνευματικός aber kaum allein erklären; vgl. unten Anm. 1467 und zur Sache z.B. Brakemeier* 94: »Während in der Schöpfung Gottes lediglich Verschiedenheit der Leiber herrscht, steht die Neuschöpfung des Menschen zu seinem jetzigen Sosein im Verhältnis des ausschließenden Gegensatzes«, wobei freilich mit Recht hinzugesetzt wird, daß eben dieser so negativ qualifizierte Leib erlöst wird (101).

[1461] Der eschatologische Dualismus (Senft 207 spricht von »dualisme historique et eschatologique«, will allerdings 206 jeden pejorativen Sinn ausschließen; anders Morissette [Antithèse] 101 und unten Anm. 1494) ist also weder substanzhaft (wie in der Gnosis; vgl. schon das Zitat in V 45) noch innerzeitlich (wie in 2,14f) noch erst recht graduell oder partiell gedacht, als ob es nur darum ginge, welcher Teil jeweils

dominiere; so aber z.B. Meyer 461f, der die ψυχή mit Oecumenius 884 und Theophylakt 776 als das bestimmt, was τὸ κῦρος καὶ τὴν ἡγεμονίαν hat, während es im Auferstehungsleben umgekehrt sein, das Pneuma also dann »das schlechthin Dominirende« sein soll, dem die psychischen Kräfte und Tätigkeiten untergeordnet seien; ähnlich Heinrici 493; Godet II 227.

[1462] Vgl. Bauer* 97; K. Müller* 210 Anm. 138; Brakemeier* 101 fügt aber auch hier hinzu, daß »der neue Leib gegenüber dem alten kein absolutes Novum« ist, »sondern das, was Gott aus dem irdischen Menschen gemacht hat«.

[1463] So aber Findlay 937; auch nach Robertson/Plummer 372 soll im σῶμα ψυχικόν der Geist nur »limited and hampered« gewesen sein; vgl. auch Schlatter 436; ganz idealistisch Gutjahr 457: Das σῶμα ψυχικόν sei »in seiner massiven Stofflichkeit der höheren geistigen Tätigkeit der Seele so vielfach eine hindernde Schranke«. Das alles sind unangebrachte Abschwächungen. Natürlich soll der psychische Leib umgekehrt auch »nicht das höhere Innnenleben darstellen, das über die stoffliche Gestalt des Menschen hinausgeht« (so richtig Nikolainen* 193). Jervell* 264 betont mit Recht den »Totalaspekt«, daß sich also ψυχικός auf Seele und Leib des adamitischen Menschen bezieht.

[1464] So aber Lietzmann 84; vgl. auch Schweitzer, Mystik 99f und Héring 148 mit verfehltem Hinweis auf den ἔσω ἄνθρωπος Röm 7,22; 2Kor 4,16; richtig

(2Kor 3,18) und zum Tag um Tag geschehenden ἀνακαινοῦσθαι des »inneren Menschen« (2Kor 4,16) wird hier nicht bedacht[1465], stellt aber tatsächlich vor ein hier nicht intensiver zu erörterndes Problem, das m.E. nicht anthropologisch, sondern nur pneumatologisch zu lösen ist: Der Geist als schon geschenktes Angeld (2Kor 5,5; Röm 8,23) und Unterpfand (2Kor 1,22) verbürgt als schon in uns wohnender und die Toten erweckender (Röm 8,11) zwar die Kontinuität von Gegenwart und Zukunft, ist dem Menschen aber entzogen und kein unverlierbarer Besitz, wobei eine Spannung zu 5,5 besteht. An unserer Stelle kommt jedenfalls alles auf das radikale Gegenüber von σῶμα ψυχικόν[1466] und σῶμα πνευματικόν an[1467], und sosehr in der spannungsgeladenen Wendung σῶμα πνευματικόν gegenüber den Korinthern zunächst der somatische Charakter des Pneumatischen festgehalten wird, ist mit πνευματικόν zugleich das eschatologisch Neue und Inkommensurable und damit das Wunder und die Diskontinuität akzentuiert[1468]. Gegenüber der Gabe des »pneumati-

Schweizer, ThWNT VI 418, auch Anm. 585 gegenüber Bertrams, daß das Pneuma den Menschen immer mehr durchdringe, bis er es ganz sei; Lang 235).

[1465] Ahern* 423 will die eschatologische Hoffnung in »intimate connection« mit der »gradual transformation« der ganzen Person während der irdischen Lebenszeit sehen, kann m.E. aber keine plausible Verbindung aufzeigen. Daß Paulus »projects into the eschatological future the fullness of the transformation by the Spirit of God which Christian life upon earth begins« (430), bleibt mehr ein Postulat. Auch sonst wird im Verhältnis zu 2Kor 4,16 und Kol 3,1-3 aber gern so bestimmt, daß bei der Parusie eine *vollständige* Verwandlung geschehe (so z.B. Schneider* 152). Angemessener Bauer* 103 Anm. 90, der die Differenz zum schon jetzt einstehenden «Zeit-Raum Jesu Christi« auf das Aufgreifen von Voraussetzungen der korinthischen Opponenten und die kritische Hervorhebung des futurisch-eschatologischen Aspekts zurückführt.

[1466] Wie sehr sich σῶμα ψυχικόν von anderen Bestimmungen unterscheidet, macht schlagend der von Heinrici 493 Anm. * zitierte Beleg aus Hierokles (In Aureum Pyth. Carmen Comm., ed. Mullach 167f) deutlich, wo dieses σῶμα ψυχικόν »gewoben aus himmlischem Lichtstoff, immateriell, lebenwirkend, unsterblich« und präexistent ist und »bei der Geburt des Menschen mit dem σῶμα ὑλικόν bekleidet« wird.

[1467] Zum Kontrast von ψυχικόν und πνευματικόν vgl. EKK VII 1, 263f. Im Unterschied zu 2,14f sind hier aber nicht zwei Menschenarten dieser Weltzeit in ihrem Gegenüber im Blick, sondern jetzige und zukünftige Leiblichkeit in ihrem Nacheinander beim selben Subjekt. Entscheidend ist die Parallelität zu χοϊκός (vgl. Jak 3,15 par zu ἐπίγειος und δαιμονιώδης) und die Tatsache, daß ψυχικός im NT immer pejorativen Sinn hat (vgl. unten Anm. 1494). Brodeur* 97-99 hat noch einmal im Anschluß an neuere philologische Untersuchungen zum Suffix bestätigt, daß die Endung -ικος die Zugehörigkeit bezeichnet: »belonging to a group or category« (99; vgl. Bl-Debr-Rehkopf § 113,2); anders zuletzt Witherington* (Conflict) 308 im Anschluß an Harris (Lit. zu Kap. 15) 112ff: »an ethical or functional meaning«. Der Unterschied zu dem auch in Korinth vertretenen Gegenüber von Psychischem und Pneumatischem wird von Brakemeier* 98 mit Recht so bestimmt, daß Paulus den Gegensatz »nicht mit dem von Somatischem und Pneumatischem identifiziert«, sondern »auch das Pneumatische als somatisch« behauptet.

[1468] Käsemann* 134 bestätigt auch hier das schon zu V 35ff Herausgestellte: »Von der Kontinuität des Ichs zu sprechen, hat dann seinen Sinn verloren, wenn man mit dem paulinischen Pneuma-Begriff von Gott, dem Schöpfer, und seiner Alleinwirksamkeit sprechen muß. *Es sei denn, man rede von der Kontinuität des göttlichen Wunders*« (kursiv im Original gesperrt); ähnlich Perspektiven 21: »Kontinuität resultiert in aller Geschichte allein aus der Treue Gottes und manifestiert sich deshalb im Wunder«; vgl. auch Audet* 166f.173.

schen Leibes«, ein Hapaxlegomenon in der gesamten Antike vor Paulus[1469], die an die Auferweckung der Toten gebunden ist, bleibt die »psychische« Existenz in ihrer irdisch-vergänglichen Verfaßtheit und natürlich-sarkischen Bestimmtheit völlig und von Grund auf zurück[1470]. Erst die Auferweckung bringt einen vom göttlichen Geist geschaffenen und ganz von ihm bestimmten Leib[1471]. Damit wird bei aller Andersartigkeit und Diskontinuität eine Korrespondenz und ein schon in der Auferweckungsvorstellung implizierter Zusammenhang zwischen beidem wiederum nicht geleugnet[1472]. Doch darf man sich durch das auf beiden Seiten der Antithese und damit diesseits und jenseits des Todes auftauchende σῶμα nicht täuschen lassen. Das Kontinuum bei der vorausgesetzten personalen Identität und der unabdingbar somatischen Existenzweise steckt nicht in dem im Sinne einer sich unverändert durchhaltenden ontologischen Struktur verstandenen σῶμα[1473], sondern allein in Gottes Schöpfertreue als eschatologischer Neuschöpfer[1474]. Wohl aber bestätigt sich, daß Paulus sich den Menschen auch in seiner pneumatischen Existenzweise bei seiner Auferstehung nur als neugeschaffenes σῶμα und nicht als abstrakte Person vorstellen kann, natürlich auch nicht als un-

---

[1469] Ein Beleg aus dem 3. Jh. nach Bauer/Aland 1362 bei Kleopatra (ed. Reitzenstein, NGWG.Ph 1919, 24, Z. 24). In der Sache kann es auch BerR 26 zu 2,6 heißen, daß in der zukünftigen Welt der Geist »den ganzen Leib umfassen« wird (zitiert bei D. Müller [Lit. zu Kap. 15] II 102 Anm. 25).

[1470] Vgl. Schweizer, ThWNT IX 663; Bultmann, Theologie 177 (»zur Bezeichnung zweier grundsätzlich verschiedener Menschenklassen«) und 251f; auch wenn die meisten die scharfe Entgegenstellung abmildern (vgl. oben Anm. 1461.1463 u.ö.), bleibt es dabei, daß πνευματικός primär eschatologisch und nicht substanzhaft zu bestimmen ist (vgl. schon Deißner* 34; Schweizer, ThWNT VI 418 [der neue Leib besteht nicht aus πνεῦμα, sondern ist durch das πνεῦμα bestimmt]; Kümmel 195; Brakemeier* 117; Wolff 407; K. Müller* 213 Anm. 151; Audet* 167f u.a.), wenngleich 10,4 und unten Anm. 1474 beachtet werden sollte; vgl. Scroggs* 60.63 Anm. 9 gegenüber einem rein relationalen Verständnis.

[1471] Vgl. Kümmel 195; Schweizer, ThWNT VI 418f; Conzelmann 347; Kremer, EWNT III 292. Natürlich ist σῶμα πνευματικόν nicht auf denjenigen Leib zu beziehen, der ein ganz vom Pneuma bestimmter Christ schon jetzt ist (gegen de Vaulx* 114), und natürlich ebensowenig kollektiv auf den Leib Christi, also nicht auf die Kirche (so mit Recht Altermath 38f gegen Robinson* 81f

u.ö.; vgl. auch die Kritik von Gundry* [Soma] 241-244; Usami* 470-472).

[1472] Vgl. Heinrici 494; Gillman* (Lit. zu V 50ff) 332; Audet* 172 und 174 (radikale Verwandlung derselben Person, desselben »Ich«).

[1473] Anders Spörlein* 115f; Carrez* 715; vgl. dagegen Schweizer, ThWNT VI 418; Conzelmann 345 Anm. 15.19; Baumgarten* (Lit. zu Kap. 15) 127f; Farina* 211f u.ö.; K. Müller* 213f Anm. 151, der wie Nikolainen* 200 und Brakemeier* 99f mit gutem Grund erst recht die These von Bornhäuser (Lit. zu Kap. 15) 33-35 zurückweist, Paulus teile die pharisäische Auffassung, daß »die Gebeine der Toten« die Vernichtung überstehen; vgl. auch die jüdischen Belege bei Wolff 408 dafür, daß die Kontinuität »an einen wie auch immer gearteten Rest des jetzigen Körpers gebunden« ist.

[1474] Allenfalls mag man mit Meyer 461 sagen, daß der »Selbigkeit des Leibes« nicht »ein ganz *anders qualificirtes*« entgegensteht, z.B. nicht einfach ein immaterielles oder ätherisches (so z.B. Kistemaker 574f; vgl. dagegen z.B. Lincoln* 42). Nach Kümmel 195 ist die Kontinuität »keine naturhafte, substanzielle, sondern eine geschichtliche« (ebs. Conzelmann 346). Auf keinen Fall aber liegt ein Kontrast zwischen physisch und spirituell oder Leib und Seele vor (D.B. Martin* 127 z.B. gegenüber Scroggs* 92-94).

sterbliche Seele[1475], weil er den Menschen als σῶμα immer von einer Macht bestimmt[1476] und als einen solchen sieht, der nicht autonom als Monade, sondern mit der Fähigkeit zu Beziehungen in Kommunikation und Weltbezogenheit lebt[1477]. Erwartet wird darum nicht die Erlösung *vom* Leibe, sondern die Erlösung *des* Leibes (Röm 8,23).

Schwierig ist V 44b[1478], wo Paulus aus dem Dasein eines σῶμα ψυχικόν sentenzhaft und apodiktisch auch das Sein eines σῶμα πνευματικόν zu folgern scheint[1479]. Es ist aber nach allem Gesagten wenig schlüssig, daß Paulus »aus dem, was der Mensch jetzt ist, folgert, was er sein wird«[1480], als ob sich aus der schieren Existenz der σῶμα ψυχικόν wegen der Notwendigkeit sich bedingender und fordernder Gegensätze mit logischer Konsequenz die Existenz eines σῶμα πνευματικόν ergäbe. Vielmehr

---

[1475] Vgl. z.B. Rückert 420 und Héring 147, der von der Auferstehung des Leibes her auch die kantische Erwartung einer Abschaffung von Raum und Zeit mit dem NT für inkompatibel hält, mit σῶμα aber (ebd. 147f) ebenso eine Auferstehung des Fleisches.

[1476] Vgl. Käsemann, Perspektiven 41f; Froitzheim* 236f; Stuhlmacher, Theologie 275; nach Schwantes (Lit. zu Kap. 15) 86f soll der Schöpfungsgedanke zum Ausdruck gebracht werden; anders Weiß 373 und Klauck 119, nach dem für Paulus »die Individualität und Identität der eigenen Person« am σῶμα hängen soll.

[1477] Vgl. EKK VII 2, 22 und z.B. Schweizer* 55 (»das zur Kommunikation, zur Gemeinschaft mit Gott und der Gemeinde der Mitlobenden offene Ich«); Harris (Lit zu Kap. 15) 120 (»the organ of an individual's communication with the external world«); Pokorný (Lit. zu Kap. 15) 29f (»Nicht die Materialität der Leiblichkeit, sondern ihre Sozialität ist für Paulus so bedeutend«, 30). Kritisch zur Einbeziehung der Erwartung eines neuen Himmels und einer neuen Erde von V 42-44 her auch hier Vögtle (Lit. zu 15,20ff; Das Neue Testament) 32 und 174 Anm 159.

[1478] Gegen die These von Widmann (Lit. zu 2,6-16) 47f, es handele sich in V 44b-48 um eine Interpolation, vgl. Murphy-O'-Connor, Interpolations 94; Schmeller* 339.

[1479] Vgl. Meyer 462, der folgende »logische Begründung« findet: »*Wenn es seine Richtigkeit damit hat, dass es einen seelischen Leib giebt, so giebt es auch einen geistlichen Leib, so kann auch ein solcher Leib kein non ens sein*«; Heinrici 494 fügt hinzu, daß »die logische Richtigkeit des

Satzes« auf der Voraussetzung beruht (V 42f), »daß der jetzige und künftige Leib in demselben Verhältnisse des Gegentheils zu einander stehen, wie ψυχή und πνεῦμα«; ähnlich Weiß 373: »Die einleuchtende Kraft des Satzes liegt darin, daß ψυχικός und πνευματικός sich ausschließende aber auch sich fordernde Gegensätze sind: ist das eine vorhanden, muß auch das andre sein«; vgl. auch Brodeur* 90. Auch andere treten für den »Folgerungscharakter« ein, verstehen aber V44c mit Recht nicht in einem »metaphysischen Logik« (Bauer* 97f Anm. 53 im Anschluß an Goppelt, Typos 161) oder nur von V 44ab her, sondern als »Fortführung und Explikation der voranstehenden Gegensatzreihe« (Farina* 162; vgl. auch K. Müller* 212 Anm. 146 sowie 215f Anm. 154f; Conzelmann 347 Anm. 38) oder als »Schluß aus dem σπείρεται – ζῳοποιεῖται bzw. ἐγείρεται (Brakemeier* 99). Die Schlüssigkeit von V 44d wird aber vor allem ihrerseits durch V 45 mit der Schrift und zugleich mit der Adam-Christus-Typologie christologisch begründet und in V 48f partizipatorisch fortgesetzt; vgl. die übernächste Anm.

[1480] So aber Schlatter 436. Nach Lietzmann 84 dagegen ist V 44b »nicht Folgerung aus dem bisher Gesagten, sondern These, die im folgenden bewiesen wird«; vgl. auch Robertson/Plummer 373 (»a priori argument«); Schweizer, ThWNT VI 418; Burchard* 243 (»nur eine Behauptung«); Schmeller* 350f; Morissette* (Antithèse) 108. Erasmus 739 hält das εἰ für redundant: *Videri poterat huc repetitum ex superiore: & quod enarrator adjecit, relatum a Scriba parum attento in contextum*; auch Cajetan 84v hält εἰ für überflüssig; vgl. auch Godet II 228f

geht Paulus von der in V 39f aufgewiesenen Tatsache verschiedener Arten von σώματα aus, untermauert dann aber vor allem in V 45 (οὕτως ϰαί) die Behauptung der Existenz der beiden Leiber (V 44b) mit der Schrift, d.h. Paulus setzt offenbar voraus, daß dann, wenn es zwei konträre ἄνϑρωποι gibt, es auch zwei konträre σώματα gibt, von denen das eine der Sterblichkeit, das andere der Auferstehung zugeordnet wird und die beide ursächlich auf die beiden Urmenschen zurückgehen[1481]. Man sollte sich darum auch trotz V 17.56 hüten, hier die Sterblichkeit als Resultat des gar nicht erwähnten Sündenfalls Adams oder überhaupt der Sünde einzutragen[1482]. Zuzugeben ist nur, daß hier eine Interpretationslinie unausgeglichen und sachlich vielleicht notwendig paradox (vgl. Röm 5,12a-c neben 5,12d) neben einer anderen steht[1483] und eine Reflexion auf die andere allenfalls in V 56 erfolgt.

45 Die sich anschließende Bestätigung durch die Schrift, die die Adam-Christus-Typologie von V 21f wieder aufgreift, wird mit der bei Paulus unüblichen Einleitung οὕτως ϰαὶ γέγραπται eingeführt und soll die Übereinstimmung des bisher Gesagten mit der Schrift aufweisen. Obwohl der zweite Teil des Verses (ὁ ἔσχατος Ἀδὰμ εἰς πνεῦμα ζῳοποιοῦν) nicht Gen 2,7 entnommen ist, liegt darauf der Akzent, und Paulus wird sich auch mit seiner midraschartigen Auslegung auf dem Grund der Schrift wissen[1484]. Faktisch aber dominiert die im alttestamentlichen Text durch nichts angedeutete, aber offenbar vorgegebene antithetische Entspre-

---

[1481] Nach Brandenburger* 73-76 beruht die »Schlüssigkeit des Beweisverfahrens« denn auch auf der Voraussetzung der beiden Adam-Anthropoi (und des Gegensatzes von ψυχή und πνεῦμα); ebs. Koch* 135 Anm. 15; vgl. auch Goppelt, Typos 161f; Spörlein* 104; Farina* 162-164; K. Müller* 212 Anm. 146 sowie 210 Anm. 136. Brakemeier* 102 hält »eine gradlinige Begründung von V 44b« aber für V 45ff eine Zuspitzung, da σῶμα im folgenden nicht mehr erscheint und wieder zeitliche Kategorien in den Vordergrund rücken.

[1482] Vgl. Bultmann, Theologie 177: V 21.44-49 »ist die Bestimmtheit der adamitischen Menschheit von der anerschaffenen Qualität des Adam als eines ψυχιϰός und χοϊϰός ganz ohne Rücksicht auf seinen Fall abgeleitet«; vgl. auch ders., ThWNT III 15; Bousset 161 und ders., Kyrios 356f; Muddiman* 104f. Andere dagegen bringen wie Jervell* 265f die Sterblichkeit in Zusammenhang mit Sünde und Gesetz oder ziehen wie R.P. Martin* 135 Röm 6,13.19 heran und sprechen gar vom σῶμα als »a synonym for man-as-sinner«. Die Zuordnung zum σῶμα ψυχιϰόν ist vielmehr »inhérent à la création« (Héring

149). Ἐγένετο (V 45) schließt nicht den Sündenfall ein, sondern meint die Schöpfung (Godet II 230); vgl. Mk 2,27 u.a. Entsprechend ist σῶμα πνευματιϰόν nicht als Wiederherstellung des durch den Sündenfall verlorenen Status zu verstehen (vgl. Altermath* 37.49f) und die Auferstehung »not ... as the continuation and completion of the work of creation« (Muddiman* 105); vgl. auch unten Anm. 1495. Auch ein Blick auf jüdische Spekulationen über die Herrlichkeit Adams vor dem Fall (so Morissette* [Antithèse] 120) ist wiederum nicht zu erkennen.

[1483] Vgl. Schweitzer, Mystik 214; Larsson* 317f, der beide Linien freilich als Einheit sieht und letztlich doch »die Gebrechlichkeit und Sterblichkeit des Menschen als ein Resultat von Adams Sünde« auffaßt (319). Man kann allenfalls fragen, ob hier nicht σῶμα τῆς ἁμαρτίας als leibliche Existenz des vorgläubigen Menschen und σῶμα ϑνητόν als leibliche Existenz des Christen unter dem »›Oberbegriff‹ σῶμα ψυχιϰόν zusammengefaßt und dieses dem noch ausstehenden σῶμα πνευματιϰόν entgegengestellt« wird (so Bauer* 103).

[1484] Vgl. oben Anm. 1341.

chung zwischen Adam und Christus und ihren Attributen. Im Unterschied zu V 21f wird jetzt stärker die Zuordnung der beiden Menschheitsrepräsentanten zu zwei gegensätzlichen Welten betont, zum ψυχικόν und χοϊκόν auf der einen, zum πνευματικόν und ἐπουράνιον auf der anderen Seite. Die Universalität bzw. die die ganze Menschheit anschließende Wirkung ist hier weniger akzentuiert (erst V 48f), wohl aber ist die Entsprechung (Ἀδάμ … Ἀδάμ) und die sowohl zeitlich wie qualitativ zu verstehende Gegensätzlichkeit festgehalten, und diese Gegensätzlichkeit ist eine radikale[1485]. Infolge der Zusätze zum alttestamentlichen Text (Ἀδάμ, πρῶτος und V 45b[1486]) entstehen die oben S. 273 genannten Gegensatzpaare.

Ein Vergleich mit der Philo-Interpretation von Gen 1 und 2 ergibt (vgl. zur Analyse): Für Philo ist der *erste* Mensch der οὐράνιος, der nach dem Ebenbild Gottes geschaffene, der *zweite* Mensch dagegen ist der irdische, sterbliche, der Sinnenwelt zugehörende[1487]. Paulus bietet demgegenüber eine umgekehrte Reihenfolge[1488]. Nicht das lebenschaffende Pneuma und nicht der Himmelsmensch sind das Ursprüngliche. Am Anfang steht vielmehr »der erste Mensch«[1489], der irdische Adam. Man kann von daher fragen, ob Paulus von einer ähnlichen wie der bei Philo vorliegenden und möglicherweise auch in Korinth bekannten Tradition über die beiden Anthropoi ausgeht und sie sozusagen »auf den Kopf bzw. – nach seiner Meinung – auf die Füße« stellt[1490] (zu den Gründen vgl. zu V 46).

[1485] Man darf darum aus ψυχικός nicht schließen, daß der Leib damit nur in seiner Sinnlichkeit qualifiziert werde und nicht auch in seinen geistigen Intentionen.

[1486] Kümmel 195 erklärt, daß Paulus vom Gegensatz von πρῶτος und ἔσχατος Ἀδάμ ausgehe und darum V 45b als »*sichere* Folgerung aus dem in Gen 2₇ vom ersten Adam Gesagten« ansehe (kursiv im Original gesperrt). Conzelmann 348 betont dagegen mit Recht, daß die Antithese von ψυχή – πνεῦμα im atl. Text durch nichts angedeutet ist, daß dieser Gedanke weiter verfolgt wird und also die Pointe bildet. Hübner (Lit. zu Kap. 15) 207 legt Wert darauf, daß »*nur die irdische Existenzweise als σῶμα ψυχικόν biblisch begründet*« wird, die zukünftige als σῶμα πνευματικόν dagegen vom Osterkerygma her.

[1487] Vgl. auch OrigMund (NHC II 5/ 117,28-34): »Der erste Adam des Lichts ist pneumatisch (πνευματικός) … Der zweite Adam ist psychisch (ψυχικός) … Der dritte Adam ist irdisch (χοϊκός)«; vgl. L. Painchaud, Le sommaire anthropogonique de l'Écrit sans titre (NH II, 117:27-118:2) à la lumière de 1Co 15:45-47, Vig Chr 44 (1990) 382-393: »une inversion de

l'enseignement de Paul en 1 Co 15:45-47« (388). Eine Dreiteilung wird auch sonst bei Gnostikern aus unserer Stelle herausgelesen; vgl. Irenaeus, Haer. 1,8,3 (nach 1,21,4 ist die Erlösung nicht σωματική noch ψυχική, sondern πνευματική); Epiphanius, Haer. 32,26,11 (GCS 25, 424).

[1488] Anders Jeremias, ThWNT I 142f, nach dem Paulus darin mit Philo übereinstimmen soll, daß Christus als πρωτότοκος πάσης κτίσεως (Kol 1,15) und als göttliches Ebenbild *vor* Adam geschaffen sei. Aber diese Vorstellung liegt hier fern (vgl. unten Anm. 1492). Richtig ist vielmehr, daß πρῶτος Ἀδάμ »nicht bis in die Präexistenz« zurückgreift (Michaelis, ThWNT VI 868, der in Anm. 12 aber auch Barth zitiert, daß Christus im Verhältnis zu Adam »in Wahrheit der Erste« sei [KD IV 1, 52f.572]; vgl. dazu unten Anm. 1769f).

[1489] Die Auslassung von ἄνθρωπος in V 45a bei B K 326 365 pc Ir^lat soll die Parallelität zu V 45b verstärken.

[1490] So die Frage von Conzelmann 352. Vgl. auch Schlatter 439f; Jervell* 260; Cullmann, Christologie 171f; Schneider* 150. Kritisch wegen der grundlegenden Unterschiede Brakemeier* 107.

Für Paulus jedenfalls ist es allein der von den Toten auferweckte, dadurch zum lebendigmachenden Geist[1491] gewordene und nun im Geist gegenwärtige Christus (vgl. 2Kor 3,17), der als ἔσχατος Ἀδάμ und d.h. als Anfänger und Urheber der endzeitlichen Menschheit eschatologisches Leben vermittelt (2Kor 5,17; Röm 8,10f; vgl. Joh 20,22f)[1492]. Und diesem neu- und lebenschaffenden Geist steht gegenüber die ψυχὴ ζῶσα[1493]. Diese Charakterisierung ist von ihrem Ursprung her nicht als dichotomischer Gegenbegriff zur physisch-somatischen Existenz zu verstehen, sondern bezeichnet den Menschen im Sinne der holistisch konzipierten alttestamentlichen Anthropologie in seiner Ganzheit und Lebendigkeit, hier parallel zum irdischen Menschen (V 47) und zu »Fleisch und Blut« (V 50). Als solcher von Gott geschaffener (vgl. σπείρεται V 44 und ἐγένετο V 45) Mensch kann er zwar nicht als Sünder disqualifiziert werden; vom Kontext und der radikalen Andersartigkeit des Pneuma her gewinnt dieser an sich neutrale Ausdruck ψυχὴ ζῶσα aber unweigerlich auch pejorative

---

[1491] Vgl. schon Theophylakt 777: Οὐκ εἶπεν, Εἰς πνεῦμα ζῶν, ἀλλὰ ›Ζῳοποιοῦν‹ τὸ μεῖζον εἰπών. Ebenso Bengel 436: *Non solum vivit, sed etiam vivificat*, was oft wiederholt wird, z.B. bei Dunn* 131 Anm. 13; vgl. Käsemann, RGG ³II 1274 (»Im G[eist] manifestiert sich ... der Auferstandene in seiner Auferstehungsmacht«); Burchard* 244 erwägt umgekehrt, ob nicht der Geist »ihn selber (sc. Christus) belebt« (vgl. oben Anm. 812; vgl. dazu aber Sellin* 79 Anm. 18 und 179f Anm. 245 mit Verweis z.B. auf V 21f und schon Schweizer, ThWNT VI 416: Christus ist hier »in seiner Bedeutung für die Gemeinde« gesehen). Immerhin würde so der Irrweg verlegt, dem Apostel hier den Glauben an die Gottheit Christi zuzuschreiben wie bei Fisher 257. Zu πνεῦμα ζῳοποιοῦν vgl. auch 2Kor 3,6; Joh 6,63; Herm sim 9,14,3 und oben Anm. 730. Ob man auf einen vorpaulinischen Charakter dieses Syntagmas schließen darf (so Sellin* 80.88), bleibt unsicher; vgl. auch πνεῦμα ζωῆς (Gen 6,17; 7,15; syrBar 23,5) und EvThom 114, wo Jesus gegen den Protest des Petrus auch der Mariham verheißt, sie zu einem »lebendigen Geist« zu machen, parallel dazu, sie männlich zu machen.

[1492] Früher wurde zur Frage, inwiefern und wann Christus zum lebendigmachenden Geist geworden ist, auf die Inkarnation verwiesen (so Theophylakt 777; Beza 164: kraft seiner göttlichen Natur; Gutjahr 461: kraft der *communicatio hypostatica*; Allo 427 u.a.) oder die Präexistenz genannt:

Holsten, Evangelium 435 Anm. * will das auch für V 45b geltende ἐγένετο von der Schöpfung des letzten Adam vor seinem Erdendasein verstehen; ähnlich Schmiedel 203 und auch Weiß 374, nach dem eine Beziehung des nicht wiederholten ἐγένετο auf einen anderen Zeitpunkt als in V 45a unmöglich sein soll. Das ist nicht einzusehen (vgl. Deißner* 39f; Hermann* 62). Dagegen spricht nicht nur Röm 8,3, sondern auch V 46 verwehrt den Gedanken an eine präexistente Schöpfung des himmlischen Menschen; vgl. de Wette 155; Meyer 464; Heinrici 496, die selbst mit Recht auf die Auferstehung deuten; ebs. schon Ambrosiaster 182; Grotius 825; Findlay 938; neuerdings Schweizer, ThWNT VI 417f; Hermann* 61f; Mußner* 111; Conzelmann 353; Altermath* 44f; Audet* 168; Farina* 157; Dunn* 140 und ders., Theology 261f; Kreitzer* 57; Klauck 119.

[1493] Vgl. außer Gen 2,7 (לְנֶפֶשׁ חַיָּה) auch Gen 1,20f.24. Offb 16,3 bezeichnet alle Lebewesen als πᾶσα ψυχὴ ζωῆς. Vgl. auch Röm 2,9 (πᾶσα ψυχὴ ἀνθρώπου); 13,1; auch sonst bezeichnet die polysemantische ψυχή einfach das menschliche Leben (Röm 11,3; 16,4; 2Kor 1,23; 12,15 u.ö.); vgl. weiter Bultmann, Theologie 205; Schweizer, ThWNT IX 616.649; Brakemeier* 117; Heine* 103f; Morissette* (Antithèse) 114-116; Altermath* 35f; Audet* 168; zum Judentum vgl. G. Dautzenberg, Sein Leben Bewahren. Ψυχή in den Herrenworten der Evangelien, 1966 (StANT 14), 40-48.

Konnotationen[1494]. Das diametral verschiedene Pneuma hat in der unerlösten und dem Tod verfallenen ψυχὴ ζῶσα keine Anknüpfungsmöglichkeit, sondern setzt grundlegend Neues[1495]. Da auch Christus dem Machtbereich des »Sündenfleisches« ausgesetzt war (Röm 8,3), kann man erwägen, ob auch er als ψυχὴ ζῶσα im Blick ist[1496]. Nun ist der Christus für Paulus gewiß Ἀδάμ und ἄνθρωπος (das Fehlen von ἄνθρωπος in V 45b im Unterschied zu V 47 besagt wenig), doch der irdische Jesus und sein ψυχικὸν σῶμα mit seiner Preisgegebenheit an den Tod sind hier nicht von Interesse, wenngleich Paulus gewiß keine bloße Idee benennt, sondern eine geschichtliche Realität[1497]. Zur Debatte steht hier aber allein der durch seine Auferweckung geschaffene Anfang des eschatologischen Lebens[1498]. Das Wirken des auferstandenen Christus und das des lebenschaf-

[1494] Bauer* 99: Im Gegenüber zu πνεῦμα ζῳοποιοῦν gewinnt es »abwertenden, gnostisch nuancierten Sinn«; Wilckens* 388 spricht von »unendlichem Unterschied zum ›seelischen‹ Wesen der irdischen Leibwirklichkeit Adams«, Jervell* 266 vom »absoluten Gegensatz«; nach Brakemeier* 115 ist Adam »von jeher ganz Psychiker, ohne einen göttlichen Teil in sich zu tragen«; vgl. zu ψυχικός weiter Bultmann, Theologie (»Sinn des Minderwertigen, Beschränkten und Vergänglichen«); Clavier* 351 u.a.; K. Müller* 215 Anm. 153 z.B. bestreitet von der negativen Orientierung des Terms ψυχικός in V 44.46 her zu Recht, daß die »ursprünglich positiv verstandene ψυχή« noch eine ausschlaggebende Rolle spielt; vgl. schon Bachmann 135f Anm. 1 zu 2,15; ebs. Morissette* (Antithèse) 116 Anm. 43. Verburg* 191 dagegen sieht in ψυχικός nur den »Zustand der labilen Gottesbeziehung des Menschen« (ähnlich 192); vgl. auch Bulembat* 52, der sogar jedes Werturteil für unzulässig hält (vgl. auch 70f). Schon nach 2,14 kann der ψυχικός nichts vom Geist annehmen und verstehen.
[1495] Daß der erste Adam den zweiten typologisch präfiguriert, heißt darum kaum, »that there was an inherent eschatological structure to creation« (so aber Lincoln* 43). Natürlich ist Christus erst recht »kein blosser Adam redivivus« (so mit Recht Nikolainen* 147).
[1496] Robertson/Plummer 373 z.B. sprechen von »development, until He *became* ζῳοποιοῦν«; nach Grosheide 387 ist Christus durch sein ganzes Lebenswerk zum lebenschaffenden Geist geworden; auch Burchard* 244 erschließt aus ἐγένετο εἰς einen Prozeß: Der letzte Adam wurde in der Auferstehung zum lebenschaffenden Geist,

»nachdem er ein Menschenleben bis zum Tod geführt hatte und also ein Nachkomme Adams als ψυχὴ ζῶσα gewesen war« (ebs. Wolff 409 Anm. 360). Doch γίνεσθαι εἰς gibt das kaum eindeutig her. Zwar kann damit durchaus ein prozeßhaftes Geschehen ausgedrückt werden, doch keineswegs durchgängig; vgl. schon Gen 2,7 selbst und weiter Ex 2,10; Dtn 27,9 (ἐν τῇ ἡμέρᾳ ταύτῃ γέγονας εἰς λαὸν κυρίῳ); γίνεσθαι εἰς γυναῖκα (Gen 20,12; 1Βασ 25,42; 2Βασ 11,27) ist synonym mit γίνεσθαι γυνή (Gen 24,67; vgl. auch Gen 11,3; 1Chr 11,6 sowie Bl-Debr-Rehkopf § 145,1 und die Lit. bei Morissette (Antithèse) 117f Anm. 46, der selbst eine »nuance consécutive« findet (116). Richtig Altermath* 50: Keine Entwicklung, sondern zwei Schöpfungen. Eine instrumentale Fassung von εἰς im Sinne von ἐν (so Bulembat* 66f) ist vom Wunsch geleitet, eine Analogie des πνεῦμα ζῳοποιοῦν zur πνοὴ ζωῆς herzustellen.
[1497] Manche wie Findlay 938 betonen darum »the humanity of Christ and His genetic relation to the protoplast«; vgl. z.B. Kistemaker 578, der wie auch andere aus ἄνθρωπος »the total humanness« »beider Personen erschließt. Lincoln* 53 erweitert das auf die Zeit nach der Auferstehung: »Christ became heavenly but remained man«.
[1498] Vgl. V 21f; Röm 1,4 und oben Anm. 1491. Nach Brakemeier* 105 soll sich die Schriftstelle gegen eine »spekulative Exegese« richten, die damit die Auffassung belege, »auch im psychischen Menschen sei das Pneuma stets latent vorhanden«; Paulus korrigiere das so, daß er das Motiv des Einhauchens der πνοή ignoriere »zugunsten der schlichten Feststellung, daß Adam zu einer ψυχὴ ζῶσα wurde«, und zwar als ganzer.

fenden Geistes (vgl. das Präsens) geschieht dabei in unauflöslicher Einheit. So wie die Auferweckung Jesu durch den Geist bewirkt wird, so die Auferweckung der Toten (Röm 8,11)[1499], d.h. der im Geist gegenwärtige Christus verbindet in seiner schöpferischen Kraft die irdische Gegenwart mit der zukünftigen Auferweckung.

46 V 46 verallgemeinert das in V 44f Gesagte und ist vermutlich (vgl. ἀλλ' οὐ statt »denn« oder »also«) polemisch als Antithese zu verstehen[1500]. Die hier von Paulus abgelehnte Vorordnung des Pneumatischen vor das Psychische[1501] ist religionsgeschichtlich *mutatis mutandis* durchaus vorstellbar. Vor allem in gnostischen Texten bestimmt immer wieder das »Woher« auch das »Wohin«, konkret: Der himmlische Ursprung gewährleistet die Rückkehr in die himmlische Lichtheimat[1502]. Allerdings wird man, falls man die Adamspekulationen in Korinth voraussetzen darf, wohl kaum davon auszugehen haben, daß man sich für die schon realisierte Erlösung nur protologisch auf eine göttliche Abkunft berufen hat. Eher wird man soteriologisch mit der charismatischen Geistbegabung bzw. Inspiration und der schon gegenwärtigen Partizipation am pneumatisch-himmlischen Chrisusanthropos argumentiert haben[1503]. Daß sich V 46 auch ohne

[1499] Dunn* 131-138 behauptet mit Hinweis auf Gunkel (Lit. zu Kap. 12-14) 79.82 sogar, daß die Erfahrung des lebenschaffenden Geistes für Paulus als »inevitable result of a process already under way« beweise, daß Jesus von den Toten erweckt wurde und als σῶμα πνευματικόν existiere. Aber sowenig man hier trennen darf, sosehr verdankt Paulus die Gewißheit der Auferstehung der Begegnung mit dem Auferstandenen selbst (V 8).

[1500] Vgl. Theophylakt 777; Rückert 422; de Wette 155 (»Begegnung eines Einwurfs«); allerdings ist das ἀλλά nicht mit Schmiedel 202 so zu umschreiben: »aber nicht, wie man nach der Reihenfolge in der Bibel meinen könnte«. Schmithals, Gnosis 159f findet m.E. mit mehr Recht hier eine Polemik gegen die gnostische These, daß das Pneumatische älter ist als das Psychische (allerdings wird wegen der angeblichen Unterbrechung des Gedankengangs wie schon bei Weiß 376 auch mit einer Glosse gerechnet); vgl. auch Schniewind* 135; Brandenburger* 75 Anm. 1; Lengsfeld* 60; Bauer* 100; Wilckens* 389; Kremer 357. Fee 791 dagegen betont vor allem die Antithese gegen die Enthusiasten, die sich schon »into the totality of pneumatic existence« eingetreten wähnen, während sie noch im ψυχικὸν σῶμα leben (vgl. auch Wedderburn* 302: »a polemic against an unrealistic spiritualizing of this present life, a blending of heaven and earth«; ähnlich

Kistemaker 577; R.P. Martin* 137; Lincoln* 45). Das ist richtig, aber kein Einwand; kritisch aber auch Scroggs* 87; Spörlein* 106f; Lindemann (Lit. zu Kap. 15; Auferstehung) 163f: »eine Sentenz und keine polemische (Gegen-)These« [164]; vgl. auch Jervell unten Anm. 1509.

[1501] Vgl. oben Anm. 1467. An unserer Stelle ist beides »als abstracta pro concretis zu fassen ähnlich wie τὸ φθαρτόν und τὸ θνητόν in V. 53f.« (Burchard* 245f). Beides umfaßt also sowohl σῶμα als auch ἄνθρωπος (Morissette* [Antithèse] 118).

[1502] Vgl. CH 1,21: ἐὰν οὖν μάθῃς αὐτὸν ἐκ ζωῆς καὶ φωτὸς ὄντα ... εἰς ζωὴν πάλιν χωρήσεις. Gerade die Nag-Hammadi-Texte bezeugen immer wieder, daß der präexistente göttliche Wesenskern auch die Rettung garantiert: »Selig ist, wer war, bevor er wurde« (EvThom 19); die Auserwählten werden das Reich finden, »weil sie daraus sind« (49; vgl. auch 84). »Ewig ist, wer am Anfang (ἀρχή) stehen wird«, »denn dort, wo der Anfang (ἀρχή) ist, dort wird auch das Ende sein« (18); vgl. auch EV (NHC 1,3/21,25) und SJC (BG 3/89,13f).

[1503] Vgl Kaiser* I 242-244, der auch anmerkt, daß kein protologischer Fall der Himmlischen in die Materie angedeutet ist, bei Paulus selbst die Beziehung des Christus-Anthropos zu den Seinen jedenfalls »ausschließlich in soteriologischem Rahmen« steht (246).

ausdrückliche Spitze gegen solche oder ähnliche Spekulationen als nochmalige Einschärfung der Reihenfolge von V 37 und im Blick auf V 47 verstehen ließe[1504], ist zwar nicht ganz auszuschließen, würde dieser emphatischen und dezidierten Abgrenzung aber kaum gerecht. Sachlich eindeutig impliziert aber ist: Für Paulus ist weder ein präexistenter Urmensch noch ein durch ihn vermittelter göttlicher Pneumafunke o.ä. das Urdatum, das den Menschen als πνευματικός qualifiziert. Auch der Christ hat nicht einen göttlichen Kern in sich, so daß das von vornherein in ihm schlummernde oder/und bei der Taufe erweckte Pneumatische nur noch von seiner irdisch-psychischen Hülle abgelöst zu werden brauchte. Das Pneuma und das Pneumatische gibt es vielmehr erst seit der Auferstehung Christi, und der pneumatische Leib ist nicht bereits unter dem irdischen verborgen präsent, sondern wird erst bei der Auferstehung der Toten gewährt. Zwar ist mit ἔπειτα jeweils Verschiedenes gemeint, denn Christus ist schon σῶμα πνευματικόν, die Christen dagegen sind es noch nicht. Aber das ändert nichts an der Reihenfolge von Psychischem und Pneumatischem. Sowohl πνεῦμα ζῳοποιοῦν in V 45 als auch ἐξ οὐρανοῦ in V 47 weisen auf die Auferstehung Jesu[1505]. Sehr kontrovers ist, ob von V 44 her neben ἐστιν auch σῶμα zu ergänzen ist[1506], doch die These von V 46 ist so allgemein, daß es solcher Ergänzung nicht bedarf[1507]. Gewiß würde auch eine Erweiterung mit σῶμα guten Sinn gegenüber den Korinthern machen, die sich das Pneumatische gerade nicht somatisch vorgestellt haben, weil für sie das Somatische mit dem Psychischen zusammengehört und nicht mit dem Pneumatischen zu vermitteln

[1504] So z.B. Morissette* (Antithèse) 120; Larsson* 120; auch nach K. Müller* 221 Anm. 170 soll Paulus noch einmal auf die zeitliche Reihenfolge von V 36f zurückkommen (nach Brodeur* 125 auf V 23f); vgl. auch Farina*140, der 166f behauptet, daß eine paulinische Opposition ins Leere liefe, weil doch auch die Enthusiasten »in ihrer vorchristlichen Zeit die Erfahrungen psychischer Existenzweise machten«. So verstanden wäre die paulinische Umkehrung in der Tat unsinnig (vgl. Sellin* 177). Aber Paulus nimmt hier nicht Erfahrungen in den Blick, sondern urteilt prinzipiell bzw. eschatologisch (vgl. Deißner* 42: V 46 sei »zugleich vom *Geschichtsverlauf in seiner Gesamtheit*« zu verstehen [kursiv im Original gesperrt]), was eben auch V 45 betrifft. Eine »erneute Geltendmachung von V 36f« (Farina* 170) wäre eher überflüssig.

[1505] Vgl. unten zu V 47.

[1506] So seit Theophylakt 777 und neuerdings Bachmann 469; Weiß 375; Jeremias, ThWNT I 143; Bauer* 100f; Spörlein* 107;

Farina* 167; Müller 220 Anm. 168; Verburg* 74 und vor allem Schweizer, ThWNT VI 418: V 46 beziehe sich auf die These von V 44, nicht auf V 45 (der gilt dann als Parenthese), denn V 45 belege lediglich die These von V 44b; also sei in V 46 σῶμα zu ergänzen: Paulus kämpfe gegen »einen Glauben, der das pneumatische σῶμα als Urdatum ansieht, das dem Menschen an sich schon eignet, ihm also nicht erst in der Auferstehung geschenkt werden muß«, doch ob das für die Korinther tatsächlich zutrifft, ist zweifelhaft (vgl. Spörlein* 105; Sellin* 176f). Zudem schließt sich ἀλλά in V 46 an V 45 an, ist also zunächst darauf zu beziehen, bestätigt ihn aber grundsätzlich.

[1507] So Meyer 465 und Heinrici 497 (freilich mit der irrigen Annahme einer die ganze Schöpfung bestimmenden »Stufenfolge von niederen zu höheren Bildungen«); Rückert 422; Godet II 232f; de Wette 155; Findlay 938; Conzelmann 354 Anm 61; Wolff 410; Koch* 134f Anm. 12; Schmeller* 362 Anm. 111.

ist. Aber Paulus will offenbar, bevor er von den σώματα (V 44b) über die zwei Urmenschen (V 45) wieder zu den Anthropoi (V 47) und der Partizipation an ihnen (V 48f) kommt, die rechte Reihenfolge der σώματα (V 44) und der ἄνθρωποι (V 45) grundsätzlich und kritisch in ihrer heilsgeschichtlichen Ordnung festmachen[1508], also noch einmal wie in V 45 die Vorstellung von der Priorität des himmlischen Anthropos abwehren[1509], zugleich aber ein schon jetzt gegebenes und sich schon jetzt manifestierendes himmlisches Wesen des Menschen. V 46 enthält somit sowohl eine Polemik gegen die Anthropologie als auch gegen die Soteriologie bzw. Christologie der korinthischen Enthusiasten: Doch während diese in beiden Kontexten nicht vom σῶμα πνευματικόν, sondern vom πνεῦμα gesprochen haben werden, gibt es für Paulus kein πνεῦμα des Menschen losgelöst von seiner Leiblichkeit.

47 V 47 veranschaulicht den Gegensatz der beiden Urmenschen noch einmal konkret, um daraus dann die Konsequenzen für die Einbeziehung der vom ersten und zweiten ἄνθρωπος[1510] bestimmten Menschen ziehen zu können. Dabei wird ψυχικός – πνευματικός (V 44.46) durch das neue Gegensatzpaar ἐκ γῆς χοϊκός – ἐξ οὐρανοῦ weitergeführt, während πρῶτος (V 45) und πρῶτον (V 46) wörtlich aufgenommen wird und δεύτερος dem ἔπειτα (V 46) und ἔσχατος (V 45) entspricht[1511]. Das zu ψυχικός synonyme χοϊκός[1512] bezeichnet die von Adam herrührende Erd- und Staubgebundenheit des Menschen in »Fleisch und Blut« (V 50), wobei auch hier weder von einer ursprünglichen Unsterblichkeit noch von deren Verlust infolge der Sünde die Rede ist[1513]. Dabei knüpft V 47a

---

[1508] Vgl. Brandenburger* 75 Anm. 1, der allerdings Adam-Anthropos ergänzt; ähnlich Wilckens* 390 (»gegen die *protologische* Heilsfunktion des Urmenschen«); dagegen Schmithals, Gnosis 133 (zu dessen eigener Position vgl. aber Brakemeier* 115); Schade* 82 und Brakemeier* 114f, der aber nur anthropologisch den Vorrang des pneumatischen Teils des Menschen bestritten findet, zumal Paulus bis auf V 46 die Reihenfolge wie selbstverständlich voraussetze (V 21f).

[1509] So z.B. auch Jervell, Imago 260: »Denn das Pneumatische hängt mit Christus und seiner Auferstehung von den Toten zusammen. So haben wir es also hier zu tun mit einer Korrektur von gnostischen und philonischen Gedanken von der urchristlichen Eschatologie her«.

[1510] Der hier an die Stelle von Ἀδάμ in V 45 tretende ἄνθρωπος wird z.T. als Titel und als griechische Umschreibung für υἱὸς τοῦ ἀνθρώπου verstanden (so z.B. Weiß 376; vgl. auch Colpe, ThWNT VIII 475).

Doch schon das doppelte ἄνθρωπος in V 47a und 47b macht dann Schwierigkeiten; vgl. weiter oben Anm. 1360 und Vögtle oben Anm. 701. Zudem ist ἄνθρωπος im Kontext der anthropologischen Konsequenzen in V 48f sinnvoll (vgl. Farina* 178).

[1511] K. Müller* 271f Anm. 171 vermutet wie Farina* 178f als Grund für die Ordinalzahl δεύτερος ihre bessere Eignung zur Entfaltung in V 48f; vgl. auch K. Müller* 271f Anm. 172.

[1512] Die Vulgata übersetzt *terrenus*, Beza 165 genauer mit *pulvereus*. Vgl. weiter E. Schweizer, Art. χοϊκός, ThWNT IX 460-468.

[1513] Meyer 466 entnimmt dem Vers allerdings wie viele Kirchenväter vor ihm, daß Paulus zwar »den Adam als *sterblich geschaffen* betrachtet«, doch so, daß er, »wenn er nicht gesündigt hätte, *unsterblich geworden* und vom Tode *frei geblieben wäre*« (ebs. Heinrici 497). Richtig Jervell* 265: »Es liegt Paulus gar nicht daran, das Psychische genetisch zu erklären«.

wieder an Gen 2,7 an ($\chi o\tilde{v}v$ $\lambda\alpha\beta\grave{\omega}v$ $\grave{\alpha}\pi\grave{o}$ $\tau\tilde{\eta}\varsigma$ $\gamma\tilde{\eta}\varsigma$[1514]). Als solcher vom Staub der Erde Herkommende und Qualifizierte kehrt der Mensch in seiner Nichtigkeit und Flüchtigkeit auch zum Staub der Erde zurück[1515]. Der »zweite Mensch« aber stammt aus der Sphäre Gottes und ist dadurch qualifiziert (vgl. die Aufnahme von $\grave{\epsilon}\xi$ $o\grave{v}\varrho\alpha vo\tilde{v}$ durch $\grave{\epsilon}\pi o v\varrho\acute{\alpha} v\iota o\varsigma$). Es ist hier kaum an Stellen wie 1Thess 1,10; 4,16 und Phil 3,20f zu denken, also an das endzeitliche Kommen Jesu bei seiner Parusie[1516], ebensowenig aber auch an seine Menschwerdung[1517], etwa gar nach dem Modell der Inkarnation eines präexistenten Himmelsmenschen[1518]. »Der zweite

[1514] Der Term $\chi\omega\ddot{\iota}\varkappa\acute{o}\varsigma$ selbst ist vor Paulus nicht bezeugt. Zur Sache vgl. außer Gen 2,7 auch Koh 3,20 ($\tau\grave{\alpha}$ $\pi\acute{\alpha} v\tau\alpha$ $\grave{\epsilon}\gamma\acute{\epsilon} v\epsilon\tau o$ $\grave{\alpha}\pi\grave{o}$ $\tau o\tilde{v}$ $\chi o\acute{o}\varsigma$) und Weish 7,1 ($\gamma\eta\gamma\epsilon vo\tilde{v}\varsigma$ $\grave{\alpha}\pi\acute{o}\gamma o vo\varsigma$ $\pi\varrho\omega\tau o\pi\lambda\acute{\alpha}\sigma\tau o v$); 1QH 3,21 (»aus Staub gebildet«); 13,15 (»Staubgebäude«); 1QS 11,21f. Farina* 175f nimmt eine wörtliche Übersetzung von עפר מן־אדמה an; ebs. K. Müller* 223 Anm. 174: »Ad-Hoc-Übertragung des Paulus aus Gen 2,7a MT«. Rabbinische Spekulationen, wonach Adam aus dem Staub der Erde des späteren Brandopferaltars im Tempel oder aus dem Erdstaub der ganzen Welt gebildet wurde (vgl. Billerbeck III 478f), haben hier nichts zu suchen. Zwar bezeichnet der Genitiv in V 47a den Stoff (nach Brodeur* 127f soll durch den Ersatz von $\grave{\alpha}\pi\acute{o}$ der LXX durch $\grave{\epsilon}\varkappa$ + *genitivus materiae* »the material element which God used to form the first man«, fokussiert werden, nach Lincoln* 45 dagegen auch $\grave{\epsilon}\varkappa$ $\gamma\tilde{\eta}\varsigma$ »qualitatively« zu fassen sein). Wegen der Gleichheit der Präposition $\grave{\epsilon}\varkappa$ in V 47b wird man eine entsprechende Substanz zwar auch hier nicht ganz ausschließen (vgl. zu 10,4), aber auch nicht eo ipso erschließen dürfen (so aber z.B. Bousset 161: »von himmlischem Stoff«; Brodeur* 133: »heavenly substance«; Kaiser* 246), zumal hier eine zu $\chi o\ddot{\iota}\varkappa\acute{o}\varsigma$ parallele Bestimmung fehlt (vgl. 2Kor 5,2 und Schweizer, ThWNT VI 418f; Lengsfeld* 61; $o\grave{v}\varrho\acute{\alpha} v\iota o\varsigma$ ist erst von F G latt eingefügt worden). Alles kommt auf die verschiedene Qualität, nicht die Konsubstantialität an; vgl. Vögtle* (Adam-Christus-Typologie) 320f: $\grave{\epsilon}\xi$ $o\grave{v}\varrho\alpha vo\tilde{v}$ bezeichne »das überweltliche, übernatürliche Wesen des Auferstehungsleibes Christi« (320).
[1515] Gen 3,19; Hi 34,15; Ps 90,3; 103,14; Koh 12,7; Sir 17,1. Vgl. auch das Grabgedicht, a.a.O. (Anm. 559) Nr. 100, S. 82: $\grave{\epsilon}\varkappa$ $\gamma\alpha\acute{\iota}\alpha\varsigma$ $\beta\lambda\alpha\sigma\tau\tilde{\omega}v$ (entsprießen) $\gamma\alpha\tilde{\iota}\alpha$ $\pi\acute{\alpha}\lambda\iota v$ $\gamma\acute{\epsilon}\gamma o v\alpha$. Nach Brodeur* 129 beschwört der Term die Bilder herauf »of something fleeting or temporary, like dust in the wind, something which is here right now but gone in just a moment«.
[1516] So deuten Theodoret 365; Godet II 235; Robertson/Plummer 374; Bachmann 468; Schweizer, ThWNT IX 466f; Bauer* 102 Anm. 80 und Schade* 73 und interpretieren wie Barrett 375f und ders.* (Adam) 75f; Lang 236f und Klauck 119f im Sinne von Dan 7,13 (dort aber $\mu\epsilon\tau\grave{\alpha}$ bzw. $\grave{\epsilon}\pi\grave{\iota}$ $\tau\tilde{\omega}v$ $v\epsilon\varphi\epsilon\lambda\tilde{\omega}v$ $\tau o\tilde{v}$ $o\grave{v}\varrho\alpha vo\tilde{v}$) bzw. äthHen 46,1ff und 4Esr 13,1ff.
[1517] Coccejus 344 u.a. verweisen z.B. auf Joh 3,13.31; 6,42; 8,23; Eph 4,9f; Lk 1,78 und wollen wie Schniewind (Lit. zu Kap. 15) 135 (mit Verweis auf Gal 4,4); Wendland 156 und Lohse* 131 Anm. 41 an die Inkarnation denken (vgl. aber Röm 8,3 $\pi\acute{\epsilon}\mu\psi\alpha\varsigma$ $\grave{\epsilon}v$ $\grave{o}\mu o\iota\acute{\omega}\mu\alpha\tau\iota$ $\sigma\alpha\varrho\varkappa\acute{o}\varsigma$ und z.B. Lincoln* 46). Fee 792f hält eine Frage nach der Herkunft überhaupt für verfehlt; die wahre Frage habe zu tun mit »the origin of his (sc. Paul's) seeing Christ's present humanity as ›of heaven‹«, und da sei die Damaskuserscheinung entscheidend (im Anschluß an Kim, Origin 187-193 u.a.). Das bleibt nicht weniger spekulativ.
[1518] Daß aus der Ursprungsbezeichnung $\grave{\epsilon}\xi$ $o\grave{v}\varrho\alpha vo\tilde{v}$ (trotz 10,4) nichts für die Präexistenz eines himmlischen Urmenschen zu entnehmen ist, haben schon Heinrici 498f mit Anm. *; Godet II 234f; Findlay 939; Deißner* 41 u.a. gegenüber Baur, Theologie 192f; Holsten, Evangelium 437; Schmiedel 203 u.a. eingewandt. Richtig betont auch Traub, ThWNT V 529, daß Paulus »gerade nicht von einem ›Himmelswesen‹ reden« will, »wobei mythisierend $o\grave{v}\varrho\alpha v\acute{o}\varsigma$ zum Ausdruck des Urzustandes, der ›Präexistenz des Himmelsmenschen‹ (Zitat von Stauffer, Theologie 97) würde«; vgl. auch Dunn, Theology 289 und die Diskussion bei Schweizer, ThWNT IX 467 Anm. 58.

Mensch« ist weder erst bei seiner kommenden Erscheinung lebenschaffender Geist noch schon bei seiner irdischen, sondern seit seiner Auferstehung. Bei dem kontrastierend auf ἐκ γῆς χοϊκός bezogenen und in V 48 mit ἐπουράνιος aufgenommenen ἐξ οὐρανοῦ ist also ebenso wie bei ἐγένετο εἰς πνεῦμα ζῳοποιοῦν in V 45 konkret an die Auferstehung Jesu zu denken[1519]. Da ἐκ γῆς χοϊκός aber die Bildung des *Leibes* Adams im Blick hat, wird Entsprechendes auch beim Himmelsmenschen für seine durch die Auferstehung vermittelte himmlische Leiblichkeit gelten[1520].

48   V 48 und 49 thematisieren nun die Entsprechung und das Einbezogenwerden der Menschen in das Schicksal der beiden Anthropoi als den Repräsentanten der Menschheit (οἷος – τοιοῦτοι): Beide Anthropoi bestimmen das Geschick derer, die ihnen zugehören: So wie Adam sind auch alle seine Nachkommen nichts als Staubgeborene und unausweichlich dem Tod Verfallene (V 48a). V 48b bringt das positive Pendant: Wie der himmlische Mensch (nicht: der im Himmel befindliche[1521]), d.h. der Mensch himmlischen Wesens, so auch die Himmlischen, d.h. die auferweckten Christen[1522]. Die trotz der Differenz zu ἐξ οὐρανοῦ in V 47 auffallende Charakterisierung der Christen als ἐπουράνιοι ist nicht »eine ungeheure Prolepse«[1523], denn Paulus will nicht, was ganz und gar kontraproduktiv wäre, die Gegenwärtigkeit himmlischen Wesens herausstellen[1524]. Im Blick ist vielmehr die zukünftige himmlische Leiblichkeit der

---

[1519] So die meisten. Die Hinzufügung von ὁ κύριος (א² A D¹ Ψ 075 1739ᵐᵍ 1881 𝔐 sy) zu ἄνθρωπος ist aber sekundär; so schon Erasmus 740: von einem eifrigen Kopisten, der eine Erklärung hinzufügen wollte. Aber selbst wenn sie ursprünglich wäre, ist nicht mit Luther »Der andere Mensch ist der Herr vom Himmel« zu übersetzen, sondern mit »Der andere Mensch, der Herr, ist himmlisch, oder vom Himmel« (so v. Mosheim 729). Auch die Ergänzung durch πνευματικός in 𝔓⁴⁵ ist kaum ursprünglich.

[1520] Auch Farina* 176f betont, daß man ἐκ, das sich primär dem antithetischen Parallelismus verdanke (vgl. oben Anm. 1514), nicht strapazieren dürfe und es auf die »Wesensqualifikation« ankomme. Aber diese Qualität ist für Paulus nicht ohne Leiblichkeit zu denken, auch wenn σῶμα expressis verbis nicht mehr erscheint.

[1521] Vgl. Audet* 174: Nicht »un concept spatial, mais plutôt un concept qualitatif: le céleste appartient à un autre monde, au monde eschatologique«. Anders Burchard* 246 Anm. 49, nach dem Paulus »mehr im Gegensatz von Himmel und Erde und weniger in dem der zwei Äonen« denken soll. Auch nach Harris (Lit. zu Kap. 15) 122 sollen die Leiblichkeit der Auferweckten und

ein nichträumlicher Himmel inkompatibel sein.

[1522] Kuhn, ThWNT V 299 Anm. 21 vergleicht בני שמים in Qumran (1QH 3,22; vgl. auch 1QS 4,22; 11,8; äthHen 104,6); vgl. auch Traub, ThWNT V 538 Anm. 16, der außerdem auf 2Makk 7,34 (οὐρανίους παῖδας) verweist. Bedeutsamer ist, daß auch Philo (All 1,31) οὐράνιος und γήινος ἄνθρωπος gegenüberstellt, aber eben in anderer Reihenfolge (vgl. oben zur Analyse und Traub, ebd. 529). Jedenfalls sind die ἐπουράνιοι nach Paulus »heavenly not because they come from heaven or are going to heaven, but because they are ›in Christ‹ (cf. verse 22) and share his resurrection life« (Lincoln* 50; vgl. aber auch ders. in der nächsten Anm.).

[1523] So aber Weiß 376. Auch nach Lincoln soll Paulus ungeachtet der over-realized eschatology der Korinther keine Bedenken haben, zuzugestehen, daß die zu Christus Gehörenden »are οἱ ἐπουράνιοι. This quality of heavenliness is not something entirely of the future«.

[1524] Ἐπουράνιος charakterisiert allerdings in Eph 2,6 und Hebr 3,1; 6,4 u.ö. bereits gegenwärtige Heilsgüter. Entsprechend interpretieren Schlatter 440 (es sei

vom Tod Erweckten im Unterschied zu der durch Adam vermittelten irdischen Leiblichkeit, wie das Futur in V 49 bestätigt. Es stehen sich also wie in V 44 auch hier zwei Arten von Leibern gegenüber[1525], die den Status vor und nach der Auferstehung kennzeichnen[1526].

V 49 taucht zum ersten Mal in unserem Abschnitt die kommunikative 1.   49
Pers. Plur. auf. Sachlich verklammert der Vers das Schicksal der prototypischen Urmenschen und das der anderen Menschen noch durch den Eikon-Gedanken (vgl. die Analogie zu der Korrelation in V 22). Der stammt hier vermutlich aus Gen 5,3 und nicht aus Gen 1,26f[1527], da Paulus von der *Gott*ebenbildlichkeit gerade schweigt und vom »Tragen« zweier »Bilder« spricht, dem des irdischen und dem des himmlischen ἄνθρωπος, die der Gegenwart und der Zukunft zugeordnet werden. Die Redeweise vom »Tragen« der Eikon könnte durch die Metapher des eschatologischen Gewandes im Gegensatz zum irdischen Kleid veranlaßt sein, zumal diese eine große Rolle in der jüdischen und frühchristlichen Erwartung spielt[1528]. Doch spricht Paulus kaum zufällig nicht vom Tragen eines Kleides, sondern von dem des »Bildes«. Dem »Bild« eignet nämlich nach antiker Auffassung die Macht und Ausstrahlungskraft des Abgebildeten, wobei eine Wesenseinheit zwischen Ur- und Abbild besteht und die εἰκών als Repräsentant anzusprechen ist[1529]. Zunächst nennt Paulus die Eikon des Staub-

---

»nicht nur an die auf Erden Lebenden« gedacht, sondern auch an die, »an denen sich die II 5,1 gegebene Verheißung erfüllt«) und Larsson* 320 (es liege dieselbe Auffassung vor wie in Eph 2,6 mit Verweis auch auf Phil 3,20); vgl. auch Bauer* 102 Anm. 81; anders mit Recht Brakemeier* 117; Schade* 73.
[1525] Schon wegen dieser Abhebung auf das σῶμα ist es problematisch, in V 48b von einer »Erlösung ... durch wesenhaftes Identischwerden« zu sprechen (so aber Brandenburger* 145). »Wesenseinheit« (so richtiger ebd. 147) ist etwas anderes als Identität, denn der Christ wird nicht zum Christus. Angemessener sind Partizipationskategorien wie »das reale Anteilhaben an der göttlichen Herrlichkeit Christi« (Wendland 156).
[1526] Von impliziten moralischen Konnotationen (so Findlay 939; vgl. auch v. Hofmann 305) ist weder hier noch im folgenden V 49 die Rede. Der Hinweis auf Phil 3,18ff (vgl. vor allem V 19 τὰ ἐπίγεια φρονοῦντες), wo eine ganz andere Frontstellung gegeben ist, kann diese Deutung kaum plausibel machen; vgl. Barrett 377.
[1527] Vgl. Vögtle* (Adam) 325; Sandelin* 11; Schade* 82; Wolff 411 und die übernächste Anm.; für eine Beziehung auf

Gen 1,26f Wilckens* 389; Hoffmann, TRE 4, 459; Orr/Walther 344; Sellin* 94.
[1528] Vgl. einerseits z.B. äthHen 62,15; slHen22,8; ApkAbr 13,15; (vgl. auch Billerbeck I 752 und 4Esr 14,14; syrBar 49,3) und dazu Altermath* 33f; andererseits außer ἐνδύσασθαι V 53f z.B. Offb 3,4f. Ob die Metapher in atl. Sinn gebraucht wird und auf die Existenz und das Handeln zu beziehen ist (Jes 51,9; 61,10; Ps 35,26; 93,1; Hi 29,14), ist umstritten; in diesem Sinne z.B. Wolff 412 im Anschluß an Delling; anders Brandenburger* 139f.147f (»Verwandlung in eine neue Seinsweise«; 147) und Brakemeier* 112, der freilich 113 mit Recht keine genuin gnostische Gewandvorstellung wie im Perlenlied von ActThom 112 findet; vgl. weiter Kaiser* I 58-68, besonders 61 und 246f.
[1529] Vgl. zu 11,7 EKK VII 2, 509f. Daß dabei »ein Sichtbar- und Offenbarwerden des Wesens mit substantialer Teilhabe (μετοχή) am Gegenstande« mitgegeben sein kann (Kleinknecht, ThWNT II 386), ist nicht zu leugnen, doch ob Paulus selbst hier das Substanzdenken teilt, ist sehr die Frage (vgl. oben Anm. 1514.1525); vgl. weiter Eltester, Eikon 23; Conzelmann 355; Brakemeier* 112.119; Jervell* 21-24. Zum hebräischen Korrelat צלם vgl. Farina* 193-196

geborenen, was keine Anspielung auf die verlorene *imago Dei* ist und erst recht keine Möglichkeit ihrer Restitution durch die Tora andeutet[1530]. Der Aorist ἐφορέσαμεν ist schwierig, aber trotz 2Kor 3,18 vermutlich vom Standpunkt der Vollendung aus zu verstehen, d.h. wir haben das Bild des Irdischen vor der Auferstehung getragen[1531]. Auch V 49b ist nicht ohne Probleme. Während das durch das »Tragen« nahegelegte Bild des Gewandes sonst im Zusammenhang von Taufe und Taufmahnung begegnet, wo vom »Anziehen« des Christus gesprochen wird[1532], wird es hier höchstwahrscheinlich ins Futur transponiert, d.h. die fururische Lesart φορέσομεν ist zu bevorzugen[1533], nicht der Konjunktiv φορέσωμεν[1534],

(»eine leibliche, gestalthafte Abgebildetheit Gottes«; vgl. auch 195 zur Nähe zu δόξα und dazu 11,7; 2Kor 3,18; Röm 8, 29f und Froitzheim, Christologie 221-226; K. Müller* 226 Anm. 183. Für Philo ist der Logos εἰκὼν θεοῦ (SpecLeg 1,81). In Gen 5,3 wird Seth κατὰ τὴν ἰδέαν αὐτοῦ καὶ κατὰ τὴν εἰκόνα αὐτοῦ (sc. Adams) gezeugt (vgl. Jervell* 113f.258). Doch ist davon kaum das »Tragen des Bildes« abzuleiten. Zu φορεῖν im Sinne eines »*länger währenden* oder *dauernden Tragens*« vgl. Weiß, ThWNT IX 86f; in konkreter Bedeutung für das Tragen von Kleidern z.B. Mt 11,8, von Waffen Röm 13,4.

[1530] Vgl. zur Diskussion solcher Möglichkeit bei den Rabbinen Jervell* 91f; Scroggs* 53. Es kann aber auch keine Rede davon sein, daß schon der zeitliche Mensch zum Bilde Gottes erschaffen sei, ihm dieses aber erst in der Auferstehung »vollständig zu eigen« werde, wie Nikolainen* 196 behauptet. Vielmehr gilt: »Die alte Menschheit, die adamitische, trägt gar nicht die Züge der Gottebenbildlichkeit« (Jervell* 263; vgl. auch 286)

[1531] So Meyer 468; Schmiedel 201; Bachmann 469; Bauer* 102 Anm. 85; Kittel, ThWNT II 395 Anm. 99 (»Vorwegnahme der Rückschau aus dem künftigen Zeitpunkt«); Lindemann, Auferstehung 165: »entweder aus der Perspektive des anschließenden Futurs« oder im Sinne von Verburg* 76, »daß das Tragen der εἰκών des irdischen Menschen noch nicht abgeschlossen ist«. Anders Heinrici 501: »den für den Gläubigen vergangenen Zustand« seit der Geistverleihung; aber zwischen V 49a und V 49b liegt »nicht die Bekehrung, sondern Tod und Auferstehung« (Kittel ebd.; ebs. Lengsfeld* 63 Anm. 154). Farina* 198f und Müller* 225f Anm. 180 zitieren Kühner/Gerth, Grammatik II 1, 161, daß der Aor. in Vergleichungen steht, »in de-

nen wir das *Präsens* anwenden«; vgl. das καθώς, das dann so zu umschreiben ist: »mit derselben Gewißheit, mit der wir jetzt die εἰκὼν τοῦ χοϊκοῦ tragen, werden wir in Zukunft die εἰκὼν τοῦ ἐπουρανίου tragen« (so Farina* 198f und K. Müller 225f; vgl. auch Burchard* 247 mit Anm. 51; Brodeur* 138: gnomischer Aorist mit Verweis auf Bl-Debr-Rehkopf § 333).

[1532] Vgl. Gal 3,27; Röm 13,14; vgl. auch Kol 3,10; Eph 4,24; vgl. Jervell* 231-256.

[1533] Angesichts der Aufhebung der Qualitätsunterschiede in der Koine (vgl. Bl-Debr-Rehkopf § 28) ist die Frage nach der Ursprünglichkeit des Ind. Fut. (B I 6 630 945[v.l.] 1881 al sa) oder aber des Konj. (𝔓⁴⁶ ℵ A C D F G Ψ 075 0243 33 1739 𝔐 latt bo) nicht allein textkritisch aufgrund der Bezeugung zu entscheiden (schon Photius 581 stellt beide Lesarten nebeneinander; vgl. unten Anm. 1782 und Theophylakt 777.780; Oecumenius 889), doch spricht exegetisch mehr für den Ind. Fut., da der Kontext keinerlei Aufforderung nahelegt; vgl. Erasmus 740: das Futur sei angemessener, da Paulus von der Auferstehung handele; Rückert 423; Meyer 468; Godet II 234f; Metzger, Commentary 569; Kittel, ThWNT II 395 Anm. 100; Jervell* 262; Verburg* 75f.

[1534] Die von Heinrici 500f aus dem Konj. erschlossene Erinnerung daran, »inwiefern es bei dem Menschen stehe, zum Gliede der pneumatischen Welt erhoben zu werden« (500), so daß eine »Andeutung der Pflicht« der Glaubenden vorliegen würde (501), verkennt den eigentlichen Duktus des Abschnittes und die christologische Zuspitzung (vgl. Anm. 142). Zudem gehört das Tragen der irdischen Eikon noch nicht der Vergangenheit an, d.h. ἐφορέσαμεν blickt auf das ganze irdische Leben zurück. So ist ein Kohortativ hier so gut wie »völlig ausgeschlossen« (Weiß 377); anders Neander 262 (der Übergang »vom Didaktischen zum

d.h. wir werden das Bild des Himmlischen tragen. Damit tritt neben der neuerlichen Abwehr des Enthusiasmus[1535] ein weiterer zentraler Punkt in der Auferstehungshoffnung des Paulus hervor: Ist Christus der Repräsentant der erneuerten Menschheit, dessen Bild die Auferstandenen tragen werden[1536], dann ist damit eine bleibende Beziehung zu ihm und Hinordnung auf ihn gegeben[1537]. Es geht Paulus nicht nur um das zukünftige σῶμα πνευματικόν, sondern zugleich um die *imago Christi* der Christen. Σῶμα πνευματικόν charakterisiert das eschatologische Leben in der Vollendung nach seiner anthropologischen Seite, εἰκὼν τοῦ ἐπουρανίου nach seiner christologischen Entsprechung[1538]. Beides aber ist aufeinander zu beziehen: Das σῶμα ist auch in der eschatologischen Vollendung der Ort der Korrelation und Kommunikation mit dem κύριος (vgl. 6,13), und nicht zuletzt darum insistiert Paulus auf dem somatischen Charakter der Auferstehung[1539].

Während der erste Teil von Kap. 15 die in der Auferweckung Jesu begründete Realität der Totenauferstehung zum Thema hatte, debattiert der zweite Teil die sich daraus ergebende Modalität. Paulus geht nun intensiv auf die Frage nach der Leiblichkeit der Totenauferstehung ein, an der die Korinther augenscheinlich aus spiritualistischen Gründen Anstoß ge-

Zusammenfassung

Paränetischen« sei für Paulus eigentümlich); Robertson/Plummer 375 (»the attaining to the glorified body depends upon our own effort«); Allo 429f; Héring 149 und neuerdings wieder Sider* 434; Lincoln* 50f (mit Erinnerung an das Konzept »of progressive transformation and renewal in Christ's image« in 2Kor 3,18; Röm 12,2; Kol 3,10); Fee 795; Brodeur* 140f, der den Kohortativ für die *lectio difficilior* hält, was im Sinne der Abschreiber aber durchaus zweifelhaft ist (vgl. auch unten Anm. 1794).
[1535] So z.B. Lengsfeld* 62f; Kremer 358: Paulus weise »erneut eine enthusiastisch mißverstandene präsentische Eschatologie zurück«.
[1536] Vgl. auch Röm 8,29, wo vom eschatologischen συμμόρφους εἶναι τῆς εἰκόνος τοῦ υἱοῦ αὐτοῦ die Rede ist, sowie Phil 3,21, wo Paulus ein μετασχηματίσει ... σύμμορφον τῷ σώματι τῆς δόξης αὐτοῦ erwartet. Scroggs* 70 verbindet mit 2Kor 4,4: »Man does not become an image of Christ, but the image of God, conformable to Christ who now already exists as that image«; vgl. auch 98f.
[1537] Vgl. Jervell* 269. Auch in 2Kor 5,6ff geht es nicht nur um die neue Leiblichkeit, sondern um die Christusförmigkeit und die Kommunikation mit dem Christus.
[1538] Bauer* 103f; Usami* 488f. Beides ist also nicht einfach zu identifizieren wie bei Käsemann* 166 und Froitzheim, Christologie 221 (zudem wird unter Einbeziehung von V 28 erklärt, daß »Gott selbst in Jesus Christus die Vollendung des Menschen ist«, was die Spannung zu V 28 harmonisiert); anders Jervell* 270 (»Es handelt sich in der Auferstehung um die Gemeinschaft mit Christus, und nicht nur um die Leiblichkeit des Auferstandenen«) und Bauer* 103f.
[1539] Vgl. Bauer* 105: »Ziel und Ende aller Wege Gottes ist darum weder die Identität des Menschen mit sich selbst noch die Identität des Erlösten mit dem Erlöser, sondern die in Christus grundgelegte und getragene eschatologische Gemeinschaft des Schöpfers mit seiner Schöpfung, in welcher seine Geschöpfe dem durch sein rufendes Wort schaffenden Gott mit ihrem ganzen Sein Antwort geben und der in Christus über der ganzen Schöpfung aufgegangenen Glorie Gottes leibhaftig entsprechen«. Vgl. auch Barth 116: »*Gottes* Geist triumphiert gerade nicht in einem reinen Geist=sein, sondern: ... auferweckt wird ein (*Gott*=)geistlicher Leib, das Ende der Wege Gottes ist die Leiblichkeit« (kursiv im Original gesperrt).

nommen haben. In einer ersten Analogie vom Samenkorn erschließt er
aus der Schöpfungsordnung die Notwendigkeit des Todes und der dadurch bedingten Diskontinuität, vor allem aber die nur Gott mögliche
Schöpfung des »zukünftigen Leibes«. Die zweite Analogie veranschaulicht anhand der Verschiedenheit der Sarx bei den Geschöpfen und der der
Doxa bei den Himmelskörpern die Differenziertheit und Mannigfaltigkeit
göttlichen Schöpferwirkens. In der Anwendung auf die Auferstehung der
Toten werden dann in eindrucksvollen Antithesen Vergänglichkeit und
Unvergänglichkeit, Schmach und Herrlichkeit, Schwachheit und Kraft
gegenübergestellt und der alten und neuen Leiblichkeit zugeordnet. Mit
der vierten Antithese von psychischem und pneumatischem Leib sum-
miert Paulus die vorhergehenden Antithesen und kommt zu seinem Argumentationsziel der Erwartung einer neuen geistgewirkten und geister-
füllten Leiblichkeit im Kontrast zu einem bloß »seelischen« Leib. Die
Wirklichkeit der alten und neuen Leiblichkeit wird dann durch einen Rekurs auf die Schrift bestätigt und durch die mit Hilfe von Gen 2,7 zur
Sprache gebrachte Adam-Christus-Typologie expliziert: Während der erste Adam nur als eine vom Todesgeschick gezeichnete »lebendige Seele«
erschaffen wurde – daß diese dem ersten Menschen durch Gottes Geist
eingeblasen wurde, wird gerade nicht gesagt –, wirkt der letzte seit seiner
Auferweckung als lebenschaffender Geist, und zwar in unumkehrbarer
Reihenfolge des Psychischen vor dem Pneumatischen. Der aus dem Erdenstaub gewordene »erste Mensch« läßt auch alle seine Nachfahren dem
Staub verfallen. Der aus der Sphäre Gottes stammende »zweite Mensch«
aber macht aus Staubgeborenen Himmelsbürger, die an seinem himmlischen Sein partizipieren. Unter Einbeziehung des Eikongedankens wird
am Ende noch einmal festgehalten, daß das Tragen der *imago Christi* bei
den Christen der Zukunft vorbehalten ist.

Auslegungs-
und
Wirkungs-
geschichte

Auslegung und Wirkung des Textes[1540] konzentrieren sich 1. auf die Beweiskraft
natürlicher Analogien (S. 314-320), 2. auf die Metapher vom Samenkorn und die
Frage der Identität in V 36-38 (S. 320-329), 3. auf die Verschiedenheit der Auferstehungsleiber nach V 39-41 (S. 329-334), 4. auf die Opposition von irdischer und
himmlischer bzw. psychischer und pneumatischer Leiblichkeit in V 42-45 (S.
334-345), 5. auf die Adam-Christus-Typologie und ihre Konsequenzen in V 45-
48 (S. 345-356) und 6. auf das Tragen der *imago Christi* in V 49 (S. 356-359).

1.   Beim ersten Punkt wird von Anfang an Wert darauf gelegt, daß eigentlich schon ein Blick in die Natur die Auferstehungsleugner zur Besinnung bringen müßte. Nach der Schrift führe Paulus nun auch Vernunft-

---

[1540]   Vgl. dazu außer der Lit. oben Anm.
285 weiter besonders Altermath* 52-247
(mit zahlreicher weiterer Lit.); G. Kretschmar, Auferstehung des Fleisches. Zur

Frühgeschichte einer theologischen Lehr-
formel, in: FS H. Thielicke, Tübingen 1968,
101-137; Greshake* (Naherwartung) 86
Anm. 10; Lona* passim.

(λογισμοί) und Erfahrungsgründe bzw. dasjenige an, was man täglich tut[1541]. Nach Hieronymus (768) geht es um ein *naturalibus exemplis edoceri*[1542]. Ähnlich urteilt Petrus Chrysologus: »Wenn du, Mensch, Gott nicht glauben, dem Gesetz nicht zustimmen, dieser Botschaft nicht trauen willst, dann glaube doch deinen Augen, pflichte doch den Elementen bei, die dir ständig die Auferstehung predigen«[1543]. Daß schon das Naturgeschehen die Ungläubigen widerlegt, wird durch Hinzufügung anderer Bilder zu bekräftigen versucht, z.B. dadurch, daß immer wieder ein neuer Tag anbricht, daß Nägel und Haare als scheinbar abgestorbene Teile des Körpers wachsen[1544], oder es werden als Beispiele der Frühling nach dem Winter und das Aufwachen nach dem Schlaf angeführt[1545]. An der als überzeugend geltenden Auffassung als solcher aber, daß Paulus die Auferstehung auch *ex consideratione operum mundi* erweise, ändert sich auch in der Folgezeit wenig[1546].

Allerdings wird hinzugefügt, daß nur Gottes δύναμις (Theodor v. Mopsuestia 194) und nicht die Natur selbst den Samen erwecken kann, so daß

[1541] Chrysostomus 355. Ähnlich Sedulius Scotus 160: *Non attendis quid quotidie coram tuis oculis geritur*. Vgl. Ambrosiaster 178: Weil der *animalis homo* nicht durch die *auctoritas legis* zu leiten ist, versuche Paulus, mit *exempla* zu überzeugen, und zeige, daß die sterblichen Dinge wieder zum Leben erneuert und vermehrt werden (ebs. Ambrosius 282; Herveus 986; Petrus Lombardus 1685; Hrabanus Maurus 150). Vgl. auch Atto 404: *Non legalibus, non etiam propheticis adversus eos utitur exemplis, quoniam erant insipientes.* Nach Bruno 210 beruft Paulus sich auf die *lex naturae*.
[1542] Ebs. Pelagius 222; Primasius 551. Gregor v. Nyssa spricht von einem παιδεύειν der Toren durch ein ὑπόδειγμα (Opera IX 259).
[1543] Serm. 51 (TKV 4, 491); vgl. auch Johannes Damascenus: »Wenn deine Verhärtung dich den Worten Gottes nicht glauben läßt, so glaube doch wenigstens seinen Werken« (De Orth. Fid. 4,27 [BKV 44, 266]). Nach Origenes 46 soll die Auferstehung leichter zu glauben sein als die Schöpfung aus dem Nichts; vgl. Trummer (Lit. zu Kap. 15) 92.
[1544] Epiphanius, Anc. 83,5 (GCS 25, 103f). Der Wechsel von Tag und Nacht als Zeichen der Auferstehung auch 1Clem 24,3 (in 25,1-5 wird auch das schon im rabbinischen und apokalyptischen Judentum herangezogene Bild vom Vogel Phönix als παράδοξον σημεῖον genannt); Minucius Felix,

Oct. 34,11 (BKV 14, 196); Theophilus v. Antiochien, Antol. 13 (SC 20, 86) u.a. Zu diesen und anderen Beispielen vgl. auch unten Anm. 1557.2039 und Trummer (Lit. zu Kap. 15) 39f; Bynum, a.a.O. (Anm. 285) 22-33.129f u.ö.; Grant, Law 238-240; zur Intention ebd. 239: »Therefore reason, relying on the natural sequence, can proceed to prove the truth of resurrection, for reason is safer and more valid than experience in confirming the truth«; Greshake* (Resurrectio) 284-287 (mit weiterer Lit.).
[1545] Gregor v. Nyssa (Opera IX 259); Gregor v. Tours erwähnt ebenfalls die Bäume, die im Winter kahl werden und im Frühling »gleichsam wieder erstehen und sich mit demselben Blätterschmuck ... bekleiden« (Geschichten II 357). Vgl. auch die Beispiele für die Analogie von Frühling und Auferstehung in östlichen Liturgien bei Berger (Lit. zu Kap. 15; Tod) 158f, z.B. in einer koptischen Totenliturgie: »Durch dein allmächtiges Wort werden alle Wurzeln, vom Regen befeuchtet und vom Schnee begraben, bewahrt. Und die Samen, in der Erde begraben, sind tot, bis zu der Zeit, wo der Donner rollt, nämlich bei der Auferstehung des Frühlings, auferblüht leuchten«. Im ostsyrisch-chaldäischen Begräbnisritus wird auf den brennenden Dornbusch verwiesen (Becker/Ühlein, a.a.O. [Anm. 285] II 1101).
[1546] Albertus Magnus, Opera XXVI 238. Vgl. auch Faber Stapulensis 131v: Gottes *providentia* soll *in rebus sensibilibus & terrenis* betrachtet werden.

ausdrücklich ergänzt wird: οὐ φύσις φύσει παρετίθη (Severian 275) oder *per naturam hoc fieri non possit* (Petrus Lombardus 1685). Entsprechendes gilt erst recht für die Auferstehung. Bonaventura diskutiert, ob die Auferstehung *naturalis* oder *miraculosa* ist, wobei als Argument *für* ihre Natürlichkeit u.a. V 36 (und Hi 14,7) genannt wird, als Argument *dagegen* z.B., daß die Natur *corruptibile et mortale* ist und nur *ex similibus similia* hervorbringt[1547]. Vor allem wird auf den Schöpferwillen Gottes ebenso in der Natur wie bei der Auferstehung verwiesen: Es entsteht nichts anderes aus der Erde, als Gott *in initio* geschaffen hat, und entsprechend stehen auch keine anderen Leiber auf als die, die in die Gräber gelegt worden sind (Atto 404). Von allem Anfang an wird beachtet, daß es in V 38 heißt »er gibt« und nicht »er gab«[1548], was nach Hieronymus (768) zeigen soll, *a principio constitutionem Dei immutabilem permanere.*

Gewiß weiß auch die Alte Kirche um den möglichen Widerspruch gegen die von Paulus gezogenen Konsequenzen (vgl. Severian 275), doch tritt die Ambivalenz der Naturanalogien erst später stärker ans Licht. Einerseits heißt es auch in der Reformation: *Resurrectio mortuorum est depicta in omnibus creaturis,* korn, *arboribus*[1549], so daß die Auferstehung nicht schwer zu glauben wäre, wenn man den Wundern, die sich durch alle Gegenden der Welt unseren Augen aufdrängen, gebührende Aufmerksamkeit schenken würde[1550]. Entsprechend ist von einer *probatio* der Auferstehung die Rede[1551]. Andererseits aber können denjenigen, der nicht glaubt, auch die *similitudines* nicht bewegen, und nur dem, der glaubt und am Wort Gottes festhält, »dem ist *haec* gemeld, *ut* scharnitzel & *ut*

[1547] Opera IV 881. Thomas erklärt einerseits, daß die Auferstehung keine natürliche Sache ist, als ob irgendwelche *virtutes seminales activae* dafür verantwortlich wären, sondern Gott *activa causa solus* ist (419); andererseits aber soll keiner meinen, daß *naturales effectus ex sola Dei voluntate* hervorgehen, *absque operatione et proportione naturae,* weil aus dem Samen einer Olive eben nur eine Olive und aus einem Weizenkorn nur Weizen werden könne (420). Nach Cornelius a Lapide 343 haben nicht diejenigen Recht, die die Auferstehung *per vires naturae,* sondern diejenigen, die sie *super omnes naturae vires* für möglich halten.

[1548] Augustin, Ep. 205,17 (TKV 1, 216). An anderer Stelle fügt Augustin an V 26-38 an: *Sic ergo credamus uel, si possumus, etiam intelligamus usque nunc operari deum* (De Gen ad Litt. 5,20 [CSEL 28.3.3, 164]).

[1549] Luther, WA 36, 638; vgl. auch 645:

»*Deus pinxit resurrectionem mortuorum in tota creatura per mundum* durch *et* durch«; Maior 226r: *In satis & omnibus crescentibus e terra, proposita est a Deo imago resurrectionis mortuorum.*

[1550] Calvin, Inst. 3,25,4; vgl. auch den Kommentar 463: Paulus mache darauf aufmerksam, »wie die Auferstehung dem natürlichen Ablauf des Lebens so wenig widerspricht, daß vielmehr die Natur selbst sie uns täglich vor Augen stellt ... Es kommt also aus bösem Willen und Undankbarkeit, wenn man Gottes Allmacht nicht anerkennen will, die wir doch täglich vor Augen sehen«.

[1551] Vgl. Zwingli 185: *Probat exemplis quotidianis ... Videtis hoc quotidie fieri;* Bullinger 250 spricht von einer *probatio ab ipsa natura & experientia quotidiana & aptatur per similitudinem.* Ähnlich neuerdings auch J.D. Reaume, Another Look at 1Corinthians 15:29. »Baptized for the Dead«, BS 152 (1995) 457-475.

deste baß da bey fassen kan *et in cor* bild«[1552]. Spener (500) macht auf die Schwierigkeit aufmerksam, daß gelehrte Philosophen die Auferstehung zurückweisen, weil sie der *ratio* zu widersprechen scheint, beharrt aber mit Paulus darauf, daß wir *in natura hujus rei exemplum* haben[1553]. Das wird auch weiterhin durch mancherlei Beispiele zu veranschaulichen versucht[1554], wobei selbstverständlich überall vorausgesetzt wird, was Grotius (824) so formuliert: *Nam & opera naturae a Deo sunt qui naturam instituit*[1555]. Doch wird zugleich verstärkt die Inadäquatheit menschlicher Sprache und Beispiele empfunden[1556].

Zwar werden im Anschluß an V 36f auch in neuerer Zeit weitere Versu-

[1552] Luther, WA 36, 639f. Auch 636f ist es Luther wichtig, daß die *ratio* den Glauben nicht ersetzen kann: »Man sihet, *quod omnino nihil credis*. Du wilt rechen *secundum rationem et* synn. Das heisst ein nar. *Iudicare in dei rebus secundum* ists verlorn«; vgl. auch EA 51, 224: »Denn wer nicht gläuben will, noch sich läßt bewegen Gottes Wort, und das Exempel oder Erfahrung der angefangenen Auferstehung in Christo, dem predigt man auch wohl vergeblich durch Gleichniß und Bilde« (zitiert bei Schellong, GPM 30 [1976] 198 Anm. 2). Vgl. auch Calvin 463: »Unser natürlicher Verstand sieht darin etwas Unmögliches, ja Abgeschmacktes«. Nach Crell (346) hat das paulinische *exemplum* nur die Kraft der Illustration, nicht aber *probandi vim*, weil seiner Meinung nach auch in den Samen ein gewisser *spiritus*, den einige *vegetabilem* nennen, verborgen sei.

[1553] Spener 500 läßt sich freilich wie viele andere durch das Bild verführen zu erklären: *Omnia autem corrumpuntur in grano, excepto illo, in quo est principuum seminale, quae particula semper est minima, ut apparet in nucleo nucis* (Nuß), *quam parva sit portio germinans cum reliquo nuclei corpore comparata*. Vgl. auch Barths (109) Referat über Oetinger, der anhand unserer Stelle »eine ganze Naturphilosophie entwickelt von der Auferstehungskraft Gottes, die als unvergänglicher Keim, als das treibende lebende Wesen in jedem Ding schlummere, während alles andere Hülse sei«.

[1554] Vgl etwa J. Gotthelf: »Es war eben wieder ein schöner, freundlicher Frühlingstag, als der selige Hans Joggeli begraben werden sollte, so recht ein Tag zur Aussaat, ein Tag, welchen man als Pfand nehmen konnte, daß, was gesäet wird verweslich, auferstehen werde unverweslich ...« (Vin-

çon, Spuren 340). Zu den vielen oft gekünstelten Figuren und Gleichnissen in den Barockpredigten vgl. Dreher, a.a.O. (Anm. 285) 76-78, zur Aufklärungspredigt etwa das Beispiel von J. Haberkorn: »Urteile selbst, ob diese Auferstehung nicht gewissermaßen *notwendig* sei. Kann man sich wohl überreden, daß die göttliche Vorsehung eine größere Sorge für die Pflanzen als für die Menschen trage ...? Wie erneuert er täglich die Natur und gibt Gott sozusagen neues Leben! Und den Menschen, um dessentwillen er alles erschaffen hat, diese wird er im Staub der Erde lassen?« (zitiert bei Dreher 131 [kursiv im Original gesperrt]).

[1555] Vgl. auch v. Mosheim 722: »Thut dieses die Allmacht Gottes, die durch die Gesetze der Natur wirket, bey dem Saamen, warum sollte sie dieses nicht ebenfalls bey den Leibern der Menschen thun können?«; nach 723 soll das göttliche Geben »mittelbar, durch die weisen Gesetze, die er der Natur fürgeschrieben« hat, geschehen. Vgl. auch Semler 437.

[1556] Vgl. Ritschl: »So entschieden nun die subjektive Gewißheit dieses Ziels (sc. des ewigen Lebens) in dem Gefühle von dem Werte unseres christlich ausgebildeten Lebens ist, so undeutlich bleiben notwendig die besonderen Anschauungen von dessen Herbeiführungen und jenseitiger Ausgestaltung, weil unsere gegenwärtige Erfahrung nicht daran reicht. Deshalb haben alle im N. T. dargebotenen Formen der Vorstellung von den letzten Dingen eine symbolische Bedeutung, und auch diejenigen Beziehungen, welche als Schemata der religiösen Hoffnung anerkannt werden müssen (dazu zählt Ritschl auch 1Kor 15,35ff), lassen sich nicht mit einem direkt anschaulichen Inhalte ausfüllen« (Unterricht 64f).

che einer Analogisierung unternommen, etwa mit dem beliebten und wegen der evidenten Andersartigkeit der jeweiligen Stadien offenbar besonders einleuchtenden Beispiel der Verwandlung einer Raupe in einen Schmetterling[1557] oder mit dem der menschlichen Befruchtung[1558] (auch bei diesen Illustrationen wird das mögliche Mißverständnis einer organischen Entwicklung nicht immer gebührend beachtet[1559]), oder es heißt allgemein: Paulus wolle zeigen, »wie die Leiblichkeit durchaus mit der Geistigkeit vereinbar ist«, indem er eine »*geistige Leiblichkeit* postuliert, die durch eine Verwandlung, ein Sterben zustande kommt, wie es in der ganzen Natur auftritt und auch der Entwicklung von Adam zu Christus entspricht«[1560]. Doch selbst wenn statt der früher beliebten Naturanalogien heute oft die Geschichte bemüht wird, ist man gegenüber der Beweiskraft solcher Analogisierung des Auferstehungswunders meist eher zurückhaltend und bezweifelt, daß diese Analogien noch ihren Zweck erfüllen[1561]. Speziell das von Paulus herangezogene Exempel stößt zunehmend eher auf Kritik: »Läßt sich von dem Naturvorgang her die Realität des Sterbens und das Wunder der Auferstehung begreifen? Offenbar nicht. Schon gar nicht, wenn man, wie es uns geläufig ist, den Naturvorgang als eine organische Entwicklung versteht. Diese moderne Idee ist

---

[1557] »Die Verwandlung, die mit einer Raupe, die ja nur auf dem Boden kriechen kann, im Puppenstadium vor sich geht, aus der sie nachher als Schmetterling hervorgeht, der mit wundervollen farbenprächtigen Flügeln sich in die Luft emporschwingt, ist in der Tat ein besonders eindrückliches Beispiel für die totale Umwandlung, von der Paulus hier redet. Hier gilt der Satz natura spirat resurrectionem« (Heim, a.a.O. [Anm. 285] 180). Vgl. dazu aber den Spott Voltaires: »Der Pater Malebranche beweist die Auferstehung an den Raupen, die zu Schmetterlingen werden. Wie man sieht, wiegt dieser Beweis so schwer wie die Flügel der Insekten, von denen er ausgeborgt ist« (Kritische und satirische Schriften, Darmstadt 1984, 576; 576f auch andere Beispiele).
[1558] Heim, a.a.O. (Anm. 285) 182: Nach dem, was Paulus in V 35ff schreibe, sei »die Auferstehung Christi keineswegs undenkbarer und unglaubhafter als das, was Gott in der Natur tagtäglich vor unseren Augen tut. Sooft aus der Vereinigung der männlichen Samenzelle mit der weiblichen Eizelle ein neuer Organismus hervorwächst, geschieht dabei eine Verwandlung, die dem Biologen zwar etwas Alltägliches ist und die doch für unser Begreifen völlig unverständlich bleibt ... Wenn Gott schon innerhalb der vergänglichen Welt solche Wunder der

Verwandlung täglich geschehen läßt, wieviel mehr dürfen wir mit seiner Allmacht rechnen, wenn es gilt, seine Kinder aus der Gefangenschaft der vergänglichen Welt zu erlösen und zur ›herrlichen Freiheit der Gottessöhne‹ (Röm. 8,21) zu führen«.
[1559] Vgl. M. Wheeler, Death and the Future Life in Victorian Literature and Theology, Cambridge 1990, 52: »Joseph Butler, in the *Analogy of Religion* (1896), cites not only the dramatic transformations which occur in the crystalis, but also the scarcely discernible changes which are continually taking place in trees and in human body tissue«; vgl. auch 59.
[1560] Ragaz, Bibel 106f
[1561] Vgl. Josuttis, a.a.O. (Anm. 285) 104: »Ostern sagt dann, daß ein Neubeginn möglich ist, daß Herrschaft beendet werden kann, daß der Mensch zum Leben in Freiheit bestimmt ist. Ostern als Frühlingsfest oder als Fanfare der Revolution – in beiden Fällen versucht man, das Unmögliche und Unwahrscheinliche mit dem Bereich des Möglichen und Wahrscheinlichen, mit dem Bereich des Erfahrbaren und Vorstellbaren zu verbinden«; Josuttis nennt solche Versuche »aller Ehren wert«, spricht jedoch zugleich die Gefahr an: »Das Besondere geht auf oder unter in ein allgemeines Prinzip, weil es durch die Reduktion auf eine allgemeine Wahrheit keines Glaubens mehr wert ist«.

freilich dem Paulus wie dem Denken der Bibel fremd. Sie sehen dort, wo wir die Kontinuität der Entwicklung beobachten, das kontingente, souveräne Wunder Gottes (Mt. 13,31f; Joh. 12,24)«[1562]. Zwar soll »gerade unsere Erweiterung der Naturerkenntnis ... bei allem Drang, die Natur zu manipulieren, auch das Staunen vermehrt« haben, zugleich aber der Analogiecharakter »insofern verschwunden« sein, »als wir nicht mehr gewohnt sind, dort Gottes wunderbare Kraft anzunehmen, wo die immanente Erklärung das Normale und Herrschende geworden ist«[1563]. Andererseits aber wird daran festgehalten, daß Schöpfung und Eschatologie nicht auseinandergerissen werden dürfen[1564] und von »Analogien und *Gleichnisse(n)* des *kommenden Reiches der Freiheit*« zu sprechen ist[1565]. Gerade weil man sich nicht mit einem rein privativen Reden, einem bloß formalen Daß oder *totaliter aliter* begnügen will[1566], wird angesichts der üblichen Sprachlosigkeit, aber vor allem angesichts der Polemik gegen alle vorstellungsmäßige Veranschaulichung und angesichts des Beharrens allein auf der Unangemessenheit und den Grenzen aller Begriffe, Vorstellungen und Bilder neuerdings wieder stärker auf die »Hilfe symbolischen Sprachmaterials« verwiesen und empfohlen: »Wir sollten Bilder der

[1562] Bornkamm, GPM 8 (1953/54) 110; vgl. auch Kreck, Zukunft 172f (es gehe Paulus um etwas anderes als um einen »Wandel der Erscheinungsform bei gleichbleibendem Subjekt«; er wolle vielmehr »gerade die nichtanschauliche Identität von Korn und Halm herausstellen«); Hahn, GPM 18 (1963/64) 156f; G. Voigt, Der zerrissene Vorhang, Göttingen 1969, 190 (»Das Samenkorn stirbt ja gar nicht; das Keimen und Wachsen ist vielmehr ein kräftiger Lebensvorgang«) und die oben Anm. 1382 Genannten.
[1563] Schellong, GPM 30 (1976) 199, nach dem vor allem Barth diese Analogien besonders ernstgenommen hat, »weil wir nur über Analogien von Gott sprechen und Gott von uns selbst unterscheiden können«. Im Kommentar bei Barth 117 heißt es über den nur als »das absolute Wunder« zu verstehenden geistlichen Leib: »Kein Weg führt *dahin*, auch kein erkenntnistheoretischer, geschweige denn ein empirischer Weg. Nur Analogien, Gleichnisse kann die Natur bieten, nur Raum schaffen für die Wahrheit der Auferstehung kann denkende Betrachtung der Natur«.
[1564] »Verblaßt das Wissen um den *Schöpfer*, so verblaßt auch die *Eschatologie*« (G. Eichholz, Gleichnisse des Evangeliums, Neukirchen-Vluyn 1971, 77; zitiert bei B. Klappert, huf 4/1 [1975] 247f).
[1565] Klappert, ebd. 248; vgl. auch Wend-

land 153: »Diese Schöpfungswirklichkeit ist Gleichnis und Vorspiel der Erlösungswirklichkeit«. Nach Vollenweider (Lit. zu Kap. 15) 49f lassen sich die Ordnungen der Schöpfung »auch, gewissermaßen im Gegenzug zu ihrer inhärenten apologetischen Interpretation, interpretieren als *Relecture* der Welt im Licht des Evangeliums, als Wiedererkennen des Geglaubten im weiten Feld der Erfahrungswirklichkeit, mithin als Beispiel einer österlichen Schöpfungstheologie«.
[1566] Vgl. Küng, Leben 142: »Wie muß man sich die Auferstehung *vorstellen*? Antwort: überhaupt nicht!«; vgl. auch 143 den Hinweis auf das *totaliter aliter*; vgl. aber 277, wo gegenüber der Intellektualisierung auf die Chance »einprägsamer irdisch-menschlicher *Bilder*« aufmerksam gemacht wird. Richtig an der Reserve gegenüber allen Vorstellungen ist natürlich die Abwehr der Einbildung, daß »die Auferstehung als die Fortsetzung oder Wiederherstellung des irdischen Lebens und unserer körperlichen Existenz-Form gedacht werden dürfte; als ob durch den Tod nur etwas unterbrochen wäre, so etwa, wie wenn ein Eisenbahnzug durch einen Tunnel fährt, aber auf der anderen Seite des Berges als der gleiche Eisenbahnzug wieder herauskommt« (W. Stählin, Das Angebot der Freiheit, Bd. 1, Stuttgart 1970, 253).

Hoffnung malen, aber an keiner Stelle verhehlen, daß es nur Bilder sind«[1567].

2.   Das Gleichnis vom Samenkorn wird oft detaillierter als bei Paulus ausgemalt, wofür als Beispiel Petrus Chrysologus diene: »Gehe beim Samenkorn in die Schule, wie der Apostel dich lehrt! Betrachte das Weizenkorn, das ohne Empfindung, ohne Bewegung ganz vertrocknet ist: ziehe eine Furche, grabe die Erde auf, bilde eine Grube, begrabe darin das Weizenkorn und dann sieh, wie es im Tode untergeht, wie es durch die Feuchtigkeit anschwillt, wie es in Fäulnis übergeht. Ist es nun so weit gekommen, daß Verzweiflung und Unglauben es dir als Verwesung einzureden versuchen, dann lebt es plötzlich im Keim wieder auf, wächst im Kraut heran, erstarkt im Halm, reift in der Frucht und erhebt sich zu jener vollen Schönheit und Gestalt, die du schon als untergegangen beklagtest!«[1568]

Bei der Anwendung des Gleichnisses wird zwar auch festgehalten, daß allein Gott und sein Wort und nicht unsere Natur die Auferstehung zu bewirken vermag[1569], überwiegend aber dreht sich die Diskussion um die Selbigkeit oder Verschiedenheit des Auferstehungsleibes. Dabei wird meist der Zusammenhang zwischen Saatkorn und Pflanze aufgegriffen, insbesondere aber ganz unpaulinisch auf der Auferstehung des »Fleisches« insistiert (vgl. dazu die Auslegungs- und Wirkungsgeschichte zu V 50). Schon Tertullian kritisiert mit unserer Stelle die Verwerfung der *resurrectio carnis* bei Marcion, der nur der Seele Heil verheiße[1570], wobei die Unsterblichkeit der Seele aber selbstverständlich auch von ihm selbst wie von fast ausnahmslos allen anderen vorausgesetzt wird[1571], auch in

---

[1567]   So Josuttis, a.a.O. (Anm. 285) 106f; zitiert auch von H. Schröer, Predigtstudien IV 2 (1976) 29, der hinzufügt: »Es geht um die Hoffnungserfahrungen, Verwandlungserfahrungen, die in solchen Bildern allein aufbewahrt sind«; vgl. auch Josuttis, a.a.O. 105 (»Der Verzicht auf die vorstellungsmäßige Ausmalung der Osterbotschaft ist eine Kapitulation vor der Wirklichkeit des Todes im Raum der Sprache«. Vgl. schon Kreck, Zukunft 100.174f und auch oben Anm. 1128.

[1568]   Serm. 51 (TKV 4, 492); vgl. auch die poetische Form im Carmen De Res. 121-125 (Flor. Patr. Suppl. 1 [1937] 70f); z.T. begegnen auch ausführliche quasi naturwissenschaftliche Erklärungen, wie aus dem Samen Halme und Ähren werden, z.B. bei Gregor v. Nyssa, Or. Paschalis 3 (BKV¹, 2. Bd., 358f).

[1569]   So Irenaeus, Haer. 5,2,3 (BKV 4, 157).

[1570]   Marc. 5,10,3 (CChr 1, 692); vgl. dazu Altermath* 138f; nach Res. 17,22-5 (CChr 2, 941) ist die Seele zwar eine *anima corporalis* (auch nach anderen wie z.B. Methodi-

us, De Res. 3,18 [GCS 27, 415] ist die Seele nicht ohne eine Form von Leib; Exc. ex Theod. 14,2: ἀλλὰ καὶ ψυχὴ σῶμα [GCS 17,111]) und vermag *sentire et passi*, doch *ad agendum* reichen ihre Kräfte nicht aus, und auch im Leiden bedarf sie der *societas carnis* (gegen Marcion auch Epiphanius, Haer. 42,5 [GCS 31, 100f]); ganz massiv können von Tertullian, Res. 42,8 (CChr 2, 977) die die Verwesung überdauernden Gebeine und Zähne als Samenkörner für die Auferstehung der dann wieder erblühenden Leiber bezeichnet werden.

[1571]   Vgl. z.B. Res. 2,12 (CChr 2, 923): Danach bedarf es über das Heil der Seele keiner Behandlung, denn fast alle Häretiker lassen sie in irgendeiner Weise gelten oder leugnen sie doch nicht; vgl. auch De Res. 53,3f (CChr 2, 998) und außer oben Anm. 657-661 und unten Anm. 1576.2044-2049 weiter Origenes, Princ. 4,4,9f (TzF 24, 812-820); Johannes Damascenus, De Orth. Fid. 4,27 (BKV 44, 261): »Definiert man den Tod als eine Trennung der Seele vom Leibe, so ist Auferstehung sicherlich eine Wieder-

späterer Zeit[1572], so daß sich die Vollendung, wenn der Mensch nicht »halbiert« bleiben soll, allein auf die Auferstehung des Leibes bezieht. Entsprechend sieht man in dem verwesenden Weizenkorn nichts anderes als den irdischen Körper bzw. die Sarx, also weder Seele noch Geist[1573]. Oft wird die Notwendigkeit des vorangehenden Todes unterstrichen, etwa bei Didymus (9) oder Gregor v. Nyssa, der von einem δόγμα der Kirche spricht, ὅτι χρὴ θάνατον τῆς ζωῆς καθηγησάσθαι (vorangehen)[1574]. Bei anderen wird die Radikalität des Todes aber auch abgeschwächt, so etwa bei Zeno v. Verona: Das in die Erde gesenkte Samenkorn erfährt »den Tod nicht bis aufs Mark, sondern es läßt seine Zeugungskraft in den Keim ausströmen; und indem es die Hülle des früheren Körpers sprengt oder vielmehr auf die Ansprüche einer besseren Natur überträgt, erhebt es sein fruchtbares Haupt, geschmückt mit grünenden Ähren«[1575]. In jedem Fall aber wird die Selbigkeit des gesäten und wiederauflebenden Kornes unterstrichen, d.h. aus der Analogie ergebe sich, *non aliam uiuificari carnem quam ipsam, quae erit mortua*[1576]. Methodius sieht Origenes im Irr-

---

verbindung von Seele und Leib ...«; ähnlich schon Gregor v. Nyssa (Or. Cat. 16 [PG 45, 52] u.ö.; vgl. Altermath* 188f); Augustin (Civ. D. 13,23 [BKV 16, 285]; vgl. Greshake* [Resurrectio] 213.288f, aber auch grundsätzlich 280-284) u.a.; vgl. auch oben Anm. 869; nach Origenes, Princ. Praef. 1,5 (TzF 24, 91) wird gelehrt, daß jede Seele eigene *substantia* und eigenes Leben hat und nach ihren Verdiensten belohnt wird, wenn sie aus der Welt geschieden ist, aber auch eine Zeit der Auferstehung sein wird, wenn der jetzt in Verweslichkeit gesäte Leib in Unverweslichkeit auferweckt wird (vgl. auch KThQ 1, 79). Der Gnostiker Herakleon hält die Seele mit Verweis auf V 53f nicht für unsterblich, sondern nur für fähig, gerettet zu werden (Origenes, In Joh 13,60 [GCS 10, 291f]).
[1572] Vgl. das 5. Laterankonzil, das die Lehre verwirft, die vernunftbegabte Seele sei sterblich (Denzinger/Hünermann, Enchiridion, Nr. 1440, S. 482f). Nach Kessler, a.a.O. (Anm. 285; Auferstehung) 82-86 hat Thomas die platonisch-dualistische Sicht zweier selbständiger Substanzen durch eine einheitliche Anthropologie überwunden; vgl. zu Thomas auch Greshake* (Resurrectio) 223-236. Zum Verhältnis der Seligkeit der Seele unmittelbar nach dem Tod und der Auferstehungshoffnung in der Scholastik vgl. Greshake (Naherwartung) 91-97 und (Resurrectio) 216-222; Vorgrimler, Hoffnung 145-151.
[1573] Irenaeus, Haer. 5,7,1f (SC 153, 88-90); vgl. dazu Altermath* 85f; Noormann,

Irenaeus 287f. Nach 5,31,2 (SC 153, 394f) bleiben die Seelen wie der Herr selbst vor seiner Auferstehung aber zunächst in der Unterwelt, um dann ihren Leib zurückzuerhalten und zur Anschauung Gottes zu gelangen.
[1574] In Cant 12 (Opera VI 345); Amphilochius v. Ikonium zitiert wie andere Joh 12,24 (Contra Haer. 28 [CChr.SG 3, 214]). Augustin erörtert das Verhältnis von V 36 zu V 51 und beruft sich auf diejenigen Handschriften, nach denen *alle* auferstehen (vgl. zu V 51): Also gibt es »keine Auferstehung ohne vorhergegangenen Tod« (Ep. 16 [193] 4,9f [BKV 30, 191f]); das Verhältnis zu 1Thess 4, 13ff wird so entschärft, daß auch die Entrückten »während der Entrückung ihren sterblichen Leib ablegen«, also, »wenn auch auf noch so kleine Weile, doch aber wirklich gestorben sind« (Civ. D. 20,20 [BKV 28, 316]). Im ostsyrisch-chaldäischen Begräbnisritus kann es im Anschluß an V 36 sogar heißen: »Von jetzt an ist der Tod der Führer(,) und er zeigt den Weg zum Königreich« (Becker/Ühlein, a.a.O. [Anm. 285] II 1095).
[1575] Tract. 16,10 (BKV 2. R. 10, 196f). Vgl. später auch Cajetan 84v: Unser Sterben ist kein *mori nobisipsis totaliter*, sondern ein Sterben wie das des Samens.
[1576] Tertullian, Res. 52,2 (CChr 2, 995); vgl. 52,10 (ebd. 996): Die *caro* kehre *non alia, etsi aliter* zurück; nach 52,4 bleibt das Korn auch als aufgelöstes noch dasselbe, und nach 52,7 wird zum nackten Korn bzw. Leib etwas hinzugefügt (*superstruitur*),

tum, wenn der meine, das Korn gehe in einen anderen Leib über und die Beschaffenheit verändere sich »gemäß der Verwesung und durch das Wachsen«, als ob »ein großer Unterschied sei zwischen Korn und Ähre, sowohl nach Gestalt wie nach Größe und nach Schmuck«; in Wahrheit aber werde vom selben Korn ein eben solches geboren, das »nach allem das gleiche ist, an Größe und allen Eigentümlichkeiten«[1577]. Auch andere markieren stark die Identität des auferweckten mit dem irdischen Leib[1578], oft unterstützt mit Verweis auf die Osterberichte, nach denen der ins Grab gelegte Jesus mit demselben Leib auferstanden sei[1579]. Der »eigene« (V 38) Leib wird ausdrücklich als *non alienum* charakterisiert[1580], ja die vollkommene Identität kann geradezu massiv veranschaulicht werden, so daß 3Kor 3,26-32 im Anschluß an V 37 auch die Jonageschichte zitiert wird, wonach bei dem aus dem Walfisch geretteten Jona »weder ein Haar noch ein Augenlid« verdorben war[1581].

Die Selbigkeit des Auferstehungsleibes oder auch -fleisches soll aber in Abgrenzung von einer bloßen Reanimation des alten Leibes zugleich eine Differenz und Verwandlung implizieren. Wenn die Toten auferstehen, »wird das, was nichts ist, zu etwas, entsprechend seinem ersten Zustand,

---

wodurch das Korn aber nicht ausgelöscht, sondern gemehrt (*augetur*) wird (ebd. 996); was aber gemehrt wird, das wird erhalten, so daß die Auferstehung dieselbe Substanz zurückruft (52,16 [ebd. 997]: *ad eandem substantiam reuocans*). Vgl. auch Cyrill 904 (εἰς τήνδε τὴν σάρκα τὴν ἀνάστασιν) und später Bruno 210 (*in identitate seminum singula grana resurgunt,*was entsprechend auch für die Auferstehung gelte, *non amissae substantiae*).

[1577] Res. 3,10,4 (GCS 27, 405) und 3,10,6; (ebd. 406). In 1,53,2-4 (ebd. 308-310) wird dann aber doch eine gewisse Differenz und Vervollkommnung angenommen; vgl. auch 3,16,5 (ebd. 442), unten Anm. 1649 und Altermath* 126f.129; Greshake* (Resurrectio) 204-207.

[1578] Im Glaubensbekenntnis des Phoebadius v. Aginnum heißt es: *Exspectamus ... resuscitandos nos ab eo* (sc. Christo) *in his corporibus et in eadem carne, quae nunc sumus* (Hahn, Bibliothek 260); ähnlich das Symbol des Johannes v. Jerusalem: *Sicut ipse in illo corpore, quod apud nos in sancto sepulchro conditum, resurrexit, ita et nos in ipsis corporibus, quibus nunc circumdamur et in quibus nunc sepelimur, eadem ratione et visione speramus resurgere* (ebd. 296).

[1579] Epiphanius, Anc. 90 (GCS 25, 111); vgl. auch Chrysostomus 356; Cyrill 904;

Methodius, Res. 3,12,3f (GCS 27, 408) polemisiert auch hier gegen Origenes, der behaupten soll, daß Christus den Aposteln nicht mit jenem Leib erschienen sei, mit dem er der Welt erschienen und von der Jungfrau geboren ist, sondern mit einem anderen, der in den ersteren nur dem Schein nach verwandelt worden sei.

[1580] Hieronymus 768; Pelagius 222; Primasius 551; Sedulius Scotus 160; Johannes Damascenus 697. Im ostsyrisch-chaldäischen Begräbnisritus wird dagegen anders akzentuiert: »Jeden Sprößling kleidet Gott mit eigener Pracht« (Becker/Ühlein, a.a.O. [Anm. 285] II 1081).

[1581] ActPl 8 (Schneemelcher, Apokryphen ⁶II 233; vgl. dazu Lona* 163f). Tertullian folgert Ähnliches aus Mt 10,29-31: Nichts geht verloren, nicht einmal ein Haar, ein Auge oder ein Zahn (Res. 35,10f [CChr 2, 967f]); 57f (ebd. 1004-1007) wird die Unversehrtheit der auferweckten Leiber so konkretisiert: keine Blinde, Lahme usw.; keine Verletzungen der Seele und des Leibes u.ä.; vgl. schon die Apologeten, z.B. Athenagoras, Res. Mat. 4-6 (BKV 12, 332-336), allerdings ohne Bezug auf 1Kor 15. Vgl. auch unten Anm. 1646. Zu »material continuity and reassemblance«« bei der Deutung der Saatmetapher vgl. Bynum, a.a.O. (Anm. 285) 8.11 u.ö.

und dem Zustand wird eine Verwandlung zugefügt«[1582]. Nach Augustin werden alle Glaubenden »in dem nämlichen Leib (den sie auf Erden hatten) so auferstehen, daß sie zugleich zur Unverweslichkeit der Engel umgewandelt zu werden verdienen«[1583]. Üblicherweise wird die Verwandlung als eine radikale Verbesserung interpretiert: Es wird zwar nicht eine andere οὐσία auferweckt als die gesäte, wohl aber dieselbe βελτίων, neu an Gestalt und Schönheit (Chrysostomus 356). Auch nach Theodoret (364) wird der Leib μετὰ δόξης δὲ πλείονος auferweckt, so wie das Korn nackt gesät wird, aber mit prächtigen Kleidern ersprießt[1584]. Ähnlich heißt es bei vielen anderen: *In resurrectione non debilitatis vitium, sed integritatem reparari naturae*[1585]. Von daher ist es z.T. auch zu verstehen, daß bisweilen stärker die Differenz und Unterschiedlichkeit herausgestellt wird, z.B. bei Theodor v. Mopsuestia (194): Οὐδὲ αὐτὸ φύεται ἀλλὰ γένεσις ἑτέρῳ γίνεται[1586]. Auch Didymus (9) ist der Meinung: ἕτερόν ἐστι τὸ ἐγειρόμενον σῶμα παρ᾿ ὃ ἔσπειρας. Am weitesten geht Origenes, der sich gegen den Spott des Celsus über die Lehre von der Auferstehung des Fleisches wendet[1587] und erklärt, von der Kirche werde nicht behauptet, daß die Gestorbenen αὐταῖς σάρξι ohne jede Verwandlung in einen besseren Zustand kommen[1588]. Die Dialektik von Identität und Nicht-

[1582] Aphrahat, Unterweisung 8,2 (Fontes 5.1, 237) mit folgendem Zitat von V 36-38. Basilius v. Caesarea belegt mit V 34-36 + 42-44, daß die ἰδιώματα dieses Äons nach der Auferstehung nicht zu erwarten sind (Reg. Mor. 68; [PG 31, 805]).

[1583] De Cat. Rud. 27,54 (BKV 49, 307), wo dann fortgefahren wird: »Sie sollen dann nach der Verheißung des Herrn selbst den Engeln gleich sein und ihn selbst ohne Unterlaß und ohne Überdruß loben in ewigem Leben, in und aus ihm und in so großer Freude und Seligkeit, daß kein Mensch sie aussprechen oder erdenken kann«; vgl. auch Ep. 19 (205) 10 (BKV 30, 245).

[1584] Vgl. ferner Gregor v. Nyssa: einerseits vollkommene Identität (Opera IX 259), andererseits hinzugefügte Größe und Schönheit (De An. et Res. [PG 46, 153]); Oecumenius 881 (τὸ αὐτὸ σῶμα ... τῆς αὐτῆς οὐσίας, aber εὐπρεπέστερον und πνευματικώτερον); Theophylakt 772 (dieselbe οὐσία, aber leuchtender und geschmückter; die Häretiker sollen zwar sagen, daß nicht τὸ αὐτό, sondern ein ἕτερον σῶμα erwartet wird, aber so wie auch die Ähre stattlicher und schöner ersteht, so auch der Leib). Auch nach Photius 579 bekommen die Auferweckten einen ausgezeichneteren und schöneren Leib. Das bedeutet z.B. konkret, daß der auferweckte Leib *nullo omnino vel membro amputato*

vel aliqua corporis parte deserta sein wird (Glaubensbekenntnis des Bachiarius [Hahn, Bibliothek 288]) oder »ohne Corruptibilität« (Symbol des Johannes v. Jerusalem [ebd. 298]).

[1585] Hieronymus 768; Pelagius 221; Primasius 551; vgl. auch Hieronymus 768 (*in gloria resurgit cum augmento*); Primasius 551 (der Same erwächst *fecundior* und so *corpus coruptibile in gloriae resurget augmentum*); Walafrid 548 (*quod seminas, melius surgit ... reformabit corpora nostra antiqua*). Vgl. auch unten Anm. 2041.

[1586] Vgl. auch 195: Das Glas besteht aus Sand und ist doch nicht Sand, sondern etwas anderes als das, woraus es geworden ist (ἕτερόν τι παρ᾿ ἐκεῖνο ἀφ᾿ οὗ γέγονεν); ähnlich bei Ähre und Korn.

[1587] Cels. 5,18 (SC 147, 58). Vgl. auch Kelsos/Celsus, Wahres Wort, hg. v. Th. Keim, Zürich 1873 (Nachdruck Aalen 1969), 166: »Steht man mit Körper auf oder ohne Körper? und mit welchem Körper? mit altem, mit neuem? ...« usw.; vgl. weiter H. Chadwick, Origen, Celsus and the Resurrection of the Body, HThR 41 (1948) 85-102.

[1588] Cels. 5,22f (ebd. 68) wird bestritten, daß der zerstörte Leib wieder zu seiner ursprünglichen Beschaffenheit (εἰς τὴν ἐξ ἀρχῆς φύσιν) zurückkehrt, weil das Gesäte nicht lebendig wird, wenn es nicht gestor-

Identität wird von Chrysostomus (357) kurz und knapp so charakterisiert: αὐτὸς καὶ οὐκ αὐτός, und zwar derselbe Leib, weil von derselben οὐσία, nicht derselbe, weil neu und besser. Der Skopus wird aber fast überall wie bei Haymo (600) bestimmt: Wie Gott durch seine Macht ein reines, nacktes Korn in Halmen, Ähren und Korn wieder zum Leben erwecken kann, so ebenso die Leiber. Rufinus fragt deshalb nach Zitat von V 36ff, warum man die göttliche Macht so gering einschätzt, nicht zu glauben, daß sie den verstreuten Staub des Leibes wieder zusammenbringen kann[1589].

Die Metapher vom Samenkorn erfreut sich auch in der Reformation großer Beliebtheit. Nach Luther redet die Schrift davon, »das sie (sc. die Toten) schlaffen und das sie Gottes Kŏrnlin und Pflantzen sind, die er geseet und gepflantzet hat, das sie wider auff gehen und erfŭr wachssen sollen auff den lieben Sommer wie ein weitzen kŏrnlin oder der andern eins, welches nicht ehe aus der erden herfŭr kompt und bringet vielfeltige frŭchte, es sterbe und verfaule denn zuvor«[1590]. Dabei wird auch hier Identität und Nichtidentität gleichzeitig betont: »*Amittit formam et tamen non, amittit formam quidem, sed alia res* wird draus«[1591]. Nach Bullinger (250) ist nicht irgendein *nouum uel alienum corpus* zu erwarten: *Non ait, aliud, sed suum cuique datur corpus*[1592]. Dabei wird aber auch hier am Plus des Auferstehungsleibes kein Zweifel gelassen: »*Non ideo, ut pereat, sed plus, maius* und schoner, *et tutior de* korn *crescendo quam de eo, quod iacit*«[1593]. Der, *qui ex nihil fecit omnia*, kann auch den irdischen Leib »*pulchrior et* herlicher« machen[1594]. Damit wird zugleich die Frage von V 35 nach dem *quomodo* relativiert: *Quomodo et quale corpus, illi* (sc. *Deo*) *relinquendum*[1595]. Auch in der Folgezeit variieren die

ben ist, und nicht *der* Leib, der gesät wird, wieder lebendig wird. In Princ. 2,10,3 wendet sich Origenes gegen »eine sehr triviale und niedrige Vorstellung von der Auferstehung des Leibes«, weil der natürliche Leib verwandelt und »zum geistlichen« werden wird, und er schließt aus V 36-38 auf eine »gestaltende Kraft« (*ratio*), die »die körperliche Substanz zusammenhält« und auch den gestorbenen Leib auf Gottes Wort hin aufrichten und zu einem Leib wiederherstellen wird, ebenso wie beim Korn (TzF 24, 424-427). Vgl. zur Exegese von V 36-38 bei Irenaeus Altermath* 105-108.

[1589]   Comm. in Symb. 42 (PL 21, 379).
[1590]   WA 17.1, 212; vgl. auch WA 36, 637f.
[1591]   WA 36, 638; vgl. auch 648: »*Hoc corpus* sol in ein ander wesen geraten«.
[1592]   Bullinger 250 schließt sich Tertullian an: *Nec exterminatur illud cui superstruitur, sed augetur.* Im übrigen ist auch hier eine positive Sicht der Unsterblichkeit der Seele eingeschlossen; vgl. Calvin, Inst. 1,15,2; 2,25,6 (vgl. Quistorp, a.a.O. [Anm.

285] 50-96 und Beißer, Hoffnung 102-108); Luther, WA 39.2, 386; 42, 63.65 (vgl. Beißer, Hoffnung 65f); vgl. auch sein bekanntes Lied »Vater unser im Himmelreich« (EG 344,8): »Bescher uns auch ein seligs End / Nimm unsre Seel in deine Händ«. Zur Spannung der Vorstellung vom Todesschlaf und der Unsterblichkeit der Seele bei Luther vgl. Greshake* (Resurrectio) 244-246 mit Lit.
[1593]   Luther, WA 36, 641. Vgl. auch 635: »*Dei* geschepff *manebit, omnia membra, oculi. Sed opera & manus, oculi* werden etwas ander zuthun kriegen, *non dormient*, schwitzen, rotzen, *mulier etiam &*«; vgl. auch 648: Zu diesem Leben gehört *panis, tunica, pecunia*, kind, vihe *et omnia*.
[1594]   Luther, WA 36, 650; vgl. auch Maior 226v: *Habent praestantiora corpora & iucundiorem formam quam antea.*
[1595]   Luther, WA 36, 639; vgl. immerhin 632: »So viel *mortui* in 10, 1000, 5000, was, *quantus numerus?*«, worauf Luther mit Mt 22,30 antwortet (634); vgl. auch Spangen-

Aussagen nur spärlich. Nach Lavater ist davon zu reden, daß »der verwandelte Leib eben derselbe seyn könne, wenn er gleich von demjenigen, den wir mit uns während unsers ersten Lebens auf Erden herumgetragen, unendlich verschieden ist«, so daß »keine andere Identität als die des Staminis (Faden)« besteht[1596]. Da die Unsterblichkeit der Seele auch hier überall vorauszusetzen ist, wird die Auferstehung entsprechend als Komplement bzw. als Wiedervereinigung von Leib und Seele verstanden[1597], auch wenn seit der Aufklärung und der idealistischen Philosophie oft nur die Hoffnung auf eine Unsterblichkeit der Seele übrigblieb[1598].

bergs Katechismus von 1541: »Wie ists doch müglich, das eben der leib, der so mancherlay wayse umbkompt, soll wider auffsteen? Ainer ist zu äschen verbrannt, den andern haben die Vögel abgefressen, den dritten hat die würme verzert, Ich kans nicht glauben – wie will ers newe machen?« (Reu, Quellen I 2, 327). Semler 438 erinnert noch einmal an die von der Alten Kirche erwähnte Versicherung (vgl. z.B. Tertullian, Res. 32 [CChr 2, 961f]), auch mit Verweis auf Offb 20,13, daß auch die Nichtbegrabenen, die von wilden Tieren Verschlungenen u.ä. eingeschlossen sind. Wesley erwähnt später, daß Menschen vom Feuer verbrannt werden, mit deren Asche das gedüngt wird, was dann wieder zur Speise von Menschen wird usw. (Works XI 100); Gott aber sei es möglich, »to keep and preserve unmixed, from all other bodies, the particular dust into which our several bodies are dissolved« (103).

[1596] Werke I 132; vgl. auch 133: Mit dem Korn seien »tausend Veränderungen vorgegangen«, wovon man in der Frucht und im Baum nichts mehr sehe, doch habe das Korn »in seiner innern Einrichtung den Grund von dem Wachsthum und der Gestalt des Baumes«. Anders Oetinger in seiner Auslegung der Verse: »Das Sterben ist nur eine Abscheidung der Dinge, die das Leben verdecken, ein Ablegen der groben Hülse; das treibende, Lebende Wesen bleibt allezeit. Dies ist es, was die Stäublein in die Form, die Blume in die Figur bringt. Das kann ich aus einem chemischen Experiment mit Melissenöl beweisen. Die irdische Hülse bleibt in der Retorte, das bildende Öl geht als ein Geist über mit völliger Form ohne Materie« (zitiert bei Ruprecht, Tod, Bd. 1, 347).

[1597] Vgl. auch Osterpredigten aus der Aufklärungszeit, z.B die von N. Fahrlender (»Es muß eine Zeit kommen, wie uns der Apostel Paulus lehrt, in der sich diese Lei-

ber und die Glieder wieder aus dem Staube erheben, sich mit der Seele vereinigen und aus dem Grabe vor den Richterstuhl hintreten werden ...«) und M. Sailer (»Die Vernunft, wenn sie hierin ihr Bestes tut, kann uns höchstens mehr oder weniger glaubhaft machen, daß der Menschengeist die Trümmer seines alten Nachbarn, des verwesenden Körpers, überleben werde; Christus lehrt uns, daß der ganze Mensch neu auferstehen werde, daß der Menschengeist seinen Nachbarn, den alten Leib, wieder zurückerhalten werde ...«); zitiert bei Dreher, a.a.O. (Anm. 285) 130.

[1598] Vgl. die Bemerkung Kants, die Auferstehung des Leibes könne »uns in praktischer Absicht ganz gleichgültig sein; denn wem ist wohl sein Körper so lieb, daß er ihn gern in Ewigkeit mit sich schleppen würde, wenn er seiner entübrigt sein kann?« (Ges. Schriften, Bd. 18, 423f), und den Spott bei D.F. Strauß: »Den ganzen reichen Hausrath der kirchlichen Eschatologie überläßt das moderne Ich ohne sonderliche Gemüthsbewegung dem kritischen Brande, zufrieden, aus demselben seine nackte Fortdauer nach dem Tod zu retten. Mit Continuität des Bewußtseins, versteht sich; sonst würde es ja nicht als Ich fortbestehen. Dieser Unsterblichkeitsglaube ist die Seele der jetzigen Gefühls- und Verstandesreligiosität: der gebildete Fromme läßt sich eher noch seinen Gott und Christus, als die Hoffnung auf Fortdauer nach dem Tode nehmen ...« (Christliche Glaubenslehre II, Tübingen 1841, 697); beides zitiert bei Greshake* (Resurrectio) 242; vgl. auch 295-300 und Thiede, a.a.O. (Anm. 285) 103-125. Vgl. aber Schleiermacher unten Anm. 2058; auch nach Schelling, Werke, Bd. 6, 613 »unterscheidet sich die christliche Ansicht von allen bloß rationell-philosophisch kahlen Unsterblichkeitslehren« dadurch, daß diese sich das künftige Dasein »völlig von der Natur sich losgerissen denken, während

Auch in unserem Jahrhundert wird im Anschluß an V 36f die Notwendigkeit des Sterbens ebenso zum Thema[1599] wie die mit dem irdischen Leib
unvergleichliche Gabe des neuen Leibes[1600], vor allem aber das Verhältnis
von Identität und Nichtidentität bzw. das Problem einer radikalen Verwandlung. Ebeling besteht wie andere von der Christologie (z.B. vom inneren Zusammenhang von *status exinanitionis* und *status exaltationis*
der alten Dogmatiker her) darauf, daß es nicht zu einem inneren Gegensatz kommen dürfe: Die »Disproportion« schließe »einen notwendigen
Zusammenhang in sich, so daß nicht das eine einfach verschwindet, um
einem gänzlich anderen Platz zu machen. Vielmehr geht aus dem einen
gerade durch dessen Vergehen und Entschwinden das andere hervor. Das
Sterben ist die Bedingung des Auferstehens«[1601]. Die schon in der Exegese erwähnte Erklärung Barths (111) vom beharrenden Subjekt und wech-
selnden Prädikaten findet auch bei anderen Anklang[1602]. Nach Weber ist
die Identität des kommenden mit dem gegenwärtigen Leib zwar nicht die
Intention des Paulus, doch bestehe »*in der vollendeten Ungleichheit* eine

es doch schlechterdings nothwendig ist, daß
... Aeußeres und Inneres einst in Einklang
gesetzt, das Physische so dem Geistigen untergeordnet werde, daß der Leib die Natur
eines geistigen Leibes, eines σώματος
πνευματιϰοῦ annimmt, wie es von dem
Apostel (1Cor. 15,44) genannt wird«; vgl.
auch ders., Philosophie 216f.
[1599] Vgl. z.B. K. Heim, Stille im Sturm,
Metzingen 1951, 156f: »Immer muß das Alte sterben, daß etwas Neue werde. Dieses
Gottesgesetz, das durch die ganze Schöpfung
geht, steht auch über unserem zeitlichen
und ewigen Schicksal. Gottes Schaffen führt
durch ein Sterben«. Heim vergleicht unter
Aufnahme auch von V 49 das Christenleben
mit einem Bauplatz, wo »ein alter Bau in
Trümmer fallen muß, damit ein Neubau er-
stehe ... Aber niemand ist traurig über den
Zusammensturz eines alten Gebäudes, wenn
er den Bauplan gesehen hat, der das Bild des
neuen schöneren Baus zeigt, der an seine
Stelle treten soll«; vgl. auch 158: »Er kann
uns ganz vernichten und ganz neu schaffen«. Dem wird dann manchmal die korinthische Position konfrontiert: »Die Korinther träumen von einem bruchlosen
Übergang ins Ewige, wenn nicht sogar von
einem ungetrübten Zuhausesein im Ewigen« (Voigt, Gemeinsam 138).
[1600] M. Albertz, Die Herrlichkeit Gottes.
Predigten aus schwerer Zeit, Göttingen
1962, 59: »Gott schafft neu! Wenn er
schafft, bedarf er des Stoffes, dessen wir bedürfen, wenn wir arbeiten, nicht. Mögen
unsere Märtyrer verbrannt sein – Gott

kann sie erwecken! Mögen manche von unseren Brüdern an der Front oder hier in der
Heimat so zerfetzt sein, daß wir von ihrem
Leibe nichts mehr sehen können – Gott gibt
ihnen einen Leib nach seinem Wohlgefallen«; ähnlich M. Josuttis, Predigt im Gespräch 13, Neukirchen-Vluyn 1968, 8-13,
hier 9: »Gott wird unsere Leiber wieder heil
machen. Die zerrissenen Leiber der Gefallenen. Die ausgemergelten Leiber der Ver-
hungerten. Die in Rauch und Asche aufge-
lösten Leiber der Vergasten. Die Leiber der
im Osterverkehr Getöteten ...«; vgl. auch
die Predigt von H.W. Wolff, in: W. Kramp,
Der letzte Feind, München 1969, 276: »Der
neue Leib ist eben hier noch nie und nirgends erschienen. Und im neuen wird der
alte ganz und gar gestorben sein. Diese Un-
vergleichlichkeit des neuen Lebens mit dem
uns bekannten macht den Glauben frei und
erfüllt ihn mit gespannter Vorfreude –
trotz unserer totalen Unwissenheit«.
[1601] Grundlagen II 329; vgl. auch Joest,
Dogmatik, I 263, wo einerseits »die völlige
Andersartigkeit« betont (vgl. auch II 651f),
andererseits aber 637 das Neue nicht ohne
Beziehung auf das, »was jetzt die Welt ist«,
bestimmt wird.
[1602] So etwa bei Voigt, a.a.O. (Anm. 1562)
191; vgl. auch ebd.: V 51 und 2Kor 5,2 sehen nicht danach aus, »als habe Paulus sich
vorgestellt, das Sterbliche, unsere irdische
Leiblichkeit, werde bei der Auferstehung
einfach aus dem Spiel gelassen ... Soviel
aber ist sicher: auferstehen wird kein anderer als der, der gestorben ist«.

Kontinuität«[1603]. Fast überall ist von Dialektik oder Paradoxie oder davon die Rede, daß durch Neuschöpfung und Diskontinuität in V 37f »nicht jeder Zusammenhang zwischen ›alt‹ und ›neu‹ zerstört« ist: »Gott wendet sich dem zu, was er geschaffen hat«[1604]. Dabei wird trotz drohender Mißverständnisse[1605] durchgängig an der notwendigen Leiblichkeit der Auferstehungsvorstellung festgehalten. »Unser Ich ist nichts vom Leibe Abgetrenntes, sondern das Ich dieses Leibes ... Wer für den Leib keine Hoffnung hat, ist für sich selbst ohne Hoffnung«[1606]. Oft mit Zustimmung zitiert wird der berühmte Satz Oetingers von der Leiblichkeit als dem »Ende aller Werke Gottes«[1607]. Damit konkurriert freilich immer noch die seit der Alten Kirche verbreitete Auffassung von einer Unsterblichkeit der Seele.

[1603] Grundlagen II 753; nach 757 geht es in der Auferstehung »um den *ganzen* Menschen, und zwar nicht in seiner quantitativen Gesamtheitlichkeit, sondern in seiner personalen Ganzheit«; vgl. auch Kraus, a.a.O. (EKK VII 1, 199 Anm. 581) 419: Verwandlung ist »weder totaler Bruch noch irgendwie geartete Fortsetzung«; »die Kontinuität des menschlichen Persongeheimnisses« werde nicht aufgehoben, aber nicht von der Seele, sondern vom Leibe repräsentiert. Berger (Lit. zu Kap. 15; Tod) 80-86 macht das Bleibende am Namen fest (vgl. Jes 43,1; Lk 10,20 u.ö.).

[1604] Sauter, Einführung 191-200 (Zitat 194). Zur Diskussion der Dialektik von Identität und Nichtidentität in der Diskussion zwischen Barth und Bultmann vgl. Marquardt, Eschatologie, Bd. 1, 409f; vgl. weiter Küng, Christ 340f; Wiederkehr, Perspektiven 235-266; Beißer, Hoffnung 238.303f.

[1605] Vgl. als Beispiel Schniewind: »Ich erlebte als Feldprediger des Weltkriegs, daß nach meiner Osterpredigt die (mir von meinen Bibelstundensoldaten zugetragene) Kritik hieß: Man könne doch nicht glauben, daß die Knochen wieder aus der Erde kämen. In der Predigt war nichts dergleichen gesagt worden, aber offenbar verband sich das Wort ›Auferstehung‹ bei den Soldaten sofort mit Bildern, die sie aus der heimatlichen Dorf- oder Stadtkirche kannten, Bilder, die in striktem Gegensatz zu Paulus (1.Kor. 15,36: ›Du Narr‹) aus der Auferstehung der Toten ein in menschlich-irdischen Kategorien ausdrückbares Geschehen machen« (KuM I ³1954, 78).

[1606] Gollwitzer, GPM 12 (1957/58) 117; vgl. auch Guardini, a.a.O. (Anm. 285) 71f;

Diekamp, Dogmatik II 111 in Abgrenzung sowohl vom Manichäismus mit seiner Abwertung der Leiblichkeit als auch vom Platonismus mit seiner Spiritualisierung; auch bei J. Ratzinger, Eschatologie – Tod und ewiges Leben, Regensburg ²1978, 140f wird die Leiblichkeit der Auferstehung sowohl von einer naturalistischen Auffassung im Sinne einer einfachen Fortsetzung des irdischen Lebens als auch von einer spiritualistischen Auffassung abgesetzt; vgl. weiter Moltmann, Weg 282-286; Kessler (Lit. zu Kap.15) 322-338; Beißer, Hoffnung 304 u.ö.; Berger (Lit. zu Kap. 15; Tod) 129-131.140-145. Zur modernen Sicht der Leiblichkeit vgl. Greshake (Lit. zu Kap. 15; Resurrectio) 258-266 (mit Lit.).

[1607] So z.B. Heinrici, Sendschreiben 523; auch Käsemanns Satz, daß für Paulus »alle Wege Gottes mit seiner Schöpfung in der Leiblichkeit beginnen und enden« (Perspektiven 36), ist eine Anspielung darauf; Barth 115. An anderer Stelle nennt Barth den Satz Oetingers freilich »eine gute, wenn auch überspitzte Äußerung einer sehr nötigen Opposition gegen den naturflüchtigen Geist der Aufklärung, der sich »aber wirklich nicht zur Dogmatisierung« eigne (KD I 1, 138; vgl. auch II 1, 300); vgl. weiter, auch zu Schlatters und F. v. Baaders Sicht, Bauer* 28f. Zur Bedeutung der Leiblichkeit vgl. z.B. auch Schlink, Dogmatik 714 (es gehe um den ganzen Menschen; vgl. auch 438) und Kessler (Lit. zu Kap. 15) 322-338: Für Paulus »nicht lediglich weltbildhaftes Akzidenz« (332), sondern *Ort und Medium der Kommunikation* mit anderen« (327); »die *Entscheidung* über den Sieg des Lebens Gottes oder des Todes (und seiner Helfer) *fällt am Leib*« (337).

Auf die Frage nach einer Unsterblichkeit der Seele oder einer anderen Fortdauer des Ich bzw. eines Unzerstörbaren im Menschen in der neueren Zeit kann hier nicht ausführlicher eingegangen werden, allenfalls, soweit sie im Zusammenhang mit 1Kor 15 inklusive V 50ff eine Rolle spielt. Während Bousset (164f) noch ein gewisses Befremden gegenüber dem paulinischen Insistieren auf der Leiblichkeit zum Ausdruck bringt und erklärt, »das Bedeutsamste und Herrlichste der christlichen Hoffnung« bestehe für uns »in der Gewißheit der Fortdauer persönlichen Lebens über Tod und Grab hinaus«, heißt es z.B. bei Wendland (152): »Ewiges Leben ist nicht Leiblosigkeit, nicht Lösung der Seele vom Leibe«, eine Meinung, die heute auf evangelischer Seite überwiegend geteilt wird[1608], während auf katholischer Seite eher an der Lehre von der Unsterblichkeit der Seele festgehalten wird[1609]. Vor allem Cullmann hält Auferstehung und Unsterblichkeit der Seele, »eines der größten *Mißverständnisse* des Christentums«, trotz gewisser Berührungspunkte für unvereinbar[1610]. Sehr dezidiert erklärt auch Barth (116), Gott sei »der Herr des *Leibes*«, und erst damit sei »die Gottesfrage akut und unausweichlich gestellt« und kein »Schlupfwinkel mehr vor Gott«. Solche und ähnliche Aussagen haben freilich die Hoffnung auf eine Unsterblichkeit der Seele oder auf irgendein anderes unzerstörbar Ewiges im Menschen nicht erledigt, und entsprechend ist auch die Polemik gegen dabei wirksame menschliche Wunschvorstellungen, eine eigenmächtige Selbsttranszendierung, eine Verharmlosung der Radikalität und Ganzheit des Todes u.ä. nicht verstummt[1611], von denen sich

---

[1608] Vgl. Lang 233; Klaiber, TBLNT ²I 107 nennt als Gründe: das Festhalten daran, »daß die Hoffnung sich allein in Gottes Handeln gründet«, daß sie »sich auf die leibliche Existenz, d.h. auf die ganze Person« bezieht, was die Verantwortung für den Leib einschließe (2Kor 5,10), und daß sie sich an der neuen Schöpfung statt allein an der individualistischen Fortexistenz orientiert; vgl. auch Marquardt, Eschatologie, Bd. 3, 447f; Glen, Problems 194-196, der die Unsterblichkeit der Seele als «a middle-class eschatology« charakterisiert, »individualistic, subjective, and mystical« (196), und weiter die bei Greshake* (Naherwartung) 98-113 und (Resurrectio) 247-251 referierten evangelischen Theologen, aber auch deren z.T. andere Auffassung, wonach »jeder Sterbende aus der Zeit in die Zeitlosigkeit Gottes hineinstirbt und so mit dem Tod sofort den Jüngsten Tag und die resurrectio mortuorum erreicht« (250).

[1609] Vgl. etwa oben Anm. 661 und weiter H. Vorgrimler, Der Tod als Thema der neueren Theologie, in: Pfammatter/Christen, Hoffnung 13-64, hier 48-52; ders., Hoffnung 141-151; G. Greshake, Das Verhältnis »Unsterblichkeit der Seele« und »Auferstehung des Leibes« in problemgeschichtlicher Sicht, in: ders. (Naherwartung) 82-120 und (Resurrectio) 82-276, vor

allem 247-255; Verweyen (Lit. zu Kap. 15) 10 interpretiert die Auferstehung im Sinne einer »Metapher für die Endgültigkeit des Lebens Jesu in und aus Gott«. Anders aber z.B: Marrow* 576f u.ö.; K. Müller (Lit. zu Kap. 15) 18; März (Lit. zu Kap. 15) 80.82.

[1610] Cullmann (Lit. zu Kap. 15) 19; vgl. auch 12: Man habe 1Kor 15 »dem ›Phaidon‹ geopfert«, wo (23) der Tod »der große Befreier« ist, der »die Seele aus dem Gefängnis in ihre ewige Heimat« zurückführt; vgl. auch schon H. Vogel, Gottes Hoffnung am Sarge, Dresden/Leipzig 1932, 49-55: Gott gebe sein Geschöpf nicht preis, und seine Verheißung einer Neuschöpfung werde über dem Menschen als ganzem laut, doch gegen die Behauptung einer »direkten Kontinuität zwischen menschlichem und göttlichem Leben« wird z.B. V 53 gestellt: »*Das ist die unerhörte, undenkbare, unmögliche Zukunft Gottes*« (52f; kursiv im Original gesperrt).

[1611] Vgl. Kreck, Zukunft 149-152 (mit Beispielen); Althaus, RGG ³I 697 (Auferstehung der Toten stehe »in ausschließendem Gegensatz« dazu); Schwöbel, RGG ⁴I 919f; Heim, a.a.O. (Anm. 1599) 152: »Nicht bloß die Stoffe legen wir ins Grab. Nein, das ganze reiche Seelenleben des natürlichen Menschen, das warme Gemütsleben, das uns so wohl tut, sinkt in den Staub ... Alle

die christliche Predigt abzugrenzen habe[1612]. Umgekehrt werden gegenüber solchem *abusus* durchaus bestimmte Wahrheitsmomente im Gedanken eines Weiterlebens der Seele gesehen, einmal im Wissen um die Bestimmung des Menschen als »Gottes personhaftes Gegenüber«, und zum anderen darin, daß zwar der ganze Mensch sterben müsse, nicht aber »die neue Kreatur« (2Kor, 5,17) bzw. der »in mir lebende Christus« (Gal 2,20) als »mein Auferstehungsleben in mir«[1613]. Aufschlußreich sind z.B. die Stellungnahmen Pannenbergs: Einerseits soll »die Scheidung zwischen Leib und Seele ... im Lichte heutiger anthropologischer Einsichten ... nicht mehr haltbar« sein, was besagt: »Das sogenannte ›Leben jenseits des Todes‹ kann nicht mehr als Unsterblichkeit der Seele, sondern nur noch als eine andere Daseinsweise des *ganzen* Menschen gedacht werden«[1614]. An anderer Stelle aber wird zwar ebenfalls »die Betonung der Identität des Fleisches unbeschadet seiner Verwandlung ... gegen die platonische Vorstellung einer Wiedergeburt der Seele in einem anderen Leibe« gerichtet, doch brauche diese Betonung den Gedanken einer Unsterblichkeit nicht völlig auszuschließen, weshalb das Christentum »die beiden eigentlich heterogenen Vorstellungen« meistens miteinander verbunden habe, was so zu erklären sei, daß man sich die Auferstehung »ausschließlich als ein Ereignis im horizontalen Ablauf der Zeit« vorgestellt habe, zur Überbrückung des Zeitabstands wegen der Kontinuität aber die Unsterblichkeit der Seele unentbehrlich schien[1615].

3.   Der Sinn von V 39-41 wird recht einheitlich darin gesehen, daß die Herrlichkeit oder auch die Strafe bei der Auferstehung der Leiber eine

menschlichen Beweise für die Unsterblichkeit der Seele von Platos Phädon ab bis zu den heutigen Beweisen aus dem Dasein des Ätherleibes sind Versuche von uns Menschen, etwas von unserem seelischen Dasein hinüberzuretten durch die Nacht des Todes«; vgl. auch den Einspruch von M. Doerne, Die alten Episteln, Göttingen 1967, 110f gegen den Mißbrauch des Paulus »für ein jenseitig oder diesseitig entworfenes Wunschbild von ›ewigem Leben‹, von einer Unzerstörbarkeit der Person«. Zur Auseinandersetzung mit Feuerbachs Thesen von der Unsterblichkeit als Projektion des Menschen vgl. Küng, Leben 40-53.

[1612]   G. Bornkamm, Heidelberger Predigten, NF 1962/63, Göttingen 1963, 88f erinnert an die vielfachen Möglichkeiten und Illusionen, die es seit je gibt, »von den primitivsten Riten und Zauberbräuchen, von Totenkult und Seelenvorstellungen bis zu den sublimsten Mythen, Bildern und Gedanken, in denen der Mensch das Geheimnis des Todes enträtseln und bemächtigen möchte, das Reich der Toten sich ausdenkt und Wege und Brücken baut aus dem Diesseits in ein Jenseits hinüber«. Ist die Hoffnung aber auf den lebendigen Gott gerichtet, betrifft das

nach Bösinger (a.a.O. [Anm. 1971] 129) auch die Beerdigungspraxis, z.B.: »Nicht in der Dumpfheit, die alles Denken abschaltet. Und nicht mit einem billigen ungeprüften Optimismus: ›Die Seele schwingt sich gerade in helle Höhen auf‹«.
[1613]   G. Voigt, Die himmlische Berufung, Göttingen 1981, 204f; vgl. auch Simpfendörfer, Predigtstudien IV 2 (1982) 21f. Für eine von Gott geschaffene unsterbliche Geistseele, »die nichtirdisch postmortal weiter im Zwischenzustand« existiert, z.B. Heidler, a.a.O. (Anm. 285) 190 u.ö.
[1614]   Grundzüge der Christologie, Gütersloh 1964, 83; zitiert bei Klappert, huf 4/1 (1975) 240, nach dem das freilich nicht im Sinne einer »*anthropologischen Bewahrheitung*« der paulinischen Erwartung einer neuen Daseinsweise des ganzen Menschen« herangezogen werden darf; vgl. auch Küng, Leben 143-145.
[1615]   Glaubensbekenntnis 178. Auch Greshake* (Naherwartung) 112 spricht von »Komplementäraussagen«; vgl. auch Breuning, MySal V 864f.867-870 und die eher positiven Äußerungen evangelischer Theologen zur Unsterblichkeit der Seele bei Greshake* (Resurrectio) 249f Anm. 259.

verschiedene sein wird. Dabei werden die irdischen Leiber von V 39 überwiegend auf die der Ungerechten, die himmlischen von V 40f auf die der
Gerechten bezogen. So hält Origenes es für angemessen, »die Heiligen
mit Himmlischem, die Sünder mit Irdischem zu vergleichen«[1616]. Didymus (9) bezieht V 41 nicht auf die Leiber aller Auferweckten, sondern nur
auf die τῶν εὖ βεβιωκότων καὶ σωφρονισάντων, während die anderen
des himmlischen Glanzes entbehren werden. Aber es wird auch noch weiter differenziert: In der Hölle wie im Reich Gottes soll es viele διαφοραί
geben[1617] und die *diversitas* der Sterne der *diversitas in gloria* der Gerechten entsprechen, während die Sünder verschiedene Strafen zu erwarten
haben[1618]. Einige sehen den ganzen Vergleich darauf zielen, daß Gott, *qui
tanta fecit ex nihilo*, leicht *unum genus reparare* kann[1619], während andere die irdischen Leiber, auch exegetisch zutreffend, mit ihrem Zustand vor
dem Tod vergleichen und die himmlischen Leiber mit dem Zustand danach (*caelestia corpora sunt resurgentium, terrestria autem antequam
moriantur aut surgant*[1620]), aber auch aus V 39 sogar die Auferstehung
des Fleisches folgern[1621]. Der Grundtenor aber ist, daß die Leiber nicht *ae-
qualiter* sind, weder die himmlischen noch die irdischen[1622]. Dabei wird
die Verschiedenheit des Glanzes der Sterne bei den Gerechten oft mit dem
Verdienstgedanken verbunden.

[1616]   Princ. 2,10,2 (TzF 24, 425). Später begegnen auch Kombinationen, so z.B. bei Faber Stapulensis 132r: *Alia erunt corpora
beatorum & corpora miserorum*, aber dann
werden auch die *variae beatitudinis gradus*
und Strafen angesprochen; vgl. auch Cajetan 84v.

[1617]   Chrysostomus, Ad Theod. 21 (SC
117, 214) mit Verweis auf Ps 61,10 bzw.
Röm 2,6; Joh 14,2 u.a.; im Kommentar 358
werden die Leiber in zwei Klassen, himmlische und irdische, geteilt, was dann auf Gerechte und Sünder gedeutet wird, und diese
beiden Klassen sollen dann wieder in viele
Teile unterteilt werden, weil auch Fleisch
nicht gleich Fleisch, also auch Gerechter
nicht gleich Gerechter und Sünder nicht
gleich Sünder sei, die dieselbe Herrlichkeit
bzw. Strafe erhalten; vgl. auch Theodoret
364f; Oecumenius 881.884.

[1618]   Hieronymus 769; Pelagius 223; Primasius 551. Etwas anders Origenes: Die
Analogie der Himmelskörper soll die *diffe-
rentiae* an Klarheit zwischen den Auferstandenen zeigen, die der irdischen Körper
die Unterschiede derjenigen, »die zur Auferstehung kommen, ohne in diesem Leben
geläutert zu sein, also zwischen den Sündern« (Princ. 2,10,2 [TzF 24, 422f]).

[1619]   Hieronymus 769; Pelagius 223; ähnlich Primasius 551.

[1620]   Ambrosiaster 179; Ambrosius 283;
Hrabanus Maurus 151; vgl. auch Atto 405;
Petrus Lombardus 1686.

[1621]   Vgl. die Diskussion bei Adamantius,
Rect. Fid. (GCS 4, 176), wo Adamantius
fragt, ob es eine οὐσία καὶ ὑπόστασις
σαρκικὴ ἐν οὐρανῷ gibt, ein Marcionit
darauf mit V 40 antwortet und auf den
Einwand, daß dort von σώματα die Rede
sei, erklärt: σῶμα καὶ σὰρξ τὸ αὐτό
ἐστιν. Zeno v. Verona versucht, dem Widerspruch zwischen der Auferstehung des
Fleisches und V 50 mit V 39 auszuweichen (Tract. 16,12 [BKV 2. R. 10, 199]).
Vgl. später auch Cajetan 84r: *Intendit ex
hoc declarare quod corpus futurum in resurrectione erit caro*.

[1622]   Fulgentius, De Fide 26 (CChr 91A,
728); vgl. auch a.a.O. (BKV 2. R. 9, 146):
»Die Verschiedenheit der körperlichen
Dinge beweist also, daß keines von ihnen
das Sein besitzt, das es aus sich von jeher
hätte besitzen können, sondern das es
nach der Anordnung und Wirksamkeit
des allmächtigen, unveränderlichen und
allweisen Schöpfers empfangen hat«.

So haben V 39.42 nach Augustin den Sinn, daß bei der Auferstehung der Toten »ein Unterschied sein wird in der Herrlichkeit der Verdienste«[1623]. Die Anwendung des Gleichnisses bei Ambrosiaster lautet entsprechend: *Ita et homines, cum sint unius generis, merito tamen dissimiles erunt in gloria*[1624]. Nach Theodoret (364) besteht die eine φύσις aus vier Elementen, da aber ihr εἶδος verschieden ist, gelte auch für die Menschen, daß es eine Auferstehung für alle gibt, ihre Art und Weise aber verschieden ist. Auch nach Theophylakt (773) werden nicht alle mit derselben Ehre erweckt werden, weil auch unter den Gerechten eine διαφορὰ βαθμῶν (Rang) πολλή zu finden sein wird[1625]. Zwar werden *eadem corpora* auferweckt, aber verschieden *in gloria et dignitate*, denn auch die Himmelskörper sind einer Natur, gleichwohl aber von verschiedener *claritas*[1626]. Im ewigen Leben sind auch nach Thomas nicht alle gleich, sondern die Seligkeit des einen ist größer als die des anderen[1627]. Das wird dann unterschiedlich konkretisiert: *Aliter enim ibi lucebit virginitas ... castitas conjugalis ... sancta viduitas ... Splendor dispar, coelum commune*[1628].

Gerne wird unsere Stelle mit den vielen Wohnungen im Hause des Vaters (Joh 14,2) verknüpft, die »die verschiedenen Grade von Belohnungen in dem einen ewigen Leben« bedeuten sollen und gleichsam wie die Sterne verschiedenen Glanz haben[1629]. Hugo (541) akzentuiert dagegen anders:

[1623] Ep. 19 (205) 7 (BKV 30, 243). Vgl. auch Origenes, Hom. in Num 2,2 (GCS 30, 12): *Sicut stella ab stella differt in gloria, ita et uniuscuisque merita refulgebunt* (aufleuchten); ebd. sieht er in dem verschiedenen Glanz einen progressiven Etappenweg zur Vollendung; vgl. auch In Mt 10,3 (GCS 40, 3) sowie dazu und zu weiteren Auslegungen von V 39-41 bei Origenes Altermath* 108-110; Atzberger, a.a.O. (Anm. 285) 446. Auch Aphrahat wendet V 41 auf die Verdienste und Belohnungen an und verbindet mit 1Kor 3,8 (Unterweisung 22,19 [Fontes 5.2, 514]).

[1624] Ambrosiaster 180; ebs. Ambrosius 283; Hrabanus Maurus 151 (*Distabit gloria meritorum*); Herveus 988: Wie Sonne und Sterne eine Natur haben und doch in der *claritas* verschieden sind, so werden auch die Menschen *unius generis, merito dissimiles erunt in gloria*.

[1625] Vgl. auch Johannes Damascenus 697 (keine ὁμοτιμία); Haymo 600 (*Pro diversitate meritorum erit retributio coelestium praemiorum*). Albertus Magnus bestimmt die *quantitas claritatis* zu je einem Drittel aus der *proportio capacitatis naturae*, der *abundantia meriti* und der *supererogatio liberalitatis divinae* (Opera XXVI 335).

[1626] Petrus Lombardus 1685f; vgl. auch Atto 404 (*ex una massa, atque impensa, diversas rerum species creavit*); Haymo 600;

Herveus 988; Bruno 211 (*Licet omnes resurgant in majori gloria carnis, tamen differenter ... resurrectio mortuorum differens erit justis in claritate gloriae*).

[1627] Summa, Bd. 1, 226 bzw. 2, 305; vgl. auch Bd. 36, 232, wo er den Glanz der Sonne mit der 100fältigen Frucht, den des Mondes mit der 60fältigen und den der Sterne mit der 30fältigen Frucht von Mk 4,8 par vergleicht (ebs. später Bullinger 252 und Coccejus 342). Vgl. auch Cornelius a Lapide 342 (*Est enim similitudo & analogia inter naturam & meritum ... qui minus meritus est, minus, qui magis, magis gloriosum corpus recipiat*, mit Verweis auf Sir 50,6; Dan 12 und Offb 2,28) und Bonaventura, Opera I 249 (*Diversis maiora et minora praemia dabuntur ... secundum diversos status debetur diversum praemium*); vgl. auch IV 1002 und dazu Bynum, a.a.O. (Anm. 285) 255.

[1628] Herveus 988. Bei Methodius folgt auf das Zitat von V 41, daß der Herr auch bei der Auferstehung nicht allen die gleiche Ehre gibt, sondern den einen das Himmelreich, anderen die Erbschaft der Erde, wieder anderen die Anschauung des Vaters verspricht (Symp. 7,3 [SC 95, 184.186]).

[1629] Augustin, Joh-Ev 77,2 (BKV 19, 60); Basilius v. Cäsarea, Adv. Eunom. 3 (PG 29, 657); Hieronymus, Eph-Komm (Staehelin, Verkündigung, Bd. 1, 330); Bonaventura,

In dispari claritate erit par gaudium; an der einen Schau Gottes erfreut sich der eine intensiver als der andere, aber niemand ist *inferior*, und niemand beneidet den größeren oder wünscht sich eine größere Freude[1630].

Andere Deutungen beziehen die ἐπουράνιοι auf Engel und Erzengel[1631] oder sehen wie Aphrahat in V 41 ein Beispiel dafür, daß Gott Dinge geschaffen hat, die besser, schöner oder hervorragender sind als andere: der Himmel besser als die Erde, der Tag als die Nacht, die Sonne als der Mond, Adam als Eva, die Jungfräulichkeit als die Ehe[1632]. Makarios d. Ägypter vergleicht die Verschiedenheit der Sterne mit der der Charismen: So wie ein Stern den anderen an Glanz und Größe übertrifft, »so sind auch im Geistigen die Fortschritte ›in demselben Geiste‹ nach dem ›Glaubensmaß‹ verschieden. Der eine ist reicher als der andere«[1633]. Vereinzelt findet man hier auch heidnische Philosophen getadelt, die die Zahl der Sterne des Himmels und die Gestade und Tropfen der Meere zuverlässig zu begreifen meinen[1634].

In den aufgezeigten Linien der bisherigen Deutungen verbleibt überwiegend auch die der Reformation. Besonders deutlich schließt sich Bullinger (251) der Auslegung der Alten Kirche an: *Ita differentia erit inter corpora resuscitata ... non omnes pari resurgent honore;* die *impii* sollen zur ewigen Strafe, die Gerechten zur ewigen Belohnung aufstehen, und zwar die letzteren *dispari dignitate*[1635]. Auch Luther erklärt: »*In fide* gleich, in der ehr ungleich«[1636], was auch Spener vertritt, nach dem »unter den seligen

Opera IV 995 (als Gegenargument gilt hier Mt 20,9 [ebd. 994]). Bernhard v. Clairvaux ist gleichfalls der Meinung, daß die Auferstehung »nicht bei allen die gleiche« sein wird und verbindet ebenso mit Joh 14,2: »Zwar wird es dort nur *ein* Haus, aber viele Wohnungen darin geben« (Schriften, Bd. 2, 97).

[1630] Ebs. Robert v. Melun 227, der hinzufügt: *Non hoc dicitur quod gaudium sit omnibus equale, sed par, id est commune.* Vgl. Böhme, Schriften, Bd. 3, 150: »Aber es wird keine Mißgunst seyn, sondern einer wird sich des andern Schönheit freuen, dann alda ist kein ander Licht, als es GOtt alles in allem erfüllet«.

[1631] Clemens Alexandrinus, Exc. ex Theod. 11,2f (GCS 17, 110); später versteht Rupert v. Deutz, a.a.O. (Anm. 952) 42 die *corpora coelestia* als *corpora aeria* der Engel. Schon Theophylakt 773 hält diese Deutung aber für falsch; auch Hieronymus verwahrt sich dagegen, aus unserer Stelle auf die Grade der Heiligkeit von Engeln und Erzengeln zu schließen (In Jes 6 [BKV 15, 242]).

[1632] Unterweisung 18,8 (Fontes 5.2, 438);

auch Fulgentius findet in der Virginität eine *maior gratia donationis* und vergleicht mit V 41f (Ep. 3 ad Prob. 10 [CChr 91, 216f]).

[1633] Hom. 36,1 (BKV 10, 282) mit zusätzlichen Belegen, z.B. 1Kor 14,4; vgl. auch ders., Logos B 6,1 (GCS 58.1, 17): Tὸ δὲ ›διαφέρει ἐν δόξῃ‹ ἐν τῇ τῶν χαρισμάτων διαφορᾷ.

[1634] Atto 404; vgl. auch Ambrosiaster 178f, der hier weltliche Sophisten getroffen sieht, die das, was *extra se* ist, zu begreifen vermögen, aber nicht kennen, was *intra se* ist (ebs. Ambrosius 282; Hrabanus Maurus 151).

[1635] Bullinger 251 betont allerdings ausdrücklich, dies bedeute keine *iustitia operum*, da wir der Gnade Gottes verdanken, was wir sind. Der Unterschied zwischen irdischen und himmlischen Leibern soll der von Leibern der Gerechten und Ungerechten sein (mit Verweis auf Dan 12 und Mt 13).

[1636] WA 36, 636; vgl. auch 652: »Einerley menschen *erunt, sed* mancherley unterscheid«; vgl. auch 653, wo von einem Unterschied in der Klarheit gesprochen, aber

ein unterscheid der grade und herrlichkeit« besteht, je nachdem jeder mehr oder weniger gegen andere zu Gottes ehre gethan und gelitten hat«[1637]. Calvin jedoch sieht das zu Recht anders. Zwar kann auch er sagen: *eadem est substantia, non qualitas*[1638], doch wird im Kommentar (464) erklärt, das Gleichnis, daß die Sonne z.B. heller leuchtet als der Mond, sei nicht so anzuwenden, »wie man es weithin tut, als wollte Paulus damit auf verschiedene Grade der Ehre und Herrlichkeit hinweisen, die die Heiligen nach der Auferstehung besitzen werden«, denn Paulus rede »hier nicht von der Verschiedenheit der Leiber nach der Auferstehung, sondern von dem Unterschied des jetzigen und des zukünftigen Leibes«, so daß man sich nicht wundern solle, »daß ein und derselbe Leib in irdischer und himmlischer Gestalt existieren kann«. Meist wird aber auch hier beides zur Geltung gebracht, daß also einerseits die Auferstehung allen gemeinsam ist, gleichwohl aber *aliquod discrimen inter resuscitatos* besteht[1639]. Arnd deutet ähnlich: »Und alle Gaben der Auserwählten werden aus ihnen leuchten im ewigen Leben. Darum dieselben einander übertreffen werden, wie die Sonne und Sterne einander übertreffen in ihrer Klarheit«[1640]. Nach Schleiermacher muß »die ungetrübte und keines Wechsels fähige Seligkeit auch durchaus in allen Einzelnen sich selbst gleich sein«; Paulus scheine zwar in V 40-42 »im entgegengesetzten Sinn verschiedene Grade der Vollkommenheit anzunehmen; allein wo unter Einzelwesen gleicher Art und Natur eine solche Verschiedenheit ist, da muß auch in Allen verhältnißmäßig Nacheiferung sein, also Steigerung und Wechsel, gegen die Voraussetzung. Eine völlige Gleichheit aber unter allen, die ein gemeinsames Leben führen, muß erschlaffend und zerstörend auf dasselbe wirken«, d.h. »Mannigfaltigkeit und Fülle, also auch Ungleichartigkeit des gleichartigen« gehört »wesentlich zu dem Reichthum und der Herrlichkeit der göttlichen Werke«[1641]. In der neueren Diskussion spielt die Stelle, abgesehen von Hinweisen etwa auf die Qualitätsunterschiede zwischen Leibern der Sterblichen und der Auferstandenen in Meditationen und Predigten[1642], m.W. kaum eine große Rolle[1643].

---

erklärt wird: »*Quanquam stellae non similiter* hell, *tamen omnes habent lucem*«. Vgl. auch Calixt, Werke, Bd. 2, 275: *Sunt autem quidam gradus vitae aeternae sive rectius loquendo quaedam accidentalia dona ipsius essentialis doni vitae aeternae.*
[1637] Schriften III 1.2, 1157; vgl. auch III 1.1, 844 und im Kommentar 502, wo Spener konkludiert, *quod etiam gradus gloriae resurgentium corporum diversi sint futuri;* vgl. auch v. Mosheim 724.
[1638] Inst. 3,25,8; vgl. Quistorp, a.a.O. (Anm. 285) 140-143.
[1639] Maior 226v; vgl. auch 227r: *Alius alium gloria & claritate uincet, & tamen omnium una communis & celestis uita.* Calixt

will über die Unterschiede nicht neugierig spekulieren, die sich in der Tat zeigen werden, aber in Glaube und Hoffnung zu erwarten sind (Werke, Bd. 2, 571); vgl. zur *differentia inter beatos* auch Bd. 4, 465.
[1640] Bücher 517.
[1641] Gesamtausgabe VII 2, 334.
[1642] Vgl. Voigt, a.a.O. (Anm. 1562) 193: Es gehe »um Unterschiede, die die uns geläufigen nicht nur quantitativ, sondern in jeder Hinsicht übersteigen. Alle von uns auszumachenden und darzustellenden Differenzierungen sind nur Hinweise«; diese werden (Gemeinsam 150) am optischen Eindruck der einzelnen Gestirne verdeutlicht: »unerträglich hell für unsere Augen ist das Sonnen-

Der Text ist früher sogar als naturwissenschaftlicher Beleg herangezogen worden, so von J. Kepler für die These, »daß auch ihrer (sc. der Sterne und Planeten) Liechter Eygenschafften *in quantitate et qualitate* sehr unterschiedlich seyen. Dann auch der H. Apostel Paulus, da er die Herrligkeit deß zukünfftigen Lebens gegen der geringen Zierdt des gegenwärtigen vergleichen wil, Exempels weiß eynführet, daß ein Stern den andern ubertreffe an der Klarheit«[1644].

4.   Die Auslegung von V 42f geht normalerweise davon aus, daß es nur um die Leiber der Gerechten geht[1645], wobei trotz aller Abschwächung der paulinischen Antithesen – vor allem Irenaeus und Tertullian, aber auch andere akzentuieren stark die Kontinuität der *substantia carnis*[1646] – auch an der Dialektik von V 36f festgehalten wird: Einerseits kann das Verwesliche mit dem Unverweslichen keine Gemeinschaft haben[1647]. Andererseits aber steht »*dieser* Leib« auf zur Unverweslichkeit[1648], wenn die körperliche und irdische Natur transformiert wird in *spiritalem gloriam*, man unter den Engeln im Paradies lebt, jede *corruptio* beseitigt ist und man sich aus der Sterblichkeit als unsterblich erhebt[1649], ja wenn durch

---

licht, silbern das des Mondes, rötlich leuchtet der Mars, hellweiß der Juppiter«. Heim, a.a.O. (Anm. 1599) 155f verweist auf den »überwältigenden Formenreichtum der Gottesnatur in Tier- und Menschenwelt«, die Betrachtung der »Riesenkörper des Weltalls« und das Hineinsehen »in die Welt des Kleinsten und Allerkleinsten«, und er schließt daraus:»Wir brauchen also nicht zu befürchten, Gott könne bei seinem Schaffen der Atem ausgehen, seine Gestaltungskraft könnte versagen, er müßte sich wiederholen wie menschliche Künstler«.

[1643]   Diekamp, Dogmatik II 583 hält allerdings an der Verbindung mit dem Verdienstgedanken fest und versteht V 41f als Beleg für die Vermehrung der *gloria* als *meritum de condigno*.

[1644]   J. Kepler, Warnung an die Gegner der Astrologie. Tertius Interveniens, hg. v. F. Krafft, München 1971, 42f.

[1645]   Vgl. Fulgentius, De Remiss. 2,12,2 (CChr 91A, 694).

[1646]   Zu Irenaeus, Haer. 5,7,1f (SC 153, 88-90) vgl. Altermath* 84f; Lona* 202.205; Noormann, Irenaeus 287-289; zu Tertullian vgl. oben Anm. 1570; vgl. auch Hieronymus, (Jon-Komm. 2,7 [CChr 76, 400f]: *eamdem carnem resurgere, quae sepulta est ... sed mutare eam gloriam, non mutare naturam*) und (Kol-Komm. [PL 23, 398f]), wo an die Verklärungsgeschichte erinnert, Hi 19,23f zitiert und in die Identität bei der Auferstehung des Fleisches auch die geschlechtliche Differenzierung einge-

schlossen wird, freilich wegen des Ideals der Virginität und des sich sonst ergebenden Widerspruchs zu Lk 20,35f *sine sexuum operibus* (400; vgl. Altermath* 226f und unten Anm. 2034f); vgl. auch Tertullian, Res. 61,4 (CChr 2, 1010): keine Belästigung mehr dadurch; Augustin, Civ. D. 22,17 (BKV 28, 475f): keine Begehrlichkeit mehr. Anders aber z.B. Honorius (*non in sexu corpore sed in homine tantum*); zitiert bei Bynum, a.a.O. (Anm. 285) 147.

[1647]   Augustin betont z.B., daß in V 40 nicht von himmlischem Fleisch, sondern von himmlischen Leibern die Rede ist (De Fide et Symb. 10,24 [CSEL 41, 30f]). Didymus 10 legt Wert darauf, daß es sich bei V 42f nicht um eine inhärente Qualität des Leibes geht und nicht Vergänglichkeit u.a. gesät und Unvergänglichkeit u.a. auferweckt wird, sondern es immer ἐν heißt.

[1648]   Methodius, De Res. 1,7,4 (GCS 27, 228) bzw. 1,1,8 (ebd. 220).

[1649]   Hilarius, Comm. zu Ps 118 (SC 347, 166). Origenes erläutert im Anschluß an V 42f, daß der Leib zwar nicht ein anderer sein, aber die *infirmitates*, die er jetzt hat, ablegen und in *gloria* verwandelt werden wird (Princ. 3,6,6 [TzF 24, 660f]; vgl. auch Theodoret, Eran. [PG 83, 161]). Johannes v. Apamea nennt die körperlichen Gebrechen wie Blindheit, Taubheit, Verstümmelung u.a., die jetzt noch unser Los sind und verschwinden werden (Dial. 2,20f [SC 311, 64f]), Gregor v. Nyssa Leidenschaften, Streitereien und Begierden (Opera VI 30).

die Auferstehung eine neue Welt anbricht[1650]. Das hat dann zu sehr detaillierten Erörterungen geführt[1651]. Seltener kann es später, vor allem in mystisch bestimmten Schriften, auch heißen, daß das Fleisch *iam incipit resurgere in gloriam*, wenn Fleisch und Herz dem lebendigen Gott jauchzen[1652].

Die einzelnen Charakteristika der Leiblichkeit werden z.T. ausgemalt und konkretisiert, vor allem bei der irdischen Leiblichkeit: So soll die ἀτιμία des Leibes z.B. darin bestehen, zum Fraß der Würmer zu werden[1653], oder darin, durch die Umarmung von Mann und Frau zu entstehen[1654]. Nach Luther zeigt sich die Schwachheit in viel Leiden, Fieber, Pest, aber auch darin, daß der Mensch sich der Läuse und Mäuse erwehren muß[1655]. Zwingli (186) versteht unter der *infirmitas omnes necessitates corporis*[1656]. V. Mosheim (726) charakterisiert die Schwachheit so: »Unsere Leiber sind elend, d{ue}rftig, mit gar m{ae}ßigen Kr{ae}ften versehen, unz{ae}hligen Zuf{ae}llen, Uebeln und Krankheiten unterworfen«[1657]. Umgekehrt werden den vier *defectus* vier *dotes corporis gloriosi* gegenübergestellt, die bei näherer Interpretation meist folgendermaßen benannt werden: *impassibilitas, claritas, penetrabilitas* und *agilitas*[1658]. Diese vier

[1650] Zum Rückgriff auf Ps 103,30 LXX (ἀνακαινιεῖς τὸ πρόσωπον τῆς γῆς) in den syrisch erhaltenen Homilien des Cyrill über Lk vgl. Altermath* 162f; vgl. auch 168-170.

[1651] Ausführlich hat sich z.B. Augustin den ihm vorgehaltenen, z.T. recht kuriosen Fragen gestellt, z.B. ob es noch Magere und Dicke geben wird, wie es um die von wilden Tieren Aufgefressenen oder vom Feuer Verzehrten steht, ob Kinder Kinder bleiben, ob auch Fehlgeburten in die Auferstehung einbezogen sind usw. (Civ. D. 22,12-20 [BKV 28, 469-485]), wobei er selbst 474 z.B. unter Berufung auf Eph 4,13 meint, »daß die Leiber der Verstorbenen nicht in unter- und nicht in überjugendlicher Form auferstehen werden, sondern nach Alter und Kraft in der Form, bis zu welcher Christus hienieden gelangt ist (bis zum dreißigsten Jahre lassen ja auch die weltlichen Gelehrten die Jugend reichen)«; vgl. auch unten Anm. 1677.

[1652] Wilhelm v. St. Thierry, Or. Med. 12,27 (SC 324, 208).

[1653] Ambrosiaster 181; Ambrosius 284; vgl. auch Atto 405; Bullinger 252 u.a.

[1654] Didymus 10. Vgl. andere Beispiele bei Haymo 600; Cajetan 84v u.a.

[1655] WA 36, 657; vgl. auch 269: »Denn unehre und schwacheit heisst die jemerlich, schendlich gestalt, daß kein schendlicher, unleidlicher ass auff erden ist denn des menschen«; nach 655 heißt *seminatur*: »Das verfaulet, das zu schlangen, ottern, kroten, pulver und erden, *ut nihil quam ossa*, das ist verweslich«. Bullinger 252 nennt als Merkmale der *infirmitas*, daß der Mensch *malis, morbis, calamitatibus ac angustijs* ausgesetzt ist; vgl. auch Semler 441, wo Schwachheit so interpretiert wird: *seu corpus hic variis morbis et periculis obnoxium.*

[1656] Vgl. auch Spener 503f, wo die übliche Beziehung der *ignobilitas* auf den Kadaver vorliegt und als Oppositum der *infirmitas* umgekehrt *validum, laetum, alacre, infatigabile, absque morbo* erscheinen. Vgl. auch Beza 164, der ἀτιμία mit *foedus*, i. g. *turpitudinis & sordium plenum* charakterisiert.

[1657] Ähnlich andere wie Wesley, Works XI 107: »maladies ... frailties ... miseries ... a troop of diseases, pains, and other infirmities«

[1658] Bonaventura, Opera IV 1001; ähnlich Thomas (vgl. dazu Bynum, a.a.O. [Anm. 285] 235f) und Cornelius a Lapide 344, die anstelle der *penetrabilitas* die *subtilitas* anführen. Bei Herveus 988 wird die himmlische Leiblichkeit so bestimmt: ohne Fehler, Entstellung, Verderben und Last. Da die *luminositas* in V 42f nicht genannt wird, versteht Albertus Magnus sie nicht als *dos*, sondern als *proprietas corporis gloriosi* (Opera XXVI 235)

Eigenschaften kehren mehr oder weniger stereotyp, aber auch erweitert, später oft wieder[1659], in katholischen Dogmatiken z.T. bis in die Gegenwart[1660].

Es kann aber auch eher komparativisch heißen: *Non est euacuatio pristini, sed restitutio, imo adductio quaedam pristini illustrior* (Bullinger 252). Nach Crell (351) soll der schon im jetzigen Leib verborgene *spiritus* in den neuen Leib wandern, während (353) alle Teile, die der *anima vegetativa ac sensitiva* dienen, verschwinden. V. Mosheim (725) nennt V 42f »Worte voller Trostes«: »Wir werden nicht begraben und verscharret, wenn wir beerdiget werden: Wir werden nur zu der kůnftigen Erndte ausgesået«. Selbst in der kurpfälzischen Kirchenordnung von 1556 heißt es im Abschnitt »Ein ander kurtze vermahnung beim begrebnuß eines alten« vor dem Zitat von V 42-44 + 47-49: »Und ist die göttlich, ewig warheit, das eben diser leib widerumb vom todt durch die kraft deß sohns Gottes Jhesu Christi auferstehen wirdt. Aber es werden ime nit mehr die leiblichen mängel und gebrechen anhangen, sonder er wirdt begabt mit grösserer herrligkeit, dann menschliche vernunft ergreifen kan«[1661].

Viel intensiver hat man sich mit der *psychischen und pneumatischen Leiblichkeit* (V 44) beschäftigt. Man kann zwar fragen, ob der Osten mit seinem Interesse an pneumatischen und seinem Desinteresse an leiblichen Gaben nicht z.T. stärker die Differenz von natürlichem und geistlichem Leib hervorhebt, der Westen dagegen mit seinem Interesse an Moral, Recht u.ä. stärker auf der Identität beider Leiber besteht, doch läßt sich diese geographische Aufteilung kaum halten[1662]. Jedenfalls hat man sich zumal bei der Bestimmung des pneumatischen Leibes schwer getan, den materialistischen wie spiritualistischen Gefahren zugleich zu entge-

---

[1659] Vgl. Brenz, Christologische Schriften, Bd. 1, 187: »geschmuck und zierde des leibs«, »starck, wacker und lebhafft«, »die schöne«, »vôlle und gnûge«, »gantz still, rûwig und fridlich ...«. vgl. weiter Ratschow, Dogmatik II 250: *Spiritualitas, invisibilitas, impalpabilitas, illocalitas, subtilitas, agilitas, impassibilitas, immortalitas et incorruptibilitas, claritas, firmitas ac sanitas, formositas;* Heppe, Dogmatik 517f Anm. **; Coccejus 343: *Subtile, flexile, agile.*
[1660] Vgl. Ott, Dogmatik 585f; Diekamp, Dogmatik III 434-437; J. Brinktrine, Die Lehre von den letzten Dinge, Paderborn 1963, 91-94; Scheeben, Schriften II 562f; etwas anders VI 2,152: *virtus, gloria, incorruptio, spiritalitas.* Scheeben, Schriften I 1, 201 kann V 43 sogar der »Verherrlichung und Verklärung der Natur durch die Gnade« zuordnen: Die *ignobilitas, infirmitas* und *animalitas* unserer Natur werde »durch die Kraft des in der Gnade in uns

wohnenden göttlichen Geistes jetzt besiegt und überwunden, um dereinst ganz absorbiert zu werden«; vgl. aber V 480, wo neben Verklärung auch »erhebende Umwandlung und Erneuerung, Neuschaffung und Neugeburt« erwähnt werden.
[1661] EKO, Bd. 14, 175. Dieser Glaube an eine Verwandlung in die Herrlichkeit bei der Auferstehung hindert aber nicht, daran anzuschließen: »So bald als unsere Seelen nämlich aus diesem Leben auswandern werden, werden sie in die Freude ihres Herrn eingehen« (Olevianus, Auslegung des Apostolikums [Staehelin, Bd. 4, 257]).
[1662] Anders Smith* 94 Anm. 7 mit Berufung auf Altermath* 244, der selbst diese Frage aber gerade verneint und z.B. darauf hinweist, daß man bei den Lateinern ebensolche Verteidiger der Auferstehung des Fleisches findet wie bei den Griechen und Entsprechendes auch für Apologeten der pneumatischen Leiblichkeit gilt.

hen. Der älteste Beleg bestätigt zunächst, daß es sich um eine Kardinal-stelle der Gnostiker handelt, die damit nachzuweisen versuchen, daß der im Leib eingeschlossene göttlich-pneumatische Lichtfunke nicht verlo-rengehen kann[1663]. An der Radikalität der paulinischen Opposition wird ungern festgehalten. Am ehesten ist das noch bei Origenes der Fall, der mit 1Kor 2,14 verbindet, daß also der *animalis homo* nicht gerettet wer-den kann[1664], und bei einigen Orientalen[1665]. Sonst aber wird die anstößi-ge Antithetik abgeschwächt, vor allem bei der Charakterisierung des psy-chischen Leibes, z.T. aber auch der des pneumatischen Leibes. Chrysosto-mus (359) z.B. fragt, ob nicht auch der jetzige Leib pneumatisch ist und bejaht das, doch sei es der zukünftige Leib, dem keine andere οὐσία zu-komme, πολλῷ πλέον, weil aus jenem die Gnadengabe des Heiligen Gei-stes oft weiche, nämlich bei schweren Sünden, bei diesem aber der Geist ewig bleibe[1666]. Symptomatisch ist, daß der psychische Mensch in der Mitte zwischen dem sarkischen und pneumatischen plaziert werden kann[1667], ja der psychische Mensch und sein Leib geradezu positiv gewer-

---

[1663] Clemens Alexandrinus, Exc. ex Theod. 55,2-56,3 (KThQ 1, 50). Vgl. auch 53,5-54,2 (GCS 17, 124f): Πρῶτον οὖν σπέρμα πνευματικὸν τὸ ἐν τῷ Ἀδὰμ προέβαλεν ἡ Σοφία, ἵνα ᾖ τὸ ὀστοῦν, ἡ λογικὴ καὶ ἐπουράνια ψυχή, μὴ κενή, ἀλλὰ μυελοῦ (Mark) γέμουσα πνευμα-τικοῦ. Seit Adam gebe es drei Naturen, die erste unvernünftig (ἄλογος), nämlich Kain, die zweite vernünftig und gerecht, nämlich Abel, die dritte pneumatisch, näm-lich Seth; die irdische sei κατ᾽ εἰκόνα, die psychische καθ᾽ ὁμοίωσιν, die pneumati-sche κατ᾽ ἰδίαν; vgl. auch oben Anm. 1487 u.ö. Nach Clemens selbst (15,1 ([GCS 17, 111]) sind die, die das himmlisch-pneuma-tische Bild tragen, die κατὰ προκοπὴν τελειούμενοι.

[1664] Hom. 36,1 in Lk (Fontes 4.2, 366f). Allerdings wehrt sich Origenes 14,5 (169) dagegen, »einen geistlichen Leib als ein schmutziges Gewand zu verstehen«, in Princ. 2,11,2 (TzF 24, 441) aber auch dage-gen, den »geistlichen Leib« mit ehelichen Verbindungen, Kinderzeugung, Aufbau der irdischen Stadt Jerusalem u.ä. zu ver-binden. Einerseits wird Princ. 2,10,1 (TzF 24, 421) im Anschluß an V 44 die Aufer-stehung des Leibes als eine solche qualifi-ziert, die von Verweslichkeit und Sterb-lichkeit befreit, und 2,8,2 (384-387) vom pneumatischen Leib behauptet, daß nichts Psychisches bleiben wird. Anderseits werden wir nach 3,10,1 (420-423) »in kei-nem anderen als in unserem eigenen Leib

sein«; vgl. weiter Altermath* 110-116 und Wiles, Apostle 47f. Methodius wirft Ori-genes aber vor, den pneumatischen Leib als bloß ätherisch anzusehen (ähnlich an-dere unten Anm. 1682) und beharrt sei-nerseits darauf, daß es keine substantielle Differenz gibt (Res. 3,16,9 [GCS 27, 413), wie denn auch die Auferstehung als Resti-tution des Urstandes gilt; vgl.Altermath* 129-132, der 189f Gregor v. Nyssa in der Mitte zwischen Origenes (Differenz) und Methodius (Identität von psychischem und pneumatischem Leib) sieht, wenn die-ser für die Überlegenheit des letzteren bei personaler und nicht materieller Identität eintrete.

[1665] Athanasius z.B. konfrontiert die erste Schöpfung und die ψυχὴ ζῶσα mit der Auferstehung und dem πνεῦμα ζωο-ποιοῦν (Exp. Ps 72,20 [PG 27, 332]), zitiert und interpretiert bei Altermath* 148. Zu Theodor v. Mopsuestia vgl. unten Anm. 1670.

[1666] Ähnlich Oecumenius 884. Nach Chrysostomus 361 bezieht sich die Diffe-renz zwischen Psychischem und Pneumati-schem aber auf die gegenwärtige und zukünftige Zeit, die von Irdischem und Himmlischem dagegen auf die Zeit vor und nach der Gnade.

[1667] Gregor v. Nyssa, Adv. Apol. (Opera III 1, 209). Anders die Gnosis: Nach Rheg (NHC I 4/45,40-46,2) verschlingt die pneu-matische Auferstehung die psychische ebenso wie die sarkische.

tet werden können: Er werde darum so genannt, weil in ihm die ψυχή die Herrschaft ausübe[1668]. Auch die lateinische Übersetzung von V 45 (*in animam viventem*) ermöglicht ein positives Verständnis von ψυχικόν und ψυχή: Adam ist zwar *caro ante animam*, aber sein Fleisch wird zur Seele, und ohne Seele ist er nur *caro*[1669]. Während für die einen die Sterblichkeit des Menschen keine Folge der Sünde ist, sondern mit der Erschaffung des psychischem Menschen in der Weltzeit der Sterblichkeit im Gegenüber zur kommenden Welt zu tun hat[1670], werden nach anderen die Leiber durch die Sünde bzw. die Sünde der Seele[1671] oder den Verlust der Seele sterblich[1672]. Meist wird wie zu V 42f der psychische bzw. erdhafte Mensch dadurch charakterisiert, daß er an Essen, Trinken und ähnliche Lebensvollzüge gebunden[1673], vor allem aber unvollkommen ist und nicht

---

[1668] Oecumenius 884; vgl. auch Photius 580. Schon Didymus 10 erklärt: Wenn die Seele τὴν παθητικὴν ἕξιν überwinde, werde sie πνευματική, und der Leib dieser so ringenden und voranschreitenden Seele werde πνευματικόν genannt; zugleich aber wird am eschatologischen Charakter des σῶμα πνευματικόν festgehalten; vgl. dazu, zur gleichzeitigem Identität und Nichtidentität und zur Unterscheidung von ἀλλοίωσις und ἀλλαγή bei Didymus Altermath* 154-157.

[1669] Tertullian, Res. 53,6f (CChr 2, 998f); auch nach 17,2 (ebd. 941) spricht er von *anima corporalis*; nach 53,1 (ebd. 998) verstehen einige das *corpus animale* als *anima*, um die Wiederherstellung *a carne* fernzuhalten. Nach Irenaeus, Haer. 5,9,1 (SC 153, 106) steht die *anima* zwischen *caro* und *spiritus* und folgt bald dem einen, bald dem anderen. Gregor v. Nazianz sieht den Leib mit der Seele verbunden, denn der Mensch sei irdisch und himmlisch geschaffen, damit er gegen das Irdische um der himmlischen Herrlichkeit willen kämpfe (Orat. 65, 7 [PG 36, 632]); vgl. dazu Altermath* 179f. Später diskutiert z.B. Hugo 541f im Anschluß an unsere Stelle die Frage, ob der Leib von der Seele oder die Seele vom Leibe die *animalitas, id est, sensualitas* habe; seine Lösung: *animalitas nosci ex utriusque conjunctione, anima tamen sola sentit per corpus, corpus vero ea suscipit, non etiam sentit;* vgl. auch Robert v. Melun 228f.

[1670] So z.B. Theodor v. Mopsuestia: *Dominus Deus mortales quidem nos secundum praesentem vitam instituit ... dedit autem nobis praesentem hanc vitam mortalem, ut dici, ad exercitationem virtutem ...* (Ep. ad Gal 2,15f; zit bei Altermath* 208f Anm. 13 und 17); vgl. die Lit. und Diskussion ebd.;

246 werden als Vertreter solcher prälapsarischen Wertung des psychischen Leibes auch Clemens Alexandrinus, Athanasius, Didymus, Basilius, Chrysostomus, Ambrosiaster und Augustin genannt.

[1671] So z.B. Severian 275 bzw. Ambrosiaster 148; Altermath* 246 nennt weiter auch Tertullian, Pelagius, Origenes und Methodius; vgl. auch Augustin, Civ. D. 13,23 (BKV 16, 284), der aber 285f nur den allen gemeinsamen ersten Tod als Folge der Sünde Adams bezeichnet, nicht den zweiten, von dem »Gottes Gnade durch den Mittler« erlöst.

[1672] Irenaeus, Haer. 5,7,2 (SC 153, 90). Das Verhältnis von Seele und Geist kann hier nicht ausführlicher erörtert werden; vgl. z.B. bei Tertullian, der den Ursprung der Seele *ex dei flatu* herausstellt (An. 1,1 [CChr 2, 781]) und nach Zitat von Jes 57,16 und 42,5 erklärt, zuerst sei die Seele dem *in carne carnaliter* handelnden Volk gegeben, denn auch der Apostel setze zuerst das *animale* und dann das *spirituale* (11,3 [796f]); zum Gegenüber von Lebenshauch und lebendigmachendem Geist bei Irenaeus z.B. in Haer. 5,12,2 vgl. Noormann, Irenaeus 310-315. Deutlich hebt auch Augustin hervor, daß der Mensch nach Gen 2,7 zur lebendigen Seele wird, aber nicht schon die Belebung durch den Heiligen Geist erfährt, die vielmehr mit Joh 20,22 belegt wird (Civ. D. 13,24 [BKV 16, 289f]); vgl. weiter Pannenberg, Theologie, Bd. 2, 216-218 sowie W.-D. Hauschild, Gottes Geist und der Mensch. Studien zur frühchristlichen Pneumatologie, 1972 (BEvTh 63).

[1673] Ambrosiaster 181 (*cibi et potus auxilio utatur*); Augustin, Civ. D. 13,23 (BKV 16, 284); Lanfrank 212; Petrus Lombardus 1687; Cornelius a Lapide 343; nach Faber

immer den Heiligen Geist bei sich hat[1674]. Kaum negativer fällt das Urteil Augustins aus, der den psychischen Leib als animalischen Leib versteht, da Gen 1,24 in Analogie zu Gen 2,7 auch Tiere als ψυχὴ ζῶσα charakterisiert werden, so daß »der Leib ein tierischer genannt wird, weil er dem der Tiere ähnlich ist wegen der Auflösung durch den Tod und die Verweslichkeit, da er täglich durch Speise ernährt wird und später nach Lösung des Bandes der Seele der Auflösung anheim fällt«[1675].

Zur *pneumatischen Leiblichkeit* sei das Folgende festgehalten: So wie das *animale corpus* nach Tertullian Fleisch ist, das eine *anima* annimmt, so wird es nachher *spirituale*, wenn es sich mit dem Geist bekleidet[1676]. Augustin urteilt über die pneumatische Leiblichkeit zunächst zurückhaltend so, daß wir »über die Beschaffenheit eines geistigen Körpers keine Erfahrung besitzen« und nicht wissen, »wie man sie sich vorstellen oder begreiflich machen kann«; er fügt dann aber das Folgende an: »Sicherlich wird da keine Verwesung mehr sein, und deshalb werden diese geistigen Leiber auch der verweslichen Speise nicht bedürfen, die sie jetzt nötig haben«[1677]. Auch nach anderen Autoren bedarf der geistige Leib nicht mehr dessen, was den psychischen Leib am Leben erhält[1678], und das gilt selbst

---

Stapulensis 132r wird das *animale corpus* ernährt, wächst, nimmt ab, vermehrt sich und ist dem *fluxus substantialis* unterworfen, bleibt nie im selben Zustand; nach Cajetan 84v ist es an *actiones vegetativae* gebunden und der Hilfe bedürftig.

[1674] Hieronymus 769; Pelagius 223; Primasius 551; Hrabanus Maurus 152.

[1675] Ep. 19 (205) 9 (BKV 30, 244). Augustin führt den psychischen Leib anders als seine Sterblichkeit (vgl. oben Anm. 1671) auch nicht auf die Sünde zurück, als ob am Anfang der geistliche Leib gestanden hätte (Civ. D. 13,23 [BKV 16, 288f]). Zur Belebung durch den Heiligen Geist wird nicht nur auf Joh 20,22 (vgl. oben Anm. 1672), sondern auch auf den Unterschied von πνοή und πνεῦμα und auf Gen 1,24 verwiesen, wonach die Erde *animam viventem* hervorbringt (13, 24 [289-296]). Nach Scheeben, Schriften V 541 wird dagegen nur von Ps-Augustin (Quest. in Vet. et Nov. Test. [PL 35, 2370]) bestritten, daß Adam den Heiligen Geist gehabt habe, während Augustin selbst erkläre, »daß Adam nicht bloß *animalis*, sondern *spiritualis homo* gewesen und erst durch die Sünde *animalis* geworden sei« (De Gen. Contra Man. 1,2,8 [PL 34, 201]).

[1676] Res. 53,10 (CChr 2, 999). Nach Fulgentius nennt Paulus den Leib einen geistigen, »nicht weil der Leib selbst ein Geist sein wird, sondern weil er durch die Bele-

bung des Geistes unsterblich und unverweslich bleiben wird« (De Fide 29,70 [BKV 2. R. 9, 179]). Joh. Scotus dagegen nimmt an, daß alles, was durch den Fall als Strafe der ursprünglich unvergänglich erschaffenen Natur hinzugegeben worden ist, »in Geist verwandelt« und »der ganze Mensch, der äußere und der innere, der sinnliche und der geistige ... in Eins vereinigt werden« wird (Einteilung der Natur 5,12 [PL 122, 884]; zitiert bei Staehelin, Verkündigung, Bd. 2, 218).

[1677] Ep. ad Paul. 6 (TKV 4, 528); vgl. auch ders., Civ. D. 13,23 (BKV 16, 284), wonach der vom Geist bestimmte Leib aller Schwerfälligkeit und Vergänglichkeit des Fleisches ledig ist; vgl. auch Enchir. 23,91 (BKV 49, 474): »ohne irgendwelche Makel und Mißbildung und ohne alle Verderbtheit und drückende Schwerfälligkeit«, aber »wirkliche Leiber, ... keine [bloßen] Geister«; Civ. D. 22,21 (BKV 28, 435) heißt es: »Zurückerstattet wird also alles werden, was dem Leibe bei Lebzeiten und dem Leichname nach dem Tode abhanden kam, und all das wird samt dem im Grabe noch vorhandenen Überresten bei der Auferstehung umgewandelt werden aus dem ehemaligen seelischen Leib in einen neuen geistigen Leib«.

[1678] Ambrosiaster 181; Ambrosius 284 u.a.; Petrus Lombardus 1687 spricht daran anschließend von einem *transire in natu-*

für das in die Auferweckung einbezogene Fleisch[1679]. Nach Augustin darf man »eine dem Geiste botmäßige Leiblichkeit« eine geistige nennen, »nicht weil sie sich in einen Geist verwandelt«, »sondern weil sie dem Geiste mit höchster und wunderbarer Leichtigkeit des Gehorchens ergeben sein« wird[1680]. Wie das *animale corpus* nicht *anima* ist, sondern Leib, so ist auch das *spirituale corpus* nicht Geist, sondern Leib, zumal auch der auferstandene Herr leiblich berührt werden konnte[1681]. Der pneumatische Leib ist zwar nicht mehr den psychischen παθήματα unterworfen, aber ebensowenig ätherisch, wie Origenes meint, sondern ein solcher, der alle Energie und Gemeinschaft vom Geist empfängt[1682]. Nach Bernhard v. Clairvaux wird auch die Seele vergeistigt[1683], und nach dem syrischen Mönch Johannes v. Apamea soll der Leib »von der Körperlichkeit zur Geistigkeit verwandelt« werden, wie der Apostel in V 44 gesagt habe[1684]. Nikolaus von Cues urteilt, der ganze Mensch sei nach der Verwandlung der Vergänglichkeit in Unvergänglichkeit »nur noch seine vergeistigte Vernunft« und »der wirkliche Leib im Geiste aufgehoben«; während vorher »die Vernunft sozusagen eingekerkert« erscheine, also »der Geist im Leib ist«, werde nun der Leib im Geist sein[1685].

---

ram spiritus, id est habens quaedam spiritualia, et spiritui naturalia (ähnlich Haymo 601).

[1679] Vgl. Hieronymus, Jona-Komm. 2,7 (SC 323, 248); vgl. auch Cassian, Coll. 1,10 (SC 42, 88). Oecumenius 888 charakterisiert den pneumatischen Leib wie ein Öl- oder Weingefäß für den psychischen.

[1680] Civ. D. 13,20 (BKV 16, 280); vgl. auch ebd.: »Der geistige Leib wird nicht sein, wie der jetzige auch bei allerbester Gesundheit ist«; vgl. auch De Gen ad Litt. 12,7 (CSEL 28.3.3, 389: *sine ulla indigentia corporalium alimentorum solo uiuificatur spiritu,* wenn auch nicht aus *incorporea substantia*) und Herveus 988 (*Sicut enim spiritus carni serviens, non incongrue carnalis; ita caro spiritui serviens, recte appellatur spiritalis*). Bei Theodoret 365 heißt es einfach, der psychische Leib werde von der ψυχή, der pneumatische vom πνεῦμα regiert.

[1681] Haymo 601; Petrus Lombardus 1687; ähnlich Atto 405. Vgl. schon Methodius, Res. 3,12,7, wonach auch der auferstandene Christus in dem »von Fleisch und Beinen zusammengesetzten Leib« erschien (GCS 27, 409); Johannes Damascenus (De Rect. Fid. 4,27 [BKV 44, 265]) verbindet Lk 24,39 mit 1Kor 15,42-44. Didymus 10 betont dagegen, daß das auferweckte σῶμα der Christen nichts mit dem des Ἀδὰμ ψυχικόν zu tun hat: ὁμοιοῦται τῷ τοῦ Χριστοῦ σώματι πνευματικῷ.

[1682] So Oecumenius 885.888 (vgl. schon Cyrill 907f und auch Photius 580); nach Theophylakt 776 ist er zwar subtil und leicht und bewegt sich in der Luft, ist aber nicht, wie Origenes meint, von luftartiger und ätherischer Substanz; Theodoret verweist aber darauf, daß auch der auferstandene Christus durch verschlossene Türen gehen konnte (Ep. 146 [145]; [SC 11, 194]); vgl. später Cornelius a Lapide 343: Nicht wie Origenes und Eutychius, wohl aber *quasi coeleste & deificatum quasi in angelicum habitum.*

[1683] Schriften, Bd. 2, 272: Seele und Leib werden vergeistigt auferstehen, vorausgesetzt, daß der Leib nach der Aufforderung des Apostels »gesät wurde, solange er noch sinnlich war«; vgl. schon EpAp 12, wo von der Auferstehung des Fleisches gesprochen wird, in dem die Seele der Geist ist (TU 43, 79; ebd. 348 wird Ps-Justin, De Res. Frgm 109 zitiert: πνεύματος δὲ ψυχὴ οἶκος).

[1684] So die Übersetzung bei W. Strothmann, Johannes v. Apamea, 1972 (PTS 11), 121; vgl. auch ebd.: »Wenn wir also, wie gesagt, in die Geistigkeit verwandelt werden, deren Erscheinung nicht körperlich, sondern von der Natur unseres geistigen Menschen ist, dann ist deutlich, daß auch der körperliche (Mensch) in der Welt des Geistigen alles andere von diesem Geistigen erhält«.

[1685] A.a.O. (Anm. 869) 73. Auch wenn die Sterblichen zur Unsterblichkeit auferste-

Zum Teil werden beide Bestimmungen des Leibes aber auch auf die Gegenwart bezogen. So ist nach Clemens Alexandrinus der, der mit dem Herrn »ein Geist« ist (1Kor 6,16), »ein geistlicher Leib«, ganz heilig, vollkommen usw.[1686]. Isaak v. Stella charakterisiert den Christen als *non sola caro, nec solus spiritus*, sondern er lebe *ex parte* als *pecus* (Tier), und *ex parte* als *angelus*, bis alle Ähnlichkeit mit dem Tier verschwinde und er den Engeln gleich sei[1687]. Später wird unter Aufnahme von 2Kor 4,16 der *homo terrenus* mit dem *homo exterior* identifiziert und der *homo coelestis* mit dem *homo interior*[1688]. Meist aber heißt es, daß der Geist zwar schon jetzt regiert, aber noch nicht ganz und noch nicht immer[1689], ja der geistliche Leib wird von der kommenden Welt erwartet, z.B. in Kombination mit Phil 3,21[1690]. Nach Origenes bleibt bei der Auferstehung der Gerechten nichts Psychisches in denen, »die das Leben der Seligen verdient haben«[1691].

Die eher neutrale Beurteilung des »*psychischen Leibes*« bestimmt auch die spätere Sicht, auch die der Reformatoren. Nach Luther ist der psychische Leib »ein fressender, trinkender, dauender leib, *qui* kinder zeugt und helt haus, mus ruge haben. *Hoc est corpus naturale* ... Das ists naturlich wesen *in terris*. Das ist *secundum* seel *vel* leiplich leben, vergenglich leben geredt«[1692]. Nach Calvin (464) »regiert die Natur« den gegenwärtigen Leib, und nach Bullinger (252) ist das *animale corpus* das, *quod pene cum brutis animantibus commune habemus*[1693].

hen, sind sie aber nach Anselm wahre Menschen (Cur deus homo 11; Darmstadt 1956, 111).
[1686] Strom. 7,88,3 (GCS 17.2, 62). Vgl. auch Didymus 10, wonach der geistliche Leib dann vorhanden ist, wenn die ψυχή die παθητικὴ ἕξις überwindet.
[1687] Serm. 11 (SC 130, 248). Basilius v. Cäsarea führt als Beleg Lk 20,34-36 an (Hom. in Ps 44 [PG 29, 389]); zitiert bei Altermath* 174).
[1688] Hus, Opera VII 600 (vgl. auch 282: Oportet vos nasci denuo); Nikolaus v. Cues, Opera IV 126; Calixt, Werke, Bd. 2, 543.
[1689] Vgl. außer oben Anm. 1674 Theophylakt 776 und Augustin, Civ. D. 22,21 (TKV 4, 517): Wenn man »von einem geistigen Menschen in diesem Leben« spreche, meine man dabei doch immer einen, »der dem Leibe nach noch fleischlich ist und ein anderes Gesetz in seinen Gliedern bemerkt, das mit dem Gesetz seines Geistes im Kampfe liegt. Er wird jedoch auch dem Leibe nach geistig sein, wenn dieses sein Fleisch in der Weise auferstanden sein wird, daß eintritt, was geschrieben steht«.

[1690] Isaak v. Stella, Serm. 40,12 (SC 339, 20); Basilius v. Caesarea, De Spir. S. 69 (Fontes 12, 288), wonach unser Leib der Niedrigkeit ἀπὸ τοῦ ψυχικοῦ πρὸς τὸ πνευματικόν umgestaltet werden wird.
[1691] Princ. 2,8,2 (TzF 24, 384ff); vgl. auch 3,6,6 (ebd. 660f), wonach es nicht ein anderer Leib ist, der aufersteht, sondern dieser Leib »die Schwächen ablegen wird, die er jetzt hat, zur Herrlichkeit umgewandelt wird und so zum ›geistigen Körper‹ wird«.
[1692] WA 36, 659f; vgl. auch 662: »Natürlich i.e. ein viehisch, *qui videlicet* essen, trinken, kleider und schuh hat *et omnes necessitates*«; vgl. auch WA 42, 65: *Animam viventem vocat vitam animalem, quae est edere, bibere, generare, augescere.* Auch Melanchthon (83) urteilt ähnlich: *Anima significat naturalem vitam, naturales motus, et vires omnes in universum. Ita hic vocat corpus animale corpus, quod naturaliter vegetatur ..., qui naturalibus viribus, naturalibus affectibus ducitur et vivit.*
[1693] Nach ebd. hat das *animale corpus* seinen Namen von *anima, uita atque affectibus noxijs, stultis & anxijs*; vgl. auch Beza

An der Sicht des psychischen Leibes ändert sich auch in der Folgezeit wenig. Nach Spener ist der natürliche Leib ein solcher, »der nur die natürliche eigenschafften / also auch schwachheiten hat / der seiner speise / trancks / nahrung / ruhe bedarff / u.s.f.«[1694]. Auch für v. Mosheim (726) ist das σῶμα ψυχικόν »ein Leib, der mit einer Einbildung und mit Sinnen begabet ist, die den Geist an seiner Betrachtung hindern und benebeln, die allerhand unreine Vorstellungen in dem Verstande, allerhand Lůste, Begierden und unordentliche Neigungen in dem Willen erwecken«[1695]. Vereinzelt gibt es zwar auch sehr positive Wertungen (»It was [man's] proper *being*, his truest *self*, the man *in* the man«[1696]), meist aber solche, die auf die »gefallene Schöpfung«[1697] oder »die ganze Naturausstattung des Menschen, die wir alle haben«, abheben[1698].

Der *geistliche Leib* wird meist in spiegelbildlicher Umkehrung zum natürlichen Leib bestimmt, wobei nicht immer deutlich wird, ob diese Umkehrung erst die Zukunft oder schon die Gegenwart betrifft. »Es sol ein geistlicher leib sein, *et id, quod prius naturale* und das viehisch wesen gefurt, *idem* sol *spirituale* werden ... *Et* sol werden ein geistlicher leib *ut Christi in die resurrectionis*«[1699]. Auch nach Zwingli (186) heißt *spirituale corpus* nicht Verwandlung in Geist, sondern dem Geist ganz unterworfen sein, aber auch *corporeis alimentis ultra non egere*[1700]. So wie den gegenwärtigen Leib die Natur regiert, so regiert den zukünftigen »der Geist als göttliche lebenspendende Kraft. Der Leib bleibt ein und derselbe, aber seine Beschaffenheit ändert sich« (Calvin 464). Auch sonst wird bei aller verschiedenen Qualität der

164: *Animale corpus: cui anima vitales facultates praebet, imbecillas* (kraftlos) *tamen illas & temporarias.*

[1694] Schriften III 1.2, 1156; vgl. auch III 1.1, 468: Der natürliche Leib hat »viel unvollkommenheiten auß seiner groben elementarischen art an sich«; vgl. auch den Kommentar 504: *Animale corpus ... operatur eo modo, quem homo cum brutis communem habet*, und er zitiert dann Luther: *edit, bibit, dormit, concoquit* (verdauen), *crescit, decrescit, generat*; vgl. auch 505: Der irdische Leib ist zwar *tota terrena*, hat *nihil commune cum coelesti*, doch wird das so bestimmt, daß nicht etwa die Seele, sondern der Leib daran hindert.

[1695] Vgl. auch Semler 442; Thomasius, Dogmatik, Bd. 1, 247 (»mit der irdischen Gebundenheit und Beschränktheit behaftet«) u.a.

[1696] So S.T. Coleridge (1905) in: Wheeler, a.a.O. (Anm. 1559) 253.

[1697] So Heim, a.a.O (Anm. 1599) 151.

[1698] So Albertz, a.a.O. (Anm. 1600) 58; vgl. auch ebd.: »Zu dem natürlichen Leib des Menschen gehört seine Seele, sein Verstand, sein Gefühl, seine Willenskraft, all

das, wodurch wir unseren Leib regieren und zum Organ unseres äußeren Menschen werden lassen«.

[1699] Luther, WA 36, 666f; Luther kann das auch sehr drastisch ausmalen: *Caro, corpus manebit, sed erit* ein leichtes, lichts, reines leben, *ut nihil impuritatis ... Iam oculis non possum* uber 1 meil sehen, *sed tum ibi videbo Romam et audiam angelum* vom end der welt. *Non opus, ut pedibus incedam* (673); 666 richtet er sich gegen Häretiker, die sich auf V 50 berufen und erklären: »In jhenem leben *resurget* sel und geist, *caro* und bein *manebit in terra semper*«. Thomasius, Dogmatik, Bd. 2, 290 zitiert Luther (EA 51, 247): »Also lerne hier die wort beide, natürlich und geistlich, recht und unterschiedlich verstehen nach der Schrift Weise, nicht also, daß der Leib zu unterscheiden sei von der Seele ..., sondern also, daß auch der Leib muß Geist werden oder geistlich leben«.

[1700] Vgl. auch Beza 164, wo das *spirituale corpus* so erklärt wird: *Quod diuinae illius virtutis particeps, tanto excellentiorem vitam viuit, quanto Deus anima praestat*; vgl. auch Bullinger 252: *Carens affectibus*, ganz frei, engelgleich, keine Heirat usw.

Leiber in Gegenwart und Zukunft Wert auf die Selbigkeit des Subjekts gelegt. Nach Beza (164) vergleicht Paulus nicht zwei *corpora*, sondern eines und dasselbe, und zwar den Menschen mit zwei verschiedenen *qualitates*, jedenfalls in *vno & eodem subjecto*. Für Maior (228r) bedeutet der geistliche Leib nicht, *quod prior materia non restituatur & quod fit redacta in nihilum, sed quod restituta uiuat iam uita spirtituali*[1701].

Die Freiheit der von natürlichen Lebensbedingungen freien Leiblichkeit bleibt das entscheidende Moment auch in der Folgezeit. Nach Spener ist der geistliche Leib »nicht mehr den natürlichen schwachheiten / der nothwendigkeit essens / trinckens / schlaffens / unterworffen«[1702]. Auch für v. Mosheim (726) ist der geistliche Leib, »der gereinigte Sinnen hat, der die Seele in ihrer Arbeit und Andacht nicht störet, der dem Geiste keine unvollkommene und unrichtige Begriffe, dem Willen keine sündliche und unreine Affecten und Begierden beybringen und mittheilen kann«; ähnlich ist nach v. Flatt (389) der geistliche Leib ein solcher, »der nicht zur Befriedigung thierischer Bedürfnisse, sondern nur zur Befriedigung geistiger Bedürfnisse dient«. Oberlin und Lavater dagegen beharren darauf, daß zur verheißenen neuen Leiblichkeit auch ein neuer Himmel und eine neue Erde gehören[1703]. Es begegnen aber auch mancherlei spekulative Ausdeutungen. So mutet Billroth (233) nach Olshausen (756) dem Apostel hier den Gedanken zu, daß der geistige Leib »die Macht des Geistes« sei, »welcher sich in seiner Einheit mit Christo und Gott bewußt ist, seine wahrhafte Unendlichkeit darin zu haben, daß er stets von neuem in die Endlichkeit eingeht, sich aber darin als der unendliche erhält«[1704]. Kliefoth wendet sich mit Recht gegen eine Reihe von Autoren, die den geistlichen Leib »als Product einer Entwickelung« begreifen, d.h. »im Wege einer schon in unserer Natur angelegten und durch den heiligen Geist und durch die Sacramente geförderten Entwickelung, so daß schließlich unsere Auferstehung als Resultat unseres Heiligungsprocesses, als unsere ›höchste‹ Tat erscheint« und nicht als ein Wunder »von außen her«[1705]. Aus der reli-

---

[1701] Vgl. auch die folgenden Bestimmungen: *lucida, pura, non mutabilis, non mortalis, habens actiones animae rationalis, sensuum, appetitionum, loco motiuae, quae omnes ardeant Spiritu sancto*. Vgl. auch Coccejus 343f; Crell 361 (z.B. *subtile* und *sequax* [leicht, geschmeidig]) und Calixt, Werke, Bd. 4, 452 (*perfecte et sine difficultatibus obstaculisque* dem lebenschaffenden Geist unterworfen sein).

[1702] Schriften II 1, 468; vgl. auch 579 (die Auferstandenen werden »kein irdisch oder natürlich leben mehr führen«) und II 2, 329. Nach III 1.2, 1156 werden aber auch die Ungerechten »mit geistlichen eigenschafften angethan seyn / dann sonsten / wo es solche schwache natürliche leiber wären / könten sie nicht ewig quaal leiden«.

[1703] Oberlin, Lebensgeschichte, Teil 4, 190: »Die alte Erde, der alte Himmel, das al-

te Jerusalem taugen demnach nicht zum Wohnplatz des auferstandenen *neuen* Leibes, sondern Himmel und Erde müssen erneuert werden« (kursiv im Original gesperrt); Lavater führt außer V 26.58 auch Röm 8,19ff an (Ruprecht, Tod, Bd. 1, 415); vgl. auch Küng, Leben 277f.

[1704] Auch für Olshausen 757 sind irdischer und himmlischer Leib nicht identisch, »aber auch nicht absolut verschieden, die Elemente jenes werden zur Bildung dieses verwendet, der eine geht allmälig durch die Wirkung Christi im Gläubigen in den andern über«. So wie der Mensch »überhaupt auf der Grenze zweier Welten« stehe, »der Erde und dem Himmel gleich verwandt«, so habe er »auch eine zwiefache Leiblichkeit« (755).

[1705] A.a.O. (Anm. 285) 256; ähnlich 255, wo dagegen polemisiert wird, »daß der Auferstehungsleib schon in diesem sterblichen

giösen Dichtung kenne ich nur das Beispiel der Christina Rossetti (1830-1894)[1706].

Sehe ich recht, spielt die Stelle in der Neuzeit keine große Rolle, vor allem wohl wegen ihrer negativen Konnotationen. Offenbar ist die Tatsache, daß die Seele nach Paulus mehr mit der Erde als mit dem Geist zu tun haben soll, ein beträchtliches Problem und Ärgernis, wie sich deutlich in den wenigen Bezugnahmen zeigt[1707]. Rahner greift nur die pneumatische Leiblichkeit auf: Von der Erfahrung der Apostel mit dem Auferstandenen her sei »eine gewisse Vorstellung der vollendeten Leiblichkeit« möglich, wobei aber nicht zu vergessen sei, daß »es eine gewissermaßen gebrochene, übersetzte Erfahrung ist und auch so noch dunkel bleibt, wie das Vollendete den Vollendeten erscheint. Wir werden also schließlich nur in der paradoxen Sprache Pauli sagen können: es wird ein pneumatischer Leib sein (I. Kor. 15,44): wahre Leiblichkeit, die doch reiner Ausdruck des Geistes, der eins mit dem Pneuma Gottes geworden ist, und seine Leibhaftigkeit ist, ohne seine Enge und Verdemütigung und Leere zu bleiben, welche die im Tod gewonnene Freiheit vom irdischen Hier und Jetzt nicht wieder aufhebt, sondern gerade zur reinen Erscheinung bringt«[1708]. Barth (116) ist einer der wenigen, der mit Nachdruck die m.E. zutreffende paulinische Sicht der Dinge zur Geltung bringt und nicht abschwächt, daß das σῶμα ψυχικόν (nach Barth »das wahrnehmende, denkende, wollende menschliche Bewußtsein in seiner Gebundenheit an den leiblichen Organismus«) von Paulus in eine Reihe mit φθορά, ἀτιμία und ἀσθένεια gestellt wird; entsprechend gilt der geistliche Leib als »radikalster Ausdruck des Gedankens, daß Gott der Herr ist«, als »das absolute Wunder«, zu

---

Leibe angelegt sei und in der Auferstehung nur zur Erscheinung komme, oder daß die Seele sich ihren Leib selbst bilde, oder daß sie ihn schon aus dem Zwischenstande mitbringe u.s.w.«. Er selbst charakterisiert 272 den »geistlichen Leib« so: »Sie werden nicht Geister, nicht Engel, sondern richtige Menschenleiber sein, aber entkleidet der groben irdischen Materialität« und »dergestalt durchgeistet, daß sie nicht bloß ihrer Seele, sondern auch dem dieser innewohnenden heiligen Geiste immer und in Allem zu Dienst und Willen sein werden«.

[1706] »Christina Rossetti's eschatological poetry folds present renunciation into future judgment, future heaven into present vision. Where her brother looked for the transfiguration of the body through the erotic in the here and now, she anticipated the transformation of the spiritual body described by St Paul, and the deferred consummation of all earthly longings in the

mystical marriage of Christ with his church in the *eschaton*« (Wheeler, a.a.O. [Anm 1559] 163).
[1707] Vgl. die Deutung ins Positive bei Scheeben, Schriften V 159: Der menschliche Leib werde »hier *ausschließlich durch die ihm eingehauchte, gottähnliche Seele* belebt«, doch andererseits sei die menschliche Seele, »obgleich sie höheren Ursprungs und Wesens ist, als die Seele der übrigen animantia, nichtsdestoweniger mit ihrem Leibe ebenso innig verwachsen ... und *eine lebendige Natur*« wie die übrigen Lebewesen. Meist begnügt man sich mit eher neutralen Kategorien wie »die ganze Naturausstattung des Menschen« (Albertz, a.a.O. [Anm. 1600] 58).
[1708] Schriften, Bd. 2, 223. Daß »die positiven Prädikate der Reihe VV. 42-44 von Christus her zu verstehen« sind, ist auch die Auffassung von Voigt, a.a.O. (Anm. 1562) 194.

dem kein Weg führt, »auch kein erkenntnistheoretischer, geschweige
denn ein empirischer Weg«; zugleich aber wird an der Korrelation von radikal verstandenem Geist und der Leiblichkeit festgehalten (115): »Der
Geist, das πνεῦμα, nicht unser bißchen Geist und Geistlichkeit, sondern
Gottes Geist triumphiert gerade nicht in einem reinen Geist-sein, sondern: ἐγείρεται σῶμα πνευματικόν, auferweckt wird ein (*Gott-*)geistli-
cher Leib, das Ende der Wege Gottes ist die Leiblichkeit«[1709]. Für Moltmann gehört die verklärte Leiblichkeit (wie der neue Himmel und die
neue Erde u.ä.) zu den »Vor-stellungen und Bilder(n), in denen die Zukunft an den Erfahrungen einer negativen Gegenwart vor-gestellt und
›vor-heißen‹ wird, wie es früher hieß. Diese Vorstellungen und Bilder
sind Fragmente aus einem durch die Hoffnung in seiner Beschädigung
aufgedeckten und darum erlittenen Leben ... Mögen diese Vorstellungen
und Bilder zeitbedingt sein – sie sind es und müssen es sein, wenn sie zeit-
kritisch sein wollen –, so ist mit ihnen doch etwas intendiert, was den status quo allemal überschreitet und in Bewegung bringt«[1710].

5.   Die Adam-Christus-Typologie wird ähnlich wie in V 21f ausgelegt,
doch begegnen auch eigene Akzente, wobei aber der Anteil unserer Stelle,
die oft in Kombination mit V 21 und Röm 5,12ff angeführt wird, nicht
immer abzugrenzen ist. Einerseits wird der erste Mensch mit der Sünde
verknüpft[1711], andererseits aber seine »lebendige Seele« neutral, ja fast
positiv charakterisiert, weil auch er *accepto spiritu ex flato dei factus est
in animam viventem*[1712], wobei vorausgesetzt wird, daß auch Christus in

---

[1709] Vgl. auch Steck, GPM 24 (1970) 200
und auch 202: »Bleiben wir bei den Antithesen des Paulus, so wird uns das Doppelte
zugemutet: Einmal, die ganze Gebrechlichkeit unseres Daseins ins Auge zu fassen,
gelten zu lassen und nichts daran zu be-
schönigen: *Phthora, atimia, astheneia*! ...
Es muß also gar nicht erst von Sünde und
Schuld geredet werden«. Nach Schellong
dagegen sieht Paulus im ψυχικὸς ἄνθρωπος »nicht einfach den gebrechlichen
Menschen, sondern den, der von Gott
nichts weiß, dem Gottes Kommen im Gekreuzigten Torheit ist. Es geht hier also um
die Gottabgewandtheit des Menschen – und
diese ist so tief, daß der ganze Mensch
›geistlich‹ werden muß – auch der Leib«
(GPM 30 [1976] 201); auch für Voigt,
a.a.O. (Anm. 1562) 194 ist z.B. die Unverweslichkeit »da, wo unser Widerstand gegen Gott beendet und unser Verhältnis zu
Gott heil geworden ist«.
[1710] Theologie 196. Hedinger, Hoffnung
74-76 insistiert gegenüber Bultmanns Kritik an einer *spes quae* als leidloser Zukunft

auch von V 42f her darauf, daß Paulus die
Eschatologie »geradezu als Erfüllung der
nur seufzenden und sich ängstigenden Erwartung des Geschaffenen« zur Sprache
bringt und nach V 43 die Doxa »nicht innerhalb, sondern außerhalb der Existenz
(σῶμα ψυχικόν) als Überwinderin der Vergänglichkeit und Verweslichkeit zum Wirken« kommt. Zur Bedeutung der Auferstehungsleiblichkeit vgl. oben Anm. 1606f und
etwa Heidler, a.a.O. (Anm. 285) 142-149.
[1711] Vgl. Origenes, In Rom. 5 (PG 14,
1022); Gregor v. Nyssa, Opera III 2, 11;
Gregor v. Nazianz, Disc. 33,9 (SC 318, 176);
Aphrahat, Unterweisung 6,18 (Fontes 5.1,
211): »Jener Adam, der von der Erde
stammt, ist der, der gesündigt hat«. Ambrosius kann unter dem »Irdischen« sogar
den Satan verstehen (De Off. 1, 245; BKV
32, 126 Anm. 1); ebs. Origenes, Hom in Ex
1,5 (SC 16, 90) und dazu Altermath* 116f.
[1712] So Ambrosiaster 181 u.a.; vgl. schon
Irenaeus, Haer. 5,1,3, wonach die Erschaffung Adams am Anfang so geschah. daß der
Hauch des Lebens den Menschen so beleb-

keiner anderen Weise Mensch gewesen ist (vgl. unten Anm. 1716f). Später kann es sogar heißen, daß Adam *animam vitalem et spiritualem, id est, rationalem* hatte (Lanfrank 212), und auch nach Thomas verstehen einige die Einhauchung des Lebensodems bei der Erschaffung des Menschen vom Heiligen Geist, doch ist V 45a nach seiner eigenen Meinung auf die *vita animalis* und nicht *spiritualis* zu beziehen[1713].

V 45 kann auch insgesamt auf Christus gedeutet werden: Der erste Mensch sei der aus der Jungfrau Geborene, der zweite der auf sie herabgekommene Heilige Geist[1714]. Für Methodius ist Adam offenbar sogar selbst ein Christus, »ein Mensch, erfüllt mit der unvermischten und vollkommenen Gottheit, und ein Gott beschlossen im Menschen«[1715].

Das eigentliche Interesse aber gilt wegen der soteriologischen Bedeutung Christi dem zweiten Menschen bzw. letzten Adam. Selbstverständlich gilt auch Christus wie Adam ganz und gar als Mensch[1716], der dieselbe Natur hat[1717] und vom ersten Menschen abstammt: ὁ δεύτερος ἐκ τοῦ πρώτου

---

te, daß er zu einem vernünftigen Wesen (*animal rationabile*) wurde (SC 153, 26), was freilich nichts daran ändert, daß erst der lebenschaffende Geist ihn lebendig restituiere (*restituet*) bzw. vollende (ἀποτελοῦν; 5,12,1 [142]).

[1713] Summa, Bd. 7, 33; vgl. auch 138f: Die *anima rationalis* sei zwar sowohl *anima*, als auch *spiritus*, doch nenne *anima* gewiß das, was sie mit anderen Sinneswesen gemeinsam habe; *animale* aber werde der Leib V 45, insofern er das Leben von der Seele hatte ... In der Vollendung aber werde anstelle der *anima vegetabilis* (Tätigkeiten wie ernähren, erzeugen) die Seele dem Leibe das mitteilen, was ihr als Geist eigen ist.

[1714] So Hilarius, De Trin. 10,17 (BKV 2. R. 6, 172). Ganz spekulativ auch Johannes v. Fiore: »Der erste Stand also bezieht sich auf den Vater, den Schöpfer aller Dinge, und hat deshalb beim Stammvater, soweit der das Geheimnis des siebzigtägigen Fastens betrifft, begonnen, gemäß ... [es folgt V 47]; der zweite Stand bezieht sich auf den Sohn, der geruht hat, unsern Lehm anzunehmen, damit er darin fasten und leiden könne, um den Stand des ersten Menschen, der durch sein Mitessen gefallen war, wiederherzustellen« (Werk der Übereinstimmung 2 [Staehelin, Verkündigung, Bd. 3, 142]).

[1715] Symp. 3,5 (BKV 2, 304); vgl. Aleith, Paulusverständnis 218.220.

[1716] Vgl. Tertullian, Res. 49,2f (CChr 2,

990): Der zweite Mensch vom Himmel ist in keiner anderen Weise Mensch mit Leib und Seele (*caro atque anima*), z.B. wie Adam auch nicht durch Zeugung geworden; immerhin wird in De Carne 22,6 (CChr 2, 913) zugleich an die bestimmte *qualitas carnis* seiner Abraham- und Davidsohnschaft erinnert. Cyrill erklärt sogar, daß Christus bei seiner Inkarnation unverderbliches und unvergängliches Fleisch angenommen habe (De Incarn. Unigen. 91 [SC 97, 231]; zitiert bei Altermath* 165).

[1717] Hieronymus 769; Pelagius 223f; Primasius 552; das wird gegen Manichäer und Apollinaristen gerichtet, die bestreiten, daß ein *perfectum hominem* vom Worte Gottes angenommen worden ist; schon Gregor v. Nyssa stützt sich auf unseren Text in seiner Polemik gegen Apollinaris, nach dem der inkarnierte Logos zwar σάρξ und ψυχή, aber nicht νοῦς bzw. πνεῦμα gehabt haben soll (Adv. Apoll. [PG 45, 1145]; vgl. Altermath* 185). Vgl. später auch Hrabanus Maurus 153; Cornelius a Lapide 344 (gegen Valentinus und andere Gnostiker, die Christus einen Leib *non elementare & humanum* zuschreiben, sondern *quasi per matrem* wie Regenwasser, das durch eine Röhre hindurchfließt). Nach Petrus Lombardus 1688 wird Christus Adam geheißen, weil er *de eadem materia* wie dieser ist; vgl. schon Theophylakt 777: Der Name Adam bedeute γήινον καὶ χοϊκόν.

τὸ κατὰ σάρκα – διὸ καὶ ἄνθρωπος καὶ υἱὸς ἀνθρώπου Χριστός[1718]. Deshalb wird V 47 mit Joh 1,14 verbunden, was nichts an seiner Gottheit ändere[1719]. Die christologische Problematik, daß der zweite Mensch zugleich vom Himmel stammt (oft mit johanneischen Stellen wie Joh 3,13; 6,38 und 8,23 zusammengebracht)[1720], wird meist so gelöst, daß er das aus dem Vater geborene Wort Gottes ist, während sein Leib aus Maria geboren ist, weil nur die volle Menschwerdung und gleichzeitige Gottheit die Erlösung gewährleiste[1721]. Bonaventura richtet sich später ebenfalls gegen solche, die dem Christus eine *caro coelestis* zuschreiben, denn hätte er nicht *carnem terrestrem* und *carnem de nostro genere* gehabt, hätte er auch nicht wahrhaft gelitten und der Mensch würde nicht erlöst[1722]. Daß der zweite Mensch geistig und himmlisch genannt wird, soll nach Otto v. Freising nicht besagen, »daß er des Fleisches ermangele«, sondern daß er »mit den Werken des Fleisches nichts zu schaffen hat«[1723].

[1718] So das Symbol des Ps-Gregorius Thaumaturgos (Hahn, Bibliothek 281).

[1719] Athanasius, Or. Contra Ar. 1,44 (BKV 13, 82); Cyrill 910; vgl. dazu Altermath* 146-149 bzw. 165-167. Vgl. auch Aleith, Paulusverständnis 83 zu Hippolyt (Contra Noet. 17): Im zweiten Adam »vereinigen sich das Himmlische des Logos und das Irdische des alten Adam«. Auch Joachim v. Fiore findet in V 47 die Zweinaturenlehre (Concordia Novi et Veteris Testamenti, 1519 [Nachdruck Frankfurt a.M. 1964], 29v: *iunxit duas naturas in unam personam*).

[1720] Vgl. Origenes, In Joh 19,19f (GCS 10, 321); Cyrill, Quod Christus Unus 771 (SC 97, 490) u.a.; a.a.O. (BKV 2. R. 12, 120f) heißt es: »Wie er nun Fluch und Sünde geworden, um Fluch und Sünde aufzuheben, so, behaupten wir, ist er zu einem lebendig-machenden Geiste geworden, um die lebendige Seele zu einem andern Sein umzugestalten«. Nach Euseb hat Christus selbst »den niedrigen Leib, in den er sich gekleidet, in einen glänzenden und herrlichen verwandelt und das Fleisch selbst von der Verweslichkeit befreit und in Unverweslichkeit geführt« (Hist. Eccl. 10,4 [BKV 2. R. 1, 453]).

[1721] Cyrill, Quod Christus Unus (BKV 2. R. 12, 124f.127.194); vgl. ders., An Joh. v. Antiochien (ebd. 104): Christus hat sein Fleisch »nicht von oben und vom Himmel her herabgebracht«, sondern ist »aus der heiligen Jungfrau geboren worden«. Nach Hilarius bezeugt Paulus durch die Wendung »vom Himmel« den Ursprung Christi »aus dem Nahen des Heiligen Geistes ..., der auf die Jungfrau herabkam« (De Trin. 10,17 [BKV 2. R. 6, 172]); vgl. auch Atto 406, nach dem *coelestis* gebraucht wird, weil Christus nicht aus Mann und Frau, sondern aus dem Heiligen Geist und Maria gezeugt wurde, und Fulgentius: »Den ersten Menschen hat das Weib durch ihren verderbten Sinn getäuscht, den zweiten Menschen hat die Jungfrau in ihrer unverderbten Reinheit empfangen« (Ausgewählte Predigten 2,6 [BKV 2. R. 9, 205]). Nach Basilius v. Caesarea dagegen ist schon der erste Adam nicht durch das Zusammenkommen von Mann und Frau zur Geburt gekommen, sondern aus der Erde geformt worden, und der letzte Adam hat im Schoß der Jungfrau seinen Leib empfangen, damit er in der Gleichheit des Sündenfleisches wäre (In Jes. 7 [PG 30, 465]).

[1722] Opera III 40; vgl. auch 255: *Non propter diversitatem naturae vel materiae, sed propter differentiam quantum ad qualitatem virtutis et vitii, gratiae et culpae.*

[1723] Chronik oder die Geschichte der zwei Staaten, übers. v. A. Schmidt, hg. v. W. Lammers, 1960 (AQDG 16), 653. Vgl. schon Fulgentius, De Verit. Praed. 1,5 (CChr 91A, 461): Daß Christus der Mensch vom Himmel ist, heiße nicht, daß er die *substantia sui corporis* ausgeschlagen habe, sondern nichts von irdischer Begierde in sich haben wollte; vgl. auch ders., Ep. 17,25 (ebd. 582).

In Anwendung des Urzeit-Endzeit-Schemas, wonach in Christus *omnia reuocantur ad initium*[1724], können dem »letzten Adam« in Analogie zum ersten auch Eigenschaften zugeschrieben werden, die über das volle Menschsein hinausgehen. Daß Paulus Christus den letzten Adam nennt, ist für Gregor v. Nyssa z.B. auch dadurch gerechtfertigt, daß Christus nackt auferstand und damit die Rückkehr in den ursprünglichen Zustand der Nacktheit im Paradiese aufzeigt[1725]. Die Entsprechung zu Adam kann weiter auch darin gesehen werden, daß so wie in Adams Schlaf Eva gebildet wurde, auch Christus, als er »in der Passion in Schlummer fiel«, »Wasser und Blut aus seiner Seite hervorbrachte« und damit »die jungfräuliche und unbefleckte Kirche erscheinen« ließ[1726].

Obwohl noch mancherlei andere Spekulationen begegnen[1727], wird die entscheidende Äußerung des Paulus darin gesehen, daß Christus πνεῦμα ζῳοποιοῦν genannt wird und nicht ζῶν[1728]. Die soteriologische Bedeutung des Christus wird aber auch so zum Ausdruck gebracht, daß der ἔσχατος ἄνθρωπος zur ἀναγέννησις des ersten erschienen ist[1729], die Freiheit des ersten Adam erneuert[1730] oder »die Natur, die im ersten Menschen die Erde mit der Sünde befleckt hat, ... im zweiten Menschen die Erde von der Sünde gereinigt« hat[1731]. Wie in V 21 gilt der erste Adam als Ursache des Todes, der zweite des Lebens[1732], oder wie Leo d. Gr. formuliert: »Auf diese Weise wird uns armseligen Erdgeborenen die Herrlichkeit des Himmels erschlossen durch die Barmherzigkeit dessen, der zu uns herniederstieg, um uns zu sich emporzuheben«[1733]. Nach Cornelius a

---

[1724]   Tertullian, Monog. 5,3 (CChr 2, 1234); vgl. auch 5,4 (ebd. 1235): *initii restitutio*.

[1725]   In Christi Res. Or. 2 (PG 46, 637).

[1726]   Gregor v. Tours, Geschichten I 11; vgl. schon Hieronymus, Ep. 123 (CSEL 56, 84), Nikolaus v. Cues, Opera XVI 3, 321 sowie das Konzil von Vienne 1311/12 (Denzinger/Hünermann, Nr. 901, S. 390).

[1727]   Nach Petrus Chrysologus, Serm. 117 (BKV 43, 282) ist der erste Adam vom letzten erschaffen worden und hat darum von ihm die Seele erhalten, während der letzte sein eigener Schöpfer war. Zeno v. Verona verweist auf Gegner des Christentums, »die an spitzfindigen Streitfragen ihre Freude haben«, z.B. einwenden, daß in Gen 2,7 doch nur von der Schöpfung *eines* Menschen, nicht aber zugleich von der eines himmlischen Menschen die Rede sei, oder es für einen Widerspruch und eine Torheit halten, daß der zweite Mensch unsterblich sein soll, weil Unsterblichkeit den Begriff der Zeit ausschließe (Tract. 12,1 [BKV 2. R. 10, 146f]).

[1728]   Theophylakt 777; Origenes, In Iesu Nave 8,6 (GCS 30, 342); später Bullinger

253 u.a.; Theodor v. Mopuestia 195 betont auch umgekehrt, daß der erste Mensch lebendige und nicht lebenschaffende ψυχή ist.

[1729]   Hippolyt, Ref. 6,47,3f (GCS 26, 179). Cyrill, Quod Christus Unus (BKV 2. R. 12, 173): »Mich aber hast du zum zweiten Stammvater für die Erdenbewohner bestellt ... In mir siehst du die Menschennatur gereinigt, von Unvollkommenheiten frei, heilig und ohne Fehl. Gewähre nunmehr die Gnadengüter, hebe die Abtrünnigkeit auf, setze dem Verderben ein Ziel ...«; vgl. auch 120f.

[1730]   Ambrosius, Lk-Komm. 3,29 (BKV 21, 139).

[1731]   Fulgentius, Ausgewählte Predigten 2,6 (BKV 2. R. 9, 205).

[1732]   Ambrosius, Lk-Komm. 5,31 (BKV 21, 222); Vigilius schreibt in einem Brief im Jahre 552, daß nur der zweite, himmlische Mensch vom Fluch des ersten, irdischen Menschen befreit, »indem er den Tod durch den Tod niedertritt« (Denzinger/Hünermann, Nr. 413, S. 192).

[1733]   Serm. 71,2 (BKV 55, 191); vgl. Herveus 991: *Dominus enim ad hoc terrenus fac-*

Lapide (345) hat Christus die vier oben (Anm. 1658) erwähnten *dotes corporis gloriosi* gebracht: die *claritas* bei der Verklärung, die *agilitas* beim Meerwandel, die *subtilitas* bei der Jungfrauengeburt und die *impassibilitas* in der Eucharistie[1734].

Die Zuordnung der Menschen zu den beiden Menschheitsrepräsentanten (V 48) wird wie in V 21f meist so interpretiert, daß die Zugehörigkeit zum ersten Adam durch Geburt bzw. Sünde[1735], die zum zweiten durch Wiedergeburt bzw. Taufe erfolgt[1736]. Es kann aber auch heißen, daß der Heilige Geist durch die Taufe die unsterbliche und unvergängliche Natur und Kraft bewirkt, was aber wie bei einem Neugeborenen erst später, d.h. bei der Auferstehung, ganz effektiv wird[1737]. Statt auf die Taufe kann auch auf die *imitatio Christi* verwiesen werden[1738], zumal von V 49 her die Doppelbestimmung auch auf diese Weltzeit übertragen wird (vgl. Punkt

tus est, cum esset coelestis, ut eos qui terreni erant, faceret coelestes; vgl. auch Nikolaus v. Cues, a.a.O. (Anm. 869) 49: »Als wahrer Mensch mußte er sterblich sein, und er konnte die menschliche Natur nur nach Ablegen der Sterblichkeit durch den Tod zur Unsterblichkeit bringen«; vgl. auch 55.

[1734] Vgl. ähnlich schon Hus, Opera XIII 581, der sich dafür auf Hugo beruft, sowie VII 534 und IX 198.

[1735] Nach Chrysostomus 363 sind wir irdisch geworden, weil wir Böses getan haben; vgl. auch Cyrill in der nächsten Anm. Bei Leo d. Gr. kann es einfach heißen: »Niemand ist unsterblich, da niemand vom Himmel ist« (Serm. 24,2 [BKV 54, 96]) und bei Bruno 211: *Primus homo ... factus est in animan non vivificantem corpus: quia cito morte dissolutum est, sed in animan viventem, id est quae viveret ibi in carne: nisi enim corpus cibis aleretur, anima non viveret ibi.* Vgl. auch ostsyrische Gebete, etwas beim Begräbnis eines Kindes (»Möge dich die Macht, die dich aus dem Staub gebildet hat, wieder aufrichten und dich erheben ...«), oder das Gebet: »Aus Staub hast du mich gebildet und in den Staub hast du mich geschleudert, erwecke mich in deiner Gnade« (Berger [Lit zu Kap. 15; Tod] 157).

[1736] Vgl. Aphrahat, Unterweisung 6,14 (Fontes 5.2, 205); vgl. auch 593; vgl. Walafrid 549: *Totum genus humanum sunt quodammodo illi duo homines primus et secundus: ex illo nati, ex hoc renati.* Vgl. auch Cyrill, Quod Christus Unus (BKV 2. R. 12, 128): »Staubgeborene nämlich sind wir, insofern wir von dem staubgeborenen Adam her dem Fluche der Vergänglichkeit

unterliegen, durch welchen auch das in den Gliedern des Fleisches wohnende Gesetz der Sünde eingedrungen ist. Himmlische sind wir geworden, insofern wir in Christus das Geschenk erlangt haben ..., damit nach seinem Vorbild auch wir heilig und unvergänglich blieben«.

[1737] So bei Theodor v. Mopsuestia, Hom. Catech. (StT 145) 423-425; zitiert bei Altermath* 205f; vgl. auch 210. Nach Berger (Lit. zu Kap. 15; Tod) 116 wird in den östlichen Liturgien festgehalten (vgl. Röm 8,11), daß »der Heilige Geist von den Toten auferwecken wird«; vgl. ebd. das Gebet für die Toten: »Komm herab, lebenspendender Geist, blase über die Toten und erwecke sie ...«; vgl. auch 179 die westsyrische Totenliturgie: »Wie die Lilien auf dem Feld ein nicht von Menschenhand gewobenes Gewand anlegen, so werden die Rechtschaffenen ein Gewand anlegen, das der Heilige Geist für Adams Kinder gewoben hat«.

[1738] *Illos dicit coelestes qui ipsum imitantur* (Atto 406; vgl. auch Bruno 212 und Photius 581: Τοιοῦτοι ἔσονται καὶ οἱ πρὸς μίμησιν ἐκείνου βιοῦντες, wobei es beim zweiten Mal aber heißt: οἱ πρὸς ὁμοίωσιν ... ἐκείνης τῆς οὐρανίου διαγωγῆς πολιτευσάμενοι). In einer »Fastenpredigt« genannten kaiserlichen Rede des Niketas Choniates wird die Typologie auch für das Fasten fruchtbar gemacht: »Denn auch unser Leiter und Lehrer Christus, der zum neuen Adam wurde ... und den Fall des ersten Adam, den dieser tat, weil er vom Baume kostete, durch Fasten heilte, erwählte sich, zu fasten (Mt 4,2), und legte es auch uns nahe« (a.a.O. [EKK VII 2, 353 Anm. 438] 209).

6). Nach Bernhard v. Clairvaux gibt es seit der Erscheinung des himmlischen Menschen »auf Erden ein himmlisches Leben«[1739]. Anders aber Theodor v. Mopsuestia (195): Χοϊκοί sind wir *vor*, οὐράνιοι erst *nach* der Auferstehung[1740]. Diese aber bringt z.B. nach Augustin die *renouatio receptioque inmortalitatis*, die durch Adam verloren gegangen ist[1741].

Das »zuerst« (V 46) findet keine große Beachtung. Nach Irenaeus versteht es sich so, daß zuerst der Mensch gebildet werden mußte (*quod est animale*), er dann die Seele empfing (*quod spirituale secundum rationem*) und dann die Gemeinschaft des Geistes (*communicatio Spiritus*)[1742]. Theodor v. Mopsuestia (195) findet damit ausgedrückt, daß das Erste der Tod, das Zweite das darauf folgende Leben ist[1743]. Theodoret 365 vergleicht das Pneumatische mit einem φάρμακον für die Schwäche des Psychischen. Chrysostomus (360) deutet so, daß wir immer zum Höheren und Besseren fortschreiten[1744], Thomas so: »Das Gesetz des Fortschrittes zum Guten führt vom Niederen zum Höheren«[1745]. Bonaventura begründet damit, daß zuerst die Liebe zum Nächsten kommt und dann die Liebe zu Gott als *spiritualior, perfectior* und *superior* folgt[1746]. Auffallend ist die Umkehrung bei Weigel: »Der innerliche, geistliche Mensch ist ein Ursprung und Begriff des äußerlichen, fleischlichen Menschen; denn wäre kein innerlicher, geistlicher Mensch, so wäre auch kein äußerlicher, fleischlicher Mensch«, der »nur eine Hütte, eine Wohnung und ein Werkzeug des innern Menschen« ist; obwohl der Apostel mit V 47 rechthabe, sei doch »der Grund und die Meinung überall, daß Christus, der neue innere Mensch, sei und bleibe der Erstgeborene«[1747].

[1739] Schriften, Bd. 5, 229. Erasmus erklärt nach Verweis auf 2Kor 4,18 und Platos zwei Seelen: »Paulus schafft im selben Menschen zwei Menschen, die so verbunden sind, daß keiner künftig ohne den anderen sein wird, weder im Ruhme Gottes noch im Feuer der Hölle; doch wiederum so sehr getrennt, daß der Tod des einen das Leben des anderen ist«, und darauf beziehe sich V 45f (Enchiridion, Nr. 43).

[1740] Vgl. auch Augustin, Civ. D. 13,23 (BKV 16, 287), wonach V 48 in dem Sinne zu verstehen ist, »daß es jetzt in uns vor sich gehen möge durch die Wirkung des Sakramentes der Wiedergeburt ...; in Wirklichkeit aber wird es sich erst vollenden, wenn auch in uns das, was seelisch ist durch die Geburt, durch die Auferstehung geistig geworden ist«. Die Doppelheit von gegenwärtiger und zukünftiger Deutung begegnet auch bei Isaak v. Stella, Serm. 29,9 (SC 207, 172): *Nos nequaquam sumus de terra terreni, sed de caelo caelestes, induti tamen sacco terreno.*

[1741] De Gen ad Litt. 6,20 (CSEL 28.3.3, 194). Vgl. auch Basilius v. Cäsarea, De Spir. S. (Fontes 12, 216f).

[1742] Haer. 5,12,2 (SC 153, 148). Augustin findet in dem Wort Gottes an Rebekka

(Gen 25,23) von den zwei Völkern in ihrem Leib (Esau als der ältere = Israel *secundum carnem* und Jakob als der jüngere = Israel *secundum spiritalem progeniem*) eine Entsprechung zu V 46 (Quaest. de Gen 73 [CSEL 28.3.3, 39]).

[1743] Vgl. auch Atto 406: Zuerst wird gestorben, dann auferweckt.

[1744] Vgl. auch Theophylakt 777: Ἐπὶ τὸ βέλτιον ἀεὶ τὰ ἡμέτερα πρόεισι (*progrediuntur*).

[1745] Summa, Bd. 25, 26; vgl. auch Bd. 29, 137: Durch die Ehe kommt die erste, durch die Taufe die zweite Geburt.

[1746] Opera III 604. Bernhard v. Clairvaux, Die Stufen der Liebe (KThQ 2, 88) bietet folgende Deutung: »Weil die Natur sehr schwach und gebrechlich ist, muß man notwendigerweise zunächst ihr selbst dienen. Das ist die fleischliche Liebe, mit der der Mensch vor allem anderen sich selbst im eigenen Interesse liebt. Denn er kennt noch nichts anderes als sich, wie geschrieben steht [1Kor 15,46]: Erst das Natürliche, dann das Geistliche. Dies wird nicht durch ein Gebot festgelegt, sondern der Natur eingepflanzt«.

[1747] Erkenne dich selbst 2,13 (Staehelin, Verkündigung, Bd. 4, 433); vgl. auch oben

Auch in der Reformation wird Adam analog dem σῶμα ψυχικόν charakterisiert: »Das heist er ein ›bild des irdischen‹ i.e. das wir da her ghen in dem bild, wesen *ut Adam, Eva habuerunt*, kinder zeuget, gessen, trunken und gesehen, gehort, das ist irdisch bild, so hat er gangen. *Non fuit* anders anzusehen, *ut* ich dich und Eva. Irdisch bild i.e. das naturlich leben i.e. die weise, die Adam gefurt hat in seinem leben, die furen wir auch«[1748]. Allerdings wird auch hier Adam mit der Sünde verbunden[1749]. Weitaus stärker ist aber auch hier das Interesse am »letzten Adam« bzw. »zweiten Menschen«, der zwar auch ein »Adams Kind, aber doch on alle sünd ist« und »vom hymel« stammt[1750]. Abweichend davon wurde auch in der Reformationszeit die u.a. mit V 47 begründete Meinung vertreten, daß Christus nicht unsere Natur angenommen habe[1751]. Vor allem bei den Täufern war die Lehre »vom himmlischen Fleisch Christi« verbreitet, nach der Christus *velut canalem* durch Maria hindurchgegangen sein und sein Fleisch vom Himmel mitgebracht haben soll[1752]. Gegen solche Bestreiter der wahren Menschheit Jesu wird immer wieder scharf polemisiert: Die Manichäer träumen von einem himmlischen Fleisch Christi, Paulus aber rede V 47 nicht von der *essentia corporis coelestis*, sondern von der *vis spiritualis*, die von Christus ausgehe und lebendig mache[1753]. Auch Schwenckfeldt wehrt sich im Anschluß an Tertullian und Ambrosius gegen eine »verleugnung der substantz materi oder natur des menschlichen Fleisches«[1754]. Für Coccejus (344) ist unsere Stelle ein *exemplum*

Anm. 1715. Bei Weigel heißt es aber auch, »daß man den Menschen erkennen muß auf zweierlei Weise; erstlich: natürlicher Weise, nach dem Erdenkloß, aus welchem er formieret und gemacht; danach: übernatürlich, nach dem Geist, welcher von Gott in den Menschen eingeblasen ist ... Natur hat Adam gefället, Gnade aber hat den Adam wieder zu Gott geführet« (Ausgewählte Werke, hg. v. S. Wollgast, Stuttgart u.a. 1978, 170f; vgl. auch 172.223).

[1748] WA 36, 670; vgl. auch WA 3, 273: *Adam ... proprie exprimit hominis naturam corporalem et hominem exteriorem, secundum quam de limo terre formatus est. Adam enim terram proprie significat, maxime rubeam.*

[1749] Vgl. Osiander, Schriften, Bd. 5, 94; Bucer, Schriften, Bd. 6.3, 61; Schwenckfeldt, Corpus XI 261.263; EKO, Bd. 11, 158: »Wie der Adam ein Sünder und sterblich ist gewest, also sein auch alle seine kinder, von ime geborn, voller sünden und böser begirde und müssen auch sterben«. Vgl. auch Chemnitz, Enchiridion 111 (*malum peccati originalis*) und Thomasius, Dogmatik I 246, der durch Kombination mit Röm 5,12 zu dem Ergebnis kommt, daß der Leib des

Adam als irdischer zwar sterblich, aber nicht der Notwendigkeit zum Sterben unterworfen gewesen sei (ähnlich Chemnitz, Enchiridion 107).

[1750] Bucer, Schriften, Bd. 6.3, 61.

[1751] So Hoffmann nach der Widerlegung bei Bucer, Schriften, Bd. 5, 55.60f.

[1752] Zuerst bezeugt bei Tertullian, Adv. Val. 27 (CChr 2, 772f); Epiphanius, Haer. 31,7 (PG 41, 488); vgl. H.J. Schoeps, Vom himmlischen Fleisch Christi, Tübingen 1951 und den Kommentar zu Gregor v. Nyssa (BGrLit 1, 164f).

[1753] Calvin, Inst. 2,13,2; vgl. auch 4,17,25 und Beza 164: Christus hat einen geistlichen Leib *non substantia, sed qualitate, id est aeternum, gloriosum, potens*; er hat diese Qualität nicht *per hypostaticam vnionem, sed virtutis participationem* empfangen wie Röm 8,11.

[1754] Corpus VII 316; vgl. auch VII 542f; X 222 und IX 817 gegen solche, nach denen Christus »sein Fleisch auß der ewigkeit vom Himmel« herabgebracht habe. Nach III 751 hat Christus auch heute einen wahren Leib, »aber nit meer dises sterblichen / leiplichen / vnuolkummenen / irdischen wesens / sonder des newen / verklerten /

κοινωνίας ἰδιωμάτων[1755]. Exegetisch zutreffender urteilt Zwingli (186), daß nach Paulus nicht das *corpus Christi de coelo* kommt, sondern daß er *post resurrectionem coeleste* wird[1756]. Der Unterschied zwischen Adam und Christus wird meist so gesehen, daß der eine »nur lebendig«, der andere aber »das Leben selbst und die Ursache des Lebens« ist; die Konsequenz daraus lautet, daß wir zugleich den Keim des Todes und den Geist Christi in uns haben (Calvin 464). Dabei ist »der Zustand, in den Christus uns versetzt«, »bei weitem herrlicher als der Stand des ersten Menschen; denn Adam und alle seine Nachkommen erhielten nur eine lebendige Seele; Christus aber teilt uns seinen Heiligen Geist mit, der das Leben selber ist« (465)[1757]. An dieser Grundrichtung der Interpretation ändert sich kaum etwas[1758]. Überall aber wird an der Leiblichkeit auch des auferstandenen Christus festgehalten und diese sowohl von einer bloßen Wiederbelebung als auch von einer Absorption der Leiblichkeit abgehoben[1759]. Nur vereinzelt begegnen auch ausgefallenere Auslegungen[1760].

Die Beziehung der Menschen zu den beiden ἄνθρωποι wird auch in der Reformation gegenüber der früheren Sichtweise kaum modifiziert. Daß

---

volkomnen / geystlichen / gantz himlischen wesens«. VI 237 wird aber »ain Creaturlich flaisch ... auß dem werckhe der schöpffunge« von dem »flaisch der Sunden vnd des alten menschens« unterschieden.
[1755] Ebd. kritisiert er Crell, nach dem der lebendigmachende Geist eine *spiritualis substantia* ist, *quae suam vitam tuetur & conservat*; vgl. auch 343, wo sich Coccejus dagegen wendet, daß Christus als *corpus spirituale ubique praesens esse possit*.
[1756] Auch nach Bullinger 253 spricht Paulus hier nicht über die Inkarnation.
[1757] Vgl. auch Bullinger, Schriften, Bd. 1, 126.128. Noch anders Brenz, Frühschriften, Bd. 1, 273: *Primus homo de terra, terrenus. Altera est ex aqua et aere et alibi ex igne, subtilioribus elementis.*
[1758] Vgl. als Beispiel Spener 506: *Sicut Christus coelum ingressus vitam habet plane coelestem, ita coelestem vitam cum illis communicat, qui in illum sunt plantati, & ex ipso nati, nunc quidem in coelesti animae virtute & efficacia, sive vita spirituali interna, olim autem in plena abolitione omnis terrenae naturae in anima & corpore.* Untypisch ist die Deutung bei Hamann, der den zweiten Adam mit dem Christus verbindet, der sich in den Geringsten finden läßt (Mt 25,31ff): »Er lebt als ein Fremder, Kranker, als ein Säugling, der von Herodes verfolgt wird« (Londoner Schriften 274).
[1759] Vgl. z.B. Thomasius, Dogmatik, Bd. 2,

282, der von einer »Verklärung der ganzen geistleiblichen Natur des Herrn« spricht.
[1760] Erwähnt sei etwa, daß die englische Mystikerin J. Leade Adam und Eva in der himmlischen Welt auf Thronen sitzen und sich vor dem zweiten Adam verbeugen sieht, und ihr dann erzählt wird, »wie der erste Adam und seine Nachkommen zu lebendigen Seelen gemacht worden seien, in natürlichen Leibern zu weben; der zweite Adam aber mit seinem jungfräulichen Geiste verwandle die Seelen zu Geistern und bekleide sie mit verklärten Leibern« (Staehelin, Verkündigung, Bd. 5, 86). Nach J. Böhme soll Adam »in Engelsgestalt erschaffen« und so gewesen sein »wie wir in der Auferstehung« (ders., Bd. 6, 19); vgl. auch ders.: »Es wird gesäet ein natürlicher, grober und elementarischer Leib, der ist in dieser Zeit den äußern Elementen gleich. Und in demselben groben Leibe ist die subtile Kraft, gleichwie in der Erden eine subtile gute Kraft ist, welche sich mit der Sonne vergleichet und einiget, welche auch im Anfange der Zeit aus göttlicher Kraft entsprungen ist, daraus auch die gute Kraft des Leibes ist entnommen worden. Diese gute Kraft des tödlichen (= todverfalllenen) Leibes soll in schöner, durchsichtiger, kristallinischer, materialischer Eigenschaft in geistlichem Fleische und Blute wiederkommen und ewig leben ...« (zitiert bei Ruprecht, Tod, Bd. 1, 153).

der irdische Leib stirbt und verwest, kommt nach Zwingli (186) von Adam, daß er aber *clarum, gloriosum et immortale* auferweckt wird, kommt von Christus. Nach Osiander ist von »zweyerley geburt« zu reden, zum einen »sein wir natürlicher weyse geborn vom Adam, zum andern hymlischer weyß auß Gott«[1761]. Die Aussage Osianders freilich, daß der Mensch schon als Bild Gottes dem Bild des künftigen Christus nachgebildet sei, widerspricht nach Calvin V 47, wonach Christus die Nachkommen Adams *ex ruina* herausreiße[1762]. Üblicherweise aber wird die Doppelbestimmung schon für die Gegenwart reklamiert: *Duplex est homo, externus et internus. Externus est Adam, internus est Christus*, wobei die Werke des äußeren Menschen mit *edere, bibere, vigilare, dormire, videre, audire, concupiscere, ratiocinari, meminisse* umschrieben werden, die des inneren Menschen mit *credere, diligere, a peccatis resistere, iuste vivere, mandatis dei obsequi*; wenn der innere Mensch vom äußeren dominiert wird, sucht er nicht die Ehre Gottes, sondern *suam libidinem*; der innere Mensch aber sucht das, was Gottes ist: *Itaque ... recte videmus, dum non edimus solum, sed et ex fide et charitate edimus, dum concupiscimus, sed recte ac ex fide*[1763].

Zur Reihenfolge bzw. dem »zuerst« von V 46 wird ausgeführt, daß damit verhindert werden solle, daß jemand die Anordnung Gottes bemäkele, daß er nicht die bessere Beschaffenheit vorhergehen läßt (Bullinger 253). Luther bezieht V 46 auf das Sein unter dem Gesetz: »Der viehlich, synlich mensch ist ehe denn der geystliche. Soll der mensch geystlich werden und den glawben ubirkommen, ist yhm nodt, das er zuuor unter dem gesecz sey«[1764]. Nach Coccejus (343) folgt das Vollkommene angemessen dem Unvollkommenen, wie auch in der Schöpfung das Licht aus der Finsternis hervorleuchtete[1765]. Oft wird V 46 mit dem Gedanken einer Höherentwicklung verbunden: »Aus dem natürlichen Leben muß erst höheres Leben keimen«[1766]. Nach Billroth (236) ist die Basis »das psychische, natürliche Leben, auf dem sich das geistige erst erhebt«.

[1761] Schriften, Bd. 5, 94; vgl. auch ebd.: »Wie der Adam ein sünder und sterblich ist gewest, also sein auch alle seine kinder, von ime geborn, voller sünden und böser begirde und müssen auch sterben; und wie Christus gerecht und unsterblich ist, also werden auch alle, die der hymlischen widergeburt taylhafftig sein, gerecht und unsterblich werden«. Auch in der Brandenburger und Nürnberger Kirchenordnung von 1533 ist von »zweierlei geburt« und »zwen väter« die Rede, »natürlicherweise geboren vom Adam, zum andern himlischer weis aus Gott« (EKO, Bd. 11, 158).
[1762] Inst. 2,12,7.
[1763] Brenz, Epheserbrief 33; vgl. auch ders., Frühschriften, Bd. 1, 273: *Omnes enim ex carnali et terreno Adamo caro et terra fiunt, nihil praeter carnem et terram*

capientes et sapientes ... Iam cum vera iustitia de coelo oriatur, opus igitur erit altera nativitate et regeneratione.
[1764] Luther, WA 10.1, 425f. Vgl. auch Grotius 825: *Promisit Deus imperfectiora ut perfectiora sequentur. Sic ante pueri sumus quam viri. Sic prius Lex, deinde Euangelium.*
[1765] Vgl. auch Crell 359 und Semler 445: *Ordo ab imperfectiori pergit* (vordringen) *ad perfectiora.*
[1766] Herder, Werke VII 20; vgl. auch 20f: Das »Reich und Geschlecht« des zweiten Adam sei »nicht Widerspruch, sondern nur Läuterung, höhere Gleichung des Reiches und Geschlechts Adams, die Hand des Werks Gottes würkt ununterbrochen hinweg über die Zeiten«; noch spekulativer v. Baader: »Nachdem also der Mensch durch

In neuerer Zeit spielt die Adam-Christus-Typologie vor allem in den systematischen Entwürfen von Scheeben und Barth eine zentrale Rolle, wobei, wenn auch mit unterschiedlichen Motiven und Inhalten, die Texte beidemal gegen den Strich gebürstet werden, weil statt der Antithetik die aufsteigende Linie der Steigerung und Überbietung dominiert und auch der Adam vor dem Fall großes Interesse findet[1767].

So ist für Scheeben Adam »kein bloß irdischer oder animalischer, sondern ein himmlischer und geistiger Mensch oder Geistmensch«, der schon verheißungsvoll auf Christus hingeordnet ist, der selbst »Supplement und Komplement Adams« ist[1768]. Barth hat seine Sicht im Laufe der Zeit stark verändert. Ist Adam in der 2. Aufl. des Römerbrief noch Repräsentant von Gottes verwerfendem Nein diesseits der Todeslinie und nur in Christus die Aufhebung des »unendlichen qualitativen Unterschieds« gegeben, heißt es im Kommentar zu unserer Stelle, daß Christus als letzter Adam »der wahrhaft erste ist« (119), nicht zeitlich, sondern logisch (120). Noch stärker wird dann in der Schrift mit dem bezeichnenden Titel »Christus und Adam« von 1952 (ThSt 35) das »vermeintlich Zweite das wahrhaft Erste«, weil Christus immer schon die Adamswirklichkeit umgreife (24) und die Christuswirklichkeit als ein Raum gilt, »in welchem sich die Menschen als solche befinden«[1769]. Die Ausrichtung der Schöpfung auf den Bund bedeutet nach KD III 1, 228f, daß Adam als von Gott geschaffener irdischer Mensch »das Versprechen, die Bürgschaft, ja die Voraussetzung des ›Menschen vom Himmel‹« gewesen ist, »der nach Gottes Verfügung, Zusage und Verheißung kommen sollte«, so daß KD IV 1, 572 der letzte Adam zugespitzt sogar gerade »der *eigentliche* und *erste* Adam« genannt werden kann (kursiv im Original gesperrt)[1770]. Zuzugeben ist, daß Paulus an anderen Stellen die Präexistenz Jesu Christi voraussetzt (vgl. 8,6; Phil 2,6), doch berechtigt das dazu, diese als Vorzeichen und Perspektive der Adam-Christus-Typologie einzuführen[1771]?

Daneben können nur noch einige weitere Beispiele genannt werden. Wie zu V 20f wird auch hier die universale Wirkung von Adam und Christus

---

seinen Fall diesen göttlichen Hauch gleichsam vergraben hat (*divinae particulam aurae*) unter dem Schutt seines erschaffenen Teiles, und nachdem er sich gänzlich dadurch kreaturisiert hat, ist durch ihn dieses von Seiten Gottes beabsichtigte und erwartete Wiederaufsteigen rückgängig gemacht worden. Dieser Hauch mußte also von neuem wieder erweckt werden, damit der ganze Mensch von einem natürlichen und erschaffenen Menschen zu einem Geist-Menschen und endlich zu einem Kinde Gottes erhoben werden konnte (1.Kor. 15,45)« (zitiert bei Ruprecht, Tod, Bd. 2, 398).
[1767] Vgl. Lengsfeld* 127-234; zu Barth auch Brandenburger*267-278.
[1768] Das erste Zitat stammt aus Schriften V 1, 155, das zweite ist Interpretament von

Lengsfeld* 137; vgl. auch die Kritik 155 u.ö.
[1769] Ebd. 51; vgl. auch KD IV 3, 692: Christus lebe »ja auch so im Christen, wie er als Mittler, Haupt und Stellvertreter *aller* Menschen, als der neue und wahre Adam auch in den Nichtchristen lebt«.
[1770] Vgl. auch schon oben Anm. 1727. 1747. Anders aber KD IV 1, 52, wonach Jesus Christus von Paulus »nicht als die Vollendung und höchste Gestalt des *ersten* Adam gepriesen, sondern in scharfer Gegenüberstellung ... der ›*letzte*‹ Adam‹ genannt« wird.
[1771] Vgl. die Kritik (abgesehen von der an der Auslegung von Röm 5) bei Brandenburger* 278 und Lengsfeld* 189.208f, die Barth in der Nähe der von Paulus gerade abgewiesenen Position sehen.

herausgestellt[1772]. Während aber im Mythos »die Grundzüge des menschlichen Lebens ... in Begebenheiten der Urzeiten verankert« werden, was auch in der christlichen Urstandslehre, im Marxismus und anderswo nachwirke, wird bei unserem Text eine erstaunliche »Kühnheit und Radikalität der paulinischen Umorientierung der Auffassung des Menschen von der Vergangenheit hin zur Zukunft eines neuen Menschen« konstatiert[1773]. Von V 45ff her wird zugleich zu bedenken gegeben, ob die christliche Theologie nicht durch die biblischen Schöpfungsberichte »über die Güte der Schöpfung« zu sehr in die Richtung der »Annahme eines vollkommenen Anfangszustandes festgelegt« worden ist, »trotz der in ganz andere Richtung weisenden paulinischen Worte von 1. Kor. 15,45ff«[1774]. Mit der Wiederherstellung des Urzustandes ist auch nach Brunner nie »das Ganze der Erlösung ausgedrückt. Was am Ende der Zeit sein wird, ist auch dem göttlichen Schöpfungsanfang gegenüber ein Neues. Anfang und Ende sind wie Irdisch und Himmlisch voneinander zu unterscheiden«[1775]. Andererseits wird oft die Sünde Adams oder die Sündlosigkeit Christi in unsere Stelle eingetragen: »In dieser Sündlosigkeit ist er nach Paulus der ›zweite Adam‹ (1. Kor. 15,45f)«[1776]. Auch Bonhoeffer erklärt:

[1772] Vgl. Pannenberg, Anthropologie 482: »Adam ist sowohl der erste Mensch als auch der Mensch schlechthin. Seine Geschichte wiederholt sich in allen menschlichen Individuen ...«; vgl. auch Schlink, Dogmatik 142f; Thielicke, Ethik I 472f. Nach Ebeling, Dogmatik III 71 soll »die Exklusivität«, die hier für Christus in Anspruch genommen wird, »gerade auf einer die ganze Menschheit umfassenden Inklusivität beruhen, wie Paulus durch die Bezeichnung Christi als des zweiten und letzten Menschen zum Ausdruck bringe. Nach Schmaus, Dogmatik IV 2, 317 ist Christus als zweiter Adam »entscheidend für das Schicksal der Schöpfung«, ja er habe »nicht nur allgeschichtliche, sondern auch allkosmische Bedeutung«.

[1773] Pannenberg, Anthropologie 483; vgl. auch 484. Auch Scheeben betont im Unterschied zu mythisch-pantheistischen Vermengungen im Urmensch-Mythos von Gott und Mensch, daß die Erlösung bei Paulus nicht darin besteht, »daß der Mensch sich auf das Göttliche in seiner eigenen Brust besinnt, sondern darin, daß der von der Welt verschiedene persönliche Gott aus seiner Verborgenheit heraustritt, den Menschen ergreift und in gnädigem Erbarmen aus seiner Verlorenheit rettet« (Dogmatik II 2, 333).

[1774] Pannenberg, Theologie II 190; auch 244 wendet sich Pannenberg gegen Thesen

von einem vollkommenen Urzustand Adams; erst dem eschatologischen zweiten Menschen komme Unsterblichkeit zu, was die christliche Patristik zum großen Teil nicht beachtet habe. Schlink, Dogmatik 118 bedauert mit Hinweis auf V 45ff, daß »der Unterschied zwischen dem ursprunghaft gegebenen irdischen und dem noch ausstehenden ewigen Leben« im Laufe der Theologiegeschichte im Unterschied zu Justin und Theodor v. Mopsuestia verblaßt und abgeschwächt worden sei.

[1775] Brunner, Dogmatik II 114. Für Bloch (Atheismus 196) dagegen soll Christus, auch wenn er bei Paulus im Unterschied zu Philo als Eschatos erscheine, »in Wahrheit doch Philons Protos oder ›das Bild des himmlischen Menschen‹« sein; er wende nämlich »die Sünden des schwachen Adam gerade alle wieder zum Urglanz in sich zurück, eben indem er ihn vom Lehmkloß befreit, ins Ebenbild restituiert«; dabei werde vorausgesetzt, »daß die Endzeit die Geschehnisse der Urzeit im umgekehrten Sinn wiederholt ..., obgleich, was gerade für den *Messianismus* entscheidend ist, mit dem dauernden Pathos des Neuen, des Nie-Erhörten, des Unerhörten in der Wiedergutmachung«.

[1776] Barth, KD I 2, 172, der freilich die Sündenlehre innerhalb der Versöhnungslehre einordnet; vgl. zur Bestimmung der Sünde bei Barth etwa Lengsfeld*196-

»Adam war der erste Mensch nach dem Ebenbilde des Schöpfers. Aber er verlor das Ebenbild, als er fiel. Nun wird ein ›zweiter Mensch‹, ein ›letzter Adam‹ geschaffen nach dem Ebenbild Gottes; das ist Jesus Christus (1. Kor. 15,47)«[1777]. Mit besonderem Nachdruck wird immer wieder die untrennbare Einheit von Christus und Geist herausgestellt, daß Christus also »Träger, Inhaber, Spender, Vermittler des Heiligen Geistes« ist[1778]. Ebenso wird oft wiederholt, daß Christus nicht zum Geist, etwa im Unterschied zum Leib, geworden ist, sondern zum pneumatischen Christus[1779].

6. Die Problematik der Christus- oder gar Gottebenbildlichkeit kann hier ähnlich wie zu 11,5 nicht ausführlicher diskutiert werden. Es muß genügen, ausdrücklich gezogene Verbindungslinien zu V 49 nachzuzeichnen, wie das etwa bei Origenes geschieht, nach dem die *imago terreni* durch das Wort Gottes gereinigt worden ist zur *imago coelestis*, die mit der *imago* von Gen 1,26 identifiziert wird[1780]; wer in dem bleibt, *quod primum est* und von der Erde ist, wird verworfen, wenn er sich nicht ändert und die *imago coelestis* annimmt[1781]. Schon die origenistischen Beispiele zeigen, was sich auch sonst bestätigt, daß nämlich die meisten Autoren

204.209f.213f. Schlink, Dogmatik 115 dagegen sieht richtig, daß V 45-27 »von Adam nicht als dem Sünder, sondern als dem Geschöpf, und zwar ausdrücklich von seinem geschöpflichen Ursprung« spricht, der Mensch »irdisch« »nicht erst aufgrund der Sünde«, sondern »von vornherein« ist; vgl. auch 370.

[1777] Werke, Bd. 4, 233; allerdings ist nach Bonhoeffer das »Sein in Adam« bzw. die Erkenntnis des Sünderseins keine menschliche Möglichkeit ohne Offenbarung (Werke, Bd. 2, 135, wo Luthers Satz zitiert wird: *Sola fide credendum est nos esse peccatores*); vgl. auch Weber, Grundlagen I 637.

[1778] Schmaus, Dogmatik I 452; vgl. Weber, Grundlagen II 267. Nach Scheeben, Schriften II 195 kann Christus als *spiritus vivificans* »andere mit übernatürlichem Leben erfüllen und das natürliche Leben gegen alle Korruption und Auflösung schützen«.

[1779] So z.B. Guardini, Herr 529. Vgl. auch die Kritik von Hedinger, Hoffnung 85 am »Übergewicht der Pneumatologie (und Christologie) über die Eschatologie« und an der »Koinzidenz zwischen Ostern und Pfingsten« bei E. Fuchs.

[1780] Hom. in Gen 13,4 (GCS 29, 119); vgl. auch ebd. 120, wo es über die *imago terreni* heißt, *quam Deus in te non fecit, tu tibi ipse depingis*. In Hom. in Gen 13,3 (GCS 29,

118) wird das Tragen der irdischen *imago* auf fleischliche Sinne und irdische Gedanken zurückgeführt; vgl. auch In Joh 46 (GCS 10, 521: Οἱ δὲ ὑλικὸν φρόνημα ἔχοντες τὴν εἰκόνα φοροῦσι τοῦ χοϊκοῦ) und In Cant. Cant. (GCS 33, 67): Wer die *imago terreni secundum exteriorem hominem* trägt, wird von irdischer Begierde und Liebe, wer aber die *imago coelestis secundum interiorem hominem* trägt, von himmlischer Begierde und Liebe getrieben.

[1781] Hom. in Gen 9,2 (GCS 29, 89); vgl. Hom. 16,7 in Lk (Fontes 4.1, 190f); nach In Joh 20,22 zu 8,44 (GCS 10, 355) wird dann, wenn wir ἡ ἐν ἡμῖν κρείττον οὐσία vergessen, das Bessere zum »Bild des Irdischen«, wenn wir uns aber dem Logos zuwenden, nach dessen Bild wir geworden sind, werden wir Bild Gottes werden. Vgl. auch De Orat. 2, XXII 5 (BKV 48, 76): Das Reich Gottes ist »auf allen denen begründet, die ›das Bild des Himmlischen tragen‹ und deshalb ›zu Himmlischen‹ geworden sind«. Etwas anders Exh. ad Mart. 37 (BKV 48, 196), wo es vom Wort heißt, daß es ein Schwert geworfen hat »zwischen ›das Bild des Irdischen und das des Himmlischen‹, damit es für jetzt den himmlischen Teil von uns empfange und uns später, wenn wir nicht [mehr] in zwei Teile gespalten zu werden verdienen, vollständig zu Himmlischen mache«.

das Tragen des himmlischen Bildes unter starker Abschwächung des eschatologischen Charakters auf die Gegenwart beziehen und nicht auf die
Auferstehung, also φορέσωμεν adhortativ verstehen. Photius (581) erwähnt später noch beide Lesarten: Wenn ο geschrieben werde, handele es
sich um προαγόρευσις (Weissagung), wenn ω, handele es sich um
παραίνεσις καὶ συμβουλὴ ἐπ' ἀρετὴν καὶ ἔνθεον πολιτείαν[1782]. Schon
lange Zeit vorher bei Tertullian aber wird der Satz eindeutig *praeceptiue,
non promissiue* verstanden: Wir sollen so voranschreiten wie Paulus
selbst und uns von dem Bild des irdischen, d.h. alten Menschen entfernen,
das in *carnalis operatio* besteht[1783]. Ähnlich urteilen die meisten anderen:
»Als Wiedergeborene also und als Umgestaltete nach dem Bilde unseres
Schöpfers wollen wir erfüllen, was der Apostel uns befiehlt«, nämlich das
Bild des Himmlischen zu tragen[1784]. Taufe und Geistbegabung markieren
dabei die Wende: *Sicut portavimus veterem hominem ante baptismum:
ita et post baptismum portemus novum*[1785]. Severian (276) sieht im Bild
des Irdischen die ἀναστροφὴ ἡ χωϊκή, im Bild des Irdischen die
ἐπουράνιος πολιτεία[1786]. Das wird dann unterschiedlich konkretisiert,
bei Petrus Lombardus (1689) besteht das Tragen des himmlischen Bildes
in Gerechtigkeit, Wahrheit und Gehorsam, bei Beda darin, daß wir die
imago nicht im Geheimen verbergen, sondern mit Taten und der Stimme

---

[1782] Wie Photius auch Theophylakt 777
(Τὸ παραινετικὸν σχῆμα) und 780 (Οὕτω
καὶ ἐν ἀρετῇ αὖθις ζήσωμεν, ὡς τοῦ
ἐπουρανίου τὴν εἰκόνα καὶ τὴν μίμησιν
τηροῦντες). Und doch wird dann hinzugefügt: οὐχ ὡς συμβουλευτικῶς λεγόμενον
δεῖ νοῆσαι, sondern ὡς μέλλοντος πράγ-
ματος ἐνδεικτικόν.
[1783] Marc. 5,10,10f (CChr 1, 693f). Nach
Res. 49,6f (CChr 2, 990f) haben wir das
Bild Adams *per collegium transgressionis*
getragen, dem Bild Christi aber sollen wir
hier, auf seinen Spuren wandelnd, folgen
und dort die Würde *ex gloria* erreichen.
Auch hier wird V 49b adhortativ verstanden, wie 49,8f (ebd. 991) bestätigt: *Portemus* sei *praeceptiuo modo* von dieser Zeit
zu verstehen, in der der Mensch Fleisch
und Seele ist, und die *imago et choici et
caelestis* konstituiere sich im Lebenswandel.
[1784] Petrus Chrysologos, Serm. 117 (BKV
43, 285). Cyprian erklärt im Anschluß an
das Zitat von V 47-49: »Das himmlische
Bild aber können wir nicht tragen, wenn
wir nicht in dem, was wir nunmehr zu sein
angefangen haben, uns Christus ähnlich
zeigen« (De Zelo et Livore 14 [BKV 34,
326]); in De Hab. Virg. 23 (ebd. 82) heißt es
zunächst, daß dieses Bild die Jungfräulich-

keit, die Reinheit, die Heiligkeit und die
Wahrheit trägt, dann aber: »Dieses Bild tragen alle, die der Zucht des Herrn gedenken,
die an der Gerechtigkeit und Frömmigkeit
festhalten, die standhaft sind im Glauben«
u.ä.; in De Dom. Or. 17 [CChr 3A, 100])
kann er offenbar sogar die Abstammung
vom Himmel auch als Qualität des Christen
verstehen; vgl. weiter Altermath* 143-146.
[1785] Hieronymus 770; ähnlich Pelagius
224; Primasius 552. Nach Irenaeus sollen
wir, nachdem wir den Geist empfangen haben, in einem neuen Leben wandeln und
Gott gehorsam sein (Haer. 5,9,3 [SC 153,
114]); nach 5,11,2 (138) haben wir das Bild
des Irdischen getragen, als wir die Werke
des Fleisches vollbrachten, und V 49b wird
dann durch eine Kombination mit 1Kor
6,11 erklärt; vgl. Altermath* 89f und Lona*
199f.205.
[1786] Auch bei Chrysostomus 363 ist das
Bild des Irdischen = πονηραὶ πράξεις. Vgl.
auch Cyrill 912; Basilius v. Cäsarea, De
Spir. S. 125a (SC 17, 165; vgl. dazu und
weiteren Belegen Altermath* 175-177) und
Didymus, nach dem der Mensch die freie
Wahl hat, sich durch seine Lebenspraxis für
das Tragen des irdischen oder des himmlischen Bildes zu entscheiden (In Sach 5,18
[SC 85, 976]) u.a.

öffentlich zur Kenntnis bringen[1787]. Cornelius a Lapide (345) versucht auch eine Begründung für diese paränetische Interpretation von V 49 zu geben: Paulus gehe *ad tropologiam & ad mores* über: Als von Christus *ad societatem immortalis vitae & gloriae* Berufene sollen wir mit allen Kräften danach suchen, damit wir wie Christus (vgl. oben Anm. 1734) *impassibiles, clari, agiles & subtiles* werden.

Nach anderen aber bringt V 49b das »Noch nicht« zum Ausdruck: »Noch wurzelt in uns ›der Todesstachel‹ (V 56). Noch haben wir nicht ›den neuen Menschen angezogen ...‹. Noch ›tragen wir nicht das Bild des Himmlischen‹, noch sind wir nicht ›gleichgestaltet‹ seiner Herrlichkeit«[1788]. Auch nach Augustin *werden* wir das Bild dessen tragen, der vom Himmel ist, »daß wir nämlich ... in wahrem Glauben und sicherer und fester Hoffnung daran festhalten, daß wir in Christus unsterblich sein werden«[1789]. Präsentische und futurische Auslegungen begegnen auch in Kombination. Ambrosius interpretiert zunächst von 1Joh 3,2 her futurisch, daß wir Himmlische sein und »›in dasselbe Bild umgewandelt werden‹ (2Kor 3,18), so daß ›wie der Himmlische so auch die Himmlischen sein werden‹«; er schließt dann aber damit: »So laßt uns denn, ›wie wir das Bild jenes Irdischen getragen haben, auch das Bild dieses Himmlischen tragen‹, das unser Geist annehmen muß«[1790].

Auch die Reformatoren bieten den Adhortativ, z.B. Luther[1791]. Bei Calvin

---

[1787] De Tabern. 3 (CChr 119A, 114); vgl. auch Bruno 212: *Non satis esse hoc modo (sc. veterem hominem in baptismo deponere) imaginem coelestis portare, nisi continua imitatione operum portemus.*

[1788] Makarios d. Ägypter, Hom. 25,4 (BKV 10, 205); vgl. auch Theodoret 365.368: Es werde predigend und nicht paränetisch gesprochen; Methodius (Res. 18,6 [GCS 27, 369]) interpretiert V 49a durch Gen 3,19 und V 49b durch Totenauferstehung und ἀφθαρσία. Zeno v. Verona, der das »Ebenbild Gottes« und »das geistige Bild des himmlischen Menschen« identifiziert, erklärt im Anschluß an das Zitat von V 49: »Und diejenigen, die es in ehrfurchtsvoller Weise tragen, wie es die Apostel und die Gerechten getan, werden nicht nur das Bild, sondern auch Gott selbst tragen«, mit anschließendem Zitat von 3,16 (Trakt. 2,20 [BKV 2. R. 10, 270]).

[1789] De Trin. 14,18 (BKV 2. R. 14, 246); vgl. auch De Gen ad Litt. 6,18 (CSEL 28.3.3, 193).

[1790] Lk-Komm. 7,194 (BKV 21, 435). Auch Cyrill fährt nach dem Futur φορέσομεν fort, das Bild des Irdischen verstehe sich vom Hang zu Sünde und Tod her, das Bild des Himmlischen vom Festsein in der Heiligung und Erneuerung zu Unvergänglichkeit und Leben (De Recta Fide 20 [BKV 2. R. 12, 47]). Entsprechend fallen auch die Urteile in einzelnen Kommentaren aus: Haymo 602 (*Portemus ... in fide et spe, in novitate vitae ambulantes, et spem resurrectionis habentes*) und Herveus 991 (*Portemus ergo imaginem hujus coelestis hominis interim corde et moribus atque digna operatione, postea vero in resurrectione mortuorum etiam corpore*).

[1791] WA 3, 82.475; 57.3, 214; im Deutschen wird WA 21, 351 allerdings das Futur bezeugt. Als das Bild des himmlischen Adam gilt »der neue Mensch in der neuen Welt, wo nicht ist Gesetz, Sünde, Gewissen, Tod, sondern freieste Freude, Gerechtigkeit, Gnade, Friede, Leben, Heil und Herrlichkeit« (Kleinknecht, Luthers Galaterbrief-Vorlesung 24). Vgl. später auch Spener 507: *Portemus: Imago hic ad conformitatem Christi, in exinanitione sua, humilitate, mansuetudine, aliisque virtutibus ejus inchoata, ibi ad perfectam conformitatem deducetur, & corpus nostrum configurabitur claritati ejus.*

(465) heißt es zwar, daß einige dies als »eine Ermahnung zum himmlischen Leben« ansehen, doch dem Zusammenhang entspreche besser die andere Lesart, denn Paulus spreche »nicht von dem neuen Leben im Gehorsam«, sondern bleibe bei der Auferstehungsthematik; immerhin konzediert auch Calvin: »Jetzt fangen wir in einem Leben der Wiedergeburt erst an, das Ebenbild Christi in uns aufzunehmen; wir werden von Tag zu Tag mehr in dasselbe verklärt. Aber erst dereinst wird die völlige Erneuerung an Leib und Seele geschehen. Dann wird vollendet, was jetzt noch im Anfang steht«[1792]. Eindeutig im futurischen Sinn interpretiert Crell (361f).

Auch in der Gegenwart wird unsere Stelle oft sowohl mit 1Joh 3,2 als auch mit 2Kor 3,18 verbunden: »Wer in der Gemeinschaft des Menschgewordenen und Gekreuzigten steht, in wem er Gestalt gewonnen hat, der wird auch dem *Verklärten* und *Auferstandenen* gleich werden ... Schon auf dieser Erde wird sich in uns die Herrlichkeit Jesu Christi widerspiegeln«[1793]. Kein Zweifel aber wird daran gelassen, daß »die Gottes-Sohnschaft des Gerechtfertigten ... in ihrer strahlenden Herrlichkeit erst hervorkommen und ihre endgültige Gestalt erst gewinnen und offenbaren« wird bei der Auferstehung von den Toten[1794].

3.2 Die völlige Verwandlung und der Sieg über den Tod 15,50-58

Literatur: Baumgarten, Paulus 106-110; *Becker* (Lit. zu Kap. 15) 96-105; *Brakemeier* (Lit. zu Kap. 15) 120-137; *Burchard* (Lit. zu 15,35ff); *Delobel, J.*, The Fate of the Dead According to 1 Thes 4 and 1 Cor 15, in: R.F. Collins (Hg.), The Thessa-

[1792] Auch bei Zwingli (186) heißt es einerseits, wie Christus zuerst den irdischen Leib getragen habe und nach der Auferstehung himmlisch und geistlich und unsterblich geworden sei, so auch wir; doch auch hier wird (187) angeschlossen: *Studeamus quotidie configurari corpori claritatis eius.* Vgl. auch Bullinger 253 (Die *imago Jesu* tragen heiße, ihm *in omnem modum assimulari*) und Olevianus: »Wie demnach alle Menschen, welche nach ihrer fleischlichen Geburt Söhne des ersten Adams waren und das Bild dieses von Gott entfremdeten und verdorbenen und des Zornes Gottes würdig trugen, so sollen auch Alle, welche durch das Recht der freien Annahme an Kindesstatt dem zweiten Adam gehören, sein Bild als mit Gott Versöhnte tragen« (LASKR 8 [1857] 578).
[1793] Bonhoeffer, Werke, Bd. 4, 302. Auch sonst wird auf 1Joh 3,2 für die »letzte Wandlung ... ohne unser Mitvollziehen und Nachvollziehen« einerseits und auf 2Kor 3,18 für »fortschreitende Verwand-

lung« unter Einschluß unserer Beteiligung andererseits verwiesen (Brunner, Dogmatik III 460); vgl. auch Schlink, Dogmatik 115: Die Verwandlung beginne »jetzt schon im Verborgenen« und werde dereinst »sichtbar vollendet«; vgl. auch 438, wo von einem Prozeß der Verwandlung bis zur zukünftigen Vollendung gesprochen und 715, wo mit Bezug auf V 49 erklärt wird, »daß wir in die Dynamik des göttlichen Handelns hineingenommen sind«; vgl. auch Thielicke, Ethik I 290f, der 289 in dem Bild Jesu Christi, das wir tragen werden, »das in Christus präsente ›Bild Gottes‹ selbst *mitgemeint*« sieht.
[1794] So Schmaus, Dogmatik III 2, 197. Nach Hedinger, Hoffnung 126 Anm. 22 bezeugt der Kohortativ »wohl den frühen Anstoß, welchen man am eschatologisch-kategorischen Futurum, am streng eschatologischen ›Erst noch‹ nahm – vielleicht gar in der Meinung, durch den präsentisch-imperativischen Kohortativ den Existenzbezug des Eschatons sicherstellen zu müssen!«

lonian Correspondence, 1990 (BEThL 87), 340-347; *Eriksson*, Traditions 272-275; *Farina* (Lit. zu 15,35ff) 256-328; *Gaide, G.*, Le triomphe de la vie. 1 Co 15,54-58, ASeign 39 (1972) 61-67; *Gewalt, D.*, 1Thess 4,15-17; 1Kor 15,51 und Mk 9,1 – Zur Abgrenzung eines »Herrenwortes«, LingBibl 51 (1982) 105-113; *Gillman, J.*, Transformation in 1 Cor 15,50-53, EThL 58 (1982) 309-333; *ders.*, A Thematic Comparison: 1 Cor 15:50-57 and 2 Cor 5:1-5, JBL 107 (1988) 439-454; *Harrelson, W.*, Death and Victory in 1Corinthians 15:51-57: The Transformation of a Prophetic Theme, in: FS P.W. Meyer, Atlanta 1990, 149-159; *Hollander, H.W. / Holleman, J.*, The Relationship of Death, Sin, and Law in 1Cor 15:56, NT 35 (1993) 270-291; *Horn, F.W.*, 1Korinther 15,56 – ein exegetischer Stachel, ZNW 82 (1991) 88-105; *Jeremias, J.*, ›Flesh and Blood cannot inherit the Kingdom of God‹ (1 Cor XV.50), in: *ders.*, Abba 298-307; *Johnston, G.*, »Kingdom of God« Sayings in Paul's Letters, in: FS F.W. Beare, Waterloo 1984, 143-156; *Klein*, Naherwartung 250-256; *Koch*, Schrift 61-63.168-170; *Lindars, B.*, The Sound of the Trumpet: Paul and Eschatology, BJRL 67 (1984) 766-782; *Luedemann, G.*, The Hope of the Early Paul: From the foundation-preaching at Thessalonika to I Cor. 15:51-57, PRSt 7 (1980) 195-201; *Marrow* (Lit. zu 15,35ff); *Merklein*, Studien II 391-399; *Morissette, R.*, Un midrash sur la mort (1 Cor., XV, 54c à 57), RB 79 (1972) 161-188; *ders.*, ›La chair et le sang ne peuvent hériter du Règne de Dieu‹ (1 Cor., XV,50), ScEs 26 (1974) 39-67; *Müller, D.* (Lit. zu Kap. 15); *Müller, K.* (Lit. zu 15,35ff) 227-255; *Pelser, G.M.M.*, Resurrection and Eschatology in Paul's Letters, Neotestamentica 20 (1986) 37-46; *Perriman, A.C.*, Paul and the Parousia: 1 Corinthians 15.50-57 and 2 Corinthians 5.1-5, NTS 35 (1989) 512-521; *Plevnik* (Lit. zu Kap. 15) 145-169; *Riesner*, Frühzeit 343-349; *Saake, H.*, Die kodikologisch problematische Nachstellung der Negation (Beobachtungen zu 1 Kor 15:51), ZNW 63 (1972) 277-279; *Schade*, Christologie 207-210; *Schnelle*, Wandlungen 39-42; *Sellin* (Lit. zu Kap. 15) 223-230; *Sider* (Lit. zu 15,35ff); *Söding, Th.*, »Die Kraft der Sünde ist das Gesetz« (1Kor 15,56). Anmerkungen zum Hintergrund und zur Pointe einer gesetzeskritischen Sentenz des Apostels Paulus, ZNW 83 (1992) 74-84; *Stenger* (Lit. zu Kap. 15) 121-128; *Usami* (Lit. zu 15,35-49); *Verburg* (Lit. zu Kap. 15) 76-94.218-238.268f; *Vouga, V.*, I Corinthiens 15,50-57: l'interprétation apocalyptique, in: A. Goumelle / F. Vouga, Après la mort qu' y-a-t' il?, Paris 1990, 137-146; *Witherington* (Lit. zu Kap. 15).

50 Das aber sage ich (euch), Brüder: Fleisch und Blut werden das Reich Gottes nicht erben können, auch wird die Vergänglichkeit nicht die Unvergänglichkeit erben. 51 Siehe, ich sage euch ein Geheimnis: Alle werden wir nicht entschlafen, alle aber werden wir verwandelt werden, 52 im Nu, in einem Augenblick, beim Schall der letzten Posaune. Denn es wird (die Posaune) geblasen werden, und die Toten werden als unvergängliche auferweckt werden, und wir werden verwandelt werden. 53 Denn dies Vergängliche muß mit Unvergänglichkeit bekleidet und dies Sterbliche mit Unsterblichkeit bekleidet werden. 54 Wenn aber dies Vergängliche mit Unvergänglichkeit bekleidet und dies Sterbliche mit Unsterblichkeit bekleidet sein wird, dann wird das Wort in Erfüllung gehen, das geschrieben steht: »Der Tod ist verschlungen worden in den

Sieg. 55 Wo, Tod, ist dein Sieg? Wo, Tod, ist dein Stachel?« 56 Der Stachel des Todes aber ist die Sünde, die Kraft der Sünde aber das Gesetz. 57 Gott aber sei Dank, der uns den Sieg gibt durch unseren Herrn Jesus Christus. 58 Also, meine geliebten Brüder, seid fest, unerschütterlich, wachset allezeit im Werk des Herrn, da ihr ja wißt, daß eure Mühe im Herrn nicht vergeblich ist.

In V 50-58 wird der Abschnitt über die Auferweckungsleiblichkeit durch   Analyse
das neue Motiv der radikalen Verwandlung auch auf die bei der Parusie
noch Lebenden ausgedehnt und unter Rückgriff auf V 20-28, aber ohne
das Moment der zeitlichen Abfolge (»in einem Nu«), mit den Endereignissen verknüpft. Alles läuft auf den endgültigen Sieg über den Tod als
Ziel des Endgeschehens zu[1795]. Zunächst werden die diametralen Gegensätze des vorhergehenden Abschnitts aufgenommen und durch ein
μυστήριον und einen Satz apokalyptischen Zuschnitts ausgeweitet (V 50-
52). Dann folgt eine Begründung vor allem mit der Schrift (V 53-55), wobei die angeführten Schriftworte hymnisch-triumphierende Gestalt annehmen und wie der Höhepunkt des ganzen Kapitels wirken[1796]. Nach einem sentenzhaften Lehrsatz in V 56 und einer Doxologie in V 57 bildet
eine aus dem Vorhergehenden als Konsequenz abgeleitete kurze Paränese
den Abschluß (V 58)[1797]. Formal wird der Diatribenstil des vorhergehenden Abschnitts verlassen und das Folgende mit neuer persönlicher Anrede in der 1. Pers. Plur. (V 51b.52e.53.57; vgl. ἡμῖν V 57a und ἡμῶν V 52b)
und Sing. (V 50f) formuliert, während V 53-56 wieder die unpersönliche
Redeweise aufnehmen[1798].
Es ist umstritten, ob V 50 die vorhergehenden Ausführungen als Ergebnis
zusammenfaßt[1799] oder auf etwas Neues zu sprechen kommt[1800]. Für die

---

[1795] Gillman* (Comparison) 443 z.B.
nennt V 50-58 »the climactic apocalyptic
section of the chapter«; vgl. auch Becker*
96: »Stil apokalyptischer Belehrung«; vgl.
auch unten Anm. 1801.
[1796] Dessen Besonderheit ist oft empfunden worden. Theodoret 368 spricht von einem Spottlied bzw. einer προφητικὴ ᾠδή
und einem ὕμνος (vgl. auch Chrysostomus
365: Paulus sehe das Zukünftige schon
ἔνθους [gottbegeistert] γενόμενος vor den
Augen, verhöhne den ohnmächtigen Tod
und lasse τὴν ἐπινίκιον φωνήν erschallen);
ähnlich v. Mosheim 744: »Triumphlied«;
Grotius 826: *Apostolus hic quasi in repre-
sente, ut saepe Prophetae, triumphum canit
de morte & inferno*; Rückert 425: »ein kurzer, aber ergreifender Triumphgesang«;
Bousset 162: »Schluß-Hymnus«; Moffat
268: »a song of victory, an *epinikion*«. Nach
Meyer 476 und Heinrici 508 ist V 55 »be-
geisterter Freudenruf« des Apostels (mit
Hinweis auf das ποῦ in 1,20 und Röm 3,27;
vgl. auch Röm 8,31ff; 11,33ff), »der sich in
jene selige Zukunft des γενήσεται etc. V.
54 versetzt« und Weiß 380 (»der triumphierend höhnende Ausruf«); Gutjahr 472; Morissette* (Midrash) 172. K. Müller* 236
Anm. 222 empfindet V 53-58 zwar als
»lehrstilartig«, konzediert aber V 54d-55
»hymnisches Gewicht«.
[1797] Trummer (Lit. zu Kap. 15) 1 sieht V
58 dagegen »schon ganz im Bannkreis der
Kollekte (16,1)«, doch trotz der neuerlichen
Anrede ἀδελφοί in V 58 weist das περὶ δέ
in 16,1 deutlich genug auf den dortigen
Neuanfang.
[1798] Vgl. Becker* 96; Stenger* 122; K. Müller* 227; Morissette (Chair) 45 Anm. 13.
[1799] So de Wette 156; Lietzmann 86; Barrett 379: »Paul begins to sum up«; Schweizer, ThWNT VII 128; Sellin* 223.

letztere Annahme spricht, daß τοῦτο δέ φημι, ἀδελφοί auch in 7,29 am Beginn eines neuen Abschnitts steht und auch inhaltlich neue Gesichtspunkte erscheinen. Man darf das zwar nicht zu einer Alternative zuspitzen und schon gar nicht V 50 zu scharf gegen das Vorhergehende absetzen[1801]. Die beiden Antithesen von »Fleisch und Blut« und »Reich Gottes« sowie von φθορά und ἀφθαρσία in V 50 nehmen nämlich unverkennbar die Oppositionen von V 42b-44 wieder auf, und speziell die von V 50b schließt den Ring zur ersten Antithese in V 42 (φθορά – ἀφθαρσία) und wird leicht modifiziert (φθαρτόν – ἀφθαρσία) auch in V 54 noch einmal wiederholt. Viele sprechen darum von einer Überleitungsfunktion[1802].

Rhetorisch fassen manche 50-58 als eine *peroratio*[1803], doch trotz der Momente der Erregung von Aufmerksamkeit und Affektsteigerung (vgl. V 51f und unten zu ἰδού) wird man wegen der Einführung eines neues Gesichtspunktes eher eine weitere *confirmatio* mit V 50 als *propositio* anzunehmen haben[1804]. Erst V 58 ist eine *peroratio*, die wie 11,33 und 14,39 mit ὥστε eingeleitet wird und inhaltlich mit der Mahnung ἑδραῖοι γίνεσθε auf das *exordium* von V 1 zurückgreift[1805].

Die Frage ist, ob auch in unserem Abschnitt eine Polemik impliziert ist[1806] und, wenn ja, gegen was sie sich richtet. Eine antignostische Frontstellung[1807] hat mit V 50 Probleme, denn den Inhalt dieses Verses wird auch kein Gnostiker bestreiten, was umgekehrt nicht bedeutet, daß V 50 ein bloßes Zugeständnis an die Spiritualisten ist[1808]. Eher kann man anneh-

---

[1800] So Weiß 377; Bachmann 469f; Schlatter 441; Conzelmann 356; Becker* 96; Farina* 256; K. Müller* 227; Stenger* 122; Plevnik* 147; Fee 797f u.a.
[1801] Das räumt auch Weiß 377 ein. Wolff 413 verweist mit Recht auf andere sachliche Verbindungslinien zu V 23-28: βασιλεία τοῦ θεοῦ (V 24.50), Parusieterminologie (V 23.52), Entmächtigung des Todes (V 26.54); vgl. ferner auch das δεῖ (V 25.53), πάντες (V 22.51), und auch mit ἐνδύσασθαι (V 53f) wird sachlich das φορεῖν (V 48) aufgenommen; vgl. weiter Heinrici 502; Conzelmann 357; Farina*258.264f; Schade* 207 versteht V 50-58 »als Präzisierung des in V 23ff Gesagten«.
[1802] So z.B. Gutjahr 466; Wolff 413; Lang 238; Verburg* 78.
[1803] Vgl. Bünker (Lit. zu Kap. 15) 71: *peroratio* II (nach I in V 28-34); ähnlich Verburg* 268; vgl. auch Probst, Paulus 345: Paulus wende sich nun zur *conclusio*. Da die *recapitulatio* unterbleibt und mit V 50 etwas Neues eingeführt wird, nennt Bünker V 50-58 aber auch einen »pejorativen

Exkurs oder besser eine exkursartige *peroratio*«. Zur Funktion der *peroratio* vgl. oben Anm. 1133.
[1804] Vgl. Watson (Lit. zu Kap. 15) 247; Eriksson* 250.272.
[1805] Dieser Rückgriff wird auch sonst beachtet, auch von den Autoren in Anm. 1801; vgl. weiter Stenger* 127f; Sandelin* 11; Eriksson*. Mitchell, Paul 290 versteht V 58 dagegen als ἐπίλογος des Briefkorpus, was möglich ist, aber angesichts der Schlußparänese in 16,13 schwierig bleibt, jedenfalls aber wiederum kaum belegen kann, daß die Argumentation des Paulus auf die Einheit der Gemeinde ziele.
[1806] Kritisch z.B. Grosheide 390: »no longer ... a refutation of error«; vgl. auch Senft 211.
[1807] So Schottroff, Glaubende 141, nach der die Korinther die Befreiung des Pneuma-Selbst annehmen.
[1808] Gegen diese These von Olshausen 760 und Billroth 237 schon Meyer 469: Τοῦτο δέ φημι heißt nicht: »das gebe ich zu«; ebs. Heinrici 502; vgl. auch ders., Sendschreiben

men, daß auch hier antienthusiastisch die These zurückgewiesen wird (vgl. die Futura in V 50-52 und vor allem V 54), die in Korinth reklamierte Partizipation am pneumatischen Wesen und an der Auferstehungsherrlichkeit enthebe schon jetzt der Sphäre von »Fleisch und Blut«[1809]. Zugleich aber kann man aus V 53 möglicherweise entnehmen, daß Paulus sich gegen die Annahme einer »Erlösung als ›Nacktheit‹, als ›Ausziehen‹ des Leibes« wendet[1810].

Traditionsgeschichte: V 50 ist von Paulus vermutlich übernommen worden[1811], wie sich aus der traditionellen Sprache ergibt: κληρονομεῖν τὴν βασιλείαν τοῦ θεοῦ wird auch in 6,9 und Gal 5,21[1812] (dort jeweils im Rahmen eines traditionellen Lasterkatalogs) übernommen; σὰρξ καὶ αἷμα wird von Paulus sonst nur in Gal 1,16 gebraucht, dort freilich in eigenen Worten[1813]; die Wendung τοῦτο δέ φημι, ἀδελφοί leitet auch in

545 Anm. 1. Richtig aber ist, daß auch die Korinther dem Satz von V 50 vermutlich zugestimmt haben werden (vgl. Becker* 97; Stenger* 122).

[1809] So Klauck 121: »Die Auferstehungsleugner meinen, etwas Unzerstörbares in sich zu tragen, das sie jetzt schon in die Auferstehungswirklichkeit versetzt«; vgl. auch Wolff 414: »Ihr seid noch ›Fleisch und Blut‹ wie wir alle, also seid ihr noch nicht Vollendete, in die Königsherrschaft Gottes Eingegangene (vgl. 4,8)«; ähnlich Wire, Women 173; Kremer 362 und Eriksson* 272 (»The cutting edge of Paul's argument is directed to those who maintain a present resurrection«). Nach Brakemeier* 121 wehrt Paulus mit V 50 »das Mißverständnis einer falschen Auferstehungsleiblichkeit ab, das man in Korinth mit dem Begriff Totenauferstehung verbunden hat«, zugleich aber »einen wie immer gearteten Unsterblichkeitsglauben«; vgl. auch 125: Es werde durch die Betonung des Noch-Nicht die Parole von V 12 ad absurdum geführt. Es ist jedenfalls ein ziemliches Mißverständnis, V 51-57 die Funktion zuzuschreiben, »to describe our anticipated transformation and victory over death«, wie Findlay 940 meint.

[1810] So Sellin* 225; ebs. Probst, Paulus 345f.

[1811] Vgl. Weiß 377: Paulus zitiere »wohl ein älteres, jüdisch-palästinisches, vielleicht ein Herrenwort, wahrscheinlich ein Wort aus der Urgemeinde«; so oder ähnlich auch andere, die etwa von einem eschatologischen Lehrsatz sprechen (Becker* 96; Stenger* 122); die Kritik von Fee 798 Anm.

12 ist wenig überzeugend. Da 6,9 im Rahmen einer Taufunterweisung steht, könnte man auch hier einen ähnlichen Hintergrund vermuten, zumal derselbe für V 49 gegeben sein könnte, so daß sich auch ein plausibler Anlaß für den Anschluß von V 50 ergeben würde.

[1812] Zum paulinischen Verständnis vgl. zu 6,9 (EKK VII 1, 426). Allerdings gebraucht Paulus hier das Präsens, was nach Weiß 378 und Conzelmann 356 durch die »lehrsatzartige« Formulierung bedingt sein soll, aber in »Prophezeiungen« auch sonst häufig vorkommt (Bl-Debr-Rehkopf § 323); ein weiterer Unterschied besteht darin, daß 6,9 und Gal 5,21 wie die sog. Einlaßsprüche (Mk 10,15 u.ö.) ein bestimmtes Verhalten voraussetzen, hier dagegen »unverfügbare Befindlichkeiten« genannt werden (K. Müller* 228; ähnlich Becker* 97; Plevnik* 149; anders Verburg* 220, der an richtiges ethisches Verhalten denkt). Die von Morissette* (Chair) 55 angeführten Stellen aus pQid 1,59d,29 und bQid 47b, wo davon die Rede ist, daß man das Joch des Himmels abwirft und das Joch von Fleisch und Blut auf sich nimmt, kann dagegen nicht ankommen und ein ethisches Verständnis erweisen; vgl. zum eschatologischen Hintergrund Saß, Leben 390f.

[1813] Die Wendung als solche ist alt und schon bei Empedokles (Diels, I 31b Fr 98) belegt, aber nicht im AT (Gen 9,4; Lev 17,10; 1Sam 14,33f; Jes 49,26 sind nur bedingt heranzuziehen), wohl aber im Judentum (Sir 14,18; 17,31; äthHen 15,4; Weish 12,5; Philo, Her 57; rabbinische Belege bei Billerbeck I 730f; vgl. Meyer, ThWNT VII

7,29 eine apokalyptische Tradition ein. V 51 ist dagegen nicht der Tradition zuzuschreiben, enthält aber traditionelle Motive[1814].

V 54 und 55 bieten eine Kombination von Jes 25,8 und Hos 13,14. Das erste Zitat ist der sog. Jesaja-Apokalypse mit ihrer Weissagung über das eschatologische Freudenmahl auf dem Zion (Jes 25,6-8) entnommen[1815], wonach sich Jahwes allumfassende Macht über alle Feinde auch auf den Tod und die Toten erstreckt[1816]. Jes 25,8 (»vernichten wird er den Tod auf ewig«, בלע המות לנצח) lautet nach der LXX: κατέπιεν ὁ θάνατος ἰσχύσας. Die LXX hat also gegenüber dem masoretischen Text, bei dem Jahwe selbst als derjenige erscheint, der den Tod verschlingt, den Tod zum Subjekt gemacht, den zukünftigen Sieg als einen bereits errungenen gedeutet (Aor.) und entsprechend נצח recht singulär mit ἰσχύω wiedergegeben[1817]. Obwohl bei Paulus gegen die LXX Gott wieder Subjekt ist (*passivum divinum*), wird keine Abhängigkeit vom hebräischen Text vorliegen, sondern eine LXX-Variante anzunehmen sein[1818]. Jedenfalls weicht Paulus, indem κατέπιεν durch κατεπόθη und ἰσχύσας durch εἰς νῖκος ersetzt wird, von der LXX ab, und die meisten meinen, er folge damit der Lesart des Theodotion[1819].

Das zweite mit dem ersten zu einem Zitat verbundene Zitat entstammt Hos 13,14. Schon die Deutung des alttestamentlichen Textes ist umstritten. Handelt

115); zu den ntl. Belegen vgl. unten Anm. 1832.

[1814] Vgl. z.B. Schade* 207, nach dem dem Apostel selbst auf der Basis von 1Thess 4,16f, der Adam-Christus-Typologie und der konkreten polemischen Situation das Verhältnis von Lebenden und Toten in der Aussageform von V 51f durchsichtig geworden sein soll; dafür läßt sich die Analogie von Röm 11,25 anführen (vgl. Bornkamm, ThWNT IV 829); vgl. auch Becker* 100f und unten Anm. 1852f. Das ändert freilich nichts am Offenbarungscharakter dieses Verses.

[1815] Zu Jes 25,1-8 vgl. H. Wildberger, Jesaja, 1978 (BK X 2) 959-969; Harrelson* 151-155 und oben Anm. 550.

[1816] Jes 25,8 spielt entsprechend auch bei den Rabbinen eine Rolle und wird mehrfach auf das zukünftige Ende des Todes bezogen (Billerbeck III 481-483; Cavallin [Lit. zu Kap. 15; Life] 187f).

[1817] Sonst wird לנצח meist wie bei Paulus mit εἰς νῖκος wiedergegeben (Am 1,11; 8,7; Jer 3,5; Hi 36,7 u.ö.) oder mit εἰς τέλος (Hi 14,20; 23,7; Ps 9,7.32 u.ö.). R.A. Kraft, Eis Nikos = Permanently/Successfully: 1 Cor 15.54, Matt 12.20, in: ders. (Hg.), Septuagintal Lexicography, Missoula 1975, 153-

156 verweist auf die Parallelität von εἰς νῖκος mit εἰς τὰ ἔσχατα in 2Sam 2,26, εἰς τὸν αἰῶνα in Jer 3,5 u.a., um den Sinn »forever« im jüdischen Griechisch zu belegen (155; vgl. auch Verburg* 234; Morissette* [Midrash] 169 verweist zusätzlich auf den Jes-Targum: לעלמין), was er auch für Paulus annimmt (156), doch sprechen V 55a und 57 eher gegen diese Bedeutung. Auch Holtz, EWNT II 1152 plädiert für »*Sieg, totale Überwindung*«; vgl. weiter auch Koch* 61f.

[1818] So z.B.Lietzmann 88; Conzelmann 360f; Wolff 417. Vgl. die Lesarten bei Aquila (καταποτίσει τὸν θάνατον εἰς νῖκος), d.h. er hat das Futur festgehalten und wie Paulus εἰς νῖκος; ähnlich auch Symmachus. Zu den viel zu komplizierten Hypothesen zur Entstehung der LXX-Übersetzungen der beiden von Paulus aufgegriffenen Stellen bei Farina* 303-310 vgl. Verburg* 87 Anm. 259.

[1819] Als Theodotions Lesart wird üblicherweise zitiert: κατεπόθη ὁ θάνατος εἰς νῖκος. Vgl. A. Rahlfs, Über Theodotion-Lesarten im Neuen Testament und Aquila-Lesarten bei Justin, ZNW 20 (1921) 182-199, hier 183f, der κατέπιεν als genaue Übersetzung des hebräischen Textes für ursprünglich hält; vgl. auch Koch* 62.

es sich um eine Drohung oder eine Verheißung? Nach der einen Interpretation geht es um die Ankündigung einer Strafe, indem Gott Tod und Scheol zu Werkzeugen seines Gerichtes macht[1820]. Nach der anderen aber soll Hos 13,14 als rettende Verheißung Jahwes bzw. als triumphierende, herausfordernde Frage zu begreifen sein, die »den sieghaften Glauben an die todüberwindende Gottesmacht« ausdrücke, »die erste Grundlage für die religiöse Auferstehungshoffnung im Alten Testament«[1821].

Jedenfalls aber wäre auch bei Ursprünglichkeit des Drohcharakters Paulus nicht der einzige, der den Text in eine eschatologische Verheißung umdeutet[1822], denn er setzt hier die ebenfalls schon als Heilszusage zu verstehende LXX voraus (ποῦ ἡ δίκη σου, θάνατε; ποῦ τὸ κέντρον σου, ᾅδη)[1823]. Allerdings substituiert er vermutlich unter Einfluß des voranstehenden Jesaja-Zitates ἡ δίκη durch τὸ νῖκος[1824], und statt ᾅδη, das er auch sonst nicht gebraucht, bevorzugt er eine Wiederholung von θάνατε[1825].

Interpolation? In neuerer Zeit ist mehrfach versucht worden, V 56 als eine sekundäre Glosse zu erweisen[1826]: Das Hauptargument dabei ist nicht ein unpaulinischer Charakter des sentenzhaften Verses, sondern die feh-

---

[1820] So z.B. H.W. Wolff, Dodekapropheton I. Hosea, ³1976 (BK XIV 1) 297-299; vgl. auch W. Rudolph, Hosea, 1966 (KAT XIII 1), 236; Harrelson* 157, aber auch 158; ebenso sollen nach Bachmann 471 Anm. 1 die Fragen im Urtext »doch wohl eine grausige Drohung bedeuten, indem Gott die Pestseuchen des Todes zur Rache an Ephraim herbeiruft«; erst Paulus habe die Fragen des Zitats »zum Ausdruck des Sieges des Reiches Gottes gemacht«; vgl. auch Ellis, Paul's Use 138; Wolff 417.
[1821] So A. Weiser, Das Buch der zwölf Kleinen Propheten, ⁴1963 (ATD 24) 99; vgl. auch H.Th. Robinson, Die zwölf Kleinen Propheten, 1964 (HAT 14) 51f.
[1822] Zur rabbinischen Exegese von Hos 13,14 vgl. Billerbeck III 483, z.B. bPᵉs 87b: »Gott hat Israel nach Babel verbannt, weil dieses so tief ist wie die Schᵉol, wie es heißt: Aus der Gewalt der Schᵉol will ich sie befreien, aus dem Tode will ich sie erlösen usw.«; anders der Targum ebd.; vgl. auch Barrett 383 (einige jüdische Interpreten fassen die rhetorischen Fragen in »the same comforting sense as Paul«) und Ellis, Paul's Use 138 Anm. 3.
[1823] Das von der LXX mit κέντρον wiedergegeben קטב meint Jes 28,2 den verderbenbringenden Sturm, in Dtn 32,24 die Seuche, in Ps 91,6 steht es parallel zur Pest

und wird von den Rabbinen z.T. als gefährlicher Dämon gedeutet (Billerbeck IV 520f), während die LXX es hier als Instrument des Todes versteht (Morissette* [Midrash] 174f]); speziell zu קטב in Ugarit, im AT und in den Targumen vgl. J.C. de Moor, »O Death, Where is thy Sting?«, in: Ascribe to the Lord. Biblical & Other Studies in Memory of P.C. Craigie, 1988 (JSOT.S 67), 99-107. Vgl. weiter z.St. Zu anderen Unterschieden der LXX vom hebr. Text wie das Verständnis von דבר vgl. Koch* 169f und die in Anm. 1820 genannten Kommentare.
[1824] 𝔓⁴⁶ B D* 088 pc lesen νεῖκος, was wohl als Itazismus zu erklären ist und bei einigen Lateinern mit *in contentionem* (Streit) übersetzt wird, z.B. bei Primasius 552. Vgl. weiter unten Anm. 1977.
[1825] Das ist freilich textkritisch umstritten, doch das von א² Aᶜ Ψ 075 1881 𝔐 vgᵐˢˢ syᵖ⁾ gebotene ᾅδη ist vermutlich unter Einfluß der LXX in den Text eingedrungen (nach Heinrici, Sendschreiben 556 Anm. 2 hat das doppelte θάνατε zudem »den Vorzug grösserer Emphase«); ähnlich erklärt sich auch κέντρον statt νῖκος im Zusammenhang mit Hades in 0121 0243 33 81 326 1175 1241ˢ 1739ᶜ 2464 pc; vgl. auch unten Anm. 1906.
[1826] Vgl. die Forschungsgeschichte bei Horn* 89f und dessen eigene Begründung

lende Einbettung in den Kontext und die Rekonstruktion einer Entwicklung der paulinischen Theologie, die z.Zt. des 1. Korintherbriefes noch keine Rechtfertigungslehre mit ihren Koordinaten von Sünde und vor allem Gesetz ausgebildet habe (vgl. etwa die gegenüber Röm 5,12ff auffallende Nichterwähnung der Sünde in der Adam-Christus-Typologie)[1827]. Das letztere ist freilich mehr ein *argumentum e silentio*. Eine gewisse Beziehungslosigkeit ist dagegen durchaus zuzugeben und läßt einen in der Tat zögern, den Vers an dieser Stelle Paulus selbst zuzuschreiben. Allerdings ist eine sinnvolle Einbindung des textgeschichtlich völlig unbestrittenen Verses in den Kontext auch keineswegs unmöglich (vgl. die Erklärung), so daß er Paulus selbst mindestens ebensosehr zuzutrauen ist wie einem späteren Redaktor[1828].

Gliederung: Mit τοῦτο δέ φημι und der Anrede ἀδελφοί beginnt Paulus den neuen Abschnitt. Das τοῦτο wird im ὅτι-Satz in einem synonymen *parallelismus membrorum* expliziert, dessen im ersten Teil nachgestelltes Präd. (zum textkritisch ursprünglichen singularischen Präd. trotz der zwei Subj. vgl. Bl-Debr-Rehkopf § 135,2) auch für den zweiten Teil gilt. Subj. im ersten Teil sind σάρξ καὶ αἷμα, parallel dazu im zweiten ἡ φθορά, Obj. im ersten ist βασιλεία τοῦ θεοῦ, im zweiten ἀφθαρσία. Mit der Demonstrativpartikel ἰδού eingeleitet folgt in V 51 wieder ein Satz in der 1. Pers. Sing. (λέγω), dessen Obj. μυστήριον im folgenden Parallelismus inhaltlich entfaltet wird: Beidemal mit voranstehenden πάντες und einem Fut. im ersten Satzteil mit Negation (zu deren Stellung vgl. Bl-Debr-Rehkopf § 433,2 mit Anm. 2 und § 477 zum Hyperbaton). V 52 ist an das ἀλλαγησόμεθα von V 51 anzuschließen und beginnt mit einer Reihe von drei mit ἐν eingeleiteten Zeitbestimmungen, deren letzte durch das unpersönliche σαλπίσει γάρ aufgenommen wird; daran schließen sich mit καί zwei weitere fut. Sätze an, deren Subj. im ersten Satz οἱ νεκροί mit prädikativem ἄφθαρτοι und deren Subj. im zweiten Satz ἡμεῖς ist, dem die entsprechenden Präd. in der 3. Pers. bzw. 1. Pers. Plur. folgen. V 53 bestätigt (γάρ) den Parallelismus von V 52 durch einen weiteren Parallelismus in »genauester Korrespondenz und Assonanz« (Weiß 379) mit δεῖ und einem doppelten *a.c.i.*, wobei der Inf. beidemal im

---

passim; Schmiedel 205 erklärt, »die nüchterne Anmerkung« passe wenig »mitten in den Jubelton«, und auch Heinrici 509 empfindet »etwas Beziehungsloses« (vgl. aber z.St.); noch deutlicher Bousset 163; Weiß 380 (»eine völlig aus dem begeisterten Ton fallende theologische Glosse«); Schmithals, Gnosis 160 Anm. 2. Andererseits rechnet schon Bultmann, Stil 78 V 56 zu den bei Paulus nicht unüblichen »Zwischenbemerkungen«.
[1827] Vgl. Schnelle, Wandlungen 49-76, der aber 50 konzediert, daß das nicht zwingend für eine Glosse spricht und 53 erklärt, in V 56 und 9,20-22 deute sich »erst an, was im Gal und Röm unter charakteristischen

Abweichungen breit entfaltet wird«; anders z.B. Klein, TRE 13, 65; vermittelnd Söding* 74f: Zwar gebe es eine Entwicklung der Gesetzeslehre, aber auch in der Frühphase sei das Gesetz kein Adiaphoron (mit Verweis auf das Apostelkonzil und den antiochenischen Konflikt).
[1828] Vgl. schon Findlay 943 gegenüber früheren Hypothesen von Clemen, Straatmann und Völker: Die ganz und gar paulinischen Gedanken dieses Verses »are expressed with an originality and pregnant force unmistakably Pauline, and in a rhythmical, imaginative turn of expression harmonising with the context«; vgl. weiter Söding* passim und z.St.

Aor. steht und Subj. und Obj. jeweils kontrastieren (τὸ φθαρτὸν τοῦτο – ἀφθαρσίαν und τὸ θνητὸν τοῦτο – ἀθανασίαν) und am Ende ein Homoioteleu-ton bilden (vgl. Bl-Debr-Rehkopf § 488). V 54a.b wiederholt in einem Konditio-nalsatz mit ἐάν zunächst in der Protasis V 53; dann folgt in V 54c mit τότε und Fut. die Apodosis, deren Subj. unüblicherweise ὁ λόγος ist, und ein artikuliertes Part. im Perf. Pass. γεγραμμένος. Der Inhalt des »geschriebenen Wortes« (V 54d-55), das in der in der Analyse genannten Weise zwei Schriftworte zitiert, be-nennt zunächst in V 54d in einem Aussagesatz mit personifiziertem ὁ θάνατος als Subj. im Aor. Pass. ein καταπίνω, das durch εἰς νῖκος noch genauer bestimmt wird. V 55a.b wird zweimal anaphorisch mit vorangestelltem Fragepronomen ποῦ und Possessivpronomen der 2. Pers. Sing. der Tod im Vokativ θάνατε ange-redet und (ohne Prädikat) nach seinem Sieg (aus V 54 wiederholt) sowie nach sei-nem Stachel gefragt. V 56 interpretiert das durch den Genitiv τοῦ θανάτου be-stimmte letzte Wort von V 55, identifiziert es (ohne Kopula) mit der Sünde und nennt als deren δύναμις das Gesetz. V 57 bringt mit vorangestelltem Dat.-Obj. und artikelloser χάρις eine prädikatlose Danksagung; deren Grund wird durch ein auf τῷ θεῷ bezogenes präs. Part. näher bestimmt und hat als Dat.-Obj. ein Per-sonalpronomen der 3. Pers. Plur. bei sich, als Akk.-Obj. das aus V 54f stammende νῖκος, und am Schluß steht eine instrumentale christologische διά-Wendung. V 58 beschließt das Kapitel mit einem folgernden ὥστε und nochmaliger Anrede der Adressaten; dem folgt der Imperativ Aor. γίνεσθε und prädikatives Adjektiv ἑδραῖοι, dem noch ἀμετακίνητοι sowie zwei präs. Part. hinzugefügt sind; das er-ste wird durch eine präpositionale Bestimmung mit ἐν und ein Zeitadverb erwei-tert, das zweite durch einen ὅτι-Satz expliziert, daß der durch das Possessivpro-nomen der 2. Pers. Plur. bestimmte κόπος nicht vergeblich ist, wobei das ab-schließende ἐν κυρίῳ auf den ganzen Satz zu beziehen ist.

Die 7,29 entsprechende Einleitung τοῦτο δέ φημι, ἀδελφοί markiert den **Erklärung** Beginn des letzten Abschnitts, der zunächst ein schon überliefertes Logi-**50** on zitiert[1829]. Der Sinn des traditionellen Satzes ist der, daß es ein »Er-ben«[1830] der eschatologischen βασιλεία τοῦ θεοῦ bzw. Anteil an der To-tenauferweckung nur als unverfügbares Wunder in Diskontinuität zum irdisch-diesseitigen Leben gibt[1831]. »Fleisch und Blut« machen das Wesen

---

[1829] Zum traditionellen Charakter vgl. zur Analyse; zur Stellung von V 50 im Kontext vgl. oben Anm. 1799f.
[1830] Stenger* 122 will in dem finiten κληρονομεῖ (V 51b) gegenüber dem οὐ δύναται κληρονομεῖν (V 51a) eine Intensi-vierung der »objektive(n) Geltung des Sat-zes« finden, was wohl doch übertrieben sein dürfte. Im übrigen ist κληρονομεῖν für das Erben endzeitlicher Heilsgüter auch in der Apokalyptik oft bezeugt (äthHen 5,7; Jub 32,19; 4Esr 7,9.1796; syrBar 44,13).
[1831] Vgl. Moffat 265: »On any nexus be-tween the present physical frame and the spiritual body the apostle never speculat-es«. Daß hier »der jüdische Gedanke einer

Auferstehung dieses fleischlichen Leibes« (so Lietzmann 86; ähnlich schon Semler 448: ein kaum merklicher Stich gegen eine *iudaica opinio*) bzw. das materialistische Mißverständnis abgewiesen werde, das »dem irdisch-sarkischen Leib eine ewige Dauer zuschreibe« (so Bachmann 470), ist auch hier allenfalls partiell und indirekt richtig, zumal damit »die Komplexität des Sachverhalts in den jüdischen Quellen« in der Tat »in unzulässiger Weise« vergröbert würde (Klauck 120; vgl. Senft 211 Anm. 2 mit Hinweis auf Cavallin [Lit. zu Kap. 15; Life] 200 und Morissette* [Chair] 49f Anm. 27) und jüdische Fragestellungen in Ko-rinth auch hier nicht zu vermuten sind; vgl.

des natürlichen und sterblichen Menschen in seiner Kreatürlichkeit und qualitativen Differenz von seinem Schöpfer aus[1832] und haben ebensowenig wie πᾶσα σάρξ in V 39 pejorative moralische Konnotationen[1833]. Der Mensch als solcher mit Einschluß seiner irdischen Leiblichkeit – nicht aber *wegen* seiner Leiblichkeit[1834] – kann nicht Eingang in das Reich Gottes finden[1835]. Dieser Sinn wird im zweiten Teil von V 50, den Paulus komplementär als eigene Interpretation anschließt, in anderer Terminologie unterstrichen. Mit den wieder die Diskontinuität von staubverfallener irdischer und pneumatisch-eschatologischer Leiblichkeit markierenden Begriffen φθορά – ἀφθαρσία wird die Opposition von V 42 aufgenommen[1836], die auch dort betont am Anfang der Antithesen zu finden war. Dabei steht φθορά[1837] für »Fleisch und Blut« und ἀφθαρσία für die endzeitliche Gottesherrschaft und damit zugleich als Interpretation von ἀνάστασις τῶν νεκρῶν[1838]. Die Herrschaft Gottes – für Paulus auch ohne dieses Syntagma nach V 28 ein Zentralbegriff im Kontext der Aufer-

---

auch unten Anm. 1836. Der Akzent ruht vielmehr darauf, daß auch der Pneumatiker noch »Fleisch und Blut« ist.

[1832] Vgl. Gal 1,16; Mt 16,17; Eph 6,12; Hebr 2,14; vgl. weiter Behm, ThWNT I 172; Jeremias* 299; Schweizer, ThWNT VII 109; Jewett, Terms 95ff; Gillman* (Transformation) 318 und oben Anm. 1813. Den einheitlich zu verstehenden und nicht auf verschiedene Substanzen zu verteilenden Charakter von »Fleisch und Blut« bestätigt der von ℵ B 365 pc syh gebotene Singular δύναται (ähnlich Mt 16,17), der gegenüber den anderen Lesarten ursprünglich sein wird (vgl. etwa Jeremias* 299).

[1833] So früher Chrysostomus 363; Ambrosiaster 183 u.a.; neuerdings findet auch Kremer 361 hier eine Warnung, »sich bloß von einer irdischen Lebenseinstellung leiten zu lassen«; ähnlich Verburg* 220; anders Theodoret 368: τὴν θνητὴν φύσιν. Ebenso irrig ist es, die Wendung von der meist (vgl. aber V 39 u.ö.) negativ bewerteten σάρξ her zu deuten (so Orr/Walter 350) oder mit Morissette* (Chair) 48.50f den durch das Gesetz der Sünde bestimmten Menschen durch »Fleisch und Blut« charakterisiert sein zu lassen; ähnlich Sider* 437 (»frail sinner«); vgl. dagegen mit Recht schon Robertson/Plummer 375f; Godet II 237f; ferner Vos, Untersuchungen 27; Plevnik* 163 Anm. 50; Sider* 432f und vor allem Gillman* (Transformation) 318, der allenfalls in Eph 6,12 ethische Konnotationen impliziert findet.

[1834] Man kann eher von Synonymität zu σῶμα ψυχικόν sprechen, also von der Leib-

lichkeit in ihrer irdischen Vergänglichkeit. Vgl. Hieronymus: *Alia carnis, alia corporis definitio est; omnis caro est corpus, non omne corpus est caro* (zitiert bei Meyer 469 Anm. ** und Heinrici 502 Anm. *); vgl. auch Brandenburger, Fleisch 43, der von den folgenden Gegensatzpaaren her eine grundlegende Wandlung der traditionellen Wortkombination konstatiert.

[1835] Zu βασιλείαν θεοῦ κληρονομεῖν vgl. oben Anm. 1812. Von V 25-28 her bleibt zu beachten, daß auch hier von *Gottes* Reich geredet wird.

[1836] Auch darum ist die Frage Schlatters 442, ob Paulus »deshalb vom Vergehen des Fleisches und des Blutes« spreche, »weil er von den Knochen erwartet, daß sie zur Neubildung des Leibes dienen«, trotz solcher Erwartung bei den Rabbinen nur zu verneinen; vgl. K. Müller oben Anm. 1473 zu Bornhäuser sowie zu unserer Stelle 237 Anm. 225. Richtig ist freilich, daß Paulus nicht meint, »daß nur der Geist an der Unsterblichkeit teilhat« (Schweizer, Werke, Bd. 3, 766).

[1837] Nach Grotius 825 *abstractum pro concreto*: *Per* φθοράν *vult intelligi* φθαρτόν; ebs. Jeremias* 299; vgl. V 53f. K. Müller* 228 Anm. 193 versteht den Artikel nach dem artikellosen φθορά in V 42 anaphorisch.

[1838] »Das ganze Interesse des Pls liegt ... darin, jenen neuen Zustand als die absolut andere, unvorstellbare Gottesgabe, als Wunder darzustellen« (Schweizer, ThWNT VII 128); vgl. zur Funktion von V 50 auch oben Anm. 1809.

weckungshoffnung – wie die Auferweckung der Toten liegt somit grundsätzlich nicht auf der Linie des irdisch Erfahrenen und Erfahrbaren, unvergleichbar und unvereinbar mit Endlichem und Vergänglichem. Eine andere Deutung ergäbe sich, wenn es sich in V 50 nicht um einen synonymen[1839], sondern um einen synthetischen bzw. antithetischen Parallelismus handeln würde[1840]. Dann wäre der Sinn: Weder die Lebenden (V 50a) noch die Gestorbenen (V 50b) können am Reich und damit an der »Herrlichkeit des unvergänglichen Gottes« (Röm 1,23) so teilhaben, wie sie sind[1841]. Aber φθορά läßt sich auch hier nicht auf die Toten und deren Verwesung und Verweslichkeit beschränken (vgl. zu V 42 und Röm 8,21)[1842], sondern umschreibt das Vergängliche dieser Weltzeit im Leben und im Tod bzw. für Lebende und Tote. Zudem würde bei Einbeziehung der noch Lebenden das μυστήριον von V 51 schon hier vorweggenommen[1843]. Es ist auch nicht von zwei verschiedenen Zeitpunkten des κληρονομεῖν auszugehen, denn ein Nacheinander wie in 1Thess 4,16f (πρῶτον – ἔπειτα) fehlt gerade. Der Grund für die Hinzufügung von V 50b wird eher sein, die aus dem traditionellen Logion stammenden Wendungen »Fleisch und Blut« und »Reich Gottes« griechischen Lesern zu übersetzen und zu veranschaulichen[1844].

In V 51 wird wieder mit einer gewissen Feierlichkeit ein neuer Gedanke eingeführt: »Siehe, ich sage euch ein Geheimnis«. Selbst ἰδού ist auffällig[1845], denn es kommt nur hier im ersten Korintherbrief vor[1846]. Dieses   51

[1839] So mit Recht fast ausnahmslos die Kommentare; vgl. schon Grotius 825 (φθορά expliziere σὰρξ καὶ αἷμα) und weiter Morisette* (Chair) 46-48; Becker* 98; Stenger* 123f; Usami* 489; Gillman* (Transformation) 316-318.

[1840] So Jeremias* 298f.302 (ähnlich schon Godet II 238 und Bengel 436: viventes in mundo / mortui): Σὰρξ καὶ αἷμα werde allein auf lebende Personen bezogen, was zwar im allgemeinen zutrifft (vgl. die Belege oben Anm. 1813.1832 und Meyer, ThWNT VII 115; Gillman* [Transformation] 316 verweist immerhin auf Sir 14,17f), aber die These noch nicht begründet. So kann weder die enge Fassung von φθορά im Sinne der vor der Parusie verstorbenen Toten (»corpses in decomposition« 299; vgl. dazu die übernächste Anm.) noch die angeblich chiastische Struktur überzeugen (vgl. die Kritik von Schweizer, ThWNT VII 128; Conzelmann 357; Fee 798 Anm. 11; Perriman* 514; Morisette* [Chair] 46-48, nach dem bei einem antithetischen Parallelismus auch σὰρξ καὶ αἷμα und φθορά eine Antithese bilden würden, was sinnlos wäre); eine andere chiastische Disposition

bei Gillman* (Transformation) 320-322.

[1841] Jeremias* 298f.302, der schon auf Schlatter 441 verweist; ähnlich Robertson/Plummer 375f; Barrett 379.

[1842] So allerdings auch Meyer 470 (= »Verwesung«). Vgl. dagegen Heinrici 503; Harder, ThWNT IX 105; K. Müller* 229 Anm. 197 u.a.; Verburg* 219 trägt auch hier (vgl. oben Anm. 1438.1448) »das Totsein als Folge der Ablehnung Gottes seitens des Menschen« ein.

[1843] Jeremias* 305 bezieht es denn auch bloß auf den Zeitpunkt der Verwandlung bei der Parusie, nicht darauf, daß auch die Lebenden verwandelt werden; vgl. die Kritik von K. Müller* 234 Anm. 219.

[1844] So Heinrici 503; vgl. auch Weiß 377; Senft 211f; Grosheide 391; Perriman* 514; Klauck 120; Morisette* (Chair) 47; Gillman* (Transformation) 316. Vgl. schon Herveus 991: Haec enim repetitio praedictorum verborum est expositio.

[1845] Vgl. Bauer/Aland 753f, die unsere Stelle zu denen rechnen, wo »die Aufmerksamkeit d. Hörer od. Leser« erregt werden soll.

[1846] Im Römerbrief begegnet es nur im atl. Zitat von Röm 9,33; öfter aber im 2. Ko-

Geheimnis betrifft das Schicksal der bei der Parusie noch Lebenden und bezieht auch sie in die Teilhabe an der eschatologischen Verwandlung ein.

Daß der Inhalt des Geheimnisses tatsächlich darin besteht, ist allerdings in der Textüberlieferung stark umstritten. Es gibt vier mehr oder weniger diskussionswürdige Lesarten[1847]:

1. Die erste mit Recht meist bevorzugte Lesart wird von B D² Ψ 075 0243 1881 𝔐 sy co Hier[mss] bezeugt (πάντες οὐ κοιμηθησόμεθα, πάντες δὲ ἀλλαγησόμεθα) und bietet die *lectio difficilior*. Die Schwierigkeiten dieser Lesart stecken außer in der Grammatik (das οὐ negiert eigentlich πάντες, nicht das Verb) in der Sache, denn strenggenommen heißt V 51a »keiner von uns wird entschlafen«[1848], was schon angesichts von 11,30 und 15,6 wenig sinnvoll wäre. Durch die rhetorisch bedingte Voranstellung des πάντες und die ungewöhnliche Stellung der Negation wird aber der Parallelismus hergestellt[1849]. Gemeint ist also: Nicht alle (von uns) werden sterben, aber alle verwandelt werden. Nur bei dieser Lesart ist jedenfalls von einem Mysterion zu sprechen, und nur so schließt sich V 52 sinnvoll an.

2. ℵ C 0243* 33 1241ˢ 1739 pc Hier[mss] bieten πάντες κοιμηθήσομεθα, οὐ πάντες δὲ ἀλλαγησόμεθα. Diese Lesart mit ihrer Umstellung der Negation οὐ ist vermutlich so zu erklären, daß man, weil die urchristliche Generation (1. Pers. Plur.!) gestorben war, die Negation aus dem ersten Satz entfernte, so daß der Anstoß einer unerfüllten Erwartung des Paulus verschwand. Außerdem wollte man wahrscheinlich die allgemeine Auferstehung mit dem Gerichtsgedanken festhalten bzw. das Schicksal der Ungläubigen mitberücksichtigen. Die Naherwartung des Paulus und auch der anschließende V 52, der nur mit einem nicht negierten ἀλλαγησόμεθα verbunden werden kann, spricht ebenso gegen die Ursprünglichkeit dieser Lesart wie der dann kaum noch festzuhaltende μυστήριον-Charakter.

3. D* lat Tert Ambst Spec bieten πάντες ἀναστησόμεθα, οὐ πάντες δὲ ἀλλαγησόμεθα. Das ist eine Verallgemeinerung, die in anderer Form ähnliche Bedenken gegen die Lesart 1 wie die Lesart 2 erkennen läßt.

4. Bei der von 𝔓⁴⁶ Aᶜ gebotenen Lesart (πάντες οὐ κοιμηθησόμεθα, οὐ πάντες δὲ ἀλλαγησόμεθα) ist entweder das οὐ irrtümlich verdoppelt worden bzw. es liegt eine Mischlesart von Lesart 1 und 3 vor, oder der Gedanke ist derselbe wie bei der 2. Lesart.

---

rintherbrief, meist in eschatologischem Zusammenhang: 2Kor 5,17; 6,2.9.

[1847] Vgl. die Diskussion bei Erasmus 740-742; Estius 762-767; Ph. Oppenheim, 1.Kor. 15,51. Eine kritische Untersuchung zu Text und Auffassung bei den Vätern, ThQ 112 (1931) 92-135; P. Brandhuber, Die sekundären Lesarten bei 1 Kor. 15,51, Bibl. 18 (1937) 303-333.418-438: Lietzmann 86f; Metzger, Commentary 569; Conzelmann 355f Anm. 1; Fee 796 Anm. 2 (dort auch berechtigte Kritik an Saake*).

[1848] Vgl. Olshausen 762; Schmiedel 204; Robertson/Plummer 376.

[1849] Vgl. Weiß 378; Lietzmann 86f; Bl-Debr-Rehkopf § 433,2; Moule, Idiom Book

168; Verburg* 227. Öfter wird auf Num 23,13 verwiesen (so Godet II 239; Schlatter 443), für die Verbindung von οὐ mit dem Verbum, auch wenn es einen anderen Satzteil negiert, auf 2Kor 7,3 (so Barrett 380). Der Nachdruck liegt jedenfalls auf πάντες ἀλλαγησόμεθα, und οὐ κοιμηθησόμεθα ist »nur Zwischengedanke«: »Alle werden zwar nicht sterben, wohl aber verwandelt werden« (Olshausen 762 im Anschluß an Billroth 239f; Ridderbos, Paulus 374f und Plevnik* 157 Anm. 32: Der erste Satzteil ist konzessiv). Anders Perriman* 514, der οὐ κοιμηθησόμεθα auf diejenigen bezieht, die als Nichtchristen »remain bound to a state of mortality (›flesh and blood‹)«.

Der Inhalt des Geheimnisses besteht also darin, daß nicht alle entschlafen[1850], also vor der Parusie sterben, alle aber auf eine nicht natürlich bewirkte oder vom Menschen zu bewirkenden Weise durch ein Wunder Gottes eschatologisch verwandelt werden[1851]. Μυστήριον[1852] bezeichnet wie in Röm 11,25 ein endzeitliches Geheimnis, das weder aus der Vernunft noch aus der Natur ableitbar, sondern durch prophetische Offenbarung eröffnet und zugesprochen wird (vgl. 13,2). Was früher verborgen war (vgl. 2,7 ἀποκεκρυμμένη), wird jetzt erschlossen (Röm 16,25f), weshalb diesem Geheimnis besondere Aufmerksamkeit und Autorität gebührt. Obwohl man von dem als μυστήριον hervorgehobenen Satz erwarten kann, daß damit ein neuer Gedanke zum Ausdruck gebracht wird[1853], liegt der inhaltliche Skopus des Verses, daß nämlich auch die bei der Parusie noch Lebenden nicht ohne völlige Verwandlung die eschatologische Vollendung erreichen werden, in der Linie der bisherigen Argumentation[1854]. So oder so – als Gestorbene[1855] oder als bei der Parusie noch Lebende – muß das Sterbliche die Unsterblichkeit anziehen, werden *alle*

[1850] Zu κοιμᾶσθαι für Sterben vgl. zu V 6 oben Anm. 207.

[1851] Zu ἀλλάσσεσθαι, das außer in anderem Zusammenhang in Röm 1,23 und Gal 4,20 bei Paulus sonst fehlt (vgl. noch Hebr 1,12 für den Kleiderwechsel), ist vor allem das parallele μετασχηματίζεσθαι (Phil 3,21) zu vergleichen und weiter Büchsel, ThWNT I 252. Einschlägige Parallelen zu solcher Verwandlung bietet weniger Philo (Mut 123; Quaest in Ex 2,24) als die Apokalyptik (äthHen 50,1; 90,38; 108,11; LibAnt 19,16; TestBenj 10,8A; 4Esr 6,26; syrBar 51; vgl. dazu unten Anm. 1869; eschatologisch auf den Kosmos bezogen äthHen 45,4; 67,2; 4Esr 6,36; Sib 3,638; 5, 272; Hebr 1,12 = Ps 102,27). Farina* 283 und K. Müller* 237 Anm. 225 erinnern daran, daß ἀλλάσσεσθαι (vgl. das in V 53 folgende ἐνδύσασθαι) in der LXX die Bedeutung »die Kleider wechseln = neue Kleider anziehen« hat (Gen 35,2; 41,14; 45,22; Ri 14,13; 2Βασ 12,20; 4Βασ 5,5 u.ö.) und zusammen mit ἐνδύσασθαι den Wechsel und die Ablösung vom Alten betont. Kuß 193 findet dagegen im Bild des Anziehens »– vielleicht unabsichtlich – die Unveränderlichkeit dessen bezeichnet, was aller Verwandlung zugrunde liegt«. Daß nach bestimmten antiken Autoren »der gesamte Weltprozeß ... als beständige Umwandlung verstanden« wird (vgl. das Plutarchzitat bei Berger/Colpe, Textbuch 254), hat mit unserer Stelle wenig zu tun.

[1852] Zur religionsgeschichtlichen Herkunft

aus der Apokalyptik vgl. zu 2,7 (EKK VII 1, 226f). Zu unserer Stelle, wo μυστήριον mit Recht auf eine ἀποκάλυψις zurückgeführt wird (Meyer 470 u.a.), vgl. Bornkamm, ThWNT IV 829; Bockmuehl, a.a.O. (Anm. 39 zu Kap. 14) 170-175; Aune, Prophecy 250f; Hill, Prophecy 131; Plevnik* 155-157; Wolff 414 denkt an »eine geistgewirkte situationsbezogene Interpretation von 1.Thess. 4,16f.«; vgl. auch Becker* 100 (»prophetische Offenbarung« und »apokalyptische Prophetie«); Stenger* 123 (»apokalyptische Rede«); K. Müller* 231; Schade* 207; Verburg* 80.224; zur Verbindung mit der Prophetie vgl. zu 13,2 und 14,2.

[1853] Zur Frage einer gemeinsamen Tradition mit dem »Herrenwort« von 1Thess 4 vgl. G. Löhr, 1Thess 4,15-17: Das »Herrenwort«, ZNW 71 (1980) 269-273; Delobel* 342-345; K. Müller* 232f; Luedemann* 198f; Sellin* 46-49; Merklein* 391-394. Gewalt* 111 zählt auch Mk 9,1 zur gemeinsamen Textbasis.

[1854] Allenfalls könnte Paulus einem von V 35ff her möglichen Mißverständnis vorbeugen wollen, daß nämlich der Tod für alle die *conditio sine qua non* einer Partizipation am eschatologischen Heil ist. Auch 4Esr ist im übrigen sowohl von Gleichheit (5,41f; vgl. 1Thess 4,15.17) als auch von Bevorzugung der noch Lebenden (13,24) die Rede; vgl. Brandenburger (Lit. zu Kap. 15) 16 und 4Esr 7,31-36; syrBar 50,3f.

[1855] Die Zunahme von Todesfällen (vgl.

verwandelt werden[1856]. Keiner wird bleiben, wie er lebt oder gestorben ist, und diese wunderbare Verwandlung betrifft nicht nur etwas *am* Menschen, etwa seine äußere Gestalt oder seine innere Struktur, sondern umgreift den Menschen als ganzen[1857]. Er wird nicht bloß verändert, sondern ein radikal anderer werden, und zwar inklusive seiner Leiblichkeit.

52 Diese Verwandlung aber geschieht, so expliziert Paulus das prophetische Geheimnis oder zitiert es weiter[1858], nicht graduell in einem längeren Prozeß, sondern schlagartig, »im Nu«[1859]. Die schon in 1Thess 4 sehr wenigen Andeutungen aus dem apokalyptischen Szenario und Motivrepertoire sind hier noch stärker reduziert[1860]. Betont ist eigentlich nur der Topos der Kürze und Schlagartigkeit. Anders als in V 23-28 werden die end-

---

oben Anm. 522) reicht aber nicht aus, um gegenüber 1Thess 4 das Auftauchen des Verwandlungsmotivs zu erklären (anders Klein* 255); vielmehr soll dadurch die leibliche Auferweckung begreifbar gemacht und einer dualistischen Anthropologie widersprochen werden (Sellin* 48f.223-225; Becker* 89f).

[1856] Man darf von dem engeren auf die Lebenden bezogenen ἡμεῖς ἀλλαγησόμεθα (V 52) her nicht auch den Sinn von ἀλλαγησόμεθα in V 51 limitieren, als ob V 51 allein auf das bei der Parusie noch Lebenden zu beziehen wäre; so aber z.B. Weiß 378 (»alle aber, die dann übrig bleiben«); vgl. auch Spörlein* 121 und 252f. In V 51 sind darin vielmehr Lebende und Gestorbene eingeschlossen; vgl. de Wette 157; Godet II 240; Schmiedel 204; Schade* 208; Wolff 415; Farina* 227 (wenn das Wunder der Verwandlung Lebende und Tote betrifft, werde der variable Gebrauch verständlich); K. Müller* 233 Anm. 213; vgl. auch Nikolainen (Lit. zu Kap. 15) II 200: »Auch die Verwandlung der Lebenden ist ein Sterben, aber entsprechend die Auferstehung der Toten auch eine Verwandlung« (ähnlich Brakemeier* 124); vgl. dazu aber unten Anm. 1864.

[1857] »External and internal dimensions« sind eingeschlossen (Gillman* [Transformation] 331]); Sandelin (Lit. zu Kap. 15) 131.

[1858] Manche Autoren (vgl. Becker* 101; Baumgarten* 107; Schnelle* 41 Anm. 16) rechnen auch V 52a zum Inhalt des μυστήριον (Aune, Prophecy 250f auch noch V 52b); Merklein* 392 weist den an V 52a anschließenden Versen »eine deutende Funktion« zu (vgl. dazu aber Gillespie, Theologians 227); Schade* 207 will V 51b nur »als vorangehende paulinische Appli-

kation des Geheimnisses« verstehen (er verweist auf Analogien in Röm 11,25-27 und 1Thess 4,13ff). Farina* 255 sieht in V 52 »einen Satz traditioneller urchristlicher Apokalyptik«, wofür die apokalyptische Sprache und eine gewisse Verwandtschaft mit dem »Wort des Herrn« in 1Thess 4,16f sprechen könnte (vgl. dazu oben Anm. 1852f). Eine sichere Entscheidung läßt sich nicht treffen, da eben solche apokalyptische Sprache auch in der prophetischen Offenbarung ihren Ort haben kann. Neu und konstitutiv für den Gedankengang ist jedenfalls V 51.

[1859] Dadurch wird noch einmal klar, daß hier nicht an eine allmähliche Verwandlung gedacht ist, worin man in 2Kor 3,18 und 4,16 eher einen»»Ansatz« sehen könnte (so Bultmann, ThWNT II 871; noch stärker z.B. Moffat 260: »The change ... may be connected with the inward renewal of the Christian personality or real self at present«). Ebenso deutlich ist von keiner Stetigkeit der Entwicklung die Rede (Holsten, Evangelium 441); vgl. z.B. auch Gaide* 64f: Die Transformation vollziehe sich nicht »progressivement, ni d'une manière individuelle«, sondern »collective«. Nach v. Mosheim 740 soll Paulus dem möglichen Irrtum der Korinther vorbeugen, »die göttlichen Dinge sich unter dem Bilde der natürlichen vorzustellen« (»alle Verhandelungen der Natur geschehen langsam und stufenweise«); auch Verburg* 227 fragt, ob »die korinthischen Auferstehungsleugner eine allmähliche Entwicklung des Menschen zum ἄφθαρτος annahmen«.

[1860] »Farbenprächtige Parusieschilderungen« sind weder V 22-28 noch V 50-55 (anders Oepke, ThWNT V 866). Das bedeutet nicht, daß die Verwendung apokalyptischer

zeitlichen Ereignisse auf einen Moment zusammengedrängt[1861]. Ἐν ἀτόμῳ (sc. χρόνῳ)[1862] ist zu übersetzen mit »in einem Nu, mit einem Schlag«, ἐν ῥιπῇ ὀφθαλμοῦ[1863] betont, daß die Verwandlung »in einem Augenblick« geschieht[1864]. Die »letzte Posaune«, auf die hin die Totenauferweckung geschehen wird, bezeichnet nicht entsprechend etwa den sieben Posaunen in Offb 8,2-11,19 die letzte in einer ganzen Serie, sondern die von der Prophetie angekündigte und mit den Endereignissen verbundene eschatologische[1865], die »Posaune Gottes«, mit der der Herr vom Himmel herabkommt (1Thess 4,16). Ob diese das Ende signalisierende »letzte Posaune« eigentlich oder uneigentlich zu verstehen ist, wird kontrovers beantwortet[1866]. Klar ist erstens, daß Paulus überhaupt wie auch die Apokalyptik Bildersprache benutzt (vgl. schon ἐγείρεσθαι, aber auch

Sprache und Vorstellungen auf den Nenner »Reduktion« und Entmythologisierung zu bringen wäre (so etwa Baumgarten, Paulus 232f) oder man von bloßen Relikten der Tradition zu reden hätte (so Conzelmann 332 Anm. 85; auch Klauck 121f spricht etwas zu salopp von der »eschatologischen Requisitenkammer« und »apokalyptischen Dekorationsstücken«), vielmehr benutzt Paulus sie chiffrenhaft, evokativ und zur Imagination einladend durchaus positiv; vgl. Schade, Christologie 16-21.

[1861] Vgl. auch hier den Unterschied zum sukzessiven πρῶτον/ἔπειτα in 1Thess 4, 16f.

[1862] Ἄτομον meint eine unteilbare kleine Zeiteinheit, ein Zeitatom sozusagen; vgl. Bauer/Aland 241 mit Verweis z.B. auf die Übersetzung von Jes 54,8 bei Symmachus und Aristoteles, Phys. 6,236a. Verburg* 81 (vgl. auch 226 Anm. 553) versteht alle drei ἐν nicht von Zeitpunkt (wann?), sondern vom Zeitraum (wie lange?), räumt dann zwar ein, daß sich das letzte auch als Zeitangabe lesen läßt, wendet dagegen aber die »parallele Struktur der drei Angaben« ein. Doch welches Interesse sollte sich mit einer Angabe über eine Zeitdauer des Posaunenstoßes verbinden? Richtig ist die Abgrenzung gegenüber Conzelmann 359, es gehe um »Angabe eines genauen Zeitpunktes«, doch das von Conzelmann ebenfalls genannte Moment der Plötzlichkeit des Zeitpunktes wird durchaus mitschwingen (so auch Verburg* 227; Plevnik* 159); vgl. 1Thess 5,2.

[1863] Vgl. Bauer/Aland 1473f mit Hinweis z.B. auf TestAbr A 40 und weiter D. Daube, The Sudden in the Scriptures, Leiden 1964, 76-79.

[1864] Nach Bengel 436 soll Paulus diese

phrasin magis popularem hinzufügen, um die erste Wendung nicht als Übertreibung erscheinen zu lassen. Meyer 472 und Heinrici 504 sehen dadurch die Möglichkeit ausgeschlossen, »dass die noch Lebenden etwa erst sterben müssten bei der Parusie, um in das Auferstehungsleben zu kommen«. Findlay 941 hält es für möglich, daß »the fear of a slow painful process« ausgeschlossen werden soll.

[1865] Vgl. Jes 27,13; Sach 9,14; 4Esr 6,23; Sib 4,173; 8,239; Mt 24,31; Did 16,6 (auch sonst vor allem bei Theophanien Ex 19,16; Ps 47,6 u.ö.); richtig Crell 365; Rückert 425; Meyer 472f; Heinrici 505; Lietzmann 87; Friedrich, ThWNT VII 87 u.a.; anders z.B. Farina* 278 (»der letzte in der Reihe der eschatologischen Posaunenstöße«). Der Einwand de Wettes 158, es könne nicht »das allerletzte Posaunensignal« gemeint sein, weil nur von der ersten Auferstehung die Rede sei, beruht auf einer Fehlinterpretation von V 23f. Daß Rabbi Aqiba von sieben Posaunenstößen spricht und diese mit sieben Akten des Auferstehungsvorgangs verbindet (Billerbeck III 481), besagt für Paulus wenig (so schon v. Flatt 394f), denn für ihn ist die Auferweckung der Toten eben kein Drama mit mehreren sukzessiven Akten, sondern Ereignis eines einzigen Augenblicks. Auch der Hinweis auf die Posaunen im Heiligen Krieg (1QM 6,1-9; 19,3-9) bei Snyder 208 kann nur in die Irre führen.

[1866] Meyer 473 und Heinrici 505: Paulus habe »wirklich die (auf Ex 19,16 beruhende) Vorstellung der Erweckungsposaune aus dem volkstümlichen, auch Mt 24,31 bezeugten Vorstellungskreise (IV Esdr. 6,24)« aufgenommen; nach v. Mosheim 740 dagegen soll Paulus »verblümt« reden; seine Worte seien unmöglich »in ihrem eigentli-

ἐνδύσασθαι, καταπίνεσθαι), was auch hier der Fall sein kann[1867], und zweitens, daß er abgekürzt redet[1868], denn er erwähnt nicht einmal wie in 1Thess 4 die Parusie des Herrn. Die Wiederaufnahme durch das unpersönliche σαλπίσει γάρ in V 52d, das offenbar keiner ausdrücklichen Ergänzung durch ἡ σάλπιγξ bedarf, spricht zwar für keine bloß nebensächliche Bedeutung der Notiz, doch alles Gewicht hat die dadurch ausgelöste Erweckung der Toten. Durch deren Verbindung mit ἄφθαρτοι wird zugleich implizit angedeutet, daß im Unterschied zu bestimmten Erwartungen der jüdischen Apokalyptik nicht vorausgesetzt wird, daß die Toten so wiederkommen, wie sie gestorben sind, oder die eschatologische Verwandlung prozeßhaft geschieht.

So werden nach syrBar 50-51 die Toten zunächst unverändert aufstehen und erst im Anschluß daran verwandelt werden: »Sicher gibt die Erde ihre Toten dann zurück, die sie jetzt empfängt, um sie aufzubewahren; dabei wird sich an ihrem Aussehen nichts verändern. Denn wie sie sie empfangen hat, so wird sie sie auch wiedergeben ... Denn dann wird's nötig sein, den Lebenden zu zeigen, daß die Toten wieder aufgelebt sind und daß die zurückgekommen sind, die einstmals weggegangen sind ... dann wird sich die Gestalt derer verändern, die schuldig erfunden sind, und auch die Herrlichkeit von denen, die als Rechtschaffene gelten können«[1869].

Bei Paulus, den die Sorge um die Identifizierung und Identitätssicherung

chen und ordentlichen Verstande« zu nehmen; ähnlich schon einige alte Kommentare (vgl. unten S. 397) und auch Neander 264 (»nicht buchstäblich«; Paulus sei »auch Orientale in seiner Bildersprache« geblieben); nach Robertson/Plummer 377 soll die Sprache in Übereinstimmung mit den apokalyptischen Ideen der Zeit symbolisch zu verstehen sein. Das sollte freilich nicht so rationalistisch erklärt werden wie bei Godet II 240: »Wie mag man dem Apostel den Gedanken zutrauen, daß der Ton eines Metallinstruments bis zu den Ohren der zu Staub gewordenen Toten durchdringen werde?«; vgl. neuerdings Kremer 366: Paulus rede »bildhaft« und biete »keine Vorschau auf das Programm der ›letzten Dinge‹«.

[1867]   Das darf allerdings nicht beliebig ausgedeutet werden, denn natürlich meint die »letzte Posaune« weder eine »Erdrevolution« noch eine »erschütternde Geisteswirkung« (so mit Recht Schmiedel 204 z.B. gegenüber Olshausen 762). Zur Bildersprache der Apokalyptik vgl. oben Anm. 1860 und EKK VII 3, 314 Anm. 208.

[1868]   Schlatter 444 will aus der Erwähnung der »letzten Posaune« allerdings schließen, »daß die Beschreibung des göttlichen Tags, die Paulus den Korinthern gegeben hat, rei-

cher als das in den Briefen Erhaltene gewesen ist«.

[1869]   Klijn, JSHRZ V 155; vgl. dazu Stemberger (Lit. zu Kap, 15) 86-91; vgl. auch BerR 95, wonach der Mensch so wiederkommt, wie er von hier gegangen ist, z.B. blind und taub, dann aber geheilt wird (Billerbeck IV 945f). Der Unterschied zu Paulus wird meist darin gesehen, daß die Verwandlung in syrBar auch die der Gesetzlosen in eine schlimmere Gestalt einschließt, vor allem aber darin, daß die Verwandlung in syrBar stufenweise erfolgt, von Farina* 273f dagegen darin, daß die Gerechten nach 51,10 »sich wandeln in jegliche Gestalt, die sie nur wünschen«, während die Verwandlung nach Paulus von Menschen nicht beeinflußbar ist; nach K. Müller* 233 Anm. 214 ist »Verwandlung« in syrBar immer als »*Um*wandlung« zu begreifen, nicht als »diametrale und nicht mehr überbietbare Gegensätzlichkeit«. Anders Verburg* 82f, der entgegen der üblichen Auslegung die Meinung vertritt, das prädikative ἄφθαρτοι lasse auch die Vorstellung von syrBar zu, »daß die Toten zunächst unverändert auferstehen werden und dann eine Verwandlung stattfinden wird« (82); das würde zwar die auch bei Paulus vorausge-

der vom Tod Erweckten offenbar nicht plagt, geschieht die Verwandlung sofort mit der Auferweckung der Toten. Nicht daß man sich selbst und andere wiedererkennt, sondern daß Gott schöpferisch und verwandelnd handelt und die Toten erweckt, ist auch hier der springende Punkt. Bei den Toten ist wegen des Rückbezugs auf V 51 (1. Pers. Plur.) nur an die Christen zu denken. Auch sie partizipieren bis zur Auferweckung noch am φθαρτόν und θνητόν (V 53)[1870] und werden erst dann als ἄφθαρτοι erweckt, haben also nicht schon früher ihr σῶμα ψυχικόν mit dem Auferstehungsleib vertauscht[1871]. Die Erweckung der Toten fällt also mit ihrer Verwandlung zusammen, und eben darin werden auch »wir«, d.h. die Überlebenden[1872], einbezogen. Es geht hier um eine grundsätzliche Gleichheit durch das gottgewirkte ἀλλάσσεσθαι. Auf die Schwierigkeit, daß ἀλλαγησόμεθα in V 51b Lebende und Tote umfaßt (πάντες), während hier mit der kommunikativen 1. Pers. Plur. nur die zur Zeit der Parusie noch Lebenden davon betroffen sind, ist schon eingegangen worden. Die Parallelität könnte zwar auch für V 52b ein virtuelles πάντες nahelegen (»wir alle aber«), das V 51 nicht umsonst emphatisch voransteht, doch ist das nicht nötig. Durch das καί ist klar, daß auch die Toten an der Verwandlung teilhaben.

Aus dem ἡμεῖς ergibt sich, daß Paulus für sich selbst erwartet, noch zu denen zu zählen, die die Parusie bei Leibesleben erleben werden[1873], d.h. hier liegt dieselbe von der Naherwartung bestimmte Hoffnung vor wie in

setzte Identität der Auferweckten festhalten, ist aber zumal wegen der ersten beiden Zeitangaben in V 52 kaum wahrscheinlich.

[1870] Zur Parallelität von θνητόν und φθαρτόν vgl. auch oben Anm. 1447 und unten Anm. 1881.

[1871] So aber Weiß 379, nach dem das »vielleicht« so zu denken sei, »daß der Verwandlungsprozeß, der bei den pneumatischen Christen schon hienieden beginnt (II Kor 3,18; Röm 8,11), in der Grabesruhe sich vollendet hat, so daß sie im Augenblick der Auferstehung das Letzte von Vergänglichkeit abstreift«. Aber das ist reine Spekulation, wenngleich das Verhältnis zu 2Kor 3,18 tatsächlich ein Problem ist (vgl. oben Anm. 1859). Vielmehr ist die Auferweckung der Toten »zugleich deren Verwandlung« (so z.B. Sellin* 47). Dabei bleiben auch hier wie in 13,8ff u.ö. die Vorstellungen einer *renovatio* und eines *novum* unausgeglichen.

[1872] Ἡμεῖς sind nicht Lebende und Tote. Anders Klein* 253 (V 52a nehme »lediglich spezifizierend vorweg ..., welche Konsequenzen für die Toten die abschließende Aussage über die Gesamtheit der Christen

impliziert«); Sellin* 46f; anders Luz, Geschichtsverständnis 335 Anm. 136; Jeremias* 301; Becker* 102; Schade* 208. Nach Merklein* 392 Anm. 43 ist »eine wirkliche sachliche Differenz« nicht vorhanden, doch sei es vom Textduktus her »am wahrscheinlichsten, daß V. 52b eine Explikation von πάντες in V. 51b ist, so daß ἡμεῖς in V. 52bβ komplementär zu νεκροί in V. 52ba zu verstehen, d.h. auf die Lebenden zu beziehen ist«. Das καί markiert keine Alternative oder Differenz, als ob die Auferweckten von den Überlebenden abzusetzen wären, sondern hat hier die kopulative Bedeutung »und ebenso« (Bl.-Debr.-Rehkopf § 442,6) bzw. »und auch wir« (Farina* 277; K. Müller* 233 Anm. 213).

[1873] Das kann man nicht dadurch hinwegerklären, daß man wie Chrysostomus 364 u.a. das ἡμεῖς nicht auf Paulus, sondern allgemein auf die bei der Parusie noch Lebenden bezieht (ähnlich z.B. v. Flatt 398f; Allo 433; richtig Kümmel 196 u.a.). Im übrigen muß die Erwartung von V 51f nicht mit dem ἡμᾶς von 6,14 kollidieren; vgl. Brakemeier* 122f.

1Thess 4,15.17. Allerdings wird durch das Nebeneinander von Auferweckung und Verwandlung dieses exzeptionelle Geschick zugleich wieder relativiert und die Gleichstellung von Lebenden und Toten nicht in Frage gestellt.

53 Die Aufnahme von ἄφθαρτοι (V 52) durch ἀφθαρσία könnte zunächst nahelegen, V 53 als Bestätigung des Schlußsatzes von V 52 aufzufassen[1874], doch dieselbe Begrifflichkeit erscheint auch in V 54 und kann dort unmöglich auf die Verwandlung der bei der Parusie noch Lebenden bezogen werden (vgl. auch V 42). So ist es wahrscheinlicher, daß V 53 die Differenzierung zwischen Auferweckung und Verwandlung ganz zurückläßt und in einem weiteren synonymen Parallelismus erklärt und begründet (γάρ), daß kein Unterschied zwischen Lebenden und Toten besteht und keinem das Ende dessen erspart wird, was er jetzt ist[1875]. Das entspricht einem eschatologischen »Muß«[1876] und wird unter Aufnahme der Gewandmetaphorik (»anziehen«)[1877] von V 49 (φορεῖν) veranschaulicht[1878]. Muß aber dieses Vergängliche die Unvergänglichkeit »anziehen« und dieses

---

[1874] So z.B. Meyer 474 und Heinrici 506: Mit τὸ φθαρτὸν τοῦτο blicke Paulus allein »auf seinen eigenen Leib« (Meyer 474) bzw. »seinen eigenen irdischen Zustand« (so Heinrici 506); nach Findlay 941 soll τοῦτο »out of P.'s painful self-consciousness« zu verstehen sein, mit Verweis auf 2Kor 5,2 und Röm 7,24; Jeremias* 301 will ebenfalls auch in V 53 zwischen Lebenden und Gestorbenen differenzieren; dagegen mit Recht Fee 802; Wolff 416; vgl. auch Gillman* (Transformation) 316f: Τὸ φθαρτόν und τὸ θνητόν sind auch sonst synonym (vgl. oben Anm. 1447), also nicht auf Lebende und Tote zu verteilen.

[1875] Vgl. z.B. Harris (Lit. zu Kap. 15) 216: »›Transformation by investiture‹ (or ›putting on‹) is applicable equally to the living and the dead«. Zur Frage, ob γάρ begründet oder expliziert oder beide Funktionen hat, vgl. Verburg* 84f, der jedenfalls zu Recht in V 53 einen gewissen Abschluß findet, da nach V 53 (»die Gewißheit und Notwendigkeit des ἐνδύσασθαι«) ab V 54 »wieder der zeitliche Aspekt im Vordergrund« stehe.

[1876] Δεῖ bezeichnet auch hier keine Naturnotwendigkeit, sondern umschreibt apokalyptisch die eschatologische Notwendigkeit bzw. den göttlichen Heilsplan (vgl. zu δεῖ in V 25). Zu unserer Stelle vgl. etwa Farina* 284-287, der vor allem auf die Verbindung mit der prophetischen Verheißung der Schrift abhebt; K. Müller* 236f Anm. 224; Morissette* (Midrash) 264.

[1877] Paulsen, EWNT I 1103f vermutet wie andere als Hintergrund hellenistische Mysterienreligionen, Schmithals, Gnosis 246-261 (vor allem für 2Kor 5) gnostische Himmelsgewänder (zur Beliebtheit der Metapher in gnostischen Texten vgl. EvPhil 111 [NHC II 3/75,22], »den lebenden Menschen anziehen«; ActThom 108 u.ö.; vgl. auch OdSal 15,8: »Ich habe Unvergänglichkeit angezogen durch seinen Namen und habe die Vergänglichkeit ausgezogen durch seine Güte [zitiert bei Lietzmann 87]). Schon im AT bezeichnet ἐνδύσασθαι Gottes Schöpfer- und Heilshandeln (vgl. Hi 10,11; Jes 61,10 u.ö.; Wolff 416; vgl. auch oben Anm. 1851). Zur m.E. nächstliegenden Metapher eschatologischer Kleider vgl. unten Anm. 1884. Daß Paulus hier die »Gewandsymbolik aus der korinthischen Sakramentsauffassung« aufgreift und »ins Eschaton verlagert« (so Becker*104), bleibt hypothetisch. Nicht einmal ein Zusammenhang mit dem Anziehen des Christus in der Taufe (vgl. oben Anm. 1532) ist angedeutet und m.E. auch kaum wahrscheinlich. Bestünde eine Beziehung zu V 37, wo die irdische Existenz als »Nacktheit« angesehen wurde, dann wäre die »Nacktheit« anders als bei Philo nicht = ψυχὴ ἐκδῦσα τὸ σῶμα = Erlösung (All 2,54f u.ö.), denn das Sterbliche wird erst bei der Parusie »bekleidet«. Gegenübergestellt sind der alte und der neue Mensch (vgl. Hoffmann* 274; Gillman* [Comparison] 444). Zu ἀφθαρσία vgl. zu V 42.

Sterbliche[1879] die Unsterblichkeit[1880], dann bleibt niemand der, der er ist, und dann kann das Unvergängliche nicht im Vergänglichen angelegt sein und trotz des die Identität festhaltenden τοῦτο nicht in einer linear-kontinuierlichen Verlängerung des Jetzigen ins Unendliche bestehen. Nicht einmal eine zeitweise Auferweckung in unveränderter alter Leiblichkeit[1881] oder eine Erhaltung der alten Leiblichkeit als »Untergewand« ist im Blick[1882]. Das charakteristische ἐνδύσασθαι[1883], das das Bild eines Himmelskleides für die himmlische Leiblichkeit nahelegt[1884] und ebenfalls in 2Kor 5,4 begegnet, macht wieder deutlich, daß das Neue von außen kommt und keine Entelechie vorliegt. Vor allem hält sich die dualistische Motivik (φθαρτὸν – ἀφθαρσία und θνητόν – ἀθανασία) mit ihrer Betonung der Diskontinuität durch[1885], was jede Vorstellung einer

[1878] Vgl. zu ἐνδύσασθαι im passivischen Sinn des Mediums 2Kor 5,2.4 und Oepke, ThWNT II 321, der wegen des parallelen ἀλλαγησόμεθα auch hier mit »angetan werden« übersetzt (320); vgl. auch Bauer/Aland 532f; Wolff 416. Verburg* 232 optiert für ein reflexiv-kausatives Medium »sich bekleiden lassen mit«, weil dann »das Subjekt seine Zustimmung zum Vollzug der Verbalhandlung an sich selbst geben muß«, doch dürfte es darauf hier gerade nicht ankommen.
[1879] Vgl. dazu 2Kor 5,4: ἵνα καταποθῇ τὸ θνητὸν ὑπὸ τῆς ζωῆς. Auch hier ist damit »der sterbliche Leib« (Röm 8,11) gemeint.
[1880] Zu dem im NT seltenen (sonst nur 1Tim 6,16) und im AT spät (Sir 17,30; 51,9; Weish 3,4; 15,3; zu den Unterschieden zu Paulus vgl. Farina* 288-299; K. Müller* 238 Anm. 226) auftauchenden ἀθανασία vgl. Marrow* 572 und Bultmann, ThWNT III 23-25, vor allem 23 zum »charakteristischen Dogma« des Platonismus, der Unsterblichkeit der Seele (zu den jüdischen Belegen vgl. oben S. 122f), und zu den verschiedenen Versuchen, »ἀθανασία durch Mysterien, Zauber oder mystische Schau zu gewinnen«; zur Sache 25: »die unvergängliche Seinsweise der Auferstandenen ..., nicht nur die ewige Dauer«. Die Opposition von θνητόν und ἀθανασία findet sich auch bei Philo, Aet 46. Ἀθανασία im Kontext der Auferstehungshoffnung auch grVitAdEv 28,4 (= 30,1); vgl. auch JosAs 8,5; 15,4. Die Opposition sterblich – unsterblich als Charakterisierung zweier von Gott geschaffener Naturen bezeugt Ascl (NHC VI 8/67,33f).
[1881] Spörlein* 118 ist freilich der Meinung, Paulus komme einer Auffassung nahe, »die sogar eine Auferstehung in *unver-*

änderter Leiblichkeit erwarte«. Man kann allenfalls mit Conzelmann 360 (vgl. auch Senft 213; Gillman* [Transformation] 331; Wolff 416) in ἐνδύσασθαι einen Hinweis auf die Identität des Glaubenden mit seiner künftigen Existenz finden (kritisch dazu aber K. Müller* 237 Anm. 225).
[1882] Es ist also gerade nicht darauf abgestellt, daß das Sterbliche als »Untergewand« erhalten bleibt (vgl. V 54f), wie etwa Robertson/Plummer 377 voraussetzen: Die Metapher impliziere, »that there is a permanent element continuing under the new conditions«. Moule (Lit. zu Kap. 15) 116 will hierin sogar den Hauptunterschied zu ἐπενδύσασθαι in 2Kor 5 festmachen: In 1Kor 15 »the new is *added to* the old and *superimposed upon* it«, in 2Kor 5 »the new is received only *in exchange for* the old«, was weder dort noch hier zutreffen dürfte und auch nicht durch κατεπόθη in V 54 (120) zu begründen ist. Die Verwandlung wird auch kaum nur den letzten »Erdenrest« betreffen, der »wie von einem Nessushemde verbrannt, ›verschlungen‹, resorbiert« werde (so aber Weiß 379; vgl. dagegen Nikolainen [Lit. zu Kap. 15] II 201).
[1883] Die Aor. sind nach Meyer 474 »zur Bezeichnung der momentanen Vollendung gewählt«.
[1884] Am ehesten ist an die »Gewänder der Herrlichkeit« (äthHen 62,15) u.ä. zu denken; vgl. auch AscJes 4,17; Off 3,4f; 4,4; 6,11; 7,9.13; 19,8.14. Brakemeier* 126 betont allerdings, daß hier »bildliche Redeweise überboten« werde, weil ἐνδύσασθαι »ein Verwandeltwerden in den anzuziehenden Gegenstand einschließt« und Unsterblichkeit nicht »wie eine zusätzliche Qualität« zugelegt wird (vgl. auch Brandenburger* 139.147).

linearen Verlängerung des irdischen Lebens ausschließt. Der auch hier vorauszusetzende göttliche Schöpferakt des ζῳοποιεῖν (V 36) läßt wiederum eher an ein *novum* als an eine *renovatio* denken[1886], auch wenn »*dieses* Vergängliche« die Unvergänglichkeit und »*dieses* Sterbliche« die Unsterblichkeit anziehen wird, also die Gestorbenen bzw. Toten erweckt und nicht durch andere ersetzt werden. Aber unvergänglich gemachtes Vergängliche bleibt vergänglich, und unsterblich gemachtes Sterbliche bleibt sterblich, wenn nicht eine *radikale* Verwandlung geschieht. Jedenfalls aber eignet dem vergänglichen und sterblichen Menschen nicht von Natur aus eine wie immer definierte Unvergänglichkeit und Unsterblichkeit, auch nicht die der Seele, sondern er bleibt einzig und allein auf das angewiesen, was als Wunder nur *ab extra* von Gott kommen kann.

54 Die Wiederholung von V 53 in der Protasis des Konditionalsatzes in V 54a unterstreicht die Gewichtigkeit der Aussage von V 53[1887]. Wenn das geschieht[1888], von dem in V 53 die Rede war und was in dem ὅταν-Satz von V 54 wiederholt wird, dann wird das geschehen, was Paulus in einer Kombination von Jes 25,8 und Hos 13,14 zitiert[1889]. Mit τότε γενήσεται wird auf die eschatologische Einlösung des in der Schrift »Geschriebenen« verwiesen[1890]. Diese Erfüllung der Verheißung (beide Begriffe werden bei Paulus aber nie direkt aufeinander bezogen[1891]) ist also in der Gegenwart

---

[1885] Vgl. oben S. 286, aber auch Anm. 1386 und unten Anm. 1871
[1886] Vgl. aber oben Anm. 1386; vgl. auch Vouga* 143. Jedenfalls ist auch hier keine Restitution im Blick. »Offenbar geht das Ziel Gottes mit seiner Schöpfung auch abgesehen von der Sünde über den Anfang hinaus, so daß auch ohne die Sünde das Sterbliche die Unsterblichkeit anziehen müßte« (Stalder, Werk 409, der freilich hinzufügt, daß Paulus sich mit dieser Frage nicht beschäftige, weil er es angeblich »doch nur mit einem ›Fleisch‹ zu tun« habe, nämlich mit dem, »in dem die Sünde wohnt«; vgl. aber oben Anm. 1833).
[1887] Vgl. Bengel 437 (*Suavissima est horum verborum frequentatio*); Meyer 474 und Heinrici 507 (»wie eine triumphirende Wiederholung derselben wichtigen Worte«); Weiß 379 (»Je gewichtiger der Vordersatz, um so größer die Spannung auf den Nachsatz, um so gewaltiger die Lösung«). Die Verkürzung des ὅταν-Satzes durch Auslassung der ersten Hälfte in 𝔓⁴⁶ ℵ* 088 0121a 0243 1739* pc lat samᵐˢ bo ist vermutlich als Homoioarkton oder Homoioteleuton veranlaßt (Metzger, Commentary 569).
[1888] Ὅταν ist parallel zu V 24.27f; vgl. Bauer/Aland 1190. Der Aor. ἐνδύσηται er-

weist die Handlung des Nebensatzes als vorangehend, d.h. das γενήσεται geschieht erst dann, wenn das ἐνδύσασθαι geschehen ist.
[1889] Ὁ λόγος ὁ γεγραμμένος ist bei Paulus am ehesten vergleichbar mit 2Kor 4,13 (κατὰ τὸ γεγραμμένον); vgl. weiter Schrenk, ThWNT I 748f. Ὁ λόγος als Wort der Verheißung auch Röm 9,9. Die nächste Parallele aber bietet neben Joh 15,25 (ἵνα πληρωθῇ ὁ λόγος ὁ ἐν τῷ νόμῳ αὐτῶν γεγραμμένος mit folgendem Zitat) CD 9,10 (»wenn das Wort eintrifft, das geschrieben steht [בבואה הדבר אשר כתוב] in den Worten des Propheten Jesaja, des Sohnes des Amos«); vgl. Morissette* (Midrash) 166f.
[1890] Andere übersetzen: »Dann wird das Wort ergehen bzw. von den Christen gesprochen werden« (vgl. Gutjahr 472) oder wie v. Hofmann 391: »Man werde dann so sagen, wie dort geschrieben steht«. Gewiß »ergeht« das Wort, aber wenn ein Wort »gesprochen« wird, steht der Adressat dabei (Joh 10,35; Lk 3,2) oder der, von dem das Wort kommt (Jer 26,1; Hag 1,3); vgl. Meyer 475; Heinrici 507. Farina* 302 und K. Müller* 238 Anm. 228 erinnern an die prophetische »Wortereignungsformel«(Jes 11,4.11; 2,1; 13,8; Ez 3,16; 6,1; 7,1 u.ö.), doch ergeht an Paulus hier kein Wort des

noch nicht abgegolten. Es gibt einen noch uneingelösten Überschuß an
Verheißenem, der der eschatologischen Verwirklichung harrt. Das Besondere dieser Aussage über die Schrift besteht somit darin, daß das Futur
γενήσεται sich von dem üblichen καθὼς γέγραπται abhebt und nach
vorne verweist[1892]. Erst dann, wenn der Tod völlig beseitigt sein wird, die
Todeswirklichkeit und Todeswelt ganz im Sieg verschwunden sein werden, ist dieser λόγος ὁ γεγραμμένος, der eben jetzt noch in seiner Wahrheit vom φθαρτόν und θνητόν in Frage gestellt wird, ganz realisiert und
stimmig. Aller Triumphalismus ist damit ausgeschlossen. Der Tod hat
noch seinen Stachel, und der wird ihm erst am Ende gezogen. Das bestätigt das Verhältnis von V 54a-c und V 54d-55[1893]. Auch wenn das »Siegeslied«[1894] schon jetzt angestimmt und den Korinthern »vorgesungen«
wird, bezieht sich das, was besungen wird, auf die Zukunft, d.h. das Jesajazitat ist trotz des Aor. auf die Auferweckung der Toten und kaum auf
die Auferweckung Jesu zu beziehen, wie das Futur γενήσεται erweist.
Und doch macht der Tod nicht mehr sprachlos, sondern wird im Voraus-
blick auf sein definitives »Verschlungenwerden« schon jetzt niedergesun-
gen. Der Sinn des Bildes vom καταπίνεσθαι des Todes ist nicht ganz sicher (vgl. auch 2Kor 5,4). Die einen denken an das Verschlungenwerden
von Raubtieren[1895], andere dagegen an das Hineingezogenwerden in einen
Meeresstrudel[1896]. Obwohl man auch erwogen hat, daß hier keine Alternative vorliegt[1897], spricht εἰς νῖκος (vgl. dazu oben Anm. 1817) eher für
das Bild eines Strudels, in dem der Tod untergeht. Der Tod ist am Ende in
den Sieg hineinverschlungen[1898], ist völlig besiegt und restlos abgetan[1899].
Das Sterbliche wird nicht übersprungen, sondern so in das Leben hineingezogen[1900], daß das Resultat definitiver Triumph über den Tod ist. Der

Herrn, sondern er konditioniert und deutet
ein schon ergangenes; vgl. auch Verburg*
233 Anm. 564.
[1891]   Vgl. Saß, Leben 508-510 u.ö.
[1892]   Auch 2,9 wird freilich mit dem durch
die übliche Zitationsformel Eingeleiteten
nicht einfach die schon geschehene Erfüllung dessen bezeichnet, »was geschrieben
steht«; vgl. auch Röm 14,11.
[1893]   Vgl. Meyer 475; Heinrici 507: nicht
gleichzeitig, sondern »wenn das im Vordersatz Gesagte eingetreten sein wird, dann
wird ... zur Wirklichkeit werden«.
[1894]   Vgl. dazu oben Anm. 1796.
[1895]   Vgl. Jon 2,1; Jes 28,34; Tob 6,2; 1Petr
5,8 und Goppelt, ThWNT VI 158, der auch
zahlreiche Belege für das Verschlungenwerden durch die sich öffnende Erde anführt (Ex
15,12; Num 16,30.32.36 u.ö.); vgl. auch Num
21,28 (durch das Feuer). Meyer 475 spricht
vom Grundtext her von einem von Gott Verschlungenwerden. Nach Kittel (Lit. zu Kap.

15; Befreit) 172 deutet schon die atl. Stelle
Jes 25,8 an, »daß dem Tod am Ende dasselbe
widerfährt, was er zuvor allen Lebewesen
antat. Der Alles-Verschlinger Tod soll zuletzt selber verschlungen werden«.
[1896]   So z.B. Weiß 379; vgl. Ex 15,4; Ps
69,16 LXX; Hebr 11,29.
[1897]   So Schmiedel 205, der meint, das Bild
könne »von einem Meeresstrudel oder da-
herbrausenden Strome« entlehnt sein, aber
man dürfe auch an einen Abgrund und
auch an ein Raubtier denken.
[1898]   In Rheg (NHC I 4/45,14f) heißt es
später, daß der Erlöser den Tod verschlang;
in 45,20f, daß das Sichtbare das Unsichtbare
verschlungen hat, in 45,40-46,2, daß die
pneumatische Auferstehung die psychische
und sarkische, und in 49,3f, daß das Licht
die Finsternis verschlingt; vgl. Koschorke,
a.a.O. (Anm. 285) 198f.
[1899]   Vgl. außer V 26 (καταργεῖται) auch
Offb 21,4: ὁ θάνατος οὐκ ἔσται ἔτι.

Sieg ist noch nicht dann errungen, wenn einige ihre Jenseitshoffnung pflegen, aber auch nicht schon dann, wenn Christen bekennen: »als Sterbende, und siehe, wir leben« (2Kor 6,9) oder als »im Herrn Entschlafene« gelten können (V 19; vgl. 1Thess 4,16), sondern erst dann, wenn der Tod seine Macht endgültig und universal eingebüßt hat[1901].

55   Es ist zwar umstritten, ob V 55 noch Teil des alttestamentlichen Zitats ist[1902], doch spricht alles dafür, daß Paulus hier ein Zitat modifiziert (vgl. zur Analyse). Die beiden rhetorischen Fragen[1903] bringen in der Anrede an den Tod[1904] Spott und Triumph zum Ausdruck[1905]. Der Sieg gehört nicht mehr dem Tod[1906]. Sein tödlicher Stachel ist ihm entrissen. Κέντρον kann entweder der Stachel des Tieres sein, der verwundet oder tötet, wie z.B. der eines Skorpions (vgl. Offb 9,10)[1907], oder der Stachelstock bzw. die Stachelpeitsche, mit der man ein bockendes Tier beherrscht[1908]. Der Tod

---

[1900] Εἰς »im Sinne des Resultats« (so Meyer 475; Heinrici 507; Robertson/Plummer 378), »so daß dadurch Sieg ... hergestellt ist«.

[1901] Wie oben Anm. 806 zu V 26 kann man auch hier fragen, ob der eschatologische Sieg über den Tod nicht eigentlich nur dann errungen ist, »wenn alle Menschen ihm entkommen« (Becker* 100, der freilich hinzufügt, das könne und wolle Paulus nicht sagen); daß er es hier nicht will, wird wohl so sein, daß er es nicht kann, scheint mir von V 26.28 her weniger sicher zu sein; vgl. auch unten Anm. 1917. Meyer 475f und Heinrici 508 wenden sich allerdings gegen die Heranziehung dieser Stelle zur Begründung der Lehre von der Apokatastasis: Der personifizierte Tod sei nach dem Kontext »lediglich der leibliche Tod«. Richtiger ist, daß Paulus auf das Los der Ungläubigen auch hier nicht eingeht, aber der völlige Sieg über den Tod keineswegs allein die Leiblichkeit tangiert.

[1902] Vgl. Meyer 476 und Heinrici 508: »Der ganze lyrische Schwung des Ergusses« mache es weniger wahrscheinlich, daß V 55 noch Teil des Zitates sei.

[1903] Vgl. zu ihrer Funktion der Affektsteigerung (ähnlich wie die *apostrophe*; vgl. die nächste Anm.) Lausberg, Elemente 144f. Stenger* 125f sieht eine Entsprechung zur Doppelfrage in V 35: »Der Doppelfrage des ›jemand‹ zu Beginn des Abschnitts (V 35), durch die gerade die Unüberwindbarkeit und Endgültigkeit des Todes herausgestellt sein sollte, entspricht somit geradezu triumphierend die *Doppelfrage der Schrift* am Ende des Abschnitts, die den endgültigen Sieg über den Tod feiert«.

[1904] Rhetorisch handelt es sich um eine

apostrophe, d.h. um »die ›Abwendung‹ vom normalen Publikum und die Anrede eines anderen, vom Redner überraschend gewählten Zweitpublikums«, z.B. »nichtanwesende lebende oder tote Personen, Sachen«, was auf das normale Pulikum pathetische Wirkung ausübt (Lausberg, Handbuch I 377f). Vgl. auch schon Zwingli 187: *Elegans est prosopopoeia* (vgl. zu dieser *fictio personae* Lausberg 411f). *Quasi diceret: O mors, tu quae omnes homines occidis et nemo te occidere potest, ego te occidam, et ita vincam, ut nihil iuris ac potestatis amplius habeas in credentes ... Sarcasmos est viventium ad mortem.*

[1905] Schon die Alte Kirche (vgl. oben Anm. 1796 und die Auslegungs- und Wirkungsgeschichte) spricht vom Spott über den überwundenen Tod und vom Anstimmen eines Siegesgesangs.

[1906] Nach Schlatter 445 hat Paulus ᾅδη (שְׁאוֹל) durch θάνατε ersetzt, weil »der Sieg über den Tod ... nicht nur die im Hades Befindlichen befreit, sondern auch den Lebenden die Sterblichkeit abnimmt«. Paulus bietet im übrigen nirgendwo Hades (zu der textgeschichtlichen Variante mit Hades vgl. oben Anm. 1825). In griechischen Grabinschriften wird Hades unbesiegbar genannt; vgl. a.a.O (Anm. 559) Nr. 200, S. 134 (ἀνίκητος); Nr. 206, S. 236; vgl. auch AnthGraec 7,692: »Allbezwinger« (Neuer Wettstein 407).

[1907] Vgl. 4Makk 14,19 von Bienen, die »mit ihrem Stachel wie mit eiserner Waffe« verwunden. So z.B. Theophylakt 783; Cyrill 913; Grotius 826; v. Mosheim 744 (»ein giftiges Ungeziefer«); Meyer 476; de Wette 159; Robertson/Plummer 378 (»a scorpion or a hornet«) u.a.

ist dann entweder als gefährliches Tier oder als eine Person vorgestellt, die mit dem Treibstachel herrscht oder quält. Beides mag hineinspielen, doch entscheidend dürfte der Herrschaftsgedanke sein[1909], d.h. in gewisser Weise ist κέντρον = δύναμις, wie die Parallelität in V 56 bestätigt. Sieg und Macht aber hat der Tod dann für immer an das Leben verloren.

V 56 ist eine paulinische Auslegung im Anschluß an das Schriftzitat *sub 56 voce* κέντρον[1910], die die universale Herrschaft des Todes noch einmal epexegetisch in kettenartiger Form expliziert, wobei auf die theologischen Sachzusammenhänge, also die Bundesgenossenschaft von Sünde, Gesetz und Tod in der paulinischen Theologie, hier nicht detailliert einzugehen ist[1911]. Bei der Aussage von V 56a, daß »der Stachel des Todes« die Sünde ist, könnte man zunächst vermuten, daß es die Sünde ist, die den Tod bewirkt und ihm seine qualvolle und das Leben vergiftende Macht verleiht

---

[1908] Der Stachelstock z.B. Spr 26,3 (κέντρον ὄνῳ); Sir 38,25 (»der sich rühmt mit dem κέντρον des Treibers, wer Rinder leitet«); vgl. auch PsSal 16,4 und das Sprichwort in Apg 26,14 πρὸς κέντρα λακτίζειν = gegen den Stachelstock ausschlagen, von einem bockenden Tier; vgl. Schmiedel 205; Heinrici 508: Da der Jubelruf »sich nicht bloss auf die Vernichtung des Todes, sondern vor allem auf die Ueberwindung seiner Schrecken« beziehe, scheine die Beziehung auf den schreckenden Treibstachel vorzuziehen zu sein. Der Tod habe sein Gift verloren.

[1909] Κέντρον kann sich außerhalb der LXX im menschlichem Bereich auch mit der Vorstellung der Herrschermacht verbinden und für *Gewaltherrschaft, Tyrannis*« stehen; vgl. die Belege bei Schmidt, ThWNT III 664, der 667 so interpretiert: »Am nächsten wird man der Meinung des Pls kommen, wenn man, v 56 gleich mit dazunehmend, interpretiert: Der Tod herrscht über die Menschheit«; vgl. auch Dahl (Lit. zu Kap. 15) 119 (»a poetic simile for the evil dynamic of death«); Wolff 418; Verburg* 234.

[1910] Vgl. Grotius 826 (*Egregie sensu Evangelico explicat dictum Oseae*). Heinrici, Sendschreiben 557 spricht von einer »Deutung des Bildes auf Grund der christlichen Erfahrung«. Lietzmann 86 nennt V 56 »eine exegetische Anmerkung« (ähnlich Conzelmann 351 u.a.). Farina* 282f.311-315 versucht den logischen Zusammenhang zwischen den Schriftworten und V 56 durch die These einer paulinischen Abhängigkeit von TJon zu Hos 13,14 zu erweisen (vgl. Billerbeck III 483: »weil sie meine Tora übertreten haben«, »werde ich meine Sch^ekhi-

na von ihnen entfernen«); auch Klauck 122 hält im Anschluß daran eine »Kontextverklammerung« über die Targumfassung für möglich, »wo die Strafandrohung mit der Übertretung des Gesetzes zusammengesehen wird«; vgl. auch Schade* 210; M. Gertner, Midrashim in the New Testament, JSS 7 (1962) 267-292, hier 283. Doch reicht solche mehr formale als sachliche Erklärung kaum aus, zumal, abgesehen von der Datierungsfrage, die Sünde hier nicht als personifizierte Macht erscheint (vgl. Horn* 98f; Söding* 77). Wenig wahrscheinlich ist, daß der Zusammenhang von Sünde und Tod hier auf dem Hintergrund der damaligen Anschauungen von der Degeneration der Menschheit und das Gesetz hier im Anschluß an die hellenistische Popularphilosophie als »a part of human culture and convention« anzusehen wäre, wie Hollander/Holleman* 290 und Hollander* 131-133 wollen; kritisch mit Recht Wolff 419 Anm. 421; Verburg* 91.

[1911] Der Singular ἁμαρτία taucht im ganzen Brief nur hier auf, in V 3 und 17 ist pluralisch von den Sünden die Rede. Dagegen wird die Freiheit vom Gesetz, wenn auch nicht im Blick auf seine Unheilsmacht, schon in 9,20 (μὴ ὢν αὐτὸς ὑπὸ τὸν νόμον) angedeutet (vgl. auch 7,19 und weiter Thielman, a.a.O. [EKK VII 2, 137 Anm. 483] 248-252: kein Selbstwiderspruch und keine Inkohärenz in den Gesetzesaussagen des 1Kor [251]; Söding* 81-83). Natürlich ist κέντρον nicht auf Gewissensqualen, Todesfurcht o.ä. zu beziehen, als ob z.B. der Tod erst durch das Sündenbewußtsein qualvoll werde; vgl. Godet II 243; Brakemeier* 131; Fee 805 Anm. 43.

(vgl. Röm 5,12f; 6,23): Sünde und Lebensgier leben das Leben aus und bringen den Tod ein, sowohl als Strafe als auch als Ergebnis, als τέλος (Röm 6,21; vgl. auch 7,5; 8,6). Hier aber scheint es eher so zu stehen, daß der Genitiv τοῦ θανάτου wie in V 55 ein *gen. subj.* ist, der Tod unabhängig als eine selbstmächtige Größe agiert, der seinerseits die Sünde als Herrschaftsinstrument benutzt und zur Sünde antreibt[1912]. Solange er nicht endgültig besiegt ist, kann er sich der Sünde bedienen und das in V 17 genannte In-Sünden-Sein bewirken. Was aber der Sünde zur Macht verhilft, ist nach anderen paulinischen Grundaussagen das Gesetz, denn das Gesetz stachelt zum sich rühmenden Gesetzeseifer an, dient aber auch der Vermehrung und Offenbarung der Gesetzesübertretungen[1913]. Aber auch hier besteht ein gewisser Unterschied zu unserer Stelle, denn auch τῆς ἁμαρτίας wird ein *gen. subj.* sein, d.h. der Sünde eignet δύναμις, und sie bemächtigt sich mißbräuchlich des Gesetzes (vgl. auch Röm 7,7ff). Jedenfalls hat der Tod mächtige Bundesgenossen und Helfershelfer, die seine Herrschaft unterstützen, aber vom Sieg Gottes mitbetroffen werden. Damit ist V 56 noch nicht so etwas wie »*das Summarium seines ganzen Evangel(iums)*«[1914], das in diesem Fall im ganzen Brief nur hier erscheinen würde, wohl aber der Versuch, die Auferweckungsthematik mit der paulinischen Botschaft vom Sieg der Gerechtigkeit Gottes zusammenzudenken[1915]. Der Tod ist insofern nicht allein ein Naturphänomen, und die Soteriologie lehrt nicht allein die Überwindung des Todes. Vom Kontext

---

[1912] Vgl. schon v. Flatt 400, der dann aber »Metonymie der Wirkung für die Ursache« postuliert; richtig Beker, Paul 190: Einerseits sei der Tod nach Röm 6,23 »der Sünde Sold«, andererseits aber »death can also be the agent and sin its instrument (1 Cor. 15:56)«; vgl. auch 228.232f und schon Thomas (unten Anm. 2125) und Billroth 43. Anders die meisten wie Grundmann, ThWNT I 313: Die die Welt beherrschende Todesmacht werde auf die Sünde zurückgeführt. Zu jüdischen Aussagen über den Tod als Strafe für die Sünde vgl. Billerbeck III 228f; Morissette* (Midrash) 177-180 und oben Anm. 724.

[1913] Vgl. Röm 4,15; 5,13.20; 6,14; 7,7.10 u.ö.; Kümmel 196 und Barrett 384 denken wie Grundmann, ThWNT II 298f.309 an eine negative Umwendung des rabbinischen Satzes von der Tora als Kraft Jahwes (vgl. auch Horn* 102f); zu jüdischen Aussagen über die Tora als Schutz und Barriere gegenüber der Sünde vgl. Morisette* (Midrash) 181f. Daß Christus der letzte Adam (V 45) bzw. der zweite Mensch (V 47) sei, weil er das Ende des Gesetzes ist (so Vouga* 144), ist freilich eingelesen.

[1914] So aber Meyer 477 und Heinrici 509;

auch Fee 805 spricht von einem Kompendium paulinischer Theologie. Noch weiter geht Sandelin (Lit. zu Kap. 15) 84.97, der dem Vers auch eine Schlüsselfunktion für die Bestimmung der korinthischen Position zuweist, doch habe man im Korinth das mit den Geboten der Sophia identifizierte Gesetz für einen Heilsweg gehalten (vgl. auch Verburg* 90f), ist zweifelsohne verfehlt; kritisch mit Recht Wolff 418, der sich seinerseits an Brakemeyer* 133 anschließt, daß Auferstehung Rechtfertigung offenbar mache. Von Kap. 15 her (Sieg über die Mächte) und vom paulinischen Verständnis der δικαιοσύνη τοῦ θεοῦ her wird man eher zu sagen haben, daß die Auferweckung den Sieg der Gerechtigkeit Gottes demonstriert und darin auch der Triumph über Sünde und Gesetz eingeschlossen ist. V 56 ist jedenfalls »keine trockene dogmatische Glosse« (so richtig Bachmann 472 und Barrett 384).

[1915] K. Müller* 241f sieht V 56 als »Ausdruck der Verlegenheit des Apostels«, die neue Einsicht in die eschatologische Verwandlung und ihre schroffen Antithesen mit dem »Komplex der Erlösung« und den Mächten von Sünde und Gesetz zusam-

her, der keine dogmatische Aussage erwarten läßt, soll offenbar primär verdeutlicht werden, daß am Ende auch die bedrohliche Macht von Sünde und Gesetz, die die Christen in ihrem »sterblichen Leib« jetzt noch anfechten, definitiv zu Ende sein wird[1916]. Sind die Christen schon von diesen Mächten frei, so sind diese Mächte doch als Mächte noch virulent, weshalb oft genug vor ihnen gewarnt wird (vgl. V 34).

V 57 bringt als solennen Abschluß eine Danksagung (vgl. Röm 7,25, doch steht im Unterschied zu dort, aber im Einklang mit 2Kor 2,14 τῷ δὲ θεῷ hier betont voran)[1917]. Zu beachten ist das Präsens διδόντι, das man gewiß auch im futurischen Sinn fassen kann[1918], denn gemeint ist nicht irgendein Sieg. Wohl auch nicht nur die für die Christen jetzt schon erfahrbare Befreiung aus der Gewalt von Sünde und Gesetz in der schon angebrochenen Herrschaft Jesu Christi über die Mächte[1919]. Gemeint ist vielmehr der definitive Sieg über den Tod, der dann errungen sein wird, wenn das Siegeslied erschallt (vgl. V 54f). Das aber steht noch aus, und auch der in das Siegeslied integrierte »Stachel des Todes« wird erst dann endgültig gezogen und die Sünde besiegt sein. Gleichwohl empfiehlt sich für das präsentische διδόντι eher die Annahme, daß hier die Gewißheit das Wort führt, daß die Realität des kommenden endgültigen Sieges schon in die Gegenwart hineinreicht[1920], wie zumal der mit folgerndem ὥστε eingeleitete V 58 mit seiner paränetischen Ausrichtung nahelegt. Solche Spannung zu

menzubringen. Auch nach Schlatter 446 schiebt Paulus hier im Unterschied zu V 21f.47 einen Satz ein, »der die Botschaft vom Leben mit der von der Gerechtigkeit vereint. Damit wir vom Tode befreit werden, mußte für uns die Vergebung der Sünden erworben sein«; vgl. weiter Brakemeier* 131f (vgl. auch 132-135 zum Verhältnis von Auferstehung und Rechtfertigung); Wolff 418. Das ist jedenfalls plausibler, als in V20f.45f die Thematik der Sünde einzulesen (vgl. auch Horn* 100f; anders Söding* 79).
[1916] Vgl. aber schon 1,30 und 6,11 und dazu EKK VII 1, 216.433f, ferner zur Nähe von Kreuzestheologie und Rechtfertigungslehre ebd. 191.212f u.ö. Vgl. z.B. schon Theodor v. Mopsuestia 196 (Τότε σὺν τῷ θανάτῳ καὶ ἡ ἁμαρτία λύεται, καὶ νόμος ἅπας ἀργεῖ).
[1917] Vgl. R. Deichgräber, Gotteshymnus und Christushymnus in der frühen Christenheit. Untersuchungen zu Form, Sprache und Stil der frühchristlichen Hymnen, 1967 (StUNT 5), 43; vgl. auch Zeller, Charis 193: Eingeschobene Charis-Sprüche sind »auch in der Koine belegt« und »in der Diatribe als Stilmittel eingesetzt«. Sie sind keine Aufforderung zur Danksagung, sondern

sprechen den Dank performativ aus (Verburg* 236).
[1918] Vgl. Bl-Debr-Rehkopf § 339a. So z.B. an unserer Stelle Farina* 309-325; K. Müller* 241 Anm. 244 (mit Verweis auf das γενήσεται in V 56); Horn* 93 Anm. 13.
[1919] So aber z.B. v. Mosheim 745; Findlay 943 mit Verweis auf das ὑπερνικῶμεν (Röm 8,37); vgl. auch Lang 241 (in dem präsentischen Relativsatz komme zur Geltung, »daß die Glaubenden jetzt schon durch Christi Tod mit Gott versöhnt sind«); Wolff 419. Godet II 244 denkt sogar an den persönlichen Sieg Jesu über Sünde und Gesetz in seinem Erdenleben, der sich dann auch auf die Christen erstrecke, ja »auch an den Sieg, welchen er täglich in den Gläubigen davonträgt« (245). Richtig Weiß 380 (gemeint sei der Sieg über den Tod, und zwar der endgültige), der freilich V 56 für eine Glosse hält, so daß dann der Bezug auf den zukünftigen Sieg über den Tod allein kontextgemäß wäre; vgl. aber auch Grosheide 394 (»That victory is not present when some men are saved«) und Stenger* 126f.
[1920] So Conzelmann 362: »Aktualisierung der Hoffnung für den heutigen Glauben«; etwas anders akzentuiert Barth 128: Als

den sonstigen futurischen Aussagen ist Paulus durchaus zuzutrauen und entspricht der Dialektik der paulinischen Eschatologie überhaupt. Entscheidend ist das »durch unseren Herrn Jesus Christus«, das hier instrumentale Bedeutung hat[1921]: Christi Auferweckung allein verbürgt den endgültigen Sieg, die Auferweckung der Toten, und mit der im Siegeslied gegebenen Verheißung ist deren die Todeswelt durchdringende Wirklichkeit schon präsent, ohne in ihr aufzugehen.

58   Erstaunlich und symptomatisch zugleich ist, daß mit einer neuen und im ganzen Brief nur hier vorkommenden Anrede[1922], die trotz aller Divergenzen die Verbundenheit zwischen Apostel und Gemeinde durch das Band der Liebe festhält, V 58 noch angeschlossen wird. Paulus beendet das Auferweckungskapitel also nicht mit einem rhetorischen oder hymnischen Fortissimo, sondern mit einer nüchternen Mahnung und prosaischen Tönen. Aus den scharfen Antithesen der beiden vorhergehenden Abschnitte ließe sich ja u.U. auch die irrige Konsequenz einer völligen Vergleichgültigung des Lebens in dieser vergehenden Weltzeit ziehen. Doch für Paulus hat die Zukunftshoffnung trotz des durchgehenden eschatologischen Vorbehalts in diesem Kapitel unabweisbar Konsequenzen für die Gegenwart, und zwar nicht nur im Verhältnis zum Tod, sondern auch in der Gestaltung des Lebens. Die Ethik ist auch hier Konsequenz lebendiger und nicht Kompensation zurücktretender Eschatologie[1923], wobei sich ὥστε vermutlich auf den ganzen vorhergehenden Abschnitt bezieht[1924]. Paulus sagt nicht: Wer sich im Leben nicht bewährt, kann auch den Tod nicht bestehen. Wohl aber sagt er: Wer auf den Sieg des Lebens über den Tod vertraut, der wird auch sein Leben vor dem Tod anders leben. Daß die Mahnung ἑδραῖοι γίνεσθε, ἀμετακίνητοι nicht als eine allgemeine Mahnung zur Festigkeit und Unerschütterlichkeit aufzufassen ist[1925], bestätigt die einzige Parallele in Kol 1,23, wo zur Festigkeit und Unerschütterlichkeit *in der Hoffnung* gerufen wird. *Darin* also gilt es

---

Gottes Gabe sei »der Sieg, die ›Wirklichkeit der Auferstehung‹ *Gegenwart*, zu uns gesprochenes, gültiges Wort« (kursiv im Original gesperrt); vgl. auch Sellin* 228. Robertson/Plummer 379 interpretieren das Präsenspartizip im Sinne eines Prozesses, »which is continually going on«; vgl. auch Schmiedel 205: »*der uns den Sieg giebt* (in jedem einzelnen Falle)«; Verburg* 92: »weder ... ein Handeln Gottes, was abgeschlossen ist, noch ein Handeln Gottes, was sich erst in der Zukunft ereignen wird«

[1921]   Vgl. Oepke, ThWNT II 66. Διὰ τοῦ κυρίου ἡμῶν Ἰησοῦ Χριστοῦ begegnet im 1Kor nur hier (vgl. Röm 5,1.11; 1Thess 5,9), die volle Formel mit Possessivpronomen der 1. Pers. Plur. im Genitiv auch 1,7f.10 u.ö.

[1922]   Ἀδελφοί μου ἀγαπητοί ist überhaupt sehr selten (sonst nur Phil 4,1); sonst entweder ἀγαπητοί (10,14) oder meist ἀδελφοί (1,10; 2,1; 3,1; 4,6 u.ö.) bzw. ἀδελφοί μου (1,11; 11,33; 14,39 u.ö.).

[1923]   Vgl. 2Kor 5,9f; Gal 6,9 u.ö.; vgl. weiter Schrage, Ethik 184-191; Beker (Lit. zu Kap. 15; Paul) 218f und (Gospel) 110 u.ö.; Witherington* 311f; Lewis (Lit. zu 15,12ff) 140-142; Hays 277 und Käsemann, Römer 177, der die paulinische Ethik als »gelebte Eschatologie« bezeichnet; ebs. Klein, TRE 10, 283.

[1924]   So Heinrici 509; ähnlich de Wette 160; anders Meyer 477: ὥστε sei eine Ableitung aus τῷ διδόντι ἡμῖν τὸ νῖκος. Ein die Paränese einleitendes ὥστε auch 4,15; 10,12; 11,33; 14,39 u.ö.

[1925]   Vgl. Aristoteles, Eth. Nic. 2,4,1105: Τὸ βεβαίως καὶ ἀμετακινήτως ἔχειν als

festzubleiben[1926]. Vielleicht steckt hierin auch noch eine letzte Warnung vor den Auferstehungsleugnern und ihrem Enthusiasmus (vgl. die *inclusio* zu V 1[1927]), doch genügt das nicht, wie speziell περισσεύοντες erweist. Gerade die beharrliche und durch nichts zu erschütternde Hoffnung ist ein wirksamer Antrieb dazu, im ἔργον τοῦ κυρίου voranzukommen und hier und jetzt πάντοτε dieses Werk voranzutreiben. Sosehr das letzte Werk Gottes noch aussteht und die Differenz zwischen der Welt des Todes und der Welt der Auferstehung nicht verwischt und aufgehoben werden darf, sowenig besteht im Blick auf dieses letzte Werk Gottes und auf die damit kommende Welt Gottes irgendein Anlaß zu resignativem Weltschmerz, elitärer Weltverachtung u.ä., sondern gerade dann ist das ἔργον der Hoffenden sinnvoll und lohnend. Bei ἔργον τοῦ κυρίου wird man von 3,13-15; 9,1 und 16,10 her am ehesten an das Werk des Aufbaus der Gemeinde denken[1928]. Dafür könnte auch κόπος sprechen, was wie κοπιᾶν (vgl. oben Anm. 275) oft speziell die missionarische Wirksamkeit bezeichnet[1929]. Aber es gibt auch das ἔργον τῆς πίστεως und den κόπος τῆς ἀγάπης *aller* Christen (1Thess 1,3)[1930]. Der Genitiv τοῦ κυρίου ist vermutlich ein *gen. obj.* (»im Dienste des Herrn«; vgl. 16,10)[1931]. Zwar ist auch ein *gen. subj.* nicht ganz auszuschließen (»Werk, das der Herr wirkt«)[1932], doch im Blick auf das parallele κόπος und seinen subjektiven Genitiv ὑμῶν ist das weniger wahrscheinlich. Für die Erklärung von περισσεύοντες[1933] gibt es zwei Möglichkeiten: Zum einen »*überschwenglich im Werke des Herrn*, d.h. überaus thätig und wirksam darin«[1934].

Voraussetzung tugendhaften Handelns. Ἀμετακίνητος erscheint bei Josephus mit Bezug auf die πίστις (Ap 2,169), die τάξις (234) und die Verehrung Gottes (254)

[1926] Daß hier primär »doctrinal stability« im Blick sei (so Fisher 261), verkürzt das mit Hoffnung Gemeinte.

[1927] Vgl. Stenger* 128; K. Müller* 242; Verburg*237.269.

[1928] Vgl. Barrett 385, der speziell an das Werk des Apostels und seiner Helfer denkt, aber auch an das aller anderen. Vgl. auch ἔργον τοῦ θεοῦ (Röm 14,20) und ἔργον Χριστοῦ (Phil 2,30).

[1929] Vgl. 1Thess 3,5; Röm 16,6.12 u.ö.; Hauck, ThWNT III 828f.

[1930] Vgl. schon Estius 775 (in der *generalis exhortatio* auch *generaliter* zu verstehen); Grosheide 395; auch nach Gutjahr 475 z.B. ist ἔργον hier »der gesamte, einem jeden in seinem Stande vom Herrn zugewiesene Dienst, also das gesamte christliche Tun und Lassen«; Brakemeier*137: »das Liebeswerk, das jeder Einzelne in vielfachen Formen leisten soll«. Zum Singular vgl. Schrage, Einzelgebote 55.

[1931] Vgl. v. Mosheim 746: dasjenige Werk, »was Gott befohlen und geboten hat«; Findlay 944 umschreibt mit »›the work‹ which ›the lord‹ prescribes«, u.a. mit Verweis auf 9,1 und Kol 3,23f, und hebt von ἔργον τοῦ θεοῦ (Röm 14,20) ab als »›the work‹ which ›God‹ does«.

[1932] Vgl. ἔργον τοῦ θεοῦ (Röm 14,20) und καρπὸς τοῦ πνεύματος (Gal 5,22), aber auch Phil 1,6 (»der in euch angefangen hat das gute ἔργον«). Schlatter 447 verbindet beides: »Weil der Herr der beständig Wirkende ist, sind sie zur Teilnahme an seinem Werk zu jeder Zeit in jeder Lage berufen«; ähnlich Wolff 420: »Christi eigenes Werk, an dem er die Christen beteiligt«. Vgl. 3,9.

[1933] Christen als Subjekt von περισσεύειν auch 14,12; 2Kor 8,7. Verburg * 237 bestreitet den imperativischen Sinn des Partizips περισσεύοντες, doch der ist bei Partizipien im Wechsel mit Imperativen gerade in der Paränese üblich (vgl. Röm 12,16f). Man kann allenfalls fragen, ob die syntaktische Parallelität zu εἰδότες nicht für dieses Partizip ebenfalls die imperativische Über-

Zum anderen aber kann περισσεύοντες »auch einen Komparativ bei sich haben, der das Wirken der Gemeinde als zunehmend, wachsend und voranschreitend beschreibt«[1935] (vgl. περισσεύειν εἰς πᾶν ἔργον ἀγαθόν 2Kor 9,8). In der Tat, gerade weil Christen von der Auferweckung Jesu herkommen[1936] und der Zukunft der Totenauferweckung entgegengehen, können sie sich nicht gut mit dem begnügen und bei dem verharren, was ist. Gäbe es nicht den endgültigen Sieg über den Tod, wäre freilich alles Mühen eitel und umsonst[1937]. In dem durch die Auferweckung erschlossenen Herrschaftsbereich ἐν κυρίῳ aber ist das eben nicht der Fall. Hier gilt das οὐκ ἔστιν κενός.

Zusammen-
fassung

Im Schlußabschnitt dieses Kapitels verdeutlicht Paulus unter Aufnahme der diametralen Oppositionen des vorangehenden Abschnitts noch einmal, daß die Auferweckung der Toten, die jetzt durch die Motive der Verwandlung und der Bekleidung interpretiert wird, nicht Extrapolation des in Fleisch und Blut und Vergänglichkeit immer schon Angelegten ist, sondern radikale Neuschöpfung. Dabei werden jetzt, was Paulus als ein Geheimnis erklärt, ausdrücklich auch die bei der Parusie noch Lebenden eingeschlossen, die nicht weniger eine völlige Verwandlung erwartet als die schon Gestorbenen. Die durch die Verwandlung bewirkte »Unvergänglichkeit« und »Unsterblichkeit« aber bringt die noch nicht eingelöste Erfüllung des verheißenen universalen Endes des Todes. Diese noch ausstehende Realisierung besingt ein in Anlehnung an Jes 25,8 und Hos 13,14 formuliertes Siegeslied, das den Tod verspottet. Nach einer Einbeziehung auch der bedrohlichen Mächte von Sünde und Gesetz beschließt Paulus das Kapitel mit einem Dank für den verbürgten Sieg und einer aus allem Vorhergehenden gefolgerten Paränese, die zur Festigkeit und zum Vorankommen im »Werk des Herrn« mahnt.

Auslegungs-
und
Wirkungs-
geschichte

Bei der Auslegung und Wirkung der Perikope[1938] werden hier folgende Punkte verfolgt: 1. das Verständnis von V 50 und dessen Verhältnis zur »Auferstehung des Fleisches« (S. 387-392) 2. das Geheimnis und sein Inhalt in V 51 (S. 392-396), 3. das Wie von V 52a (S. 396-399), 4. die Auferstehung und Verwandlung bzw.

---

setzung mit »wisset« nahelegt, doch ist das bei der losen Verknüpfung solcher Texte nicht zwingend; jedenfalls ist eine doppelte kausale Begründung zumal nach ὥστε am Anfang des Verses kaum zu erwarten.

[1934] So z.B. Meyer 477; Heinrici 509; vgl. auch Weiß 380: »nicht nur ein Zunehmen, sondern ein überschwängliches Leisten und Wirken«.

[1935] So z.B. Schlatter 447; Senft 214 dagegen will den Gedanken eines Progresses gegenüber dem der Fülle ausgeschlossen sehen.

[1936] Das motivierende εἰδότες ist die

durch den Apostel »wieder befestigte Ueberzeugung von der Auferstehung«, in der nach de Wette 160 »eine Vergeltung (Vs. 32) liegt, wovon κενός, *ohne Frucht*, der Gegensatz«.

[1937] Zu κενός ist außer 1Thess 3,5 vor allem V 10.14.32 zu vergleichen. Nach Godet II 245 soll Paulus »nicht sowohl den Erfolg, als die Art und Weise der Arbeit selbst im Auge« haben. Aber auch der Gerichtsgedanke wird mitzuhören sein (vgl. Mattern, Verständnis 141ff).

[1938] Im folgenden wird auch auf die Literatur oben in Anm. 1540 mit * verwiesen.

das Anziehen der Unvergänglichkeit in V 51c.52d-54c (S. 399-406), 5. das Siegeslied in V 54d-55 und der Dank in V 57 (S. 406-414), 6. das Verhältnis von Tod, Sünde und Gesetz in V 56 (S. 415-417), 7. die Paränese in V 58 (S. 417-421).

1.   V 50 hat offenbar schon früh als Einwand gegen die »Auferstehung des Fleisches« gedient, vor allem bei den Gnostikern. Schon Irenaeus klagt, daß alle Häretiker diese Stelle gegen die Kirche anführen, um damit zu belegen, »daß das Gebilde Gottes nicht gerettet werden könne«[1939]. Marinus, ein Schüler des Bardesanes, erklärt: *Resurgere non potest, quod a regno dei pronunciatur alienum*[1940]. Solche Einsprüche, wie sie auch von Marcion und Mani erfolgen, werden mit V 39[1941] und V 53 zurückgewiesen[1942], oder es wird den »Häretikern« vorgeworfen, daß sie nicht berücksichtigen, daß der vollkommene Mensch aus drei Teilen (Leib, Seele, Geist) besteht und bei der Rettung des Geistes auch das Fleisch damit vereint und gestaltet wird[1943]. Meist aber wird eingewandt, daß Fleisch und Blut auf die »Werke« von Fleisch und Blut und nicht auf die »Substanz«

[1939]   Haer. 5,9,1 (BKV 4, 171); vgl. auch 1,30,13 (BKV 3, 90) das Referat über Ophiten und Sethianer, die es als größten Irrtum der Schüler Jesu bezeichnen, daß sie Jesus in einem weltlichen Leib für auferstanden halten und dabei V 50 nicht berücksichtigen. Auch Tertullian muß sich mit dem Einwand von V 50 auseinandersetzen (Res. 48,1 [CChr 2, 987]). Nach EvPhil 23 (NHC II 3/56,26-57,5) dagegen wird nicht alles Fleisch von der Auferstehung ausgeschlossen, sondern nur das natürliche Fleisch: Einige fürchten, nackt aufzuzuerstehen und wollen deshalb im Fleisch auferstehen, doch »sie wissen nicht, daß die, die das Fleisch tragen, nackt sind«, wozu dann V 50 mit Joh 6,53f konfrontiert wird: Das Fleisch, das wir an uns tragen, wird nicht erben, wohl aber das Fleisch und Blut Jesu, wobei das Fleisch auf den Logos und das Blut auf das Pneuma bezogen wird; vgl. zum EvPhil Lona* 246-256 und Koschorke, a.a.O (Anm. 285) 191f.
[1940]   Zit. bei Adamantius, Dial. 5,26 (GCS 4, 231). Hier wird auch schon die übliche Deutung zurückgewiesen, der Apostel handele bei »Fleisch und Blut« *de moribus aut de uitiis*, wo doch in Wahrheit über die Auferstehung gesprochen werde.
[1941]   Vgl. oben Anm. 1621 und weiter zu Irenaeus etwa Altermath* 91f; Lona* 202 u.ö.; Noormann, Irenaeus 293-333.501-508; Lona* 258f als Gründe für die Betonung der Auferstehung des Fleisches im letzten Viertel des 2. Jh.s die Reaktion

auf die Reklamation von V 50 durch die Gnostiker, die Bedeutung der Inkarnation und die alles andere als spiritualistischen Ostertexte der Evangelien; vgl. auch W. Bieder, Auferstehung des Fleisches oder des Leibes? Eine biblisch-theologische und dogmengeschichtliche Studie, ThZ 1 (1945) 105-120: Die Formel σαρκὸς ἀνάστασις sei »aus antispiritualistischem Glaubensinteresse heraus« geprägt worden und solle in »substanzhaften Denkkategorien ... das zu erwartende Handeln des Erlösergottes am todverfallenen ganzen Menschen bekennen ... und ihn damit mit Christus zusammen in dieselbe göttliche Realität hineinstellen, die in der Gemeinde des erhöhten und wiederkommenden Herrn sichtbare Gestalt annimmt« (119). Vgl. auch Trummer, Anastasis 109-112. In den Glaubensbekenntnissen findet sich meist σαρκὸς ἀνάστασις bzw. *resurrectio carnis* (Denzinger/Hünermann, Enchiridion, Nr. 2, S. 22; Nr. 5, S.23; Nr. 10, S. 24 u.ö.), aber auch ἀνάστασις νεκρῶν (Nr. 42, S. 37; Nr. 45, S. 38; Nr. 46, S. 40 u.ö.).
[1942]   Vgl. Eznik v. Kolb, Adv. Haer. 4,15 (BKV 57, 176f): »O Wortklauber Marcion, der das eine hört und das andere vernachlässigt« (177).
[1943]   Irenaeus, Haer. 5,9,1 (SC 153, 106); vgl. auch 5,6,1 (ebd. 72-80) und Origenes, Hom. in Lev 7,2 (GCS 29, 376), wonach *etiam carnem meam et omnia membra mea in consonantiam spiritus* einbezogen werden; vgl. auch Petrus Chrysologus

von Fleisch und Blut zu deuten sind: *Non substantiam damnans, sed opera eius*[1944]. Ähnlich erklärt Epiphanius gegenüber Marcion im Anschluß an V 50: Es werde hier nicht πᾶσα σάρξ beschuldigt, sondern der Vers handele von sarkischen Menschen, die τὰ φαῦλα διὰ τῆς σαρκός tun[1945]. Diese Deutung wird auch ohne antihäretische Abzweckung zur beherrschenden und von vielen befürwortet[1946]. Hieronymus gibt als Begründung an: *Frequenter Scriptura carnem pro operibus nominat carnis*[1947]. Schon Tertullian führt gegenüber Marcion ins Feld, daß Fleisch sehr verschiedene Bedeutungen haben kann[1948]. Atto (407) notiert die folgenden: *pro culpa* (Gal 5,17), *pro mortalitate* (Ps 77,39), *pro veritate naturae* (Jes 40,5; Lk 3,6), und in V 50 bezeichne es die *corruptio*[1949]. Herveus (992) faßt die übliche Deutung so zusammen: »Fleisch und Blut« können das

(Serm. 117 [BKV 43, 286]): »Dort wird zwar das Fleisch nicht den Geist, aber der Geist das Fleisch erben«. Nach Origenes, De Orat. 2, XXVI 6 (BKV 48, 95) läßt sich »vielleicht« sagen, »daß sie es ererben könnten, wenn sie sich aus Fleisch und Erde und Staub und Blut zu dem himmlischen Wesen umgewandelt haben«.

[1944] Tertullian, Marc. 5,14,4 (CChr 1, 705); ähnlich Res. 49,4 (CChr 2, 990: *primo disciplina, dehinc et dignitate*); vgl. auch Novatian, De Trin. 10,9 (CChr 4, 28): *Non carnis substantia damnata est*, die doch von Gottes Händen gebildet wurde, um nicht mehr zugrunde zu gehen, *sed sola carnis culpa* werde mit Recht zurechtgewiesen; Clemens Alexandrinus, Paed. 3,37,2f (GCS 12, 258) und Strom. 2,125,6 (ebd. 181: = κατὰ σάρκα) sowie 3,104,4 (GCS 52, 244). Irenaeus begründet die Beziehung von V 50 auf fleischliche Akte statt auf die Substanz auch christologisch damit, daß auch Christus Fleisch und Blut angenommen hat (Haer. 5,14,1-4 [BKV 4, 187-190]); vgl. Noormann, Irenaeus 504-508.

[1945] Haer. 42,12,3 (GCS 31, 158); vgl. auch 66,87 (GCS 37, 130f). Nach Zeno v. Verona (Tract. 1,16 [BKV 2. R. 10, 198]) gleicht sich der Widerspruch zwischen V 50 und der Auferstehung des Fleisches leicht aus, wenn das Fleisch nicht mehr »von den sündigen Lockungen dieser Welt und der unheilvollen Finsternis bewegt«, sondern durch Glauben und Taufe ertötet worden ist (mit Verweis auf V 39f).

[1946] Vgl. schon die in der Exegese erwähnten Chrysostomus und Ambrosiaster; ähnlich versteht Makarios d. Ägypter, Ep. 2 (BKV 10, 369): »nicht dieser sichtbare Leib – dieser ist ja von Gott gebildet –, sondern ›die Gesinnung des Fleisches‹«; Sedulius

Scotus 161 (*vitia et opera carnalia*); Petrus Lombardus 1689 (*opera carnis* bzw. *venter et libido* bzw. *corruptio carnis et sanguinis*); Walafrid 549; Glossa 59v (*dediti vitiis & delitiis* [Genüsse]); Thomas 425 (*dediti vitiis et voluptatibus*); Duns Scotus, Div. Praedest. 16,5 (CChr.CM 50, 99f); nach Bonaventura (Opera IV 873) kann V 50 nicht gegen die Auferstehung angewendet werden, da diese Stelle nicht *de carne quantum ad substantiam, sed quantum ad corruptionem et malitiam* handele.

[1947] Hieronymus 770 mit Verweis auf Röm 8,9; ebs. Pelagius 224; Hrabanus Maurus 154; Sedulius Scotus 161; ähnlich Primasius 552.

[1948] Marcion führe nur Schriftstellen an, wo das Fleisch angeschwärzt wird, wofür Jes 40,6; Gen 6,3 und Röm 7,18 genannt werden, nicht aber solche, wo es gerühmt wird wie Joel 3,1; Gal 6,17 (Res. 10,1-5 [CChr 2, 932f]); 51,1 (ebd. 993) wehrt sich Tertullian dagegen, *sine distinctione, sine conditione* alles Fleisch und Blut aus dem Reich Gottes auszustoßen. Allerdings kann Tertullian auch erklären, daß Fleisch und Blut nichts anderes bedeuten als *imago choici* (Res. 49,10 [ebd. 991]) und daß einige sie auch auf das Judentum beziehen, wie Gal 1,16 zu verstehen sei (50,7 [ebd. 993]).

[1949] Etwas anders Haymo 602: Manchmal *secundum naturam* (Gen 2), manchmal *secundum corruptionem et mortalitatem sive fragilitatem* (Ps 77), manchmal *secundum culpam et praevaricationem* (Pflichtüberschreitung) und hier *secundum corruptionem, quam secundum culpam*; vgl. auch schon Cassian, Coll. 4,10 (SC 42, 174), wo u.a. einerseits auf Joh 1,14 und Lk 3,6 für den *homo integer* verwiesen wird, andererseits auf Röm 8,9 und unsere Stelle *pro peccatis*.

Reich Gottes, das im übrigen kaum eine eigene Rolle spielt, nicht erben, und doch predige Paulus *carnis resurrectionem*[1950]. Dabei wird z.T. zwischen Fleisch und Blut noch differenziert, z.B. so: *Carnem perfidiam vult intellegi, sanguinem autem turpem et luxuriosam vitam*[1951]. Selbst φθοϱά von V 54b wird im Sinne von ἡ κακία, ἡ καταφθείϱουσα τὴν τῆς ψυχῆς εὐγένειαν interpretiert[1952].

Allerdings wird »Fleisch und Blut« daneben auch mit θνητὸν καὶ φθαϱτόν gleichgesetzt (Cyrill 912). Augustin weist die Deutung auf Werke von Fleisch und Blut sogar ausdrücklich zurück, da Paulus »nicht von den Werken, sondern von der Art der Auferstehung handelt«, so daß »Fleisch und Blut« anstelle der Verweslichkeit von Fleisch und Blut stehe[1953]. Dabei wird auch hier an der Auferstehung des Fleisches festgehalten: *Tota caro resurget, ista ipsa, quae sepelitur, quae moritur, ista, quae videtur, quae palpatur*[1954]. Zwar werden allzu massive Vorstellungen über die Einbeziehung des Fleisches abgewehrt[1955], und es kann auch eingeräumt werden, daß die Kennzeichen des Fleisches *esurire, sitire, concupiscere, algere, uulnera doloresque recipere, morbis ac fragilitate corrumpi* sind[1956], doch im Vordergrund des Interesses steht, was Hugo (542) so ausdrückt: *Eadem corpora, quae nunc habemus: post resurrectionem habebimus, sed immutata non secundum substantiam, sed secundum qualitatem*[1957]. Thomas (425) verwahrt sich gegen ein Verständnis von V 50 im Sinne einiger »Häretiker«, daß Fleisch und Blut nicht *secundum substantiam* auferstehen, sondern der Leib ganz in Geist und Luft verwandelt werde[1958], denn so wie Christus nach seiner Auferstehung Fleisch und

---

[1950] Vgl. Cajetan 85v, der hinzufügt, Fleisch und Blut *non sunt nomina substantiarum, sed officiorum*, wobei das *officium* des Blutes *generare*, das des Fleisches *alimentorum usus* sei.

[1951] Ambrosiaster 183; Ambrosius 285. Bruno 212 führt etwa *mollis luxuria* auf die *carnalitas* und *ira ex melancholia* auf das *vitium sanguinis* zurück.

[1952] Theophylakt 780; vgl. auch Ambrosiaster 183: *Corruptio = corrupta et lasciva vita*. Theophylakt 780 kann trotz der Deutung auf σαϱκικαὶ πϱάξεις Fleisch und Blut aber nur im Sinne von εἰκὼν τοῦ χωϊκοῦ interpretieren.

[1953] Ep. 19 (205) II 5 (BKV 30, 241); nach 19 (205) II 13 (ebd. 247) sind Fleisch und Blut im Sinne von Verweslichkeit und Sterblichkeit zu verstehen; Ep. 19 (205) II 14 (ebd. 247) wird der Einwand diskutiert, wie der Auferstehungsleib sowohl Fleisch als auch nicht Fleisch sein kann, wobei für das erstere auf Lk 24,39 verwiesen wird, für das letztere auf unsere Stelle; vgl. auch II 16 (ebd. 249). Später erklärt Estius 762

im Anschluß an Augustin: *Non de operibus, sed de modo resurrectionis loquebatur Apostolus*. Auch Erasmus 740 kritisiert eine Interpretation, als ob Paulus die Korinther hier zu einem unschuldigen Leben ermahnen wolle, wozu besser ein Präsens passe.

[1954] Augustin, Serm. 263,6; zitiert bei Diekamp, Dogmatik III 430.

[1955] Origenes nennt einige, die die künftigen Verheißungen *in voluptate et luxuria corporis* erwarten, was eine Mißachtung von V 50 bedeute (Princ. 2,11,2 [TzF 24, 440f]); vgl. auch Cels. 5,14 und 8,49. Später erklärt Thomas 425, der Vers richte sich *contra Ioudaeos et Sarazenos*, die annehmen, daß sie nach der Auferstehung Frauen und Ströme von Milch und Honig haben werden; vgl. auch Petrus Lombardus 1689; Walafrid 549; Estius 762. Vgl. aber auch gegenteilige Tendenzen oben Anm. 1570. 1581 u.ö.

[1956] So Adamantius, Dial. 5,36 (GCS 4, 231) u.a.

[1957] Ähnlich Robert v. Melun 229f.

Blut gehabt habe (Lk 24,39)[1959], so gelte das auch von den Christen[1960]. V 50 hat es besonders Böhme angetan: Nach ihm bezeugen Schrift und Vernunft, »daß der Mensch in dem elementischen Reich dieser Welt nicht daheime ist«[1961].

Die genannten Deutungen bestimmen auch die spätere Auslegung, also das Verständnis von »Fleisch und Blut« im Sinne der Werke des Fleisches[1962], die Differenzierung im Begriff des Fleisches[1963], die Unterscheidung zwischen *substantia* und *qualitas*[1964], vor allem aber das Interesse daran, daß *dieser* Leib auferweckt wird: *Idem corpus, alia tamen forma et specie, repurgatum scilicet ab omni sorde et corruptione* (Zwingli 187). Freilich können Fleisch und Blut das Reich nicht *sine mutatione* ererben[1965], denn als solche zeigen sie nur an, »das kain pessere art im mennschen ist, dann vnglauben vnnd sund«[1966]. Neben den üblichen Deutungen[1967] begegnen aber auch andere Akzente. So zieht Bucer immer wieder die Konsequenz, daß »wir immer trachten, das wir des fleischs und blůts Christi mehr und mehr teilhafft werden«[1968].

[1958] Vgl. auch Cornelius a Lapide 345, der Origenes und Euthymius kritisiert, wonach die Seligen in dem Himmel kein *corpus carneum, sed aëreum* haben werden; er selbst stellt verschiedene Deutungen nebeneinander: *Corpus animale & terrenum* bzw. *vita carnalis et animalis* (Speisen, Kinderzeugung) bzw. *secundum carnem & sanguinem viuere.*

[1959] Vgl. auch Summa, Bd. 25, 136f; ebd. 28, 218f wird von den Reliquien her darauf geschlossen, daß der Leib Christi »nicht in der Unversehrtheit aller seiner Teile« auferstand, und Gregor zitiert: *Ejus naturae, sed alterius gloriae.*

[1960] Vgl. auch Hrabanus Maurus 155; Cajetan 85v; Estius 762.

[1961] Schriften, Bd. 2, 237f (neben V 50 wird Joh 18,36 und 15,19 angeführt); in Bd. 7, 100 wird aus V 50 geschlossen, daß »der wahre Leib in dieser thierischen groben Eigenschaft innen lieget, wie das Gold im groben Steine«; vgl. auch Bd. 8, 532.582 u.ö.

[1962] Vgl. Bullinger, Haußbuch 39v (»die fleischlichen neigungen vnd begierden«) und Calixt, Werke, Bd. 4, 98 (*Caro itaque et sanguis sive natura, non quatenus natura, sed quatenus corrupta sive quatenus peccato ... regni Dei haut capax est*).

[1963] Vgl. Erasmus, Schriften, Bd. 3, 454f, nach dem V 50 im Vergleich mit Hi 19,26 (»In meinem Fleisch werde ich Gott sehen«) ein Beispiel dafür ist, daß dunkle Stellen durch Vergleich mit anderen zu er-

klären sind und zu gründlicher Forschung anregen, zumal wenn auch die Kirchenväter geteilter Meinung sind; vgl. auch Brenz, Frühschriften, Bd. 1, 271 zu Joh 6,63 und 3,6.

[1964] Vgl. Beza 165 (*Neque perimetur substantia, sed immutabitur qualitas*), Luther, WA 36, 673 (*Caro, corpus manebit, sed erit ein leichtes, lichts, reines leben, ut nihil impuritatis*); Coccejus 344; Crell 363.

[1965] Maior 228r; vgl. auch Bengel 436: Die Weinhefe ist vom *spiritus* nicht so verschieden wie ein sterblicher vom verherrlichten Menschen.

[1966] Bucer, Widerlegung des Bekenntnisses von P. Marbeck (QGT VII 515); vgl. auch ebd.: »es kombt vom fleisch vnd pluet als frembder gepurd, welhe nit ins reich Crissti gehört [1.K. 15,50], vnd wanns tausentmal von ainem chrissten geporen wär vnd von got fursehen«.

[1967] Vgl. z.B. auch Spener 507, wonach Fleisch und Blut *significat naturalem & corporalem corporis nostri substantiam,* das, was täglich durch Speise ernährt, aber auch durch Krankheiten geschwächt wird und sich vor allem täglich verändert. Spener zieht daraus die Konsequenz, daß im Reiche Gottes *nulla est mutatio, sed constans & incorruptibilis duratio, quae nullo alimento opus habet* (507f).

[1968] Schriften, Bd. 5, 169; vgl. auch ebd. 242.250; Bd. 6.1, 47; Bd. 6.3, 80.191; Bd. 7, 50. Vgl. auch Schwenckfeldt, Corpus XI 514 (»Welch fleisch durch dess Herren Wort /

Selbst spiritualisierende[1969] und den Leib abwertende Auslegungen kommen vor[1970].

Gegenüber solchen Abwertungen konfrontiert Barth V 50 mit Joh 1,14; 2Joh 7; 1Tim 3,16; Kol 1,22; Eph 2,14; Lk 24,39 u.a., um darzutun, daß »im Fleisch ... etwas für das Fleisch und an ihm« geschieht; »eben das Fleisch wird nun zum Objekt und Subjekt heilsamer Passion und Aktion. Eben im Fleisch wird ja nun die Versöhnung des Fleisches vollzogen«[1971]. So kann es auch dezidiert heißen: »Fleisch und Blut sind nicht zur Vernichtung bestimmt. ›Was unser Gott erschaffen hat, das will er auch erhalten‹«[1972]. Andererseits aber wird »Fleisch und Blut« im Sinne von »unser ganzes Wesen, worin wir uns auch selber zuweilen zuwider sind«, verstanden, also »in den Bezirk des Verweslichen, Vergänglichen und Sterblichen« gerückt und erklärt: »Es gehört zu unserer Erlösung, daß wir das alles einmal loswerden«[1973]. Anders aktualisiert Snyder (211): »The resurrection addresses those who insist on protection and security of the individual, institutions, and country. Such persons set up mechanisms of defense along economic, racial, and national lines. Paul calls it living for the flesh ... In sharp contrast, the life of the Spirit, with its hope in the resurrection, does not, indeed, cannot, dwell on preservation of the flesh (personhood, institutions, nations)«. Außerdem wird heute von V 50 her auch Kritik an der Auferstehung des Fleisches laut, denn der sarkische

nicht wirt widergeboren / Dass kann beÿ Gott nicht stell haben«) und IV 699 (»Es müß ain new Christlich flaisch in vns geschaffen« werden »aussem flaisch vnd gebeinen Christi«, das alte aber absterben). Schon nach Irenaeus kann das Fleisch nicht mehr verwesen, weil es vom Leib und Blut des Herrn genährt wird (Haer. 4,18,5 [BKV 4, 58]).

[1969] Nach Hubmaier, Schriften 384 ist V 50 eine Bestätigung, daß die Seele, die durch Adams Fall zu Fleisch geworden ist, durch die Wiedergeburt wieder zu Geist werden muß. C. Ziegler ist der Meinung: »Die verwessung *muß* iber alles fleisch geschehen ... Gott ist ein geist vnd alle sellickeit ist geistlich, ein geist aber hat nit fleisch« (QGT VII 580). Wieder anders Weigel, nach dem Gott den Leib Adams nicht neu geschaffen und nicht erlöst hat, denn »er ist irdisch und bleibt des Todes; er wird auch nicht auferstehen«, und das Fleisch von V 50 sei im Unterschied zum neuen Fleisch und Blut vom Himmel »das Fleisch Adams, welches vergehen muß mit den Elementen der Welt« (Predigt über Lk 7,11ff; zitiert bei Staehelin, Verkündigung, Bd. 4, 437f).

[1970] Vgl. z.B. Francke, Werke. Bd. 10, 114:

»Laß den Leib wegfallen, sie (sc. die Seele) höret um deswillen nicht auf zu leben. Der Leib ist ihr im Wege, wie einem eine Wand im Wege ist, und sie ist froh, daß GOtt diese Wand wegnehmen will«.

[1971] KD III 2, 404; Heim, a.a.O. (Anm. 1599) 151 stellt ebenfalls auch die positiven Seiten heraus: »Es ist der ganze natürliche Mensch damit gemeint mit allem, was menschlich groß und bezaubernd und hinreißend an ihm ist«. Auch nach Hedinger, Hoffnung 33 konstituieren den Bereich von Fleisch und Blut »nicht nur die eudämonistischen Wünsche, sondern auch und gerade auch der ethisch-nomistische Perfektionismus«.

[1972] R. Bösinger, Die Handschrift des Heils, Lahr 1967, 127.

[1973] W. Trillhaas, Predigten, Göttingen 1967, 61; vgl. aber auch 62: »Wenn wir einsehen: ›Fleisch und Blut kann das Reich Gottes nicht ererben‹, geht die Verwandlung schon an. ›Wer nicht stirbt, vor er stirbt, / Der verdirbt, wenn er stirbt‹«. Vgl. auch M. Doerne, Die alten Episteln, Göttingen 1967, 109, der »Fleisch und Blut« so umschreibt: »unserer ichhaften Seinsgestalt, unserem Selbstbegründungs- und -behauptungszwang verhaftet«.

Leib sei »nicht für die Ewigkeit bestimmt«[1974]. Vor allem aber wird mit V 50 in neuerer Zeit in der Linie der Exegese belegt, daß hier »jeder linear-kontinuierlichen Erwartung ein Ende« gemacht[1975] und »bündig festgestellt« wird, »daß der Mensch ein endliches Wesen ohne Affinität zum Ewigen ist und Selbsttranszendierung nicht einmal zu seinen Grenzmöglichkeiten gehört«[1976].

2.1. Das Mysterium von V 51 wird, wenn überhaupt darauf eingegangen wird, meist als Offenbarung des bisher Verborgenen charakterisiert. Nach Origenes wird der Begriff »gewohnheitsmäßig bei tieferen und geheimnisvolleren Stellen hinzugefügt, die vor der großen Menge mit Recht verborgen werden«[1977]. Cyrill (912) ist der Meinung, daß der in Paulus redende Christus ihm das Geheimnis offenbart habe. Theophylakt (780) umschreibt mit φριϰτόν (lat. *tremendum*) τι ϰαὶ ἀπόρρητον (lat. *secretum*)[1978]. Was die Griechen μυστήριον nennen, wird nach Petrus Lombardus von den Lateinern umschrieben mit *secretum vel occultum*[1979].

Die Reformatoren sehen es nicht anders: *Quae obscurius dixi, palam et clarius exponam. Aut quod hac in re obscurum est aperiam* (Zwingli 187)[1980]. Besonders ausführlich hat sich Luther dazu geäußert: »Geheimnis heisst ein heimlich ding, das aus den Augen gethan, von Sinnen und Vernunfft ferne gesetzt und aller Welt verborgen ist«, aber »öffentlich gepredigt« wird, »das es alle Welt höre«, »aber viel werden es nicht achten«[1981].

An anderer Stelle heißt es: »Denn es lautet gar wunderlich, ja unmüglich sein, das alle, so vom ersten Menschen an bis auff den letzten, so gestorben und begraben sind, jnn eim augenblick vom tode sollen aufferwecket werden. Darumb

---

[1974] So z.B. Diekamp, Dogmatik III 461. Übrigens hat schon Semler (448) angemerkt, daß die Gnostiker sich nicht ohne Grund auf V 50 berufen, daß das Heil sich nicht *ad carnem* erstrecke.

[1975] Weber, GPM 8 (1953/54) 107.

[1976] Klein, GPM 36 (1981/82) 190.

[1977] Cels. 5,19 (BKV 53, 31); vgl. Ephraem 83: *Mysterium est, quod domesticis patet, non externis ..., non vero philosophis, qui negaverunt resurrectionem mortuorum*; vgl. auch Theodoret 368: Paulus vertraue das nicht allen, sondern nur seinen Freunden an.

[1978] In der lateinischen Fassung bei Oecumenius 891f wird ἀπόρρητον mit *arcanum* wiedergegeben.

[1979] Vgl. Atto 407 (*occultum, vel invisum*); Herveus 992 (*arcanum quoddam,*

quod multis est occultum, in quo possitis intelligere ... obscurum et latens, quia infideles hoc ignorant); Bruno 213. Vgl. später auch Estius 762 (*quod ante eum a nemine fuisset ita clare explicatum*) und Cornelius a Lapide 345, der auch den pragmatischen Gesichtspunkt nennt, daß Paulus mit diesen Worten die Aufmerksamkeit seiner Leser für das *magnum, tremendum, secretum* der Auferstehung hervorrufen wolle.

[1980] Vgl. auch Beza 165: *rem arcanam, & adhuc occultam, ideoque dignissimam quam attente audiatis.*

[1981] WA 49, 731; vgl. auch 733f: »Denn es ist der Vernunfft ungleublich, das in einem Augenblick alles sölle anders werden. Solt Gott die gantze Welt, spricht die Vernunfft, in einem Augenblick gantz und gar auffreumen?« (734).

weils der vernunfft nicht eingehen, das so schnel sol zugehen, Denn sie sihet, das da einer zu pulver verbrand ist, ein ander jns wasser geworffen, der dritte von wilden Thieren zerrissen, der vierde am Galgen von Raben gefressen etc. In summa, wer kan sagen, ja dencken, wie mancherley und wunderbarlicher weise die Menschen umbkomen jnn aller welt, und sollen doch allzumal jnn einem augenblick fur dem Jůngsten gericht lebendig da stehen«[1982]. Nach Calvin (466) spricht Paulus von einem Geheimnis, »um die Aufmerksamkeit der Leser zu fesseln ... So mußten die Korinther denken, daß es sich nicht nur um einen Gegenstand handelt, der ihnen bis dahin unbekannt blieb, sondern der überhaupt nur als Geheimnis Gottes zu erkennen war«. Auch in der Folgezeit ändert sich daran wenig[1983]. Nach v. Mosheim (739) trägt Paulus »nicht allein eine der Vernunft unbekannte, sondern auch allen Witz der Menschen {ue}bersteigende Lehre vor«[1984].

Aus der neueren Zeit sei nur Barth zitiert: Μυστήριον bezeichne im Neuen Testament »ein solches inmitten der raumzeitlichen Welt Ereignis werdendes Geschehen, welches, weil Gott allein und unmittelbar sein Initiant und Veranstalter ist, im Unterschied zu allem sonstigen Geschehen dem menschlichen Erkennen hinsichtlich seines Ursprungs und seiner Möglichkeit grundsätzlich Geheimnis ist und bleibt: es wäre denn, es erschließe sich ihm nicht von außen, sondern gerade nur von innen, nur durch sich selbst und also wieder allein durch Gottes Offenbarung«[1985].

2.2.   Je nach Lesart von V 51 (vgl. die Exegese)[1986] begegnen verschiedene Interpretationen des Inhalts dieses Geheimnisses. Wo die wahrscheinlich ursprüngliche Lesart (so bei den meisten Griechen, zumal den Antio-

---

[1982]   WA 17.1, 219; diese Aussagen ebenso wie über den Tod als Schlaf (vgl. oben Anm. 887) stehen freilich unausgeglichen neben solchen, die das »Es ist vor got alles auff ein mal geschehen« (WA 12, 596) auf eine Auferstehung unmittelbar nach dem Tod beziehen: »Als bald die augen zughen, *excitaberis, 1000 anni erunt, ac si dimidium horam dormivisses«*, wobei dann zum halbstündigen Schlaf noch der Vergleich hinzugefügt wird, daß man nachts den Stundenschlag nicht hört und man nicht weiß, wie lange man geschlafen hat: So noch »viel mehr *in morte* sind 1000 jar hinweg. Ehe sich einer umbsihet, ist er ein schoner Engel« (WA 36, 349); vgl. weitere Belege bei Althaus, Theologie 348, der so resümiert: »Auch im Sterben erreichen wir das Ende der Welt und den Jüngsten Tag; und doch bricht er für die Verstorbenen nicht früher an als für uns und alle Geschlechter nach uns bis zum zeitlichen Ende der Welt«. Vgl auch Calvin, Inst. 3,9,5, wo der Tag des Todes und der Auferstehung

ein Tag sein können, ohne daß die Wiederkunft bzw. die *ultima resurrectio* (Inst, 3,25) aufgegeben würde (vgl. Quistorp, a.a.O. [Anm. 285] 41f.108-113.
[1983]   Vgl. z.B. Coccejus 345 (*quod naturali ratione sciri non potest*); Grotius 826 (*rem hactenus vobis aliisque incognitam*); Crell 364 (*adhuc secretam ... sententiam aut doctrinam arcanam*); Semler 449; Bengel 436 (Paulus rede *prophetice*).
[1984]   Vgl. auch v. Mosheim 740: »keine selbst erdachte, sondern ihm von Gott geoffenbarte Lehre, eine Lehre, die der Mensch vor sich nie erfinden« konnte, »die zwar insgemein klar genug, aber in Ansehen ihrer Natur und Beschaffenheit dunkel und unbegreiflich« ist.
[1985]   KD IV 4, 118f; vgl. auch Pannenberg, Theologie III 53.
[1986]   Einige der Väter haben mehrere Lesarten gekannt; vgl. zu Origenes Oppenheim, a.a.O. (Anm. 1847) 95-99 und Brandhuber (ebd.) 320-323, zu Didymus ebd. 99 bzw. 325f, zu Augustin ebd. 108-111 bzw.

chenern) vorliegt, lautet die Erklärung meist so wie bei Chrysostomus (364), daß auch die nicht Sterbenden verwandelt werden müssen und die Tatsache, daß einige nicht sterben, nicht mit der Auferstehung zu verwechseln sei[1987]. Auch Cyrill (912) bezeugt zwar die richtige Lesart, interpretiert dann aber doch so, daß nicht alle verwandelt werden, sondern die Bösen ἐν τῷ τῆς ἀτιμίας σχήματι bleiben, insofern sie bestraft werden, während die Gerechten in die Unvergänglichkeit verwandelt werden (913). Theophylakt (780) zieht dagegen aus V 51 die Konsequenz, daß man sich beim Sterben nicht zu fürchten braucht, nicht auferweckt zu werden, denn der Tod sei ja kein Schade, sondern ἀλλαγή. Im übrigen wird auch bei richtiger Lesart Paulus selbst vom Nichtsterben ausdrücklich ausgenommen: Ἡμεῖς οὐ περὶ ἑαυτοῦ λέγει, ἀλλὰ περὶ τῶν ζώντων[1988]. Die Lateiner, die meist der Vulgata folgen, daß alle auferstehen, aber nicht alle verwandelt werden, interpretieren das etwa so, daß damit das *meritum* eines jeden bei der Auferstehung bezeichnet werde[1989], oder es werde zwar auch eine *iniquorum resurrectio* geben, doch *sine mutatione*[1990]. Bei Hieronymus (770) heißt es: *Soli qui regnaturi sunt in gloria, mutabuntur*[1991]. Diese Deutung, daß alle auferstehen, aber nicht alle *in gloriam et vitam aeternam* verwandelt werden, bleibt die beherrschende[1992]. Ein gewisses Problem bereitet aber die Spannung zu V 36, die Augustin nur durch die Annahme lösen kann, daß auch die bei der Par-

---

424, zu Hieronymus ebd. 114-117 bzw. 326f.

[1987] Vgl. auch Oecumenius 892, der aber auch die Deutung erwähnt, das Nichtentschlafen auf einen langen Tod zu beziehen, bei dem die Leiber der Auflösung ausgesetzt sind; später im Anschluß an Oecumenius auch Estius 769: *Non a morte, sed a somno mortis* seien die bei der Wiederkunft Lebenden ausgenommen.

[1988] Chrysostomus 364; ähnlich Theophylakt 781. Vgl. später Cajetan 85v: *Paulus in prima persona pluraliter tunc loqui quum aut de electis aut de communibus sibi & aliis loquitur.*

[1989] Ambrosiaster 183; Ambrosius 285. Auch nach Fulgentius wird es zwar auch eine Auferstehung der Sünder geben, »aber ohne Verwandlung, denn diese wird Gott bloß den Gerechten geben, die aus dem Glauben ein gerechtes Leben führen« (De Fide 3,35 [BKV 2. R. 9, 153]); vgl. auch 29,26 [ebd. 179].

[1990] Fulgentius, De Fide 37 (CChr 91A, 735); vgl. auch 72 (ebd. 754). Schon Tertullian bezeugt im übrigen diese Lesart in Res. 42,1f (CChr 2, 976); zu der von ihm kritisierten Meinung, daß nur die bei der Wiederkunft noch Lebenden verwandelt wer-

den, während bei den Verstorbenen der Tod bereits verschlungen sei, vgl. Brandhuber, a.a.O. (Anm. 1848) 309f. Augustin fügt noch hinzu: *cum enim iusti inmutabuntur, caelum inmutabitur* (Adnot. in Iob 1 [CSEL 28,3.3, 612]).

[1991] Ebs. Pelagius 225; vgl. auch Primasius 552. Hieronymus 770 führt immerhin für die ihm bekannte richtige Lesart an, daß Paulus nur von den Gerechten spreche, doch in Ep. 139 (PL 22, 967ff; zitiert bei Oppenheim, a.a.O. [Anm. 1847] 116) hält er eine wörtliche Erklärung der richtigen Lesart für unmöglich und versteht unter *dormitio* nicht den körperlichen Tod, sondern den von der Sünde *post fidem et baptismum*. Auch Thomas 426 erwähnt diese Lesart sowie die Deutung des Origenes (Hom. in Num 9,5 [GCS 30, 61]), daß der Schlaf *de somno peccati* zu verstehen sei, doch habe die Kirche mit Recht die Deutung der Vulgata akzeptiert. Cornelius a Lapide 345 kennt ebenfalls die von Chrysostomus u.a. Kirchenvätern vertretene Lesart, folgt aber dann doch der der Vulgata als *planior, verior, certior & aptius* mit Verweis auf V 22.

[1992] Vgl. Sedulius Scotus 161; Haymo 602; Atto 407; Hrabanus Maurus 155; Petrus

usie noch Lebenden sterben, »wenn auch auf noch so kleine Weile«[1993].
Vereinzelt begegnen auch noch andere Deutungen[1994].
Die Reformatoren bieten meist die richtige Lesart[1995]. Für Calvin ist auch
die Verwandlung dem Tod ganz ähnlich, und er interpretiert V 51 so, daß
in einem Augenblick das sterbliche Wesen vergehen und weggenommen
und sogleich in ein neues Wesen umgewandelt wird[1996].
Barth hält es von der bei Paulus angesprochenen Verwandlung der Lebenden her für bedenklich, »daß auch die Christenheit sich längst angewöhnt
hat, dies und also doch die Moral des Totentanzes für den Normalfall, ja
für die eiserne Regel hinsichtlich des Endes der menschlichen Existenz zu
halten. Ein solches prinzipielles Monopol des Todes gibt es nach dem
Neuen Testament gerade nicht. Er ist doch nur *eine* Gestalt ihres Endes«[1997]. In neueren katholischen Dogmatiken wird zwar für die richtige
Lesart votiert, diese aber doch in ihrer Schwierigkeit abgeschwächt[1998].
Die eigentliche Intention des Paulus wird aber mit Recht so umschrieben:

Lombardus 1690; Albertus Magnus (Opera
XXVI 252f); Thomas 425 u.a.
[1993] Civ. D. 20,20 (oben Anm. 1574). Otto
v. Freising legt 1Thess 4,13ff und V 51 zusammen aus und fragt, wie von einer allgemeinen Auferstehung gesprochen werden
kann, wenn die lebend Angetroffenen nicht
sterben, und er antwortet zunächst, daß
der, der alles aus dem Nichts geschaffen
hat, jene noch Lebenden und Entrückten
»mit wunderbarer Schnelligkeit sterben
lassen und sogleich wieder ins Leben zu-
rückrufen« kann, daß es aber auch sinnvoll wäre, »Lebende« und »Tote« bildlich
aufzufassen im Sinne von »Gute« und »Böse« (a.a.O. [EKK VII 2, 315 Anm. 219] 613).
[1994] Vgl. etwa Thomas, Summa, Bd. 28,
265: Alle werden auferstehen, aber nicht
die Seelen aller werden auferstehen. Ganz
singulär ist die Deutung von Hus (Opera
VII 29): Vom Schlaf des körperlichen Todes
stehen alle auf, von dem des geistigen Todes einige, von dem des ewigen Todes keine
(letzteres mit Hinweis auf Ps 40,9; 1,5).
[1995] Vgl. Luther, WA 17.1, 213.215; 21,
380 u.ö. (anders noch WA 4, 146); Bullinger, Haußbuch 33r; Genfer Katechismus
84f (Jacobs, Bekenntnisschriften 24) u.a.;
zur Naherwartung bei Luther vgl. Beißer,
Hoffnung 51f.
[1996] Inst. 2,16,17; vgl. auch Beginn des »zweiten Lebens« nicht notwendig eine *distantia
temporis* anzusetzen ist, sondern die Toten
in einem Augenblick auferweckt und die
Lebenden *subita mutatione* in dieselbe

Herrlichkeit erneuert werden. Im Kommentar 466f heißt es auf die Frage, wie sich
die paulinische Aussage zu Hebr 9,27 verhält, folgendermaßen: »Da eine Verwandlung nicht geschehen kann, ohne daß die irdische Natur abgestreift wird, läßt sich
eben diese Abstreifung als eine Art des
Sterbens bezeichnen. Die jene Verwandlung erleben, werden ›sterben‹, sofern sie
ihre vergängliche Natur ablegen«.
[1997] KD IV 3, 1063. Vgl. auch Weber,
GPM 8 (1953/54) 107f: »Also ist nicht der
leibliche Tod die Grenze, sondern die künftige Auferstehung, in der auf alle Fälle
alles ›totaliter aliter‹ ist«. Steck bringt die Sache
auf den Punkt: Zur Gemeinschaft mit Gott
»führt kein irdischer Weg, weder der Weg,
aus der Natur die Gottheit zu machen, noch
der, im Menschen eine geistig-seelische
Substanz, einen Wesenskern zu statuieren,
ein Teil-Ich gleichsam, das den Zugang
zum ewigen Gott findet, wie er ihm schon
von jeher eignet« (GPM 3 [1948/49] 154).
[1998] Vgl. Diekamp, Dogmatik III 406f, der
wegen V 22 die Aussage, daß nicht alle entschlafen, nicht auf »das Entschlafen oder
Sterben überhaupt« bezieht, sondern Paulus stelle »nur einen längeren Todesschlaf,
das Ruhen im Grabe in Abrede«, so daß
»keine Ausnahme von der Todesnotwen-
digkeit« vorliege. Schmaus, Dogmatik IV 2,
158 hält zwar einen Einschluß des Paulus in
das »Wir« für möglich, aber nicht für zwingend; es könne auch »von der Gemeinschaft
der Christusgläubigen im allgemeinen« gesprochen sein.

»So unentrinnbar ist der Mensch ins Endliche gebannt, daß nicht einmal das Erleben des Jüngsten Tages das Erreichen des rettenden Ufers der Ewigkeit verbürgt; auch in solchem Falle bleibt er auf das Rettungshandeln des Schöpfers angewiesen, der ihn aus dem Nichts neu schaffen muß, nicht anders als die Toten«[1999]. Damit relativiert sich auch das Problem der nicht erfüllten Naherwartung bzw. der Parusieverzögerung, auf das hier nicht eingegangen werden kann. Meist wird ähnlich wie schon früher (vgl. oben Anm. 877 und 1982) damit argumentiert, daß unsere irdischen Zeitbegriffe und -maßstäbe ihre Geltung verlieren und zerbrechen[2000].

3. Generell heißt es zum Wie der Auferstehung oft, daß dieses ein ebenso großes Wunder ist wie das Daß (πάντων λογισμὸν καὶ νοῦν ὑπερβαίνοντα)[2001]. Im übrigen aber wird auf die Kürze abgehoben. Nach Theodoret (368) zeigt Gott seine δύναμις darin, daß zwischen seinem Befehl und der Auferstehung der Toten kein Augenblick vergeht. Augustin erklärt, daß »der Staub uralter Leichname mit aller Leichtigkeit und mit unmeßbarer Schnelligkeit in endlos lebende Glieder zurückkehren wird«[2002]. Ähnlich lautet die Erklärung von Petrus Lombardus (1690) im Anschluß an Haymo (602): *in brevissimo et minimo et angustissimo temporis spatio*[2003]. Andere kombinieren V 52 etwa mit 1Thess 4,15-17 und anderen Stellen[2004] oder rechnen wegen des Widerspruchs zu anderen Hoffnungsbildern mit einer gewissen zeitlichen Erstreckung des in V 52f Geschilderten. Nach Ökumenius (443) zeige die Offb, daß sich das

---

[1999] Klein, GPM 36 (1981/82) 191.

[2000] Vgl. Barth 125: »Das für unsere Blicke unendlich auseinander gezogene Band der Zeit ist vor Gott zusammengeballt in *einer* Zeit, tausend Jahre wie ein Tag« (zur »transzendente[n] Infragestellung alles Zeitlichen« bei Barth vgl. aber z.B. Beißer, Hoffnung 125f, zu Barths späterer Sicht 127-134). Stählin, a.a.O. (Anm. 1566) 243f verweist darauf, daß alles plötzlich geschehen werde, »in dem unteilbar winzigen ›Nu‹, dem *atomon*, das jedes Zeitmaßes spottet«; der neue Äon sei »gegenwärtig in dem unscheinbarsten Augenblick, in dem es kein Vorher und kein Nachher, keine Entwicklung, kein Wenig oder Mehr gibt«; vgl. auch Althaus, RGG ³I 698: »Aber vielleicht ist Gottes Zeit für die Toten eine ganz andere als unsere irdische und vielleicht ist das, was wir, der irdischen Zeitgestalt verhaftet, als eine lange Zwischenzeit ansehen, ein einziger Augenblick (Luther)«. Voigt, Gemeinsam 153 sucht die Richtigkeit der Naherwartung so zu begründen: »Länger als einige Jahrzehnte hat es noch für keinen gedauert und wird es für keinen dauern, bis

es zu dem Überschritt in die Welt der Auferstehung kommt«; vgl. weiter etwa Kreck, Zukunft 23f; Kehl, Eschatologie 161f; Sauter, Verheißung 92-94 und Einführung 50-54; Marquardt, Eschatologie, Bd. 3, 214f; Beißer, Hoffnung 248; Beker (Lit. zu Kap. 15; Gospel) 117-121.

[2001] Chrysostomus 364.

[2002] Civ. D. 20,20 (BKV 28, 317); vgl. auch Ep. 19 (205) II 14 (BKV 30, 248): »›In einem Zeitatom‹, das heißt in einem Zeitraume, der sich nicht zerlegen läßt, ›in einem Augenblick‹, das heißt mit der größten Schnelligkeit«; vgl. auch ders., wonach Gott als »derjenige, der die Leiber erschaffen konnte, bevor sie waren, sie auch in einem Augenblick wieder so herstellen kann, wie sie vorher waren« (De Catech. Rud. 2,54 [BKV 49, 307]).

[2003] Ähnlich auch Hrabanus Maurus 156; Herveus 993, der hinzufügt: *nec alii primi et alii novissimi resurgent, sed omnes simul in momento, ut mirabilior sit resurrectio.*

[2004] So Victorin, Editio 20,2 (CSEL 49, 142f).

ἐπάγεσθαι κατὰ μέρος vollziehe, so daß das »im Nu, in einem Augenblick« κατὰ κοινοῦ gesagt sei[2005]. Thomas (426) sieht durch das *in momento* zunächst ein Tausendjähriges Reich ausgeschlossen, doch sei *momentum* in zweierlei Weise erklärbar: Zum einen *pro instanti temporis*, wenn an die *reunio* von Körper und Seele gedacht sei, zum anderen aber *pro aliquo tempore imperceptibili*, wenn an die *collectio pulverum* zu denken sei, denn die *mutatio de loco ad locum* nehme eine gewisse Zeit in Anspruch[2006].

Einige Gedanken hat man sich auch zur letzten Posaune gemacht. So soll die Posaune darum die letzte genannt werden, *quia postremum bellum geretur adversus daemones et principes ac potestates et ipsum diabolum*, und zwar im Anschluß an Offb 20,3ff nach 1000 Jahren[2007]. Wie hier hat auch sonst die Posaunenvision von Offb 8-11 bei der Deutung unseres Textes oft Pate gestanden[2008], aber auch andere Texte wie 1Thess 4,13ff[2009], Mt 24,31[2010], Joh 5,28f[2011] oder Dan 7,9f[2012]. Oft wird aber auch einfach wie bei Hugo (542) erklärt: *Tuba alibi vocatur clamor, alibi vox archangeli vel vox Christi*. Nach Haymo (602f) soll freilich die *novissima tuba* nicht so zu verstehen sein, daß ein Engel eine *corporale tuba* erschallen lasse oder gar der Richter selbst eine *vox humana* habe, vielmehr werde die Engelstimme *tuba* genannt *propter magnitudinem*, von der Ps 47,6 die Rede sei. Thomas (426) zitiert Gregor, daß die *tuba* nichts anderes bedeute als die *praesentia Christi mundo manifestata*[2013]. Auch für Cajetan (86r) handelt es sich um einen *sermo metaphoricus*; ähnlich Estius 768: *Significatur autem metaphorice signum aliquod universale, evidentissimum et praeclarissimum*. Entscheidend

---

[2005] Theophylakt 781 schließt aus dem Zitat von Offb 8,7, daß nicht alle zur gleichen Zeit vollendet werden, sondern sukzessiv.

[2006] Vgl. später auch Cornelius a Lapide 346, wo es zunächst heißt: *non in tempore breuissimo, sed in instanti futuram: quod de corporum formatione, organizatione, animatione, viuificatione verum est*; aber er zitiert auch Suarez (*Dei virtute hae corporis partes ab extremo ad extremum transeant sine medio*), schließt sich dann aber Thomas u.a. an, die bestreiten, *hanc partium corporis ad eundem locum translationem fore in instanti, praesertim quia illa fiet per Angelos, qui corpora mouent, non in instanti, sed tempore breuissimo*.

[2007] Ambrosiaster 183; Ambrosius 285.

[2008] Vgl. außer Theophylakt (oben Anm. 2005) auch Herveus 993 (von *novissima* könne nur bei voraufgehenden anderen die Rede sein); Thomas, Summa, Bd. 36, 88f; Faber Stapulensis 132v und Cornelius a Lapide 346. Gegen eine Heranziehung der sieben Posaunen aus der Offb z.B. Estius 768: Die Offb sei später geschrieben und die siebente wecke auch nicht die Toten auf; er

selbst versteht sie als *extremi temporis ac judicii nuntia*.

[2009] Zur Kombination mit diesem Text und der Identifizierung der »letzten Posaune« mit dem Befehlsruf und der Stimme des Erzengels und der Posaune Gottes vgl. Euseb, Exeg. 3 (PG 23, 976). Zur Kombination sowohl mit diesem Text als auch mit Offb vgl. Epiphanius, Haer. 51, 32,8-11 (GCS 31, 306); später z.B. Bengel 437.

[2010] Gregor v. Nyssa, In S. Pascha 672 (Opera IX 261).

[2011] Ebd. 268f; Petrus Chrysologus, Serm. 103 (BKV 43, 320).

[2012] Vgl. Basilius v. Caesarea, Ep. 46,5 (BGrLit 32, 109). Oft wird auch an Mt 5,8 erinnert.

[2013] Allerdings nennt er 426 auch Num 10,1-10 (*ad vocandum consilium ..., id est ad iudicium*) und Ps 80,4; Jes 33,20; Weish 5,21 sowie Jes 30,32. Bruno 213 differenziert: Wie die *vox tubae* die Sieger zum Siegespreis einlädt und den Besiegten zum Schrecken wird, so werde jene Stimme den Gerechten zum Zeichen, das Verdienst des Triumphes zu empfangen, den Ungerechten aber werde es den Schrecken der Strafe einjagen.

bleibt aber das mit dem Blasen der Posaune verbundene Geschehen: *Tuba enim canet ... In illa voce pulvis jam dissolutus corporum mortuorum in nova membra constringit*[2014]. Im übrigen aber wird das bei Paulus nur angedeutete Geschehen oft stark ausgemalt[2015]. Auch die Kunst ist durch unsere Stelle angeregt worden: In einem Freskenzyklus der Kirche Sant' Angelo in Fornis sind »die trompetenblasenden Engel ... im obersten Register dargestellt, aber auch hier – wie in Ferrara – unmittelbar über der *Auferstehung der Toten*, die mit Mühe vier geriefelten Sarkophagen entsteigen«[2016].

Auch hier ändert sich an den bisherigen Deutungsmustern später wenig, zumal bei der Herausstellung der Plötzlichkeit. Luther z.B. erklärt: »Ehe sich ein Auge auff und zu thut, wird er verwandelt werden«[2017]. Nach Spener werden »in einem augenblick alle menschen / gleich wie mit einem durchtringenden blitz aus natürl. menschen und leibern / geistliche menschen und leiber werden«[2018]. Eine größere Bedeutung gewinnt der »Augenblick« später bei Kierkegaard: Paulus drücke hier aus, »daß der Augenblick empfähig (kommensurabel) ist für die Ewigkeit, sofern nämlich der Augenblick des Untergangs im gleichen Augenblick die Ewigkeit ausdrückt«[2019]. Auch Bloch erklärt: »Die Kommunikation von Augenblick, Wunderbarem und Ewigkeit hat Paulus im Sinn, wenn er die ungeheure Verbindung schlägt«[2020]. Barth wagt sogar die kühne Behauptung, »die erste Parusie Jesu Christi« könnte »unmittelbar auch seine letzte gewesen sein: das Ereignis des Ostermorgens als solches ›im Nu‹, in einem Augenblick, das Erschallen jener letzten Posaune (1. Kor. 15,52)«, und in gewissem Sinne sei das auch so[2021].

Zur letzten Posaune heißt es bei Luther, Paulus rede in der Weise, »wie es zu Fel-

---

[2014] Wyclif, Op. Evang. III 208. Vgl. schon Ps-Hippolyt, De Consumm. Mundi 37 (GCS 1.2, 304): Πᾶσα φύσις καὶ γλῶσσα καὶ ἔθνος καὶ φυλὴ ἀναστήσονται ›ἐν ῥιπῇ ὀφθαλμοῦ‹.
[2015] Vgl. z.B. Aphrahat, Unterweisung 6,14 (Fontes 5.1, 206f): Zur Zeit der endgültigen Vollendung stellt sich der Geist »an den Eingang der Gräber, wo die Menschen begraben liegen, die ihn in Reinheit bewahrt haben, und wartet auf den Lärm. Sobald die Engel die Pforten des Himmels vor dem König geöffnet haben, erschallt das Horn und ertönen die Posaunen (vgl. 1Kor 15,52). Der Geist, der auf den Lärm wartet, horcht auf und öffnet eilends die Gräber und richtet die Leiber auf und das, was in ihnen verborgen ist, und bekleidet (sie) mit der ihn begleitenden Herrlichkeit«.
[2016] Italienische Kunst. Eine neue Sicht auf ihre Geschichte, Bd. 2, hg. v. L. Bellosi

u.a., Berlin 1987, 29. Im Tympanon an den Hauptportalen der mittelalterlichen Kathedralen werden die Auferstandenen häufig von »4 posaunenblasenden Engeln aus den 4 Himmelsrichtungen« gesammelt (Brenk, LCI I 221); in einer Trierer Illustration zu Offb 20,31 fordert ein Engel »das zerstreute menschliche Gebein zur A(uferstehung) auf« (ebd. 220).
[2017] WA 49, 734; vgl. auch Calvin 467: »Der Aufblick des Auges ist die schnellste von allen körperlichen Bewegungen«.
[2018] Schriften III 1.2, 1154.
[2019] Der Begriff Angst, 11./12. Abt., 89 Anm.**; zur modernen Deutung und Umdeutung des »Augenblicks« bei Kierkegaard, Barth und Bultmann vgl. Moltmann, Kommen 321f.
[2020] Prinzip 1549 mit folgendem Zitat von V 51f.
[2021] KD IV 1, 820.

de in der Schlacht zugehet«[2022]. Calvin (467) fragt, ob »hier an eine wirkliche Posaune« zu denken ist, wofür die Wiederholung des Wortes zu sprechen scheine, doch hält er »eine bildliche Auffassung« für richtig. Bei Angelus Silesius heißt es: »Trompeten hör' ich gern: Mein Leib sol auß der Erden / Durch jhren Schall erweckt / und wieder meine werden«[2023]. In heutiger Zeit hält man sich angesichts der schon bei Paulus zu beobachtenden Zurückhaltung gegenüber apokalyptischer Ausmalung, vor allem aber angesichts unserer weltbildhaften Verlegenheiten mit posaunenblasenden Engeln meist bedeckt oder gesteht die Aporie ein[2024]. Immerhin wird auch die Frage gestellt: »Gibt es anstelle von ›Posaunen‹ usw. Vorstellungsweisen, die unserem Bewußtsein angemessener sind?« und darauf mit Tillich und Teilhard de Chardin die Antwort gegeben: »Gewiß auch nur Bilder, aber immerhin Bilder«[2025].

4. Wie schon zur Vulgata-Lesart zu Punkt 2 bemerkt, geht man zumal im lateinischen Westen von einer allgemeinen Auferstehung der Toten aus und bezieht die Verwandlung allein auf die Gerechten. Das wiederholt sich in der Auslegung von V 52d-54a. Schon nach Justin werden die Leiber aller Menschen erweckt und die der Würdigen mit Unsterblichkeit bekleidet, die der Ungerechten aber »in ewiger Empfindungsfähigkeit mit den bösen Geistern ins ewige Feuer« verwiesen[2026]. Hier aber soll jetzt weniger auf die Subjekte als auf den Modus der Auferstehung geachtet

---

[2022] WA 49, 735. Luther kann ebd. 736f aber auch über den Text hinausgehen: »Es wird ein schwartze Wolcke auffgehen, Darauff wird solch blitzen und donnern folgen, das der gantze Erdboden beben und alle Menschen auff Erden erschrecken und zittern werden. Das wird die Posaune und Trummel sein, das ein Donnerschlag wird ineinander gehen, bis der letzte Donnerschlag wird komen, der Himel und Erden und alles in einen hauffen werffen wird. Da wirstu so bald in einem Augenblick tod und wider lebendig sein, Da wird die verwandelung geschehen«; vgl. auch ebd. 740: »Gott in seiner Maiestet redet durch den Donner«.
[2023] Wandersmann 4,83 (S. 165). Vgl. dagegen den Spott Voltaires: »Diese Auferstehung wird unter Trompetenklang stattfinden, wie der heilige Paulus sagt. Notwendig wird man mehrere Trompeten brauchen, denn sogar den Donner hört man kaum weiter als drei oder vier Meilen ringsum. Wie viele Trompeten werden es sein? Die Theologen haben das noch nicht ausgerechnet, werden es aber tun« (a.a.O. [Anm. 1557] 577).
[2024] Vgl. Trillhaas, a.a.O. (Anm. 1973) 60: »Es geht zwar durch Mark und Bein, wenn wir das (sc. *tuba mirum sonans tonum*) in

Mozarts Requiem hören und über dem Gesang der Worte etwas vom Klang der ›letzten Posaune‹ zu vernehmen meinen. Aber wenn wir den Text bei Paulus lesen und ihn nicht poetisch nehmen, so haben wir doch eine Hemmung, ihn wörtlich anzunehmen«. Nachdem 61 auch der »Realismus des Anziehens« und »dieses ganze Nacheinander bestimmter Bilder und Vorgänge« eine mutlos machende »Zumutung« genannt worden ist, heißt es dann doch: »Wir spüren, daß unerachtet aller Unvorstellbarkeit da eine Wahrheit beschlossen liegt, eine Wahrheit über uns selber«.
[2025] Simpfendörfer, Predigtstudien IV 2 (1982) 23, wobei hier nur ein kurzes Stück von Teilhard de Chardin angeführt kann: »Wie ein Blitz, der von einem Pol zum anderen fährt, wird sich die in den Dingen lautlos angewachsene Gegenwart Christi jählings offenbaren. Sie wird alle Dämme, welche die Schleier der Materie und die gegenseitige Abgeschlossenheit der Seelen aufgerichtet hatten, durchbrechen und das Antlitz der Erde überfluten ... Wie eine gewaltige Flut wird das Sein das Brausen des Seienden übertönen« (zitiert ebd.). Vgl. auch oben Anm. 1567.
[2026] Ap. 1,52 (BKV 12, 65). Athenagoras verbindet V 53 mit dem Gerichtsgedanken

werden. Dabei wird, offenbar unter Einfluß von Röm 13,14 und der deuteropaulinischen Taufvorstellung vom »Mitauferstehen«, die paulinische
Aussage z.T. auch auf die Gegenwart bezogen.

Clemens Alexandrinus z.B. kann das Bekleiden mit Unvergänglichkeit präsentisch verstehen, indem nämlich »das unbefleckte Gewand der Seele« das Fleisch
heiligt[2027]. Jedenfalls soll das »Anziehen« in der Gegenwart beginnen: »Schon
jetzt soll demnach ›das Vergängliche‹ von uns die in Keuschheit und aller Reinheit bestehende Heiligkeit und ›Unvergänglichkeit‹ anziehen, und ›das Sterbliche‹
soll sich, wenn der Tod vernichtet ist, mit ›der Unsterblichkeit‹ des Vaters anklei-
den; so daß wir, von Gott regiert, uns schon jetzt inmitten der Güter der Wiedergeburt und der Auferstehung befinden«[2028]. Augustin nimmt eine doppelte Auferstehung an und unterscheidet den *nunc transitus de morte ad vitam* (Kol 3,3f)
vom Anziehen der Unsterblichkeit[2029]. Unsterblichkeit und Unvergänglichkeit
aber kann nur durch Vereinigung mit dem geschehen, der selbst das war, was wir
sind[2030].

Im allgemeinen aber wird futurisch interpretiert, weil an der Leiblichkeit
festgehalten wird. Dabei scheint eine Spannung zwischen dem »Aufer-
wecktwerden« (verstärkt durch das »Anziehen der Unsterblichkeit«), was
eine Identität und Integrität voraussetzt, und dem »Verwandeltwerden«,
was eine Nicht-Identität und eine Andersartigkeit anzudeuten scheint,
empfunden worden zu sein. Als Beleg für das erstere sei Tertullian ange-

von 2Kor 5,10 (Res. 18 [TU 4.2, 71]). Vgl.
weiter Hieronymus 770; Pelagius 225; Hrabanus Maurus 156; Primasius 552; Herveus
994: Alle stehen *integritate membrorum*
und *incorrupti* auf, auch die Ungerechten,
damit sie die ewigen Strafen erleiden können. Cajetan 86r meint, ein kluger Leser
werde die 3. Person beachten und verstehen, *hoc esse commune omnibus hominibus mortuis tam electis quam reprobris*, die
1. Person aber werde von den Erwählten
gebraucht, so daß die *incorruptibilitas* allen,
die *gloria* aber nur den Erwählten zukom-
me.
[2027] Paed. 2,107,3 (BKV 2. R. 8, 115); vgl.
auch 2,100,2 (ebd. 107). Auch Origenes
versteht von Röm 13,14 her Christus als
Kleid der Seele und das Anziehen der Unvergänglichkeit ebenso (Princ. 2,3,2 [TzF
24, 304f]). Victorin schließt als Interpretation an V 53 an, daß es geboten sei, das *peccatum pristinum*, das in der Taufe abgetan
worden sei, auch wirklich abzutun (Editio
1,8 [CSEL 49, 30]).
[2028] Origenes, De Orat. 2,3 (BKV 48,
89f); nach Princ. 2,3,2f (TzF 24, 306f)
denkt er an eine längere *in corpore erudi-
tio*, bis wir Unvergänglichkeit und Un-

sterblichkeit verdient haben und die *mate-
rialis natura* völlig verschwindet. Bei Gregor v. Nyssa (De Bened. 465 [Opera IX
103]) ist die ἀφθαρσία das unaufhörliche
selige Leben, wobei sich nach Ref. Conf.
Eunom. 179 (Opera II 387) unser schon eine ἀπαρχή durch eine πρὸς τὸν θεὸν
ἀνάκρασις (Vermischung) εἰς θείαν
φύσιν bemächtigt habe. Hus (Opera XIII
178) vergleicht Ps 103,5 (»Deine Jugend
erneuert sich gleich dem Adler«) und
schließt daraus: *Qui ergo veterem formam
non mutavit, nondum vere resurrexit*
(Hus bezieht das auf ein Mitauferstehen
mit Christus und fügt hinzu: *Quicumque
consurrexit vere cum Cristo, apparebit
cum Cristo in gloria in corpore glorifica-
to*).
[2029] Ep. 55,2f (CSEL 43.2, 172). Meist wird
die doppelte Auferstehung aber als die der
Gerechten und die der Gottlosen, Sünder
und ungläubigen Heiden verstanden und
die erste mit V 52, die zweite etwa mit Ps
1,5f verbunden (so z.B. Zeno v. Verona,
Tract. 1,16 [BKV 2. R. 10, 197]).
[2030] Irenaeus, Haer. 3,19 (TKV 2, 109
u.ö.); vgl. auch Athanasius, Ad Epict. (KT-
hQ 1, 171).

führt: *Resurget ergo corpus hoc nostrum, quod humiliatur in passionibus*[2031]. Dabei setzt sich Tertullian mit dem Einwand auseinander, daß dann, wenn dieselbe Substanz *cum sua forma, linea* und *qualitas* auferweckt wird, auch Blinde, Lahme, Gichtbrüchige u.ä. als solche wiederkommen; seine Lösung: *incorrupti* heiße auch *integri*, und wenn wir *in gloriam* verwandelt werden, um wieviel mehr in *incolomitatem* (Unversehrtheit): *Si non integros deus suscitat, non suscitat mortuos*[2032]. Zur Integrität des Auferweckten gehört z.B. auch das Mann- und Frau-Sein, weshalb Fulgentius an das »Anziehen«[2033] anschließt: *In quibus sexus masculinus uel femineus, sicut eadem corpora creata sunt, permanebit*[2034]. In ähnlichem Sinne äußert sich auch Hildegard: *in integritate et corporis et sexus sui*[2035]. Vor allem aber wird Wert darauf gelegt, daß die Auferweckten *integri corpore, sine diminutione membrorum et immortales* sein werden[2036]. Entsprechend wird auch das »Anziehen« interpretiert: *Mortui recipient corpus, super quod et ipsi induant incorruptelam de caelo*[2037]. Als entscheidend bei der Verwandlungsvorstellung gilt auch, daß kein ἕτερον, sondern αὐτὸ τὸ φθειρόμενον zu erwarten ist (Theodoret 368)[2038]. Ambrosius verweist auf die Entwicklung der Seidenraupe und den Farbwechsel des Chamäleons, um den Glauben an eine Verwandlung

---

[2031] Marc. 5,20,7 (CChr 1, 725).

[2032] Res. 57,1-8 (CChr 2, 1004); vgl. auch Augustin, Ep. II 19 (205) 15 (BKV 30, 248): Alle stehen unverweslich auf, und zwar »in bezug auf die Vollständigkeit der Bestandteile ihres Leibes« (vgl. dazu auch oben Anm. 1581.1649), wobei die Gerechten verwandelt werden, die Ungerechten aber »als Strafe die Pein der Verwesung zu erleiden« haben.

[2033] Das Anziehen der Unverweslichkeit wird natürlich oft mit 2Kor 5,1ff kombiniert, z.B. bei Methodius, Res. 2,14,9f (GCS 27, 360f).

[2034] De Fide 37 (CChr 91A, 736); vgl. auch Iulian v. Toledo, Prognost. 3,24 (CChr 115, 97: *Qui utrumque sexum condidit, instituit et redemit, utrumque etiam in resurrectione restituet*) und oben Anm. 1646. Hieronymus legt bei der Zitation von V 53 Wert darauf, daß es in Mk 12,25 heißt, daß die Auferweckten *wie* die Engel und nicht Engel sein werden und keineswegs aufhören, Menschen zu sein, so daß »der Apostel Apostel und Maria Maria bleibt« (Ep. 75,2 [BKV 2. R. 18, 59]).

[2035] Vis. 12,3 (CChr.CM 43A, 608); anders Paulus Orosius, Lib. Apolog. 1,32 (CSEL 5, 662): *Non erit masculus et femina sed erunt omnes similes angelis Dei*. Gnostisierend Origenes, nach dem eine Umwand-

lung der Frauen in Männer und der Leiber in Seelen erfolgt und dann kein Unterschied der Geschlechter mehr gegeben sein wird (Comm. in Eph 3; zitiert bei Trummer, Anastasis 107f).

[2036] Haymo 603; ähnlich Petrus Lombardus 1691; Herveus 994; Thomas 427 u.a.

[2037] Tertullian, Marc. 5,12,3 (CChrCM 1, 700); nach Res. 54,2f (CChr 2, 1001) heißt Anziehen der Unsterblichkeit, daß das Sterbliche von der Unsterblichkeit verborgen, bedeckt und eingeschlossen, aber nicht aufgezehrt und aufgegeben wird; der Tod werde auf eine andere Art verschlungen als das Sterbliche, denn der Tod könne die Unsterblichkeit nicht in sich aufnehmen, wohl aber das Sterbliche. Epiphanius, Haer. 42,12,3 (GCS 31, 172) wendet gegen Marcion ein, es heiße, daß das Sterbliche das Unsterbliche anziehe, nicht enthalte (χωρῆσαι).

[2038] Nach Theophylakt 781 ist das gegen solche gerichtet, die nicht die Auferstehung der αὐτὰ σώματα ἀλλ᾽ ἕτερα erwarten. Vgl. auch Thomas 428, nach dem durch Paulus der Irrtum ausgeschlossen wird, *quod corpora glorificata non erunt eadem cum istis, sed caelestia*. Berger (Lit. zu Kap. 15; Tod) 173 zitiert aus der römischen Liturgie für den Augenblick des Sterbens das Gebet: »Gott, bei dem alles lebt, das stirbt,

bei der Auferstehung zu bestärken[2039]. Später wird immer wieder unterstrichen, daß beim Anziehen der Unsterblichkeit keine *mutatio secundum substantiam, sed accidentalem* vorliegt[2040]. Dabei kann in unterschiedlicher Weise von einer Verbesserung die Rede sein, so daß z.B. Severian v. Gabala (277) erklärt, mit der Verwandlung deute Paulus auf ἐπὶ τὸ κρεῖττον μεταβολή[2041]. Andere sprechen von einer Verwandlung in *claritatem*[2042], in *angelicam substantiam*[2043] u.ä.; Amphilochus begründet mit V 53, daß nicht die Gottheit in das πάθος herabgezogen, sondern die Menschheit zur ἀφθαρσία erneuert werde[2044].

Ein Problem auch bei der Auslegung dieses Abschnittes bildet das Verhältnis zur Seele bzw. deren Unsterblichkeit. Schon nach Athenagoras wird der Mensch, dessen Leib und Seele sich im Tod trennen, durch das Anziehen der Unverweslichkeit wieder vereinigt und zum Leben erweckt werden[2045], und nach Theophilus v. Antiochien erweckt Gott τὴν σάρκα ἀθάνατον σὺν τῇ ψυχῇ[2046]. Gregor v. Nyssa gebraucht bei der Verwandlung nur ἀφθαρσία und reserviert die ἀθανασία für die Seele[2047]. Origenes kann sogar von einer Verwandlung von Leiblichkeit in Leiblosigkeit sprechen[2048]. Otto v. Freysing macht später die Verwandlung von der Verweslichkeit zur Unverweslichkeit von der »ersten Auferstehung vom Tode der Seele« abhängig[2049]. Thomas (427) erklärt im Anschluß an Augustin, daß die vom Leib getrennte Seele *imperfecta* ist und in der Seligkeit nicht als *separata*

---

für dich gehen durch das Sterben nicht zugrunde unsere Körper, sondern sie werden verwandelt zu besserem Dasein«.

[2039] Exam. 5,77f (BKV 17, 225); das Beispiel der Seidenraupe erscheint später auch bei Spener 508 für eine *mutatio* bei gleicher *substantia*; vgl. auch die Beispiele oben Anm. 1544f und 1557f.

[2040] So z.B. Cajetan 86r.

[2041] Vgl. auch Cyrill 913: Wir werden sein, was wir sind, nämlich Menschen, aber unvergleichlich besser, unvergänglich und verherrlicht. Fulgentius, De Incarn. 55 (CChr 91, 355) verbindet mit dem Anziehen der Unsterblichkeit, daß die Leiber der Gerechten *nulla corruptionis mortalitatisque molestia* empfinden werden; Commodian, Instr. 1,44 (CChr 128, 37) verbindet mit Offb 21,4 (*nec dolor nullus nec genitus*); vgl. auch Augustin, De Doctr. Christ. 1,18 (BKV 49, 27): »Dann wird der Leib keine Beschwerde mehr verursachen, weil er kein Bedürfnis mehr hat«. Albertus Magnus schließt darin auch ein: *Et ideo damnati resurgent in plenitudine membrorum et plenitudine staturae, quam habebant vel habituri in triginta annis, non peccante natura* (Opera XXVI 305).

[2042] Ambrosiaster 184; Ambrosius 286.

[2043] Tertullian, Marc. 3,24,6 (CChr 1, 542).

[2044] Frgm. 6,4 (CChr.SG 3, 234). Im ostsyrisch-chaldäischen Begräbnisritus wird V 53 so umschrieben: »Dieses Verwesliche wird mit dem bekleidet, was nicht dahinschwindet und verdirbt. Der, der es erschaffen hat, lebt auf ewig, und er hat es aus dem Nichts gegründet« (Becker/Ühlein, a.a.O. [Anm. 285] II 1094).

[2045] Res. 18 (TU 4.2, 71). Vgl. auch oben Anm. 1571.

[2046] Ad Autol. 1,7 (SC 20, 74).

[2047] Vit. Macr. 24 (SC 178, 218 mit 219 Anm. 3).

[2048] In Joh 13,61 (GCS 10, 293); vgl. auch die bei Methodius (Res. 1,4,2 [GCS 27, 223f]) bekämpfte Lehre des Aglaophon (»Wenn nach euch eine Auferstehung dieser toten Leiber und seine [sic!] Verwandlung in die Unsterblichkeit ist, wozu, saget an, Gott von Anbeginn den Menschen ohne Lappen des Leibes schuf, wie die Schrift selbst lehrt. Denn die ›Kleider von Fellen‹, welche er nach der Übertretung Adam und Eva machte, sind deutlich die Leiber, mit denen wir bekleidet worden sind«, d.h. der Leib gilt hier als Fessel »der Buße halber« und als »ein Grabmal der Seele«).

[2049] Chronik 607. Vgl. auch den Abt des Mamasklosters Symeon, Ansprachen 6 (PG 120, 349; zitiert bei Staehelin, Verkündi-

lebt, sondern mit dem Leib verbunden ist (vgl. auch oben zu V 12ff, Punkt 4).

Wie schon einige der bisherigen Belege zeigen (vgl. zu »Fleisch und Blut« und oben zum »geistigen Leib«), ist die Terminologie (Auferstehung des Fleisches oder des Leibes) nicht einheitlich, doch wird es immer mehr üblich, von Auferstehung des Fleisches zu reden[2050]. Da beide Redeweisen aber die Zuordnung zur Schöpfung charakterisieren, kann auch diese selbst in die Verwandlung einbezogen werden. Leo d. Gr. erklärt z.B.: Sobald sich das Verwesliche mit Unverweslichkeit und das Sterbliche mit Unsterblichkeit bekleidet habe, lehne sich auch die Erde nicht mehr gegen ihre Bewohner auf[2051]. Ähnlich äußert sich Thomas: »Da die Erneuerung der Welt um des Menschen willen geschieht, muß sie der Erneuerung des Menschen angepaßt sein«[2052].
Die Reformatoren interpretieren so: Nach Calvin (467) zeigt unsere Stelle deutlich, »daß wir in ebendemselben Fleisch, das wir jetzt tragen, auferstehen werden. Wie ein Gewand legt sich die neue Herrlichkeit darum. Hätte der Apostel bloß allgemein von einer Erneuerung geredet, so könnten Schwarmgeister noch immer von einem völlig neuen Leib träumen«[2053]. Für Luther heißt Verwandeltwerden »zu einem newen Leben verendert werden, Aus dem Wesen und Leben dieser Welt komen in ein ander new Wesen und Leben, da man nicht mehr bedarff Essens und Trinckens, Kleider und Schuch, Gelds und Guts, Schlaffens, Erbeit, Ehestands und dergleichen, so in dis Leben gehŏret«[2054]. Bullinger (256) dagegen betont noch stärker das *aliter*-Sein: *Perisse enim est in totum non esse quod fuerit: mutatum esse, aliter esse est.* Im allgemeinen aber urteilt man wie später bei Spener, daß das Bekenntnis zur »aufferstehung des fleisches, nicht der seelen«, besage, daß es eben »der vorige leib / nit aber ein gantz neuer / bloß himmlischer / leib seyn werde«[2055]. Eine ähnliche Konsequenz zieht v. Mosheim (742) aus der Vorstellung der Verwandlung, denn dieser Vergleich mit einer »Ankleidung« mache deutlich, »daß eben diese Leiber, die wir hier tragen, und keine neugeschaffene, in

---

gung, Bd. 2, 274f), nach dem das Anziehen der Unverweslichkeit voraussetzt, daß Christus »hier in der Seele herrscht«.
[2050] Das gilt zumal für die Auseinandersetzung mit Origenes, dem Hieronymus vorwirft, die Auferstehung des Fleisches nur dem Wort nach zu bekennen bzw. nur vom Leib zu reden, damit Orthodoxe Fleisch und Häretiker Geist heraushören (Ep. 84,5.7 [CSEL 55, 126.129]); vgl. weiter oben Anm. 1941.
[2051] Serm. 95,5 (BKV 55, 297).
[2052] Summa, Bd. 36, 114.
[2053] Vgl. auch Inst. 3,25,7: Wenn dieses Verwesliche und dieses Sterbliche anziehen muß die Unverweslichkeit und Unsterb-

lichkeit, dann kann diese *mutatio* keine *nova corpora* meinen; *renovari* wäre eine doppeldeutige Ausdrucksweise, doch Paulus zeige auf die Leiber, mit denen wir angetan sind und verheiße eben diesen Unverweslichkeit.
[2054] WA 49, 732; vgl. 36, 680: *Vult te fegen, sauber, rein, ut nihil maneat, quod iam in vita* bleibt, *tantum* ausgenommen *natura, omnia membra, corpus virile, muliebre, vita,* blindheit, kranckheit, *ignominia,* das ist unglimpf *et kleck diaboli.* Vgl. auch Zwingli 187: Wenn die *corruptio* fehlt, dann auch alles, was der *corruptio* zu Hilfe kommt wie Essen und Trinken.
[2055] Schriften III 1.1, 1555.

das Reich Gottes werden geführet werden. Ein Wesen, das neu gekleidet wird, bleibet in sich das alte, und verändert nur sein äußerliches
Ansehen, seine Gestalt, gewisse Eigenschaften«[2056]. Lavater bestimmt die
Verwandlung so, daß »in jedem eine seiner Natur und dem Character des
Geistes und dem Grade seiner bisherigen Reife gemäße Veränderung«
hervortritt[2057], wodurch der paulinischen Aussage die Spitze abgebrochen
wird. Während Bengel (436) Wert darauf legt, daß der natürliche Leib ohne Trennung von der Seele zum geistlichen Leib wird, kann nach Schleiermacher von einer Unsterblichkeit der Seele wegen »des Zusammenhan-
ges aller auch unserer innerlichsten und tiefsten Geistesthätigkeiten mit
den leiblichen« keine Rede sein[2058], was von den meisten heute geteilt
wird, aber nach wie vor kontrovers ist[2059].
Entscheidend aber bleibt auch bei heutigen Berufungen auf unseren Text
durchgehend die Vorstellung der Verwandlung und die der Dialektik von
Identität und Nichtidentität. Barth betont einerseits, daß es nicht um »ein
in irgend eine unendliche Zukunft hinein fortgesetztes und in dieser Zukunft irgendwie verändertes Leben« geht, sondern »dieses verwesliche
und sterbliche Leben *als solches* seines Charakters als ›Fleisch und Blut‹,
der Hülle der φθορά entkleidet werde (1. Kor. 15,50)«[2060]. Andererseits
aber wird auch das zum Menschsein gehörende Frau- und Mann-Sein im
Anschluß an ältere Autoren[2061] zum φθαρτόν und θνητόν gerechnet, das
in der Auferstehung verwandelt wird[2062]. Auch nach Pannenberg »soll
nicht etwas anderes an die Stelle dieses gegenwärtigen Lebens treten, sondern diesem endlichen Dasein in aller seiner Erbärmlichkeit soll das ewige
Heil zuteil werden ... Es ist nicht eine Identität des Ununterschiedenen ...,
sondern eine Identität des Verschiedenen, sogar Gegensätzlichen, aber
eben doch eine Identität«[2063]. Die Antwort Vogels ist ebenfalls dialektisch:
Es sei wirklich der vergehende Mensch, über den die Verheißung laut

---

[2056] Vgl. auch das Gedicht »Aus dem Jüngsten Gericht« von J.G. Schottel aus der Ba-
rockzeit: »... Drauf die Menschen klein und
groß, die noch leben auf der Erden, / sollen
wie im Augenblick, allzugleich verwandelt
werden, / ohn Vermittlung der Natur: tot
und aus ist dero Kraft, / Gottes Rufstimm
zum Gericht dies allmächtigst also schafft. //
Drum wird die Verwandelung nicht natürlich sein zu nennen, / weil kein Schluß aus
der Natur sich alsdann wird gültig kennnen;
/ Gottes Ankunft, Gottes Hand wird in einem schnellen Nun / die Verwandlung überall solchermaßen selbsten tun: // Unser Leib
von Fleisch und Blut, voller Unart dieser Zeiten, / ungeschickt zum Ewig-sein wegen der
Vergänglichkeiten, / fähig wird der Ewigkeit,
unvergänglich, neu und jung, / wundersamt
durch Gottes Macht mittelst dieser Wande-
lung ...« (Vinçon, Spuren 341).

[2057] Werke I 131.
[2058] Gesamtausgabe VII 2, 324; vgl. 325:
»Wie ... die Wirksamkeit des Geistes als
Seele aufhört mit dem Tode des Leibes; so
kann sie auch nur wieder beginnen mit dem
Leben des Leibes«.
[2059] Vgl. dazu oben S. 328f.
[2060] KD III 2, 759f; vgl. auch IV 3, 1076.
[2061] Vgl. oben Anm. 1646.2034f.
[2062] KD III 2, 357; vgl. ebd.: »Er wäre nicht
mehr Mensch, wenn ihm das verlorenen ginge, daß er Mann oder Frau ist, wenn seine
Menschlichkeit nicht mehr in dieser konkreten Mitmenschlichkeit, in dieser Verschiedenheit und Beziehung bestehen würde«. Vgl. auch Moltmann, Weg 285f, der
neben Frau-Sein und Mann-Sein auch »die
menschliche Abhängigkeit von der Natur«
nicht von der neuen Schöpfung ausschließt.
[2063] Pannenberg, Theologie III 618.

wird, es sei »wirklich dieses ›Verwesliche‹ und ›Sterbliche‹, das die Unverweslichkeit und Unsterblichkeit anziehen wird«, doch stehe zwischen dem
alten und dem neuen Menschen »wirklich die Krisis des Todes«[2064]. Neben dieser Dialektik wird freilich die eigentliche Spitze nicht vergessen,
die Joest mit gutem Grund auf die Formulierung bringt: »Das ist nicht
Feststellung einer dem Menschen immanenten Werde-Möglichkeit, sondern Hoffnung auf die in der Auferstehung Christi verheißene neuschaf-
fende Gottestat«[2065]. Steck formuliert auch hier besonders treffend: »Diese Verwandlung ist also nicht das Ergebnis einer letzten Anstrengung,
Läuterung oder Entwerdung; hier hat weder Natur noch Geist das letzte
Wort ... Verwandlung bedeutet nicht Vernichtung ...; die Verwandlung
geschieht unter Erhaltung der Identität der Person« (unter Hinweis auf
»*dies* Verwesliche, *dies* Sterbliche«)[2066]. Auch die Integration in eine neue
Schöpfung wird neu in Erinnerung gerufen. Das Zweite Vatikanum z.B.
stellt das Anziehen der Unverweslichkeit nach der Besiegung des Todes
und der Auferweckung der Toten in den Horizont eines neuen Himmels
und einer neuen Erde bzw. von Röm 8,19-21 u.ä. Stellen[2067]. Die Dokumente gemeinsamen Glaubens sprechen ebenfalls von »der Verwandlung
aller Menschen und der Welt aus dem Zustand der Vergänglichkeit in den
der Unvergänglichkeit«[2068].

Vor allem in der katholischen Dogmatik wird diese Beziehung zum Kosmos aber
z.T. gelöst und eine sofortige Vollendung bzw. Auferstehung im Tod diskutiert
bzw. von einer prozeßhaften »Partizipation an der werdenden Vollendung des
Leibes Christi« gesprochen oder davon, »im Einzeltod ereigne sich die Gesamt-

---

[2064] Werke, Bd. 2, 1032. Vgl. auch Stählin,
a.a.O. (Anm. 1566) 254f: »Verwandlung ist
etwas anderes als Entwicklung. Das, was
wir Entwicklung nennen, ist die Entfaltung
dessen, was im Grunde immer schon, wenn
auch verborgen, dagewesen ist, Verwandlung aber ist die Einbeziehung in einen anderen und höheren Bereich«; eine solche
Verwandlung sei im Unterschied zur ersten
Schöpfung aus dem Nichts die neue Schöpfung, d.h. »das, was ist, wird zu etwas, was
es vorher nicht gewesen ist«, weshalb die
»verbreitete Rede, der Mensch sterbe im
Tod ganz und gar ... und in der Auferstehung schaffe Gott einen ganz neuen Menschen, der biblischen Rede von der Auferstehung nicht gerecht« werde; jedoch sei
»keine Rede von einem unsterblichen Teil
des Menschen, der unverändert, ungewan-
delt durch den Tod hindurchgehen könnte;
sondern der ganze Mensch mit Geist, Seele
und Leib wird verwandelt zur Teilnahme an
dem Leben Gottes«.
[2065] Dogmatik, Bd. 2, 381. Hedinger,

Hoffnung 133 spricht von einer *creatio ultima et novissima.*
[2066] GPM (1948/49) 155; vgl. auch Voigt,
a.a.O. (Anm. 886) 206f, der sich 207f dagegen wendet, die Auferstehung als eine *creatio ex nihilo* zu verstehen: »Wer stirbt, wird
nicht ins Nichtsein versetzt. Derselbe
Mensch, der stirbt, wird erweckt, wenn
auch zu einem anderen Leben. Die Identität
der Person bleibt gewahrt. Wir sind von
Gott bei unserem Namen gerufen, ja, unsere Namen sind im Himmel geschrieben
(Jes. 43,1; Luk. 10,20)«; zum »Anziehen«
der Unverweslichkeit heißt es 208: »Ist diese wie ein Kleid, so bleibt der Träger dieses
Kleides er selbst, nur das Beengende und
Entstellende, das Schändliche und Unan-
sehnliche« dieses Kleides werde »durch die
Doxa und Unzerstörbarkeit des Auferste-
hungskleides ersetzt«.
[2067] Denzinger/Hünermann, Enchiridion,
Nr. 4339, S. 1308.
[2068] Dokumente II 45. Vgl. auch oben
Anm. 1101.

vollendung«[2069]. Auch im »Neuen Glaubensbuch« heißt es: »Die individuelle Auferstehung erfolgt mit und im Tode«[2070].

5. Außer bei den schon in der Exegese genannten Autoren ist auch sonst in der Auslegung von V 54d-55 von einem Triumphlied die Rede. Nach Theophylakt (784) sieht Paulus ähnlich wie Chrysostomus[2071] den geschehenen Sieg ἐνθουσιᾷ schon vor Augen und besingt den Sieg[2072]. Viele Autoren sprechen von Verspotten (*insultare*) des Todes[2073]. Dabei wird der Spott des Todes z.T. ausführlicher weitergeschrieben, von Bernhard v. Clairvaux z.B. folgendermaßen: »O grausame Bestie! O bitterste der Bitterkeiten ... Doch selbst den Leib, der dir scheinbar als Beute zugefallen ist, nimmt man dir ab, wenn du als letzter Feind vernichtet und im Sieg verschlungen wirst«[2074].

Nach vielen Autoren ist dieser Sieg über den Tod bereits in der Auferweckung Jesu Christi errungen worden, so daß nach Firmicus Maternus V 55 schon dabei angestimmt wurde[2075], vereinzelt auch bei der siegreichen Höllenfahrt Christi[2076]. Zugleich wird aber ein Bogen zu unserer Aufer-

---

[2069] Vgl. die Diskussion bei Vorgrimler, a.a.O. (Anm. 1609) 39-47 und ders., Hoffnung 151-155; Kessler, a.a.O. (Anm. 285; Auferstehung) 75-90; Greshake (Lit. zu Kap. 15; Naherwartung) 113-120.175-181 und (Resurrectio) 255-276; Kehl, Eschatologie 275-279; Breuning, MySal V 881-885. Daß Gott den Menschen auch im Tod nicht preisgibt und Christus auch über Tote herrscht (Röm 14,8), ist gewiß paulinisch, die sehr lose Verknüpfung mit der »Gesamtvollendung« und der Leiblichkeit bleibt aber problematisch; vgl. weiter Moltmann, Kommen 122-124; Thiede, a.a.O. (Anm. 285) 158-167; Sauter, Einführung 203 Anm. 22. Luther z.B. kann zwar auch die Auferstehung unmittelbar nach dem Tod erwarten (vgl. oben Anm. 1982), gibt damit aber die Hoffnung auf das Kommen Christi und die Welterneuerung nicht auf (vgl. Althaus, Theologie 349-354).
[2070] Zitiert bei Greshake (Lit. zu Kap. 15; Naherwartung) 119. Vgl. aber auch frühere Zeugnisse bei Berger (Lit. zu Kap. 15; Tod), z.B. die Totenliturgie der Ostsyrer anläßlich des Begräbnisses: »Siehe, der Morgen der Auferstehung ist gekommen« (26).
[2071] Vgl. oben Anm. 1796.
[2072] Vgl. auch Atto 408: *Protulit vocem triumphatorum*. Im ältesten abendländischen Liturgiegut heißt es »Wenn die Menschen heute nicht in diese Jubelgesänge ausbrächen, dann würden die Steine reden ... Der Tod ist verschlungen in deinem Sieg.

Wo ist dein Stachel, o Tod!« (K. Gambler, Älteste Eucharistiegebete der lateinischen Osterliturgie, in: Paschatis Sollemnia. Studien zur Osterfeier und Osterfrömmigkeit, hg. v. B. Fischer / J. Wagner, Basel u.a. 1959, 159-178, hier 175).
[2073] Ambrosiaster 186; Ambrosius 286; Pelagius 226; Theophylakt 784; Haymo 603; Herveus 995.
[2074] Schriften, Bd. 3, 264; in ähnlicher Weise schon Firmicus Maternus, Err. Prof. Rel. 24,4 (BKV 14, 270); Hildegard, Vis. 1,14 (CChr.CM 43, 121). Ein anderes Beispiel bietet Athanasius, De Incarn. 27 (BKV 31, 116f), wonach Christen hochgemut in den Tod gehen sollen, weil dieser ohnmächtig geworden ist »wie nach einem Sieg des rechtmäßigen Königs über einen Tyrannen« und »alle, die vorübergehen, ihn verhöhnen, schlagen und an ihm herumzerren, da sie seine Wut und Grausamkeit nach dem Siege des Königs nicht mehr zu fürchten haben«, so daß sie ihn wie Paulus verhöhnen.
[2075] Err. Prof. Rel. 24,4 (BKV 14, 270); vgl. auch Athanasius, Hist. et Dogm. 1,27 (PG 25, 144: Θανάτου νικηθέντος ... ὑπὸ τοῦ Σωτῆρος ἐν τῷ σταυρῷ) und Basilius v. Caesarea, Auf die heilige Geburt Christi (BKV 47, 407): »Als aber die rettende Gnade Gottes erschien und die Sonne der Gerechtigkeit aufging, da wurde der Tod verschlungen im Siege, weil er die Gegenwart des wahren Lebens nicht ertragen konnte«.

stehung geschlagen: Nach Augustin ist im Tod Christi der Tod gestorben und im Leib Christi verschlungen, weshalb auch wir bei der Auferstehung triumphierend V 54f singen werden[2077]. Das »dann« (V 54) führt aber dazu, daß nach anderen Autoren der Sieg erst bei der Auferstehung der Toten als errungen gilt: Solange wir in diesem Leben sind, kämpft der Tod nach Herveus (996) noch gegen uns und wir gegen ihn (mit Verweis auf Gal 5,17), aber für die Auferweckten *absorpta erit mors in contentione*[2078], *id est annullata in conflictu, quem contra nos habuit*[2079]. Origenes reiht V 54 in eine Reihe anderer Verheißungen ein: »Wenn der Schatten vergangen und die Wahrheit gekommen ist, wenn der Tod verschlungen (vgl. 1Kor 15,54) und die Ewigkeit wiederhergestellt ist«, dann werde das »ewige Evangelium« (vgl. Offb 14,6) offenbar[2080]. Öfter wird zwischen der zukünftigen Totenauferweckung und dem schon gezogenen Stachel des Todes unterschieden[2081] und z.B. erklärt, im Schmecken des Todes habe Christus den Stachel des Todes zerbrochen[2082], oder der Stachel des Todes werde aufgelöst durch die Taufe[2083]. Das Siegeslied kann jedenfalls nur angestimmt werden, weil der Sieg endgültig feststeht, denn dann hört der Tod ganz auf, und es bleibt keine Spur von ihm zurück[2084]. Auch Herveus (995) interpretiert das *absorbebitur* so: *In nihilum redigetur mors corporis in victoria resurgentium*. Ebenso klar ist, daß dieser Sieg der Sieg Jesu Christi ist, wie aus V 57 gefolgert wird. Augustin z.B. belegt mit V 57, daß wir »den Sieg nicht von unserer Kraft erwarten, den errungenen nicht unserer Kraft zuschreiben, sondern der Gnade dessen, von dem der Apostel sagt« (V 57)[2085]. Dieser von Christus errungene und uns gegebe-

---

[2076] Im Nikodemusevangelium 5 wird V 55 in die Höllenfahrt plaziert, wo die Vorväter mit diesen Worten Satan und Hades verspotten (Schneemelcher, Apokryphen ⁶I 416).

[2077] Joh-Ev 12,11 (BKV 8, 212); vgl. auch Conf. 9,4 (BKV 18, 195) und In Ps 122 (TKV 2, 414): Wenn der Tod verschlungen ist im Sieg, »dann wird wahres Heilsein herrschen, dann auch wird wahre und vollendete Gerechtigkeit sein ...«; vgl. auch In Ps 83,8 (TKV 4, 596) und Civ. D. 14,9 (TKV 1, 484): »Sie freuen sich in der Hoffnung, weil ›erfüllt‹ werden wird das Wort, das geschrieben steht«.

[2078] Auch Augustin (Joh-Ev 41,13 [BKV 11, 209]) liest wie Tertullian (Res. 47,13 [CChr 2, 986]; vgl. auch ebd. 51,6 [994]) *contentio* (νεῖκος) statt νῖκος und fragt, was das heißen könne »Tod, wo ist dein Streit?«, und er antwortet u.a. mit Hinweis auf Gal 5,17; weitere Belege bei Estius 770f.

[2079] Nach Herveus 995 ist der Sieg des Todes ein zeitlicher, unser Sieg ein ewiger

(ähnlich Walafrid 550); andere kombinieren mit Offb 21,4 (De Vera Libert. 3,9; Laborantis Cardinalis Opuscula [FlorPatr 32, 60]).

[2080] Römerbriefkommentar 1,4 (Fontes 2.1, 91).

[2081] Sib 8,414f (GCS 58, 168); ähnlich Lactanz, Div. Inst. 7,20,4 (CSEL 19, 648).

[2082] Epiphanius, Haer. 66,73,6 (GCS 37, 114).

[2083] Cyrill, Cat. 3,11 (BKV 41, 57). Es wird aber auch im Todesbegriff differenziert, etwa zwischen seiner teilweisen und gänzlichen Besiegung wie z.B. bei Petrus Lombardus (1692: *Absorpta est mors in victoria, id est diabolus jam ex parte absorptus; in futuro penitus absorbebitur*).

[2084] Chrysostomus 365; vgl. auch Oecumenius 896 (Nicht einmal ἴχνος μάχης ἢ σκιὰ ἐνοχλήσεως wird übrig bleiben); Photius 582 und Haymo 603 (Wie ein kleiner Wassertropfen von einem starken Feuer ausgelöscht wird, so wird der Tod verschlungen).

ne Sieg – *victoria eius nostra victoria est* (Ambrosiaster 187) – aber ist nach den meisten der über die Sünde[2086]. Wo der Sieg dagegen als solcher über den Tod verstanden ist, wird Gott gelobt, daß auch die Christen *victoriam mortis et resurrectionis donum jam habent in spe* (Haymo 604), oder es wird die Unterscheidung zwischen dem ersten und zweiten Tod eingeführt[2087]. V 56 hat aber meist allzu vollmundige Aussagen verwehrt. Charakteristisch ist die spätere Erklärung bei Estius (774), wo Gott dafür gedankt wird, *qui dedit et dat nobis victoriam adversus peccatum, mortis stimulum, ne regnet in nobis, postea daturus victoriae plenitudinem, quando cum peccato mortem etiam ipsam perfecte superabimus*[2088]. Aber es gibt auch volltönendere Äußerungen. Schatzgeyer verbindet V 56 mit dem johanneischen »Es ist vollbracht« (Joh 19,28) und fährt nach Zitat von V 54c fort: »ain reyliche eroberung aller gnaden, ain völlige erfüllung aller figuren unsers hayls«[2089]. Sieht man von solchen eher enthusiastischen Bekundungen ab, gilt die Todesfurcht aber meist als gebannt, denn wer jetzt noch den Tod fürchtet, dessen Hoffnung ist leer[2090].

Auch die Reformatoren besingen den Sieg über den Tod. Luther zitiert das alte Osterlied »Christ ist erstanden« (EG 99) und schließt daran an: »Sol Christus unser Frewde und Trost sein, wie wir singen, So mus unser Leib wider aus dem Grabe erfür, er verwese, verfaule und stincke gleich, wie grewlich er jmer wölle. Und was wir singen, das ist gewis und hat keinen zweifel«[2091]. Maior (229r) plaziert dagegen auch das Singen in die Zukunft und hält damit am *tunc* gegenüber einem gegenwärti-

---

[2085]   Civ. D. 22,23 (TKV 3, 122f); vgl. auch Joh-Ev 103,3 (BKV 19, 244): »Nicht hätte Christus die Welt besiegt, wenn die Welt seine Glieder besiegen würde«, weshalb der Apostel V 57 sage, daß Gott uns den Sieg durch Jesus Christus gibt. Vgl. auch Theophylakt 784: Gott gibt uns den Sieg οὐκ ἐξ ἀμοιβῆς (*ex retributione*) οὐδὲ κατὰ ὀφειλήν, ἀλλὰ κατὰ χάριν καὶ φιλανθρωπίαν τοῦ Θεοῦ καὶ Πατρός.

[2086]   Vgl. außer Ambrosiaster 187 auch Epiphanius, Anc. 37,6 (GCS 25, 47), nach dem durch Christi Leiden und Auferstehung der Teufel überwunden und der Stachel des Todes zerbrochen ist. Nach Cyrill 916 gilt der Dank dem Urheber der Gerechtigkeit, dem Geber der Freiheit, der Quelle alles Guten.

[2087]   So Faber Stapulensis 133r.

[2088]   Vgl. auch die verschiedene Wiedergabe von κατεπόθη durch *absorpta est* (Petrus Lombardus 1691f) und *absorbebitur* (Herveus 995). Im Römischen Katechismus von 1566 wird darum gebetet, »daß Gott allein in uns lebe, allein in uns herrsche, auf

daß der Tod künftig keinen Raum mehr habe, sondern im Siege unseres Herrn Jesus Christus verschlungen werde« (zitiert bei Staehelin, Verkündigung, Bd. 4, 468). Im äthiopischen Begräbnisritus wird der Stachel des Todes in eine Reihe mit anderen Mächten gestellt und in einem Gebet des Matthäus Jesus Christus angefleht, »daß Du aus Deiner Höhe Deines Geistes Kraft herabsendest, den Stachel des Todes zerbrichst und die gesamte Feindesmacht vernichtest, auf daß die Wächter an den Pforten der Unterwelt zerschmettert und die frevlerischen Archonten gedemütigt werden« (Becker/Ühlein, a.a.O. [Anm. 285] II 919; vgl. auch 1410).

[2089]   CCath 37, 386.388; vgl. auch 566.

[2090]   Amphilochius v. Ikonium, Or. 6,4 (CChr.SG 3, 142). Für Christen gilt nach dem Martyrium des Montanus und Lucian 19,6 *uiuere nos etiam cum occidimur, nec uinci morte, sed uincere* (a.a.O. [Anm.1245; Märtyrerakten] 80).

[2091]   WA 49, 729; vgl. auch 771 (»Der Tod ist verschlungen in den Sieg‹. Sölchs he-

gen *hic et nunc* fest: *Tunc canemus* ἐπινίκιον & *carnem uictoriale, cum atrocißimus hostis, mors, fuerit abolita & absorpta in aeternam uictoriam*[2092]. Zahlreiche Osterlieder besingen durchgängig den Sieg Jesu Christi[2093], lassen aber auch Spott anklingen[2094]. Auch Luther hat den Tod kräftig verspottet: »Tod, wa seynd nun deine zene? kumm, beisse mir ein finger abe, du hettest eyne weyl eyn spyeß, wa ist er hin kommen? Christus hat dir inn weg genommen, Tod, wa ist nun dein spieß hyn? Sünde, wa ist nun dein scherpffe und deine krafft?«[2095]. Wichtiger aber ist Luther, daß mit dem Sieg Christi über den Tod auch der der Christen begonnen hat, und zwar über Sünde, Gesetz und Tod: *Donata est nobis victoria peccati, legis et mortis per fidem in dominum nostrum Iesum Christum*[2096]. Damit ist zunächst der Dank begründet[2097], zugleich aber die Verheißung für die Zukunft mitgegeben. Zwar ist mit dem Tod »auch al-

bet in diesem Leben an, Aber in jenem Leben wird es volendet und rein erfüllet werden. Itzt singen wir dis Liedlin in der Person Christi, Dort wollen wirs auch in unser Person singen, Frölich jauchtzen und dem Tod ein Kliplin schlagen«) und WA 17.1, 190 (»Es ligt alls an der aynigen person, der hat uns triumph erworben über tod, Sünd, Hell und was uns nur anficht, sey, wie groß es woll«). Anderswo akzentuiert er das *extra nos: Haec victoria nobis donata est, ... non per nos, sed per Dominum. Hic vides, quam stulti simus, qui conati sumus nostris operibus peccata extinguere* (WA 15, 518); vgl. dagegen die österlichen antireformatorischen Kontroverspredigten bei Dreher, a.a.O. (Anm. 285) 44-51.
[2092] Vgl. aber auch Maior 235r: Der Sieg soll nicht *Christi uictoria actiua*, sondern *nostra uictoria paßiva* sein; 232r heißt es: *Hac fide uincimus per filium Dei terrores peccati & mortis.*
[2093] Vgl. EG 101,4; 102,1; 105,1; 103,4; 106,1 u.ö. oder unter Aufnahme des Bildes vom Stachel 561,2: »wir sind seiner (sc. des Todes) Tyrannei, seines Stachels quitt und frei« oder EG 101,4 mit seiner Anlehnung an Jes 25,8 und Hos 13,14 sowie dazu WA 15, 518 und 17, 189; zu EG 112,2-5 vgl. Doerne, a.a.O. (Anm. 1973) 110: »Sein beinahe drastischer Realismus gibt dem des Lutherliedes (sc. EG 101) nichts nach. Der geistliche Humor, zu dem Gerhardt sich in Str. 2-5 aufschwingt ist ein legitimes Echo auf die fröhliche Nachricht vom Siege Christi«; vgl. weiter auch B. Löwenberg, Zum Verkündigungsgehalt des deutschen Osterliedes, in: Fischer/Wagner, a.a.O. (Anm.

2072), 329-336, z.B. 332 der Anklang an V 54f in einem Lied aus dem Meißener Gesangbuch.
[2094] Vgl. »ein Spott aus dem Tod ist worden« (EG 101,4); vgl. auch 112,3f; 113,1.
[2095] WA 10.1.2, 221f; vgl. auch WA.B. 6, 105 (»Die Zähne magst du blecken, aber fressen kannst du nicht«) und 7, 29 (Christen lernen, »mit dem Apostell dem todt und sund trotz bieten und sagen ›Wo ist nu, du todt, deyn sig? Wo ist nu, todt, deyn spieß? deyn spieß ist die sund‹«). Nach WA 56, 366 sollen Christen mit *beata superbia* alle Übel verachten, darüber lachen und sich freuen, weil sie nicht verlorengehen und verschlungen werden, sondern den durch Christus errungenen Sieg an sich selbst erfahren, erwarten und schauen, weshalb sie V 54d-55 sprechen können; vgl. auch WA 57.1, 173; 57.2, 27 und 9, 661 (»Szo ist der Todt in dem leben erseufft, wie Paulus sagt. Drumb wirt in Christo alle sundt und boeß gewissen erseufft, szo dw in jn glawbst«).
[2096] WA 9, 367; vgl. auch WA 36, 685 (*Non per nostras vires, sed per victoriam Christi*) sowie 7, 55 und 2, 690: »Gott sey lob und danck, das er unß yn Christo geben hatt ubirwindung der sund und des todts«. Von dieser Überwindung heißt es WA 7, 26: »Vorschlunden ist der todt mit der sund«.
[2097] Vgl. Brenz, Frühschriften, Bd. 2, 117, wonach wir Jesus Christus Lob und Dank sagen, daß er »durch seinen todt den tod uberwunden hat«; vgl. auch EKO, Bd. 8, 248: Wir sollen Gott Lob und Dank sagen »für die herrliche erlösung von der last der sünden und des tods, so durch Christum geschehen ist«.

le der Welt wůten und toben verschlungen. Aber das scheinet noch nicht, ja das widerspiel scheinet. Darumb mus Glauben da sein. Auff den Glauben wird folgen zu seiner zeit ein rechtschaffenes und offenbarlichs schawen, Da das, so jtzt verborgen und vnsichtbar ist, wird offenbar vnd sichtbar werden«[2098], womit aber die Furcht überwunden[2099] und Freude angesagt ist[2100]. Auch für Calvin wird sich die Verheißung erst in der Zukunft völlig erfüllen, weshalb wir alle Zeit der *aeterna foelicitas* eingedenk sein sollen, die die Auferstehung der Toten ist; bis dahin bleibt alles *a sensu nostro remotissime* und in Rätseln verborgen[2101]. Andererseits aber sind all die Dinge, »die ganz und gar Waffen des Teufels waren, uns zu bekämpfen, und ein Stachel des Todes, um uns zu stechen, ... für uns in Übungen verwandelt worden, aus welchen wir unseren Nutzen ziehen können, so daß wir mit dem Apostel uns rühmen können: ›Hölle, wo ist dein Sieg? Tod, wo ist dein Stachel?‹«[2102].

Auch sonst wird der Sieg in verschiedener Weise aufgeteilt: *Dedit nobis vincere peccatum, ac proinde & mortem vincere* (Grotius 827). Nach Spener (510) hat die Erfüllung mit Christus ebenfalls schon begonnen, doch zeige Paulus, *victoriam illam saltem inchoatam esse, quamdiu supersunt mortui, perfecta autem erit, cum homines mortui resuscitabuntur*[2103]. Tersteegen zieht aus V 55 die Konsequenz, daß Christus durch seine Auferstehung »den Tod zu einem Durchgang ins ewige Leben, in eine ewige Herrlichkeit, gemacht« hat, so daß »nun die Gläubigen in Christo den vollkommenen Sieg haben über die Sünde, über den Tod, über den Teufel und über die Hölle, davor dürfen sie sich nun nicht mehr fürchten;

[2098] WA 48, 210; vgl. auch 36, 685 (»»Verschlungen‹, *nondum factum, sed* ghet ihm schwang ... *Nondum in nobis, sed tamen* sieg ist da, *quae nostra per baptismum, Euangelium* ... *nondum videmus et sentimus, sed contrarium, quod mors victa, sed quod* obligt und siegt und uberwindet uns al und in die Erde scharre. *Videmus oculis et sensibus, tamen praedicamus contrarium per verbum dei, quod* spil sol sich umb keren«) und 49, 746 (»Die zeit mus komen, darinne der Tod gantz und gar auffhőre, also, das er uns nimermehr anfechten kőnne«).
[2099] »›Vortzeret ist der todt in der uberwindung‹: wie? muß ich doch sterben? ia, spricht durch Jhesum Christum ist er vertzert, das wir darauff bawen und buchen, nit uns vor im forchten oder entsetzen« (WA 10.3, 92); vgl. auch 56, 366.
[2100] Vgl. WA 15, 519: »Innerlich *cor* soll lust und frolich sein«
[2101] Inst. 3,25,10; vgl. auch im Kommentar 467f: »Die angeführte Weissagung wird nicht eher vollkommen erfüllt sein, bis un-

sere verweslichen Leiber die Unverweslichkeit angezogen haben werden. Was jetzt nur begonnen ist, wird einst herrlich zu Ende geführt werden«.
[2102] Vorrede zur Olivetanbibel (Studienausgabe 55); auch aus V 57 schließt Calvin im Kommentar 469, »daß wir nicht mehr unter der Herrschaft des Todes leben. Mag der Ertrag seines (sc. Christi) Sieges für uns in manchen Stücken noch verborgen sein, so dürfen wir doch in völliger Gewißheit triumphieren ..., denn der Sieg Christi ist unser Sieg. Daß uns der Sieg gegeben ist, heißt, daß Christus in seiner Person die Sünde getilgt, dem Gesetz genug getan, den Fluch getragen, den Zorn gestillt und das Leben erworben hat«.
[2103] Schriften III.1.2 (Sciagraphia) 145 setzt er wie der Mehrheitstext und Luther in V 55 *hades* als Lesart voraus und erklärt: *Christus suos ab inferno liberavit ... & ob hoc in infernum descendit*. Auch Bengel 437 geht von derselben Lesart aus und knüpft daran einige Spekulationen: Der Tod sei *prior*, das *infernum profundior*, der

deren Herrschaft, deren Macht, deren Gewalt, sind sie entnommen«[2104].
Hamann zitiert V 57 besonders oft, und er sieht darin vor allem den Sieg
»über den grösten Wüterisch, v (und) über den despotischest[en] *Usurpa-
teur*« gegeben[2105]. Lavater bezieht die ganze Schöpfung in die Zukunftshoffnung ein: »Der Herr wird den Tod überall verschlingen. Und dann
wird das Seufzen und ängstliche Harren der Schöpfung ... verstummen«[2106]. Auch Goethe kann schreiben: »Er zeigt den Sieg auch jenen Fer-
nen, / Weit von der Welt, weit von den Sternen, / Den Sieg, den er für
uns erwarb. / Er kommt die Hölle zu zerstören ... Du (sc. Satan) glaubtest
Ihn (sc. Christus) zu überwinden. / Du freutest dich bei Seiner Noth. /
Doch siegreich kommt Er dich zu binden. / Wo ist dein Stachel hin, o
Tod? / Sprich, Hölle! Sprich, wo ist dein Siegen? / Sieh nur, wie deine
Mächte liegen ...«[2107]

Bei der Deutung des Danks für den Sieg Christi geschieht aber in einer Zeit des
Bündnisses von Thron und Altar auch mancher schlimme *abusus*, so wenn Bodel-
schwingh im Jahre 1866 folgendes schreibt: »>Gott sei Dank, der uns den Sieg gegeben hat, durch unseren Herrn Jesus Christus<, hat es auf dem Schloßplatz in
dem herrlichen Lobopfer geheißen, das Preußenland seinem Gott dargebracht
hat«, nämlich »an jenem großen Tag von Königsgrätz«, als der König »sein Königreich und den Hohenzollernthron aus Blut und Flammen neu und herrlich her-
auskämpfen sah«[2108]. Stählin erinnert sich mit Erschrecken auch an ein späteres

Tod nehme die Leiber ohne die Seelen, die
Hölle die Seelen auch ohne die Leiber, was
auch für die Frommen gelte, jedenfalls vor
dem Tod Christi (mit Verweis auf Gen
37,35; Lk 16,23); vgl. auch Semler 454f.
[2104] Werke, Bd. 1, 174. Zinzendorf deutet
V 55 so: »Grab, du hast doch nicht gewonnen, du hast doch verlohren, o Hölle! die
Histoire du Diable ist doch nicht wahr, es
ist doch nicht in den *Decretis* gewesen, daß
der Teuffel am Ende gewinnen muß; sondern mein HErr hat gewonnen, sie müssen Ihn wol bleiben lassen« (Hauptschriften, Bd. 6 [9. Disc.], 170). D.E. Stöber berichtet davon, wie er an das Totenbett
Oberlins tritt: »Welche Ruhe! welche Majestät! Ich mußte unwillkürlich ausrufen:
Tod, wo ist dein Stachel? Hölle, wo ist dein
Sieg?« (Lebensgeschichte, Teil 3, 303).
[2105] Londoner Schriften 113; 167 nennt er
ihn den »Waffenträger« des göttlichen
Zorns; nach 305 macht uns Christus stark,
um »täglich an seinem Siege über ihn (sc.
den Bösewicht) Theil zu nehmen, der uns
sein Wort, das allmächtige Wort, das
spricht und alles geschehen läst«, gibt; nach
401 ging Christus für uns in das satanische
»Land des Todes und der Hölle« ein und

kam heraus »mit der Bothschaft Seines
glorreich[en] Sieges über unsere Feinde
und den Früchten seiner Auferstehung,
dem Raub und Gericht derselben« zurück;
vgl. auch 358; 363 u.ö.
[2106] Werke I 204. Vgl. auch den Physiologus, a.a.O. (Anm. 1310) Nr. 25, S. 3, wo es
im Anschluß an V 55 heißt: »Und er ist auferstanden von den Toten, und hat mit sich
selber auch alles andere Erdenwesen auferstehen lassen«.
[2107] Poetische Gedanken über die Höllenfahrt Jesu Christi. Auf Verlangen entwor-
fen v. J.W. Goethe, Weimarer Ausgabe,
Abt. I, Bd. 37, Weimar 1896, 4.7. Vgl. auch
A. Gryphius »Auf das Fest des aufstehen-
den Erlösers oder heiligen Ostertag«: »Wo
ist der Höllen Raub? Wo sind des Todes
Pfeile? / Wo ist der Sünden Macht? Wo ist
der Schlange Zahn? / Wo ist des Höchsten
Zorn? Wo ist der Hölle Kahn? / Verjagt!
Erlegt! Entzweit! Wo sind die starken Seile,
/ Mit den die Sünde band? Ist in so kurzer
Weile / Des Teufels Reich zerstört? Ja,
schaut die Siegesfahn! / Der Löw und
Lamb, der Knecht und König hats getan. /
O Leben! Heil! Triumph! Auf! Auf mein
Herz und eile!« (Vinçon, Spuren 342).

Ereignis ähnlicher Vergewaltigung des Textes, als »im Frühjahr 1933 die damals mächtige Partei ihre Machtübernahme in einem Gottesdienst gefeiert hat, in dem über die eine Hälfte dieses Verses gepredigt wurde: Gott sei Dank, der uns den Sieg gegeben hat«[2109].

Dezidiert bezieht Barth die »Triumphlieder« von 1Kor 15 und Röm 8 auf die »Gegenwart *diesseits* des im Neuen Testament visierten letzten Kommens Jesu Christi, diesseits alles dessen, was von und mit diesem erhofft wurde«[2110]. Moltmann schließt aus V 55-57 (»das älteste Osterlied«), daß mit Ostern »das Lachen der Erlösten, der Tanz der Befreiten und das schöpferische Spiel der Phantasie« beginnt: »Die Osterlieder rühmen seit alters den Sieg des Lebens, lachen den Tod aus, verspotten die Hölle und vertreiben die Dämonen der Sündenangst«[2111]. Daß solche »Triumphlieder« schon jetzt angestimmt werden, wird freilich von Vogel mit Recht von enthusiastischen Hochgefühlen abgesetzt: »In Christus sterbend darf er (sc. der Christ) den Tod – nicht in einem einigermaßen deplazierten und physisch-psychisch unmöglichen Enthusiasmus, sondern im Glauben! – begrüßen und verlachen als seinen schon getöteten Tod nach der Weise: ›Tod, wo ist dein Stachel?‹«[2112]. Auch nach Bornkamm kann der Text nicht meinen, »daß wir uns in eine Siegesstimmung hineinsteigern, die der Wirklichkeit nicht entspricht, sie überspringt und umlügt ... Es ist bekanntlich eine gefährliche Sache, einen Feind herauszufordern, dessen Macht wir nicht gewachsen sind, und den Sieg über ihn auszurufen, ehe der letzte Waffengang getan ist. Wer so – voreilig und schnellfertig – das Spottlied über den Tod anstimmt, der wird sehr bald selbst zum Spott«, was nicht daran hindere, das Siegeslied schon jetzt anzustimmen[2113].

[2108] Schriften I 284f; ähnlich 296f; differenzierter Wichern, Werke III 2, 87, der immerhin neben einem Hain für die Gefallenen über der Pforte der Kirche, »im Geiste als nicht bloß eingedenk der irdischen, sondern mehr noch der ewigen Siege über Sünde und Tod und alle Kriege dieser Welt«, die Worte von 1Joh 5,4 und von V 57 geschrieben haben will.

[2109] A.a.O. (Anm. 1566) 241.

[2110] KD IV 1, 361; ebd. werden die genannten Stellen einseitig antizipierend als Beleg dafür genommen, daß das letzte Kommen Christi »*nicht* ein der gegenwärtigen Aktion und Offenbarung Jesu Christi noch *Fehlendes* ist«, »sondern positiv: eine ihr eigene Finalität, die den Christen aufgeht, *indem* sie im Modus dieser ihrer jetzigen Zeit Ereignis wird. Nicht das Minuszeichen eines betrübten ›Noch nicht‹, das dann als solches nach Beseitigung riefe, bedeutet die ›eschatologische‹ Perspektive ..., sondern das Pluszeichen eines ›Schon‹, kraft dessen ihnen der lebendige Jesus Christus vor ihren Augen noch größer, ganz groß wird« (kursiv im Original gesperrt).

[2111] Kirche 129 mit Verweis auf EG 112,5: »Die Welt ist mir ein Lachen ...«; im Anschluß an ihn auch Häring, Frei 2, 147: »Die Erlösten können lachen und singen auch im Angesicht des Todes«; vgl. auch J. Moltmann, Der festliche Protest gegen den Tod, in: ders., Ohne Macht mächtig, München 1981, 147-152 und Bonhoeffer, Schriften, Bd. 4, 454 (»Es ist wie ein triumphierendes Spottlied über Tod und Sünde«). Für Nörenberg ist »die Erwartung der Totenauferweckung auch angesichts des Endurteils und Gerichts keine zweischneidige, sondern eine fröhliche, jubelnde, sieghafte, den Tod verlachende Hoffnung« (CPH 12 [1973] 242).

[2112] Werke, Bd. 2, 1025.

Ähnlich dialektisch formulieren es andere: »Es sieht wirklich nicht danach aus, daß die Macht des Todes gebrochen ist«, dennoch wird Christus siegen, dennoch ist dem Tod bereits die Macht genommen«[2114]. Daß Jesus der Sieger ist[2115] – gern durch das Bild von der siegreichen Entscheidungsschlacht vor dem Victory Day veranschaulicht[2116] – und nicht wir dem Tod den Sieg abringen oder streitig machen[2117], ist also nicht kontrovers, und ebensowenig, daß dieser Satz ein Satz des Glaubens ist[2118]. Offen aber ist die Frage, wie weit der Sieg Jesu Christi reicht und die Ge-

---

[2113] A.a.O. (Anm. 1612) 88; vgl. auch die Fortsetzung: »Gibt es nicht auch ein vermeintlich christliches Reden über den Tod, das den Mund zu voll nimmt und ihn großsprecherisch verachtet? Nein, auf keinen Fall sollen und wollen wir dem Tod gegenüber eine Rolle spielen, die uns nicht zukommt und die wir nicht durchhalten können«; 89 wird an die korinthischen Schwärmer erinnert, die meinten, »hier schon im Erlebnis des Gottesgeistes dem Tode entnommen, auferstanden und versetzt zu sein in Gottes Welt«, demgegenüber Paulus »mit ernüchternder Schärfe« sage: »Die Zukunft Gottes ist noch nicht errungen, sie steht noch aus, und die Todesgrenze ist noch nicht aufgehoben«. Freilich wird dann mit Recht hinzugefügt: »Wenn wir nichts anderes wüßten (sc. als das, daß der Tod die Grenze unseres Lebens ist), wir sollten doch schweigen und nicht auch noch einstimmen in die große Melodie der Schwermut, die heimlich oder offen aus dem Grunde der Welt und des Menchendaseins aufsteigt«. Darum (92): »Noch ist dafür gesorgt, daß das Siegeslied, das des Todes spottet, bei uns oft genug nur gebrochen und zaghaft erklingen wird. Was tut's? Es soll nicht mehr verstummen«.
[2114] A. Schönherr, Rede, Herr, dein Knecht hört, Berlin 1955, 130; vgl. auch 128: »Mitten hinein in diese Todeswelt, mitten hinein in dieses tausendfältige ›Vergebens‹ jubelt der Apostel sein Siegeslied, dieses uralte Lied von des Todes Tod«; vgl. auch Kreck, Zukunft 176, wo an V 57f angeschlossen wird: »Gerade weil das Ans-Licht-Treten dieser Wirklichkeit radikal als künftige Tat Gottes erwartet wird, darum kann der Glaube die Gegenwart dieses unsres Lebens und Sterbens schon so von dieser Zukunft umklammert sehen, daß es vorwegnehmend heißen kann: ›Der Tod ist verschlungen in den Sieg‹«.
[2115] Vgl. Blumhardts bekanntes Wort: »Jesus ist Sieger«; zitiert z.B. bei Barth, KD

IV 3, 193; vgl. auch das Zweite Vatikanum (Denzinger/Hünermann, Enchiridion, Nr. 4318, S. 1285): »Diesen Sieg hat Christus, indem er den Menschen durch seinen Tod vom Tod befreite, durch seine Auferstehung zum Leben errungen«.
[2116] Cullmann (Lit. zu Kap. 15) 48. Die entscheidende Wende gilt dann durch einen »entscheidungsvollen Sieg« bereits herbeigeführt, auch wenn die Besiegten noch weiterkämpfen (so z.B. A. Köberle, in: Kleine Predigt-Typologie, Bd. 3, hg. v. L. Schmidt, Stuttgart 1965, 315); vgl. auch 320: »Die eigentliche Entscheidungsschlacht zwischen Tod und Leben« sei »bereits geschlagen und gewonnen«, »wenn der siegreiche Durchbruch des Lebens über den Tod in Jesus Christus längst begonnen hat«; vgl. auch P. Kreyssig, in: Auferstehung heute gesagt, hg. v. H. Nitzschke, Gütersloh ⁴1972, 84: »Wenn dieser Sieg nur darin bestünde, daß er nur den Tod erklärte oder verschönte, irgendwie erleichterte oder uns hülfe, ihn zu vergessen – dann hätten wir vielleicht eine Schlacht gewonnen, aber in Wahrheit wäre der Krieg verloren. Wir könnten uns zu Tode siegen – wie Hitler seinerzeit mit uns –, aber der Endsieg wäre eine Lüge«; vgl. auch 88: »Der Sieg ist zwar in eure Hand gegeben – aber er muß nun doch noch erfochten werden, durchgefochten werden, hinter Christus her!«
[2117] Vgl. Bonhoeffer, Schriften, Bd. 4, 454: »Nicht wir siegen, aber Jesus siegt«; Doerne, a.a.O. (Anm. 1973) 110: »Über unsereinen, so wie wir sind, behält der Tod allemal den Sieg. Aber ›durch unseren Herrn Jesus Christus‹ (57) wird der Tod aus seiner sonst unbestrittenen Position des Siegers wegverwiesen in die des Besiegten«.
[2118] Vgl. außerhalb der Theologie auch J. Joyce, Stephen der Held. Ein Portrait des Künstlers als junger Mann (Werke, Bd. 2), Frankfurter Ausgabe, Frankfurt a.M. 1972, 375: Allein »der fromme und gläubige Christ kann in seinem Herzen sprechen:

genwart bestimmt. Während einerseits stärker auf V 57 abgehoben wird, wird andererseits stärker das τότε γενήσεται (V 54) herausgestellt. So wird zum einen über die Beseitigung des Todesstachels hinaus schon die Macht des Todes als erledigt angesehen: Barth z.B. stellt V 57 mit Offb 5,5; 11,15; Röm 8,37; 1Joh 5,4 u.ä. Stellen zusammen und erklärt, das Verschlungenwerden des Todes in den Sieg, »für Paulus das Ziel aller Geschichte«, sei »in der Auferstehung Jesu Christi jetzt und hier schon Wirklichkeit geworden«[2119]. Man wird diese Möglichkeit der Auslegung nicht bestreiten, wenngleich solche vorweggreifenden Aussagen nicht ganz unproblematisch und z.T. prekär sind[2120]. Zum anderen wird darum verständlicherweise mindestens ebenso deutlich herausgestellt, daß das Verheißungsziel »*vor* uns, nicht hinter uns oder gar in uns« liegt; »erfüllt ist die Schrift nicht durch das, was geschehen ist, sondern durch das, was geschehen wird ... Laßt alles an Euch vorübertreiben, was sich jetzt schon als erfüllte Zeit, als konkrete oder als existential interpretierte Eschatologie ausgibt ... Die Todeswelt selbst muß verwandelt werden, aufgehoben, erlöst werden – bis dahin ist Gottes Wort noch nicht *geschehen*«[2121]. Auf der Weltmissionskonferenz in Bangkok ist 1973 erklärt worden: Dieses Befreiungswerk (sc. das durch Christus gebrachte Heil in Fülle, »das Heil der Seele und des Leibes, der Einzelnen *und* der Gemeinschaft, der Menschheit *und* der seufzenden Kreatur«) »wird erst vollbracht sein, wenn der Tod in den Sieg verschlungen ist«[2122].

›Grab, wo ist dein Sieg? Tod, wo ist dein Stachel?‹«

[2119] KD IV 3, 193; vgl. auch 740: Gott gebe den Christen »jetzt schon den von Ihm (sc. Jesus Christus) errungenen, von ihnen in seiner Nachfolge nachzuvollziehenden Sieg (1.Kor. 15,57). Nicht aus eigener, aber in seiner Macht«; vgl. auch Weber, Grundlagen I 694: »Das eschatologische Ereignis schlechthin, daß nämlich Gott ›den Tod verschlingen wird ewiglich‹ (Jes. 25,8), kann Paulus als das in Christus – in der *Auferstehung* – bereits vollzogene bezeichnen ... (1. Kor. 15,54), so gewiß es, auf die Zeit als Verlaufsform projiziert, noch ›bevorsteht‹« (mit Verweis auf 1Kor 15,24). Vgl. auch Jüngel, Tod 138: V 57 sei bezogen auf »einen Sieg über den Tod«, der zwar erst zur Zeit von V 52 »*unbestreitbare* Wirklichkeit werden soll, den Glaubenden aber doch schon jetzt von Gott gegeben« sei; daraus wird geschlossen, daß »der Sieg über den Tod« schon errungen sein muß. F. Herzog betont in einer Andacht über V 51-58 das »always«: »Death is always looking over our shoulder. / God is always giving

death the could shoulder« (Theology from the Belly of the Whale, hg. v. J. Rieder, Harrisburg 1999, 177).

[2120] Man mag im Sinne des Paulus durchaus sagen: »Mein Ostertag ist schon im Lauf« (EG 111,5), doch daß sich Totenauferstehung »fortgesetzt in der Unscheinbarkeit des Alltags« ereigne, wohl kaum (so aber Uhle-Wettler, GPM 48 [1994] 184), auch wenn sie sich in den Alltagserfahrungen bezeugt. Adäquater und beliebt ist das Bild, daß Sünde, Tod und Hölle noch »wie ein böser Hund an der Kette« wüten, aber »uns nichts anhaben« können (Bonhoeffer, Schriften, Bd. 4, 454).

[2121] Iwand, in: Herr tue meine Lippen auf, Bd. 4, Wuppertal 1955, 259f; vgl. auch 261: Hier werde »nicht etwa nur unser Verhältnis zum Tode geändert, im Sinne einer neuen Auffassung derselben (während in Wirklichkeit alles so bleibt, wie es ist), sondern der Tod selbst wird aufgehoben werden und dann wird ›er‹ wie ein gestürzter Riese dem Spott preisgegeben sein«.

[2122] Zit. bei Moltmann, Weg 128 Anm. 54; vgl. auch Bornkamm, a.a.O. (Anm.

6. Zu V 56 werden die paulinischen Kurzformulierungen normalerweise im Anschluß an Röm 7 u.a. Stellen aufgefüllt und näher umschrieben. Einige typische Sätze über den Zusammenhang der drei Größen Sünde, Gesetz und Tod müssen hier genügen. Nach Fulgentius ist die Sünde nicht durch den Tod, sondern der Tod durch die Sünde in die Welt gekommen[2123]. Haymo (603) befürchtet das angebliche Mißverständnis, daß *quasi de morte stimulus procedat*, doch in Wahrheit komme der Tod *de stimulo, id est de peccato*[2124]. Oft heißt es ähnlich wie bei Lanfrank (214): *Quo mors facta est, non quem mors fecit. Peccato enim morimur, non morte peccamus*[2125]. Für Augustin geht wegen dieses Zusammenhangs V 55f erst in jenem Leben in Erfüllung, denn er weist die Ansicht anderer zurück, wonach der Mensch schon in diesem Leben ohne Sünde sein könne[2126].

Nach Calvin (468) hat der Tod »nur ein Geschoß, mit dem er uns verwunden kann: die Sünde. Denn der Tod kommt vom Zorn Gottes. Gott zürnt aber nur der Sünde. Wenn die Sünde überwunden ist, kann der Tod nicht mehr schaden«; die Sünde »verwundet uns noch, aber nicht mehr tödlich« (469). Luther sieht es ähnlich[2127] und begründet mit V 57 den Satz: *Sola peccati consciencia facit mortem horribilem*[2128]. Auch in verschiedenen Osterliedern[2129] und Bekenntnisschriften[2130] wird dieser Zusammenhang hergestellt. Comenius zählt zu den Lebensregeln: »Wenn Du im Tode nicht sterben willst, so mußt Du vor dem Tode des Todes Stachel, der die Sünden sind, abstumpfen (1. Korinth. XV, 56). Sterben aber

---

1612) 91 und Glen, Problems 219: »The victory that Paul acclaims is a victory over such deadness in nature as in man, in the world order as in the individual. The victory is not merely figurative, subjective, or theoretical, but pertains to the whole of everyday life and to the objective, historical world« .

[2123] Ep. 17,28 (CChr 91A, 584).

[2124] Basilius präzisiert, daß der Todesstachel nicht *tale et tale peccatum, sed omne peccatum* ist (Reg. 17,4 [CSEL 86, 67]); vgl. auch Duns Scotus, De Praed. 15,8 (CChr.CM 67, 91): *ex peccati uulnere mors necessario euenit*.

[2125] Ähnlich Atto 408; Petrus Lombardus 1692; Herveus 995. Anders Thomas 429: Einmal *stimulus mortis = stimulans ad mortem*, zum anderen (aber nicht *literalis*) *= quo utitur mors*, so daß *mors* gleich *diabolus* wäre.

[2126] Ep. 11 (177) 16 (BKV 30, 133). Nach Cajetan 86v wird nicht nur die Sünde, sondern auch das *posse peccare* aufhören, damit gesehen werde, daß der *status resurrectionis* nicht gleich dem Stand der Unschuld

vor Adams Fall ist, sondern *longe foelicioris*, nämlich ohne die Möglichkeit der Sünde und ohne das Gesetz.

[2127] WA 36, 688: »*Sed quod* wurgt, *facit peccatum, quod nos* todet. *Ideo* sol man den tod gewinnen, so mus man vor den tod gewinnen, *quia* die sund gewinnt und wurget tod«. Nach 690 versteht er das aber nicht so sehr *de crassis peccatis, sed de subtilibus* in 1. *tabula*: Gott glauben, *confiteri, praedicare*.

[2128] WA 57.3, 131. Vgl. schon Wyclif, Serm. II 290: *Timor quidem mortis nulli debet incuti nisi racione peccati quod destruit caritatem*. Vgl. aus neuerer Zeit Ebeling, Dogmatik I 369: »Allein die Sünde verleiht dem Tode seinen peinigenden Stachel für den Menschen (1. Kor. 15,56)«.

[2129] Vgl. etwa EG 101,2: »Das macht' alles unsere Sünd, kein Unschuld war zu finden. Davon kam der Tod so bald und nahm über uns Gewalt, hielt uns in seim Reich gefangen«.

[2130] Vgl. BSLK 285: »Der Tod selbst dienet dazu, daß er des sündlichen Fleisches ein Ende mache und daß wir gar heilig und verneuert aufstehen endlich von Toten«.

werden vor Dir die Sünden, wenn Du Dir Mühe gibst, daß in Dir Christus lebt (Gal. II, 20)«[2131]. Auch nach Spener (510) kann der Tod nicht völlig beseitigt werden, bevor nicht zuvor die Sünde ganz beseitigt ist.

Daß das *Gesetz* der Stachel der Sünde ist, wird üblicherweise so gedeutet, daß es die Sünde provoziert, vermehrt und erkennen läßt. Augustin entnimmt unserer Stelle z.B., daß »ohne Gnade das Gesetz nicht der Tod der Sünde, sondern nur ihre Stärke sein konnte«[2132]. Atto (408) erklärt: *Quo aliquid lege prohibetur, eo delectabilius habetur*[2133]. Mit dem Gesetz aber soll Paulus ἁπλῶς εἴτε τὸν ἐν τῇ φύσει κείμενον εἴτε τὸν θετόν meinen[2134].

Nach Calvin (468) verleiht das Gesetz »jenem Stachel seine tödliche Kraft. Denn es zeigt uns nicht nur unsere Schuld, sondern es steigert sie auch«. Luther ist der gleichen Auffassung: Das Gesetz »nympt nit weg die sunde, es mehrt die sunde und macht mich fulen die sunde«[2135]. Dabei wird gern auf das von Paulus genutzte Bild zurückgegriffen: Wie giftige Tiere durch ihre Stacheln ihr Gift in die Wunden eingeben und dadurch töten, so gehen wie durch eine tödliche Wunde zugrunde, die, durch das Gift der *concupiscentia* infiziert, sündigen (Bullinger 258). Ähnliche Aussagen begegnen in den meisten Theologien und Kommentaren auch unserer Zeit, aber auch in Predigtmeditationen zu unserem Text. Dabei kann V 56 sogar eine hermeneutische Schlüsselfunktion zugewiesen werden[2136]. Auch in Predigten ist oft davon die Rede, daß der Tod und die lebenzerstörerische Macht der Sünde zusammenhängen[2137] oder »Schuld und Dahinfahren-

---

[2131] Lebensregeln, hg. v. J. Reber, Aschaffenburg 1884, 32.

[2132] Ep. 11 (177) 14 (BKV 30, 131).

[2133] Vgl. auch Herveus 995f (*Prohibitio auget desiderium operis illiciti, quando justitia non sic diligitur, ut peccandi cupiditas ejus delectatione vincatur; et multo sceleratius ac flagitiosius committuntur ea quae lex prohibet*) und Bruno 214 (*Lex vero nullo modo debilitat peccatum: imo est virtus, et augmentum peccati*).

[2134] Theodor v. Mopsuestia 196. Origenes, In Rom 5,10 (PG 14, 1058f) zitiert zunächst Röm 6,14, daß Christen nicht mehr unter dem Gesetz sind, versteht das aber vom Gesetz in den Gliedern (Röm 7,23) und deutet so auch V 56; ähnlich schon Tertullian, Res. 51,6 (CChr 2, 994).

[2135] WA 10.3, 89; vgl. auch 56, 329: ›*Stimulus autem mortis peccatum est, Virtus vero peccati lex‹ (i. e. peccatum ideo potens est et dominatur, quia lex dominatur ...)*. Auch Melanchthon erklärt unter Hinweis auf unsere Stelle: *Non esset efficax peccatum, nisi per legem esset excitatum et*

ostensum. Ita nec mors efficax esset, nisi peccati viribus et opera terreret nos (Werke II 78); vgl. auch Loci 4, 64.

[2136] Vgl. Brandenburger/Merkel, GPM 22 (1967/68) 197; vgl. ebd.: »Das große Thema von der Überwindung der Endlichkeit ist kein christliches Thema. Auch wenn die paulinische Erörterung zunächt so aussah, als ob Christus nur die Lösung dieser Frage wäre, so wird doch vom Ende des Abschnittes (V. 56) her klar, daß er den Tod von seiner Rechtfertigungsbotschaft aus versteht«; »der sündige Drang des Menschen, seinen Lebenswillen zu behaupten«, schlage so »auf ihn zurück, daß er von Gott der Macht des Todes hoffnungslos unterworfen wird. Alle seine Lebensäußerungen stehen jetzt unter dem Zwang des seinen Lebenswillen bedrohenden Todes«; ähnlich auch Klein, GPM 36 (1982) 193; Voigt, a.a.O. (Anm. 886) 209; vgl. auch Hirsch (Lit. zu Kap. 15) 114f u.ö; Ch.E. Brown, »The Last Enemy Is Death«. Paul and the Pastoral Task, Interp. 43 (1989) 380-392 (vor allem im Anschluß an Jüngel, Tod).

müssen in Vergänglichkeit in einer letzten, verborgenen Tiefe wesenhaft
zusammengehören« und entsprechend auch der Triumph über den Tod
Konsequenzen für die Überwindung unserer sündigen Verlorenheit vor
Gott hat[2138]. Zwar wird auch die Tatsache bedacht, »daß es längst schon
durch unendliche Zeiträume hindurch Sterben in der Welt gab, ehe der
Mensch auf den Plan trat, so daß von daher schon eine anthropozentri-
sche Deutung des Todes, etwa als der Sünde Sold, problematisch erscheint«, doch zugleich festgehalten, daß erst vom Evangelium von Jesu
Tod als »Ertragen des göttlichen Gerichts« her deutlich wird, »was Tod
und Sterben eigentlich heißt«, nämlich nicht einfach ein naturhaftes Phänomen, sondern »die Scheidung von Gott und dann auch von dem Mit-
menschen, ja, auch die Zerstörung des eigenen Lebens«[2139]. So wird der
Tod heute von vielen nicht einfach als etwas »Natürliches«, aber von
manchen auch nicht einfach als Straffolge der Sünde angesehen[2140].

7.   Auch zum Schlußvers können nur wenige Beispiele gebracht werden.
Zunächst zur Begründung der Paränese, die Johannes Damascenus (701)
εὔκαιρος nennt: Das ὥστε wird von Oecumenius (897) auf die Auferstehung und Vergeltung bezogen[2141]. Treffend Cajetan (86v): *Ex spe tan-
torum praemiorum procedit.* Aus dem »Werk des Herrn« werden später
die guten Werke. Das Konzil von Trient hat im Dekret über die Rechtfertigung bzw. über deren Frucht, d.h. das Verdienst der guten Werke, erklärt, man müsse »den gerechtfertigten Menschen, ob sie nun die empfangene Gnade ständig bewahrt oder ob sie die verlorene wiedererlangt
haben, die Worte des Apostels vor Augen halten: Seid überreich an jedem
guten Werke und ›wißt, daß eure Mühe nicht vergebens ist im Herrn‹
[1Kor 15,58]«[2142].
Zum Inhalt der ersten beiden Mahnungen: Dem Text am nächsten bleibt
Primasius (553): *Nemo vos de hoc gradu spei moveat ultra*[2143]. Andere
sprechen von *stabiles in fide* und *immobiles in tentationibus*[2144], aber

---

[2137] Schönherr, a.a.O. (Anm. 2114) 128:
»Weil wir Menschen der Sünde verfallen
sind, darf uns der Tod verfolgen mit seinem
›Vergebens‹. Er darf uns verfolgen bis in
unser Verhältnis zu Gott ... Gerade an
Gottes Gesetz, das uns ja doch eigentlich
Trost und Hilfe bringen sollte, merken wir,
wo wir stehen«
[2138] So Köberle, a.a.O. (Anm. 2116) 317;
vgl. auch Bösinger, a.a.O. (Anm. 1972)
128f; Bornkamm, a.a.O. (Anm. 1612) 90;
Voigt, Gemeinsam 155.
[2139] Kreck, Zukunft 151-153; vgl. auch
Brunner, Ewige 108f.114f; daß der Tod seinen »Stachel« verloren hat, heiße: »Er ist
nicht mehr das Ende, sondern er ist nur
mehr eine Durchgangsstufe, eine Tür, hinter der das volle ewige Leben wartet« (124).

[2140] Vgl. z.B. Vorgrimler, Hoffnung 136f;
zur Differenzierung im Todesbegriff vgl.
oben Anm. 1003.
[2141] Vgl. auch Theophylakt 784; Ambrosiaster 187 spricht im Blick auf den Schluß
des Verses von *boni operis mercedes.*
[2142] Denzinger/Hünermann, Enchiridion,
Nr. 1545, S. 514; vgl. auch Eck, Enchir. 5
(CCath 34, 88). Natürlich kann V 58 auch
ohne weitere theologische Explikation bei
allen möglichen Gelegenheiten zitiert werden (vgl. den Brief des Papstes Fabian [ANF
VIII 630]).
[2143] Vgl. auch Thomas 429: *Stabiles estote, scilicet in fide resurrectionis ... et immobiles, ne scilicet ab aliis seducamini*;
ähnlich Petrus Lombardus 1693; Herveus
997.

auch vom Beharren bei guten Werken (Cassiodor 1338). Zur Partizipial-
bestimmung und V 58c: Während die Vulgata περισσεύοντες mit *abundantes* wiedergibt, bietet Haymo (604) *abundantes, sive crescentes*. Nach
Theophylakt (784) geht es nicht nur um das ἐργάζεσθαι, sondern καὶ ἐκ
περιουσίᾳ (*abunde*) αὐτὸ ποιοῦντες. Auf die Frage: πῶς περισσεύει τις
ἐν τῷ ἔργῳ τοῦ Κυρίου wird auch so geantwortet: Indem man das gegebene Charisma zum Nutzen und Vorankommen derer vervielfältigt, denen man Gutes tut, oder indem man mit größerem Eifer das Werk des
Herrn erzeigt als in den Dingen, die von Menschen gefordert werden[2145].
»Im Werk des Herrn« wird von Herveus (997) interpretiert mit *in opere
mandatorum Domini*[2146].

Auch Bullinger (259) spricht davon, daß Paulus *eleganti exhortatione dis-
putationem hanc concludit*[2147]. Nach Calvin, der (469) V 58 »einen besonders eindrucksmächtigen Schluß« nennt, treibt uns die Auferstehungshoffnung dazu (470), »Gutes zu wirken und dabei nicht müde zu werden«; wo die Auferstehungshoffnung jedoch zerstört wird, »zerstört man
das Fundament und bringt das ganze Gebäude unseres Glaubens zum Ein-
sturz«. Nach Melanchthon will Gott, *nos esse organa aliquorum laborum, quos et ipse adiuvat*[2148]. Francke stellt V 58 mit Offb 14,13; 2Kor
9,6 und Mt 10,42 zusammen[2149]. Zum Inhalt der beiden Imperative, der
im allgemeinen wenig Beachtung findet, sei nur Maior (241v) zitiert, der
sie als Mahnung versteht, *ut constanter retineant integram doctrinam, ab
Apostolis traditam, nec admittant corruptelas in ullo Articulo*[2150]. Nach
Bullinger (259) mahnt Paulus in V 58c, täglich voranzukommen und immer besser zu werden, *praeparantes uos metipsos ad futuram resurrectionem*. Spener (512) prägt den Satz: *Qui non proficit, deficit & retrogre-
ditur*[2151]. Coccejus (346) verbindet mit Joh 6,29, wo der Glaube als ἔργον
τοῦ θεοῦ bezeichnet wird: *In fide proficere igitur etiam opus Dei est. Sed*

[2144]   Hugo 543; Robert v. Melun 231; vgl.
auch Hus, Opera VII 79: ›*Stabiles estote*‹,
scilicet contra carnis vicium, ›*et inmobiles*‹
contra mundi fremitum (schnauben). Gregor v. Nyssa schließt an die zwei Imperative: ἄσειστος ἔν σοι μενέτω ἡ σωφροσύνη,
παγία [fest] ἡ πίστις, ἀμετάθετος ἡ
ἀγάπη, ἀκίνητος ἡ ἐν παντὶ καλῷ στάσις
(Opera V 289). Vgl. auch Godeschalcus und
Visio Godeschalci, Neumünster 1979
(Quellen und Forschungen zur Geschichte
Schleswig-Holsteins 74), 160: *in fide et
amore eius (sc. Dei) stabiles et immobiles*.
[2145]   Basilius v. Caesarea, Tract. Reg. Brev.
240 (PG 31, 1285).
[2146]   Vgl. auch Estius 774, der als Alternative zur Interpretation von Herveus nennt:
Quia Dominus ea in nobis operatur (mit
Verweis auf Phil 2,13); Crell 370: *Opus Dei,
hoc est, opus a Deo mandatum*.

[2147]   Auch Grotius (827) erklärt zur Stellung des Verses: *Bene hanc admonitionem
contexuit cum sermone de Resurrectione.
Nam si verum est dogma de Resurrectione,
nullus labor gravis videri debet*.
[2148]   Werke VI 317; vgl. auch II 802, wo die
Aussage als Trost derer verstanden wird,
denen ihre Arbeit unnütz scheint, zugleich
aber *multa πάρεργα* ebenso wie Trägheit
ausgeschlossen werden.
[2149]   Werke, Bd. 9, 265.
[2150]   Vgl. ähnlich Spener 511: *Fundati esse
debemus in doctrina divina*. Anders Grotius 827: *constantia in officio faciendo*.
[2151]   Vgl. auch Bullinger 511: Es genüge
nicht, ein Christ zu sein, sondern es gelte,
immer zu wachsen und zuzunehmen im
Werke des Herrn; *hoc fit reiipsa per excer-
citium fidei*; die *possibilitas* dazu sei dadurch gewährt, daß Christus uns den Sieg

& diligere proximum. Crell (371) akzentuiert *abundantia* (diese Deutung zieht er der von *incrementum ac progressus* vor) und von πάντοτε her *constantia* im Sinne von *in religione Christiana constanter persistentes.*

In neuerer Zeit wird V 58 zwar von einigen Autoren in Predigtmeditationen als angeblich »ohne einsichtigen Zusammenhang mit dem Thema von cap. 15« eingeklammert[2152], im allgemeinen aber auch dort mit Fug und Recht berücksichtigt[2153], wenn auch nicht überall als Impetus zur Veränderung und Aufbruch gegen die Mächte des Todes verstanden, sondern z.T. nur auf die Festigkeit der Hoffnung bezogen[2154]. Iwand faßt das von Paulus Intendierte trefflicher so zusammen: Paulus nenne nun den »Punkt, wo man *stehen* kann (V. 58), wo man von drüben, von der Ewigkeit her und darum ›unbeweglich‹ *gehalten* wird, wo man im Herrn wirkt und im Herrn weiß, daß es trotz Todeswelt und Todesmacht ein *Tun*, ein wachsendes und fortschreitendes *Tun* gibt, welches nicht der Sinnlosigkeit verfällt ... Es geht um die Arbeit ›im Herrn‹, es geht darum, daß der Auferstehungsglaube nicht verstanden ist, wo wir den Akzent des Lebens in ein weltschmerzlich erträumtes Jenseits verlegen und womöglich über das Wie und Wann desselben phantasieren – sondern umgekehrt: jetzt erst ist der ›Standpunkt‹ gefunden, der τόπος ποῦ στῶ, von dem aus die Christen tatkräftig, unerschrocken und *umgestaltend* in die Welt einzugreifen vermögen«[2155]. Barth zählt V 58 zu den wichtigen »*Indizien der Zukunft*«, »*vorläufige, kleine* Erfüllungen als Antizipationen und Voranzeigen der in jener künftigen Offenbarung zu erhoffenden großen, umfassenden und endgültigen«[2156]. Auch Kreck verbindet die paulinische Eschatologie eng mit der Ethik: Paulus sehe von der Verheißung des Kom-

---

gegeben und schon Sünde und Teufel besiegt habe, gegen die wir kämpfen.

[2152] So Doerne, a.a.O. (Anm. 1973) 108: »in mißverstandener Erbaulichkeit dem Predigttext angehängt«); Voigt, a.a.O. (Anm. 886) 203.

[2153] Vgl. z.B. G. Schnath, Predigtstudien IV 2 (1982) 18: V 58 bündele »das österliche Triumphlied des Paulus zu seiner lebenspraktischen Sinnhaftigkeit«; Paulus wisse, »wie gefährlich ein ideologisierter Osterglaube ist, der die Realitäten der Welt verdrängt, statt sie zu durchbrechen«.

[2154] Vgl. Trillhaas, a.a.O. (Anm. 1973) 63: »Es bleibt der Zweifel, es bleibt etwas von der Unsicherheit, die das Zittern in unseren Christenstand hineingebracht hat. Und wenn wir meinen: Jetzt haben wirs, dann kommen die Einreden von rechts und von links, aus der eigenen Brust am schwersten. Dann kriegen wir wieder einen Stoß und schwanken hin und her wie das Rohr im Wind. Der Apostel gibt zu diesen Mysteri-

en einen Rat, den wir nicht erwarten: Seid unbeweglich ... Wo es um die Hoffnung geht, gilt es unbeweglich zu sein.«

[2155] A.a.O. (Anm. 2121) 265 (kursiv im Original gesperrt); vgl. auch J. Moltmann, Ohne Macht mächtig, München 1981, 150: »Auferstehungshoffnung ist menschlich lebendig im *Protest* gegen den Tod und seine Knechte ... Sie lebt aber nicht von diesem Protest, sondern von der Freude an dem kommenden Sieg des Lebens«. Bösinger, a.a.O. (Anm. 1972) 120 geht noch weiter: »Zwischen dem Reich Gottes in seiner Sichtbarkeit und unseren notvollen Zeiten des Fleisches und Blutes steht noch ein riesiger Berg. Die großen Tunnels aber werden von beiden Seiten angefangen. Sie arbeiten schon ›drüben‹. So wollen wir ihnen ›hüben‹ entgegenarbeiten!«; vgl. auch oben Anm. 669-672.

[2156] KD IV 3, 738; vgl. auch Weber, GPM 8 (1953/54) 109, nach dem die Paränese in die Gemeinde weist, die der Ort sei, »an

menden her »das ganze irdische Leben jetzt schon unter dem Zugriff dieser kommenden Wirklichkeit Gottes und kann sich darum nicht so selbstverständlich abfinden mit den Todesgrenzen dieser Welt. Es wird ihm darum gehen, jetzt schon im Bereich unseres irdischen und d.h. immer leiblichen Lebens und menschlichen Zusammenlebens Zeichen dieses Kommenden (und im Glauben bereits Gegenwärtigen) aufzurichten«[2157]. Daß mit Festigkeit gegen alle widerstreitenden Erfahrungen und enthusiastischen Versuchungen am Glauben an den Sieg Jesu Christi festgehalten wird, impliziert gewiß auch, daß unser Werk »nicht mehr von der Unruhe bewegt« wird, »die in allem Lebenswerk den Tod überdauern will«[2158].

Sehr wohl aber ist im Sinne des Paulus von einem περισσεύειν im »Werk des Herrn« zu reden, womit nicht Überschwang angezeigt oder eine Steigerung eigener Lebensqualität oder -aktivität, wohl aber ein Voranschreiten im Werk, das bedingungslos für das Leben eintritt und gegen alles Tödliche protestiert: »Der Protest gegen den Tod ist vor allem das Weitertragen der mutmachenden und von Todesangst befreienden Osterbotschaft. Ohne sie würden früher oder später auch unsere Werke und Proteste in Leere (κενός), Sinnlosigkeit und Frustration enden. Wo dagegen

dem das gute Ende und der gnädige Anfang jetzt schon pneumatische Wirklichkeit ist«; vgl. auch Schönherr, a.a.O. (Anm. 2114) 131: Weil wir »festen Boden unter den Füßen« haben, lohne es sich, z.B. »anzugehen gegen das, was in uns schlapp und haltlos ist ... Und auch gegen alle eigene Müdigkeit und Verzagtheit läßt uns zu Felde ziehen! Nicht Menschen sprechen das letzte Wort in dieser Welt. Darum laßt uns gewisse Tritte tun, nicht mit Siebenmeilenstiefeln, als hieße es die Ewigkeit zu erobern, sondern mit kleinen Schritten, Tag für Tag, von einer Aufgabe zur andern, von einem Dienst am Menschen zum andern«.

[2157] Zukunft 176; vgl. auch 175 : »Ein Glaube, der die Zukunft leer läßt, der nur negativ davon redet oder nur blaß von einer Zukünftigkeit Gottes, steht in Gefahr, in gewissem Sinn auch die Ethik leer zu lassen, d.h. allenfalls nur negativ stets davor zu warnen, daß irdisches Handeln nie das Eschaton vorwegnehmen darf, aber im übrigen das weltliche Leben sich selbst zu überlassen. Ein Glaube aber, der realiter damit rechnet, daß sich das Leben Christi ›an unserm sterblichen Leibe verherrlichen‹ wird, kann dies irdisch-leibliche Leben nur im Licht dieses Kommenden sehen und – ohne dieses Kommende vorwegnehmen zu wollen – doch darauf bedacht sein, daß unser konkretes ethisches Tun Zeugnis dieses

Kommmenden sei«; zur »Eschatologie als Beschränkung und Ermöglichung der Ethik« vgl. auch Hedinger, Hoffnung 220-223. Allerdings spielt V 58 meist nur eine bescheidene Rolle; selbst in einem Werk mit dem Titel Resurrection and Moral Order von O. O'Donovan, Leicester 1986 wird der Vers nirgends erwähnt.

[2158] So Sauter, huf (Erg.-Bd. 3 und 4), Neukirchen-Vluyn 1981, 321; vgl. auch G. Klein, GPM 36 (1982) 193: »Aus der Gewißheit der letzten Zukunft ergibt sich eine Standfestigkeit im irdischen Alltag«. Das wird dann verständlicherweise verschieden konkretisiert, z.B. so: »Seid selbst unerschütterlich! Stimmungen kommen, Stimmungen gehen, Christus hält die Treue« (Bösinger, a.a.O. [Anm 1972] 130); oder so: »Fest in der kritischen Beleuchtung des eigenen Lebens; fest in der Gewißheit, daß Gott für uns ist ... (Simpfendörfer, a.a.O. [Anm. 2025] 24); oder so: Fest gegenüber unserer Labilität, »von allen möglichen Tendenzen, Richtungen und Bestrebungen beeinflußbar« zu sein und leicht auf all den Unsinn hereinzufallen, »der tagaus, tagein auf uns herniederprasselt, auch und gerade hinsichtlich der Frage nach Gott und nach unserem Heil« (Stählin, a.a.O. [Anm. 1566] 240); vgl. auch P. Althaus, Der Lebendige, Gütersloh 1926, 50-52.

durch Wort und Tat die Vernichtung der Todesmacht bezeugt wird, wird mit der Angst vor dem Tod auch die vor dem lähmenden Umsonst vertrieben. Dann lohnt sich jede Mühe und Arbeit, weil sie als ›Werk des Herrn‹ nicht im Schlund der Vergeblichkeit zu versinken braucht«[2159]. Sehr trefflich fügt J. Klepper an V 58, der Losung vom 17.9.38, an: »Welch ein Wort in diesen lähmenden und erregenden Zeiten – welch ein Wort gegen die Passivität und den Defätismus, die gerade unsere Kreise so leicht ergreifen und viel zu früh schon ergriffen haben«[2160]. Den Schluß bilde das Gedicht »Auferstehung« von M.L. Kaschnitz:

Manchmal stehen wir auf
Stehen zur Auferstehung auf
Mitten am Tage
Mit unserem lebendigen Haar
Mit unserer atmenden Haut.

Nur das Gewohnte ist um uns.
Keine Fata Morgana von Palmen
Mit weidenden Löwen
Und sanften Wölfen.

Die Weckuhren hören nicht auf zu ticken
Ihre Leuchtzeiger löschen nicht aus.

Und dennoch leicht
Und dennoch unverwundbar
Geordnet in geheimnisvoller Ordnung
Vorweggenommen in ein Haus aus Licht[2161].

[2159] Schrage, GPM 42 (1988) 212; vgl. auch Steck, GPM 3 (1948/49), 158: »Das Werk des Herrn ist die Sendung der Gemeinde an die Welt in der Welt und für die Welt, ein Werk in der aller Selbstgewißheit, Selbstüberschätzung und Selbstherrlichkeit gänzlich entbehrenden Zuversicht ..., daß ›eure Plage nicht vergeblich ist in dem Herrn‹«. Schönherr, a.a.O. (Anm. 2114) 127 nennt gerade die letzte Zeile von V 58 »das

Aufregendste dieses gewaltigen Textes«.
[2160] Unter dem Schatten Deiner Flügel. Aus den Tagebüchern der Jahre 1932-1942, Stuttgart 1956, 645f.
[2161] In: F.W. Niehl, Moderne Literatur und Texte der Bibel, Göttingen/Trier 1974, 60. Vgl. dazu I. Praetorius / D. Strahm / L.S. Rehmann, »Manchmal stehen wir auf ...« Gespräch über Auferstehung, EvTh 57 (1997) 225-258.

VII   Der Briefschluß 16,1-24

Literatur: Gamble, H., The Problem of Integrity: The Pauline Epistolary Conclusions, in: *ders.*, The Textual History of the Letter to the Romans, 1977 (StD 42), 56-83; *Mitchell*, Paul 291-295; *Müller, M.*, Vom Schluß zum Ganzen. Zur Bedeutung des paulinischen Briefkorpusabschlusses, 1997 (FRLANT 172); *Probst*, Paulus 349-359; *Roller*, Formular 68-78; *Schnider/Stenger*, Studien 71-167; Weima, J.A.D., Neglected Endings. The Significance of the Pauline Letter Endings, 1994 (JSNT.S 101).

Das Schlußkapitel enthält nach zwei kurz behandelten neuen Themen (Kollekte und Apollos) stilgemäß Epistolarisches[1], wobei Paulus sich weitgehend brieflichen Konventionen der damaligen Zeit anschließt. Zwar herrscht in den epistolographischen und formgeschichtlichen Ergebnissen der Untersuchungen zu den Briefschlüssen im Blick auf Umfang, Struktur und Einzelelemente »eine wesentlich größere Meinungsvielfalt und Unschärfe« als bei den Briefeingängen[2], doch lassen sich Besuchsankündigung, Empfehlungen, Schlußparänese, Grußaufträge und -ausrichtungen, Eigenhändigkeitsvermerk und Gnadenzuspruch oder -wunsch als typische Merkmale des Briefschlusses identifizieren[3].

[1]   Zu den durch die verschiedenen Informanten (1,11 und 16,17) sowie durch Reise- und Besuchspläne (4,14f und 16,3ff) bedingten Zuweisungen zu verschiedenen Briefen vgl. EKK VII 1, 68f; zur literarischen Einheit von Kap. 16 gegenüber den Teilungshypothesen von Schmithals, Briefsammlung 272; Schenk, Briefsammlung 224ff u.a. vgl. Conzelmann 364; Wolff 427f; Probst* 349-352; Mitchell* 291f Anm. 596 mit weiterer Lit.; Merklein, Studien I 370; meist wird in der älteren Lit. das Kapitel mit »Geschäftliches und Persönliches« überschrieben (Schmiedel 205; Heinrici 510 u.a.).

[2]   Schnider/Stenger* 71; vgl. vor allem Müller* passim und zu den verschiedenen Vorschlägen zum 1Kor Weima* 201 Anm. 1, der selbst den Briefschluß auf V 13-24 beschränkt, ihn im übrigen aber zu stark vom gespannten Verhältnis zwischen Paulus und den Korinthern bestimmt sieht

(vgl. zu V 20b und 23). Richtig ist, daß die Kollektenfrage nicht eigentlich zum Briefschluß zu zählen ist (202).

[3]   Der typische Briefschluß antiker Briefe enthält allerdings oft nur die *formula valetudinis* ἔρρωσο oder εὐτύχει (vgl. unten Anm. 276). Auffallend ist gegenüber den anderen Paulusbriefen mit Ausnahme des Phlm das Fehlen des Friedenswunsches; vgl. Röm 15,33; 16,20; 2Kor 13,11; Gal 6,16; 1Thess 5,28 und dazu J.A.D. Weima, The Pauline Letter Closings: Analysis and Hermeneutical Significance, Bulletin for Biblical Research 5 (1995) 177-198, hier 184-187 und ders.* 87-104; Gamble* 67-73, der 73 zu Phlm und 1Kor mit Recht bemerkt: »There seem to be no clear grounds for the omission. On the other hand, it would be erroneous to posit a fixed number of elements which ›should‹ invariably be used by a given writer«).

1 Die Kollekte für Jerusalem 16,1-4

Literatur: Bacchiocchi, S., From Sabbath to Sunday. A Historical Investigation of the Rise of Sunday Observance in Early Christianity, Rom 1977; *Beckheuer, B.,* Paulus und Jerusalem. Kollekte und Mission im theologischen Denken des Heidenapostels, 1997 (EHS.T 611), 98-119; *Berger, K.,* Almosen für Israel, NTS 23 (1977) 180-204; *Eckert, J.,* Die Kollekte des Paulus für Jerusalem, in: FS F. Mußner, Freiburg u.a. 1981, 65-80; *Georgi, D.,* Der Armen zu gedenken. Die Geschichte der Kollekte des Paulus für Jerusalem, Neukirchen-Vluyn ²1994, 13-44; *Hainz,* Koinonia 151-161; *Holl, K.,* Der Kirchenbegriff des Paulus in seinem Verhältnis zu dem der Urgemeinde, in: *ders.,* Gesammelte Aufsätze zur Kirchengeschichte II, Tübingen 1928, 44-67; *Holmberg,* Paul 35-72; *Hurd,* Origin 200-206; *Lacey, D.R. de,* The Sabbath/Sunday Question and the Law in the Pauline Corpus, in: D.A. Carson (Hg.), From Sabbath to Lord's Day: A Biblical, Historical and Theological Investigation, Grand Rapids 1982; 160-195; *Munck,* Paulus 277-302; *Schmithals, W.,* Paulus und Jakobus, 1963 (FRLANT 85) 64-70; *Verbrugge, D.V.,* Paul's Style of Church Leadership Illustrated by his Instructions to the Corinthians on the Collection, San Francisco 1992, 25-94.

1 Was die Sammlung für die Heiligen betrifft, sollt auch ihr es so halten, wie ich es für die Gemeinden Galatiens angeordnet habe. 2 An jedem ersten Tag der Woche soll jeder von euch bei sich (etwas) zurücklegen und ansammeln, was ihm gelingt, damit nicht (erst) dann, wenn ich komme, die Sammlungen geschehen. 3 Nach meiner Ankunft werde ich die, die ihr für geeignet haltet, mit Briefen entsenden, damit sie eure Gabe nach Jerusalem bringen. 4 Wenn es aber angemessen ist, daß auch ich hinreise, sollen sie mit mir reisen.

Der erste Abschnitt in V 1-4 betrifft die Kollekte[4] und schließt trotz des abrupten Neuansatzes (wie in V 12) sinnvoll an 15,58 an: Das »Werk des Herrn« konkretisiert sich für die Gemeinde in ihrer Beteiligung an der Kollekte für Jerusalem[5]. Ob περὶ δέ auf eine briefliche Anfrage der Ko-   Analyse

---

[4] Verbrugge* 64-66 trennt dagegen V 1-2 von V 3-4 künstlich ab, um V 1-2 als ἐπιστολὴ παραγγελματική erweisen zu können. Gewiß ist der Ton der Autorität nicht zu überhören (ἔταξα bezieht sich freilich direkt nur auf Galatien), doch die angeführten Beispiele für einen Befehlsbrief (u.a. 41f auch Verweis auf 1Kön 21,9; 2Kön 10,6; 2Sam 11,15) besagen wenig, denn V 1-2 ist eben kein Brief, sondern ein Briefteil, weshalb gegenüber einer sogar erwogenen Verselbständigung von V 1-2 denn auch angenommen wird, daß Paulus »adopts an epistolary style or convention«.
[5] Vgl. schon v. Hofmann 393, der

περισσεύοντες κτλ. (15,58) in Gedanken an 16,1f geschrieben sieht; etwas anders Robertson/Plummer 381: »the Apostle suddenly descends from very lofty heights to matters of ordinary experience. It is as if he had suddenly checked himself in his triumphant rhapsody with the thought that ›the work of the Lord‹ in this life must be attended to«; vgl. weiter Holsten, Evangelium 442f; Probst, Paulus 350f; Strobel 264; Wolff 427f; Kremer 368 (»vielleicht angeregt durch die vorherige Ermutigung« in 15,58). Nach Georgi* 39 könnte die Fortsetzung »deshalb gewählt sein, um die Korinther auf diese Weise noch weiter aus ih-

rinther Bezug nimmt[6], bleibt auch hier unsicher[7]. Im übrigen spielen Spenden- und Geldangelegenheiten auch sonst am Ende der Briefe eine Rolle (Phil 4,10-18; Phlm 18f), auch wie im Falle von Röm 15,25-29 die Kollekte für Jerusalem.

Gliederung: Mit dem seit 7,1 üblichen περί nennt V 1a den neuen Gegenstand und den mit εἰς eingeführten Empfänger (vgl. Bl-Debr-Rehkopf § 207,3: »zum Ausdruck der Bestimmung«), dem die Sendung zukommen soll. Es schließt sich ein komparativischer Satz an, dessen erster Teil in V 1b mit ὥσπερ die 1. Pers. Aor. von διατάσσειν bietet und im Dat. die Adressaten bezeichnet und dann in V 1c mit korrelativem οὕτως, emphatischem ὑμεῖς und einem pluralischen Imp. im Aor. weitergeführt wird. V 2a beginnt mit einer Zeitangabe mit distributivem κατά und hebraisierender Kardinal- statt Ordinalzahl, dem ein weiterer Imperativ folgt, dieses Mal an ἕκαστος adressiert und mit einem Präs. Part. erweitert; dem wird ein Relativsatz im Eventualis mit einer modalen Zweckbestimmung (ἵνα) angeschlossen, unterbrochen durch einen temporalen ὅταν-Satz in der 1. Pers. Sing. V 3 nimmt das ὅταν, jetzt mit der 1. Pers. von παραγίνομαι noch einmal auf und nennt im Nachsatz, der durch einen Relativsatz mit Eventualis unterbrochen wird, in der 1. Pers. das futurische πέμψω, von dem ein finaler Inf. mit Obj. und Ortsangabe abhängt. V 4 ist ein Eventualis in der 3. Pers. Sing. ᾖ und mit einem vom prädikativen Adjektiv ἄξιον abhängigen, substantivierten Inf. in der Protasis, dem die Apodosis in der 3. Pers. desselben Verbs im Fut. folgt, dessen Subj. die im Relativsatz von V 3 genannten sind und mit σὺν ἐμοί zusammengeschlossen werden.

Erklärung   Mit V 1 beginnt der kurze Abschnitt über die Kollekte für Jerusalem, die
1   Paulus hier wegen der Kürze ihrer Behandlung und des Fehlens jeden Hinweises auf ihre Zweckbestimmung nicht zum ersten Mal ins Gespräch bringen kann: Ob V 1 die früheste literarische Erwähnung dieser Kollekte darstellt, hängt von der unterschiedlich beantworteten Frage ab, ob die korinthische Korrespondenz dem Galaterbrief vorangeht, ihm gleichzeitig ist oder ihm folgt, wobei wegen der bloßen Erwähnung ohne aktive Betreibung der Kollekte in Gal 2,10 heute meist die letzte Annahme bevor-

---

rer mystischen Introvertiertheit herauszureißen und ihren Blick auf die durch das Auferstehungszeugnis gegründete Gemeinschaft aller Glaubenden und auf deren gemeinsame Geschichte zu richten«.
[6] So z.B. Heinrici, Sendschreiben 560; Becker, Paulus 22 (die Gemeinde habe angefragt, wie sie »im einzelnen die Durchführung derselben [sc. der Kollekte] bewerkstelligen sollte«); G.G. Findlay, The Letter of the Corinthian Church to Paul, Exp. 6 (1900) 401-407, hier 406, nach dem die Korinther ihre Unsicherheit über den rechten Modus der Sammlung geäußert haben sollen; zitiert bei Hurd, Origin 201, der

selbst von Halbherzigkeit der Korinther ausgeht, die Paulus auf die begrenzten Mittel verwiesen haben sollen. Andere wollen sogar eine Ablehnung der Spendenaktion heraushören; vgl. dagegen Eckert* 73; Beckheuer* 108f
[7] Vgl. EKK VII 1, 91. Möglicherweise war die Kollekte Thema des früheren Paulusbriefes oder ist durch einen der paulinischen Mitarbeiter zur Sprache gebracht worden (vgl. Lüdemann, Paulus I 110-119). Moffat 270 hält es für möglich, daß »recent visitors from Corinth« Paulus gefragt haben, »what he wanted done and how«; vgl. auch Verbrugge* 61.

zugt wird[8]. Wie immer hier die richtige Antwort lautet, jedenfalls ist nach Gal 2,10 das μνημονεύειν τῶν πτωχῶν[9] der heidenchristlichen Gemeinden auf dem Apostelkonzil vereinbart worden, und Paulus hat diese Verpflichtung nach Ausweis der zahlreichen Zeugnisse in den anderen Briefen sehr engagiert und gewissenhaft befolgt. Auffällig ist, daß Paulus seine hier genannten Anordnungen also nicht schon während seines Gründungsaufenthalts getroffen hat[10], wo er dieses Thema doch kaum verschwiegen haben wird, denn die Abmachung des Apostelkovents liegt in jedem Fall schon vor dem Gründungsaufenthalt in Korinth. Λογεία[11], hier im Sing., in V 2 im Plur., ist die Geldsammlung[12], wobei der Akzent nicht auf dem »Steuerlich-Abgabenmäßigen« liegt, etwa aufgrund einer »Veranlagung« oder »Auflage«, sondern auf dem Spendencharakter, wie auch die sonstigen Synonyme wie χάρις (V 3; vgl. 2Kor 8,4ff), κοινωνία (Röm 15,26), διακονία (Röm 15,31; 2Kor 8,4; 9,1), λειτουργία (2Kor 9,12) und εὐλογία (2Kor 9,5) bestätigen[13]. Über die große Bedeutung der

---

8 Für spätere Ansetzung des 1Kor als Gal z.B. Köster, Einführung 550; Ollrog, Paulus 244; anders Suhl, Paulus 217-223, nach dem V 1 darum unmöglich *nach* dem Gal zu datieren ist, weil dieser Hinweis »nur in Unkenntnis der Zustände in Galatien erfolgen konnte« (222), d.h. Paulus soll zu dieser Zeit von den galatischen Problemen noch nichts wissen; Paulus bezöge sich hier dann auf eine Zeit, als er für seine Anordnung noch eine Akzeptanz in Galatien voraussetzen konnte; ähnlich Wolff 429. Für etwa gleichzeitige Abfassung Vielhauer, Geschichte 111 (vgl. auch Beckheuer* 99), für eine zeitliche Vorordnung des 1Kor z.B. Lüdemann, Paulus I 118f.149f; Georgi* 37 Anm. 119.
9 Georgi* 29 verweist auf das hier gebrauchte Präs. Konj. und deutet das als ein ständiges »Gedenken« im theologischen Sinn, dem die finanzielle Unterstützung (wir wissen nur von einer einmaligen Kollekte!; anders Panikulam, Koinonia 32, der die angeblich antiochenische Kollekte von Apg 11,29f als Prototyp des großen Kollektenprojekts versteht; vgl. aber z.B. Lüdemann, Christentum 141.144) »ein- und untergeordnet« sei; es sei »an die ständige Vergegenwärtigung der Lage, Bedeutung und Leistung der Jerusalemer Christen durch die Heidenchristen gedacht, primär also an eine innere Haltung, doch an eine, die sich zugleich äußert in Anerkennung, Dankbarkeit und Fürbitte und dann auch in wirtschaftlicher Hilfe«. Doch schon Gal 2,10b kann diese Zweitrangigkeit nicht belegen, ja legt mindestens eine gleiche Ge-

wichtung nahe. Beckheuer* 100 fragt freilich sogar, ob »die karitative Komponente« überhaupt eine Rolle gespielt hat.
10 Schlatter 449 vermutet, daß das seinen Grund in der wachsenden Not in Jerusalem hat, fügt aber hinzu, daß Paulus die Gemeinden erst dann beteiligen wollte, »wenn sie sich während einer längeren Zeit befestigt hatten«.
11 Zur Form vgl. Bl-Debr-Rehkopf § 23. Vgl. Severian 277 (Λογία λέγεται ἡ κατὰ συλλογὴν γενομένη συνεισφορὰ [gemeinsamer Beitrag] εἰς παραμυθίαν πενήτων); Theodoret 369: Λογίαν τὴν συλλογὴν τῶν χρημάτων καλεῖ (ebs. Chrysostomus 367; Theophylakt 785; ähnlich Oecumenius 897).
12 Vgl. die zahlreichen Belege aus Papyri und Inschriften auch im Sinne sakraler Geldsammlungen bei Kittel, ThWNT IV 285f und Bauer/Aland 965. Das begründet aber nicht die These, auch an unserer Stelle sei »die kultisch-sakrale Komponente« betont (so Beckheuer* 111).
13 So mit Recht Kittel, ThWNT IV 286 (in Abgrenzung von Holls These, es handle sich um eine offizielle Kirchensteuer mit rechtlichem Anspruch; dagegen ebenso Bultmann, Theologie 64f; Conzelmann 364f; Georgi* 40; Fee 810 Anm. 3; Strobel 265 u.a.), der aber nicht ausschließen will, daß die Sammlung für Jerusalem »als Parallel-Handlung zu gewissen Sammlungen des Judentums aufzufassen« sei, wobei es sich aber eben um freiwillige Liebesgaben handelt (vgl. auch Berger* 198 u.ö., nach dem solche »Almosen für Israel« frei-

Kollekte gibt es kaum einen Zweifel, wohl aber über ihre genaueren Motive und Intentionen. Meist gilt sie über die finanzielle Unterstützungsaktion hinaus (gern wird hier auf οἱ πτωχοί in Gal 2,10 und Röm 15,26 verwiesen[14]) als sichtbares Zeichen umfassender Solidarität[15] und als »Dokumentation der Einheit der Kirche«[16], doch wird man in ihr zugleich einen eindrücklichen Erweis der bleibenden heilsgeschichtlichen Zuordnung der Heidenchristen zu den Judenchristen zu sehen haben[17], vielleicht sogar einen Zusammenhang mit der eschatologischen Erwartung finden können, wobei vor allem auf das Motiv der endzeitlichen Völkerwallfahrt nach Jerusalem bzw. zum Zion verwiesen wird (vgl. Jes 2,2-5; Mi 4,1-3)[18]. Sie ist bestimmt für die ἅγιοι, womit hier nicht wie in 1,2;

---

lich die Anerkennung als »Gottesfürchtige« bewirke; Wolff 428) und nicht um solche analog zur ständig zu entrichtenden Tempelsteuer für kultische Zwecke (vgl. dazu etwa Philo, SpecLeg 1,76-78 und Billerbeck I 760-770 sowie Luz, EKK I 2, 529-531); vgl. zur Freiwilligkeit von Gaben auch CD 16,13. Käsemann, Römer 384f hält eine Charakterisierung als »reine Liebesgabe« freilich für eine »retuschierende Tendenz«, mit Verweis auf unsere Stelle sowie ἁδρότης (2Kor 8,20) und λειτουργία (2Kor 9,12; Phil 2,30).
[14] Es werden dabei auch verschiedene Ursachen der Armut Jerusalems vermutet, oft (seit Augustin; vgl. z.B. Spener 513) als Folge des fehlgeschlagenen Experiments der Gütergemeinschaft (Meyer 479; neuerdings Holmberg* 36; dagegen schon Godet II 247 u.a.). Damit ist nicht bestritten, daß in Jerusalem tatsächlich wirtschaftliche Not und materielle Armut herrschten, über deren mutmaßliche Gründe hier nicht zu handeln ist; vgl. etwa Georgi 24f.
[15] Vgl. Snyder 213: »The motivation for the giving was not simply a specific need in Jerusalem, but the mutuality created by the offering« mit Verweis auf Röm 15,27. Zudem könnte πτωχοί über eine wirtschaftlich-soziologische Kategorie hinaus eschatologisch-ekklesiologisches Würdeprädikat sein; vgl. Georgi* 23f im Anschluß an Holl* 58ff; Beckheuer* 66-74 (69 Anm. 39 mit weiterer Lit.). Horsley, 1 Corinthians 251 findet sogar ein Indiz, »that the network of assemblies had an ›international‹ political dimension diametrically opposed to the tributary political economy of the empire«.
[16] So etwa Conzelmann 365; vgl. auch Bornkamm, Paulus 61 u.a.; früher sprach man gern von einem Akt der »Pietät ge-

gen die Muttergemeinde« und vom »Bewußtseyn seiner (d.h. Pauli) Abhängigkeit von ihr« (Olshausen 765).
[17] So Lang 245: »Zeichen der Verbundenheit mit dem Ursprungsort der Christusbotschaft und dem heiligen Ölbaum Israel (Röm 11,17)«; Bultmann spricht vom »Zusammenschluß mit der Heilsgeschichte« (Theologie 64; vgl. auch 97); vgl. weiter auch Wilckens, EKK VI 3, 127 (»eine geistliche Verpflichtung der Heidenchristen gegenüber den Judenchristen als dem ›Rest‹ Israels ... und als dem ›Ölbaum‹, dem sie als artfremde Zweige aufgepfropft worden sind«); Klauck 123; Hainz* 154-161; Fee 811; Wolff 428.
[18] So soll Paulus nach Roloff, Kirche 131 die Kollekte »vermutlich als zeichenhafte Darstellung des beginnenden endzeitlichen Hinzuströmens der Fülle der Heiden (Röm 11,12) zum Zion verstanden, ja vielleicht sogar daran die Hoffnung auf eine die ungläubigen Juden eifersüchtig machende Wirkung (Röm 11,1) geknüpft« haben; vgl. auch H. Merklein (Jerusalem – bleibendes Zentrum der Christenheit?, in: FS L. Klein, Bodenheim 1993, 47-61, hier 55), der außer auf Jes 2,2-5 und Mi 4,1-3 auch auf Jes 60; 61; 66,10-24 verweist: »Die Heiden bringen ihre Schätze den Armen in Jerusalem«; vgl. schon Munck* 298f; Georgi* 26 (Verweis auf Jes 14,30.32; Zeph 3,9.12) und 28.30 (vgl. auch 72f.85), der aber im Anschluß an den von Holl herausgestellten Zusammenhang mit dem eschatologischen Selbstverständnis der Jerusalemer Judenchristen der Meinung ist, daß diese sich berufen fühlten, »den Platz der Parusie besetzt zu halten«, »gleichsam als eschatologische Vorposten, als die Wächter auf den Zinnen der Stadt« (27), und die Jerusalemer Vereinbarung von Gal 2,10 heiße, »die eschatologi-

6,1f u.ö. alle Christen, sondern wie 2Kor 8,4; 9,1.12 die der Jerusalemer Urgemeinde bezeichnet werden, aus der Paulus diese eschatologische Selbstbezeichnung übernommen haben wird[19]. Die Korinther sollen nun ebenso verfahren, wie Paulus es in den Gemeinden Galatiens angeordnet hat. Bei welcher Gelegenheit Paulus den Galatern diese im Galaterbrief nicht enthaltenen Instruktionen gegeben hat (anläßlich seines Besuchs Apg 18,22?, durch Boten?, brieflich?[20]), entzieht sich ebenso unserer Kenntnis wie das Wissen darüber, woher die Korinther von diesen Anordnungen des Apostels in Galatien wissen[21]. Während es nach Röm 15,26 so scheint, als seien nur Mazedonien und Achaja in das Kollektenwerk einbezogen[22], weil die Galater unerwähnt bleiben, wird ihre Beteiligung hier vorausgesetzt, was der Abmachung auf dem Apostelkonvent entspricht (Gal 2,10). Allerdings wird nicht deren vorbildlicher Eifer gerühmt wie 2Kor 8,1-4 der der Gemeinden Mazedoniens oder 2Kor 9,2 derjenige Achajas[23]. Vielmehr sollen sich die Korinther nach seinen dortigen Anordnungen richten, nicht nach deren hier gar nicht erwähnter Bereitwilligkeit und Freigebigkeit. Die Anordnungen des Paulus sind zwar bei aller dem einzelnen eingeräumten Freiheit alles andere als allgemein und vage[24], doch im Vergleich mit 2Kor 8-9 auf wenige Details komprimiert. Die Erwähnung der Galater soll die Korinther wohl auch daran erinnern, daß Paulus das ökumenische Projekt nicht nur in Achaja und Mazedonien verfolgt und erst recht keiner Augenblicksüberlegung zuschreibt[25].

sche Demonstration der Jerusalemer Christen als solche zu respektieren« (30). Das aber bleibt hypothetisch. Kritisch zur Völkerwallfahrtsanalogie Beckheuer* 48-50.

[19] Vgl. EKK VII 1, 103f und zu unserer Stelle Holl* 59; Georgi* 40. Daß sich hier »eine jüdische Überzeugung« abzeichne, »daß innerhalb der Mauern (Jerusalems) eine größere Heiligkeit herrscht als anderwärts« (so Strobel 265 mit Verweis auf mKel 1,8), verkennt die eschatologische Dimension von οἱ ἅγιοι.

[20] Vgl. Meyer 479; Heinrici 511. Zur Frage der Lokalisierung in der Provinz oder Landschaft Galatiens vgl. die Einleitungen und Riesner, Frühzeit 254-257, der wieder für die Provinz optiert, zumal Paulus auch im Kontext unserer Stelle Provinznamen nenne: V 5 Mazedonien, V 15 Achaja und V 19 Asia.

[21] Hurd, Origin 234 vermutet, es sei ein Thema des Vorbriefes gewesen.

[22] Käsemann, Römer 384 fragt, ob Paulus damit »bewußt den Charakter der Sammlung als Auflage für sein gesamtes Missionsgebiet verhüllt«; Wilckens, EKK VI 1, 45f rechnet damit, daß die Galater aus der Kollektenaktion ausgeschert sind. Auch in 2Kor 8f werden sie nicht mehr erwähnt. Vgl. auch Lüdemann, Paulus I 110-119 und oben Anm. 8.

[23] Anders Beckheuer* 108, der »das beispielhafte Engagement der galatischen Gemeinden« betont findet. Vgl. auch Bengel 437: *Galatarum exemplum Corinthiis, Corinthiorum exemplum Macedonibus, Corinthiorum et Macedonum Romanis proponit. 2Cor. 9,2. Rom. 15,26. Magna exemplorum vis;* zustimmend auch Meyer 479; Heinrici 511; vgl. schon Calvin 471 (»So lockt das Vorbild der anderen zur Nachahmung, denn von Natur tun wir nicht gern Ungewohntes«) und Bullinger 261, wonach Paulus die Galater erwähnt, *ut alieno persuaderet exemplo.*

[24] Vgl. Robertson/Plummer 383, der von »*detailed* directions« spricht. Zum apostolischen διατάσσειν vgl. 7,17; 11,34 und Delling, ThWNT VIII 35.

[25] Vgl. v. Hofmann 394, der freilich voraussetzt, daß das Ergebnis der galatischen Sammlung bereits vorlag und das Ergebnis die paulinische Anordnung bestätigt habe.

2   Nach V 2 soll an jedem ersten Tag der Woche[26], also der jüdischen Wochentagszählung entsprechend am Sonntag, etwas zurückgelegt werden.
Dieser Tag, der hier zum ersten Mal als hervorgehobener Tag erscheint,
gilt trotz der der jüdischen Wochentagszählung folgenden Bezeichnung
meist als Tag der Auferweckung Jesu[27], doch ist eine besondere Feier dieses Tages hieraus ebensowenig zu entnehmen[28] wie eine Zusammenkunft
der Gemeinde ausschließlich an ihm. Wenngleich von einer gottesdienst-
lichen Versammlung am ersten Tage der Woche anders als in Apg 20,7
nicht die Rede ist, erst recht nicht davon, daß das Geld dort und bei dieser
Gelegenheit deponiert werden soll[29], gilt der Tag offenbar als besonders
geeignet, Liebesgaben beiseitezulegen, wobei der Grund dafür nicht sicher
auszumachen ist[30]. Jeder soll bei sich etwas zurücklegen und ansammeln,

[26]   Vgl. zu μία statt πρώτη als Hebraismus
die Belege bei Bl-Debr-Rehkopf § 247,1 mit
Anm. 1 sowie die Lit. bei Stauffer, ThWNT
II 432 Anm. 1. Σάββατον für die Woche
auch Mk 16,9; Lk 18,12. Die jüdische Wo-
cheneinteilung war im übrigen »bereits weit
über die Kreise des Judentums hinausge-
drungen« (Zitat von Schürer bei Weiß 381);
vgl. auch Schlatter 449; Lohse, ThWNT VIII
29 Anm. 228 mit Lit. und die Zitate bei
Bacchiocchi* 100f für den Einfluß des jüdischen Sabbats bei Griechen und Römern.
[27]   Vgl. die Datierung der Ostergeschichten auf den »ersten Tag der Woche« Mk
16,2 par; Joh 20,1.19. Die Bezeichnung
»Herrentag« erscheint Offb 1,10; Did 14,1.
[28]   So mit Recht schon Neander 266f; Billroth 245 gegenüber v. Mosheim 753f u.a.;
vgl. weiter W. Rordorf, Der Sonntag. Geschichte des Ruhe- und Gottesdiensttages
im ältesten Christentum, 1962 (AThANT
43), 176f.190-193; Bacchiocchi* 90-95.100f
(92 mit Recht gegen Versuche, aus λειτουργία 2Kor 9,12 einen Zusammenhang mit
einem christlichen Sonntagsgottesdienst zu
konstruieren); de Lacey* 184-186; Hahn,
Gottesdienst 44.64f; nach H. Riesenfeld,
Sabbat et Jour du Seigneur, in: FS T.W.
Manson, Manchester 1959, 210-217 sollen
die Zusammenkünfte der Christen ursprünglich im Anschluß an die gemeinsame
Sabbatfeier stattgefunden haben (vgl. aber
die Kritik von Conzelmann 365 Anm. 20
und Lohse, ThWNT VII 29f Anm. 228).
Noch weiter geht Bacchiocchi*, der einen
christlichen Sonntagsgottesdienst überhaupt ausschließt (94f) und annimmt, daß
die Verdrängung des Sabbats erst im 2. Jh.
in Rom als Resultat politischer und sozia-
ler, christlicher und paganer Faktoren geschehen ist (165-212).

[29]   So aber Calvin 471; v. Mosheim 753f
u.a.; neuerdings hält es auch Hainz, Ekklesia 202 mit Anm. 7 für möglich, daß die
paulinische Anordnung eine »Sonderre-
gelung« ist, die »Sonntagskollekten beim
Gottesdienst nicht grundsätzlich« ausschließt. Anders schon Neander 266; Olshausen 766; vgl. die Belege bei Fee 813
Anm. 24 für παρ᾽ ἑαυτῷ = zu Hause.
[30]   Orr/Walther 355 halten es für möglich,
daß Paulus einen Affront gegen jüdische
Sabbatvorschriften vermeiden wollte (vgl.
schon Grotius 827: *Quia hi qui ex Iudaeis
facti erant Christiani moris Iudaici retinen-
tes Sabbatis pecunias non tractabant*; Spener
515); ähnlich Bacchiocchi* 100f; zur verschiedenen Beurteilung von Sammlungen
am Sabbat zwischen Hillel und Schammai
vgl. Billerbeck IV 548. Jedenfalls ist es wenig
sicher, daß die sonntägliche Rücklage mit
Löhnungsterminen zusammenhängt (Foerster, ThWNT III 1096 gegenüber Deissmann, Licht vom Osten 309, der aber auch
»mit aller Vorsicht« fragt, ob nicht die all-
sonntäglichen Ratengelder im Anschluß an
eine Sitte wie dem Sebaste-Tag mit seinen
sakralen Geldzahlungen deponiert werden
sollen, doch ist das äußerst unwahrscheinlich; vgl. Moffat 271; de Lacey* 184 mit Verweis auf tägliche [Mt 20,1-16], monatliche
oder jährliche Lohnauszahlung). Foerster
selbst vermutet, daß Paulus den Tag aus-
wählt, »an dem sich wegen der Versammlung der Gemeinde die Gedanken sowieso
mit Angelegenheiten der Gemeinde beschäf-
tigten«. Nach Bacchiocchi* 100 soll die
Wahl des betreffenden Tages »more by prac-
tical than theological reasons« motiviert
sein, denn bis zum Ende der Woche zu warten, sei »contrary to sound budget practices«,
weil dann die Taschen schon leer seien.

d.h. noch gibt es weder eine Finanzorganisation und Gemeindekasse, in die die Beträge abgeführt wurden, noch erst recht eine sonntägliche oder gar regelmäßige Gottesdienstkollekte[31]. Vielmehr ist trotz der spezifischen Charismen der ἀντιλήμψεις und κυβερνήσεις (12,28), die zu solcher Verwaltung von Geldern doch besonders geeignet wären, jeder selbst dafür verantwortlich, daß er soviel zurücklegt, worauf er nach seinem Ermessen verzichten kann (τι ἐὰν εὐοδῶται[32]). Da jeder angesprochen ist und die Gemeinde keine sozial homogene Größe ist, hängt es von den finanziellen Möglichkeiten des einzelnen ab, was er beisteuern kann. Auch 2Kor 8,11 betont Eigenverantwortung und Freiwilligkeit[33]. Θησαυρίζειν ist anders als Mt 6,19; Lk 12,21 und Jak 5,3, wo es wegen des Anhäufens irdischer Güter der Kritik verfällt, die Ansparung von Geldbeträgen für die Kollekte[34]. Den Zweck solcher längerfristigen privaten Rücklagen nennt Paulus im ἵνα-Satz: Die Sammlungen sollen nicht erst bei seiner Ankunft in Korinth gestartet werden. Warum? Weil er sich von einer einmaligen Spende weniger an Aufkommen verspricht als von einer längerfristigen Sparaktion[35]? Weil er sich nicht selbst mit der Einsammlung ab-

---

[31] Lietzmann 89 verweist mit Recht auf den Unterschied zu Justin, Ap. 1,67; vgl. dazu unten Anm. 51.

[32] Abgesehen von der Frage, ob man diese Form textkritisch als ursprünglich anzusehen hat (vgl. dazu Robertson/Plummer 385), ist die Bedeutung von εὐοδοῦσθαι (eigentlich einen guten Weg oder eine glückliche Reise haben, dann allgemein guten Fortgang haben, gelingen; vgl. Röm 1,10) allerdings nicht sicher. Die Vulgata übersetzt mit *quod ei placuerit*, der Ambrosiaster 188 mit *prout voluerint*. Bauer/Aland 655 bieten als Übersetzung »*soviel ihm etwa gelingen mag*«, lassen also mit εὐοδῶται das vorangehende ἕκαστος als Subjekt aufnehmen. Michaelis, ThWNT V 117 gilt solches persönliche Objekt von der LXX her als unwahrscheinlich, insofern passivisches und auch deponentiales εὐοδοῦσθαι nicht mit einem Akkusativ der Sache konstruiert werden könne; »höchstens dann ..., wenn ὅ τι als Acc noch unter dem Einfluß von θησαυρίζων oder τιθέτω stehen könnte bzw wenn man zu εὐοδῶται einen Inf ergänzen dürfte, von dem dann der Acc ὅ τι seinerseits abhängig wäre« (so etwa v. Hofmann 394, der θησαυρίζειν ergänzt oder Bachmann 473 Anm. 1, der τιθέναι ergänzt); Michaelis faßt deshalb ὅ τι als neutrisches Subjekt von εὐοδῶται: »was jeweils gelingt«. Das aber ist nicht auf etwaige Gewinne zu beziehen (so etwa de Wette 161: »was er durch glücklichen Er-

werb gewonnen«; ähnlich Godet II 249; Lietzmann 89: »»gewinnen‹ im Geschäft oder sonstwie«; nach Gutjahr 478 soll diese Bedeutung aber das Präs. verwehren) noch auf das ohne Beschwernis Abzuzweigende (so Billroth 245 im Unterschied zum lästigen Erübrigen; Rückert 427), sondern eher auf das bei der Spende vom Einkommen oder Vermögen her Mögliche und zu Erübrigende; vgl. auch Apg 11,29 καθὼς εὐπορεῖτό τις und sachlich vor allem 2Kor 8,3 und 8,11 ἐκ τοῦ ἔχειν. Nach Heinrici, Sendschreiben 561 Anm, 3 soll aber auch »die Art des Gebens« damit bezeichnet sein, »das Plus des Nöthigen, Erforderlichen oder Erwarteten«.

[33] Von einer Wahrscheinlichkeit, daß man sich am jüdischen Zehnten orientiert habe (so Fisher 263), kann keine Rede sein (so auch Fee 814). Eher kann man mit Georgi* 30 an die freiwilligen Spenden für den Tempelbau erinnern (vgl. Ex 25,1-7; 1Chr 29,2.18; 2Chr 2,15f; Esr 1,4; 7,15-23).

[34] Vgl. Hauck, ThWNT III 138, der freilich aus V 2 auch die selbstverständliche »Aufrechterhaltung des Eigentums« erschließt (ebd. 797 Anm. 41).

[35] So z.B. Fee 814; vgl. auch Schlatter 450: Paulus verlange »nicht ein plötzlich zu leistendes großes Opfer, obwohl die Sammlung ihren Sinn verlöre, wenn sie nicht eine beträchtliche Höhe erreichte«; Moffat 272 (»no last-minute rush«). Rordorf, a.a.O. (Anm. 28) 191 erklärt psychologisch: Einer-

geben will[36]? Weil er auch hier die intensivere Beteiligung der Gemeindeglieder zu aktivieren[37] oder das Opfer zu erleichtern sucht[38]? Oder geht
er damit gar auf ein Mißtrauen in der Gemeinde ein[39]? Das letztere erscheint am wenigsten wahrscheinlich.

3 Nach der Regelung der Sammlung spricht Paulus nun die Überbringung
der Kollekte an. Das Zusammengesparte soll nicht von Paulus selbst in Jerusalem übergeben werden. Vielmehr soll nach seiner im ὅταν-Satz an-
gekündigten Ankunft darüber entschieden werden, wie die Geldsammlung an die Empfänger überbracht wird. In jedem Fall sollen Vertrauens-
leute von der Gemeinde ausgewählt werden[40], die nach Jerusalem ge-
schickt werden, wobei die 1. Pers. Sing. πέμψω als auch das σὺν ἐμοί in V
4 (nicht umgekehrt, daß Paulus »mit ihnen« geht) freilich darauf aufmerksam macht, daß Paulus sich letztlich auch hier verantwortlich weiß.
Das δοκιμάζειν von Delegaten durch die Gemeinde wird dadurch nicht
überflüssig, sondern soll gerade ihre Beteiligung und Einbindung in die
Verantwortung manifestieren[41]. Diejenigen, die sie für geeignet hält, sollen die Kollekte mit Briefen überbringen[42]. Χάρις ist dabei als Ausdruck

seits »musste sich jeder vor sich und den andern schämen, wenn er seiner Pflicht, et-was auf die Seite zu legen, nicht nachkam, andererseits spornte ihn das Bewusstsein, dass die gesparte Summe sich zusehends mehrte, zum weitern Sparen an«.

[36] So Robertson/Plummer 385: »St Paul does not wish to go round begging, when he comes; he will have other things to do. Moreover, he does not wish to put pressure upon them by asking in person (2 Cor. IX. 7)«. Vgl. schon Thomas 432: Der Apostel wolle sich *doctrinae et rebus spiritualibus* widmen.

[37] Vgl. zu V 3 und Georgi* 43.

[38] Vgl. schon Pelagius 227 (*Ut paulatim reseruantes non una hora grauari se putent* ...; ebs. Hieronymus 771) und die Autoren unten Anm. 55f.

[39] Vgl. schon Spener 516 (*ad evitandas suspiciones*). Daß Paulus aber »der Gefahr einer möglichen Veruntreuung vorbeugen« wolle (so Kremer 370; vgl. auch Barrett 387: »to avoid the possibility of accusations with regard to misappropriation«), scheint mir von 2Kor 8,20 und Joh 12,6 eingetragen zu sein. Wire, Women 177 meint: »Very possibly, those few who would give to Paul's project do not do so because they doubt that those who gather common money would keep these funds separate«. Aber von einer Nichtbeteiligung, aus welchen Gründen auch immer, ist nichts angedeutet.

[40] 2Kor 8,23 spricht von ἀπόστολοι ἐκ-

κλησιῶν. Zur Überbringung der »Tempel-steuer« aus der Diaspora nach Jerusalem vgl. Billerbeck I 763.765f.

[41] Nach Georgi* 41 will Paulus auch »das Interesse der Gemeinde an einer lebendigen Verbindung mit der Urgemeinde« stärken.

[42] Natürlich ist δι' ἐπιστολῶν nicht auf δοκιμάσητε zu beziehen wie die Vulgata (*quos probaveritis per epistulas*), Calvin 472 u.a. annehmen (ähnlich auch v. Mos-heim 755; Findlay 946), als ob die Briefe durch die Korinther für ihre Delegaten zur Beglaubigung geschrieben werden sollten. Δι' ἐπιστολῶν = mit Briefen (vgl. Oepke, ThWNT II 65; Moule, Idiom Book 57; Bau-er/Aland 360: »brieflich«) ist vielmehr mit πέμψω zu verbinden (so mit Recht schon Theophylakt 785 und die meisten). Ob der Plural die Kategorie bezeichnet (brieflich) oder als *plurale tantum* entsprechend dem lateinischen *litterae* (Godet II 249) oder im eigentlichen Sinn einen Plural (Paulus könnte nach Meyer 481 beabsichtigen, »an *mehrere* Personen in Jerus. verschiedene Briefe zu schreiben«; ähnlich Heinrici 513; Weiß 382), ist nicht ganz sicher, doch spricht nichts gegen eine Mehrzahl von Briefen. Jedenfalls sind συστατικαὶ ἐπι-στολαί (2Kor 3,1) gemeint, also Empfeh-lungs- und Geleitbriefe (vgl. dazu EKK VII 1, 89 Anm. 329), die den Deputierten eine Aufnahme in Jerusalem und evtl. auch in den auf der Reiseroute liegenden Ge-meinden verschaffen sollen (vgl. Röm

der göttlichen χάρις zu verstehen[43]. Was Paulus sich von solchen Delegierten verspricht, ist nicht ganz eindeutig auszumachen. Man wird darin primär nicht eine Vorsichtsmaßnahme sehen, um den Verdacht eigener Bereicherung im Keim zu ersticken (vgl. 2Kor 8,20)[44], sondern das Drängen auf eine Beteiligung und Mitverantwortung der Gemeinde, vielleicht aber auch das Bemühen, damit in Jerusalem einen besseren Eindruck zu erzielen[45]. Aus der Nichterwähnung korinthischer Repräsentanten in Apg 20,4 sollte man für die korinthische Situation nicht allzuviel herausspinnen[46].

Erstaunlicherweise ist Paulus sich offenbar noch unschlüssig, ob er sich **4** selbst an der Reise nach Jerusalem beteiligen soll. Wovon er seine eigene Beteiligung abhängig macht, läßt sich von ἐὰν δὲ ἄξιον ᾖ her nicht exakt herauszufinden, doch wird sich die »Angemessenheit« kaum auf die äußeren Verhältnisse beziehen, allenfalls auf die Einstellung der Gemeinde[47], sondern entweder darauf, ob die Kollekte es wert ist, also ein ansehnlicher Betrag zusammengekommen ist[48], oder aber allgemein auf die

---

16,1f; 2Kor 8,16-24; Apg 15,23-29; einen Empfehlungsbrief nach Korinth erwähnt Apg 18,37).
[43] Anders Conzelmann, ThWNT IX 384 (»Dankesgabe«); Weiß 382 (»Liebesgabe«; ebs. Strobel 265); Wolff 430 (»freies Geschenk«). Der Kontext von 2Kor 8 (dort in V 1.4.6f.19 ebenfalls χάρις) spricht aber mehr für die andere Deutung: »Das von der göttlichen Gnade gezeugte, christliche Gnaden- oder Liebeswerk, die Auswirkung der empfangenen Gnade im Verkehr mit den Brüdern« (Windisch, 2. Korinther 243); ähnlich Berger, EWNT III 1097: »Hier wird Gnade zum guten Werk«; Panikulam, Koinonia 39; Kremer 370: »Weitergabe der ›Huld‹, die Christus ihnen erwiesen hat (vgl. 2Kor 8,9)«. Das sollte freilich nicht in Opposition zu einem »menschlichen Hulderweis« gestellt werden wie bei Beckheuer* 113; vgl. das ὑμῶν!
[44] So Grotius 827 (vgl. schon Bruno 215); Robertson/Plummer 386; Heinrici 512; Godet II 249; Bachmann 473; Findlay 946 u.a. Lietzmann 89 sieht damit das Bedenken zerstreut, »daß Pls den Dank der Jerusalemer für sich allein einheimst: sie sollen auf jeden Fall die Gabe selbst überbringen«. Gewiß, aber vermutlich auch, damit sie auch selbst dabei in persönlichen Kontakt mit Jerusalem kommen (Wolff 430).
[45] Fee 815 nennt sowohl die größere Sicherheit bei der Überbringung einer solchen Geldsumme als auch die Einbeziehung der verschiedenen Gemeinden in das Ge-

samtunternehmen der Kollekte und die Bedeutung persönlicher Anwesenheit der Geber neben der Gabe.
[46] So aber z.B. Robertson/Plummer 387: Das könne auf eine unabhängige Sendung oder einen zu geringen Beitrag der Korinther hindeuten; Barrett 387 und Fee 816 verweisen aber mit Recht auf Röm 15,26; zudem hält Senft 216 Anm. 6 die Liste von Apg 20,4 für unvollständig (vgl. auch Georgi* 87; Fee 810 Anm. 5 und 815 Anm. 34).
[47] So etwa Conzelmann 363: »Wenn es eurer Meinung entspricht«, weil das besser zum Kontext passe; vgl. auch Georgi* 41 (Paulus mache seine Mitreise »von dem bei der Kollekte bewiesenen inneren Einsatz der Gemeinde« abhängig) und Gutjahr 479: falls es »nach dem Urteile der Korinther« würdig und angemessen sei; vgl. aber die 1. Pers. Sing.
[48] So die meisten, z.B. de Wette 161: »wenn es (das Ergebnis der Sammlung) aber werth ist«; Meyer 482: »weil ein geringer Betrag *zu einer ungewöhnlichen Mission unverhältnissmässig* gewesen sein würde« (ebs. Heinrici 513); Lietzmann 89; Schmiedel 206: »falls die Summe es aber werth ist«; Paulus mache seine Reise davon abhängig, ob er in Jerusalem »mit der Collecte Eindruck machen kann«; ähnlich Olshausen 766; Schlatter 450; Strobel 266 und schon Lanfrank 215f: *Quod si dignum fuerit, tanta sit collectio* (ähnlich Theophylakt 786f) und Ambrosiaster 188 (*si fuerit copiosa collectio*); Atto 409, Haymo 605;

Lage und Pläne der Mission und Einschätzung der Beziehungen zu Jerusalem[49]. Sein eigener Wunsch aber scheint eher der zu sein, sich in Jerusalem nicht zu blamieren und eine respektable Summe als Sammlungsergebnis dort selbst abliefern zu können.

Zusammen-
fassung

Das Schlußkapitel beginnt mit einer Mahnung zur Jerusalemkollekte, die speziell das Verfahren bei der Rücklage und Sammlung des Geldes bei den einzelnen Gemeindegliedern zu regeln versucht. Je nach Einschätzung der Lage oder Ausfall des Spendenbetrages stellt Paulus seine eigene Beteiligung an der von der Gemeinde zu bestimmenden Delegation bei der Überbringung der Kollekte in Aussicht.

Auslegungs-
und
Wirkungs-
geschichte

Der Text hat, abgesehen von den Kommentaren, kaum eine größere Wirkung gezeigt, eher schon für die Notwendigkeit einer Kollekte als für die einer christlichen Sonntagsfeier[50]. Einige Akzente seien festgehalten: Justin berichtet über den Sonntagsgottesdienst: »Wer aber die Mittel und guten Willen hat, gibt nach seinem Ermessen, was er will, und das, was da zusammenkommt, wird bei dem Vorsteher hinterlegt«[51]. Nach Chrysostomus (367) kommt Paulus mit V 1 zum κεφάλαιον τῶν ἀγαθῶν, näm-

---

Herveus 997f; Thomas 432; Spener 516. Neander 267 will aus der Wendung eine leise Ermahnung zum reichlichen Beisteuern entnehmen; ähnlich Allo 457 (»il veut stimuler ses lecteurs«) und schon Grotius 827 (*vide quomodo eos excitat ut dent quam plurimum*).
[49] So z.B. Grosheide 398: »If circumstances are such that the mission work demands my journeying to Jerusalem«; Panikulam, Koinonia 33 erwägt eine wachsende Feindschaft in Jerusalem; nach Klauck 124 soll sich möglicherweise das Vorhaben einer Rom- und Spanienreise andeuten; Fee 816 denkt an die Mission im Westen und seine Aufnahme in Jerusalem. Eckert* 72 verweist auch auf »das Risiko des Transportes größerer Geldmengen«, was Paulus aber nach Beckheuer* 116 Anm. 41 sonst nirgendwo erkennen lassen soll, doch vgl. immerhin die Erwähnung der Gefahren durch Räuber in 2Kor 11,26; nach Beckheuer selbst soll Paulus seine Teilnahme an der Kollektendelegation »von dem Willen Gottes« abhängig machen, »der sich in der Haltung der korinthischen Gemeinde ausdrückt« (118).
[50] Zur Entstehung der christlichen Sonntagsfeier vgl. etwa Kretschmar, TRE 1, 239 und die Lit. oben Anm. 28 und bei Lohse, ThWNT VII 29f Anm. 228; zur

verschiedenen theologischen und symbolischen Interpretation des Sonntags (Tag der Auferstehung, der Schöpfung und des Beginns der neuen Welt) vgl. Bacchiocchi* 270-302, zur jüdischen Woche in der christlichen Kirche Lohse, ThWNT VII 32f, zum Nebeneinander von Sabbat- und Sonntagsfeier (z.B. Const. Ap. 8,33,1) Bacchiocchi* 275.
[51] Ap. 1,76 (BKV 12, 82). Vgl. auch Tertullian, Ap. 39: »Und wenn auch eine Art von Kasse vorhanden ist, so wird sie nicht etwa durch eine Aufnahmegebühr, was eine Art von Verkauf der Religion wäre, gebildet, sondern jeder einzelne steuert eine mäßige Gabe bei an einem bestimmten Tage des Monats, oder wann er will, wofern er nur will und kann. Denn niemand wird dazu genötigt, sondern jeder gibt freiwillig seinen Beitrag«; das so Zusammenkommende werde ausgegeben »zum Unterhalt und Begräbnis von Armen, von elternlosen Kindern ohne Vermögen, auch für bejahrte, bereits arbeitsunfähige Hausgenossen, ebenso für Schiffbrüchige, und wenn welche in den Bergwerken, auf Inseln oder in den Gefängnissen, selbstverständlich nur dann, wenn wegen der Sache der Genossenschaft Gottes diese Heimsuchung sie trifft, Versorgungsberechtigte ihres Bekenntnisses werden« (BKV 24, 142f).

lich der ἐλεημοσύνη[52], wozu jeder beitragen soll, und Chrysostomus illustriert das ἕκαστος mit arm oder reich, Mann oder Frau, Herr oder Knecht (368)[53]. Paulus sage nicht, soviel oder soviel, sei es viel oder wenig[54], und erleichtere seinen Rat dadurch, daß er nicht eine einmalige Sammlung anordne, denn bei kleinen Beträgen werde Opfer und Ausgabe kaum fühlbar[55]. Oft erscheint der Satz: *Quod paulatim colligitur, nec grave est et invenitur multum*[56]. Leo d. Gr. bezieht sich mehrfach auf unseren Text und mahnt, sich *quarta feria de facultatibus uestris, quantum suadet possibilitas et uoluntas*, an den Gaben der Barmherzigkeit zu beteiligen[57]. Als Begründung wird oft Röm 15,27 angeführt[58] oder auf das Beispiel von Apg 4,32f verwiesen[59]. Der Sonntag gilt für die Sammlung als besonders angemessen, weil an ihm unaussprechliche Güte und ἡ ῥίζα καὶ ἡ ἀρχή unseres Lebens geschenkt werden[60]. Auch die Freiwilligkeit wird oft herausgestellt[61]. Mißbräuche des Textes werden abgewiesen. Au-

[52] Ähnlich Theophylakt 785 und Oecumenius 897. Für die Alte Kirche ist λογεία selbstverständlich gleich συλλογή (vgl. oben Anm. 11). Anders später z.B. Estius 776: *Postea coepit usurpari nomen collectae etiam pro conventu sacro, quod in eo, fidelibus offerentibus, collecta fieri soleat.*

[53] Vgl. auch 368: Jeder soll sein Haus zur Kirche, zum Vorratskasten und zur Schatzkammer machen. Im Panegyricus auf Paulus 4,11 heißt es vor dem Zitat von V 2, Paulus habe sich der vielen Hungerleider unter den Jüngern nicht geschämt und für sie gebettelt (SC 300, 206).

[54] Vgl. auch Theodoret 369: τῇ γνώμῃ τὸ ποσὸν ἐπιτρέπει. Johannes Cassian merkt immerhin an, daß Paulus die Korinther zu einem generösen Beitrag ermuntere, damit die Kollekte seine persönliche Mitwirkung verdiene (Instit. 7,17,3 [SC 109, 316]).

[55] 368; vgl. ähnlich Oecumenius 897. Nach Theophylakt 785 ist das, was von vielen zusammengetragen wird, dem einzelnen leicht (vgl. auch Glossa 60v); Atto 409 fragt: Warum nicht an jedem Tag und zu jeder Zeit Kollekten geschehen sollen, und er antwortet: *Quia noverat quod et magis colligeretur, et minus gravaret per intervalla temporum*; vgl. auch Sedulius Scotus 162: *ne plus gravarentur.* Nach Cornelius a Lapide 349 will Paulus mit seinen Worten zu einer größeren Kollekte stimulieren.

[56] Ambrosiaster 188; ebs. Haymo 604; Herveus 997; Petrus Lombardus 1694. Vgl. später auch Calvin 471: »Was plötzlich und unvorbereitet hergerichtet werden muß, hat oft keine rechte Art«. Für Wyclif ergibt sich aus dem Text, daß es Sache der *pasto-*

res ist, *cavere precipue de exaccione* (Anhäufung) *peccunie subditorum* (Tractatus I 278).

[57] Tract. 9,3 (CChr 138, 36); vgl. auch 10,2 (ebd. 44): *omnes uos deuotioni uoluntariae praeparate, ut unusquisque secundum sufficientiam suam habeat in sacratissima oblatione consortium*; vgl. auch 7 (ebd. 29) und 8 (ebd. 31) sowie Basilius, Reg. Mor. 6 (PG 31, 772). Sedulius Scotus 162 spricht von der Sonntagskollekte als Erlaubnis, denn es handele sich nicht um ein *opus servile.*

[58] Ambrosiaster 188f; Ambrosius 288.

[59] Atto 408f; Thomas 431; später auch Zwingli (CR 91, 696), der damit auch die Zürcher Almosenordnung begründet.

[60] Chrysostomus 368; Johannes Damascenus 701; Nach dem Ambrosiaster (188) soll die Kollekte am Sonntag abgehalten werden, *ut eo die, quo resurrexit dominus, plebs eius colligatur ad laudem dei devicta morte* (ähnlich Ambrosius 287; Glossa 60v). Herveus 997: *Qua die Christus surrexit, vos ad opera misericordiae surgatis.* Cornelius a Lapide 348 nennt als Begründung für den ersten Wochentag nicht nur die Auferstehung Jesu, sondern auch, daß Gott an diesem Tag die Welt erschaffen und den Geist gesandt habe.

[61] Tertullian erklärt: *Nemo compellitur, sed sponte confert* (Apologie 39,5 [CChr 1, 151]; zitiert auch bei Grotius 827); Atto 409: *In eorum posuit arbitrio*; Didymus 12: ἀλύπως καὶ ἄνευ ἀνάγκης. Nicht nur εὐοδῶται, sondern auch χάρις wird so interpretiert: *Gratia dicitur: quia non debitum, sed pure diuinae liberalitatis est do-*

gustin sucht den Text Mönchen zu entwinden, die sich der Handarbeit verweigern und auf die von Paulus organisierte Versorgung der »Heiligen« mit den zum Lebensunterhalt notwendigen Mitteln berufen; er verwirft auch eine Inanspruchnahme von Mt 6,34, denn diese Worte sollen nach seiner Meinung in keiner Weise dazu verpflichten, nichts für den morgigen Tag beiseite zu legen[62]. Auch nach Walafridus (550) verstößt eine Kollekte nicht gegen die Mahnung Jesu, sich nicht um das Morgen zu sorgen[63].

In der reformatorischen und nachreformatorischen Zeit dient der Text ebenfalls primär zur Legitimation des Sonntags und zur Begründung von Liebeswerken[64]. Calvin erklärt in seinem Kommentar (471) zum Sonntag: »Die Festlegung desselben schien wünschenswert, ... weil man allgemein darin einig war, daß die Feier des Gottesdienstes an einem bestimmten Tage stattfinden müsse, wenn sich ein täglicher Gottesdienst als unmöglich erwies. Wenn Paulus an einer anderen Stelle (Gal 4,10) das ›Tagewählen‹ verbietet, so paßt das äußerlich dennoch zusammen«, denn er kämpfe dort »nur gegen den Aberglauben, als ob ein Tag an sich heiliger wäre als der andere«[65]. Luther schreibt in einem Brief an Sixt Ölhafen: »Es ist bei uns des Armuts viel und schlägt aus allen Landen zu, daß wir ja nicht alles erschwingen konnen, weil wir selbs nichts übrigs haben. Wenn es also sollt fort stehen, mußte ich mit der Zeit ein offentlich Schrift lassen ausgehen an die reichen Christen und, wie Sant Paulus zun Corinthern und anderswo mehr, betteln fur die armen Christen, so allhie in unser Armut fliehen und Hulfe suchen«[66]. Vor allem in Kirchenordnun-

---

num (Faber Stapulensis 134v). Auch reformatorische Theologen urteilen ähnlich, z.B. Bullinger: »Er gebeud auch das ein jeder so viel gebe / so viel sein guter wil sey / Item / nach dem einer besitze« (Haußbuch 107v); Coccejus 349: *Ipsis relinquit arbitrium & potestatem curandi.*

[62] Handarbeit 24,31, in: Der Seelsorger, 1972, 50. An anderer Stelle erklärt Augustin, Paulus habe den zum christlichen Glauben Übertretenden mit Nachdruck geboten, »sie sollten, weil sie bei ihrem Übertritt aus dem Götzendienst als Neulinge in der Verehrung des einen Gottes nicht wohl durch Verkauf und Verteilung ihrer Güter Gott dienen konnten, wenigstens freiwillige Gaben für die Heiligen spenden, die in den christusgläubig gewordenen kirchlichen Gemeinden der Juden in Armut lebten« (De Catech. Rud. 23,43 [BKV 49, 296]). Hieronymus führt den Text gegen Vigilantius an, der vor Almosen für die Klöster warnt (BKV 15, 319). Außerdem sieht er in unserer Stelle wegen der Kollekte für Jerusalem auch eine Widerlegung je-

ner, die da meinen, Palästina sei »ein verfluchtes Land, weil es das Blut des Herrn getrunken hat« (Ep. 146,8 [BKV 2. R. 16, 304f]).
[63] Vgl. auch Faber Stapulensis 134v: *Prouidemus enim nobis magis: caeteris hominibus At prouidentia dei non ideo dicitur / quod deus sibi quicquid prouideat: sed aliis* (es folgt Zitat von Lk 11,41). Nach Calvin 471 soll Paulus auf Mt 6,19 antworten.
[64] Allerdings wird gegenüber päpstlichen Ansprüchen auch Wert auf das δοκιμάζειν der Gemeinde gelegt: *Etiam tempore Cypriani partes suas habebat plebs in ministris admittendis & reprobandis. Male igitur hoc jus sibi arrogat Papa, ut possit mittere, quos velit* (Coccejus 349).
[65] Vgl. zum Sonntag auch Institutio 2,8,33, später die Cumberland-Confession von 1883 (BSRK 923) und aus unserer Zeit Barth, KD III 1, 258; III 2, 549; III 4, 57; Häring, Frei II 142.
[66] WA.B 8, 424; vgl. auch Osiander, Gesamtausgabe, Bd. 1, 537. Oekolampad führt in einem Brief an Graf Georg von Würt-

gen wird der Text oft zitiert. In der hessischen Kirchenordnung von 1566 heißt es: »Es soll auch zuletzt nach der predigt nimmer underlassen werden die vermanung zur almusen für die armen und nottürftigen, welchs allwege mit etlichen zeugnissen der h. schrift geschehen soll, wie wir dann sehen, daß die lieben apostel mit allem fleiß der armen notturft sich angenommen haben«[67]. Beides, Sonntag und Liebeswerk, wird auch hier verbunden, z.B. im elsässischen Katechismus von 1543, wo darauf geantwortet wird, was über den Sonntag zu lernen ist: »Das erste? Das jederman, arm vnd reich, jung vnd alt, in der gemein Gottes des Herrn sein opffer vnnd gaben bringen solle. Waraus hastu das? Das der Herre seinem volck gebotten, das niemand vor jm in seiner Gemeine mit lerer hand erscheinen solle. Sonder ein jeglicher nach seinem vermögen vnd dem segen, den jm Got geben, da seine gabe aufopfferen; Also sagt auch Paulus: Ein jeglicher vnder euch etc.«[68]. Spener möchte, daß »unter den glaubigen eine solche samlung geschehen möchte / welche zu erziehung / auffnehmen / und außhelffung armer waisen und wittiben / nothleidender und betrangten erklecklich wäre / und das wäre eine art der alten güter gemeinschafft unter uns / nach dem exempel der kirchen in *Macedonia* und *Galatia*, darvon *Rom.* 15,26, *Corinthus* und *Galatia*, I.*Corinth.* 16,1[69]«.

---

temberg unsere Stelle neben Gal 6,6; 1Kor 9,14; Apg 4,32 sowie die verschieden gehandhabte Zehntpflicht in einzelnen Kirchen an, woraus sich klar ergebe, *non plane Dei verbo saltem conferre decimas praecipi* (QFRG 19, 267). Während seiner Zeit auf der Ebernburg hat Oekolampad die Chrysostomushomilie über 1Kor 16,2ff De eleemosyna et collatione in sanctos übersetzt und zum Druck gebracht, die Chrysostomus »aus dem Stegreif gehalten hatte, als sich ihm beim Gang zur Predigt auf dem Markte Antiochiens ein Bild furchtbarsten menschlichen Jammers dargeboten hatte« (QFRG 21, 161).
[67] Es folgen 1Kor 16,1-3 sowie 2Kor 8-9 und Gal 6,6 (EKO, Bd. 8, 247; vgl. auch 7.1, 598); vgl. auch J. Lindenmaier in seiner Schrift »Bericht und Unterweisung, wie ein Mensch dem andern dienen soll mit seinem zeitlichen Gut« (Flugschriften II 1200-1209). Bullinger zitiert unsere Stelle im Zusammenhang mit Mt 25,31ff und schreibt vor Zitat von V 2, daß der Herr das Eigentum damit nicht aufhebt: »Dann so die eigenschafft der gütern auffgehaben würde / so würde auch alle gutthat / vnd alles allmüsen auffgehaben / vnd so es alles gemein sein solte / so gebestu nichts von dem deinen / sonder allein von den ge-

meinen gütern« (Haußbuch 107v). Anders wird der Text in EKO, Bd. 8, 196 angeführt, wo er mit anderen begründen soll, »daß die güter und einkommens der kirchen an allen ortern recht dispensirt und ausgeteilet werden zu underhaltung der diener der kirchen, zur auferziehung frommer schuler, ... zur noturft der armen und zum gebeu der kirchen«. Nach Apologie 4 gelten gute Werke als Triumph Christi über den Teufel, *ut quod Corinthii conferebant elemosynam, sanctum opus erat et sacrificium et certamen Christi adversus diabolum* (BSLK 198).
[68] Reu, Quellen I 1, 103. Vgl. auch Maior 245r und Calixt, Werke, Bd. 2, 277, der Offb 1,10; Apg 20,7 und unsere Stelle anführt und daraus schließt: *Hi autem omnes ... comprehenduntur mandato dilectionis.*
[69] Schriften I 360. Nach F. Naumann ist an keiner der Stellen im NT (1Kor 16,2; Offb 1,10; Apg 20,7) »auch nur ein Wort von Sonntagsruhe« gesagt, doch habe die Kirche wegen des von Gott geschaffenen Bedürfnisses des Menschen nach Ruhe »energisch für den Sonntag einzutreten« und sich damit auch »in wirtschaftliche Verhältnisse« einzumischen (Werke I, hg. v. W. Uhsadel, Köln/Opladen 1964, 217. 219).

Aus neuerer Zeit seien zwei Beispiele genannt. Nach Bonhoeffer kann die Kollekte »nicht wichtig genug behandelt werden. Dann wird sie auch die Gemeinde wichtig nehmen«; er begründet dann mit V 2 sogar: »Gelegentlich ist zu sagen, wieviel zu geben ist«, und er fährt nach Zitat von V 2 fort: »Mehr oder mindestens genau soviel ist zu geben, wie man in der Woche für Vergnügungen u.a. ausgibt. Dies nicht, weil die Kirche Geld braucht, sondern um der Menschen selber willen. Man muß auch predigen, daß die Kollekte ein wirkliches Opfer sein soll. Auch der ärmste Neger in Harlem gibt in der Kirche am Sonntag seinen Dollar«[70]. Die Dokumente wachsender Übereinstimmung (I 121, hier im Bericht über Gespräche zwischen Reformiertem und Baptistischem Weltbund) zitieren den Text für den zugleich örtlichen und universalen Charakter der Kirche: »Die Ortsgemeinde kann den Herrn nicht für sich monopolisieren ... Das Neue Testament macht deutlich, wie Gemeinden miteinander Kontakt hielten. Die Kollekte zum Beispiel, die Paulus für die Gemeinde in Jerusalem organisierte, war ein Zeichen für die Bande, die die Kirchen in Mazedonien mit der in Jerusalem verbunden haben (1Kor 16,1-4; 2Kor 8,1-9; Gal 2,9ff)«.

2   *Ankündigung des Besuchs 16,5-9*

Literatur: Vgl. die Literatur zu Kap. 16, auf die auch hier mit * verwiesen wird.

5 Ich werde aber zu euch kommen, wenn ich durch Mazedonien gereist bin. Denn durch Mazedonien werde ich (nur) durchreisen, 6 bei euch aber werde ich nach Möglichkeit bleiben oder auch den Winter zubringen, damit ihr mich dann zur Weiterreise ausstattet, wohin ich reisen werde. 7 Denn ich will euch jetzt nicht nur im Vorbeigehen sehen. Ich hoffe nämlich, einige Zeit bei euch zu bleiben, wenn es der Herr zuläßt. 8 Ich werde aber bis Pfingsten in Ephesus bleiben. 9 Denn mir hat sich eine große und wirksame Tür aufgetan, und es gibt viele Widersacher.

Analyse   V 5-9 kommt Paulus auf seine Besuchs- und Reisepläne zu sprechen, wie das briefkonventionell auch sonst am Schluß seiner Briefe geschieht

---

[70] Schriften, Bd. 4, 266. Snyder 218 macht aber darauf aufmerksam, »that the impulse to serve others can also create dependency. As one considers the evils of welfare systems, racism, sexism, and economic imperialism, it can be said that dependency is the common thread. Any system is evil if it makes one person or one group dependent on another. For the Christian the death and resurrection of Jesus Christ creates mutuality or *koinonia* rather than dependency«. Sehr viel weiter holt Georgi* 119-146 aus, und zwar im Nachwort »Hat Geld etwas mit Rechtfertigung zu tun? Eine geschichtliche und theologische Meditation über die finanziellen Aspkte der Rechtfertigung der Gottlosen in Christus«.

(Röm 15,22-33; Phlm 22[71]). Der schon im Zusammenhang mit der Kollekte in V 2-4 in Aussicht gestellte Besuch wird nun näher erläutert.

Gliederung: V 5 fährt in der 1. Pers. Sing. fort, zunächst im Fut. und temporalem ὅταν-Satz mit Konjunktiv (Eventualis). V 5c nimmt das διέρχομαι von V 5b im fut. Präs. auf, V 6a das πρὸς ὑμᾶς in V 5a mit zwei durch ἢ καί verbundenen Futurformen + adverbialem τυχόν (vgl. Bl-Debr-Rehkopf § 424), wobei im anschließenden ἵνα-Satz, der den Zweck des Besuches nur zum Teil nennt, das Subj. zur 2. Pers. wechselt, worauf noch ein weiterer ὅταν-Satz mit Konjunktiv in der 1. Pers. Sing. + Ortsadv. folgt. V 7 expliziert V 6a (γάρ) mit θέλω, Akk.-Obj., Modalbestimmung und Inf., was in V 7b noch einmal ähnlich erläutert und dann in V 7c von einem Eventualis abhängig gemacht wird, dessen Subj. der Kyrios ist. V 8 erscheint eine erneute Futurform der 1. Pers. Sing. mit einer Orts- und Zeitangabe. V 9 begründet das Bleiben einerseits mit einem Satz, dessen Subj. die durch zwei Adjektive bestimmte, dem Apostel (μοι) eröffnete (Perf.) Tür ist, andererseits mit einem kurzen prädikatlosen Satz, dessen Subj. ein artikelloses, durch πολλοί bestimmtes Part. von ἀντίκειμαι bildet.

Zunächst kündigt Paulus seinen Besuch bei den Korinthern an, was zwar   Erklärung
schon in 4,19 sowie 11,34[72] geschehen ist, nun aber dadurch konkretisiert   5
wird, daß er dabei auf dem Landweg durch Mazedonien und nicht auf direktem und kürzerem Seewege zu reisen gedenkt. Daß Paulus damit einen früheren Reiseplan korrigiere, von Ephesus auf dem Seeweg zuerst Korinth zu besuchen und dann über Mazedonien nach Korinth zurückzukehren und nach Jerusalem zu reisen[73], beruht auf einem falschen Verständnis von 2Kor 1,15f. Diese Stelle bezieht sich auf eine *nach* und nicht *vor* dem 1. Korintherbrief erfolgte Änderung seiner Besuchspläne, die durch den nötigen Zwischenbesuch, zu dem Paulus sich gezwungen sah (2Kor 2,13; 7,5f[74]), über den Haufen geworfen wurden. Letztlich ist sein hier skizzierter Plan nach dem Zwischenbesuch dann doch ausgeführt worden[75]. Διέρχομαι steht hier im futurischen Sinn[76], so daß keine Veranlassung besteht, aus dem Präsens entgegen der Aussage von V 8a zu schließen, daß Paulus sich schon in Mazedonien aufhält, und zu bezweifeln, daß V 5-7 und V 8-9 demselben Brief zugehören[77]. Ein verfehltes

---

[71] Vgl. Müller* 79. Zur Besonderheit des Topos der apostolischen »Parusie« im Schußteil unseres Briefes vgl. Schnider/ Stenger* 99-101.
[72] Über das Verhältnis zur Besuchsankündigung in 4,18f.21 zu unserer Stelle vgl. EKK VII 1,69 und Wolff 431: Die unterschiedlichen Zeitangaben sind »kontextbedingt«.
[73] So de Wette 161; Meyer 482; Heinrici 514; Godet II 250; Billroth 245 u.a.; vgl. richtig Vielhauer, Geschichte 145.
[74] Daß Paulus nach 2Kor 12,14 und 13,1

zum dritten Mal nach Korinth kommen will, setzt den Zwischenbesuch voraus. Im übrigen kontrastiert ἄρτι nicht der Vergangenheit, sondern der Zukunft (Moffat 274).
[75] Vgl. 2Kor 2,12f; Apg 20,2.
[76] Vgl. Bl-Debr-Rehkopf § 323 Anm. 3. Das ist auch die herrschende Auffassung in den Kommentaren, z.B. Meyer 482: Das Präs. bezeichnet »das Zukünftige als in der Vorstellung gegenwärtig, d.i. als ganz gewiß gedacht« (ebs. Heinrici 514 u.a.).
[77] Vgl. Allo 458 und Conzelmann 366 Anm. 25 mit Recht gegenüber Weiß 382f.

Verständnis von διέρχομαι ist offenbar auch für die falsche Angabe in der *subscriptio* (ἐγράφη ἀπὸ Φιλίππων) in D² 075 1739 1881 𝔐 verantwort-lich[78]. Διέρχομαι ist dabei kaum so etwas wie ein *terminus technicus* für »a missionary tour or evangelistic journey«[79], auch wenn Paulus auf sei-nem Weg durch Mazedonien in Philippi, Thessalonich und Beröa nicht nur zu übernachten gedenken wird, zumal er diese Gemeinden seit ihrer Gründung offenbar nicht mehr besucht hat[80]. Mazedonien[81] ist insofern weder bloße Durchgangs- noch Missionsstation. Jedenfalls ist dort nur ein Kurzbesuch und kein längerer Aufenthalt ins Auge gefaßt.

6 Während Mazedonien nur durchzogen werden soll, hat Paulus die Ab-sicht, nach seiner mazedonischen Reise seinen Aufenthalt in Korinth (πρὸς ὑμᾶς[82]) länger auszudehnen oder dort gar den Winter zu verbrin-gen[83]. Das versteht sich nach V 7 von seinem Wunsch nach einer längeren Verweildauer in Korinth her, doch V 6 nennt als eher pragmatischen Grund zugleich sein παραχειμάζειν, was auch sonst für das Überwintern gebraucht wird[84]. Andere missionarische Aktivitäten waren wegen der fehlenden Schiffahrtsmöglichkeiten während dieser Zeit blockiert, denn Seereisen im Winter waren gefährlich und meist unmöglich: Nach dem 14. September galten sie als gefährlich, vom 11. November bis 5. März wurden sie ganz eingestellt[85]. Schon hier verbindet Paulus mit seiner Ko-rinthreise aber weiterreichende Pläne. Die Gemeinde soll ihn auf der Wei-terreise mit der nötigen Reiseausrüstung versorgen[86]. Paulus unterschei-

---

[78] Meyer 482; Heinrici 514; Schmiedel 208; vgl. schon Calvin 472 (»eine alte irre-führende Notiz«), der auf die Grüße asiati-scher und nicht mazedonischer Gemeinden (V 19) verweist.
[79] So aber Robertson/Plummer 387 mit Hinweis auf Apg 13,6; 14,24; 15,3.41; 18,23; 19,1.21; 20,2; ähnlich Barrett 389: »presumably on a preaching tour«.
[80] Neander 267 spricht von einer »Visita-tionsreise«; ähnlich Moffat 273 (ebs. Fee 818): »a tour of supervision«, womit Paulus den Korinthern deutlich mache, daß er auch seine Missionsfelder wie Mazedonien und Galatien nicht vernachlässige.
[81] Vgl. dazu und zur möglichen Reiserou-te Strobel 267.
[82] Πρὸς ὑμᾶς soll nach Robertson/Plum-mer 388 im Unterschied zu μετά oder σύν »in active intercourse with you« bezeich-nen. Das dürfte Überinterpretation sein, denn πρός nennt hier einfach das Ziel von πορεύεσθαι; vgl. 4,21 und weiter Reicke, ThWNT VI 721f.
[83] Zu τύχον vgl. außer Bl-Debr-Rehkopf § 424 und Bauernfeind, ThWNT VIII 239.242 (»im Sinne von *vielleicht*«) auch εἰ

τύχοι 14,10; 15,37. Nach Heinrici, Send-schreiben 563 läßt Paulus es damit, als er den Brief im Frühjahr schreibt und im Spätsommer nach Korinth zu kommen ge-denkt, »noch dahingestellt, ob er bereits im Herbste sie wieder verlassen wird oder nicht«.
[84] Vgl. Tit 3,12; Apg 27,12; 28,11 und die Belege bei Bauer/ Aland 1260. Das Über-wintern war im östlichen Mittelmeer meist durch das allgemeine Einstellen der Schif-fahrt während der Wintermonate infolge der Seestürme und Sichtverhältnisse be-dingt; jedenfalls galten Seereisen, wenn sie ausnahmsweise möglich waren, dann als gefahrvoll (vgl. die nächste Anm.).
[85] Vgl. den Beleg aus Vegetius bei Ro-bertson/Plummer 388 und weiter F. Bran-del, The Mediterranean and the Mediterra-nean World in the Age of Phillip II, New York 1966, 248-256 sowie die Belege und weitere Lit. bei Riesner, Frühzeit 274f. Vgl. im NT Apg 27,9-12; 2Tim 4,21 und die dreimalige Erfahrung von Schiffbruch des Paulus 2Kor 11,25.
[86] Προπεμφθῆναι begegnet in diesem Sinn auch Röm 15,24; 2Kor 1,16; Apg 15,3;

det offenbar die von ihm in Kap. 9 verweigerte finanzielle Unterstützung für seinen Lebensunterhalt während seines Aufenthalts von einer solchen Ausrüstung. Οὗ deutet wie schon V 44 an, daß Paulus noch nicht sicher ist, wohin die Reise von Korinth aus gehen wird.

Die Erwartung einer Ausrüstung zur Weiterreise ist aber nicht so zu ver- 7 stehen, als solle Korinth nur eine Zwischenstation sein. Daß man aus ἄρτι entnehmen dürfte, daß Paulus schon früher einmal ἐν παρόδῳ in Korinth war[87], ist ganz unwahrscheinlich. Ἄρτι ist kein Hinweis auf einen früheren Kurzbesuch[88] und bezeichnet keinen Vergleich zu einer früheren Zeit, sondern markiert den gegenwärtigen Augenblick, in dem nur ein kurzer Besuch im Vorübergehen möglich wäre. Paulus hofft aber[89], im Unterschied zu Mazedonien (V 5) eine geraume Zeit in Korinth zuzubringen, was eine etwas zweischneidige Bevorzugung der Korinther bedeutet[90]. Allerdings geht Paulus offenbar davon aus, daß sein Brief zusammen mit der Sendung des Timotheus seine Wirkung tun wird und die Dinge trotz aller Spannungen ins Reine kommen. Ob die an 4,19 und damit indirekt an die *conditio Jacobaea*[91] erinnernde Wendung auf konkrete

---

3Joh 6; vgl. weiter 1Makk 12,4; 1Esr 4,47. Anders Heinrici 514, der im Sinne von Begleitung interpretiert, weil Paulus »gerne in Gesellschaft von Schülern« gereist sein soll (ähnlich schon Grotius 827) und 9,18 gegen den Sinn von Ausrüstung spreche (ähnlich Robertson/Plummer 388: nicht mehr als gute Wünsche und Gebete); Ollrog, Paulus 124 Anm. 57 (Begleitung und Begleitschreiben). Richtig Bauer/Aland 1420 und Weiß 383: »die sorgfältige Vorbereitung einer Missionsreise durch Verabredung der Route, Empfehlungen, Briefe, Schiffsgelegenheit, auch doch eine gewisse Ausrüstung mindestens mit Reisekleidern und Proviant«; ebs. Klauck 124f; vgl. auch Grosheide 399; Fee 819; Kremer 371.
[87] Nach Meyer 483 und Heinrici 515 soll das nicht zu entscheiden sein; zuversichtlicher Weiß 383, nach dem Paulus »hier auf einen früheren sehr kurzen Besuch anspielt«; auch Holsten, Evangelium 445 Anm.** will in ἄρτι einen Gegensatz zwischen jetzt und früher erkennen: »nicht will ich euch *jetzt* (unter diesen umständen), wie früher (unter anderen verhältnissen), *im vorbeigehen* besuchen« (ähnlich v. Hofmann 396 u.a.). Holsten gibt allerdings selbst zu, daß diese Erklärung nicht notwendig ist, wenn der Akzent auf ἐν παρόδῳ liegt.
[88] Vgl. Godet II 251 und Bachmann 474: Es wäre dann eher πάλιν (2Kor 2,1) zu erwarten; zudem markiert ἄρτι weder notwendig einen Vergleich zu früher noch (wie

13,12) zu später (Allo 459f); vgl. zu ἄρτι auch 4,11.13; 15,6 (ἕως ἄρτι).
[89] Ἐλπίζω für »innerweltliche« Hoffnungen auch sonst (Röm 15,24; Phil 2,19.23); vgl. Bultmann, ThWNT II 527.
[90] Nach Theophylakt 788 setzt Paulus die korinthischen Sünder durch das παραμενῶ sogar in Schrecken. Nach Heinrici 515 erklärt sich der Vorzug Korinths gegenüber Mazedonien »am ungezwungensten aus den von den korinthischen Abgesandten erhaltenen neuen Nachrichten, die ein längeres Verweilen wünschenswerth machten«; ähnlich Godet II 251; Fee 819 (»it may take some time for him to square away the breakdown in relationships between him and them«); Kremer 371. Das war schon die Meinung der Alten Kirche: *Sicut medicus ibi moram habet, ubi plures aegrotant* (Hieronymus 771; Pelagius 227; Primasius 553; Glossa 60v; Petrus Lombardus 1694).
[91] Vgl. dazu EKK VII 1, 361f; vgl. Schlatter 452, nach dem dieser Satz zeigt, »wie völlig sich Paulus bei jedem Entschluß vom Herrn geleitet wußte«. Allerdings besteht zwischen dem θέλειν und dem ἐπιτρέπειν des Herrn ein Unterschied, denn die *permissio Dei* ist ein schwächerer Ausdruck für solches Wissen. Meist wird als Analogie Josephus, Ant 20,267 zitiert: κἂν τὸ θεῖον ἐπιτρέπῃ. Semler 462 erklärt: *Dei autem voluntatem Paulus non* ἀμεσως (unvermittelt) *sed ex rerum, quae incidebant, varietate colligebat.*

Hinderungsgründe anspielt, läßt sich nicht sagen. Am ehesten liegt ein
Bezug zu V 9 nahe. Mit κύριος ist vermutlich wie in 4,19 Gott[92] und nicht
Christus gemeint[93].

8 Aus V 8 ist zu entnehmen, daß Paulus sich zur Zeit der Abfassung des
Briefes in Ephesus aufhält[94] und den Brief einige Zeit vor Pfingsten
schreibt. Man darf aus πεντηκοστή, nach dem jüdischen Kalender der 50.
Tag nach dem Passafest (etwa Mitte Juni)[95], kein kultisches Kapital schlagen, schon gar nicht eine christliche Pfingstfeier rekonstruieren[96]. Selbst
auf eine Abfassungszeit des Briefes in der Nähe zum Osterfest[97] führt
nichts, denn Pfingsten als Termin der Abreise nennt schlicht die für solche Reise günstigste Zeit. Richtig ist, daß der Brief im Frühjahr geschrieben sein wird.

9 V 9a begründet den Aufenthalt in Ephesus bildhaft damit, daß sich dem
Apostel eine Tür aufgetan hat. Θύρα als Gelegenheit für die missionarische Wirksamkeit begegnet auch 2Kor 2,12 (vgl. Kol 4,3)[98]. Das intransi-
tive ἀνέῳγεν ist eine Umschreibung dafür, daß Gott diese Tür aufgetan,
Paulus sie also nicht selbst geöffnet hat. Ἐνεργής paßt als Näherbestim-
mumg nur schlecht zu diesem Bild und ist offenbar von der Sache bestimmt. Vermutlich soll damit die in der apostolischen Verkündigung
wirksame göttliche ἐνέργεια angedeutet werden (vgl. 1Thess 2,13, wo es
vom Wort Gottes heißt: ἐνεργεῖται ἐν ὑμῖν)[99]. Wer die vielen Widersa-

[92] So z.B. Wolff 432 und V.P. Furnish,
Der »Wille Gottes« in paulinischer Sicht,
in: FS W. Marxsen, Gütersloh 1989, 208-
221, hier 218f; vgl. auch unten Anm. 131.

[93] So aber Meyer 483; Heinrici 515 mit
Hinweis auf Apg 16,7.10; ebs. Foerster,
ThWNT III 1090; Fee 820.

[94] Das ist vermutlich mit Apg 19,1 zu verbinden; nach Apg 19,10 hat Paulus zwei
Jahre in Ephesus zugebracht. Zu Ephesus
vgl. Schäfer, RGG ³II 520f; zum ephesinischen Aufenthalt des Paulus Köster, Einleitung 547-550; Strelan, a.a.O. (Anm 1177 zu
Kap. 15) verbindet mit Apg 19,9 und 20,19
und vermutet eine jüdische Opposition.

[95] Vgl. Ex 34,22; Lev 23,15-22; Dtn 16,9-
12. Das Wort in seiner von der profangrie-
chischen abzuhebenden (nach Bauer/Aland
1296 *terminus technicus* der Steuersprache:
der 50. Teil = 2%) jüdischen Bedeutung
2Makk 12,32 und Tob 2,1 nach Lev 23,16;
vgl. auch Josephus, Ant 3,252; Philo, Decal
160 und Apg 2,1; 20,16 sowie weiter E. Lohse, Art. πεντηκοστή, ThWNT VI 44-53;
Weiser, EWNT III 165f; Roloff, Kirche 62-
68. Das jüdische Wochenfest war ursprünglich ein reines Erntefest und ist erst in
christlicher Zeit auch zum Fest der Gesetz-
gebung am Sinai geworden (Lohse 47-49).

[96] Vgl. schon Erasmus 745 und v. Mosheim 757: »Von dem christlichen Feste der
Pfingsten wußte man damals noch nichts«
(anders z.B. Estius 782). Paulus benutzt wie
in V 2 die jüdische Wochen-, so hier die jüdische Jahreseinteilung.

[97] So etwa Robertson/Plummer 389; Gutjahr 482; Strobel 267, nach dem sogar das
Bild von der geöffneten Tür »in besonderer
Weise auf die messianische Stimmung der
österlichen Gemeinde Rücksicht« nehmen
soll, doch weder die geöffneten Tempeltore
während der Passazeit (Josephus, Ant
18,29f) noch erst recht die in Weish 19,17;
Mt 25,10; Lk 13,25; Jak 5,8f; Offb 3,20 u.a.
erwähnte θύρα können das erweisen. 2Kor
2,12 spricht erst recht nicht dafür.

[98] Jeremias, ThWNT III 174 verweist auf
zahlreiche jüdische wie hellenistische Belege für den übertragenen Gebrauch der Tür;
vgl. auch die Beispiele im Neuen Wettstein
409-411. Zur Ephesusmission vgl. etwa
Ollrog, Paulus 38.59-61.

[99] Rückert 428; de Wette 162; vgl. Bertram, ThWNT II 650 (»die gottgewirkten
Möglichkeiten der Missionsarbeit«); Paulsen, EWNT I 1108 (es solle »die Möglichkeit der eröffneten, eindeutigen Wirksamkeit der Verkündigung« unterstrichen wer-

cher (πολλοί für Gegner auch 2Kor 11,18; Phil 3,18) sind, wissen wir nicht. Auch 15,32 bringt keine Eindeutigkeit[100]. Jedenfalls sieht Paulus diese Widersacher nicht als so bedrohlich an, daß er aus der Stadt wie einst aus Damaskus flieht (2Kor 11,32f), sondern als Herausforderung zum Bleiben[101].

In V 5-9 kündigt Paulus nach einer Reise durch Mazedonien seinen Besuch in Korinth an, wo er den Winter zu verbringen gedenkt und Reiseausstattung erwartet. Bis Pfingsten aber will er in Ephesus bleiben, weil sich dort trotz vieler Widersacher eine Chance für sein missionarisches Wirken abzeichnet. | Zusammen-fassung

Auch dieser kurze Abschnitt hat nur wenige Spuren hinterlassen. Die Gründe für die unterschiedliche Aufenthaltsdauer in Mazedonien und Korinth werden meist so bestimmt: In Korinth *multa erant corrigenda*[102]; in Mazedonien dagegen braucht sich Paulus nicht lange aufzuhalten, *quoniam pauca sunt in illis emendanda*[103]. Bisweilen wird der Abschnitt auch zur Begründung notwendiger Visitationen herangezogen[104]. Kremer (374) versucht, eine Brücke von der Änderung der apostolischen Reisepläne, »die von den Betroffenen nicht immer sofort verstanden wurden«, zur heutigen Situation und deren »seelsorgerliche Pläne und Programme« zu schlagen: »Sie sind immer an der konkreten Realität zu orientieren und u.U. zu korrigieren, allerdings in offener Aussprache mit den Betroffenen und unter Darlegung der Gründe«. | Auslegungs-und Wirkungs-geschichte

Chrysostomus (370) fragt, warum Paulus in V 6 »vielleicht« sagt und antwortet: »weil er nicht alles voraussah«[105]. Ähnlich wie 4,19 wird auch V 7c

---

den); anders Robertson/Plummer 390: »effective, influential, productive of good results« oder »calling for much activity, full of employment«. Heinrici, Sendschreiben 564 findet die Erklärung im Gloss. Alberti 139 treffend: ἑτοίμα πρὸς ἐργασίαν.

[100] Robertson/Plummer 390 zitieren Ramsay (»The superstition of all Asia was concentrated at Ephesus«); öfter wird auf Apg 19,23-41 verwiesen (Fee 821) oder auf Apg 19,9.13f (Grosheide 400).

[101] Vgl. Grotius 828: *Quod alium terruisset, hoc Paulum invitat*; ebs. Robertson/Plummer 390; vgl. auch Rückert 428 (Paulus blieb, »weil es zu kämpfen gab«) und Bousset 166 (»Wo es viele Gegner gibt, da ist sein Platz«). Godet II 251 ist mit Recht gegen eine konzessive Fassung des καί, das vielmehr »einen neuen Beweggrund« nenne (so schon v. Mosheim 757). Nach Neander 268 dagegen soll die Bemerkung des Paulus den Korinthern zeigen,

daß es ihm nicht so gut geht und er »mit vielen Hindernissen zu kämpfen« hat.

[102] Vgl. Hieronymus 771; Pelagius 227; Haymo 605; Herveus 998 u.a.

[103] Herveus 998; Primasius 553; vgl. auch Pelagius 227; Ambrosius: »Bei den Korinthern bringt er den Winter zu, weil er wegen ihrer Verirrungen besorgte, es möchte ihr Eifer in der Gottesverehrung erkalten; mit den Ephesern feiert er Pfingsten und teilt ihnen die Mysterien mit und erfrischt ihr Herz, weil er sie von glühendem Glaubenseifer entbrannt sah« (Lk-Komm. 8,25 [BKV 21, 476]).

[104] So EKO, Bd. 8, 196; auch Spener 518 betont: *Omissio enim visitationis praesertim ruri, plurimum nocet.*

[105] Nach Oecumenius 900 weiß Paulus nicht, was ihm der Geist zugesteht und was nicht; vgl. auch Atto 410: Die Korinther können so wissen, daß, ob er kommt oder nicht, das *divina dispensatione* geschieht.

gern für die Einwilligung in Gottes Willen, vor allem aber für die Abhängigkeit von ihm bemüht. Calvin (472) schließt daraus: »Unter dieser Bedingung sollen die Heiligen alle ihre Pläne und Beschlüsse fassen. Denn da wir nicht einmal einen einzigen Augenblick in unserer Gewalt haben, ist es töricht, für die Zukunft viel zu unternehmen und festzulegen. Obgleich die innere Beugung vor Gott die Hauptsache bleibt, ist es doch gut, sich auch an eine entsprechende Redeweise zu gewöhnen; so prägen wir uns bei jeder Erwägung der Zukunft ein, daß wir ganz von Gottes Willen abhängen«[106].

Ein wenig Beachtung findet noch V 9. Ephraem (84) faßt das Bild von »der offenen Tür« nicht allein im positiven Sinn: *vel per homines qui ejus discipuli facti erant, vel per persecutionem quae ab inimicis facta est.* Für Chrysostomus (371) sind viele Widersacher ein σημεῖον τῆς τοῦ Εὐαγγελίου προκοπῆς, denn wer nur wenig Gutes oder Böses tue, reize auch jenes »schlimme Tier« (sc. den Teufel) nicht. Nach Spener (519) sind Orte, wo viele Widersacher sind, nicht zu meiden, vielmehr sollen wir dann, wenn wir von Gott die Gabe haben, ihnen zu widerstehen, diese eher aufsuchen.

3   Mitteilungen über Timotheus und Apollos 16,10-12

Literatur: Aejmelaeus, L., Streit und Versöhnung. Das Problem der Zusammensetzung des 2. Korintherbriefes, Helsinki 1987 (Schriften der Finnischen Exegetischen Gesellschaft 46), 137-141; *Kim, C.-H.,* The Familiar Letter of Recommendation, 1972 (SBLDS 4); *Stowers,* Letter Writing.

10 Wenn aber Timotheus kommt, so seht zu, daß er ohne Furcht bei euch sein kann. Denn er wirkt das Werk des Herrn genauso wie ich selbst. 11 Es soll ihn also niemand gering achten! Gebt ihm vielmehr in Frieden das Geleit, damit er zu mir (zurück) kommt. Denn ich erwarte ihn mit den Brüdern. 12 Was aber den Bruder Apollos betrifft, so habe ich ihm oft zugeredet, mit den Brüdern zu euch zu gehen. Doch war es ganz und gar nicht (sein) Wille, jetzt zu kommen. Er wird aber kommen, sobald er eine Gelegenheit findet.

Photius 583 fügt aber an die *conditio* ausdrücklich an: ἀλλ᾽ οὖν τὸ ἐμὸν θέλημα ἵνα προσμείνω ὑμῖν ἐστιν.
[106] Ähnlich Spener 517, der Jer 10,23 anführt; vgl. auch Heidegger 178 (*Non enim ubi volo, sed ubi spiritus Domini jusserit, manere possum*) und Thomas 432 (*Et dicit quocumque, quia nesciebat determinare quo iret, nisi secundum quod Spiritus Sanctus inspirabat sibi*); anders Estius 780, der so erklärt: *Si Dominus voluerit, eo, quod de voluntate Dei certus esset per revelationem* (mit Verweis auf Apg 19,21), und er fügt hinzu, es sei nicht nötig, so oft wir etwas vorhaben, die Worte hinzuzufügen »wenn der Herr es will«, *sed interdum verbo, semper intellectu.* Zu *permiserit* heißt es dann: *Non sic Deum esse nostrarum actionum autorem, ut non etiam a libera cujusque voluntate, Deo tamen subordinata, procedant* (781).

Auch dieser kurze Briefabschnitt ist stilgemäß[107]. Neben der Empfehlung   Analyse
zu guter Aufnahme und Rückleitung des Timotheus (V 10f) stehen zum
letzten Mal mit περὶ δέ eingeleitete Sätze, die Nachrichten über Apollos
zum Inhalt haben (V 12).

Gliederung: Im Unterschied zum vorangehenden Ich-Stil ist jetzt Timotheus
Subj. der Protasis (V 10a), der ein plur. Imp. Präs. folgt, von dem ein ἵνα-Satz abhängt, der den Inhalt des Imp. expliziert. V 10c begründet das mit einem Aussagesatz, dessen Subj. wieder Timotheus ist, dessen Werk durch ὡς κἀγώ mit Paulus verglichen wird. V 11 folgt ein prohibitiver Konjunktiv mit τις, dessen Obj.
αὐτόν ebenso wieder Timotheus ist wie beim anschließenden plur. Imp. Aor., von
dem wieder ein ἵνα-Satz abhängt, dessen Zielangabe (πρός με) den Blick von Timotheus zurück auf Paulus lenkt; dieser ist (1. Pers. Sing.) Subj. des begründenden Schlußsatzes von V 11, wobei Timotheus »mit den Brüdern« Obj. bleibt. V 12
setzt wie V 1 mit περὶ δέ ein und nennt Apollos, der durch τοῦ ἀδελφοῦ näher
charakterisiert wird und in V 12b als Obj. des in der 1. Pers. Aor. gebrauchten
παρακαλεῖν des Paulus erscheint, dessen Inhalt (Zweck) ein den Inf. vertretender
ἵνα-Satz benennt und wie in den folgenden Sätzen das ἐλθεῖν des Apostels betrifft. V 12d beginnt mit adversativem καί, doch ist das als Subj. von ἦν gebrauchte θέλημα nicht eindeutig, auch wenn im anschließenden ἵνα-Satz Apollos
ebenso Subj. ist wie in dem abschließenden Temporalsatz im Fut.

V 10 greift auf 4,17 zurück und erwähnt erneut die Sendung des Timo-   Erklärung
theus nach Korinth. Darf man das mit Apg 19,22 verbinden, ist Timothe-   10
us (mit Erastus[108]) über den Landweg nach Korinth gereist (von seiner
Weiterreise von Mazedonien nach Griechenland ist in Apg 19,22 nicht die
Rede). Dabei setzt V 10 voraus, daß Timotheus bereits unterwegs ist (vgl.
sein Fehlen im Präskript und in der Grußliste) und wegen des zeitrauben-
deren Landweges über Kleinasien und Mazedonien später als der Brief in
Korinth ankommen wird, der seinerseits wohl auf dem kürzeren und
schnelleren Seeweg dorthin gelangen soll. Daß Paulus im Unterschied zu
V 2f.5 hier ἐάν und nicht ὅταν gebraucht, könnte darin begründet sein,
daß er seine Mahnung nicht so sehr vom Zeitpunkt der Ankunft, sondern
von der Sache, d.h. vom Auftrag des Timotheus her ins Auge faßt, ist also nicht als Ausdruck der Ungewißheit des Besuchs zu erklären[109]. Paulus

---

[107] Vgl. die Empfehlungen von Mitarbei-
tern 4,17; Röm 16,1f; 2Kor 8,23f; Phil 2,19-
22 sowie weiter 2Kor 3,1-3; Phil 2,25-30
und später Kol 4,7ff; Eph 6,21f. Vgl. auch
die atl. (2Kön 5,5f), ntl. (Apg 9,2; 15, 23-39;
18,27; 22,5) und antiken Beispiele bei Deissmann, Licht vom Osten 137.163f.169 und
weiter Kim* und Stowers* 153-165; Bau-
er/Aland 1558; Spicq, Notes II 684f.
[108] Nach Barrett 390 braucht er nicht erwähnt zu werden, weil er ein Korinther ist
(Röm 16,23) und einfach nach Hause zurückkehrt.

[109] Vgl. Holsten, Evangelium 446 Anm. *;
Paulus stellt also die Ankunft des Timotheus
»unter den hypothetischen, nicht unter den
zeitlichen (ὅταν) Gesichtspunkt« (Meyer
484; Heinrici 516); vgl. aber die Beispiele bei
Schmiedel 206 für die Gleichwertigkeit der
Konjunktionen, d.h. auch der Zeitpunkt gilt
dann als ungewiß (vgl. auch Conzelmann
367 und Fee 821). Andere wie Gutjahr 483
gehen noch weiter: Paulus halte die Ankunft
des Timotheus in Korinth »nicht unter allen
Umständen für sicher« (ebs. Allo 481; Barrett 390; Aejmelaeus* 117f).

mahnt auffallenderweise zu einem Aufenthalt[110] des Timotheus ohne Furcht, und das bei einem allen Korinthern bekannten Mitgründer der Gemeinde (Apg 18,5). Das läßt darauf schließen, daß er Komplikationen nicht ausschließt, auch wenn sich das sonst nur Phil 1,14 gebrauchte ἀφόβως nicht auf eine Gefahr für Leib und Leben, sondern auf den Auftrag des Timotheus bezieht[111]. Wodurch solcher φόβος ausgelöst werden könnte, scheint weitgehend der Phantasie überlassen bleiben zu müssen[112], doch wird der Grund kaum außerhalb der Gemeinde zu suchen sein. Am nächsten liegt, daß die Furcht mit dem in 4,17 benannten Auftrag des Timotheus zu tun hat, die ὁδοί μου ἐν Χριστῷ in Erinnerung zu rufen, was bei selbstbewußten Pneumatikern nicht gerade auf Begeisterung stoßen wird. Darauf verweist auch die Begründung, daß Timotheus das ἔργον κυρίου treibt (vgl. zu 15,58), und zwar in Entsprechung zum Apostel (ὡς κἀγώ) und mit seiner Rückendeckung (vgl. auch zu συνεργεῖν V 16). Diese Hervorhebung könnte zwar auch auf eine Befürchtung schließen lassen, daß Timotheus in Korinth als bloß zweite Wahl gelten könnte[113] oder umgekehrt die Korinther ihre Distanz zu Paulus auch auf Timotheus als seinen Delegaten übertragen haben könnten (in diesem Fall wäre die Begründung aber eher kontraproduktiv), doch kann der Hinweis auf das »Werk des Herrn« und das ὡς κἀγώ gegenüber den hochmütigen Korinthern auch die apostolische Autorität in Erinnerung rufen (vgl. 4,18-21)[114]. Autorisieren aber kann sie beide nur das von ihnen verrichtete und zu verrichtende »Werk des Herrn«.

---

[110] Γίνομαι πρός + Modalbestimmung kann wie in 2,3 mit »gelangen zu« und »auftreten bei« übersetzt werden, doch ist wohl (anders noch EKK VII 1, 229) nicht nur die Aufnahme im Blick.

[111] Vgl. Estius 783: *Ponit enim effectum pro objecto, timorem pro periculo et molestia. Loquitur non de infidelibus, sed de quibusdam professione Christianis, qui, eloquentiae et saecularis sapientiae nomine sibi placentes.*

[112] Vgl. Conzelmann 367: »Was hinter der nachdrücklichen Empfehlung steckt, wissen wir nicht«; ebs. Hainz, Ekklesia 96 Anm. 3. Becker, Paulus 166 fragt, ob Timotheus wegen der Nachrichten über die Parteien »nach dem Rechten sehen« soll, was auch erkläre, daß der Besuch schon in 4,17 angekündigt werde. Nach Wire, Women 177 soll Paulus die Reaktion auf seinen Brief im Auge haben.

[113] Vgl. schon Theophylakt 789 sowie Senft 217 und Klauck 125: Paulus habe die Sorge, daß die Korinther Timotheus »nicht als vollwertigen Ersatz für den Apostel akzeptieren werden«.

[114] Vgl. Theophylakt 788, der die Gefahr sieht, daß sich die πλούσιοι σοφοί gegen Timotheus erheben, und Melanchthon, Werke IV 93: *Hic videri pseudapostolis et sycophantis Corinthiorum potuit Paulus vel metuens adversarios vel sui compendii gratia vitasse Corinthum;* neuerdings Weiß 384: Die Stellung des Paulus sei »nicht mehr unerschüttert«. Ollrog, Paulus 22f erinnert wie Weiß vor allem an die Rivalitäten in der Gemeinde; Lang 247 denkt an »Scheu vor den hochmütigen Pneumatikern« (ähnlich schon Semler 463: *ab istis inflatis*); vgl. auch Wolff 433; Kremer 372 und G. Eichholz, Vernehmen und Staunen, Neukirchen-Vluyn 1973, 105f: Es sei fraglich, »ob Timotheus in Korinth mit dem, was er im Auftrag des Paulus zu sagen hat, ›ankommt‹ ... Man könnte in Korinth auf Timotheus herabsehen, ihn mit einer Handbewegung beiseite schieben – ihn als Luft behandeln ... Das alles bedeutet, daß die Vorstellung von einer zweifellosen Autorität, die Paulus in Korinth gehabt hätte, nichts als Legende wäre. Seine Autorität war umstritten«.

Dem entspricht auch die Mahnung, Timotheus nicht zu verachten, woraus eine gewisse Besorgnis hervorgeht, genau dieses könne geschehen. Ἐξουθενεῖν bezeichnet die verächtliche Geringschätzung gegenüber Außenstehenden (6,4), aber auch die abschätzige Zurückweisung des λόγος des Apostels (2Kor 10,10; vgl. auch Gal 4,14), während Röm 14,3.10 vor einem ἐξουθενεῖν von schwachen Christen warnt. Zweifellos bedient sich Paulus hier eines starken Ausdrucks, ohne daß sich aber wiederum wie in V 10 konkrete Gründe für solch mögliche Verachtung seitens der Korinther benennen ließen. Der beliebte Hinweis auf die Jugend des Timotheus bzw. seine Schüchternheit[115] ist aus 1Tim 4,12 gewonnen. Die Vermutung, daß es Timotheus »an der nöthigen Autorität fehlen möge«, weil dieser kein Apostel, sondern »nur ein Apostelschüler« war[116], geht von einem verfehlten Verständnis der korinthischen Theologie aus, als ob die auf apostolische Autorität besonderes Gewicht gelegt hätte. Paulus erwartet jedenfalls nicht nur Respekt vor Timotheus, sondern auch die notwendige Ausrüstung bei seiner offenbar bald wieder erfolgenden Rückreise (zu προπέμπειν vgl. zu V 6). Ἐν εἰρήνῃ begegnet sonst nur 7,15, doch liegt unserer Stelle die traditionelle Wendung von πορεύεσθαι bzw. ὑπάγειν ἐν εἰρήνῃ bzw. εἰς εἰρήνην zugrunde[117], auch wenn die Opposition zu ἀφόβως vor allem an Frieden und Eintracht denken läßt[118].

Allerdings ist nicht sicher zu entscheiden, ob μετὰ τῶν ἀδελφῶν zu αὐτόν oder zu ἐκδέχομαι gehört. Die letztere Deutung auf die ephesinischen Christen oder die korinthischen Abgesandten bei Paulus, die die Rückkehr des Timotheus mit dem Apostel erwarten[119], wird ebenso vertreten wie die andere Deutung, nach der sich die Brüder in Begleitung des Timotheus befinden, wobei nach Apg 19,22 etwa Erastus u.a. im Blick sein sollen[120]. Eine Beziehung auf Begleitpersonen des

[115] So schon Theodoret 372; Theophylakt 789; Thomas 433; Calvin 473; Olshausen 767; Meyer 484; Heinrici 516; Godet II 252; Lietzmann 89; Héring 153 u.a.

[116] So de Wette 162; Neander 268 u.a.; v.Mosheim 758 nennt außer Jugend und der Tatsache, daß Timotheus »kein großer Apostel« war, auch dies, daß man Timotheus verschmähen könne, »weil er von Paulo abgesendet worden«; vgl. auch die vorletzte Anm.

[117] Mk 5,34; Lk 7,50; 8,48; Apg 16,36; Jak 2,16; vgl. Foerster, ThWNT II 409; Bauer/Aland 458 verweisen auf Vita Aesopi 1,32: ἐν εἰρήνῃ ἀπέστειλεν [αὐτόν]. Vgl. schon Calvin 570: *Salvum ab omni noxa;* Beza 168 identifiziert mit ἀσφαλῶς.

[118] So Meyer 485; Heinrici 516 (vgl. auch ders., Sendschreiben 565: »In Frieden kehrt er wieder, wenn seine Sendung den beabsichtigten Erfolg hatte«); Weiß 384 mit Hinweis auf Chrysostomus 374 (μὴ μάχας καὶ φιλονεικίας); ebs. Oecumenius 901; vgl. auch Theophylakt 789: χωρὶς μάχης καὶ φιλονεικίας, μετὰ πάσης ὑποταγῆς.

[119] Diese Meinung vertritt z.B. Godet II 252 (weil die Erwähnung von Reisegefährten nur ein »unwichtiger Nebenumstand« sein soll); v. Hofmann 397 (weil »mit den Brüdern« sonst hinter πρὸς ἐμέ stehen müsse); vgl. auch Grosheide 401; Aejmelaeus* 138 würde sonst eher ἐκδέχομαι αὐτόν καὶ τοὺς ἀδελφούς erwarten und schon im vorangehenden Vers wahrscheinlich προπέμψατε δὲ αὐτὸν καὶ τοὺς ἀδελφοὺς ἐν εἰρήνῃ. Schlatter 454 denkt an die in Apg 20,4 Genannten.

[120] So Beza 168; Semler 464; Grotius 828; Olshausen 767; Meyer 485; Heinrici 516f; Lietzmann 89; Wolff 433 u.a. Aber auch dann ist nicht klar, wer diese »Brüder« sind.

Timotheus dürfte aber wegen der dann möglichen Übereinstimmung mit derselben Wendung μετὰ τῶν ἀδελφῶν in V 12 näherliegen. Andere erwägen, ob diese und nicht Stephanas u.a. Überbringer des Briefes waren[121].

12 Man wird aus περί auch hier kaum zweifelsfrei auf eine schriftliche Anfrage der Korinther schließen dürfen. Über Apollos und das hier nur knapp angesprochene Verhältnis des Paulus zu ihm ist zu 1,12 das Nötige gesagt[122]. Paulus hat ihm oftmals zu einem Besuch in Korinth zugeredet. Daß die Korinther selbst ihn eingeladen bzw. um seinen Besuch gebeten haben[123], geht aus dem Text nicht direkt hervor, ist aber möglich. Besser begründet ist die Vermutung, daß Paulus sein Zureden erwähnt, um den möglichen Verdacht zu zerstreuen, er habe Apollos als Gewährsmann der Apollosleute oder als potentiellen Konkurrenten oder gar Rivalen an einem Besuch gehindert[124]. Es liegt nicht an Paulus, daß Apollos, dessen Selbständigkeit hier sehr deutlich zu Tage tritt, sich nicht zur Mitreise entschließen kann. Warum Apollos sich der Bitte des Paulus verschlossen hat, entzieht sich unserer Kenntnis[125]. Jedenfalls will er »jetzt« nicht mit den Brüdern nach Korinth reisen. Allerdings ist wiederum nicht ganz eindeutig, ob die »Brüder«, mit denen Apollos reisen sollte, die korinthischen Delegierten sind, die mit dem Brief nach Korinth zurückreisen oder nicht doch eher (vgl. oben zu V 11) die Begleiter des Timotheus[126]. Ebenso unsicher ist, auf wessen Willen hier verwiesen wird. Früher dachte man überwiegend an den Willen *Gottes*[127], eine Interpretation, die auch heute noch vertreten wird[128]. Nun kann bloßes θέλημα in jüdischen[129], aber

---

[121] So schon Origenes 50; Haymo 605; Coccejus 349; ähnlich Robertson/Plummer 392; Schmiedel 206f; dagegen Fee 822: es mache wenig Sinn, daß Paulus mit seinem Brief bis zur Rückkehr des Timotheus warte. In der Tat ist eher an Erastus u.a. (Apg 19,22) zu denken (Moffat 275).

[122] Vgl. EKK VII 1, 143f (allerdings muß ich meine dortige Interpretation von θέλημα auf Gottes Willen relativieren).

[123] So z.B. de Wette 162; Meyer 485; Schmiedel 207; Fee 824; Strobel 269; Lang 247 u.a. Ob man aus der Abfolge von V 10f zu V 12 schließen kann, daß Paulus beides in Beziehung setzt (vgl. v. Mosheim 759: »An statt dieses so gewünschten Apollo kam Timotheus«)?

[124] Calvin 474; Heinrici 517; Weiß 384f; Klauck 125f u.a.

[125] Vgl. EKK VII 1,143 und unten Anm. 127.

[126] Die erstere Annahme vertreten z.B. Olshausen 767; Meyer 485; Godet II 253; Bachmann 474; Fee 824; Wire, Women 178 u.a.; dagegen denken andere wie Stirewalt,

a.a.O. (EKK VII 1, 71) 189; Orr/Walther 360; Strobel 269; Wolff 433 an die »Brüder«, die mit Timotheus unterwegs sind und zurückerwartet werden, wofür spricht, daß es sich bei den »Brüdern« von V 11 und V 12 jeweils um denselben Personenkreis handeln würde. Barrett 391 erwägt eine Identifizierung mit Timotheus. Weiß 385 läßt die Sache wie in V 11 auch hier offen.

[127] Origenes 50; Oecumenius 901; Theophylakt 789; Theodoret 372 (τῇ τοῦ θεοῦ προνοίᾳ τὸ πᾶν ἀνέθηκεν); aber auch Coccejus 350 u.a.; anders aber Ambrosius 289; Hieronymus 772; Pelagius 228; Luther, WA 56, 502 u.a.

[128] So z.B. Weiß 385; Schlatter 454f (Paulus hätte sonst αὐτοῦ gesagt); Héring 153; Hainz, Ekklesia 97; Eichholz, a.a.O. (Anm. 114) 107; Kümmel, 196; Furnish, a.a.O. (Anm. 92) 219; Wire, Women 178; vgl. auch die nächste Anm.

[129] So 1Makk 3,60 (allerdings + ἐν οὐρανῷ) und das gern (so Schlatter 455) zitierte רצון יהי = γένοιτο θέλημα; vgl. weiter Schrenk, ThWNT III 59 Anm. 24.

auch christlichen Texten[130] zweifellos den Willen Gottes bezeichnen (so auch Röm 2,18). Zudem ist bei Paulus gerade im Kontext von Reiseplänen oft vom Willen Gottes die Rede[131]. Die andere Annahme dagegen, Paulus spreche vom Willen des Apollos, stützt sich vor allem auf den Kontext[132]. Außerdem nennt Paulus sonst den Willen Gottes bis auf Röm 2,18 stets θέλημα (τοῦ) θεοῦ[133], und auch πάντως paßt besser, wenn es Apollos »ganz und gar« an Willen fehlt. Der Bezug auf den Willen des Apollos wird endlich auch durch εὐκαιρήσῃ empfohlen, denn die anderen Belege für diesen Term[134] legen es fraglos nahe, daß von einer Gelegenheit die Rede ist, die Apollos selbst finden wird[135]. Ob sich Apollos zur Zeit der Abfassung des Briefes in Ephesus aufhält (öfter wird wegen der fehlenden Grüße mit seiner zeitweiligen Abwesenheit gerechnet[136]), muß offenbleiben. Jedenfalls ist Apollos auch nach unserer Stelle schwerlich ein »Partheimacher«, da Paulus selbst dessen Reise wünscht[137], und nichts deutet auf eine stärkere Trübung oder gar antagonistische Spannung im Ver-

---

[130] IgnEph 20,1 (ἐὰν ... θέλημα ᾖ); vgl. auch IgnRöm 1,1.

[131] Vgl. Röm 1,10; 15,32, aber auch V 7.

[132] Meyer 485; Heinrici 517; Robertson/ Plummer 392; Neander 268 läßt Röm 2,18 nicht als Gegenbeispiel gelten, weil dort die Bedeutung des Willens Gottes »deutlich im Zusammenhang« liegt; Fee 824: Apollos sei auch Subjekt des folgenden Satzes. Vgl. schon Estius 784: *Genitivum Dei subaudiri, cum de Deo nihil praecesserit, nimis coactum est.*

[133] Vgl. außer 1,1 weiter Röm 1,10; 12,2; 15,32; 2Kor 1,1; 8,5; Gal 1,4; 1Thess 4,3; 5,18.

[134] Vgl. im NT Mk 6,31; Apg 17,21 und die weiteren Belege bei Bauer/Aland 650 und Spicq, Notes I 318f; zum Substantiv εὐκαιρία vgl. Mt 26,16; Lk 22,6; Sir 38,24; 1Makk 11,42.

[135] Robertson/Plummer 393 dagegen erklären: »The proper καιρός rests with the Corinthians; Apollos will not come while there is an Apollos party in opposition to the Apostle«; vgl. dagegen Ambrosius 289: *cum opportunum fuerit* (ebs. Thomas 434 u.a.).

[136] Vgl. Schmiedel 207, der außerdem auf ἦν verweist; Robertson/Plummer 393; Meyer 485 Anm.**; Heinrici 517 (»vielleicht«); anders Bachmann 475: ἦν beziehe sich »auf das bei den Besprechungen herausgekommene Ergebnis«. Wire, Women 178 entnimmt den fehlenden Grüßen ein Indiz dafür, daß es zweifelhaft sei, daß Paulus und Apollos »are on good terms and in general agreement on Corinth«.

[137] So mit Recht Meyer 485f; Heinrici 517; ob Apollos zeitlich anderweitig beansprucht war (Meyer 486) oder dem Parteitreiben durch seine Reise nicht neue Nahrung geben oder die Klärung der verworrenen Beziehungen zwischen Paulus und Gemeinde nicht verzögern will (Heinrici 517) will, ob er Paulus nicht verlassen will oder fürchtet, von seinen eigenen Anhängern abrücken zu müssen (Moffat 275), ist dabei relativ unerheblich; vgl. auch Rückert 429; vgl. auch de Wette 163 (»viell. wegen Abneigung gegen das Parteiwesen in Cor.«); Godet II 253 (Nicht*wollen* statt Nicht*können* weise auf »einen starken Widerwillen« des Apollos dagegen, ihm die Rolle eines »Nebenbuhlers des Paulus« zuzuschreiben); Bousset 166; Klauck 125f; Strobel 269; Orr/Walther 360 u.a. führen auch die Bezeichnung ἀδελφός als Indiz dafür an, daß die Kollegialität der beiden außer Zweifel steht. Barrett 392 erwägt, daß Paulus und Apollos gemeinsam beschlossen haben, daß die Abwesenheit des Apollos den Interessen der christlichen Einheit besser diene. Weiß dagegen läßt »die völlig farblose Behandlung des Gegenstandes« eher vermuten, daß die Parteiungen »noch nicht so zugespitzt gewesen sein können«, wie Kap. 1-4 das voraussetzt. Wo 1Kor 1-4 als 3. Brief gilt, reflektiert V 12 entsprechend einen früheren Stand der Dinge, »als sich die Problematik noch nicht auf die Person des Apollos zugespitzt hatte« (Sellin, Streit 69), doch bleibt diese Zuspitzung m.E. fraglich (vgl. EKK VII 1, 144).

hältnis der beiden hin. Paulus nimmt auch hier ernst, daß sie *beide* διάϰονοι sind, Gott allein das Wachsen gibt und die Gemeinde den Lehrern und Gemeindegründern gegenüber frei bleiben muß (3,5f.21f)[138]. Immerhin ist nicht zu übersehen, daß Apollos bei allem Einvernehmen ganz offensichtlich unabhängiger von Paulus ist als Timotheus. Später wird der Alexandriner von Paulus nirgendwo mehr erwähnt.

Zusammen-fassung	Paulus mahnt die Korinther zu einer komplikationslosen Aufnahme des Timotheus, der zu ihnen unterwegs ist und dasselbe »Werk des Herrn« betreibt wie er selbst. Darum soll er nicht geringschätzig behandelt, sondern ausgerüstet werden und in Frieden zurückkehren. Von Apollos dagegen kann Paulus nur berichten, daß dieser trotz seiner Bitte gegenwärtig nicht nach Korinth reisen, sondern eine günstigere Gelegenheit abwarten will.
Auslegungs- und Wirkungs-geschichte	Erwartungsgemäß sind wiederum kaum Nachwirkungen dieser Verse zu verzeichnen.

1.   Nur auf die rechte Einstellung zu Timotheus und das Verhalten des Apollos wird hier und da eingegangen. Nach Chrysostomus (373) soll darauf gesehen werden, daß Timotheus weder reich noch gelehrt noch alt ist, sondern das Werk des Herrn tut, denn das Werk des Herrn ersetze alles, Adel und Reichtum, Alter und Gelehrsamkeit. Didymus (12) dringt darauf, daß die Lehrer nicht befürchten müssen, daß ihnen einer der Hörer in ῥᾳθυμία (Leichtsinn) begegnet. Calvin (473) zieht aus den Mahnungen des Paulus den Schluß, »daß die Gemeinde Christi verpflichtet ist, über das Leben ihrer Diener zu wachen«. Coccejus (349) erklärt: Die das Werk des Herrn tun, *ii sunt amandi, honorandi, recipiendi*, und sie sollen ihr Werk *sine metu, sine suspicione, sine gemitu* (seufzen), *cum laetitia & parrhesia* tun können[139]. An dieser Sicht ändert sich wenig.
2.   Da Apollos oft als Bischof der Korinther gilt[140], erhebt sich die Frage, ob ein Bischof wie Apollos seine Gemeinde verlassen darf. Thomas (434) schließt sich in seiner Antwort an Gregorius an: *Quando omnes subditi male se habent et nolunt corrigi, licet Episcopo recedere ab eis*[141]. Für Luther ist V 12 ein Beleg, alles *hilaritate ac voluntate liberrima* bzw. *hilari corde* zu tun[142]. Spinoza schließt aus V 12 und »ebenso aus dem Umstand,

---

[138]   Fee 825 verweist auch auf Phil 1,12-18.
[139]   Allerdings wird hier hinzugefügt: *Non tantum singulorum in Ecclesia est, ut morigeri* (zu Willen sein) *sint ductoribus & doctoribus* (ebd. 350); vielmehr dürfe man dem gesamten Coetus gegenüber nicht gleichgültig und verächtlich sein, wenn er das Werk des Herrn tut.
[140]   Vgl. Origenes 50; Didymus 12: Herveus 999; Thomas 434; Bruno 216; Estius 784;

Haymo 605: *episcopus Corinthiorum a Paulo fuerat ordinatus* (ähnlich Petrus Lombardus 1695).
[141]   Vgl. auch Petrus Lombardus 1695 und Estius 784. Bruno 216 charakterisiert das Verhalten des Apollos als *fugiens dissensionem eorum* (sc. der Korinther).
[142]   WA 56, 501f. Spener 520 erklärt: *Neque tamen hac de causa* (sc. opus Domini optimo quovis modo promovere) *rixantur,*

daß die Schrift niemals von ihnen (sc. den Aposteln) bezeugt, wenn sie zum Predigen irgendwohin gingen, daß sie es auf Geheiß Gottes taten«, sondern im Unterschied zu den Propheten »sich die Orte, wo sie predigen wollten, nach eigenem Ermessen ausgesucht haben«, Apostel seien von den Propheten des Alten Testamentes zu unterscheiden, weil die Apostel »allen Völkern zu predigen« hatten[143].

4 Schlußmahnungen 16,13-18

Literatur: Eriksson, Traditions 279-298; *Hainz*, Ekklesia 97-101; *Schäfer*, Gemeinde 414-418; *Schnider/Stenger*, Studien 76-78.83-87.

13 Wachet, steht im Glauben, seid mannhaft und seid stark. 14 Alle eure Dinge aber sollen in Liebe geschehen. 15 Ich ermahne euch aber, Brüder – ihr wißt, daß das Haus des Stephanas die Erstlingsfrucht Achaias ist und sie sich in den Dienst an den Heiligen gestellt haben –, 16 daß auch ihr euch solchen und jedem unterordnet, der mitarbeitet und sich abmüht. 17 Ich freue mich aber über die Gegenwart des Stephanas, des Fortunatus und des Achaikus, denn diese haben euren Mangel ausgefüllt. 18 Denn sie haben meinen und euren Geist erquickt.

Vor den Grüßen stehen wie üblich[144] abschließende Mahnungen allgemeinen Charakters (V 13f) sowie bestimmte Gemeindeautoritäten betreffende Mahnungen und Empfehlungen (V 15-18)[145].
Analyse

Gliederung: In V 13 stehen zunächst vier asyndetisch aneinandergereihte präs. Imp. im Plur. In V 14 folgt ebenfalls asyndetisch ein mit πάντα ὑμῶν resümierender Imp. Aor. mit der Modalbestimmung ἐν ἀγάπῃ. V 15 beginnt mit einem typischen παρακαλῶ-Satz, der aber erst in V 16 mit ἵνα fortgeführt wird, d.h. V 15b.c ist eine Parenthese, die mit οἴδατε + Akk. + ὅτι statt ὅτι + Nominativ an das Wissen der Adressaten (2. Pers. Plur.) um das Haus des Stephanas erinnert: Es ist die ἀπαρχή Asiens, was in einer *constructio ad sensum* in der 3. Pers. Plur. durch καὶ εἰς διακονίαν κτλ. näher fortgeführt wird. V 16 nennt als Inhalt der Mahnung in Entsprechung zu deren Verhalten (καὶ ὑμεῖς) das ὑποτάσσεσθαι und als Obj. zunächst ein auf V 15b bezogenes τοιούτοις, das dann aber mit παντί und zwei präs. Part. verallgemeinert wird. V 17 gibt in der 1. Pers. Sing.

---

neque Paulus illi (sc. Apollo) succenset (zornig sein), quod non eadem secum sentiret. Pulchrum hoc est charitatis specimen, omnibus, maxime vero Ecclesiasticis viris imitandum, si non in omnibus semper consentiant.
143 Tractatus 381.

144 Vgl. 1Thess 5,14-22; Phil 4,4-6 und 4,8f; 2Kor 13,11; zur brieflichen Schlußparänese vgl. außer Schnider/Stenger* 76-78 auch Berger, Formgeschichte 141f sowie ders., Brief 1348.
145 Vgl. 1Thess 5,12f; Phil 2,25-30; Röm 16,1f.

Präs. der Freude Ausdruck, deren Grund die παρουσία derjenigen ist, die durch
drei Namen benannt werden. Der ὅτι-Satz in V 17b expliziert das näher durch einen Aor. der 3. Pers. Plur., dessen Subj. οὗτοι die drei Namen aufnimmt und dessen Obj. mit dem seltenen ὑμέτερον als das charakterisiert wird, was den Korinthern fehlt. V 18a begründet das nochmals mit einer Aussage in der 3. Pers.
Plur. Aor., dessen Obj. πνεῦμα durch zwei Possessivpronomen bestimmt wird. In
V 18b folgt ein mit οὖν angeschlossener letzter Imp. Plur. im Präs. und demselben auf das vorhergehende bezogenen Obj. τοιούτους wie in V 16.

Erklärung Die vier an die Korinther adressierten Imperative in V 13 der Schlußparä-
13 nese haben inhaltlich alle ihre Parallelen, allerdings z.T. auch außerhalb
des Corpus Paulinum und des Neuen Testaments. Schon das gebietet
Zurückhaltung gegenüber Erklärungen, die die Mahnungen vor allem
durch Gedanken an Apollos und das Parteiwesen motiviert sein lassen[146].
Gewiß sind die Mahnungen nicht ins Blaue hinein formuliert, aber solche
Serien von Imperativen, die öfter am Schluß von Briefen stehen[147], sind
primär eher der usuellen Paränese zuzurechnen. Γρηγορεῖτε erinnert an
die eschatologische Wachsamkeit, wie sie vor allem in den synoptischen
Apokalypsen eingeschärft wird[148], bei Paulus in 1Thess 5,6 parallel zum
Nüchternsein (vgl. 15,34) im Gegensatz zum metaphorischen Schlafen.
Ob der eschatologische Bezug auch an unserer Stelle mitzuhören ist[149],
bleibt zwar ungewiß, doch wird das γρηγορεῖν wie in 1Thess 5,6 vermutlich auch hier über die geistige Wachheit und Klarheit hinaus das endzeitliche Wachsein einschließen, was durch die Nähe des eschatologischen
»Tages« (1,8; 3,13; 5,5 u.ö.) eine besondere Dringlichkeit erfährt.

---

[146] Richtig de Wette 163; vgl. auch Godet
II 253 gegen Rückert 429 (ähnlich neuerdings aber auch Hainz* 98, der in V 13f eine »Überleitung zu den bis dahin ausge-
sparten Fragen der innergemeindlichen
Ordnung« findet); andere wie Heinrici 518
sehen »die in der Gemeinde kundgeworde-
nen Religionsfehler, ihre Gesinnungs-
schwäche, ihre sittliche Schlaffheit« getroffen; noch detaillierter konstruiert Allo 464
die einzelnen Situationsbezüge der Mahnungen: γρηγορεῖτε »contre leur laisser aller«, στήκετε κτλ. »contre les influences de
›libertins‹« usw.; Wolff 434f läßt Paulus bei
der ersten Mahnung an die mangelnde Zukunftserwartung der Korinther, bei der
dritten an Gruppenstreitigkeiten und Bevorzugung ekstatischer Geistesgaben denken. Am weitesten geht Eriksson*, der in
16,13-24 die *peroratio* (vgl. dazu auch
Anm. 1133 zu Kap. 15) des ganzen Briefes
findet, die wie das *exordium* alle Hauptthe-
men des Buches resümieren soll. Unbestreitbar liegen solche Entsprechungen zum

exordium und bestimmten Leitmotiven des
Briefes vor, doch manches wirkt doch konstruiert, speziell bei den Imperativen. So erinnert die Aufforderung zur Liebe in V 14
zweifellos an Kap 13 und die Mahnung zur
Wachsamkeit an die eschatologischen Pas-
sagen. Doch daß z.B. ἀνδρίζεσθε, κρα-
ταιοῦσθε eine Mahnung an die Männer in
der Gemeinde sein soll, »to assume a leadership role against the woman tongue
speakers« (289), kann kaum überzeugen.
[147] Vgl. oben Anm. 144; vgl. auch Kol 4,
2-6.
[148] Mk 13,35.37 par; vgl. auch Mk 14,38
par; 1Petr 5,8; Offb 3,2f; 16,15 sowie Oepke, ThWNT II 337 und Nützel, EWNT I
638f.
[149] So etwa Barrett 393; Senft 218; Wolff
434 (»Ruf ... zu einer bewußten Ausrichtung auf die Parusie«); Lang 248; anders
z.B. Fee 827, der sich auf 1Petr 5,8 und Apg
20,31 bezieht (Wachsamkeit gegenüber
dem Teufel bzw. gegenüber verderbenden
Einflüssen).

Während der Imperativ στήκετε im absoluten Sinn nur Gal 5,1 vorkommt, begegnen sonst andere Ergänzungen als hier, d.h. »Stehen im Glauben« ist singulär[150]. Auch wenn der warnende Kontrapunkt von 10,12 ebensowenig übersehen werden sollte (man könnte auch an unserer Stelle im vorangehenden γρηγορεῖτε eine Anspielung darauf finden) wie das von Gott selbst verheißene στῆσαι (Röm 14,4), ist der Imperativ hier ernst zu nehmen[151], und bei diesem Imperativ am ehesten wird man auch im Blick auf 15,1 eine konkrete Zuspitzung nicht ausschließen, zumal vor allem 15,58 (ἑδραῖοι γίνεσθε, ἀμετακίνητοι) sachlich verwandt ist. Bezeichnend ist neben der Verbindung mit ἐν πίστει an unserer Stelle auch die mit ἐν κυρίῳ in Phil 4,1: Den festen Stand »im Glauben« gewinnt man »im Herrn«, an dem sich der Glaube *extra se* festmacht[152]. Trotz der androzentrischen Sprache (Mann = Stärke) ist die folgende Mahnung ἀνδρίζεσθε nicht wie in verschiedenen alten Kommentaren geschlechtsspezifisch akzentuiert[153], sondern wie in der LXX vom parallelen κραταιοῦσθαι her zu verstehen, d.h. der eigentliche Gegensatz ist der zur Feigheit und Schlaffheit[154]. Κραταιοῦσθαι endlich begegnet bei Paulus ebenfalls nur hier und ist vermutlich durch das Nebeneinander mit ἀνδρίζεσθαι der LXX beeinflußt[155]. Schon das vorangehende ἐν πίστει sollte verhindern, die beiden Mahnungen im Sinne einer Aktivierung ei-

---

[150] Vgl. Phil 1,27: ἐν ἑνὶ πνεύματι oder Phil 4,1: ἐν κυρίῳ (vgl. auch 1Thess 3,8).

[151] Vgl. schon Ex 14,13 LXX A: Θαρσεῖτε, στῆτε καὶ ὁρᾶτε τὴν σωτηρίαν τὴν παρὰ τοῦ θεοῦ. Grundmann, ThWNT VII 636 verweist auf Jes 7,9 und erklärt: »Im Glauben gewinnt der Mensch den Stand, der ihn bestehen bleiben läßt«. Schlatter 456 will dem ἐν »kausale Kraft« geben mit Verweis auf 15,1; Röm 5,2; 2Kor 1,24 (τῇ πίστει), doch ist der Dativ vermutlich auch dort lokal; vgl. weiter Grundmann ebd. und Fee 827f Anm. 11.

[152] Ἀνδρίζεσθαι ist neutestamentliches Hapaxlegomenon, kommt aber mehrfach in der LXX als Äquivalent von אמץ und חזק vor, oft in der Doppelform ἀνδρίζου καὶ ἴσχυε; vgl. Dtn 31,6f.23; 1Chr 22,13; Dan 10,19; im Plural Jos 10,25; in umgekehrter Reihenfolge Jos 1,6f.9; 1Chr 28,20; im Plural 2Chr 32,7 und 1Makk 2,64; z.T. steht das Wort auch parallel zu dem bei Paulus folgenden κραταιοῦσθαι (2Βασ 10,12; Ps 26 [27],14; 30 [31],25); vgl. auch 1QM 15,7; 4Q378 Frgm. 3 II.

[153] Vgl. Pelagius 228: *Muliebris enim omnis inconstantia et uarietas iudicatur*; ähnlich Hrabanus Maurus 159; vgl. auch Petrus Lombardus 1695 und Atto 411 (*Viri quoque in sacris Scripturis pro perfectis, mulieres*

pro imperfectis accipi solent). Besser Ambrosiaster 191: *Non ut pueri, qui quid sequantur ignorant.*

[154] Vgl. Godet II 253 und die Fortsetzung von 1Chr 22,13 (μὴ φοβοῦ μηδὲ πτοηθῇς) oder Jos 10,25 (μὴ φοβηθῆτε αὐτοὺς μηδὲ δειλιάσητε). Nach Kremer 375f sollen die beiden Imperative »auf die den Gliedern der jungen Kirche zugemuteten Auseinandersetzungen Bezug« nehmen, »in denen sie nicht einfach nachzugeben, sondern sich wie der Apostel mutig oder sogar kämpferisch zu verteidigen haben«.

[155] Vgl. die in der Anm. 152 genannten Belege, ferner 1Βασ 30,6. Vgl. Moffat 276: »It is a summons for Church-life to be robust, intelligent, and loyal, with an edge on the mind and the will – anything but sentimental and easy-going. The Corinthians had been tolerant when they should have been strict, and intolerant or uncharitable when they should have been manly enough to make allowances for those who were less robust ... As Paul had already hinted, the Church of God must be something other and better than a debating society or a social club or a spiritualistic circle; worship and fellowship make serious demands upon all man's faculties«.

gener Stärke zu verstehen. Gewiß ist nicht bloß von paradoxer Stärke zu reden (so 2Kor 12,10), und auch wenn Paulus das Starkwerden letztlich nicht viel anders verstehen wird als z.B. das von Gott selbst gegebene δύνασθαι ὑπενεγκεῖν (10,13)[156], darf damit der Mahnung nicht die Spitze abgebrochen werden. In allen vier Mahnungen geht es weniger um den Zuspruch als den Anspruch, wobei im ganzen das Bild der *militia christiana* im Hintergrund stehen mag[157].

14 Die Reihe der Imperative kulminiert in der Mahnung zur Liebe[158]. Dieser resümierende und nicht zufällig am Schluß aller Mahnungen stehende Imperativ von V 14 bedarf nach Kap. 13 keiner näheren Auslegung. Zu beachten in diesem wie ein Summarium und ein Echo von Kap. 13 wirkenden Vers ist allein das πάντα, von dem es offenbar keinerlei Abstriche zu machen gilt. Damit bestätigt sich noch einmal, daß die Liebe als Grund- und Ganzheitsverhalten das gesamte Leben der Gemeinde auf allen im Brief angesprochenen Feldern regieren soll[159].

15 Der letzte der drei παρακαλῶ-Sätze des Briefes[160] zielt anders als die beiden anderen konkret darauf, die Position des Stephanas und seines Hauses in Erinnerung zu rufen und zu stärken. Wie schon 1,16 (οἶκος) wird hier »das Haus« (οἰκία) des Stephanas genannt, wobei wegen der von ihm ausgeübten διακονία nur erwachsene Familienmitglieder im Blick sein werden[161] (vgl. weiter zu V 17). Anders als bei der eher beiläufigen Erwähnung in 1,16 tritt hier die Bedeutung dieses »Hauses« aber ungleich profilierter hervor. Οἴδατε ist nach allgemeiner Auffassung Indikativ und nicht Imperativ, also Beginn einer Parenthese[162]. Zunächst charakte-

---

[156] Vgl. später Eph 3,16: δυνάμει κραταιωθῆναι διὰ τοῦ πνεύματος αὐτοῦ. Origenes 51 fügt im Anschluß an V 13d Phil 4,13 an.

[157] So schon Didymus 13, nach dem der Christ hier als ἀθλήτης καὶ στρατιώτης Χριστοῦ erscheint. Origenes 51 zitiert zwischen V 13c und 13d Eph 6,11.

[158] Heinrici, Sendschreiben 566 sieht darin einen »Gegensatz zu aller selbstsüchtigen Ueberhebung«. Moffat 276f findet in dieser Mahnung gerade im Anschluß an die vorhergehende einen Beleg für die Weisheit des Apostels: »For there is a wrong way of doing or saying the right thing. Strong characters, convinced of what they believe to be Christian principles, may insist on their own way in a domineering, censorious spirit which defeats their very ends«.

[159] Vgl. Schrage, Einzelgebote 249-271 und Ethik 218-224. Ein besonderer Blick auf die Parteiungen, den Individualismus bei der Herrenmahlfeier u.a. (so z.B. Robertson/Plummer 394; Godet II 253; Gutjahr 486; Strobel 270) ist m.E. unange-

bracht. Dann ist schon eher mit v. Mosheim 760 zu sagen, daß dieser Vers eine Erinnerung daran ist, daß »alle Streitigkeiten, alle Irrungen, alle Unordnungen« dadurch entstanden sind, daß die Liebe fehlte. Schon nach Chrysostomus 375 war alles, worüber Paulus schreibt, darum geschehen, weil die Korinther die Liebe vernachlässigt hatten (vgl. auch Johannes Damascenus 704).

[160] Vgl. zu 1,10 und 4,16 und zu παρακαλεῖν EKK VII 1, 134.137; zum briefabschließenden Charakter vgl. Röm 16,17; Phil 4,2; 1Thess 5,14 und Bjerkelund, Parakalo 113-142.

[161] Zur Kritik der daraus geschlossenen Kindertaufe vgl. EKK VII 1, 156 Anm. 329; vgl. im übrigen schon Simons, Writings 694.

[162] Anders nur Bachmann 475f, der aber selbst zugibt, daß die Imperativform nicht belegt ist; vgl. allerdings Weiß 385f (»oder doch?«), der selbst so paraphrasiert: »Ihr wißt doch, was ihr an ihnen habt, ihr habt sie ›kennen gelernt‹«.

risiert Paulus die Erstbekehrten und Erstgetauften als ἀπαρχὴ[163] τῆς Ἀχαΐας so wie Epainetos in Röm 16,5 als ἀπαρχή Asiens[164]. Achaja umfaßt seit 146 v.Chr. »Attika, Böotien (viell. Epirus) u.d. Peloponnes«[165], also auch Athen[166]. Daß die Hervorhebung des Stephanas mit »einer uns unbekannten Widersetzlichkeit« der Gemeinde begründet sei[167], ist zwar fast durchweg abgelehnt worden[168], doch ist es durchaus vorstellbar, daß Paulus von Problemen des Stephanas mit den selbst- und pneumabewußten Korinthern weiß[169] und fürchtet, daß die im Brief angesprochenen

---

[163] Vgl. zu ἀπαρχή 15,20.23; meist begnügt man sich hier mit der Annahme einer metaphorischen Umschreibung für die »zuerst Bekehrten« (Bauer/Aland 162), wobei »eine Art Vorzugstellung« (Weiß 386), ein »besonderes Ansehen« (Conzelmann 368), »eine Ehrenbezeichnung« (Schäfer* 415, der freilich im Anschluß an Weiß und Hainz* 99 Anm. 1 hinzufügt, daß die Erstlinge »in diese Ehrenstellung auch erst hineinwachsen mußten«) o.ä. angenommen wird. Ellis, Prophecy 20 will ἀπαρχή dagegen hier als »the consecrated first-born who, like the Levites, are set apart for the work of God« verstehen (vgl. schon Beza 168: *allusio ad Leuiticum sacerdotium*), und auch Delling, ThWNT I 484 hält »einen besonderen Dienst des Erstlings am Evangelium« für möglich; vgl. auch Spicq, a.a.O. (Anm. 710 zu Kap. 15) 500; Fee 829 Anm. 18.

[164] Vgl. auch 2Thess 2,13f. Die Mehrzahl der Handschriften bietet auch zu Röm 16,5 bei Epainetus statt Ἀσίας sekundär Ἀχαΐας, was dann von einigen Kirchenvätern so gedeutet wurde, daß Epainetus zum Haus des Stephanas gehörte bzw. dessen Sohn gewesen sein soll. An unserer Stelle wird umgekehrt von 𝔓[46] bo[ms] statt Achaia Ἀσίας bezeugt. Zu Ἀσία vgl. weiter Reicke, EWNT I 413-415 (mit Lit.).

[165] Bauer/Aland 257; vgl. weiter Reicke, EWNT I 447f (mit Lit.).

[166] Wohin man kommt, wenn man die Apostelgeschichte historisch auspreßt, zeigt Gutjahr 487 (vgl. auch Grosheide 402), der wegen Apg 17,34, wo vom Erfolg des Paulus in Athen berichtet wird, vermutet, daß Stephanas in Athen bekehrt und getauft wurde; Schmithals, Gnosis 94 hält Stephanas aus demselben Grund überhaupt nicht für einen Korinther. Schon 1,16 spricht aber dagegen; auch Fees Vermutung (829 Anm. 19), Paulus beziehe Achaja hier auf den Peloponnes und vor allem auf Korinth als Provinzhauptstadt, ist eine Verlegenheitsauskunft.

[167] So Meyer 486f; vgl. schon Olshausen 767, der in Korinth gegenüber Stephanas als »unparteiischen Mann« (vielleicht!) »eine Bitterkeit« vermutet. Noch weiter geht Wire, Women 179, die unter anderem Mangel an Weisheit, Erziehung im Judentum, patriarchalische Hausstruktur, höheren ökonomischen oder sozialen Status, konservativen Einfluß und Treue zu Paulus als mögliche Gründe nennt, daß man in Korinth die Begeisterung des Paulus für seine Erstbekehrten nicht teilt. Mit einiger Phantasie ließen sich noch weitere Punkte finden.

[168] Vgl. z.B. Heinrici 518, der statt dessen auf die Verdienste des Mannes verweist; nach Hainz* 99 soll Stephanas »zu den wenigen allgemein anerkannten Persönlichkeiten der korinthischen Gemeinde« zählen und als Beispiel für die Forderung dienen, sich τοῖς τοιούτοις unterzuordnen, die in vergleichbarer Weise »durch ihren Dienst in der Gemeinde sich eine gewichtige Stellung erwarben«. Aber die Mahnung zur Unterordnung schließt auch diejenige gegenüber Stephanas und den Seinen ein (vgl. auch V18b), und deren gewichtige Stellung in Korinth ist alles andere als sicher.

[169] So schon Chrysostomus 376; Oecumenius 904; Theophylakt 792 (ἀναγγείλαντες Παύλῳ περὶ ... διχοστασίας καὶ τῶν ἄλλων ἁμαρτημάτων). Auch Senft 219 hält es für wahrscheinlich, daß Stephanas dem Apostel von der Resistenz der Gemeinde berichtet hat, die seine Arbeit erschwerte. Mitchell, Paul 294 und Eriksson* 290 finden hier noch einmal eine Mahnung zur Einheit der Gemeinde. Zur Frage, warum Paulus sich für die Information über die zentrifugalen Tendenzen in 1,11 auf die Leute der Chloe und nicht auf Stephanas beruft, vgl. EKK VII 1, 141f. Fee 829 betont nicht nur die durch Stephanas ermöglichten zusätzlichen Informationen, sondern auch die Loyalität des Stephanas zu Paulus in den korinthischen Spannungen. Auch Oll-

Negativpunkte von den Korinthern der Zuträgerei des Stephanas zugeschrieben werden könnten. Doch wie dem auch sei, Paulus steuert jeder
Abwertung entgegen und sucht die Autorität der Erstbekehrten zu stärken. Allerdings ist ihnen nicht einfach eine quasi natürliche Autorität
durch ihre Erstbekehrung zugewachsen[170], sondern ihre Stellung gründet
primär auf ihrem von 12,5 her als Charisma zu qualifizierenden Dienst.
Darum wird im selben Atemzug diesen ersten korinthischen Christen bescheinigt, daß sie sich dem Dienst an den Heiligen verschrieben, also sich
sogleich nach ihrer Bekehrung in der entstehenden Gemeinde aktiv
betätigt haben[171]. Ungewöhnlich ist die Kennzeichnung des Sich-in-den-
Dienst-Stellens mit ἔταξαν ἑαυτούς[172]. Man müßte geradezu übersetzen
»sie haben sich (selbständig) selbst eingesetzt«, sind jedenfalls nicht vom
Apostel[173] oder von der Gemeinde dazu beauftragt worden. Man hat öfter
zu eilfertig hinzugefügt, daß nichts auf ein »kirchliches Amt im eigentlichen Sinn« – was immer das heißen könnte – weise[174], denn »außeror-
dentliche« Dienste werden in diesem vom Charisma bestimmten Gemein-
demodell von »ordentlichen« noch nicht abgehoben. Wir stehen vielmehr

---

rog, Paulus 100 Anm. 31 zählt »Stephanas
und seine Leute zum Paulus-treuen Teil der
Gemeinde«, und Paulus beziehe hier durch
seine Mahnung zum Gehorsam »durchaus
eindeutig und einseitig Position«.

[170]   Anders z.B. Schlatter 456: Die Erstlinge seien als zuerst Berufene »zur Führung der Gemeinde bestimmt«; es liege
dieselbe »Schätzung ›des Rufs‹« vor wie
7,17ff (vgl. auch Röm 16: πρὸ ἐμοῦ).
Eher wird man mit Ollrog, Paulus 99
Anm. 25 »eine doppelte Begründung für
die Sonderstellung des Stephanas und der
Seinen« annehmen (vgl. auch 79 Anm. 95
und Hainz* 100).

[171]   Zu ἅγιοι vgl. zu 1,2. Der Sinn ist nicht
von V 1 oder 2Kor 8,4 und 9,1 her auf die
Jerusalemer zu beziehen (so aber v. Hofmann 398f; Beckheuer [Lit. zu 16,1-4] 105-
107, der dafür den διακονία-Begriff von
Röm 15,31 statt den von Röm 12,7 anführt;
vgl. aber unten Anm. 175), denn die Kollektenfrage ist mit V 1-4 erledigt (vgl.
Heinrici 519 und auch die Einwände von
Fee 829 Anm. 23 gegenüber ähnlichen Annahmen anderer).

[172]   Auch τάσσεσθαι begegnet sonst nur
in Röm 13,1 für die von Gott eingesetzten
staatlichen Behörden. Bauer/Aland 1607
verweisen auf Xenophon, Mem. 2,1,11 (εἰς
τὴν δουλείαν ἐμαυτὸν τάττω) und Plato,
Rep. 2,371c (τάττειν ἑαυτὸν ἐπὶ τὴν
διακονίαν ταύτην); weitere Belege bei
Delling, ThWNT VIII 28.

[173]   Die Notiz von 1Clem 42,4 (vgl. unten
S. 460) ist das erste Zeugnis für dieses
Mißverständnis. Natürlich brauchen sich
Zureden des Apostels und Freiwilligkeit
nicht ausschließen (Allo 465 verweist darum zu Recht auf 2Kor 8,16f), aber das ist
etwas anderes als »Einsetzung«. Von »a
kind of hierarchy of service« (so
Orr/Walther 363) ist erst recht nicht zu
sprechen, nicht einmal von einer Unterstellung unter die Autorität des Apostels (so
z.B. Semler 466: *Publico munere Pauli auc-
toritate fungebantur*).

[174]   Bachmann 476 z.B. beeilt sich, »die Vorstellung einer amtlichen Würde« der
τοιοῦτοι, nicht aber »die Existenz einer geordneten Vorsteherschaft« in Korinth auszuschließen (ähnlich Gutjahr 487f u.a.); andere wie Heinrici, Sendschreiben 567 Anm. 1
betonen dagegen mit Recht, daß hier »keine
Andeutung von einer *vocatio legitima* oder
von einem geordneten Amte gemacht wird«,
es noch kein »festes Amt«(Weiß 386) bzw.
für Paulus »eben noch keine ›Ämter‹ gibt ...,
sondern Funktionen, Dienstleistungen«
(Conzelmann 368); vgl. weiter zu Kap. 12.
Richtig Barrett 394: »They were appointed
directly by God, who pointed out to them the
opportunity of service and (we may suppose)
equipped them to fulfil it ... It is in this re-
cognition of willingness to serve, and of spiritual equipment, that the origins of the
Christian ministry lie« (mit Verweis auf
Manson); vgl. auch Senft 219.

am Beginn einer entstehenden Gemeindeorganisation (vgl. auch zu V 2), die keinerlei feste institutionelle Formen kennt. Die Gemeindestrukturen bilden sich also erstaunlicherweise wie von selbst aus, auch wenn sie vom Apostel angestoßen sein mögen. Noch bemerkenswerter aber ist, daß die sich hier entwickelnde Autorität allein auf dem Dienstgedanken beruht. Worin die διακονία konkret besteht, läßt sich allerdings nicht sagen, auch wenn manche Vermutungen angestellt worden sind[175]. Vom folgenden συνεργεῖν und κοπιᾶν her wird man sie jedenfalls kaum auf Wohltätigkeit u.ä. einschränken dürfen, vielmehr auch andere verantwortliche Dienste einzuschließen haben, z.B. die in V 17f angesprochene Reise zum Apostel nach Ephesus. Solche freiwillige und wohl auch befristete Übernahme von Funktionen im Einsatz für die Gemeinde, was dem Inhalt der mit ἵνα eingeleiteten Mahnung von V 16 sein Gewicht und seine Plausibilität gibt, bedarf freilich der Akzeptanz in der Gemeinde.

Das am Anfang stehende καὶ ὑμεῖς qualifiziert den Dienst als ein 16 ὑποτάσσεσθαι[176]. Wer anderen dient, ordnet sich anderen unter. Und exakt dies sollen auch[177] die Korinther gegenüber den τοιούτοι[178] praktizie-

---

[175] Vgl. Meyer 487: »Vielleicht widmete sich Stephanas insonders auch zu Reisen, Gesandtschaften, Ausführung von besondern Aufträgen u. dergl., die Frau zur Armen- und Krankenpflege« (ähnlich Heinrici 519); in dieses Urteil fließt freilich manche traditionelle Rollenverteilung ein. Andere denken an Gastfreundschaft und die Bereitstellung von Räumlichkeiten (Bachmann 476; vgl. auch v. Mosheim 763; Gutjahr 487 u.a.) oder wie Weiß 386 an Dienste »etwa in Armen- und Krankenpflege«. Gewiß ist aber mit Fee 830 »some responsibility for the ministry of the Word« einzuschließen (so schon die unten Anm. 207 Genannten). Jedenfalls handelt es sich um »Dienstleistung jeder Art« (Heinrici, Sendschreiben 567 Anm. 1). Ollrog, Paulus 123 weist auf den befristeten Charakter, den schon »eine ständige Fluktuation im Mitarbeiterkreis« erweise, 86 auch darauf, daß die διακονία keine Leitungsfunktion meint. Sicher ist, daß trotz διακονεῖν τοῖς ἁγίοις (Röm 15,25) und ἡ διακονία ἡ εἰς τοὺς ἁγίους (2Kor 8,4; 9,1) nicht an die Kollekte für Jerusalem zu denken ist (vgl. oben Anm. 171).

[176] Vgl. auch 14,32. Ὑποτάσσεσθαι für ein Verhalten innerhalb der Gemeinde begegnet bei Paulus nur hier (vgl. später 1Petr 5,5). Röm 13,1 blickt wie 1Petr 2,13 und Kol 3,18 über die Gemeinde hinaus; Eph 5,21 gilt christlichen Eheleuten; vgl. weiter Delling, ThWNT VIII 45f. Mag das Wort in

der LXX auch die Anerkennung von Herrschaft und Macht bezeichnen und auch im NT die Bedeutung des Sicheinfügens in eine von Gott gesetzte Ordnung haben (ebd. 41; vgl. auch 43-46), ist das hier ganz unangebracht (vgl. auch die beiden folgenden Anm.), was erst recht für eine Verbindung mit Röm 13,1 gilt, als ob vom dortigen ὑποτάσσεσθαι her zu schließen sei, daß »in der Gemeinde ein Stück weltlicher Ordnung nötig« sei (so aber L. Goppelt, Kirchenleitung in der palästinischen Urkirche und bei Paulus, in: FS W. Maurer, Berlin/Hamburg 1965, 1-8, hier 4; zitiert bei Schäfer* 415, der 416 unseren Versen mit Recht nicht »das Modell einer hierarchisch strukturierten Kirche« entnimmt [vgl. auch 418] und 417 von Gal 2,5 her [»wir gaben ihnen auch nicht eine Stunde ἐν ὑποταγῇ nach«] wie bei der Prophetie auch hier eine notwendige Überprüfung an der Übereinstimmung mit dem Evangelium folgert).

[177] Καί verbindet ὑποτάσσεσθαι mit ἔταξαν κτλ. und ist nicht so zu erklären, daß das Haus des Stephanas auch an anderen Orten geachtet war und Paulus entsprechend ermahnt, anderen nicht nachzustehen (so Rückert 430; vgl. auch Conzelmann 369; dagegen schon bei Neander 269, der dem allerdings nur als Frage entgegenstellt, ob καί nicht einfach andeute: »So wie sie sich freiwillig zum Dienst der Gemeinde hergegeben haben, so soll man ihnen auch entsprechen, indem man ihnen willig ge-

ren, deren Autorität Paulus damit zu stabilisieren sucht. Man sollte freilich die autoritativen und vor allem submissiven Momente nicht übertrei-
ben[179]. Der Freiwilligkeit der als Unterordnung verstandenen Selbstver-
pflichtung zum Dienst entspricht die Freiwilligkeit der Unterordnung der
Gemeinde. V 16b erweitert dann den Kreis derer, denen sich die Korinther unterordnen sollen[180], und bestätigt damit, daß die ἀπαρχή-Qualität nicht das beherrschende Kriterium gemeindlicher Autorität bildet.
Vielmehr hat jeder Christ aufgrund seines συνεργεῖν und κοπιᾶν Anspruch auf Autorität und Respekt. Beide Begriffe charakterisieren die
Mitarbeit am Evangelium und am Bau der Gemeinde[181]. Κοπιᾶν ist zwar
oft die spezifisch apostolische Tätigkeit (vgl. zu 15,10), wird hier aber zur
Bezeichnung für die Gemeindearbeit auch anderer Gemeindeglieder[182].
Anders als bei θεοῦ συνεργοί (3,9), wo die Kooperation an Gottes Werk
der neuen Schöpfung im Blick steht, bezieht sich das σύν im συνεργεῖν
hier auf das Miteinander aller am »Werk des Herrn« Beteiligten (V 10).
Daß die Mitarbeitenden am Werk des Apostels[183] oder der τοιοῦτοι[184]
teilhaben, ist dagegen kaum von Bedeutung[185].

17 In V 17 gibt Paulus, bevor er am Schluß von V 18 noch einmal zur Mah-
    nung zurückkehrt, seiner Freude über die Ankunft oder Anwesenheit[186]

horcht«); vgl. Meyer 487 und Heinrici 519,
die Wettstein 175 zitieren: *Illi vobis mini-
strant; aequum est, ut vos illis vicissim ho-
norem exhibeatis*; vgl. schon Didymus 13
(εἰκόνα καὶ ὑπογραμμὸν αὐτοὺς ἔχοντες)
und weiter v. Hofmann 399 und Weiß 386,
der zugleich anmerkt, daß Paulus das wohl
nicht fordern würde, »wenn er nicht annehmen müßte, daß die Gem. oder ein Teil
dazu keine große Neigung hat«.
[178] Οἱ τοιοῦτοι sind die so mit ihrer Qualität bezeichneten Personen und lenken bereits verallgemeinernd von den konkreten
Personen über zu V 16b; vgl. Meyer 488;
Heinrici 519: »die *Kategorie*, zu welcher
Steph. und sein Haus gehört«; Rückert 430:
statt αὐτοῖς, um die Eigenschaft zu bezeichnen, »welche den Grund der ὑποταγή
enthalten soll« (anders z.B. Fee 830f). Da
das Haus des Stephanas aber eingeschlossen
ist, gilt solche ὑποταγή auch gegenüber der
zu diesem Haus gehörenden Frau, evtl.
auch gegenüber den ihm möglicherweise
zugehörenden Sklaven oder Freigelassenen;
vgl. Fee 831 (»›Submission‹ is not sex or so-
cioeconomic status but ministry«).
[179] Vgl. schon v. Mosheim 762, der Luthers Übersetzung (untertan sein) als zu
streng moniert; auch Fee 830 warnt von
1Thess 5,12f her vor einer Übergewichtung
der Submission.

[180] Παντί ist nicht auf die Vorhergenann-
ten beschränkt (gegen de Wette 163);
Baumgarten 599 schließt aus dem Partizip:
»so fern und so lange jemand dergleichen
thut«.
[181] Vgl. z.B. Semler 467: ἔργον et κόπος
sunt propria illa nomina ministrorum pu-
blicorum, qui christianam societatem pro-
pagatum eunt.
[182] Vgl. außer 1Thess 5,12 auch Hauck,
ThWNT III 828f; nach Röm 16,6.12 sind
wie bei συνεργεῖν (vgl. Phil 4,2f) auch hier
Frauen eingeschlossen.
[183] So z.B. Grosheide 403: »co-laborers of
Paul«.
[184] So Meyer 488 und Heinrici 519, die
sich aber mit Recht gegen die kontextwidri-
ge Ergänzung durch τῷ θεῷ und ἐμοί wenden.
[185] Vgl. weiter z.B. Findlay 950 und Ro-
bertson/Plummer 396: »The σύν in συν-
εργοῦντι is indefinite and comprehensive«;
nach Schlatter 457 soll es denselben Sinn
haben wie 3,9; 2Kor 1,24 und 6,1; vgl. auch
Bertram, ThWNT VII 872f.
[186] Παρουσία für die Ankunft oder Anwesenheit von Menschen auch 2Kor 7,6f;
10,10; Phil 1,26; 2,12. Die Exegeten
schwanken hier zwischen beiden Deutungen: Conzelmann 369 Anm. 9 tritt für Ankunft ein; anders z.B. Oepke, ThWNT V

der korinthischen Gemeindedelegation Ausdruck. Von den drei Namen Stephanas, Fortunatus und Achaicus ist nur der erste durch V 15 und 1,16 näher bekannt[187]. Seit wann sich diese drei Männer in Ephesus aufhalten, entzieht sich unserer Kenntnis. Sie haben möglicherweise den Brief der Gemeinde überbracht[188] und könnten auch den des Apostels mitnehmen[189]. Jedenfalls haben die drei nach V 17b den Mangel der Korinther ausgefüllt, eine von Paulus öfter gebrauchte, aber etwas blumige Ausdrucksweise, die nach den meisten nicht bedeuten soll, daß sie die schuldige, aber fehlende Unterstützung seitens der Gemeinde ersetzen oder beenden, sondern daß sie die entbehrte Abwesenheit der Korinther durch ihre repräsentative Gegenwart vertreten.

Ὑστέρημα für den Mangel im Gegensatz zu περίσσευμα gebraucht Paulus z.B., um als Sinn der Kollekte die dadurch ermöglichte ἰσότης zu charakterisieren (2Kor 8,14), in 1Thess 3,10 für den Mangel des Glaubens. Im Zusammenhang mit (προσ)αναπληροῦν erscheint das Wort auch 2Kor 11,9, wo die Christen Mazedoniens dem mangelhaften Lebensunterhalt des Paulus (ὑστέρημα μου) aufhelfen. In Phil 2,30 wie auch an unserer Stelle ist dagegen von ὑστέρημα ὑμέτερον bzw. ὑμῶν die Rede, und ὑμέτερον wird dabei wie in 15,31 objektiv zu verstehen sein. Der »Mangel« besteht hier also vermutlich in dem durch die räumliche Trennung bedingten Fehlen einer unmittelbaren Kommunikation mit den Adressaten, die durch die παρουσία der korinthischen Delegierten ausgeglichen wird.

857 (»die *wirksame* Gegenwart«); Barrett 395 (»The arrival is evidently in the past«); vgl. auch Fee 831 und Orr/Walther 363: Das Folgende betone mehr, was sie durch ihre Anwesenheit bewirkten.
[187] Ein Fortunatus wird auch 1Clem 65,1 erwähnt. Daß die beiden zur Familie des Stephanas gehören (Allo 464 hält das für sehr wahrscheinlich, Schmiedel 207 für nicht ausgeschlossen; ebs. de Wette 163; Moffat 2787), ist durch nichts angezeigt, ja wäre vermutlich anders ausgedrückt worden (Robertson/Plummer 396). Die Annahme, es handle sich um Sklaven oder Freigelassene des Stephanas (so etwa Bachmann 477 mit Hinweis auf die Namen; Godet II 255; Moffat 278; Fee 831; Ollrog, Paulus 86, der die drei zugleich für Vertreter der Gemeinde in der Missionsarbeit hält; vgl. dazu aber Wolff 435 Anm. 52), bleibt ebenfalls hypothetisch, wenngleich die Namen tatsächlich oft für Personen mit solchem Status begegnen (zur Namensform der beiden vgl. Bauer/Aland 257 und 1725). Wire, Women 178 nennt denn auch verschiedenste Möglichkeiten: Sklaven, Freigelassene, Söhne, Brüder, Handwerksgenossen in einem Betrieb des Stephanas.

[188] Sicher ist das aber nicht; vgl. EKK VII 1, 37 Anm. 67; Bachmann 476f hält das sogar für ausgeschlossen, da die Mahnung von V 15 und 18 nicht an offizielle Vertreter der Gemeinde denken lasse und Stephanas in 1,16 nur nachträglich genannt werde; er übersetzt darum παρουσία mit Ankunft, die erst »in die allerjüngste Zeit vor dem Schlusse des Briefes gefallen« sei. Das letzte aber ist Konstruktion. Kritisch zur Überbringung des Gemeindebriefes durch Stephanas aber auch Ollrog, Paulus 96f: Der Verweis auf V 18 lasse fragen, inwiefern die nicht gerade guten Nachrichten aus Korinth den Apostel »beruhigen« konnten, doch sind diese Nachrichten auch kaum der Grund der »Erquickung« (vgl. unten Anm. 190.194).
[189] So schon die *subscriptio*, die Timotheus hinzufügt; vgl. den textkritischen Apparat zu 16,24. Auch Gamble (Lit. zu 16,1ff) 81 z.B. hält Stephanas und die beiden anderen für die Überbringer des 1Kor (mit Verweis darauf, daß »carrier notices, usually of a very similar nature, frequently occur in the common letters, most often within the conclusion« [in Anm. 117 mit Belegen]).

Die drei haben getan, was die Korinther nicht konnten[190]. Ist ihr Mangel ihre Nichtanwesenheit, dann wäre die paulinische Aussage nicht als Vorwurf zu verstehen. Für diese objektive Fassung spricht V 18. Sicher ist diese Deutung aber keineswegs, und so plädieren denn auch andere für eine subjektive Deutung und verstehen den Mangel im Sinne dessen, woran es die Korinther haben fehlen lassen, was sie unterlassen haben[191]. Jedenfalls sind beide Fassungen möglich[192], doch spricht der Kontext eher dafür, daß die παρουσία der drei Korinther Ersatz für das entbehrte Zusammensein ist. Da diese παρουσία aber in V 18 begründet wird, ist darin auch das einzuschließen, was die Korinther selbst nicht getan haben, nämlich den Geist des Paulus zu erquicken.

18   Die Freude des Apostels über die Anwesenheit der drei Korinther und den behobenen Mangel an Kommunikation expliziert V 18 dadurch, daß sein und der Korinther Geist dadurch zur Ruhe gekommen ist[193]. Da von dieser »Erquickung«, deren auch ein Apostel bedarf (vgl. nur 2Kor 11,28 oder 2Kor 7,5), im Brief oft wenig zu spüren ist, wird man das kaum auf die Nachrichten über Korinth beziehen dürfen[194]. Jedenfalls darf man diese Notiz ebensowenig wie die am Anfang in 1,4f dazu benutzen, die Mißhelligkeiten zwischen Gemeinde und Apostel herunterzuspielen. Gewiß wird auch der Geist der Korinther erquickt, insofern die Delegierten, durch die Paulus erfreut wird, die Gemeinde repräsentieren, auch wenn

190   Vgl. z.B. Beza 168; Cajetan 87r (*presentiam vestram quae mihi deerat hi suppleuerunt*); v. Mosheim 764; Meyer 488; Weiß 386; v. Hofmann 400; Bauer/Aland 1692; Wilckens, ThWNT VIII 597; Ollrog, Paulus 96-98; Fisher 266; Klauck 126f; Senft 219: Obwohl die Nachrichten nicht ganz erfreulich waren, habe Paulus schon die Tatsache der Aufnahme des Kontaktes als solche beruhigt.
191   Vgl. schon die Vulgata (*id quod vobis deerat*); Herveus 1000 (*ministraverunt mihi quod vos non fecistis*; ebs. Petrus Lombardus 1696); Haymo 606; Semler 468. Auch Rückert 431 interpretiert ὑμέτερον subjektiv: »Was von euch hätte geschehen sollen, das haben sie gethan«, nämlich dem Apostel Freude bereitet; vgl. weiter Findlay 951 (das passe als Antithese zu παρουσία und zur »fine courtesy« des Paulus), Lietzmann 91 (»woran ihr es fehlen ließet«) und Heinrici 520 (»ein *Ersetzen des Mangels* an Zutrauen und Gehorsam, der von der Gemeinde dem Ap. vorher thatsächlich nicht gewährt worden war«); ähnlich Schmiedel 207; Sickenberger 74 (die drei sollen das »in gewissem Sinne ausgeglichen« haben, »was korinthische Christen durch Nichtbeachtung der Weisungen des Apostels oder sonstige Kränkungen ge-

fehlt haben«); auch Wolff 436 spricht von einem »den Korinthern weithin fehlenden Verbundenheitsgefühl mit dem Apostel«; allgemeiner Delling, ThWNT VI 304 (»was an eurem Tun fehlte, das ihr mir schuldig bliebet«).
192   Vgl. Meyer 488 und auch Robertson/Plummer 396: »my want of you« und »your want of me« sei beides möglich. Holsten, Evangelium 448f Anm. *** versucht, beide Fassungen schon textgeschichtlich festzumachen: Die Lesart τὸ ὑμῶν soll nach ὑστερεῖν τινος das ὑμῶν als *gen. obj.* verstehen und das ὑστερήμα als Mangel des Paulus, die Lesart ὑμέτερον hingegen denke an einen »rückstand der Korinther in ihrem persönlichen verhalten zum Paulus«, wohingegen nach Weiß 386 kein Unterschied bestehen soll.
193   Ἀναπαύειν im Sinne der Erquickung des πνεῦμα begegnet auch 2Kor 7,13; in Phlm 7.20 erscheint dagegen τὰ σπλάγχνα; zu πνεῦμα im anthropologischen Sinne vgl. zu 5,3 (EKK VII 1, 373); außer den dort genannten Beispielen 1Thess 5,23; 2Kor 2,13 und der Parallele 2Kor 7,13 vgl. ferner 7,34; Röm 1,9; 2Kor 7,1; Gal 6,18; Phil 4,23.
194   Richtig Barrett 395: »By their Christian fellowship, and by the services they rendered; the news they brought from Co-

sie das bei der Aufmüpfigkeit der Gemeinde oder doch mindestens ihrer unterschiedlichen Haltung gegenüber Paulus nur zum Teil tun[195], aber vermutlich ist das eher eine indirekte Werbung, in die Freude des Apostels einzustimmen[196]. Bevor Paulus zu den Grüßen übergeht, kommt er noch einmal auf die Mahnung von V 16 zurück, wobei er mit τοὺς τοιούτους auf τοῖς τοιούτοις zurückgreift und mit ἐπιγινώσκετε auf ἵνα ὑποτάσσησθε. Mit dem hier gebrauchten ἐπιγινώσκειν wird in 14,37 zur Anerkennung des Apostels gemahnt, hier nun zur Anerkennung derjenigen, die sich um die Gemeinde verdient gemacht haben[197].

Die Schlußmahnungen in V 13-18 bleiben zunächst recht allgemein, heben aber die Liebe als Grundorientierung für »alles« heraus. Sie werden dann konkret im Blick auf Stephanas und sein Haus, »die Erstlingsfrucht« Achajas. Dessen Glieder haben selbständig und freiwillig Dienste in der Gemeinde übernommen und dürfen darum auf Respekt rechnen, den Paulus ihnen und anderen gegenüber, die ähnlich in der Gemeinde aktiv sind, anmahnt. Anlaß zur Freude aber ist die korinthische Gemeindedelegation, weil sie den Mangel an Kommunikation behebt.

Zusammenfassung

Die einzelnen Mahnungen von V 13 können hier rezeptionsgeschichtlich nicht nachgezeichnet werden, zumal sie meist unspezifisch bleiben, als Einzelsentenzen je für sich begegnen oder in verschiedener Weise variiert und miteinander oder mit anderen Versen kombiniert werden. Belege dafür begegnen in den verschiedensten Gattungen[198], vor allem in Briefen[199], aber z.B. auch als Ende von Predigten[200], seltener in grundsätzlichen Überlegungen. Bonhoeffer etwa stellt zu V 13d (und Eph 6,10; 2Tim 2,1; 1Joh 2,14) die Frage, ob »nicht die Schwäche der Menschen (Dummheit, Unselbständigkeit, Vergeßlichkeit, Feigheit, Eitelkeit, Bestechlichkeit, Verführbarkeit etc.) eine größere Gefahr als die Bosheit« ist[201].

Auslegungs- und Wirkungsgeschichte

rinth cannot have been wholly pleasing«; einen »degree of irony« (Fee 832) kann ich darin aber nicht entdecken.
[195] Vgl. Fee 832: Sie sind Repräsentanten, »even if they do not in themselves truly ›represent‹ the various elements and points of view in the community«.
[196] Vgl. z.B. Semler 468: *Paulus quasi praevidet*; Heinrici 520; Godet II 255: Mit καὶ τὸ ὑμῶν versetze sich Paulus »in den Augenblick«, da die Abgeordneten der Korinther von Paulus berichten; Weiß 386: »und doch wohl auch euren?!«.
[197] Zu ἐπιγινώσκειν = anerkennen vgl. Bultmann, ThWNT I 704 Anm. 65; 1Thess 5,12 gebraucht εἰδέναι in dieser Bedeutung.
[198] Vgl. z.B. für V 13b das Martyrium der

Perpetua und Felicitas 20, a.a.O. (Anm. 1245 zu Kap. 15) 53.
[199] In einem Brief des römischen Klerus nach Karthago findet sich z.B. V 13b. Luther verbindet die singularisch gefaßten Aussagen von V 13c.d mit Röm 8,31b (WA.B. 2, 189) oder ändert die Reihenfolge (WA.B. 2, 541: V 13d.c.b; vgl. auch WA.B. 8, 597 und 13, 358). Ein Hirtenbrief der Bischöfe der DDR von 1967 trägt die Überschrift von V 13b (Aland, Quellen 509f).
[200] Am Ende z.B. einer Predigt von Newman, Predigten Bd. 2, 416; in Bd. 9, 141 auch inmitten einer Predigt.
[201] Widerstand 426; zum »Starkwerden« vgl. auch Barth, KD III 4, 448.706; IV 1, 794; IV 2, 667; zu V 13b vgl. II 2, 667f.

Größerer Beliebtheit erfreut sich V 14, der speziell in Erörterungen der Liebe eine Rolle spielt, z.B. bei Thomas, vor allem bei der Frage, ob Liebe eine besondere Tugend sei oder sich auf alle menschlichen Handlungen erstreckt[202]. Besonders oft zitiert Hus die Stelle[203]. Spener interpretiert V 14 so, daß Paulus »die liebe zur meisterin des gantzen lebens / und zur qvelle machet, daraus alle übrige pflichten kommen müssen«[204]. Wesley umschreibt die Agape hier als «love to God which produces love to all mankind«[205].

Die folgenden Verse werden in der Alten Kirche zum Anlaß genommen, um herauszustellen, daß es kein geringes Lob ist, den Glauben als erster oder früher angenommen zu haben als andere[206]. Viel größeres theologisches Kopfzerbrechen hat es von Anfang an bereitet, daß hier Gemeindegliedern ohne apostolische Bestallung Autorität eingeräumt wird. Schon die Notiz in 1Clem 42,4, daß die Apostel die ἀπαρχάς nach vorhergehender Prüfung im Geist zu Bischöfen und Diakonen einsetzen, konnte nur in die Irre führen. Normalerweise wird die διακονία darum auf Gastfreundschaft, Wohltätigkeit u.ä. begrenzt[207]. Estius (787) erklärt, daß der Apostel nicht der Meinung ist, daß jene, von denen er hier spricht, sich selbst *ad functionem aliquam ecclesiasticam* ordiniert oder aufgedrängt haben; ein *verbi ministerium* ohne *missio et ordinatio legitima* wäre illegitim und häretisch[208]. Auch auf evangelischer Seite wird hinzugefügt, daß ἔταξαν ἑαυτούς »Pauli Verordnung und Bestellung derselben zu diesem Amt nicht ausschließt, sondern nur ihre Willigkeit anzeigen sol. Es kan also daraus nicht geschlossen werden, daß jederman

---

[202] Summa, Bd. 17A, 17.34 in Auseinandersetzung mit Augustin; vgl. auch die Diskussion bei Cornelius a Lapide 349; Estius 785f und Scheeben, Schriften VII 264.332.

[203] Vgl. Opera XIII 627: *Caritas in principio debet esse in omnibus operibus nostris secundum Apostolum*; vgl. auch II 360 und 466, an der letzten Stelle auch eine Diskussion des *ordo caritatis*; vgl. auch Tractatus 176, wo zu V 14 folgende Erklärung gegeben wird: *Unde totus modus vivendi caritative est virtuosus, et totus modus vivendi hominis preter caritatem est viciosus.*

[204] Schriften IV 591f; vgl. auch den Anonymus: »Wann alles in Liebe wird treulich gehegt / So wird der Grund glücklich zum Frieden gelegt« (Epochen deutscher Lyrik, Bd. 5, 33).

[205] Works VII 70.

[206] So Chrysostomus 375 mit Hinweis auf Röm 16,7 (πρὸ ἐμοῦ); Oecumenius 904 (τὸ ἐξαίρετον; lat. *praecipuum et excellens*) ähnlich Theophylakt 792. Nach Johannes Damascenus 704 soll ἀπαρχή nicht allein vom Glauben zu verstehen sein, sondern

zeigen, ὅτι μετὰ τῆς πίστεως καὶ βίον ἄριστον ἐπεδείξαντο. Vgl. auch Nicolaus von Lyra o.S.: *Primi et principales in fide et operibus bonis.* Origenes verbindet ἀπαρχή mit dem Opfergedanken und versteht sie als *eligere primitias et offerre Deo* (Hom in Num 11,2f [GCS 30, 81]); vgl. auch In Rom 10,19: *sine dubio sacramenti rationem etiam in illis (sc. primitiis) aspiciens* (PG 14, 1279).

[207] Vgl. außer den Beispielen oben Anm. 175 z.B. Cajetan 87r: *hospitalitatis officium*. Sedulius Scotus 162 (*in ministerio praedicationis*). Petrus Lombardus 1695 (*Hi cum Apostolo fuerunt in praedicatione Corinthiorum*) und Cornelius a Lapide 349 (*vt scilicet exerceant hospitalitatem in Christianos, egenos & peregrinos, maxime qui laborant in Euangelio*) gehen darüber hinaus

[208] Auch ὑποτάσσεσθαι soll die *subjectio non legalis, quam episcopis debemus,* sondern *moralis* bezeichnen (787); so schon Cajetan 87r. Sedulius Scotus 162 interpretiert die geforderte Unterordnung so: *ut consilium eorum vos regat.*

berechtigt sey, sich ohne Beruf ein Lehramt anzumassen«[209]. Inzwischen hat sich weitgehend die Sicht durchgesetzt, daß in V 15 keine »bestimmte Form der Einsetzung« sichtbar wird und »gerade nicht bestimmte Amtsträger« im Blick sind[210]. Da eine ausgeprägte Amtsstruktur bei Paulus noch fehlt, sich später aber »unter veränderten Gegebenheiten entwickelt hat und in unterschiedlicher Weise heute das Leben aller christlichen Kirchen prägt«, zieht Kremer (380) daraus die Konsequenz: »Wie die damalige Kirchenordnung nicht für immer gültig blieb, können auch heutige Strukturen nicht als einzig mögliche und für immer bleibende Formen gelten, zumal manche Formen ihre Ausprägung erst durch außerkirchliche Einflüsse erhalten haben«.

5   Grüße und Zuspruch der Gnade und Liebe 16,19-24

Literatur: Bahr, G.J., The Subscriptions in the Pauline Letters, JBL 87 (1968) 27-41; *Benko, St.*, Pagan Rome and the Early Christians, Bloomington 1986, 79-102 (The Kiss); *Bornkamm, G.*, Das Anathema in der urchristlichen Abendmahlsliturgie, in: *ders.*, Ende 123-132; *Botte, B.*, Maranatha, in: Noël – Epiphanie, Retour du Christ, LO 40 (1967), 25-42; *Cullmann*, Christologie 214-221; *Cuming, G.J.*, Service-Endings in the Epistles, NTS 22 (1975) 110-113; *Dunphy, W.*, Maranatha. Development in Early Christology, IThQ 37 (1970) 294-308; *Ellington, J.*, Kissing in the Bible. Form and Meaning, BiTr 41 (1990) 409-416; *Eriksson* (Lit. zu 16,13ff); *Fitzmyer, J.A.*, New Testament Kyrios and Maranatha and their Aramaic Background, in: *ders.*, To Advance the Gospel, New York 1981, 218-235; *Gamble* (Lit. zu Kap. 16); *Gielen, M.*, Zur Interpretation der paulinischen Formel ἡ κατ' οἶκον ἐκκλησία, ZNW 77 (1986) 109-125; *Hahn*, Hoheitstitel 100 -106; *Harrison, J.*, Paul's House Churches and the Cultic Associations, RTR58 (1999) 311–47; *Hofmann, K.-M.*, Philema hagion, 1938 (BFChTh 38); *Keller* (Lit. zu 11,17ff) 64-68; *Klassen, W.*, The Sacred Kiss in the New Testament. An Example of Social Boundary Lines, NTS 39 (1993) 122-135; *Klauck*, Herrenmahl 351-364; *ders.*, Hausgemeinde; *Kramer*, Christos 87-89.95-103; *Kuhn, K.G.*, Art. Μαραναθά, ThWNT IV 470-475; *Luke, K.*, Maranatha, BiBh 10 (1984) 54-73; *Moule, C.F.D.*, A Reconsideration of the Context of Maranatha, NTS 6 (1960) 307-310; *Mullins* (Lit. zu 1,1-3); *Nijenhuis, J.*, This Greeting in My Own Hand – Paul, BiTod 19 (1981) 255-258; *Perella, N.J.*, The Kiss Sacred and Profane, Berkeley / Los Angeles 1969, 12-50; *Robinson, J.A.T.*, Traces of A Liturgical Sequence

---

[209] So Baumgarten 597; schon Beza 168 schwächt das ἑαυτούς im Sinne einer *legitima vocatio* ab (vgl. dagegen mit Recht Meyer 487); besser Calvin 475, nach dem die Christen demjenigen willig die Ehre geben sollen, »den Gott mit überragenden Gaben ausrüstete«; vgl. auch Coccejus 351: *Manifesto hic tenentur Pontificii, qui negant, illos, qui in nostris Ecclesiis citra perturbationem ordinis, la-* *borant, habere vocationem, missionem, ministerium.*

[210] So z.B. Küng, Kirche 470; vgl. auch 224f: »Die Leitungsgaben führen ... keinesfalls zu einer ›Führungsschicht‹, zu einer Aristokratie von Geistträgern«; vgl. auch Schillebeeckx, Amt 18f.34 (»Im ganzen Neuen Testament ist Leitung Dienst oder ›Diakonia‹«); Brunner, Mißverständnis 34.58.

in: I Cor. 16,20-24, JThS 4 (1953) 38-41; *Roller*, Formular 114-116.187-191; *Rüger, H.P.*, Zum Problem der Sprache Jesu, ZNW 59 (1968) 113-122; *Sandvik, B.*, Das Kommen des Herrn beim Abendmahl im Neuen Testament, Zürich 1970, 13-36; *Schäfer*, Gemeinde 434-440; *Schnider/Stenger*, Studien 119-144.151-158; *Schulz, S.*, Maranatha und Kyrios Jesus, ZNW 53 (1962) 108-144; *Spicq, C.*, Comment comprendre ΦΙΛΕΙΝ dans 1 Cor. XVI,22?, NT 1 (1956)200-204; *Thraede, K.*, Ursprünge und Formen des ›Heiligen Kusses‹ im frühen Christentum, JAC 11/12 (1968/69) 124-180; *Unnik, W.C. van, Dominus vobiscum*. The Background of a Liturgical Formula, in: FS T.W. Manson, Manchester 1959, 270-305; *Weima* (Lit. zu Kap. 16); *Wengst*, Formeln 49-54; *Wiles* (Lit. zu 1,4-9) 114-120.150-155.

19 Es grüßen euch die Gemeinden Asiens. Es grüßen euch im Herrn vielmals Aquila und Prisca mit der Gemeinde in ihrem Haus. 20 Es grüßen euch alle Brüder. Grüßt einander mit dem heiligen Kuß. 21 Den Gruß mit meiner, des Paulus, Hand. 22 Wenn jemand den Herrn nicht liebhat, sei er verflucht. Maranatha. 23 Die Gnade des Herrn sei mit euch. 24 Meine Liebe ist mit euch allen in Christus Jesus.

Analyse Schlußgrüße, Eigenhändigkeitsvermerk und Gnadenzuspruch sind am Briefschluß auch sonst üblich (vgl. oben S. 422). Die Grüße (V 19f) nehmen, wie meist (abgesehen vom Galaterbrief, wo sie überhaupt fehlen und von Röm 16, wo sie in ungewöhnlicher Breite ausfallen), nur einen schmalen Raum ein[211]. Singulär sind die Ausschlußformel und Maranatha in V 22, doch finden sich Drohungen am Briefschluß auch sonst, in Röm 16,17ff und Phil 3,18f ebenso wie in antiken Briefen[212], und auch Hinweise auf die Nähe des Herrn oder die Parusie am Briefende sind nicht singulär (1Thess 5,23; Phil 4,5; Röm 16,20). Endlich ist auch die Versicherung der Liebe am Schluß nicht ganz ohne Analogien[213].
Man hat öfter vermutet, daß dieser Schlußteil nach Verlesung des Briefes[214], der anstelle der sonst üblichen Wortverkündigung getreten sei, zur

---

[211] Schnider/Stenger* 108 unterscheiden *Grußauftrag* (»Beauftragung der Adressaten durch den Briefschreiber, andere oder einen anderen zu grüßen«), *Grußausrichtung* (»Ausrichtung von Grüßen mehrerer oder einzelner durch den Briefschreiber an die Adressaten«) und *Eschatokoll* (»der Gruß des Briefschreibers selbst an die Adressaten«). Dabei wechselt bis auf das immer am Ende stehende Eschatokoll die Reihenfolge. In unserem Abschnitt sind V 19-20a Grußaufträge, V 20b ist Grußausrichtung, allerdings nicht an Dritte, sondern die Korinther sollen wie in 2Kor 13,12 einander grüßen (vgl. auch Phil 4,21 und 1Thess 5,26, wo πάντα ἅγιον bzw.

τοὺς ἀδελφοὺς πάντας erscheint), und V 21 ist Eschatokoll mit Eigenhändigkeitsvermerk.
[212] Vgl. die Belege bei Berger, Brief 1349f.
[213] Vgl. das Beispiel des Musonius-Briefes ebd. 1350: »Du sollst wissen, daß du von mir geliebt bist«.
[214] Diese wird meist aus 1Thess 5,27 erschlossen, doch wird umgekehrt aus der ausdrücklichen Ermahnung zum Verlesen des Briefes auch geschlossen, daß es dieser gar nicht bedurft hätte, wäre die Verlesung, sowenig man eine solche prinzipiell bestreiten wird, speziell im Gottesdienst selbstverständlich und normal gewesen (Müller [Lit. zu Kap. 16] 101; Thraede* 130).

Abendmahlsfeier überleite und heiliger Kuß, Ausschlußformel, Maranatha und Gnadengruß die Einleitung der Herrenmahlfeier bildeten[215], meist unter Heranziehung von Did 10,6 und Offb 22,20f. Dabei ist in Did 10 der liturgische Charakter eindeutig, und auch der Schluß der Offenbarung, der manche Parallelen zu unserer Stelle aufweist[216], dürfte von gottesdienstlicher Sprache geprägt sein.

Lietzmann hat im Anschluß an die Didache eine dialogische Form der Abendmahlsliturgie rekonstruiert: Vorsteher bzw. Liturg: »Es komme die Gnade und vergehe die Welt!« / Gemeinde: »Hosianna dem Gott [v.l. Sohn] Davids!« / Vorsteher: »Ist jemand heilig, so trete er herzu; ist er es nicht, so tue er Buße! – Maranatha! / Gemeinde: »Amen«[217]. Allerdings ist Did 10,2-6 kein Beleg für eine Eingangsliturgie zum Abendmahl, sondern gerade »das Formular des Nachtischgebetes«[218], und auch der Bruderkuß fehlt hier. Überhaupt läßt sich fragen, welche gesicherten Rückschlüsse sich aus Did 10 für unsere Stelle ziehen lassen, z.B. was die Verbindung von Ausschlußformel und Maranatha betrifft[219].

Die feste Zuordnung aller Einzelelemente unseres Textes zum Abendmahl oder gar der Einfluß einer agendarischen Abfolge der Herrenmahlsliturgie ist aber alles andere als sicher[220]. Ihre Plausibilität wird vor allem dadurch erheblich eingeschränkt, daß von 11,21.33 her zu bezweifeln ist, daß der Wortgottesdienst, wenn man seine Zusammengehörigkeit mit

---

[215] R. Seeberg, Aus Religion und Geschichte, Leipzig 1906, 118-120; Lietzmann (Lit. zu 11,17ff) 229.236f; Hofmann* 23-26; Behm, ThWNT III 736 Anm. 67 (mit Lit.); Bornkamm* 123f; Cullmann* 216f; Robinson* 41 (»the remains of the earliest Christian liturgical sequence we possess«); Wiles* 150-155; Stählin, ThWNT IX 134; Keller* 64f u.a.

[216] Vgl. das Nebeneinander von Ausschluß (ἔξω οἱ κύνες κτλ.) in 22,15, Einladung (ὁ διψῶν ἐρχέσθω κτλ.) in 22,17 (bei Paulus fehlend) und Maranatha (ἔρχου κύριε Ἰησοῦ) in 22,20; vgl. auch den anschließenden V 21 im Vergleich mit 1Kor 16,23. Vgl. dazu J. Roloff, Die Offenbarung des Johannes, 1984 (ZBK 18), 213: Mit V 20 münde »das Buch geradezu in die Liturgie des eucharistischen Gottesdienstes« ein; vgl. aber auch M. Karrer, Die Johannesoffenbarung als Brief, 1986 (FRLANT 140), 252f (»An keiner Stelle freilich gehen diese Anspielungen in eine wörtliche Wiedergabe der rekonstruierbaren Abendmahlsliturgie über«, 253); noch kritischer U.B. Müller, Die Offenbarung des Johannes, 1984 (ÖTK 19), 371f.

[217] Lietzmann (Lit. zu 11,17ff) 237; Cullmann* 216.

[218] So K. Wengst, Schriften des Urchristentums, 2. Teil, Darmstadt 1984, 46f; auch nach Bornkamm* 124 beschließen die Formeln die vorangehende Mahlzeit, doch sollen sie »die von ihr abgehobene eigentliche eucharistische Handlung« einleiten, was aber eine besondere Eucharistie gegenüber dem Sättigungsmahl voraussetzt, die sich kaum verifizieren läßt (vgl. Wengst 45 und die Diskussion bei Keller* 59-64).

[219] Vgl. weiter unten S. 473.

[220] Vgl. Moule* 307-310; Dunphy* 299f; Thraede* 136-143; Schäfer* 439; Klauck 127 und ders.* (Herrenmahl) 351f.362, der mit Recht »Bedenken gegen eine geradlinige Identifizierung von Briefschluß und liturgischem Vollzug« hat (362), aber die Verarbeitung liturgischer Elemente nicht in Abrede stellt (ähnlich Becker, Paulus 268: »Elemente und Anklänge aus einer verbreiteten Herrenmahlsliturgie«). Die grundsätzlichen Einwände von Fee 834f gegen solchen Rückschluß schießen bei aller nötigen Vorsicht (z.B. bei Rückschlüssen aus Justin für die Funktion des Kusses) über das Ziel hinaus. Ähnliches gilt gegenüber Thraede* passim.

der Mahlfeier voraussetzen darf[221], diesem vorangeht[222]. Außerdem wirk-
te der Eigenhändigkeitsvermerk in V 21 nach dem heiligen Kuß und vor
V 22 dann eigentümlich deplaziert[223]. Zwar kann Paulus auch sonst eindeutig Stücke der Liturgie des Mahls (z.B. 11,23ff) in die Briefgattung integrieren, aber speziell beim heiligen Kuß ist Zurückhaltung gegenüber
der Zuweisung zur Mahlfeier geboten (vgl. zu V 21). Mehr als die Einarbeitung gottesdienstlicher Elemente in die primär kontextuell-epistolo-
graphisch zu bestimmende Funktion des Schlußabschnitts ist kaum zu erweisen.

Sicher dürfte sein, daß Paulus in V 22 eine offenbar liturgisch geprägte
sakralrechtliche Formel aufnimmt, wie die Struktur des heiligen Rechts-
satzes[224] nahelegt, wobei der traditionelle Charakter durch das bei Paulus
singuläre φιλεῖν anstelle des sonst gebrauchten ἀγαπᾶν bestätigt wird[225].
Meist gilt diese wegen Did 10,6 und Offb 22,15 als zur Eucharistiefeier
gehörige Ausschlußformel[226]. Auch Maranatha dürfte aus dem Gottesdienst stammen, und zwar wie Amen, Halleluja und Hosianna aus dem
der palästinischen Gemeinde[227]. Ob wegen der meist angenommenen
Verknüpfung des Maranatha mit der Ausschlußformel und seinem Verständnis als Element einer Bannformel[228] ursprünglich ein anderer Sitz

---

[221] Vgl. dazu EKK VII 3, 443f mit Lit. und
jetzt Müller (Lit. zu Kap. 16) 101f gegenüber Salzmann, Lehren 21 Anm.101 u.ö.
[222] Vgl. Schnider/Stenger* 152 und
Klauck* (Herrenmahl) 351f, der zudem
»mit der Möglichkeit reiner Wortgottes-
dienste und reiner Mahlfeiern rechnet«;
Roloff, Verantwortung 176 will dementge-
gen schließen, »daß die Lehre in den paulinischen Gemeinden ihren Ort vor der gemeinsamen Mahlzeit hatte« (Anm. 8).
[223] Dann läge es schon eher nahe, mit Delling, Studien 334 den Wortgottesdienst beendet sein zu lassen; nach Delling hat V 22
mit dem Abendmahlsgottesdienst nichts zu
tun.
[224] Vgl. z.B. εἴ τις 3,17; Gal 1,9 und weiter
EKK VII 1, 288, vor allem Käsemann, Versuche II 72; Wiles* 116-122. Luke* 60
Anm. 26 vergleicht die Zulassungsverfü-
gungen zum Passamahl in Ex 12,43-49 und
in mPes.
[225] Vgl. Stählin, ThWNT IX 134f. Daß
Paulus den Term unter Einfluß von φίλημα
verwende (so Robertson/Plummer 400; Luke* 55), genügt kaum; vgl. Dunphy* 298:
»probably best understood by the semitic
notion of rejection« (im Anschluß an Spicq
unten Anm. 260). Vgl. auch das bei Paulus
singuläre ἤτω (Gal 1,8f: ἔστω).
[226] Lietzmann (Lit. zu 11,17ff) 229; Bornkamm* 124; Robinson* 39f; Stählin,

ThWNT IX 134; Senft 220 u.a.; gegen diese
These wird eingewandt, daß die Zusammengehörigkeit mit dem Maranatha einen
anderen Sitz im Leben nahelegt (vgl. die
übernächste Anm.). Fee 837 versucht gerade von 11,17ff her eine Beziehung zum
Herrenmahl in Frage zu stellen: In 11,27ff
werde »a change« verlangt, »but scarcely
result in a ban«. Es geht aber nicht um einen Bann, sondern um Gericht und Verwerfung genau wie in 11,27.29.34 (vgl.
Bornkamm* 125: Die Formel enthalte »keine disziplinarische Anweisung«, sondern
spreche »für den gesetzten Fall die von Gott
her fallende Entscheidung aus«; Klauck*
[Herrenmahl] 362; Hahn* 102f). Eine be-
merkenswerte »liturgische« Parallele findet
sich auch bei Lucian (Alex. 38): Vor Beginn
der eleusinischen Mysterienfeier heißt es:
»Wenn ein Atheist oder Christ oder Epikureer als Auskundschafter der Feiern gekommen ist, φευγέτω«, und am Schluß: »Hinaus mit den Christen« bzw. »den Epikureern« (vgl. Neuer Wettstein 411f und weiter
Bornkamm* 124 Anm. 5; Conzelmann 372
Anm. 37; Klauck* [Herrenmahl] 357).
Wengst* 50f verweist zusätzlich auf Isokra-
tes, Panegyricus 157.
[227] Vgl. die unten Anm. 267 genannten
Autoren.
[228] Vgl. etwa Peterson (Lit. zu 8,1-6) 130
(Maranatha sei »ein Anathem« zur »exor-

im Leben anzunehmen und Maranatha als Bitte um Rechtsvollzug durch das eschatologische Gericht zu verstehen ist[229], läßt sich nicht sagen. M.E. ist überhaupt zu bezweifeln, daß das Maranatha hier mit dem Vorangehenden statt mit dem Folgenden zu verklammern ist. Es wäre dann eher als Kontrapunkt denn als feierliche Verstärkung des Anathema zu verstehen. Auch in Offb 22,20f folgt auf das »Komm, Herr Jesu« wie bei Paulus der Gnadenzuspruch, was m.E. auch an unserer Stelle im Zusammenhang mit Maranatha sachlich besseren Sinn ergibt[230], wenngleich Gericht und Gnade gewiß nicht gegeneinander ausgespielt werden dürfen (vgl, 3,15 u.ö.).

Gliederung: V 19a und 20a beginnen die Grüße und zwar jeweils in der 3. Pers. mit dem plur. ἀσπάζονται, deren Obj. ὑμᾶς und deren Subj. in V 19a die Gemeinden Asiens, in V 20b die Brüder sind. V 19b hat am Beginn dagegen den Sing. ἀσπάζεται, dieses Mal erweitert durch ἐν κυρίῳ πολλά, und als Subj. einen männlichen und einen weiblichen Eigennamen und die deren Haus mit lokalem κατά zugeordnete Gemeinde. V 20b folgt dann ein Imp. ἀσπάσασθε mit dem Reflexivpronomen ἀλλήλους als Obj. und einer mit instrumentalem ἐν eingeleiteten Modalbestimmung. V 21 ist ein prädikatloser Satz mit Subj. ἀσπασμός

zistischen Verstärkung«; 131 Verweis auf die Sanktionsformel in einer Inschrift aus Salamis [CIG 9303] zum Schutze des Grabes); Moule* 307f.309. Nach Bornkamm* 125 liegt zwar keine apotropäische bzw. exorzistische Formel vor, doch sieht auch er darin eine Verstärkung des Anathema (»Auf jeden Fall appelliert das Maranatha an den himmlischen Richter und verleiht dem Anathema drohenden Nachdruck«); Kuhn, ThWNT IV 474 (»Drohwort«); Sandvik* 28; Wiles (Lit. zu 1,4-9) 152; Fee 839. Eriksson* 292: Das Maranatha sei eine Sentenz, die wie bei Aristoteles, Rhet. 2,21,2 (1394a) »as a supporting reason giving the demonstrative proof« für das vorangehende Anathema fungiere; traditionsgeschichtlich wird V 22 mit dem atl. Bundesformular verknüpft und z.B. Dtn 6,5 genannt (292f): »In the Deuteronomistic reform movement, this love begins to function as a divider between the true covenanters and foreign cults« (293). Doch auch dann ist das Maranatha mindestens in einem Warnung und Verheißung (vgl. das Nebeneinander von Segen und Fluch gerade in eschatologischen Texten (Mt 25,34.41 u.a.), zumal das auch sonst für Aussagen über das Kommen des Herrn gilt (vgl. 4,4f; 11,26). Scriba, Geschichte 108 hält es für möglich, daß mit dem Maranatha in einem frühen Stadium »um endzeitliche Rettung aus von außen kommender Bedrängnis ge-

betet«, es dann aber (190) »frühzeitig Bestandteil der Herrenmahlsliturgie« wurde.
[229] Vgl. Wengst* 53 hält z.B. einen ursprünglichen Sitz im Leben in der Prophetie für wahrscheinlich: Die als Bitte verstandene Formel unterstreiche, »daß es sich hier um eschatologisches Recht handelt, das der, der hier gerufen wird, selbst vollzieht«; vgl. auch Moule* 309, nach dem Offb 22,20 »primarily a sanction for the ban on anyone who tampers with the book's integrity« sei. Auch wenn Maranatha ursprünglich einen anderen Sitz im Leben haben sollte, was aber ebenso wie sein Verständnis als Bitte um eschatologischen Rechtsvollzug oder Sanktionierung kaum sicher zu erweisen sein dürfte, schließt das eine spätere Verknüpfung mit dem Mahl nicht aus (vgl. Barrett 398; Wengst* 54 rechnet damit, daß das Maranatha in hellenistisch-heidenchristlichen Gemeinde in die Eucharistieliturgie übernommen wurde), ebensowenig ein inhaltlich anderes Verständnis.
[230] Vgl. Botte* 35: »Loin de se rattacher à une formule de malédiction, *maranatha* est placé dans un contexte de grâce«. Dafür spricht außer Offb 22,20f vielleicht auch die mögliche Inclusio in Did 10,6: Ἐλθέτω χάρις … μαραναθά. Vgl. später z.B. auch Const. Ap. 7,26, wo im Unterschied zu Did 10,6 das Maranatha dem Hosanna vorangeht und der Bußruf folgt (unten Anm. 332).

und instrumentalem Dat., der durch die Apposition Παυλοῦ näher bestimmt wird. V 22 ist ein Realis (εἰ), dessen Protasis ein unbestimmtes τις als Subj., ein negiertes Präs. als Präd. und ein Akk.-Obj. enthält, während die Apodosis nur den hellenistischen Imp. ἤτω und ἀνάθεμα bietet. Asyndetisch folgt das Maranatha. In den prädikatlosen Sätzen von V 23 und 24 steht am Anfang jeweils ein Nomen mit Artikel, das in V 23 durch einen doppelten Gen., in V 24 durch μου näher bestimmt wird. Während V 23 am Schluß μεθ' ὑμῶν bietet, ist das in V 24 durch πάντων sowie ἐν Χριστῷ Ἰησοῦ erweitert.

Erklärung 19 Grüße zwischen den Grüßenden und Gegrüßten am Schluß der Briefe[231] sind für Paulus keine bloße Brieformalie oder Höflichkeitsfloskel. Sie sind vielmehr Ausdruck der Zusammengehörigkeit, der die Gemeinschaft auch über die räumliche Distanz hinweg stärkt und vermittelt[232]. Neben den Grußausrichtungen in V 19-20a stehen dabei die Grußaufträge in V 20b-21[233]. Mit den Gemeinden Asiens sind die in den westlichen Küstenländer Kleinasiens gemeint[234]. Da Ephesus dazu zählt, werden auch die ephesinischen Christen am Ort eingeschlossen sein[235]. Indem Paulus sich zum Sprecher von Gemeinden ganzer Provinzen macht, gibt er noch einmal zu erkennen, daß die Korinther nicht allein die christliche Kirche repräsentieren und er auch der Apostel anderer Gebiete ist (vgl. 14,36 u.ä.)[236]. Aquila und Prisca (die Apostelgeschichte benutzt die Diminutivform Priscilla) hat Paulus nach Apg 18,2 schon bei seinem Gründungsaufenthalt in Korinth kennengelernt[237]. Sie waren also den Korinthern gut bekannt[238]. Offenbar waren sie inzwischen nach Ephesus umgezogen (vgl.

---

[231] Zu den Briefgrüßen in der antiken Literatur vgl. die Belege bei Windisch, ThWNT I 494f und vor allem Mullins* 418-423 und Weima* 39-45; auch dort begegnet das πολλά (Belege bei Mullins* 422 und Gamble* 60).

[232] Vgl. Windisch, ThWNT I 499: »Der Gruß bezeugt und verstärkt die Gemeinschaft mit denen, die in der gleichen Arbeit stehen, dem gleichen Herrn dienen, also die Gemeinschaft der Heiligen und Brüder hier und dort«; vgl. auch Trummer, EWNT I 416f.

[233] Beides steht auch sonst nebeneinander; vgl. Röm 16,21-23 und 16,3-5; 2Kor 13,12b und 13,12a; Phil 4,22 und 4,21 sowie oben Anm. 211 und Müller (Lit. zu Kap. 16) 79.

[234] Vgl. zur römischen Provinz Asien 2Kor 1,8; Röm 16,5 sowie weiter Thomasson, KP I 636; Bauer/Aland 232. Welche Gemeinden Paulus hier außer Ephesus noch im Blick hat, muß offen bleiben. Oft vorausgesetzt werden solche in Troas (2Kor 2,12; Apg 16,8; 20,5), Milet (Apg 20,15-38), Kolossä (Kol 1,2), Hierapolis (Kol 4,13) und Laodicea (Kol 4,13.15f), die sich z.B. nach Wolff 438 »direkt oder indirekt dem missionarischen Wirken des Apostels« verdanken sollen.

[235] Vgl. aber unten Anm. 245.

[236] Weiß 386 meint, Paulus könne von den Gemeinden Asiens nur grüßen, wenn er wisse, »daß sie an Kor. und den dortigen Angelegenheiten ein lebhaftes Interesse nehmen; er muß also auf seinen Reisen in der Provinz davon erzählt haben, oder es waren Vertreter der Gemeinden bei ihm in Ephesus«; vgl. auch Hainz, Ekklesia 103.

[237] Vgl. EKK VII 1, 30 Anm. 35; Klauck* (Hausgemeinde) 21-26 und Ollrog, Paulus 24-27. Vermutlich war das Ehepaar, das in 1,14-16 nicht erwähnt wird, bereits getauft; vgl. Riesner, Frühzeit 170.

[238] Meyer 490 und Heinrici 521 erklären von daher auch ἐν κυρίῳ und πολλά: Dieser Gruß sei Paulus »ein besonders *angelegentlicher*«. Dieser Sinn des ersten Zusatzes wird freilich von den beiden Autoren selbst wieder abgeschwächt: ἐν κυρίῳ verstehe sich »auch bei den übrigen Grüssen von selbst«; ἐν κυρίῳ (sonst 4,17; 7,22.39;

Apg 18,18.26). Dort sind sie (falls Röm 16 ein Empfehlungsschreiben nach Ephesus ist) geblieben oder aber wieder nach Rom, von wo sie durch das Claudius-Edikt vertrieben worden waren (Apg 18,2), zurückgekehrt (Röm 16,3f). Möglicherweise hat Paulus auch in Ephesus wie in Korinth (Apg 18,3) bei ihnen Unterkunft gefunden, wie der (sekundäre) Zusatz in D* F G it vg^cl παρ' οἷς καὶ ξενίζομαι voraussetzt. Während Paulus hier die traditionelle Reihenfolge einhält (ebs. Apg 18,2), nennt er in Röm 16,3 (ebs. Apg 18,18.26; 2Tim 4,19) Prisca vor Aquila und gibt dadurch die ungewöhnlichen Qualitäten und die besonders prominente Rolle dieser Frau im gemeindlichen Dienst zu erkennen[239].

Neben den beiden erwähnt Paulus auch ἡ κατ' οἶκον αὐτῶν ἐκκλησία. Umstritten ist, ob κατά dabei wie in Apg 2,46 und 5,42 distributiv zu verstehen ist und Paulus hier Teilversammlungen der ephesinischen Gemeinde oder eine von mehreren Hausgemeinden im Blick hat[240].

Gielen* hat die These vom Nebeneinander von Ortsgemeinde und mehreren Hausgemeinden[241], in denen ebenfalls Wort- und Abendmahlsgottesdienste stattgefunden haben sollen, einer kritischen Prüfung unterzogen und solches Nebeneinander zweier Gemeindeformen bezweifelt. Entscheidende Argumente: ἡ κατ' οἶκον ἐκκλησία begegnet nie als Oppositionsbegriff zu der in Röm 16,23 und 1Kor 14,23 genannten ἐκκλησία ὅλη (112); die vier Belege (Röm 16,5; 1Kor 16,19; Phlm 2; Kol 4,15) kommen in vier verschiedenen Briefen vor (121); sie wären dann in Entsprechung zu Röm 16,23 zu interpretieren. Man könnte hinzufügen, daß Paulus solche Hausgemeinden, die doch Keimzellen von »Parteien« werden könnten, kaum so problemlos erwähnen würde[242]. Das würde für unsere

---

9,1f; 11,11) begegnet gehäuft in der Grußliste des Römerbriefs (16,2.8.11-13). Das intensivierende πολλά aber ist bei Paulus in den Grüßen in der Tat singulär (vgl. jedoch oben Anm. 231). Jedenfalls dienen die Grüße nicht nur der Gemeinschaft zwischen den Gemeinden, sondern »they also represent personal contacts between individuals and a distant congregation to whom those sending greetings are known« (Stirewalt, a.a.O. [EKK VII 1, 71] 189).
[239] Vgl. Harnack, Mission 591 (»die Hauptperson – wenigstens in bezug auf die christliche Wirksamkeit«); ebs. Robertson/ Plummer 398; Wire, Women 179 u.a.; vgl. auch W. Schrage / (E. Gerstenberger), Frau und Mann, Stuttgart 1980, 133f.
[240] Das ist die übliche Meinung. Nach Godet II 256 soll sich darin zeigen, »daß es in Ephesus noch andere Häuser gab, in welchen sich die Christen, die in anderen Stadtteilen wohnten, zu versammeln pflegten«; ähnlich Schmiedel 208: »Theilversammlungen ... für die in der Nähe wohnenden Gemeindeglieder«; Neander 269;

Héring 154; nach Fee 835 soll diejenige Gemeinde in Ephesus gemeint sein, »to which Paul himself is attached«. Conzelmann 370 ist zurückhaltender: Entweder »eine Gemeinde«, »die sich in ihrem Haus versammelt, oder ihr Haushalt als Gemeinde«; ähnlich schon Weiß 387 (entweder ihre familia als ἐκκλησία oder ein Teil der Gesamtgemeinde); Hainz, Ekklesia 103; anders Gielen* 111f.
[241] Vgl. vor allem Klauck* (Hausgemeinde) 37-39, ferner auch F.V. Filson, The Significance of the Early House Churches, JBL 58 (1939) 105-112; E. Dassmann, RAC 13, 886-888; W. Vogler, Die Bedeutung der Hausgemeinden für die Ausbreitung des Evangeliums, ThLZ 107 (1952) 785-794; Malherbe, House Churches and their Problems, in: ders., Aspects 60-91; Banks, Idea 33- 42; W. Schenk, ANRW II 26.2 (1995) 1402-1404; J. Harrison, Paul's House Churches and the Cultic Associations, RTR 58 (1999) 31-47.
[242] Anders Schlatter 458: »Diese Gemeinschaftsbildung innerhalb der Gemeinde

Stelle bedeuten, daß Paulus hier die sich im Haus von Aquila und Prisca versammelnde ephesinische Gemeinde nennt und diese nicht in V 19a eingeschlossen ist. Andererseits aber kann man sich schwer vorstellen, wie etwa die in Röm 16,5 genannte »Hausgemeinde« schon allein alle namentlich Gegrüßten aufnehmen könnte, für die das Haus von Aquila und Prisca doch kaum Raum genug geboten hat[243], zumal auch Röm 16,14f zwei Hausgemeinden erwähnen dürfte. Erst recht Kol 4,15 spricht eher dagegen[244]. So könnte es auch für Ephesus zutreffen (anders aber in Korinth: Röm 16,23), daß es mehrere Hausgemeinden gegeben hat. Allerdings ist aus unserer Stelle kaum etwas Sicheres über die Bedeutung und Größe, Funktion und Struktur einer Hausgemeinde zu entnehmen und ebensowenig über die Rolle und Stellung von Aquila und Prisca in ihr.

20 V 20 erweitert den Kreis der Grüßenden auf »alle Brüder«, was so nur hier begegnet. Vergleichbar ist Phil 4,21 (οἱ σὺν ἐμοὶ ἀδελφοί), vor allem aber 2Kor 13,12 (οἱ ἅγιοι πάντες) und Röm 16,16 (αἱ ἐκκλησίαι πᾶσαι τοῦ Χριστοῦ)[245], allerdings jeweils *nach* der Erwähnung des heiligen Kusses. Es ist der letzte der zahlreichen ökumenischen Verweise des Briefes, der zu 1,2 eine Art *inclusio* bildet, jedenfalls gesamtkirchlich alle Christen meint, in deren Namen Paulus hier stellvertretend grüßt. Die Aufforderung an die Gemeinde, sich mit dem heiligen Kuß zu begrüßen, hat ihre Parallele in anderen Paulusbriefen und ist wörtlich identisch mit 2Kor 13,12 und Röm 16,16 (vgl. auch 1Thess 5,26, wo als Objekt τοὺς ἀδελφοὺς πάντας statt ἀλλήλους erscheint). Solch heiliger Kuß, der kaum nur zwischen Männern und Männern bzw. Frauen und Frauen ausgetauscht wurde[246], war offenbar in den Gemeinden üblich[247] und kann von Paulus darum ohne weitere Erklärung vorausgesetzt werden.

stellte Paulus nicht unter das Urteil, das die Gruppen traf, die sich auf den Namen eines Lehrers beriefen. Schloß sich die engere Gemeinschaft an das Haus und Handwerk an, so war sie für die Einheit der Gemeinde keine Gefahr«. Wieso nicht? Von Hausgemeinden in Korinth hören wir im übrigen sonst nichts.
[243] Vgl. P. Lampe, Die stadtrömischen Christen in den ersten beiden Jahrhunderten, 1987 (WUNT II 18) 160f mit Anm. 134a; vgl. auch 301f zu anderen »Kristallisationspunkten«.
[244] Vgl. M. Wolter, Der Brief an die Kolosser / Der Brief an Philemon, 1993 (ÖTK 12) 219.
[245] Müller (Lit. zu Kap.16) 217 vergleicht unsere Stelle zu Recht mit dem »ökumenischen Gruß« in Röm 16,16 (der Apostel repräsentiert dann alle; vgl. Conzelmann 370 mit Verweis auf Gal 1,2; Allo 468; Gamble* 75; Schnider/Stenger* 127; Gielen* 122), während andere an die ephesinischen Ge-

meindeglieder insgesamt denken, wobei hinzugefügt wird »diese noch sonderlich und persönlich« (Meyer 490; Heinrici 521; ähnlich Kuß 196), was freilich eine Verdoppelung gegenüber den vorher genannten Gemeinden Asiens bedeuten würde (Barrett 396 findet es freilich natürlich, die Epheser von der allgemeinen Kategorie der Gemeinden Asiens auszuschließen, hält aber auch die folgende Erklärung für möglich). Andere beziehen den Gruß auf gegenwärtig in Ephesus befindliche korinthische Christen außer Aquila und Prisca (fragend Weiß 387) oder Mitarbeiter des Apostels (Schlatter 458; Gutjahr 490; Ollrog, Paulus 78 Anm. 92; Fee 836; Wolff 438; Strobel 271f; Kremer 378).
[246] So aber Robertson/Plummer 399, die das aus einer angeblich jüdischen Sitte des Friedenskusses schließen; aber diese Anknüpfung ist wenig wahrscheinlich (vgl. Stählin, ThWNT IX 138 Anm. 233); zwar wird es JosAs 8,5.7 als οὐκ προσῆκον be-

Auch das AT kennt abgesehen vom erotischen Kuß (HL 1,2; nur hier und Spr 27,6 in der LXX φίλημα, sonst verbal [κατα]φιλεῖν) den Kuß als Begrüßung zwischen Familienangehörigen (Gen 27,26; vgl. auch Lk 15,20) und Freunden (1Sam 20,41) oder bei deren Abschied (Gen 31,28; vgl. auch Apg 20,37), auch als Zeichen der Versöhnung (Gen 33,4; 45,15; vgl. auch Josephus, Ant 8,387)[248]. Vermutlich war er mit einer Umarmung verbunden (vgl. Gen 33,4; JosAs 22,5; vgl. auch Lk 15,20)[249]. Es ist aber umstritten, ob das als Hintergrund ausreicht und man von einem reinen Begrüßungsakt sprechen kann[250]. Zum Vergleich wird heute vor al-

zeichnet, eine fremde Frau oder einen fremden Mann zu küssen, doch ist daraus für die christliche Sitte nichts zu entnehmen; vgl. Klassen* 130f.

[247] Daß er von Paulus selbst »eingesetzt« worden sei (so Holtz, EKK XIII 272: »vielleicht«), ist eine mehr als gewagte Hypothese, insofern Paulus ihn Röm 16,16 auch in der ihm unbekannten Gemeinde Roms voraussetzt (falls Röm 16 kein selbständiges Schreiben an eine andere Gemeinde ist); vgl. auch 1Petr 5,14, wo ἀγάπης statt ἁγίῳ den Kuß qualifiziert. Erst recht verfehlt ist die These von Weima* 207, daß der Kuß in Briefen an »tension-filled churches« erscheine und auch durch die Konflikte zwischen Paulus und der Gemeinde zu erklären sei.

[248] Zu נשׁק und den verschiedenen Übersetzungen und Deutungen vgl. K.M. Beyse, ThWAT V 676-680 und Ellington* 410-413. Küsse zur Begrüßung und beim Abschied, aber auch aus anderen Anlässen kennt auch die übrige Antike, z.B. auch im Kult als »Zeichen der religiösen Verehrung« und »Mittel zur Erlangung von übermenschlicher Kraft«; vgl. weiter die Belege bei Stählin, ThWNT IX 118-122 (Zitat 121); Kroll, PRE Suppl 5, 511-520; Klauck* (Herrenmahl) 353f; Klassen* 123-128. Zur jüdischen Sicht vgl. BerR 70 zu 39,11: »Alle Küsse sind unanständig, nur drei sind anständig: 1) der Kuss der Größe (נדולה: Würde, Weihe) s. 1Sam. 10,1; 2) der Kuss der Begegnung (des Wiedersehens) s. Ex. 4,27 und 3) der Kuss des Abschiedes s. Ruth 1,14. R. Tanchuma zählt zu diesen drei Küssen noch den Kuss der Verwandten hinzu, s. hier, Rachel war Jacobs Verwandte« (Wünsche, Bibliotheca I 2, 342).

[249] Ob man sich dieses Zeichen »als ein stilles, bei welchem statt des Wortes eben der Kuss das Vermittelnde ist«, vorzustellen hat (so Meyer 490 Anm. *), läßt sich nicht sagen, ist aber kaum wahrscheinlich; vgl. den parallelen Gruß bzw. Friedensgruß (Mt 10,12; Lk 10,5) und Klassen* 132f.

Benko* 83 vermutet von der Symbolik des von ihm vermuteten Ursprungs (vgl. die nächste Anm.) und von altkirchlichen Zeugnissen (Augustin, Sermo 42 [PL 39, 1830]; Cyprian, Ep. 6,1 [CSEL 3.3, 482]) her, daß der Kuß nicht auf die Wange, sondern auf die Lippen erfolgte (vgl. dazu auch unten Anm. 299); nach Clemens Alexandrinus, Paed. 3,81,2-4 (GCS 12, 281) soll er mit einem von Leidenschaften freien und geschlossenen Mund praktiziert werden. Nach Ellington* 413 soll er wahrscheinlich »a mutual embrace and the touching of cheeks on the right and left sides, and possibly also the touching of the lips to the cheek of the other person« einschließen.

[250] So z.B. Thraede* 132, nach dem der Gruß mit heiligem Kuß »intensivierende und zugleich verallgemeinernde Abart des brieflichen Grußes« sein soll; vgl. aber die kritischen Rückfragen bei Käsemann (Römer 400), der etwa auf die analoge Segensmitteilung durch Handauflegung verweist, ferner Klauck* (Herrenmahl) 355, Schäfer* 437 und Kretschmar, TRE 1, 245, der bezweifelt, daß der »heilige Kuß« tatsächlich »nur aliturgisch als Verstärkung antiker Grußgesten« zu verstehen sei; der Kuß setze jüdisch-hellenistische Tradition voraus (vgl. oben die Stellen aus JosAs) und habe »sakralen Charakter«. Auch das bleibt aber mehr hypothetisch. Das gilt noch mehr für die Vermutung, der heilige Kuß lasse sich von ἐνεφύσησεν (Joh 20,22) verstehen und das dann gar noch als »the first service of Christian ordination« (so aber Benko* 82), auch wenn man einen animistischen Hintergrund (»transmission of the spirit«) nicht ganz ausschließen kann. Eher kann man mit Ch. Strecker, Theologie 308 an eine »rituelle Form körperlich-symbolischer Kontaktaufnahme« zur emotionalen Stärkung des Gruppenzusammenhalts denken. Fee 836 nennt zwei Faktoren: »the common form of greeting, reflecting both the culture ... and the special relationship that believers had to one another as the family of God«.

lem JosAs 19,10f herangezogen, wo der Kuß nicht nur bei den eben genannten Gelegenheiten begegnet, sondern durch ihn der Geist des Lebens, der Weisheit und der Wahrheit verliehen wird (vgl. 19,3 und 22,5, wo καταφιλεῖν und εὐλογεῖν parallel stehen; vgl. auch 8,2f) oder ein Zusammenhang mit einem Mahl besteht (21,5f[251]). Aber auch ohne Berücksichtigung dieser Stellen wird m.E. übertreibend erklärt, das ἀσπάζεσθαι mit dem heiligen Kuß habe »eine heilige Dynamis in sich« und grenze »an das sakramentale Handeln«[252]. Doch selbst wenn man zugibt, daß eine über die übliche Form der Begrüßung hinausgehende pneumatische Bedeutung impliziert sein wird, ist diese nur schwer zu präzisieren. Fraglich ist aber in jedem Fall wiederum (vgl. oben S. 463f), daß man auf eine Abfolge von kultischen Handlungen schließen darf, der Kuß also tatsächlich nach der Verlesung des Briefes und vor der Herrenmahlfeier geschehen soll[253]. Eine liturgisch-sakrale Dignität ergibt sich nur bei liturgischem Verständnis des Kontextes und ist durch die anderen Belege nicht zu stützen[254] (vgl. auch oben zur Deplaziertheit von V 21). Der Kuß wird jedenfalls nicht ausschließlich an die Eucharistiefeier gebunden gewesen, sondern als Zeichen christlicher Geschwisterlichkeit, Liebe und Kommunikation auch sonst praktiziert worden sein[255]. »Heilig« ist er nicht, weil er sich von anderen Küssen unterscheidet oder als Indiz eines liturgisch-sakramentalen Aktes im Zusammenhang mit der Mahlfeier zu gelten hätte, sondern weil er in der Gemeinde der »Heiligen« geübt wird.

21 Der eigenhändige Schlußgruß[256] hat seine Parallele in Gal 6,11ff, doch wird nur hier (und später Kol 4,18; 2Thess 3,17) eine Namensunterschrift

---

[251] Vgl. Klauck* (Herrenmahl) 352f; Schäfer* 437f; Holtz, EKK XIII 273 Anm. 746.

[252] So Windisch, ThWNT I 499; Moffat 279 (»a minor sacrament of fellowship, to overcome any clique-spirit«); Stählin, ThWNT IX 138 versteht ihn als »Zeichen und Siegel für die dem Bruder geschenkte und umgekehrt von ihm dankbar empfangene Vergebung« als Voraussetzung für die rechte Mahlfeier. Vgl. auch Bornkamm* 123; Wiles* 66f.70; Perella* 12 (»an important ritualistic and sacramental function from the beginning«) und 15 (»a mystic symbol«); Wilckens, EKK VI 3, 137; Klauck* (Herrenmahl) 356 (»liturgisch-sakraler Charakter«).

[253] Vgl. oben zur Analyse. Cuming* 113 hält es für möglich, daß der heilige Kuß »was at first the climax and conclusion of a non-sacramental service, and acquired its connection with the anaphora only after the fusion of synaxis and eucharist«. Doch auch das bleibt hypothetisch. Schlatter 459 zieht aus der Abfolge von Briefverlesung und heiligem Kuß sogar die theologische Konsequenz: »Aus dem gehörten Wort entsteht die Gemeinschaft«. In 1Thess 5,27 folgt das

Vorlesungsgebot aber gerade auf die Aufforderung zum heiligen Kuß. Für den rein epistolaren Charakter, vor allem wegen des Zusammenhangs mit dem Grußauftrag, z.B. Thraede* 153; Schnider/Stenger* 122f.

[254] Klauck* (Herrenmahl) 356 sieht denn auch zusammen mit den Belegen aus JosAs im Nebeneinander von heiligem Kuß, Anathema und Maranatha einen »Konvergenzbeweis« für die Zuweisung zur Mahlfeier.

[255] Klassen* 130 meint sogar, der Kuß sei zwischen Christen ausgetauscht worden, »whenever or wherever they meet«; richtig ist wohl in der Tat, daß »the concept of ›holiness‹ is far from being a ritual or cultic quality for Paul« (133) und daß der heilige Kuß die Freiheit der Christen bekundet, »to express without inhibition to all people of whatever background, rank or gender, the ardour of ἀγάπη in any context« (135); vgl. auch ebd. Anm. 28 gegen eine Übersetzung mit »Bruderkuß«.

[256] Zum Wechsel der Handschrift in Eschatokollen antiker Briefe vor allem bei Schlußgrüßen, z.T. ausdrücklich eingeleitet mit *hoc manu mea* (z.B. Cicero, Att. 13,28) u.ä., aber auch ohne solchen Hinweis, vgl.

genannt. Erst in den beiden deuteropaulinischen Texten ist das als Authentizitätszeichen zu werten[257] und hier kaum ein Indiz einer späteren Redaktion[258]. Jedenfalls ist aus der Notiz zu schließen, daß Paulus auch diesen Brief diktiert hat (vgl. Röm 16,22).

Nach der von Paulus übernommenen[259] Ausschlußformel ist jeder, der 22 den Herrn nicht liebt, verflucht. Οὐ φιλεῖ hat dabei, da sich Vorder- und Nachsatz bei solchen Sätzen heiligen Rechts in der Sache entsprechen, vermutlich den Sinn von »der verwirft, der verleugnet«[260]. Einen solchen aber trifft das Anathema[261]. Damit verfällt er nicht einem Akt der Kir-

die Beispiele für autographische Briefschlüsse bei Deissmann, Licht vom Osten 137f; Roller, Formular 70-78.187-191.500f; Gamble* 62-64; Bahr* 27-37, der aber ganz hypothetisch Paulus schon in V 15 zur Feder greifen läßt (37; vgl. dagegen Gamble* 77f); zu Phlm 19 vgl. Nijenhuis* 256; vgl. weiter Gamble* 76-80; White, New Testament 1740f. Roller 78 erklärt: »Ob der ganze Brief eigenhändig war oder nicht, unter allen Umständen verlangte es der Briefstil, daß der Schlußgruß persönlich von dem Aussteller unterschrieben wurde«, was auch dort der Fall sein soll, wo der Eigenhändigkeitsvermerk in den Paulinen fehlt. Das dürfte mindestens für diktierte Briefe zutreffen; vgl. aber auch Ollrog, Paulus 185 Anm. 120.

[257] Anders Robertson/Plummer 399f; Grosheide 405f; Godet II 256; Schlatter 459; Schnider/Stenger* 131 (»Authentizitätssignal«) u.a., die auch an unserer Stelle eine Beglaubigung sehen; richtig Holsten, Evangelium 450; Allo 468; Klauck 127 (»entsprechend antiken Briefkonventionen zur Intensivierung des persönlichen Kontakts«); Windisch, ThWNT I 499f hört »eine gewisse Feierlichkeit« heraus, die der Gruß durch den Eigenhändigkeitsvermerk erhalte.

[258] So aber Schnider/Stenger* 152, die aus der Verbindung von eigenhändiger Unterschrift und Anathema den Schluß ziehen, hier werde »auf den Inhalt der vorangehenden Briefes in der Art eines in juristischen Texten mit der Namensunterschrift verbundenen Summariums Bezug genommen« und (153) dadurch »alle Anordnungen des Briefes in die Qualität heiligen, eschatologischen Rechts versetzt«; das wird dann mit den angeblich sekundären »ökumenischen« Stellen (4,17; 7,17; 11,16), aber auch 14,37f eine großkirchliche Überarbeitung zurückgeführt (155-157; ähnlich Probst, Paulus 352-356). Ist solche Redaktion auch nicht *a priori* auszuschließen (vgl.

zu 14,34f), so scheint sie hier doch nicht ohne Probleme: Zu den »ökumenischen Stellen« vgl. EKK VII 1, 104f.360 und 3, 458; eine Beziehung von V 22.b (nach 153 »wie ein gewaltiger eschatologisch-autoritärer Rundumschlag«) auf die Gültigkeit des Briefes als ganzen ist alles andere als zwingend (eher wäre dann eine 14,37b entsprechende Notiz zu erwarten), und sein traditioneller Charakter auch anders erklärbar; das singuläre ἀσπασμός und der ebenso singuläre Paulusname am Briefende sind zweifellos auffällig, aber doch nicht notwendig ein Indiz sekundärer Redaktion; Entsprechendes gilt erst recht für das Hapaxlegomenon Maranatha, das im Munde eines Autors aus dem Milieu der Pastoralbriefe schlechterdings unvorstellbar bleibt; das stärkste Argument ist die Verdoppelung in V 23f, obwohl der Sinn der redaktionellen Hinzufügung von V 24 nach dem angeblichen Einschub von V 21f auch nicht gerade besonders einleuchtend ist.

[259] Vgl. zur Analyse.

[260] Vgl. schon Billroth 247 (»Litotes für: verachtet«) und weiter C. Spicq, Comment comprendre φιλεῖν dans 1Cor. XVI 22?, NT 1 (1956) 204, der οὐ φιλεῖ ähnlich wie οὐκ οἶδα (Mt 25,12; Lk 13,27; vgl. auch Mt 7,23) versteht; ähnlich Stählin, ThWNT IX 135. Vgl. aber auch Moffat 282: »It is not a level of religious feeling which is accessible only to certain individuals of a warm temperament. His language is a vehement protest that the supreme test of membership in the Household is a devotion to the Lord which will not yield to any weak compromise«. Zu eng Heinrici, Sendschreiben 570 (sich durch »selbstsüchtige Motive« leiten lassen) u.a.

[261] Zu ἀνάθεμα vgl. zu 12,3. Auch hier ist damit Ausschluß aus der Gemeinde gemeint und hat mit dem verstärkten Bann der Synagoge (so aber Bornhäuser bei Jeremias, ThWNT III 752 Anm. 83) nichts zu

chenzucht oder einer kirchlichen Disziplinarstrafe, sondern erfährt die durch heiliges Recht vollzogene Trennung vom Herrn (ἀπὸ τοῦ Χριστοῦ Röm 9,3). Darf man den oben vermuteten liturgischen Sitz im Leben der Formel voraussetzen, dann kann nur derjenige Gast am Tisch des Herrn sein, der ihm ganz zu eigen ist und durch Wort und Tat seine Herrschaft anerkennt. Ein Verbot der Teilnahme für Ungetaufte (so Did 9,5) oder Ungläubige ist hier noch nicht im Blick[262]. Der Sinn des ἀνάθεμα ist nicht Abschreckung, sondern Selbstprüfung (vgl. 11,28). Auch wenn der Satz der Abendmahlsliturgie entnommen ist, wird er hier primär eine briefliche Funktion haben[263] und im jetzigen Kontext nicht nur speziell Parteitreiben, Selbstsucht u.ä. anvisieren[264], sondern ähnlich wie V 14 summarisch eine Quintessenz benennen.

Ob das Maranatha von allem Anfang an mit dem Anathema-Satz zusammengehört hat, ist ebensowenig eindeutig[265] wie die Erklärung des Sinns und der Funktion des Maranatha[266]. Üblicherweise wird erklärt, man könne die aramäische Formel imperativisch wie indikativisch verstehen, d.h. entweder als מרנא תא (»unser Herr, komm«) oder als מרן אתא (»unser Herr ist gekommen«)[267], doch ist durch solche Abteilung der Sinn noch nicht festgelegt, da einerseits auch מרן wie מרנא »unser Herr« heißen kann, andererseits אתא wie תא »kommen«[268]. Kuhn hält folgende Deutungen für gleichermaßen möglich: 1. als Gebetsruf und Bitte um die Parusie, 2. als Bekenntnis zum Gekommensein Jesu und 3. als Aussage über die Gegenwart im Gottesdienst[269].

tun. Zur »Behandlung von Abweichlern« am Briefschluß vgl. Röm 16,17-20 und 2Thess 3.1f sowie Schnider/Stenger*81 83.
[262] V,gl. Bornkamm* 126; Barrett 397; Senft 220: Auch die nach 14,24f im Gottesdienst bekehrten ἄπιστοι und ἰδιῶται sind vom Herrenmahl kaum ausgeschlossen.
[263] Das heißt nicht, daß Paulus hier »wie unwillkürlich auf die vielen Entartungen des christlichen Lebens« in Korinth zurückblickt (so aber Meyer 490; Heinrici 522); noch weniger kann man sagen, daß Paulus »beim Aussprechen des Schlußwunsches einen schweren Druck auf seinem Herzen« spürt und der Geist ihn auf einmal treibt, »dem Unwillen Luft zu machen« (so Godet II 256).
[264] So Meyer 491; Heinrici 522; Schlatter 459; Barrett 397; vgl. auch Wiles* 153, der V 22 speziell mit 5,3-5; 11,27-32 und 14,37 verknüpft: »In each of these passages the apostle returns to his grave polemic against the libertine front at Corinth ...«; ganz unwahrscheinlich ist, daß Paulus judenchristliche Gegner treffen will (so aber Schmiedel 208); nach Weima* 207 soll die Autorität des Paulus unterstrichen werden; nach White, New Testament 1740f soll V 22

nach V 21 andeuten, »that Paul intended his signature to convey his apostolic authority, as well as his friendship«.
[265] Vgl. oben zur Analyse.
[266] Zur Worttrennung nach der Zeit der scriptio continua in den Handschriften vgl. Scriba, Geschichte 190. Klar aber ist mit der aramäischen Sprache die Herkunft aus der palästinischen Urgemeinde; gegen Ableitungen aus dem zweisprachigen hellenistischen Christentum bei Bousset (Kyrios 84) u.a. mit Recht Kuhn, ThWNT IV 474; Hahn* 100; Kramer* 96 Anm. 346.
[267] So z.B. Bauer/Aland 996; vgl. die umfangreiche Lit. bei Kuhn, ThWNT IV 470 Anm. und die Ergänzungen ThWNT X 2, 1169; Schneider, EWNT II 947.
[268] Vgl. Rüger* 120, nach dem grammatikalisch aber nur die Trennung מרן אתא in Betracht kommt (der Imp. Sing. behält sein auslautendes Aleph); vgl. ders., TRE 3, 607; vgl. auch Stuhlmacher, Theologie 183f. Zu früheren Ableitungen und Ausdeutungen vgl. z.B. Billerbeck III 493f.
[269] Kuhn, ThWNT IV 473; vgl. auch Fitzmyer* 226-228; Luke* 63-68; Schneider, EWNT II 948; Scriba, Geschichte 190f.

Daß diese Deutungen sprachlich möglich sind, heißt nicht, daß sie sachlich gleich richtig sind. Auf einen Zusammenhang mit dem Gottesdienst verweist nicht nur der Kontext an unserer Stelle, sondern auch Did 10,6[270] und Offb 22,20[271]. Damit wird nicht nur der ursprüngliche Sitz im Leben der Maranatha-Formel im Gottesdienst bestätigt, sondern auch die imperativische Fassung. Es ist der Gebetsruf der die Parusie erwartenden Gemeinde[272], nicht eine Akklamation[273] bzw. ein Bekenntnis zu dem im Gottesdienst gegenwärtigen Herrn. Oft wird beides verbunden, da bei Paulus sowohl der eschatologische Ausblick (11,26) wie die Gegenwart des Herrn im Mahl betont werden[274].

Allerdings ist auch Maranatha primär von der epistolographischen Funktion her aufzufassen (vgl. auch das Fehlen der Zulassungsformel Offb 22,17; Did 10,6), und zwar weniger als eine letzte Warnung (vgl. Röm 16,17f; Phil 3,18f) als vielmehr im Zusammenhang mit V 23f als eine nachdrückliche Erinnerung an die nahe Wiederkunft des Herrn (vgl. Röm 16,20; Phil 4,5; 1Thess 5,23). Auch das Schreiben des Apostels gerät so in den Horizont dessen, der nach 15,24ff noch unterwegs ist und zu seinem endgültigen Kommen herbeigerufen wird. Dafür, daß Paulus die fremdsprachige Formel beibehält, und zwar ohne wie sonst eine Übersetzung anzufügen (Röm 8,15; Gal 4,6), lassen sich verschiedene Gründe anführen[275].

[270] Allerdings könnte hier eine Einladung ausgesprochen sein: »Der Auferstandene soll wieder wie am Ostersonntag bei Tische erscheinen und die Gemeinde auf diese Weise seiner baldigen Wiederkehr versichern« (Cullmann* 218; ähnlich Sandvik* 28). Schneider, EWNT II 948 bevorzugt die Deutung »der Herr ist gekommen (oder: kommt)«.

[271] Die Anrufung des erhöhten Herrn und nicht Gottes (nach Bultmann, Theologie 55 kann Maranatha aber »ursprünglich Gott gegolten haben«; ähnlich Vielhauer, Aufsätze 152.159 und Scriba, Geschichte 191; vgl. weiter Kramer* 97f; Hurtado, a.a.O. [Anm. 838 zu Kap. 15] 16f) ist im jüdischen Rahmen unvorstellbar und darum analogielos (Kessler [Lit. zu Kap. 15] 114).

[272] So z.B. Kramer* 97; Becker, Paulus 471; Botte* 39 (»une invocation de sens eschatologique«); Pokornyv, Entstehung 62 (»Bittruf«); Scriba, Geschichte 193: Es handele sich »um die endzeitliche Theophanie (sc. des Kyrios Jesus) und nicht um eine wie immer geartete Kommen zur feiernden Gemeinde«.

[273] So z.B. Käsemann, RGG ³II 993f (»im eucharistischen Zusammenhang ... die kultische Gegenwart des Weltenrichters (= ›unser Herr ist da!‹)«, wobei aber schon

11,26 schwierig bleibt; Luke* 65 (»originally a cultic cry, an ecstatic exclamation«); zur vorpaulinischen Mara- im Unterschied zur Akklamations-Kyriologie vgl. Kramer* 99-103; Schulz* 138-143 und EKK VII 1, 107.

[274] So z.B. schon Lietzmann* 237 (»Doppelbedeutung«); Cullmann* 214-218; im Anschluß daran von Sandvik* 17 so formuliert: »Herr, komm zu Deiner Parusie, und komm schon jetzt, während wir beim Mahl versammelt sind!«, doch noch besser sei: »Herr, der Du schon hier bei unserem Mahl bist, komm zu Deiner Parusie«; Keller* 67; Lang 249 (der Ruf bitte »den im Mahl gegenwärtigen Kyrios um sein baldiges Kommen in der Parusie«); Klauck* (Herrenmahl) 361 erklärt: »Nicht von der Philologie, wohl aber von der Traditionsgeschichte her scheint eine Doppelbedeutung des Maranatha möglich: die Bitte um die endzeitliche Parusie wird überlagert vom Herbeirufen des Herrn in die zum Herrenmahl versammelte Gemeinde und geht über in das Bekenntnis zu seiner sakramentalen Epiphanie, die als proleptische Erfahrung der Endzeit (des Endzeitmahles) begriffen wird«.

[275] Robertson/Plummer 401 halten es für wahrscheinlich, daß es zu einem »motto or

23 Am Schluß steht nicht wie in den meisten antiken Briefen ἔρρωσθε (Apg 15,29) bzw. ἔρρωσο (Apg 23,30 v.l.)[276], sondern ein prädikatloser Gnadenzuspruch. Er wird von Paulus in verschiedener Weise variiert[277], doch begegnet auch dieselbe Form wie hier (1Thess 5,28; Röm 16,20). Nach vielen Kommentatoren soll εἴη zu ergänzen sein[278], doch ist die optative Fassung hier ebensowenig angebracht wie in V 24, so daß man allenfalls fragen kann, ob ein ἔστιν oder wie im Friedenswunsch von 2Kor 13,11 und Phil 4,9 ein ἔσται besser paßt[279]. Die Gewißheit der Gnade des Herrn bestimmt Anfang (1,3f) wie Ende des Briefes[280]. Von dieser Grundvoraussetzung her gewinnt das Schreiben des Paulus überhaupt erst seinen Sinn.

24 Ganz ungewöhnlich ist die Verdoppelung[281], die durch den singulären Zuspruch der eigenen Liebe des Paulus entsteht. Das ist kaum eine letzte

password« unter Christen geworden ist. Delling, Gottesdienst 72 vermutet als Grund »nicht nur die persönliche Gewöhnung eines Missionars«, sondern »die liebgewordene Formel« sei von Judenchristen in die griechischen Gemeinden gebracht worden, wo es Kreise gebe, die Wert »auf den Zusammenhang mit der jüdischen Christenheit« und der Sprache Jesu gelegt haben sollen. Klauck* (Herrenmahl) 358f erinnert auch daran, daß man »in der Zeit des beginnenden Synkretismus« mit Wörtern fremder Sprache »der eigenen Religionsform einen geheimnisvollen Anstrich zu geben« versucht.

[276] Vgl. weiter White, Epistolography Group 9 und New Testament 1735.1740; Wiles* 114f; Gamble* 58f.

[277] Vgl. die Erweiterung durch die Liebe Gottes und die Gemeinschaft des Heiligen Geistes in 2Kor 13,13 oder die von μεθ' ὑμῶν durch μετὰ τοῦ πνεύματος ὑμῶν (Gal 6,18; Phil 4,23; Phlm 25); vgl. auch statt χάρις in Röm 15,33 und Phil 4,9 ὁ θεὸς τῆς εἰρήνης.

[278] Meyer 492; Heinrici 524; Gamble* 66f; Grundmann, ThWNT VII 777f; Fee 839 Anm. 39, dessen Argument, ein Optativ entspreche dem üblichen ἔρρωσο, freilich wenig überzeugt. Eher könnte man eine Anlehnung an den atl. Gnadenwunsch (Gen 43,29; Num 6,25 u.ö.) erwägen (vgl. Gräßer, EKK XVII 3, 415 zu Hebr 13,25 mit Lit.).

[279] Vgl. auch die futurischen Verben in Röm 16,20; Phil 4,19; 1Thess 5,24; Schnider/Stenger* 88 sprechen hier von »der Ansage des den Adressaten von Gott gewährten künftigen Heilsstandes«. Ent-

sprechendes dürfte auch für den Charisspruch gelten. Vgl. zu unserer Stelle Bauer/Aland 1030, wo ἔσται ergänzt wird; Schlatter 461 (»Die Gnade des Herrn Jesu ist bei euch«); Delling, ThWNT VIII 222 Anm. 47 (»V 24 kann kein Wunsch sein«) und Gottesdienst 76; Schenk, Philipperbriefe 72. Nach van Unnik* 281 kommen die atl. Aussagen über das Mitsein Jahwes in allen Tempora vor, wobei auch die futurischen überwiegend nicht als Wunsch formuliert sind, sondern »mostly as a definite declaration« wie z.B. Ex 3,12 (ἔσομαι μετά σου) und 1Βασ 17,37 (ἔσται κύριος μετά σου); vgl. auch 290f.

[280] Vgl. Kramer* 88 (»Die Gnade des Kyrios ist nicht bloss eine Möglichkeit der Vergangenheit oder Zukunft, sondern die Wirklichkeit, die jetzt zwischen dem Kyrios und der Gemeinde in Geltung ist«), der wie andere von einer liturgischen Formel ausgeht, was aber eben über die briefspezifische Funktion hinaus keinen Abschluß des Wortgottesdienstes indiziert (so Cuming* 110.113; vgl. dagegen mit Recht Schnider/Stenger* 89). Zur inclusio von Briefanfang und -ende vgl. Schnider/Stenger* 72f. 90.133f und die nächste Anm.

[281] Eigentlich singulär ist aber nur V 24, denn eine andere Art der Verdoppelung kennt Paulus durchaus; vgl. Schnider/Stenger* 90: »Was der Eröffnungssegen des Präskripts zusammen als Heilsgüter nennt und von Gott und Jesus Christus gemeinsam ausgehen läßt, wird am Briefende auf zwei Segenswünsche verteilt«, d.h. einen theologischen Friedens- und einen christologischen Gnadenzuspruch, wobei der erstere im 1Kor fehlt; vgl. oben Anm. 3.

Kompensation für die vielen Rügen oder gar für V 22[282], schließt aber nicht aus, daß nach den strengen Korrekturen und Ermahnungen diese Zusage hier besonders angebracht ist und die Erinnerung an die Liebe als »höchsten Weg« in V 14 eben auch von Paulus beherzigt wird. Das ist wie in V 23 kein bloßer Wunsch, weshalb hier mit Recht ἐστί ergänzt wird[283], sondern eine »in Christus Jesus«, d.h. durch ihn wirksame Versicherung, die zugleich die Zuwendung und das entscheidende Motiv des Apostels benennt. Die Wirklichkeit des ἐν Χριστῷ Ἰησοῦ umschließt Apostel und Gemeinde[284].

Der letzte Abschnitt beginnt mit Schlußgrüßen und der Aufforderung zum heiligen Kuß, beides ein Ausdruck der geschwisterlichen Gemeinschaft. Auf den Eigenhändigkeitsvermerk folgt eine drohende Ausschlußformel und ein das eschatologische Kommen des Herrn herbeirufendes Maranatha. Ein Gnadenzuspruch und eine Versicherung der Liebe beschließen den Brief.   *Zusammenfassung*

Der Abschnitt behandelt 1. die Hausgemeinden (S. 475f), 2. den heiligen Kuß (S. 476-478), 3. das Anathema (478-481), 4. das Maranatha (S. 481-483) und 5. den Gnadenzuspruch und die Versicherung der Liebe (S. 483f).   *Auslegungs- und Wirkungsgeschichte*

1. Das Phänomen der *Hausgemeinden* hat meist keine sonderliche Beachtung gefunden. Immerhin hält der Ambrosiaster (193) fest, daß Paulus *duas ecclesias* kennt, sc. *publicam et domesticam. publicam dicit, quo omnes conveniunt; domesticam, in qua per amicitiam colligitur*[285]. Auch die Reformatoren gehen m.W. kaum darauf ein. Osiander erwähnt V 19 in einem Gutachten zum Bann und gibt auch Hausgemeinden gleiche Vollmacht wie anderen: »Wenn nun ain christenliche gemein in ainem hauß versamelt were, die hiesse ain kirch … und het on zweyfel den gayst und gewallt zu straffen und bannen, alls [= so] weyt sich ir haußsamblung erstreckt«[286]. Erst im Pietismus findet die Hausgemeinde ein größeres In-

[282] So aber z.B. Fee 840 (»to soften the blow of what at times, including V.22, have been very strong words«). Müller (Lit. zu Kap. 16) 219 spricht im Blick auf V 23f von einer »epistostolographischen Freiheit des Paulus«.
[283] Meyer 492; Heinrici 524; Godet II 258; Bauer/Aland 1030 (»ist mit euch«); Schenk, Philipperbriefe 72 (Paulus wünscht nicht, sondern er versichert); anders Theodoret 373: Theophylakt 793; Thomas 435; Luthers Übersetzung; Coccejus 352; Estius 791; Robertson/Plummer 402: »He would not have said πάντων, if ἐστί were understood, for some offenders were too flagrant to be at present included«. Aber das ist keine Begründung für einen Wunsch.
[284] Vgl. Barrett 399: ἐν Χριστῷ Ἰησοῦ sei wahrscheinlich weder auf ἀγάπη noch auf πάντων ὑμῶν, sondern auf den ganzen Satz zu beziehen: »It would not be wrong to say that, in sense, not construction, they cover the whole epistle«.
[285] Ebs. Ambrosius 290; vgl. auch Hieronymus 772: *Domesticam congregationem fraternitatis, Ecclesiam nominavit* (ähnlich Pelagius 229; Primasius 554). Nach Chrysostomus 376 ist es keine kleine Tugend, wenn man das Haus zur ἐκκλησία macht. Vgl. weiter Dassmann, RAC 13, 888-901.
[286] Gesamtausgabe IV 359; bei Beza 169 heißt es dagegen: *Quasi sit Ecclesiola quaedam.*

teresse. Spener (522) bricht geradezu in hymnischen Preis aus: *O quanta est gloria & laetitia si paterfamilias dicere potest, se habere Ecclesiam domesticam i.e. non nisi veros Christianos, vel quod multi Christiani in domo eius conveniunt.* Nach Zinzendorf sind solche »privat-Versammlungen« nötig, und für ihn ist »deren Mangel ein Zeichen grosser Lauigkeit und Verfall in dem Christenthum«[287]. Meist bleibt es heute bei so zurückhaltenden und vermutlich richtigen Äußerungen wie der von Barth, daß die Hausgemeinden »im Leben der betreffenden Gesamtgemeinden eine bestimmte, nicht näher erkennbare, aber hervorgehobene Rolle gespielt zu haben scheinen«[288].

2.   Es kann hier nicht einmal in Kürze die breite Entfaltung des kultisch-liturgischen *Kusses* in der Kirchengeschichte nachgezeichnet werden, zumal sich dessen Verbreitung nicht nur von 1Kor 16 her durchgesetzt hat, ja auch mancherlei pagane Einflüsse zu beachten sind[289]. Der »heilige Kuß« oder »Kuß des Friedens« oder »der Liebe« wird sehr früh als Teil des christlichen Gottesdienstes bezeugt. Justin nennt ihn einfach φίλημα und erwähnt ihn zwischen Gebetsteil und Mahlbereitung beim Gottesdienst[290]. Auch bei Augustin hat er seinen Ort unmittelbar vor der Kommunion[291]. Wörtlich zitiert wird 1Kor 16,20b in der Jakobusliturgie und im kleinasiatisch-byzantinischen Ritus nach dem *symbolum*[292]. Chrysostomus (376) erklärt zum heiligen Kuß an unserer Stelle ἑνοῖ καὶ ἓν τίκτει σῶμα (sc. Χριστοῦ), und nach Cyrill versöhnt der auf Paulus und 1Petr 5,14 zurückgeführte heilige Kuß und bedeutet völliges Vergessen erlittenen Unrechts[293].

---

[287] Erg.-Bd. XII 779.
[288] KD III 4, 256. Für H.D. Galley (Das »Haus« im Neuen Testament, ELKZ 15 [1961] 201-205, hier 205) ergibt sich aus dem ntl. Befund die Aufgabe »nicht nur, daß das Evangelium als wirkende Macht in die Häuser gepflanzt werde, sondern mehr noch, daß durch das Evangelium Häuser zu einem Stück Kirche werden«.
[289] Über den Kuß außerhalb des Zusammenhangs mit dem Abendmahl z.B. den Kuß der Neophyten im Taufritus, über Küsse bei Bischofsweihe und Märtyrerverehrung, über Küsse des Altars und Evangelienbuches u.a. vgl. Hofmann* 128-144; Stählin, ThWNT IX 140-144; Thraede* 143-180 (zum 2. und 3. Jh.); zum Ort des heiligen Kusses in den verschiedenen Liturgien vgl. Hofmann* 94-121 (vgl. z.B. die Jakobus- und Markusliturgie [BKV 5, 96f und 170f]); zur Bedeutung des Kusses in der mittelalterlichen Mystik vgl. Perella* 51-83. Vom heiligen Kuß wird aber auch bei anderen Gelegenheiten gesprochen: »Nachdem sie dann aber alle seine (sc. eines Heiligen) Wundertaten voll genossen hatten,

warfen sie sich unter anderen Erweisen der Liebenswürdigkeit zum heiligen Kusse nieder (vgl. 1.Kor., 16,20) und schieden voneinander« (Lebensgeschichten, a.a.O. [Anm. 373 zu Kap. 13] 45)
[290] Ap. 1,65; bei Tertullian heißt er *osculum pacis* und *signaculum orationis* (Orat. 14 [CChr 1, 265]); vgl. auch 18 (ebd. 267), wo er am Abschluß des gemeinsamen Gebets erwähnt wird. Nach Traditio Apostolica 4 sollen alle Gemeindeglieder dem ordinierten Bischof den Friedenskuß entbieten (Fontes 1, 220f); nach 21 (ebd. 264.267) küßt der Bischof die Neugetauften und sagt: »Der Herr sei mit euch«, und nach deren Antwort und gemeinsamen Gebet küssen die Gläubigen und die Neugetauften einander.
[291] Serm. 227 (PL 38, 1101); ebs. bei Gregor d. Gr. (Schmidt-Lauber, TRE 13, 154); vgl. zu Augustin auch Perella* 24f.
[292] Brightman, Liturgies 44.382; vgl. Hofmann* 101f.104f; zur römischen Messe vgl. 117.
[293] Myst. Kat. 5,3 (SC 126, 150) mit Zitat von Mt 5,23f. Als »Zeichen der Versöh-

Schon bald wird gegen Mißbräuche Front gemacht. Clemens Alexandrinus polemisiert dagegen, daß bestimmte Leute die Kirchen vom Lärm der Küsse widerhallen lassen, den Kuß ohne Hemmung und Maß ausüben und damit schlimmen Verdacht und üble Nachrede hervorrufen[294]. Tertullian erwähnt den Kuß auch im Zusammenhang des Verbots der Wiederheirat einer christlichen Frau mit einem Heiden, die für eine solche Frau Gefahren mit sich bringt, u.a. auch dadurch, daß der Mann es nicht dulden wird, daß sie sich einem Mitbruder zum Friedenskuß naht[295]. In den Const. Ap. 2,57 und 8,11 sowie in der Traditio Apostolica 18 wird der Kuß auf den der beiden Geschlechter untereinander beschränkt, und ebensowenig wie die Männer Frauen und Frauen Männer küssen dürfen, dürfen sich die Katechumenen am Kuß beteiligen[296]. Nach Hugo (544) wird der Kuß darum heilig genannt, weil es außer dem *osculum sanctitatis et concordiae* auch den Kuß der Laszivität und des Verrates gibt[297].

Besonderer Beliebtheit erfreut sich der Kuß offenbar in der Gnosis, womit sich auch allerlei mythologische Vorstellungen verbinden[298]. In den alten Kommentaren wird auch die epistolare Funktion beachtet[299]. Später ist der Kuß mehr und mehr zurückgedrängt worden[300]. In der byzantinischen Liturgie wird der Friedenskuß »nur noch in einer Andeutung zwischen Liturg und Diakon ausgetauscht, andere östliche Riten begnügen sich mit dem Küssen der Hände oder Finger des Nachbars oder nur mit einer Verneigung«[301]. Die reformatorischen Kirchen haben ihn nicht in ihre Liturgien aufgenommen, und nur in der Brüderge-

nung vor dem Opfer« bezeugen den Kuß nach Kretschmar (TRE 1, 245) auch Chrysostomus (De Comp. ad Dem. 1,3) und Theodor v. Mopsuestia (Hom. Cat. 15,39); zu Chrysostomus (unten Anm. 299) vgl. auch Perella* 26f und zu Ps-Dionysius 25 (»a sacred mystery preparing for the Eucharistic communion«); als Beispiel für die allegorische Deutung des Kusses auf das Verhältnis zwischen der Seele und Gott vgl. das Zitat von Ambrosius 44 (PL 14, 531f).
[294] Paed. 3,81,2-4 (GCS 12, 281); vgl. auch Athenagoras, der Suppl. 32 aus einer apokryphen Schrift zitiert: »›Wenn jemand deswegen zum zweitenmal küßt, weil es ihm gefallen hat – ‹ und beifügt: ›So also mit Vorsicht muß man den Kuß oder vielmehr den Gruß geben, da er uns des ewigen Lebens berauben würde, wenn er irgendwie durch die Gesinnung getrübt würde‹« (BKV 12, 321).
[295] Ad Uxor. 2,4,2 (CChr 1, 388f).
[296] PO 31.1, 375 bzw. Fontes 1, 251; vgl. Benko* 84.
[297] Ebs. Robert von Melun 232; vgl. auch Thomas 435 in Abgrenzung von Spr 7,13 und Mt 26,49.
[298] Vgl. EvPh 31 (NHC II 3/59,2-6) und 55 (ebd. 63,34-37); 2ApcJac (NHC V 4/56,14ff) in Verbindung mit dem Offen-

barungsempfang; Or (NHC VI 7/65,3-7) vor dem Essen der heiligen Speise. Nach H.-M. Schenke, Das Evangelium nach Philippus, ThLZ 84 (1959) 1-26, hier 5 bestand »der Kern des Mysteriums« bei den Valentinianern in einem heiligen Kuß, »den der Myste von dem Mystagogen erhielt«.
[299] Nach Chrysostomus 376 wird der heilige Kuß wegen der Spaltungen erwähnt (ebs. Oecumenius 904; Theophylakt 792; Ambrosiaster 193; vgl. auch Herveus 1000: *In quo* [sc. *osculo*] *ut invicem sibi adhaereant, sublata discordia, monet ut casta et pacifica sint oscula ... et simulata non sint*). Chrysostomus kennt aber auch eine andere μυστικός genannte Erklärung: »Der Heilige Geist hat uns zum Tempel Christi gemacht. Wenn wir also einander den Mund küssen, dann küssen wir den Eingang zum Tempel. Niemand soll das mit schlechtem Gewissen und mit Hintergedanken tun« (Catech. Bapt. 2.3 [Fontes 6.1, 253]; vgl. auch ebd. 89).
[300] Vgl. Findlay 952: »It died out in the West from the 13th cent., after having been the subject of many Conciliar limitations, occasioned by its abuse in the decline of the Christian simplicity«.
[301] Schmidt-Lauber, TRE 13, 154.

meine ist er zeitweilig praktiziert worden[302]. Offenbar ist »die Wiederherstellung des urchristlichen Brauchs im Austausch eines *Zeichens des Friedens und der Versöhnung* vor der Kommunion ... der römischen Liturgiereform (Meßbuch 1975) vorbehalten« geblieben und »häufig im englisch/amerikanischen Protestantismus übernommen« worden[303], wird neuerdings aber auch in evangelischen Agenden vorgeschlagen[304]. Mehr zeichenhaft-symbolisch wird er auch in Predigten erwähnt[305].

3.   Im Vergleich zu 5,1-5 hat das *Anathema* von 16,22 weniger gewirkt[306], auch wenn das spätere Anathema gegen Häretiker auf V 22 und Gal 1,8f zurückgeht. Wo die alten Kommentare über ein Verständnis der pragmatischen Funktion von V 22[307] hinausgehen, bestand das Problem eher in der Näherbestimmung des οὐ φιλεῖ als im Anathema selbst. Das wurde in verschiedener Weise umschrieben, z.T. einfach wiederholt[308] oder etwa ins Lateinische transkribiert wie in der Vulgata (*anathema sit*) und bei Pelagius (229: *anathematizabit*). So begegnen *abscidatur*[309], *ut illos abominetur, et perdat*[310], ἀλλότριος ἔστω τοῦ κοινοῦ σώματος τῆς Ἐκκλησίας[311], *perditus vel condemnatus, id est*

---

[302]   Hofmann* 118; 120 wird auch auf den Kuß (mit Zitat von 1Kor 16,20b) bei der »Novizeneinführung« in einem Berliner Diakonissenhaus verwiesen. Nach Klassen* 135 soll freilich die südindische Thomaskirche den heiligen Kuß von Anfang an ausgeübt und ihn auch in die Weltkirche zurückgebracht haben.

[303]   Schmidt-Lauber, TRE 13, 154.

[304]   Vgl. Erneuerte Agende, Vorentwurf, Hannover 1990, 46: »Vor dem Einladungswort kann der Friedensgruß eingefügt und mit der Aufforderung verbunden werden, ein Zeichen des Friedens und der Versöhnung auszutauschen«.

[305]   Vgl. D.O. Schmalstieg, Bibel-Träume. Friedenskuss. Zeichen im Sand. Himmel auf Erden. Predigten zur Symbolsprache der Bibel, Genf 1991, 23: »Wenn wir das Friedens- und Liebeszeichen weitergeben oder weitersingen, stiften wir eine Kette von Zeichengabe und Zeichenempfang. Wir können es durchaus symbolisch tun, d.h. wir sind keinem naturalistischen Zwang unterworfen, alle Menschen zu duzen und mit unseren ständigen Umarmungen zu belästigen. Auch in übertragener, umgedeuteter Form werden wir küssend und du-sagend lebendige Glieder in einer blumigen Girlande. Solange unser Mund dieses Zeichen formen kann, sind wir eingebunden in einen hei-

lenden Kreislauf von Wort und Antwort«.

[306]   Beide Stellen werden nebeneinander gestellt (Luther verbindet sie z.B. WA 2, 573), aber auch unterschieden; Estius 789 differenziert z.B. deutlich, weil der Geist nach 1Kor 5 gerettet werde, während hier die Worte *sunt exsecrantis et aeternum interitum denuntiantis*.

[307]   Nach Chrysostomus 376f schreckt Paulus durch das eine Wort Anathema alle, die Hurerei betreiben und sich am Götzenopfer beteiligen, sich nach bestimmten Aposteln nennen und die Auferstehung nicht glauben (ähnlich Oecumenius 904; Theophylakt 793; Johannes Damascenus 705); zugleich aber zeige Paulus den Weg zur Tugend, weil eine heftige Liebe jede Art von Sünde auslösche und verdränge.

[308]   Für Marius Victorinus ist u.a. sowohl das unübersetzte Anathema wie Maranatha ein Beleg dafür, daß legitimerweise auch der Term ὁμοούσιος gebraucht werden darf (Adv. Ar. 2,9 [SC 68, 420]).

[309]   Ambrosiaster 194; Ambrosius 290.

[310]   Hieronymus 772; vgl. Primasius 554 (*non ficto, sicut Judas*); Hrabanus Maurus 160 (*condemnatus*).

[311]   Theodoret 373; vgl. auch Atto 412 (*In adventu illius sit perditus, et a consortio justorum alienatus*), Cajetan 88v (*segregata ab ecclesia*), aber auch Semler 470 (*a societate nostra ... seiungendi sunt*).

alienus et separatus a Deo[312], und wie in 1Kor 5 ist auch von Exkommunikation die Rede[313].

Später wird das Anathema selbst als problematisch empfunden[314]. So kann v. Mosheim (769) »diese Worte des Apostels für keinen eigentlichen Fluch oder bösen Wunsch halten«, denn »ein Bote des Friedens kann auch den ruchlosesten und boshaftesten Verächtern nichts Böses wünschen«[315]. Daß V 22 zu mancher Engstirnigkeit und Rechthaberei führen konnte, zeigt z.B. Jung-Stilling, dessen Verbindung mit F. Vollkraft ihn »bey seynen Mitbürgern, und besonders bey den Pietisten, noch verhaßter« machte, »denn in Schönenthal herrscht allgemein ein steifes Anhangen ans Religionssystem, und wer im geringsten anders denkt, ... der ist Anathema Maranatha«[316]. Dieser *abusus* hat vermutlich auch zu notwendigen Differenzierungen Anlaß gegeben, gerade in der Neuzeit. Nach Bonhoeffer z.B. ist es nicht leicht, »den Übergang von erlaubter Schulmeinung und Irrlehre zu erkennen«; so sei in manchen Gemeinden eine Lehre, die andere schon als Irrlehre ausgeschieden haben, geduldet (mit Hinweis auf Offb 2,6.15ff), doch wenn eine Lehre offenbar werde, treffe die Irrlehrer »die Ausstoßung aus der christlichen Gemeinde und aus der persönlichen Gemeinschaft«[317]. Küng nennt V 22 an erster Stelle (neben Gal 1,8f; 5,10) als Beleg dafür, daß dort »Fluch und Verdammnis« angedroht wird, »wo Christus und sein Evangelium zugunsten eines anderen Evangeliums preisgegeben werden sollen«[318].

Das knappe οὐ φιλεῖ lädt naturgemäß zu verschiedenen Deutungen ein, so daß die Näherbestimmungen entsprechend auseinandergehen. Ambrosius (290) begnügt sich wie der Ambrosiaster (194) mit der Erklärung: *Qui enim Christum diligit, non dat hominibus gloriam, quia nulla est spes in hominibus*[319], während andere wie Didymus (14) das οὐ φιλεῖ mit

---

[312] Haymo 606.

[313] Vgl. z.B. Thomas 435 (*separatus et excomunicatus*); Hus, Tractatus 216 unterscheidet V 22 als *excomunicacio minor* von der durch Prälaten feierlich verkündigten *excomunicacio maior*.

[314] Nicht so bei Pascal, der als Beispiel für »die Freiheit, die man sich herausgenommen hat, die heiligsten Vorschriften des christlichen Lebens zu erschüttern«, auch dieses anführt: »Seltsame Theologie unserer Zeit! Man wagt es, den Fluch aufzuheben, den der heilige Paulus *über diejenigen spricht, welche den Herrn nicht lieben!*« (B. Pascal, Lettres Provinciales. Briefe an einen Freund in der Provinz, übersetzt und eingeleitet v. A. Schorn, Köln 1968, 210f).

[315] Mit Hinweis auf Lk 23,43; er kann darum in V 22 nichts anderes als den Ausschluß aus der Gemeinde finden (770 mit Verweis auf Mt 18,17); vgl. schon Coccejus 351: *Alicui fraternitatem renunciare, negare cum eo esse commune. Non debemus hic cogitare diras* (Verwünschungen), *exsecrationes, maledicta, imprecationes Judaicas & Papales.*

[316] Lebensgeschichte 306; vgl. auch Feuerbach, Wesen 385f, der V 22 zu den Stellen zählt, »auf die sich noch jetzt die Katholiken berufen, um die Unduldsamkeit der Kirche gegen die Ketzer als apostolisch nachzuweisen«, ja der in V 22 den Keim zu Haß und Verfolgung sieht (386).

[317] Nachfolge 226 mit Verweis auf Gal 1,8; 1Kor 16,22; Tit 3,10; 2Joh 10ff; vgl. auch 268f Anm. 19.

[318] Kirche 554.

[319] Vgl. auch Atto 412, der die Wendung gegen diejenigen gerichtet findet, *qui amore hominum divisi* sind wie die Petrus- und Paulusleute.

ὁ μὴ τηρῶν αὐτοῦ τὰς ἐντολάς interpretieren oder wie Theophylakt (793) auf das Nichteinhalten seiner διδασκαλίαι καὶ παραδόσεις beziehen[320]. Üblicherweise aber wird bei der fehlenden Liebe zum Herrn oder bei deren positiver Qualifizierung die Dauer[321] oder Ausschließlichkeit[322], Stärke[323] oder »Wahrheit«[324] akzentuiert. Vor allem dem Pietismus kommt es auf diese Liebe Jesu an, so daß Spener (523) ausdrücklich erklärt, Paulus sage nicht, *si quis non confitetur se credere in Dominum Jesum Christum, sed, si quis non amat*, und es liebt ihn nicht, wer nicht sein ganzes Leben von ihm bestimmen läßt, seine Gebote nicht hält und seinem Beispiel nicht folgt[325]. Nach Zinzendorf ist diese Liebe »das Kennzeichen, daß ich selig bin oder nicht«[326]. Ausgefallener ist die Erklärung von Hamann zu V 22: Wer den Herrn nicht liebhat, »ist blind, er kennt nicht Gott, er hat keinen Begriff von dem, was gut ist … Er ist ein Fluch allen denjenig[en] die ihn kennen und mit ihm umgehen. Er ist eine Schlange in ihrem Busen«[327].

In der neueren Zeit hat Barth auch von 1Kor 16,22 her eine Lanze für jene gebrochen, die zwar in ihrer Sprache religiöser Erotik des Guten zuviel tun, aber doch von Liebe zu Christus zu sprechen wissen: »Sollte es, wenn da zu wählen wäre, nicht immer noch besser sein, in dieser Richtung mit Nicolai (sc. EG 70,3) oder sogar mit *Zinzendorf* oder *Novalis* ein wenig zu viel zu sagen und dabei gelegentlich auszugleiten, als ihnen gegenüber

---

[320] Auch später wird auf das Nichteinhalten der *mandata* und des *exemplum Christi* verwiesen; so z.B. bei Spener 523 (*Qui non omni studio totam vitam eo dirigit, ut servet mandata Christi, & exemplum ejus sequatur*; vgl. zu Spener aber auch unten Anm. 325). Auch nach v. Mosheim 768 läßt sich die Liebe nur an »den äusserlichen Zeichen« erkennen, »woraus man die innerliche Liebe schliessen kann … Diese äusserlichen Zeichen sind nichts anders als Lehren, Meynungen, Sitten«.

[321] So z.B. Thomas 435: *Si quis usque ad finem mortis non perseverat in amore Domini Iesu Christi, in adventu erit separatus a bonis.*

[322] Vgl. z.B. Bernhard v. Clairvaux, Schriften, Bd. 5, 146: »Wer im Sinne hat, für etwas anderes da zu sein als für dich, ist für nichts auf der Welt, ist selbst ein Nichts«; vgl. auch Erasmus zu V 24: Paulus erbitte damit eine *rara caritas*, wenn er seine Liebe erbitte, denn wie er selbst Christus geliebt hat, zeige Phil 1,23 (Schriften, Bd. 3, 314f).

[323] Vgl. Theodoret 373 (ὁ μὴ θερμὸν ἔχων τὸ φίλτρον [Liebe]) und Bullinger 262 (*Diligere quodammodo uehementius est quam credere*).

[324] Bucer, Schriften, Bd. 5, 278 fügt darum in das Zitat ein: die ihn nicht »in der warheit« lieben; vgl. Semler 470: *Quis non praecipue amat.* Anders akzentuiert Estius 789: Es lieben Christus *non solum qui justi sunt, verum etiam ante perceptam justificationis gratiam boni catechumeni et omnes vere poenitentes.* Meist werden aber die Nichtliebenden als Irrlehrer charakterisiert wie z.B. bei Maior 245v: *Manifestos hostes Euangelij, & hypocritas qui praetextu religionis quaerunt suam potentiam aut alia commoda, & inflectunt Euangelium ad hominum cupiditates & miscent corruptelas.* Vgl. auch Melanchthon, Werke VI 289, nach dem V 22 den offenbaren Unterschied zwischen der *vera Ecclesia* und den *hostes Ecclesia Dei* zeigt, die er auch *blasphemi* heißt.

[325] Vgl. auch Spener 525: *Fides eum sua salvare non potest, quia non est vera, sed fraus Diaboli si amorem non secum fert.*

[326] Hauptschriften II (Pennsylv. Reden) 159; vgl. auch Hauptschriften I 72f, wo aus der Verbindung von V 22 mit dem Gruß geschlossen wird, daß Paulus alle davon ausnimmt, die Jesus nicht liebhaben.

[327] Londoner Schriften 387.

mit *Kant* und *Ritschl*, mit meinem Römerbrief von 1921 und heute mit *Bultmann* bolzgerade zehnmal recht zu haben, dafür aber in der Mitte, von der jene schlecht und recht zu reden versuchten, eine Zone des Schweigens zu schaffen …?«; glücklicherweise aber brauche hier nicht gewählt zu werden[328].

4.   Das *Maranatha* wird in der Alten Kirche überwiegend auf die Ankunft Jesu im Fleisch bei seiner Inkarnation bezogen[329], doch heißt es im lateinischen Text der Bilingue Boernerianus (Kodex G) *anathema sit in adventu domini*. Auch spätere Kommentatoren interpretieren im Sinne von *donec Dominus redeat* o.ä.[330], wobei wie in der Exegese das Verständnis des Maranatha im Sinne einer Verstärkung des Anathema bzw. einer Verwünschung vorherrscht[331]. Später werden präsentische und futurische Interpretationen oft nebeneinandergestellt[332], auch von den Reformatoren[333]. Die aramäische Ausdrucksweise wird in der Alten Kirche dabei gern auf Polemik gegen hellenistischen Weisheits- und Sprachdünkel bzw. gegen *eloquentia* zurückgeführt[334]. Später taucht es m.W. nur selten auf[335].

---

[328]   KD IV 2, 905 (kursiv im Original gesperrt); vgl. auch 899.

[329]   Vgl. Chrysostomus 377 (ὁ Κύριος ἡμῶν ἦλθε); ebenso Oecumenius 905; Theodoret 373; Theophylakt 793; Hieronymus 772; Ambrosiaster 194 und Ambrosius 290 (*Dominus venit*), die das zugleich gegen die Juden gerichtet sein lassen, *qui Jesum non venisse dicebant*; später auch Erasmus 747f; Cajetan 87v (*praeteriti temporis …, quia dominus noster iam venit*). Oft zitiert wird vor allem Hieronymus, Ep. 137: *Quod superfluum sit aduersus eum (Christum) odiis pertinacibus uelle contendere, quem uenisse iam constet* (CSEL 54, 222); vgl. zu Hieronymus auch die anderen Belege bei Botte* 28 Anm. 13.

[330]   Herveus 1001; Petrus Lombardus 1696 (*donec veniat Dominus, vel in adventu Domini*); Hrabanus Maurus 160; Thomas 435.

[331]   Vgl. Augustin, Ep. 20,4 (PL 39, 1161f) und dazu Botte* 29. Botte* 30 und Dunphy* 294 zitieren aus dem 7. Jh. Amandus (PL 87, 1274: *et sit anathema maranatha, quod est perditio, in adventu Domini nostri Jesu Christi*) und ähnlich das 4. Konzil von Toledo (Mansi 10, 639). Luke* 65f zitiert nach CathEnc I 455-457 die Päpste Silverius aus dem 6. Jh. (»If anyone henceforth deceives a bishop in such a manner, let him be *anathema maranatha* before God and his holy angels«) und Benedict XIV aus dem 18. Jh. (»He who dares to despise our decision, let him be stricken with anathema maranatha, i.e. may he be damned at the com-

ing of the Lord, may he have his place with Judas Iscarioth, he and his companions«). Bei Cornelius a Lapide 350 heißt es: *Est enim maran ata. sicut & anathema, vox execrantis & condemnantis.*

[332]   Im Dankgebet in Const. Ap. 7,26 heißt es: »Erlöse sie (sc. die Kirche) von allem Übel und mache sie vollkommen in deiner Liebe und in deiner Wahrheit und vereinige uns alle in dem Reich, das du ihr bereitet hast. Maranatha, Hosanna dem Sohn Davids, gelobt sei, der da kommt im Namen des Herrn, θεὸς κύριος ὁ ἐπιφανεὶς ἡμῖν ἐν σαρκί«. Botte* 28 zitiert ein Glossarium (Colbertinus 2218), wo sogar 4 Bedeutungen nebeneinander genannt werden: ὁ κύριος ἥκει, ἦλθεν, ἢ ἥξει ἢ ἔρχεται.

[333]   Vgl. Bullinger 262. Beza 169 erwägt einen Zusammenhang von Anathema und Maranatha mit den jüdischen Banngraden: *Itaque commodius quoque videtur distribui excommunicatio in duas species, nempe in* נדוי (*Niddui*) & חרם (*cherem*). Luther hat מחרם מותה = *maledictus ad mortem* daraus gemacht (vgl. Kuhn, ThWNT IV 471 Anm. 9; vgl. auch Botte* 31).

[334]   Nach Chrysostomus 377 z.B. gebraucht Paulus die »hebräische« Sprache, weil der Stolz die Ursache aller Übel war, um den Hochmut niederzuschlagen; vgl. ähnlich Theophylakt 793; Theodoret 373; Oecumenius 905; Johannes Damascenus 705 u.a.

[335]   Vgl. aber das Beispiel bei Jung-Stilling, Der graue Mann von 1799-1806 (zitiert bei

In der Neuzeit herrscht die eschatologisch-futurische Interpretation vor.
Ragaz umschreibt Maranatha mit »Der Herr ist nahe«, was zugleich belege, wie stark eschatologisches Denken den Apostel beherrsche[336]. Moltmann konfrontiert das Maranatha mit dem Gebet der römischen Reichs-
kirche: »Während die urchristlichen Gemeinden in Gottesdiensten und
Verfolgungen leidenschaftlich beteten ›Maranatha, komm Herr Jesu,
komm bald‹ (1. Kor 16,22; Apk 22,20), begann die konstantinische Reichs-
kirche ›pro mora finis‹ zu beten, um sich als staatstragende und welterhal-
tende Religion zu empfehlen«[337]. Für Weber ist »der *erwartete,* der ›nahe‹
Herr (vgl. Phil. 4,5; 1.Kor. 16,22) ... als dieser gegenwärtig«[338]. Pannenberg versteht das Maranatha »nicht nur als Bitte um das eschatologische
Kommen des Erhöhten zur Vollendung seines Reiches«, sondern auch
»als Bitte um sein Kommen zur Gemeinschaft des Mahles als Antizipation des kommenden Gottesreiches«[339]. Küng schließt aus der vorausgesetzten Zugehörigkeit des Maranatha zum Abendmahl, daß dieses »nicht
ein nach rückwärts gerichtetes Totengedächtnismahl, sondern das nach
vorwärts offene Mahl der zuversichtlichen *Hoffnung*« ist[340]. Schillebeeckx findet in V 22 »eine Grundtendenz der ganzen neutestamentlichen
Spiritualität«[341] und Bayer in »dem ungestümen Bittruf um das Kommen
des gekommenen Herrn« ein Fragen belegt, »das am schärfsten gerade am
Glauben aufbricht, der des Heils gewiß ist, aber immer noch und immer
wieder angefochten wird und also nicht im Schauen lebt. Denn die Diffe-

---

Staehelin, Verkündigung, Bd. 6, 196): »Will-
kommen neunzehntes Jahrhundert! Dein
Name wird in den Protokollen der heiligen
Wächter ›Maranatha‹ heißen. ... So haben
wir es denn nun angetreten, das große Jahrhundert Maranatha, den Zeitraum, der von
Anbeginn der Welt seines gleichen nicht hatte, in welchem höchst wahrscheinlich der
große Rechnungstermin der europäischen
Christenheit eintreten, und ihr Konkurs allgemein erklärt werden wird!«
[336]   Bibel 101. Nach Stalder, Werk 252 soll
hinter der Bitte »wohl zuerst der Gedanke«
stehen, »daß der Herr in seinem Kommen,
... auch in der Wahl des Zeitpunktes seines
Kommens frei ist«.
[337]   Weg 337; der Vf. fährt fort: »Wer die
Anpassung an die Welt und die Anerkennung durch sie sucht, muß die Hoffnung
auf das alles verändernde und erneuernde
messianische Reich aufgeben. Er muß auf
die Vision einer alternativen Zukunft im
Reich Christi verzichten«. Vgl. auch Kehl,
Eschatologie 246: »Die Naherwartung der
armen Kirchen in der Dritten Welt, daß der
Herr kommt, um sie zu befreien, und unsere mit ihnen solidarische Hoffnung dürften
dann die für unsere Zeit aktuelle Gestalt

des urkirchlichen ›Maranatha‹ (1Kor 16,22;
Offb 22,20; Did 10,6), des ›Komm, Herr Jesu‹ sein. Dabei wird dieses ›Kommen‹ weder allein auf eine irdische Gesellschafts-
veränderung noch ausschließlich auf die
endgültige Vollendung im Tod reduziert,
sondern es umschließt das erneuernde Wirken des Menschensohnes ›wie im Himmel
so auf Erden‹«.
[338]   Grundlagen II 572; vgl. auch 724.752.
[339]   Theologie III 352f. Vgl. auch Ratzinger, a.a.O. (Anm. 1606 zu Kap. 15) 21:
»Dieses Beten ist immer präsentisch und
futurisch zugleich. Es ist freudige Ankündigung dessen, daß der Herr da ist und zugleich Ruf an den gegenwärtigen Herrn,
daß er komme, weil er als der Gegenwärtige
dennoch der Kommende bleibt«.
[340]   Kirche 261. Öfter wird ein Zusammenhang unserer Stelle mit 1Thess 5,1f hergestellt und »die Ungewißheit des Zeitpunkts
der Parusie« mit der »Wahrscheinlichkeit
ihres baldigen Eintritts« verknüpft (Ott,
Grundriß 581; vgl. auch Diekamp, Dogmatik, Bd. 3, 423).
[341]   Christus 535; in ders., Jesus 360
spricht er geradezu von einem »eschatolo-
gisch-apokalyptischen Credo«.

renz zwischen dem zugesagten Leben und dem, was ihm in uns und um uns so sehr widerspricht – diese Differenz läßt schreien, rufen, klagen und fragen«[342].

5. Der unzählige Male begegnende Gnadenzuspruch oder -wunsch von V 23, der auch vom Herrn selbst ausgesprochen werden[343], aber z.B. auch am Beginn von Briefen stehen kann[344], ist vielen alten Kommentaren keiner näheren Interpretation wert. Wo überhaupt näher darauf eingegangen wird, ist nicht die Ergänzung des Prädikates, sondern nur das Verständnis von Gnade unterschiedlich. Da der Satz durchgängig (vgl. oben Anm. 278) auch in der Alten Kirche optativisch verstanden wird, kann es wie bei Chrysostomus (377) heißen, der Lehrer helfe nicht nur durch Ratschläge, sondern auch durch Gebete[345]. Haymo (606) versteht unter der Gnade Glaube, Sündenvergebung und die übrigen Gaben Gottes, die den Glaubenden gratis gegeben werden, Primasius (554; ebs. Herveus 1002) dasjenige, ohne dessen Hilfe man nicht bestehen und nichts Gutes tun kann. Atto (412) erklärt den Sinn so, daß Paulus darum bitte, *ut illa gratia sit vobiscum, quia creati estis, quaque etiam redempti.* Thomas (435) sieht in der *gratia* zugleich *omne bonum* eingeschlossen (ebs. Estius 791). Coccejus (351) verbindet V 23 einerseits mit Röm 8,37.39 und Jes 55,3 und versteht die *gratia* als *amor,* zum anderen als *dona gratiae,* d.h. als *Spiritus sanctificationis abundans in omni bono opere.*

Was die Versicherung der Liebe des Apostels in V 24 betrifft, so ist außerhalb der Kommentare auch hier keine größere Resonanz zu verzeichnen. Abgesehen von einzelnen aus dem Rahmen fallenden Deutungen[346] soll Paulus z.B. nach dem Ambrosiaster (194) seinen Brief mit dieser *subscriptio* wegen derjenigen beschließen, die die *dissensio* begünstigen und weder Liebe zum Herrn noch untereinander praktizieren, während beim Apostel auch seine schärferen Worte von der Liebe bewegt gewesen sei-

[342] Theologie 528. Ein modernes Beispiel bietet Kremer 381 aus einem »Hymnus des kirchlichen Stundengebetes (von *Silja Walter,* *1919), für den Beginn der Lesehore in der Nacht oder am frühen Morgen«: »Erwartet den Herrn, / steht als Knechte bereit an der Tür. / Schon jauchzt jeder Stern, / seht, er kommt, seht, er kommt, wir sind hier. // Komm, Herr Jesus, Maranatha«.
[343] So in ActThom 13 (Schneemelcher, Apokryphen ⁶II 309).
[344] So z.B. bei Brenz, Frühschriften, Bd. 2, 354.
[345] Ähnlich Theophylakt 793 (Aufgabe des Lehrers sei nicht nur das παραινεῖν, sondern auch das εὔχεσθαι); Joh. Damascenus 705 (συμβουλεύειν und εὐχαῖς βοηθεῖν) u.a.; Theodoret 373 (συνήθως

ἐπηύξατο). In den sich wie immer anschließenden seelsorgerlich-homiletischen Ausführungen warnt Chrysostomus einerseits vor Verachtung derer, sie sich verfehlt haben, weil letztlich nur gutes Zureden und Verzeihung auf den rechten Weg zurückführt, weist aber andererseits die Gleichgültigkeit gegenüber den Verfehlungen anderer zurück.
[346] Ephraem 84 beendet seinen Kommentar mit einem offenbar von Röm 9,3 inspirierten Preis der paulinischen Liebe: *O charitatem Apostoli erga populum suum! O viscera (Herzblut) ejus erga Ethnicos alienos! Pro vita Hebraeorum anathema esse a Christro poscebat (sich ausbitten) ipse, et pro vita Gentium opera sua, animam suam, et vitam suam praestat.*

en[347]. Der Grundtenor aber lautet so, daß Paulus mit dem Zuspruch der Liebe am Briefschluß darauf hinaus will, daß sich die Korinther untereinander[348] und den Herrn lieben[349], mit derselben Liebe, mit der Apostel bzw. der Herr sie liebt, also *non carnis affectu* (Ambrosiaster 194) und *non secundum saeculi charitatem*, sondern »in Christus Jesus«[350].

---

[347] Theodoret 373; auch nach Theophylakt 793 soll V 24 zeigen, daß der Brief des Paulus nicht aus θυμός und ὀργή, sondern aus Liebe und Sorge kommt, wenn er auch bitter scheint. Chrysostomus 377 urteilt ähnlich und fügt hinzu, daß Paulus die Korinther aus der Entfernung gleichsam brieflich und schriftlich umarme. Nach Grotius 829 bestreitet Paulus, daß der Satz *amicitiae dissolvi intervallis locorum* auf ihn zutrifft.

[348] So Ambrosiaster 194; Ambrosius 290; Hieronymus 742; Pelagius 230; Theodoret 793; Primasius 554 (mit Verweis auf Joh 13,35); Herveus 1002; Thomas 4325; Atto 402 (er interpretiert das *diligere* so: *ut non solum vestram, sed omnium desideratis salutem*); Coccejus 351.

[349] Theodoret 373 (καὶ τὸν ἀγαπήσαντα Δεσπότην φιλήσωμεν); Haymo 606; Petrus Lombardus 1696; Bullinger 262; Cornelius a Lapide 350 bezieht in das Objekt der intendierten Liebe auch Paulus mit ein: *vt simili charitate sincera vicissim me & inuicem diligatis.*

[350] Hieronymus 772; Pelagius 230; Sedulius Scotus 162; Hrabanus Maurus 160; Petrus Lombardus 1696. Nach Chrysostomus 377; Oecumenius 906 und Johannes Damascenus 706 fügt Paulus «in Christus« an, weil es sich um keine menschliche oder sarkische, sondern um eine pneumatische Liebe handele; vgl. auch Theophylakt 793 (keine κοσμικὴ ἀγάπη); Bullinger 262 (*Christiano affectu*). Bruno 218 interpretiert das »in Christus Jesus« durch *propter amorem Christi Jesu.*

Korrekturen zu EKK VII 3

Leider sind durch einen technisch bedingten Fehler

1. hochgestellte Auflagenziffern vor den Erscheinungsjahren z.T. nach unten gerutscht, so daß es z.B. S. 15 Anm. 376 Z. 7 statt [2]1906 fälschlicherweise 21906 oder in Z. 9 statt [3]1969 nun 31969 heißt. Ich bitte, fünfstellige Zahlen bei der Angabe des Erscheinungsjahres in dieser Weise zu korrigieren. Entsprechendes gilt für Bandzahlen von Sammelwerken: So muß es S. 58 Anm. 633 Z. 6 statt RGG3 I 21-34 richtig RGG[3] I 21-34 heißen;

2. griechische Worte z.T. leider nicht getrennt worden, z.B. S. 10 Z. 15f: oder S. 22 Anm. 412 Z. 3.

Am unteren Rand von S. 16 ist die folgende Zeile ausgefallen: anschließt. Der 2. Wiederholungsbefehl in V 25 aber entspricht dem 1., wird aber von ei-

Weitere Versehen:

S.   3   Z. 10 v.u.: Vinçon statt Viçon

S. 22   Z. 15 / S. 23 Z. 1: Un-möglichkeit statt U-möglichkeit

S. 28   Anm. 451: ἔχοντας statt ἔχοντες

S. 53   Anm. 604 Z. 7: Fleisch statt Fleich

S. 54   Z. 13: Verse statt Versen

S. 62   Z. 10: *damnandas* statt *damnamdas*

S. 196 Anm. 500 Z. 1: 14,1ff statt 14,11

S. 197 Anm. 500 Z. 11: in der statt alter

S. 284 Z. 10: Engeln statt Engels